ADMINISTRAÇÃO NOS NOVOS TEMPOS

Idalberto Chiavenato

Mestre e Doutor em Administração de Empresas
pela City University Los Angeles, California
Conselheiro do Conselho Federal de Administração

ADMINISTRAÇÃO NOS NOVOS TEMPOS

Os novos horizontes em administração

3ª edição

Manole

© Editora Manole Ltda., 2014, por meio de contrato com o autor.

CAPA   Rafael Zemantauskas
EDITORAÇÃO ELETRÔNICA   Anna Yue

Dados Internacionais de Catalogação na Publicação (CIP)
(Câmara Brasileira do Livro, SP, Brasil)

Chiavenato, Idalberto
    Administração nos novos tempos: os novos horizontes em administração / Idalberto Chiavenato. – 3. ed. – Barueri, SP: Manole, 2014.

    ISBN 978-85-204-3706-3

    1. Administração de empresas 2. Organização – I. Título.

13-11838   CDD-658

Índice para catálogo sistemático:
1. Administração de empresas   658

Todos os direitos reservados.
Nenhuma parte deste livro poderá ser reproduzida, por qualquer processo, sem a permissão expressa dos editores. É proibida a reprodução por xerox.

A Editora Manole é filiada à ABDR – Associação Brasileira de Direitos Reprográficos.

3ª edição – 2014

Editora Manole Ltda.
Av. Ceci, 672 – Tamboré
06460-120 – Barueri – SP – Brasil
Tel.: (11) 4196-6000 – Fax: (11) 4196-6021
www.manole.com.br
info@manole.com.br

Impresso no Brasil
Printed in Brazil

À Rita

Diz o velho e conhecido adágio popular que todo homem somente se realiza plenamente quando faz um filho, planta uma árvore e escreve um livro. Já fiz todas essas três coisas. Tive filhos, plantei inúmeras árvores e os vários livros que escrevi ultrapassaram fronteiras e gerações.

E tudo isso já se foi no tempo e no espaço.

Assim, acho que hoje – vislumbrando o meu passado e o meu presente – tenho condições para avaliar serenamente aquilo que realmente pode realizar um homem na plenitude de suas potencialidades materiais e espirituais. Não é apenas um filho, uma árvore ou um livro tão somente, que crescem, passam e se distanciam da gente. É, sobretudo, o amor de uma mulher quando perdura no tempo e no espaço.

E, muito mais do que tudo isso, é o seu amor que realmente me realiza como homem e como criatura humana.

A você – minha plena realização – dedico este livro com todo amor.

Sumário

Prefácio IX

Como usar este livro XI

Parte I – introdução à moderna administração 1
1. Natureza e desafios atuais da administração 3
2. Visão histórica da administração 30

Parte II – A administração nos novos tempos 62
3. O ambiente das organizações 64
4. Administração em um contexto globalizado, dinâmico e competitivo .. 87
5. Inventando e reinventando as organizações 115
6. A cultura organizacional 151

Parte III – Planejamento 184
7. Fundamentos do planejamento 187
8. Formulação de objetivos 214
9. Tomada de decisão 240

Parte IV – Organização 270
10. Fundamentos da organização 274
11. Desenho departamental 302
12. Desenho organizacional 334

Parte V – Direção 369
13. Fundamentos da direção 372
14. Comunicação e negociação nas organizações 401

15. Liderança nas organizações 431
16. Motivação nas organizações 460

Parte VI – Controle 491
17. Fundamentos do controle 493

Parte VII – Assuntos emergentes 523
18. Qualidade, competitividade e produtividade 525
19. Administração estratégica 559

Glossário 594

Índice remissivo 622

Prefácio

No mundo atual já não sobressaem as organizações dotadas de tamanho ou vastidão territorial, possuidoras de recursos naturais ou de imensas jazidas de matérias-primas. Hoje, o negócio é outro. As organizações mais bem-sucedidas são aquelas dotadas de competências, conhecimento e tecnologia e que sabem agregar valor e competir com produtos e serviços de melhor qualidade e menor preço. Custos baixos e elevada produtividade. Qualidade e competitividade. A solução da maioria dos complexos problemas que afligem o mundo organizacional moderno reside hoje na administração. Na capacidade de gerir, aglutinar e utilizar recursos escassos e fazê-lo cada vez melhor do que os concorrentes. E isso é feito por organizações que devem ser administradas de maneira a extrair resultados satisfatórios dos recursos aplicados e das competências disponíveis.

O que está acontecendo com o fenômeno da globalização é que não são mais as grandes organizações que dominam e engolem as pequenas. Não é mais o peixe grande que engole o pequeno. O tamanho organizacional está se tornando uma condição secundária. Agora são as organizações mais ágeis e ligeiras – qualquer que seja seu tamanho – que cortam as pernas das organizações mais lentas – independentemente do seu tamanho. Tamanho não é mais documento. Por essa razão, muitas das grandes organizações estão se desdobrando em uma multiplicidade de pequenas unidades estratégicas de negócios para obter flexibilidade e agilidade necessárias para se manterem competitivas em um ambiente altamente mutável e dinâmico. E, de lambuja, incentivando nas pessoas que nelas trabalham o espírito inovador e empreendedor típico das pequenas organizações.

Este livro tem por objetivo proporcionar uma visão do maravilhoso mundo da administração nos novos tempos. Um mundo novo e fascinante que muda a cada instante como um complicado caleidoscópio na busca de novas e criativas soluções. Um mundo novo que exige e impõe novas competências dos administradores e das pessoas que trabalham nas organizações e, sobretudo, uma mentalidade aberta, ágil, criativa e inovadora. A administração precisa não somente acompanhar essas novas tendências, mas também preparar o caminho das organizações para que isso possa realmente acontecer no mais rápido lapso de tempo. E tempo também é um recurso indispensável.

Tenho a esperança de haver alcançado meu objetivo principal: fazer um livro para quem se dedica à administração, seja de organizações lucrativas ou não lucrativas, privadas ou públicas, grandes, médias ou pequenas. E, se possível, ultrapassar o meu objetivo secundário: fazer um livro endereçado a quem se preocupa com o futuro e com o destino das nossas organizações na esperança de criar um país melhor e de um porvir que valha a pena para nossa próxima geração.

IDALBERTO CHIAVENATO

Como usar este livro

Este livro foi cuidadosamente desenhado e articulado para criar o melhor texto disponível sobre a administração e oferecer ao leitor informações atualizadas sobre o que há de mais moderno no assunto em termos de conceitos, aplicações e pesquisas. As sugestões e ideias de minha esposa Rita foram decisivas para proporcionar ao leitor uma ideia que capture o estado da arte na administração das organizações.

Para melhor utilização didática, este livro apresenta um componente textual (que implica ler e ouvir) e um componente gráfico (que implica ver e sentir). O componente textual é apresentado de maneira simples e compreensível por meio de conceitos e explicações. O componente gráfico é apresentado na forma de vinhetas com ícones diferenciados e procura ilustrar com exemplos reais e casos práticos os conceitos e as explicações desenvolvidos no texto. O componente gráfico consiste em vários ícones e vinhetas com os seguintes significados:

Objetivos de aprendizagem

No início de cada capítulo são estabelecidos os objetivos de aprendizagem, um roteiro baseado na administração por objetivos que pode ser retomado a cada final de capítulo para avaliar se os resultados foram alcançados.

O que veremos adiante

No início de cada capítulo incluímos uma definição do conteúdo e dos principais assuntos que serão abordados.

Caso introdutório
Cada capítulo tem o seu início com um estudo de caso relacionado com o conteúdo do texto a fim de proporcionar um exemplo prático para o leitor.

Voltando ao caso introdutório
No decorrer do capítulo, o "Caso introdutório" é retomado com novas problemáticas e desafios.

Administração de hoje
Cada capítulo apresenta vários exemplos e práticas de organizações nacionais e estrangeiras para melhor fixação dos conceitos. Nesta vinheta está a demonstração dos conceitos apresentados no texto na realidade prática das organizações.

Avaliação crítica
Ao longo de cada capítulo figuram vários momentos de reflexão e análise crítica do conteúdo que está sendo desenvolvido. Isso visa a melhorar o senso crítico do leitor.

Caso de apoio
Além do caso introdutório, cada capítulo apresenta casos de apoio para a discussão concreta do conteúdo apresentado.

Dicas
Em cada capítulo aparecem algumas dicas ou sugestões de como colocar em prática o conteúdo do texto.

Caso para discussão
Ao final de cada capítulo há um caso real para discussão, envolvendo uma visão ampla do tema tratado e apresentando algumas questões formuladas para testar a aplicabilidade da matéria.

Mapa mental
Esquematização dos temas desenvolvidos no capítulo.

Exercícios

Ao final de cada capítulo, são apresentadas algumas questões para verificação da aprendizagem.

Glossário

Os principais conceitos-chave desenvolvidos nos capítulos são apresentados no final do livro. Este conteúdo pode ser visualizado por meio de um índice digital na lombada da obra para facilitar a consulta.

Parte I
INTRODUÇÃO À MODERNA ADMINISTRAÇÃO

Objetivos de aprendizagem

O objetivo principal desta primeira parte é introduzir o leitor no campo da moderna administração. De maneira geral, esta parte introdutória discute o conceito de administração e suas várias abordagens teóricas desenvolvidas nos últimos anos. Em termos mais específicos, esta parte oferece uma explicação introdutória a respeito do processo administrativo, da eficiência e eficácia administrativa, das habilidades necessárias ao administrador e o que se pode esperar da carreira na área administrativa. Mais adiante, veremos as diversas teorias administrativas e suas diferentes concepções e abordagens.

O que veremos adiante

PARTE I – INTRODUÇÃO À MODERNA ADMINISTRAÇÃO

Capítulo 1 – Natureza e desafios atuais da administração.
Capítulo 2 – Visão histórica da administração.

O mundo dos negócios está mudando com uma rapidez incrível. A mudança é profunda, abrangente e impetuosa. Tal como uma imensa bola de neve que aumenta incessantemente o seu tamanho e sua velocidade na medida em que rola pela montanha abaixo. No decorrer das últimas décadas, o ímpeto das mudanças se caracterizou por incríveis aceleração e abrangência. Em rápidas pinceladas, podemos afirmar que o século XX – o chamado século das fábricas e das burocracias e, por que não, o século em que nasceu a administração – passou por três etapas distintas, no que se refere à estrutura organizacional das organizações em geral e das empresas em particular: a era industrial clássica, a era industrial neoclássica e a era da informação.

A Parte I deste livro compreende dois capítulos. No Capítulo 1, exploraremos os conceitos básicos de administração e a prática da atual administração ao longo dos diversos níveis das organizações. Discutiremos as razões para estudar a administração e examinaremos as habilidades administrativas e as competências essenciais para o seu desempenho. No Capítulo 2, traçaremos a história das teorias administrativas e descreveremos os principais desafios da moderna administração. Usaremos esta primeira parte do texto para adicionar assuntos genéricos e preparar o campo para uma discussão mais profunda do que se seguirá adiante.

O administrador cuida da administração de organizações das mais variadas naturezas, características e tamanhos, defrontando-se com incessantes e múltiplos desafios pela frente para liderar e desenvolver suas equipes e oferecer resultados espetaculares por meio de um trabalho conjunto e integrado. É essa atividade coordenada e entrosada que produz sinergia, valor e riqueza, oferece produtos e serviços que satisfazem necessidades e expectativas do mercado e melhoram a qualidade de vida da sociedade em que vivemos. A administração constitui a melhor maneira de tornar as organizações mais salutares, produtivas e bem-sucedidas. O propósito deste livro é orientar os administradores para o amanhã nas complexas atividades e responsabilidades que enfrentarão nas organizações. Os novos tempos trarão mudanças e transformações que aportarão oportunidades e ameaças, além de facilidades e dificuldades. Os administradores deverão aproveitar aquelas e neutralizar estas ao longo dos caminhos que terão pela frente. Para tanto, é preciso conhecer o que se faz hoje e as tendências que se projetam para o amanhã.

1
NATUREZA E DESAFIOS ATUAIS DA ADMINISTRAÇÃO

Objetivos de aprendizagem

Após estudar este capítulo, você deverá estar capacitado para:

- Definir administração e a atividade do administrador.
- Descrever o processo administrativo de planejar, organizar, dirigir e controlar.
- Explicar a eficiência e eficácia e sua importância para o desempenho organizacional.
- Descrever as funções administrativas em cada nível hierárquico da organização.
- Descrever as habilidades técnicas, humanas e conceituais e sua importância.
- Definir os papéis que os administradores desempenham nas organizações.
- Descrever as características do sucesso administrativo e o futuro da administração.

O que veremos adiante

- A administração.
- Eficiência e eficácia
- As organizações.
- Os níveis organizacionais.
- O processo administrativo.
- O administrador.
- As habilidades do administrador.
- Os papéis do administrador.

Caso introdutório: Espírito empreendedor

Xavier deixara sua terra natal no interior do estado, onde trabalhava com um trator, ordenhava vacas e cuidava da manutenção da fazenda da família, para vir trabalhar na Computer Field na capital. Terminara o curso de administração de empresas e, em curto espaço de tempo, passou a ser o primeiro brasileiro a chefiar um enorme laboratório de desenvolvimento de produtos da empresa, após haver trilhado uma brilhante carreira cheia de promoções em várias divisões. Sua mais recente vitória foi reduzir em 23% os custos operacionais da sua divisão, ao mesmo tempo em que conseguira atingir os objetivos previamente fixados em um tempo recorde. Agora, Xavier é o gerente geral do negócio de multimídia da Computer Field, que representa o casamento do computador com a televisão, telecomunicações e a eletrônica. A multimídia permite armazenar e rodar uma infinidade de filmes, música, jogos, jornais, livros e revistas. Partindo do ponto zero, Xavier tem pela sua frente o desafio administrativo de tornar a multimídia um dos maiores negócios da empresa no país. Esse enorme desafio administrativo requer situar a empresa mais próxima dos clientes, desenvolver novos produtos e serviços afins, articular novos canais de distribuição e reduzir os elevados custos de produção. Para enfrentar todos esses desafios, Xavier necessita de muitas habilidades administrativas. Se você estivesse na posição de Xavier, quais as técnicas administrativas deveriam ser utilizadas para conduzir uma nova divisão de negócios de uma empresa dinâmica e inovadora como a Computer Field?

O trabalho é uma atividade que adiciona valor a algo. O propósito do trabalho é proporcionar algum benefício às pessoas, às organizações e à sociedade como um todo. É isso que torna o estudo da administração algo significativo e valioso. A administração está relacionada a como fazer o trabalho da melhor maneira e de forma mais fácil e mais bem-sucedida para trazer resultados a todos. O foco no trabalho foi a primeira abordagem da teoria administrativa. Com o passar do tempo, o foco foi ampliado para as pessoas que trabalham. Mais adiante, estendeu-se à estrutura organizacional dentro da qual o trabalho é conduzido e executado. Depois, a preocupação voltou-se para a tecnologia, a qual muda profundamente a maneira de trabalhar. Mais recentemente, direcionou-se ao contexto dentro do qual a organização vive e funciona. Agora, o foco está na competitividade. Cada vez mais, a atividade do administrador torna-se mais e mais ampla, complexa, mutável e desafiante.

A ADMINISTRAÇÃO

A administração constitui a maneira pela qual se utilizam os diversos recursos organizacionais – humanos, materiais, financeiros, de informação e de tecnologia – para alcançar objetivos e atingir elevado desempenho por intermédio das competências disponíveis. Administração é o processo de planejar, organizar, dirigir e controlar o uso dos recursos e das competências organizacionais para alcançar determinados objetivos de maneira eficiente e eficaz.

Administrar não significa executar tarefas ou operações, mas sim fazer com que elas sejam executadas por outras pessoas em conjunto. O administrador não é aquele que faz, mas sim o que faz fazer. A administração faz as coisas acontecerem por meio das pessoas para conduzir as organizações ao sucesso.

No entanto, apesar do enfoque da maioria dos autores, a administração nos novos tempos é muito mais que simplesmente planejar, organizar, di-

1 Natureza e desafios atuais da administração

💡 Dicas

Algumas definições de administração:

- **Administração** é o processo de planejar, organizar, liderar e controlar o trabalho dos membros organizacionais e de utilizar todos os seus recursos disponíveis para alcançar objetivos organizacionais estabelecidos[1].
- **Administração** é o processo de alcançar objetivos pelo trabalho com e por intermédio de pessoas e outros recursos organizacionais[2].
- **Administração** é o processo de planejar, organizar, liderar e controlar o uso de recursos para alcançar objetivos de desempenho[3].
- **Administração** é o alcance de objetivos organizacionais de maneira eficaz e eficiente graças ao planejamento, à organização, à liderança e ao controle dos recursos organizacionais[4].
- **Administração** é o ato de trabalhar com e por intermédio de outras pessoas para realizar os objetivos da organização, bem como de seus membros[5].
- **Administração** envolve atividades compreendidas por uma ou mais pessoas no sentido de coordenar as atividades das outras para perseguir fins que não podem ser alcançados por uma só[6].

---

rigir e controlar. Ela envolve um complexo de decisões e ações aplicado a uma variedade incrível de situações em uma ampla variedade de organizações. Dada a sua complexidade, uma conceituação mais ampla da administração deve levar em conta os seguintes aspectos[7]:

1. A administração é um processo contínuo e sistêmico que envolve uma série de atividades orientadoras e impulsionadoras como planejar, organizar, dirigir e controlar recursos e competências para alcançar metas e objetivos. Ela abrange a fixação de objetivos a alcançar, a tomada de decisões no meio desse caminho e a liderança de todo esse processo a fim de alcançar os objetivos e oferecer resultados.
2. A administração cuida do desenvolvimento, da articulação e da aplicação de vários conjuntos de recursos e competências organizacionais. É um processo abrangente que utiliza uma variedade integrada de recursos: humanos, financeiros, materiais, tecnológicos e de informação.
3. A administração exige várias ações coordenadas e orientadas para alcançar objetivos por diferentes órgãos e pessoas que trabalham conjunta e integradamente. Trata-se de uma atividade com propósito definido e direcionada para alvos previamente definidos, envolvendo objetivos individuais, grupais e organizacionais ou uma combinação deles para alcançar níveis cada vez mais elevados de excelência.
4. A administração requer liderança e direcionamento de atividades executadas por todo o conjunto organizacional e em todos os níveis das organizações por pessoas com diferentes funções, intencionalmente estruturadas e coordenadas para o alcance de propósitos comuns.

Com base nesses aspectos, chegamos às seguintes conclusões[8]:

1. A administração ocorre exclusivamente dentro de organizações. Ela não acontece em situações isoladas. Todas as organizações – nações, estados, municípios, empresas, indústrias, comércio, escolas, hospitais, empreendimentos de todo tipo, não importando seu tamanho ou sua natureza – precisam ser admi-

nistradas. Contudo, cada organização é única, singular e diferente das demais, e suas características ímpares afetam tanto o administrador como todas as pessoas a ele subordinadas. O administrador precisa necessariamente compreender cada organização para poder definir e orientar os seus rumos. Essa é a sua praia.

2. **A administração requer fazer as coisas por intermédio das pessoas.** O administrador não executa e deve saber assessorar as pessoas e desenvolver nelas capacidades e competências para que executem adequadamente suas atividades. Deve saber ajustar as capacidades e as competências dessas pessoas aos requisitos da organização e dos objetivos a serem alcançados pelo esforço conjunto. Para isso, deve comunicar, orientar, liderar, motivar e recompensar as pessoas.

3. **A administração requer lidar simultaneamente com situações múltiplas e complexas, muitas vezes inesperadas e potencialmente conflitivas.** A administração é um processo complexo que requer integração, articulação e visão de conjunto, principalmente quando as atividades são divididas, diferenciadas e fragmentadas. Isso requer consistência e flexibilidade, reflexão e ação, espírito analítico e sintético, olhar para o todo e para as partes simultaneamente. Requer uma perspectiva global e uma compreensão local do mercado, dos clientes, dos concorrentes, da sociedade, do governo e do mundo globalizado.

4. **O administrador deve continuamente buscar, localizar e aproveitar novas oportunidades de negócios.** Deve possuir uma mente empreendedora e criativa focada no compromisso de aprender constantemente novas habilidades e novos conhecimentos e de adquirir novas competências. Deve ser um agente de mudança e transformação das organizações.

5. **O administrador precisa saber reunir simultaneamente conceitos e ação.** Em outras palavras, juntar teoria e prática, o saber e o aplicar, o pensar e o agir. Conceitos sem ação não levam a nada; ação sem conceitos é pura perda de tempo. Cada vez mais a administração está sendo envolvida por assuntos abstratos, intangíveis e complexos. No início falava-se em eficiência e eficácia. Depois vieram a produtividade e a lucratividade. Mais adiante vieram o mercado, a excelência, a estratégia, a competitividade, a sustentabilidade e a responsabilidade social. O que são esses assuntos senão conceitos abstratos e intangíveis? Pura teoria! E sem teoria o administrador fica sem saber exatamente o que fazer em situações abstratas e intangíveis. A menos que queira trabalhar apenas com coisas concretas e dentro de uma rotina bitolada e repetitiva enquanto o mundo de negócios ao seu redor é dinâmico, complexo, mutável e competitivo.

Além do mais, pela sua complexidade, a administração é simultaneamente uma ciência, uma tecnologia e uma arte[9] (Figura 1.1):

- Como ciência: a administração repousa em fundamentos científicos, metodologias e teorias sobre fatos e evidências que são analisados, experimentados e testados na prática cotidiana. Como ciência ela define o que causa o que, por que causa e quando causa, isto é, as relações de causa e efeito. Em outras palavras, quando uma determinada força fará movimentar ou quando fará parar.

- Como tecnologia: a administração utiliza técnicas, modelos, práticas e ferramentas conceituais baseadas em teorias científicas que facilitam a vida do administrador e tornam

```
                    Ciência
         (Análise metódica e sistematizada
              de fatos e evidências)


                  Administração


    Tecnologia                    Arte
(Aplicação prática e metódica de    (Visão, intuição, abordagem
 princípios de teorias científicas)   criativa e inovadora)
```

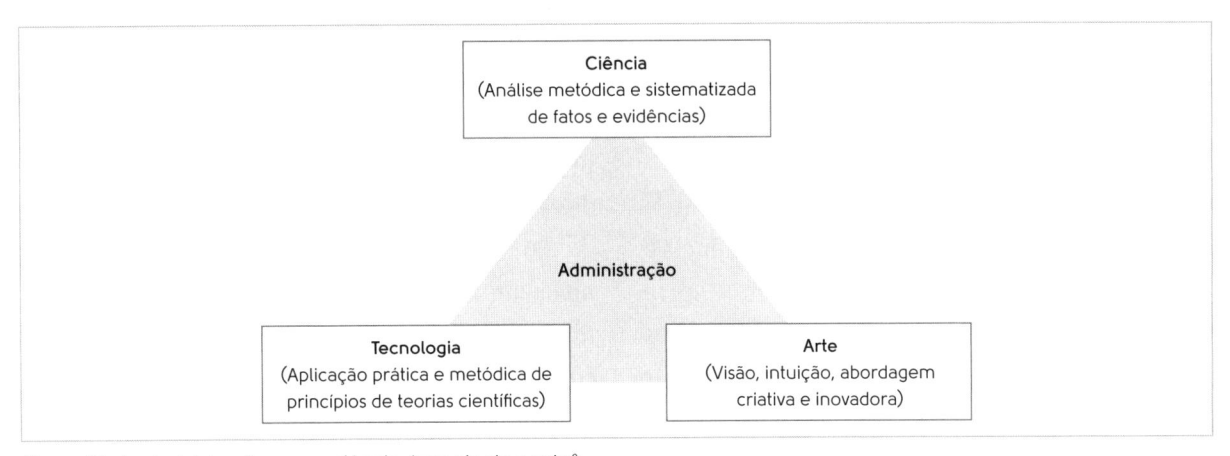

Figura 1.1. A administração como ciência, tecnologia e arte[8].

seu trabalho mais eficaz. E como se mede isso? Pelos resultados.

- **Como arte:** a administração requer do administrador a leitura e a interpretação de cada situação em uma visão abrangente, com intuição e abordagem criativa e inovadora, não somente para resolver problemas, mas principalmente para criar, mudar, inovar e transformar as organizações.

Na realidade, a administração não é uma ciência exata, mas social, pois ao lidar com negócios e organizações, ela o faz basicamente por intermédio das pessoas. Assim, todo administrador – desde o presidente, passando pelos diretores e gerentes até os supervisores – precisa ter uma equipe de pessoas para realizar o seu trabalho. O presidente tem uma equipe de diretores; cada diretor, uma equipe de gerentes; cada gerente, uma equipe de supervisores; e cada supervisor, uma equipe de colaboradores, os quais executam as atividades. Cada qual com sua equipe de pessoas. Presidente, diretores, gerentes e supervisores, todos eles constituem o aparato administrativo da organização.

Stoner, Freeman e Gilbert Jr.[1] asseveram que a administração é uma especialidade que afeta profundamente o presente e o futuro das organizações nos seguintes aspectos:

1. A administração busca criar um futuro desejável tomando o passado e o presente em consideração.
2. A administração é praticada em função de determinada situação ou época.
3. A administração é uma prática que produz consequências e efeitos que emergem com o tempo.

Além disso, o administrador lida principalmente com pessoas, e isso envolve os seguintes aspectos:

1. O administrador age em relacionamentos com pistas duplas em que cada parte é influenciada pela outra.
2. O administrador age em relacionamentos que têm efeitos envolventes sobre as pessoas subordinadas tanto para melhor como para pior.
3. O administrador se envolve em múltiplos e simultâneos relacionamentos internos e externos à sua organização.

EFICIÊNCIA E EFICÁCIA

A administração visa ao alcance de objetivos organizacionais de maneira eficiente e eficaz. O administrador precisa saber utilizar os recursos organizacionais disponíveis no sentido de obter eficiência e eficácia, bem como alto grau de satisfação entre as pessoas que executam o trabalho e o cliente que o recebe. O tema central em que se situa o moderno local de trabalho é esse triplo sentido de: desempenho, busca de resultados e satisfação dos colaboradores e dos clientes.

O desempenho da administração deve atender simultaneamente a dois critérios: eficiência e eficácia. A eficiência significa fazer bem e corretamente as coisas. Relaciona-se com os meios e os métodos. É uma medida da proporção dos recursos utilizados para alcançar os objetivos, ou seja, uma medida de saídas ou resultados comparados com os recursos consumidos. A administração pode alcançar um objetivo com um mínimo de recursos ou pode ultrapassar o objetivo com os mesmos recursos. As medidas de eficiência podem ser o custo do trabalho, a utilização de equipamento, a manutenção de máquinas e o retorno do capital investido, por exemplo. Um administrador eficiente é aquele cuja unidade de trabalho opera diariamente com um custo mínimo de materiais e de trabalho. É claro que a eficiência aumenta a produtividade e melhora a qualidade (Figura 1.2).

Contudo, a eficiência é necessária, mas não é suficiente. Deve haver eficácia, que significa atingir os objetivos e resultados pretendidos. A eficácia relaciona-se com os fins e os propósitos; é a medida que afere se a administração consegue atingir os objetivos definidos, ou seja, é a medida do resultado da atividade ou do alcance do objetivo estabelecido. O administrador eficaz é aquele cuja unidade de trabalho alcança as metas de produção em termos de quantidade e qualidade de resultados em determinado período de tempo.

Contudo, nem sempre eficiência e eficácia caminham juntas e de mãos dadas. Muitas vezes, o administrador é eficiente ao extrair o máximo dos recursos disponíveis, mas não é eficaz por não atingir os objetivos esperados. Acaba morrendo esgotado na praia apesar de ter nadado bem. Outras vezes, é eficaz ao atingir os alvos previamente estabelecidos, mas queimando recursos pelo meio do caminho: ganha a guerra, mas deixa mortos e feridos ao final pela sua ineficiência. O ideal é ser eficiente e eficaz. Isso ganha um nome: excelência (Figura 1.3).

De nada adianta fazer tarefas técnicas, muitas vezes difíceis e desafiadoras. O importante é verificar se realmente vale a pena executar essas tarefas e se elas são relevantes para a organização. Muitas vezes, certas pessoas fazem trabalhos com uma eficiência prodigiosa, mas de uma inutilidade total para a organização. O esforço para ser eficiente deve ser antecedido pelo esforço para ser eficaz. O sucesso administrativo consiste em obter simultaneamente eficiência e eficácia na utilização dos recursos organizacionais. Isso significa excelência no desempenho.

Eficiência (meios)	Eficácia (fins)
Fazer corretamente as coisas	Fazer as coisas necessárias
Preocupação com os meios	Preocupação com os fins
Ênfase nos métodos e procedimentos	Ênfase nos objetivos e resultados
Cumprir os regulamentos internos	Atingir metas e objetivos
Treinar e aprender	Saber e conhecer
Jogar futebol com arte	Ganhar a partida de futebol
Saber batalhar	Ganhar a guerra
Ser pontual no trabalho	Agregar valor e riqueza à organização
Utilizar métodos de trabalho	Alcançar resultados
Não faltar à missa aos domingos	Ganhar o céu

Figura 1.2. As diferenças entre eficiência e eficácia[9].

	Utilização de recursos	
	Pobre ←――――――――→ Boa	
Alcance dos objetivos Alto	Eficaz, mas não eficiente; atinge objetivos, mas alguns recursos são desperdiçados	Eficaz e eficiente; objetivos atingidos e recursos bem utilizados. Alta produtividade e elevado desempenho
Baixo	Nem eficaz nem eficiente; objetivos não atingidos; recursos desperdiçados no processo. Desempenho precário	Eficiente, mas não eficaz; recursos são bem aplicados, mas os objetivos não são alcançados. Desempenho precário

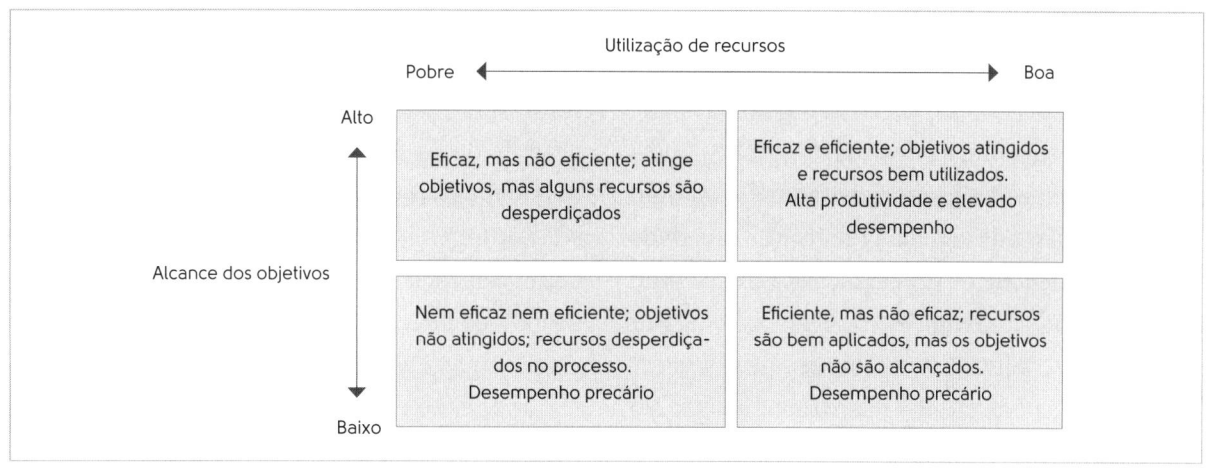

Figura 1.3. A eficiência e a eficácia[3].

Administração de hoje

Produtividade[10]

Quando juntas, a eficiência e a eficácia aumentam a produtividade. É fazer cada vez mais com cada vez menos. Como veremos adiante, no século passado, o objetivo da administração era aumentar a produtividade no chão da fábrica. A qualificação dos trabalhadores deu um enorme salto com as técnicas de produção fabril que se tornaram muito mais eficientes. Peter Drucker salienta que a grande contribuição dos administradores do século XX foi aumentar a produtividade dos trabalhadores das fábricas em 50 vezes. Agora, o desafia é outro: a maior contribuição que os administradores podem dar no século XXI é aumentar a produtividade dos trabalhadores do conhecimento. São aqueles que usam sua capacidade intelectual para identificar problemas e encontrar soluções. Fazem parte desse grupo os profissionais como executivos, consultores, pesquisadores, médicos, advogados. O administrador é um deles. São profissionais de interação, pois boa parte de seu trabalho consiste em interagir com outras pessoas, seja colegas, subordinados, clientes, para formar uma opinião e tomar decisões complexas. É o tipo de trabalho que jamais se torna dispensável pela adoção de novas tecnologias ou processos. Diante da escassez do trabalhador do conhecimento, o desafio das empresas é tirar o máximo de cada um, ou seja, torná-lo mais produtivo. É o que veremos adiante.

Voltando ao caso introdutório

Xavier pretende fazer um trabalho eficiente e eficaz como gerente geral da divisão de multimídia da Computer Field. Em suma, pretende fazer as coisas benfeitas, produzindo bons produtos, distribuindo-os adequadamente no mercado e reduzindo custos de produção e distribuição. Mas quer também atingir objetivos globais como chegar a um volume anual de vendas, alcançar uma forte participação no mercado consumidor e proporcionar lucros para sua empresa. Um olho no painel do carro para utilizar bem o combustível e outro na estrada para alcançar o objetivo desejado.

AS ORGANIZAÇÕES

Uma parte de nossa definição de administração refere-se ao alcance de objetivos organizacionais de maneira eficiente e eficaz. Isso significa que a razão de existir de um administrador é cuidar do todo ou de parte de alguma organização. Vivemos em uma sociedade de organizações e quase tudo o que se produz é feito dentro delas: carros, roupas, alimentos, livros, revistas, pesquisas, serviços, comunicações, etc. Por meio de recursos como conhecimento, pessoas, dinheiro, tecnologia, informação, as organizações desempenham tarefas por intermédio do trabalho coletivo que nenhum indivíduo isoladamente conseguiria desempenhar. Sem as organizações, nenhuma cidade grande poderia ter milhares de rotas aéreas movimentadas por dia sem um acidente sequer, ou receber e distribuir eletricidade gerada por várias usinas hidrelétricas, térmicas e nucleares, ou produzir a cada dia milhares de carros, ou ainda dispor de centenas de milhares de filmes, vídeos e músicas à disposição para o entretenimento e a diversão. As organizações permeiam toda a nossa sociedade. É provável que muitos estudantes trabalhem em uma organização – como empresa privada, banco, loja, hospital, indústria, empresa estatal. Muitos leitores são membros de várias organizações, tais como universidade, igreja, clubes esportivos, partidos políticos. São clientes de bancos e de seguradoras, utilizam planos de saúde, investem em planos de previdência social e possuem cartões de crédito. Muitos leitores compram alimentos em supermercados, comem em restaurantes *fast-food*, adquirem roupas em lojas com pagamento à vista ou em prestações a entidades financeiras. Os administradores são responsáveis por todas essas organizações e pelos recursos que elas utilizam para alcançar objetivos organizacionais.

O propósito de toda organização é produzir um produto, serviço, informação ou entretenimento para satisfazer necessidades dos clientes, que podem ser consumidores, usuários, associados ou contribuintes. Daí, a forte ênfase na qualidade do produto ou do serviço ao cliente a qual representa a força vital de uma organização e a fonte da sua vantagem competitiva. O objetivo primário das organizações é satisfazer necessidades ou expectativas de seus clientes.

As organizações empregam pessoas, aplicam recursos e desenvolvem competências. Elas podem ser de grande, médio ou pequeno porte; algumas produzem produtos de consumo ou bens destinados à produção, enquanto outras prestam serviços, como bancos, corretoras, empresas de transporte aéreo, cadeias de restaurantes, entretenimento ou, ainda, hospitais, escolas e universidades, agências de propaganda, consultorias em geral, empresas de auditoria e contabilidade e um sem-número de outros tipos diferentes. Constituem o setor que gera empregos, agrega valor e dá vitalidade à economia do país.

Existem também as pequenas organizações que operam em muitas áreas cobertas pelas grandes organizações e disputam espaço com elas. São pequenos negócios iniciados por algum empreendedor – uma pessoa visionária que assume riscos e utiliza a inovação e a criatividade para aproveitar oportunidades de negócios em um ambiente incerto, onde outras pessoas veriam problemas ou ameaças. É impressionante a quantidade de pequenos negócios – pequenas e microempresas – que incluem o proprietário, parceiros, franquias e profissionais individuais ou ainda operações em tempo parcial, como pizzarias, charutarias, papelarias, etc.

Muitas das organizações são empresas que funcionam como negócios globais, funcionando e fazendo operações em vários países, enfrentando problemas e desafios complexos em decorrência de diferentes culturas, sistemas políticos e condições

Avaliação crítica: A variedade de organizações

Uma organização é uma entidade social composta por pessoas que trabalham em conjunto e é deliberadamente estruturada em uma divisão de trabalho para atingir um objetivo comum. Uma organização é uma sociedade em miniatura, na qual coexistem dois tipos de pessoas: os líderes e os subordinados. Quando dizemos que está orientada para objetivos, queremos nos referir às consequências almejadas, por exemplo, obter lucro (empresas em geral), atender às necessidades espirituais (igrejas), proporcionar entretenimento (cinema ou diversão), desenvolver arte e cultura (teatros), oferecer esporte (clubes esportivos), etc. Um bom exercício seria listar a infindável variedade de organizações que proliferam na moderna sociedade.

econômicas encontradas ao redor do mundo. Existem também organizações não lucrativas, como escolas municipais, universidades estaduais ou federais, hospitais, museus, centros cívicos e entidades religiosas, filantrópicas, beneficentes, culturais, sindicatos e associações de classe que não perseguem objetivos de lucro. Além disso, agências governamentais no nível municipal, estadual e federal caracterizam-se por serem organizações não lucrativas, pois seus objetivos são predominantemente sociais. Existem também as chamadas organizações não governamentais (ONG), que perseguem objetivos sociais, educacionais, cívicos ou ecológicos sem depender diretamente de recursos do governo.

Administração de hoje

Critérios de notas para a escolha das melhores empresas do ano[11]

A revista *Exame* faz anualmente a escolha das melhores empresas do ano com base nos seguintes critérios e notas:

Liderança de mercado: Peso 10. Retrata empresas que mais contribuem para a economia e com maiores participações de mercado no macrossetor em que atuam.

Crescimento das vendas: Peso 25. Retrata o dinamismo da empresa no ano analisado. Se ela aumentou ou diminuiu sua participação no mercado e sua capacidade de gerar novos empregos.

Rentabilidade do patrimônio: Peso 30. Mede a eficiência da empresa, o controle de custos e o aproveitamento das oportunidades. Indicador somente aplicado às empresas cujo índice seja positivo e que tenham divulgado os efeitos da inflação em seus resultados e patrimônio líquido. Também é utilizado como critério de desempate de duas empresas que apresentam o mesmo desempenho global.

Liquidez geral: Peso 15. Revela se a empresa está em boa situação financeira, ou seja, se opera com segurança.

Endividamento: Peso 10. Avalia o risco que a empresa está assumindo. Quanto menor o endividamento, menor o risco. Este critério premia os menos endividados.

Vendas por empregado: Peso 10. Mede quanto a empresa produz e vende em relação ao número de empregados. Premia as empresas com maior produtividade dos seus empregados e não necessariamente pela margem de lucro das vendas.

Transparência: Critério sem nenhum peso. A transparência é fator de excelência empresarial, prioriza demonstrações apresentadas em moeda constante (correção monetária integral) e as que divulgaram os efeitos da inflação em seus resultados.

Administração de hoje

Construindo três processos fundamentais[12]

Vivemos em um mundo em constante mudança. E mudança exige inovação. Ghoshal e Bartlett mostram o lado humano da administração de organizações orientadas para a mudança e inovação. Segundo eles, os administradores bem-sucedidos não focalizam apenas os aspectos mecânicos da administração sobre como fazer planos ou desenhar esquemas de trabalho, mas se baseiam em três processos que levam as pessoas a focalizar sua atenção na criação da mudança, a saber:

Processo empreendedor: o empreendedorismo refere-se à atitude orientada para fora da organização, no sentido de buscar oportunidades que motivem os indivíduos a tocar suas operações como se fossem os proprietários delas. Os administradores bem-sucedidos aplicam seu tempo e sua energia em fazer as pessoas pensarem como empreendedores, aproveitarem as oportunidades, além de proporcionar a elas autoridade, apoio e recompensas que as tornem autodisciplinadas e autodirecionadas para realizar suas operações como se fossem donas delas.

Processo de construir competências: em um mundo de tecnologias convergentes, as organizações precisam se tornar cada vez mais flexíveis e responsivas. Elas devem explorar as vantagens de economias de escala e, sobretudo, o talento e o conhecimento das pessoas que nelas trabalham. Administradores bem-sucedidos aplicam seus esforços para criar um ambiente de trabalho que facilita o florescimento de competências, seja encorajando as pessoas a assumir maiores responsabilidades, investindo em sua educação e em treinamento para reforçar a autoconfiança enquanto as impulsionam e as apoiam em aprender com seus erros. O processo de construir competências consiste em criar um ambiente de comportamento colaborativo. Isso é feito por meio do trabalho em equipe, no qual as pessoas aprendem umas com as outras e conquistam confiança. A competência aumenta como em uma equipe de futebol, na qual todos aprendem a se antecipar enquanto os outros se movimentam.

Processo de renovação: os administradores bem-sucedidos se concentram hoje em um processo de renovação continuada. Eles lutam contra a complacência e a rotina e desenvolvem hábitos de questionar por que as coisas estão sendo feitas e como melhorá-las continuamente, para assim tornar as pessoas criativas e inovadoras.

Assim, empreender, construir competências e renovar continuamente são os focos que os administradores bem-sucedidos utilizam em suas equipes de trabalho.

OS NÍVEIS ORGANIZACIONAIS

O administrador é uma figura essencial e indispensável para as organizações, independentemente de seu tamanho ou seu tipo. Dentro das organizações, o administrador pode ser um presidente ou diretor, um gerente ou um supervisor, dependendo do nível que ocupa. Em outras palavras, o administrador pode estar situado em um dos três níveis organizacionais: institucional, intermediário ou operacional. Em cada um dos níveis organizacionais o papel do administrador é diferente: na medida em que se sobe na escala hierárquica aumenta a abrangência e a longitude do tempo[13].

Nível Institucional

É o nível administrativo mais elevado da organização, constituído pelo presidente e pelos diretores que compõem a alta administração e tomam as principais decisões da organização. Nas grandes organizações existe o conselho administrativo, que determina o que o presidente e a direção devem fazer. O nível institucional é o nível mais periférico da organização, pois está em contato direto com o ambiente externo, ou seja, com o mundo que rodeia a organização, e recebe o impacto das mudanças e das pressões ambientais. Recebe também o nome de nível es-

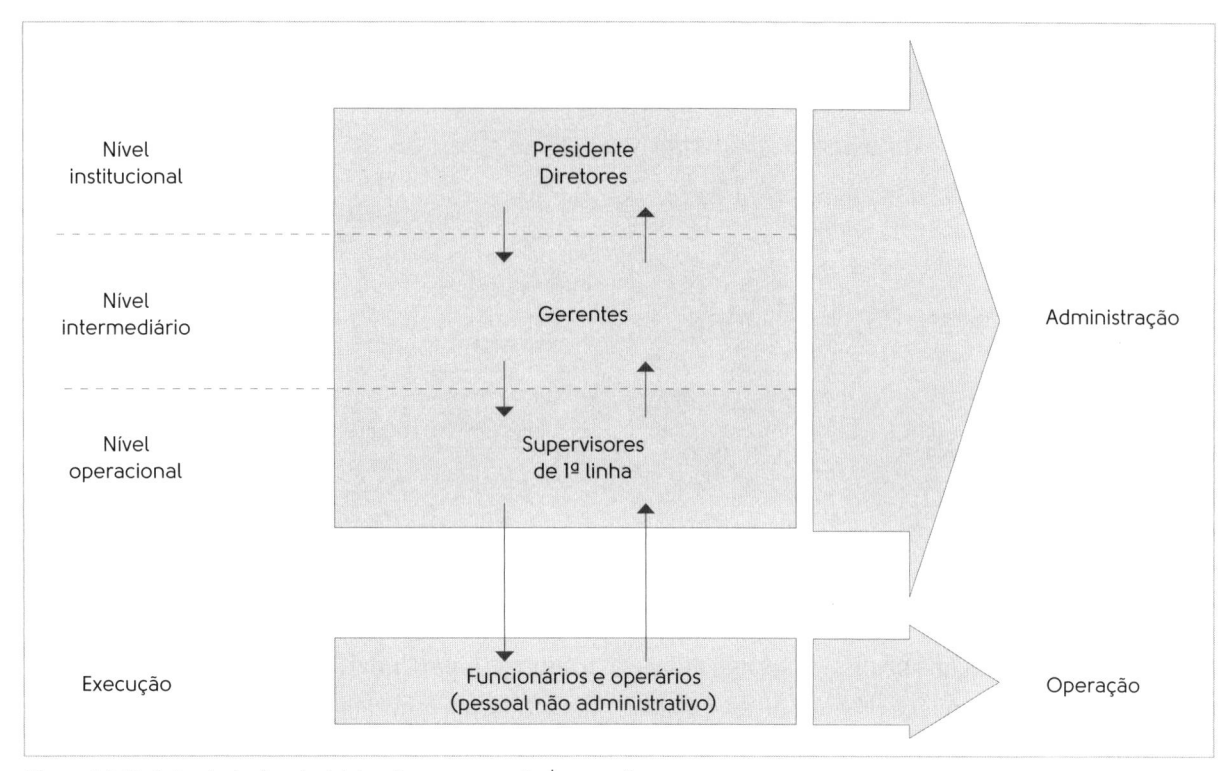

Figura 1.4. Os três níveis da administração e a operação/execução.

tratégico, pois é o responsável pela definição do futuro do negócio como um todo. Nesse nível, o administrador deve possuir uma visão estratégica, pois define a missão e os objetivos fundamentais do negócio.

Nível Intermediário

É o nível administrativo que articula internamente o nível institucional com o operacional da organização, ou seja, é o meio do campo. É composto pelos gerentes e recebe o nome de nível gerencial ou tático. Funciona como uma camada amortecedora dos impactos ambientais, pois recebe as decisões globais tomadas no nível institucional e as transforma em programas de ação para o nível operacional. Interpreta a missão e os objetivos fundamentais do negócio e os traduz em meios de ação cotidiana para que o nível operacional possa transformá-los em execução. Nesse nível, o administrador deve possuir uma visão tática.

Nível Operacional

É o nível administrativo mais baixo de todos, o mais íntimo da organização, ou seja, constitui a base inferior do organograma. É o nível que administra a execução e a realização das tarefas e das atividades cotidianas. Nesse nível, o administrador deve possuir uma visão operacional. Recebe o nome de supervisão de primeira linha, pois tem contato direto com a execução ou a operação que é realizada pelos funcionários não administrativos e pelos operários que se incumbem da realização das tarefas e das atividades rotineiras do dia a dia da organização.

Assim, a administração é exercida nas organizações por meio desses três níveis em estreita coordenação entre si. Eles formam o chamado aparato administrativo da organização. Cada um deles tem a sua função específica, como mostra a Figura 1.5.

O administrador é o responsável pelo desempenho organizacional em qualquer desses três ní-

Nível	Atuação	Abrangência	Amplitude de tempo
Institucional	Estratégico	Global, envolvendo toda a organização	Longo prazo
Intermediário	Tático	Parcial, envolvendo uma unidade da organização	Médio prazo
Operacional	Operacional	Específico, envolvendo determinada operação ou tarefa	Curto prazo

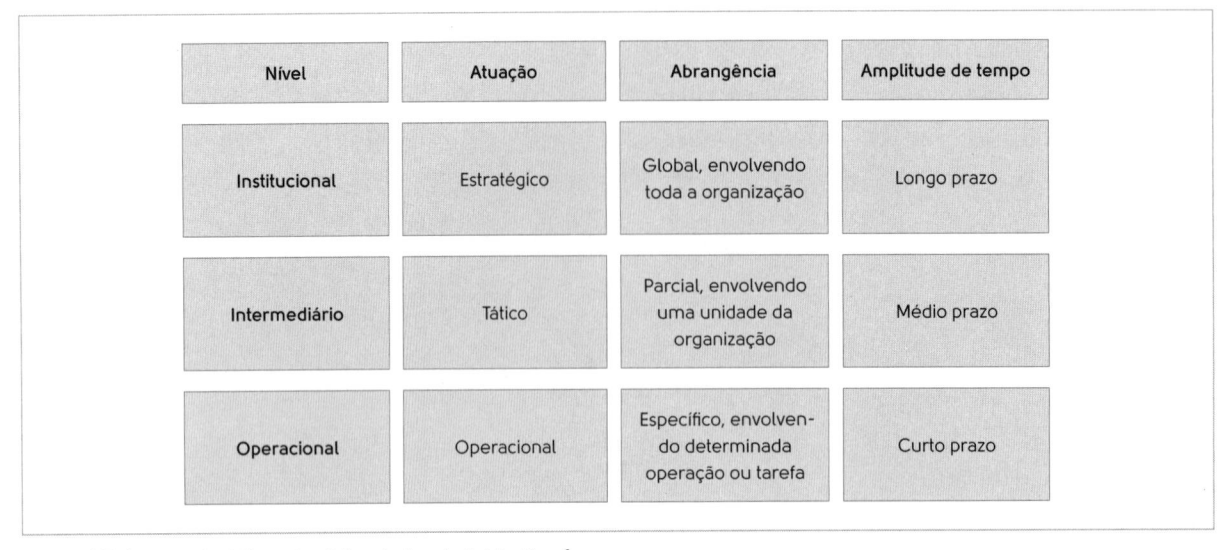

Figura 1.5. As características dos três níveis administrativos[9].

veis. Muitas vezes, alguns profissionais não administradores são promovidos do nível de execução para o nível administrativo de certas organizações, como médicos (em hospitais), engenheiros (nas indústrias), contabilistas (em consultorias de auditoria e contabilidade), economistas (em organizações públicas) ou advogados (em consultorias jurídicas), no qual eles deixam parcialmente a sua especialidade original para se tornarem administradores. A partir daí, passam a necessitar de conhecimentos mínimos de administração.

Como o administrador pode trabalhar em qualquer desses três níveis organizacionais, ele pode ser o presidente, o diretor, o gerente ou o supervisor, dependendo da posição em que esteja situado. Contudo, em qualquer um desses níveis ou posições o trabalho do administrador está sempre voltado para o chamado processo administrativo.

Voltando ao caso introdutório

Como gerente geral da divisão multimídia da Computer Field, Xavier ocupa uma posição administrativa no nível intermediário da organização. Reporta-se ao nível institucional e tem abaixo de si vários supervisores no nível operacional. Seu trabalho envolve uma divisão da companhia. Seus objetivos são formulados no médio prazo, quase sempre ao redor de um ano, período que constitui um exercício contábil. Comente a posição de Xavier na organização.

Administração de hoje

O mundo organizacional[14]

A administração está focada na criação do futuro e do destino das organizações. A consultoria McKinsey fez um levantamento do cenário das empresas globais e chegou às seguintes previsões a partir de 2010:

- Em 2010, oito mil companhias do mundo todo excederam o *benchmark* de 1 bilhão de dólares em termos de lucratividade anual.
- US$ 57 trilhões em retornos anuais consolidados foram gerados por essas companhias, o que significa aproximadamente 90% do GDP mundial.
- 73% dessas companhias estão em países desenvolvidos.
- Cerca de 800 das maiores companhias do mundo são de propriedade estatal.
- 20 cidades – como Nova York, Londres, Paris, etc. – abrigam mais de um terço dessas grandes companhias.

As previsões de McKinsey para 2025 são:

- Serão 15 mil companhias.
- Mais de 45% da fortuna global das 500 maiores empresas do mundo deverão vir de países emergentes em comparação com os 17% de 2010.
- 40% das cinco mil novas grandes empresas dos países emergentes estarão baseadas na China.
- Mais de 330 cidades hospedarão as matrizes das grandes companhias na primeira etapa.
- US$ 130 trilhões de retornos das grandes companhias representando 130% de 2010.
- Três vezes mais dessas grandes companhias estarão hospedados em países emergentes em relação a 2010.

O PROCESSO ADMINISTRATIVO

Mas, o que faz o administrador? Quais as funções que exerce no seu cotidiano?

Parte da nossa definição de administração fala do alcance de objetivos organizacionais por intermédio do planejamento, da organização, da direção e do controle. Tornou-se prática comum definir a administração em termos de suas quatro funções específicas: planejamento, organização, direção e controle (Figura 1.6). Assim, a administração é o processo de planejar, organizar, dirigir e controlar os esforços dos membros da or-

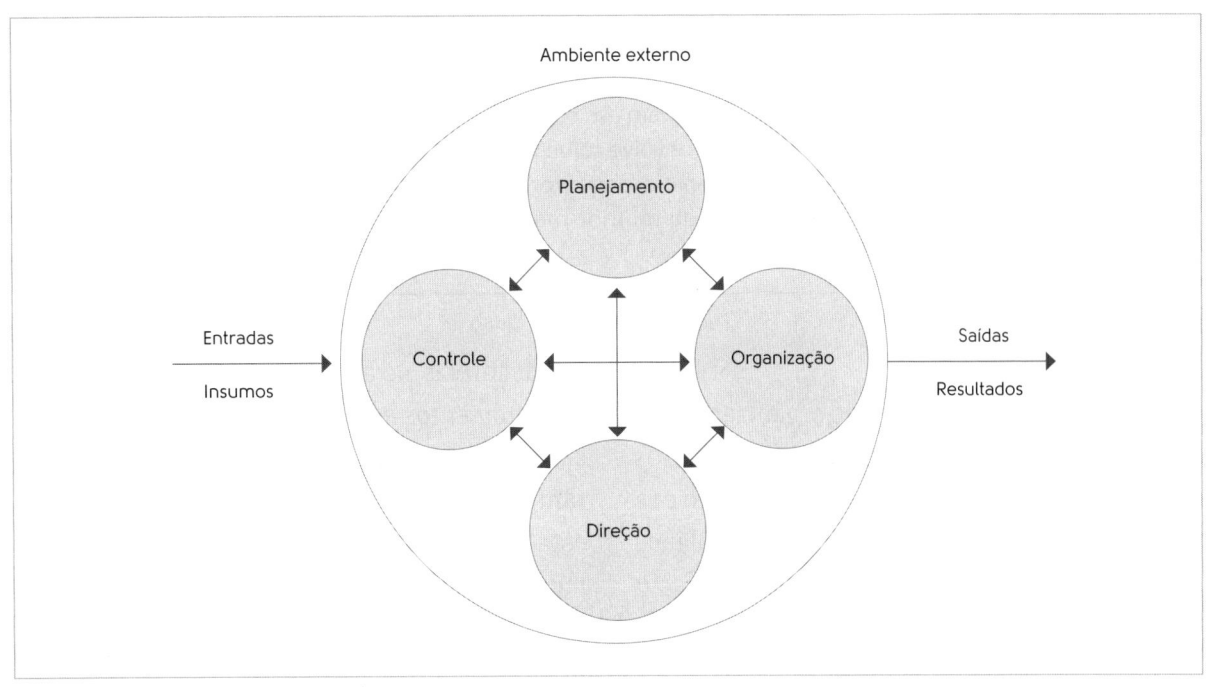

Figura 1.6. O processo administrativo[9].

Administração de hoje

O que é o processo administrativo?

Processo significa sequência de coisas que se sucedem em ciclos repetitivos. É uma maneira planejada e sistemática de fazer as coisas. É um meio, um método ou uma maneira de conduzir certas atividades. Dentro dessa perspectiva, a administração é um processo conduzido por administradores nos vários níveis ou funções para planejar, organizar, dirigir e controlar as atividades da organização no sentido de alcançar objetivos estabelecidos. Assim, as funções administrativas – planejamento, organização, direção e controle – recebem o nome de processo administrativo. Vejamos cada uma delas.

ganização e de utilizar todos os recursos e as competências organizacionais disponíveis para alcançar objetivos organizacionais previamente estabelecidos[15]. Os recursos organizacionais incluem não somente capital, máquinas, equipamentos, instalações e materiais, mas também informação e tecnologia. Esses constituem a infraestrutura do negócio e são estáticos, inertes e sem vida própria. As competências envolvem as pessoas, que por sua vez constituem o elemento inteligente e dinâmico que manipula, opera e utiliza os recursos.

Planejamento

O planejamento define o que a organização pretende fazer no futuro e como deve fazê-lo. Por essa razão, o planejamento é a primeira função administrativa que define os objetivos para o desempenho organizacional futuro e decide sobre as atividades, os recursos e as competências necessários para alcançá-los adequadamente. Por meio do planejamento o administrador pode se orientar em função dos objetivos visados e das ações necessárias para alcançá-los, baseando-se em métodos ou lógica e não no acaso.

Avaliação crítica: Planejamento

O planejamento produz planos que se baseiam em objetivos e nos melhores procedimentos para alcançá-los adequadamente. Assim, planejar envolve solução de problemas e tomada de decisões quanto a alternativas para o futuro. O planejamento é, portanto, o processo de estabelecer objetivos e o curso de ação adequado para alcançá-los da melhor maneira possível. A Parte III deste livro será inteiramente dedicada ao planejamento.

Organização

A função administrativa de organizar visa a estabelecer os meios e os recursos necessários para possibilitar a execução do planejamento e reflete como a organização tenta executar os planos. A organização é a função administrativa relacionada à divisão do trabalho, ao arranjo e à alocação de tarefas, ao agrupamento de equipes ou de departamentos e à alocação dos recursos necessários nas equipes e nos departamentos. É, portanto, o processo de arranjar e alocar o trabalho, estabelecer a autoridade e os recursos entre os membros de uma organização para que eles possam alcançar os objetivos organizacionais.

Avaliação crítica: Organização

A organização é o processo de engajar as pessoas em um trabalho conjunto de uma maneira estruturada para alcançar objetivos comuns. A Parte IV deste livro será inteiramente dedicada à organização.

Direção

A direção representa a colocação em marcha daquilo que foi planejado e organizado. Para tanto, a direção é a função administrativa que envolve o uso de influência para ativar e motivar as pessoas a alcançarem os objetivos organizacionais. Ela envolve influenciação, comunicação e motivação das pessoas para desempenhar tarefas essenciais.

Avaliação crítica: Direção

A direção é o processo de influenciar e orientar as atividades relacionadas com as tarefas dos diversos membros da equipe ou da organização como um todo. A Parte V deste livro será inteiramente dedicada à direção.

Controle

O controle representa o acompanhamento, a monitoração e a avaliação do desempenho organizacional para verificar se as coisas estão acontecendo de acordo com o que foi planejado, organizado e dirigido. Controle é a função administrativa relacionada com a monitoração das atividades a fim de manter a organização no caminho adequado para o alcance dos objetivos e permitindo as correções necessárias para atenuar os desvios.

Avaliação crítica: Controle

O controle é o processo de assegurar que as atividades atuais estejam em conformidade com as atividades planejadas. A Parte VI deste livro será inteiramente dedicada ao controle.

No conjunto, as quatro funções administrativas – planejamento, organização, direção e controle – formam o processo administrativo.

Isso significa que, basicamente, o administrador deve saber planejar, organizar, dirigir e controlar as atividades das organizações ou de suas unidades a fim de alcançar objetivos previamente estabelecidos. O ideal seria que balanceasse igualmente todas essas quatro funções. Todavia, alguns administradores são excelentes planejadores; outros, muito bons organizadores; outros sabem dirigir bem; enquanto outros ainda são ótimos controladores. Afinal de contas, nada é perfeito neste mundo.

O processo administrativo apresenta as seguintes características básicas[9]:

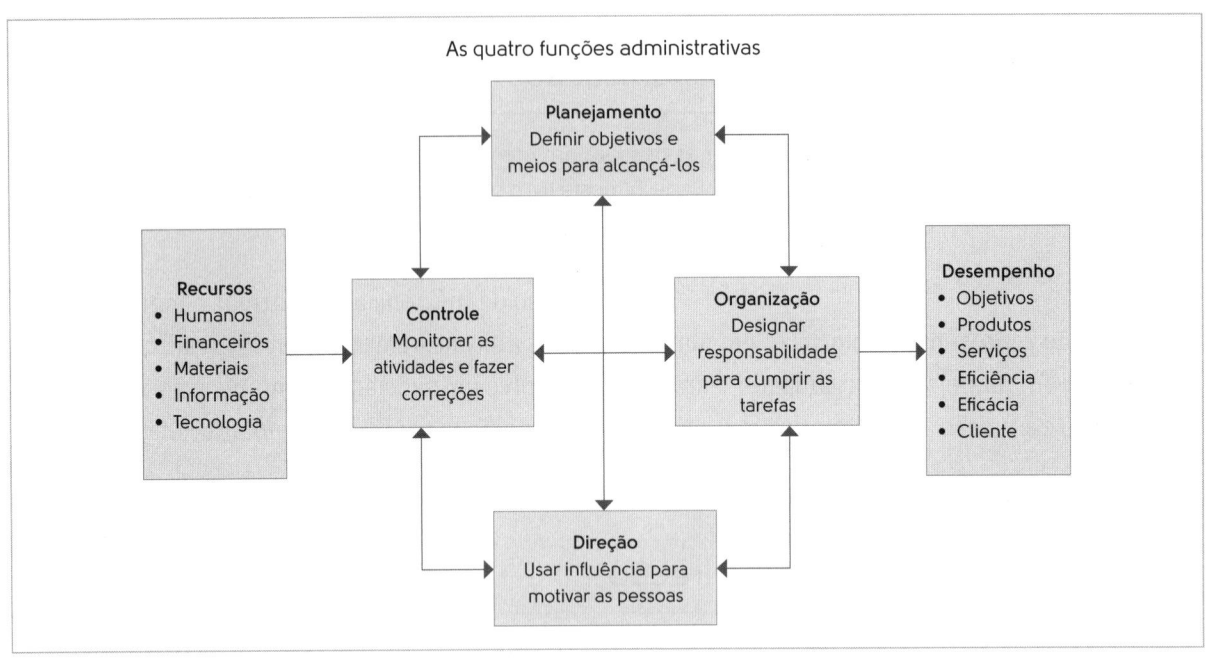

Figura 1.7. O processo administrativo.

🦎 Voltando ao caso introdutório

Como gerente geral da divisão de multimídia da Computer Field, Xavier deve planejar, organizar, dirigir e controlar todas as atividades de sua divisão. Sua função é predominantemente administrativa e o leva a ter uma visão ampla e global de sua divisão.

Níveis de atuação	Planejamento	Organização	Direção	Controle
Institucional	Planejamento estratégico. Determinação dos objetivos organizacionais	Desenho da estrutura organizacional	Direção geral. Políticas e diretrizes de pessoal	Controles globais e avaliação do desempenho organizacional
Intermediário	Planejamento e alocação de recursos	Desenho departamental. Estrutura dos órgãos e equipes. Regras e procedimentos	Gerência e recursos. Liderança e motivação	Controles táticos e avaliação do desempenho departamental
Operacional	Planos operacionais de ação cotidiana	Desenho de cargos e tarefas. Métodos e processos de operação	Supervisão de primeira linha	Controles operacionais e avaliação do desempenho individual

Figura 1.8. O processo administrativo nos três níveis organizacionais[13].

1. **Cíclico e repetitivo:** o processo é permanente, contínuo e sempre completado e repetido. Em cada ciclo, o processo tende a melhorar e aperfeiçoar-se continuamente.

2. **Interativo:** isto é, cada função administrativa interage com as demais, influenciando-as e sendo por elas influenciada.
3. **Iterativo:** o processo administrativo é uma sequência de passos que, embora não sejam rigidamente seguidos, formam um itinerário sujeito a ajustamentos e correções, avanços e recuos, ao longo de sua implementação.
4. **Sistêmico:** o processo não pode ser analisado por cada uma de suas partes, tomadas isoladamente, mas pela sua totalidade e globalidade. Para se entender cada uma das funções administrativas é necessário conhecer todas as demais. Nenhuma delas pode ser administrada sem uma estreita vinculação com as outras.

O ADMINISTRADOR

O administrador é o responsável pelo desempenho no trabalho de uma ou mais pessoas de uma organização. Ele alcança resultados por meio de sua organização e das pessoas que nela trabalham. Para tanto, o administrador planeja, organiza, dirige pessoas, dirige e controla recursos materiais, financeiros, informação e tecnologia, juntando as competências necessárias para o alcance de determinados objetivos organizacionais. Na verdade, o administrador consegue fazer as coisas por intermédio das pessoas, razão pela qual elas ocupam posição primordial nos negócios de todas as organizações. As pessoas são geralmente chamadas de subordinados, funcionários, colaboradores, parceiros ou empreendedores internos. Ou ainda membros de células ou equipes. Todo administrador assume uma responsabilidade básica: ajudar a sua organização a alcançar elevado desempenho por intermédio das pessoas e da utilização de todos os seus recursos – materiais, financeiros, informação e tecnologia. E de lambuja desenvolver e utilizar competências para isso. Provavelmente, não existe algo mais vital à sociedade do que o papel do administrador, que determina se uma instituição social pode servir bem à comunidade ou simplesmente desperdiça talentos e recursos[16].

O administrador proporciona direção e rumo às suas organizações, oferece liderança às pessoas e decide como os recursos e as competências organizacionais devem ser desenvolvidos, arranjados e utilizados para o alcance dos objetivos da organização. Essas atividades se aplicam não somente ao executivo de topo da organização, mas a todos os demais administradores intermediários até o nível do supervisor de primeira linha. Em outras palavras, aplicam-se ao administrador situado em qualquer nível hierárquico de uma organização.

AS HABILIDADES DO ADMINISTRADOR

O sucesso do administrador depende mais do seu desempenho do que de seus traços particulares de personalidade. Daquilo que ele faz e não daquilo que ele é. E o seu desempenho é o resultado de certas habilidades que o administrador possui e utiliza. Uma habilidade é a capacidade de transformar conhecimento em ação e que resulta em um desempenho desejado. Existem três tipos de habilidades importantes para o desempenho administrativo bem-sucedido: técnicas, humanas e conceituais[17] (Figura 1.9).

1. **Habilidades técnicas:** envolvem o uso de conhecimento especializado e facilidade na execução de técnicas relacionadas com o trabalho e com os procedimentos de realização. É o caso de habilidades em contabilidade, em programação de computador, engenharia, etc. As habilidades técnicas estão relacionadas com o fazer, isto é, com o trabalho com "coisas", como processos materiais ou objetos físicos e concretos. É relativamente fácil trabalhar com coisas e com números porque eles

são estáticos e inertes, não contestam nem resistem à ação do administrador.

2. **Habilidades humanas**: estão relacionadas ao trabalho com pessoas e referem-se à facilidade de relacionamento interpessoal e grupal. Envolvem a capacidade de comunicar, motivar, coordenar, liderar e resolver conflitos pessoais ou grupais. As habilidades humanas estão relacionadas à interação com as pessoas. O desenvolvimento da cooperação dentro da equipe, o encorajamento da participação, sem medos ou receios, e o envolvimento das pessoas são aspectos típicos de habilidades humanas. Saber trabalhar com pessoas e por intermédio delas.

3. **Habilidades conceituais**: envolvem a visão da organização ou da unidade organizacional como um todo e a facilidade em trabalhar com ideias e conceitos, teorias, modelos e abstrações. Um administrador com habilidades conceituais está apto a compreender as várias funções da organização, complementá-las entre si, como a organização se relaciona com seu ambiente e como as mudanças em uma parte da organização afetam o restante dela. As habilidades conceituais estão relacionadas com o pensar, com o raciocinar, com o diagnóstico das situações e com a formulação de alternativas de solução dos problemas. Representam as capacidades cognitivas mais sofisticadas do administrador e que lhe permitem planejar o futuro, interpretar a missão, desenvolver a visão e perceber oportunidades onde ninguém enxerga coisa nenhuma. Na medida em que um administrador faz carreira e sobe na organização ele precisa, cada vez mais, desenvolver as suas habilidades conceituais para não limitar a sua empregabilidade. Empregabilidade[18] é a capacidade que uma pessoa tem para conquistar e manter um emprego. Conquistar um emprego pode até ser fácil; o mais difícil é mantê-lo no longo prazo.

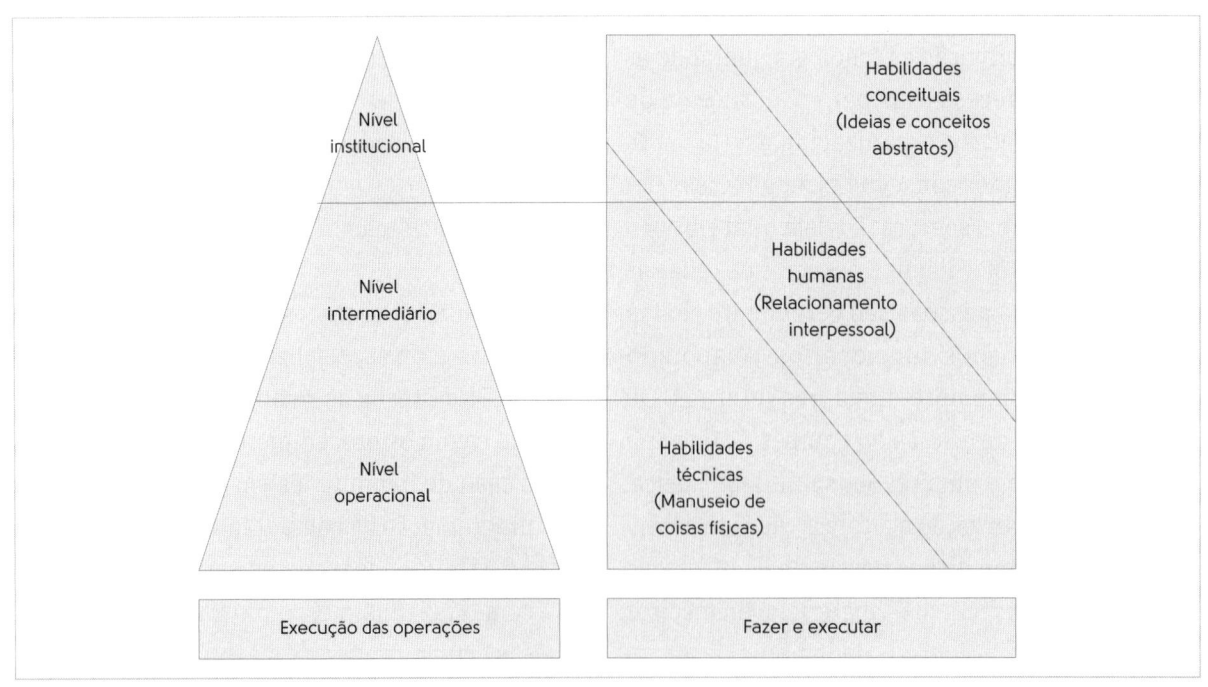

Figura 1.9. As três habilidades do administrador.

⚖️ Avaliação crítica: Quais são as empresas boas para se trabalhar?

Como deve ser uma empresa considerada um ótimo lugar para trabalhar? Que práticas ela deve ter? E que práticas não pode ter? Robert Levering e Milton Moskowitz passaram anos estudando o assunto e publicaram um livro em 1984 que se transformou em um *best-seller* nos Estados Unidos: *The 100 best companies to work in America*. Chegaram a uma teoria: para ser um lugar realmente bom de trabalhar, nenhuma empresa precisa ser perfeita – precisa apenas ser boa em alguns aspectos específicos. Dizem eles que a política salarial e de benefícios, as oportunidades de carreira e a qualidade das instalações melhoram a cotação da empresa com os colaboradores. Mas o que pesa mesmo é a confiança que a empresa inspira: os colaboradores precisam sentir que seus administradores são pessoas confiáveis e precisam ter a certeza de que não serão demitidos de repente, a troco de nada. E que, se for necessário haver demissões, elas serão conduzidas com total transparência. Precisam perceber que a empresa não comete injustiças. Além disso, os colaboradores têm de sentir que são importantes e fazem parte do negócio, que o acesso aos administradores é fácil e podem fazer críticas, sugestões e reclamações sem sofrer retaliações. Em resumo, o ambiente de trabalho tem de ser leve, agradável e gostoso, pois sem isso não há salário alto capaz de transformar uma companhia em um lugar bom para trabalhar[19].

Contudo, essas três habilidades – técnicas, humanas e conceituais – requerem certas competências pessoais para serem colocadas em ação com êxito. As competências – qualidades de quem sabe analisar uma situação, apresentar soluções e resolver assuntos ou problemas – constituem o maior patrimônio pessoal do administrador[9]. O seu capital intelectual. A sua maior riqueza e que ninguém pode roubar. Porém, em um mundo em constante mudança e transformação, a aquisição de uma nova competência necessária significa, quase sempre, o abandono de outra competência que se tornou velha e ultrapassada. O segredo está em adquirir competências duráveis: aquelas que mesmo em tempos de rápida mudança não se tornam obsoletas nem descartáveis. Diante de todos esses desafios, o administrador – para ser bem-sucedido profissionalmente – precisa desenvolver quatro competências duráveis: conhecimento, habilidade, julgamento e atitude. Vejamos cada uma delas.

1. **Conhecimento:** todo o acervo de informações, conceitos, ideias, experiências, aprendizagens que o administrador possui a respeito de sua especialidade. Como o conhecimento muda a cada instante em função da mudança e da inovação que ocorrem com intensidade cada vez maior, o administrador precisa atualizar-se constantemente e renovar-se continuamente. Isso significa aprender a aprender, a ler, a ter contato com outras pessoas e profissionais e, sobretudo, a reciclar-se continuamente para não se tornar obsoleto e ultrapassado em seus conhecimentos. Todavia, as empresas estão repletas de profissionais com excelentes currículos e um enorme cabedal de conhecimentos, mas que não são capazes de transformar a sua bagagem pessoal em contribuições efetivas ao negócio e criar valor para a organização. Eles têm o conhecimento para si e não disponível para a organização. Têm o conhecimento, mas não sabem como utilizá-lo ou aplicá-lo. O conhecimento é necessário e fundamental, mas não é suficiente para o sucesso profissional. Ele precisa ser adicionado a três outras competências duráveis: a habilidade, o julgamento e a atitude.

2. **Habilidade:** capacidade de colocar o conhecimento em ação; saber transformar a teoria em prática; aplicar o conhecimento na análise das situações, na solução dos problemas e na condução do negócio. Não basta apenas possuir o conhecimento; ele pode ficar apenas em estado potencial. Torna-se necessário saber como utilizá-lo e aplicá-lo nas diversas situações e na solução dos diferentes problemas. A habilidade representa a capacidade de colocar em ação conceitos, modelos, teorias e ideias abstratas que estão na mente do administrador. Visualizar oportunidades que nem sempre são percebidas pelas pessoas comuns e saber transformá-las em novos produtos, serviços ou processos internos na organização. Na realidade, a habilidade é a condição pessoal que torna o administrador capaz de diagnosticar situações e propor soluções criativas e inovadoras. É a habilidade que dá autonomia e independência ao administrador para não precisar perguntar ao chefe o que deve fazer e como fazer nas suas atividades. Contudo, o conhecimento e a habilidade são fundamentais, mas carecem de uma terceira competência durável: o julgamento.
3. **Julgamento:** não basta ter conhecimento e habilidade. O administrador precisa também saber analisar e avaliar a situação com clareza, obter dados e informação suficiente para julgar os fatos com espírito crítico, ponderar com equilíbrio e definir prioridades. O julgamento é fundamental para tomar decisões. O administrador é um tomador de decisões. Discernimento é necessário para que as decisões sejam adequadas à situação.
4. **Atitude:** comportamento pessoal do administrador frente às situações com que se defronta no seu trabalho. A atitude representa o estilo pessoal de fazer as coisas acontecerem, a maneira de liderar, motivar, comunicar e levar as coisas para a frente. Envolve o impulso e a determinação de inovar, a convicção de melhorar continuamente, o espírito empreendedor, o inconformismo com os problemas atuais e, sobretudo, a facilidade de trabalhar com outras pessoas e fazer as suas cabeças. É essa competência durável que transforma o administrador em um agente de mudança nas empresas e nas organizações e não simplesmente um mero agente de conservação do *status quo*.

Essas quatro competências duráveis constituem a chave-mestra que conduz o administrador ao sucesso nas suas atividades. No decorrer des-

Conhecimento	Habilidade	Julgamento	Atitude
SABER *Know-how* Aprender a aprender Aprender continuamente Ampliar conhecimento Transmitir conhecimento Compartilhar conhecimento	SABER FAZER Aplicar o conhecimento Visão global e sistêmica Resolver problemas Saber fazer bem Trabalhar com os outros Proporcionar soluções	SABER ANALISAR Avaliar a situação Obter dados e informação Ter espírito crítico Julgar os fatos Ponderar com equilíbrio Definir prioridades	SABER FAZER ACONTECER Atitude empreendedora Criatividade e inovação Agente de mudança Iniciativa e riscos Foco em resultados Autorrealização

Figura 1.10. A chave-mestra do administrador: as competências duráveis[9].

te livro, o leitor sentirá a preocupação constante de proporcionar e atualizar o conhecimento, burilar a habilidade, afinar o julgamento e, sobretudo, formar e impor a atitude frente aos outros.

Mas, qual dessas competências é a mais importante? Todas elas são importantes. Qual delas sobressai sobre as demais? Sem dúvida, a competência pessoal mais importante é a atitude. Nosso ponto de vista é o de que o administrador deve ser um agente de mudança dentro das organizações. É ele que faz acontecer a mudança de mentalidade, cultura, processos, atividades, produtos/serviços, etc. É ele que torna as organizações mais eficazes e competitivas e as conduz ao sucesso em um complicado mundo cheio de mudanças, incertezas e competitividade. Mas, para que seja o paladino da mudança e inovação capazes de garantir e manter a competitividade organizacional, o administrador precisa desenvolver certas características pessoais que o tornem um verdadeiro líder, como combatividade, assertividade, convicção profunda, não aceitação do *status quo*, inconformismo com a mediocridade e alta dose de espírito empreendedor. Atitude é fundamental.

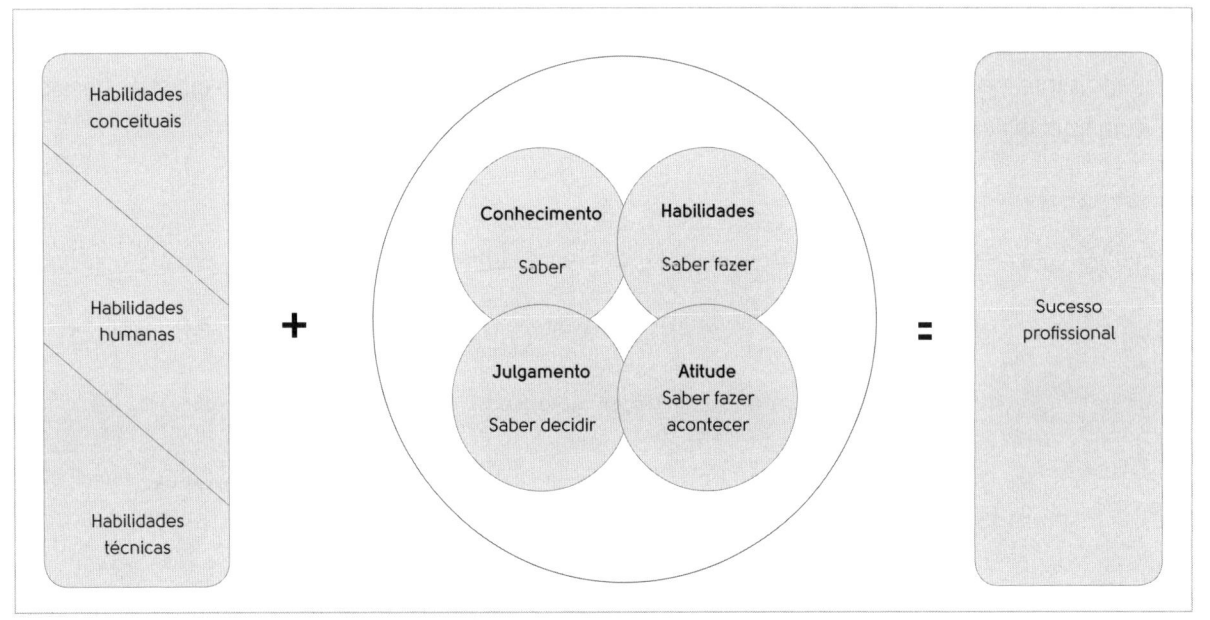

Figura 1.11. Os recursos pessoais do administrador[9].

Voltando ao caso introdutório

Ao trabalhar na Computer Field, certamente o nosso amigo Xavier terá de reunir as quatro competências duráveis – conhecimento, habilidade, julgamento e atitude – para poder enfrentar todos os desafios profissionais pela frente. Reunir conhecimento profundo e atualizado, afiar suas habilidades pessoais e sua aplicabilidade na solução dos problemas e na inovação, melhorar seu julgamento e discernimento e, sobretudo, desenvolver uma atitude positiva e empreendedora para alcançar as metas e os resultados a que se propôs.

OS PAPÉIS DO ADMINISTRADOR

E por que a nossa chave-mestra é tão importante? Pela simples razão de que o sucesso pessoal do administrador depende delas. Mintzberg[20] fez uma interessante pesquisa e verificou que as diversas atividades administrativas podem ser organizadas em dez papéis. Um papel é um conjunto de expectativas da organização a respeito do comportamento de uma pessoa.

Cada papel representa atividades que os administradores conduzem para cumprir as funções de planejar, organizar, dirigir e controlar. Os dez papéis foram divididos em três categorias: interpessoal, informacional e decisório (Figura 1.12).

1. **Papéis interpessoais**: representam as relações com outras pessoas e estão relacionados com as habilidades humanas. Mostram como o administrador interage com as pessoas e influencia subordinados.
2. **Papéis informacionais**: descrevem as atividades usadas para manter e desenvolver uma rede de informações. Um administrador no nível institucional passa a maior parte de seu tempo falando com outras pessoas. Mostram como o administrador intercambia e processa a informação.
3. **Papéis decisórios**: envolvem todos os eventos e as situações nos quais o administrador deve fazer uma escolha ou uma opção. Esses papéis requerem tanto habilidades humanas como conceituais. Mostram como o administrador utiliza a informação em suas decisões (Figura 1.13).

Categoria	Papel	Atividade
Interpessoal	Representação	Assume deveres cerimoniais e simbólicos, representa a organização, acompanha visitantes, assina documentos legais
Interpessoal	Liderança	Dirige e motiva pessoas, treina, aconselha, orienta e se comunica com os subordinados
Interpessoal	Ligação	Mantém redes de comunicação dentro e fora da organização, usa malotes, faz telefonemas e reuniões
Informacional	Monitoração	Manda e recebe informação, lê revistas e relatórios, mantém contatos pessoais
Informacional	Disseminação	Envia informação para os membros de outras organizações, envia memorandos e relatórios, faz telefonemas e contatos
Informacional	Porta-voz	Transmite informações para pessoas de fora por conversas, relatórios e memorandos
Decisório	Empreendedorismo	Inicia projetos, identifica novas ideias, assume riscos, delega responsabilidade de ideias para outros
Decisório	Resolução de conflitos	Toma ação corretiva em disputas ou crises, resolve conflitos entre subordinados, adapta o grupo a crises e mudanças
Decisório	Alocação de recursos	Decide a quem atribuir recursos. Programa, orça e estabelece prioridades
Decisório	Negociação	Representa os interesses da organização em negociações com sindicatos, em vendas, compras ou financiamentos

Figura 1.12. Os dez papéis do administrador[20].

Papéis interpessoais	Papéis informacionais	Papéis decisórios
Como o administrador interage	Como o administrador intercambia e processa a informação	Como o administrador utiliza a informação nas suas decisões
• Representação • Liderança • Ligação	• Monitoração • Disseminação • Porta-voz	• Empreendedorismo • Solução de conflitos • Alocação de recursos • Negociação

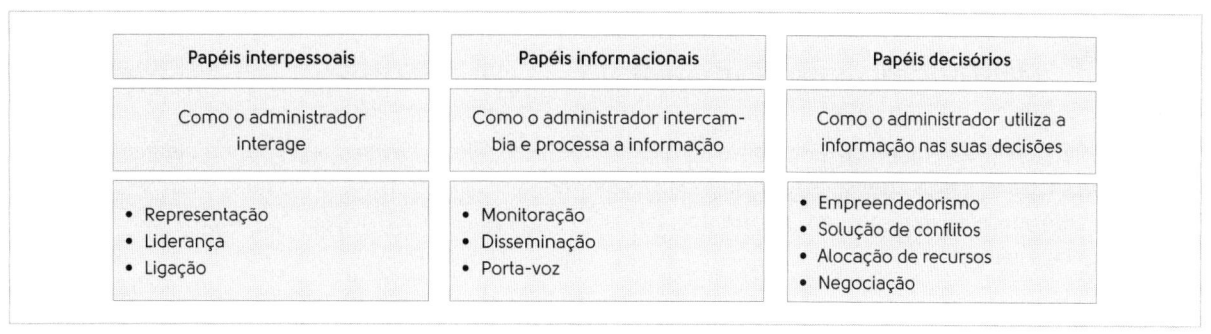

Figura 1.13. Os dez papéis administrativos[20].

Administração de hoje

A importância dos papéis

No fundo, os papéis interpessoais, informacionais e decisórios dependem fortemente do conhecimento, da perspectiva e da atitude do administrador. Os papéis administrativos constituem o que o administrador "faz", enquanto as três competências duráveis constituem o que o administrador "é". Fazer e ser: eis as duas questões fundamentais do administrador eficiente e eficaz. Ser é mais importante do que fazer.

Avaliação crítica: Seja burro (e aguente as consequências)[21]

Fluência em inglês, para quê? Afinal, a língua que a gente fala é o português. Ler livros de administração ou de formação profissional? Perda de tempo. Cursos de treinamento e reciclagem? Frescura do pessoal de RH. Se você pensa e age assim, nossas sinceras condolências: você é um sério candidato a engrossar as estatísticas de desemprego. O mais preocupante é que numa época em que as empresas estão cada vez mais seletivas e exigentes, gente assim não é uma exceção. O descaso com a formação que grassa entre o pessoal de colarinho-branco foi detectado por um estudo da Catho, consultoria especializada em recrutamento e *outplacement*. Foram ouvidos 520 executivos de todo o país. Segundo a pesquisa, 28% dos entrevistados não conhecem nenhum idioma estrangeiro. E o que é mais grave nestes tempos de globalização: apenas pouco mais de 48% declararam ter fluência em inglês. O desleixo também é grande quanto à reciclagem profissional: 22,7% deles não participaram de cursos nos seis meses anteriores à pesquisa. No mesmo período, a leitura de livros foi artigo em falta para 26,4%.

O trabalho conclui que uma boa parte dos executivos brasileiros não está nem aí para o conceito de empregabilidade, descurando de sua capacitação profissional enquanto estão empregados. Ao serem demitidos eles acabam tendo mais dificuldades para se recolocar no mercado de trabalho. Os menos preparados, aliás, são os primeiros alvos nos processos de enxugamento. Dos entrevistados, 112 estavam desempregados. O despreparômetro acusava entre eles índices muito mais elevados que a média. Desse pessoal, por exemplo, 54% não tinham intimidade com a língua inglesa, 30% não haviam feito curso de reciclagem recentemente e 28,6% não leram um livro sequer sobre sua área de atuação no semestre anterior. É o fim. De quem é a culpa, do mundo empresarial em mudança ou do desempregado?

Voltando ao caso introdutório

Como gerente geral da divisão de multimídia da Computer Field, Xavier desempenha papéis interpessoais para interagir com seus funcionários, desempenha papéis informacionais para intercambiar e processar informação e também papéis decisórios para utilizar as informações nas suas divisões. Dê exemplos a respeito.

Dicas

As dicas para o administrador bem-sucedido[22]

1. **Faça investimentos constantes em sua formação profissional**: estude com afinco, leia bastante, faça cursos de aperfeiçoamento, aprenda uma língua (como inglês), estude informática, aprenda tudo o que for possível para ser um excelente profissional. Não seja apenas mais um em sua organização. Em qualquer coisa que você fizer, não seja apenas medíocre: seja o melhor possível!
2. **Mantenha-se atualizado**: procure ter uma visão global do mundo, dos negócios, das organizações, das tendências que estão ocorrendo, sobre assuntos diversos. Fique por dentro e discuta assuntos variados, amplie sua capacidade de analisar, esteja sempre atualizado.
3. **Desenvolva seu espírito empreendedor**: leve o trabalho a sério, como se ele fosse de sua própria empresa e tenha garra e iniciativa para alcançar metas e resultados. Busque novas ideias: procure perceber em tudo o que você lê ou estuda as ideias que você pode aplicar no seu trabalho ou iniciar um novo filão na empresa ou então um novo negócio particular. Não mostre o problema; indique a solução. Seja parte da solução e não do problema.
4. **Saiba trabalhar em equipe**: aprenda a trabalhar em conjunto com outras pessoas. Torna-se cada vez mais importante saber trabalhar em grupo. Bons relacionamentos interpessoais são fundamentais no trabalho do administrador e produzem motivação, satisfação e um ótimo ambiente de trabalho.
5. **Seja ágil e flexível**: é preciso ter jogo de cintura para relacionar-se com pessoas, clientes, superiores, além de achar a solução adequada para os problemas e inovar sempre e sempre. Saber lidar com diferentes pessoas e situações de modo criativo e original. Não caia na rotina.
6. **Desenvolva sua capacidade de persuasão e negociação**: seja diplomático e saiba interagir com as pessoas resolvendo problemas e compartilhando os benefícios alcançados.
7. **Administre conflitos**: é necessário compreender opiniões e posições diferentes e, às vezes, antagônicas e opostas. Saiba conduzir situações difíceis e criar soluções que abranjam interesses diferentes e satisfaçam todas as partes envolvidas.
8. **Trate sua carreira como se ela fosse um negócio**: seja o empresário de si mesmo. O seu produto/serviço é a sua própria competência profissional, que deve ser colocada no mercado e deve atender o cliente, que é a organização para a qual você trabalha. Tenha o espírito de fornecedor do seu produto/serviço.

Caso para discussão: Microsoft[23]

O ex-presidente e fundador da Microsoft, William H. Gates, tem recebido vários apelidos pelo mundo afora: garoto mágico, vendedor de ideias, cortador de gargantas, figura *cult* da informática, capitalista bem-sucedido e o homem mais rico dos Estados Unidos. Enquanto muita gente se preocupa com isso, Gates trabalhou muito para tornar a sua empresa, a Microsoft, a mais importante força na indústria de computadores do mundo. Esse aluno desatento da Harvard deixou a escola para associar-se a Paul Allen e formar a Microsoft.

Quando Gates iniciou em 1978, a Microsoft tinha apenas 13 empregados e vendeu 1 milhão de dólares de *software*. Em 1992, empregava mais de 11.800 pessoas no mundo todo, vendendo 2.760 bilhões de dólares anuais de *software* em 39 línguas diferentes. A Microsoft tornou-se uma empresa de um incrível dinamismo, liderando a criação de ferramentas para os mortais que precisam de microcomputadores, enquanto as outras empresas seguem atrás na sua rasteira. A Microsoft chegou a valer mais de 150 bilhões de dólares. A empresa detém metade do mercado mundial de programas para PC e não existe um único concorrente que ameace sua posição. Pelo contrário, a Microsoft é quem avança avidamente sobre os espaços ocupados por outras companhias.

Gates conquistou uma impressionante fortuna superior a 7 bilhões de dólares antes dos seus 41 anos de idade, em pouco mais de 15 anos de trabalho por antever as potencialidades do computador pessoal. Gates tem sido um oportunista brilhante. Seu primeiro golpe de sorte aconteceu em 1981, quando a IBM cometeu um dos maiores erros empresariais dos tempos modernos: a omissão da IBM ao deixar de comprar o sistema operacional – o MS-DOS – para o seu computador pessoal, o PC. Em lugar disso, deixou para a Microsoft os direitos exclusivos desse *software* que continha as instruções básicas do computador. Isso representava uma máquina de fazer dinheiro. Na medida em que os clones do PC da IBM foram se multiplicando – com a Hewlett-Packard, Dell, Toshiba, Hitachi, Acer, etc. – a Microsoft decolou definitivamente. E ela nem sequer escreveu o programa DOS original, que foi adquirido de outra pequena empresa por 75.000 dólares. O MS-DOS foi o sistema operacional utilizado em mais de 100 milhões de micros pelo mundo afora. Após fixar seu parâmetro em sistemas operacionais, a Microsoft passou a migrar rapidamente para uma posição de comando em programas aplicativos, o que representa uma concentração de músculos e cérebros que não se via desde os dias de glória da IBM no mercado de *mainframes* ao redor da década de 1970.

Apesar do fenomenal crescimento da Microsoft, Bill Gates permaneceu como o elemento mais importante na cultura corporativa da empresa. Mantém intensa conectividade interna com seus funcionários. Seja em criação de novos produtos, em *marketing*, programação ou produção, adota equipes de pequeno tamanho e divididas em subgrupos, assegurando perfeito gerenciamento das tarefas e proporcionando participação total dos membros. Quando desenvolve novos produtos, Gates seleciona uma equipe de aproximadamente dez pessoas da engenharia e marketing, estabelece os objetivos e divide o trabalho. Delega autoridade, mas com rédeas curtas. Reúne-se com o grupo a cada duas semanas para rever o progresso, resolver problemas e incentivar a equipe, quando se torna incisivo, cobrador e muitas vezes até ameaçador. Quer resultados.

Gates não adota as técnicas bem-sucedidas de emprego de seus concorrentes. Aprendeu com a IBM que as grandes companhias são melhores para desenvolver projetos, coisa rara entre as companhias iniciantes. Imita os programas de reuniões da IBM para equipes de novos produtos e fixa objetivos com balizamentos estritos. Gates segue também outra regra simples: admite apenas pessoas espertas e ágeis e as desafia a pensar, a se envolver nas tarefas e a trabalhar duro. O resultado é que o funcionário médio da Microsoft trabalha entre 60 e 80 horas por semana. A companhia recebe normalmente 120 mil currículos por ano e muitos candidatos rejeitam melhores salários de outras empresas para disputar os prêmios de desempenho e de gratificações proporcionados pela Microsoft.

Gates soube visualizar o poder do computador para as massas antes do seu tempo. Sua característica principal é focalizar o futuro e perceber as oportunidades que os outros não veem. Sua estratégia de produto sempre se antecipa à dos concorrentes e é única e singular. Gates possui uma rara combinação de características pessoais, como senso de negócio, profundidade intelectual, espírito empreendedor e competência técnica. Seu planejamento focaliza o usuário sem deixar de lado a inovação em um mercado dinâmico e caracterizado pela rápida obsolescência dos produtos e das tecnologias.

Questões:
1. A que você atribui o fabuloso sucesso de Bill Gates?
2. Qual o método de Gates de implementar as quatro funções administrativas quando lança um novo produto?
3. Como a Microsoft reflete as habilidades administrativas de Gates?
4. Descreva alguns papéis que Gates adota na Microsoft. São típicos das atividades administrativas? Discuta.
5. Que outras mudanças na Microsoft vieram ao seu conhecimento?

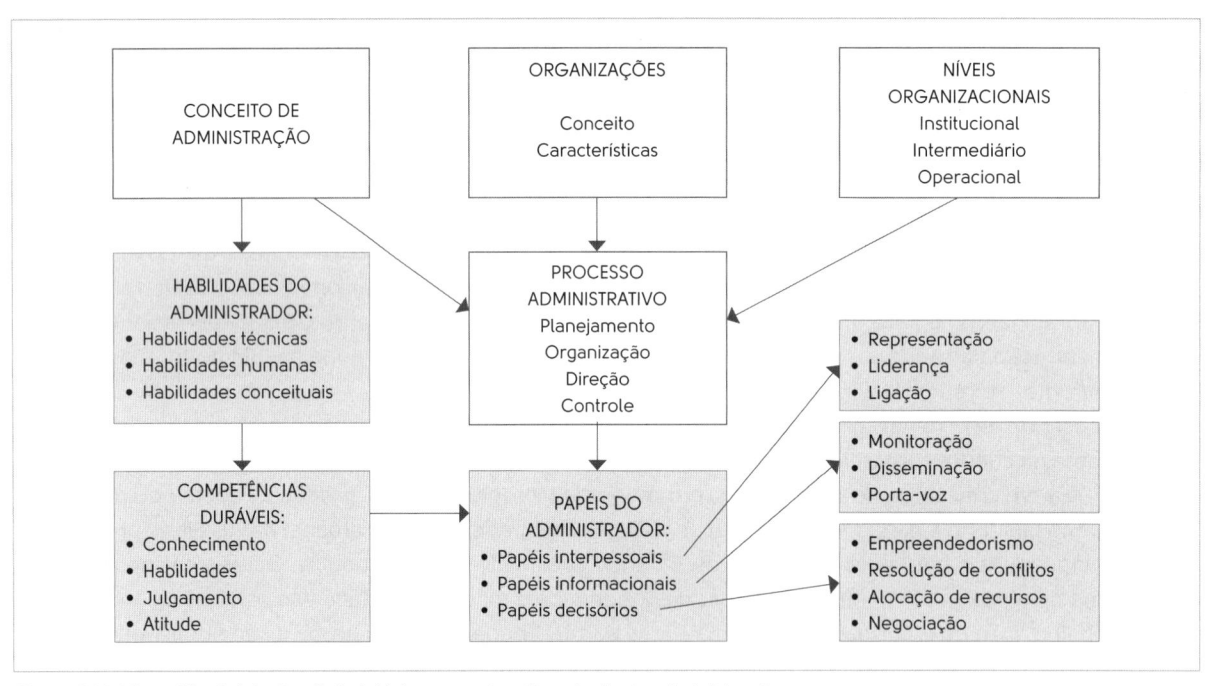

Figura 1.14. Mapa Mental do Capítulo 1: Natureza e desafios atuais da administração.

Exercícios

1. Defina administração e dê exemplos de administradores bem-sucedidos.
2. Descreva a atividade do administrador.
3. Explique o que são as organizações.
4. Descreva os níveis organizacionais e suas principais características.
5. Explique o processo administrativo e seus componentes.
6. Descreva as habilidades do administrador.
7. Descreva os papéis do administrador.

REFERÊNCIAS BIBLIOGRÁFICAS:

1. James A. F. Stoner, R. Edward Freeman, Daniel A. Gilbert Jr. *Management.* Englewood Cliffs, Prentice Hall, 1995, p. 7-9.
2. Samuel C.Certo. *Modern management: diversity, quality, ethics, and the global environment.* Boston, Allyn & Bacon, 1994, p. 6.
3. John R. Schermerhorn, Jr. *Management.* Nova York, John Wiley & Sons, 1996, p. 5.
4. Richard L. Daft. *Management.* Fort Worth, The Dryden, 1993, p. G6.
5. Patrick J. Montana, Bruce H. Charnov. *Administração.* São Paulo, Saraiva, 2003, p. 2.
6. James L. Donnelly, John M. Gibson, James H. Ivancevich. *Organizações: comportamento, estrutura, processos.* São Paulo, Atlas, 1986.
7. Michael A. Hitt, J. Stewart Black, Lyman W. Porter. *Management.* Upper Saddle Upper, Prentice Hall, 2005, p. 8.
8. Henry Mintzberg. *Managing.* San Francisco, Berrett-Koehler, 2009, p. 12.
9. Idalberto Chiavenato. *Introdução à teoria geral da administração.* Rio de Janeiro, Elsevier/Campus, 2011.
10. Humberto Maia Junior. "O foco é nos melhores". *Exame CEO*, ago./2013, p. 68-72.
11. "As 500 maiores empresas do Brasil". *Exame*, jul./2010, p. 47.
12. Sumantra Ghoshal, Christopher Bartlett. "Changing the role of top management: beyond structure to processes". *Harvard Business Review*, Jan.-Feb./1995, p. 86-96.
13. Idalberto Chiavenato. *Administração: teoria, processo e prática.* Barueri, Manole, 2014.
14. McKinsey. Disponível em: www.mckinsey.com/insights/urbanization/urban_world_the_shifting_global_business_landscape?cid=other-eml-nsl-mip-mck-oth-1310. Acessado em: 10.10.2013.
15. Michael H. Mescon, Michael Albert, Franklin Khedouri. *Management: individual and organizational effectiveness.* Nova York, Harper & Row, 1985.
16. Henry Mintzberg. "The manager's job: folklore and fact". *Harvard Business Review*, v. 53, Jul.-Aug./1975, p. 61.
17. Robert L. Katz. "Skills of an effective administrator". *Harvard Business Review*, Jan.-Feb./1955, p. 33-42.
18. Idalberto Chiavenato. *A procura do emprego.* Barueri, Manole (no prelo).
19. "As bem amadas". *Exame*, n. 579, 15.03.1995, p. 18.
20. Mintzberg H. *The nature of managerial work.* Nova York, Harper & Row, 1973, p. 92-3.
21. Clayton Netz. "Seja burro (e aguente as consequências)". *Exame*, n. 637, 04.06.1997, p. 120.
22. Richard L. Daft. *Management.* Orlando, The Dryden, 1994, p. 39.
23. Ivan Martins. "Ele é mesmo o amanhã?". *Exame*, n. 604, 28.02.1996, p. 79-85.

2
VISÃO HISTÓRICA DA ADMINISTRAÇÃO

Objetivos de aprendizagem

Após estudar este capítulo, você deverá estar capacitado para:

- Definir as diferentes eras das organizações, características e soluções encontradas.
- Descrever as teorias administrativas nas Eras Industrial Clássica, Industrial Neoclássica e da Informação.
- Perceber como as teorias administrativas prescritivas e normativas foram gradativamente transformadas em teorias descritivas e explicativas.
- Descrever as soluções para administrar as organizações na Era da Informação.
- Definir as características da administração das organizações bem-sucedidas.

O que veremos adiante

- Era da Industrialização Clássica.
- Era da Industrialização Neoclássica.
- Era da Informação.
- Teorias Administrativas na Era Industrial Clássica.
- Ênfase nas tarefas.
- Ênfase na estrutura.
- Ênfase nas pessoas.
- Teorias Administrativas na Era Industrial Neoclássica.
- Ênfase na estrutura.
- Ênfase nas pessoas.
- Ênfase na tecnologia.
- Ênfase no ambiente.
- Desdobramentos recentes.
- Os desafios da Era da Informação.

Caso introdutório: Procura-se um modelo

A Indústria Caravelas é uma tradicional companhia dedicada a produção e distribuição de tecidos de algodão no mercado nordestino. Augusta dos Anjos, a atual e jovem presidente, tem sido a impulsionadora da mudança na conservadora empresa que herdou de seu pai, o fundador. Após formar-se em administração, Augusta passou a comandar um intenso programa de atualização tecnológica, substituindo os antigos teares e implantando um formidável programa de alfabetização e treinamento dos operários. Seu principal alvo era a conscientização dos funcionários para a necessidade de inovações e busca da competitividade imprescindível para a sobrevivência da empresa. O maior problema atual de Augusta é definir qual o modelo adequado para modernizar e viabilizar sua empresa. Onde buscar a inspiração para moldar a estrutura e a dinâmica da organização? No catecismo clássico, neoclássico, humanístico, sistêmico ou contingencial? Em empresas de grande, médio ou pequeno porte? Qual o modelo a buscar e utilizar como referência?

A clara compreensão do que a administração representa hoje exige o conhecimento dos caminhos pelos quais passou a teoria administrativa ao longo de sua breve história. Na realidade, a teoria administrativa tem pouco mais de 100 anos de idade. É certo que na longínqua Antiguidade, ao redor de 5.000 a.C., os sumérios já utilizavam registros escritos a respeito das suas atividades comerciais e governamentais. O papel do planejamento e da organização na construção das pirâmides egípcias, da organização e da comunicação no extenso império romano e das primeiras normas legais na Veneza do século XIV mostram que em tempos distantes necessitava-se de algum esquema administrativo para governar países, empreendimentos e negócios. Contudo, a grande virada somente ocorreu a partir do século XVIII com a Revolução Industrial, que mudou profundamente a vida econômica e social do mundo, provocando a substituição das oficinas artesanais pelas fábricas e transferindo o centro dos negócios da agricultura para a indústria. Mas foi somente em 1903 que Taylor escreveu o primeiro livro sobre administração, inaugurando a teoria administrativa e cujo desenvolvimento pode ser explicado por meio de três etapas distintas pelas quais passou o mundo organizacional no decorrer do século XX: as eras da industrialização clássica, da industrialização neoclássica e da informação. Em cada uma dessas três etapas, a teoria administrativa passou por incríveis mudanças. Vejamos cada uma dessas eras.

ERA DA INDUSTRIALIZAÇÃO CLÁSSICA

O período de industrialização foi fundamental para o aparecimento da teoria administrativa. A industrialização clássica teve seu início no final do século XIX, como consequência direta da Revolução Industrial, e estendeu-se até a metade do século XX, mais precisamente até o ano de 1950. É a etapa em que o capital financeiro passou a constituir a principal fonte de riqueza. O surto de desenvolvimento industrial provocou o gradativo distanciamento entre países desenvolvidos e países subdesenvolvidos. O Brasil ingressou nessa era somente no início dos anos de 1940 com um atraso incrível graças aos esforços do governo Vargas de iniciar a atividade siderúrgica no país. Apesar das duas guerras mundiais que a perturbaram nessa era, predominou um ambiente empresarial estável, previsível, tranquilo, exigindo uma pos-

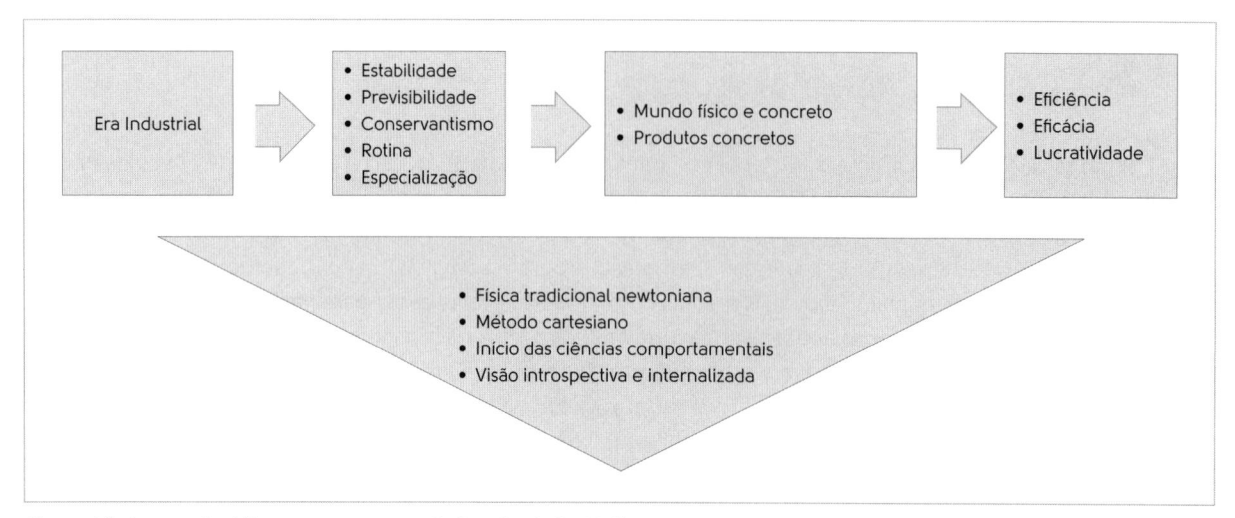

Figura 2.1. As características que marcaram toda a Era Industrial[1].

tura de permanência e manutenção do *status quo* nas organizações.

No início da Era Industrial Clássica, predominaram as três abordagens tradicionais da administração:

1. **Administração Científica:** aborda a execução das tarefas no nível do operário.
2. **Teorias Clássica e Burocrática:** ambas focalizam a estrutura organizacional das organizações.
3. **Teoria das Relações Humanas:** enfatiza o papel das pessoas nas organizações.

Vale a pena conhecer melhor cada uma delas, pois essas teorias nortearam a administração nos primeiros cinquenta anos do século XX. A Era da Industrialização Clássica engatou a primeira marcha no motor das mudanças que haveriam de ocorrer no restante do século XX. A teoria administrativa estava lançando as suas bases fundamentais, preocupando-se com os aspectos prescritivos e normativos sobre como administrar as organizações.

ERA DA INDUSTRIALIZAÇÃO NEOCLÁSSICA

Esta era perdurou do período de 1950 até 1990 e significou uma etapa de forte transição no mundo dos negócios. O final da Segunda Guerra Mundial liberou as organizações para os seus produtos e serviços originais e o desenvolvimento tecnológico – incentivado pelo avião a jato, pela televisão, pela telefonia digital, pelos computadores de primeira a quarta geração e pelo microcomputador –, que proporcionou as condições básicas para que as organizações da época produzissem em enormes escalas de produção uma variedade de produtos e serviços realmente inovadores. Os mercados locais tornaram-se regionais e, até mesmo, nacionais ou internacionais. O ambiente de negócios tornou-se mutável e, em alguns casos, instável, por causa das intensas mudanças sociais, culturais, econômicas e tecnológicas dessa época. Para operar com tal complexidade, as organizações precisavam de inovações e mudanças que o tradicional figurino administrativo não permitia em decorrência de sua rigidez e pouca adaptabilidade à mudança. As organizações haviam se acostumado à estabilidade e à certeza. A mudança ambiental trouxe desafios, como a rápida expansão dos mercados, novos produtos, processos e tecnologias e, sobretudo, o surgimento de potências emergentes, como o Japão, seguidas pelos chamados tigres asiáticos e, mais recentemente, os BRIC –

Administração de hoje

A Era Industrial Neoclássica

A Era da Industrialização Neoclássica engatou a segunda marcha no motor das mudanças, acelerando os acontecimentos e trazendo grandes inovações. Provocou a substituição dos antigos conceitos prescritivos e normativos por conceitos descritivos e explicativos na teoria administrativa. Nesse período, ocorreram as seguintes mudanças:

1. A Teoria Clássica é substituída pela Teoria Neoclássica.
2. A Teoria da Burocracia, pela Teoria Estruturalista.
3. A Teoria das Relações Humanas, pela Teoria Comportamental.
4. De lambuja, surge a Teoria de Sistemas.
5. Posteriormente, a Teoria da Contingência vem para explicar a administração nos novos tempos em um mundo dinâmico, mutável e carregado de incertezas.

No fundo, a Era Industrial Neoclássica trouxe profundas mudanças na teoria administrativa: seja reformulando as teorias anteriores, incluindo novas variáveis ou buscando uma visão integrada das várias teorias existentes.

Brasil, Rússia, Índia e China. Uma nova realidade começou a mostrar os seus amplos contornos – a globalização da economia – e trouxe novos conceitos, como qualidade total, a produtividade, a competitividade, como formas de sobrevivência empresarial. O mundo ficou menor e mais intensamente conectado com as modernas tecnologias de comunicação. Ao longo desse novo contexto surgem as novas abordagens da administração.

ERA DA INFORMAÇÃO

O início da década de 1990 marca o começo da terceira etapa do mundo organizacional. É a era da informação. Surge com o tremendo impacto provocado pelo desenvolvimento tecnológico e com a chamada tecnologia da informação (TI). A nova riqueza passa a ser o conhecimento, o recurso mais valioso e importante que se sobrepõe ao capital financeiro. Em seu lugar surge o capital intelectual.

A TI – o casamento do computador com a televisão e as telecomunicações – invadiu a vida das organizações e das pessoas. Nesse novo contexto, a informação agrega novas características:

1. Menor espaço: a era da informação trouxe o conceito de escritório virtual ou não territorial. Prédios e escritório sofreram uma brutal redução em tamanho. Arquivos eletrônicos acabaram com a papelada e com a necessidade de móveis associados, liberando espaço para outras finalidades. Os centros de processamento de dados (CPD) foram drasticamente reduzidos, enxugados (*downsizing*) e descentralizados por meio de redes de microcomputadores nas organizações. Surgiram as salas virtuais com micros, dispensando prédios e reduzindo despesas fixas. A miniaturização, a portabilidade e a virtualidade passaram a ser a nova dimensão espacial fornecida pela TI.
2. Menor tempo: as comunicações tornaram-se móveis, flexíveis, rápidas e diretas, por isso permitiram maior tempo de dedicação ao clien-

te. A instantaneidade passou a ser a nova dimensão temporal fornecida pela TI.
3. **Maior contato:** com o computador portátil, a multimídia, o trabalho em grupo (*workgroup*) e as estações de trabalho (*workstation*), surgiu o teletrabalho, em que as pessoas trabalham juntas, embora estejam distantes fisicamente. A teleconferência e a telerreunião permitem maior conectividade entre as pessoas com menor deslocamento físico e menor necessidade de viagens para contatos pessoais.

A TI constitui um poderoso instrumento de trabalho dentro das organizações. A ligação com a internet e a adoção da intranet estão se propagando de maneira intensa. A globalização da economia é uma das consequências dessa globalização da informação. A internet – com suas avenidas digitais ou infovias e a democratização do acesso à informação – é um sinal disso. Nessa nova era, quanto mais poderosa a TI, tanto mais informado e tanto mais poderoso se torna seu usuário, seja ele uma pessoa, uma organização ou um país.

A informação torna-se a principal fonte de energia da organização, seu principal combustível, seu mais importante insumo ou recurso. Ela direciona os esforços e aponta os rumos a seguir. Porém, a informação não pode ser confundida com nenhum tipo de matéria-prima. Ela tem propriedades mágicas que os outros recursos não possuem e nem sequer proporcionam, conforme indicado na Figura 2.2

Informação	Bens físicos
• Expansível e sem qualquer limitação.	• Finitos, dependentes de recursos disponíveis
• Comprimível e de fácil manuseio.	• Alguns são relativamente retráteis.
• Substitutivo para o capital, mão de obra ou bens físicos.	• Substitutivos para outros bens em apenas alguns casos.
• Transportável na velocidade da luz.	• Transportáveis em velocidade menor e com maior dificuldade.
• Difusível e difícil de conter, especialmente a de alto valor proprietário.	• Podem ser possuídos, estocados e resguardados do uso.
	• Ocupam espaço.
• Compartilhável entre as pessoas, com expansão de oferta total na medida em que é compartilhada.	• Podem ser trocados entre pessoas, sem nenhuma expansão da oferta total como resultado dos mecanismos de trocas.

Figura 2.2. Diferenças entre características da informação e dos bens físicos[2].

Com todas essas consequências, a tecnologia está se transformando na ferramenta ou instrumento a serviço do homem e não mais a variável independente e dominadora que impunha condições e características tanto à estrutura quanto ao comportamento das organizações, como ocorria nas duas eras industriais anteriores.

Na idade da informação instantânea, as coisas mudam rápida e incessantemente. A administração em uma economia globalizada torna-se um artigo de primeira necessidade. Como diz Bartlett[3], não é mais possível implementar estratégias de terceira geração (para enfrentar os desafios da era da informação) em estruturas empresariais de segunda geração (concebidas na Era Industrial Neoclássica) e com executivos de primeira geração (treinados para trabalhar na Era da Industrialização Clássica).

As mudanças que estão ocorrendo na era da informação afetam profundamente as organizações do ponto de vista estrutural, cultural e comportamental, transformando poderosamente o papel das pessoas que nelas trabalham. O trabalho passou por mudanças incríveis. As modernas abordagens da administração nessa nova era se alicerçam sobre recentes tendências que estão se manifestando no pensamento administrativo, como a ênfase na participação e no comprometimento das pessoas, na focalização em produtividade e competitividade e na busca de sustentabilidade. A excelência está por trás dessas atuais ênfases, bem como a inovação, para garantir a sobrevivência em um mundo mutável e dinâmico.

Administração de hoje

O mundo globalizado

O *slogan* de uma empresa como a NEC é *just imagine*. Ela se orgulha de ser a única fabricante de produtos eletrônicos que está melhor posicionada entre as cinco maiores empresas do mundo em todas as três principais tecnologias da multimídia: telecomunicações, computadores e semicondutores. Imagine ter ao seu alcance o melhor ensino sem precisar ir à sala de aula. A multimídia transforma o mundo em uma sala de aula virtual, permitindo a educação a distância. É o conceito de "colégio global" que permite a comunicação de multimídia interativa em tempo real por meio de telerreuniões, teleconferências e novas oportunidades incríveis de aprendizado.

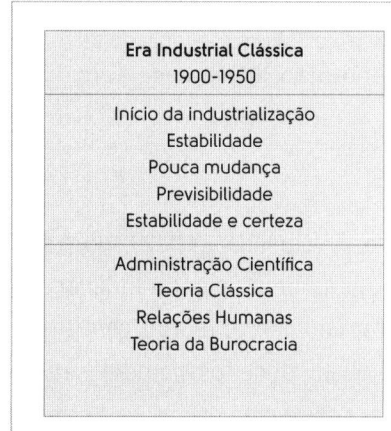

Era Industrial Clássica 1900-1950	Era Industrial Neoclássica 1950-1990	Era da Informação Após 1990
Início da industrialização Estabilidade Pouca mudança Previsibilidade Estabilidade e certeza	Desenvolvimento industrial Aumento de mudança Fim da previsibilidade Inovação	Tecnologia da informação (TI) Serviços Aceleração da mudança Imprevisibilidade Instabilidade e incerteza
Administração Científica Teoria Clássica Relações Humanas Teoria da Burocracia	Teoria Neoclássica Teoria Estruturalista Teoria Comportamental Teoria de Sistemas Teoria da Contingência	Ênfase em: Produtividade Qualidade Competitividade Cliente Globalização

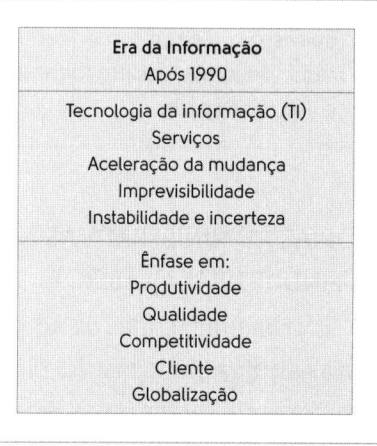

Figura 2.3. As três eras da administração no século XX[1].

Avaliação crítica: A lâmpada que ilumina de verdade[4]

Com os pés dentro do novo milênio, surge a pergunta: qual a inovação mais importante no século XX? Ela não está no campo das tecnologias ou dos produtos físicos, como computador, celular, etc. As inovações mais importantes estão no campo social. Elas são mais profundas do que qualquer inovação tecnológica isolada. São as inovações sociais que possibilitam o surgimento de todas as outras inovações. Para a sociedade, as eleições livres, o governo representativo, a propriedade privada, o dinheiro como mecanismo de troca e os sistemas modernos de ensino são inovações sociais que criam condições para o surgimento de outras inovações. As inovações sociais desse tipo têm movido a sociedade mais do que a invenção do telefone, do telégrafo, do trem, do automóvel ou do avião. A invenção das empresas de capital aberto contribuiu muito mais para as inovações e para o Vale do Silício do que a do microprocessador e a do computador pessoal. Sem a invenção do capital de investimento, muitas das mais importantes inovações técnicas de hoje não teriam sequer a oportunidade de começar. Sem a invenção das universidades de pesquisas, muitas das cabeças jovens mais brilhantes jamais teriam aplicado suas inteligências para criar inovações úteis à sociedade.

A mais poderosa de todas as ferramentas é a organização humana. O avião a jato da Boeing, o papel autoadesivo para recados da 3M, o serviço telefônico universal, o *walkman* da Sony, o computador de bolso da Hewlett-Packard – nada disso existiria sem a invenção dessa criação notável hoje encontrada por toda parte, mas antes rara, a qual chamamos de organização eficiente. A invenção social da pesquisa industrial e do laboratório de desenvolvimento – da qual Thomas Edison foi o pioneiro e que, mais tarde, foi adotada por empresas como General Electric – representou uma contribuição tão importante quanto a invenção da lâmpada. A invenção da administração descentralizada feita pela General Motors no início do século passado exerceu um efeito sobre a sociedade mais profundo – embora menos visível – do que a própria invenção do automóvel. Do mesmo modo, a Ford deu certo no início do século não por oferecer o modelo T, mas por experimentar uma maneira inteiramente nova de organização – a produção em massa e a linha de montagem.

Os fundadores da Hewlett-Packard dirigiram sua atenção, em primeiro lugar, para ver como a empresa seria organizada e não tanto para a fabricação de produtos inovadores que fizessem sucesso no mercado. Bill Hewlett dizia que o "nosso produto mais importante é nosso processo de engenharia". É por isso que a Hewlett-Packard continua sendo uma companhia viável e muito bem-sucedida até hoje. Uma grande empresa como a 3M continua se saindo bem não porque possua uma única grande inovação, como a lixa ou o adesivo, mas porque criou inovações incomuns em sua administração, como a ideia de permitir que todos os funcionários da empresa tivessem 15% de seu tempo livre para fazer o que bem quisessem – o tempo de "cabular o trabalho" institucionalizado. Isso fez surgir na 3M um mecanismo gerador de inovações em lugar de fazer a empresa depender de uma única inovação. Mentalidade é uma coisa muito séria.

TEORIAS ADMINISTRATIVAS NA ERA INDUSTRIAL CLÁSSICA

As primeiras teorias da administração nasceram a partir da Era Industrial Clássica. Uma teoria é um conjunto coerente de ideias capazes de explicar as relações entre determinados fatos observáveis. Contudo, a teoria nem sempre é uma verdade pronta, acabada e definitiva. Ela é construída e associada à prática e está sujeita a constantes reelaborações com base em crítica e experiência. Por essa razão, vamos abordar várias teorias administrativas que foram se sucedendo no tempo. E nenhuma dessas teorias está errada. A teoria somente é adequada quando exprime a realidade e quando favorece a prática. Por isso ela se reforma continuamente, provocando novas ideias, incursões e redefinições. Toda teoria somente é válida quando nos servimos dela para ultrapassá-la e chegar a um patamar mais elevado. Isso se chama inovação. O administrador não pode se limitar a um pragmatismo superficial e ao desprezo pelo conhecimento. Para tanto, deve pensar, refletir sobre sua própria realidade, agitar ideias, plantar indagações, problemas e questões ou buscar teorias gerais que o ajudem a desenvolver conceitos e modelos capazes de proporcionar sucesso na profissão. Sobretudo, deve refletir sobre sua realidade no sentido de transformá-la continuamente. Para melhor! O administrador precisa ser um agente ativo e proativo de transformação social de nossas organizações[1].

Cada teoria administrativa aborda com muita ênfase alguns aspectos da administração, deixando de lado outros aspectos que não fazem parte de sua preocupação. Enquanto uma teoria enfatiza as tarefas operacionais, outra se preocupa com a arquitetura organizacional, outras focalizam as pessoas que participam das organizações, outras mostram a importância da tecnologia na vida organizacional e outras se concentram nas influências e nos impactos do ambiente externo sobre as organizações. É lógico que, para ser bem-sucedido, o administrador precisa conhecer todos esses diferentes enfo-

```
                        As abordagens tradicionais da administração
                                          |
         ┌────────────────────────┬───────────────────────┐
   Ênfase nas tarefas        Ênfase na estrutura      Ênfase nas pessoas
         |                        |                        |
                          ┌───────┴────────┐
  Administração Científica   Teoria Clássica   Organização        Teoria das Relações
         (1903)                 (1911)         Burocrática (1947)    Humanas (1932)
     Frederick Taylor         Henri Fayol        Max Weber           Elton Mayo
      Frank Gilbreth                                                 Kurt Lewin
```

Figura 2.4. As abordagens tradicionais da administração que se iniciaram na Era Industrial Clássica[1].

ques e abordagens para chegar a uma visão panorâmica e ampla do seu trabalho, o que implica conhecer todas as diversas teorias administrativas que fundamentam o trabalho do administrador.

ÊNFASE NAS TAREFAS

A ênfase nas tarefas representa a preocupação com as operações e as tarefas a serem realizadas pelas pessoas que trabalham na organização. Marca a primeira tentativa de desenvolver uma teoria da administração que pudesse auxiliar na resolução de problemas industriais. Foi iniciada pelo engenheiro Frederick W. Taylor (1856-1915)[5] no início do século XX, ao tentar atacar o desperdício e a improvisação que grassavam nas indústrias americanas. A solução por ele encontrada foi estudar o trabalho de cada operário, analisá-lo, decompô-lo e racionalizá-lo por meio do estudo dos tempos e movimentos para estabelecer um método que constituísse a melhor maneira possível para a sua execução (*the best way*). Taylor desenvolveu um conjunto de princípios, aos quais dava o nome de Administração Científica.

A essência da Administração Científica é determinar o método de trabalho, ou seja, a única maneira certa (*the best way*) de executar um trabalho

Avaliação crítica: Os quatro princípios da Administração Científica de Taylor

1. **Princípio do planejamento**: substituir no trabalho o critério individual do operário, a improvisação e a atuação empírico-prática por métodos baseados em procedimentos científicos. O planejamento é uma responsabilidade da gerência e não do trabalhador. Este é responsável apenas pela execução da tarefa.
2. **Princípio do preparo**: selecionar cientificamente os trabalhadores, prepará-los e treiná-los para produzirem mais e melhor. No passado, o próprio trabalhador escolhia o seu trabalho e a maneira de executá-lo e treinava a si mesmo como podia. A seleção de pessoal e o treinamento são incumbências da gerência.
3. **Princípio do controle**: controlar o trabalho para se certificar de que ele está sendo executado de acordo com as normas estabelecidas e o plano previsto. O controle deve focalizar as exceções ou desvios dos padrões. O que ocorre dentro dos padrões normais não deve ocupar demasiado a atenção do gerente. A gerência deve verificar as ocorrências que se afastam dos padrões para corrigi-las adequadamente.
4. **Princípio da execução**: distribuir distintamente as atribuições e as responsabilidades para que a execução do trabalho seja a mais disciplinada possível.

para maximizar a eficiência de cada operário. A eficiência é definida como uma relação entre os fatores aplicados e o produto final obtido; a razão entre o esforço e os resultados; entre a despesa e a receita; entre o custo e o benefício usufruído. Com Taylor, a eficiência passa a ser conceituada como a relação entre o desempenho real do operário e o padrão de desempenho estabelecido previamente. Na realidade, os engenheiros que o seguiram na sua metodologia trataram a eficiência como a relação entre o que é conseguido e o que pode ser conseguido. Daí, a expressão da porcentagem de eficiência[6]: se um empregado trabalha com 100% de eficiência, ele está perfeitamente dentro do tempo-padrão, que é o tempo médio para a execução da tarefa. Se ele consegue produzir 10% a mais no mesmo período de tempo, estará desempenhando a 110% de eficiência. Se ele trabalha com 10% abaixo do padrão, estará com 90% de eficiência.

Para aumentar a eficiência, Taylor definiu outros princípios secundários, até então pouco considerados em sua época[7].

Avaliação crítica: Os princípios secundários de Taylor[5]

1. **Estudo de tempos e movimentos**: para eliminar movimentos inúteis e racionalizar o trabalho do operário e, com isso, estabelecer o método ideal de trabalho, ou seja, a melhor maneira (*the best way*) de executar o trabalho.
2. **Seleção científica do trabalhador**: processo seletivo para adequar as pessoas às tarefas especializadas a serem executadas.
3. **Preocupação com a fadiga**: movimentos mal planejados produzem cansaço e redução da eficiência do operário. A preocupação é determinar qual é a lei da fadiga, ou seja, como ela acontece e como pode ser evitada.
4. **Padrão de produção**: corresponde à eficiência = 100%. É o padrão normal de produção de um operário médio no seu trabalho.
5. **Plano de incentivo salarial**: remunerar o operário por peça produzida. Quando ultrapassar o padrão de produção deve receber prêmios adicionais, para ser incentivado a produzir acima do padrão. Prevalece o conceito de *homo economicus*: as pessoas são motivadas exclusivamente pelo dinheiro.
6. **Supervisão funcional**: Taylor pensa que a supervisão também deveria ser especializada, de modo que cada operário se subordinasse a diversos supervisores, cada qual especializado em determinada área e atividade. A supervisão funcional é o oposto do comando único que prevaleceria na Teoria Clássica da Administração.
7. **Condições ambientais de trabalho**: para reduzir a fadiga, os engenheiros se preocuparam com aspectos físicos, como iluminação adequada, baixo ruído, temperatura razoável, etc.

Todos esses aspectos em conjunto deveriam proporcionar a máxima eficiência do operário, que certamente se beneficia ganhando mais e trazendo maiores lucros para a organização. A Figura 2.5 dá uma visão integrada dessas ideias revolucionárias para a época em que foram concebidas.

As ideias de Taylor e seus sucessores – como Gilbreth, Gantt, Emerson, Bates – representaram uma verdadeira revolução na sua época, iniciando um movimento de organização racional do trabalho que se estendeu rapidamente por todo o mundo industrializado. Ford foi o aplicador dessas inovações em sua empresa.

ÊNFASE NA ESTRUTURA

Enquanto Taylor se preocupava com o trabalho de cada operário no chão da fábrica, na Europa, começava outro movimento que se preocupa-

Figura 2.5. As pressuposições fundamentais da Administração Científica[1].

⚖ Avaliação crítica: A produção a serviço do mercado

Henry Ford foi o introdutor da produção em massa de automóveis seguindo as ideias de Taylor. Theodore Levitt (1925-2006)[8] dizia que ele foi, em certo sentido, o mais brilhante e o mais insensato, por oferecer ao consumidor americano carros baratos, mas exclusivamente de cor preta. Foi brilhante, porque forjou um sistema de produção padronizado e desenhado para atender às necessidades do mercado. Contudo, arremata Levitt, celebramos Ford pela razão errada: costuma-se dizer que sua genialidade na produção, conseguindo cortar o preço de venda e, em consequência, vender milhões de carros de 500 dólares, ocorre porque o seu sistema de linha de montagem tinha reduzido drasticamente os custos, mas, na verdade, Ford inventou a linha de montagem porque chegou à conclusão de que por 500 dólares ele poderia vender milhões de carros ao consumidor americano. Assim, a produção em massa foi a consequência e não a causa de seus preços baixos. O *marketing* foi a sua principal preocupação e não apenas a produção. Sua visão estava bem mais à frente.

---

va com os aspectos gerais da administração e da composição estrutural das empresas. A ênfase na estrutura organizacional reflete a preocupação com a formação de uma rede interna de relações entre os órgãos que compõem a organização e de estabelecer um conjunto de princípios universais para o seu bom funcionamento. A ênfase na estrutura foi desenvolvida por duas diferentes abordagens: a Teoria Clássica e a Organização Burocrática.

Teoria Clássica

A preocupação com a estrutura teve início com o engenheiro francês Henri Fayol (1841-1925), ao redor de 1916, com a publicação de seu livro[9]. Para ele, toda empresa é composta de seis funções básicas (função financeira, técnica, comercial, contábil, de segurança e administrativa), sendo a administrativa aquela que coordena e integra todas as demais. A função administrativa é constituída por cinco elementos: previsão, organização, comando, coordenação e controle. Para Fayol, administrar significa prever, organizar, comandar, coordenar e controlar. Para tanto, alinhavou cerca de 14 princípios gerais de administração que devem reger o trabalho do administrador. Fayol pretendia traçar os caminhos de uma ciência por meio de princípios gerais e universais de administração que pudessem servir a todo e qualquer tipo de organização e funcionassem como aspectos normativos e prescritivos para focalizar todas as situações. Com Fayol surgiu a Teoria Clássica da Administração. A ideia era padronizar e proporcionar regras genéricas de aplicação, como uma espécie de receituário para lidar com todos os assuntos administrativos.

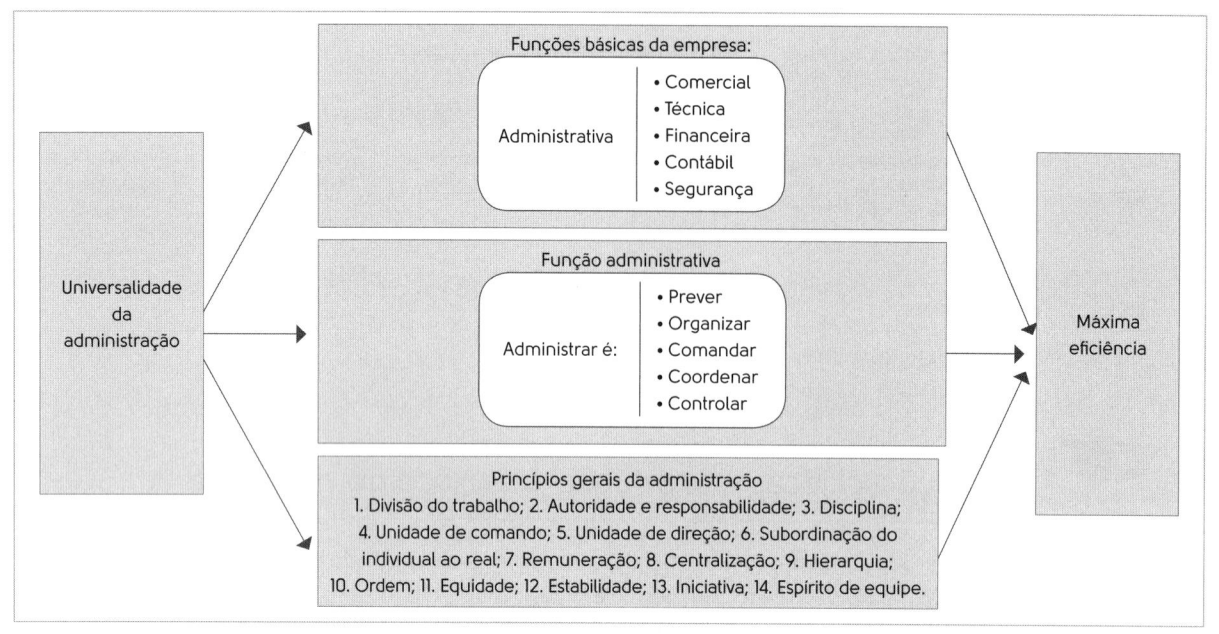

Figura 2.6. A velha visão de Fayol.

⚖ Avaliação crítica: Os 14 princípios universais de Fayol[9]

1. **Divisão do trabalho**: a especialização promovida pela divisão do trabalho aumenta os resultados, tornando os empregados mais eficientes.
2. **Autoridade**: a autoridade dá ao gerente o direito de dar as ordens. A responsabilidade é o dever ou a obrigação de cumprir as ordens. A autoridade e a responsabilidade devem ser proporcionais.
3. **Disciplina**: os empregados devem obedecer e respeitar as regras que governam a organização. A disciplina é resultado de liderança eficaz e clara compreensão das regras da organização e o uso judicioso das penalidades pelas infrações.
4. **Unidade de comando**: cada empregado deve se subordinar a apenas um superior.
5. **Unidade de direção**: cada grupo de atividades organizacionais deve ter o mesmo objetivo e deve ser dirigido por um gerente por meio de um plano.
6. **Subordinação dos interesses individuais aos gerais**: os interesses de um empregado ou grupo não devem preceder os interesses superiores da organização como um todo.
7. **Remuneração**: os trabalhadores devem ser pagos com salários adequados.
8. **Centralização**: refere-se ao grau em que os subordinados estão envolvidos na tomada de decisões. A tomada de decisão deve ser centralizada na administração.
9. **Cadeia escalar**: é a linha de autoridade que vai do topo da organização até o nível mais baixo. As comunicações devem seguir essa cadeia.
10. **Ordem**: pessoas e materiais devem estar no lugar certo e no tempo certo.
11. **Equidade**: o gerente deve ser atencioso e justo para com seus subordinados.
12. **Estabilidade na permanência do pessoal**: a rotatividade elevada de pessoal é ineficiente. As pessoas devem permanecer o máximo possível na organização e o planejamento do pessoal deve fazer com que as substituições sejam feitas rapidamente.
13. **Iniciativa**: os empregados incumbidos de executar planos devem exercer esforço pessoal.
14. **Espírito de equipe**: promover espírito de equipe cria harmonia e unidade na organização.

Os demais autores clássicos – como Gulick[10], Urwick[11] e Mooney[12] – preocuparam-se com a estrutura organizacional como uma rede interna de relacionamentos entre órgãos e pessoas. Essa rede interna é o resultado de uma dupla abordagem: sob o ângulo vertical, estão os vários níveis hierárquicos (cadeia escalar) de autoridade; e sob o ângulo horizontal, estão os vários departamentos (departamentalização) que cuidam das diversas funções e áreas de especialidade dentro da organização. Daí decorre o aspecto piramidal e hierárquico da organização formal provocado pela cadeia escalar. Essa cadeia é a linha ininterrupta de autoridade que liga todas as pessoas na organização e define quem deve se reportar a quem, ou seja, a autoridade e a responsabilidade dentro da organização.

Além da ênfase na estrutura, a Teoria Clássica deu enorme importância aos princípios gerais de Administração. Cada princípio funciona como uma prescrição ou receita sobre como agir em certas situações. Daí seu caráter prescritivo e normativo.

A Teoria Clássica teve enorme impacto e repercussão durante as cinco primeiras décadas do século XX. Mais recentemente, ela foi totalmente redimensionada e atualizada pela Teoria Neoclássica.

Avaliação crítica: Alguns conceitos clássicos de organização

- **Organizações** são unidades sociais (ou agrupamentos humanos) intencionalmente construídas e reconstruídas, a fim de atingir objetivos específicos. Incluem-se nesse conceito as corporações, os exércitos, as escolas, os hospitais, as igrejas e as prisões. Excluem-se as tribos, as classes, os grupos étnicos, os grupos de amigos e as famílias[13].
- **Organização** é um mecanismo sobre uma estrutura que habilita seres vivos a trabalhar juntos de maneira eficiente[14].
- **Organização formal** é a expressão estruturada da ação racional[15].
- **Organização formal** é uma estrutura piramidal de hierarquia, autoridade, funções e regras de funcionamento[16].

Teoria da Burocracia

Por volta de 1947, os escritos do sociólogo alemão Max Weber (1864-1920) sobre o modelo burocrático foram traduzidos para a língua inglesa[17] e provocaram o surgimento da chamada Teoria da Burocracia na Administração. Para Weber, a burocracia é a organização racional e eficiente por excelência. Ele achava que o século XX seria o século das burocracias. E realmente o foi. Segundo Weber, a burocracia é um modelo de organização que se fundamenta em seis dimensões principais.

Avaliação crítica: As seis dimensões da burocracia segundo Weber[18]

1. **Divisão do trabalho**: uma sistemática divisão do trabalho para permitir alto grau de especialização profissional e pessoas tecnicamente qualificadas. Os cargos são fragmentados em tarefas simples, rotineiras e bem definidas.

2. **Hieraquia de autoridade**: os cargos são arranjados, organizados e remunerados em uma hierarquia – cada nível é supervisionado e controlado pelo nível superior. A autoridade é bem definida e se estrutura sob forma escalar ou de pirâmide, desde o topo até a base.
3. **Regulamentação**: por meio de normas, regras e procedimentos formais e escritos que, com a estrutura de autoridade, permitem a coordenação e asseguram uniformidade, eliminando decisões arbitrárias e regulando e controlando as ações dos empregados.
4. **Comunicações formalizadas**: todas as comunicações são feitas por meios escritos e documentados.
5. **Impessoalidade**: a ênfase é colocada nos cargos e não nas pessoas, para assegurar que as regras e os controles sejam aplicados uniformemente, evitando envolvimentos com pessoas e preferências pessoais e para assegurar continuidade, independentemente da rotatividade das pessoas.
6. **Competência profissional**: a admissão e o encarreiramento são baseados na competência técnica e profissional, mediante concursos ou provas para seleção. Com o tempo de serviço, o profissional segue carreira dentro da organização, para promoção, progresso e acesso na escala hierárquica.

Essas seis dimensões garantem a montagem de uma organização no qual prevalecem a ordem, a disciplina e a total previsibilidade do comportamento dos seus participantes na busca da máxima eficiência da organização[1]. Para Weber, eficiência é a adequação dos meios aos fins visados. Isso significa que uma organização é racional se os meios mais eficientes são escolhidos e utilizados para a implementação das atividades. A racionalidade impera na organização burocrática.

Com a burocracia, ocorre a separação entre a propriedade e a administração. Assim, o proprietário não qualificado se afasta da administração para cedê-la ao administrador profissional selecionado na base da competência técnica e que, sendo assalariado, pode ser demitido ou exonerado. O proprietário cede lugar ao administrador não proprietário para conduzir sua organização.

Administração de hoje

O modelo burocrático

A organização burocrática foi, durante a era da industrialização clássica, o modelo ideal para as grandes organizações enquanto elas funcionavam em um ambiente estável e de pouca mudança. As burocracias eram encontradas em organizações industriais, políticas, religiosas, educacionais, militares, etc. O tempo passou e o mundo mudou. Pena que a burocracia não tenha a menor aptidão para a flexibilidade e a inovação, tão necessárias em um mundo atual caracterizado por intensa mudança e instabilidade. Surge, então, a forte e generalizada tendência à desburocratização nas organizações modernas. Desburocratizar não é apenas reduzir a papelada, mas basicamente reduzir o excesso de burocratização, ou seja, reduzir o grau de intensidade das dimensões burocráticas[16].

Teoria Clássica	Teoria da Burocracia
• Ênfase nos pormenores estruturais • Orientação normativa e prescritiva • Ênfase na organização industrial • Abordagem dedutiva: do todo para as partes • Busca de meios científicos para o trabalho rotineiro	• Ênfase nos grandes esquemas • Orientação descritiva e explicativa • Ênfase na organização burocrática • Abordagem indutiva: das partes para o todo • Preocupação com as características e as consequências da burocracia

Figura 2.7. Comparação entre a Teoria Clássica e a Teoria da Burocracia.

ÊNFASE NAS PESSOAS

A ênfase nas pessoas reflete uma forte preocupação com os indivíduos dentro da organização. Trata-se de uma abordagem na qual toda a teoria administrativa é fortemente centrada nos indivíduos. O tema central focaliza o papel das pessoas e as relações humanas.

Teoria das Relações Humanas

A ênfase nas pessoas teve seu início com a Teoria das Relações Humanas. Essa abordagem surgiu com os resultados da famosa experiência de Hawthorne realizada na década de 1930, para pesquisar o efeito das condições ambientais sobre a produtividade do pessoal no sentido de confirmar ou não os preceitos da Administração Científica. A experiência tomou rumos completamente diferentes e constatou a importância do fator humano na organização e a necessidade de humanização e democratização das organizações.

Avaliação crítica: As principais conclusões da Experiência de Hawthorne[1]

1. **O trabalho é uma atividade tipicamente grupal**: o nível de produção é influenciado pelas normas do grupo e não apenas pelos incentivos salariais da organização.
2. **O operário não reage como indivíduo isolado mas como membro de um grupo**: estabelece uma estreita relação de camaradagem e integração com os colegas.
3. **A tarefa da administração é formar chefes capazes de compreender e de comunicar**: eles devem possuir um elevado espírito democrático e ser persuasivos e simpáticos.
4. **A pessoa humana é motivada essencialmente pela necessidade de estar junto com outras pessoas**: trata-se da necessidade de ser reconhecida pelos outros e receber adequada comunicação.
5. **Há dois tipos de organização**: formal, oficialmente estabelecida pela organização, e informal, constituída pelos grupos sociais informais que se formam espontaneamente e permeiam toda a organização.

Com o impacto inicial da Teoria das Relações Humanas, os conceitos de organização formal, disciplina, departamentalização, centralização, etc., passam a ceder lugar para novos conceitos, como organização informal, liderança, comunicação, motivação, grupos sociais, recompensas simbólicas e sociais, etc. O conceito de *homo economicus* – o homem preocupado exclusivamente com objetivos materiais e salariais – da Administração Científica foi substituído pelo conceito de *homo social* – o homem voltado para a vida em sociedade e em grupos sociais – isto é, o homem como um ser gregário e social por excelência[19].

A maior contribuição da Teoria das Relações Humanas foi ressaltar a necessidade de boas relações humanas no ambiente de trabalho, do tratamento mais humano às pessoas e da adoção de uma administração mais democrática e participativa na qual as pessoas possam ter um papel mais acentuado e dinâmico. Como decorrência, surgiram os cursos de relações humanas no trabalho para os supervisores de primeira linha na grande maioria das organizações industriais, para melhorar o tratamento dado aos empregados e propiciar um ambiente psicológico de trabalho mais favorável e amigável.

> ### Voltando ao caso introdutório: Procura-se um modelo
>
> A Indústria Caravelas foi fundada na Era da Industrialização Clássica. A área de produção onde funcionam os teares foi inteiramente concebida dentro dos padrões da Administração Científica de Taylor, o figurino industrial da época. O escritório da Administração central foi concebido de acordo com o modelo burocrático. O organograma ainda retrata as velhas concepções da Teoria Clássica e da Burocracia. O problema agora enfrentado por Augusta dos Anjos é que seu pai, o fundador e empreendedor da empresa – como a maioria dos grandes pioneiros industriais de sua época –, jamais havia pensado em mudar ou atualizar a velha estrutura organizacional e seu funcionamento no decorrer de todo o tempo em que foi presidente. Não percebeu que o mundo mudou e que a empresa precisava também mudar. O que fazer?

TEORIAS ADMINISTRATIVAS NA ERA INDUSTRIAL NEOCLÁSSICA

A Era Industrial Neoclássica trouxe uma profunda reformulação nas tradicionais teorias administrativas, de abordagem nitidamente normativa e prescritiva, substituindo-as por novas teorias de cunho explicativo e descritivo e, portanto, mais adequadas para os novos tempos de mudança e de inovação.

ÊNFASE NA ESTRUTURA

A ênfase na estrutura organizacional iniciada com a Teoria Clássica e com o Modelo Burocrático como o fundamento básico da teoria administrativa. Nessa era, passou a ser desenvolvida ao longo de duas frentes diferentes: a Teoria Neoclássica e a Teoria Estruturalista, respectivamente. Vejamos cada uma delas.

Teoria Clássica	Teoria das Relações Humanas
• Trata a organização como máquina	• Organização como grupos de pessoas
• Enfatiza as tarefas e a tecnologia	• Enfatiza as pessoas e os grupos sociais
• Adota sistemas de engenharia	• Sistemas de psicologia e sociologia
• Autoridade centralizada e dura	• Autoridade descentralizada e amigável
• Hierarquia rígida de autoridade	• Equalização do poder
• Enfatiza regras e regulamentos	• Liberdade e autonomia do empregado
• Acentuada divisão do trabalho	• Ênfase nas relações humanas
	• Confiança nas pessoas e em seus talentos

Figura 2.8. Comparação entre a Teoria Clássica e a Teoria das Relações Humanas.

Teoria Estruturalista

A partir da década de 1950, as severas críticas à rigidez do modelo burocrático provocaram o apa-

Administração de hoje

A reação humanística

A Teoria das Relações Humanas iniciou o movimento humanístico com forte impacto nos países democráticos, combatendo severamente a Teoria Clássica pelo seu caráter formalista e autocrático, mas logo caiu em descrédito pelo seu romantismo ingênuo e pela superficialidade das suas conclusões. Algumas décadas mais tarde, essa teoria seria atualizada e redimensionada pela Teoria Comportamental da Administração, passando a ter um papel de primeira importância na teoria administrativa.

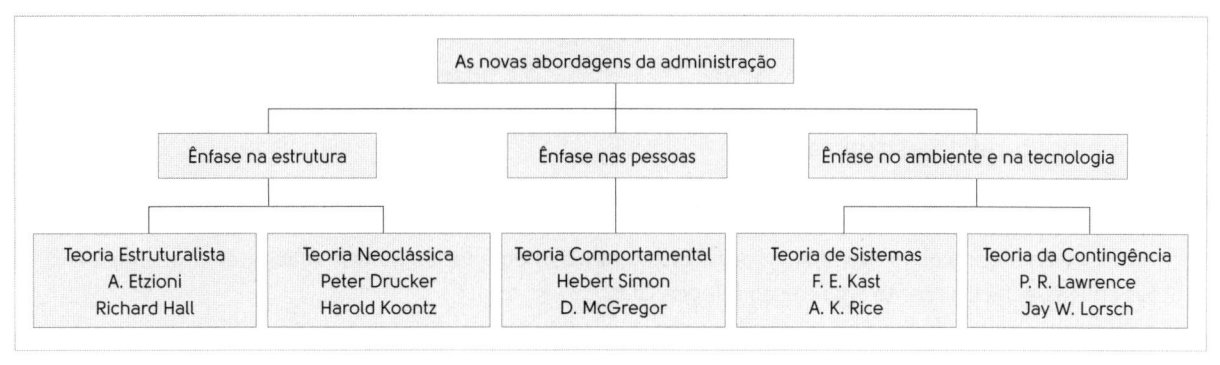

```
                            As novas abordagens da administração
           ┌─────────────────────────┼─────────────────────────┐
   Ênfase na estrutura        Ênfase nas pessoas      Ênfase no ambiente e na tecnologia
   ┌───────┴───────┐                 │                  ┌───────┴───────┐
Teoria Estruturalista  Teoria Neoclássica  Teoria Comportamental  Teoria de Sistemas  Teoria da Contingência
   A. Etzioni         Peter Drucker        Hebert Simon           F. E. Kast          P. R. Lawrence
   Richard Hall       Harold Koontz        D. McGregor            A. K. Rice          Jay W. Lorsch
```

Figura 2.9. As novas abordagens da administração na Era da Industrialização Neoclássica.

recimento da Teoria Estruturalista como uma reação para eliminar suas distorções e limitações e incluir outros aspectos importantes no desenho estrutural das organizações. O estruturalismo foi a mais forte influência da sociologia – principalmente da sociologia organizacional na teoria administrativa – e preocupou-se com o estudo da organização formal – aquela que é deliberada e oficialmente estabelecida pela organização, principalmente por meio de organogramas e manuais de organização – mas também incorporou a organização informal – decorrência do comportamento dos grupos sociais informais dentro da organização formal – buscando compatibilizar ideias da Teoria Clássica e da Teoria das Relações Humanas, consideradas até então totalmente opostas e contraditórias[20-28]. O estruturalismo incluiu também o estudo da tecnologia e das relações da organização com outras organizações que constituem o ambiente externo.

Teoria Neoclássica

Nos idos de 1957, a Teoria Neoclássica veio redimensionar e atualizar os velhos conceitos clássicos de administração. É também denominada Escola do Processo Administrativo pela sua ênfase nas funções administrativas. Enquanto Fayol se preocupava em prever, organizar, comandar, coordenar e controlar, cada autor neoclássico tem uma posição própria a respeito das funções administrativas que constituem o processo administrativo, como mostra a Figura 2.10.

Na sequência, abordaremos o planejamento, a organização, a direção e o controle das funções administrativas que compõem o processo administrativo segundo os autores neoclássicos.

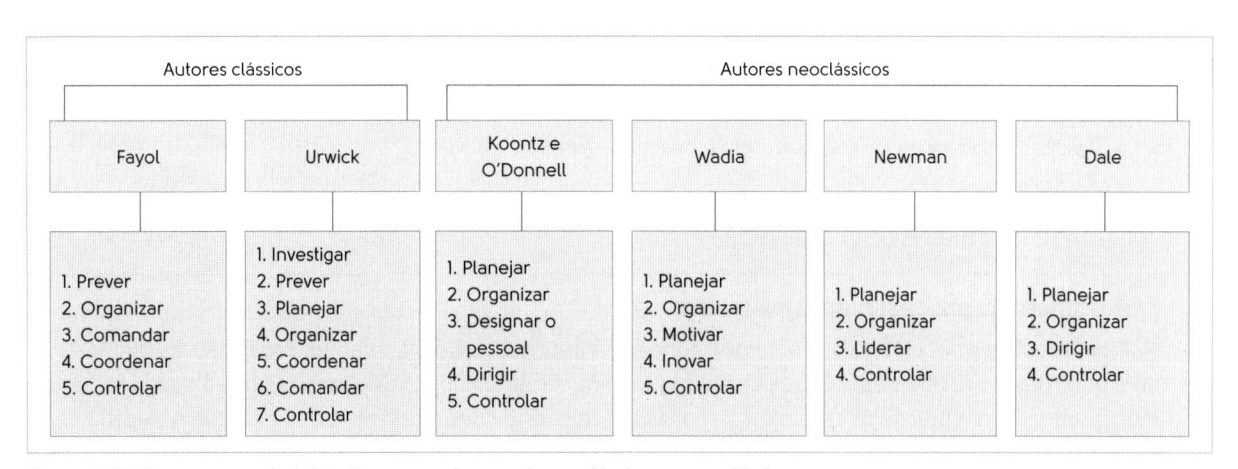

```
        Autores clássicos                              Autores neoclássicos
   ┌──────────┴──────────┐          ┌──────────┬──────────┬──────────┬──────────┐
     Fayol        Urwick        Koontz e       Wadia       Newman        Dale
                                O'Donnell
   ┌──┴──┐      ┌──┴──┐        ┌──┴──┐        ┌──┴──┐     ┌──┴──┐      ┌──┴──┐
   1. Prever    1. Investigar  1. Planejar    1. Planejar  1. Planejar  1. Planejar
   2. Organizar 2. Prever      2. Organizar   2. Organizar 2. Organizar 2. Organizar
   3. Comandar  3. Planejar    3. Designar o  3. Motivar   3. Liderar   3. Dirigir
   4. Coordenar 4. Organizar      pessoal     4. Inovar    4. Controlar 4. Controlar
   5. Controlar 5. Coordenar   4. Dirigir     5. Controlar
                6. Comandar    5. Controlar
                7. Controlar
```

Figura 2.10. O processo administrativo segundo os autores clássicos e neoclássicos.

Administração de hoje

A amplitude do estruturalismo

No fundo, o estruturalismo abriu novas portas e dimensões para a teoria administrativa, principalmente por meio da influência da sociologia organizacional. Marca a mais forte influência da sociologia organizacional na teoria administrativa. A Teoria Estruturalista é uma teoria de transição que apresenta fortes críticas, principalmente em relação à Teoria Clássica.

A Teoria Neoclássica é eminentemente eclética, aproveitando todas as contribuições das demais teorias anteriores, principalmente a clássica e a humanística. Aborda temas importantes como o tamanho organizacional, o dilema centralização/descentralização, os tipos de organizações, departamentalização, tendo sempre por base o processo administrativo. A principal novidade da abordagem neoclássica foi a focalização em resultados – a chamada administração por objetivos (APO) – que veremos no Capítulo 8 – para melhorar a eficácia das organizações ao transformar o processo administrativo como meio – e não como fim – para o alcance dos objetivos desejados. Peter Drucker[29] – o maior expoente neoclássico – e Koontz e O'Donnell[30] foram os maiores divulgadores dos princípios neoclássicos de administração[31-35].

Planejamento
- Definição dos objetivos a atingir
- Definição dos meios para alcançá-los
- Programação de quem, como e quando

Controle
- Definição dos padrões de desempenho
- Avaliação do desempenho
- Comparação do desempenho com os padrões
- Ação corretiva

Organização
- Definição dos recursos
- Alocação dos recursos em órgãos e pessoas
- Estruturação dos órgãos
- Atribuição de autoridade e responsabilidade

Direção
- Preenchimento dos cargos
- Comunicação, liderança e motivação das pessoas
- Direcionamento rumo aos objetivos
- Posta em marcha

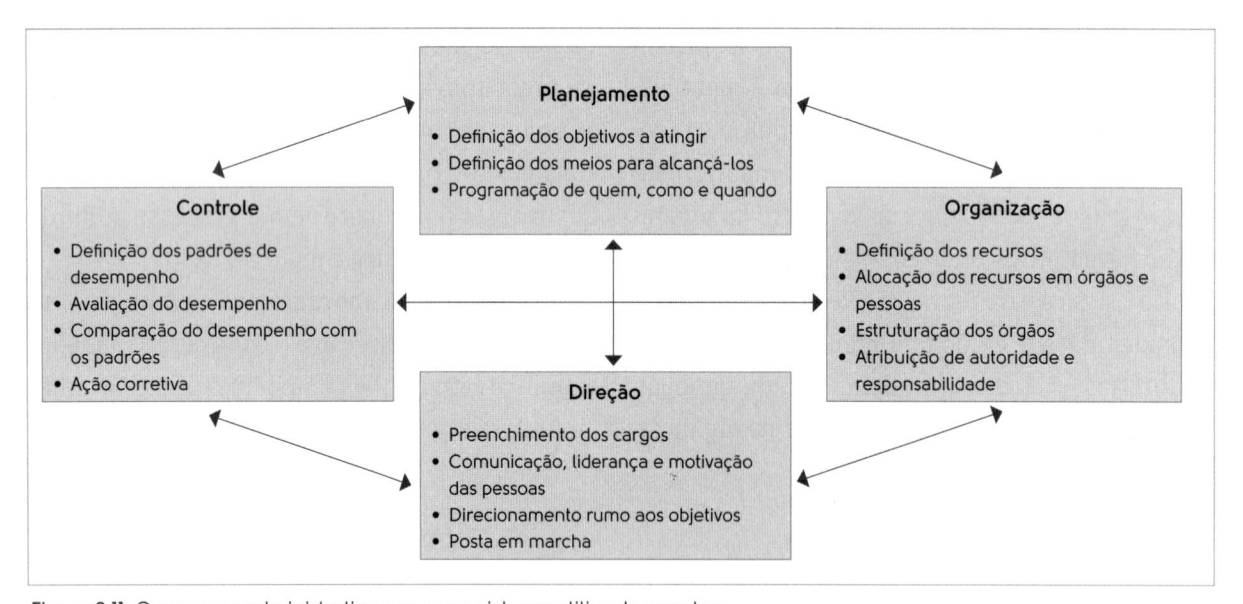

Figura 2.11. O processo administrativo como um ciclo repetitivo de eventos.

Administração de hoje

A ênfase no processo administrativo

Para os autores neoclássicos, o administrador está continuamente planejando, organizando, dirigindo e controlando as atividades da sua organização para atingir os objetivos organizacionais da maneira mais adequada, em função dos recursos disponíveis e das condições ambientais que envolvem externamente a situação.

Função administrativa	Base de atuação	Definição
Planejamento	Ideias	Fixar objetivos e predeterminar um curso de ação futura para alcançá-los
Organização	Coisas	Arranjar e relacionar o trabalho para o alcance dos objetivos fixados
Direção	Pessoas	Designar as pessoas e provocar a ação intencional em direção aos objetivos
Controle	Resultados	Assegurar o processo em relação aos objetivos, de acordo com o planejado

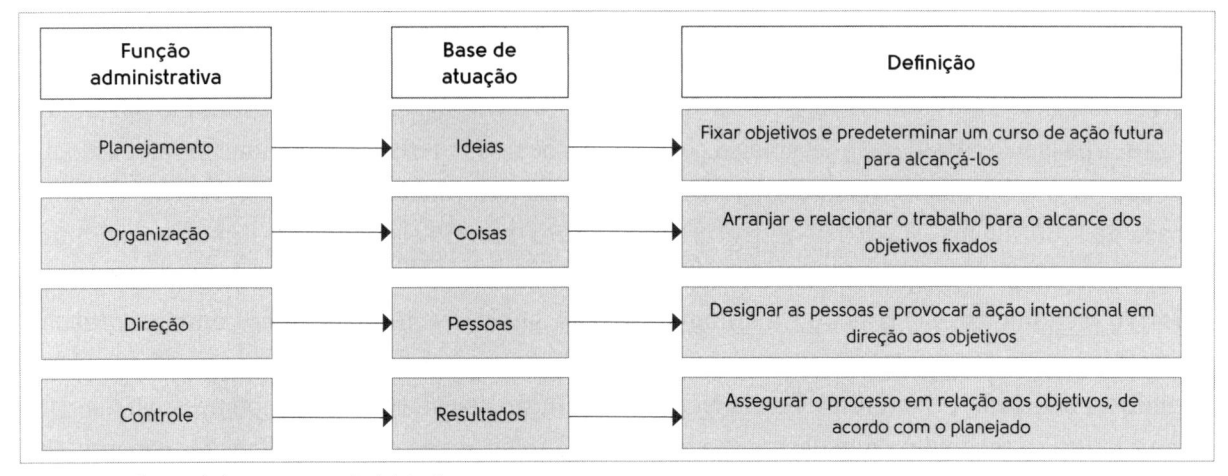

Figura 2.12. O papel do processo administrativo.

ÊNFASE NAS PESSOAS

A ênfase nas pessoas no decorrer da Era da Industrialização Neoclássica teve sua representante na Teoria Comportamental, a moderna sucessora da Teoria das Relações Humanas.

Teoria Comportamental

Somente após a década de 1950 é que o movimento humanista iniciado pela Teoria das Relações Humanas retornou com força total pelas mãos da Teoria Comportamental. O comportamento individual cedeu espaço ao comportamento grupal e, posteriormente, ao comportamento organizacional (*organizational behavior*). O behaviorismo veio da psicologia individual e social e penetrou fortemente na teoria administrativa, trazendo uma nova visão do comportamento organizacional como consequência de uma intensa rede de processos decisórios que permeiam a organização[36].

A Teoria Comportamental trouxe novos conceitos sobre motivação, liderança, comunicação, dinâmica de grupos, processo decisório, comportamento organizacional, estilos administrativos, que alteraram completamente os rumos da teoria administrativa tornando-a mais humana e amigável[37-43]. Teve inúmeros expoentes[37,44-46]. Um dos subprodutos da Teoria Comportamental foi o movimento pelo Desenvolvimento Organizacional (DO), que se iniciou na década de 1970[47-53]. O DO será discutido no Capítulo 6, no qual trataremos de cultura organizacional.

Administração de hoje

A ênfase na dinâmica e no comportamento

A Teoria Comportamental marca a mais forte influência da psicologia organizacional sobre a teoria administrativa. Hoje, a abordagem comportamental é uma das mais populares versões da teoria administrativa[22].

ÊNFASE NA TECNOLOGIA

Todas as organizações utilizam alguma forma de tecnologia – mais sofisticada ou mais rudimentar – para produzir seus produtos ou prestar seus serviços. A tecnologia representa todo o conjunto de conhecimentos utilizáveis para alcançar determinados objetivos da organização. Com o intenso desenvolvimento tecnológico e seu enorme impacto nas organizações, a teoria administrativa passou a considerar a tecnologia como uma das variáveis mais importantes. A partir da década de 1960, alguns teóricos neoestruturalistas mais extremistas lançaram o conceito de imperativo tecnológico: a estrutura e a dinâmica das organizações são aspectos dependentes da tecnologia utilizada[17]. Segundo a Teoria Neoestruturalista, é a tecnologia que determina a estrutura e o funcionamento das organizações. Mais do que isso, a tecnologia define o tipo e as características das pessoas que devem trabalhar na organização. A estrutura organizacional constitui a maneira pela qual a empresa se organiza para poder utilizar adequadamente sua tecnologia. O desenho organizacional reflete como a organização aplica os seus recursos para tirar o máximo proveito da tecnologia[54-56].

Em sua forma rudimentar, a tecnologia nada mais é do que os métodos e processos usados para obter um determinado resultado por meio dos recursos organizacionais disponíveis. Como todos esses aspectos diferem de uma organização para outra, as variações são realmente muito grandes.

A tecnologia permeia o cotidiano das organizações e das pessoas. Nenhuma organização dispensa o seu sistema telefônico, rede de computadores, correio eletrônico, assim como nenhuma pessoa dispensa seu relógio, despertador, televisão, geladeira, forno de micro-ondas, *notebook*, celular e coisas assim. A tecnologia traz conforto, redução do esforço e do tempo pessoal, mas provoca efeitos que muitos criticam ferozmente. Um aspecto positivo do uso de tecnologia é o aumento da eficiência e da produtividade com a consequente redução de pessoas nas organizações graças às melhorias nos processos internos. Mas, por outro lado, a redução do emprego está por trás dessa questão para alguns especialistas.

Em certo sentido, a estrutura organizacional serve de base para a adequada aplicação da tecnologia dentro da organização. Para muitos autores, a organização representa a maneira pela qual se faz a aplicação da tecnologia na produção de bens ou serviços. Basta verificar como as indústrias são estruturadas de acordo com as tecnologias utilizadas.

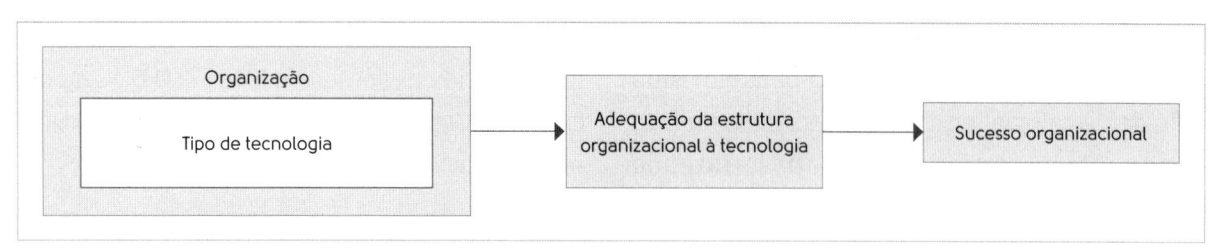

Figura 2.13. O impacto da tecnologia no sucesso organizacional.

Voltando ao caso introdutório: Procura-se um modelo

Augusta dos Anjos, a jovem presidente da Indústria Caravelas, percebe que na fábrica ainda prevalece um sistema autoritário e coercitivo ao qual os tecelões e operários se submetem mansamente. No escritório da empresa onde trabalha o pessoal mensalista, as coisas são um pouco mais suaves. Somente o pessoal de vendas goza de certas regalias especiais e trabalha dentro de um sistema mais consultivo. Augusta dos Anjos pretende mover lentamente para um modelo mais participativo e democrático para todo o pessoal, seja na fábrica, no escritório ou na área de vendas. Para tanto, precisa, além de preparar a nova estrutura da empresa, principalmente, conscientizar todos os funcionários para os novos tempos e prepará-los para assumir as novas tarefas e responsabilidades decorrentes de sua participação nas decisões principais da empresa. Mudar a estrutura organizacional é fácil e rápido. Basta alterar o organograma pendurado na parede. Mas mudar a mentalidade das pessoas para adequá-las à nova situação é algo mais sério e difícil. E leva tempo. Augusta sabe disso.

Administração de hoje

Afinal, o que é o computador?

Uma máquina de computar, de calcular, de orçar ou de arquivar? Virou também uma máquina de comunicar. Ou de informar e se informar. Além disso, também uma máquina de negociar, vender, comprar, receber, pagar, transferir, repassar. A indústria da informática movimenta os negócios em todo o mundo. O setor de informática ocupa o trono de maior indústria do mundo. Maior que a do automóvel, a indústria do século XX, que também está coalhada de computadores na produção e no produto[57]. A tal de eletrônica embarcada.

A TI está provocando uma verdadeira corrida para a automação bancária. Os bancos passaram a ser fábricas de dados ou usinas de informação[58]. Não se trata de uma busca de redução de custo ou de aumento do lucro, mas de uma exigência da clientela plugada nas tecnologias domésticas ou corporativas da informação, tendo por base o *home banking* ou o *office banking*. Para depositantes e investidores, a automação bancária significa qualidade e velocidade de atendimento. Os bancos estão se transformando em coletores de contas diversas e em supermercados de serviços financeiros, corporativos e domiciliares, tendo como suporte a informatização. Como diz Nicholas Negroponte, diretor da Media Lab, do MIT (Massachusetts Institute of Technology), em seu livro *Being digital*, os banqueiros já descobriram que o DNA do dinheiro é o mesmo DNA da TI, uma cadeia de bits. As tecnologias digitais da informação tornaram viável a existência de um mercado financeiro global cuja movimentação telúrica não transporta átomos de dinheiro ou de ouro. Transporta bits. Que valem tanto quanto o dinheiro ou o ouro. O dinheiro virtual já chegou. E em tempo virtual. Transportar átomos em escala mundial, diz Negroponte, é tarefa de grandes empresas com grandes recursos. Mas transportar bits em escala global é façanha de qualquer empresa pequena e até de profissionais autônomos. Eis aí a semente do paradoxo global descrito por John Naisbitt: "quanto mais poderosa e mais integrada é a economia mundial, mais poderosos e mais integrados se tornam seus atores menores". Que podem ser pessoas, empresas e nações. Ou ainda: "os parceiros da economia global serão cada vez mais as pequenas empresas e os pequenos países"[49-55]. Um subproduto da explosão da TI na década de 1980, a globalização da economia patrocina a maior transferência de capitais produtivos dos países desenvolvidos para os países emergentes, contrariando o papo furado de que a globalização seria o estágio superior do imperialismo disfarçado de neoliberalismo. Mas, com um senão: as TI em plena Idade Digital estão ficando cada vez mais potentes, mais rápidas e mais baratas. Só que agora não é mais o banco que faz a pergunta e a tecnologia vai buscar a resposta; pelo contrário, a tecnologia entra com a resposta antes mesmo que o banco lhe faça a pergunta. A Unisys, cujo *slogan* publicitário é "*when information is everything*", salienta que dois fatores são essenciais para o funcionamento de um banco moderno: um deles é o dinheiro; o outro é a informação. Pois nenhum banco pode operar sem ela.

Avaliação crítica: Robotização e automação[59]

A robotização e a automação avançam inexoravelmente e chegam também à pequena empresa. Os números do mercado de robôs e de sistemas de mecanização de produção estão crescendo a um ritmo dez vezes maior do que o do restante da economia brasileira. Além das grandes empresas que existem e que aportam no país, as pequenas e médias empresas estão investindo em automação e robotização. Além de robôs, está havendo uma procura por sistemas mecanizados de produção por causa da pressão para cortar custos e aumentar a qualidade. Os sistemas computadorizados, hoje, estão ao alcance do mais modesto empresário. Nos projetos de aeronáutica, por exemplo, o uso de robôs pode aumentar em até nove ou mais vezes a produtividade. O impacto dessa evolução para o nível de emprego é imprevisível. Com a automação, as pequenas e médias indústrias até aumentam o nível de emprego, pois aceleram algumas etapas da produção e acabam precisando de mais pessoas para o processo. Contudo, na medida em que a automação vai atingindo todas as etapas da produção, ela vai reduzindo o nível de emprego. Em contrapartida, exige melhor formação e maior capacitação das pessoas. Como a velocidade das mudanças ocorre mais rápido do que a preparação das pessoas, isso está provocando um verdadeiro apagão de mão de obra.

O número de robôs está aumentando exponencialmente e substituindo o trabalho humano sem qualquer erro e sem qualquer reivindicação. Em um mundo de robôs, os seres humanos não conseguem empatar. Empate, para um metalúrgico, significa manter o atual nível de emprego, tarefa quase impossível, mesmo que haja um espetacular aumento da produção.

A robótica e a automação estão mudando a face do emprego. Os empregados têxteis estão se resumindo a um décimo do que havia há alguns anos. As funções não desapareceram: um tecelão será sempre um tecelão. Só que no passado cada tecelão tocava dois teares. Hoje, cuida mais de 18 em média. Nas fábricas modernas, ele pode cuidar de 40 a 50 teares ao mesmo tempo controlados por computador. Só que tem de saber algo sobre informática.

Nas indústrias de bebidas, a extinção de funções vem ocorrendo de maneira acelerada. Em algumas delas, foi criada uma nova função: a de técnico operacional, um indivíduo multifuncional que faz sozinho o papel de ajudante de produção, mecânico, operador, eletricista e faxineiro. A polivalência e a multifuncionalidade estão por trás disso.

No sistema financeiro, depois dos caixas automáticos e dos serviços *on-line*, surgiram os bancos virtuais, domésticos e a leitura ótica de documentos. As novidades eliminam as funções relacionadas com microfilmagem, confecção de listagens, conferência, envio de cheques para o setor de processamento de dados e outras. Tudo passa agora a ser feito por máquinas, em terminais do cliente ou na boca do caixa e não mais por pessoal de apoio.

A necessidade de cortar preços e tarifas está levando as organizações a perseguir a redução de custos, seja com a automação de escritórios e fábricas, com a multifuncionalidade, seja ainda com a terceirização de algumas atividades.

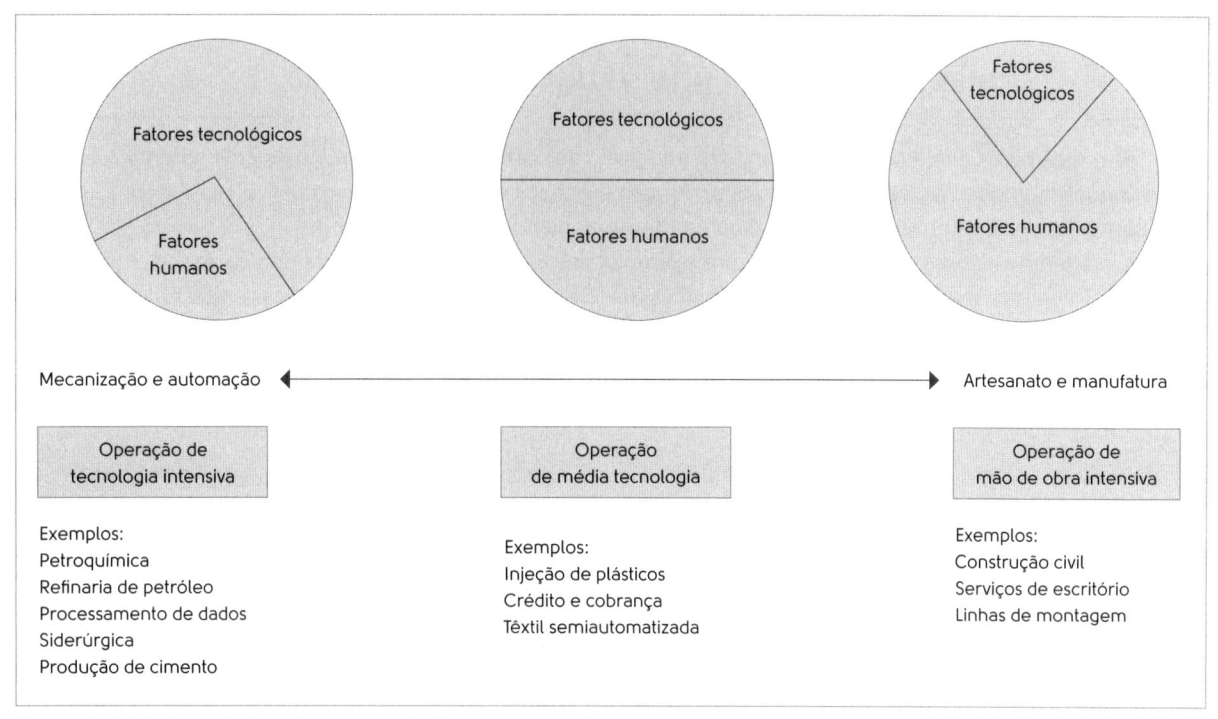

Figura 2.14. A influência dos fatores tecnológicos e humanos[1].

ÊNFASE NO AMBIENTE

Mais recentemente, a teoria administrativa percebeu que todas as organizações vivem dentro de um complexo contexto caracterizado por uma multiplicidade de outras organizações, enfrentando forças diferentes que provocam a mudança. Esse contexto constitui o meio ambiente onde as organizações vivem e funcionam. É do ambiente que as organizações – como sistemas abertos – retiram suas entradas e depositam suas saídas em um constante e reiterado intercâmbio.

Duas recentes teorias administrativas se preocupam basicamente com o ambiente: a Teoria de Sistemas e a Teoria da Contingência.

Teoria de Sistemas

Ao redor da década de 1960, a inclusão da Teoria de Sistemas na Administração mostrou que nenhuma organização existe no vácuo e nenhuma organização é autônoma e livre no seu funcionamento. Pelo contrário, cada organização vive e opera em um ambiente do qual recebe insumos e entradas (como materiais, energia, informação) e no qual coloca seus produtos ou saídas (como produtos, serviços, informação). Nesse ambiente existem os mercados com os quais a organização se relaciona e interage e dos quais é dependente. Assim, a organização é visualizada como um sistema operando em um meio ambiente e dependente dele para obter seus insumos e colocar seus produtos/serviços[60-64].

Com a Teoria de Sistemas, as organizações passaram a ser visualizadas a partir de duas características sistêmicas:

1. **Totalidade:** as organizações devem ser visualizadas globalmente. A visão do conjunto (globalismo) deve prevalecer sobre a visão analítica – ver a floresta e não cada uma de suas árvores isoladamente. Totalidade ou globalismo significam que o todo é diferente da soma de suas partes. Em outras palavras, a organização deve ser visualizada como um sistema, isto é, como uma entidade global cujas carac-

⚖️ Avaliação crítica: O que é um sistema?

Um sistema é definido como um conjunto integrado de partes, que são íntima e dinamicamente relacionadas, que desenvolve uma atividade ou função e é destinado a atingir um objetivo específico. Todo sistema faz parte de um sistema maior (suprassistema e que constitui seu ambiente) e é constituído de sistemas menores (subsistemas). É o caso, por exemplo, do sistema solar, que existe dentro de um sistema maior (o universo) e é constituído de subsistemas (os diversos planetas e satélites). A organização é visualizada como um sistema constituído de subsistemas, que são seus departamentos, equipes, etc. Mais do que isso, é visto como um sistema aberto em constante interação com seu ambiente externo.

---

terísticas são peculiares e diferentes das características de cada uma de suas partes. A água, por exemplo, tem características completamente diferentes das do hidrogênio e do oxigênio que a formam. A abordagem sistêmica significa a visão do todo, do conjunto e não das partes separadamente. É a visão molar no lugar da visão molecular.

2. Propósito: toda organização – como todo sistema – tem um propósito ou objetivo a alcançar. A visão do propósito (visão teleológica) mostra que é a função – e não a sua estrutura – que faz a organização. A importância do aparelho respiratório no organismo humano é determinada pela sua função e não pela sua estrutura.

🏛️ Administração de hoje

A abordagem sistêmica

A abordagem de sistemas trouxe uma nova maneira de visualizar as organizações sob um ponto de vista macro e envolvente que nenhuma teoria anterior havia conseguido.

Além disso, ela permitiu vislumbrar certos efeitos sistêmicos das organizações, como o fato de que o todo é diferente de suas partes constituintes, o efeito da sinergia, as redes de comunicação entre os subsistemas e a importância da função de cada subsistema.

Teoria da Contingência

Após a década de 1970, algumas pesquisas mostraram que as organizações bem-sucedidas são aquelas capazes de se adaptar e se ajustar continuamente às demandas ambientais com maior desenvoltura e agilidade[65-71]. Alguns autores mais combativos passaram a falar do conceito de imperativo ambiental: a estrutura e a dinâmica da organização são aspectos totalmente dependentes das condições ambientais[60-64]. Para esses autores, o ambiente constitui a variável independente, enquanto as características organizacionais funcionam como variáveis dependentes. Apesar do evidente exagero da proposta, isso significa que as organizações bem-sucedidas são aquelas capazes de se ajustar às pressões, às coações e às contingências do ambiente e aproveitar as oportunidades que ele lhes oferece. Ao contrário, as organizações que não conseguem tal adaptabilidade e flexibilidade simplesmente não conseguem sobreviver e desaparecem do mapa. Ainda mais quando o ambiente organizacional evolui para a globalização. Daí a necessidade de contínua mudança organizacional por meio de inovação, renovação, revitalização e melhoria contínua como meios de alcançar sobrevivência, crescimento e sucesso da organização. Para se conhecer adequadamente uma organização, deve-se compreender o contexto dentro do qual ela está inserida. Como o ambiente muda a cada instante em decorrência das forças econômicas, tecnológicas, sociais, culturais, legais, demográficas e ecológicas, a organização se torna contingente em relação a todos esses aspectos mutáveis e dinâmicos.

Em decorrência da ênfase no ambiente, o enfoque da teoria administrativa tornou-se predominantemente extroversivo, isto é, mais voltado para fora do que para dentro da organização. Essa focalização no ambiente foi enriquecida posteriormente com a forte preocupação com o cliente[72-73].

Avaliação crítica: O que significa contingência?

Contingência significa uma eventualidade, uma possibilidade de algo acontecer ou não. Isso significa que, atualmente, não servem mais os princípios gerais e universais de administração válidos para toda e qualquer situação ou tempo. Eles foram úteis quando o mundo dos negócios era relativamente estático e previsível. Hoje, pelo contrário, tudo é contingencial, efêmero e evanescente e a única constante do mundo atual é a mudança. As organizações são hoje visualizadas como entidades em contínuo desenvolvimento e mudança para alcançar ajustamento adequado ao ambiente. Nas organizações tudo pode e deve ser continuamente melhorado e aperfeiçoado para a obtenção desse ajustamento contínuo. Assim, a Teoria da Contingência é uma abordagem situacional[59].

DESDOBRAMENTOS RECENTES

Em resumo, as principais teorias administrativas das duas eras industriais estão trazendo incríveis desdobramentos na atualidade. A Figura 2.15 retrata as suas diferentes abordagens.

O que aconteceu na teoria administrativa nas duas eras industriais foi uma gradativa e contínua ampliação da abordagem: indo desde a preocupação com a tarefa ao nível individual do operário no chão da fábrica até a focalização externa no contexto ambiental que envolve a organização, com os mercados pelo meio do caminho. Mais do que isso, a teoria administrativa cresceu a partir da constante mudança de paradigmas. Em plena era da globalização da economia mundial, a administração seguiu o mesmo caminho de ampliação, via gradativa e extroversão. Por outro lado, a teoria administrativa deixou os antigos modelos normativos e prescritivos para adotar novos e flexíveis modelos descritivos e explicativos. Hoje, o administrador não deve seguir regras ou receituários, mas saber diagnosticar e avaliar cada situação para decidir o que se deve ser feito. E quem deve fazer as coisas são as pessoas que formam a sua equipe de trabalho.

Na verdade, as principais variáveis que afetam a administração são todas aquelas que provocaram o surgimento de cada uma das principais abordagens da teoria administrativa: as tarefas internas, a estrutura organizacional, as pessoas que representam a inteligência, a tecnologia utilizada para as operações e o ambiente onde vive e opera. Nos novos tempos, a competitividade surgiu como a variável mais importante. A moderna teoria administrativa leva em consideração todas essas seis variáveis, simultaneamente, cada qual com a sua força própria dentro da situação envolvida.

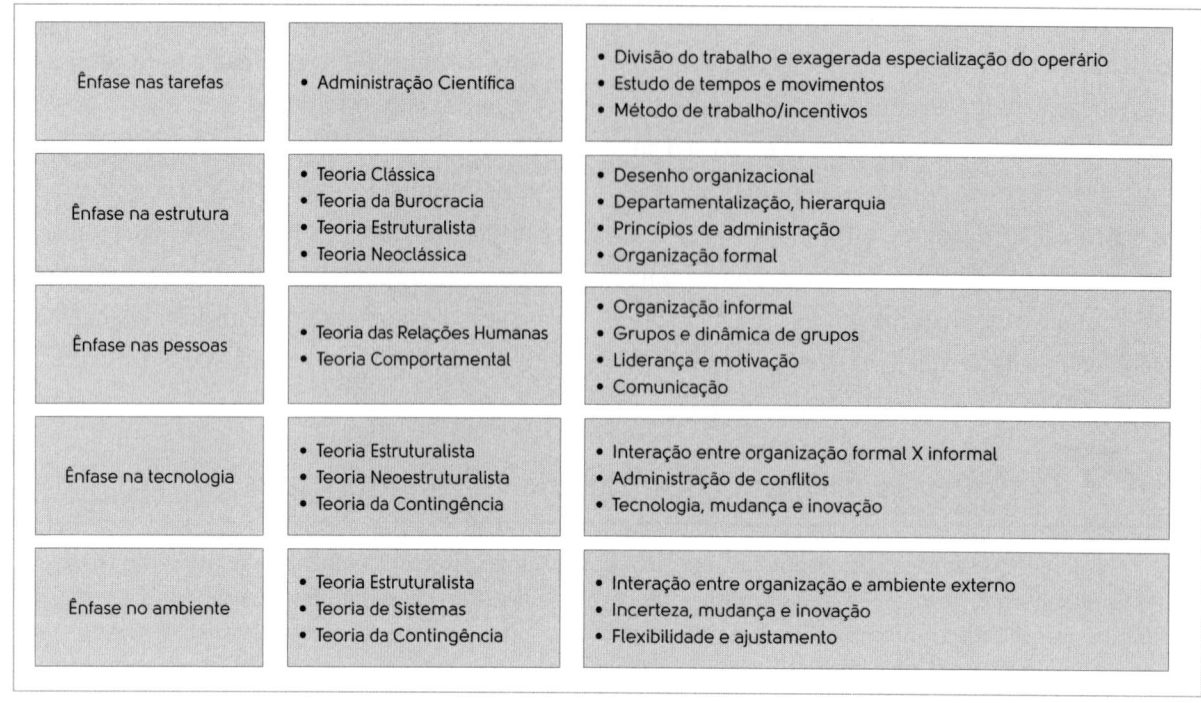

Ênfase nas tarefas	• Administração Científica	• Divisão do trabalho e exagerada especialização do operário • Estudo de tempos e movimentos • Método de trabalho/incentivos
Ênfase na estrutura	• Teoria Clássica • Teoria da Burocracia • Teoria Estruturalista • Teoria Neoclássica	• Desenho organizacional • Departamentalização, hierarquia • Princípios de administração • Organização formal
Ênfase nas pessoas	• Teoria das Relações Humanas • Teoria Comportamental	• Organização informal • Grupos e dinâmica de grupos • Liderança e motivação • Comunicação
Ênfase na tecnologia	• Teoria Estruturalista • Teoria Neoestruturalista • Teoria da Contingência	• Interação entre organização formal X informal • Administração de conflitos • Tecnologia, mudança e inovação
Ênfase no ambiente	• Teoria Estruturalista • Teoria de Sistemas • Teoria da Contingência	• Interação entre organização e ambiente externo • Incerteza, mudança e inovação • Flexibilidade e ajustamento

Figura 2.15. Quadro referencial das principais teorias da administração[1].

Administração de hoje

A diversidade de teorias administrativas

Cada teoria administrativa focaliza com especial atenção alguns aspectos da administração deixando de lado outros aspectos igualmente importantes, mas que não fazem parte de sua preocupação. O resultado é que, enquanto uma teoria enfatizou as tarefas operacionais, a outra se preocupou com a arquitetura organizacional, outras focaram as pessoas que participam das organizações, outras mostraram a importância da tecnologia na vida organizacional e outras concentraram-se nos impactos do ambiente sobre as organizações. Para ser bem-sucedido, o administrador precisa conhecer todos esses diferentes enfoques e abordagens para chegar a uma visão panorâmica e ampla do seu trabalho. E isso significa conhecer as diversas teorias administrativas que fundamentam o trabalho do administrador.

Voltando ao caso introdutório: Procura-se um modelo

A Indústria Caravelas ainda guarda as feições de uma empresa totalmente introvertida e voltada para o seu interior. Depois da presidente, o diretor mais importante é o diretor de produção. A produção ainda apresenta as feições mecanísticas e rígidas do passado. Augusta dos Anjos quer mudar tudo isso. Pretende inovar e modernizar as instalações existentes, substituir os antigos teares mecânicos por tecnologia mais sofisticada e, sobretudo, fazer com que as pessoas utilizem menos os músculos e mais as cabeças. Quer dar mais importância ao *marketing*, a área que liga a empresa ao mercado e aos clientes. O que você acha disso?

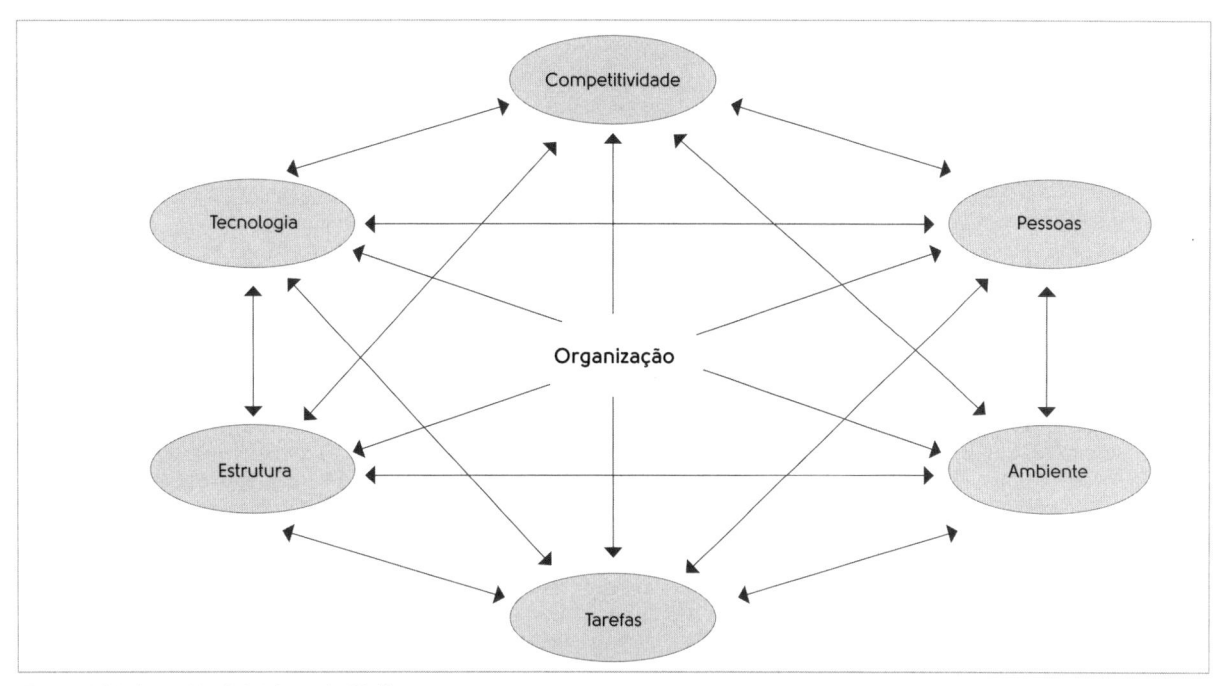

Figura 2.16. As variáveis básicas da TGA[1].

OS DESAFIOS DA ERA DA INFORMAÇÃO

Embora não tenha surgido ainda um corpo estruturado e integrado de ideias capazes de formar uma nova teoria administrativa, as modernas abordagens em plena era da informação privilegiam aspectos organizacionais como simplicidade, agilidade, flexibilidade, trabalho em equipes e células de produção, unidades autônomas, além de aspectos culturais como ampla participação, comprometimento, focalização no cliente interno e externo, orientação para metas e resultados, busca da melhoria constante e da excelência. A competitividade costuma ser o resultado de toda essa preocupação com o casamento dos aspectos organizacionais com os aspectos culturais.

A ênfase na competitividade e na sustentabilidade passou a ser o aspecto vital para as organizações em um mundo de transações globais e mudanças rápidas e evanescentes. Na última década do século XX, as técnicas de redução e de enxugamento, como a reengenharia de processos, fábricas enxutas, *just-in-time*, organizações virtuais e as organizações em redes de equipes provocaram o aparecimento de inovações sobre como tocar os

Aspectos organizacionais	Aspectos culturais
• Redes internas de equipes e grupos • Células de produção • Unidades estratégicas de negócios • Simplicidade e agilidade • Organicidade e flexibilidade • Competitividade • Excelência • Adequação ao negócio e à missão • Aprendizagem organizacional	• Participação e envolvimento • Comprometimento pessoal • Orientação para o cliente ou usuário • Focalização em metas e resultados • Melhoria contínua • Comportamento ágil e proativo • Visão global e ação local • Proximidade/intimidade com o cliente • Mudança cultural e comportamental

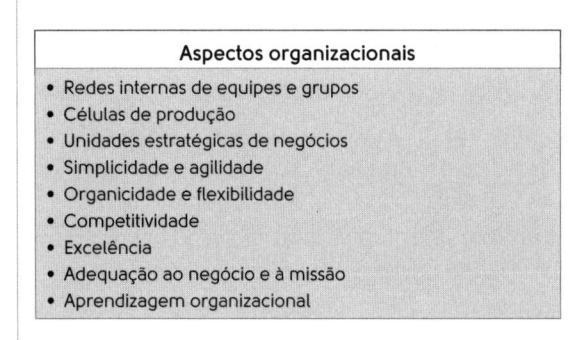

Figura 2.17. As novas orientações em função da Era da Informação.

negócios de maneira mais simples, econômica, ágil e competitiva.

As organizações com elevado desempenho passaram a ser estudadas e analisadas com profundidade, como no famoso estudo de Peters e Waterman[74]. Os autores encontraram oito características comuns nas empresas bem-sucedidas, que estão listadas na Figura 2.18.

1. **Propensão à ação**: as empresas bem-sucedidas valorizam a ação, o fazer e o acontecer. Elas contam com pessoas que façam, que tentem e que também cometam erros.
2. **Proximidade do cliente**: as empresas bem-sucedidas são orientadas para o cliente. O valor dominante é a satisfação das necessidades do cliente por meio de qualidade, excelente serviço, confiabilidade ou inovação do produto. Vendas e serviços pós-vendas são intensamente valorizados. Os gerentes entram em contato com os clientes, conhecem suas necessidades e aprendem com eles novas ideias.
3. **Autonomia operacional e espírito empreendedor**: a estrutura organizacional das empresas inovadoras encoraja a mudança e a inovação. O pessoal técnico é localizado próximo ao pessoal de *marketing* para trabalhar em conjunto. As unidades organizacionais são pequenas para criar um senso de pertencimento e de adaptabilidade. Empresas como Hewlett-Packard, 3M e IBM dão plena liberdade aos campeões de ideias e aos grupos para encorajar a assumir riscos e a gerar novas ideias e produtos criativos.
4. **Produtividade por meio das pessoas**: as pessoas são consideradas as raízes da qualidade e da produtividade nas empresas excelentes. Elas são encorajadas a participar nas decisões de produção, *marketing* e novos produtos. As ideias conflitantes são levadas à solução. A habilidade de trabalhar com base no consenso preserva a confiança e proporciona um sentimento de família, que aumenta a motivação e facilita tanto a inovação como a eficiência. É o respeito pelo indivíduo.
5. **Orientação para valores**: as companhias excelentes são muito claras quanto ao seu sistema de valores. Gerentes e funcionários sabem o que a empresa pretende. Os líderes proporcionam uma visão do que deve ser feito e dão aos empregados um senso de propósito e de significado. Eles se envolvem em problemas de todos os níveis. No McDonald's os quatro valores principais são: qualidade, serviço, limpeza e valor. E são levados a sério.
6. **Focalização no negócio**: as empresas bem-sucedidas agarram com firmeza o negócio que conhecem e são estreita e fortemente focalizadas nele. A Boeing, a Intel e a Genentech foram reduzidas a uma simples linha de produtos de avião comercial, de circuitos integrados e de engenharia genética, respectivamente. Elas fazem exclusivamente aquilo que sabem fazer melhor. Com um detalhe: melhor do que ninguém.
7. **Formato simples e *staff* enxuto**: a forma estrutural e sistêmica das empresas excelentes é elegante, simples e com pouco pessoal nas posições de assessoria (*staff*). As grandes empresas são subdivididas em pequenas divisões ou unidades estratégicas de negócios. A hierarquia vertical é extremamente enxuta e compacta.
8. **Controles simultaneamente soltos e apertados**: pode parecer um paradoxo, mas as empresas excelentes utilizam controles apertados e severos em algumas áreas e controles frouxos e soltos em outras. O controle centralizado e apertado é utilizado para os valores íntimos da firma. No McDonald's nenhuma exceção é aceita para os valores básicos de qualidade, serviço, limpeza e valor. Na IBM, a direção de topo não tolera nenhum desacordo com os valores culturais de respeito ao indivíduo. Já em outras áreas, os empregados são plenamente livres para experimentar, inovar e assumir riscos de modo que possam ajudar a organização a encontrar novos meios para atingir seus objetivos.

Figura 2.18. As oito características das organizações excelentes[74].

Voltando ao caso introdutório: Procura-se um modelo

Augusta dos Anjos, a jovem presidente da Indústria Caravelas, quer um modelo organizacional para pintar uma empresa dinâmica e ágil, flexível e proativa. O ponto de partida não a ajuda em nada, pois a empresa se esqueceu de mudar no decorrer de seus 50 anos de existência. É como se ela tivesse de queimar etapas para passar direta e rapidamente de uma empresa mecanística e rígida para uma empresa orgânica e flexível. Substituir a tecnologia com rapidez e mudar prontamente a estrutura organizacional são tarefas difíceis, sem dúvida, mas perfeitamente possíveis quando se tem as pessoas preparadas. A maior dificuldade é mudar a cabeça das pessoas, transformar a mentalidade míope de operários recebedores de ordens dos superiores para uma nova mentalidade de pessoas tomadoras de decisão e plenamente responsáveis pela busca dos resultados da empresa. Eis o principal desafio: tornar simples operários braçais em verdadeiros empreendedores em uma nova e diferente organização. Como você poderia ajudar Augusta?

Avaliação crítica: Organizações de classe mundial

As organizações de classe mundial (*world class organizations*) – como 3M, Apple, Google, Dow, Johnson & Johnson, Caterpillar, Procter & Gamble, Digital Equipment, Citicorp, Hewlett-Packard, Nestlé e Unilever – estão exigindo administradores capazes de construir a excelência nas operações diárias, focalizar o cliente e proporcionar elevada qualidade de vida no ambiente de trabalho. Provavelmente, o futuro do mundo organizacional dependerá da habilidade dos administradores em utilizar construtivamente os conhecimentos do passado, ajustar rapidamente o presente e preparar a organização para o salto decisivo em direção ao futuro com a adoção de novas maneiras compatíveis com os desafios do século atual.

Na pesquisa de Peters e Waterman sobre a busca da excelência, nenhuma empresa atingiu os valores máximos nas oito variáveis pesquisadas. O importante é que a preponderância dessas variáveis constitui parte da cultura administrativa da empresa que privilegia a excelência empresarial.

Caso para discussão: IBM[75]

Nos idos de 1982, a International Business Machines Corporation (IBM) figurava como uma das mais bem-sucedidas organizações do mundo todo na famosa pesquisa de Peters e Waterman[74]. Contudo, em 1994, a situação era completamente diferente: a IBM anunciou uma redução de 25 mil pessoas na sua força de trabalho, marcando uma nova era difícil nos negócios americanos. O corte de pessoal fazia parte de um programa de enxugamento (*downsizing*) da *Big Blue*, como ela é chamada nos Estados Unidos. Pela primeira vez em 78 anos de sua história, a então maior empresa de computadores do mundo se viu forçada a abandonar a sua velha política de não demitir pessoal. Pouco antes, em 1992, a IBM havia provocado um verdadeiro estardalhaço ao anunciar um prejuízo de 5 bilhões de dólares – a maior perda jamais reportada por uma corporação americana. O valor das suas ações despencou na bolsa de Nova York e os intocáveis dividendos dos acionistas foram drasticamente eliminados.

Durante os oito anos com John Ackers como presidente mundial, a IBM se colocou como a empresa mais lucrativa do mundo, competindo com General Motors, Sears, American Express e outras grandes geradoras de lucros. Mas a súbita queda provocou uma cruel dúvida: qual seja o erro? Como a IBM havia chegado a essa calamitosa situação? A resposta é simples: a grande corporação americana tornou-se uma empresa complacente e acomodada. Apesar de se concentrar nos planos futuros e nas inovações tecnológicas, a IBM deitou-se em seus sucessos do passado e teimou em manter-se predominantemente no negócio de *mainframes* – os computadores de grande porte – que constituíam mais da metade do seu faturamento. Enquanto isso, os seus concorrentes ofereciam microcomputadores, correndo rapidamente com produtos que iam ao encontro das preferências do mercado e dos clientes. A IBM introverteu-se e acabou abrindo espaço para companhias mais ágeis, como Microsoft, Apple, Compaq, que não existiam alguns anos antes. Esses rivais menores e mais céleres botaram no mercado microcomputadores e estações de trabalho (*workstations*) mais poderosas e baratas, que derrubaram os negócios de minicomputadores e *mainframes* da IBM. O problema da IBM não foi a tecnologia adotada – que era de ponta – mas simplesmente a letargia e a burocracia. O enorme dinossauro tropeçara nos pequenos inimigos mais ágeis e espertos, por isso levou um tombo enorme.

A IBM se manteve grande, centralizada e hierarquizada como outras organizações que predominaram no século XX. Os funcionários seguiam regras e procedimentos estritos em troca da manutenção de um emprego vitalício. A velha filosofia corporativa foi profundamente rompida quando Ackers decidiu dar um tranco na burocracia a fim de obter mais flexibilidade, independência e criatividade. Para isso, Ackers dividiu a companhia em 13 unidades autônomas chamadas *Baby Blues*, mas jamais conseguiu que elas tivessem a suficiente independência e autonomia. Em seus esforços para impulsionar a companhia, Ackers implantou uma onerosa política de demissões voluntárias para reduzir pessoal e impôs novos procedimentos de avaliação e remuneração por desempenho. A decisão de Ackers também cortou fundo os investimentos em pesquisa e desenvolvimento de *mainframes* para concentrar-se mais na área de micros e estações de trabalho (*workstations*) que eram insignificantes para o porte dos negócios. A partir daí, a IBM passou a enfrentar diretamente seus concorrentes e a encarar os problemas que tinham sido guardados a sete chaves por décadas de má administração. O Conselho de Administração fez o impensável: convidou um executivo de outra empresa para substituir Ackers, que trabalhara durante 24 anos na IBM. O novo presidente, Louis Gerstner Jr., veio da Nabisco Holdings Corp. e não tinha nenhuma experiência em empresas de computadores. Mas trazia um poderoso trunfo: ele fora o responsável pelo *turnaround* de grandes corporações, como a Nabisco e a Reynolds. No seu currículo, constava o maior desafio da América: o de tirar o gigantesco grupo de alimentação e de cigarros do atoleiro de 26 bilhões de dólares em dívidas, reduzindo-as pela metade em quatro anos de incessantes cortes de despesas e de pessoal. Era exatamente do mesmo perfil de liderança que a IBM necessitava para cortar outros 500 mil cargos. No início, Gerstner causou um profundo abalo no moral da empresa ao encolher a *Big Blue* ao nível de 300 mil empregados. Seu desafio seguinte foi conduzir a grande companhia para uma nova era com uma guinada nos rumos e maior velocidade nas decisões. E com muitas pedras no meio do caminho. A IBM queria mudar de negócio para aproveitar as novas oportunidades da era da informação.

Questões:
1. Que forças históricas configuraram as práticas administrativas da IBM?
2. Quais os elementos burocráticos que prevaleciam na IBM?
3. As práticas administrativas da IBM são parecidas com aquelas utilizadas pelas empresas excelentes?
4. Como uma empresa pode melhorar essas práticas administrativas? Descreva.
5. Explique os principais desafios da IBM.
6. Quais outras mudanças que ocorreram na IBM e que você poderia descrever?

Exercícios

1. Descreva os meios em que uma teoria é útil ao administrador.
2. Descreva as principais características da Administração Científica.
3. Descreva as principais características da Teoria Clássica.
4. Descreva as principais características da Teoria das Relações Humanas.
5. Descreva as principais características da Teoria da Burocracia.
6. Descreva as principais características da Teoria Neoclássica.
7. Descreva as principais características da Teoria Estruturalista.
8. Descreva as principais características da Teoria Comportamental.
9. Enuncie a Teoria de Sistemas.
10. Enuncie a Teoria da Contingência.

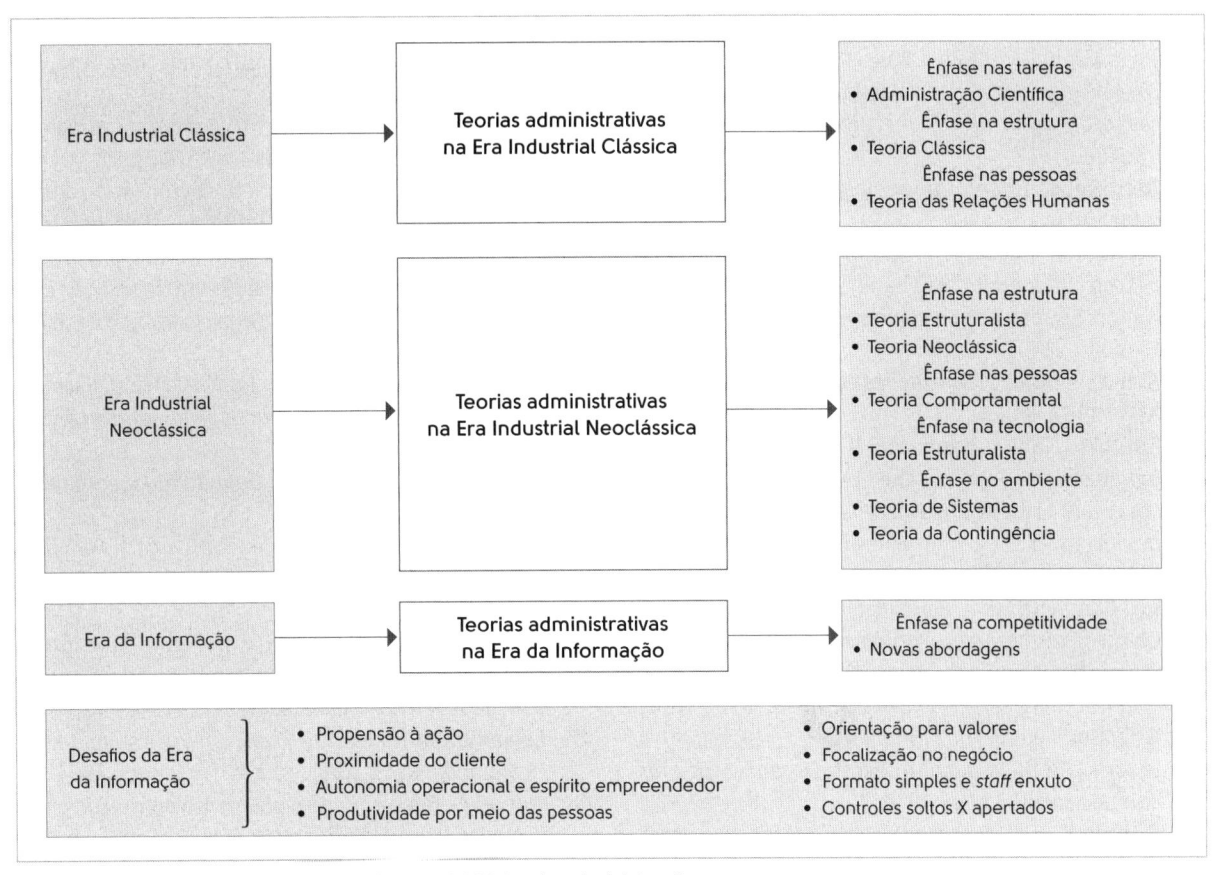

Figura 2.19. Mapa Mental do Capítulo 2: Visão histórica da administração.

11. Explique a ênfase nas tarefas.
12. Explique a ênfase na estrutura.
13. Explique a ênfase nas pessoas.
14. Explique a ênfase na tecnologia.
15. Explique a ênfase no ambiente.
16. Descreva as preocupações atuais da Teoria Administrativa.

REFERÊNCIAS BIBLIOGRÁFICAS

1. Idalberto Chiavenato. *Introdução à teoria geral da administração*. Rio de Janeiro, Elsevier/Campus, 2011, p. 83, 145-9, 419-26.
2. Harlan Cleveland. "Information as a resource". *The Futurist*. Dec./1982, p.34-9.
3. Christopher Bartlett. *Managing across borders: the transational soluction*. Nova York, Harper, 1995.
4. James Collins. "A lâmpada que ilumina de verdade". *Exame*, n. 639, 02.07.1997, p. 64-5.
5. Frederick Winslow Taylor. *Princípios de administração científica*. São Paulo, Atlas, 1957.
6. Ralph Emerson. *The twelve principles of efficiency*. Nova York, The Engineering Magazine, 1909.
7. Idalberto Chiavenato. *Introdução à teoria geral da administração*. Rio de Janeiro, Elsevier/Campus, 2010. p. 63-76.
8. Theodore Levitt. "Marketing myopia". *Harvard Business Review*, Sep.-Oct./1975.
9. Henri Fayol. *Administração industrial e geral*. São Paulo, Atlas, 1950.
10. Luther Gulick, Lyndal F. Urwick (orgs.). *Papers on the science of administration*. Columbia University, Institute of Public Administration, 1937.
11. Lyndal Urwick. *The making of scientific management*. Londres, Pitman, 1945.
12. James Mooney, Allan Reiley. *The principles of organization*. Nova York, Harper & Bros., 1931.
13. Talcott Parsons. *Structure and process in modern society*. Glencoe, The Free, 1960. p. 17.
14. Louis A Allen. *Management and organization*. Nova York, McGraw-Hill, 1959. p. 52.
15. Philip Selznick. "Foundations of the theory of organization". *American Sociological Review*, 1948. p. 25.

16. Sherman Krupp. *Pattern in organization analysis*. Philadelphia, Chilton. p. 20-1.
17. A. M. Henderson, Talcott Parsons (eds.). *Max Weber: the theory of social economic organization*. Nova York, The Free, 1947.
18. Max Weber. *Ensaios de sociologia*. Rio de Janeiro, Zahar, 1971.
19. Fritz J. Roethlisberger, William Dickson. *A organização e o trabalhador*. São Paulo, Atlas, 1971.
20. Amitai Etzioni. *Organizações modernas*. São Paulo, Pioneira, 1976.
21. Amitai Etzioni. *Organizações complexas*. São Paulo, Atlas, 1967.
22. Amitai Etzioni. *A comparative analysis of complex organizations*. Glencoe, The Free, 1961.
23. Joseph A. Litterer. *Organizations: structure and behavior*. Nova York, John Wiley & Sons, 1963.
24. Charles Perrow. *Complex organizations: a critical essay*. Glenview, Scott, Foresman & Co., 1972.
25. Charles Perrow. *Análise organizacional: um enfoque sociológico*. São Paulo, Atlas, 1976.
26. William F. Whyte, Jr. *The organization man*. Nova York, Doubleday & Co., 1966.
27. Peter M. Blau, W. Richard Scott. *Organizações formais*. São Paulo, Atlas, 1970.
28. Richard H. Hall. *Organizaciones: estructura y proceso*. Madri, Prentice-Hall, 1973.
29. Peter F. Drucker. *The practice of management*. Nova York, Harper & Row, 1954. Traduzido para o português: *Prática de administração de empresas*. Rio de Janeiro, Fundo de Cultura, 1962.
30. Harold Koontz, Cyrill O'Donnell. *Princípios de administração: uma análise das funções administrativas*. São Paulo, Pioneira, 1976.
31. Harold Koontz, Cyril O'Donnell, Heinz Weihrich. *Management*, Toquio, McGraw-Hill Kogakusha, 1980.
32. William H. Newman. *Ação administrativa: as técnicas de organização e gerência*. São Paulo, Atlas, 1972.
33. Michael J. Jucius, William E. Schlender. *Introdução à administração: elementos de ação administrativa*. São Paulo, Atlas, 1972.
34. Ernest Dale, L. C. Michelon. *Gerência empresarial: métodos modernos*. Rio de Janeiro, Bloch, 1969.
35. Leon C. Megginson, Donald C. Mosley, Paul H. Pietri Jr. *Administração: conceitos e aplicações*. São Paulo, Harper & Row, 1986.
36. Herbert A. Simon. *O comportamento administrativo*. Rio de Janeiro, Fundação Getulio Vargas, 1965.
37. Lyman W. Porter, Edward E. Lawler, III, J. Richard Hackman. *Behavior in organizations*. Tóquio, McGraw-Hill Kogakusha, 1975.
38. Fred Luthans. *Organizational behavior*. Nova York, McGraw-Hill, 1981.
39. Terence R. Mitchell. *People in organizations: an introduction to organizational behavior*. Nova York, McGraw-Hill, 1982.
40. Keith Davis. *Human behavior at work: organizational behavior*. Nova York, McGraw-Hill, 1981.
41. Herbert G. Hicks, C. Ray Gullett. *Organizations: theory and behavior*. Tóquio, McGraw-Hill, Kogakusha, 1975.
42. David A. Nadler, J. Richard Hackman, Edward E. Lawler, III. *Comportamento organizacional*. Rio de Janeiro, Campus, 1983.
43. John R. Schermerhorn, Jr., James G. Hunt, Richard N. Osborn. *Basic organizational behavior*. Nova York, John Wiley & Sons, 1995.
44. Chris Argyris. *A integração do indivíduo à organização*. São Paulo, Atlas, 1975.
45. Chris Argyris. *Personalidade e motivação: o conflito entre o indivíduo e o sistema*. Rio de Janeiro, Renes/Usaid, 1968.
46. William G. Scott, Terence R. Mitchell. *Organization theory: a structural and behavioral analysis*. Homewood, Richard D. Irwin, 1976.
47. Leland Bradford (ed.). *T-Group theory and laboratory methods*. Nova York, John Wiley & Sons, 1964.
48. Warren G. Bennis. *Desenvolvimento organizacional: sua natureza, origens e perspectivas*. São Paulo, Edgard Blücher, 1972.
49. Richard Beckhard. *Desenvolvimento organizacional: estratégia e modelos*. São Paulo, Edgard Blücher, 1972.
50. Edgard H. Schein. *Consultoria de procedimentos: seu papel no desenvolvimento organizacional*. São Paulo, Edgard Blücher, 1972.
51. Paul R. Lawrence, Jay W. Lorsch. *O desenvolvimento de organizações: diagnóstico e ação*. São Paulo, Edgard Blücher, 1972.
52. Richard E. Walton. *Pacificação interpessoal: confrontações e consultoria de uma terceira parte*. São Paulo, Edgard Blücher, 1972.
53. Robert R. Blake, Jane S. Mouton. *A estruturação de uma empresa dinâmica por meio do desenvolvimento organizacional*. São Paulo, Edgard Blücher, 1972.
54. Joan Woodward. *Management and technology*. Londres, Her Majesty's Stationery Office, 1958.
55. Joan Woodward. *Industrial organizations: behavior and control*. Londres, Oxford University, 1970.
56. James D. Thompson, Frederick L. Bates. *Technology, organization and administration*. Ithaca, Business and Public Administration School, Cornell University, 1969.
57. Joelmir Beting. Caderno de Economia, *O Estado de S.Paulo*, 07.08.1997, p. B2.
58. John Naisbitt. *Megatrends*. Nova York, Warner Books, 1982.

59. Liliana Pinheiro. Caderno de Empresas, *O Estado de S.Paulo*, 15.06.1997.
60. Fremont E. Kast, James E. Rosenzwig. *Contingency views of organization and management*. Chicago, Science Research Associates, 1973.
61. Henry L. Tosi, W. Clay Hammer. *Organizational behavior and management: a contingency approach*. Chicago, St. Clair, 1974.
62. Don Hellriegel, John W. Slocum, Jr. *Management: a contingency approach*. Reading, Addison-Wesley, 1974.
63. Fred Luthans. *Introduction to management: a contingency approach*. Nova York, McGraw-Hill, 1976.
64. Pradip N. Khandwalla. *Design of organizations.* Nova York, Harcourt Brace Jovanovich, 1977.
65. Tom Burns, G.M.Stalker. *The management of innovation*. Londres, Tavistock, 1961.
66. Paul R. Lawrence, Jay W. Lorsch. *As empresas e o ambiente: diferenciação e integração administrativas*. Petrópolis, Vozes, 1973.
67. James D. Thompson. *Dinâmica organizacional: fundamentos sociológicos da teoria administrativa*. São Paulo, McGraw-Hill, 1976.
68. Fremont E. Kast, James E. Rosenzweig. *Organization and management: a systems approach*. Nova York, McGraw-Hill, 1970.
69. Daniel Katz, Robert L. Khan. *Psicologia social das organizações*. São Paulo, Atlas, 1970.
70. Richard A. Johnson, Fremont E. Kast, James E. Rosenwzeig. *The theory and management of systems*. Nova York, McGraw-Hill, 1970.
71. Ralph Kilmann. *Social systems design: normative theory and the MAPS design technology*. Nova York, Elsevier North Holland, 1976.
72. Paul R. Lawrence, Jay W. Lorsch. *As empresas e o ambiente: diferenciação e integração administrativas*. Petrópolis, Vozes, 1973.
73. Alvin Toffler. *O choque do futuro.* Rio de Janeiro, Artenova, 1972.
74. Tom Peters, Robert Waterman. *In search of excellence: lessons from America's best-run companies*. Nova York, Harper & Row, 1982.
75. Richard L. Daft. *Management*. Orlando, The Dryden, 1994. p. 75.

Parte II
A ADMINISTRAÇÃO NOS NOVOS TEMPOS

Objetivos de aprendizagem

O objetivo principal desta segunda parte do livro é mostrar as tendências da moderna administração e como o contexto ambiental que envolve as organizações e as empresas provoca forte impacto em sua administração. A globalização da economia, a intensa competição e a concorrência mundial, a mudança e a inovação e, sobretudo, a incerteza e a instabilidade que põem por terra qualquer tentativa de permanência e manutenção do *status quo*. De maneira mais específica, oferecemos uma explicação a respeito da ênfase na invenção e na reinvenção das organizações como forma de mantê-las ágeis e competitivas e da necessidade de responsabilidade social e de comportamento ético na sua administração.

O que veremos adiante

Capítulo 3 – O ambiente das organizações.
Capítulo 4 – Administração em um contexto globalizado, dinâmico e competitivo.
Capítulo 5 – Inventando e reinventando as organizações.
Capítulo 6 – A cultura organizacional.

Parte II A administração nos novos tempos

A globalização e a revolução tecnológica que fincaram pé no final do século passado começaram a dilapidar as tradicionais fronteiras entre os países, soterrando demarcações políticas, derrubando barreiras e queimando bandeiras. A expansão do comércio internacional e a incrível mobilidade da informação e dos capitais estão fazendo com que as nacionalidades sejam cada vez mais uma dimensão cultural e cada vez menos uma dimensão econômica[1]. A tecnologia da informação (TI) faz com que, em milésimos de segundos, as notícias e as informações cruzem o planeta, aproximando as pessoas e fazendo do mundo uma verdadeira aldeia global. Trata-se de uma fase de transição e metamorfose, uma espécie de corrida em direção ao futuro que incentiva esforços de modernização e reestruturação de países e organizações. Nesse contexto, as organizações em geral e as empresas em particular têm pela frente não apenas um simples e pequeno mercado local ou regional, com clientes e concorrentes locais ou regionais, mas um horizonte muito mais amplo e que se estende à sua frente, oferecendo oportunidades incríveis, mas ao mesmo tempo apresentando ameaças, riscos e contingências. Basta levantar os olhos e saber mirar esse fabuloso horizonte.

Nesta segunda parte do livro, exploraremos em profundidade alguns dos principais problemas da administração moderna. No Capítulo 3, abordaremos o ambiente organizacional, que é o palco dos negócios e a arena das relações entre as organizações. Discutiremos as características ambientais e como as organizações podem tirar proveito das oportunidades e neutralizar as ameaças que ocorrem ao seu redor. No Capítulo 4, abordaremos os problemas decorrentes da globalização, das mudanças tecnológicas, da intensificação da informação, do novo conceito de emprego, da ética e da responsabilidade social, como temas importantes para entender a administração dos novos tempos. No Capítulo 5, abordaremos o modo como as organizações podem e devem manter-se continuamente atualizadas em um mundo mutável e dinâmico, onde sobrevivem, crescem e são bem-sucedidas apenas as organizações que se inventam e reinventam constantemente. E, no Capítulo 6, abordaremos os principais aspectos que caracterizam a cultura organizacional, o DNA das organizações. Com toda essa visão em mente poderemos adentrar na parte relacionada com o processo administrativo de planejar, organizar, dirigir e controlar as atividades das organizações.

---

1 Guedes P. "A arte de ser invisível". *Exame*, n. 641, 30.07.1997, p. 30.

3
O AMBIENTE DAS ORGANIZAÇÕES

Objetivos de aprendizagem

Após estudar este capítulo, você deverá estar capacitado para:

- Definir o ambiente das organizações e suas características principais.
- Descrever o ambiente geral ou macroambiente e suas variáveis críticas.
- Descrever o ambiente específico ou microambiente e seus principais componentes.
- Reconhecer os tipos de ambiente organizacional e como se comportam.
- Descrever a dinâmica ambiental.
- Indicar quais as características organizacionais adequadas para confrontar com diferentes ambientes de negócios.

O que veremos adiante

- Conceito de sistemas.
- Conceito de ambiente.
- Ambiente geral.
- Ambiente específico.
- Dinamismo do ambiente.
- Relações entre organização e seu ambiente.

3 O ambiente das organizações

Caso introdutório: Pensar globalmente e agir localmente

Teobaldo Navarro é o gerente geral da Fazenda Citrus, uma empresa dedicada à produção de laranja, industrialização do suco e sua posterior exportação para o mercado internacional. Teobaldo é o responsável pelas áreas de plantio e colheita, pelo transporte da matéria-prima para as instalações industriais onde se faz o suco de laranja, por seu acondicionamento a granel e pelo transporte do produto acabado até os portos de exportação. Na verdade, Teobaldo cuida de todo o ciclo operacional, que vai desde o plantio inicial da matéria-prima até a entrega do produto acabado nos pontos de exportação. Qualidade e custo são os parâmetros básicos de toda essa diversificada atividade. A verticalização constitui o ponto forte da empresa. Os concorrentes da Citrus não estão apenas no país. Na verdade, eles estão muito mais distantes. Os mais fortes e mais bem preparados estão concentrados no estado norte-americano da Flórida. Teobaldo sabe que não deve apenas se igualar ou sobrepujar os concorrentes locais. O seu desafio é mais amplo, ou seja, enfrentar uma acirrada concorrência mundial. Teobaldo lembra-se muito das ideias de Soichiro Honda, célebre fundador da Honda Motors – fabricante de motos e automóveis de classe mundial – o qual dizia que, para ser um cidadão de seu país, ele precisava antes ser um cidadão do mundo. Um verdadeiro cosmopolita. Precisava pensar globalmente e agir localmente: para conhecer e aprender o que de melhor se faz no mundo todo e para trazer esse aporte como contribuição efetiva ao seu país. Somente assim, ele poderia considerar-se um cidadão da sua pátria. Teobaldo procurava seguir as linhas do velho mestre japonês.

As organizações não existem no vácuo, nem estão sozinhas ou isoladas no mundo. Elas vivem e operam em um meio ambiente que lhes serve de nicho. E, nesse ambiente, estão muitas outras organizações e empresas, algumas em cooperação, outras em competição e confronto aberto com elas. É do ambiente que as organizações obtêm seus insumos e recursos, isto é, as suas entradas que lhes proporcionam talentos, energia, materiais e informação. E é no ambiente que as organizações colocam seus produtos ou serviços, isto é, as suas saídas. Na verdade, as organizações retiram insumos do ambiente, que retornam a ele como produtos ou serviços por meio da atividade organizacional. Nesse sentido, as organizações funcionam como sistemas, conjuntos integrados de atividades que agregam valor e criam riqueza. Mais do que isso: servem à sociedade e satisfazem necessidades variadas pela conversão de insumos em resultados como produtos e serviços. Assim, oferecem resultados.

CONCEITO DE SISTEMAS

Sistema é um conjunto integrado de partes, íntima e dinamicamente relacionadas, que desenvolve uma atividade ou função e é destinado a atingir um objetivo específico. Todo sistema faz parte de outro maior (suprassistema o qual constitui seu ambiente) e é composto de menores (subsistemas). É o caso do sistema solar, que existe dentro de um sistema maior (o universo) e é constituído de subsistemas (os diversos planetas e respectivos satélites). A organização é visualizada como um sistema constituído de vários subsistemas, que são suas unidades como departamentos, divisões, seções, equipes etc. Mas ela está inserida em um sistema maior, que é a sociedade.

Todo sistema apresenta os seguintes elementos fundamentais[1]:

- Entradas ou insumos (*inputs*): o sistema importa e recebe insumos do ambiente, como recursos, energia e informação, para lhe proporcionar os meios necessários ao seu funcionamento.

- **Saídas ou resultados** (*outputs*): as entradas devidamente processadas e transformadas em resultado são exportadas de novo ao ambiente na forma de produtos ou serviços, energia ou informação.
- **Subsistemas**: são as partes do sistema que processam toda a atividade e o constituem. Em uma organização os subsistemas podem ser departamentos ou divisões; no corpo humano podem ser o sistema digestivo, respiratório, etc. A divisão do trabalho exige a especialização das partes do sistema. Os subsistemas são ligados e integrados por meio de uma rede de comunicações.
- **Retroação** (*feedback*): é o efeito de retorno da saída sobre a entrada do sistema, no sentido de regulá-la ou mantê-la dentro de certos parâmetros (aumentá-la por meio da retroação positiva ou reduzi-la pela retroação negativa). A retroação realimenta o sistema com informação de retorno.
- **Limites ou fronteiras**: constituem a separação entre a organização e o ambiente que a envolve externamente. As fronteiras representam a periferia da organização que se relaciona com o ambiente externo.

Todo sistema possui fluxos de informação, materiais e energia que procedem do ambiente como entradas, esses passam por processos de transformação dentro do sistema e saem dele na forma de saídas ou resultados. Esse é o ciclo repetitivo de um sistema: entrada, processamento e saída. Ou, em outras palavras, importação, processo e exportação.

Classificação de Sistemas

Quanto à sua constituição, os sistemas podem ser classificados em físicos e concretos ou abstratos e conceituais.

- **Sistemas físicos e concretos**: são compostos de equipamentos, instalações e de objetos e coisas reais. Recebem o nome de *hardware* e são constituídos de coisas físicas e materiais, como as máquinas e equipamentos. Podem ser descritos em termos quantitativos de desempenho.

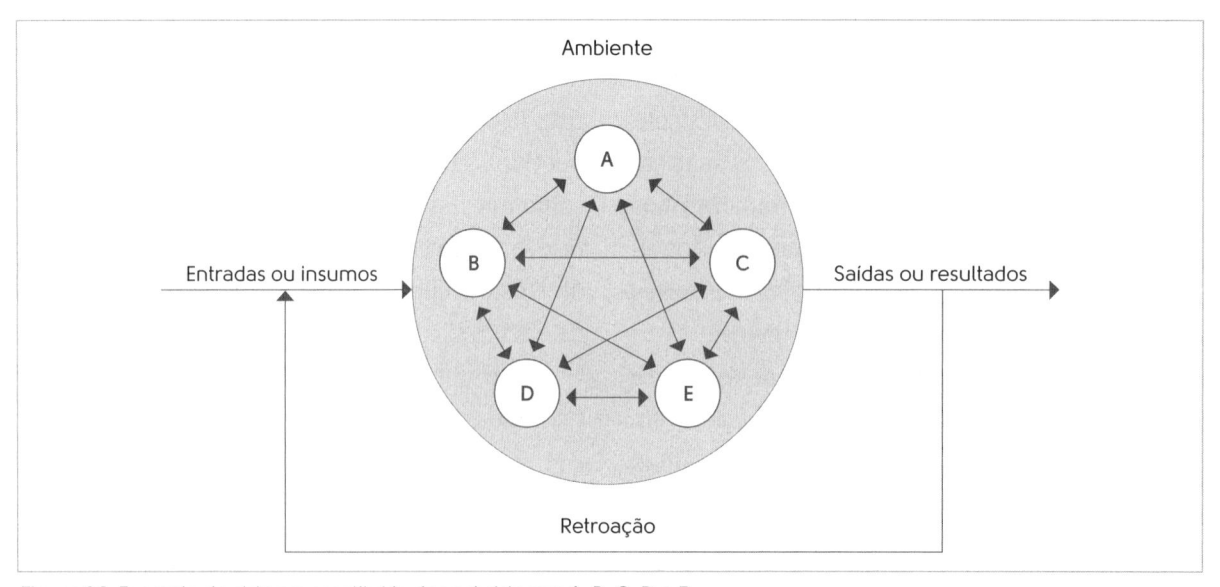

Figura 3.1. Exemplo de sistema constituído dos subsistemas A, B, C, D e E.

- Sistemas abstratos e conceituais: são compostos de conceitos, abstrações, hipóteses e ideias. Recebem o nome de *software* e são constituídos de aspectos não físicos.

Quase sempre, as organizações necessitam de sistemas físicos como base e de sistemas conceituais para fazê-los funcionar. Muitos equipamentos (*hardware*) requerem programas (*software*) para poderem funcionar e trabalhar.

Quanto à sua natureza, os sistemas podem ser classificados em fechados e abertos.

- Sistemas fechados: são sistemas cujo intercâmbio com o ambiente (entradas e saídas) é pequeno e conhecido, pois são inteiramente programados e determinísticos: a uma determinada entrada corresponde uma única e determinada saída. Na verdade, não existem sistemas totalmente fechados, mas sim sistemas herméticos a qualquer influência ambiental e cujo funcionamento é perfeitamente previsível e programado. Suas partes constituem peças de um todo e se combinam de maneira rígida e invariável, tendo pouquíssima flexibilidade. São os chamados sistemas mecânicos, como as máquinas e equipamentos.
- Sistemas abertos: são os sistemas que apresentam intensas relações de intercâmbio com o ambiente, por meio de múltiplas entradas e saídas. Por essa razão, são inteiramente probabilísticos e totalmente flexíveis, pois não é possível mapear e conhecer todas as suas entradas e saídas. São chamados sistemas orgânicos, como todos os organismos vivos e as organizações. Essas são sistemas abertos e orgânicos que transformam recursos físicos, materiais e financeiros recebidos do ambiente em bens e serviços que retornam ao ambiente.

Sinergia e Entropia

Os sistemas abertos ou orgânicos apresentam características diferentes dos sistemas fechados ou mecânicos.

- Sinergia: é uma característica fundamental dos sistemas abertos ou orgânicos. É o resultado multiplicador das partes do sistema. Essas partes não apenas se somam, mas se ajudam mutuamente, produzindo um efeito amplificado ou alavancado. A sinergia é um emergente sistêmico, uma consequência da rede de comunicações do sistema que proporciona uma dinâmica incrível. Graças à sinergia, o resultado de um sistema não é a soma das suas partes, mas um efeito exponenciado. A sinergia faz milagres: graças a ela, a relação 1 + 1 + 1 é maior do que 3. Quando o sistema funciona com um efeito multiplicador, o todo é maior do que a soma de suas partes. A sinergia faz o bolo crescer.
- Entropia: é o efeito de desintegração do sistema que ocorre quando as suas partes não se comunicam ou sua rede de comunicações não funciona adequadamente. Ela acontece tanto em sistemas abertos como em sistemas fechados. É o caso em que 1 + 1 + 1 é menor do que 3. O sistema perde energia e tende a se desintegrar. A entropia faz o bolo encolher.

Há muito tempo, Hopkins já propunha as seis linhas básicas que serviriam para a abordagem sistêmica[2]:

1. A totalidade deve ser o foco principal da análise, enquanto as partes devem receber atenção secundária.
2. A integração é a variável-chave para a análise global. Ela é definida como o inter-relacionamento das várias partes do todo.

3. Qualquer modificação em cada parte, provoca efeitos nas outras partes do todo.
4. Cada parte tem um papel ou função a desempenhar para que o todo alcance o seu propósito.
5. A natureza e função de cada parte são determinadas pela sua posição no todo.
6. Toda análise começa do todo para as partes. Elas e seus inter-relacionamentos devem proporcionar o melhor alcance dos propósitos do todo.

Características do Sistema

Todo sistema tem características próprias, mas as duas principais características sistêmicas são:

1. **Totalidade ou globalismo:** todo sistema é um conjunto que prevalece sobre a visão analítica. Ver um sistema é ver a floresta e não cada uma de suas árvores isoladamente; é ver a cidade e não apenas suas ruas isoladamente. A totalidade ou globalismo significa que o todo é diferente da soma de suas partes. Em outras palavras, o sistema deve ser visualizado como uma entidade global cujas características são peculiares e diferentes das características de cada uma de suas partes. A água, por exemplo, tem características completamente diferentes das do hidrogênio e do oxigênio que a formam. A abordagem sistêmica envolve a visão do todo, do conjunto e não das partes separadamente. Ela está mais preocupada em juntar do que em separar as coisas. É a visão molar no lugar da visão molecular.

2. **Abordagem teleológica:** todo sistema tem um propósito ou objetivo a alcançar. A visão do propósito (teleológica) mostra que é a função – e não a sua estrutura – que faz o órgão ou o sistema. A importância do aparelho circulatório no organismo humano é determinada pela sua função e não pela sua estrutura. Seu propósito é alimentar as células que compõem o organismo.

CONCEITO DE AMBIENTE

Todo sistema vive em um determinado meio ambiente. Também as organizações são sistemas abertos, vivendo e interagindo dinamicamente com seus ambientes. Um sistema aberto é aquele que mantém intensa interação (entradas e saídas) com seu meio ambiente, afetando-o e sendo afetado por ele. Como as entradas e saídas são mui-

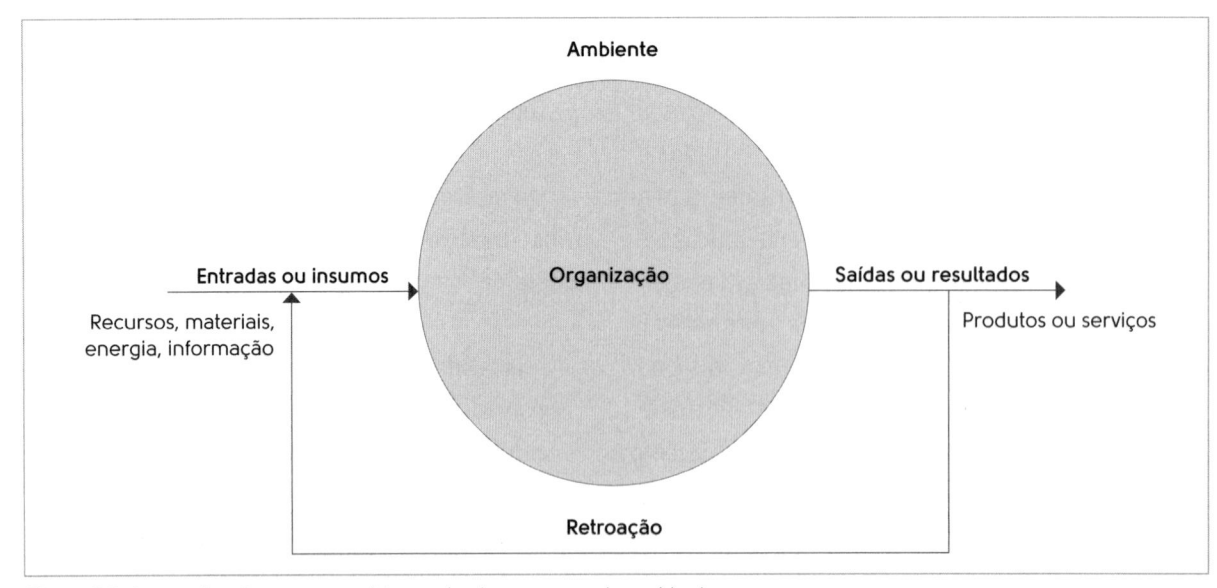

Figura 3.2. A organização como um sistema aberto em um meio ambiente.

tas e várias, torna-se difícil conhecer todas elas em seus detalhes e compreender exatamente seu funcionamento. Além disso, quanto mais vasto o ambiente, tanto mais ele pressiona e influencia as organizações e menos ele é pressionado ou influenciado por elas. É como o universo em relação às galáxias e sistemas que o habitam.

Ambiente é tudo aquilo que envolve externamente um sistema ou uma organização. Em outras palavras, ambiente é tudo o que está além das fronteiras ou limites da organização. Como o ambiente é muito amplo, vasto, difuso, complexo, não é possível apreendê-lo e compreendê-lo na sua totalidade. Torna-se necessário segmentá-lo a fim de abordá-lo melhor. O ambiente pode ser desdobrado em dois grandes segmentos: o ambiente geral (macroambiente) e o ambiente específico (microambiente).

AMBIENTE GERAL

O ambiente geral é o meio mais amplo que envolve toda a sociedade humana, nações, organizações, empresas, comunidades, etc. Funciona como um contexto abrangente que afeta todos os seus componentes integrantes de modo genérico, embora alguns deles possam sofrer mais influências e pressões do que outros. Assim, todas as organizações estão sujeitas ao seu impacto, que é generalizado e amplo e repercute, intensamente, em todas as decisões administrativas. Na realidade, o ambiente genérico constitui o cenário mais amplo onde ocorrem todos os fenômenos econômicos, tecnológicos, sociais, legais, culturais, políticos, demográficos e ecológicos que influenciam, poderosamente, as organizações.

Os componentes geralmente considerados parte do ambiente geral são[1]:

1. **Condições econômicas**: representam a parte do ambiente geral que define como os recursos estão sendo distribuídos e usados dentro do ambiente. Como as pessoas e organizações de uma comunidade ou nação produzem, distribuem e utilizam os vários bens e serviços. Importantes assuntos do componente econômico são: o estado geral da economia em termos de inflação, desenvolvimento/retração, nível de renda, produto interno bruto, emprego/desemprego e outros indicadores relacionados com os fenômenos econômicos. A economia é a ciência que estuda esse componente ambiental.

2. **Condições tecnológicas**: representam a parte do ambiente geral que inclui novas abordagens técnicas para a produção de bens e serviços. Envolve novos procedimentos ou equipamentos, o estado geral do desenvolvimento e da disponibilidade da tecnologia no ambiente, incluindo pesquisa, desenvolvimento e avanços científicos.

3. **Condições sociais**: representam a parte do ambiente geral que descreve as características da sociedade na qual a organização está integrada. Importantes assuntos do componente social são: o estado geral dos valores sociais que prevalecem em questões de direitos humanos, valores sociais, educação, bem-estar, qualidade de vida, instituições sociais, bem como padrões sociais de comportamento.

4. **Condições legais**: representam a parte do ambiente geral que contém os códigos legais vigentes. Envolvem o estado geral das leis e regulamentos definidos pela sociedade, bem como a forma de governo predominante.

5. **Condições políticas**: representam a parte do ambiente geral que contém os elementos relacionados com assuntos governamentais e políticos. Incluem o estado geral da filosofia, os objetivos políticos dominantes, partidos políticos, representações da sociedade, atitu-

des dos governos locais, regionais e nacional sobre indústrias, esforços de *lobbies* políticos, grupos de interesses, etc.
6. **Condições culturais**: representam a parte do ambiente geral que contém os elementos relacionados com os valores sociais e culturais que prevalecem na sociedade.
7. **Condições demográficas**: representam as características estatísticas de uma população e de sua mobilidade. Inclui mudanças no número de pessoas e a distribuição de rendas entre os vários segmentos da população. Essas mudanças influenciam a receptividade de bens e serviços dentro do meio ambiente de uma organização que se refletem na estratégia organizacional.
8. **Condições ecológicas**: representam o estado geral da natureza e condições do ambiente físico e natural, bem como a preocupação da sociedade com a preservação do meio ambiente e a sustentabilidade.

Todos esses fenômenos e variáveis formam um dinâmico e intenso campo de forças que se juntam e se repelem, que se unem e se chocam, multiplicam-se e anulam-se, assumindo tendências e direções inusitadas como um complicado caleidoscópio, que muda a cada instante a sua configuração. O resultado (momento de forças) desse emaranhado de forças é altamente contingencial e imprevisível. Daí, a incerteza sobre os desdobramentos do macroambiente. Razão pela qual se torna difícil, senão impossível, fazer qualquer previsão a respeito do futuro nesse torvelinho de eventos de naturezas diferenciadas e diversas. Nessas condições, a futurologia está se tornando uma especialidade realmente muito espinhosa e sujeita a intensas chuvas e trovoadas. Além do mais, a globalização passou a substituir a internacionalização dos negócios, assunto que veremos no próximo capítulo. A globalização leva em conta legislações, culturas, economias, políticas e tecnologias dos demais países como se esses componentes fossem parte do ambiente mais próximo de cada organização.

Como o ambiente geral é vasto demais, as empresas se servem apenas de uma pequeníssima parcela de sua imensa extensão. É como se, dentro de uma enorme cidade, fosse preciso apenas uma casa para se viver. Daqui deriva o conceito de ambiente específico.

Voltando ao caso introdutório: Pensar globalmente e agir localmente

Teobaldo Navarro pretende desenvolver uma visão panorâmica do ambiente de negócios de sua empresa. Mas sabe que, antes disso, precisa conhecer o macroambiente e ter uma noção de como as condições econômicas, tecnológicas, sociais, legais, políticas, culturais, demográficas e ecológicas influenciam os negócios da Citrus. Para tanto, desenvolveu uma espécie de mapa de duas entradas como um balanço contábil, para alinhar na coluna esquerda todas as forças e variáveis ambientais que representam oportunidades de negócios que a Citrus pode aproveitar, estrategicamente e na coluna direita, todas as forças e variáveis ambientais que representam ameaças, dificuldades, desafios, coações e restrições que a Citrus deve neutralizar ou evitar com razoável jogo de cintura. Como você faria esse balanço de favorabilidades e desfavorabilidades ambientais no lugar de Teobaldo?

3 O ambiente das organizações

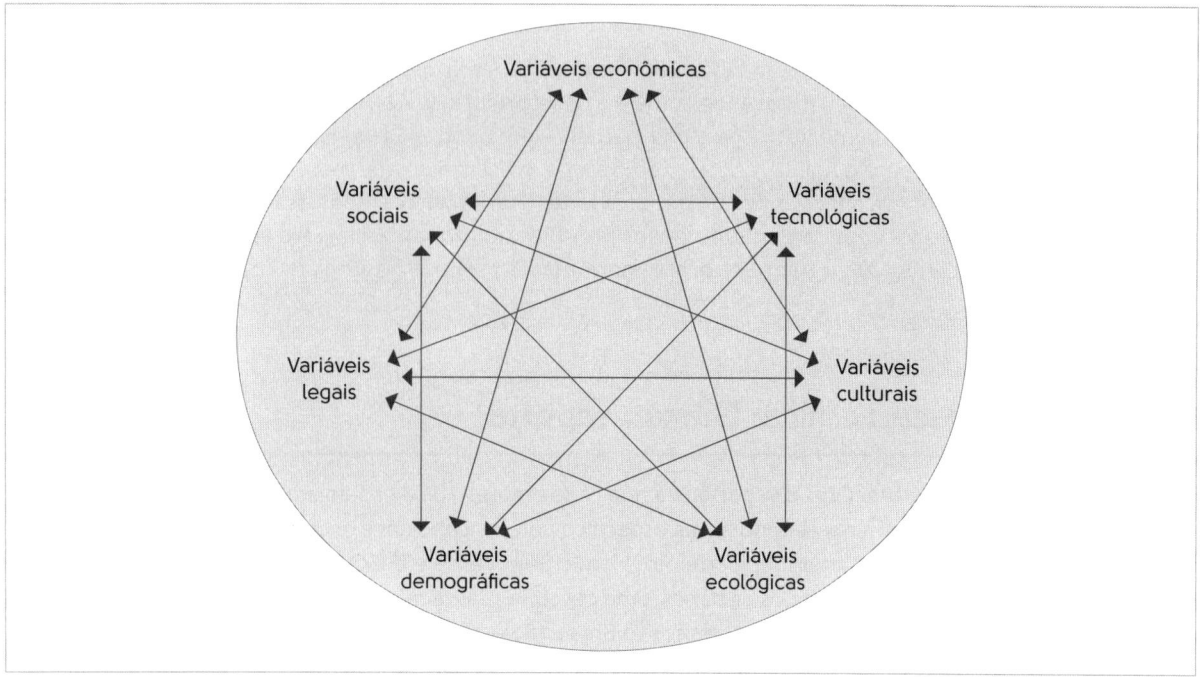

Figura 3.3. O ambiente geral como um campo dinâmico de forças[3].

📊 Caso de apoio: Seu produto não é só seu. E agora?[4]

O Antak foi o remédio de maior sucesso na história da indústria farmacêutica. Usado para combater a úlcera, ele foi, desde 1986, de longe, o mais vendido entre os milhares de medicamentos que povoam as prateleiras das drogarias. Suas pílulas são poderosas a ponto de terem impulsionado uma empresa de dimensões então medianas, a britânica Glaxo Welcome, para o topo do *ranking* mundial do setor. Em 1981, ano em que o Antak foi lançado, a Glaxo ocupava o 25º lugar entre os principais laboratórios do mundo. Embalada pelo sucesso do produto, a empresa tornou-se, desde 1994, a maior de todas. Em 16 anos, o Antak, sozinho, jogou nos cofres da companhia o equivalente a 29 bilhões de dólares.

Mas o Antak provocou dores de cabeça, estresse e insônia. São efeitos colaterais comprovados, mas que atingem um número reduzidíssimo de pessoas: a diretoria e a equipe de pesquisadores da Glaxo Welcome. Motivo: a patente do remédio expirou nos Estados Unidos, o maior mercado do mundo. A partir de então, qualquer empresa pode fabricá-lo, bastando alterar seu nome. E daí? Para o negócio da indústria farmacêutica, isso significa o seguinte: o preço de venda do medicamento deve cair 50% em dois anos, por causa da chegada dos concorrentes. Há casos em que o baque é mais duro, como o do Tagamet, também um antiúlcera, produzido pela SmithKline Beecham. Em 1994, sua patente expirou e, em um ano, as vendas no mercado americano cairam 75%. Isso mostra a influência das condições legais no ambiente geral de uma organização.

A questão que atormentava os executivos da Glaxo Welcome era: como a companhia deveria se preparar para o momento em que seu carro-chefe parasse de produzir lucros fartos? A dependência da Glaxo em relação à sua droga mais vendida é grande: ela era responsável por 43% da receita anual da empresa. Sozinho, o Antak faturou 3 bilhões de dólares em vendas em 1996. Em 1993, a Glaxo começou a montar uma estratégia de defesa. Tanta antecedência fazia sentido. Ela precisava se mexer antes que seus acionistas começassem a debandar. A parte mais visível do plano montado pela Glaxo foi deflagrada no início de 1995. Ela surpreendeu o mercado e comprou a também britânica Welcome, na maior aquisição da indústria farmacêutica mundial. Um negócio de 15 bilhões de dólares. Era parte de uma estratégia agressiva para diminuir a importância relativa do Antak em suas receitas: de 43% das vendas, o medicamento passou a responder por 28%, até chegar a 10%. Além disso, agregou ao seu portfólio áreas terapêuticas que não eram seu forte. A Welcome é a descobridora do AZT, usado no tratamento de aids, e de uma extensa gama de medicamentos anti-herpes. Além disso, a Glaxo Welcome passou a desenvolver novos formatos para o Antak. Lançou-o em xarope, comprimido efervescente e gotas, estendendo a linha de produtos encabeçada por uma marca forte. É um modo de engrossar e fortalecer a marca. O terceiro ponto foi o lançamento de novos produtos, como tentativa para encontrar um novo fenômeno de vendas. A notícia ruim é que, até agora, ela não encontrou ainda um novo Antak.

Avaliação crítica: Gestão esperta[5]

As perguntas proliferam. Qual a importância que cada empresa dá à gestão ambiental? Quais as empresas que já elaboraram um relatório anual específico para as condições ecológicas do seu ambiente geral? Esta lista está aumentando rapidamente. Com o Selo Verde e a ISO 14.000, a gestão ambiental vem ganhando importância em todos os países. Uma pesquisa realizada pela empresa de auditoria KPMG com 885 companhias espalhadas por 13 países (o Brasil não está incluído) mostra que 71% delas mencionam o meio ambiente em seus relatórios anuais. E 24% têm um balanço anual específico para as atividades envolvendo o meio ambiente. Países como os Estados Unidos, Canadá e Noruega já introduziram leis que obrigam as empresas a informar o mercado sobre suas atividades ambientais e ecológicas. São os chamados relatórios verdes (*green accounts*). Na Noruega, as empresas são obrigadas a informar à opinião pública o impacto de suas operações no meio ambiente e as medidas tomadas para prevenir incidentes ecológicos. Os Estados Unidos são os campeões na matéria: 43% das empresas já publicam balanços ambientais. Contudo, segundo a KPMG, 35% dos relatórios verdes ainda mostram falhas, como acidentes, transgressões da lei e processos ambientais por danos ecológicos.

No Brasil, o Decreto federal n. 7.746/2012 regulamenta a Lei de Licitações para estabelecer critérios, práticas e diretrizes para a promoção do desenvolvimento nacional sustentável nas contratações realizadas pela administração pública federal, além de instituir a Comissão Interministerial de Sustentabilidade na Administração Pública – Cisap.[6]

AMBIENTE ESPECÍFICO

O ambiente específico ou microambiente se refere ao local mais próximo e imediato da organização. Assim, cada uma tem o seu próprio e particular ambiente de tarefa que constitui o nicho onde ela desenvolve suas operações e de onde retira seus insumos e coloca seus produtos e serviços. Isso significa que no ambiente de tarefa estão os mercados utilizados (de fornecedores, financeiro, de mão de obra etc.) e os mercados servidos pela organização (mercado de clientes). O ambiente específico ou ambiente de tarefa é constituído pelos seguintes elementos, que envolvem diretamente cada organização[3]:

- Fornecedores: são os elementos que proporcionam entradas ou insumos na forma de recursos, energia, serviços e informação à organização. Eles oferecerem recursos como capital, matérias-primas, máquinas e equipamentos, tecnologia, conhecimentos, propaganda, serviços jurídicos, contábeis, etc. Com a terceirização, cada vez mais o trabalho interno que não é essencial para a missão da organização está sendo transferido para fornecedores externos, transformando custos fixos em custos variáveis e, simultaneamente, aumentando a dependência da organização em relação a esses elementos ambientais. O componente fornecedor é o segmento do ambiente de tarefa que envolve todas as variáveis relacionadas com indivíduos ou agências que proporcionam os recursos necessários para que as organizações possam produzir bens e serviços.

- Clientes: são os elementos que compram ou adquirem os produtos ou serviços, ou seja, absorvem as saídas e os resultados da organização. Os clientes podem ser chamados de usuários, consumidores, contribuintes ou, ainda, patrocinadores. O componente consumidor é o segmento do ambiente de tarefa que é composto dos fatores relacionados com aqueles que compram bens e serviços proporcionados pela organização. Servir os clientes e, sobretudo, encantá-los tornou-se hoje a mais importante tarefa da organização.

- Concorrentes: são os elementos que disputam as mesmas entradas (fornecedores) e as mesmas saídas (clientes) da organização. Os concorrentes desenvolvem estratégias nem sempre esperadas ou conhecidas para ganhar espaço e domínio e intervêm no ambiente de tarefa, provocando a incerteza a respeito de suas decisões e ações. O componente competitivo é o segmento do ambiente de tarefa, que é composto daqueles com quem a organização se defronta no sentido de obter recursos e colocar seus produtos e serviços no mercado. Conhecer os concorrentes e saber lidar com eles é tarefa vital para a organização.

- Agências reguladoras: são os elementos que regulam, normatizam, monitoram, avaliam ou fiscalizam as ações da organização. São os órgãos fiscalizadores do governo, os sindicatos, as associações de usuários, as associações de classe, as associações de proteção ao consumidor, os grupos de interesses e todas as entidades de cunho regulador. O componente regulador é o segmento do ambiente de tarefa que monitora o desempenho da organização no sentido de cercear, limitar, restringir e balizar as suas ações, reduzindo o seu grau de liberdade e de flexibilidade para operar.

É no ambiente específico que se situam os mercados servidos por uma organização: de clientes, fornecedores, concorrentes etc. Cada organização possui o seu próprio e específico microambiente como o nicho de suas operações. Nele a organização define o seu domínio, que representa as relações de poder e de dependência de uma organização. Uma organização apresenta relações de poder quando suas decisões e ações afetam as decisões

Voltando ao caso introdutório: Pensar globalmente e agir localmente

Para obter uma visão panorâmica do ambiente de negócios de sua empresa, Teobaldo Navarro pretende mapear todas as entradas e saídas que interligam sua organização ao meio ambiente onde opera: fornecedores, clientes, concorrentes e agências reguladoras. Sua intenção é conhecer profundamente esses componentes do ambiente específico da Citrus e não somente os componentes reais e atuais, como também os componentes potenciais e virtuais que poderiam ser melhor explorados pela organização. Trata-se, segundo Teobaldo, de reduzir a dissonância e a miopia em relação ao contexto ambiental para tornar a organização mais adequada à totalidade dos componentes externos. O que você faria no lugar de Teobaldo?

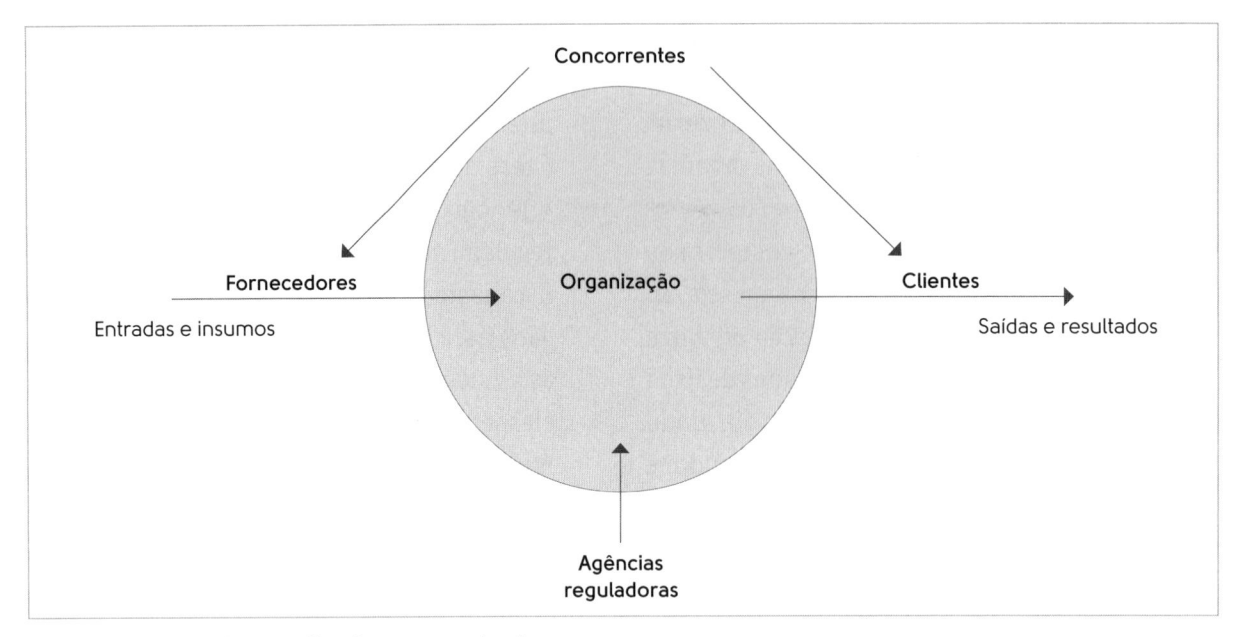

Figura 3.4. O ambiente específico de uma organização.

Administração de hoje

O boletim ficou mais bonito[7]

O consumidor virou o principal aliado da Tilibra, dona de 30% do mercado nacional de cadernos. "Estamos reaprendendo a vender nossos produtos", explica o presidente, que representa a terceira geração familiar no comando da empresa. Os executivos da Tilibra, com sede em Bauru, SP, vêm promovendo uma espécie de revolução silenciosa na empresa e no seu *marketing*. O componente consumidor é ouvido na hora de fazer lançamentos, produtos pouco lucrativos são eliminados do catálogo, e a publicidade foi reforçada. A Tilibra é líder no mercado de cadernos, agendas e materiais para escritório, concorrendo com nomes fortes na concorrência. Isso não ocorreria se tivesse insistido em vender apenas *commodities*. A Tilibra inundou seus 8 mil pontos de venda com linhas mais sofisticadas, e o catálogo de agendas foi duplicado. Escolares de mochilas nas costas e adolescentes deixaram de ser os únicos compradores da marca. A arma usada: milhares de questionários encartados nos produtos, por meio dos quais a Tilibra fica sabendo desde a idade e a profissão de seu freguês até que tipo de produto ele costuma comprar com frequência. Os questionários alimentam o banco de dados no QG da empresa com mais de 80 mil nomes cadastrados e de onde se tira a munição para os novos lançamentos. Recentemente, um grupo de adolescentes foi chamado a opinar sobre a linha de cadernos universitários e, depois de várias reuniões, verificou-se que muitos deles compravam dois cadernos, desmontavam-nos para formar um único modelo mais encorpado para reunir todas as matérias. Assim nasceu o SuperClick, com 500 folhas, o caderno mais rentável da linha universitária. Donas de casa aficionadas por culinária também se tornaram consultoras da empresa. Graças às suas sugestões, a Tilibra lançou um caderno de receitas e um clube para adular suas consumidoras do caderno de receitas. Elas terão direito à carteirinha de sócias e receberão dicas especiais sobre culinária.

Mas não foi apenas nos produtos e serviços que a Tilibra inovou. A empresa passou a trabalhar com vendas diretas. Colocou vários de seus itens no Lar Shopping, nome de um dos catálogos de produtos da Avon, a partir do qual faturou 400 mil dólares. Com a ajuda das vendedoras da Avon, a Tilibra está colocando seus produtos até no mercado peruano. A ordem é não perder nenhum consumidor de vista.

e ações dos demais componentes do seu microambiente. Pelo contrário, uma organização apresenta relações de dependência, quando as suas decisões e ações é que são afetadas pelas decisões e ações dos demais componentes do seu microambiente. É conveniente lembrar que determinados componentes do microambiente de uma organização podem estar presentes no microambiente de outras organizações. Uma organização pode ser prestadora de serviços para muitas organizações firmando presença em vários e diferentes microambientes.

O contexto ambiental que envolve uma organização é realmente complicado. Além de servir a um ambiente específico, onde estão os seus mercados e onde exerce sua competitividade, cada organização também recebe influências, pressões, coações, contingências, ameaças e oportunidades do ambiente geral. Torna-se difícil saber exatamente onde termina um contexto ambiental e onde começa o outro.

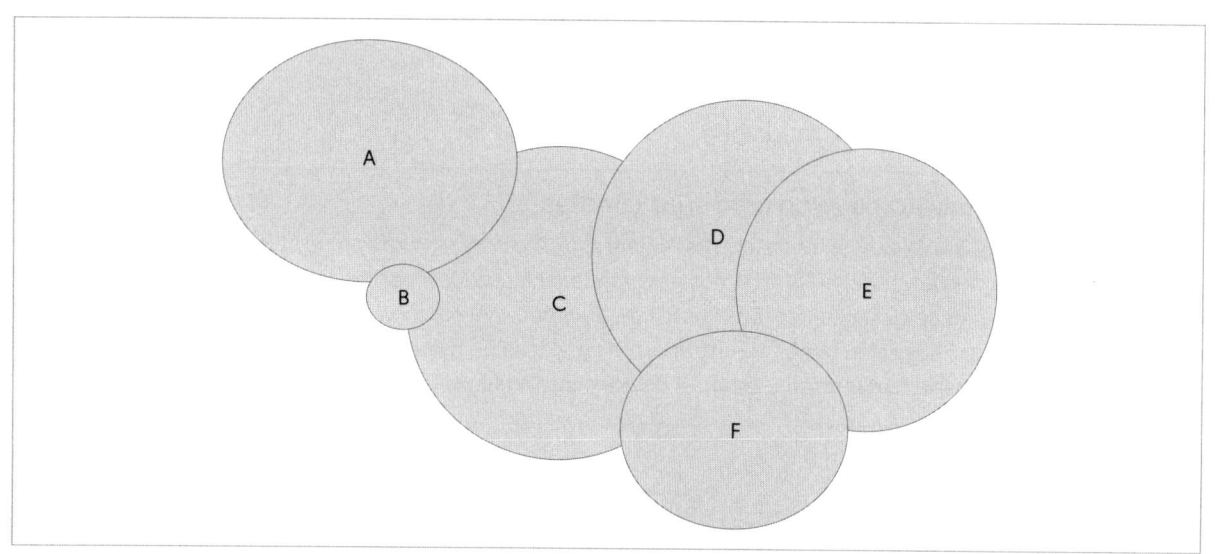

Figura 3.5. A superposição dos microambientes das organizações A, B, C, D, E e F.

Administração de hoje

Personalize ou morra[8]

Estamos em uma nova era no mundo dos negócios. Quem procura um modelo de celular certamente fica confuso com tantas opções e inovações pela frente. A Motorola americana tem simplesmente 29 milhões de opções de celulares. É isso mesmo. Não houve erro de redação. Pode parecer que as fábricas da Motorola são o caos. Puro engano. São capazes de tirar da linha de produção qualquer um dos seus 29 milhões de modelos de celular em apenas 1,5 hora após o pedido chegar da rua a um de seus computadores. A Motorola é um dos exemplos da personalização em massa de produtos e serviços.

Estamos na era da produção flexível, em que as fábricas se curvam ao gosto do consumidor e procuram oferecer a cada um exatamente o que ele quer, em vez de empurrar a todos a mesma solução padronizada e uniforme. "Se você dá ao cliente o que ele quer, ele vai amar" diz Joseph Pine II[9]. O que está havendo é a customização, palavra que vem do inglês *customer*, que significa cliente, o sujeito mais importante em toda essa história. A produção em massa, que permitiu que as empresas fabricassem com sucesso por tão longo tempo mercadorias padronizadas a baixo custo, não funciona mais em épocas de *marketing* turbulento como a atual. Em meio a tanta instabilidade e incertezas, é preciso partir para uma nova forma de competição, ou seja, para a customização em massa, entregando ao cliente exatamente o que ele está disposto a comprar, desenvolvendo produtos rapidamente, fabricando-os também rapidamente e entregando-os na mesma velocidade. Não é preciso gastar fortunas para personalizar produtos e serviços. A chave para manter os custos baixos ao contentar cada um dos clientes é usar módulos. Como faz a companhia escandinava Lego: com as peças de Lego pode-se construir de tudo, graças a um sistema de ligação padronizado. O limite é a imaginação, diz o slogan da Lego. Dividindo-se produtos e serviços em módulos que podem ser combinados e recombinados das mais diferentes maneiras é possível atender às exigências mais díspares de cada um dos clientes, sem custos exorbitantes. É combinando módulos que a Motorola chega a seus 29 milhões de opções de celulares abarrotando o mercado de novidades. Empresas ágeis conseguem bolar uma nova coleção de roupas e colocá-la nas lojas em apenas alguns dias. A suíça SMH é capaz de apresentar uma nova linha de relógios Swatch a cada mês e meio. A Bally Engineered, nos Estados Unidos, pode criar um armazém refrigerado em apenas dez dias. No Japão, a Toyota pode entregar em apenas cinco dias um carro com uma combinação de características diferentes de qualquer outra que já tenha sido encomendada. A era da produção em massa acabou. Quem não perceber acaba junto, diz Pine.

Administração de hoje

O relacionamento da Avon com suas clientes

A Avon se orgulha de nunca ter tratado as mulheres como consumidoras e, sim, como amigas. Prova disso é que, em vez de vender seus produtos em grandes magazines e perfumarias, a Avon prefere ir até a casa de cada uma de suas clientes. Com esse tipo de atendimento, a Avon conquistou a confiança das mulheres e, claro, conquistou também uma enorme e fiel fatia de mercado. Quem diz isso é a presidente da Avon. Uma maneira diferente e especial de lidar com a clientela por meio da própria clientela.

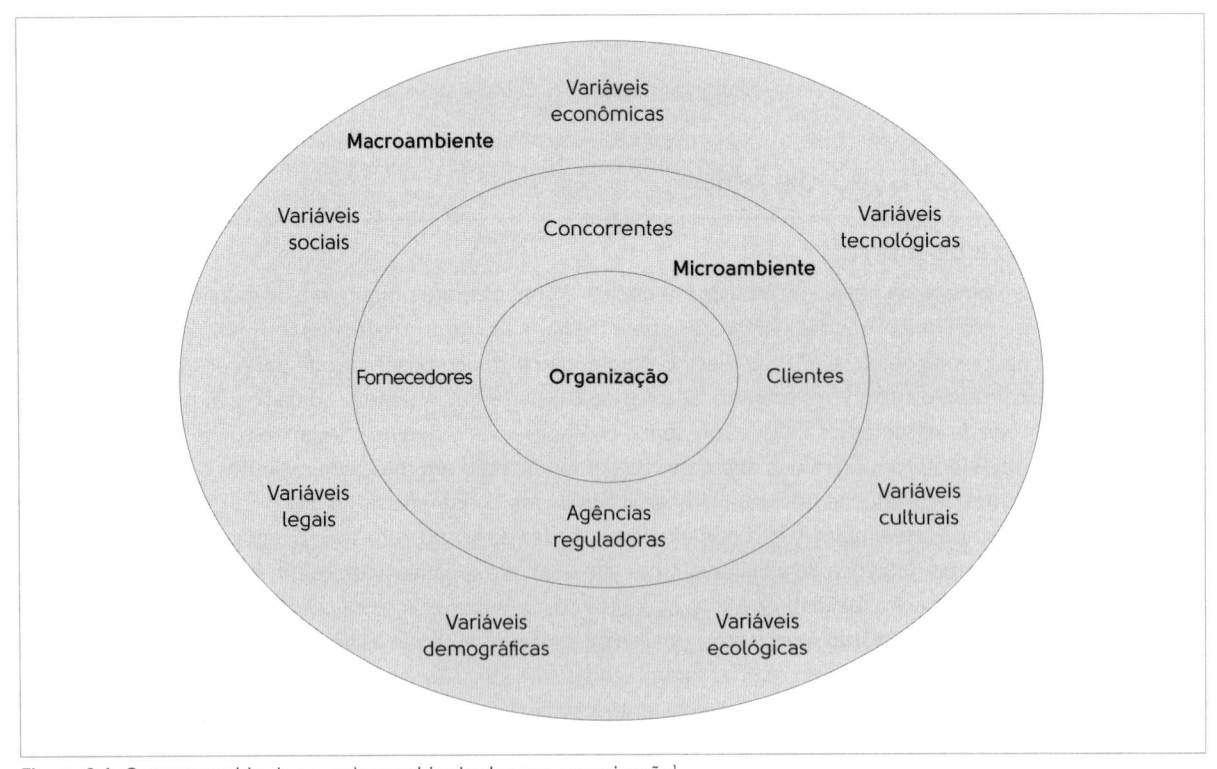

Figura 3.6. O macroambiente e o microambiente de uma organização[1].

DINAMISMO DO AMBIENTE

O ambiente funciona como um campo dinâmico de forças que interagem entre si, provocando mudanças e influências diretas e indiretas sobre as organizações. Estas procuram aproveitar as influências positivas, embarcando nas oportunidades que surgem, e amortecer e absorver as influências negativas ou, simplesmente, adaptar-se a elas. A resposta empresarial às diversas forças ambientais realimenta o processo de uma maneira positiva ou negativa, fazendo com que a organização identifique e aprenda a comportar-se frente a uma multiplicidade de forças ambientais diferentes, de modo a aprender a aproveitar o embalo das forças favoráveis e a evitar o impacto das forças desfavoráveis para manter sua sobrevivência e seu crescimento.

Assim, o ambiente é uma fonte de recursos e oportunidades de onde a organização extrai os insumos necessários ao seu funcionamento e subsistência. Mas é também uma fonte de restrições, limitações, coações, problemas, ameaças e contingências para sua sobrevivência. Se em uma ponta o ambiente oferece recursos, clientes e oportunidades, na outra ponta, ele oferece também concorrentes, agências reguladoras e uma continuidade de problemas e desafios à organização. Por essa razão, o mapeamento ambiental tem ganhado muita importância para as organizações que desejam ser bem-sucedidas no aproveitamento de oportunidades e vantagens e no jogo de cintura em relação às ameaças e restrições ambientais.

Desfavorabilidade ambiental		Favorabilidade ambiental
Influências negativas e desfavoráveis	Neutralidade	Influências positivas e favoráveis
• Condições desfavoráveis • Restrições e limitações • Problemas e desafios • Pressões • Coações e ameaças • Hostilidade ambiental	• Condições neutras • Condições indefinidas • Condições ambíguas • Contingências	• Condições favoráveis • Facilidades • Incentivos • Vantagens • Oportunidades • Receptividade

Figura 3.7. As influências ambientais.

Dicas

Como anda a imagem de sua organização?

- Como os fornecedores veem a sua organização?
- Como os clientes veem a sua organização?
- Como os concorrentes veem a sua organização?
- Como as agências reguladoras veem a sua organização?

As respostas a essas perguntas poderão indicar o grau de favorabilidade ou desfavorabilidade ambiental em relação à sua organização.

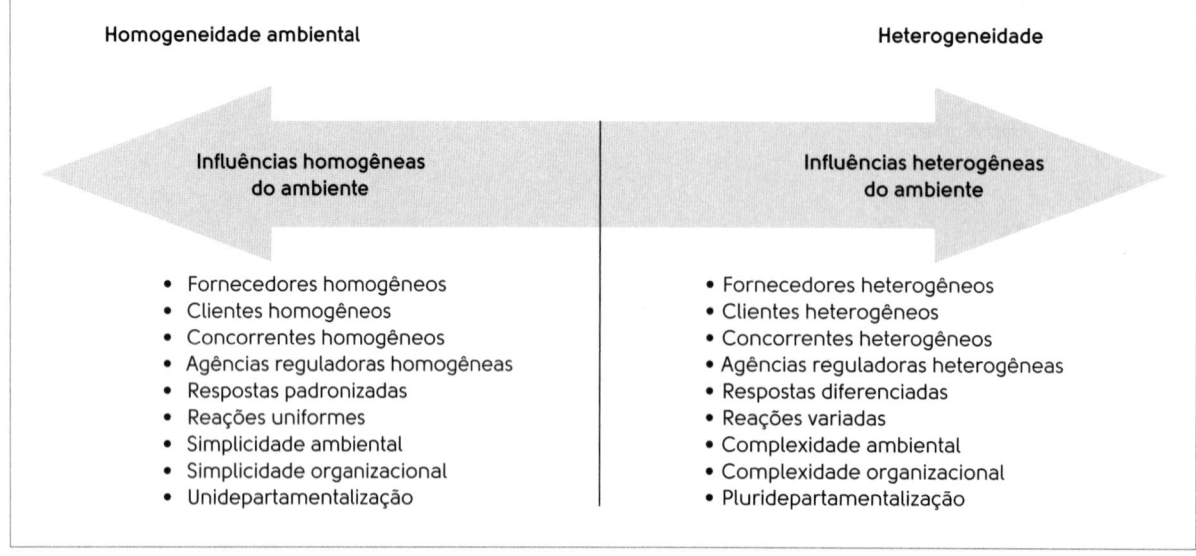

Homogeneidade e Heterogeneidade Ambiental

Quando uma organização tem, em uma ponta, fornecedores homogêneos, na outra, clientes homogêneos e, no mercado, concorrentes homogêneos, dizemos que ela atua em um ambiente homogêneo. A homogeneidade ocorre quando os elementos ambientais apresentam as mesmas características e ações decorrentes de suas necessidades. A homogeneidade ambiental é a responsável pela simplicidade organizacional. Por que razão? É muito simples. Na medida em que a organização atende fornecedores com características semelhantes, clientes com necessidades semelhantes e concorrentes com estratégias semelhantes, ela pode dar-se ao luxo de tratar esses elementos ambientais por meio de um único modo de comportamento. Em outras palavras, a organização utiliza respostas padronizadas e uniformes para tratar os elementos ambientais, já que todos apresentam as mesmas imposições e expectativas. Para tanto, um só departamento é suficiente para cuidar de cada elemento ambiental frente a sua homogeneidade e simplicidade.

Ao contrário, quando a organização tem, em uma ponta, fornecedores diferenciados e heterogêneos, na outra, clientes diferenciados e heterogêneos e, no mercado, concorrentes diferenciados e heterogêneos, dizemos que ela atua em um ambiente heterogêneo. A heterogeneidade ocorre quando os elementos ambientais apresentam diferentes características e ações decorrentes de suas necessidades próprias. A heterogeneidade ambiental é a responsável pela complexidade ambiental. E o motivo também é simples. Na medida em que a organização atende fornecedores e clientes e enfrenta concorrentes diferenciados e heterogêneos, ela precisa tratar, de maneira diferente e individualizada, esses elementos ambientais com base em vários e diferentes tipos de comportamento. É a customização. A organização passa a adotar respostas diferenciadas e específicas para cada tipo de elemento ambiental respeitando as suas diferenças próprias. Para tanto, face à complexidade ambiental, são necessários vários departamentos para cuidar cada qual de um particular segmento do elemento ambiental com características próprias e únicas.

Homogeneidade ambiental	Heterogeneidade
Influências homogêneas do ambiente	Influências heterogêneas do ambiente
• Fornecedores homogêneos • Clientes homogêneos • Concorrentes homogêneos • Agências reguladoras homogêneas • Respostas padronizadas • Reações uniformes • Simplicidade ambiental • Simplicidade organizacional • Unidepartamentalização	• Fornecedores heterogêneos • Clientes heterogêneos • Concorrentes heterogêneos • Agências reguladoras heterogêneas • Respostas diferenciadas • Reações variadas • Complexidade ambiental • Complexidade organizacional • Pluridepartamentalização

Figura 3.8. A homogeneidade e a heterogeneidade ambiental.

Dicas

Como administrar uma organização em um ambiente homogêneo?

- Conhecendo melhor os fornecedores de entradas e suas características?
- Conhecendo melhor os clientes e consumidores e suas características?
- Conhecendo melhor os concorrentes e suas características?
- Conhecendo melhor as agências reguladoras e suas características?

As respostas a essas questões poderão indicar o grau necessário de homogeneidade para tratar com os diferentes componentes do microambiente.

Estabilidade e Instabilidade Ambiental

Mas a complicação não para por aí. Quando os elementos ambientais de uma organização – fornecedores, clientes, concorrentes e agências reguladoras – são estáveis, conservadores, previsíveis e pouco mudam suas ações e decisões, dizemos que ela opera em um ambiente estável, estático, rotineiro e previsível. Para tratar de um ambiente assim, a organização mecanística ou burocrática é suficiente face à permanência e imutabilidade dos elementos ambientais.

Pelo contrário, quando os elementos ambientais são instáveis, inovadores, imprevisíveis e mudam constantemente suas ações e decisões, dizemos que a organização atua em um ambiente instável, mutável, dinâmico e turbulento. Para tratar de um ambiente instável, a organização orgânica e adaptativa é a mais indicada, face à inovação e mutabilidade dos elementos ambientais.

Estabilidade ambiental	Instabilidade ambiental
Influências conservadoras do ambiente	**Influências mutáveis do ambiente**
• Fornecedores estáveis • Clientes estáveis • Concorrentes estáveis • Agências reguladoras estáveis • Respostas rotineiras • Reações conservadoras • Estática ambiental • Manutenção do *status quo* • Organização burocrática	• Fornecedores instáveis • Clientes instáveis • Concorrentes instáveis • Agências reguladoras instáveis • Respostas criativas e mutáveis • Reações inovadoras • Dinâmica ambiental • Inovação e mudança • Organização orgânica

Figura 3.9. A estabilidade e a instabilidade ambiental.

💡 Dicas

Como administrar uma organização em um ambiente heterogêneo?

- Conhecendo melhor os diferentes fornecedores de entradas?
- Conhecendo melhor os diferentes clientes e consumidores?
- Conhecendo melhor os diferentes concorrentes?
- Conhecendo melhor as diferentes agências reguladoras?

As respostas a essas questões poderão indicar o grau necessário de heterogeneidade para tratar com os diferentes componentes do microambiente.

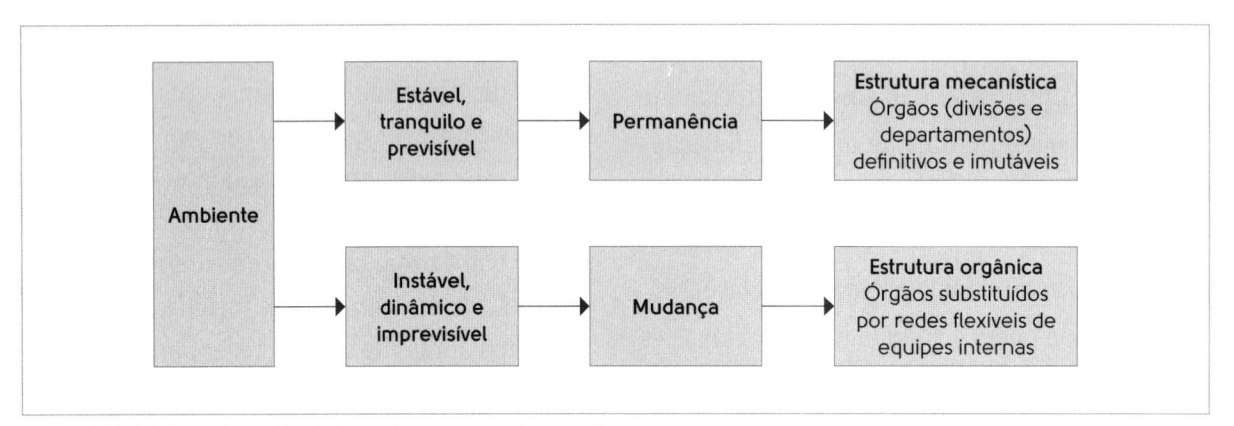

Figura 3.10. A influência ambiental na estrutura organizacional.

Voltando ao caso introdutório: Pensar globalmente e agir localmente

Teobaldo tem a impressão de que o ambiente de tarefa da Fazenda Citrus é homogêneo e dinâmico. Homogêneo, pelo fato de que tanto os fornecedores como os clientes apresentam características similares, assim como os concorrentes. Dinâmico, por que é instável e imprevisível por vários motivos. O primeiro deles é a acirrada concorrência mundial pelo preço dos produtos agrícolas. Em segundo lugar, as medidas regulatórias dos diversos governos no sentido de proteger suas agriculturas locais. Em terceiro lugar, são as condições climáticas que nem sempre ajudam o fazendeiro. Para fazer face a tais desafios externos, Teobaldo está inclinado a organizar seu negócio por meio de estruturas flexíveis, privilegiando equipes de funcionários ao invés de pensar em estruturas estáveis e definitivas de departamentos e de cargos. O que você pensa a respeito?

RELAÇÕES ENTRE ORGANIZAÇÃO E SEU AMBIENTE

Quais as razões pelas quais as organizações estão tão preocupadas com seus ambientes? A principal delas é que o ambiente cria incerteza para os administradores das organizações. Na maior parte dos casos, os administradores aprenderam a trabalhar com a certeza e previsibilidade dos tempos passados. O difícil é trabalhar com incerteza e imprevisibilidade que decorre da mudança. Como os eventos ambientais mudam rapidamente em função das inúmeras variáveis envolvidas, o administrador não consegue absorver e conhecer todas essas variáveis nem mesmo perceber quais serão suas tendências e resultados. A incerteza significa que o administrador não tem informação suficiente sobre os fatores ambientais para compreender e predizer mudanças e necessidades. Quando os fatores ambientais são poucos e relativamente estáveis, como é o caso das empresas que processam alimentos ou que engarrafam refrigerantes, os administradores experimentam baixo grau de incerteza e podem dedicar menor atenção aos assuntos ambientais. Mas, quando os fatores ambientais mudam rapidamente, as organizações experimentam alto grau de incerteza. E para lidar com a incerteza, as organizações procuram agir por meio de duas formas de comportamento: adaptar-se ao ambiente ou influenciá-lo. Vejamos cada uma delas.

Adaptação Ambiental

As organizações que enfrentam alto grau de incerteza com relação aos concorrentes, clientes, fornecedores ou agências reguladoras costumam utilizar várias estratégias para adaptar-se a essas mudanças, como[10]:

1. **Previsão e planejamento**: a previsão de mudanças ambientais e o planejamento organizacional são atividades típicas das grandes organizações. Elas criam departamentos de planejamento quando a incerteza é elevada. A previsão é um esforço para delinear tendências que permitam aos administradores predizerem eventos futuros. As técnicas de previsão vão desde serviços de consulta a jornais e periódicos até modelos econômicos quantitativos de atividade de negócios para prever tendências futuras. Muitas organizações criam órgãos internos de planejamento para evitar erros em situações de mudanças rápidas ou adversas no seu ambiente.

2. **Estrutura flexível**: uma estrutura organizacional ágil e flexível pode funcionar como um meio de responder eficazmente às rápidas mudanças externas. Pesquisas têm demonstrado que uma estrutura achatada, horizontalizada e flexível funciona melhor em ambientes mutáveis do que uma estrutura alta, hierarquizada e rígida[11]. O termo estrutura orgânica caracteriza a organização que tem fluxos de comunicação mais livres, poucas regras e regulamentos, encoraja o espírito de equipe entre os empregados e descentraliza o processo de tomada de decisões sobre a maneira de realizar o trabalho. A estrutura orgânica funciona melhor em ambientes que mudam com rapidez. As organizações orgânicas criam muitas equipes para lidar com mudanças em matérias-primas, novos produtos, *marketing*, novos processos, novas leis ou mudanças de hábitos de clientes. A estrutura mecanística é justamente o contrário, pois é caracterizada pela rigidez das tarefas definidas, muitas regras e regulamentos que impedem maior liberdade das pessoas, centralização das decisões e pouco espírito de equipe. A organização mecanística é ideal para ambientes estáveis, previsíveis e conservadores. Mas, será que eles ainda existem?

3. **Papéis de fronteira:** os órgãos com papéis de fronteira ligam e coordenam a organização com os elementos-chave do seu ambiente externo. As ligações de fronteira servem a dois propósitos para a organização: detectam e processam informação sobre as mudanças no ambiente e representam os interesses da organização no ambiente. Departamentos de *marketing* e compras funcionam nos limites com clientes e fornecedores, face a face ou por meio de pesquisas de mercado. Serviços de inteligência competitiva e atividades de *benchmarking* são papéis de ligação extrovertidos para melhor conhecer o que ocorre no ambiente.

4. **Fusões e empreendimentos conjuntos:** a fusão ocorre quando duas ou mais organizações combinam de tornar-se uma só. As fusões entre bancos nacionais tem sido bons exemplos nas últimas décadas. A fusão também é um meio de reduzir a incerteza a respeito do ambiente de negócios da organização. Um empreendimento conjunto (*joint venture*) é uma aliança estratégica entre duas ou mais organizações para constituir um novo negócio ou uma nova organização independente daquelas que a formaram. Ocorre quando um projeto é muito complexo, caro ou incerto para uma organização tocá-lo sozinho ou quando se requer competências variadas que uma só organização não tem.

Caso de apoio: A transformação dos bancos

É impressionante a transformação dos bancos de varejo no mercado nacional. A Febraban – Federação Brasileira de Bancos – mostra que, após tantas fusões e incorporações, sobraram no Brasil poucos bancos de capital nacional privado que atuam com mais de dez agências no varejo. Bradesco e Itaú são os mais importantes. Se o Brasil acompanhar o ritmo dos demais países adiantados, o capital nacional será insuficiente para acompanhar o volume dos negócios.

Influência do Ambiente

A outra estratégia para lidar com a incerteza ambiental é ultrapassar e tentar modificar os elementos ambientais que causam problemas. As estratégias mais utilizadas pelas organizações para influenciar e adaptar o ambiente às suas conveniências incluem propaganda, relações públicas, atividade política e associações de organizações[11].

1. **Propaganda e relações públicas:** a propaganda tem sido um meio bem-sucedido para administrar a demanda de produtos ou serviços de uma organização. As organizações gastam grandes somas de dinheiro para influenciar o consumidor. Hospitais e empresas de serviços médicos e hospitalares fazem propaganda intensa em jornais, revistas e televisão para promover seus serviços. A propaganda tem sido um importante meio para reduzir a incerteza sobre os clientes. Relações públicas (RP) é bem similar à propaganda, exceto no seu objetivo, que é influenciar a opinião pública sobre a organização em si. Muitas organizações investem fortemente em sua imagem pública por meio de campanhas publicitárias e outras comunicações externas para enfatizar o uso de seus produtos, além de fortes programas de ética interna como reforço para manter sua reputação.

2. **Atividade política:** a atividade política representa uma ação da organização para influenciar a legislação e regulação do governo. Mui-

tas organizações pagam lobistas para expressar seus pontos de vista aos legisladores federais e estaduais e influenciar suas decisões e ações.
3. **Associações de organizações:** muitas organizações se juntam a outras com interesses similares para constituir associações de interesses próprios. Nesse sentido, as organizações trabalham juntas para influenciar o ambiente e tentar adequar a legislação e regulações em níveis federal, estadual e municipal. A Associação Brasileira das Indústrias Químicas (Abiquim), Associação Brasileira das Indústrias de Papel e Celulose, Associação Brasileira de Hotéis, Associação Brasileira de Imprensa, Associação Brasileira de Propaganda etc. são exemplos de associações entre organizações.

O mapeamento das características ambientais representa um esforço importante para as organizações serem bem-sucedidas. É no ambiente que está o cliente – consumidor, freguês, usuário ou contribuinte –, o fornecedor – de capital, de recursos, de materiais e matérias-primas, de tecnologia, de serviços especializados –, o concorrente – para os recursos e para os clientes – e todos os

> Técnicas de adaptação ao ambiente
> Previsão e planejamento
> Estrutura orgânica e flexível
> Papéis de ligação
> Fusões e empreendimentos conjuntos
>
> ↓
>
> Técnicas de influenciação do ambiente
> Propaganda e relações públicas
> Atividade política
> Associações de organizações

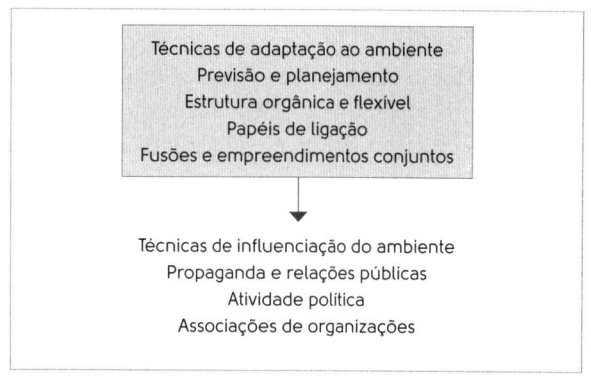

Figura 3.11. As respostas organizacionais às mudanças ambientais[10].

órgãos e entidades que afetam direta ou indiretamente a organização. A organização que se retrai e ignora o seu entorno está, fatalmente, fadada ao desaparecimento. O desafio do administrador está em mapear, localizar, conhecer, interpretar todos esses segmentos ambientais importantes para a organização. Mais ainda: o administrador precisa apurar sua intuição para antecipar para onde esses segmentos estão se encaminhando e quais são as suas tendências. O segredo é prever o rumo das tendências antes dos concorrentes para mover a organização nesse rumo também de maneira mais rápida que a concorrência.

Caso para discussão: Dow Corning[12]

Para uma vasta clientela de 2 milhões de mulheres que receberam implantes de gel de silicone no decorrer de 30 anos de excelentes negócios, a Dow Corning tornou-se uma empresa bem-sucedida. Mas, as coisas mudaram subitamente, e o antigo sucesso tornou-se de repente um incrível e penoso pesadelo. Alguns especialistas médicos passaram a suspeitar que os implantes de gel provocam problemas de saúde que vão desde a fadiga crônica, suores noturnos, dores de cabeça e estendimento muscular até dores de artrite e doenças do sistema imunológico, chegando até ao câncer. A suspeita foi suficiente para deflagrar uma verdadeira guerra de ações judiciais contra a Dow Corning.

Para a Dow Corning Corporation, a maior produtora de implantes para cirurgias plásticas do mundo, essas suspeitas foram devastadoras. Apesar de demonstrar por todos os meios possíveis que não existe nenhuma evidência médica para provar que fluidos vindos dos implantes provocam doenças, a Dow Corning passou a enfrentar anos de litígios judiciais em tribunais do mundo todo e arcar com milhões de dólares em custos jurídicos.

Muitos cirurgiões plásticos se colocaram a favor da Dow Corning. A maioria das mulheres americanas que tem implantes de gel de silicone não teve a saúde afetada e está satisfeita com os resultados obtidos. Mas, a Administração de Alimentos e Remédios (Food and Drug Administration – FDA) – a agência regulamentadora americana do setor – reagiu à controvérsia impondo em 1992 uma moratória voluntária nos implantes de gel de silicone até que a sua segurança fosse realmente comprovada. O argumento: como tais implantes pretendem ser uma parte integrante do corpo da mulher no decorrer de toda a sua vida, torna-se vital conhecer profundamente quais os problemas no longo prazo, diziam os médicos da FDA. Quando a moratória foi anunciada, o presidente da Dow Corning anunciou que a companhia optara por parar de produzir e vender os implantes, fechando as suas fábricas do Tennessee e Michigan e dispensando mais de 100 empregados.

Todavia, longe de ser o final de toda essa história, isto foi apenas o começo de uma verdadeira tragédia empresarial. A Dow Corning é uma *joint venture* entre a Dow Chemical Company e a Corning, Inc. Até 1991 as vendas anuais de implantes de silicone representavam 1,8 bilhão de dólares. A partir daí, os negócios desabaram e, o que é pior, começou um verdadeiro pesadelo de relações públicas. A Dow Corning sentiu inicialmente o estrago na sua imagem e tentou melhorá-la aos olhos do público furioso. Enquanto continuava a negar qualquer evidência médica sobre ligação entre implantes e doenças, solicitou à FDA mais pesquisas sobre o assunto, ao mesmo tempo em que destinou cerca de 10 milhões de dólares para um fundo incumbido de financiar pesquisas sobre implantes, assegurando que os seus resultados estariam totalmente abertos para todas as partes interessadas. Para mitigar a ansiedade das clientes mais aflitas, a Dow Corning prometeu ajudar nos custos de remoção dos implantes para as mulheres sem condições financeiras de pagar a cirurgia. A companhia chegou a pagar mais de 1.200 dólares para cada cirurgia, desde que os implantes fossem originais e o cirurgião confirmasse a real necessidade de sua remoção.

As concessões da Dow Corning não foram suficientes para apaziguar as mulheres que acreditavam que os implantes eram responsáveis por muitos de seus problemas de saúde. Mais de 440.000 processos judiciais foram interpostos contra a Dow Corning. Em pouco tempo, 3.000 decisões jurídicas foram impostas pelos tribunais americanos por mulheres que argumentavam que a companhia escondera ao público os problemas de segurança do produto. A companhia rejeitou boa parte das reclamações, salientando que 250 milhões de dólares em seguros de responsabilidade por danos pessoais seriam provavelmente suficientes, baseando-se em outros casos nos quais os seus produtos provocaram danos à saúde das pessoas.

Em apenas um caso, o júri da Califórnia ordenou à companhia a pagar 25 milhões por ressarcimento de danos a uma mulher que reclamava que seu implante de silicone havia sofrido ruptura e caído, tornando-a incapacitada de trabalhar. Ela também alegava que a Dow Corning escondera a evidência de questões relacionadas com a segurança de seus implantes. A companhia apelou e, apesar das centenas de páginas de documentos internos e pesquisas comprovando que todos os assuntos de implantes foram estudados durante décadas, o tribunal alegou que tais documentos mostravam apenas informação parcial. A defesa da Dow Corning alegou que parecia não haver interesse em proteger o público, mas apenas de criar histeria em muitos casos, tentando demonstrar o abismo entre as afirmações nos tribunais e as evidências científicas oferecidas pela empresa.

Em 1992, a Dow Corning sofreu investigação de um grande júri federal e recebeu uma subpena no sentido de fornecer mais documentos a respeito de seus implantes. Com tantas questões pendentes pela frente, apenas duas empresas permanecem no negócio de implantes e não utilizam gel de silicone. Ambas, Mentor Corporation e McGhan Medical Corporation, fazem implantes usando água salgada, e também estão sob estudos de segurança. Ambas aumentaram os preços de seus produtos para fazer frente a possíveis litígios jurídicos e custo de pesquisas e provas para atender às possíveis demandas judiciais.

Em 1994 as empresas fabricantes de próteses, encabeçadas pela Dow Corning, concordaram em pagar cerca de 4,2 bilhões de dólares em indenizações para as mulheres que acreditavam terem sido prejudicadas pelos implantes. Em 1996, a extenuada Dow Corning teve de pedir falência e o acordo foi por água abaixo.

Questões:
1. Descreva quais mudanças no ambiente externo da Dow Corning afetaram a empresa.
2. Quais foram as mudanças no ambiente geral e no ambiente específico da companhia? Que elementos desses ambientes foram os mais importantes?
3. A que você atribui todo o drama da Dow Corning e que constituiu a sua pena de morte?
4. Poderia Dow Corning ter administrado melhor a incerteza dos fatores ambientais?
5. Quais os passos dados pela Dow Corning para ultrapassar os problemas?
6. Quais outras alternativas a Dow Corning teria pela frente para poder sobreviver?

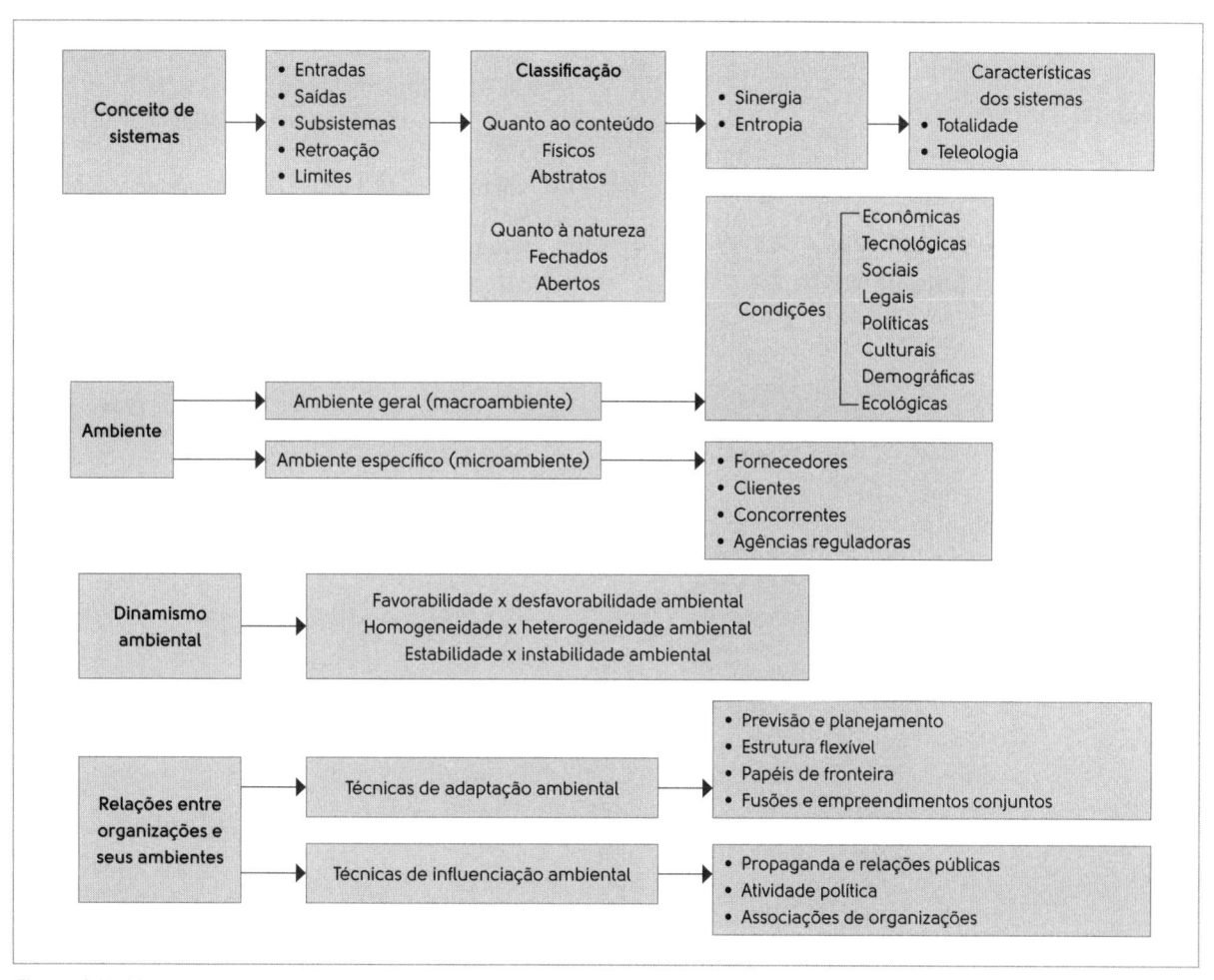

Figura 3.12. Mapa Mental do Capítulo 3: O ambiente das organizações.

Exercícios

1. Defina ambiente.
2. Explique a necessidade de mudança nas organizações.
3. Defina ambiente geral e explique suas principais variáveis.
4. Por que se fala em ambiente como um campo de forças?
5. Defina ambiente de tarefa e explique seus componentes.
6. O que é domínio? O que diz sobre as relações de poder e de dependência?
7. O que significa dinâmica ambiental? Qual seu impacto sobre as organizações?
8. Defina homogeneidade e heterogeneidade ambiental. Dê exemplos.
9. Defina estabilidade e instabilidade ambiental. Dê exemplos.
10. Como as organizações se adaptam ou procuram influenciar seus ambientes?

REFERÊNCIAS BIBLIOGRÁFICAS

1. Idalberto Chiavenato. *Introdução à teoria geral da administração*. Rio de Janeiro, Elsevier/Campus, 2011.
2. L. Thomas Hopkins. *Integration: Its meaning and application*, Nova York, Appleton-Century Crofts, 1937. p. 36-49.
3. Idalberto Chiavenato. *Administração: teoria, processo e prática*. Barueri, Manole, 2014.
4. Lauro Jardim. "Seu produto não é só seu. E agora?". *Exame*, n. 636, 21.05.1997. p. 66-7.
5. Cláudia Vassallo. "Gestão esperta". *Exame*, n. 641, 30.07.1997, p. 136.
6. Ministério do Planejamento, Orçamento e Gestão. Contratações Públicas Sustentáveis. Disponível em: www.cpsustentaveis.planejamento.gov.br.
7. "O boletim ficou mais bonito". *Exame*, n. 555, 13.04.1994. p. 86.
8. "Personalize ou morra". *Exame*, n. 555, 13.04.1994. p. 91.
9. Joseph Pine II. *Personalizando produtos e serviços*. São Paulo, Makron Books, 1994.
10. Richard L. Daft. *Management*. Orlando, The Dryden 1993. p. 120-3.
11. Tom Burns, G.M.Stalker. *The management of innovation*. London, Tavistock, 1961.
12. Gary Taubes. "Silicone nos seios: caso para um tribunal?". *Seleções de Reader's Digest*, mar./1997, p. 69-74.

4
ADMINISTRAÇÃO EM UM CONTEXTO GLOBALIZADO, DINÂMICO E COMPETITIVO

Objetivos de aprendizagem

Após estudar este capítulo, você deverá estar capacitado para:

- Definir a globalização e a competitividade mundial.
- Explicar a complexidade da globalização para a administração das organizações.
- Perceber as oportunidades e as ameaças da globalização nos negócios.
- Descrever a mudança tecnológica e a informação.
- Descrever a responsabilidade social.
- Estabelecer os meios para conduzir organizações socialmente responsáveis.

O que veremos adiante

- Globalização e competitividade.
- Mudança tecnológica e informação.
- Sustentabilidade
- Responsabilidade social.

Caso introdutório: De olho na modernidade

Jorge Mantovani acostumou-se a olhar sempre para a frente. De vez em quando olha também para trás e pelo retrovisor, mas o faz com certa rapidez. Faróis altos e olho firme nas tendências da estrada para antecipar-se às curvas e sinuosidades, aos carros e caminhões que surgem intempestivamente para manter velocidade, à baixa demanda de combustível e à segurança na viagem. Além de seu carro, Jorge também dirige a Sapatelo, uma fábrica de sapatos masculinos e femininos. A produção é semiartesanal, apesar de fundamentada em tecnologia relativamente avançada. Existem problemas internos de produtividade, custos que precisam ser reduzidos, qualidade a ser incrementada e outros. Mas o horizonte de Jorge é bem mais amplo: ele quer iniciar um processo de abertura de novos mercados para a empresa. O Mercosul será o passo inicial. Se tudo correr bem, o passo seguinte será o mercado americano e, logo adiante, o mercado europeu. O problema de Jorge é dar a arrancada inicial. Como fazer os ajustes para adequar sua empresa à competição em outros países. A Sapatelo não está habituada a lidar com assuntos internacionais, trabalhar com diferentes línguas e culturas, nem a atuar em blocos econômicos, como Mercosul, Nafta ou União Europeia. Para Jorge, tudo isso é uma questão de aprendizagem. Trabalhar com sapatos é fazer moda em cada país. Isso significa conhecer profundamente os mercados, tendências, costumes, culturas etc. Mas, por onde começar?

Além dos desafios da administração em termos de diversidade das organizações e complexidade do ambiente em que elas operam, outras forças ajudam a complicar o panorama abrangente com que se defrontam os administradores. É que vivemos em um mundo mutável e turbulento onde a mudança é o aspecto constante.

Drucker[1] dá o nome de "era de descontinuidade" para representar um mundo onde a mudança não se faz simplesmente por etapas sucessivas e lógicas como em um processo contínuo, mas por súbitas inflexões rápidas e bruscas e que nada têm a ver com o presente ou com o passado. Essa descontinuidade provoca uma total ruptura com o passado e torna difícil qualquer previsão a respeito do futuro, como se estivéssemos em uma "era da *unreason*"[2]. Naisbitt[3] preocupou-se em definir as megatendências – as grandes transformações – pelas quais a sociedade moderna está atravessando. Elas estão assinaladas na Figura 4.1.

Todas essas transformações provocam profundos impactos na vida das organizações, já que elas

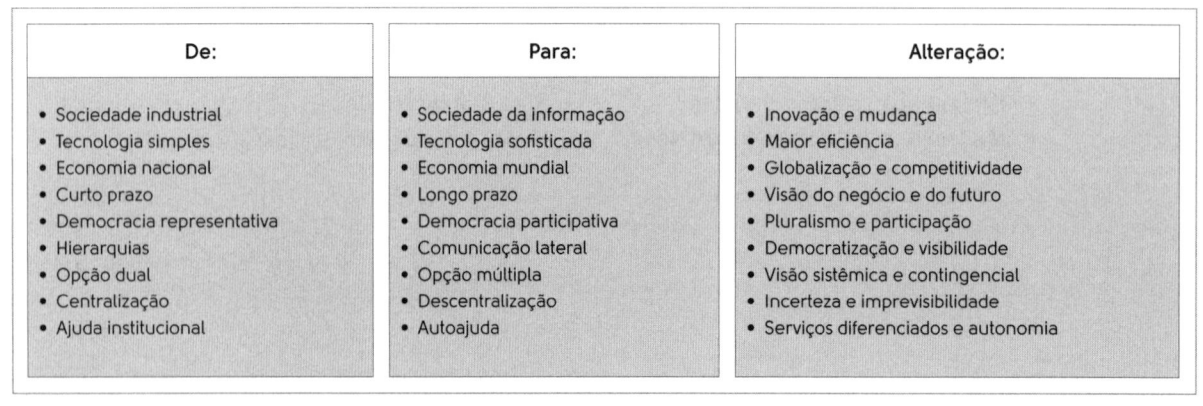

De:	Para:	Alteração:
• Sociedade industrial	• Sociedade da informação	• Inovação e mudança
• Tecnologia simples	• Tecnologia sofisticada	• Maior eficiência
• Economia nacional	• Economia mundial	• Globalização e competitividade
• Curto prazo	• Longo prazo	• Visão do negócio e do futuro
• Democracia representativa	• Democracia participativa	• Pluralismo e participação
• Hierarquias	• Comunicação lateral	• Democratização e visibilidade
• Opção dual	• Opção múltipla	• Visão sistêmica e contingencial
• Centralização	• Descentralização	• Incerteza e imprevisibilidade
• Ajuda institucional	• Autoajuda	• Serviços diferenciados e autonomia

Figura 4.1. As megatendências do mundo moderno segundo Naisbitt[4].

próprias constituem parte integrante e inseparável das sociedades. O sucesso das organizações dependerá da capacidade de seus administradores de ler e interpretar a realidade externa, rastrear as mudanças e transformações, identificar oportunidades ao seu redor para responder pronta e adequadamente a elas, de um lado, e identificar ameaças e dificuldades para neutralizá-las ou amortecê-las, por outro lado. Na medida em que a conjuntura econômica se expande ou se retrai, que se alteram as necessidades dos clientes, que mudam os hábitos e tendências do público, as organizações precisarão modificar sua linha de ação, renovar-se, ajustar-se, transformar-se e adaptar-se rapidamente. Ou até mesmo se reinventar. Surgirão cada vez mais novos e diferentes problemas, enquanto os velhos permanecerão com antigas ou novas soluções. No fundo, os problemas apenas mudarão de figura, de natureza ou de roupagem, mas a mudança será sempre constante.

Nessas condições, para alcançar eficiência e eficácia, a administração das organizações se transforma em uma das mais difíceis e complexas tarefas. Em outro livro[4] nosso pregamos o seguinte: "A ênfase pragmática nas técnicas e no 'como fazer as coisas' com a utilização de fórmulas e receitas universais de gerência já utilizadas com sucesso, sem visualizar cada situação como uma nova e diferente situação, não basta. Isso já era. Só fazer é *commodity*. Mais importante do que a terapêutica é o diagnóstico correto. Mais importante do que 'o como fazer' é o 'o que se deve fazer'. Nisso reside a essência fundamental da administração contemporânea: a visão estratégica. Ou, em outras palavras: a necessidade de visualizar cada tarefa, cada ação dentro de um contexto ambiental mais amplo e que se modifica a cada momento. Se isso é abordagem sistêmica ou abordagem contingencial pouco importa. O que realmente deve ser considerado é que, em administração, nada é absoluto ou definitivo. Tudo é relativo e tudo depende da situação e do momento. E essa situação e esse momento mudam repentinamente a cada instante. Aliás, essa visão expansiva e dinâmica é a consequência da ampliação do conceito de Administração"[4].

O administrador precisa hoje em dia estar perfeitamente informado a respeito das forças e variáveis que influenciam decisivamente como: a globalização e a competitividade, o desenvolvimento tecnológico e da informação, a sustentabilidade e a ética e responsabilidade social. Vejamos cada uma dessas forças e variáveis que condicionam fortemente a atividade organizacional e o trabalho do administrador.

GLOBALIZAÇÃO E COMPETITIVIDADE

Existe uma nova ordem mundial. A globalização da economia veio mesmo para ficar. Ela está simplesmente derrubando fronteiras, queimando bandeiras, ultrapassando diferentes línguas e costumes e criando um mundo inteiramente novo e diferente.

A intensa rede mundial de negócios está conduzindo a uma competição sem precedentes nos mercados mundiais. Os líderes governamentais tornam-se cada vez mais preocupados com a competitividade econômica de suas nações, enquanto os líderes das grandes organizações se voltam para a competitividade organizacional em uma economia globalizada. A mais importante âncora da economia global do final do século passado era a chamada tríade Japão, Estados Unidos e Europa. Os tigres asiáticos, países de industrialização recente – Coreia do Sul, Taiwan, Hong Kong e Cingapura – estão marcando fortemente sua presença nos mercados mundiais. A União Europeia (UE), que congrega os países do oeste europeu – como Alemanha, França, Inglaterra, Espanha, Portugal e outros –, tornou-se um bloco econômico de gran-

Administração de hoje

Um mundo sem fronteiras[5]

As fronteiras dos negócios no mundo todo estão desaparecendo rapidamente. Isso pode ser facilmente percebido quando se compra um tênis Adidas (empresa alemã) ou Reebok (empresa inglesa) feitos em Taiwan, Cingapura ou Malásia, por exemplo. Para a Honda, o termo *overseas* não existe no vocabulário cotidiano pela simples razão de que essa empresa opera como se estivesse em "um negócio global" equidistante de todos os seus consumidores, qualquer que seja o lugar do mundo onde estejam localizados. A Asea Brown Boveri – ABB –, com sede na Suíça, não se considera uma empresa suíça ou sueca, mas uma empresa mundial de alta excelência e sem nacionalidade. Seu atual presidente é um sueco e amanhã ele poderá ser um brasileiro, japonês ou alemão.

des dimensões, mas também com problemas gigantescos. Também o Nafta (*North American Free Trade Agreement*), envolvendo Estados Unidos, Canadá e México, e o Mercosul (Tratado do Mercado Comum do Sul) são exemplos desse caminho de integração regional entre diferentes países. Esse mundo globalizado oferece, de um lado, oportunidades inéditas de prosperidade econômica, mas, por outro lado, é extremamente exigente no que se refere ao preparo dos países para usufruir das novas oportunidades. E, agora, a China vem por aí.

"Em um mapa político, as fronteiras entre os países são claras como sempre. Mas em um mapa competitivo, um mapa que realmente mostre os fluxos de atividade industrial e financeira, essas fronteiras simplesmente desaparecem", diz Ohmae. As organizações globais de hoje são completamente diferentes das organizações multinacionais de estilo colonial das décadas de 1960 e 1970. Elas servem seus consumidores em todos os mercados básicos com igual dedicação, onde quer que eles estejam. Isso faz com que nenhum grupo seja mais beneficiado do que outros. Seu sistema de valores é universal e jamais dominado por dogmas locais ou regionais. A mentalidade dominante da matriz é substituída por uma identidade global e sem afiliação local ou nacional. Outro aspecto importante é que as organizações globais se fundamentam em valores comuns compartilhados de crenças e de confiança. Elas pairam acima dos interesses meramente nacionais. Elas servem os consumidores e não os governantes.

A globalização é um fenômeno mundial e irreversível que apresenta os seguintes aspectos:

1. O desenvolvimento e intensificação da tecnologia da informação (TI) e dos transportes, fazendo do mundo uma verdadeira aldeia global, onde pessoas, produtos, capitais transitam facilmente e rapidamente.
2. A ênfase no conhecimento e não mais nas matérias-primas básicas.
3. A formação de espaços plurirregionais (como Nafta, União Europeia, Mercosul).
4. A internacionalização do sistema produtivo, do capital e dos investimentos.
5. A automação, com a máquina substituindo o ser humano, e o decorrente desemprego estrutural.
6. A gradativa expansão dos mercados.
7. As dificuldades e limitações dos Estados modernos e a obsolescência do direito.
8. O predomínio das formas democráticas do mundo desenvolvido.

9. A redução da possibilidade de uma conflagração mundial pela inexistência de polarização de blocos militares.

Na globalização, as relações econômicas superam os controles e barreiras dos países, em uma incessante procura de produzir melhor a um custo menor em todo o mundo. Como os mercados se expandem em velocidade ainda maior do que a capacidade de produção mundial, embora menor do que a capacidade de absorção da mão de obra emergente há espaço temporal para que o crescimento desses mercados continue acelerado[6]. E quem ganha mais com tudo isso? Todos.

É evidente que a globalização da economia favorece os países mais desenvolvidos, pois estes possuem melhor tecnologia, maiores recursos e estabilidade econômica permanente, sendo sua capacidade de produzir em larga escala e por um preço mais reduzido que o dos países emergentes. Mas, por outro lado, os países desenvolvidos padecem de um custo de mão de obra maior e de uma estrutura de Estado voltada ao bem-estar social, que é mais onerosa que a dos países emergentes, embora mais eficaz e mantenedora de mercado interno. Nesse contexto, as finanças públicas são as que recebem o impacto do Estado provedor de segurança social, porque, cada vez menos, pessoas trabalham para sustentar um número maior de pessoas inativas por idade, aposentadoria ou por desemprego.

Oportunidades e Desafios da Globalização

Sem dúvida, a globalização da economia é melhor para os países desenvolvidos que podem aproveitá-la com maiores benefícios do que para os países emergentes. Os Estados Unidos e o Japão praticam um protecionismo sofisticado por meio de sobretaxas e controles de qualidade preconceituosos e são os maiores beneficiários da globalização. Há, pois, necessidade de cautela ao enfrentar a globalização da economia, sendo que os países em desenvolvimento não podem abrir mão de certo grau de protecionismo, sob o risco de a globalização provocar sucateamento de segmentos empresariais importantes. Por fim, aceitar a realidade

Avaliação crítica: O Custo Brasil

Nos países emergentes, a precária estabilidade econômica sem inflação, obtida à custa da valorização da própria moeda, com reflexos negativos na balança econômica, de política monetária recessiva, assim como um parque industrial menos habilitado a enfrentar a tecnologia externa, quando não obsoleto, fazem com que a vantagem de uma mão de obra mais barata se dilua em face dos demais fatores concorrenciais negativos. No Brasil, acrescente-se uma carga tributária superior à dos países emergentes (31% contra uma média de 20%) e encargos sociais superiores aos de todos os países do mundo (102% contra 60% da Argentina, que é o mais elevado das Américas, depois do Brasil). Daí o chamado Custo Brasil[6].

A globalização da economia impõe, de um lado, um aumento da produtividade real e, por outro, dificulta que inúmeros segmentos nem sequer possam lutar por uma melhoria de competitividade face ao brutal desnível de seu potencial produtivo, onerado por defasagem cambial, juros mais elevados e carga tributária cumulativa incidente apenas sobre os produtos nacionais e não sobre os estrangeiros. Com todos esses aspectos, no Brasil, a competitividade torna-se inacessível, não por incompetência dos empresários, mas pela notória incompetência dos governos em administrar planos econômicos e pela imposição de políticas econômicas do Estado, que mais os prejudica do que os incentiva[6].

Administração de hoje

O agressivo plano de globalização da GM[7]

A cidade de Rosário, na Argentina, viveu um incessante movimento de escavadoras na área que deverá abrigar a fábrica do futuro da General Motors. A arrojada instalação inicia uma forte transição da maior indústria automobilística do mundo: a migração de suas raízes na América do Norte para o mundo em desenvolvimento. A GM está erguendo tantas fábricas em tantos pontos diferentes do globo que decidiu economizar construindo a mesma estrutura na Argentina, na Polônia, na China e na Tailândia. Todas simultaneamente. Ainda mais arrojada é a nova fábrica do tipo satélite que a GM planeja erguer no Brasil, onde deverá ocorrer forte envolvimento dos fornecedores.

Essa "estratégia de fábricas irmãs", a um custo bastante elevado, de mais de US$ 2,2 bilhões, é o maior projeto de expansão internacional da GM. As linhas de montagem estão sendo projetadas de forma que uma falha num robô na Tailândia, em vez de se tornar um problema de engenharia, pode ser solucionada com uma rápida ligação telefônica para Rosário ou Xangai.

Na realidade, o significado dessas fábricas vai muito além. As instalações vão permitir uma fácil e rápida expansão à medida que cresce a demanda em mercados emergentes. Elas têm uma estrutura aberta em U para abrigar fornecedores terceirizados que participam diretamente do processo produtivo e para o corte de custos da GM, algo que a empresa está impedida de fazer nos Estados Unidos por causa de pressões sindicais. A nova leva de fábricas é uma aplicação de conceitos de fábrica enxuta, *just-in-time* e inclusão total dos fornecedores no processo produtivo. Isso mostra como a natureza das multinacionais está sendo alterada com a rápida globalização. Há poucos anos, as fábricas sul-americanas da GM estavam despejando Chevettes, que já não eram mais produzidos nos Estados Unidos havia anos. O terceiro mundo era visto como um quintal para desovar tecnologia obsoleta e modelos velhos. Como a demanda de automóveis na América do Norte está estagnando, as montadoras concentram seus investimentos nos países emergentes e fazem deles o palco para exibir a tecnologia mais inovadora. As plataformas para carros compactos podem ser feitas em qualquer das novas fábricas.

O objetivo é ter 50% da capacidade de produção fora da América do Norte no curto prazo. As subsidiárias da GM no Brasil e na Argentina estão em franco crescimento e têm dado um retorno mais do que razoável. A GM do Brasil elevou sua produção anual de 170 mil para 500 mil unidades, com um novo modelo a cada dois meses e contribuiu com 25% do lucro operacional da empresa nesse período.

A GM aposta cada vez mais no conhecimento adquirido fora dos Estados Unidos. O desenvolvimento técnico – antes confiado aos especialistas dos Estados Unidos – agora é feito por engenheiros de todo o mundo. O Centro Técnico da Delphi Automotive Systems no México tem pessoal trabalhando 24 horas por dia para atender aos mercados mundiais. Os engenheiros mexicanos, que custam menos do que os norte-americanos, foram escolhidos para novos projetos no Extremo Oriente. Do mesmo modo, as novas fábricas constituem projeto exclusivo de equipes do Brasil e da Alemanha. A GM quer fazer das novas unidades a próxima Eisenach – a premiada fábrica alemã onde a companhia provou, no início dos anos 1990, que era capaz de praticar as lições de produção enxuta aprendidas por meio de *joint ventures* com a Toyota Motor Corporation.

---

irreversível da globalização é fundamental, mas com as cautelas necessárias. O maior desafio atual para o mundo todo é criar um sistema que, além de maximizar o crescimento global, seja mais equitativo e capaz de integrar as potências econômicas emergentes, assim como assistir os esforços dos países marginalizados para se beneficiarem da expansão econômica mundial. Sobretudo, é preciso reduzir o enorme hiato existente entre países ricos e pobres[6].

A globalização e a forte tendência à integração regional – como o Nafta, a União Europeia e o Mercosul – ameaçam atropelar quem for mais lento. A aptidão para a concorrência passa a ser a principal força da globalização para os melhores e a principal ameaça para os piores. Há oportunidades e desafios mesclados nessas transformações. É preciso saber identificá-los para aproveitar aquelas e enfrentar estes com sucesso.

Quanto maior a economia global, tanto menor são as partes que a compõem e, consequentemente, mais poderosos se tornam os participantes menores. Para Naisbitt[8], o papel das pequenas empresas torna-se vital nesse novo contexto. E faz-se necessário desenvolver canais de acesso das micro e pequenas empresas ao mercado global. Algo como 80% das empresas brasileiras de exportação são de pequeno porte. Porém, elas respondem por apenas 4% do valor dos embarques, contra 45% na Alemanha, 48% na Coreia do Sul e 54% nos Estados Unidos, segundo Beting[9]. Ao mesmo tempo, paradoxalmente, determinadas áreas estão exigindo enormes investimentos que requerem grandes organizações e vultosos recursos. Muitas empresas são vendidas a grupos estrangeiros, não por problemas internos, que elas não têm, mas, exatamente, por falta de meios e recursos suficientes para alcançar competitividade em nível global. A infraestrutura não ajuda.

Por outro lado, a globalização está criando uma situação em que o administrador precisa ter melhores condições de capacitação profissional e mobilização pessoal para desempenhar suas atividades em um mundo de negócios que exigem dele a compreensão de outras línguas, culturas e costumes diferentes. O desafio da globalização não é mais um simples campeonato nacional ou sul-americano. Agora é uma verdadeira olimpíada mun-

Caso de apoio: Fusões e aquisições

É incrível a quantidade de fusões e incorporações entre empresas brasileiras e estrangeiras. A economia brasileira registra, a cada ano, um recorde de operações de fusões e aquisições. O volume dessas transações ultrapassa trilhões de dólares em todo o mundo, onde se registra a constituição de grandes grupos mediante fusões de empresas, no sentido de buscar uma dimensão maior para reduzir custos de produção e de comercialização, aumentar a capacidade financeira para realizar maiores gastos em pesquisa e desenvolvimento e aperfeiçoar a tecnologia[10]. Trata-se de um movimento telúrico de concentração empresarial que aumenta de intensidade e velocidade em virtude de três aspectos:

1. Globalização.
2. Competição.
3. Modernização.

O motivo desse movimento de fusões e aquisições no mundo todo é evidente. Para enfrentar a concorrência, as empresas precisam ganhar vantagens competitivas, ter capacitação financeira, gestão profissionalizada, tecnologia e foco em seu negócio[11]. O movimento do setor privado antecipou-se à privatização da infraestrutura do país. E as empresas saíram fortalecidas para vencer o novo desafio. Companhias, antes familiares, foram pressionadas a realizar mudanças para sobreviver. Até mesmo as empresas de classe mundial que necessitam de escala global para desenvolver suas operações. Deve-se mudar para modernizar e para poder competir no mundo todo.

Avaliação crítica: A charada da globalização[12]

Com a globalização, qualquer país pode participar como ator ou figurante das rápidas mudanças que ocorrem hoje na produção e no consumo de bens. Basta ter competências. Paralelamente, centenas de milhões de pessoas em todo mundo parecem ainda não ter entendido as mudanças de valores, as tecnologias e os sistemas de produção e até os esquemas mentais ocasionados por esse novo processo altamente transformador. O termo globalização tem sido utilizado pela mídia em diversos sentidos e contextos, o que faz com que a palavra adquira um poder quase mágico de explicar, automaticamente, fatos dos mais variados, desde as dificuldades dos países europeus à redução no nível de emprego no ABC paulista. Existem os que veem na globalização um processo novo, rico de promessas e, às vezes, quase milagroso para a economia mundial, enquanto outros a consideram uma ameaça e até um mal a ser eliminado[13]. As megatendências econômicas, como a formação de blocos econômicos regionais (Nafta, União Europeia, Mercosul etc.) e a queda das barreiras tarifárias são dois aspectos que transformaram radicalmente e ainda continuarão modificando o ambiente econômico de países e regiões geoeconômicas, aumentando, intensamente, o comércio internacional de produtos. Para as empresas nacionais não restará alternativa a não ser responder com rapidez e competência ao desafio da competitividade global. Elas devem globalizar seus negócios e transformar-se em *global players*.

Contudo, atenção para o que pode se transformar em um verdadeiro enigma: como matar essa charada em países nos quais muitas de suas estruturas sociais, econômicas, políticas e institucionais são infensas à modernização? Como tornar-se competitivo globalmente quando essas condições dificultam ou praticamente impedem a participação do país em uma economia mundial cada vez mais intensa e acirrada? Em vez de darmos uma resposta a essa pergunta, a proposta é ajudar na compreensão das áreas nas quais uma empresa pode aproveitar economias de escala e sinergias para competir mundialmente: compras, produção, logística, planejamento estratégico, processos gerenciais, mercados regionais, preços, legislação etc. A ajuda do governo é cada vez mais precária.

---

dial. As oportunidades são maiores e os desafios e dificuldades, também. Mas vale a pena tentar.

Estágios do Processo de Globalização

As empresas podem participar na área internacional em uma variedade de níveis. O processo de globalização, geralmente, passa por quatro estágios distintos:

1. Estágio doméstico: o mercado potencial é limitado pelo mercado nacional, com todas as instalações de produção e *marketing* localizadas no país. A direção percebe o ambiente global e considera, fortemente, um possível envolvimento internacional como um objetivo importante.

2. Estágio internacional: as exportações aumentam, e a empresa, geralmente, adota uma abordagem multidoméstica, quase sempre utilizando uma divisão específica para lidar com o *marketing* internacional em vários países individualmente.

3. Estágio multinacional: a empresa tem instalações de produção e *marketing* localizadas em vários países, com mais de um terço de suas vendas fora do país. Há um país onde sua administração é centralizada e, muitas vezes, opta-se por uma abordagem binacional com duas empresas pares em países separados, mantendo o controle de suas operações. Unilever e o grupo Royal Dutch/Shell são exemplos de empresas baseadas na Holanda e na

Inglaterra simultaneamente. É também o caso da Itaipu Binacional, no Brasil e no Paraguai.
4. **Estágio global**: são as corporações internacionais que ultrapassam a centralização em um determinado país e operam de maneira global. Vendem e compram recursos em qualquer país que ofereça as melhores oportunidades e ao mais baixo custo. Nesse estágio, a propriedade, os controles e a administração de topo tendem a ser dispersos entre várias nacionalidades.

O número de empresas sem país e sem nacionalidade está aumentando, enquanto as barreiras nacionais estão sendo derrubadas. Empresas globais requerem executivos globais. Seus administradores precisam conhecer duas ou mais línguas e possuir experiência internacional.

Administração de hoje

Um mundo sem fronteiras[14,15]

Empresas como Coca-Cola, IBM, McDonald's, Kellogg's, General Motors, Boeing, Caterpillar Tractor, Federal Express e muitas outras fazem negócios mundiais para alcançar vendas e lucros em proporções gigantescas. São empresas que se defrontam com problemas para ajustar seus produtos e administração dos seus negócios às necessidades singulares de cada país estrangeiro. Mas elas foram bem-sucedidas, e o mundo inteiro é hoje o seu mercado. O importante é que todas essas companhias pensam internacionalmente para tocar seus negócios de forma globalizada.

A Nestlé constitui uma corporação global, com 98% de suas vendas e 96% de seus funcionários fora da Suíça, seu país de origem. Seu atual presidente é alemão, e a maioria dos seus gerentes gerais não é suíço. Empresas alemãs – como Hoechst e BASF – recrutam localmente seus executivos nos vários países onde atuam. A Imperial Chemical Industries, ICI, uma empresa inglesa, tem 40% de seus 170 executivos de topo que não são ingleses.

Recentemente, um dos maiores expoentes desse jogo global, a Asea Brown Boveri, a ABB, que gera mais de US$ 25 bilhões anualmente e emprega cerca de 240 mil empregados na Europa, na América do Norte e do Sul e na Ásia, Brasil inclusive, comunicou, por meio de seu presidente, que não tem nenhum centro geográfico. Ela não é mais uma empresa suíça. Com um presidente sueco e um escritório central em Zurique, a ABB é uma empresa com muitos lares. Agora, ela é uma empresa mundial.

Meios de Internacionalizar as Organizações

Todas as organizações – desde as pequenas até as gigantescas – têm uma variedade de meios para se envolverem em negócios internacionais. Trata-se de desenvolver mercados para seus produtos acabados em outros países, o que envolve terceirização (fontes externas), exportação, licenciamento e investimentos diretos.

São estratégias de entrada em mercados e que representam meios alternativos para vender produtos e serviços em mercados estrangeiros[16]:

1. **Fontes externas**: é a busca de fontes de suprimento em outros países, o *global outsourcing*. Significa o engajamento em uma divisão de trabalho internacional de modo que a manufatura possa ser feita em outros países com fontes de trabalho e de fornecimento mais baratas. Uma empresa instalada em um país pode contratar um fornecedor (terceirizado) de outro país situado a quilômetros de distância para obter melhor qualidade a custos mais baixos. Como já mencionamos, Adidas e Reebok

utilizam amplamente o suprimento e manufatura em diferentes países. O carro mundial da Volkswagen, Ford, GM, Fiat e de outras montadoras se baseia no conceito de *global outsourcing*.

2. Exportação: a organização pode manter suas instalações de produção dentro da nação de origem e transferir seus produtos para a venda em países estrangeiros. A exportação permite entrar nos mercados de outros países, com pequenos custos adicionais e riscos limitados. Embora tenha de enfrentar numerosos problemas, como distância física, regulações legislativas, moedas estrangeiras e diferenças culturais, a exportação é menos onerosa que a aplicação de capital da organização na construção de fábricas em outros países.

3. Licenciamento: por meio do licenciamento, uma organização – a licenciadora – disponibiliza recursos para outra em outro país – a licenciada –, permitindo que ela produza e comercialize um produto similar ao que a licenciadora produz. Esses recursos incluem habilidades administrativas, direitos de patente e de cópia e tecnologia. Esse tipo de contrato permite ao licenciado a oportunidade de participar na produção e nas vendas de produtos fora do país de origem do licenciador. A empresa Hasbro deixou de ser fabricante de brinquedos para promover licenciamento de produção em vários países da América Latina, Japão e tigres asiáticos após assentar a identidade de sua marca de brinquedos no mercado internacional.

   - Franquia (*franchising*): é uma forma de licenciamento em que o franqueador proporciona franquia com um completo pacote de serviços e materiais, que incluem equipamentos, produtos, ingredientes dos produtos, marca e direitos de marca, assessoria administrativa e sistemas padronizados de operação. Alguns dos mais conhecidos franqueadores – McDonald's, Burger King, KFC (Kentucky Fried Chicken), Pizza Hut, Wizard, Boticário – são encontrados em quase todas as capitais do mundo. São organizações globais. Daft conta uma história de crianças japonesas que, ao visitarem Los Angeles, exclamaram entusiasmadas aos seus pais: "puxa, eles também têm McDonald's na América!"[16].

4. Investimento direto: representa um investimento direto em instalações de manufatura em outro país e um alto nível de envolvimento no comércio internacional. O investimento direto significa que a organização está envolvida em administrar diretamente os ativos produtivos em outra nação. Isso é diferente das outras estratégias de entrada, que permitem menor controle administrativo.

   - Empreendimentos conjuntos (*joint ventures*): o tipo mais comum de investimento direto é o engajamento em alianças e parcerias estratégicas, como o empreendimento conjunto (*joint venture*). Nele, a organização compartilha custos e riscos com outra organização, geralmente no país hospedeiro, para desenvolver novos produtos, construir uma nova instalação manufatureira ou estabelecer uma rede de vendas e distribuição. Em geral, a parceria constitui a maneira mais rápida, barata e de menor risco para jogar nos negócios globais. Organizações gigantescas como a AT&T (American Telephone & Telegraph) americana e a NEC Corporation japonesa juntam forças para compartilhar tecnologia e produção de microchips. Outras, como a Texas Instruments americana e a Kobe Steel japonesa, ou a Mitsubishi japonesa com a Daimler-Benz

AG alemã ou ainda a General Motors americana e a Toyota japonesa são exemplos bastante conhecidos de empreendimentos conjuntos (*joint ventures*).
- **Filiais estrangeiras:** outro investimento direto é manter uma filial estrangeira de capital local sobre a qual a organização tenha controle completo. O investimento direto proporciona redução de custos em relação à exportação pelo fato de estabelecer canais de distribuição mais curtos e reduzir custos de estocagem e de transporte. Administradores locais são mais ajustados às condições econômicas, culturais e políticas do país estrangeiro. Muitas organizações na área de propaganda estão envolvidas em investimentos diretos na construção de agências ao redor do mundo para oferecer serviços de propaganda para organizações globalizadas. A Saatchi & Saatchi, baseada em Londres, tem várias agências de propaganda na Europa, nos Estados Unidos e no Brasil. O mesmo ocorre com outras conhecidas agências de propaganda.

Voltando ao caso introdutório: De olho na modernidade

Jorge Mantovani tem por objetivo tático a preparação e adaptação da Sapatelo como base para alcançar um objetivo estratégico: fazer um mergulho nos mercados de outros países. Como diretor-geral da companhia, Jorge quer resolver, em primeiro lugar, os problemas internos e melhorar a produtividade e a qualidade para então se aventurar na competitividade em outros mercados. Jorge sabe que não se trata unicamente de estruturar a empresa, melhorar a tecnologia, reduzir custos e desenvolver novos produtos criativos e inovadores. É preciso preparar intensivamente os funcionários para esse enorme salto competitivo. Como você poderia ajudar Jorge?

Características das Organizações Multinacionais

O tamanho e o volume dos negócios internacionais são tão grandes que se torna difícil compreendê-los em sua extensão. As vendas de muitas multinacionais são comparáveis ao produto nacional bruto (PNB) de países europeus ou latino-americanos. As vendas do grupo Royal Dutch/Shell são maiores do que o PNB da Noruega, enquanto as vendas da General Electric ultrapassam o PNB de Israel. As organizações multinacionais ou transnacionais podem movimentar verdadeiras riquezas de ativos de um país para outro e influenciar economias nacionais, suas políticas e culturas.

As organizações multinacionais, em geral, recebem mais que 25% de suas vendas totais de operações fora de seus países de origem. Mas elas apresentam algumas características administrativas distintas, como[16]:

1. A organização multinacional é um sistema integrado de negócios no mundo todo: afiliados estrangeiros trabalham em estreita aliança e cooperação entre si. Capital, tecnologia e pessoas são transferidos entre os vários países afiliados. A organização adquire materiais e manufatura, partes e componentes onde é mais vantajoso e em qualquer lugar do mundo.
2. Uma organização multinacional é geralmente controlada por uma única autoridade administrativa: essa autoridade central toma as decisões estratégicas relacionadas com todas as

afiliadas. Embora algumas matrizes sejam binacionais, como a Royal Dutch/Shell, existe certa centralização administrativa para manter a integração mundial e obter sinergia e maximização do lucro da organização como um todo.
3. Os administradores de topo da organização multinacional têm uma perspectiva global: eles visualizam o mundo todo como um imenso mercado para decisões estratégicas, aquisição de recursos, localização da produção, propaganda e eficiência de *marketing*. O mundo é a sua praia.

Em alguns casos, a filosofia administrativa pode diferir daquilo que descrevemos anteriormente. Existem organizações etnocêntricas que enfatizam características de seus países de origem, organizações policêntricas que são mais orientadas para os mercados dos países hospedeiros e organizações geocêntricas que são orientadas para o mundo e sem qualquer identidade nacional. Estas últimas são estruturadas de modo que as fronteiras nacionais simplesmente desapareçam.

Decisões internacionais		
Etnocêntricas	→	**Multinacionais** Designadas para enfatizar as características dos países de origem
Pluricêntricas	→	**Regionais** Orientadas para os mercados dos países hospedeiros
Geocêntricas	→	**Globais** Orientadas para o mundo e sem qualquer identidade nacional

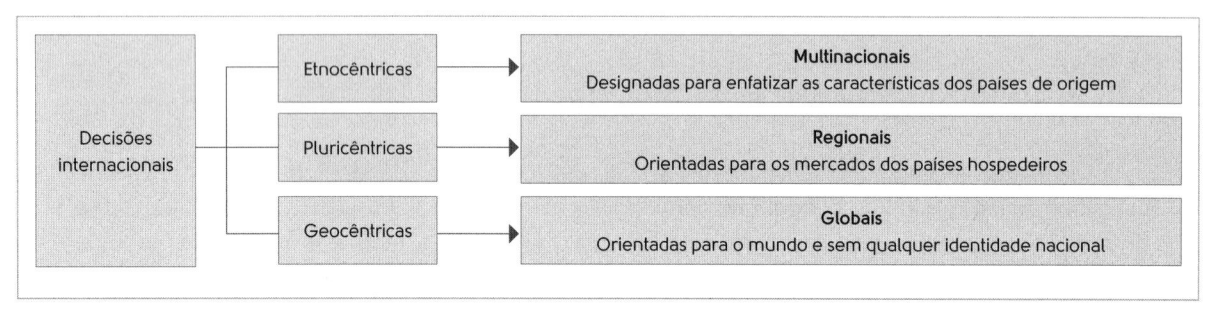

Figura 4.2. O foco das organizações multinacionais e globais.

⚖ Avaliação crítica: O mundo encolheu[17]

Volta e meia alguém decreta o fim ou a morte de alguma coisa. Nos títulos de livros, já mataram a história, o emprego, a religião, a antropologia, a literatura, a liberdade, a riqueza, a elite, a ideologia, a concorrência, a ciência, a economia, a inocência, Deus e – ufa – até os amigos. Agora se prepare para mais uma morte: a da distância. Por que levar a proposta a sério desta vez? Há vários motivos. Como avanço das telecomunicações, o local onde estão indivíduos, governos ou empresas ficou irrelevante. Lugares antes afastados ficam mais próximos e começam a interagir. A queda da bolsa de Hong Kong afeta o preço da gasolina no Amapá. Plantadores de aspargos em cantos remotos das Filipinas usam a internet para acompanhar o preço da colheita em Tóquio. Alpinistas avisam por celular que chegaram ao topo do monte Whitney na Califórnia, a 4.400 metros de altitude. Médicos embrenhados em São Gabriel da Cachoeira na fronteira do Brasil com a Colômbia enviam exames por fax e obtêm de especialistas em São Paulo diagnósticos e instruções precisas para cirurgias. Até de Marte, a sonda Mars Pathfinder da Nasa envia imagens para todos os cantos da terra via internet. O que esses exemplos mostram? Que, de Marte à Amazônia, das Filipinas ao Amapá, está mais fácil se comunicar com qualquer um, a qualquer hora, em qualquer lugar. Isso faz da globalização muito mais que um lugar-comum: inaugura uma era em que as distâncias não estão apenas ficando menores: estão desaparecendo. Tudo está virtualmente perto de tudo. Para os negócios, trata-se de uma revolução. O mundo encolheu, e o mercado se tornou maior.

MUDANÇA TECNOLÓGICA E INFORMAÇÃO

Um aspecto fundamental do ambiente contemporâneo é o impacto da alta tecnologia como uma força dominante em nossas vidas. Com os computadores, celulares e com a tecnologia de ponta, o trabalho jamais será o mesmo. Microcomputadores, minicomputadores e supercomputadores, trabalho e produção assistidos por computador, sistemas de informação e de decisão grupal e outros desenvolvimentos tecnológicos fazem parte vital do nosso local de trabalho e de nossas vidas. Seja para melhor ou para pior, o fato é que o trabalho está sendo totalmente dominado por códigos de barras, sistemas automáticos, correio eletrônico, *telemarketing* e o crescente uso das supervias de informação, como a internet e a intranet. Para muita gente, a tecnologia é o vilão da história: a máquina no lugar do homem, ocupando espaços antes ocupados por ele e provocando o desemprego estrutural. Mas, afirma Krugman[18], não é a máquina que tira o trabalho do homem. O homem já vinha trabalhando feito máquina, apertando parafusos, oito horas por dia, durante a vida inteira. O avanço da tecnologia nem sempre exige maior qualificação da mão de obra. Com treinamento adequado qualquer pessoa mediana com uma escolaridade mínima e alguma experiência pode aprender a apertar botões, o que é mais fácil do que montar um televisor, redigir um anúncio no jornal ou costurar um vestido. Por outro lado, o computador já deslancha a escola digital que está democratizando o acesso ao conhecimento.

Rifkin[19] agrega que o trabalhador mais barato do mundo não será tão barato quanto a tecnologia que vai substituí-lo. E vai mais além: pequenos grupos de trabalhadores de elite irão substituir a ocupação maciça de mão de obra, pois o processo de reestruturação empresarial e de modernização tecnológica está apenas no seu início.

A velocidade das transações e decisões de negócios é o maior desafio a ser ultrapassado pelas organizações e países[20]. O mundo está ficando complicado pelas diferenças de poder baseadas não apenas no desenvolvimento econômico, mas também no acesso à TI. O novo sistema para criar riqueza consiste de uma rede global e em expansão de mercados, bancos, centros de produção e laboratórios em comunicação instantânea uns com os outros, constantemente intercambiando enormes e crescentes fluxos de dados, informação e conhecimento. E capitais junto. Em um mundo onde a mudança acontece a uma velocidade crescente, a informação e a tecnologia precisam ser utilizadas para obter plena vantagem[21].

Os grandes desafios que preocupam as cúpulas das organizações são muito variados: como enfrentar concorrentes globais; como investir em novos produtos/serviços; como fazer alianças estratégicas com os concorrentes; como se comportar na era das redes (como a internet) e como participar mais intensamente das redes sociais para se relacionar com clientes e funcionários.

Avaliação crítica: O impacto da TI

A TI provoca profundo impacto sobre as hierarquias gerenciais e até no surgimento de fábricas flexíveis capazes de entregar produtos personalizados aos clientes. Quando o mercado muda – e ele muda sempre – é preciso mudar com ele. Por não ver o tempo passar, empresas como a Sears, Smith Corona e a Tupperware foram simplesmente tragadas pelas mudanças. A Tupperware dobrava, a cada cinco anos, suas vendas por catálogo. Era um enorme sucesso. Contudo, a empresa não percebeu que o crescimento do número de consumidoras divorciadas e do número de casais sem filhos, além do ingresso de maior contingente feminino no mercado de trabalho, acabaria por transformar o supermercado no mais promissor canal de vendas para seus produtos. Enquanto isso, outras empresas apostaram no varejo e se deram bem. E a Sears também foi vitimada por catálogos impressos e antiquados de outra época. Já a Smith Corona sofreu as sequelas do descaso tecnológico. Seus dirigentes culpavam os preços predatórios dos concorrentes pela queda de vendas, sem enxergar que os consumidores estavam trocando as máquinas de escrever por computadores[22]. A inovação é um dos principais vetores que sustentam o ciclo de vida de um produto. O sucesso da marca Swatch representa a resposta da indústria relojoeira suíça à ofensiva devastadora dos baratos relógios japoneses. Quando um produto se torna cansado ou quando o consumidor começa a descartá-lo, seu preço cai. E a procura também. É a hora de pular fora. Pela primeira vez na história da humanidade, a inovação tecnológica tende a ser mais rápida e flexível do que a evolução dos desejos do consumidor. A tecnologia não somente se antecipa às necessidades, ela também cria novas necessidades de consumo.

Voltando ao caso introdutório: De olho na modernidade

Jorge Mantovani está estudando espanhol e inglês. Ele precisa comunicar-se em outras línguas tão bem quanto possível. O espanhol é vital para o salto em direção ao Mercosul. O inglês será fundamental para os passos seguintes em outras direções. Jorge está assinando revistas especializadas para manter-se atualizado com os mercados que pretende servir no futuro. Mas, como uma andorinha só não faz verão, ele está desenvolvendo vários programas de treinamento para todos os funcionários da Sapatelo no sentido de conscientizá-los e prepará-los para um trabalho mais mental do que manual ou braçal. Para que possa debruçar-se sobre novos mercados, Jorge precisa desvencilhar-se dos problemas internos da companhia: quer que todos os funcionários deixem de ser meros operários braçais e passem a pensar e agir como proprietários do negócio, isto é, como verdadeiros empreendedores, solucionadores de problemas e criadores de novas oportunidades. Para que isso aconteça, pretende iniciar um amplo programa de delegação e descentralização da autoridade. Uma nova mentalidade, isto é, uma nova cultura empresarial para a Sapatelo. Mas, como fazê-lo?

Caso de apoio: Sem sair de casa[23]

No início do século XX, Henry Ford, o precursor da fábrica moderna reclamava: "por que é que toda vez que solicito um par de braços, vocês me trazem prontamente um ser humano junto?". Naquela época, Ford queria apenas mão de obra. O mundo mudou. Um século depois a velha linha de montagem de Ford foi totalmente robotizada e transformada em células de produção e em satélites de fornecedores para proporcionar a fábrica enxuta e *just-in-time*. Uma mudança radical. Na fábrica automatizada do futuro, diz ele, o trabalho humano será apenas de supervisão, para não dizer meramente residual. Joelmir Beting assinala que na difusão dos micros e das redes, surge o teletrabalho: o trabalho realizado em casa, por encomenda, com ou sem vínculo empregatício. Trabalho plugado nos avanços da TI. Privilégio da nova geração de micreiros. Mais cedo do que se imagina a maioria dos trabalhadores vinculados ou não às empresas estará trabalhando em casa, em oficina ou em escritório próprios. O teletrabalho servido pelo computador substituirá o trânsito, a poluição e o estresse da cidade grande, o que deve melhorar a qualidade de vida do profissional e a produtividade da empresa[23]. Isso não é ficção, pois o número de pessoas que trabalha para empresas sem sair de casa disparou. Em vez de o empregado deslocar-se para o local de trabalho, este vai até o endereço do trabalhador – ainda que situado a centenas de quilômetros da empresa. Mais ainda: na garupa do teletrabalho vem aí o emprego global, impensável há menos de meia década. Um profissional residente em Caravelas, na Bahia, poderá trabalhar para uma empresa de Cincinatti, nos Estados Unidos, ou para uma empresa de Uberaba, em Minas Gerais: seja em tempo integral ou parcial e seja em trabalho permanente ou descontínuo[23]. Pesquisas comprovam que a produtividade do teletrabalho em casa é até 40% maior que a da mesma tarefa realizada na empresa, onde a dispersão no trânsito e na empresa é bem maior. Mas há o lado ruim: o teletrabalho dificulta a supervisão, afeta a confidencialidade do negócio, quebra o conceito de carreira e promoção, esfria o calor humano do trabalho em grupo. Em alguns países já existem contratos coletivos de teletrabalho para mulheres arrimo de família, para deficientes físicos e para estudantes universitários. O próprio autor deste livro trabalha em casa desde 1993.

Já se fala em usinas comunitárias de teletrabalho em vilas suburbanas e em aldeias do interior. Assim como as plataformas mundiais de teletrabalho que já funcionam na Índia e na Indonésia. A interconectividade do computador, telefone, celular, *tablets* e do televisor patrocina essa nova onda. Em alguns países proliferam as *worknets*: teletrabalhadores interconectam-se para a solução de problemas, a tomada de decisões ou a execução ou subcontratação de tarefas por encomendas. E vêm aí as redes sociais.

Competitividade

Competitividade é a capacidade de uma organização de cumprir sua missão para a qual foi criada com mais sucesso do que outras organizações. Representa a habilidade de atender às necessidades e expectativas dos clientes ou da sociedade de maneira melhor que os seus concorrentes e, simultaneamente, de obter uma rentabilidade igual ou superior à dos rivais no mercado. Refere-se à capacidade de competir com outras organizações em condições de superioridade. É claro que a competitividade reside na maneira de fazer as coisas (que deve ser eficiente) e no fato de fazer as coisas certas (ou seja, de maneira eficaz) para alcançar vantagens competitivas em relação aos concorrentes. Estas somente serão vantajosas e competitivas na medida em que ajudam a apresentar uma oferta com características tais que ofereça razões para que o cliente escolha a sua oferta e não a dos seus concorrentes. Da mesma maneira como ocorre com a competitividade, a vantagem competitiva é sempre uma posição relativa e comparativa dentro do seu mercado ou da sua indústria.

Existem três fatores que determinam a competitividade:

1. **Fatores sistêmicos**: relacionados com o macroambiente em seus aspectos econômicos, tecnológicos, políticos, sociais, culturais etc., que influenciam de maneira mediata e genérica todas as organizações.

2. **Fatores estruturais**: relacionados com o microambiente da organização, ou seja, com o mercado em termos de oferta e de demanda, concorrência e agências reguladoras e que influenciam de maneira mais próxima cada organização em seu ambiente de tarefa.

3. **Fatores internos**: relacionados diretamente com o comportamento e as ações de cada organização no sentido de permanecer e concorrer no

Administração de hoje

Avaliação da competitividade internacional

A competitividade de um país internacionalmente é o tema central do Global Competitiveness Report do World Economic Forum que analisa, anualmente, a competitividade de 80 países. Nesse estudo, a competitividade é definida como a capacidade de um país de sustentar o crescimento econômico nos anos vindouros e é medida por dois indicadores diferentes, mas complementares[24]:

1. **Índice de Crescimento Competitivo (*Growth Competitiveness Index – GCI*)**: avalia as condições estabelecidas pelas políticas econômicas e instituições públicas de um país, como base para o crescimento econômico dos próximos anos, associadas às condições existentes para a expansão da inovação tecnológica.
2. **Índice de Competitividade Corrente (*Current Competitiveness Index – CCI*)**: avalia os aspectos microeconômicos de cada país a partir da análise das empresas, estrutura de mercado e políticas microeconômicas como base para a competitividade presente.

Em conjunto, os índices de crescimento competitivo (GCI) e de competitividade corrente (CCI) avaliam a capacidade de cada economia estudada de competir em ambientes de livre mercado. O Brasil também é medido por estes dois índices.

---

mercado. São aspectos que estão na alçada da organização e se referem à sua habilidade de tocar o negócio, atender às expectativas do mercado e oferecer bens e serviços que melhoram a qualidade de vida da sociedade. Tudo isso com vantagens competitivas sobre a concorrência.

Assim, a competitividade é um termo relativo e depende não somente das circunstâncias mediatas ou não, como também do comportamento de cada organização. Em geral, ela é o resultado de uma excelente administração.

SUSTENTABILIDADE

As organizações não são criadas e administradas para viver uma vida curta. Pelo contrário, a expectativa é que tenham condições de uma existência longa e que permaneçam durante gerações. Mas para que isso aconteça, elas precisam ter sustentabilidade, um conceito que ocupa gradativa importância nos negócios do mundo inteiro. O conceito de sustentabilidade está associado à ideia de estabilidade, durabilidade e permanência no tempo e provém da palavra sustentar (do latim, *sustinere*: sustentar, defender, favorecer, manter, conservar, cuidar). Sustentabilidade é um conceito sistêmico que denota a capacidade de um sistema ou processo de sustentar ou suportar condições impostas externamente, mantendo sua permanência por muito tempo. A sustentabilidade ganha força por meio do desenvolvimento sustentável. A Comissão Mundial sobre Meio Ambiente e Desenvolvimento da ONU definiu o "desenvolvimento sustentável como o desenvolvimento capaz de suprir as necessidades da geração atual garantindo a capacidade de atender às necessidades das futuras gerações"[25]. Essa definição procura harmonizar dois objetivos: o desenvolvimento econômico e a conservação ambiental. A ideia original era reduzir a degradação ambiental e a poluição e restituir os recursos naturais consumidos pelas organizações. Todavia, o conceito assumiu proporções mais amplas e passou a envolver muitos objetivos simultaneamente.

Hoje, o conceito de sustentabilidade é um conceito sistêmico que se ampliou e se relaciona com os aspectos econômicos, sociais, culturais e ambientais da sociedade humana[26]. Em outras palavras, a sustentabilidade faz com que todo empreendimento humano precise ser simultaneamente:

1. **Financeiramente viável**: é a responsabilidade econômica de proporcionar lucros e garantir retornos que viabilizem e garantam o futuro da organização. Com isso, a organização premia o sucesso do empreendedor, capitalista ou investidor que enfrenta o risco do negócio. Refere-se ao capital financeiro gerado pela organização.
2. **Socialmente justo**: é a responsabilidade social de servir à sociedade e entregar produtos e serviços adequados às suas necessidades e expectativas. Com isso, a organização oferece melhor qualidade de vida à sociedade. Refere-se ao capital social gerado pela organização.
3. **Culturalmente adequado**: é a responsabilidade cultural de oferecer condições de aprendizagem e geração e compartilhamento de conhecimento, tanto aos seus funcionários quanto aos usuários de seus produtos e serviços. Assim, a organização enriquece e torna seus membros e usuários mais ricos intelectualmente. Refere-se ao capital intelectual gerado pela organização.
4. **Ecologicamente correto**: é a responsabilidade ambiental de cuidar e proteger a natureza e salvaguardar o planeta e sua biodiversidade. Com isso, a organização repõe aquilo que ela tira da natureza e cria condições para a defesa ecológica. Refere-se ao capital ecológico gerado pela organização.

A organização constitui hoje o maior gerador de riqueza – financeira, social, cultural e ambiental – que se conhece. Toda a atividade humana deve ser exercida de tal modo que a sociedade e seus membros possam preencher suas necessidades e expressar seu maior potencial no presente e, ao mesmo tempo, preservar a biodiversidade e os ecossistemas naturais, planejando e agindo de maneira a atingir a manutenção desses ideais[27]. A externalidade influencia o sucesso de cada organização.

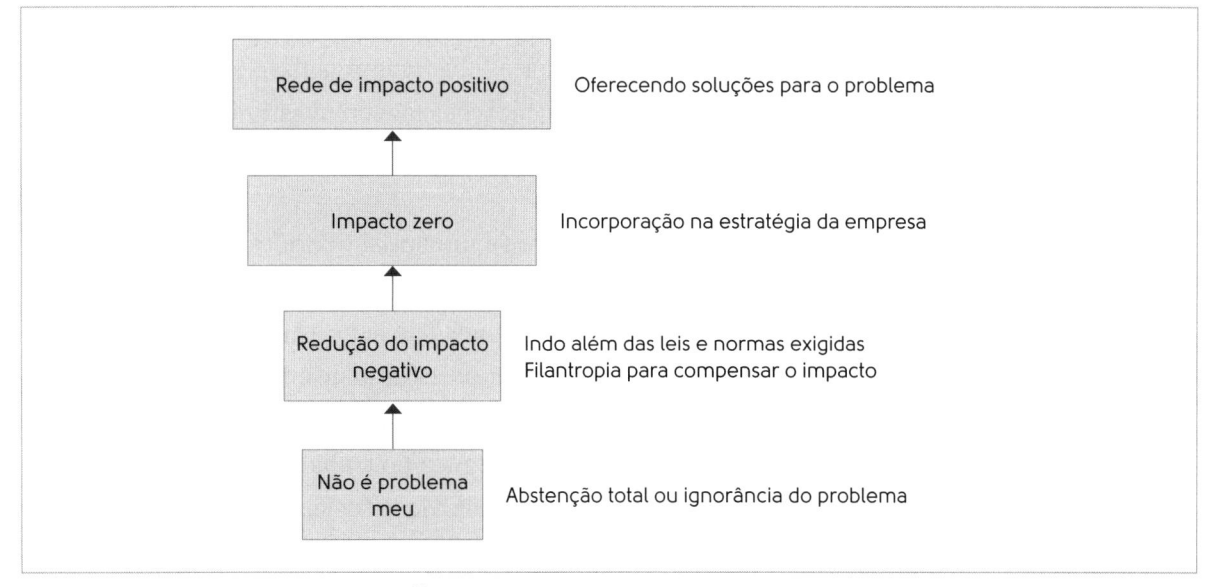

Figura 4.3. A evolução da sustentabilidade[27].

Administração de hoje

O índice de sustentabilidade empresarial (ISE)

A Bolsa de Valores do Estado de São Paulo (Bovespa) criou um índice para medir o grau de sustentabilidade empresarial das empresas que têm ações na bolsa. Trata-se de uma maneira de despertar o interesse de investidores nas ações de empresas que possuem políticas claras a respeito da responsabilidade social e ambiental de seus empreendimentos, produtos e serviços. As empresas que querem adotar o índice devem responder a um questionário de 150 questões relacionadas ao meio ambiente, atuação social, governança e seu envolvimento com o desenvolvimento sustentável.

RESPONSABILIDADE SOCIAL

Responsabilidade social é o grau de obrigações de uma organização em assumir ações que protejam e melhorem o bem-estar da sociedade na medida em que ela procura atingir seus próprios interesses. Refere-se ao grau de eficiência e eficácia que uma organização apresenta no alcance de suas responsabilidades sociais. Para Drucker, a responsabilidade social é a área em que a empresa decide qual será seu papel na sociedade, estabelece seus objetivos sociais e suas metas de desempenho e de influências na sociedade onde atua[28].

Contudo, a responsabilidade social de uma empresa é muito mais do que respeitar acordos contratuais com funcionários, fornecedores, clientes ou sindicatos. Ela representa o compromisso sério e permanente em adotar um comportamento ético e transparente em todas as suas atividades e contribuir para a melhoria da qualidade de vida da sociedade e da comunidade local, incluindo seus funcionários, clientes e fornecedores.

Uma organização socialmente responsável é aquela que desempenha as seguintes obrigações[29]:

1. Incorpora objetivos sociais em seus processos de planejamento.
2. Aplica normas comparativas de outras organizações em seus programas sociais.
3. Apresenta relatórios aos membros organizacionais e aos parceiros sobre os progressos na sua responsabilidade social.
4. Experimenta diferentes abordagens para medir o seu desempenho social.
5. Procura medir os custos dos programas sociais e o retorno dos investimentos em programas sociais.

Áreas de Responsabilidade Social

Existem algumas áreas de mensuração da responsabilidade social. Muitas organizações se engajam em objetivos sociais, dependendo de seus próprios objetivos organizacionais. Mas todas as organizações fazem investimentos em algumas das seguintes áreas[30]:

1. Área funcional econômica: refere-se ao desempenho da organização em atividades como produção de bens e serviços necessários às pessoas, criação de empregos para a sociedade, pagamento de bons salários e garantia de segurança no trabalho. Essa medida de responsabilidade social proporciona uma indicação da contribuição econômica da organização à sociedade.

2. **Área de qualidade de vida:** refere-se à contribuição da organização para a melhoria da qualidade geral de vida na sociedade ou redução da degradação ambiental. Produção de bens de alta qualidade, as relações com empregados e clientes e o esforço para preservar o ambiente natural são indicações do que a organização faz para melhorar a qualidade geral de vida na sociedade.
3. **Área de investimentos sociais:** refere-se ao grau em que a organização investe recursos financeiros e humanos para resolver problemas sociais da comunidade. A organização pode envolver-se em atividades de assistência a organizações da comunidade que tratem de educação, caridade, artes, etc.
4. **Área de solução de problemas:** refere-se ao grau em que a organização lida com problemas sociais. Algumas atividades, como participação no planejamento em longo prazo da comunidade e na condução de estudos para localizar problemas sociais podem ser considerados medidas de responsabilidade social.

Estratégias de Responsabilidade Social

Todas as organizações funcionam dentro de um complexo conjunto de interesses com elementos do seu ambiente específico e geral, como mostra a Figura 4.4. Na realidade, cada organização forma uma intensa rede de relacionamentos com outras organizações e instituições para poder funcionar satisfatoriamente. Nesse contexto, a responsabilidade social é a obrigação de uma organização de atuar de maneira a servir tanto os seus interesses quanto os interesses dos diferentes públicos envolvidos. Esses públicos – parceiros – são pessoas, grupos e organizações que são afetadas de alguma maneira pelo comportamento de uma organização.

Existem dois pontos de vista a respeito da responsabilidade social das organizações: o clássico e o socioeconômico[32]. Sob o ponto de vista clássico, a responsabilidade da administração é fazer estritamente com que o negócio proporcione lucros máximos para a organização. Esse modelo estreito de visão é apoiado por Milton Friedman, um respeitado economista do livre mercado que apregoa que as organizações devem proporcionar dinheiro aos investidores. É a responsabilidade financeira. Esse ponto de vista é contrário à responsabilidade social e seus principais argumentos residem no aumento dos lucros do negócio, nos custos mais baixos do negócio, em evitar diluição do propósito do negócio, em maior poder

Figura 4.4. As múltiplas relações éticas de cada organização[31].

social para o negócio e em oferta de contabilidade para o público.

Pelo contrário, o ponto de vista socioeconômico assevera que uma organização deve estar ligada ao bem-estar social e não apenas aos seus lucros. Esse modelo mais amplo é apoiado por Paul Samuelson, outro economista famoso. Entre os argumentos para a responsabilidade social estão: lucros de longo prazo para o negócio, melhor imagem junto ao público, menor regulamentação para os negócios, maiores obrigações sociais do negócio, melhor ambiente para todos e o atendimento dos desejos do público.

Em termos de comprometimento com a responsabilidade social, as organizações podem adotar quatro alternativas de estratégia, indo desde uma estratégia obstrutiva até uma proativa, conforme a Figura 4.5.

As tendências na elevação dos valores sociais estão criando novas demandas sobre as decisões administrativas que refletem padrões éticos e de alto desempenho. O administrador deve aceitar a responsabilidade pessoal para fazer as coisas certas. Amplos critérios sociais e morais devem ser usados para examinar os interesses dos múltiplos interessados em um ambiente dinâmico e complexo.

Estratégia proativa
Responsabilidades espontâneas e voluntárias:
Toma liderança nas iniciativas sociais
Assume, voluntariamente, responsabilidades econômicas, legais, éticas e espontâneas

Estratégia acomodativa
Responsabilidades éticas:
Faz o mínimo exigido eticamente
Assume responsabilidades econômicas, legais e éticas

Estratégia defensiva
Responsabilidades legais:
Faz o mínimo exigido legalmente
Assume responsabilidades econômicas e legais

Estratégia obstrutiva
Responsabilidades econômicas:
Rejeita as demandas sociais
Assume apenas responsabilidades econômicas

Comprometimento quanto à responsabilidade social

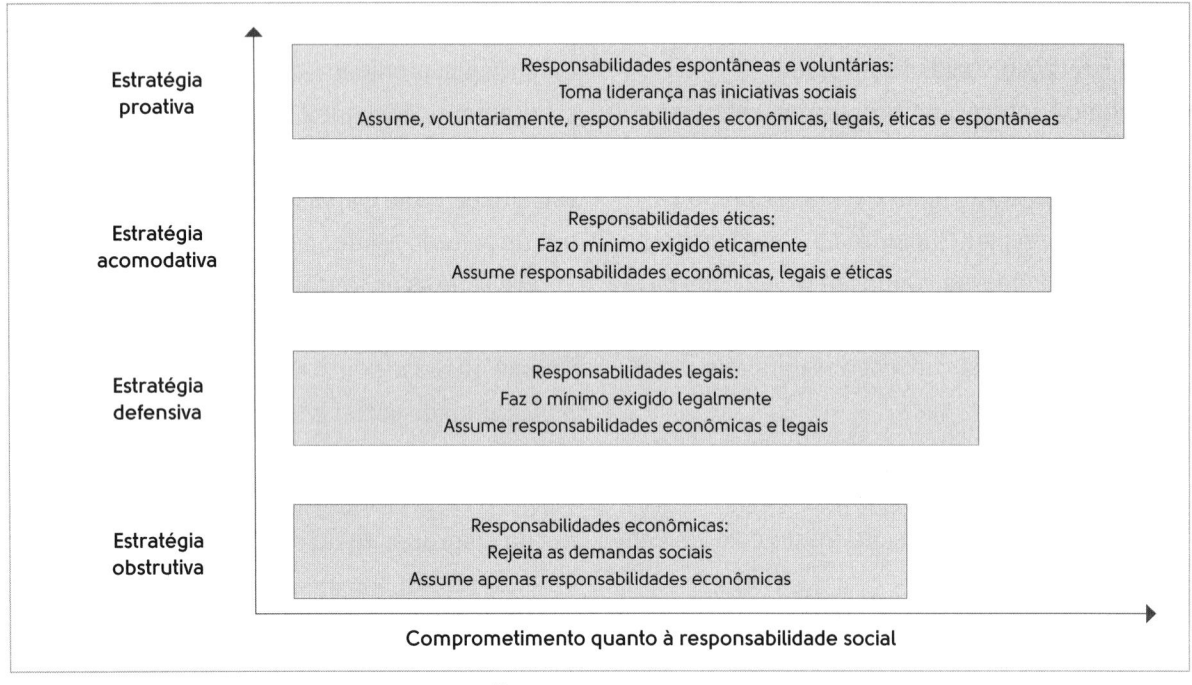

Figura 4.5. As estratégias de responsabilidade social[33].

⚖ Avaliação crítica: O cerco global à corrupção[33]

Na última década, os escândalos contábeis e financeiros envolvendo grandes empresas fizeram com que autoridades americanas e europeias endurecessem as leis e exigências com o setor empresarial e público em relação a propinas e à corrupção com multas pra valer. No Brasil, os escândalos envolvendo membros do governo e da sua base aliada com o desvio de dinheiro público para a corrupção que, com a voraz carga tributária que engole 40% de tudo o que é produzido no país, prejudica enormemente a nossa economia, nossas vidas e nossa competitividade. Um estudo da Federação das Indústrias do Estado de São Paulo (Fiesp) calcula os custos econômicos da corrupção entre 1,4 e 2,3% do PIB a cada ano. Isso significa 51 bilhões de reais engolidos pela bandalheira, o que daria para construir:

- 918 mil casas populares.
- 78 aeroportos com capacidade para 5 milhões de passageiros por ano.
- 40 mil quilômetros de rodovias, quase 1/5 da rede pavimentada atual.
- 21 mil quilômetros de ferrovias, o equivalente a 2/3 da rede existente.
- 58 mil escolas, quase 1/3 das escolas atuais de ensino fundamental.

Ou daria para manter 25 milhões de crianças matriculadas da creche ao ensino fundamental. Pode? É preciso fazer alguma coisa a respeito.

Stakeholders

Todas as organizações funcionam dentro de um complexo conjunto de interesses com elementos do seu ambiente específico e geral. Na realidade, cada organização forma uma intensa rede de relacionamentos com outras organizações, instituições, grupos e pessoas para poder funcionar satisfatoriamente. Nesse contexto, a responsabilidade social é a obrigação de uma organização de atuar de maneira a servir tanto os seus interesses quanto os dos diferentes públicos estratégicos envolvidos. Esses públicos estratégicos – chamados *stakeholders* (do inglês, *stake*: dinheiro, risco, interesse + *holder*: proprietário, arrendatário) – são pessoas, grupos e organizações que afetam ou são afetadas de alguma maneira pelo comportamento de uma organização. Mais do que isso, eles participam direta ou indiretamente do sucesso de uma organização. E esperam alguma coisa em troca por isso.

Na realidade, "todo processo produtivo e de geração de riqueza só se torna viável através da participação conjunta de vários parceiros, cada qual contribuindo com algum esforço ou com algum recurso ou competência. Para poder funcionar, as organizações dependem de seus *stakeholders*. Eles podem estar atuando dentro ou fora da organização. Os fornecedores contribuem com matérias-primas, serviços, tecnologias, edifícios alugados, bens alugados etc. Os investidores e acionistas contribuem com capital, créditos e fluxos de fundos que possibilitam a aquisição de outros recursos. As pessoas que trabalham na empresa contribuem com seu trabalho e seus conhecimentos, competências, capacidades e habilidades. Os clientes contribuem para a organização adquirindo seus bens ou serviços. Cada um desses *stakeholders* da organização contribui com alguma coisa na expectativa de obter um retorno pela sua contribuição, como mostra a figura abaixo [Figura 4.6]. Todos eles estão engajados em um complexo jogo de transações com a organização e dentro de um processo de reciprocidade: investem e contribuem para obter retornos na forma de recompensas ou de alicientes"[34]. Assim, não basta remunerar o capital investido pelos proprietários ou acionistas – também chamados de *shareholders*. É preciso também proporcionar retornos para todos os *stakeholders* envolvidos no negócio. Isso exige uma distribuição balanceada e capaz de satisfazer a todas as expectativas de todos os *stakeholders*, proporcionando a cada um aquilo que ele gostaria de receber em troca.

"Na medida em que os investimentos são bem-sucedidos – isto é, quando produzem um retorno considerado justo e adequado – cada *stakeholder* envolvido no negócio tende a manter e sustentar seus investimentos na organização. Ou até mesmo incrementá-los. Quando os investimentos não são bem-sucedidos, quando produzem um retorno considerado baixo ou pequeno – cada *stakeholder* tende a diminuir ou suspender seus investimentos na organização. Tudo é uma questão de reciprocidade"[34]. Dar para receber e receber para dar. Ainda mais: "as organizações não podem tratar seus *stakeholders* como se fossem públicos ocasionais ou fortuitos que surgem e desaparecem a seguir. Elas precisam tratar seus clientes, fornecedores, investidores, administradores, funcionários, como parceiros definitivos e constantes, engajá-los de alguma forma e conquistar sua adesão como se fossem indispensáveis para a manutenção e crescimento do negócio"[34].

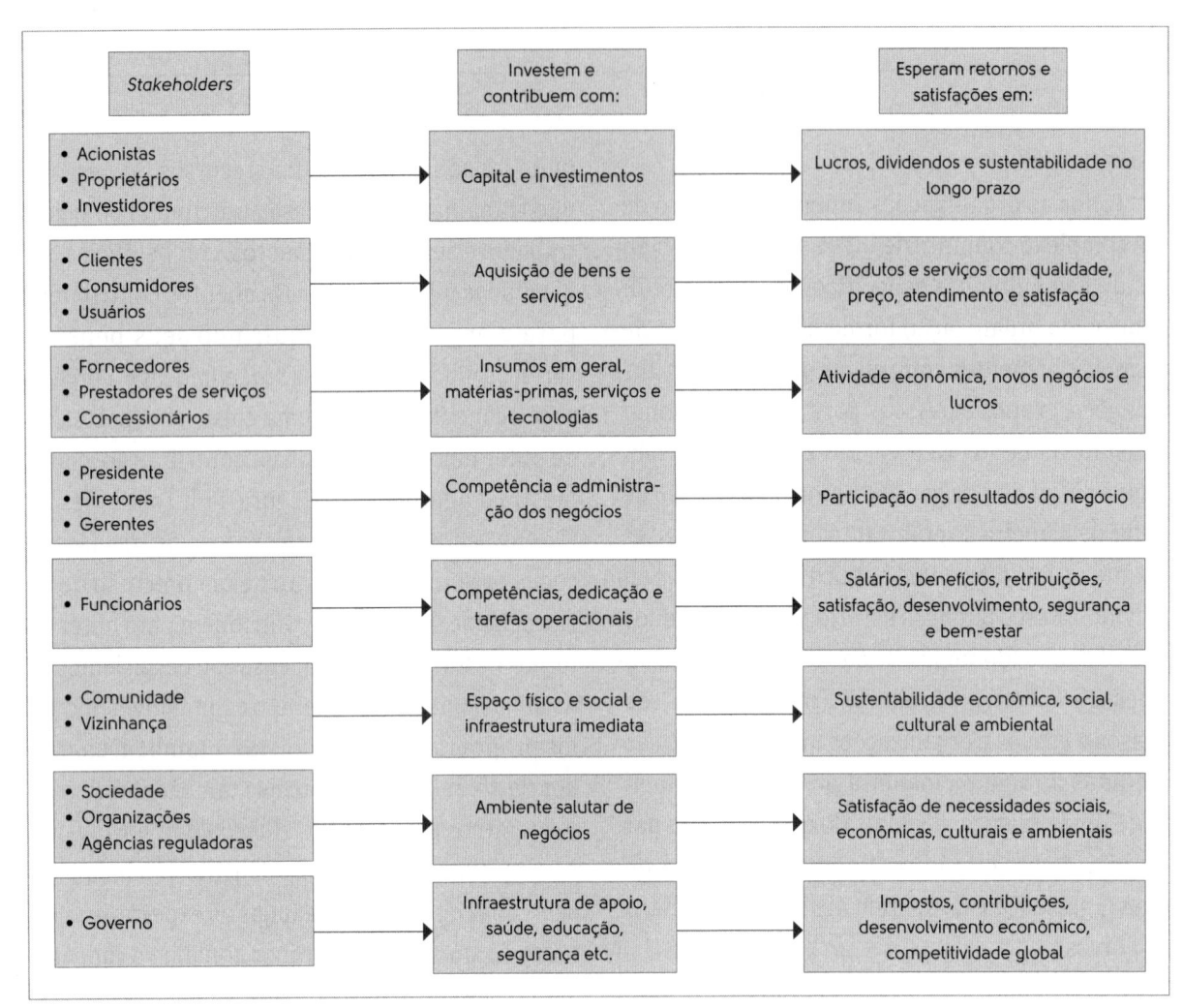

Stakeholders	Investem e contribuem com:	Esperam retornos e satisfações em:
• Acionistas • Proprietários • Investidores	Capital e investimentos	Lucros, dividendos e sustentabilidade no longo prazo
• Clientes • Consumidores • Usuários	Aquisição de bens e serviços	Produtos e serviços com qualidade, preço, atendimento e satisfação
• Fornecedores • Prestadores de serviços • Concessionários	Insumos em geral, matérias-primas, serviços e tecnologias	Atividade econômica, novos negócios e lucros
• Presidente • Diretores • Gerentes	Competência e administração dos negócios	Participação nos resultados do negócio
• Funcionários	Competências, dedicação e tarefas operacionais	Salários, benefícios, retribuições, satisfação, desenvolvimento, segurança e bem-estar
• Comunidade • Vizinhança	Espaço físico e social e infraestrutura imediata	Sustentabilidade econômica, social, cultural e ambiental
• Sociedade • Organizações • Agências reguladoras	Ambiente salutar de negócios	Satisfação de necessidades sociais, econômicas, culturais e ambientais
• Governo	Infraestrutura de apoio, saúde, educação, segurança etc.	Impostos, contribuições, desenvolvimento econômico, competitividade global

Figura 4.6. Os *stakeholders* da organização.

Responsabilidade Ambiental

Responsabilidade ambiental é o conjunto de atitudes individuais ou organizacionais voltado para o desenvolvimento sustentável do planeta. São atitudes que estão em consonância com o desenvolvimento econômico, social e cultural ajustado à proteção do meio ambiente tanto na atualidade como para as gerações futuras, garantindo a sustentabilidade da natureza.

Princípios gerais de responsabilidade ambiental

- **Prevenção:** evitar a degradação e a poluição ou reduzir seu impacto negativo.
- **Precaução:** avaliar previamente os impactos causados à natureza.
- **Participação:** envolver a comunidade na proteção ambiental.

- **Proatividade:** prevenir problemas de degradação ambiental.
- **Compensação:** melhorar outras áreas não afetadas como compensação.
- **Compromisso:** melhorar continuamente com uma meta inicial e modesta.

Existem atitudes que demonstram a responsabilidade ambiental das organizações, como criar e implantar um sistema de gestão ambiental na empresa, criar produtos que provoquem o mínimo impacto ambiental possível, treinar e informar os funcionários sobre a importância da sustentabilidade, economizar água, tratar e reutilizar água dentro do processo produtivo, reciclar lixo e dejetos e tudo o mais de modo que a natureza não seja agredida pela atividade direta ou indireta da organização. Outras ações, como dar prioridade ao transporte coletivo e não poluente ou com baixo índice de poluição em vez do transporte individual, servem para mostrar às pessoas a importância de não causar danos ao planeta.

Administração de hoje

A Fundação Nacional da Qualidade[36]

A Fundação Nacional da Qualidade (FNQ) desenvolveu um modelo de excelência da gestão concebido na base de onze fundamentos de excelência reconhecidos internacionalmente e encontrados em organizações de classe mundial, a saber:

1. Visão sistêmica.
2. Aprendizado organizacional.
3. Cultura de inovação.
4. Liderança e constância de propósitos.
5. Orientação por processos e informações.
6. Visão de futuro.
7. Geração de valor.
8. Valorização das pessoas.
9. Conhecimento sobre o cliente e o mercado.
10. Desenvolvimento de parcerias.
11. Responsabilidade social.

Esses fundamentos são os pilares que sustentam a administração de uma organização. Por isso, foram adaptados ao contexto nacional para permitir ao administrador uma visão sistêmica da gestão organizacional. Sua aplicabilidade e avaliação se dão por meio de oito critérios de excelência.

1. Liderança.
2. Estratégias e planos.
3. Clientes.
4. Sociedade.
5. Informações e conhecimento.
6. Pessoas.
7. Processos.
8. Resultados.

Os oito critérios de excelência servem para mensurar quantitativa e qualitativamente o nível da administração da organização. Esse modelo é adotado, internacionalmente, por organizações de classe mundial.

Voltando ao caso introdutório: De olho na modernidade

Para Jorge Mantovani, diretor-geral da Sapatelo, sua empresa só tem uma saída para garantir seu futuro: a globalização. O mercado interno não é suficiente para proporcionar produção em escala suficiente e adequada para proporcionar custos menores e qualidade superior. Para atuar competitivamente em outros mercados, a Sapatelo precisa funcionar eficiente e eficazmente e mostrar vantagens competitivas, como um relógio de precisão. Para que isso possa ocorrer, a empresa precisa, urgentemente, preparar todos os seus colaboradores internos, conhecer suas carências e aspirações, ao mesmo tempo em que deve comunicar a eles quais serão seus novos deveres dentro da nova situação. O novo jogo de reciprocidade entre empresa e colaboradores precisa começar o mais depressa possível. Esperar significa perder tempo e terreno em um dinâmico jogo onde as coisas acontecem com incrível rapidez. O que Jorge deveria fazer?

Organizações de Classe Mundial

São organizações que se destacam pela adoção de práticas excelentes e pelos excelentes resultados que oferecem. Em geral promovem interna e externamente a reputação da excelência dos produtos e serviços que oferecem, contribuem para a competitividade do país e, de alguma forma, para a melhoria da qualidade de vida da sociedade. Estão entre as melhores empresas do mundo em gestão organizacional, seja adotando ou não um modelo já conhecido ou criando o seu próprio modelo de gestão[35]. Frente à nova realidade dos negócios globais, são organizações preocupadas em se modernizar, não apenas nos seus aspectos organizacionais e tecnológicos, mas, sobretudo, nos aspectos relacionados com cultura e mentalidade para poderem melhorar seu desempenho no cenário mundial.

Administração de hoje

Classe mundial, privilégio de poucos[37]

Fala-se muito em organizações de classe mundial (*world class companies*). São as organizações cinco estrelas que precisam ser lideradas e não apenas administradas, diz o vice-presidente do The Boston Consulting Group (BCG), uma das maiores consultorias internacionais de gestão. Elas adotam práticas que são *benchmarking* para o mercado, como a Hewlett-Packard, Toyota, ICI e outras brilhantes estrelas do universo empresarial. Segundo ele, essas empresas apresentam as seguintes credenciais:

1. **Foco nos funcionários, não no patrimônio**: empresas de classe mundial apostam no potencial criativo de seus empregados para melhorar sua própria performance. A lógica: os funcionários – por conhecerem como ninguém a organização – são melhores que qualquer consultor externo na hora de resolver problemas rotineiros com baixos custos.
2. **Gestão de todo o sistema, não apenas de divisões separadas**: companhias bem-sucedidas funcionam como organismos integrados e não como um amontoado de departamentos e funções. Claro que divisões existem, mas elas sempre devem estar ligadas por uma mesma cultura administrativa dotada de valores.
3. **Microgestão, não macrogestão**: por mais estranho que possa parecer, empresas de ponta não substituem tecnologias ou fazem novos investimentos até que todos os benefícios e melhorias sejam feitos nos processos já existentes. Elas fazem pequenas mudanças diárias que, somadas, resultam em grandes transformações. As melhores companhias sabem que a vantagem competitiva está nos detalhes.
4. **Foco no tempo, não no custo**: hoje, a resposta mais rápida dada ao cliente é a real vantagem. Empresas de classe mundial desenvolvem novos produtos na metade do tempo gasto por seus concor-

rentes. Esse é o melhor caminho para estar à frente dos concorrentes. O tempo é a melhor maneira de medir a eficiência das operações no dia a dia. Cortar custos, quase sempre, é uma consequência da rapidez com que se opera uma empresa.

5. **Organização em torno da cadeia de valor, não em torno de funções**: a empresa é vista como um fluxo contínuo de trabalho em função do cliente. Conceitos tradicionais, como hierarquia e especialização funcional não dão certo quando os negócios se movem rapidamente e quando os produtos e serviços mudam frequentemente. É preciso pensar no fluxo da cadeia de processos que agregam valor ao negócio.
6. **Aprender com os erros, não repeti-los**: companhias cinco estrelas encaram os problemas diretamente e tentam resolvê-los conhecendo as suas causas para que eles não se repitam. Por que será que elas são mais rentáveis? A resposta é: porque aprendem com os erros.
7. **Ser local, não central**: as divisões ou departamentos de empresas dessa categoria têm autonomia para tomar as melhores decisões no momento certo e no lugar certo. Descentralização é o modo de ser.
8. **Prontidão no lugar de decisões adiadas**: rapidez e agilidade são as marcas dos competidores mundiais. Contando com organizações dinâmicas e *staffs* reduzidos, eles tomam decisões, analisam o mercado e estabelecem prioridades rapidamente. Não se adiam decisões. Tempo é dinheiro.
9. **Cooperação, não competição interna**: times de trabalho que combinam profissionais de especialidades diferentes podem ser uma boa solução para reduzir a politicagem corporativa. Em uma mesma equipe, um gerente de *marketing* não pode (pelo menos, em teoria) boicotar o chefe da engenharia. Executivos de empresas de classe mundial conseguem pensar, ao mesmo tempo, como ganhar dinheiro no curto prazo e estabelecer vantagens competitivas futuras. São essas vantagens competitivas que indicam que caminho o mercado deverá percorrer.

Sua empresa tem todas essas credenciais? Não? Não se desespere. Para o vice-presidente do escritório brasileiro do The Boston Consulting Group (BCG), há empresas brasileiras candidatas à classe mundial. Nossas organizações estão concluindo seus processos de reestruturação e transformar-se em companhias de classe mundial será uma etapa sequencial. Excelência na administração exige um longo caminho pela frente.

Caso para discussão: Hambúrguer emergente[38]

Mercados emergentes inclusive o brasileiro estão recebendo maior atenção de grandes redes de *fast-food*, como a gigante americana McDonald's. O motivo é bastante simples: o potencial de consumidores ainda não explorado. Com sinais de saturação nos Estados Unidos, o McDonald's tem apostado alto no Brasil. Enquanto lá as vendas mostram poucas perspectivas de crescimento, as filiais brasileiras estão apresentando saltos elevados com a emergência do novo consumidor de classe C, conquistado a partir do Plano Real. A importância do mercado brasileiro é tamanha que a matriz americana está reestruturando a administração da rede brasileira de franqueados para melhor cuidar do pedaço.

Os arranhões na marca começam a ser sentidos no sensível bolso dos franqueados. Com mais de 12 mil lojas nos Estados Unidos e faturamento acima de 15 bilhões de dólares, a rede cresceu demais, o que levou à insatisfação dos donos de lojas com a frenética política de expansão. Alegam que, na tentativa de ganhar mercado contra os concorrentes, o McDonald's abriu pontos próximos entre si, canibalizando a margem de lucro. E que as campanhas de *marketing* da cadeia não atraem o público. Embora a rede domine com folga o mercado de hambúrguer nos Estados Unidos, a sua participação no mercado tem caído. O principal concorrente, Burger King, bate em seus calcanhares, e as vendas do McDonald's no território americano cresceram apenas vegetativamente. Já nos mercados emergentes, o problema parece distante, pois são mercados ainda verdes. Nos Estados Unidos, o McDonald's trabalha sua imagem no segmento de conveniência enquanto no Brasil constitui opção de programa para a família. E existem muitas cidades brasileiras a serem alcançadas em um programa de expansão, cuja meta é faturar três vezes mais e chegar a 750 lojas com 55 mil funcionários. Em tese, expandir e fazer do Brasil – que é a oitava rede entre os 101 países servidos pelo McDonald's – a quinta maior operação do grupo no mundo.

Questões:
1. Comente os objetivos organizacionais do McDonald's.
2. Comente a estratégia organizacional do McDonald's quanto ao mercado.
3. Em que aspectos a estratégia do McDonald's não deu certo nos Estados Unidos?
4. Qual a diferença de postura do McDonald's no Brasil e nos Estados Unidos?
5. Como você classificaria o McDonald's frente aos seus negócios no mundo?

Dinamismo e mudança → **Megatendências** →

De
- Sociedade industrial
- Tecnologia simples
- Economia nacional
- Curto prazo
- Democracia representativa
- Hierarquias
- Opção dual
- Centralização
- Ajuda institucional

Para
- Sociedade da informação
- Tecnologia sofisticada
- Economia mundial
- Longo prazo
- Democracia participativa
- Comunicação lateral
- Opção múltipla
- Descentralização
- Autoajuda

Globalização e competitividade →
- Características da globalização
- Estágios da globalização
- Meios de internacionalizar
- Características das organizações internacionais

- Tecnologia e transportes
- Ênfase no conhecimento
- Comunidades plurirregionais
- Sistema produtivo internacionalizado
- Automação
- Expansão dos mercados
- Obsolescência do Direito e do Estado
- Predomínio de formas democráticas
- Redução de conflagrações

- Organizações etnocêntricas
- Organizações pluricêntricas
- Organizações geocêntricas

- Estágio doméstico
- Estágio internacional
- Estágio multinacional
- Estágio global

- *Outsourcing*
- Exportação
- Licenciamento
- Franquia
- Investimento direto

Sustentabilidade →
- Econômica
- Social
- Cultural
- Ambiental

- Financeiramente viável
- Socialmente justa
- Culturalmente adequada
- Ecologicamente correta

- Responsabilidade econômica
- Responsabilidade social
- Responsabilidade cultural
- Responsabilidade ecológica

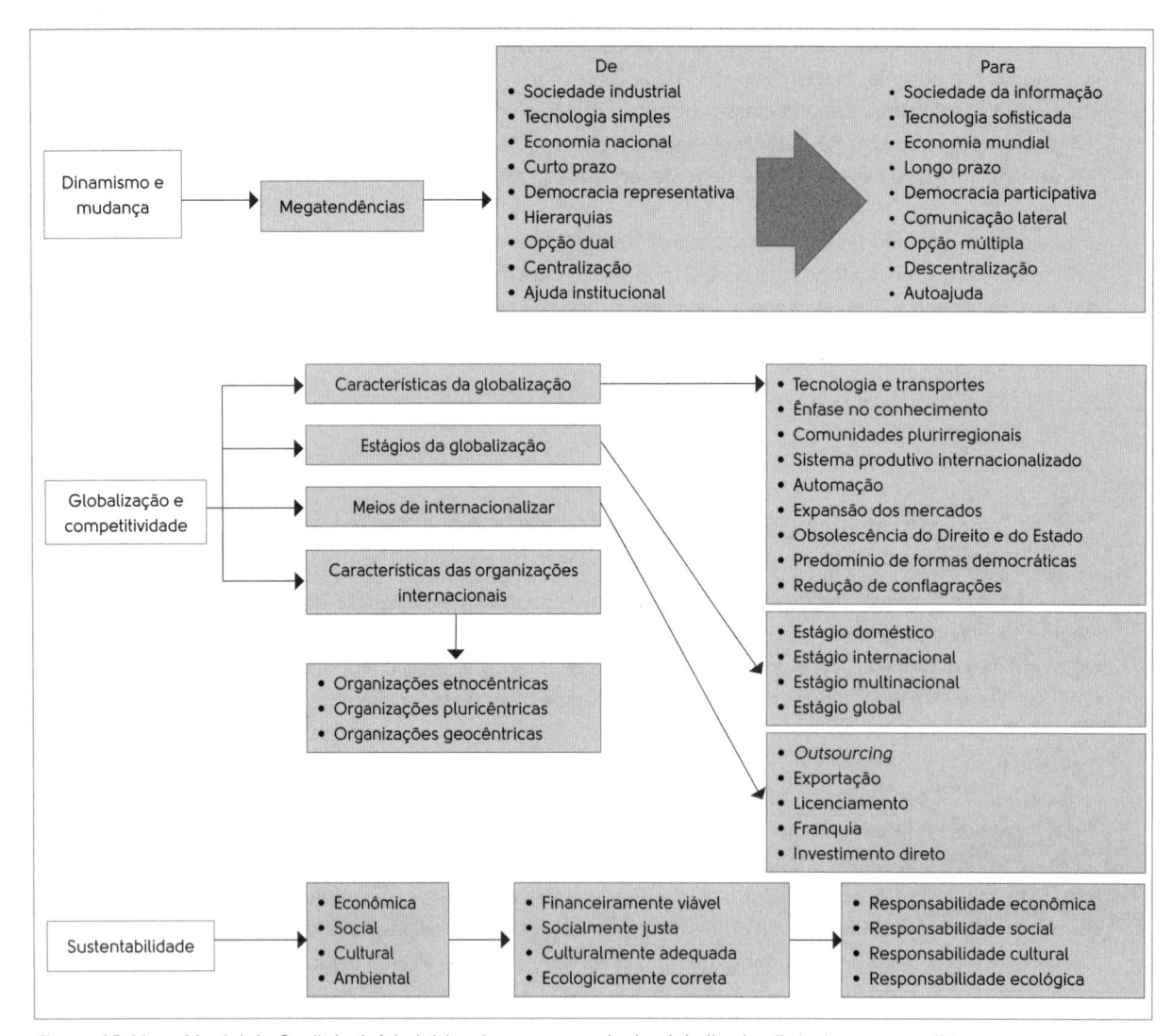

Figura 4.7. Mapa Mental do Capítulo 4: Administração em um contexto globalizado, dinâmico e competitivo.

Exercícios

1. O que você entende por globalização? Explique suas características.
2. Quais os impactos da globalização em nossas organizações?
3. Por que se fala em competitividade em uma economia globalizada?
4. Como tornar uma organização competitiva em um mundo competitivo?
5. Qual a influência da mudança tecnológica e da informação nas organizações?
6. Explique a responsabilidade social.
7. Quais os passos das organizações para desenvolver a responsabilidade social?
8. Como transformar uma organização em uma organização de classe mundial?

REFERÊNCIAS BIBLIOGRÁFICAS

1. Peter F. Drucker. *Uma era de descontinuidade: orientações para uma sociedade em mudança.* Rio de Janeiro, Zahar, 1970.
2. Charles Handy. *The age of unreason.* Cambridge/Massachusetts, Harvard Business School, 1990.
3. John Naisbitt. *Megatrends.* São Paulo, Abril Cultural, 1985.
4. Idalberto Chiavenato. *Introdução à teoria geral da administração.* Rio de Janeiro, Elsevier/Campus, 2011.
5. Kenichi Ohmae. *The borderless world: power and strategy in the interlinked economy.* Nova York, Harper, 1989.
6. Ives Gandra da Silva Martins. "Conheça os perigos e desafios da globalização". *O Estado de S.Paulo*, Caderno de Empresas, 28.05.1977, p. 1.
7. Rebecca Blumenstein. "O agressivo plano de globalização da General Motors". *The Wall Street Journal*, 30.07.1997.
8. John Naisbitt. *O paradoxo global: quanto maior a economia mundial, mais poderosos são os seus protagonistas menores: nações, empresas e indivíduos.* Rio de Janeiro, Campus, 1995.
9. Joelmir Beting. "Fracos de perfume". *O Estado de S.Paulo*, Caderno de Economia, 06.07.1997, p. B2.
10. Mônica Magnavita. "Fusões e aquisições giraram US$ 13,5 bilhões". *O Estado de S.Paulo*, Caderno de Economia, 18.08.1997, p. B-1.
11. Joelmir Beting. *O Estado de S.Paulo*, Caderno de Economia, 03.07.1997, p. B-2.
12. Miguel Jorge "A charada da globalização". *Exame*, n. 646, 08.10.1997, p. 131-2.
13. Eduardo Bassi. *Globalização de negócios.* São Paulo, Cultura, 1997.
14. Nancy J. Adler. *International dimensions of organizational behavior.* Boston, PWS-Kent, 1991. p. 7-8.
15. William Taylor. "The logic of global business: an interview with ABB's Percy Barnevik". *Harvard Business Review*, Mar./Apr. 1991. p. 91-105.
16. Richard L. Daft. *Management.* Orlando, The Dryden, 1994. p. 94-8.
17. Hélio Gurovitz. "O mundo encolheu". *Exame*, n. 651, 17.12.1997, p. 54-64.
18. Paul Krugman. *Pop internationalism.* Rio de Janeiro, Campus, 1997.
19. Jeremy Rifkin. *O fim do emprego.* São Paulo, Makron Books, 1996.
20. Alvin Toffler, Heidi Toffler. *Powershift: knowledge, wealth and violence at the edge of the 21st century.* Nova York, Bantam, 1990.
21. Alvin Toffler. "Toffler's Next Shock". *The World Monitor*, Nov./1990, p. 37.
22. Raimar Richers. *Surfando as ondas do mercado.* São Paulo, RR&CA, 1996.
23. Jeremy Rifkin. *O fim dos empregos: o declínio inevitável dos níveis dos empregos e a redução da força global de trabalho.* São Paulo, Makron Books, 1996.
24. Joelmir Beting. "Sem sair de casa". *O Estado de S.Paulo*, Caderno de Economia, 03.08.1997, p. B-2.
25. World Environment Federation. Disponível em: http://www.wef.org.
26. Organização das Nações Unidas (ONU), Comissão Mundial sobre o Meio Ambiente e Desenvolvimento. United Nations Conference on the Human Environment (UNCHE). Estocolmo, 5 a 16.06.1972.
27. K. Hargroves, M. Smith (eds.). *The natural advantage of nations: business opportunities, innovation and governance in the 21st century.* Nova York, Hardback, Earthscan/James & James, 2005.
28. WWF-Brasil. Disponível em: http://www.wwf.org.br/empresas_meio_ambiente/porque_participar/sustentabilidade/.
29. Peter F. Drucker. *Administração de organizações sem fins lucrativos: princípios e práticas.* São Paulo, Pioneira, 1997.
30. Harry A. Lipson. "Do corporate executives plan for social responsibility". *Business and Society Review*, 1974-75, p. 80-1.
31. Franck H. Cassell. "The social cost of doing business". *MSU Business Topics*, 1974, p. 19-26.

32. John R. Schermerhorn Jr. *Management*. Nova York, John Wiley & Sons, 1996. p. 115-6.
33. Archie B. Carroll. "A three-dimensional conceptual model of corporate performance". *Academy of Management Review*, 4, 1979, p. 499.
34. Alexa Salomão. "51 bilhões de reais em maracutaia". *Exame*, n. 998, 24.08.2011, p. 54-8.
35. Idalberto Chiavenato. *Os novos paradigmas: como as mudanças estão mexendo com as empresas*. Barueri, Manole, 2009. p. 311-2.
36. Fundação Nacional de Qualidade, Critérios de Excelência – O Estado da Arte da Gestão para a Excelência do Desempenho, São Paulo, FPNQ, 2010. Disponível em: www.fnq.org.br.
37. Cláudia Vassallo. "Classe mundial, privilégio de poucos". *Exame*, n. 642, 13.08.1997, p. 114-5.
38. "Hambúrguer emergente". *Isto É*, n. 1.447, 25.06.1997, p. 102.

5
INVENTANDO E REINVENTANDO AS ORGANIZAÇÕES

Objetivos de aprendizagem

Após estudar este capítulo, você deverá estar capacitado para:

- Definir as tendências do mundo atual.
- Explicar como inventar as organizações para um mundo novo e diferente.
- Explicar como reinventar as organizações para adequá-las aos novos desafios.
- Descrever o processo de mudança.
- Reconhecer os diferentes tipos de mudanças nas organizações.
- Descrever como preparar as organizações para a mudança.
- Saber como construir suportes de apoio à mudança nas organizações.
- Definir inovação e descrever os principais tipos de inovação.
- Conhecer as tendências no mundo organizacional.

O que veremos adiante

- Tendências do mundo atual.
- Reinventando as organizações.
- Processo de mudança.
- Mudanças organizacionais.
- Como preparar as organizações para as mudanças.
- Inovação.
- Organizações.
- Organizações do futuro.

Caso introdutório: Transformando a Transformer

Francisco Alves, o velho fundador da Transformer, está passando a presidência para seu filho Alexandre depois de décadas de intenso trabalho. Como verdadeiro empreendedor, Francisco conseguiu levar a empresa a um crescimento rápido, mas que se manteve em um patamar inalterado. O mercado se ampliou, mas os concorrentes rapidamente o abocanharam, e a participação da Transformer foi se tornando cada vez menor. As vendas não caíram, mas os concorrentes cresceram e a Transformer estagnou. O jovem novo presidente, Alexandre, percebeu que tinha de fazer mudanças na empresa. Mas ainda não fazia ideia exata a respeito do que fazer. Como você poderia ajudar Alexandre?

As organizações operam e funcionam em um contexto ambiental dinâmico e complexo. Ele se caracteriza por elevado grau de mudança e transformação. O sucesso de cada organização depende da sua capacidade de adequar-se, continuamente, a essa mudança e transformação que ocorre ao seu redor. Se isso não acontece, as organizações se tornam, gradativamente, malsucedidas e, até mesmo, inviáveis. Na verdade, as organizações vêm e vão. Todo dia surgem novas empresas sonhadoras enquanto outras desaparecem do mapa por inadequação aos novos tempos. Tanto no Brasil quanto no mundo inteiro, muitas organizações portentosas e gloriosas acabaram no limbo do cemitério. Mesmo organizações de grande porte desapareceram do mapa com incrível rapidez, como a Pennsylvania Railroad, uma das maiores ferrovias americanas, e a Pan American World Airways, a maior empresa de aviação comercial do mundo na sua época. Eram empresas gigantescas que tentaram competir utilizando a mesma tecnologia (trens ou aviões) e os mesmos tipos de recursos que os seus concorrentes, embora com maiores volumes e concentrações. Nesse páreo, ganharam outras empresas menores que utilizaram a mesma tecnologia e os mesmos recursos, mas apoiando-se em fortes vantagens competitivas. No mundo globalizado e altamente competitivo de hoje, não é mais o peixe grande que engole o peixe pequeno. São as organizações mais ágeis – qualquer que seja o seu tamanho – que quebram as pernas das organizações mais lerdas – qualquer que seja o seu tamanho. No Brasil, o maior complexo industrial das décadas de 1950 a 1970 – o grupo Matarazzo – implodiu em pouco tempo por problemas de má administração. Bancos, construtoras, cadeias de lojas, empresas de serviços e grandes organizações costumam monopolizar os jornais com notícias desastrosas de administração mal sucedida. É impressionante o número de novos negócios que são criados e que são fechados. A mortalidade infantil dos pequenos, médios e grandes negócios é uma verdadeira calamidade. Quase sempre por problemas de administração inadequada. Administração não se aprende apenas com a prática cotidiana. É preciso ter conhecimento para poder inventar e reinventar as empresas.

Administração de hoje

Hotéis investem para enfrentar novos concorrentes[1]

O mercado de novos hotéis de luxo e de categoria internacional voltado para o mercado de executivos cresce está obrigando os mais antigos, mesmo aqueles de nomes consagrados, a se reciclar para não perder a competitividade. Um levantamento feito pela Soteconti-Horwath Consulting, empresa especializada na área de hotelaria, mostra que quanto a apartamentos disponíveis em hotéis considerados de cinco estrelas a oferta mais do que duplicou nos últimos anos.

Além de instalações luxuosas, os empreendimentos que estão surgindo, como o InterContinental, Renaissance e Sofitel, para agradar aos viajantes em trabalho de negócios têm obrigatoriamente um *business center* (centro de negócios) e quartos que se transformam em miniescritórios. Eles dispõem de mesas de trabalho, instalações para *notebooks*, fax e impressora, além de várias linhas telefônicas. Se o hóspede precisar de mais assessoria, os business centers oferecem microcomputadores, aparelhos de fax, celulares, secretárias, tradutores e salas de reunião. O InterContinental tem quatro andares com serviços especiais, como sala de café da manhã e funcionários treinados para servir o hóspede 24 horas, podendo alugar motoristas, fazer reservas para jantares e reuniões, além de salas de convenções, centros de negócios e academias de ginástica.

O presidente da Associação Brasileira da Indústria de Hotéis (ABIH) afirma que hotéis de primeira categoria como o Crowne Plaza, Sheraton Mofarrej, Caesar Park estão no mesmo rumo. E os *flats* também estão entrando nessa briga. Com a globalização e o nível de exigência dos executivos, quem não se adaptar está fora do mercado.

TENDÊNCIAS DO MUNDO ATUAL

O mundo está passando por transformações revolucionárias que estão mudando a maneira como as organizações operam e funcionam. Empresas, produtos, serviços e pessoas que não estiverem antenados e plugados nessas transformações vão se tornar rapidamente obsoletos e, provavelmente, não servirão mais para as suas antigas funções. A tecnologia está funcionando como verdadeiro desestabilizador das instituições, em face do seu forte impacto inovador, desequilibrando as estruturas vigentes, solucionando muitos problemas e criando situações inteiramente novas que, por sua vez, trazem problemas novos e diferentes. As dimensões de espaço e de tempo estão, respectivamente, transformando-se rapidamente em conceitos de instantaneidade e de virtualidade. A informação *on-line* e em tempo real e o *just-in-time* (JIT) são exemplos da corrida para a instantaneidade. A fábrica enxuta e a empresa virtual são exemplos da corrida para a virtualidade. Tudo para satisfazer a necessidade de maior urgência, agilidade e de menor tamanho, condições básicas para aumentar a competitividade.

Competitividade

A competitividade é um item frequentemente discutido nas conversas entre administradores. Significa a posição relativa de uma empresa frente aos seus concorrentes no mercado. É como se houvesse um grande número de pretendentes para disputar um número finito de lugares para serem ocupados, sendo alguns lugares mais desejáveis do que outros. Na medida em que um pretenden-

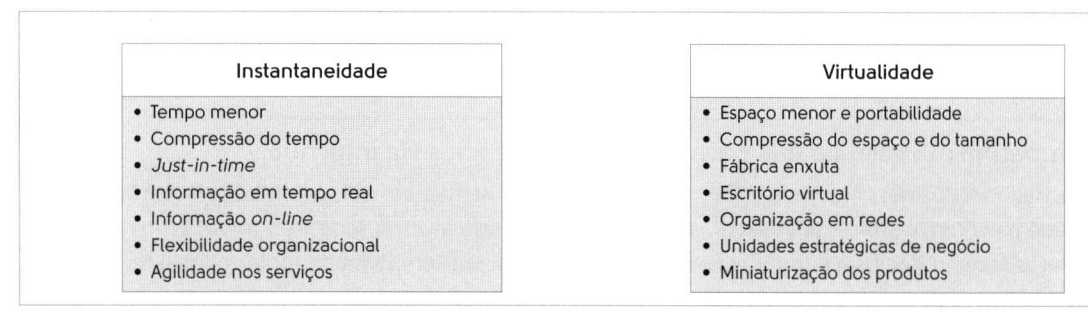

Instantaneidade	Virtualidade
• Tempo menor • Compressão do tempo • *Just-in-time* • Informação em tempo real • Informação *on-line* • Flexibilidade organizacional • Agilidade nos serviços	• Espaço menor e portabilidade • Compressão do espaço e do tamanho • Fábrica enxuta • Escritório virtual • Organização em redes • Unidades estratégicas de negócio • Miniaturização dos produtos

Figura 5.1. As duas principais tendências do mundo moderno[2].

te ocupa um lugar, resta menor espaço para os outros. Uma corrida sem fim.

A competitividade é um conceito que se aplica a uma variedade de situações diferentes e que sofre alterações ao longo do tempo. Durante muitas décadas da Era Industrial, os administradores dos fabricantes americanos de automóveis – os chamados *big three*, General Motors, Ford e Chrysler – preocupavam-se, exclusivamente, com a sua posição relativa no mercado americano de carros. O Walmart preocupava-se com a competitividade de seus preços em algumas cidades americanas mais importantes. É como se o campeonato de futebol fosse exclusivamente local, regional ou nacional. A competitividade era considerada apenas em relação aos oponentes mais próximos. O mercado era restrito e acanhado. O horizonte competitivo está se tornando, gradativamente, mais amplo e mais complexo. Hoje, as organizações precisam tornar-se e manter-se competitivas em todo o mundo. Mesmo que elas não exportem seus produtos ou serviços para outros países, o fato é que todas elas precisam enfrentar produtos ou serviços que os concorrentes lançam continuamente nos mercados mundiais, trazendo novos desafios. Para enfrentar tais desafios, o Grupo de Sistemas Médicos da General Electric (GE) desenvolveu um amplo programa de liderança global para proporcionar aos administradores de cúpula uma visão global dos seus negócios e incrementar sua capacidade de oferecer produtos e serviços em um mercado mundial altamente competitivo. Aos poucos, a competitividade passou a ser parte integrante de uma nova atitude de globalização e consequente proximidade entre as nações no mercado global.

As insinuações dessas tendências são muito fortes. Rudge e Cavalcante fazem um interessante comentário: "Muros, fossos e arames farpados não separam mais os países. Os inimigos são hoje menos ameaçadores e os aliados são mais capazes. A democracia é o conceito social do fim do primeiro milênio. Modernizar é pensar em biologia genética, em computadores e áreas dinâmicas do conhecimento. Os mamutes transnacionais e as empresas de fundo de quintal terão de encontrar seus nichos para a aplicação prática dos conhecimentos que chegarão às suas mãos nos próximos anos. A revolução da informação ainda não aconteceu. As máquinas de pensar vão afetar nossas vidas de maneiras e formas que nem sequer cogitamos"[3]. Para o sociólogo Alvin Toffler, estamos à beira de uma nova economia, uma nova política e uma nova educação[4]. Boa parte dos americanos e europeus trabalham em casa, em SoHo (*Small office, Home office*), ao lado de um microcomputador ligado em rede com suas organizações. Brevemente, as escolas não poderão mais entregar ao mercado de trabalho pessoas adultas limitadas e com conhecimentos padronizados. Novos modelos de gestão empresarial, novas relações capital/trabalho, novas maneiras de utilizar serviços-meios para realizar atividades-fins – eis o novo e dinâmico cenário em que se desenvolverá a batalha da produção[3].

Administração de hoje

A campanha mundial da IBM para promover negócios via internet[5]

A International Business Machines (IBM) está fazendo uma verdadeira *blitz* mundial de *marketing* e publicidade para convencer as pessoas e as organizações de que a *world wide web* (www) é um ótimo lugar para se fazer negócios – e grandes negócios. Por meio dessa campanha mundial, o presidente da IBM quer posicioná-la como uma empresa de ponta e sacudir sua imagem de pesadona, embora seja uma fornecedora confiável de equipamentos para empresas gigantes. Para isso, os anúncios assumem uma abordagem quase missionária para convencer o mundo dos negócios de que se pode ganhar uma fortuna no *e-business* (*electronic business* ou negócio eletrônico) se estiver disposto a pedir ajuda à IBM. Como existe uma montanha de dados carregados em máquinas IBM pelo mundo afora, a gigante dos computadores acredita estar bem posicionada para ajudar empresas clientes a fazer as conexões que lhes permitirão comprar e vender e fazer outros negócios eletronicamente.

As projeções internas da IBM preveem que as chamadas oportunidades de negócios para a indústria da informática vão mais do que dobrar nos próximos anos em vendas de *hardware*, *software* e serviços. Atolada, como muitas outras empresas de lento crescimento, a IBM precisa conquistar um grande pedaço desse setor emergente para poder continuar crescendo.

Contudo, parece que ninguém tem, ainda, uma ideia real do que seja um *e-business*, por isso foi feita uma campanha mundial de publicidade com encartes para jornais com um enorme texto incluindo definições de termos relacionados com a internet. O anúncio é um misto de sermão (sobre as virtudes do *e-business*) e discurso temperado com uma pitada de ameaça para aqueles que não pegarem logo uma carona na nova onda. Toda a força da marca IBM está por trás de uma única ideia: é possível fazer muito dinheiro com o uso da *web* e não só por pequenos negocinhos caseiros. A campanha leva em conta o fato de que cada país está em um estágio tecnológico diferente. Enquanto nos Estados Unidos a campanha ressalta transações como o uso da contabilidade *on-line*, em outros países menos desenvolvidos, onde é pequeno o número de empresas que utilizam a *web*, a ênfase recai sobre a importância de uma página inserida na internet. A solução IBM: ou remamos todos juntos ou não chegamos a lugar nenhum. A colaboração é fundamental. No mundo de hoje, uma empresa só pode prosperar trabalhando em equipe. Mas isso exige formas seguras para compartilhar informação e facilitar a tomada de decisões. Então, por onde começar? Fale com a IBM. Com suas ferramentas virtuais, a IBM pretende ajudar empresas do mundo inteiro a fornecer aos funcionários a informação de que cada um precisa e que seja atualizada minuto a minuto. A IBM quer ajudar a fazer negócios na internet.

Voltando ao caso introdutório: Transformando a Transformer

Alexandre convocou a diretoria da empresa para trocar ideias a respeito de o que fazer pela frente. Percebeu, rapidamente, que seus executivos estavam bitolados e acostumados à rotina e à manutenção do *status quo* na empresa. Isso fazia com que todos os funcionários se acostumassem a seguir regras e a trabalhar sem pensar. Com isso, a empresa estava perdendo mercado para os concorrentes, que sempre estavam fazendo inovações em seus produtos. Como você poderia ajudar Alexandre a mudar a empresa?

Globalização

Estamos vivendo em um novo mundo, que McLuhan (1911-1980) chamava de aldeia global: o progresso tecnológico reduziu todo o planeta à mesma situação que ocorre em uma aldeia, ou seja, a possibilidade de se intercomunicar diretamente com qualquer pessoa que nela vive[6]. Nessa comunidade, a produção e comercialização de produtos e serviços são feitas mundialmente em um incrível, complexo e dinâmico sistema de trocas e intercâmbios. O crescimento e a abrangência das organizações, a moderna tecnologia da informação, a sofisticação dos meios de transportes, são os elementos básicos que fazem com que se procure mapear e localizar os lugares do mundo onde se possam extrair maiores vantagens competitivas de produção, custo, localização, distribuição e comercialização de produtos e serviços. Esta é a razão do carro mundial que a Ford, General Motors e Fiat, por exemplo, estão produzindo pelo mundo afora. Cada país contribui com o componente que puder fazer melhor e mais barato do que os outros países. Por trás disso, o desafio da globalização: conhecer diferentes línguas e a diversidade cultural dos países envolvidos e que precisam ser devidamente enfrentados pelo administrador.

Caso de apoio: A revolução tecnológica

A revolução tecnológica tendo à frente as telecomunicações constituirá, certamente, o fator que reestruturará o mundo. Naisbitt atribui enorme importância a isso: "A nova revolução das telecomunicações foi anunciada em 1993, quando a Bell Atlantic e a Telecommunications, Inc. (TCI) anunciaram a sua fusão, um casamento entre uma empresa telefônica e outra de TV a cabo. Foi um verdadeiro estrondo nos meios de comunicação. Naquele dia, parece que todos 'sacaram' tudo. A fusão anunciada corporificou uma revolução que transformaria o mundo. De fato, o transformará.[7] A tecnologia provoca profundas mudanças. A informação segue o mesmo rumo. A tecnologia da informação – a simbiose entre tecnologia de comunicações e informação – eleva fortemente o grau de influência da tecnologia, pois tende a afetar profundamente a rotina empresarial e desestabilizar as organizações".[2]

Voltando ao caso introdutório: Transformando a Transformer

Existe um incrível nível de competição na indústria de transformadores e geradores de energia elétrica. E Alexandre percebeu isso e o fato de sua empresa não tê-lo percebido. A empresa está desligada do seu mundo e do seu mercado, preocupada em fazer sempre as mesmas coisas. O desafio maior está em mudar o estilo de direção da empresa e, com isso, mudar a empresa para torná-la competitiva e sustentável. No lugar de Alexandre, o que você faria?

A globalização dos negócios está trazendo novos desafios ao administrador em decorrência de três fatores intimamente inter-relacionados: proximidade, localização e atitude[8].

1. Proximidade: o administrador passa a trabalhar de forma mais próxima a um enorme e diversificado número de clientes, concorrentes, fornecedores e reguladores governamentais. Essa proximidade é função do "encolhimento do mundo" decorrente da redução do tempo que a tecnologia das telecomunicações proporciona entre as pessoas ao redor do mundo por meio da transmissão em segundos de vídeo, voz, televisão, fax, rádio, celular, *gadgets* etc. Um aspecto da proximidade é a crescente capacidade tecnológica e administrativa das pessoas. Os administradores estão cada vez mais competindo ou colaborando com novos jogadores mundiais. A distância passa a

ser insignificante no mundo de negócios de hoje. Os clientes em qualquer lugar do mundo passam a ser tratados como "equidistantes" pelas organizações.

2. **Localização**: a localização e integração das operações de uma organização ao longo de muitas fronteiras internacionais é parte da globalização. A American Telephone & Telegraph (AT&T) desenha sistemas telefônicos e equipamentos computadorizados para telefonia nos Estados Unidos, os quais são produzidos em Singapura e em fábricas americanas para serem vendidos em todo o mundo para clientes que utilizam o equipamento para conectar-se a longa distância em todo o globo. A Toyota, Nissan e Honda têm fábricas montadoras de automóveis nos Estados Unidos e na América Latina. A Toyota e General Motors têm um empreendimento conjunto na Califórnia, a NUMMI (New United Motors Manufacturing Inc.), uma fábrica de automóveis com a marca Toyota. Bartlett e Ghoshal dão o nome de administração transnacional para descrever essa crescente prática de ampliar as operações de uma organização por meio do estabelecimento de atividades em muitos países na busca de condições mais favoráveis[9].

3. **Atitude**: a globalização está trazendo uma nova e aberta atitude sobre as práticas de administração internacional. Essa atitude combina uma curiosidade a respeito do mundo externo além das fronteiras nacionais com uma vontade de desenvolver habilidades para a participação na economia global. As atitudes mudam com o tempo. A eficiência que, com Taylor, Ford e seus conterrâneos era caracterizada pela ideia da produção em massa e pela visão voltada para o chão da fábrica, agora passa a ter a globalização como base de referência para o administrador.

REINVENTANDO AS ORGANIZAÇÕES

Assim como o mundo muda e o ambiente se transforma, as organizações não podem ficar à deriva. Elas também precisam acompanhar as mudanças que ocorrem no seu contexto. Mudar uma organização é um processo de modificar uma organização existente para aumentar a sua eficácia organizacional. O propósito das mudanças organizacionais é aumentar a eficácia, ou seja, o nível em que a organização consegue atingir os seus objetivos. Essas modificações podem envolver algum segmento ou unidade organizacional como podem estender-se à totalidade da organização e, geralmente, incluem mudanças nas linhas de autoridade, os níveis de responsabilidade atribuídos aos vários membros da organização e as linhas estabelecidas de comunicação organizacional. Na realidade, as mudanças organizacionais não podem ser feitas ao acaso. Elas precisam atender aos aspectos de totalidade e de teleologia no sentido de incrementar os efeitos sistêmicos e sinergísticos da organização.

Para que a organização seja bem-sucedida, ela precisa mudar continuamente suas respostas aos desenvolvimentos significativos, como as necessidades dos clientes, avanços tecnológicos, tendências econômicas, mudanças sociais e culturais, novos regulamentos legais, etc. O estudo da mudança organizacional é extremamente importante para que os administradores em todos os níveis organizacionais entendam como tirar proveito de uma série de forças e fatores positivos (que podem ajudar) ou negativos (que podem impedir) esse esforço de adaptação e ajustamento que teremos a oportunidade de ver a seguir no processo de mudança.

Avaliação crítica: Resiliência: um conceito novo?[10]

Para as ciências físicas, como a mecânica e engenharia, a resiliência é o poder ou a habilidade de uma dada substância de retomar sua forma original depois de modificada ou danificada por alguma razão externa. Um material alterado, amassado, comprimido, puxado ou empurrado tende a voltar ao seu estado anterior, quando tem características resilientes. É o que acontece com molas ou elásticos. Nas ciências humanas, o conceito foi recentemente introduzido. Organizações e pessoas resilientes apresentam esse mesmo poder ou habilidade: quando agredidas por algum elemento externo, elas sacodem a poeira e dão a volta por cima. Essa reação orientada e a tolerância ao desconforto prolongado geralmente visam a objetivos de longo prazo: adaptar-se às demandas ambientais desfavoráveis e agressivas e aguardar a oportunidade adequada de voltar a ser o que era. Nesse sentido, a resiliência tem dois componentes básicos[11]:

1. A capacidade de enfrentar situações difíceis e de resistir à destruição.
2. A capacidade de construção de uma atividade produtiva e infensa às situações externas desfavoráveis.

Assim, a resiliência é uma característica importante nas organizações bem-sucedidas quando elas se norteiam para valores e princípios orientadores. Mas, tome cuidado: quando uma organização não perde seu caráter conservador, estático e tradicionalista, a resiliência pode fazer com que todos os esforços para modernizá-la, agilizá-la e adequá-la aos novos tempos sejam baldados. Assim, a resiliência é uma faca de dois gumes.

Voltando ao caso introdutório: Transformando a Transformer

O grau de resiliência da Transformer é elevado. Enquanto mantém suas tradições ela não absorve as mudanças que ocorrem ao seu redor. Alexandre sabe disso. É preciso mudar a mentalidade dos diretores e, posteriormente, dos gerentes, supervisores e de todos os funcionários da empresa. Como fazê-lo?

Mudando as Organizações a Partir das Mudanças Individuais

O primeiro passo para mudar a organização é começar a mudar a mentalidade das pessoas. Esse é o ponto de partida para o início da mudança organizacional. Afinal, toda organização é constituída por pessoas e elas são os únicos ativos vivos e inteligentes que a dinamizam e fazem acontecer as coisas.

Covey[12] lembra que, para que as organizações possam ser transformadas, torna-se necessário, antes, fazer o mesmo com cada pessoa que dela faz parte. Não se pode imaginar que uma cultura pudesse ser transformada sem que os indivíduos que a compõem se transformassem primeiro. É isso que gera o seguinte tipo de pensamento: tudo nessa organização precisa mudar; menos eu. Se todas as pessoas fizerem o mesmo, esqueça a transformação – ela simplesmente não vai acontecer nunca. Nem a pauladas. A transformação tem início no momento em que cada pessoa se compromete intimamente a mudar. A transformação individual deve acompanhar a transformação organizacional, sob pena de haver duplicidade e cinismo. Tentar mudar uma cultura ou um estilo de direção sem primeiro transformar os próprios padrões de hábitos é como tentar melhorar seu tênis sem primeiro desenvolver os músculos que permitem jogar melhor. Algumas coisas devem, necessariamente, preceder a outras. Não se pode aprender a correr sem antes ter aprendido a andar, e não se aprende a andar sem, antes, ter aprendido a engatinhar. Nada vai mudar do jeito que gostaríamos que mudasse em nossas nações, organizações e famílias até que nós mesmos mudemos e nos tornemos parte da solução que buscamos. É fundamental fazer parte da solução e não parte do problema. Covey propõe dez chaves mestras para essa mudança individual em qualquer lugar e a qualquer momento[13]:

1. **Conscientização**: a transformação somente tem o seu início com a clara consciência da necessidade de mudar. Precisamos ter perfeita noção de onde estamos em relação a onde queremos estar. O primeiro passo é fazer a cabeça das pessoas a respeito da necessidade e da direção da mudança.
2. **Envolvimento**: o passo seguinte é entrar num processo de missões conjuntas, alinhando a missão pessoal e individual com a missão da organização. Esse processo é realizado por meio do envolvimento e da participação. As pessoas têm de decidir por si sós que impacto as transformações exercerão sobre elas e sua esfera de influência. Quando as pessoas compartilham a mesma missão haverá um reforço na cultura para ajudar a solidificar as transformações. O segundo passo é envolver as pessoas no processo de mudança.
3. **Segurança interior**: o terceiro passo é construir um senso de segurança interior com relação à mudança. Quanto menos segurança interior as pessoas têm, tanto menos elas conseguem adaptar-se à realidade externa. As pessoas não irão mudar por conta própria, a não ser que tenham segurança de que o tapete não será puxado. Se aquilo que lhes dá segurança é algo que está fora delas, elas enxergarão as mudanças como ameaças. É necessário um profundo sentimento de permanência e de segurança. O terceiro passo é assegurar segurança às pessoas.
4. **Legitimação**: o passo seguinte é procurar legitimar as transformações em nível pessoal. As pessoas precisam reconhecer a necessidade da mudança e o preço a pagar pela sua satisfação. É preciso proceder a uma mudança de mentalidade e de habilidades e para consegui-lo as pessoas devem pagar o preço em termos de desenvolvimento. Toda mudança envolve um custo pessoal e as pessoas devem sentir que vale a pena pagá-lo. O quarto passo é legitimar as mudanças na mente de cada pessoa.
5. **Responsabilidade pelos resultados**: as pessoas precisam assumir a responsabilidade pessoal pelos resultados a alcançar. Pergunta: até que ponto esse desenvolvimento deve caber à organização ou ao indivíduo? Resposta: cabe a cada indivíduo ser competente. Cada pessoa deveria considerar a organização um recurso, um meio, uma ferramenta para desenvolver as suas competências pessoais. A organização – não mais como reguladora, fiscalizadora e coercitiva – mas como provedora, orientadora e incentivadora do desenvolvimento humano. Para conseguir isso, a organização deve oferecer o ambiente adequado que dê apoio e impulso às pessoas para que elas adquiram conhecimentos e habilidades necessárias para o seu sucesso e as oportunidades para que ponham em prática as novas habilidades e conhecimentos. O quinto passo é in-

centivar, desenvolver e dar oportunidades às pessoas.
6. **Enterre o velho**: a rejeição ao obsoleto deve ser acompanhada da construção do novo. Simbolicamente, enterra-se um e batiza-se o outro. Descongela-se o arcaico e se recongela o novo. Desaprende-se um para aprender o outro. Essa transição – que deve ser constante e permanente – é que conduz à mudança e à transformação. A aprendizagem representa o abandono dos velhos hábitos e a incorporação de novos hábitos mais adequados. Veremos isso mais adiante.
7. **Abrace o novo caminho com espírito de aventura**: o próprio processo de transformação também precisa se transformar constantemente. Em primeiro lugar, a organização precisa ser centrada em leis naturais e em princípios duradouros. Caso contrário, não se terá o fundamento necessário para dar suporte às iniciativas de reforma e de mudança. Os líderes centrados em princípios criam uma visão comum e reduzem as forças limitadoras.
8. **Espírito aberto**: é necessário que se esteja sempre aberto e receptivo a novas opções, com imunidade para a rigidez. Ter em mente uma meta final e buscar uma solução sempre melhor do que a atual e partir sempre para novas alternativas e soluções criativas. A melhoria contínua é decorrência dessa abertura mental.
9. **Sinergia**: busque sinergia com outros interessados no processo. Quando as pessoas se sentem compreendidas e valorizadas, elas podem se transformar a seu próprio modo, em vez de mudar seguindo alguma norma, clone, ordem ou mandato. Quando a diversidade é apreciada surge lugar para a sinergia e a sinergia reforça tremendamente as transformações. Uma verdadeira bola de neve.
10. **Propósito transcendental**: os interesses gerais devem sempre prevalecer aos individuais e particulares. Quando as pessoas enxergam o mundo em termos de "nós contra eles", elas entram em um processo de transações pessoais e não de transformações sociais.

Assim, arremata Covey, os líderes eficazes são aqueles que "transformam" pessoas e organizações. Promovem mudanças em suas mentes e em seus corações, ampliam a sua visão e sua compreensão, esclarecem as metas, tornam os comportamentos congruentes e consonantes com as crenças, os princípios e os valores e implementam transformações permanentes, que se autoperpetuam e cujo ímpeto e intensidade são cada vez maiores.

As Organizações que Aprendem

Muitas organizações estão constantemente preocupadas em estabelecer regras e rotinas necessárias para guiar as suas relações internas – com os funcionários do lado de dentro da organização – e externas – com os clientes, fornecedores, investidores e outros componentes do lado de fora da organização –, tendo em vista dois propósitos principais:

1. Aproveitar toda a experiência passada adquirida ao longo do tempo com situações precedentes e semelhantes, fazendo o que o passado está ditando. São as organizações voltadas para o passado e para o que era. Baseiam-se na experiência.
2. Homogeneizar e padronizar seu comportamento frente a situações diferenciadas que surgem pela frente, fazendo o mesmo para todos de maneira uniforme. São as organizações rígidas e inflexíveis que padronizam tudo e que não têm jogo de cintura suficiente.

Enquanto havia estabilidade e previsibilidade, as organizações podiam dar-se ao luxo de trabalhar com rotinas e com esquemas permanentes e definitivos. Contudo, o paradoxo com que as organizações se defrontam atualmente é que a única constante do mundo dos negócios é a mudança. A letargia, a estagnação, a complacência, a manutenção do *status quo* e a visão voltada para o passado podem levar qualquer organização a uma situação de rápida obsolescência e envelhecimento precoce. E isso pode ser fatal.

Toda organização precisa ser suficientemente inteligente: aprender sempre e continuamente para melhorar seu desempenho. A organização que aprende é aquela em que todos os membros estão sempre preocupados em criar sempre novas ideias, produtos e relações. Para Senge, existem dois tipos de aprendizagem nas organizações[14]:

1. **A aprendizagem adaptativa:** decorrente do defrontamento com a mudança e com diferentes situações de trabalho. As pessoas aprendem trabalhando com situações que se tornam diferentes e variadas. O ambiente de trabalho provoca a aprendizagem de novas ideias, produtos e relações.
2. **Aprendizagem geradora:** decorre da criatividade e do esforço conjunto entre os membros da organização. As pessoas aprendem trocando ideias e experiências entre si. As equipes provocam a aprendizagem de novas ideias, produtos e relações por meio da interação social.

A empresa inteligente se baseia em pessoas capazes de contribuir com suas inteligências e talentos para melhorar, continuamente, o desempenho da organização[15]. Para tanto, é necessário que as pessoas usem suas cabeças e não simplesmente seus músculos para trabalhar.

Administração de hoje

Promon[16]

A Promon Tecnologia é uma empresa à parte. Não vende produtos acabados e sim inteligência, como dizem seus funcionários. Ela coloca no mercado integração de sistemas, principalmente no campo das telecomunicações. A empresa não tem chão de fábrica. Mais de 70% dos funcionários têm formação universitária. Todos eles podem ser sócios da empresa e a grande maioria já é. O salário médio é um dos seus pontos mais altos. Na verdade, a Promon é uma comunidade de profissionais. Só pode ter ações da empresa o funcionário que for indicado pelo seu superior à direção geral. Quando um funcionário falece, se aposenta ou sai da empresa, as suas ações são compradas pela empresa e redistribuídas. Elas não podem ser vendidas fora da companhia, não se transferem por herança nem podem ser doadas. Individualmente, ninguém tem mais do que 6% do capital da empresa.

Desde 1970, quando não passava pela cabeça de ninguém falar em valores e objetivos, o grupo já havia definido os seus. Ética, algo indispensável numa empresa onde quase todo mundo é sócio, é um deles. Ali tudo é transparente. A responsabilidade pela gestão está em mudança constante: os diretores são eleitos a cada três anos. Níveis hierárquicos? Só existem dois entre os diretores e os *office-boys*. O ambiente é de desafio intelectual, consequência natural da qualificação dos funcionários e do tipo de atividade da empresa. O nível de exigência é superestimulante e produz um clima agradável e dinâmico. Em ambiente assim há liberdade para propor, ousar e fazer. A Promon é uma companhia que gosta de inovar.

Avaliação crítica: Por que mudar?

Produtos, tecnologias, processos, princípios, programas, políticas, procedimentos e mesmo pessoas passam por diferentes fases em seu ciclo de vida. As organizações também. As fases do ciclo de vida de qualquer dessas entidades são quatro: introdutória, crescimento, maturidade e declínio, como na Figura 5.2.

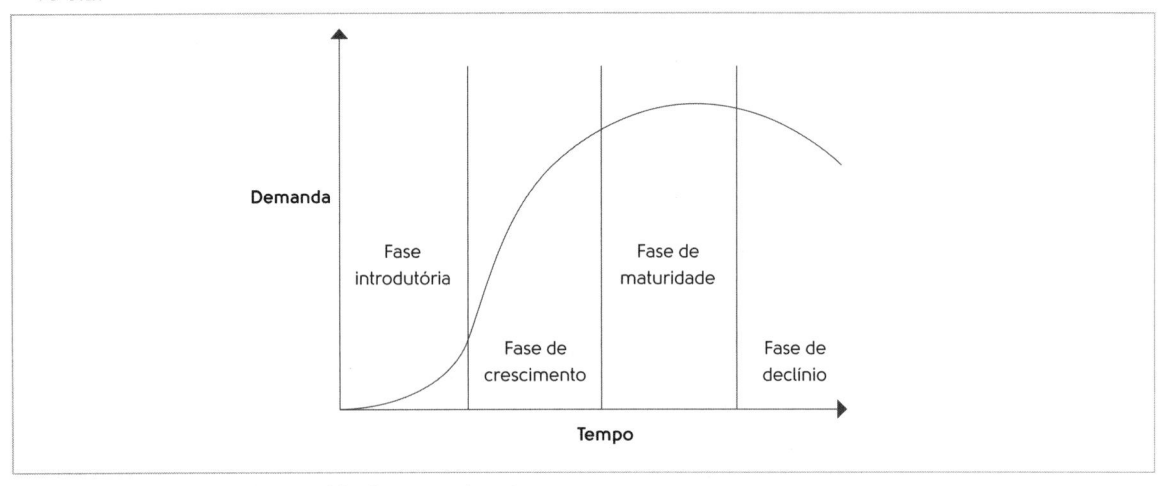

Figura 5.2. Fases do ciclo de vida das organizações.

E por que organizações, tecnologias e produtos surgem, têm um período de crescimento, outro de maturidade e mais outro em que desaparecem do mapa? É porque as demandas do ambiente mudam e exigem uma mudança nas organizações, tecnologias e produtos. A mudança atua no sentido de prolongar cada uma das fases do ciclo de vida, seja para acelerar a fase introdutória, para incrementar a fase de crescimento, para estender e prolongar a fase de maturidade ou para delongar a fase de declínio. A viabilidade das organizações requer períodos de mudança para colocá-las em um novo patamar e de estabilidade para aproveitar as vantagens desse patamar. O que você proporia em cada uma dessas fases para renovar e revitalizar uma organização?

PROCESSO DE MUDANÇA

Heráclito, o filósofo sofista grego que viveu ao redor do ano 500 a.C., dizia que o mundo se caracteriza pela mudança. "Tudo muda continuamente", dizia ele. O rio que observamos, muda a cada instante, pois as suas águas não são as mesmas. Naquela época, para Heráclito, a única constante do mundo em que vivemos é a mudança. Todos os seres vivos nascem, crescem e morrem em uma constante e ininterrupta sequência de mudanças.

A mudança é uma decorrência da aprendizagem. A mudança representa uma transformação, variação ou substituição nas características de uma organização, seja em sua totalidade ou em alguma parte dela.

Conceito de Mudança

Mudança significa a passagem de um estado para outro diferente. É a transição de uma situação para outra situação diferente. Geralmente, a mudança implica transformação, perturbação, interrupção e ruptura, dependendo de sua intensidade. A mudança está em toda parte: nos países, nas organizações, nas cidades, nos hábitos das pessoas, nos produtos e nos serviços, no tempo e no clima. Mudança é o estado normal da natureza.

Processo de Mudança

Kurt Lewin foi muito feliz ao retratar o processo de mudança como uma sequência de três etapas bastante distintas[17]:

1. **Descongelamento do padrão atual de comportamento:** significa a etapa inicial em que velhas ideias e práticas são derretidas, abandonadas e desaprendidas. Ocorre quando a necessidade para mudança se torna tão óbvia que a pessoa, grupo ou organização pode rapidamente entendê-la e aceitá-la, para que a mudança possa acontecer. Se não houver descongelamento, a tendência será o retorno puro e simples ao padrão habitual de comportamento. O descongelamento significa que as velhas ideias e práticas são derretidas e desaprendidas para serem substituídas por outras novas, que devem ser aprendidas.

2. **Mudança:** é a etapa em que novas ideias e práticas são experimentadas, exercitadas e aprendidas. Ocorre quando há a descoberta e adoção de novas atitudes, valores e comportamentos. Um agente de mudança pode conduzir pessoas, grupos ou toda a organização pelo processo. Durante o processo, o agente de mudança deve promover novos valores, atitudes e comportamentos por meio de processos de identificação e internalização. Isso significa que os membros da organização precisam identificar-se com os valores, atitudes e comportamentos do agente de mudança para então internalizá-los, desde que percebam sua eficácia em seu desempenho. Identificação é o processo pelo qual as pessoas desempenham novos padrões de comportamento após ter ganho alguma melhoria nesse comportamento. A internalização é o processo pelo qual as pessoas desempenham novos comportamentos no sentido de utilizá-los como parte de seu padrão normal de conduta. Em outras palavras, as pessoas tentam novos comportamentos úteis ao longo de um determinado período de tempo. A mudança é a fase em que as novas ideias e práticas são aprendidas de modo que as pessoas passam a pensar e a executar de uma nova maneira.

3. **Recongelamento:** é a etapa final em que as novas ideias e práticas são incorporadas definitivamente ao comportamento. Significa a incorporação de um novo padrão de desempenho, de modo que ele se torne a nova norma. Recongelamento significa que o aprendido foi integrado à prática atual. Passa a ser a nova maneira que a pessoa conhece e como faz seu trabalho. Conhecer meramente a nova prática não é suficiente. A incorporação ao comportamento (suporte) e a prática bem-sucedida (reforço positivo) são o objetivo final da fase de recongelamento. As recompensas individuais recebidas como o resultado do desempenho do novo comportamento são instrumentais no recongelamento.

As três fases do processo de mudança estão representadas na Figura 5.3.

Agente de mudança é a pessoa – de dentro ou de fora da organização – que conduz ou guia o processo de mudança em uma situação organizacional. Pode ser um membro da organização ou um consultor externo. Geralmente, o consultor externo oferece habilidades especializadas e não fica absorvido pelas responsabilidades operacionais e cotidianas e, por ser um elemento de fora, pode ter mais influência e prestígio do que um elemento interno, além de não sinalizar nenhum interesse pessoal na organização. Assim, o agente de mudança é o papel de quem inicia a mudança e ajuda a fazê-la acontecer[18]. O administrador está se tornando um poderoso agente de mudança dentro das organizações. O seu novo papel está exigindo a aprendizagem dessas novas habilidades.

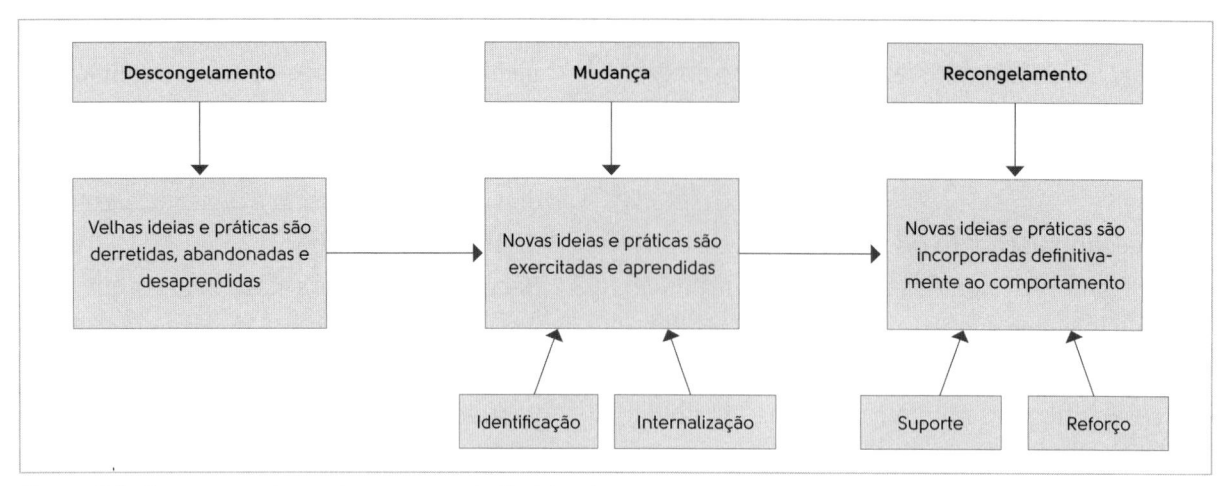

Figura 5.3. O processo de mudança segundo Kurt Lewin.

Campo de Forças

Lewin[17] salienta que as tentativas de mudança geralmente se desenvolvem em um campo de forças que atua dinamicamente em vários sentidos, como mostra a Figura 5.5. De um lado, as forças positivas de apoio e suporte à mudança e, de outro lado, as negativas de oposição e resistência à mudança. Em toda organização, existe uma balança dinâmica de forças positivas que apoiam e suportam a mudança e de negativas que restringem e impedem a mudança. O sistema funciona dentro de um estado de relativo equilíbrio, que se denomina equilíbrio estacionário. Ele é rompido toda vez que se introduz alguma tentativa de mudança, a qual sofre pressões positivas (de apoio e suporte) e negativas (de oposição e resistência), criando um momento de forças.

Quando as forças positivas são maiores que as negativas, a tentativa de mudança é bem-sucedida, e a mudança ocorre efetivamente. Porém, quando as forças negativas são maiores que as positivas, a tentativa de mudança é malsucedida e

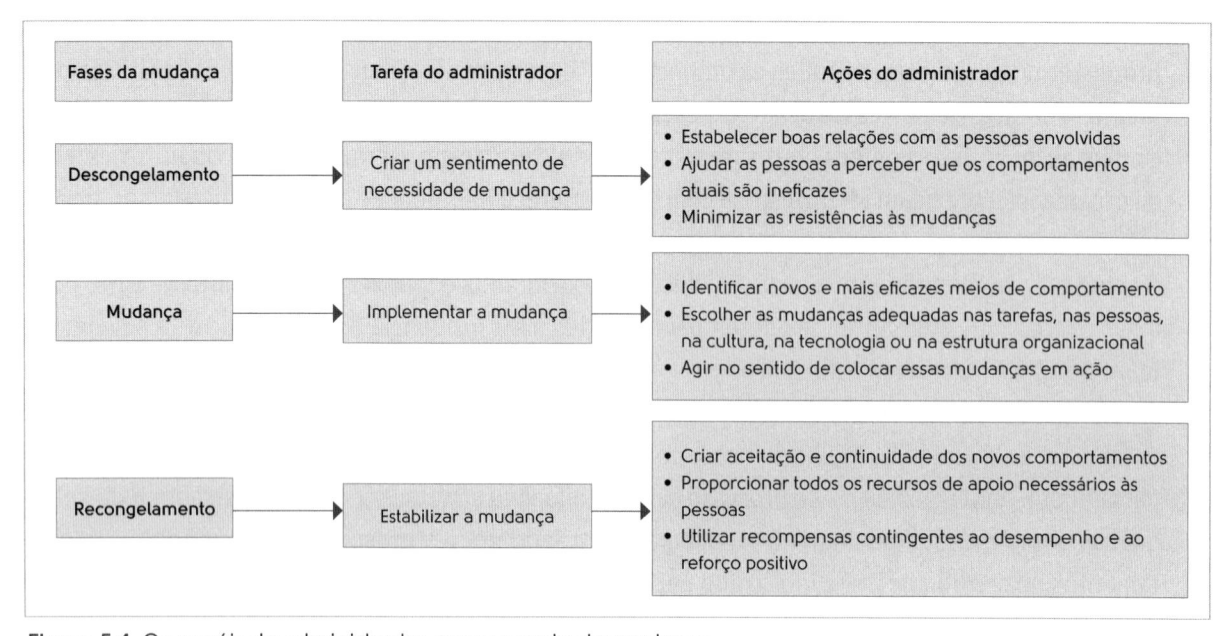

Figura 5.4. Os papéis do administrador como agente de mudança.

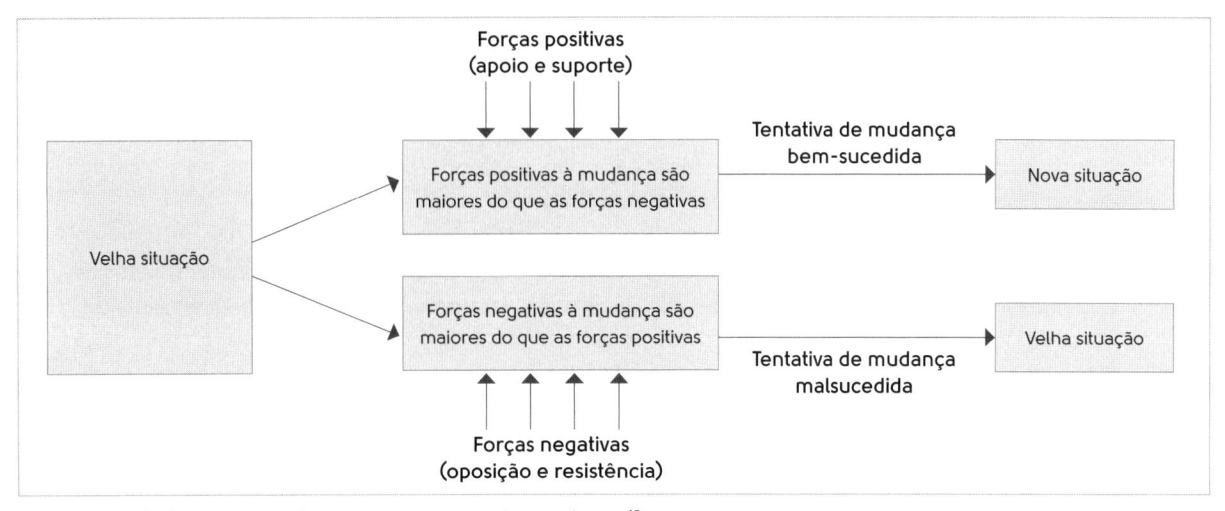

```
                    Forças positivas
                    (apoio e suporte)
                          ↓↓↓↓
                   ┌──────────────────────────┐   Tentativa de mudança
                   │ Forças positivas à mudança são │   bem-sucedida      ┌──────────────┐
              ┌───→│ maiores do que as forças negativas │─────────────────→│ Nova situação │
              │    └──────────────────────────┘                             └──────────────┘
┌──────────┐  │
│ Velha    │──┤
│ situação │  │
└──────────┘  │    ┌──────────────────────────┐
              │    │ Forças negativas à mudança são │                      ┌────────────────┐
              └───→│ maiores do que as forças positivas │                  │ Velha situação │
                   └──────────────────────────┘   Tentativa de mudança   └────────────────┘
                          ↑↑↑↑                   malsucedida
                    Forças negativas
                    (oposição e resistência)
```

Figura 5.5. As forças que atuam no processo de mudança[19].

a mudança não ocorre, prevalecendo a velha situação. A mudança somente ocorre quando se aumentam as forças de apoio e suporte ou quando se reduzirem as forças de resistência e oposição.

Na realidade, ambas essas forças devem ser influenciadas. A ideia é ajudar a mudança a ser aceita e, consequentemente, fazer com que ela seja integrada às novas práticas da organização.

Forças positivas (de apoio e suporte)	Forças negativas (de oposição e resistência)
• Necessidades dos clientes • Oportunidades do mercado • Novas tecnologias mais sofisticadas • Concorrência feroz • Novas demandas sociais e culturais • Culturas organizacionais adaptativas	• Acomodação dos funcionários • Hábitos e costumes da organização • Dificuldade de aprender novas técnicas • Miopia e falta de percepção do ambiente • Velhos paradigmas culturais • Culturas organizacionais conservadoras

Figura 5.6. As forças positivas e negativas no processo de mudança.

⚖ Avaliação crítica: Um mundo sem fronteiras[18]

Até parece que sofremos um choque. Não do futuro – mas do passado – quando nos referimos à administração. Precisamos, de uma vez, romper com os velhos paradigmas que ainda rondam nossas organizações e substituí-los por novos paradigmas adequados aos tempos atuais. O que um mundo sem fronteiras pode nos ensinar:

1. **Em primeiro lugar, abrir nossas jaulas mentais e ampliar as janelas pelas quais vemos o mundo exterior**: substituir o raciocínio introvertido pela abordagem extrovertida e pelo interesse pela realidade externa que nos cerca. Substituir a lógica de sistema fechado pela lógica de sistema aberto.
2. **Em segundo lugar, a expandir nossos horizontes e fronteiras:** tirar as viseiras e olhar para fora, olhar para o mundo exterior, acordar para a complexa realidade em que vivemos. Eliminar ou, pelo menos, reduzir nossa miopia com relação ao ambiente. Simplesmente ver mais longe do que estamos acostumados.
3. **Criar uma nova cidadania empresarial:** substituir o provincianismo, regionalismo, paroquialismo e a miopia por uma visão cosmopolita e abrangente do mundo. Sermos cidadãos do mundo para me-

lhor servirmos ao nosso país. É assim que nosso país irá para a frente. Irmos em direção ao melhor que existe no mundo e tentarmos levar nosso país exatamente nessa direção.
4. **Pensar mundialmente e agir localmente:** como dizia o velho Soichiro Honda, a dimensão espacial de nossa visão é muito importante na condução das empresas. Transformar nossas empresas em empresas do mundo e capazes de abastecer o mundo, ajustando-as aos aspectos locais e culturais de cada lugar.
5. **Mirar o futuro e não simplesmente copiar o passado que já se foi e não volta mais:** não se restringir ao aqui e agora, mas trabalhar para o amanhã e para o futuro. Precisamos criar as organizações de amanhã, preparar o futuro que pretendemos. A dimensão temporal de nossa visão é igualmente importante na condução das empresas.
6. **E, principalmente, prepararmo-nos para a mudança e para a inovação:** mas a mudança e a inovação não constituem uma ação única e isolada, nem uma simples busca de eficiência, produtividade ou qualidade, mas algo maior, mais amplo e contínuo: uma constante e permanente revisão da orientação e da natureza da empresa e do seu negócio. Para tanto, torna-se necessário ter uma intensa dose de autocrítica, arriscar, tentar novas formas de atuação, ver o que as outras empresas do mundo estão fazendo, experimentar, errar e aprender e, sobretudo, flexibilizar a organização.

Toda mudança rompe a rotina e o conservantismo e impõe uma ruptura em relação ao passado. Evidentemente, toda mudança traz uma crise para a organização ao transformar subitamente o que era conhecido pelo desconhecido, o que era feito pelo que deverá ser feito. Essa crise afeta e ataca todo tipo de organização de maneira diversa. A experiência tem demonstrado que a crise parece ter maior impacto negativo nas empresas que não estão preparadas para o futuro e onde não se discute para onde se pretende ir nem para onde se está indo. São perguntas que não são feitas porque parecem teóricas e não há tempo para perder com essas coisas ridículas e abstratas. A maioria dessas organizações sucumbe quando as crises são graves, pois quando elas chegam, as pessoas não estão preparadas e perdem a noção do que fazer ou para onde ir. Transformam-se em "empresas que fogem de", pois são tomadas pelo pânico ou pela surpresa, ou "empresas que vêm de", pois são orientadas para o passado. São as empresas que adotam uma administração com fronteiras e procuram ignorar o que ocorre ao seu redor no tempo e no espaço.

Toda mudança em uma organização representa alguma modificação nas atitudes cotidianas, nas relações de trabalho, nas responsabilidades, nos hábitos e comportamentos das pessoas que trabalham na organização. Enquanto a não mudança requer um pequeno volume de acomodação e de ajustamento das pessoas à rotina diária, a mudança significa variações e alterações na rotina e no *status quo*. Contudo, não são todas as mudanças que impactam as pessoas. É que as pessoas têm um limiar de sensibilidade às mudanças. Até certo ponto, a mudança é um evento diário e comum nos ambientes organizacionais e, quase sempre, passa despercebida pelas pessoas. Essas mudanças tênues podem ocorrer nos objetivos organizacionais, nas relações de autoridade, nos métodos de trabalho e de operação, nas relações interpessoais, no ambiente de trabalho e em outros fatores intraorganizacionais e, quase sempre, são ignoradas quando ocorrem em um nível quase imperceptível às pessoas. Mas, quando a mudança é grande e forte, isto é, ultrapassa o limiar de sensibilidade das pessoas, ela aguça a atenção e traz certo impacto a elas, causando-lhes preocupação, aflição e ansiedade, principalmente quando sua natureza e consequências são desconhecidas. Em certos casos mais marcantes, a mudança pode provocar até medo e pavor diante de uma situação inteiramente nova e desconhecida. E aí as coisas ficam bem diferentes, pois é a mudança percebida pelas pessoas – e não a real e objetiva – que determina o tipo de reação que elas irão desenvolver[18]. Nesse aspecto, vale a pena conhecer os motivos do medo e da resistência das pessoas às mudanças para ajudá-las a enxergar objetivamente a realidade e mudar seus pontos de vista e sua subjetividade.

Avaliação crítica: Mudança![20]

Dê um tempo e olhe à sua volta. O que você vê? Todas as corporações dizendo que querem mudar. Mas poucas conseguem fazê-lo. Todas as novas empresas começam com uma tendência natural para a mudança. Mas poucas conseguem mantê-la. Todas as organizações têm pessoas que acreditam ser agentes de mudança. Mas poucas sobrevivem a ela. Olhe atentamente para cada um dos desdobramentos da revolução empresarial que vem se desenvolvendo nos últimos dez anos, da engenharia financeira à reengenharia, da reestruturação corporativa à febre aquisitiva, do espírito empreendedor à febre das empresas novas. Há um elo dinâmico unindo tantas ideias novas e propostas revolucionárias – esse elo é chamado mudança.

O ambiente empresarial está mudando? Não é bem assim: o ambiente natural das empresas é a mudança. E também não é uma questão de se dizer que todas as empresas estão passando por mudanças. As mudanças é que estão alcançando as empresas. Criar a mudança e administrá-la, dominá-la e sobreviver a ela são coisas que precisam ser feitas por qualquer pessoa que pretenda marcar presença no meio empresarial.

Até mesmo a mudança mudou. A ideia de "programas de mudança" passou a ser ridicularizada dentro de muitas corporações. Se você chega e anuncia: aqui está o próximo programa de mudança, você já era. Toda mudança exige uma estratégia especial de abordagem do ambiente. Um ataque frontal geralmente torna o agente da mudança um "alvo" fácil de acertar. Em vez de ser um programa vindo de fora, a mudança hoje é intrínseca às empresas e deve ser a expressão integral de como funciona uma empresa de sucesso. Ela não faz mais parte dos limites estreitos da área de recursos humanos ou de qualquer outro departamento ou função – tornou-se uma questão de responsabilidade pessoal. Todas as pessoas – sem qualquer exceção – devem ser responsáveis pela mudança organizacional.

Com base em sua experiência, Charles Fishman propõe as suas leis da mudança:

1. **A mudança começa e acaba com a empresa – não com a mudança:** ligue seu projeto com uma das metas estratégicas da empresa e não se preocupe com aquilo que deve fazer, mas com o modo como as suas realizações afetarão o funcionamento da organização. Pense na mudança como um meio e não como um fim em si mesma.
2. **A mudança refere-se às pessoas:** elas devem fazer a mudança e elas irão surpreendê-lo. O segredo é transformá-las de participantes relutantes em verdadeiros agentes da mudança.
3. **Existe informação na oposição:** quando ouvem dizer que "alguém vai mudá-las", as pessoas apresentam uma reação instintiva: resistem. A resistência é como uma lei da física empresarial. A resistência costuma fornecer informações. As pessoas ficam tão envolvidas em seus esforços para mudar que, quando encontram resistência elas passam a considerar a outra pessoa o problema. Da atenção à resistência pode resultar em uma mudança mais inteligente.
4. **A rede informal é tão poderosa quanto a cadeia formal de comando:** e você acaba criando a sua própria rede informal. Cada empresa tem o seu organograma oficial – e também existe a forma pela qual as coisas realmente funcionam. É a rede informal, que é a fonte de influência dos agentes de mudança.
5. **Não se pode convocar as pessoas para a mudança. Elas precisam se alistar:** o segredo para fazer com que as coisas aconteçam é criar um ambiente no qual as pessoas possam tomar o rumo que você quer que elas tomem.

6. **A mudança não é uma vocação. É uma tarefa:** apesar de exigir muita fé para que aconteça, a mudança é apenas um trabalho a ser realizado e não uma religião ou um credo.
7. **Esqueça-se do equilíbrio. Crie a tensão:** a maior parte dos gerentes fica pouco à vontade com o que não conhece. Os líderes de mudança trabalham dessa forma o tempo todo. Em um mundo que se transforma numa velocidade incrível, a ambiguidade é uma constante. É a ambiguidade que define o trabalho do agente de mudança: não um confortável equilíbrio, mas sim uma tensão dinâmica entre forças opostas.
8. **Nenhum agente de mudança jamais teve sucesso morrendo por sua empresa:** o general Patton faz a abertura do seu filme dizendo que "nenhum desgraçado ganhou uma guerra morrendo por seu país". O segredo é sobreviver à mudança e manter-se vivo.
9. **Você não consegue mudar a empresa sem mudar a si mesmo:** em qualquer tentativa de mudança, a primeira pessoa que deve mudar é você. Assim que comece a trabalhar como agente de mudança, você fica automaticamente sujeito a um nível mais elevado de análise crítica e a um padrão mais rígido de julgamento – por parte de quem está acima e abaixo de você. O segredo é desenvolver a capacitação e a técnica que mudam imediatamente a sua forma de trabalhar.
10. **Mesmo que a empresa não mude, você vai mudar:** mudança e crescimento estão juntos. Não existe nenhuma pessoa que cresça sem fazer mudanças. As empresas sabem que um dos recursos mais escassos que existem hoje em dia são aquelas pessoas que possam ajudá-las a atravessar esse período turbulento de mudança.

No final, conclui Fishman, o negócio é mudar ou morrer, não há outra alternativa. Isso poderia ser conceituado como a sua 11ª Lei da Mudança.

MUDANÇAS ORGANIZACIONAIS

As mudanças nas organizações podem ocorrer dentro de várias dimensões e velocidades. Elas podem ser restritas e específicas (p.ex., ocorrem dentro de órgão, como uma divisão ou departamento), como podem ser amplas e genéricas (envolvendo a totalidade da organização). Elas podem ser tanto lentas, vagarosas, progressivas e incrementais, como rápidas, decisivas e radicais. Tudo depende da situação da organização e das circunstâncias que a cercam e, principalmente, da percepção da urgência e da viabilidade da mudança.

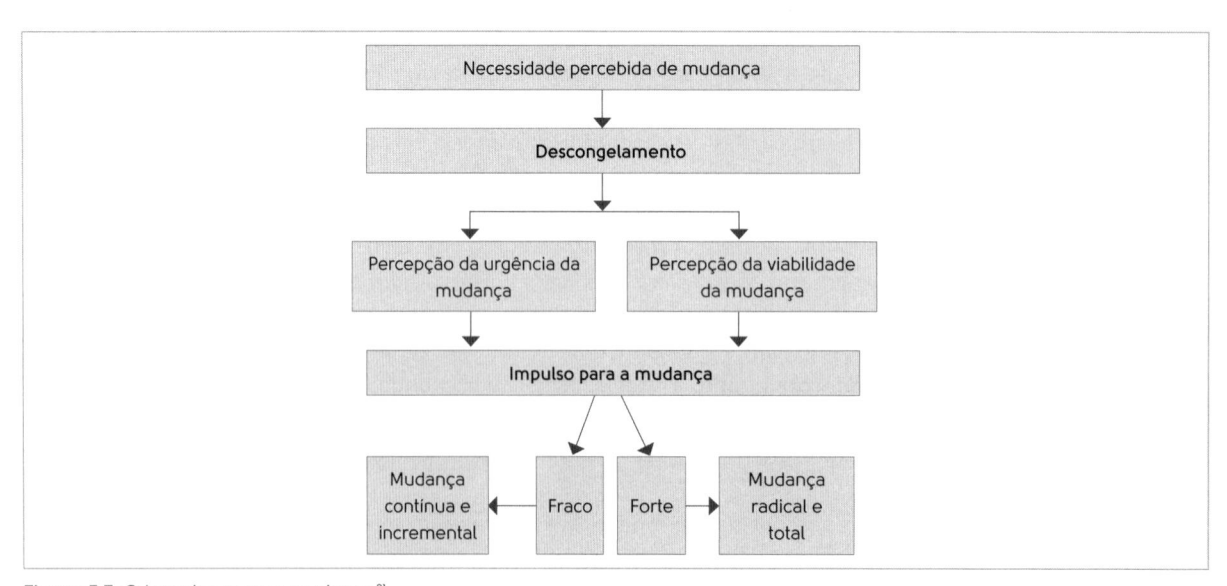

Figura 5.7. O impulso para a mudança[21].

Muitas vezes, os administradores não percebem a necessidade de mudança ou, quando a percebem, não sentem a sua urgência (se há pressa) ou a sua viabilidade (se ela é possível e exequível). Assim, a mudança depende muito da maneira pela qual os administradores e as pessoas envolvidas sentem e percebem a sua necessidade, urgência e viabilidade.

É a percepção da urgência da mudança por parte dos administradores que determina a velocidade da mudança organizacional. A mudança lenta, contínua e incremental é, geralmente, o caminho seguido pelos programas de melhoria contínua e qualidade total, que costumam receber uma diversidade de nomes. É a mudança indicada para organizações que pretendem melhorar seu desempenho de maneira suave e persistente, sem pressa e de maneira integrada e democrática, envolvendo todas as pessoas em um mutirão de esforços de mudança. Por outro lado, a mudança rápida, total e radical é o caminho seguido pela reengenharia. É a mudança indicada para organizações que têm muita pressa e urgência para mudar e que precisam alterar inteiramente seus rumos por meio de programas mais impactantes de mudança. Nesse caso, quase sempre, a sobrevivência da organização está em jogo.

Caso de apoio: O papelório da Volkswagen[22]

A Volkswagen gasta anualmente cerca de 80 milhões de dólares em tecnologia da informação. A empresa resolveu avaliar o quanto desperdiçava internamente de papel. Feitas as contas chegou-se à conclusão de que a empresa gastava 228 toneladas de papel por ano no seu Centro de Processamento de Dados. Isso representava 75 milhões de páginas ou algo como US$ 1.660 milhão. Equivalente ao preço de 100 automóveis Gol novos, em um modelo mediano. 80% desse gasto era desperdício. Era como se, todo mês, mais de meia dúzia de Gols saísse da linha de montagem diretamente para a lata de lixo. A montadora fechou um contrato de terceirização com a Xerox, pelo qual substituiu todas as máquinas, racionalizou o uso de papel e cortou os gastos com impressão em 74%. Com a mudança na tecnologia, o desperdício despencou para apenas 1 tonelada. E ainda é considerado excessivo.

Tipos de Mudanças Organizacionais

Existem quatro tipos de mudanças dentro das organizações, a saber[18]:

1. Mudanças na estrutura organizacional: que afetam a estrutura organizacional, os órgãos (como divisões, departamentos, seções, que são fundidos, criados, eliminados ou terceirizados por meio de novos parceiros), as redes de informações internas e externas, os níveis hierárquicos (que geralmente são reduzidos, no sentido de horizontalizar as comunicações) etc. Além disso, as mudanças estruturais também envolvem alterações no esquema de diferenciação e integração existente.

2. Mudanças na tecnologia: que afetam máquinas, equipamentos, instalações, processos organizacionais, etc. A tecnologia representa a maneira pela qual a organização executa suas tarefas e produz seus produtos e serviços.

3. Mudanças nos produtos ou serviços: que afetam os resultados ou saídas da organização.

4. Mudanças nas pessoas e na cultura da organização: isto é, mudanças nas pessoas, em

seus comportamentos, atitudes, expectativas, aspirações, necessidades, conhecimentos e habilidades que afetam a cultura organizacional.

Essas mudanças na organização não ocorrem isoladamente. Pelo contrário, elas ocorrem sistemicamente, umas afetando as outras e provocando um poderoso efeito multiplicador.

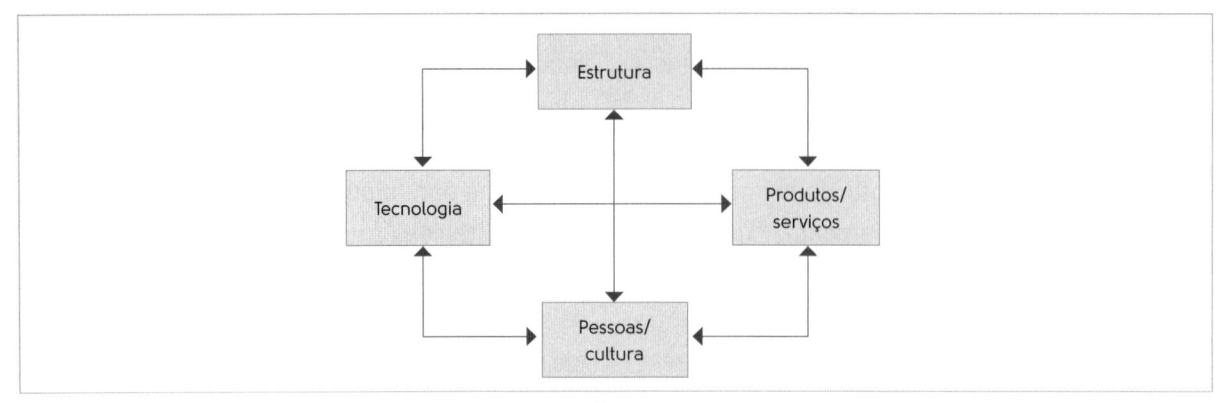

Figura 5.8. Os quatro tipos de mudança organizacional[23].

COMO PREPARAR AS ORGANIZAÇÕES PARA AS MUDANÇAS

A mudança tem de ser encarada como algo natural, necessário e imprescindível para a atualização, renovação e revitalização da organização. Para mudar, a organização precisa transformar-se em um verdadeiro ambiente de mudanças, onde as pessoas se sintam seguras e encorajadas para a inovação e criatividade. E um ambiente de mudanças, por incrível que pareça, exige um minucioso planejamento. Ele precisa ser feito em equipe, por todas as gerências e, se possível, envolvendo todas as pessoas. Estas não devem ser consideradas agentes passivos, mas participantes ativos do processo.

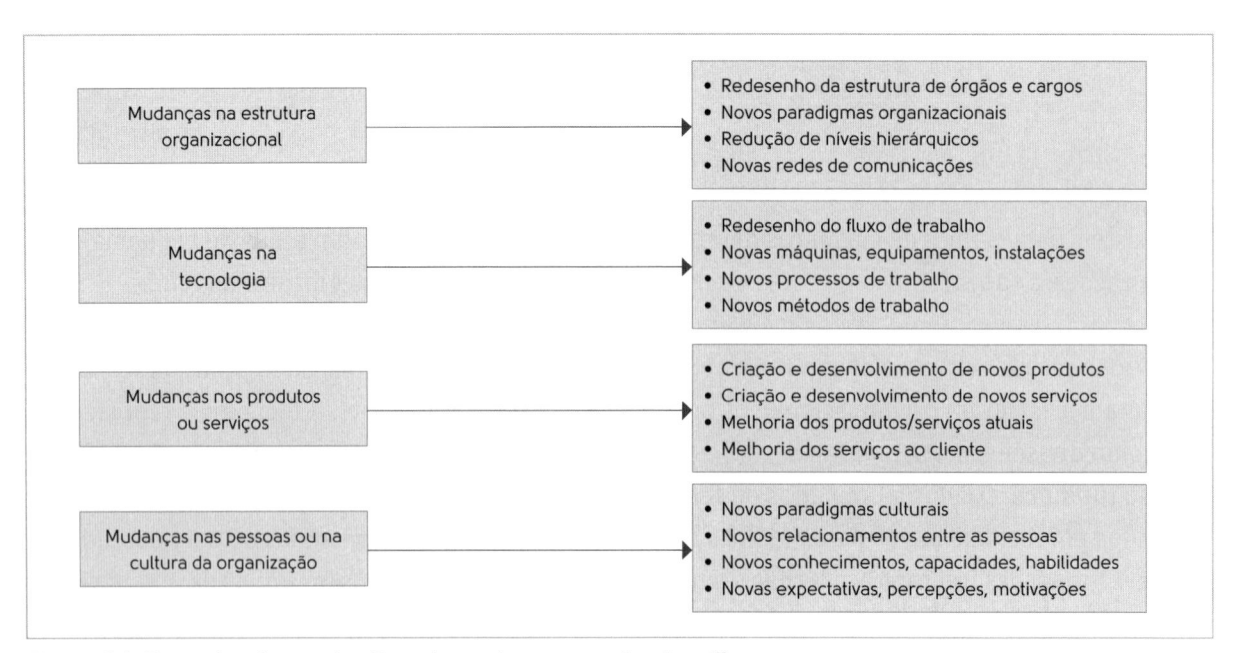

Figura 5.9. Exemplos dos quatro tipos de mudança organizacional[19].

Para tanto, a organização precisa definir, antecipadamente, uma visão focalizada para alguns objetivos e uma profunda reflexão sobre seu futuro e destino que pretende alcançar. Tudo isso precisa ser transmitido e comunicado às pessoas para que elas funcionem como atores – e não como meros expectadores – da mudança que se pretende impulsionar[18].

A mudança organizacional é importante demais para ser deixada ao acaso, ao sabor das circunstâncias, do mercado ou da concorrência. Ela também não pode ser atribuída somente a um único órgão ou a algumas poucas pessoas da organização. Precisa, necessariamente, envolver a totalidade das pessoas. Se possível, deve ser efetuada por meio de equipes ou agenttes de mudança para garantir seu êxito. Também não pode ser improvisada. Nem negligenciada. Ao contrário, a mudança organizacional deve ser planejada, organizada, dirigida e controlada. E com muita garra. Em outras palavras, ela precisa ser administrada dentro de uma visão estratégica que privilegie a totalidade da organização e o futuro da empresa e do negócio.

Caso de apoio: A loja é agora o seu sofá[24]

Os bancos comerciais estão se transformando rapidamente em bancos virtuais. Independentemente de suas agências físicas, cujo número e tamanho tendem a diminuir, atendem os clientes durante 24 horas ao dia e 7 dias por semana, por telefone, fax, computador, celular, *tablet* e até *courier* por motocicleta, seja para fazer saques, depósitos ou pagar contas. São bancos sem filas e sem agências, ou melhor, com uma única agência: o telefone em casa ou o celular no bolso do cliente. Cada cliente pode gerenciar seu fluxo de caixa, suas despesas pessoais e todas as transações com o banco. O balcão da agência é substituído pela tecnologia da informação.

O comércio eletrônico está cada vez mais intenso. A loja virtual oferece algo mais como comodidade, preço e rapidez e os eletrodomésticos viraram commodities. Em primeiro lugar está o conforto e a segurança do cliente, mas em segundo lugar está a economia proporcionada pelo novo sistema, que dispensa vendedores e elimina espaço na loja para a apresentação dos produtos. Alguns canais de televisão são exclusivos em televendas. A formidável mudança que ocorre no varejo é coisa recente: tecnologia, produtos, serviços, pessoas estão envolvidas nessas mudanças. Fazer compras não é mais uma satisfação, mas uma tarefa. O importante é fazê-la sem sofrimento.

Voltando ao caso introdutório: Transformando a Transformer

Para mudar a Transformer, Alexandre definiu um plano contendo três bases:

1. Definir um planejamento estratégico com a diretoria para mudar:
   - Estilo de gestão.
   - Produtos.
   - Processos.
2. Elaborar um programa de comunicação de mudanças e hábitos de mudanças.
3. Elaborar um programa de treinamento e desenvolvimento de líderes.

No lugar de Alexandre, como você deveria trabalhar para executar esse plano?

Construindo Suportes para a Mudança

Toda mudança requer suportes, bases de apoios, redes de sustentação. Requer aliados, defensores, apoiadores, formadores de opinião. O importante é construir suportes para apoiar a mudança. Quase todos eles buscam a aprovação das pessoas para a mudança, como mostra a Figura 5.10. A escolha de uma pessoa que funcione como líder para orientar e incentivar o processo de mudança é indispensável. Também é vital a escolha de um grupo de pessoas que trabalhe em equipe para executar a mudança, que busque a participação e o envolvimento de todos no processo de mudança e que proporcionem a orientação e retaguarda para que todos trabalhem juntos em um verdadeiro mutirão na organização. As recompensas decorrentes da mudança devem ser compartilhadas. Isso significa que os benefícios proporcionados pela mudança não devem ser apropriados exclusivamente pela organização, mas ser repartidos e distribuídos entre a organização e as pessoas que dela participaram em proporções previamente estabelecidas. O processo deve se iniciar com ampla e detalhada comunicação a respeito da mudança, não somente para conscientizar sobre sua necessidade, viabilidade e urgência, como também para angariar cooperação e participação irrestritas entre todas as pessoas. A preservação do emprego e da segurança das pessoas é sumamente importante para obter sua aceitação e total apoio. Quando a mudança é muito ampla, extensa e grande, convém também obter apoio de entidades externas, como clientes, fornecedores, sindicatos, associações de classe etc.

É graças a esse esforço coletivo, total, integrado e envolvente das pessoas que se pode reinventar continuamente as organizações, ajustando-as aos novos desafios e demandas de um mundo de negócios em constante transformação.

- Remoção das barreiras organizacionais
- Comunicação a respeito dos rumos da mudança
- Preservação do emprego das pessoas
- Busca do apoio de todas as pessoas
- Envolvimento de todo o sistema
- Remoção das barreiras culturais
- Liderança para orientar a mudança
- Utilização de equipes
- Participação e envolvimento de todas as pessoas
- Recompensas compartilhadas

Figura 5.10. Maneiras de obter apoio das pessoas para as mudanças.

Avaliação crítica: Características das organizações do futuro

Para serem viáveis em um mundo de negócios globalizados e altamente competitivos, as organizações do futuro deverão possuir certas características, como:

1. Foco no cliente e no mercado.
2. Alianças estratégicas com outras organizações para obter sinergia.
3. Flexibilidade, agilidade e adaptação às demandas ambientais mutáveis.
4. Poucos níveis hierárquicos e simplicidade organizacional.
5. Concentração no *core business* (nas atividades-fins e essenciais ao negócio), transferindo para terceiros as atividades-meios e não essenciais.
6. Substituição de órgãos permanentes e estáveis (como departamentos, divisões) por equipes autogeridas, flexíveis, ágeis e provisórias.

7. Customização em massa (personalização do cliente), substituindo a tradicional produção em massa e padronizada.
8. Acesso e disseminação da informação para todos os membros da organização.
9. Habilidade em disseminar a cultura participativa e democrática, o espírito empreendedor e a melhoria contínua das atividades organizacionais.
10. Investimento em educação, tecnologia e, sobretudo, em incentivos pelos resultados alcançados para motivar as pessoas e transformá-las em parceiros da organização.

Resistência às Mudanças

A resistência das pessoas às mudanças dentro das organizações é tão comum quanto a própria necessidade de mudança. É o velho princípio da física que diz que, a cada ação, corresponde uma reação igual e contrária. Quando o administrador decide sobre qualquer tipo de mudança a ser feita dentro da organização, ele se defronta, naturalmente, com a resistência das pessoas. A fim de poder aumentar as chances de fazer com que as pessoas apóiem a mudança, o administrador precisa estar atento para:

1. Conhecer e compreender a resistência das pessoas às mudanças.
2. Saber como essa resistência pode ser neutralizada, eliminada ou reduzida.
3. Como desenvolver as três etapas da mudança.

A resistência à mudança significa um comportamento contrário à efetivação das mudanças. Geralmente, ela pode ser consequência de aspectos lógicos, psicológicos ou sociológicos, a saber[25]:

1. **Aspectos lógicos:** a resistência "lógica" é decorrente do esforço e do tempo requeridos para a pessoa se ajustar à mudança, incluindo novos deveres do cargo que precisam ser aprendidos. Constituem os investimentos pessoais impostos às pessoas pela mudança. Quando as pessoas acreditam que a mudança lhes será favorável, elas, certamente, aceitarão pagar os investimentos no longo prazo.

2. **Aspectos psicológicos:** a resistência "psicológica" é decorrente de atitudes e sentimentos das pessoas a respeito da mudança. Elas podem sentir medo do desconhecido, duvidar da liderança do gerente ou perceber que sua segurança pessoal no emprego está ameaçada. Mesmo que a organização não creia que haja justificativa para esses sentimentos, eles devem ser reconhecidos como reais.

3. **Aspectos sociológicos:** a resistência "sociológica" é decorrente de interesses de grupos e valores sociais envolvidos. Os valores sociais são poderosas forças no ambiente e devem ser cuidadosamente considerados. Existem coalizões políticas, valores de diferentes comunidades que podem afetar o comportamento das pessoas. Elas podem indagar se a mudança é consistente com seus valores sociais quando ela acarreta a demissão de colegas de trabalho.

Algumas mudanças conseguem a proeza de abranger conjuntamente os três aspectos mencionados na Figura 5.11, provocando um enorme potencial de resistência por parte das pessoas envolvidas. Quase sempre, o segredo é evitar que os três tipos de resistência cresçam juntos, para que se possa atuar sobre apenas um deles. O segredo está em localizar os aspectos lógicos, psicológicos e sociológicos e saber lidar com eles no sentido de eliminá-lo para dar a certeza de que a mu-

Aspectos lógicos Objeções racionais e lógicas	• Interesses pessoais: desejo de não perder regalias • Tempo requerido para ajustar-se às mudanças • Esforço extra para reaprender as coisas • Custos pessoais da mudança • Dúvida quanto à viabilidade da mudança	Aspectos psicológicos Atitudes emocionais e psicológicas	• Medo do desconhecido • Dificuldade de compreender a mudança • Baixa tolerância pessoal à mudança • Falta de confiança nas outras pessoas • Necessidade de segurança e de *status quo*
	Aspectos sociológicos Interesses de grupos e fatores sociológicos	• Coalizões políticas • Valores sociais opostos • Visão estreita e paroquial • Interesses ocultos • Desejo de manter os colegas atuais	

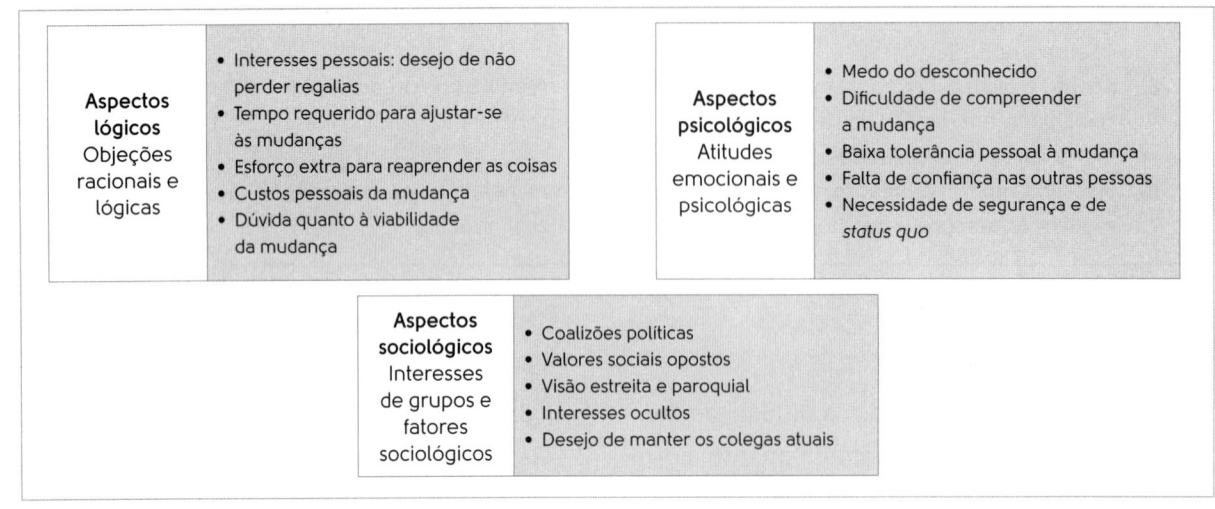

Figura 5.11. Os três tipos de resistência à mudança[25].

dança estará atendendo às necessidades tanto da organização como das pessoas envolvidas. Para isso, existem várias estratégias para contornar essa resistência à mudança e aproveitar a força contrária a favor da inovação que se pretende instalar.

Avaliação crítica: Lições sobre a mudança[26]

Toda mudança afeta holisticamente o sistema em que ela ocorre. Mesmo pequenas mudanças em um período de crise produzem enorme impacto em decorrência do caos, que geralmente multiplica a sensitividade e imprevisibilidade prejudicando os resultados desejados. As lições listadas a seguir ajudam no planejamento do processo de mudança:

1. Toda mudança sempre gera sentimentos de perda, insegurança e medo que necessitam ser arejados e ultrapassados.
2. As pessoas resistem às mudanças por que não sentem a necessidade delas ou nada ouviram a respeito de seus objetivos.
3. Nenhuma pessoa quer "ser" mudada, mas todo mundo quer aprender, crescer e vir a ser mais eficaz.
4. As pessoas resistem quando não sabem aonde a mudança vai chegar ou quando seus objetivos não são claramente identificados.
5. Em toda mudança, há um período de transição em que nada fica claro e ninguém está satisfeito.
6. Visão, coragem, persistência, espírito de equipe e liderança são requeridos para enfrentar períodos de transição.
7. Mudança significa substituição da maneira como as coisas são feitas e afetam o comportamento humano.
8. Para que haja mudança, é necessário mudar ou reforçar culturas e sistemas.
9. Total envolvimento e habilidade para fazer escolhas alimentam o processo de mudança. Mudar uma parte do sistema interfere no sistema como um todo.
10. Os efeitos da mudança duram por muito tempo e, após terminada, devem ser endereçados para outra futura mudança.
11. A mudança ocorre mais suavemente quando *feedback*, avaliação e autocorreção são construídos dentro do processo.

Como Reduzir a Resistência às Mudanças e Engajar as Pessoas

Como a resistência, geralmente, acompanha sempre alguma mudança a ser feita, o administrador precisa ter a habilidade de reduzir os efeitos da resistência para assegurar o sucesso das modificações necessárias. Williams propõe os seguintes cuidados[27]:

1. **Evitar surpresas**: as pessoas precisam de tempo para avaliar a mudança proposta antes que ela seja aceita, implementada e executada. A eliminação desse tempo de avaliação impede que as pessoas possam meditar sobre as vantagens e desvantagens, benefícios e custos que a mudança pode trazer para elas. Sempre que possível, as pessoas a serem afetadas pela mudança devem ser informadas sobre o tipo de mudança e suas decorrências antes que ela seja adotada.
2. **Promover uma compreensão real da mudança**: quando o medo de perdas pessoais relacionadas com a mudança é reduzido, a oposição à mudança também é reduzida. A compreensão real da mudança é o passo principal para a redução do medo[28]. É a compreensão que gera o apoio para a mudança e que focaliza a atenção sobre ganhos individuais que podem ser o resultado dela. As pessoas devem receber informação sobre perguntas que, invariavelmente, são feitas, como[29]:
   - Eu perderei meu cargo? E minhas regalias atuais?
   - Minhas atuais capacidades se tornarão obsoletas?
   - Serei capaz de produzir eficazmente dentro do novo sistema?
   - Meu prestígio e poder sofrerão declínio?
   - Terei mais responsabilidades?
   - Trabalharei por mais horas?
   - Darei conta do recado?
   - Terei de trair ou abandonar meus colegas?
3. **Encorajar a mudança**: provavelmente, a mais poderosa ferramenta para reduzir a resistência à mudança é a atitude positiva da administração em relação à mudança. Essa atitude deve ser aberta e enfática, desde o nível institucional até o nível operacional. A administração deve assumir e demonstrar uma crença de que a mudança é um impulso fundamental para o sucesso da organização. Mais ainda: a administração deve encorajar as pessoas a aumentar a eficácia organizacional. Para tanto, parte das recompensas organizacionais a serem ganhas pelos membros da organização deve ser utilizada para incentivar e instrumentalizar uma mudança construtiva.
4. **Fazer tentativas de mudanças**: a resistência à mudança pode ser reduzida na medida em que se tenta mudar de forma tentativa para experimentar a mudança. Uma espécie de experiência prévia, uma degustação da mudança. Essa abordagem estabelece um período de experimentação durante o qual as pessoas passam algum tempo trabalhando sob condições da mudança proposta antes de apoiá-la ou não. A tentativa de mudança é baseada na presunção de que um período prévio de ensaio durante o qual as pessoas vivem sob mudança é o melhor meio para reduzir o medo de perdas pessoais. Judson enumera os benefícios dessa abordagem de tentativa[30]:
   - As pessoas envolvidas tornam-se mais aptas a testar previamente suas reações à nova situação antes de se comprometer definitivamente com ela.
   - As pessoas envolvidas podem obter fatos e informações que vão basear suas atitudes e comportamentos frente à mudança.

- As pessoas envolvidas com fortes preconceitos ficam em melhor posição para avaliar a mudança com maior objetividade e realismo. Assim, podem rever seus preconceitos e provavelmente modificá-los.
- As pessoas envolvidas deixam de perceber a mudança como uma ameaça, mas como uma necessidade.
- A administração pode avaliar melhor o método de mudança e efetuar as modificações necessárias antes de colocá-lo em prática.

Finalmente, o administrador deve avaliar as mudanças feitas[31]. O propósito dessa avaliação não é somente ganhar uma visão daquilo que foi modificado no sentido de aumentar a eficácia organizacional, mas, principalmente, para verificar se os passos tomados para alcançar a mudança podem ser modificados para aumentar ainda mais a eficácia organizacional e colher mais benefícios na próxima vez em que forem usados. A avaliação da mudança implica verificar os sintomas que indicam novas necessidades de mudança: se as pessoas continuam orientadas mais para o passado do que para o futuro, se elas reconhecem seus deveres com rituais mais do que como desafios dos problemas atuais, ou se miram mais os objetivos departamentais do que os objetivos globais da organização. Isso mostra ao administrador que outras mudanças deverão ser necessárias[32].

Ultrapassar resistências e administrar conflitos é imprescindível para facilitar o engajamento das pessoas na condução das mudanças. Todavia, conseguir a aprovação das mudanças a serem feitas é o primeiro passo. Mais importante do que isso é o engajamento das pessoas. As mudanças não podem ser impostas hierarquicamente. Elas precisam fazer parte da decisão das pessoas. Elas precisam sentir-se proprietárias ou donas da mudança a ser feita. Somente assim a mudança poderá se tornar uma realidade.

Avaliação crítica: Construindo uma organização saudável[33]

Muito se tem escrito a respeito da excelência organizacional, mas pouco se fala da saúde organizacional: a habilidade de uma organização em sustentar um desempenho organizacional com uma perspectiva dinâmica de como se pode transformar a si mesma para alcançar tal desempenho. O ponto central reside na saúde organizacional – a habilidade da organização em alinhar, executar e renovar-se a si mesma mais rapidamente do que os concorrentes – o que é fundamental para seu desempenho excepcional no negócio. Saúde organizacional significa a adaptação ao presente e rápida e melhor reconfiguração para o futuro do que seus concorrentes. Organizações saudáveis não somente aprendem a ajustar-se ao contexto atual ou aos desafios que ele apresenta, mas também descobrem como criar a capacidade de aprender e mudar através do tempo. Em suma, essas são as principais vantagens competitivas: aprendizagem e constante adaptabilidade.

INOVAÇÃO

A inovação traz mudanças. Inovação (do latim, *innovatio*: algo criado e que não se parece com padrões atuais ou anteriores) é uma palavra predominantemente usada no contexto de ideias e invenções. A inovação está intimamente ligada à curiosidade, imaginação e criatividade das pessoas. A criatividade é a capacidade de combinar ideias de uma maneira única ou de fazer associações não usuais entre diferentes ideias[34]. A organização pode estimular a criatividade entre as pessoas para produzir novas abordagens capazes de fazer melhor o trabalho ou buscar soluções únicas para os seus problemas. A inovação é o processo de transformar uma ideia criativa em um produto, serviço ou método ou processo de operação. No contexto administrativo, é a ideia nova ou invenção que chega ao mercado como um produto ou serviço.

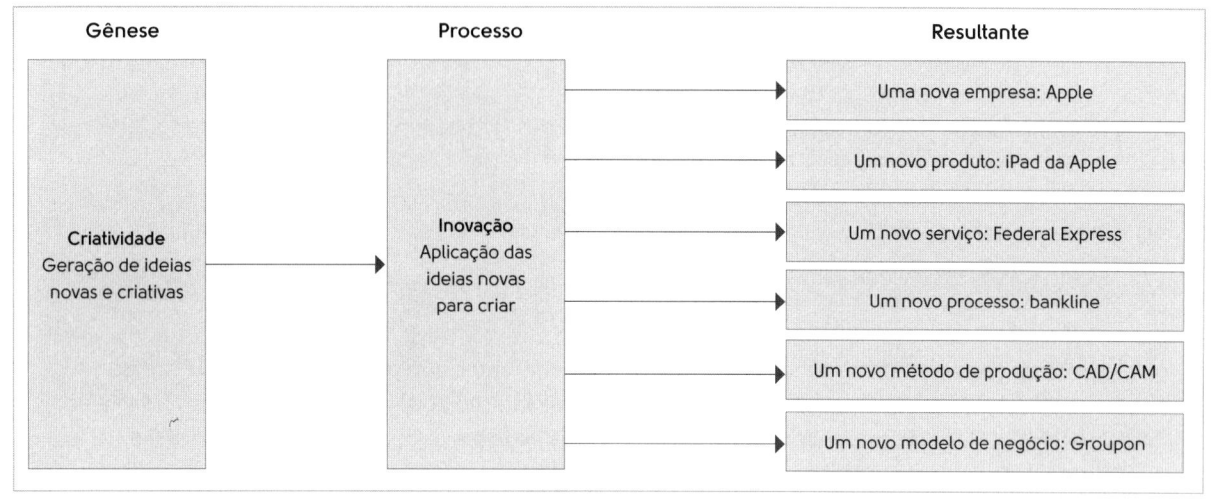

Gênese	Processo	Resultante
Criatividade Geração de ideias novas e criativas	Inovação Aplicação das ideias novas para criar	Uma nova empresa: Apple Um novo produto: iPad da Apple Um novo serviço: Federal Express Um novo processo: bankline Um novo método de produção: CAD/CAM Um novo modelo de negócio: Groupon

Figura 5.12. Criatividade, inovação e suas consequências[18].

Drucker (1909-2005) já enunciava que "inovação é o ato de atribuir novas capacidades aos recursos existentes na empresa para gerar riqueza"[35]. Para ele, os recursos existentes na empresa são, principalmente, as pessoas e os processos. Daí a razão de muitos autores desenvolverem estudos em que o indivíduo inserido na empresa é a peça-chave para muitas questões ligadas à sua tomada de decisão, à sua forma de interpretar os sinais do mercado e à maneira como ele avalia os movimentos da concorrência e define diretrizes para tornar seus produtos e serviços diferenciados no mercado. A inovação não acontece apenas no final do processo de fabricação, mas em todo e em qualquer ponto da organização. Não se trata de fazer coisas diferentes, mas também fazer as mesmas coisas de formas diferentes para produzir novos potenciais de satisfação.

Quanto maior a mudança e transformação no ambiente de negócios da empresa, tanto maior a necessidade de inovação.

Administração de hoje

A disciplina da inovação[36]

Para Drucker, a inovação é função específica do espírito empreendedor, seja em um negócio existente, em uma instituição de serviços públicos ou em um novo negócio iniciado por uma pessoa. Ela é um meio pelo qual o empreendedor cria novos recursos para produzir riqueza ou investe recursos existentes com maior potencial para a criação de riqueza. O termo espírito empreendedor pode se referir a todos os pequenos negócios ou a todos os novos negócios. Na prática, muitas empresas bem estabelecidas possuem espírito empreendedor bem-sucedido . Assim, o termo não se refere ao porte ou à idade de um empreendimento, mas a uma atividade em cujo centro está a inovação: o esforço para criar mudanças intencionais e focalizadas no potencial econômico ou social do empreendimento.

Fontes da inovação: existem inovações que brotam de um lampejo de genialidade. Contudo, a maior parte delas resulta de uma busca intencional e consciente de oportunidades de inovação, as quais são encontradas somente em poucas situações. Quatro dessas fontes de oportunidades existem dentro de uma empresa ou da indústria:

1. Ocorrências inesperadas.
2. Incongruências.
3. Necessidades de processo.
4. Mudanças na indústria e no mercado.

Existem, também, três fontes adicionais de oportunidades fora da empresa, no ambiente social e intelectual:

1. Mudanças demográficas.
2. Mudanças de percepção
3. Novos conhecimentos.

É verdade que essas fontes se superpõem, por mais diferentes que possam ser na natureza de seu risco, na dificuldade e na complexidade. O potencial para inovação pode estar em mais de uma fonte ao mesmo tempo. Mas elas respondem pela grande maioria de todas as oportunidades de inovação.

Princípios da inovação: a inovação intencional e sistemática começa com a análise das fontes de novas oportunidades. Dependendo do contexto, as fontes terão importância diferente em épocas diferentes. Porém, em qualquer que seja a situação, os inovadores devem analisar todas as fontes de oportunidades. Como a inovação é, ao mesmo tempo, conceitual e perceptiva, os candidatos a inovadores também devem sair e olhar, perguntar e ouvir. Os inovadores bem-sucedidos usam os dois hemisférios de seus cérebros. Eles examinam números. Olham para pessoas. Determinam analiticamente o que a inovação deve ser para satisfazer uma oportunidade. A seguir eles saem e examinam os usuários em potencial para estudar suas expectativas, seus valores e suas necessidades.

Para ser eficaz, a inovação precisa ser simples e focalizada. Ela deve fazer somente uma coisa; ao contrário irá confundir as pessoas. As inovações eficazes começam pequenas. Elas não são grandiosas. Procuram fazer uma coisa específica. Na verdade, ninguém pode prever se uma dada inovação irá terminar como um grande negócio ou uma realização modesta. Porém, mesmo que os resultados sejam modestos, a inovação bem-sucedida visa, desde o início, passar a determinar o padrão, determinar a direção de uma nova tecnologia ou indústria, criar o negócio que esteja – e permaneça – à frente dos demais. Se uma inovação não visa a liderança desde o início, é pouco provável que ela seja suficientemente inovadora. Acima de tudo, inovação é trabalho e não genialidade. Em inovação, como em qualquer outro empreendimento, existe talento, engenho e conhecimento. Mas a inovação necessita, acima de tudo, de um trabalho duro, focalizado e determinado. Se faltar diligência, persistência e empenho, talento, engenho e conhecimento de nada servirá.

A inovação pode ser classificada em dois grandes grupos:

1. Inovação radical ou de ruptura: caracterizada pela busca incessante de novas ideias capazes de quebra de paradigmas e de ruptura com padrões atuais. É a inovação que revoluciona e que cria novos padrões totalmente diferentes dos padrões atuais. É drástica e radical, pois rompe com os padrões atuais e com o passado.

2. Inovação incremental: caracterizada pelo desenvolvimento e melhoria contínua e gradual dos padrões atuais. Representa avanços progressivos nos padrões atuais. A inovação incremental é feita por meio da melhoria contí-

nua em busca do aperfeiçoamento gradual e constante. Ocorre quando a organização melhora o desempenho de seus produtos ou serviços ou de seus processos internos.

Tipos de Inovação

A inovação pode se apresentar de diversas maneiras. Os principais tipos de inovação são[37]:

1. **Produto ou serviço**: é a inovação mais visível. Produtos ou serviços inovadores levam novidades ao mercado. É o caso da Apple.
2. **Processos**: é a inovação internalizada na empresa por meio de mudanças nos seus processos internos. É o caso da Toyota e seu conceito de fábrica enxuta e *just-in-time*.
3. **Modelo do negócio**: é a inovação no arranjo do negócio catalizada principalmente pela TI e pela internet. É o caso das empresas virtuais.
4. **Modelo de gestão**: é a inovação na maneira de conduzir uma empresa. É o caso de General Eletric, Google, Natura e outras empresas bem-sucedidas.

Impulsionadores da inovação

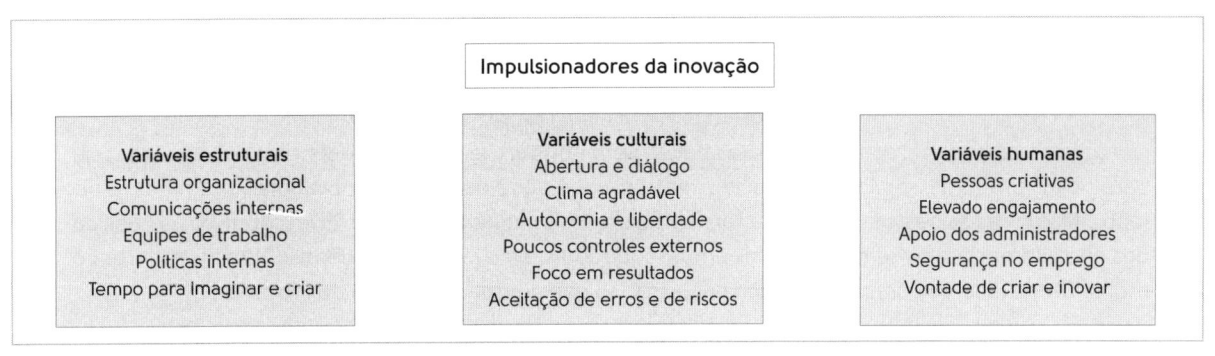

Variáveis estruturais	Variáveis culturais	Variáveis humanas
Estrutura organizacional	Abertura e diálogo	Pessoas criativas
Comunicações internas	Clima agradável	Elevado engajamento
Equipes de trabalho	Autonomia e liberdade	Apoio dos administradores
Políticas internas	Poucos controles externos	Segurança no emprego
Tempo para imaginar e criar	Foco em resultados	Vontade de criar e inovar
	Aceitação de erros e de riscos	

Figura 5.13. Os impulsionadores da inovação[33].

Avaliação crítica: As revoluções da informação[38,39]

Em 1999 – no auge do oba-oba da internet pré-estouro da bolha – Peter Drucker escreveu que a verdadeira revolução da informação ainda não aconteceu. Ela não terá a ver com TI, computadores ou artefatos. Será sobre o "fora" das organizações. Vai enfatizar mais o "I" que o "T". Para ele, o que estava em curso era o desdobrar de uma dinâmica iniciada quando o homem inventara a linguagem. Era uma coisa "gramatical". Ninguém entendeu nada, mas hoje parece mais claro. Veja.

Nóbrega salienta que nossa revolução da informação é a quarta na história – depois da escrita, do livro manuscrito e da palavra impressa. Nas anteriores, o que sempre ocorreu foi, digamos, um movimento "para fora", uma expansão de limites. A palavra escrita foi inventada para registrar transações comerciais entre dois indivíduos; o livro manuscrito expandiu o alcance da comunicação para mais gente; e a palavra impressa levou nuances novas de imaginação e conhecimento para além das clausuras dos mosteiros (que era onde o saber dos manuscritos se concentrava). A informação digital fragmenta mais ainda tudo o que é monolítico e concentrado. O efeito dessa "coisa" se manifesta de múltiplas formas.

Pense em profissões: técnicos manipulando *softwares* CAD/CAM produzem o que anos atrás exigia times de especialistas; a animação digital da Pixar desconstruiu os ilustradores da Disney; os algoritmos de risco de crédito detonaram a pose dos analistas financeiros. Fotografar virou uma câmera digital que até sua avó manipula. Inovação que muda o mundo vem sempre da eliminação de barreiras que impediam que alguma coisa ganhasse escala (pense em redes sociais contribuindo para derrubada de tiranos). O *mainframe* vira um PC que se fragmenta em dispositivos de mão. Lugares onde tínhamos de ir foram eliminados – o centro de processamento de dados (CPD) evaporou, agora temos múltiplos *data-centers* e a "nuvem". O centro de cópias deu lugar a uma pequena impressora em sua mesa. A autoridade migra do supervisor para o operário da linha de montagem, que pode interromper a produção quando detecta um erro. O processo de pesquisa e desenvolvimento (P&D) sai da Procter&Gamble, da Merck ou da Pfizer, torna-se *open* e vai para uma rede externa. Idem nas estruturas de comando militar – do ponto de vista da informação, trabalhadores operando estruturas enxutas numa linha de produção e um comando autônomo que captura uma base terrorista – são processos análogos; a decisão a cada momento em ambas as operações é tomada na ponta. Quem lidera não manda nem controla, apenas orquestra. Não precisa estar lá supervisionando nada. O banco vai até você (caixa eletrônico, *bankline*); o supermercado vai até você (*e-commerce*). Educação e saúde – os setores mais impermeáveis a essa dinâmica – também irão até você. Sistemas de ensino irão até o usuário. O hospital, os exames, o médico e o tratamento irão até você.

Era disso que Drucker falava. Não é TI. Palavras, leituras e significados mudam porque as barreiras ao "imaginar" e ao "fazer" desmancham-se no ar, dissolvidas pela informação.

Avaliação crítica: O DNA do espírito inovador[40]

Algumas pessoas parecem inovadoras natas. Sem nenhum esforço aparente elas descobrem ideias para novos produtos, serviços e negócios inteiros. Você pode pensar que inovadores são natos, e não feitos. Mas todas as pessoas podem se tornar mais e mais inovadoras. Como? Descobrindo as habilidades que diferenciam os administradores empreendedores e inovadores dos demais administradores comuns. Os inovadores apresentam cinco capacidades que constituem o DNA do inovador:

1. **Associação:** desenhando conexões entre questões, problemas ou ideias entre campos não relacionados entre si.
2. **Questionamento:** apresentando perguntas que desafiam a sabedoria comum.
3. **Observação:** examinando minuciosamente o comportamento de consumidores, fornecedores e concorrentes para identificar novas maneiras de fazer as coisas.
4. **Experimentação:** construindo experiências interativas e provocando respostas que mostram como os *insights* emergem.
5. *Networking*: reunindo pessoas com diferentes ideias e perspectivas.

Essas cinco habilidades permitem gerar ideias, colaborar com colegas impulsionados em implementar ideias e construir habilidades de inovação que a organização melhorar sua margem competitiva. Você pode melhorar seu DNA de inovação.

ORGANIZAÇÕES

Caso para discussão: As tendências inescapáveis[41]

A revista *HSM Management* traz um interessante artigo comentando um estudo da consultoria McKinsey a respeito dos avanços tecnológicos que estão virando de ponta-cabeça os negócios no mundo todo.

O estudo mostra como os efeitos da combinação entre tecnologias emergentes baseadas na internet, o poder crescente da informática e a presença maciça da comunicação digital estão provocando novas maneiras de gerir talentos e ativos, bem como a adoção de diferentes estruturas organizacionais.

Tudo isso traz desafios para as lideranças: não basta que os líderes compreendam as tendências aqui apresentadas; eles precisam pensar estrategicamente sobre como adaptar a gestão e as estruturas organizacionais para atender às novas demandas.

Para os autores da McKinsey, existem dez tendências inescapáveis no mundo organizacional, a saber:

1. **Importância da criação coletiva:** a capacidade de organizar comunidades de internautas para desenvolver, comercializar e dar suporte a produtos e serviços passou das áreas marginais da empresa para o centro da vida corporativa. Como a criação coletiva é um processo de duas mãos, a empresa precisa fornecer *feedback* para estimular a criação contínua e o comprometimento. A cocriação proporciona enorme valor agregado à empresa, sem custos adicionais.
2. **A organização vira uma grande rede:** estendendo-se além de suas tradicionais fronteiras e abrigando comunidades de não funcionários que oferecem seus conhecimentos de muitas e diferentes maneiras. Contudo, certos administradores ainda impedem que muitos talentos que estão fora dos limites do quadro funcional sejam ouvidos e aproveitados.
3. **Colaboração em escala:** as tecnologias que oferecem ferramentas de colaboração permitem que funcionários em diferentes locais trabalhem com o mesmo documento ou processo simultaneamente, economizando viagens e aumentando os contatos e a participação simultânea.
4. **Crescimento dos equipamentos de internet:** vários equipamentos baseados na internet se transformam, rapidamente, em elementos de sistemas de informação com capacidade de captar, processar, comunicar e compartilhar dados. São ativos inteligentes que melhoram a eficiência de processos, proporcionam novas capacidades aos produtos e disseminam outros modelos de negócio. Seguradoras de veículos estão instalando sensores nos carros dos clientes que calculam o risco com base no comportamento do motorista em vez de fazê-lo pelo perfil dele. Fabricantes de carros estão equipando veículos com sensores capazes de evitar colisões frontais; sensores instalados nas pessoas enviam aos médicos dados sobre mudanças nas condições de saúde. A exploração desses aplicativos ainda não aconteceu em sua plenitude.
5. **Experimentação e o grande banco de dados:** a empresa poderia transformar-se em um laboratório em tempo integral se ela fosse capaz de analisar cada transação, captar observações de cada interação com o cliente e não precisar mais de receber os dados de pesquisas de campo. O acesso a informações sobre clientes está à disposição para a descoberta de preferências atuais e tendências futuras.
6. **Conectando por um mundo sustentável:** a sustentabilidade constitui uma importante métrica de desempenho do mundo corporativo para grupos de interesse, formadores de opinião e mercados financeiros. A TI tem um duplo papel: ao mesmo tempo pode ser uma fonte de emissão de carbono ou pode ser a base para estratégias de minimização de danos ambientais. Mas o papel mais importante da TI reside em sua capacidade de reduzir a pressão sobre o meio ambiente por meio de mecanismos para reduzir o uso de eletricidade, prédios inteligentes, monitoração e agora, a computação em nuvem.
7. **Qualquer coisa pode ser um serviço:** a tecnologia permite que as empresas monitorem, mensurem, personalizem e ganhem dinheiro pelo uso de ativos de maneira muito mais refinada. Podem criar serviços em torno do que tradicionalmente era vendido apenas como produto. É o pague apenas pelo que você usa. É o serviço que evita gastar para comprar e para manter um produto.
8. **A era dos negócios de múltiplos lados:** em vez de transações ou trocas de informação um a um, os modelos de negócio de múltiplos lados criam valor pelas interações entre múltiplos participantes. É

o que acontece com a publicidade, em que jornais, revistas e redes de TV oferecem conteúdo a seus públicos e geram parte de sua receita com a interação com uma terceira parte: os anunciantes. Outra fonte de receita provém de assinaturas dos clientes. Agora esse modelo também é financiado pela propaganda por meio da internet. Na medida em que mais pessoas migram para atividades *on-line*, o efeito da rede amplia o valor dos modelos de negócio de múltiplos lados. O mesmo se aplica a modelos em que um grupo de clientes tem acesso a serviços gratuitos por conta daqueles que pagam pelo uso premium.

9. **Inovação na base da pirâmide:** os modelos de negócio de ruptura surgem quando as tecnologias se recombinam em condições extremas de mercado, como a demanda dos consumidores por preços muito baixos, infraestrutura precária, fornecedores distantes e talentos a baixo custo. São os mercados emergentes – os chamados BRIC: Brasil, Rússia, Índia e China – que apresentam altas taxas de crescimento, mas muitas multinacionais estão tratando os mercados em desenvolvimento como fontes de inovação baseada em tecnologia em vez de apenas como polos de manufatura. Centenas de empresas estão surgindo no cenário global a partir de mercados emergentes e constituem um novo tipo de concorrente, pois não apenas desafiam as empresas líderes, mas também exportam seus modelos radicais para os mercados já desenvolvidos. Para responder a isso, as empresas globais devem se conectar às redes locais de empreendedores, negócios de rápido crescimento, fornecedores, investidores e formadores de opinião que contribuem para a disseminação dos novos modelos.

10. **Produção de bens públicos:** o papel dos governos na definição da política econômica mundial tende a se ampliar. E a tecnologia será um fator importante nessa evolução, por facilitar novos tipos de bens públicos, ao mesmo tempo em que contribui para que eles sejam geridos de forma mais eficiente. Políticas públicas criativas podem ajudar a reduzir as pressões sociais e econômicas decorrentes da crescente urbanização e da densidade populacional.

Eric Beinhocker, Ian Davis e Lenny Mendonça, autores da McKinsey & Co., discutem as trajetórias de dez importantes tendências, como[42]:

1. A extenuação dos recursos naturais.
2. O refreamento da globalização.
3. A perda de confiança nos negócios.
4. O crescente papel do governo.
5. Os investimentos em ferramentas quantitativas para decisão.
6. A mudança de padrões do consumo global.
7. O crescimento econômico dos países da Ásia.
8. O crescimento da estrutura industrial.
9. A inovação tecnológica.
10. A instabilidade de preços.

Questões:
1. Dê a sua opinião sobre cada uma dessas dez tendências inescapáveis.
2. Como a empresa poderia se preparar para cada uma dessas tendências?
3. Você acredita que essas tendências são ameaças ou são oportunidades? Explique.
4. Que outras tendências desse tipo você agregaria a esta lista?

ORGANIZAÇÕES DO FUTURO

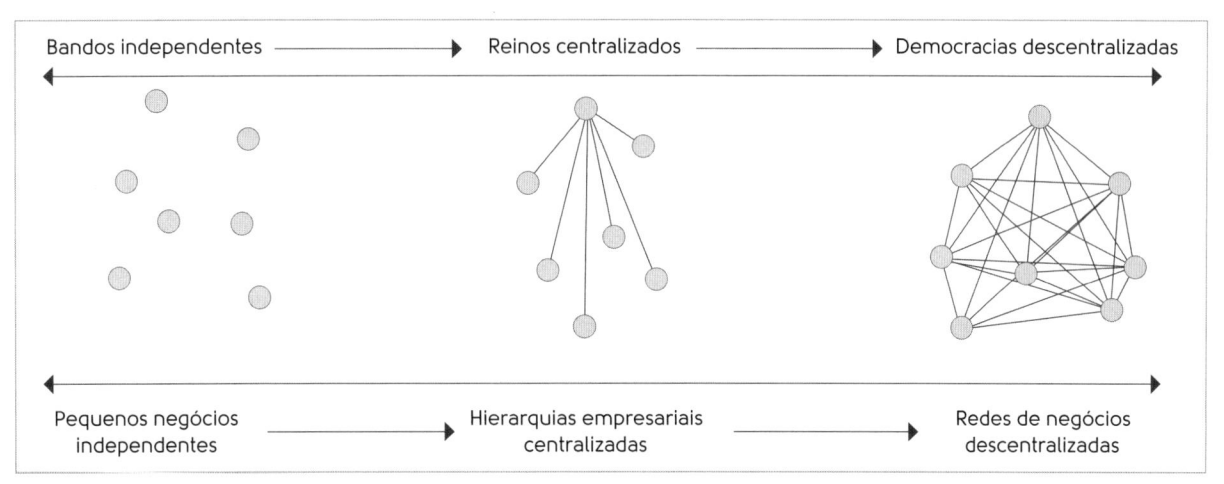

Bandos independentes ⟶ Reinos centralizados ⟶ Democracias descentralizadas

Pequenos negócios independentes ⟶ Hierarquias empresariais centralizadas ⟶ Redes de negócios descentralizadas

Figura 5.14. Das hierarquias corporativas às redes de negócios: as mudanças na organização dos negócios através dos tempos[43].

Avaliação crítica: As preocupações das organizações do futuro

As organizações voltadas para o futuro e para o destino estão preocupadas com os seguintes desafios:

1. **Globalização:** implica a preocupação com a visão global do negócio no sentido de mapear a concorrência e avaliar a posição relativa dos produtos e serviços. Isso não significa que o mercado local vá desaparecer, mas é preciso comparar aquilo que a organização faz com o que há de melhor no mundo todo.
2. **Pessoas:** está havendo um verdadeiro apagão de talentos no mercado. Talento está se tornando uma riqueza rara. Essa preocupação implica educar, treinar, motivar, liderar as pessoas que trabalham na organização, incutindo-lhes o espírito empreendedor e oferecendo-lhes uma cultura eminentemente participativa. A organização deverá indicar os objetivos que pretende alcançar, focalizando sua missão e visão, e oferecer oportunidades de crescimento profissional que conduzam ao desenvolvimento do seu negócio.
3. **Cliente:** implica a capacidade de conquistar, manter e ampliar a clientela, o melhor indicador da capacidade de sobrevivência e de crescimento da organização.
4. **Produtos/serviços:** implica a necessidade de diferenciar os produtos e serviços oferecidos em termos de qualidade e de atendimento. Com a difusão da tecnologia e do conhecimento, haverá uma forte tendência aos produtos e serviços ficarem cada vez mais parecidos. A vantagem competitiva será agregar elementos como qualidade e atendimento que possam diferenciá-los em relação aos demais concorrentes.
5. **Resultados:** implica a necessidade de fixar objetivos e perseguir resultados, reduzindo os custos e aumentando a receita.
6. **Tecnologia:** implica a necessidade de acompanhar e de atualizar, continuamente, os progressos tecnológicos existentes no mercado.

Tudo isso leva à necessidade de mudanças organizacionais para atualizar, renovar e revitalizar a empresa para mantê-la sempre dinâmica, saudável e bem-sucedida.

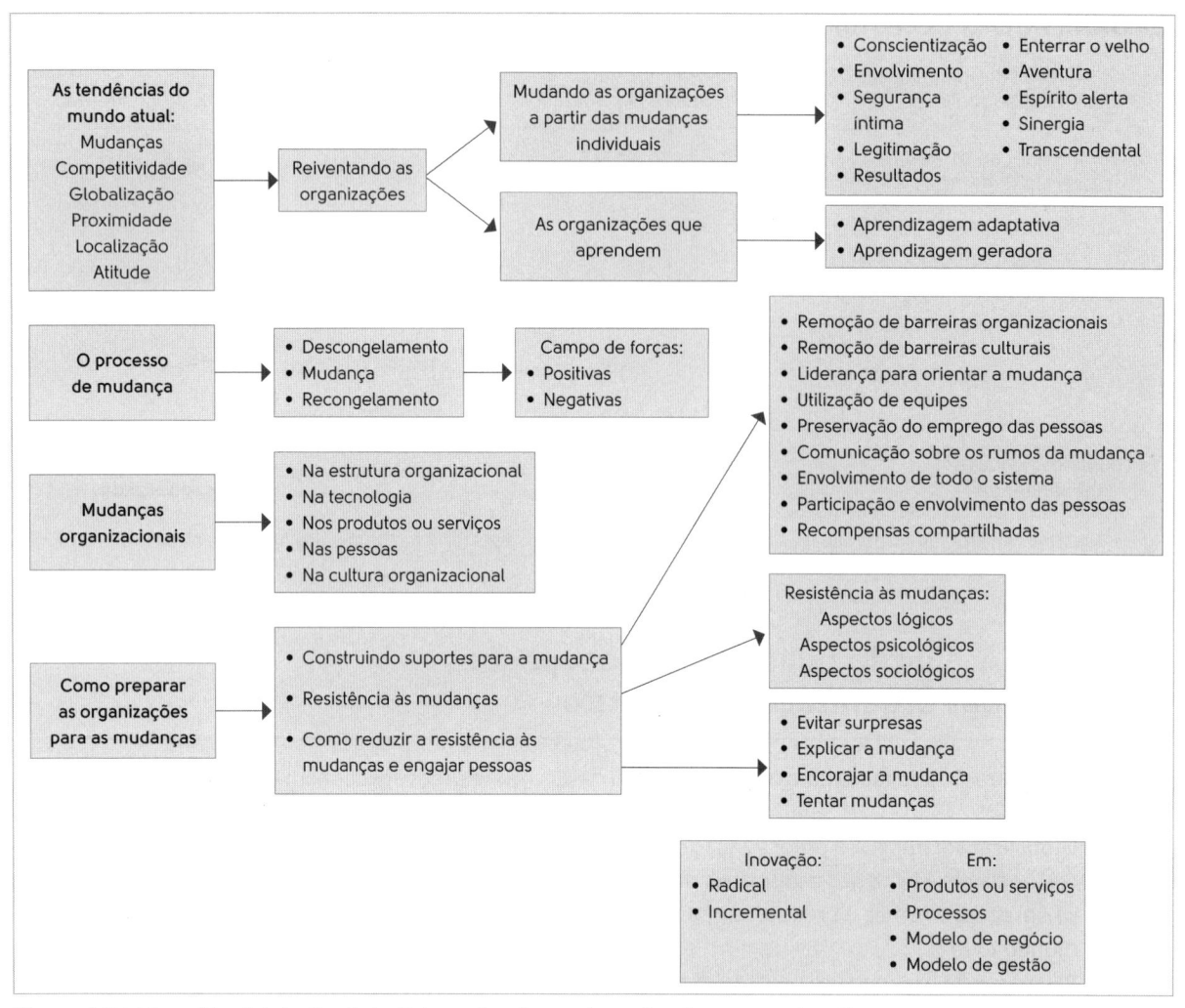

Figura 5.15. Mapa Mental do Capítulo 5: Inventando e reinventando as organizações.

Exercícios

1. Quais são as principais tendências que estão ocorrendo no mundo atual?
2. Por que há a necessidade de reinventar continuamente as organizações?
3. Como a competitividade está mexendo com as organizações?
4. Como a globalização está mexendo com as organizações?
5. Quais os três desafios que a globalização está impondo ao administrador?
6. Qual o papel do administrador na invenção e reinvenção das organizações?
7. Como mudar as organizações a partir das mudanças individuais?
8. Como fazem as organizações que aprendem?
9. Explique o processo de mudança.
10. O que é um agente de mudança?
11. Como funciona o campo de forças que atuam no processo de mudança?
12. Quais são os tipos de mudanças organizacionais? Dê exemplos.
13. Como preparar uma organização para as mudanças necessárias?
14. Como contornar e reduzir as resistências às mudanças?
15. Quais as diferenças entre liderar e inovar?

16. Descreva o papel da inovação nas empresas.
17. Como utilizar as redes sociais para melhorar a eficácia organizacional?

REFERÊNCIAS BIBLIOGRÁFICAS

1. Anne Carrns. "Dividir espaço para cortar custos". *The Wall Street Journal/ O Estado de S.Paulo*, Caderno de Economia, 20.10.1997, p. B-9.
2. Eraldo Montenegro, Jorge Pedro Daledone de Barros. *Gestão estratégica: a arte de vencer desafios*. São Paulo, Makron Books, 1997.
3. Luiz Fernando Rudge, Francisco Cavalcante. *Mercado de capitais*, Belo Horizonte, Comissão Nacional de Valores Imobiliários, 1996.
4. Alvin Toffle. *As megatendências*. São Paulo, Abril Cultural, 1985.
5. Raju Narisetti. "IBM lança campanha mundial para promover negócios via internet". *The Wall Street Journal/O Estado de S.Paulo*, 06.10.1997.
6. Marshall McLuhan. *O meio é a mensagem*. São Paulo, Artenova, 1967.
7. John Naisbitt. *O paradoxo global*. Rio de Janeiro, Campus, 1991.
8. James A. F. Stoner, R. Edward Freeman, Daniel R. Gilbert Jr. *Management*. Englewood Cliffs, Prentice-Hall, 1995. p. 127-8.
9. Christopher A. Bartlett, Sumantra Ghoshal. *Managing across borders: the transnational solution*. Boston, Harvard Business School, 1989.
10. Sérgio Amad Costa. "Resiliência: um conceito por muito tempo ignorado. *Trevisan*, n. 113, jul./1997, p. 20-4.
11. Tessa Albert Warschaw. *Resiliency*. Nova York, Mastermedia, 1996.
12. Stephen Covey. "As dez chaves para uma era de mudanças". *Exame*, n. 609, 08.05.1996, p. 64-6.
13. Stephen Covey. *Liderança baseada em princípios*. Rio de Janeiro, Campus, 1996.
14. Peter Senge. "The leader's new work: building learning organizations". *Sloan Management Review*, 1990, p. 7-23.
15. James Brian Quinn. *The intelligent enterprise*. Nova York, Free, 1992.
16. José Maria Furtado. "Promon". *Exame*, n. 647, Guia das Melhores Empresas do Brasil para Você Trabalhar, 1997, p. 76-80.
17. Kurt Lewin. "Frontiers in group dynamics: concept, method, and reality in social science". *Human Relations*, v. 1, 1947, p. 541-2.
18. Idalberto Chiavenato. *Os novos paradigmas: como as mudanças estão mexendo com as empresas*. Barueri, Manole, 2009. p. 101, 109-12, 247-8, 260, 292.
19. Idalberto Chiavenato. *Introdução à teoria geral da administração*. Rio de Janeiro, Elsevier/Campus, 2012.
20. Charles Fishman. "Mudança". *América Economia: Os Negócios da América Latina*, n. 123, set./1997, p. 94-103.
21. J. E. Dutton, R. B. Duncan. "The creation of momentum for change through the process of strategic issue diagnosis". *Strategic Management Journal*, n. 8, 1987.
22. Hélio Gurovitz. "Delete-se". *Exame*, 04.06.1997, p. 86-95.
23. Harold J. Leavitt. "Applied organizational change in industry: structural, technical and human approaches". In: W. W.Cooper, H. J. Leavitt, M. W. Shelly, II (orgs.). *New perspectives in organizational research*. Nova York, John Wiley & Sons, 1964. p. 55-74.
24. Sandra Carvalho. "A loja é agora o seu sofá". *Exame*, n. 542, 13.10.1993, p. 42-7.
25. Keith Davis. *Human behavior at work: organizational behavior*. Nova York, McGraw-Hill, 1981. p. 207.
26. Kenneth Cloke, Joan Goldsmith. *The end of management: and the rise of organizational democracy*. San Francisco, Jossey-Bass, 2002. p. 267-9.
27. Hank Williams. "Learning to manage change". *Industrial and Commercial Training*, v. 21, May-Jun./1989, p. 17-20.
28. John B. Kotter, Leonard A. Schlesinge. "Choosing strategies for change". *Harvard Business Review*, Mar.-Apr./1979, p. 106-13.
29. Samuel C. Certo. "How companies overcome resistance". *Management Review*, Nov./1972, p. 17-25.
30. Arnold S. Judson. *A manager's guide to making changes*. Nova York, John Wiley & Sons, 1966. p. 118.
31. Newton Margulies, John Wallace. *Organizational change: techniques and applications*. Chicago, Scott, Foresman, 1973, p. 14.
32. Larry E. Greiner. "Patterns of organizational change". *Harvard Business Review*, May-Jun./1967. p. 119-30.
33. Scott Keller, Colin Price. *Beyond performance: how great organizations build ultimate competitive advantage*. Nova York, John Wiley & Sons, 2011.
34. T. M. Amable. "A model of creativity and innovation in organizations". In: B. M. Staw, L. L. Cummings (eds.). *Research in Organizational Behavior*, v. 10, Greenwich, JAI, 1988, p. 126-7.
35. Peter F. Drucker. *Inovação e gestão*. Lisboa, Editorial Presença, 1986.
36. Peter F. Drucker. *A profissão do administrador*. São Paulo, Pioneira, 1998.
37. www.3minovacao.com.br.
38. Clemente Nóbrega. "As revoluções da informação". *Época Negócios*, jun./2011.
39. http://colunas.epocanegocios.globo.com/ideiaseinovacao/.
40. Jeffrey H. Dyer, Hal B. Gregersen, Clayton M. Christensen. *The innovator's DNA: mastering the five skills*

of disruptive innovators. Boston, Harvard Business School, 2001.

41. Jacques Bughin & James Manyka. "10 tendências inescapáveis". *HSM Management: Informação e conhecimento para gestão empresarial*, mai.-jun./2011, p. 134-40. Disponível em: www.mckinseyquarterly.com/Clouds_big_data_and_smart_assets_Ten_tech-enabled_business_trends_to_watch_2647.

42. Eric Beinhocker, Ian Davis, Lenny Mendonça. "The 10 trends you have to watch". Disponível em: http://hbr.org/2009/07/the-10-trends-you-have-to-watch/.

43. Thomas W. Mallone. *The future of work: how the new order of business will shape your organization, your management style, and your life*. Boston, Harward Business School, 2004. p. 16, 28.

6
A CULTURA ORGANIZACIONAL

Objetivos de aprendizagem

Após estudar este capítulo, você deverá estar capacitado para:

- Definir a cultura organizacional e seus diversos níveis.
- Explicar como se pode mudar a organização por meio de sua cultura.
- Descrever as diversas técnicas de desenvolvimento organizacional.
- Definir como se realiza um programa de desenvolvimento organizacional.
- Explicar o espírito empreendedor e como criá-lo nas organizações.
- Saber mesclar o espírito empreendedor com o espírito de equipe.
- Definir a ética e o comportamento ético do administrador.
- Reconhecer a importância dos valores sociais e das leis.

O que veremos adiante

- Conceito de cultura organizacional.
- Organizações formal e informal.
- Diversidade.
- Desenvolvimento organizacional (DO).
- Espírito empreendedor.
- Ética.
- Valores e leis.

> ### Caso introdutório: Aços Finos S/A
>
> A Aços Finos S/A não estava atravessando seus momentos mais brilhantes. Seus negócios passaram a sofrer forte pressão da concorrência, sua rentabilidade inspirava preocupação e a empresa estava cortando pessoal para reduzir custos operacionais. Entre os funcionários, reinava um estado de pânico pelos recentes acontecimentos na empresa. O ambiente psicológico era simplesmente aterrador. A "rádio peão" polarizava as atenções, e os boatos corriam soltos. Nesse clima de tensão, Mario Montenegro foi promovido a Diretor Geral da companhia e estava incumbido de desenvolver um ambicioso e urgente programa de reorganização, reestruturação e modernização para salvar a empresa, antes que fosse tarde. Montenegro convocou a diretoria para uma reunião a fim de debater o que deveria ser feito, as prioridades envolvidas e, sobretudo, verificar quais os meios à sua disposição. Depois de muita discussão, Montenegro percebeu que, daquelas cabeças ali presentes, não sairia a salvação da companhia. A mentalidade reinante parecia-lhe conservadora, burocrática, rotineira, apegada a normas e regulamentos, voltada para o passado e, acima de tudo, elitista e cheia de preconceitos. Para seus colegas de diretoria, os operários eram apenas mão de obra braçal e ponto final. Montenegro decidiu formar uma pequena equipe de trabalho para ajudá-lo diretamente. Queria fazer um by-pass, ou seja, um atalho para resolver mais rapidamente os problemas da companhia. Em vez de utilizar a diretoria atual, pretendia utilizar vários grupos de pessoas na tentativa de trabalhar mais depressa e melhor. Mexer no organograma ficaria para depois. Qual sua opinião sobre a decisão de Montenegro?

O primeiro passo para conhecer uma organização é conhecer a sua cultura. Fazer parte de uma organização é assimilar e vivenciar a sua cultura. Viver em uma organização, trabalhar nela, atuar em suas atividades, desenvolver carreira nela é participar intimamente de sua cultura organizacional. A maneira pela qual as pessoas interagem em uma organização, a missão, a filosofia reinante, os valores sociais, os modos predominantes de comportamento, pressuposições subjacentes, aspirações e os assuntos relevantes nas interações entre os membros fazem parte da cultura da organização. Cada organização tem suas características próprias, sua personalidade, seu modo de ser e de acontecer e suas peculiaridades. Em resumo, cada organização tem a sua cultura.

A sociedade moderna é, sobretudo, uma sociedade de organizações[1]. As organizações proliferam pelo mundo todo para produzir uma infinidade de bens e prestar variados serviços. Praticamente toda a produção oferecida à humanidade é planejada, organizada, produzida e controlada por meio de organizações. O homem moderno vive dentro de organizações e depende delas para viver, alimentar-se, ganhar a vida, educar-se, informar-se, divertir-se, cuidar da saúde, investir etc. Na sociedade moderna, cada pessoa precisa participar, simultaneamente, de várias organizações, desempenhando diferentes papéis em cada uma delas. Em algumas é o cliente, em outras o funcionário, o professor, o associado, o atleta, o paciente, o investidor etc.

A cultura é um importante conceito para se compreender as sociedades humanas e os grupos sociais. A Antropologia tem apresentado exemplos de culturas de várias sociedades do mundo e em diferentes eras. A cultura tem um sentido antropológico e histórico, porque ela reside no íntimo de cada sociedade ou organização. É ela que distingue a maneira pela qual as pessoas se interagem umas com as outras e, sobretudo, pela qual se comportam, sentem, pensam, agem e trabalham. Cada sociedade e organização têm a sua cultura específica e que proporciona as suas características próprias de pensar, sentir e agir.

CONCEITO DE CULTURA ORGANIZACIONAL

Para Schein, a cultura é "um padrão de assuntos básicos compartilhados que um grupo aprendeu como maneira de resolver seus problemas de adaptação externa e integração interna, e que funciona bem a ponto de ser considerado válido e desejável para ser transmitido aos novos membros como a maneira correta de perceber, pensar e sentir em relação aqueles problemas"[2]. Para Jacques, a cultura organizacional é a maneira costumeira ou tradicional de pensar e fazer as coisas, que são compartidas em grande extensão por todos os membros da organização e que os novos membros devem aprender e aceitar para serem aceitos no serviço da firma"[3]. Em outras palavras, a cultura organizacional representa as normas informais e não escritas que orientam o comportamento dos membros de uma organização no dia a dia e que direciona suas ações para o alcance dos objetivos organizacionais. No fundo, é a cultura que define a missão e provoca o nascimento e o estabelecimento dos objetivos da organização. A cultura precisa ser alinhada a outros aspectos das decisões e ações da organização, como planejamento, organização, direção e controle, para que se possa melhor conhecer a organização.

Cada organização tem a sua cultura própria. É o que denominamos cultura organizacional. É por essa razão que algumas empresas são conhecidas por algumas peculiaridades próprias. Os administradores da Procter & Gamble fazem memorandos que não ultrapassam uma página. Todas as reuniões da DuPont começam com um comentário obrigatório sobre segurança. O pessoal da Toyota está vidrado em perfeição. A 3M tem dois valores fundamentais; um deles é a regra dos 25%, que exige que um quarto de suas vendas venha de produtos introduzidos nos últimos cinco anos; outro é a regra 15%, que leva todo funcionário a despender 15% da sua semana de trabalho para fazer qualquer coisa que prefira, desde que relacionada com algum produto da companhia. A IBM leva ao máximo a sua preocupação com o profundo respeito aos funcionários como pessoas. Assim, cultura organizacional é o conjunto de hábitos e crenças, estabelecidos por meio de normas, valores, atitudes e expectativas, que é compartilhado por todos os membros da organização. A cultura espelha a mentalidade que predomina em uma organização.

Muitos aspectos da cultura organizacional são percebidos mais facilmente, enquanto outros são menos visíveis e de difícil percepção. É como se estivéssemos observando um *iceberg*. A sua parte superior é perfeitamente visível, pois se encontra na superfície acima das águas. Contudo, a sua parte inferior fica oculta sob as águas e totalmente fora da visão das pessoas. Da mesma maneira, a cultura organizacional mostra aspectos formais e facilmente perceptíveis, como as políticas e diretrizes, os métodos e procedimentos, os objetivos, a estrutura organizacional e a tecnologia adotada. Contudo, oculta alguns aspectos informais, como as percepções, sentimentos, atitudes, valores, interações informais, normas grupais, etc. Os aspectos ocultos da cultura organizacional são os mais difíceis não somente de compreender e de interpretar, como também de mudar ou sofrer transformações. A Figura 6.1 mostra o *iceberg* da cultura organizacional.

Na verdade, a cultura é a maneira pela qual cada organização aprendeu a lidar com o seu ambiente. É uma complexa mistura de pressuposições, crenças, comportamentos, histórias, mitos, metáforas e outras ideias que, tomadas juntas, representam a maneira particular de uma organização funcionar e trabalhar. Por essa razão, diz-se que há uma cultura de segurança na DuPont, uma

Aspectos formais e abertos

- Estrutura organizacional
- Títulos e descrições de cargos
- Objetivos e estratégias
- Tecnologia e práticas operacionais
- Políticas e diretrizes de pessoal
- Métodos e procedimentos
- Medidas de produtividade física e financeira

Componentes visíveis e publicamente observáveis, orientados para aspectos operacionais e de tarefas

Aspectos informais e ocultos

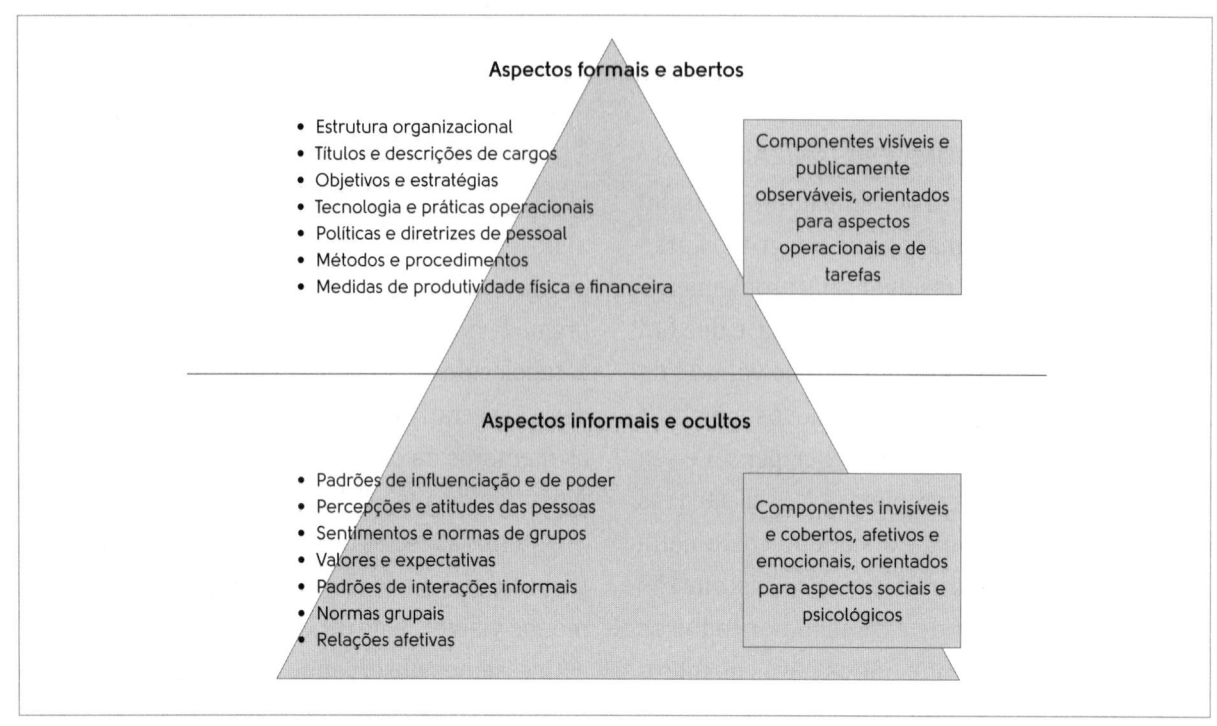

- Padrões de influenciação e de poder
- Percepções e atitudes das pessoas
- Sentimentos e normas de grupos
- Valores e expectativas
- Padrões de interações informais
- Normas grupais
- Relações afetivas

Componentes invisíveis e cobertos, afetivos e emocionais, orientados para aspectos sociais e psicológicos

Figura 6.1. O *iceberg* da cultura organizacional[4].

cultura de serviços na Dell Computer, uma cultura de inovação na 3M, uma cultura de qualidade na Toyota, pois as pessoas de cada uma dessas organizações aprenderam, dentro delas, uma maneira particular de lidar com uma variedade de assuntos relacionados à vida na organização.

Administração de hoje

Gestão de princípios do Brasil para o mundo[5]

Era Brahma, depois veio a fusão com a Antarctica e virou AmBev, depois Inbev e agora é AB Inbev: a maior cervejaria do mundo. Uma empresa de mais de 38 bilhões de dólares, sediada na Bélgica com operações em 23 países e com 116 mil funcionários. A casa foi sendo arrumada ao redor de uma cultura organizacional baseada em uma pirâmide de pessoas excelentes com base em:

1. **Meritocracia:** os melhores (em desempenho e adaptação à cultura da empresa) crescem mais depressa e ganham mais do que a média.
2. **Sinceridade:** todos têm o direito de receber *feedback* sobre seu desempenho honesto e regular, no mínimo duas vezes por ano.
3. **Informalidade:** na forma de vestir ou de se comportar, todos podem desafiar todos, desde que de maneira construtiva e respeitosa. Conflitos saudáveis são bem-vindos.

A empresa é guiada por sonhos (grandes), pessoas (excelentes) e cultura (forte). Esse é o tripé sobre o qual estão os dez princípios de gestão da AB Inbev, a saber:

1. Somos movidos por um sonho grandioso e desafiador – ser a melhor e mais lucrativa cervejaria do mundo.

2. Pessoas excelentes, livres para crescer no ritmo de seu talento e recompensadas adequadamente, são nosso ativo mais valioso.
3. Devemos selecionar indivíduos que possam ser melhores do que nós. Seremos avaliados pela qualidade de nossas equipes.
4. Nunca estamos plenamente satisfeitos com nossos resultados. É essa recusa em se acomodar à situação atual que nos garante vantagem competitiva duradoura.
5. Resultados são a força motriz da empresa. O foco nos resultados nos permite concentrar tempo e energia no que é essencial.
6. Somos todos donos da empresa. E um dono assume a responsabilidade pelos resultados pessoalmente.
7. Acreditamos que bom senso e simplicidade são melhores que complexidade e sofisticação.
8. Gerenciamos nossos custos rigorosamente, a fim de liberar recursos que ajudarão a aumentar o faturamento.
9. A liderança pelo exemplo pessoal é o melhor guia para nossa cultura. Fazemos o que dizemos.
10. Não tomamos atalhos. Integridade, trabalho duro e consistência são o cimento que pavimenta nossa empresa.

Esses princípios servem de norte para os 116 mil funcionários da empresa no sentido de garantir uma gestão eficaz, sustentável e diferenciada da dos concorrentes.

Componentes da Cultura Organizacional

Outra maneira de abordar a cultura é proporcionada por Schein[2]. Para ele, toda cultura existe em três diferentes níveis de apresentação: artefatos, valores compartilhados e pressuposições básicas. Vejamos cada um deles.

1. **Artefatos**: constituem o primeiro nível da cultura, o mais superficial, visível e perceptível. São as coisas que se pode ver, ouvir e sentir quando se depara com uma organização cuja cultura não é familiar. Artefatos são todas aquelas coisas que, no seu conjunto, definem uma cultura e revelam como a cultura dá atenção a elas. Incluem produtos, serviços e os padrões de comportamento dos membros de uma organização. Quando se percorre os escritórios de uma organização, pode-se notar como as pessoas se vestem, como elas falam, sobre o que conversam, como se comportam, quais as coisas que são importantes e relevantes para elas. Os artefatos são todas as coisas ou eventos que podem nos indicar visual ou auditivamente como é a cultura da organização. Os símbolos, as histórias, os heróis, os lemas, as cerimônias anuais são também exemplos de artefatos.

2. **Valores compartilhados**: constituem o segundo nível da cultura. São os valores relevantes que se tornam importantes para as pessoas e que definem as razões pelas quais elas fazem o que fazem. Funcionam como justificativas aceitas por todos os membros. Em muitas culturas organizacionais, os valores são criados originalmente pelos fundadores da organização. Na DuPont, muitos dos procedimentos e produtos são resultados dos valores atribuídos à segurança. É que a organização foi criada por um fabricante de pólvora para armas e não é surpresa nenhuma que tenha procurado fazer esse trabalho com total segurança com novos membros que ingressavam no negócio. Os valores de segurança são os traços fortes da cultura da DuPont desde os tempos em que a pólvora era o centro de seus negócios.

3. **Pressuposições básicas**: constituem o terceiro nível da cultura organizacional, o mais íntimo,

profundo e oculto. São as crenças inconscientes, percepções, sentimentos e pressuposições dominantes e nas quais os membros da organização acreditam. A cultura prescreve a maneira certa de fazer as coisas que é adotada na organização, muitas vezes, por meio de pressuposições não escritas e nem sequer faladas. Muitas empresas de cosméticos assumem previamente que toda estratégia de *marketing* deve focalizar a propaganda e promoções sobre seus produtos para aumentar a beleza das mulheres.

Artefatos, valores compartilhados entre os membros e pressuposições básicas constituem os principais elementos para se conhecer e compreender a cultura de uma organização.

Artefatos	Estruturas e processos organizacionais visíveis (mais fáceis de decifrar)
Valores compartilhados	Filosofias, estratégias e objetivos (justificações compartilhadas)
Pressuposições básicas	Crenças inconscientes, percepções, pensamentos e sentimentos (fontes mais profundas de valores e ações)

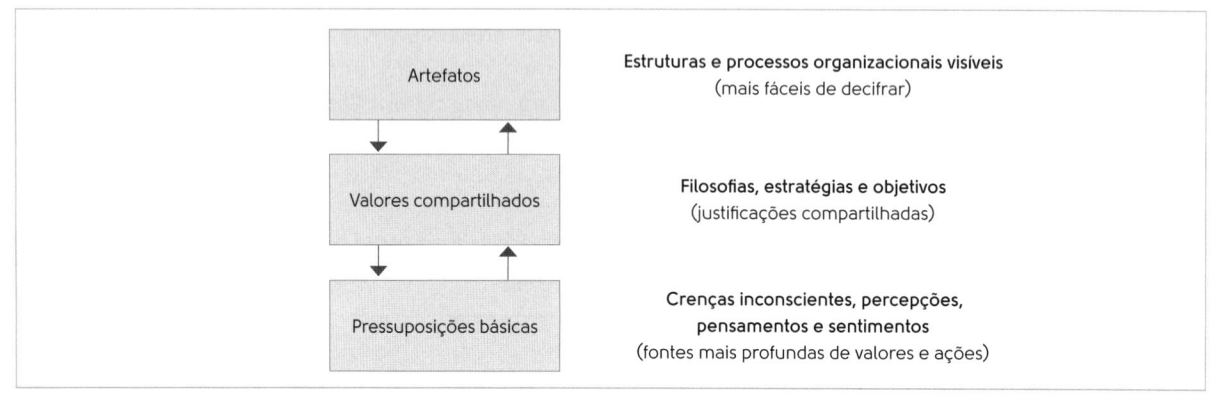

Figura 6.2. Os três níveis da cultura organizacional.

Administração de hoje

HP Way[6]

Há uma regra que todo novato logo aprende quando começa a trabalhar na Hewlett-Packard, a HP: ali não há "senhor" ou "senhora". Lewis Platt, o presidente mundial da HP, é simplesmente Lew. O presidente no Brasil é apenas Flávio. A informalidade é uma norma escrita com todas as letras no manual de boas-vindas dos novos funcionários. O tratamento pessoal sem barreiras faz parte do que a empresa chama de HP Way, um conjunto de valores que norteia o estilo de trabalho e os relacionamentos lá dentro. "A informalidade aproxima as pessoas. Não quer dizer falta de respeito", diz o presidente brasileiro.

O HP Way envolve, além do tratamento informal, ética, confiança e respeito às pessoas, trabalho em equipe, flexibilidade e inovação. Suas quatro políticas principais são guiadas pela filosofia adiante:

1. **Primeira:** a HP não discrimina por sexo, raça, idade ou religião. A empresa, ao contrário, tem como estratégia de negócio montar um ambiente de trabalho com a maior diversidade possível.
2. **Segunda:** na HP ninguém é demitido sem ter a chance de melhorar sua *performance*. Todas as demissões precisam ter o aval de mais de uma pessoa. Nesses casos, o diretor de recursos humanos faz o papel de juiz para garantir que o processo seja justo do ponto de vista do funcionário.
3. **Terceira:** a HP não distingue as pessoas pelo cargo que elas ocupam. Tudo o que a empresa oferece para os executivos (com exceção do carro) oferece também para todas as pessoas, inclusive os *office-boys*.
4. **Quarta:** na HP, a ética é um valor inegociável. Sua quebra é a única falta grave que pressupõe a demissão sumária.

Os valores e princípios da HP são seus mais fortes atrativos para os funcionários. É uma empresa justa, onde todos têm liberdade de expressão. Mas, o HP Way não é uma invenção da filial brasileira. Na década de 1950, Bill Hewlett e Dave Packard – os legendários fundadores – reuniram todos os gerentes para redigir a ideologia e as ambições da HP. Pouco depois do encontro a empresa colocou em prática as políticas que hoje são conhecidas como o HP Way. A filosofia tem peso tão grande que, ano após ano, o presidente mundial faz questão de destacá-la em seus objetivos como o principal executivo do grupo. "O meu papel, e o de todos os principais executivos da empresa, é construir o melhor lugar para trabalhar", diz o presidente brasileiro.

A HP reconhece *performances* excepcionais por meio de ações da matriz. O funcionário recebe uma cartinha de parabéns do presidente mundial e um determinado número de ações, que depende do tamanho do trabalho realizado. Um consultor do departamento de serviços profissionais ganhou 500 ações por ter fechado a maior venda da HP no Brasil. Isso representou 34 mil dólares, considerando o seu valor atual nas bolsas americanas. Os melhores ganham ações de presente – 10 ações ao completar 10 anos de empresa e 20 aos 20 anos. A HP distribui participação nos lucros desde 1964. O programa sempre foi baseado no resultado mundial do grupo, com pagamentos semestrais. Até hoje, a distribuição não falhou um único semestre.

ORGANIZAÇÕES FORMAL E INFORMAL

Embora sujeitas a critérios de racionalidade, as organizações são entidades sociais em contínuo processo de desenvolvimento. Todas as organizações apresentam duas faces distintas e inter-relacionadas intimamente: a organização formal e a organização informal.

Organização Formal

Dá-se o nome de organização formal à estrutura de relações profissionais entre pessoas, planejada no sentido de facilitar o alcance dos objetivos globais da organização. A organização formal é a organização oficialmente adotada e é geralmente caracterizada pelo organograma e pelos manuais de organização. Os principais aspectos retratados pela organização formal são:

1. Órgãos: como departamentos, divisões, seções, setores, etc.
2. Postos: de diretores, de gerentes, de supervisores, de funcionários, de operários, etc.
3. Hierarquia de autoridade: com autoridade e responsabilidade previamente definidas, bem como os canais de comunicação.
4. Objetivos e os planos: definidos para alcançá-los adequadamente.
5. Tecnologia: constitui o modo de realizar o trabalho dentro da organização.

A organização formal espelha a maneira lógica e racional pela qual a organização se estrutura a fim de coordenar e integrar os esforços de todos os membros.

Organização Informal

As organizações, apesar de sua natureza lógica e racional, não são entidades totalmente mecânicas. Elas são dotadas de pessoas que, embora ocupem posições dentro da organização formal e realizem o trabalho por meio da tecnologia, desenvolvem o que chamamos de organização informal. Existem padrões de comportamentos e relacionamentos que não constam no organograma. Existem amizades e antagonismos, indivíduos que se identificam com outros, grupos que se afastam de outros e uma grande variedade de relações no trabalho ou fora dele e que constituem a chamada organização informal[7].

A organização informal é a rede de relacionamentos e interações que se desenvolve, espontaneamente, entre as pessoas que ocupam posições na organização formal. Em outras palavras: a organização informal compõe-se de sentimentos de afeição ou rejeição entre pessoas, de atitudes favoráveis e desfavoráveis em relação às práticas administrativas, de cooperação ou hostilidade entre grupos. Envolve uma complicada trama de processos espontâneos que pertencem ao campo comportamental e que surge, desenvolve e predomina sobre as relações que teoricamente são formais.

As principais características da organização informal são:

1. **Grupos informais**: que se desenvolvem de acordo com os interesses comuns e identificações das pessoas. Podem ser blocos de interesses, círculos de amizades, "panelas", etc. Os grupos informais incluem sentimentos de inclusão ou rejeição de certos membros, sentimentos de hostilidade ou amizade, comportamento agressivo ou de afiliação entre as pessoas e outros aspectos de origem emocional.
2. **Atitudes e comportamentos**: que manifestam percepções favoráveis ou desfavoráveis às práticas administrativas. Os grupos informais desenvolvem padrões de relações e de atitudes e que passam a ser aceitos e assimilados pelos seus componentes, pois traduzem os interesses e as aspirações do grupo. Nesse sentido, a organização informal pode desenvolver colaboração espontânea ou oposição à organização formal.
3. **Normas de trabalho**: que os diversos grupos estabelecem como padrão de desempenho aceitável nas suas atividades e que são impostos a todos os seus membros, independentemente das normas formais e oficiais da organização. Em relação a esse aspecto, a organização informal também pode desenvolver colaboração espontânea ou oposição à organização formal.
4. **Padrões de liderança**: que podem conferir autoridade informal a certas pessoas, independentemente de sua posição na organização formal. Por características pessoais ou circunstâncias, certos indivíduos podem se transformar em influenciadores de atitudes ou formadores de opinião. É a chamada liderança informal, que pode ou não coincidir com o poder formal.

O desafio para o administrador é conciliar e compatibilizar as características desses dois fenômenos, ou seja, adequar o perfil da organização formal e informal para obter efeito sinergístico e eliminar qualquer tipo de dissonância entre ambas.

Voltando ao caso introdutório: Aços Finos S/A

Montenegro convocou alguns gerentes e funcionários de sua estrita confiança para compor a sua equipe principal de mudanças: o diretor de *marketing*, o gerente de recursos humanos, o gerente de produção de laminados, o gerente de compras, o supervisor de treinamento, o supervisor de orçamento e mais dois encarregados de setor da laminação. Era uma equipe multifuncional vinda de diversos níveis do atual organograma. Como não podia mudar máquinas, equipamentos, instalações – aquilo que ele denominava tecnologia fixa da empresa – nem mudar estruturas organizacionais, o caminho era mudar a cabeça dos funcionários e operários e fazê-los trabalhar mais mentalmente e menos muscularmente. Em vez de cortar cabeças, queria usar as cabeças existentes. Fazer com que, entre os 1.265 funcionários a empresa tivesse 1.265 cérebros funcionando ativamente para tirá-la do atoleiro em que se encontrava. Para tanto, precisava contar com algumas providências imediatas: conquistar a confiança do pessoal, conscientizá-lo sobre as dificuldades da companhia, conseguir a adesão às suas ideias, obter a participação de todos no processo de salvamento da empresa e fazer tudo isso de maneira rápida e eficaz no sentido de obter resultados práticos e igualmente rápidos. Em suma, precisava mudar alguns artefatos para mostrar a mudança na cultura da empresa, desenvolver e transmitir novos valores a serem compartilhados e, sobretudo, alterar certas pressuposições básicas que dominavam o sentimento dos funcionários. Queria uma nova velha empresa na cabeça de todos os funcionários. Uma organização informal viva e atuante dentro da companhia. Qual sua opinião a respeito?

Avaliação crítica: As práticas administrativas japonesas

Nas últimas décadas do século passado, as práticas administrativas japonesas criaram empresas mais eficientes e eficazes, enquanto as grandes multinacionais ocidentais passaram a ser intensamente criticadas. Os produtos nipônicos – como televisores, motocicletas, automóveis ou eletrodomésticos – passaram a ser sinônimos de qualidade e preços baixos. Como competir com empresas como NEC, Nissan, Sony, Toyota, Kawasaki, Sanyo ou Toshiba? O sucesso das firmas japonesas foi atribuído à sua orientação grupal. A cultura japonesa focaliza a confiança e a intimidade dentro do grupo e da família. Nos Estados Unidos, ao contrário, a orientação cultural básica é para os direitos e as necessidades do indivíduo. As diferenças entre as duas sociedades se reflete profundamente na maneira como suas empresas são administradas.

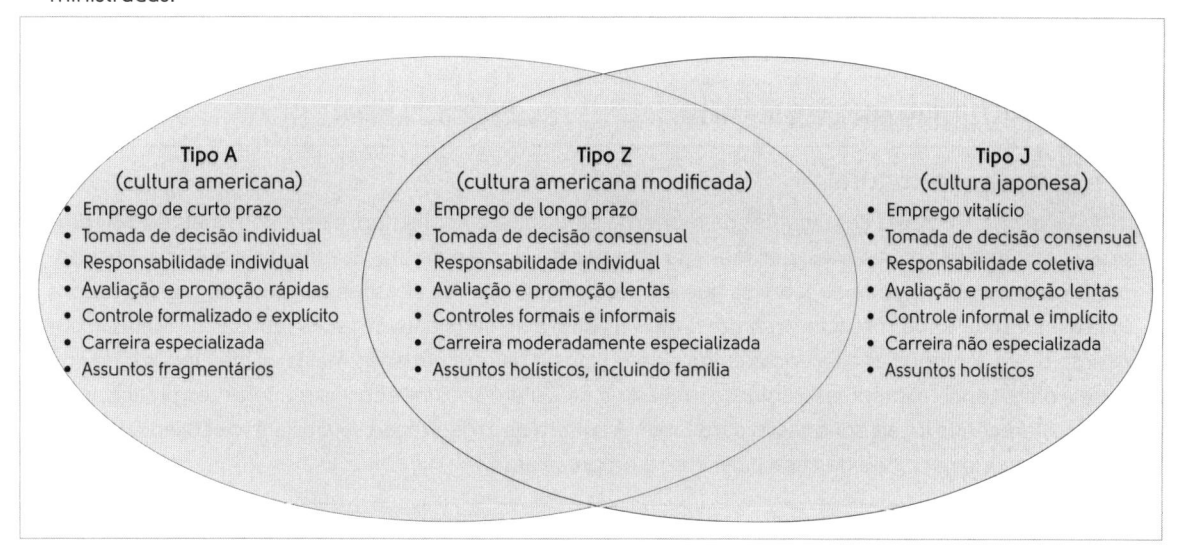

Tipo A (cultura americana)
- Emprego de curto prazo
- Tomada de decisão individual
- Responsabilidade individual
- Avaliação e promoção rápidas
- Controle formalizado e explícito
- Carreira especializada
- Assuntos fragmentários

Tipo Z (cultura americana modificada)
- Emprego de longo prazo
- Tomada de decisão consensual
- Responsabilidade individual
- Avaliação e promoção lentas
- Controles formais e informais
- Carreira moderadamente especializada
- Assuntos holísticos, incluindo família

Tipo J (cultura japonesa)
- Emprego vitalício
- Tomada de decisão consensual
- Responsabilidade coletiva
- Avaliação e promoção lentas
- Controle informal e implícito
- Carreira não especializada
- Assuntos holísticos

Figura 6.3. As características da administração segundo a Teoria Z[8].

DIVERSIDADE

A diversidade no ambiente de trabalho é um aspecto típico do contexto globalizado, dinâmico e competitivo de hoje. Diversidade significa o grau de diferenças humanas básicas em uma determinada população. É a existência de uma variedade de pessoas de diferentes características pessoais que constituem a força de trabalho: etnias, credos, religiões, classes sociais, idades, sexos, capacidade física, costumes e culturas diferentes se mesclam entre as pessoas que constituem as organizações. Os novos modelos de gestão dentro desse contexto não podem deixar de considerar essas diferenças individuais das pessoas no ambiente de trabalho. As práticas administrativas estão valorizando as características pessoais no trabalho, como personalidades, aspirações, motivações, aptidões, interesses, etc. Apesar de ser um aspecto complexo para ser conduzido na prática, a diversidade pode produzir alguns benefícios para a organização, como[9]:

1. Maior probabilidade de obter soluções originais, criativas e inovadoras, tanto técnica como administrativamente.
2. Criação de uma imagem de postura ética ao se declarar e lutar contra preconceitos e discriminações internas e externas.
3. Maior probabilidade de obter fidelidade e lealdade dos funcionários.
4. Maior probabilidade de os funcionários estarem dispostos a se empenhar pela organização.
5. Maior probabilidade de que os funcionários desenvolvam iniciativa, autonomia e autorresponsabilidade.
6. Possibilidade de fomentar um clima de trabalho capaz de estimular o crescimento pessoal dos funcionários (de modo que se sintam dignos e contribuintes da sociedade).
7. Contribuição decisiva para que a organização atue como um agente de transformação genuinamente social.

A diversidade realça as diferenças individuais das pessoas e se contrapõe à homogeneidade, que procura tratar as pessoas como se elas fossem padronizadas e despersonalizadas. O conceito ampliado de diversidade – no nível das diferenças individuais entre as pessoas – é o multiculturalismo – no nível das diferenças entre culturas.

Administração de hoje

A diversidade cultural

A Panasonic Co., uma das gigantes da moderna eletrônica de consumo, opera com mais de 580 empresas em 38 diferentes países, por meio da América do Norte e do Sul, Europa, Ásia e África. Para administrar sua enorme rede de fábricas que empregam milhares de pessoas ao redor do mundo todo, a Matsushita adapta suas práticas organizacionais à cultura de cada país. Em suas fábricas na Malásia, por exemplo, ela acomoda as diferenças culturais e religiosas de muçulmanos malásios, de hindus e de chineses, oferecendo alimentação chinesa, malásia e hindu em seus refeitórios e diferentes práticas religiosas, oferecendo locais adequados para tanto. A cultura da organização se ajusta às peculiaridades das culturas locais e nacionais de cada país onde a empresa atua.

Multiculturalismo

A cultura é difícil de mudar, principalmente no nível dos esquemas mais profundos, como os valores e pressuposições básicas. Todavia, a natureza da força de trabalho vem mudando em grandes proporções, trazendo um fenômeno novo, que é o multiculturalismo: um misto de pessoas provenientes de diferentes culturas, várias etnias e diferentes estilos de vida. Para que a organização consiga adaptar-se a essa realidade multivariada, ela precisa compreender o multiculturalismo e seu impacto.

O multiculturalismo significa a existência de muitos e diferentes elementos e fatores culturais trazidos às organizações por pessoas provenientes de diferentes culturas e que coexistem e florescem dentro das organizações. Quase sempre, o multiculturalismo refere-se a fatores culturais como etnias, raças, sexo, faixas etárias, credos religiosos e hábitos diferentes. O multiculturalismo está se tornando uma premissa básica da moderna sociedade, seja a brasileira ou a americana e, provavelmente, uma das principais características do próximo milênio[10]. Daí a necessidade de fazer as coisas politicamente corretas para adequar a administração a uma força de trabalho multivariada e culturalmente diversificada.

Administração de hoje

Os seis argumentos para administrar a diversidade cultural[11]

A diversidade cultural pode melhorar o desempenho organizacional. Cox apresenta seis argumentos neste sentido:

1. **Argumento de custo:** quanto mais uma organização se torna diversificada, o custo de integrar diferentes trabalhadores até poderá aumentar. Mas, isto pode criar vantagens de custo sobre as outras organizações que ainda não sabem faze-lo.
2. **Argumento de aquisição de recursos:** as companhias podem ganhar reputação favorável quanto ao emprego de mulheres e de minorias étnicas. Principalmente quando conseguem competir, atraindo melhores empregados e promovendo mudanças na composição de sua força de trabalho.
3. **Argumento de *marketing*:** as organizações multinacionais que desenvolvem sua sensitividade cultural adaptando-a às raízes culturais dos países onde atuam apresentam maior facilidade nos seus esforços de *marketing*.
4. **Argumento da criatividade:** a diversidade de perspectivas e a menor ênfase na conformidade às normas do passado aumentam o nível de criatividade da organização.
5. **Argumento da solução de problemas:** a heterogeneidade nas decisões e na solução de problemas pelos diferentes grupos produz melhores decisões por causa da variada perspectiva e da análise mais crítica dos assuntos.
6. **Argumento da flexibilidade de sistemas:** o modelo multicultural para administrar a diversidade é o sistema menos determinante, menos estandardizado e, sobretudo, o mais fluido. O aumento da fluidez cria maior flexibilidade para reagir às mudanças ambientais a um custo menor.

Características das Culturas Bem-sucedidas

Alguns autores se preocuparam em pesquisar os fatores que determinam as culturas organizacionais que conduzem uma organização ao sucesso. Se esses fatores de sucesso podem ser isolados, as demais organizações podem adotar programas de mudança em suas culturas para se tornarem mais bem-sucedidas. Kotter e Heskett[12] identificaram dois níveis de cultura, semelhantes ao *iceberg* que vimos no início do capítulo, conforme a Figura 6.4. No primeiro nível – o visível – estão os padrões e estilos de comportamento dos funcionários. No segundo – o invisível –, estão os valores compartilhados e pressuposições que são desenvolvidos em longos períodos de tempo. Esse segundo nível é mais difícil de mudar. As mudanças no primeiro nível (ou seja, nos padrões e estilos de comportamento) ao longo do tempo provocam mudanças nas crenças mais profundas. Nesse sentido, mudança cultural emerge a partir do primeiro nível e, gradativamente, afeta o segundo.

Os resultados da pesquisa de Kotter e Heskett indicam que a cultura apresenta um forte e crescente impacto no desempenho das organizações. O estudo apresenta quatro conclusões principais[15]:

1. A cultura corporativa tem um significativo impacto sobre o desempenho econômico da or-

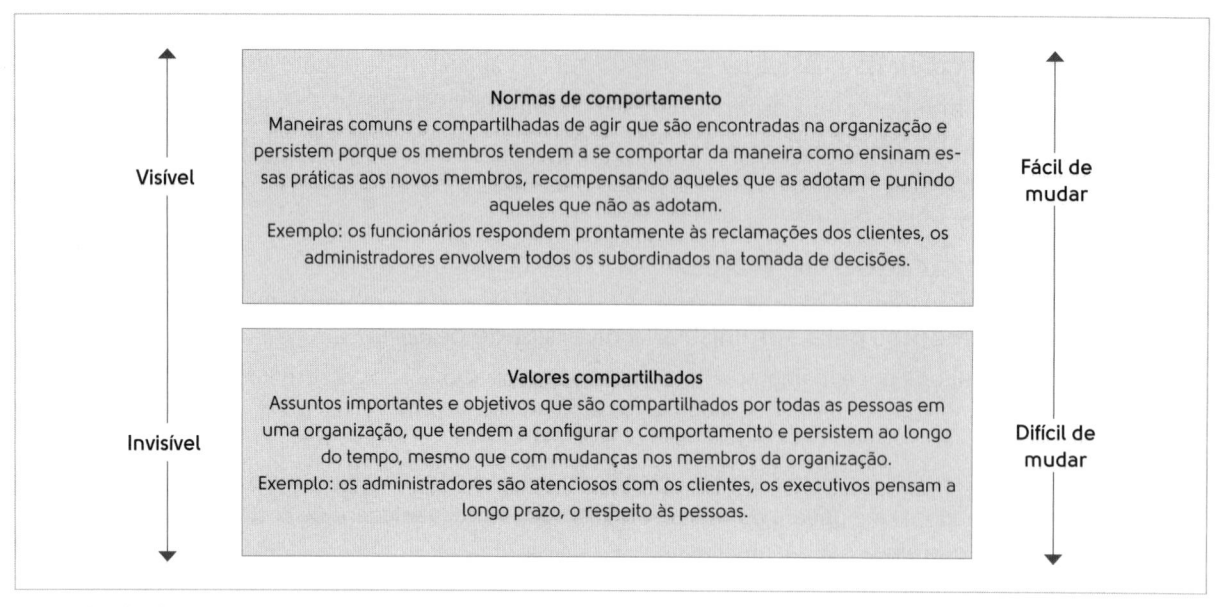

```
┌─────────────────────────────────────────────────────────────────────────┐
│   ↑    ┌─────────────────────────────────────────────────────┐    ↑    │
│        │              Normas de comportamento                │         │
│        │ Maneiras comuns e compartilhadas de agir que são    │         │
│        │ encontradas na organização e persistem porque os    │         │
│ Visível│ membros tendem a se comportar da maneira como       │ Fácil de│
│        │ ensinam essas práticas aos novos membros,           │  mudar  │
│        │ recompensando aqueles que as adotam e punindo       │         │
│        │ aqueles que não as adotam.                          │         │
│        │ Exemplo: os funcionários respondem prontamente às   │         │
│        │ reclamações dos clientes, os administradores        │         │
│        │ envolvem todos os subordinados na tomada de decisões│         │
│        └─────────────────────────────────────────────────────┘         │
│        ┌─────────────────────────────────────────────────────┐         │
│        │              Valores compartilhados                 │         │
│        │ Assuntos importantes e objetivos que são            │         │
│        │ compartilhados por todas as pessoas em uma          │         │
│Invisível│ organização, que tendem a configurar o comportamento│Difícil de│
│        │ e persistem ao longo do tempo, mesmo que com        │  mudar  │
│        │ mudanças nos membros da organização.                │         │
│        │ Exemplo: os administradores são atenciosos com os   │         │
│        │ clientes, os executivos pensam a longo prazo,       │         │
│        │ o respeito às pessoas.                              │         │
│   ↓    └─────────────────────────────────────────────────────┘    ↓    │
└─────────────────────────────────────────────────────────────────────────┘
```

Figura 6.4. Os dois níveis da cultura organizacional para Kotter e Heskett[12].

ganização no longo prazo. Algumas culturas são excelentes em adaptar para mudanças e em preservar o desempenho da organização, enquanto outras não.

2. A cultura corporativa pode constituir um importante fator na determinação do sucesso ou fracasso das organizações na próxima década.
3. As culturas corporativas que inibem fortemente o desempenho financeiro no longo prazo não são raras. Elas se desenvolvem, facilmente em organizações que são constituídas por pessoas inteligentes e razoáveis.
4. Embora sujeitas a mudança, as culturas corporativas podem aumentar o desempenho da organização.

As organizações bem-sucedidas estão adotando culturas não somente flexíveis, mas, sobretudo, sensitivas para acomodar as diferenças sociais e culturais de seus membros participantes, principalmente quando elas atuam em termos globais e competitivos, espalhando-se por várias partes do mundo. Por outro lado, também as pessoas tornam-se igualmente flexíveis e sensitivas pelo fato de participarem de várias organizações simultaneamente para poderem trabalhar, lecionar, assessorar, consultar, comprar, alugar, comer, vestir, viajar, etc. Elas precisam se integrar às diferentes culturas organizacionais para serem bem-sucedidas.

Culturas Conservadoras e Culturas Adaptativas

Existem culturas organizacionais adaptativas e outras não adaptativas. As primeiras se caracterizam pela sua maleabilidade e flexibilidade, já as segundas, por sua rigidez e conservantismo.

Algumas organizações se caracterizam pela adoção e preservação de culturas conservadoras, em que predomina a manutenção de ideias, valores, costumes e tradições que permanecem arraigados e que não mudam ao longo do tempo. O perigo é que o mundo muda lá fora, o ambiente de negócios também e essas organizações se mantêm totalmente inalteradas, como se nada houvesse mudado. Outras organizações se caracterizam pela constante revisão e atualização de culturas adaptativas. O perigo é que essas organizações mudam constantemente suas ideias, valores, costumes e perdem as suas características próprias que as definem como instituições sociais. Apesar da neces-

	Culturas adaptativas	Culturas não adaptativas
Normas de comportamento	Os administradores prestam atenção a todos os aspectos, especialmente clientes, e iniciam a mudança quando precisam servir seus legítimos interesses, mesmo que isso signifique assumir riscos.	Os administradores tendem a se comportar política e burocraticamente de modo isolado. Como resultado, não mudam suas estratégias prontamente para ajustar ou ganhar vantagens com a mudança em seus ambientes de trabalho.
Valores compartilhados	Os administradores cuidam profundamente dos clientes, investidores e empregados. Eles atribuem forte valor às pessoas e aos processos que podem criar mudanças úteis (como liderança acima e abaixo da hierarquia administrativa).	Os administradores cuidam principalmente de si mesmos, de seu grupo imediato de trabalho ou de algum produto (ou tecnologia) associado com seu grupo de trabalho. Eles atribuem mais valor à ordem e à redução de riscos nos processos administrativos do que em liderar iniciativas.

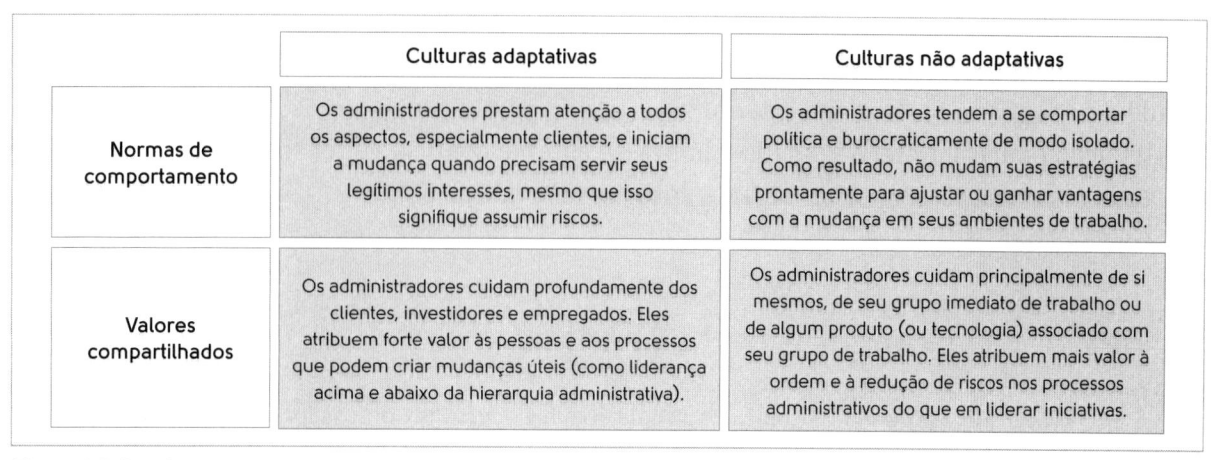

Figura 6.5. As culturas organizacionais adaptativas e não adaptativas[12].

sidade de mudança, algum grau de estabilidade torna-se o pré-requisito para o sucesso no longo prazo da organização[13]. De um lado, a necessidade de mudança e adaptação para garantir a atualização e modernização e, de outro, a necessidade de estabilidade para garantir a identidade da organização. O Japão, por exemplo, é um país que convive com tradições milenares, ao mesmo tempo em que cultua e incentiva a mudança e a inovação constantes. Na verdade, a sobrevivência e o crescimento de uma organização existem na medida em que tanto a estabilidade como a adaptabilidade e mudança são elevadas. A Figura 6.6 permite uma visualização dessa dupla necessidade.

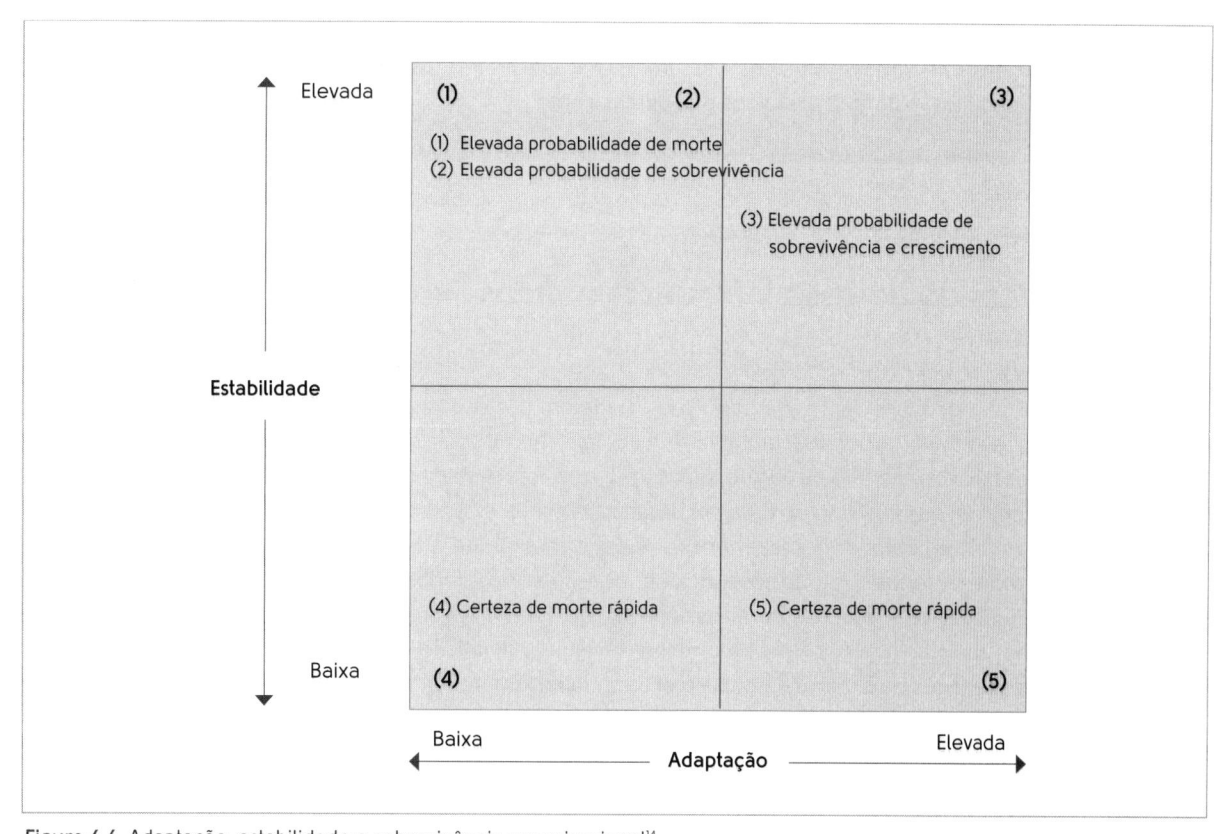

Figura 6.6. Adaptação, estabilidade e sobrevivência organizacional[14].

(1) Elevada probabilidade de morte
(2) Elevada probabilidade de sobrevivência
(3) Elevada probabilidade de sobrevivência e crescimento
(4) Certeza de morte rápida
(5) Certeza de morte rápida

Isso significa que uma organização pouco estável e altamente mutável tem tanta probabilidade de desaparecer do mapa quanto uma organização pouco adaptativa, rígida e imutável. Toda organização precisa ter alguma dose de estabilidade como complemento ou suplemento à mudança[15]. Mudança após outra sem estabilidade alguma resulta quase sempre em enorme confusão e tensões entre os membros da organização[16].

Caso de apoio: A porta de entrada[17]

Em 1996, o grupo coreano LG comprou 58% da Zenith Electronics Corporation, a última fabricante americana de televisores. Quando compraram bandeirinhas coreanas e americanas para comemorar e colocar sobre as mesas de trabalho, o novo presidente do conselho da Zenith mandou guardá-las: "Não quero uma Zenith coreana". A LG pagou 351 milhões de dólares por sua participação na Zenith justamente porque queria conferir um toque mais americano ao grupo.

Fatura mais de 64 bilhões de dólares anuais e é o terceiro maior conglomerado coreano, depois dos impérios da Hyundai e Samsung. Quando a Coreia do Sul se tornou uma economia desenvolvida, seus índices de crescimento doméstico começaram a desacelerar. Daí, a necessidade de continuar o crescimento da LG fora da Coreia. Para tanto, o grupo precisou despir-se de seus hábitos provincianos e globalizar-se mais. O presidente do conselho do LG, o neto mais velho do fundador da empresa – In-Hwoi Koo – contratou mais estrangeiros e adquiriu empresas estrangeiras. A Zenith foi a porta de entrada do LG na cultura empresarial americana. Ele quer que os executivos da LG aprendam com a Zenith as técnicas americanas de administração de empresas. Chegou a enviar vários chefes de suas divisões para observar a General Electric e a Motorola para sentir sua cultura administrativa e depois lhes pediu para fixar metas difíceis para suas respectivas divisões. Enxugou a direção de algumas companhias do grupo que, em lugar de dez níveis hierárquicos, passaram a ter apenas três. Deixou claro que os velhos estilos de direção "tranquilos" estariam excluídos dali para a frente.

Voltando ao caso introdutório: Aços Finos S/A

A intenção de Montenegro era transformar a sua equipe principal de mudanças no principal agente multiplicador de mudanças dentro da Aços Finos. Cada um dos seus integrantes deveria formar e liderar outras equipes multifuncionais, sem levar em conta as hierarquias e áreas funcionais. A ideia básica era transmitir objetivos, metas de trabalho, problemas que careciam de solução urgente, desafios a vencer e obter apoio e compromisso de todas as pessoas para que elas ajudassem a empresa a melhorar o seu desempenho. Seu objetivo era fazer um verdadeiro mutirão de ajudas, melhorias, sugestões, soluções e ideias apresentadas por todos os funcionários e operários. Tudo seria bem recebido: cortar custos, aumentar a produtividade, melhorar os serviços, acelerar os processos. O diretor de *marketing* – um profissional aberto e inovador – seria o responsável pela definição e discussão dos valores a serem adotados e respeitados na organização, para proporcionar um clima favorável à ampla participação e envolvimento das pessoas. Qual sua opinião a respeito?

DESENVOLVIMENTO ORGANIZACIONAL (DO)

Os administradores estão sempre preocupados em planejar e implementar mudanças que melhorem o desempenho da organização, tornando-a mais competitiva em um quadro mundial de forte mudança e competição. Contudo, quase todos eles sabem que a introdução de qualquer mudança significativa no contexto interno de toda organização traz como consequência enormes problemas administrativos e humanos. Para minimizar os problemas relacionados à introdução de mudanças nas organizações, existe uma variedade de tecnologias baseadas na aplicação dos conhecimentos das ciências comportamentais à administração. Essas tecnologias de mudança são conhecidas pelo nome de desenvolvimento organizacional (DO).

O DO é uma abordagem de mudança planejada cujo foco principal está em mudar as pessoas e a natureza e qualidade de suas relações de trabalho. Em suma, o DO enfatiza a mudança cultural como base para a mudança organizacional. Mudar a mentalidade das pessoas para que elas possam mudar e revitalizar a organização. French e Bell definem o DO como "um esforço de longo prazo, apoiado pela alta direção, no sentido de melhorar os processos de resolução de problemas e de renovação organizacional, particularmente através de um eficaz e colaborativo diagnóstico e administração da cultura organizacional – com ênfase especial nas equipes formais de trabalho, equipes temporárias e cultura intergrupal – com a assistência de um consultor-facilitador e a utilização da teoria e tecnologia das ciências aplicadas ao comportamento, incluindo ação e pesquisa"[18]. Essa definição inclui vários aspectos importantes, como[19]:

1. Processos de solução de problemas: referem-se aos métodos pelos quais a organização tenta resolver as ameaças e oportunidades em seu ambiente.

2. Processos de renovação: referem-se às maneiras pelas quais os administradores adaptam seus processos de solução de problemas ao ambiente. O DO pretende melhorar os processos organizacionais de autorrenovação, tornando os administradores mais capazes de adaptar prontamente seu estilo gerencial aos novos problemas e oportunidades que surgem.

3. Administração participativa: outro objetivo principal do DO é o compartilhamento da administração com os funcionários. A administração participativa significa que os administradores colocam abaixo a estrutura hierárquica e fazem os funcionários assumir um papel maior no processo de tomada de decisões. Para alcançar esta mudança, os administradores devem, conscientemente, mudar a cultura organizacional por meio do compartilhamento de atitudes, crenças e atividades.

4. Desenvolvimento de equipes e fortalecimento (*empowerment*) dos funcionários: criar equipes e atribuir responsabilidade e autoridade aos funcionários são elementos vitais da administração participativa. Dar força e autoridade às pessoas para que elas se sintam responsáveis pela mudança.

5. Pesquisa-ação: refere-se à maneira pela qual os agentes de mudança de DO aprendem sobre quais as necessidades organizacionais de melhoria e como a organização pode ser ajudada a fazer essas melhorias. Isso significa que a ação de intervenção do DO é decorrência do diagnóstico efetuado pela pesquisa. A ação é específica para cada necessidade diagnosticada. A pesquisa-ação envolve:

   - Diagnóstico preliminar do problema, feito pela equipe.
   - Obtenção de dados para apoio (ou rejeição) do diagnóstico.

- Focaliza a organização como um todo
- Processos grupais
- Orientação sistêmica e abrangente
- Orientação contingencial
- Utiliza agentes de mudança da organização
- Retroação imediata dos dados
- Ênfase na solução de problemas
- Aprendizagem experiencial
- Desenvolvimento de equipes
- Enfoque interativo

Figura 6.7. As principais características do DO[20].

- Retroação de dados aos participantes da equipe.
- Exploração dos dados pelos participantes para busca de soluções.
- Planejamento da solução-ação apropriada ao diagnóstico.
- Execução da solução-ação.

A metodologia pesquisa-ação tem sido utilizada pelos especialistas em treinamento das Nações Unidas em empresas dos setores público e privado de vários países em desenvolvimento como a estratégia mais completa de mudança organizacional.

Técnicas de DO

As principais técnicas de DO são[20]:

1. **Treinamento da sensitividade:** constitui a técnica mais antiga e ampla de DO. Consiste em reunir grupos chamados *T-groups* (grupos de treinamento) e que são orientados por um líder treinado para aumentar a sua sensibilidade quanto às suas habilidades e dificuldades de relacionamento interpessoal. O resultado consiste em maior criatividade (menos temor dos outros e menos posição de defesa), menor hostilidade quanto aos outros (em virtude da melhor compreensão dos outros) e maior sensitividade às influências sociais e psicológicas sobre o comportamento em trabalho[21]. Isso favorece a flexibilidade do comportamento das pessoas em relação aos outros. Geralmente é aplicado de cima para baixo, começando na cúpula da organização e descendo até os níveis mais baixos.

2. **Análise transacional (AT):** é uma técnica que visa ao autodiagnóstico das relações interpessoais[22]. As relações interpessoais ocorrem por meio de transações que significam qualquer forma de comunicação, mensagem ou de relação com os demais. A AT é uma técnica destinada a indivíduos e não a grupos, pois se concentra nos estilos e conteúdos das comunicações entre as pessoas. Ela ensina as pessoas a enviar mensagens que sejam claras e ágeis e a dar respostas que sejam naturais e razoáveis. O objetivo é reduzir os hábitos destrutivos de comunicação – os chamados "jogos" – nos quais a intenção ou o significado das comunicações fica obscuro ou distorcido. A AT assemelha-se a uma terapia psicológica para melhorar o relacionamento interpessoal, permitindo a cada indivíduo autodiagnosticar sua inter-relação com os outros para modificá-la e melhorá-la gradativamente.

3. **Desenvolvimento de equipes:** é uma técnica de alteração comportamental na qual várias pessoas de vários níveis e áreas da organização se reúnem sob a coordenação de um consultor ou líder e criticam-se mutuamente, procurando um ponto de encontro em que a colaboração seja mais frutífera, eliminando-se as barreiras interpessoais de comunicação pelo esclarecimento e compreensão de suas causas. Ao final, a equipe autoavalia o seu comportamento por meio de determinadas variáveis descritas na Figura 6.8. A ideia básica é construir equipes

Técnicas de DO	Níveis de intervenção
Treinamento da sensitividade	Intrapessoal
Análise transacional	Interpessoal
Desenvolvimento de equipes	Intragrupal
Consultoria de procedimentos	
Reunião de confrontação	Intergrupal
Retroação de dados	Intraorganizacional

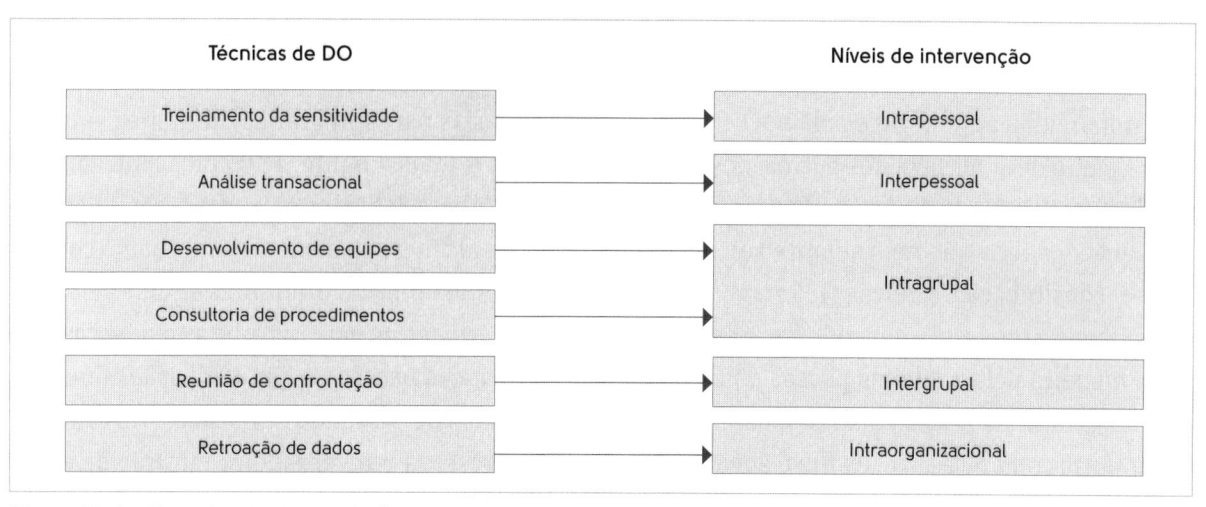

Figura 6.8. As diferentes técnicas de DO[7].

com base na abertura de mentalidade e de ação das pessoas. No trabalho em equipe, eliminam-se as diferenças hierárquicas e os interesses específicos de cada departamento ou especialidade, proporcionando uma predisposição sadia para a interação e, consequentemente, para a criatividade e inovação.

4. **Consultoria de procedimentos**: é uma técnica em que cada equipe é coordenada por um consultor, cuja atuação varia enormemente. A coordenação permite certas intervenções para tornar a equipe mais sensível aos seus processos internos de estabelecer metas e objetivos, de participação, de sentimentos, de liderança, de tomada de decisões, confiança e criatividade. O consultor trabalha com os membros da equipe para ajudá-los a compreender a dinâmica de suas relações de trabalho em situações de grupo e ajudar os membros da equipe a desenvolver o diagnóstico de barreiras e as habilidades de solução de problemas para fortalecer o senso de unidade entre seus membros, incrementar as relações interpessoais, melhorar o cumprimento das tarefas e aumentar a sua eficácia.

5. **Reunião de confrontação**: é uma técnica de alteração comportamental com a ajuda de um consultor interno ou externo (terceira parte). Dois grupos antagônicos em conflito (desconfiança recíproca, discordância, antagonismo, hostilidade etc.) podem ser tratados em uma reunião de confrontação que dura um dia, na qual cada grupo se autoavalia, bem como avalia o comportamento do outro, como se fosse colocado diante de um espelho. Nessa reunião, cada grupo apresenta ao outro os resultados daquelas avaliações e é interrogado no que se refere a suas percepções. Segue-se uma discussão, inicialmente acalorada, tendendo a uma posição de compreensão e entendimento recíprocos quanto ao comportamento das partes envolvidas. O consultor facilita a confrontação, com total isenção de ânimo, ponderando as críticas, moderando os trabalhos, orientando a discussão para a solução construtiva do conflito e eliminando as barreiras intergrupais. A reunião de confrontação é uma técnica de enfoque socioterapêutico para melhorar a saúde da organização, incrementando as comunicações e relações entre diferentes departamentos ou equipes e planejar ações corretivas ou profiláticas.

6. **Retroação de dados** (*feedback* de dados): é uma técnica de mudança de comportamento que parte do princípio de que quanto mais dados cognitivos o indivíduo recebe, tanto maior

será a sua possibilidade de organizar os dados e agir criativamente. A retroação de dados proporciona aprendizagem de novos dados a respeito de si mesmo, dos outros, dos processos grupais ou da dinâmica de toda a organização – dados que nem sempre são levados em consideração. A retroação refere-se às atividades e processos que refletem e espelham a maneira pela qual uma pessoa é percebida ou visualizada pelas demais pessoas[23]. Requer intensa comunicação e um fluxo adequado de informações dentro da organização para atualizar os membros e permitir que eles próprios possam se conscientizar das mudanças e explorar as oportunidades que, geralmente, se encontram encobertas dentro da organização.

O Processo de DO

As técnicas de DO são geralmente aplicadas em uma sequência definida conforme a Figura 6.8. O ponto de partida é melhorar inicialmente a sensibilidade intrapessoal das pessoas, para posteriormente melhorar e incentivar os seus relacionamentos interpessoais. A seguir, inicia-se a formação e desenvolvimento de equipes com técnicas intragrupais, às quais se seguem as técnicas intergrupais necessárias para integrar as diferentes equipes entre si e, mais adiante, as técnicas intraorganizacionais para definir os objetivos organizacionais a serem alcançados mediante o trabalho conjunto e coordenado das diferentes equipes envolvidas. As evidências mostram que as mudanças que enfatizam as pessoas e a organização como um todo são mais profundas e eficazes. No fundo, o DO representa um verdadeiro mutirão de esforços conjuntos para mudar a organização por meio da mudança de atitudes e comportamentos das pessoas que nela trabalham. Uma verdadeira transformação de mentalidade empregada como o meio mais eficaz de mudar a organização inteira.

Contudo, as principais limitações da maioria dos programas de DO residem em[24]:

1. A eficácia de um programa de DO é difícil de ser avaliada.
2. Os programas de DO demandam muito tempo.
3. Os objetivos de DO são geralmente muito vagos.

Voltando ao caso introdutório: Aços Finos S/A

A equipe principal de mudanças começou a funcionar imediatamente na Aços Finos. Afinal, a urgência era indispensável. Seu papel era duplo: botar a cabeça para funcionar e comunicar amplamente seus planos para todas as pessoas. Criar objetivos e divulgá-los para que fossem perfeitamente compreendidos. O primeiro cuidado foi explicar a todo o pessoal a grave situação da empresa e as medidas imediatas para reverter a situação. Como diretor geral, Montenegro passou a reunir-se diariamente com grupos de cem operários no refeitório da empresa para conversar com eles durante duas ou mais horas e obter sua aprovação e comprometimento. Era deles que Montenegro esperava mais. Eles constituíam a chave da solução dos problemas da Aços Finos. A ideia era transformá-los em agentes de melhorias contínuas, não apenas somando, mas multiplicando ideias e soluções por todo o chão da fábrica. Montenegro queria extrair dessas reuniões a indicação de equipes multifuncionais de qualidade e produtividade, envolvendo operários, supervisores e encarregados. Colocaria à disposição de cada equipe todos os meios e recursos disponíveis: treinamento, orientação, liderança, motivação, ideias, conceitos, objetivos. Como você poderia ajudar Montenegro?

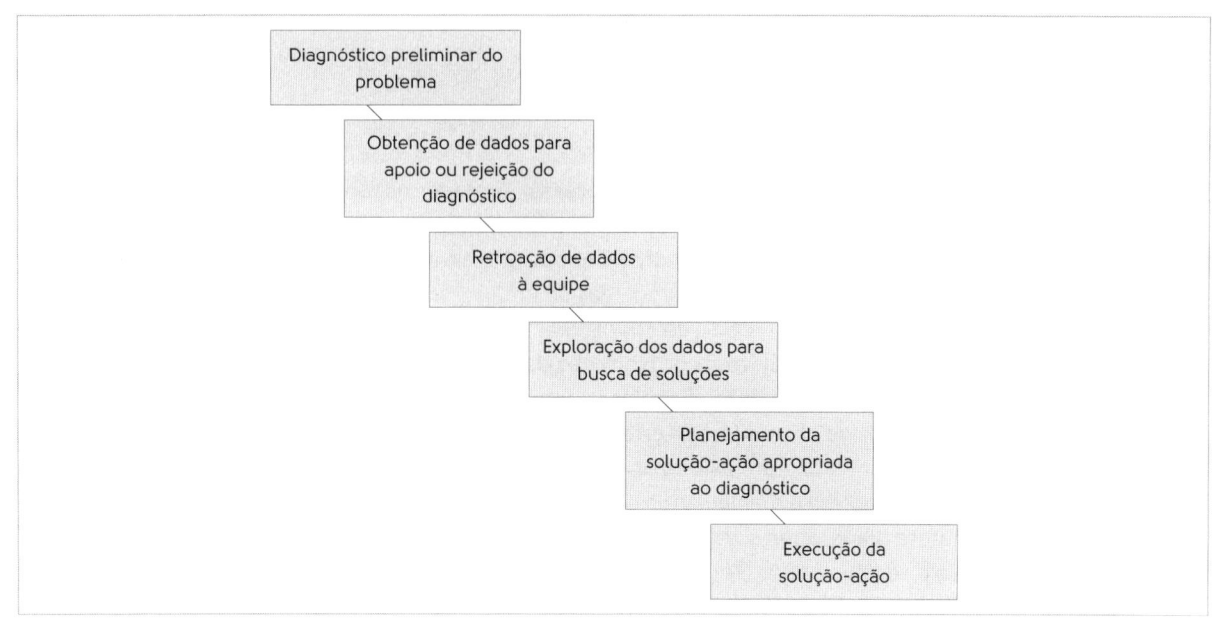

```
        Diagnóstico preliminar do
               problema
                    ↓
         Obtenção de dados para
           apoio ou rejeição do
                diagnóstico
                    ↓
           Retroação de dados
                à equipe
                    ↓
         Exploração dos dados para
             busca de soluções
                    ↓
              Planejamento da
           solução-ação apropriada
                ao diagnóstico
                    ↓
                Execução da
               solução-ação
```

Figura 6.9. Os 6 passos da metodologia pesquisa-ação do DO.

4. Os custos totais de um programa de DO são difíceis de avaliar.
5. Os programas de DO são geralmente muito caros.

Essas limitações, contudo, não significam que se deve eliminar os esforços de DO. Apenas indicam as áreas onde o programa deve ser aperfeiçoado. Os administradores podem melhorar a qualidade dos esforços de DO ao[25]:

1. Ajustar sistematicamente os programas de DO às necessidades específicas da organização.
2. Demonstrar como as pessoas podem mudar seus comportamentos como parte do programa.
3. Modificar os sistemas de recompensas da organização para premiar as pessoas que mudam seu comportamento de acordo com o programa.

Avaliação crítica: O segredo é de polichinelo[26]

A satisfação do cliente está em primeiro lugar. É a chave dos negócios da atualidade e do futuro. Tom Peters analisa a forte competição existente na área automobilística e salienta que a qualidade dos automóveis ficou tão boa que é realmente difícil encontrar erros grosseiros de fabricação. A qualidade dos carros está deixando de ser uma vantagem competitiva para se tornar o preço que as montadoras têm de pagar para ingressar nesse mercado competitivo. Como a qualidade dos carros é igualmente boa para todas as montadoras — algo como 7 a 8 pontos em uma escala de 1 a 10 — existem mais dois outros aspectos que podem fazer a diferença. O segundo deles é o índice de novidades alvissareiras lançadas pela indústria, que está chegando entre 5 e 7 pontos. Mas o terceiro aspecto da tríade que forma a satisfação do consumidor, que é o atendimento ao cliente na revenda, é péssimo, algo que fica entre 2 e 4 pontos apenas. Como a qualidade dos automóveis deverá continuar melhorando e os lançamentos também, a possibilidade de uma montadora se destacar entre as outras em termos de qualidade e lançamento de novos produtos é quase nula, pois todas elas seguem quase o mesmo ritmo. A empresa que se destacar das demais em atendimento ao cliente certamente ocupará o topo da lista. A mesma história pode se repetir sem grandes diferenças nos setores bancário e farmacêutico e em vários setores importantes da economia, como supermercados, aviação comercial, aluguel de carros, etc. Para sanar essa grave situação, a empresa deve contar com quatro providências básicas: obsessão, estrutura, sistemas e pessoas. Vejamos cada uma delas:

1. **Obsessão:** deve haver uma verdadeira obsessão, isto é, uma missão, uma filosofia dramática e contagiante que irradie intensamente por toda a empresa e por todos os funcionários. Foi isso que lançou a McDonald's para a estratosfera em tão pouco tempo. A mesma coisa pode ser dita do perfeccionismo da Walt Disney. Para que isso ocorra é necessário alterar a visão do mundo. Não se trata apenas de uma obsessão com o atendimento, mas de uma compreensão profunda de que se pode reorientar a empresa inteira no sentido de aperfeiçoar e embelezar a experiência do cliente.
2. **Estrutura organizacional:** a estrutura da organização deve ser simples, direta, próxima e rápida em relação ao cliente. As organizações inteligentes se fazem cada vez mais transparentes para os seus clientes. Todos os intermediários internos estão desaparecendo, ou seja, as camadas e os verificadores que verificam o que fizeram os outros verificadores. Os consumidores estão conquistando acesso substancial à empresa e manipulando diretamente os bancos de dados dela para os seus próprios fins. A empresa plana, aberta, reativa e maleável passou a constituir uma verdadeira "raça" inteiramente nova e revolucionária, segundo Arno Penzias, o prêmio Nobel, em seu livro *Harmony: business, technology and life after paperwork*.
3. **Sistemas:** e não apenas sorrisos na construção da lealdade de longo prazo dos clientes. A chave para isso são sistemas informatizados, sistemas de incentivo ao pessoal, programas e recrutamento e seleção, um esquema inteligente para acompanhar o pedido do cliente, etc., para assegurar que o compromisso com os clientes seja efetivamente construído e cumprido.
4. **Pessoas:** enfim, pessoas cheias de energia e disposição. A *Forum Corporation* constatou em uma pesquisa que 70% dos clientes perdidos por 13 grandes companhias americanas industriais e de serviços as abandonaram por causa da falta de atenção com que foram recebidos por funcionários da linha de frente (15% as abandonaram por problemas de qualidade e os outros 15%, por questões de preço). Outra pesquisa paralela do Prof. Robert Peterson, da Universidade do Texas, afirma que o que chama o consumidor de volta é um vínculo emocional (o amor) e não a mera satisfação. Hal Rosenbluth, presidente da Rosenbluth International, uma gigante americana dos serviços de viagem, diz que quem procura um atendimento de primeira qualidade deve priorizar os funcionários e colocar os clientes em segundo lugar. E esse é o grande paradoxo da liderança: a empresa precisa esforçar-se ao máximo para ser uma criadora de padrões em seu mercado. E essa própria atenção concentrada contém as sementes de sua destruição ou de ser surpreendida por melhores padrões de outras empresas. Mas, antes de ser pega de surpresa, ela precisa chegar lá em primeiro lugar. E, se possível, mantê-lo. Esse é o segredo principal das empresas bem-sucedidas. Um verdadeiro segredo de polichinelo.

Voltando ao caso introdutório: Aços Finos S/A

Montenegro não pensava em melhorar a tecnologia existente na Aços Finos – máquinas, equipamentos, instalações. Pensava antes em extrair o máximo dela por meio dos funcionários. Nem pensava em mudar a estrutura organizacional. Pensava, antes, em fazê-la funcionar de modo diferente e mais dinâmico e participativo. A equipe principal de mudanças começou a desenvolver reuniões de debates e explicações com os funcionários e operários. Trabalhar era preciso. Mas de uma forma mais inteligente e

> racional. Trabalhar como antes, jamais. Todos precisavam conscientizar-se de que a cultura organizacional estava mudando. E para melhor. A mentalidade era outra. Montenegro queria assegurar emprego e melhores condições para todos, mas precisava do seu apoio irrestrito para levantar a empresa. Era a sua palavra. Todo o pessoal de treinamento foi deslocado para reuniões e programas de desenvolvimento de equipes, reuniões de confrontação e retroação de dados e informações. Em pouco tempo, o clima reinante ficou diferente. E para melhor. Qual sua opinião a respeito?

ESPÍRITO EMPREENDEDOR

Um aspecto importante da cultura organizacional é o espírito empreendedor. As organizações estão à procura de pessoas capazes de conduzi-las, resolver os seus problemas, gerar novas ideias e caminhos, criar novos produtos e serviços, buscar novos meios de satisfazer ao cliente e, sobretudo, torná-las competitivas frente aos concorrentes. Em outras palavras: as organizações procuram pessoas com espírito empreendedor. A principal característica do espírito empreendedor é a habilidade de assumir os fatores de produção – pessoas, materiais, financeiros, mercadológicos e administrativos – e utilizá-los para produzir novos produtos ou serviços cada vez melhor. O empreendedor percebe oportunidades onde as outras pessoas não veem ou não percebem. O empreendedor assume responsabilidade pelos riscos envolvidos. Alguns empreendedores usam a informação disponível para todos para bolar algo inteiramente novo, graças à sua intuição. Um dos mais famosos empreendedores, Henry Ford, não inventou o automóvel nem a divisão do trabalho, mas conseguiu aplicar a divisão do trabalho na produção de carros por meio de uma nova maneira, a linha de montagem. Akio Morita, o presidente da Sony, o gigante japonês de produtos eletrônicos de consumo, percebeu que os produtos já existentes na companhia poderiam ser adaptados para criar um novo e criativo produto, o Walkman pessoal. Geralmente, o empreendedor vê uma necessidade e, então, junta e coordena pessoas, materiais e capital necessário para atender aquela necessidade. Cria uma organização como um meio para oferecer algo novo para os clientes, empregados ou outros parceiros.

O empreendedor é diferente do administrador. Aquele envolve introdução de mudanças na produção, enquanto o administrador envolve coordenação do processo de produção. O empreendedor é um fenômeno descontínuo que aparece para iniciar mudanças no processo de produção, então desaparece, até que reaparece para iniciar outra mudança[27]. Drucker assevera que o empreendedor está relacionado com mudança e sempre responde a ela e a explora como uma verdadeira oportunidade[28]. Schumpeter popularizou o termo empreendedor. Para ele, o processo global da economia depende das pessoas que o fazem acontecer – os empreendedores[29]. O administrador precisa saber desenvolver seu espírito empreendedor para conduzir sua organização rumo à competitividade.

Pelo fato de poderem contribuir mais para a sociedade, os pesquisadores procuram analisar habilidades, atitudes e características dos empreendedores, bem como as condições dentro das quais eles surgem e se desenvolvem. Existem certos fatores psicológicos e sociológicos que podem explicar o espírito empreendedor[30].

⚖️ Avaliação crítica: Estímulo para estudar[31]

Há pouco tempo, a IBM fez nos Estados Unidos um pequeno anúncio que pode ter grandes consequências para a educação americana. A empresa revelou que começou a exigir os históricos escolares do segundo grau dos jovens candidatos a empregos em suas fábricas. A ideia é convencer os estudantes, que muitas vezes desprezam os valores adultos, a levar a escola a sério. A IBM está dizendo que o aproveitamento escolar deles dos estudantes é importante e que o diploma, por si só, não basta.

É uma mensagem crucial. Um dos maiores problemas das escolas é a motivação dos estudantes. Talvez a única exceção sejam os estudantes que pretendem ingressar em empresas de elite. Nos Estados Unidos, desde a Segunda Guerra Mundial, o valor econômico de um diploma de segundo grau vem sendo erodido na medida em que cada vez mais americanos o obtém. Em 1940, apenas 25% dos adultos de 25 anos de idade ou mais eram formados no segundo grau. Em 1970, essa porcentagem já havia subido para 55%, e, em 1995, para 82%. Hoje, o diploma de segundo grau já não garante um emprego bem pago, como acontecia no passado.

Os economistas, Richard J. Murnane e Frank Levy, em seu livro *Teaching the new basic skills*, mostram que, reagindo à queda nas margens de lucro e ao aumento da concorrência, os empregadores vêm se tornando mais seletivos na hora de contratar novos funcionários. Trabalhadores pouco confiáveis ou mal qualificados elevam os custos da empresa e reduzem a qualidade e produtividade. Assim, as empresas começaram a dar preferência a universitários formados no preenchimento de vagas antes ocupadas por pessoas com formação de segundo grau. Estamos falando de funções qualificadas em fábricas, gerentes de escritórios, técnicos e representantes comerciais.

As empresas preferiam universitários formados não porque esses cargos exigissem habilidades de nível superior, mas porque o diploma do segundo grau já não implicava que o dono possuísse as competências necessárias. São essas competências – as novas competências básicas – que incluem conhecimento de leitura e matemática, resolução de problemas semiestruturados em que é preciso formular e testar hipóteses e boa comunicação oral e escrita. Muitos empregos requerem habilidades menores, mas poucos requerem menos do que isso, dizem aqueles autores.

Por que muitos jovens não possuem as competências básicas? Não é porque os estudantes sejam burros ou preguiçosos. A resposta mais acertada é a pressão sofrida por seus companheiros e pares. O economista John Bishop escreve que os jovens trabalham muito duro nos empregos e nas atividades esportivas que realizam fora do horário escolar. Mas "nenhum jovem quer ser visto como bitolado, e é isso que acontece com os alunos que se esforçam nos estudos". O aluno que estuda muito realça os pontos fracos dos outros colegas, torna-se alvo de ressentimentos e perde popularidade na classe. Apenas os jovens com grande força de vontade conseguem resistir à má vontade de seus colegas. Em suas pesquisas, Bishop demonstrou que as exigências externas – como exames de graduação e exigências feitas para admissão de alunos – elevam o grau de aproveitamento dos alunos. Esses padrões externos criam consequências para os estudantes e afetam o seu comportamento.

Fatores Psicológicos

A mais importante abordagem a respeito do espírito empreendedor foi desenvolvida por McClelland[32]. Verificou que o empreendedor está voltado para a satisfação de necessidades pessoais de autorrealização. Pessoas com elevado grau da necessidade de autorrealização são mais inclinadas a assumir riscos, desde que estes sejam razoáveis e quando tais riscos estimulam um esforço maior. Verificou que certas sociedades tendem a produzir uma percentagem maior de pessoas com alto nível de necessidades de autorrealização do que outras. O sistema educacional está por trás disso. Outros pesquisadores verificaram a presença de certos motivos e objetivos como poder, prestígio, segurança, autoestima e serviços para a sociedade como os elementos impulsionadores do espírito empreendedor[33].

Begley e Boyd verificaram toda a literatura disponível e identificaram cinco dimensões do espírito empreendedor[34]:

1. Necessidade de autorrealização: os empreendedores apresentam alto nível de necessidade de autorrealização, que os leva a tentar atingir o máximo de suas potencialidades individuais. O empreendedor nunca está satisfeito com o que alcançou. Quer sempre realizar mais e mais.
2. *Locus* de controle: os empreendedores – e não os eventos ou a sorte – controlam as suas próprias vidas. Os empreendedores pulam em suas próprias cordas, com total independência das outras pessoas.
3. Tolerância para riscos: os empreendedores enfrentam e toleram riscos moderados, desde que eles tragam maiores retornos para os seus esforços. Coragem e enfrentamento são suas características.
4. Tolerância para ambiguidade: muitas decisões precisam ser tomadas com base em informação incompleta, duvidosa ou obscura. Os empreendedores se defrontam com a ambiguidade com maior facilidade, desde que consigam fazer as coisas certas na primeira vez.
5. Comportamento do tipo A: caracterizado pelo impulso pessoal de fazer mais em menor tempo e, se necessário, apesar das objeções das outras pessoas. Fundadores de empresas e administradores de pequenos negócios tendem a possuir maiores graus de comportamento do tipo A do que os executivos vinculados a outros tipos de negócios. O empreendedor busca maneiras diferentes de fazer a mesma coisa mesmo enfrentando oposição e críticas.

Fagenson mostra outro ângulo a respeito da diferença entre o empreendedor e o administrador. Para ele, os empreendedores tendem a valorizar o autorrespeito, liberdade, o senso de realização e um estilo de vida excitante. Os administradores, por outro lado, tendem a valorizar amizades verdadeiras, riqueza, salvação e prazer. Os empreendedores querem algo diferente em suas vidas[35].

O certo é que os empreendedores necessitam de autoconfiança, impulso, otimismo e coragem para deslanchar e operar um negócio, sem necessidade da segurança do contracheque no fim de cada mês. Os empreendedores são capazes de lançar-se a uma nova aventura porque eles não podem ignorar seus sonhos, sua visão e são propensos a assumir riscos para obter ganhos financeiros. Muitas vezes, eles são tomados de surpresa por reduções de pessoal – fenômeno crescente hoje em dia – ou frustram-se com as limitadas oportunidades de crescimento profissional existentes nas organizações. Frente a essas circunstâncias, os empreendedores assumem a coragem e a confiança de se dedicar a negócios próprios.

⚖ Avaliação crítica: O Barão de Mauá[36]

Irineu Evangelista de Souza tinha apenas 9 anos quando o pai morreu assassinado. Como o padrasto não gostava de crianças, aos 9 anos Irineu embarcou para o Rio de Janeiro, em 1823, um ano após a Independência do Brasil. Virou caixeiro em um armazém cujo negócio era escravos. Depois trabalhou e aprendeu negócios com um escocês. Aos 15 anos era guarda-livros de uma firma. Aos 30 anos era o homem mais rico do Brasil e aos 40, um dos homens mais ricos do mundo. Com 43 anos, tornou-se o Barão de Mauá. O faturamento de suas empresas equivalia a 70% do orçamento do Império. Foi o exemplo do empreendedor brasileiro que enfrentava um país agrário, atrasado e escravagista, onde se cultivava a mentalidade da nobreza com nítida ojeriza ao trabalho[37]. Construiu indústrias e as primeiras ferrovias do país, formou companhias de navegação, abriu um banco, financiou a indústria do Brasil imperial. Infelizmente, as estruturas mais poderosas da época, a Coroa Imperial e os capitais ingleses, não o apoiavam. Aos 60 anos amargou falência total. Entregou tudo, até a bengala, mas em poucos anos pagou os credores e limpou o nome e ainda terminou sua vida como homem rico. O liberal Mauá estremeceu a estrutura conservadora do Império. E deixou duas lições empresariais: como ganhar tudo e como perder tudo. Com a maior dignidade!

Contudo, todas estas apreciações se limitam a mostrar as diferenças entre o administrador tradicional típico da Era Industrial e o executivo empreendedor. Mas, o que pretendemos demonstrar é que o administrador de hoje precisa ganhar características pessoais de empreendedorismo para buscar a inovação organizacional. Em tempos de mudanças – como os que vivemos hoje – o administrador precisa também fazer mudanças na organização para acompanhar e, se possível, criar as mudanças antes que outros o façam. E o espírito empreendedor é fundamental.

Fatores Sociológicos

Alguns fatores sociológicos podem explicar o aparecimento e desenvolvimento do espírito empreendedor. As minorias sociais – raciais ou religiosas – muitas vezes enfrentam dificuldades na adaptação a certas culturas diferentes, com decorrentes frustrações, o que as leva a buscar ambientes capazes de atender às suas necessidades específicas. Quase sempre isso conduz ao espírito empreendedor na busca de situações que ofereçam oportunidades para satisfazer suas necessidades.

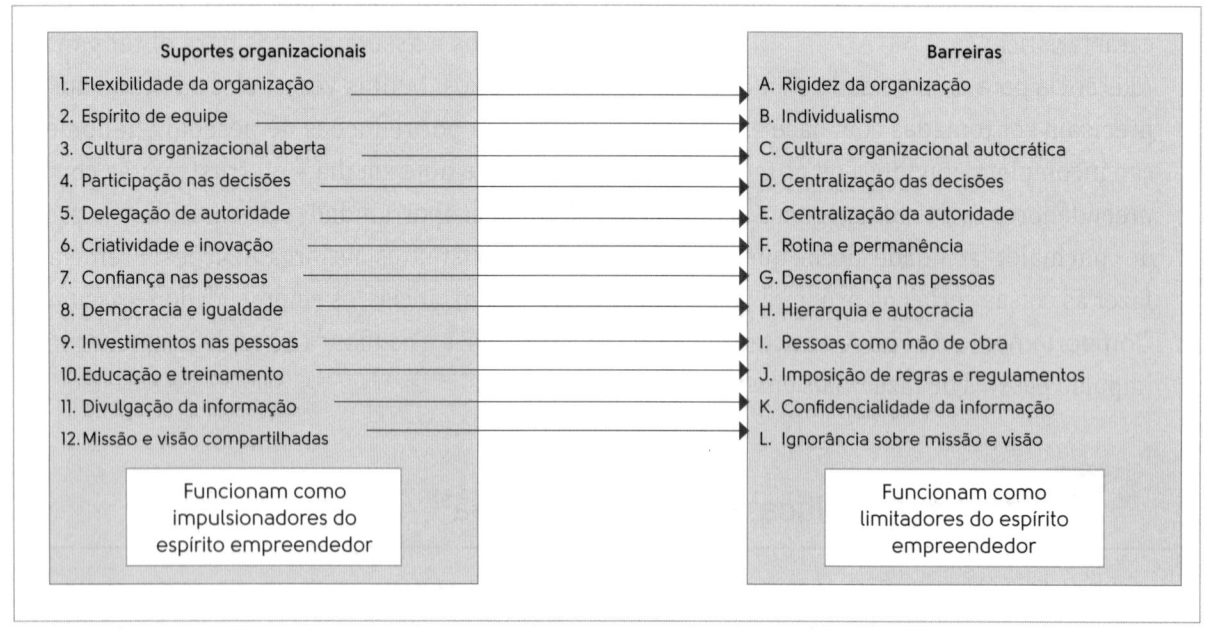

Suportes organizacionais	Barreiras
1. Flexibilidade da organização	A. Rigidez da organização
2. Espírito de equipe	B. Individualismo
3. Cultura organizacional aberta	C. Cultura organizacional autocrática
4. Participação nas decisões	D. Centralização das decisões
5. Delegação de autoridade	E. Centralização da autoridade
6. Criatividade e inovação	F. Rotina e permanência
7. Confiança nas pessoas	G. Desconfiança nas pessoas
8. Democracia e igualdade	H. Hierarquia e autocracia
9. Investimentos nas pessoas	I. Pessoas como mão de obra
10. Educação e treinamento	J. Imposição de regras e regulamentos
11. Divulgação da informação	K. Confidencialidade da informação
12. Missão e visão compartilhadas	L. Ignorância sobre missão e visão
Funcionam como impulsionadores do espírito empreendedor	Funcionam como limitadores do espírito empreendedor

Figura 6.10. Aspectos que ajudam e impedem o espírito empreendedor nas organizações.

O fato é que os empreendedores inventam organizações, buscam novos padrões de relações com diferentes características e reagem mais rapidamente às situações apresentadas por seus oponentes ou concorrentes. O espírito de mudança e a coragem de enfrentar o perigo os leva a assumir posições totalmente contrárias ao espírito de manutenção, permanência e de preservação do *status quo*. Contudo, existe um aspecto extremamente importante a ser lembrado. O papel do empreendedor é, quase sempre, individual, solitário e competitivo. O empreendedor costuma lutar sozinho e o faz independentemente ou contrariamente às demais pessoas. Ocorre que, modernamente, as organizações estão privilegiando fortemente o espírito de equipe e a cooperação interna ao invés do individualismo e da competição interna. É o espírito de equipe e a cooperação que proporcionam a sinergia necessária ao sistema. E o papel do empreendedor é trazer mudança e inovação, assumir responsabilidades e riscos. Assim, o papel do empreendedor dentro das organizações precisa ser devidamente ajustado a essas novas demandas de trabalho em equipe e cooperação. Trata-se de domar a fera. Aliando-se o espírito empreendedor ao espírito de equipe e integração obtém-se o quadro necessário para conduzir as organizações para a competitividade.

Voltando ao caso introdutório: Aços Finos S/A

Incentivar o espírito empreendedor e o comportamento ético dentro da Aços Finos passaram a ser as duas grandes preocupações de Montenegro. Estava decidido a remover todas as barreiras possíveis e investir pesadamente nos suportes que a empresa poderia oferecer a todos os funcionários e operários para que começassem logo a tomar a iniciativa pessoal de resolver os problemas operacionais com que se defrontavam no cotidiano. Queria contar com colaboradores, não com meros empregados. Queria ter parceiros dentro da organização e não simplesmente batedores de cartão de ponto.

ÉTICA

A cultura que predomina na organização influencia poderosamente o comportamento ético de seus membros. A ética está relacionada com os aspectos morais da atividade e do comportamento das pessoas. A ética profissional é o comportamento moral na atividade administrativa e na condução dos negócios da organização. A sociedade moderna espera que as suas instituições sociais conduzam suas atividades de acordo com elevados padrões morais. Assim, administradores e funcionários dessas instituições precisam obedecer a padrões de ética e de conduta socialmente responsáveis.

Ética é o código de moral de uma pessoa ou organização que estabelece os padrões de conduta considerados corretos ou adequados pela sociedade. O propósito da ética é estabelecer princípios de comportamento capazes de ajudar as pessoas a fazer escolhas entre cursos alternativos de ação. O comportamento ético é aquele que é aceito como bom e certo, em oposição ao mau e errado. Albert Schweitzer, o famoso médico humanitarista, definia ética como "a nossa preocupação com o bom comportamento. É sentir a obrigação de considerar não apenas o nosso bem-estar, mas sobretudo, o dos outros seres humanos". Isso lembra o preceito popular: "não faça aos outros aquilo que você não deseja que lhe façam".

Na área de negócios, a ética pode ser definida como a capacidade de refletir os valores do processo organizacional de tomar decisões, para determinar como esses valores e decisões afetam os vários grupos de parceiros e a estabelecer como os administradores podem usar essas observações na administração cotidiana da organização. Administradores éticos buscam o sucesso dentro de práticas administrativas que são consideradas claras e justas sob todos os ângulos considerados[38].

Comportamento Ético

John Akers, o antigo presidente mundial da IBM, dizia que sem administradores éticos, a companhia jamais conseguirá ser competitiva no âmbito nacional ou internacional. Para ele, "ética e competitividade são inseparáveis. Nós competimos como uma sociedade. E nenhuma sociedade poderá competir durante longo prazo ou ser bem-sucedida com pessoas que procuram enganar umas às outras; com pessoas tentando iludir as outras; com tudo precisando receber confirmação porque não se acredita em ninguém; com cada pequena discussão terminando em litígios intermináveis; e com governos redigindo leis regulatórias para amarrar as mãos e os pés dos negócios. Nestas condições, é muito difícil ser honesto. Nosso sistema de competição deve se basear em valores subjacentes de confiança e em negócios claros"[39]. A corrupção seja na forma de uma propina para obter informação privilegiada, uma vantagem paga para entrar em condições privilegiadas em uma concorrência ou mesmo vencê-la desonestamente, na forma de um pedágio informal para entrar num mercado, apresenta-se sob variadas formas e ocasiões. Quase sempre por meio dos chamados custos de transação decorrentes de procedimentos burocráticos e cartoriais, como certidões, licenças, requerimentos, publicações e taxas diversas. A corrupção se acrescenta nesses custos, de tal forma que passa a representar um custo tão alto quanto a ineficiência administrativa. Em uma economia globalizada e fortemente competitiva, o combate e a eliminação da corrupção tornam-se providências sérias e importantes, tanto da parte dos governantes, legisladores, judiciário, quanto da parte dos administradores das organizações, em todos os seus níveis organizacionais.

O código de ética é uma declaração formal que atua como um guia para tomar decisões e agir dentro de uma organização. O código de ética que a Johnson & Johnson desenvolveu como guia para as práticas administrativas da companhia é um balizamento distribuído a todos os funcionários e acionistas da corporação.

Avaliação crítica: O que você faria nestas circunstâncias?

O comportamento ético pode ser avaliado em várias circunstâncias de nossas vidas:

1. José Medeiros é o presidente de uma grande construtora que pretende participar de uma concorrência pública para a construção de uma importante estrada municipal. Certo dia, seu engenheiro chefe entra em sua sala com um envelope lacrado com o timbre "confidencial", onde estão todos os dados sigilosos do orçamento de seu concorrente mais forte. Esses dados obtidos inescrupulosamente poderão mudar o delicado jogo da concorrência e proporcionar enorme vantagem informacional para sua empresa na preparação do orçamento. Medeiros hesita em abrir ou não o envelope e conhecer o seu conteúdo. O que você faria no lugar de Medeiros?

2. Adriana Soares é uma funcionária administrativa bem conceituada e pretende disputar uma vaga de gerente de produtos a ser aberta na sua empresa. Ela sabe que quando um funcionário deixa a companhia, a sua vaga somente é preenchida depois de algum tempo, como forma de reduzir custos. Ela sabe também que deve pedir permissão ao seu chefe para candidatar-se à promoção. Contudo, Adriana ficou sabendo que um grande amigo do seu chefe está participando do processo de seleção. Embora suas credenciais sejam menos expressivas do que as de Adriana, a impressão que se tem é de que ele ocupará a vaga independentemente do resultado do processo seletivo. O que você faria se estivesse no lugar de Adriana?
3. Antônio Meireles é um jovem de 25 anos que trabalha há mais de seis anos em um escritório regional da Omega Ltda., cuja matriz está localizada em outra cidade. Ultimamente, Antônio está preocupado. Inadvertidamente, descobriu que seu gerente recebe indevidamente comissões extras de alguns fornecedores nas compras de serviços, que são sobretaxados. Apesar de ter provas substanciais, Antônio sente-se vexado em levar os fatos à diretoria da empresa. O gerente tem mais de oito anos de casa, é de plena confiança da empresa e o trata muito bem. Mas Antonio sabe que a Ômega está perdendo mercado, pois os seus custos operacionais são mais elevados do que os das empresas concorrentes por causa dos acréscimos das propinas dos fornecedores. A quem Antônio deve ser leal: à empresa ou ao gerente?
4. Mariana Almeida está fazendo o 3º ano do curso de administração de empresas em uma universidade de renome. Seu ideal é preparar-se como uma profissional competente para concorrer no mercado de trabalho e conquistar excelente posição na área de **marketing**. Para ela, a escola é um meio de preparação profissional e de enriquecimento pessoal e não de obtenção de um simples diploma de papel. Mariana leva a sério os seus estudos, como um longo e pesado investimento pessoal que deverá lhe proporcionar retornos no médio prazo e pelo resto de sua vida profissional. Contudo, Mariana está enfrentando uma prova bimestral para a qual não se sente preparada. Acontecimentos familiares impediram-na de estudar a matéria. Duas alternativas lhe passam pela cabeça: colar do colega que está ao seu lado, sem que ninguém o perceba ou requerer uma segunda chamada para a prova a fim de preparar-se devidamente para ela. A primeira alternativa é a mais confortável, pelo menos no curto prazo. A segunda exigirá muito esforço e dedicação. E agora?

Administração de hoje

O código de ética da Johnson & Johnson[40,41]

- Acreditamos que nossa principal responsabilidade está relacionada com médicos, enfermeiras e pacientes, com mães e pais e todas as pessoas que utilizam nossos produtos e serviços.
- Para atender a essas necessidades, devemos todos trabalhar com a máxima qualidade.
- Devemos constantemente procurar reduzir nossos custos para manter preços razoáveis.
- Os pedidos dos clientes devem ser servidos pronta e acuradamente.
- Nossos fornecedores e distribuidores devem ter oportunidade de obter um lucro adequado.
- Somos responsáveis por nossos empregados, homens e mulheres que trabalham conosco ao redor do mundo.
- Cada pessoa deve ser considerada um indivíduo.
- Devemos respeitar a sua dignidade e reconhecer o seu mérito.
- Deve haver um sentimento de segurança em seus cargos.
- A compensação deve ser justa e adequada.
- As condições de trabalho devem ser limpas, ordenadas e seguras.
- Os empregados devem se sentir livres para dar sugestões e fazer queixas.

- Deve haver igual oportunidade para todos no emprego, bem como desenvolvimento e crescimento para o pessoal qualificado.
- Devemos proporcionar uma administração competente e cujas ações sejam justas e éticas.
- Somos responsáveis perante as comunidades em que vivemos e trabalhamos no mundo.
- Devemos ser bons cidadãos – apoiar bons trabalhos e proporcionar caridade.
- Devemos encorajar melhorias cívicas e melhor saúde e educação.
- Devemos manter em boa ordem a propriedade que temos o privilégio de utilizar, protegendo o meio ambiente e os recursos naturais.
- Nossa responsabilidade final é com os nossos investidores.
- Os negócios devem ser feitos com um lucro razoável.
- Devemos sempre experimentar novas ideias.
- A pesquisa deve ser desenvolvida com programas inovadores e sujeitos a erros.
- Novos equipamentos devem ser adquiridos, novas facilidades proporcionadas e novos produtos lançados.
- Reservas devem ser criadas para enfrentar tempos adversos.
- Quando operados de acordo com estes princípios, os investimentos devem realizar um retorno adequado aos seus investidores.

Preceitos de Ética Profissional

O administrador pode sentir-se confiante de que sua ação potencial poderá ser considerada ética, se ela for consistente com um ou mais dos seguintes padrões[42]:

1. **A regra dourada**: aja da mesma maneira que espera que os outros ajam com você. Faça às outras pessoas aquilo que você desejaria que elas fizessem para você.
2. **O princípio utilitarista**: aja de maneira que resulte no maior número de pessoas beneficiadas pela sua ação.
3. **O imperativo categórico de Kant**: aja de maneira que o seu comportamento dentro das circunstâncias possa ser tomado como uma lei, regra ou comportamento universal e válido para todas as circunstâncias.
4. **A ética profissional**: tome ações que possam ser vistas e avaliadas como próprias e adequadas por um grupo desinteressado de colegas profissionais.
5. **O teste de TV**: o administrador sempre pergunta: "posso sentir-me confortável explicando a uma audiência nacional de TV porque eu tomei essas ações?".
6. **O teste legal**: a ação ou decisão proposta é legal? Não se esqueça de que as leis são geralmente consideradas padrões mínimos de ética.
7. **O teste das quatro maneiras**: o administrador pode sentir-se confiante que uma decisão é ética se ele consegue responder afirmativamente às seguintes perguntas relacionadas com sua decisão:
   - A decisão é confiável?
   - É justa para todos os envolvidos?
   - Ela constrói boa vontade e melhores amizades?
   - Ela é benéfica para todos os envolvidos?

O treinamento é uma providência importante na conscientização e mudança de atitude das pessoas quanto ao comportamento ético. As organizações utilizam duas práticas principais para incentivar o comportamento ético de seus membros: elevadas recompensas pelo bom desempenho ético e punições severas contra o mau desempenho ético. Recompensas pelo desempenho excelente para reforçá-lo positivamente e punições pelo desempenho inadequado para corrigi-lo e eliminá-lo definitivamente da organização.

⚖️ Avaliação crítica: Corrupção entra na agenda da globalização[43,44]

A corrupção é uma grande injustiça e um crime contra a sociedade. Ela é o novo alvo das instituições internacionais. O controle de comportamentos arbitrários e corruptos dos países está no centro da agenda do Fundo Monetário Internacional (FMI) e do Banco Mundial (Bird) e preocupa também a Organização Mundial do Comércio (OMC). Tal como a economia, a corrupção está se tornando globalizada e de rápida disseminação com a interação dos mercados. A ofensiva anticorrupção está esquentando as negociações entre países na luta contra a corrupção e pela transparência dos setores públicos. E nenhum país gosta de ser apontado como mau exemplo.

A Transparency International (TI) – uma organização não governamental com sede em Berlin – faz anualmente uma pesquisa em 52 países para avaliar o Índice de Percepção de Corrupção. A pesquisa retrata como os empresários, analistas políticos e cidadãos percebem os níveis de corrupção em diferentes países, com notas que vão de 0 a 10. Quanto mais altas as notas atribuídas, tanto mais transparente e limpo é o país. Quanto mais baixas, tanto maior é a percepção de práticas nocivas de corrupção. Dinamarca, Finlândia e Suécia são países que recebem a melhor colocação. A Nigéria tem sido o pior colocado. Na América do Sul, o Chile e o Uruguai estão em situação média, mas mais confortável que o Brasil.

O argumento sustentado por estas instituições internacionais é o efeito nocivo da corrupção ao desenvolvimento sustentável e à redução da pobreza. A corrupção produz custos elevados sobre países, instituições e indivíduos. Daí, a necessidade de reformas em áreas como a econômica (regimes de comércio e setor financeiro), tributária (simplificação do sistema, reforço da capacidade de cobrança), privatização, reforma regulatória (desburocratização e eliminação de controles de preços) e políticas setoriais (desenvolvimento de políticas públicas que diminuam oportunidades de corrupção). Também a necessidade de criminalização do suborno e criação de regras para prevenir a desonestidade nos negócios e nas relações com entidades governamentais. O papel do administrador no combate à corrupção é fundamental.

VALORES E LEIS

Existe um componente legal em todo comportamento ético. Na verdade, todo comportamento ético é também considerado legal em uma sociedade justa e equitativa. Isso não significa que uma ação não ilegal seja necessariamente ética. A letra da lei não é suficiente para garantir que todas as ações sejam moralmente corretos. Por exemplo, é ético para um funcionário levar mais tempo do que o necessário para cumprir uma tarefa? Ou fazer uso pessoal do telefone da companhia no horário de trabalho? Ou deixar de comunicar ao chefe uma violação às regras por parte de um colega? É ético um aluno colar a prova do colega? Nenhum desses atos é estritamente ilegal, mas muitas pessoas os consideram não éticos por que vão contra sua a consciência pessoal. Para outras, são legais, embora ultrapassando a confiança depositada. Para outras ainda, o teste ético vai além da legalidade do ato em si. É que as pessoas defendem os seus próprios valores pessoais.

Valores são as crenças e atitudes básicas que ajudam a determinar o comportamento individual. Eles variam entre as pessoas e podem assumir diferentes interpretações sobre se um comportamento é ou não ético em determinadas situações. E, muitas vezes, as pessoas tentam racionalizar o comportamento não ético, tentando convencer a si próprias ou as demais pessoas de que o seu comportamento não é realmente ilegal, ou que atende aos melhores interesses da companhia ou, ainda, que ninguém sairá prejudicado. Isso acontece geralmente em situações ambíguas ou quando o comportamento está na fronteira daquilo que é certo ou errado.

Muitas organizações procuram manter elevados padrões éticos nas suas atividades cotidianas, por meio da introdução de códigos formais de ética, cursos internos sobre ética profissional, desenvolvimento de uma cultura ética e apoio total da alta direção. O código de ética é um documento escrito que estabelece os valores e padrões de boa conduta para servirem como guias para o comportamento dos funcionários.

Muitos códigos de conduta ética identificam os comportamentos esperados em termos de cidadania, boas relações com os clientes, atendimento estrito à legislação vigente, prevenção de atos ilegais e clareza absoluta nos negócios.

Caso para discussão: A ética dá dinheiro[45]

A direção de uma empresa deve se preocupar apenas com os interesses de seus acionistas e ignorar o restante, como comunidade, fornecedores, clientes, empregados? Experimente fazer essa pergunta na frente de um senhor de óculos que atende pelo nome de Robert Haas, o presidente mundial da Levi Strauss, o maior fabricante de *jeans* do mundo. Haas tentará convencê-lo justamente do contrário. Apóstolo do chamado capitalismo de *stakeholders* (qualquer grupo interno ou externo à organização e que tem algum interesse no desempenho da organização), que presta conta a todos os públicos envolvidos com a empresa, fará também uma profissão de fé nas virtudes da postura ética como estratégia de negócios. Não somos poéticos, mas extremamente práticos, diz Haas. No longo prazo, o comportamento ético acaba se refletindo nos resultados da empresa.

Um dos ícones do mundo da moda, a Levi's transformou-se num laboratório bem-sucedido das ideias de Haas. Fundada há 160 anos pelo seu tetratio, Levi Strauss, um comerciante alemão que imigrara para a Califórnia durante a corrida do ouro, a Levi's vivia momentos difíceis quando Haas assumiu o comando. Suas receitas estavam estagnadas, a lucratividade era pífia, a participação no mercado diminuía e a motivação do pessoal se arrastava no nível do rodapé. Uma estratégia de diversificação malsucedida, que fez a empresa entrar em negócios como a produção de chapéus, capas de chuva, ternos masculinos e até agasalhos para esqui, a levou a perder o foco. E a abertura do capital trouxe a ditadura de Wall Street, traduzida na pressão por lucros da parte dos investidores.

Uma das primeiras providências de Haas foi fechar novamente o capital da empresa, recomprando um terço das ações por 1,7 bilhão de dólares. "Nosso negócio não é vender apenas uma vez ao cliente, mas tornar nosso *jeans* o seu *jeans* preferido", diz ele. Para isso, deve-se investir em pessoal, em propaganda, em qualidade. No QG da Levi's em San Francisco, Haas deu início ao maior *turnaround* da história da empresa. Um quarto das 26 fábricas americanas foi vendido ou desativado. Cerca de 15 mil funcionários foram dispensados. O foco dos negócios ficou assestado na produção de *jeans* – tendo à frente o venerável 501 – camisetas e *casual pants*, com as marcas Dockers e Slates. De uma empresa orientada para o produto, a Levi's voltou-se para o *marketing* dirigido especialmente ao público jovem, entre 15 e 19 anos.

Na reorganização da Levi's, o componente ético foi vital. Codificados numa declaração de princípios, esses preceitos pouco diferem dos existentes em outras companhias. No papel, falam do respeito às minorias étnicas, no apoio às causas comunitárias, na preservação da ecologia, no *empowerment* dos empregados. Mas poucos como nós levam essas questões até as últimas consequências, diz Haas. A Levi's tem um grupo de 50 funcionários encarregados de divulgar e zelar pelo cumprimento dessas regras.

Não fazemos negócios com pessoas que não observam esses padrões, salienta o presidente. A Fundação Levi Strauss, bancada com 2,5% do lucro bruto anual da empresa, cuida de vários assuntos, inclusive do combate à aids.

A fidelidade aos princípios é um quesito importante na avaliação dos executivos da Levi's, feita no sistema de 360 graus, envolvendo inclusive os subordinados, que participam. Dos quatro principais itens analisados, um envolve questões éticas. Uma nota baixa pode comprometer o recebimento do bônus, que representa até dois terços da remuneração anual.

Poesia pura? Basta olhar para os números da Levi's, sob o comando de Haas. Tanto o faturamento como o lucro são imponentes. O valor de mercado da empresa ultrapassou 10 bilhões de dólares. "Temos uma grande história, uma boa marca, um excelente produto, mas sem o nosso pessoal e seu comprometimento com nossas crenças, não teríamos obtido tanto sucesso", alega Haas.

Questões:
1. Como você poderia descrever a cultura na Levi's?
2. Como a Levi's acentua o espírito ético?
3. Explique a reorganização da Levi's.
4. Como a Levi's garante a fidelidade aos seus princípios?

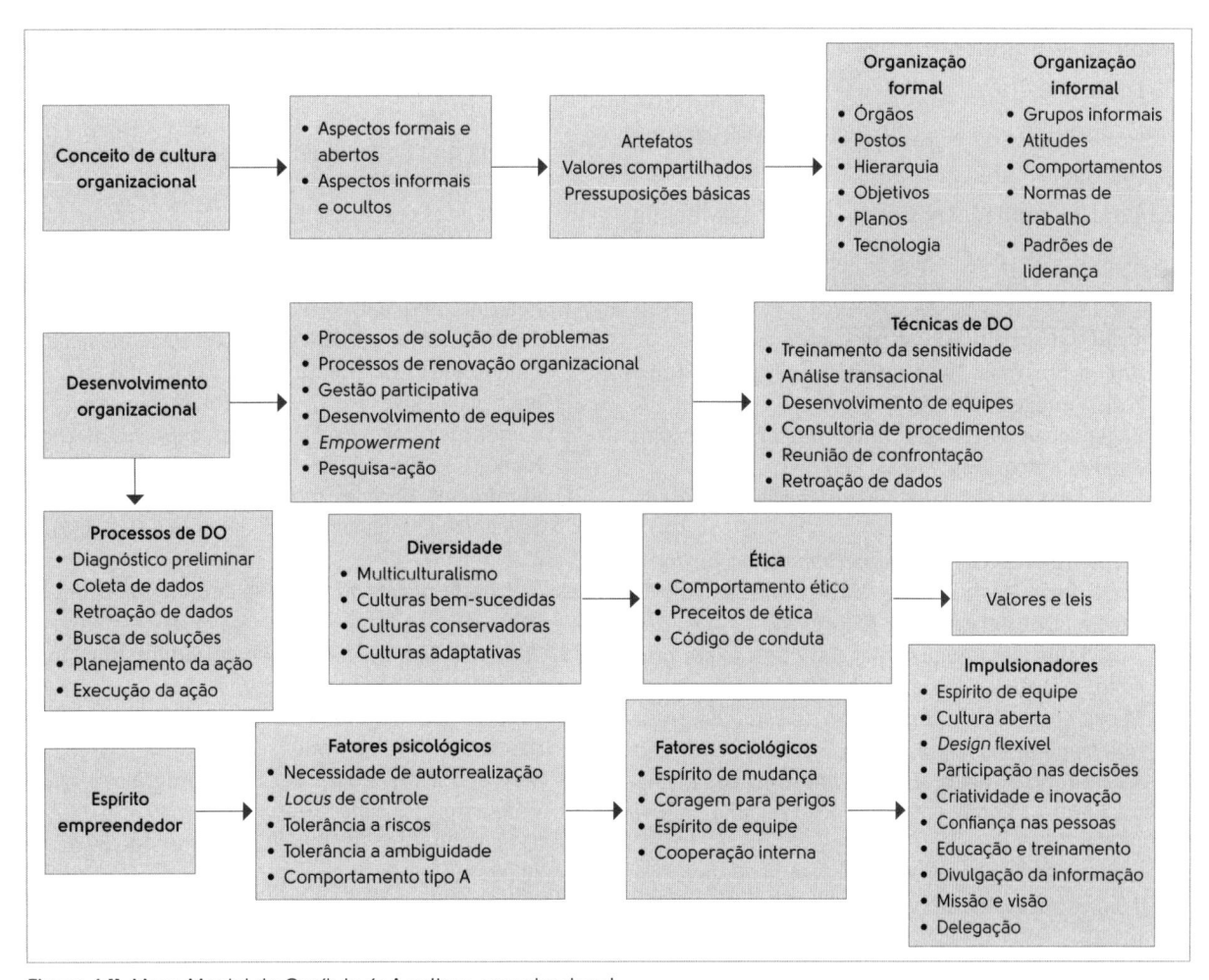

Figura 6.11. Mapa Mental do Capítulo 6: A cultura organizacional.

Exercícios

1. Identifique os principais elementos da cultura organizacional.
2. Discuta a ligação entre sucesso organizacional e cultura.
3. Defina cultura adaptativa e cultura conservadora.
4. Como tornar uma cultura sensitiva ao multiculturalismo?
5. Explique os mecanismos do DO.
6. Discuta as várias técnicas de DO.
7. Como você colocaria em prática um programa de DO na organização?
8. Identifique os principais aspectos do espírito empreendedor.
9. Como conciliar espírito empreendedor com espírito de equipe?
10. Discuta a ética.
11. Explique como se pode desenvolver o espírito ético.
12. Qual a importância dos valores e das leis na administração das organizações?

REFERÊNCIAS BIBLIOGRÁFICAS

1. Robert Presthus. *The organizational society*. Nova York, Vintage Books, 1965.
2. Edgar Schein. *Organizational culture and leadership*. San Francisco, Jossey Bass, 1992.
3. Elliot Jacques. *The changing culture of a factory*. Londres, Tavistock, 1951.
4. Idalberto Chiavenato. *Comportamento organizacional: a dinâmica do sucesso das organizações*. Rio de Janeiro, Elsevier/Campus, 2005. p. 127.
5. João Salibi Neto, Sandro Magaldi. "Gestão por princípios do Brasil para o mundo". *HSM Management: Informação e Conhecimento para Gestão Empresarial*, mai.-jun./2010, p. 24-31.
6. Maria Tereza Gomes. "HP". *Exame*, Guia das Melhores Empresas do Brasil para Você Trabalhar, n. 647, 1997, p. 59-62.
7. Idalberto Chiavenato. *Introdução à teoria geral da administração*. Rio de Janeiro, Elsevier/Campus, 2011. p. 188.
8. William G. Ouchi, Alfred M. Jaeger. "Type Z organizations: stability in the midst of mobility". *Academy of Management Review*, 3, 1978, p. 308-14.
9. René Licht. "A diversidade no ambiente de trabalho". *T&D: Treinamento e Desenvolvimento*, n. 56, jul./1997, p. 32-4.
10. William B. Johnston. "Global workforce 2000: the globalization of labor". *Harvard Business Review*, Mar.-Apr/1991.
11. Taylor H. Cox Jr., and Stacy Blake. "Managing cultural diversity: implications for organizational competitiveness". *Academy of Management Executive*, v. 5, issue 3, Aug./1991, p. 47.
12. John B. Kotter, James L. Heskett. *Corporate culture and performance*, Nova York, Free, 1992.
13. Bart Nooteboom. "Paradox, identity, and change in management". *Human Systems Management*, 8, 1989, p. 291-300.
14. Don Hellriegel and John W. Slocum, Jr. JW. *Management: a contingency approach, reading*. Massachusetts, Addison-Wesley, 1974.
15. Samuel C. Certo. *Modern management: diversity, quality, ethics, and the global environment*. Boston, Allyn & Bacon, 1994. p. 293.
16. Alan Farnham. "Who beats stress best – and how". *Fortune*, Oct., 7, 1991, p. 71-86.
17. "Dizem que fiquei americanizada". *Exame*, n. 617, 28.08.1996, p. 66-7.
18. Wendell L. French, Cecil H. Bell, Jr.. *Organizational development: behavioral science interventions for organizational improvement*. Englewood Cliffs, Prentice-Hall, 1981. p. 17.
19. James A. F. Stoner, Daniel R. Gilbert, Jr. *Management*. Englewood Cliffs, Prentice-Hall, 1995, p. 421-2.
20. Idalberto Chiavenato. *Os novos paradigmas: como as mudanças estão mexendo com as empresas*. Barueri, Manole, 2006. p. 159-65.
21. Abraham K. Korman. *Industrial and organizational psychology*. Englewood Cliffs, Prentice-Hall, 1971. p. 272.
22. Eric Berne. *Jogos da vida*. Rio de Janeiro, Artenova, 1973.
23. Warren G. Bennis. *Changing organizations*. Nova York, McGraw-Hill, 1966.
24. W. J. Heisler. "Paterns of OD in practice". *Business Horizons*, Feb./1975, p. 77-84.
25. Martin G. Evans. "Failures in OD programs – what went wrong". *Business Horizons*, Apr/1974, p. 18-22.
26. "O Segredo é de Polichinelo...". *Exame*, ano 30, n. 18, 28.08.1996, p. 72-4.
27. Paul H. Wilken. *Entrepreneurship: a comparative and historical study*. Norwood, Ablex, 1979. p. 60.

28. Peter F. Drucker. *Innovation and entrepreneurship*. Nova York, Harper & Row, 1986. p. 27-8.
29. Joseph A Schumpeter. *Capitalism, socialism and democracy*. Nova York, Harper & Row, 1975. p. 84.
30. Idalberto Chiavenato. *Os novos paradigmas: como as mudanças estão mexendo com as empresas*. Barueri, Manole, 2006. p. 143-5.
31. Robert J. Samuelson. "Estímulo para estudar". *Exame*, n. 646, 08.10.1997, p. 75.
32. David McClelland,. *The acquieving society*. Princeton, D. Van Nostrand, 1962.
33. Paul H. Wilken. *Entrepreneurship: a comparative and historical study*. Norwood, Ablex, 1979. p. 20.
34. Thomas Begley, David P. Boyd. "Relationship of the Jenkins activity survey to type a behavior among business executives". *Journal of Vocational Behavior*, n. 27, 1987, p. 316-28.
35. Ellen Fagenson. "Personal value systems of men and women entrepreneurs versus managers". *Journal of Business Venturing*, n. 8, 1993, p. 422.
36. Norma Couri. "Filme sobre Mauá é cercado de polêmica". *O Estado de S.Paulo*, 11.11.1997, p. D-5.
37. Jorge Caldeira. "Mauá – Empresário do Império". São Paulo, Companhia das Letras, 1995.
38. Archie B. Carroll. "In search of the moral manager". *Business Horizons*, Mar.-Apr./1987, p. 7-15.
39. John F. Ackers. "Ethics and competitiveness – putting first things first". *Sloan Management Review*, 1989, p. 69-71.
40. Samuel C. Certo. *Modern management: diversity, quality, ethics, and the global environment*. Boston, Allyn & Bacon, 1994. p. 74.
41. James A. F. Stoner, R. Edward Freeman, Daniel R. Gilbert Jr. *Management*. Englewood Cliffs, Prentice-Hall, 1995. p. 116.
42. Miriam Moura. "Corrupção entra na agenda da globalização". *O Estado de S.Paulo*, Caderno de Política, 26.10.1997, p. A-4.
43. Gene R. Laczniak. "Framework for analyzing marketing ethics". *Journal of Macromarketing*, 1983, p. 7-18.
44. Annual Report. Disponível em: www.transparency.org.
45. Clayton Netz. "A ética dá dinheiro". *Exame*, n. 641, 30.07.1997, p. 130-2.

Parte III
PLANEJAMENTO

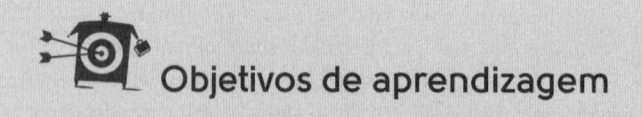

Objetivos de aprendizagem

Esta terceira parte inicia o estudo do processo administrativo. Nosso objetivo principal é mostrar o planejamento como a primeira das funções administrativas. Serão discutidos os fundamentos do planejamento – que é um tipo particular de tomada de decisão –, bem como a definição da missão organizacional e da visão que se tem do futuro da organização. Estes são os elementos preliminares para planejar, isto é, determinar antecipadamente as ações organizacionais que deverão ser implementadas ao longo do tempo.

Daremos especial atenção à formulação dos objetivos organizacionais como base para a planificação adequada dos trabalhos. Abordaremos o processo decisório no qual ocorre a tomada de decisões e como melhorá-la. E, finalmente, consideraremos a administração estratégica com os vários modelos estratégicos e como implementá-la com sucesso na organização.

O administrador precisa saber como tomar decisões estratégicas e como planejar o futuro de sua organização. Por meio da arte de tomar decisões, o administrador configura e reconfigura continuamente sua organização ou a unidade organizacional que administra. Ele decide qual o rumo que deseja que sua organização siga, toma as decisões necessárias e elabora os planos para que isto realmente aconteça. O planejamento está voltado para o futuro. E o futuro requer atenção especial. É para ele que estamos nos preparando a todo momento.

O que veremos adiante

Capítulo 7 – Fundamentos do planejamento.
Capítulo 8 – Formulação de objetivos.
Capítulo 9 – Tomada de decisão.

As organizações não operam na base da improvisação. E nem funcionam ao acaso. Nada é deixado ao sabor dos ventos. Elas requerem planejamento para todas as suas operações e atividades. Principalmente quando operam em ambientes dinâmicos, complexos e competitivos. O planejamento é um importante componente da vida organizacional, por ser capaz de dar-lhe condições de rumo e continuidade em sua trajetória rumo ao sucesso. O planejamento constitui a primeira das funções administrativas, vindo antes da organização, da direção e do controle. Planejar significa interpretar a missão organizacional e estabelecer os objetivos da organização, bem como os meios necessários para seu alcance com o máximo de eficácia e eficiência.

O planejamento inicia o processo administrativo. Ele também é um processo que inclui a definição dos objetivos organizacionais e a seleção de políticas, procedimentos e métodos desenhados para o alcance dos objetivos. O sucesso na função de planejamento requer o reconhecimento do ambiente da organização, a estimulação da criatividade e o encorajamento de novas ideias e abordagens inovadoras aos desafios da administração. Nesse sentido, o planejamento fundamenta os próximos estágios do processo administrativo, como a organização – que representa a alocação e o arranjo dos recursos para executar as tarefas essenciais – a direção – que guia os esforços para assegurar elevados níveis de desempenho e cumprimento de objetivos – e o controle – que monitora e acompanha a execução das tarefas para assegurar a necessária ação corretiva, se necessária. Assim, o planejamento constitui a função inicial da administração. Antes que qualquer função administrativa seja executada, a administração precisa planejar, ou seja, determinar os objetivos e os meios necessários para alcançá-los adequadamente.

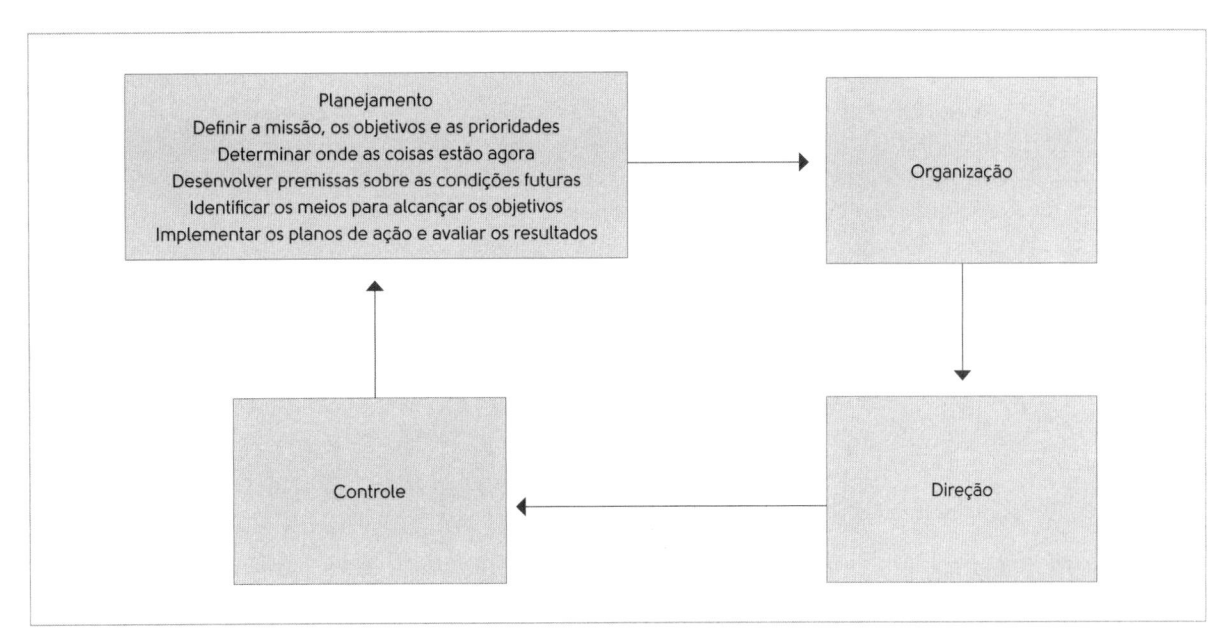

Figura III.1. O planejamento dentro do processo administrativo.

Esta Parte III será inteiramente dedicada ao planejamento. No Capítulo 7, trataremos dos principais fundamentos do planejamento, como a primeira das funções administrativas que integram o processo administrativo. O planejamento será visualizado como um processo contínuo, permanente e ininterrupto. No Capítulo 8, abordaremos os objetivos organizacionais e sua formulação, tendo como base de sustentação a missão e a visão de futuro da organização. O Capítulo 9 será dedicado à tomada de decisões dentro da organização e seus fundamentos de racionalidade que devem garantir os meios adequados para o alcance dos objetivos visados. Planejar é focar o futuro. Definir onde se pretende chegar. É definir objetivos a cumprir. E, sobretudo, tomar decisões agora e que determinarão os próximos caminhos e os efeitos e consequências a seguir.

Planejar é definir o futuro, é decidir o caminho que se pretende seguir. É tomar decisões e formular metas e objetivos pela frente. Nesse aspecto, o administrador precisa ser suficientemente visionário e proativo para preparar o futuro que pretende tornar realidade concreta.

Planejamento	Organização	Direção	Controle
7. Fundamentos do planejamento 8. Formulação de objetivos 9. Tomada de decisão			

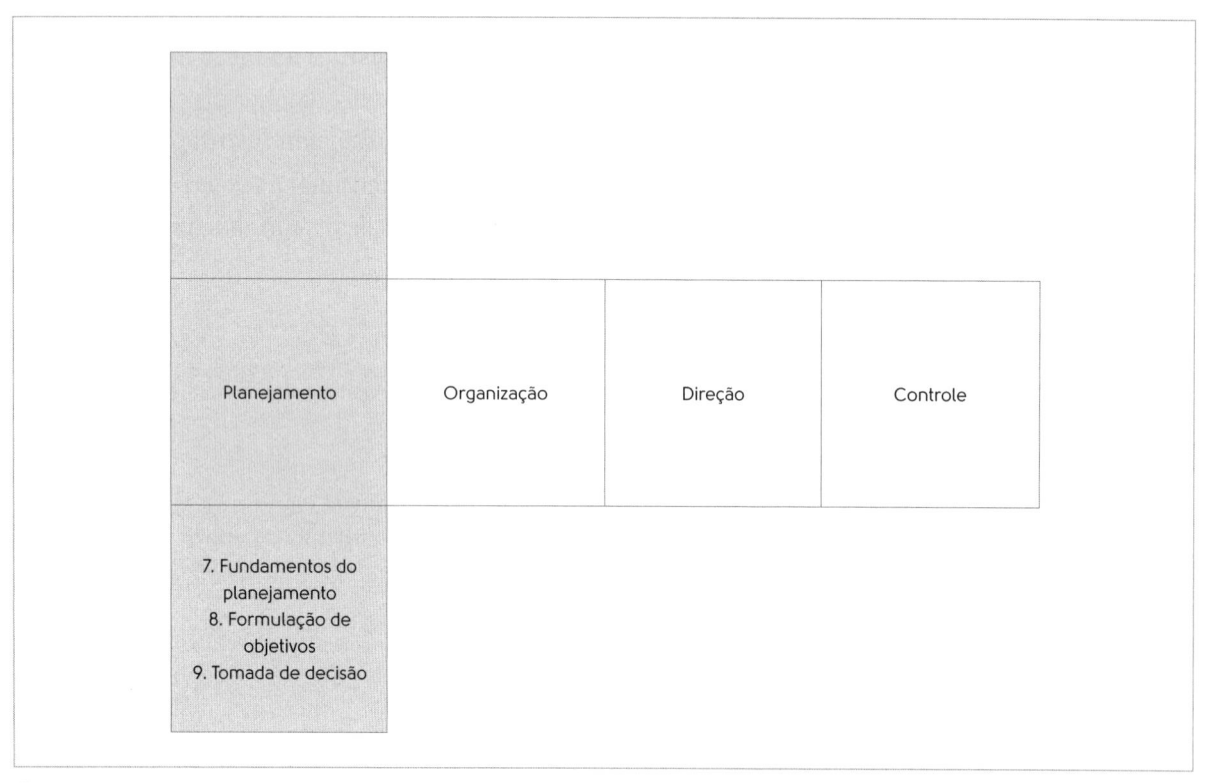

Figura III.2. O processo administrativo.

7
FUNDAMENTOS DO PLANEJAMENTO

Objetivos de aprendizagem

Após estudar este capítulo, você deverá estar capacitado para:

- Compreender o planejamento como uma das funções administrativas.
- Descrever as várias orientações do planejamento.
- Salientar os benefícios do planejamento.
- Identificar os vários tipos de planos.
- Reconhecer o planejamento estratégico.
- Reconhecer o planejamento tático.
- Reconhecer o planejamento operacional.

O que veremos adiante

- Planejamento como uma função administrativa.
- Processo de planejamento.
- Benefícios do planejamento.
- Tipos de planejamento.
- Planejamento estratégico.
- Planejamento tático.
- Planos operacionais.

> ### Caso introdutório: De olho na modernidade
>
> Como gerente do departamento de treinamento da Polifabril S/A, Marta Esteves tem a responsabilidade de pesquisar e determinar as necessidades de treinamento e de desenvolvimento dentro da companhia e apresentar os resultados de seus estudos, com os cursos de ação recomendados para o seu superior, o diretor de RH. Em função disso, após a decisão e aprovação do nível institucional, o departamento de Marta tem a responsabilidade de implementar aquelas decisões por meio do desenho e da condução dos programas de treinamento e desenvolvimento de pessoal. Todo esse material será utilizado como protótipo para programas conduzidos nas diversas unidades descentralizadas da companhia e espalhadas por vários estados do país. A cada ano, o departamento distribui questionários de levantamento de necessidades de treinamento a todos os gerentes da companhia para saber quais são as carências de treinamento em suas respectivas áreas de atuação. Então, Marta elabora a programação de treinamento a ser aprovada pela direção da companhia. A montagem da programação é feita com base nas respostas dos gerentes aos questionários enviados.
>
> O departamento de treinamento está dividido em três seções, cada qual especializada em um tipo particular de trabalho representado na companhia: a seção voltada para o desenvolvimento gerencial, a de desenvolvimento de supervisores e a de treinamento operacional para os funcionários. Cada seção tem um supervisor para tocar as atividades cotidianas.
>
> Em uma das reuniões semanais periódicas, Marta foi interpelada por um dos seus supervisores: por que o planejamento de treinamento deve continuar limitado ao exercício de um ano, como estava sendo feito desde a criação do departamento? A cada ano o departamento de treinamento deveria começar tudo de novo ou poderia partir de um patamar já conquistado? Em outros termos, o planejamento de treinamento deveria ser feito em cortes anuais ou poderia ser estendido a longo prazo? Deveria ser voltado para solução de problemas atuais ou passados ou deveria estar voltado para o futuro das pessoas e da organização? Deveria ser meramente reativo ou ampliar-se para uma abordagem proativa? Deveria ser conservador ou adaptativo? Aquelas perguntas mexeram com a cabeça de Marta.

Planejamento é a função administrativa que define objetivos e decide sobre os recursos e tarefas necessários para alcançá-los adequadamente. A principal consequência do planejamento são os planos. Eles não somente tornam uma organização bem-sucedida no alcance de suas metas e objetivos, como também funcionam como verdadeiros guias ou balizamentos para assegurar os seguintes aspectos[1]:

1. Que a organização obtenha e reúna os recursos necessários para alcançar os seus objetivos e os integre em um esquema organizacional que garanta coordenação e integração.

2. Que os membros da organização possam trabalhar em atividades consistentes rumo aos objetivos definidos por meio dos procedimentos escolhidos.

3. Que o alcance dos objetivos seja monitorado e avaliado em relação a certos padrões para proporcionar a ação corretiva necessária quando o progresso não for satisfatório.

O primeiro passo do planejamento é a definição dos objetivos para a organização. Os objetivos são estabelecidos para cada uma das subunidades da organização, como suas divisões ou departamentos, etc. Uma vez definidos, os programas são estabelecidos para alcançar os objetivos de maneira sistemática e racional. Ao selecionar objetivos e desenvolver programas, o administrador deve considerar sua viabilidade e aceitação pelos gerentes e funcionários da organização.

Planejar significa olhar para a frente, visualizar o futuro e o que deverá ser feito, elaborar bons planos e ajudar as pessoas a fazer hoje as ações necessárias para melhor enfrentar os desafios do amanhã. Isso fica evidente no caso do departamento de treinamento da Polifísica. Em outros termos, o planejamento constitui hoje uma responsabilidade essencial em qualquer tipo de organização ou de atividade.

Caso de apoio: Rede de gigantes[2]

A internet brasileira está vivendo um momento semelhante ao que acontece na parte americana da rede. Uma série de meganegociações empurrou o controle da internet para as mãos das grandes corporações. A Netcom, o último grande provedor independente dos Estados Unidos, foi vendida para uma companhia telefônica, a ICG. A MCI, outra telefônica dos Estados Unios que, entre seus ativos, tem o maior *backbone* (linhas de alta velocidade por onde passa todo o tráfego da internet) do país, está sendo disputada a tapas por empresas do porte da GTE, WorldCom e British Telecom. As ofertas beiram a casa dos 30 bilhões de dólares.

As estatísticas existentes sobre a internet ainda não são inteiramente confiáveis. Mas os números que elas produzem são capazes de deixar qualquer empresário babando na gravata. Segundo a Forrester Research, uma das consultorias americanas mais respeitadas na área de computadores, a internet movimentou, em 1997, 8 bilhões de reais em vendas de produtos em todo o mundo. Em 2002, as projeções indicam que esse número estará roçando os 320 bilhões de reais. E agora?

Espremidos entre empresas e números de gigante, o caminho que resta aos pequenos provedores – os verdadeiros responsáveis pela explosão inicial da Internet – são os nichos de mercado. Teremos de oferecer serviços específicos, é o que desejam as novas *start-ups*. Dentro da nova realidade do mercado, para sobreviver, pretendem primeiro oferecer conexões melhores e uma velocidade de navegação superior à que oferecem os *modems* caseiros.

PLANEJAMENTO COMO UMA FUNÇÃO ADMINISTRATIVA

A primeira das quatro funções administrativas – o planejamento – é definido como um processo de estabelecer objetivos e decidir a maneira como alcançá-los. Objetivos são os resultados específicos ou metas que se deseja atingir. Um plano é uma colocação ordenada daquilo que é necessário fazer para atingir os objetivos. Os planos identificam os recursos necessários, as tarefas a serem executadas, as ações a serem tomadas e os tempos a serem seguidos. Os planos servem para facilitar a ação requerida e as operações da organização. Geralmente, preveem como as ações que apontam para os objetivos devem ser tomadas. Na verdade, os planos consistem em ações consistentes dentro de uma estrutura adequada de operações que focalizam os fins desejados. Sem planos, a ação organizacional se tornaria meramente casual e randômica, aleatória e sem rumo, conduzindo simplesmente ao caos[3].

O planejamento pode estar voltado para a estabilidade no sentido de assegurar a continuidade do comportamento atual em um ambiente previsível e estável. Também pode estar voltado para a melhoria do comportamento para assegurar a reação adequada a frequentes mudanças em um ambiente mais dinâmico e incerto. Pode, ainda, estar

Dicas

Vários conceitos de planejamento
- **Planejar:** é o processo de determinar como o sistema administrativo deverá alcançar os seus objetivos. Em outras palavras, é determinar como a organização deverá ir para onde ela deseja chegar (Certo[4]).
- **Planejar:** é o ato de determinar os objetivos da organização e os meios para alcançá-los (Daft[5]).
- **Planejar:** é decidir antecipadamente aquilo que deve ser feito, como fazer, quando fazer e quem deve fazer (Koontz et al.[6]).
- **Planejar:** é o processo de estabelecer objetivos e de determinar o que deve ser feito para alcançá-los (Schermerhorn[7]).

voltado para as contingências no sentido de antecipar-se a eventos que podem ocorrer no futuro e identificar as ações apropriadas para quando eles eventualmente ocorrerem. Como todo planejamento se subordina a uma filosofia de ação, Ackoff[8] aponta três tipos de filosofia do planejamento:

1. Planejamento conservador: voltado para a estabilidade e para a manutenção da situação existente. As decisões são tomadas no sentido de obter bons resultados, mas não necessariamente os melhores possíveis, pois, dificilmente, o planejamento procurará fazer mudanças radicais na organização. Sua ênfase é conservar as práticas atualmente vigentes. O planejamento conservador está mais preocupado em identificar e sanar deficiências e problemas internos do que em explorar oportunidades ambientais futuras. Sua base é predominantemente retrospectiva no sentido de aproveitar a experiência passada e projetá-la para o futuro.

2. Planejamento otimizante: voltado para a adaptabilidade e a inovação dentro da organização. As decisões são tomadas no sentido de obter os melhores resultados possíveis para a organização, seja minimizando recursos para alcançar um determinado desempenho ou objetivo, seja maximizando o desempenho para melhor utilizar os recursos disponíveis. O planejamento otimizante geralmente está baseado em uma preocupação em melhorar as práticas atualmente vigentes na organização. Sua base é predominantemente incremental no sentido de melhorar continuamente, tornando as operações melhores a cada dia que passa.

3. Planejamento adaptativo: voltado para as contingências e para o futuro da organização. As decisões são tomadas no sentido de compatibilizar os diferentes interesses envolvidos, elaborando uma composição capaz de levar a resultados para o desenvolvimento natural da empresa e ajustá-la às contingências que surgem no meio do caminho. O planejamento adaptativo procura reduzir o planejamento retrospectivo voltado para a eliminação das deficiências localizadas no passado da organização. Sua base é predominantemente aderente no sentido de ajustar-se às demandas ambientais e preparar-se para as futuras contingências.

Em todos os casos, o planejamento consiste na tomada antecipada de decisões. Trata-se de decidir agora o que fazer antes da ocorrência da ação necessária. Não se trata simplesmente da previsão das decisões que deverão ser tomadas no futuro, mas da tomada de decisões que produzirão efeitos e consequências futuras.

Planejamento conservador	→	Planejamento para a estabilidade Manutenção	→	Ambiente previsível e estável	→	Assegurar continuidade do sucesso
Planejamento otimizante	→	Planejamento para a melhoria Inovação	→	Ambiente dinâmico e incerto	→	Assegurar reação adequada às frequentes mudanças
Planejamento adaptativo	→	Planejamento para a contingência Futuro	→	Ambiente mais dinâmico e incerto	→	Antecipar-se a eventos que possam ocorrer e identificar ações apropriadas

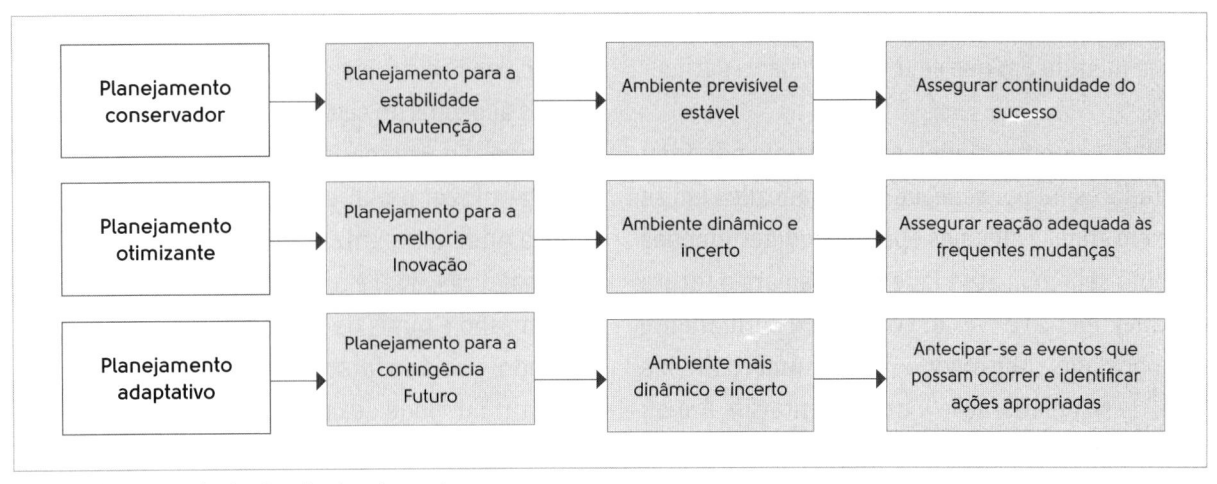

Figura 7.1. As três orientações do planejamento.

PROCESSO DE PLANEJAMENTO

O planejamento pode ser considerado um processo constituído de uma série sequencial de seis passos, a saber[7]:

1. **Definir os objetivos**: o primeiro passo do planejamento é o estabelecimento de objetivos que se pretende alcançar. Os objetivos da organização devem servir de direção a todos os principais planos, servindo de base aos objetivos departamentais e a todos os objetivos das áreas subordinadas. Os objetivos devem especificar resultados desejados e os pontos finais aonde se pretende chegar, para se conhecer quais os passos intermediários para chegar lá.
2. **Verificar qual a situação atual em relação aos objetivos**: simultaneamente à definição dos objetivos, deve-se avaliar a situação atual em contraposição aos objetivos desejados, verificar onde se está e o que precisa ser feito.
3. **Desenvolver premissas quanto às condições futuras**: premissas constituem os ambientes esperados dos planos em operação. Como a organização opera em ambientes complexos, quanto mais pessoas estiverem atuando na elaboração e compreensão do planejamento e quanto mais se obtiver envolvimento para utilizar premissas consistentes, tanto mais coordenado será o planejamento. Trata-se de gerar cenários alternativos para os estados futuros das ações, analisar o que pode ajudar ou prejudicar o progresso em direção aos objetivos. A previsão é um aspecto importante no desenvolvimento de premissas. A previsão está relacionada a pressuposições antecipatórias a respeito do futuro
4. **Analisar as alternativas de ação**: o quarto passo do planejamento é a busca e análise dos cursos alternativos de ação. Trata-se de relacionar e avaliar as ações que devem ser tomadas, escolher uma delas para perseguir um ou mais objetivos, fazer um plano para alcançar os objetivos.
5. **Escolher um curso de ação entre as várias alternativas**: o quinto passo é selecionar o curso de ação adequado para alcançar os objetivos propostos. Trata-se de uma tomada de decisão, em que se escolhe uma alternativa e se abandona as demais. A alternativa escolhida se transforma em um plano para o alcance dos objetivos.
6. **Implementar o plano e avaliar os resultados**: fazer aquilo que o plano determina e avaliar, cuidadosamente, os resultados para assegurar o alcance dos objetivos, seguir pelo

que foi planejado e tomar as ações corretivas na medida em que se tornarem necessárias.

Nem sempre o planejamento é feito por administradores ou por especialistas trancados em salas e em apenas algumas épocas predeterminadas. Embora seja uma atividade voltada para o futuro, o planejamento deve ser contínuo e permanente e, se possível, abranger o maior número de pessoas na sua elaboração e implementação. Em outras palavras, o planejamento deve ser constante e participativo. A descentralização proporciona a participação e o envolvimento das pessoas em todos os aspectos do seu processo. É o chamado planejamento participativo.

Para fazer o planejamento é vital que se conheça onde a organização está inserida. Em outras palavras, qual é o seu microambiente, qual a sua missão e quais os seus objetivos básicos. Sobretudo, quais os fatores-chave para seu sucesso. A partir daí, pode-se começar a pensar em planejamento.

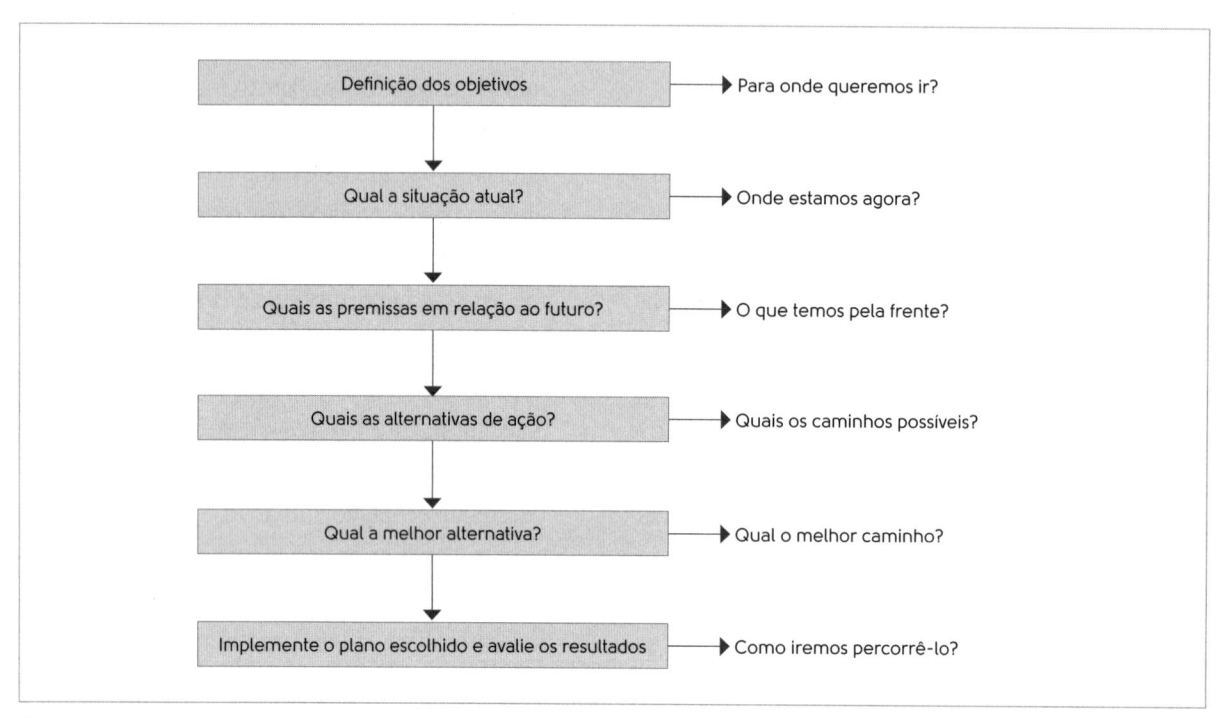

Definição dos objetivos	→ Para onde queremos ir?
Qual a situação atual?	→ Onde estamos agora?
Quais as premissas em relação ao futuro?	→ O que temos pela frente?
Quais as alternativas de ação?	→ Quais os caminhos possíveis?
Qual a melhor alternativa?	→ Qual o melhor caminho?
Implemente o plano escolhido e avalie os resultados	→ Como iremos percorrê-lo?

Figura 7.2. Os seis passos do processo de planejamento.

Avaliação crítica: Planejar é pensar no futuro[9]

Alarga-se cada vez mais a diferenciação da renda do trabalho por grau de escolaridade do trabalhador. O processo vem de longas eras, mas pegou fogo nos últimos anos de modernização acelerada da economia brasileira. Já que não se pode (e nem se deve) travar o avanço da modernização, o desafio é tirar o atraso da educação no Brasil. O Prêmio Nobel de Economia, Gary Becker, diz que em todo o mundo, incluindo o Brasil, amplia-se o fosso entre quem tem formação superior e quem rasteja em baixos níveis de escolaridade. Nos Estados Unidos, nos anos 1960, quem tinha formação universitária, ganhava, no máximo, 50% a mais do que os do segundo grau completo. Agora, os primeiros levam sobre os segundos uma vantagem de até 80% no contracheque. Para Becker, a educação explica a desigualdade, reforçando a concentração da renda social.

Darcy Ribeiro já afirmava que além do resgate da ninguenzada, a democratização da escola pública de boa qualidade funcionará como única garantia para promover o desenvolvimento sustentado da economia brasileira ainda fora do esquadro. Para Becker, sem a revolução da escola, o Brasil corre o risco de jamais deixar de ser o "país do futuro sem futuro", agora apelidado "país emergente sem condição de emergir". Economia realmente emergente rima com sistema educacional competente. Para tanto, propõe um atalho para o Brasil escapar do atraso educacional: um sistema de vale-educação, recheado por recursos públicos e fundos privados. O aluno, com vale na mão, escolheria a escola. Isso aumentaria a competição entre instituições de ensino, elevando a qualidade do sistema. O impacto sobre a distribuição de renda seria retumbante. Carlos Ivan Simonsen Leal e Sérgio Ribeiro da Costa Werlang, da Fundação Getulio Vargas (FGV), demonstram que para cada ano adicional de estudo, além do básico, o brasileiro que trabalha recebe, em média, 16,4% a mais de salário. Essa descoberta robustece a tese do ensino público superior não mais gratuito. Até porque os universitários da escola pública somam pouco mais de 1% dos estudantes de todos os níveis e consomem 18,2% do orçamento nacional da educação. Ambos recomendam autonomia universitária ampla, seja para arrecadar, contratar e demitir. E universidades públicas administradas por profissionais da gestão empresarial. Melhor dizendo, administradas por administradores.

Voltando ao caso introdutório: De olho na modernidade

A Polifabril é uma empresa de porte médio que pretende ser excelente nas suas operações. Na verdade, trata-se de uma companhia que tem um olho voltado para a modernidade e que dá muita importância ao treinamento do pessoal. Marta tem plena convicção disso e quer colaborar para que a Polifabril seja realmente uma grande empresa com parceiros à altura. A questão colocada pelo supervisor chamou sua atenção para um importante aspecto: o seu departamento estava colaborando unicamente para a manutenção do *status quo* da companhia. Em outros termos, o seu planejamento de atividades procurava tão somente sanar as necessidades de treinamento que os gerentes percebiam no trabalho dos seus funcionários. Isso significava que o treinamento era apenas corretivo e voltado para o desempenho passado das pessoas. Tornava-se fundamental reorientar o facho para o futuro e para a excelência. Como fazê-lo?

Fatores Críticos de Sucesso

Para que o planejamento seja bem-sucedido torna-se necessário verificar quais os fatores críticos de sucesso para atingir os objetivos propostos. Os fatores críticos de sucesso são os elementos condicionantes no alcance dos objetivos da organização. Ou seja, são aspectos ligados diretamente ao sucesso da organização. Para identificar os fatores críticos de sucesso em qualquer negócio, deve-se fazer a seguinte pergunta: o que se deve fazer para ser bem-sucedido? Em uma empresa lucrativa, o sucesso significa fazer lucros.

Os fatores críticos de sucesso dependerão de quais são os negócios que fazem lucro. Se o negócio é produzir roupas a baixo custo, os fatores críticos de sucesso estarão localizados em operações de baixo custo e elevado volume de vendas. Se o negócio é produzir vestidos luxuosos, os custos não serão tão importantes quanto a alta qualidade dos materiais, da confecção aprimorada e do desenho criativo. Em uma empresa de pesquisa e desenvolvimento orientada para o futuro, altos lucros hoje não são aspectos críticos, mas, sim, o desenvolvimento de uma tecnologia de ponta capaz de produzir no futuro novos produtos inovadores e construir uma boa reputação que atraia investidores.

A identificação dos fatores críticos de sucesso é fundamental para a realização dos objetivos organizacionais. Existem duas maneiras de identificar os fatores críticos de sucesso. A primeira é dissecar os recursos organizacionais e o mercado de maneira imaginativa para identificar os segmentos que são mais importantes. A segunda é descobrir o que distingue as organizações bem-sucedidas das organizações malsucedidas e analisar as diferenças entre elas. Aqui se aplica o *benchmarking*.

Benchmarking

Benchmarking é o processo contínuo e sistemático de pesquisa para avaliar produtos, serviços e processos de trabalho de organizações que são reconhecidas como líderes empresariais ou como representantes das melhores práticas, com o propósito de aprimoramento organizacional[10]. Isso permite comparações de processos e práticas entre empresas para identificar "o melhor do melhor" e alcançar um nível de superioridade ou vantagem competitiva[11].

O *benchmarking* encoraja as organizações a pesquisar os fatores-chave que influenciam a produtividade e a qualidade em qualquer função ou área de atividade. Na verdade, o *benchmarking* constitui uma fonte inesgotável de ideias proporcionadas por outras organizações.

A palavra *benchmarking* significa um marco de referência, um padrão de excelência que precisa ser identificado para servir de base ou de alvo para a mudança. O *benchmarking* foi introduzido pela Xerox, em 1979, como prática para comparações com as melhores empresas para desenvolver seus produtos e tornar-se mais competitiva no mercado, para ultrapassar e não somente copiar os seus concorrentes. Se voltarmos à história da administração, veremos que Taylor havia feito algo semelhante quando comparava as melhores práticas dos operários para escolher o método de trabalho que todos eles deveriam seguir.

Objetivos	Sem *benchmarking*	Com *benchmarking*
Tornar-se competitivo	• Focalizando internamente • Mudanças produzidas pela evolução natural	• Conhecimento da concorrência • Ideias originadas em práticas comprovadas por outros
Melhores práticas organizacionais	• Poucas soluções internas • Atividade de manutenção	• Muitas opções de práticas • Desempenho superior
Definição dos requisitos do cliente	• Baseada na história ou no sentimento interno • Percepção subjetiva	• Baseada na realidade do mercado • Avaliação objetiva
Fixação de metas e de objetivos eficazes	• Falta de focalização externa • Abordagem reativa	• Focalização confiável, da qual não é possível discordar • Abordagem proativa
Desenvolvimento de medidas reais de produtividade	• Perseguição de estimativas • Forças e fraquezas pouco compreendidas • Caminho de menor resistência	• Solução de problemas reais • Melhor compreensão de resultados • Baseado nas melhores práticas do mercado

Figura 7.3. Algumas razões para utilizar o *benchmarking*[12].

Caso de apoio: Infraero

Quem viaja frequentemente de avião conhece de perto a Infraero (Empresa Brasileira de Infraestrutura Aeroportuária) fundada em 1973. Trata-se de uma empresa ligada ao Ministério da Aeronáutica e cuja missão é administrar cerca de 67 aeroportos em um país do tamanho do Brasil. Coisa para ninguém botar defeito. A União é dona de 88,6% das ações e o Fundo Nacional de Desenvolvimento (FND) detém 11,2%. Embora seja uma empresa pública, a Infraero não conta com verbas do Tesouro e vive de receitas próprias, com balanços superavitários e investimentos cada vez maiores. Diz um ex-presidente da companhia, Adyr da Silva: "há 24 anos não fazemos outra coisa a não ser trabalhar arduamente para oferecer e aumentar o conforto e a comodidade de quem viaja de avião pelo Brasil e daqui para todo o mundo. A empresa existe para o usuário de nossos aeroportos e não por causa dele, operando dentro de padrões internacionais, e em níveis até superiores. As atenções ao usuário se desdobram em duas vertentes. De um lado, a empresa é prestadora de serviços públicos, nos quais a segurança, a eficiência, a qualidade e o conforto são fundamentais e seguem regras internacionalmente adotadas. De outro, cada aeroporto é um centro de negócios a serviço dos usuários e também da comunidade, ensejando atividades comerciais e de serviços diversos. Espaços culturais e área de lazer dão o tempero especial ao humanizar e promover o bem-estar"[13].

Aeroportos de 1ª classe	Aeroportos internacionais	Aeroportos nacionais
Galeão Guarulhos	Bagé, Belém/Val-de-Cans, Boa Vista, Brasília, Campo Grande, Campos, Confins, Corumbá, Cruzeiro do Sul, Cuiabá, Curitiba, Florianópolis, Fortaleza, Foz do Iguaçu, Goiânia, João Pessoa, Macapá, Maceió, Manaus, Natal, Navegantes, Parnaíba, Pelotas, Petrolina, Ponta Porã, Porto Alegre, Porto Velho, Recife/Guararapes, Rio de Janeiro, Salvador, Santarém, São José dos Campos, São Luís, Tabatinga, Uruguaiana, Viracopos/Campinas, Vitória	Altamira, Aracaju, Bacacheri, Belém, Belo Horizonte, Belo Horizonte/Pampulha, Campina Grande, Campo de Marte, Carajás, Congonhas, Criciúma, Ilhéus, Imperatriz, Jacarepaguá, Joinville, Juazeiro do Norte, Londrina, Macaé, Marabá/Pará, Montes Claros, Palmas, Paulo Afonso, Rio Branco, São Gonçalo do Amarante, Teresina, Uberaba

Figura 7.4. Os aeroportos administrados pela Infraero[14].

Todos esses aeroportos prestam serviços operacionais – envolvendo torre de controle, pista, taxiamento e estacionamento de aeronaves, serviços de passageiros e de companhias aéreas, cargas, bagagens, salas de espera etc. – e serviços comerciais – envolvendo balcões de companhias aéreas, lojas de conveniências, bancos, financeiras, livrarias, alimentação, entre outros. Tudo isso não é obra do acaso, mas de intenso planejamento, programas de treinamento e qualificação de pessoal, motivação e comunicação, enfim, tudo aquilo que faz parte do que se denomina Qualidade Total.

> **Voltando ao caso introdutório: De olho na modernidade**
>
> Para reorientar o treinamento e desenvolvimento do pessoal da Polifabril para o futuro e destino da organização e das pessoas, tornava-se necessário conhecer a missão da empresa e ter uma noção melhor de como tornar o departamento de Marta um fator de contribuição para que a missão pudesse se concretizar. Marta procurou seu diretor de RH para trocar ideias a respeito.

BENEFÍCIOS DO PLANEJAMENTO

As organizações se defrontam com uma variedade de pressões provindas de muitas fontes. Externamente, existem as regulamentações governamentais, a tecnologia cada vez mais complexa, a incerteza decorrente de uma economia globalizada e a necessidade de reduzir custos de investimentos em trabalho, capital e outros recursos importantes. Internamente, a necessidade de operar com maior eficiência, novas estruturas organizacionais e novos arranjos de trabalho, maior diversidade da força de trabalho e uma infinidade de desafios administrativos. Como se poderia prever, o planejamento oferece uma série de vantagens nessas circunstâncias, inclusive melhorando a flexibilidade, coordenação e administração do tempo. Vejamos cada uma das vantagens do planejamento.

Focalização e Flexibilidade

O planejamento permite aumentar o foco e a flexibilidade. Foco é o ponto de convergência dos esforços. Flexibilidade é a maleabilidade e facilidade de sofrer adaptações e ajustamentos na medida em que o andamento das coisas o requeira. Uma organização com foco conhece o que ela faz melhor, conhece as necessidades de seus clientes e conhece como servi-las bem. Uma organização com flexibilidade opera dinamicamente e com um senso do futuro. Ela é rápida e ágil, podendo mudar em resposta a, ou antecipar-se em relação a problemas emergentes ou oportunidades. O planejamento ajuda o administrador em todos os tipos de organização a alcançar o melhor desempenho, em virtude das razões apontadas a seguir[15].

1. O planejamento é orientado para resultados: cria um senso de direção, isto é, de desempenho orientado para metas e resultados a serem alcançados.
2. O planejamento é orientado para prioridades: assegura que as coisas mais importantes receberão atenção principal.
3. O planejamento é orientado para vantagens: ajuda a alocar e a dispor recursos para sua melhor utilização e desempenho.
4. O planejamento é orientado para mudanças: ajuda a antecipar problemas que, certamente, aparecerão, e a aproveitar oportunidades na medida em que se defronta com novas situações.

Melhoria na Coordenação

O planejamento melhora a coordenação. Os diferentes subsistemas e grupos nas organizações, em que cada qual persegue uma variedade de objetivos em um dado período de tempo, precisam ser coordenados adequadamente. Uma hierarquia de objetivos é uma série de propósitos interligados, de modo que os objetivos em níveis mais elevados são apoiados e suportados por outros de nível mais baixo. Quando definidos ao longo de uma organização, os objetivos hierarquizados criam uma rede integrada de cadeias de meios-fins. Aqueles de nível mais elevado – os fins – são claramente interligados aos objetivos de nível mais baixo – que são os meios – para o seu alcance. A Figura 7.5 dá um exemplo de uma hierarquia de objetivos.

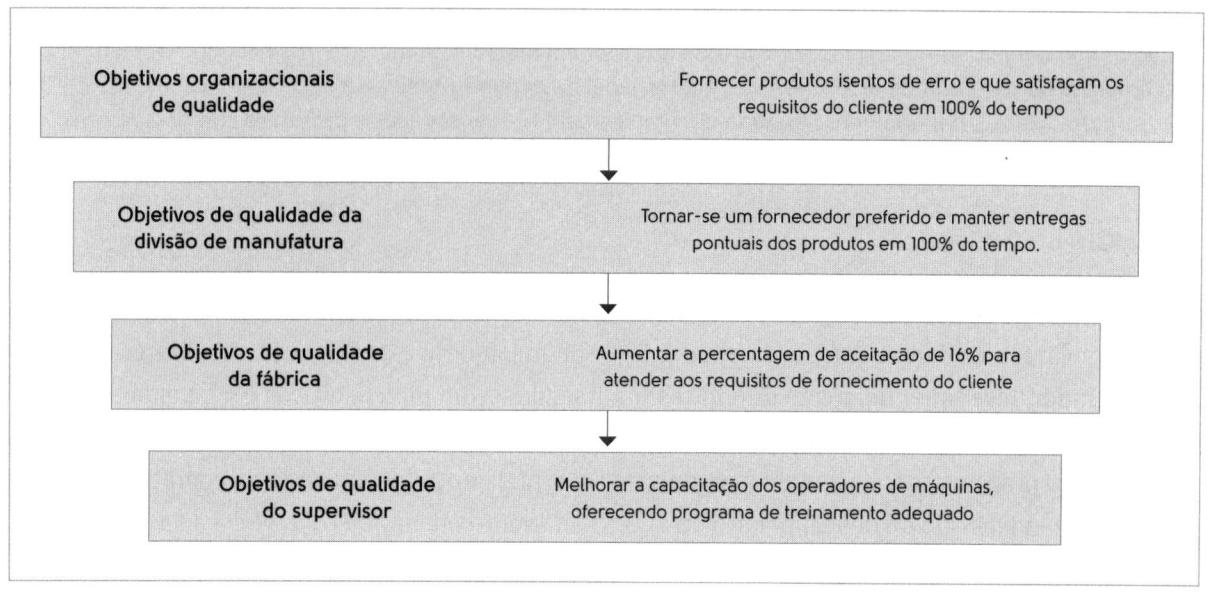

```
Objetivos organizacionais de qualidade → Fornecer produtos isentos de erro e que satisfaçam os requisitos do cliente em 100% do tempo
         ↓
Objetivos de qualidade da divisão de manufatura → Tornar-se um fornecedor preferido e manter entregas pontuais dos produtos em 100% do tempo.
         ↓
Objetivos de qualidade da fábrica → Aumentar a percentagem de aceitação de 16% para atender aos requisitos de fornecimento do cliente
         ↓
Objetivos de qualidade do supervisor → Melhorar a capacitação dos operadores de máquinas, oferecendo programa de treinamento adequado
```

Figura 7.5. Uma hierarquia de objetivos de qualidade total.

Melhoria no Controle

O controle pode ser melhorado com planejamento. O do tipo administrativo envolve medição e avaliação dos resultados do desempenho e a tomada de ação corretiva para melhorar as coisas quando necessário. O planejamento ajuda a fazer com que isso seja possível por meio da definição dos objetivos – resultados de desempenho desejados – e da identificação das ações específicas por meio das quais eles devem ser perseguidos. Se os resultados estiverem abaixo do esperado, ou os objetivos ou os planos de ação, ou ambos, devem ser ajustados ao processo de controle. Naturalmente, os processos de planejamento e controle funcionam melhor se os objetivos são claramente estabelecidos em primeiro lugar. O progresso em relação ao alcance dos objetivos pode ser facilmente medido para assegurar que ele está sendo cumprido ou antes da data prefixada.

Administração do Tempo

O planejamento melhora a administração do tempo. É difícil balancear o tempo disponível para atender as responsabilidades e aproveitar as oportunidades pela frente. A cada dia, o administrador é bombardeado por uma multiplicidade de tarefas e demandas em um conjunto de frequentes interrupções, crises e eventos inesperados. Isso facilita o esquecimento da trilha dos objetivos e a perda de tempo precioso com atividades não essenciais e que tumultuam a atividade do administrador. Além da melhoria do foco e flexibilidade, coordenação e controle, o planejamento permite uma forma de administrar o tempo.

> ### Voltando ao caso introdutório: De olho na modernidade
>
> O diretor de RH da Polifabril também se sentiu constrangido com o argumento utilizado pelo supervisor. Mas concordou plenamente que se deveria reorientar a política de treinamento e desenvolvimento da companhia. Agregou que, além da missão, deveriam também definir uma visão de médio prazo da empresa para, a partir de então, verificar qual o papel do departamento de treinamento na nova configuração. Assim, o departamento deixaria de, simplesmente, tapar buracos e passaria a contribuir para a realização da missão e para o alcance da visão, além de ajudar no alcance dos objetivos organizacionais.

TIPOS DE PLANEJAMENTO

O planejamento é feito por meio de planos. O administrador deve saber lidar com diferentes tipos de planos. Estes podem incluir períodos de longo a curto prazo e podem envolver a organização inteira, uma divisão ou departamento ou ainda uma tarefa. O planejamento é uma função administrativa que se distribui entre todos os níveis organizacionais. Embora o seu conceito seja exatamente o mesmo, em cada nível organizacional, o planejamento apresenta características diferentes, como mostra a Figura 7.6.

O planejamento envolve uma volumosa parcela da atividade organizacional. Com isso, queremos dizer que toda organização está sempre planejando: o nível institucional elabora genericamente o planejamento estratégico, o nível intermediário segue-o com planos táticos e o nível operacional traça detalhadamente os planos operacionais. Cada qual dentro de sua área de competência e em uníssono com os objetivos globais da organização. O planejamento impõe racionalidade e proporciona o rumo às ações da organização. Mais do que isso, estabelece coordenação e integração de suas várias unidades, que proporcionam a harmonia e sinergia da organização no seu caminho em direção aos seus objetivos principais.

Os planos podem cobrir diferentes horizontes de tempo. Os planos de curto prazo cobrem um ano ou menos, os planos intermediários cobrem

Nível organizacional	Tipo de planejamento	Conteúdo	Tempo	Amplitude
Institucional	Estratégico	Genérico e sintético	Longo prazo	Macro-orientado: aborda a organização como um todo
Intermediário	Tático	Menos genérico e mais detalhado	Médio prazo	Aborda cada unidade organizacional em separado
Operacional	Operacional	Detalhado e analítico	Curto prazo	Micro-orientado: aborda cada operação em separado

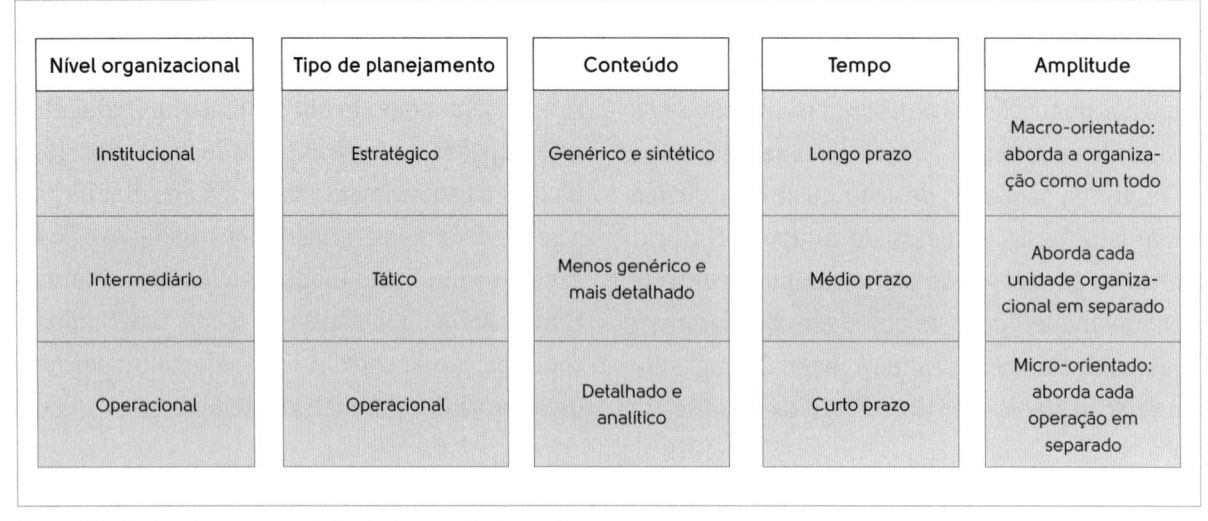

Figura 7.6. O planejamento nos três níveis organizacionais[16].

1 a 2 anos e os planos de longo prazo cobrem cinco ou mais anos. Os objetivos do planejamento devem ser mais específicos no curto prazo e mais abertos no longo prazo. As organizações precisam de planos para todas as extensões de tempo. O administrador do nível institucional está mais voltado para planos de longo prazo que cubram a organização inteira para proporcionar aos demais administradores um senso de direção para o futuro.

Uma pesquisa desenvolvida por Elliot Jaques[17] mostra como as pessoas variam em sua capacidade de pensar, organizar e trabalhar com eventos situados em diferentes horizontes de tempo. Muitas pessoas trabalham confortavelmente com amplitudes de apenas três meses, um pequeno grupo trabalha melhor com uma amplitude de tempo de um ano; e somente poucas pessoas podem enfrentar o desafio de 20 anos pela frente. Como o administrador pode trabalhar em vários níveis de autoridade, ele deve planejar em função de diferentes períodos de tempo. Enquanto o planejamento de um supervisor desafia o espaço de tempo de três meses, um gerente pode lidar com períodos de um ano, enquanto um diretor lida com uma amplitude que pode ir de 3, 5 ou 10 anos ou mais. O progresso nos níveis mais elevados da hierarquia administrativa pressupõe habilidades conceituais para trabalhar, bem como uma visão projetada para o longo prazo de tempo[18].

PLANEJAMENTO ESTRATÉGICO

O planejamento estratégico é um processo organizacional compreensivo de adaptação por meio da aprovação, tomada de decisão e avaliação. Procura responder a questões básicas, como por que a organização existe, o que ela faz e como ela faz. O resultado do processo é um plano que serve para guiar a ação organizacional por um prazo de 3 a 5 anos.

O planejamento estratégico apresenta cinco características fundamentais[19]:

1. **O planejamento estratégico está relacionado com a adaptação da organização a um ambiente mutável**: está voltado para as relações entre a organização e seu ambiente de tarefa. Portanto, sujeito à incerteza a respeito dos eventos ambientais. Por se defrontar com a incerteza tem suas decisões baseadas em julgamentos e não em dados concretos. Reflete uma orientação externa que focaliza as respostas adequadas às forças e às pressões que estão situadas do lado de fora da organização.
2. **O planejamento estratégico é orientado para o futuro**: seu horizonte de tempo é o longo prazo. Durante o curso do planejamento, a consi-

Figura 7.7. Os três níveis de planejamento.

Nível institucional	Planejamento estratégico — Mapeamento ambiental, avaliação das forças e limitações da organização	• Envolve toda a organização • Direcionado a longo prazo • Focaliza o futuro e o destino • Ação global e molar
Nível intermediário	Planos táticos — Tradução e interpretação das decisões estratégicas em planos concretos no nível departamental	• Envolve cada departamento • Direcionado a médio prazo • Focaliza o mediato • Ação departamental
Nível operacional	Planos operacionais — Desdobramento dos planos táticos de cada departamento em planos operacionais para cada tarefa	• Envolve cada tarefa/atividade • Direcionado a curto prazo • Focaliza o imediato/presente • Ação específica e molecular

deração dos problemas atuais é dada apenas em função dos obstáculos e das barreiras que eles possam provocar para um desejado lugar no futuro. É mais voltado para os problemas do futuro do que àqueles de hoje.
3. **O planejamento estratégico é compreensivo:** ele envolve a organização como uma totalidade, abarcando todos os seus recursos, no sentido de obter efeitos sinergísticos de todas as capacidades e potencialidades da organização. A resposta estratégica da organização envolve um comportamento global, compreensivo e sistêmico.
4. **O planejamento estratégico é um processo de construção de consenso:** dada a diversidade dos interesses e necessidades dos parceiros envolvidos, o planejamento oferece um meio de atender a todos eles na direção futura que melhor convenha a todos.
5. **O planejamento estratégico é uma forma de aprendizagem organizacional:** como está orientado para a adaptação da organização ao contexto ambiental, o planejamento constitui uma tentativa constante de aprender a ajustar-se a um ambiente complexo, competitivo e mutável.

O planejamento estratégico se assenta sobre três parâmetros: a visão do futuro, os fatores ambientais externos e os fatores organizacionais internos. Começa com a construção do consenso sobre o futuro que se deseja: é a visão que descreve o mundo em um estado ideal. Então, examinam-se as condições externas do ambiente e as internas da organização.

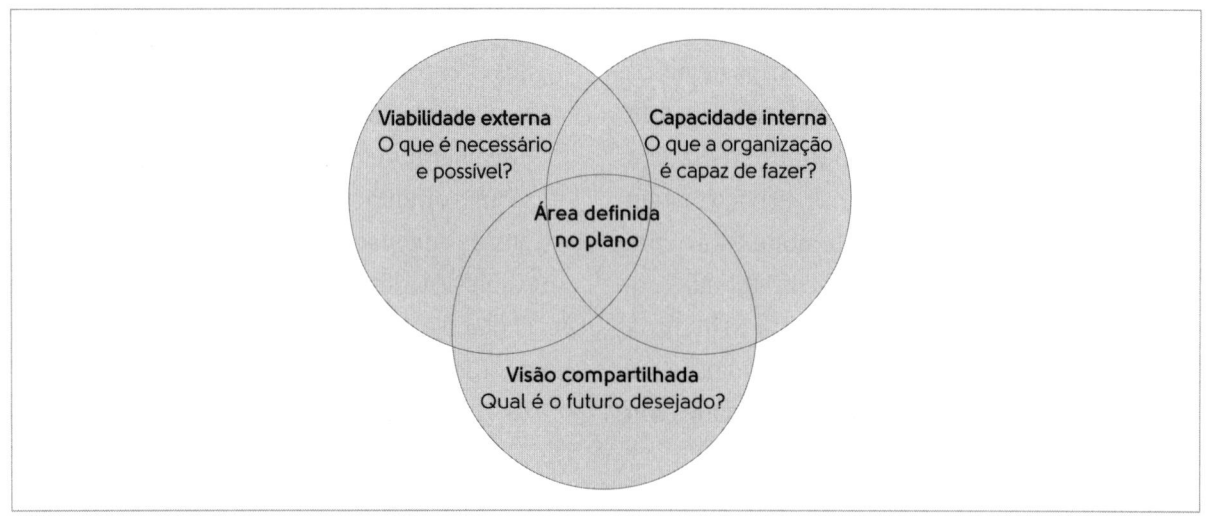

Figura 7.8. Os principais parâmetros do planejamento estratégico.

Voltando ao caso introdutório: De olho na modernidade

Com as novas colocações do diretor de RH da Polifabril, Marta começou a repensar a orientação do departamento de treinamento. A partir de agora, em vez de se balizar unicamente pelas necessidades do passado diagnosticadas pelos respectivos gerentes, o departamento deveria analisar qual a sua contribuição para a missão e a visão da organização. Em vez de olhar para trás, o departamento passaria a mirar o futuro como base para sua orientação.

PLANEJAMENTO TÁTICO

Enquanto o planejamento estratégico envolve toda a organização, o planejamento tático envolve determinada unidade organizacional: um departamento ou uma divisão. Enquanto o primeiro se estende ao longo prazo, o planejamento tático se estende pelo médio prazo, geralmente tem o exercício de um ano. Enquanto o primeiro é desenvolvido pelo nível institucional, o planejamento tático é desenvolvido pelo nível intermediário. Na verdade, o planejamento estratégico é desdobrado em vários planejamentos táticos, enquanto estes se desdobram em planos operacionais para sua realização.

Assim, o planejamento tático é o planejamento de médio prazo que enfatiza as atividades correntes das várias partes ou unidades da organização. O médio prazo é definido como o período de tempo que se estende pelo horizonte de um ano. O administrador utiliza o planejamento tático para delinear o que as várias partes da organização – como departamentos ou divisões – devem fazer para que a organização alcance sucesso no decorrer do período de um ano de seu exercício. Os planos táticos geralmente são desenvolvidos para as áreas de produção, *marketing*, pessoal, finanças e contabilidade. Para ajustar-se ao planejamento tático, o exercício contábil da organização, os planos de produção, de vendas, de investimentos, etc., cobrem o período anual geralmente.

Os planos táticos geralmente se referem a[20]:

1. **Planos de produção**: envolvendo métodos e tecnologias necessárias para as pessoas em seu trabalho, arranjo físico do trabalho e equipamentos como suportes para as atividades e tarefas.
2. **Planos financeiros**: envolvendo captação e aplicação do dinheiro necessário para suportar as várias operações da organização.
3. **Planos de *marketing***: envolvendo os requisitos de vender e distribuir bens e serviços no mercado e atender ao cliente.
4. **Planos de recursos humanos**: envolvendo recrutamento, seleção e treinamento das pessoas nas várias atividades dentro da organização.

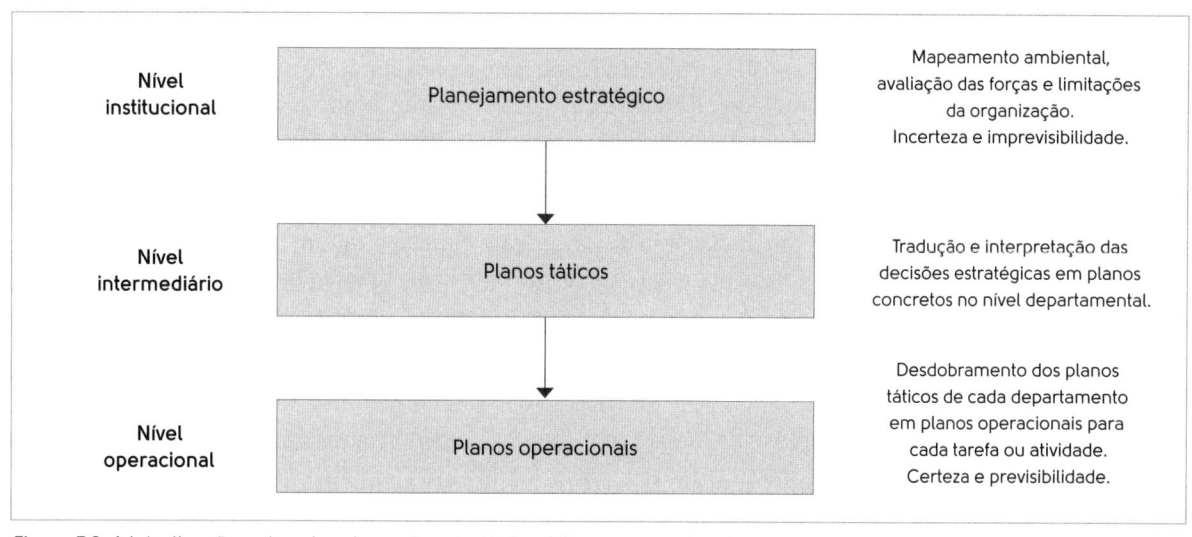

Figura 7.9. A interligação entre planejamento estratégico, tático e operacional.

```
                    ┌─────────────────────────────────────┐
                    │        Planos estratégicos          │
                    │ Desinvestir nos negócios não        │
                    │ essenciais e focalizar o crescimento│
                    │      nos negócios essenciais        │
                    └─────────────────────────────────────┘
         Balizar ↙                                    ↘ Ajudar a alcançar
```

Planos táticos

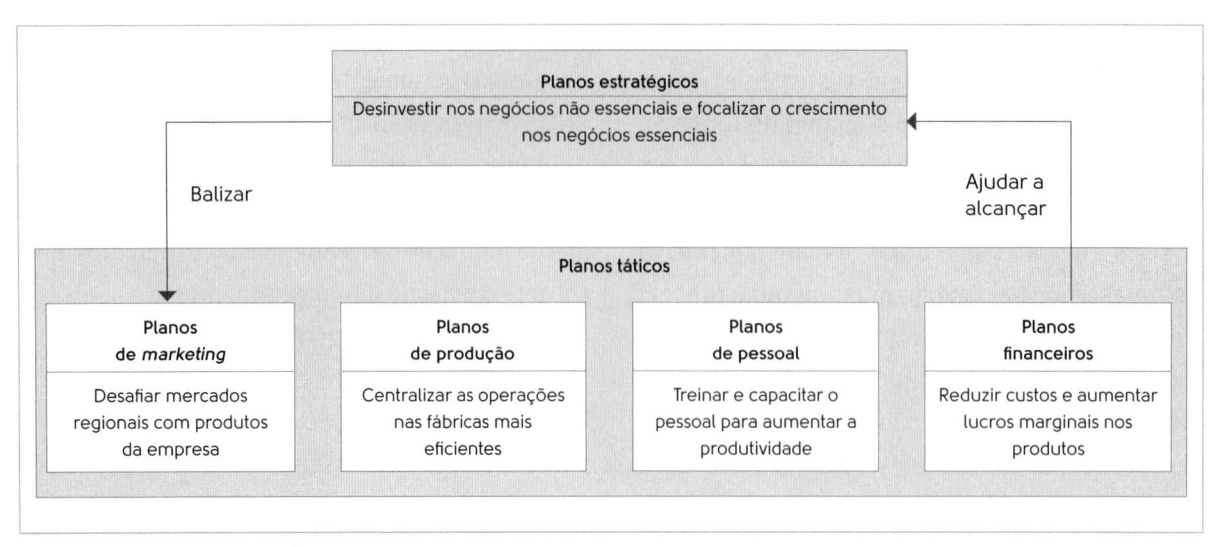

Planos de *marketing*	Planos de produção	Planos de pessoal	Planos financeiros
Desafiar mercados regionais com produtos da empresa	Centralizar as operações nas fábricas mais eficientes	Treinar e capacitar o pessoal para aumentar a produtividade	Reduzir custos e aumentar lucros marginais nos produtos

Figura 7.10. Como os planos estratégicos e táticos se ajudam mutuamente.

Administração de hoje

Micro Compact Car – a resposta da Mercedes-Benz

A marca das três estrelas parece estar mesmo decidida a enfrentar o mercado dos carros pequenos destinados à classe média. A Mercedes-Benz sempre fabricou carros grandes, luxuosos e de alta tecnologia, segmento de vendas que tem se mantido estagnado. A companhia alemã é mais conhecida pelo tradicionalismo do que pela audácia, mas resolveu apostar suas fichas em segmentos diferenciados. Foi a única montadora a se interessar pelo revolucionário projeto de Nicolas Hayeck, o conhecido pai dos relógios Swatch (Swiss Watch), um fenômeno mundial de vendas. Trata-se do Smart, um carro de apenas dois lugares, superreduzido, tanto no tamanho quanto no preço. A aposta na ideia inovadora foi mais longe: a MB resolveu criar uma empresa, Micro Compact Car (MCC), para planejar e acompanhar todo o desenvolvimento do projeto. O minicarro mede apenas 2,5 metros e pesa apenas 680 quilos, mas não se trata apenas do menor carro do mundo. O Smart vem equipado com *airbag* para motorista e passageiro e sua velocidade é limitada a 130 km/h. Mas a inovação não para por aí. O carrinho é montado segundo a escolha de cores do comprador: o chassi de aço pode ser cinza, prata ou grafite e os para-choques e as portas pretas, brancas, vermelhas ou amarelas. Duas horas após a encomenda – feita em centros especiais de venda na Europa com um cheque de US$ 10 mil, em média – o cliente recebe seu exemplar com uma arma inovadora: além dos opcionais comuns (ar-condicionado, rádio etc.), o pequeno notável pode ser equipado com um sistema de navegação. Basta apertar um botão e dizer o endereço do destino e, na telinha instalada no painel, aparecerá o meio mais rápido para alcançá-lo.

Políticas

As políticas constituem exemplos de planos táticos que funcionam como guias gerais de ação. Elas funcionam como orientações para a tomada de decisão. Geralmente, refletem um objetivo e orientam as pessoas em direção a esses propósitos em situações que requeiram algum julgamento. As políticas servem para que as pessoas façam escolhas semelhantes ao se defrontarem com situações similares. As políticas constituem afirmações genéricas baseadas nos objetivos organizacionais e visam a oferecer rumos para as pessoas dentro da organização.

Elas definem limites ou fronteiras dentro dos quais as pessoas podem tomar suas decisões. Nesse sentido, as políticas reduzem o grau de liberdade para a tomada de decisão das pessoas. As organizações definem uma variedade de políticas, como de recursos humanos, vendas, produção, crédito, etc. Cada uma dessas políticas geralmente é desdobrada em políticas mais detalhadas. As políticas de recursos humanos são divididas em políticas de seleção, de remuneração, de benefícios, de treinamento, de segurança, de saúde etc. As políticas de vendas são divididas em políticas de atendimento ao cliente, de pós-vendas, de assistência técnica, de garantia etc. Em cada política, a organização especifica como os funcionários deverão se comportar frente ao seu conteúdo.

Muitas organizações adotam políticas de não fumar, permitindo o fumo em certos locais, como salas de fumar, áreas de recepção, áreas de escritório ou cafeterias e punindo funcionários que não respeitam as proibições. Outras impõem políticas de segurança pessoal e prevenção de acidentes que são extremamente levadas a sério por todas as pessoas envolvidas.

> **Voltando ao caso introdutório: De olho na modernidade**
>
> Para reajustar o departamento de treinamento com a nova política do diretor de RH, Marta começou a pensar em elaborar um planejamento estratégico como ponto de partida para, a partir dele, desdobrar em planos táticos e operacionais.
> Trata-se, agora, de estabelecer os vários níveis de atuação dentro da Polifabril.

PLANOS OPERACIONAIS

O planejamento operacional é focalizado para o curto prazo e cobre cada uma das tarefas ou operações individualmente. Preocupa-se com "o que fazer" e em "como fazer" as atividades cotidianas da organização. Refere-se especificamente a tarefas e operações realizadas no nível operacional. Como está inserido na lógica de sistema fechado, o planejamento operacional está voltado para a otimização e maximização de resultados, enquanto o planejamento tático está voltado para a busca de resultados satisfatórios. Os aspectos de maximização e satisfação serão tratados em maiores detalhes no Capítulo 9, dedicado à tomada de decisão.

O planejamento operacional é constituído de uma infinidade de planos operacionais que proliferam nas diversas áreas e funções dentro da organização. Cada plano pode consistir em muitos subplanos com diferentes graus de detalhamento. No fundo, os planos operacionais cuidam da administração da rotina para assegurar que todos executem as tarefas e as operações de acordo com os procedimentos estabelecidos pela organização, a fim de que essa possa alcançar os seus objetivos. Os planos operacionais estão voltados para a eficiência (ênfase nos meios), pois a eficácia (ênfase nos fins) é problema dos níveis institucional e intermediário da organização.

Mesmo que sejam heterogêneos e diversificados, os planos operacionais podem ser classificados em quatro tipos, a saber[21]:

1. Procedimentos: relacionados a métodos.
2. Orçamentos: relacionados a dinheiro.
3. Programas ou programações: relacionados a tempo.
4. Regulamentos: relacionados a comportamentos das pessoas.

Cada um desses quatro tipos de planos operacionais merece uma explicação.

Procedimentos

O procedimento é uma sequência de etapas ou passos que devem ser rigorosamente seguidos para a execução de um plano. Constitui séries de fases detalhadas indicando como cumprir uma tarefa ou alcançar uma meta estabelecida previamente. Assim, os procedimentos são subplanos de planos maiores. Por causa da sua natureza detalhada são geralmente escritos e colocados à disposição daqueles que devem utilizá-los.

Os procedimentos constituem guias para a ação e são mais específicos do que as políticas. Em conjunto com outras formas de planejamento, os procedimentos procuram ajudam a dirigir todas as atividades da organização para objetivos comuns, a impor consistência ao longo da organização e fazer economias eliminando custos de verificações recorrentes e delegando autoridade às pessoas para tomar decisões dentro de limites impostos pela administração. Enquanto as políticas são guias para pensar e decidir, os procedimentos são guias para fazer. Referem-se aos métodos para executar as atividades cotidianas. Um método descreve o processo de executar um passo ou uma etapa do procedimento e pode ser considerado um plano de ação, mas é geralmente um subplano do procedimento.

Os procedimentos são geralmente transformados em rotinas e expressos na forma de fluxogramas – gráficos que representam o fluxo ou a sequência de procedimentos ou rotinas. As rotinas constituem procedimentos padronizados e formalizados. Os fluxogramas podem ser de vários tipos. Os três mais importantes são o fluxograma vertical, o fluxograma de blocos e a lista de verificação.

1. Fluxograma vertical: retrata a sequência de uma rotina por meio de linhas – que traduzem as diversas tarefas ou atividades necessárias para a execução da rotina – e de colunas – que representam, respectivamente, os símbolos das tarefas ou operações, os funcionários envolvidos na rotina, o espaço percorrido para a execução e o tempo despendido. É também chamado de gráfico de análise do processo.

No fluxograma vertical da Figura 7.11, a rotina de montagem de uma peça é constituída de doze etapas, envolvendo quatro funcionários (A,B,C e D), demandando sete operações, três transportes e duas verificações, com um tempo médio de 23 minutos, dos quais, seis despendidos no transporte da peça. A linha que interliga os diversos símbolos traduz a sequência vertical do fluxograma.

Os símbolos universais utilizados no fluxograma vertical são os seguintes:

- Operação: representada por um círculo. É uma etapa ou subdivisão do processo. Uma operação é realizada quando algo é criado, alterado, acrescentado ou subtraído. Geralmente, agrega valor ao processo, ao produto ou ao serviço. Por exemplo, emissão de um documento, anotação de um registro, colocação de uma peça.
- Transporte: representada por um círculo pequeno ou por uma seta. É a tarefa de levar algo de um lugar para outro. Ocorre quando um objeto, uma mensagem ou documento é movimentado de um lugar para outro. Não agrega valor nenhum ao processo, produto ou serviço. Apenas agrega custos adicionais.
- Inspeção: verificação ou controle. Representada por um quadrado. É uma verificação ou fiscalização (de quantidade ou de qualidade) sem que haja realização de operação. Também não agrega valor, mas custos adicionais. Por exemplo, conferência de um documento, verificação de uma assinatura.

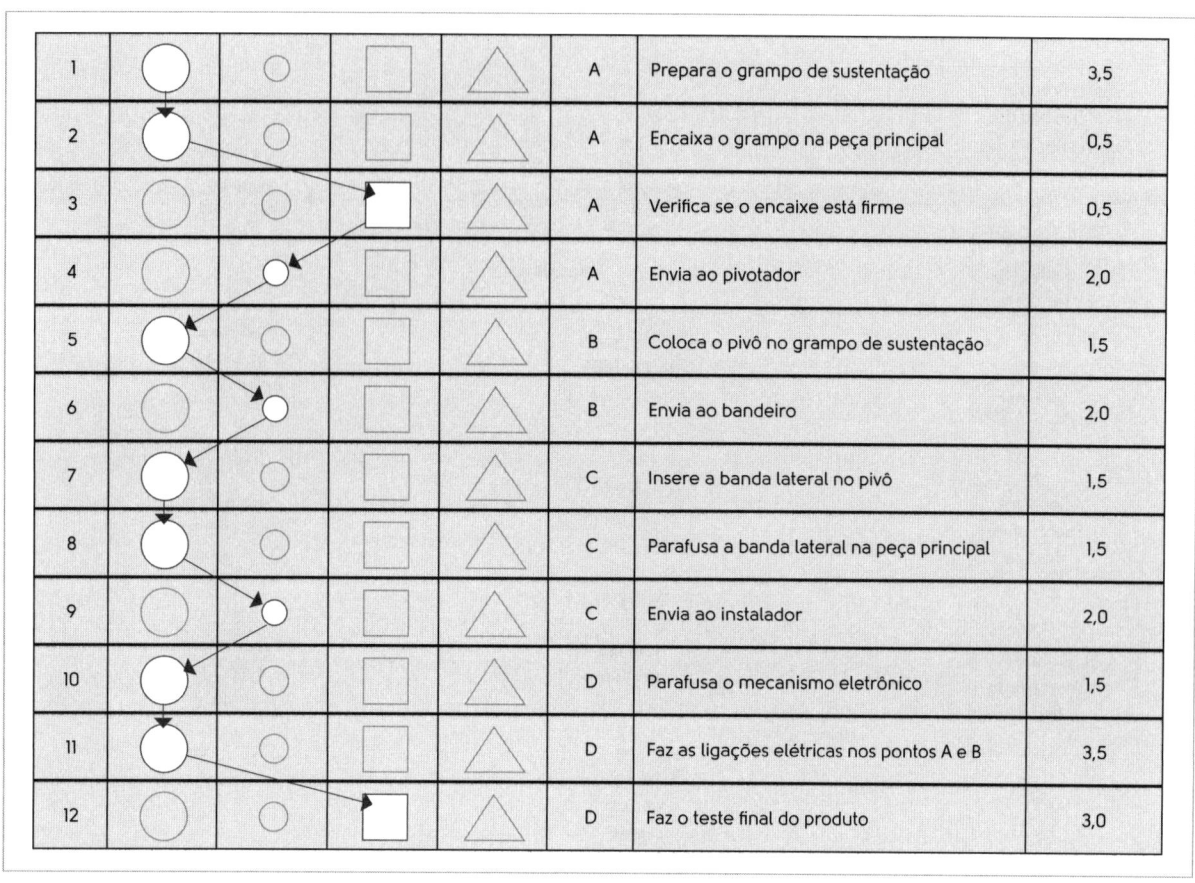

1	○	○	□	△	A	Prepara o grampo de sustentação	3,5
2	○	○	□	△	A	Encaixa o grampo na peça principal	0,5
3	○	○	□	△	A	Verifica se o encaixe está firme	0,5
4	○	○	□	△	A	Envia ao pivotador	2,0
5	○	○	□	△	B	Coloca o pivô no grampo de sustentação	1,5
6	○	○	□	△	B	Envia ao bandeiro	2,0
7	○	○	□	△	C	Insere a banda lateral no pivô	1,5
8	○	○	□	△	C	Parafusa a banda lateral na peça principal	1,5
9	○	○	□	△	C	Envia ao instalador	2,0
10	○	○	□	△	D	Parafusa o mecanismo eletrônico	1,5
11	○	○	□	△	D	Faz as ligações elétricas nos pontos A e B	3,5
12	○	○	□	△	D	Faz o teste final do produto	3,0

Figura 7.11. Exemplo de um fluxograma vertical de montagem de uma peça[19].

- **Arquivamento:** armazenamento. Representados por um triângulo. Pode se referir a algum documento (arquivamento) ou a algum material ou produto (armazenamento).

2. **Fluxograma de blocos:** é um fluxograma que se baseia em uma sequência de blocos, cada um com um significado próprio, encadeados entre si. Apresenta uma simbologia mais rica e não se restringe apenas a linhas e colunas preestabelecidas no gráfico. É muito utilizado pelos analistas de sistemas e programadores de computador para representar graficamente as entradas, operações e processos, saídas, conexões, decisões, arquivamentos, que constituem o fluxo ou sequência das atividades de um sistema (Figura 7.12).

3. **Lista de verificação:** é um procedimento rotinizado no nível operacional. Constitui uma listagem de itens que devem ser obrigatoriamente considerados em uma determinada rotina de trabalho. Recebe o nome de *check-list* e serve como roteiro para cobrir toda a sequência de uma tarefa sem omissão de qualquer detalhe que possa prejudicá-la (Figura 7.13).

A lista de verificação é extremamente utilizada pelo pessoal de voos aéreos na subida ou descida de aviões ou em situações de emergência. É comum nos hospitais, nas oficinas mecânicas de automóveis e em todas as operações complexas em que todos os detalhes são importantes e relevantes para o seu sucesso.

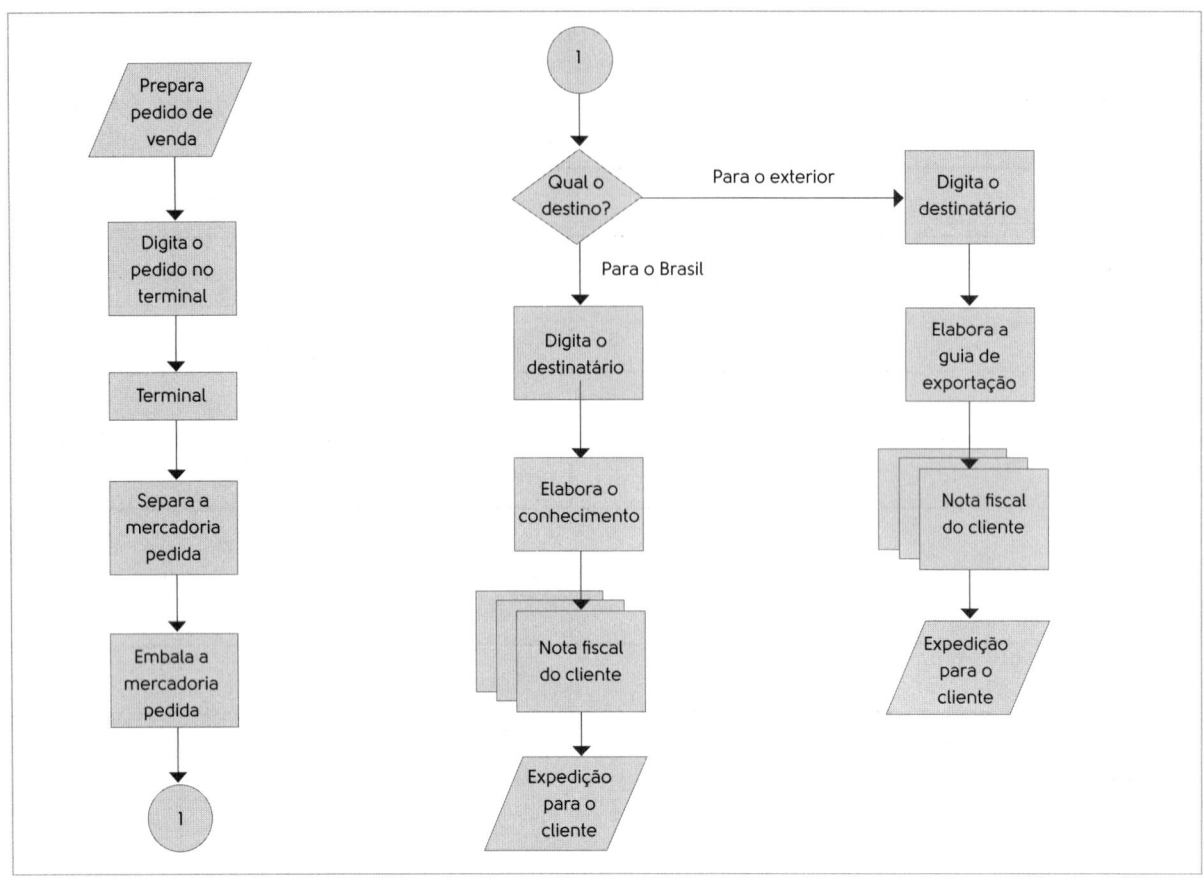

Figura 7.12. Exemplo de fluxograma de blocos[19].

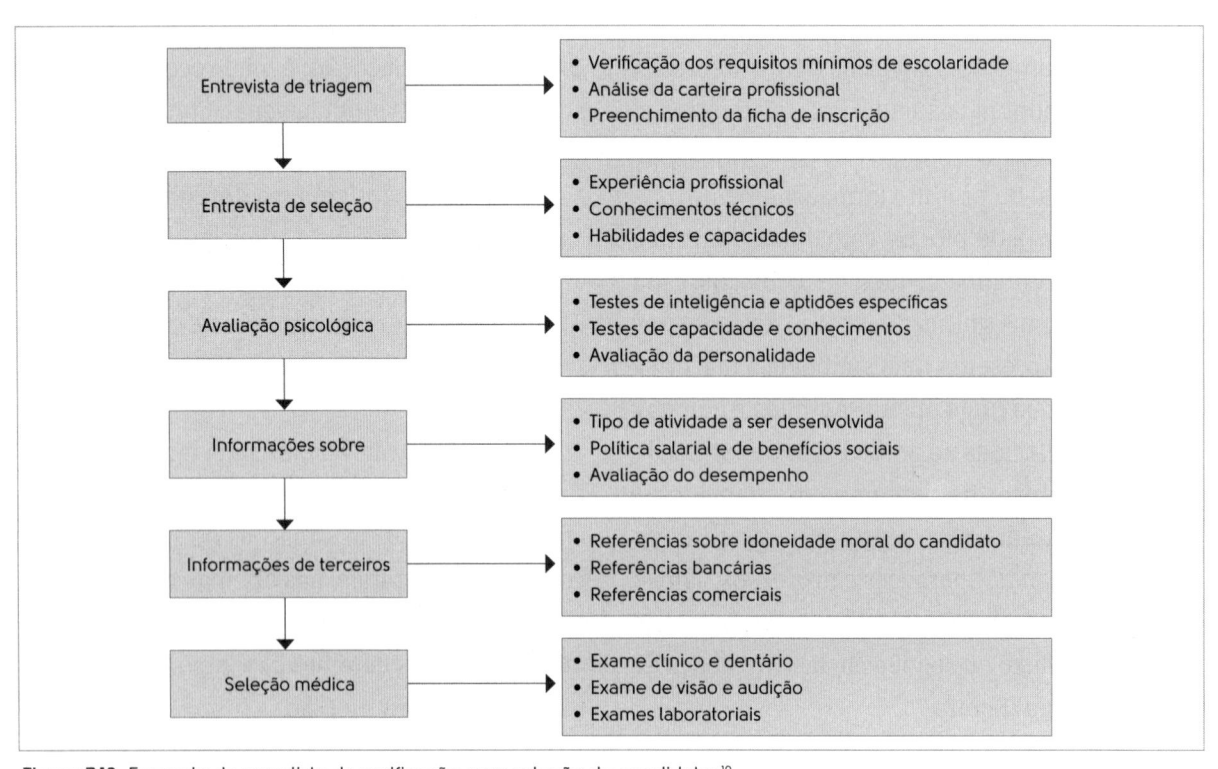

Figura 7.13. Exemplo de uma lista de verificação para seleção de candidatos[19].

Orçamentos

São planos operacionais relacionados com dinheiro dentro de um determinado período de tempo. Recebem também a denominação de *budgets*. São gráficos de dupla entrada: nas linhas estão os itens orçamentários e nas colunas os períodos de tempo, em dias, semanas, meses ou anos. No nível operacional, os orçamentos têm geralmente a extensão de um ano, correspondendo ao exercício fiscal da organização. Podem também se referir a um determinado e específico serviço ou atividade. Quando os valores financeiros e os períodos de tempo se tornam maiores, ocorre o planejamento financeiro, definido e elaborado no nível intermediário da organização. Suas dimensões e seus efeitos são mais amplos do que os orçamentos, cuja dimensão é meramente local e cuja temporalidade é limitada.

O fluxo de caixa (*cash flow*), os orçamentos departamentais de despesas, os de encargos sociais referentes aos funcionários, os de reparos e manutenção de máquinas e equipamentos, os de custos diretos de produção, os de despesas de promoção e propaganda etc., constituem exemplos de orçamentos no nível operacional.

Itens de despesas	Jan	Fev	Mar	Abr	Mai	Jun	Jul	Ago
1. Salários indiretos	890	890	890	890	960	960	960	960
2. Horas extras	20	20	20	20	25	25	25	25
3. 13º salário	75	75	75	75	80	80	80	80
4. Gratificações	75	75	75	75	80	80	80	80
5. Encargos sociais	455	455	455	455	492	492	492	492
6. Subtotal salários	1.515	1.515	1.515	1.515	1.637	1.637	1.637	1.637
7. Aluguéis	420	420	420	420	420	420	420	420
8. Energia elétrica	80	80	80	80	80	80	80	80
9. Material de escritório	300	500	800	300	500	800	900	900
10. Subtotal despesas	800	1.000	1.300	800	1.000	1.300	1.400	1.400
11. Total geral	2.315	2.515	2.815	2.315	2.637	2.937	3.037	3.037

Figura 7.14. Exemplo de um orçamento de despesas de um departamento.

Programas

Programas ou programações constituem planos operacionais relacionados com o tempo. Consistem em planos que correlacionam duas variáveis: tempo e atividades que devem ser executadas ou realizadas. Os métodos de programação variam amplamente, indo desde programas simples (onde se pode utilizar apenas um calendário para agendar ou programar atividades) até programas complexos (que exigem técnicas matemáticas avançadas ou processamento de dados por meio do uso de computador, para analisar e definir intrincadas interdependências entre variáveis que se comportam de maneiras diferentes). A programação – seja simples ou complexa – constitui uma importante ferramenta de planejamento ao nível operacional das organizações.

Os programas podem ser de vários tipos. Os mais importantes são o cronograma, o gráfico de Gantt e o PERT.

1. **Cronograma**: do grego, *cronos*: tempo, *grama*: gráfico, é o programa mais simples: um gráfico de dupla entrada onde as linhas configuram as atividades ou tarefas a serem executadas e as colunas definem os períodos de tempo, geralmente, dias, semanas ou meses. Os traços horizontais significam a duração das atividades ou tarefas, com início e término bem definidos, conforme sua localização nas colunas.

O cronograma permite que os traços horizontais que definem a duração das atividades sejam sólidos para o que foi planejado e cortados para o que foi realmente executado. Isso permite uma fácil comparação visual entre o planejamento e sua execução.

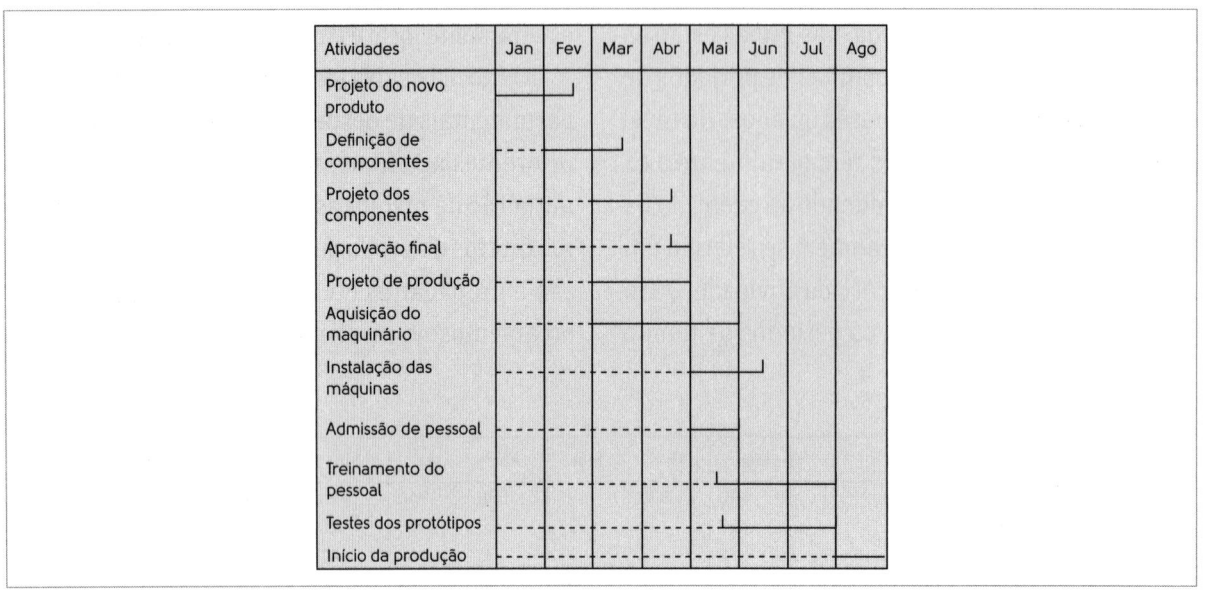

Figura 7.15. Cronograma de lançamento de um novo produto[19].

2. **Gráfico de Gantt:** é um tipo de plano operacional igual ao cronograma simples, em que as colunas são predeterminadas em semanas, dispensando a utilização de calendário para sua execução.

3. **PERT** (*Program Evaluation Review Technique*): a técnica de avaliação e revisão de programas é outro modelo de planejamento operacional. É bastante utilizada em atividades de produção e projetos de pesquisa e desen-

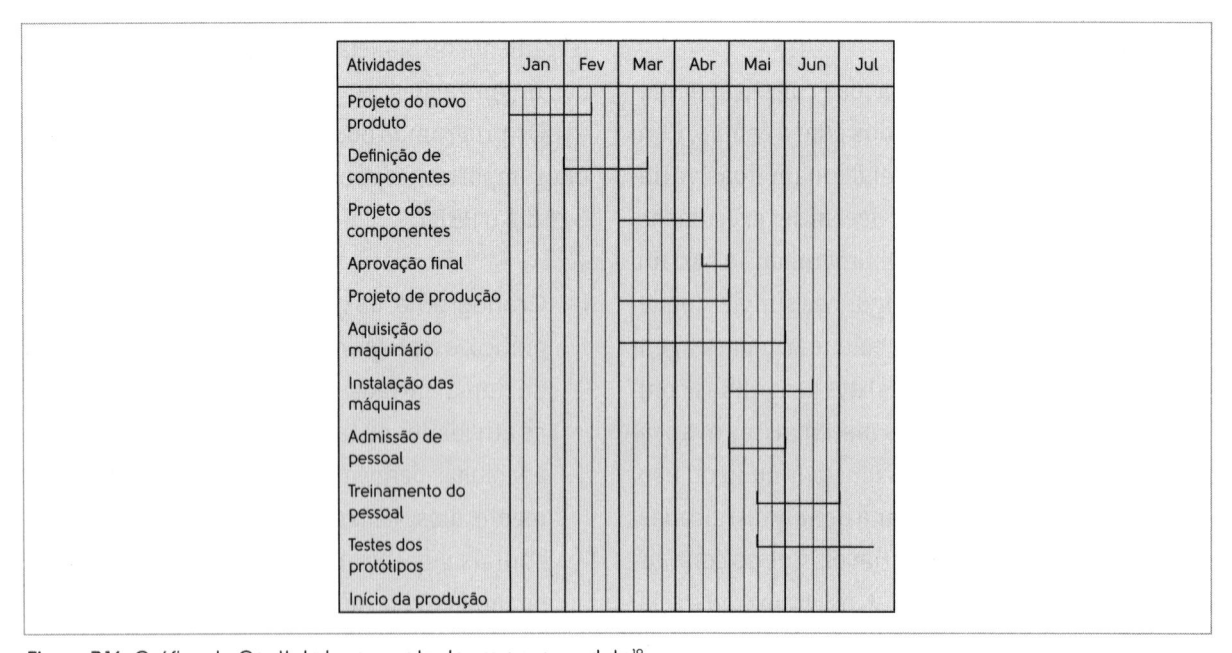

Figura 7.16. Gráfico de Gantt de lançamento de um novo produto[19].

volvimento. O modelo básico de PERT é um sistema lógico baseado em cinco elementos principais, a saber: uma rede básica, a alocação de recursos, considerações de tempo e espaço, a rede de caminhos e o caminho crítico. A rede básica é um diagrama de passos sequenciais que devem ser executados a fim de realizar um projeto ou tarefa. A rede consiste de três componentes: eventos, atividades e relações. Eventos representam os pontos de decisão ou cumprimento de alguma tarefa (são os círculos do PERT com números dentro deles). As atividades ocorrem entre os eventos e constituem os esforços físicos ou mentais requeridos para completar um evento e são representadas por flechas com números. As relações entre as tarefas básicas são indicadas pela sequência desejada de eventos e de atividades na rede. Para sua elaboração, o gráfico de PERT exige a montagem inicial de um quadro preparatório.

Evento	Descrição	Tempo em dias	Evento pré-requisito	Tempo otimista		Tempo pessimista		Folga
				Início	Fim	Início	Fim	
1	Projeto do novo produto	5	-	1	5	1	5	0
2	Definição de componentes	20	1	6	25	6	25	0
3	Projeto dos componentes	25	2	26	50	26	50	0
4	Aprovação final	13	3	51	63	51	63	0
5	Projeto de produção	4	3	2	29	42	45	16
6	Aquisição do maquinário	20	5	3	49	46	65	16
7	Instalação das máquinas	10	2	2	35	54	63	28
8	Admissão de pessoal	20	4 e 7	64	65	64	65	0
9	Treinamento de pessoal	30	6 e 8	66	66	66	66	0
10	Testes dos protótipos	5	9	67	71	67	71	0
11	Início da produção	8	10	72	70	72	79	0

Figura 7.17. Quadro preparatório para elaboração do PERT de lançamento de um novo produto.

Com o quadro preparatório pode-se desenhar o gráfico de PERT, como na Figura 7.18.

O PERT é um plano operacional que também permite acompanhar e avaliar o progresso dos programas e projetos em relação aos padrões de tempo predeterminados, constituindo também um esquema de controle e avaliação. Além de uma ferramenta de planejamento, serve como de con-

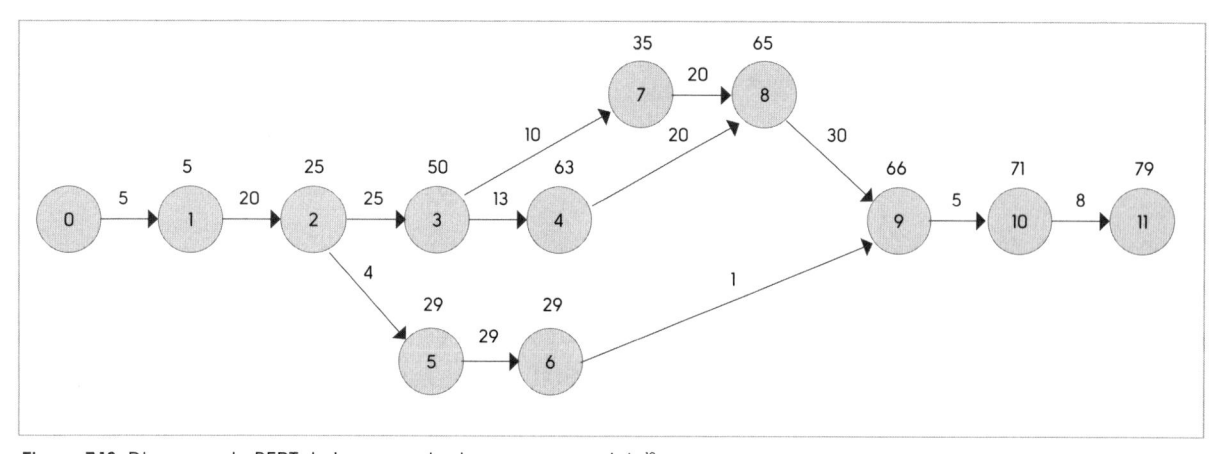

Figura 7.18. Diagrama de PERT de lançamento de um novo produto[19].

trole, por facilitar a localização de desvios e indicar as ações corretivas necessárias para redimensionar toda a rede que ainda não foi executada. Embora não possa impedir erros, atrasos, mudanças ou eventos imprevistos, o PERT dá margem a ações corretivas imediatas.

Exercícios: Criação de uma rede de PERT[22]

Imagine que sua empresa decida que todos os seus funcionários devam trabalhar em suas casas como teletrabalhadores. Eliminando funcionários internos, a empresa quer reduzir despesas administrativas, eliminar chefias intermediárias, aluguel de espaço e equipamentos de escritórios etc. Para implantar o *home-office,* são necessários alguns equipamentos, como microcomputadores, *laptops*, máquinas de fax, etc. Os funcionários deverão estar plugados à organização por uma linha telefônica alugada. Digamos que seu chefe lhe solicite uma rede de PERT para saber o que você necessitará para que isso aconteça. Algumas fases estão listadas a seguir e você deverá adicionar ou subtrair etapas, sequenciá-las e montar uma rede lógica de PERT na Figura 7.19.

- Início.
- Implantar o sistema de computadores.
- Identificar possíveis departamentos.
- Criar a rede de fluxos de informação.
- Treinar pessoas no novo sistema.
- Criar/modificar o *software.*
- Obter propostas de equipamentos.
- Comprar equipamentos.
- Determinar quais arquivos ou informações necessários para cada funcionário.
- Identificar pessoas nos departamentos.
- Criar acesso à informação necessária no computador.
- Sistema pronto para funcionar.

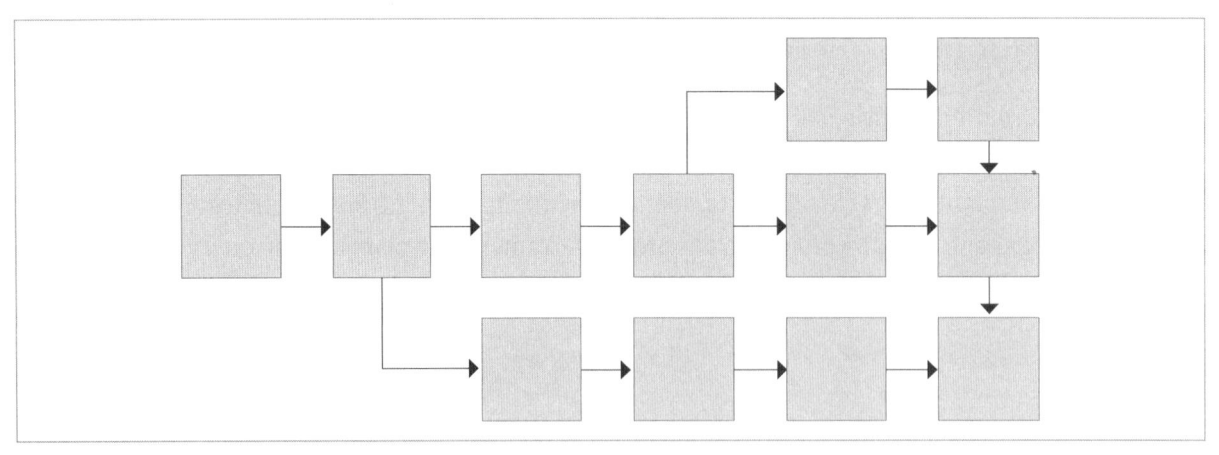

Figura 7.19. Criação de uma rede de PERT.

Regras e Regulamentos

Constituem planos operacionais relacionados com o comportamento solicitado às pessoas. Especificam como as pessoas devem se comportar em determinadas situações. Geralmente, especificam o que as pessoas devem ou não fazer e o que elas podem fazer. São diferentes das políticas pelo fato de serem bastante específicos. Visam a substituir o processo decisorial individual, restringindo, geralmente, o grau de liberdade das pessoas em determinadas situações previstas de antemão. O regulamento interno que as organizações estabelecem quanto ao comportamento dos seus funcionários, os regulamentos de segurança que proíbem o fumo em determinados locais de alta periculosidade, os regulamentos de prevenção de acidentes para prevenir atos inseguros são exemplos desses planos operacionais.

Voltando ao caso introdutório: De olho na modernidade

Para Marta, as coisas estavam ficando mais claras. Em vez de simplesmente elaborar uma programação anual de treinamento baseada em questionários de necessidades atuais e passadas, o departamento passaria a ter três níveis de planejamento: estratégico, tático e operacional. No nível estratégico, o departamento ficaria ligado ao planejamento estratégico da companhia e focalizado na missão e na visão de futuro da Polifabril. No nível tático, o departamento especificaria as políticas e diretrizes de treinamento para todos os gerentes da empresa. No nível operacional, o departamento elaboraria a programação de treinamento, o orçamento dos custos envolvidos e os regulamentos para serem seguidos.

Caso para discussão: Avon[23]

A Avon Products Inc., fabricante de cosméticos da marca mais comercializada no mundo e primeira colocada entre as empresas que utilizam o sistema de vendas diretas ao consumidor, decidiu aumentar os seus investimentos na sua subsidiária brasileira, a Avon Cométicos Ltda. A finalidade é a modernização e melhoria da tecnologia de serviço – um moderno sistema de comunicação e atendimento aos consumidores – para agilizar o sistema de distribuição dos produtos e facilitar o trabalho das coordenadoras e revendedoras pelo país.

A Avon tem 37 fábricas instaladas nos cinco continentes e 34 mil funcionários ao redor do mundo. Seus produtos são produzidos em 43 países e são comercializados em 131 países. A empresa utiliza um batalhão de 2,3 milhões de mulheres no sistema de vendas diretas ao consumidor e oferece seus perfumes, cremes, sabonetes, bronzeadores e protetores solares também pela internet. Em 1995, a empresa vendeu mais de 1,5 bilhão de produtos em todo o mundo, proporcionando um faturamento global superior a 8 bilhões de dólares.

Em 1988, a empresa passava por sérias dificuldades nos Estados Unidos e no exterior, quando James E. Preston assumiu o comando geral. Preston liderou a maior reestruturação nos 111 anos de existência da companhia, revertendo seu declínio e iniciando a abertura de novos mercados e novas frentes de operação. Desde 1989, com a ajuda de uma equipe de executivos com base em Nova York que inclui quatro mulheres – uma delas provavelmente a sua sucessora na presidência –, a companhia tem crescido a uma média de 7% ao ano em suas vendas e suas ações aumentam de valor a uma taxa anual média de 16%.

A recuperação, que permitiu a redução das dívidas da companhia de US$ 1 bilhão para pouco mais de US$ 200 milhões, foi alcançada graças à melhoria dos produtos de higiene e beleza, a uma campanha mais agressiva de *marketing*, à comercialização de mercadorias fora da área de cosméticos e à criação de incentivos para motivar as revendedoras. Preston expandiu as operações da Avon por mais 15 países, entre eles a Rússia e a China que são os dois mercados que mais crescem e de maior potencial da empresa. Como parte da diversificação para acelerar o crescimento da companhia, a Avon adquiriu em 1996 a fabricante de cosméticos sul-africana Justine Pty. Ltda. e a fábrica de brinquedos educacionais americana Discovery Toys Inc. Atualmente, objetos pessoais e de decoração, vestuário, acessórios e bijuterias estão respondendo por 39% das vendas mundiais da empresa.

Segundo Ademar Seródio, ex-presidente da Avon brasileira e ex-comandante das operações para a América do Sul, o Brasil é hoje o maior e mais importante mercado da Avon, depois dos Estados Unidos. As unidades de produção e distribuição em São Paulo empregam 3.500 funcionários, fabricam e despacham anualmente mais de 400 milhões de produtos de higiene pessoal e beleza para ambos os sexos e todas as idades, mobilizando um exército de 520 mil revendedoras autônomas e atendem mensalmente a uma comunidade de cerca de 13,5 milhões de pessoas, do Amapá ao Rio Grande do Sul. O faturamento da Avon brasileira foi de US$ 1,2 bilhão em 1996 e o objetivo para 1997 é US$ 1,350 bilhão.

Preston salienta que a Avon é primeiramente uma companhia de cosméticos. O que acontece é que em muitos países, é difícil para as pessoas adquirirem certos produtos porque não existe uma infraestrutura de distribuição e comercialização. O que a Avon está fazendo é aproveitar o trabalho de suas revendedoras para preencher esses espaços e até mesmo dar a elas a oportunidade de melhorar ainda mais os seus orçamentos domésticos. Uma questão de sinergia. Quanto ao fato de ser o presidente de uma companhia com negócios em 131 países, Preston diz que, na verdade, o que ele vê são duas pessoas importantes: a representante, de um lado, e sua cliente, de outro. Tudo o que a Avon faz é trabalhar para tornar a relação entre elas uma experiência cada vez melhor, mais agradável e mais recompensadora para ambas. "Vejo", diz ele, "nossa organização como uma coisa muito simples, como um encontro entre duas pessoas. Nós não pensamos primeiramente em lucros. A base, para nós, são as revendedoras e suas freguesas. Se agirmos corretamente, com entusiasmo e com ética, elas vão nos proporcionar o lucro que precisamos".

Questões:
1. Como você rotularia o comportamento da Avon?
2. Qual o tipo de relacionamento com o cliente?
3. Qual o tipo de relacionamento com a revendedora?
4. Como você classificaria o planejamento da Avon?
5. E a missão organizacional da Avon?

Exercícios

1. Defina planejamento como função administrativa.
2. Qual o moderno conceito de planejamento?
3. Quais as possíveis orientações do planejamento?
4. Explique o que é planejamento estratégico. Dê exemplos.
5. Explique o que é planejamento tático. Dê exemplos.
6. Explique os fatores críticos de sucesso.
7. O que é uma política?
8. O que são procedimentos? Dê exemplos.
9. O que são orçamentos?
10. O que são programas? Dê exemplos.
11. Explique o fluxograma vertical e em barras.
12. Explique o PERT.
13. O que são regulamentos?

REFERÊNCIAS BIBLIOGRÁFICAS

1. James A. F. Stoner, R. Edward Freeman, Daniel R. Gilbert Jr. *Management*. Englewood Cliffs, Prentice Hall, 1995, p. 11.
2. Manoel Fernandes. "Rede de gigantes". *Veja*, n. 1.518, 22.10.1997, p. 64-6.
3. Billy E. Goetz. *Management planning and control*. Nova York, McGraw-Hill, 1949. p. 63.
4. Samuel C. Certo. *Management: diversity, quality, ethics, and the global environment*. Boston, Allyn & Bacon, 1994. p. 207.

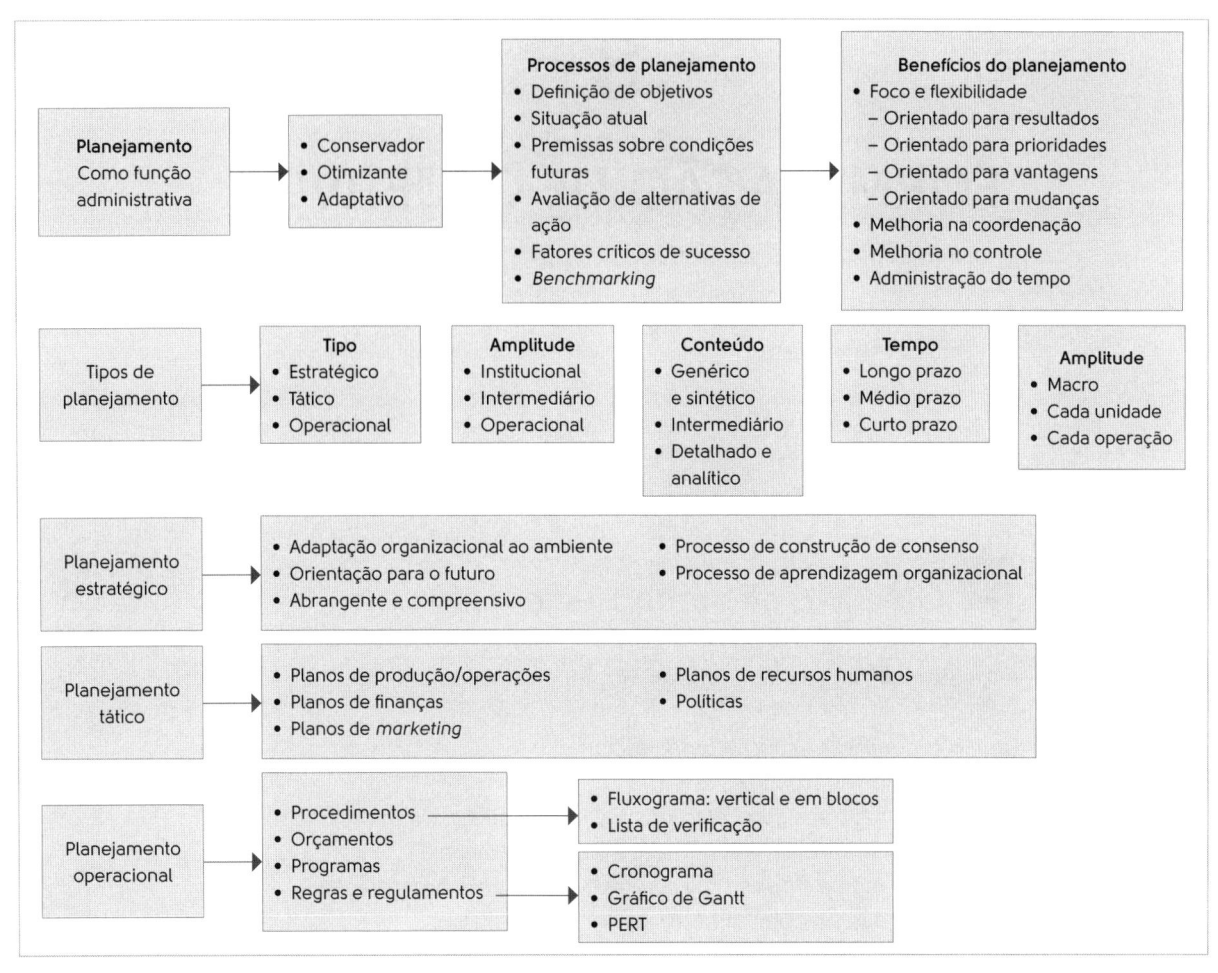

Figura 7.20. Mapa Mental do Capítulo 7: Fundamentos do planejamento.

5. Richard L. Daft. *Management*. Orlando, The Dryden, 1994, p. 185-7.
6. Harold Koontz, Cyril O'Donnell, Heinz Weihrich. *Management*. Tóquio, McGraw-Hill/Kogakusha, 1980.
7. John R. Schermerhorn, Jr. *Management*. Nova York, John Wiley & Sons, 1996. p. 130.
8. Russell L. Ackoff. *Planejamento empresarial*. São Paulo, McGraw-Hill, 1976. p. 4-14.
9. Joelmir Beting. *O Estado de S.Paulo*, Caderno de Economia, 11.11.1997, p. B-2.
10. Michael J. Spendolini. *Benchmarking*. São Paulo, Makron Books, 1993.
11. Robert Camp. *Benchmarking: o caminho da qualidade total*. São Paulo, Pioneira, 1993.
12. John S. Oakland. *Gerenciamento da qualidade total: TQM*. São Paulo, Nobel, 1994. p. 184.
13. "*Check-in*: aeroportos, aviação, turismo", maio/1997, p. 4.
14. Infraero aeroportos. Disponível em: www.infraero.gov.br/index.php/br/aeroportos.html. Acessado em 20.10.2013.
15. John R. Schermerhorn Jr. *Management*. Nova York, John Wiley & Sons, 1996. p. 140.
16. Idalberto Chiavenato. *Administração: teoria, processo e prática*. Barueri, Manole, 2014.
17. Elliot Jaques. *The form of time*. Nova York, Russak & Co., 1982.
18. Henry Mintzberg. "Rounding out the manager's job". *Sloan Management Review*, 1994. p. 1-25.
19. Idalberto Chiavenato. *Introdução à teoria geral da administração*. Rio de Janeiro, Elsevier/Campus, 2010.
20. John R. Schermerhorn Jr. *Management*. Nova York, John Wiley & Sons, 1996. p. 143.
21. Idalberto Chiavenato. *Administração: teoria, processo e prática*. Barueri, Manole, 2014.
22. James Kinnear. "Creating a PERT network". In: Certo SC. *Management: diversity, quality, ethics, and the global environment*. Boston, Allyn & Bacon, 1994. p. 207.
23. José Carlos Santana. "Brasil tem prioridade nos planos da Avon". *O Estado de S.Paulo*, Caderno de Economia, 27.07.1997, p. B-8.

8
FORMULAÇÃO DE OBJETIVOS

Objetivos de aprendizagem

Após estudar este capítulo, você deverá estar capacitado para:

- Definir e identificar a missão organizacional.
- Definir a visão das organizações.
- Descrever a natureza geral e as funções dos objetivos organizacionais.
- Formular objetivos desafiadores para uma organização.
- Descrever a rede e a hierarquia de objetivos em uma organização.
- Explicar a administração por objetivos.
- Reconhecer como o administrador pode trabalhar com objetivos desafiadores.

O que veremos adiante

- Missão organizacional.
- Visão de futuro.
- Objetivos.
- Natureza dos objetivos organizacionais.
- Hierarquia de objetivos.
- Administração por objetivos (APO).

8 Formulação de objetivos

> ### Caso introdutório: O prefeito Frederico Silva
>
> Quando foi eleito prefeito municipal de sua terra natal, Frederico Silva se deparou com uma cidade suja e decadente, deficitária, com serviços paupérrimos, funcionários desmotivados e cidadãos irritados que se negavam a pagar impostos adicionais. O serviço de distribuição de água era péssimo, os esgotos não tinham manutenção, os parques públicos estavam arrasados, a cidade estava feia e a qualidade de vida indicava baixos índices. Frederico percebeu que a cidade necessitava desesperadamente de objetivos de melhoria. Seu primeiro cuidado foi definir inicialmente alguns objetivos fundamentais. Na campanha eleitoral, Frederico havia feito promessas. Queria transformá-las em objetivos coletivos para a cidade. Para tanto, estabeleceu dois objetivos básicos de antemão:
>
> 1. Aumentar a receita do município para poder reerguer a cidade.
> 2. Incrementar a participação dos cidadãos e funcionários municipais na melhoria da cidade.
>
> A partir daí, o novo prefeito tratou de definir os problemas específicos nas diversas secretarias do município na busca de objetivos departamentais. Formou uma equipe central para investigar e levantar tais problemas. A equipe central desdobrou-se em várias equipes específicas que ouviam as queixas dos cidadãos, localizavam os principais problemas e os comunicava à equipe central. Após obter toda informação, a equipe central desenvolveu um plano para cada secretaria: finanças, saúde, educação, transporte, saneamento, limpeza, etc. Os objetivos específicos estavam sendo definidos. Mas os objetivos básicos eram a receita e a participação e envolvimento dos munícipes. O que você faria no lugar do prefeito?

Falar de planejamento é falar de futuro. E falar de futuro é falar de objetivos. Os objetivos constituem a mola-mestra da administração, a focalização para onde devem convergir todos os esforços da organização. O ponto focal aonde as coisas deverão chegar. Os planos constituem os meios para se chegar até esse ponto. Mas os objetivos fazem parte de um contexto mais amplo: a missão e a visão das organizações.

MISSÃO ORGANIZACIONAL

A missão de uma organização significa a razão de sua existência. É a finalidade ou o motivo pelo qual a organização foi criada e para o que ela deve servir. A definição da missão organizacional deve responder a três perguntas básicas: Quem somos nós? O que fazemos? E por que fazemos o que fazemos? No fundo, a missão envolve os objetivos essenciais do negócio e está, geralmente, focalizada fora da empresa, ou seja, no atendimento a demandas da sociedade, do mercado ou do cliente. É importante conhecer a missão e os objetivos essenciais de uma organização, porque se o administrador não souber porque ela existe e para onde ela pretende ir, ele jamais saberá dizer qual o melhor caminho a seguir.

Cada organização tem a sua missão própria e específica. A missão deve constar de uma declaração formal e escrita, o chamado credo da organização, para que ela funcione como um lembrete periódico a fim de que os funcionários saibam para onde e como conduzir os negócios. Assim como todo país tem os seus símbolos básicos e sagrados – como a bandeira, o hino e as armas – a organização deve preservar a sua identidade, tanto interna como externamente. Para tanto, a missão deve ser objetiva, clara, possível e, sobretudo, impulsionadora e inspiradora. Ela deve refletir um consenso interno de toda a organização e ser compreendida facilmente pelas pessoas de fora da organização.

Para que seja eficaz, a formulação ou declaração da missão deve:

1. Descrever clara e concisamente o propósito fundamental do negócio.
2. Quais as necessidades básicas que o negócio deve atender e como atendê-las.
3. Quem é o cliente ou quais os setores-alvo ou o mercado a ser servido.
4. Qual o papel e contribuição da organização à sociedade.
5. Quais as competências que a organização pretende construir ou desenvolver.
6. Quais os compromissos e os valores e crenças centrais que alicerçam o negócio.
7. Como criar o contexto adequado para formular os objetivos estratégicos e táticos e delinear o planejamento na organização.

A missão deve traduzir a filosofia da organização, que é, geralmente, formulada por seus fundadores ou criadores por meio de seus comportamentos e ações. Essa filosofia envolve os valores e crenças centrais, que representam os princípios básicos da organização que balizam sua conduta ética, responsabilidade social e suas respostas às necessidades do ambiente. Os valores e crenças centrais devem focalizar os funcionários, os clientes, os fornecedores, a sociedade de um modo mais amplo, e todos os parceiros direta ou indiretamente envolvidos no negócio. Assim, a missão deve traduzir a filosofia em metas tangíveis e que orientem a organização para um desempenho excelente. É a missão que define a estratégia organizacional e indica o caminho a ser seguido pela organização.

Blau e Scott[1], autores estruturalistas, fizeram uma interessante tipologia das organizações. Toda organização existe para proporcionar benefícios ou servir a um ou alguns beneficiários principais. Segundo eles, a organização bem-sucedida é aquela que realmente promove vantagens e resultados para os seus maiores beneficiários. Ou seja, ela

Administração de hoje

A missão da IBM

A IBM Corporation é um negócio voltado para a aplicação de avançada tecnologia de informação para ajudar a resolver problemas de negócios, governos, ciências, exploração espacial, defesa, educação, medicina e outras áreas da atividade humana. A missão da IBM não é produzir computadores, mas sim oferecer soluções criativas aos problemas de informação aos seus clientes. A IBM oferece soluções aos seus clientes que incorporam sistemas de processamento da informação, *softwares*, sistemas de comunicações e outros produtos e serviços para atender a necessidades específicas. Essas soluções são proporcionadas pelas organizações de *marketing* da IBM em todo o mundo, bem como por meio de empresas de negócios que atuam como parceiros, incluindo representantes e distribuidores.

A missão da DuPont

A DuPont é uma companhia multinacional de alta tecnologia que manufatura e comercializa produtos quimicamente relacionados. Sua missão é fazer os melhores produtos usando a química e servir a um diversificado grupo de mercados, nos quais a tecnologia de ponta proporciona a principal vantagem competitiva.

serve aos interesses dos seus beneficiários principais. Os benefícios constituem a essência para a existência da organização. Em cada tipo de organização, a administração deve considerar os interesses e expectativas dos beneficiários que constituem a razão de ser da própria organização e deve buscar atender e servir a essas expectativas e interesses. A Figura 8.1 é autoexplicativa.

No entanto, essa abordagem é muito limitada e simplista. Nos dias de hoje, os beneficiários das organizações não são singulares e nem reduzidos a umas poucas pessoas ou grupos homogêneos. A visão moderna envolve todos os diferentes grupos de interesses envolvidos direta ou indiretamente no sucesso de uma organização, como veremos adiante. A consagração do cliente – ou consumidor – como o foco principal das organizações é um exemplo dessa postura.

Independentemente do foco no beneficiário principal, as organizações estão somente há pouco tempo compreendendo que sua missão é servir ao cliente, atender às suas necessidades e aspirações e, sobretudo, encantar o cliente e ultrapassar suas expectativas. O cliente é o principal beneficiário de qualquer tipo de organização. Recentemente surgiu um desdobramento do conceito de cliente: o cliente externo que está em algum mercado e o interno que está em alguma parte dentro da organização. E quando se fala em cliente interno há de se levar em conta as pessoas que trabalham na organização e cuja atividade é interdependente de outras pessoas que estão a montante e a jusante de seu trabalho. Além do cliente externo há o cliente interno. Nesse sentido, cada funcionário tem o seu fornecedor e o seu cliente interno, formando uma cadeia de valor agregado na ponta da qual está o cliente final: o cliente externo.

Como toda organização é um ser vivo em contínuo desenvolvimento, muitas empresas bem-sucedidas estão, continuamente, atualizando e ampliando sua missão. Embora seja relativamente fixa, a missão deve ser atualizada e redimensionada com o passar do tempo e com as mudanças nos negócios. Em 1914, uma empresa fabricava relógios de ponto e tabuladores de cartões perfurados e tinha seu credo e princípios. As mudanças vieram, mas os princípios e credos corporativos permaneceram firmes, embora mudasse a missão. É o caso da IBM. Ela não é mais uma fábrica de computadores ou microcomputadores. A missão atual da IBM é "proporcionar soluções criativas de informação e que agreguem valor para os seus clientes". Aliás, soluções rápidas e inteligentes e, acima de tudo, com muita criatividade. Os produtos e serviços – como os computadores, minicomputadores, microcomputadores, etc. – oferecidos

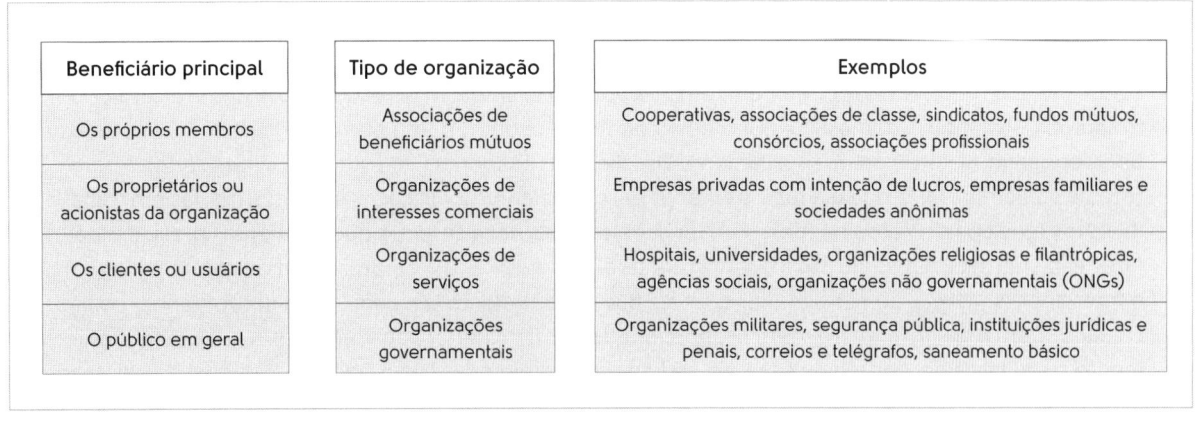

Beneficiário principal	Tipo de organização	Exemplos
Os próprios membros	Associações de beneficiários mútuos	Cooperativas, associações de classe, sindicatos, fundos mútuos, consórcios, associações profissionais
Os proprietários ou acionistas da organização	Organizações de interesses comerciais	Empresas privadas com intenção de lucros, empresas familiares e sociedades anônimas
Os clientes ou usuários	Organizações de serviços	Hospitais, universidades, organizações religiosas e filantrópicas, agências sociais, organizações não governamentais (ONGs)
O público em geral	Organizações governamentais	Organizações militares, segurança pública, instituições jurídicas e penais, correios e telégrafos, saneamento básico

Figura 8.1. As organizações e seus beneficiários principais[2].

pela companhia constituem os meios, isto é, as pontes adequadas para que isso possa acontecer. As modernas ferrovias americanas estão fazendo o mesmo. Sua missão não é meramente oferecer trens e estações ferroviárias – estes são apenas meios – mas proporcionar transporte rápido, confortável e seguro aos seus usuários. David Packard, um dos fundadores da HP, dizia que "o verdadeiro motivo de nossa existência é fornecer algo singular ao cliente, não necessariamente produtos ou serviços". A Philips adota o lema: "fazendo sempre melhor" (*let's make things better*) para oferecer esse algo mais. A Xerox transformou-se na "*the document company*" para melhor firmar sua marca. A Caterpillar se orgulha de ser "a maior produtora de ferramentas essenciais para o desenvolvimento, atuando nos setores de construção, agricultura, mineração, florestal e industrial, participando de obras que colocam mais qualidade na vida do ser humano". Pode? Theodore Levitt acrescenta que "o primeiro negócio de qualquer negócio é continuar no negócio". Inovação nos dias de hoje é imprescindível. Por essa razão, a 3M americana, por exemplo, é uma empresa que lança no mercado mais de um produto por semana, evoluindo de uma necessidade percebida para uma solução realmente inovadora.

Os produtos e serviços funcionam como meios e não como fins. É a missão que agrega identidade à organização.

A missão da organização deve ser cultivada com todo carinho pelos dirigentes e precisa ser di-

Empresa farmacêutica	Empresa de utilidade pública	Empresa de coleta de lixo
Somos uma empresa internacional de biotecnologia que descobre, desenvolve, manufatura e comercializa produtos farmacêuticos para várias necessidades médicas	Proporcionamos serviços de energia elétrica que são seguros, confiáveis e econômicos para consumidores domésticos e industriais a tarifas justas e razoáveis	Somos uma empresa de serviços que coleta e reboca qualquer coisa que deva ir para o lixo

Figura 8.2. Exemplos diferentes de missões organizacionais.

Avaliação crítica: O que sua empresa faz?

Peter Drucker sempre foi um arguto observador da natureza humana. Suas deduções quase sempre partem do óbvio, mas encantam pela singularidade. Em 1989, o presidente do conselho de administração da ServiceMaster, levou seu conselho de diretores para Claremont, na Califórnia, em um encontro com Drucker em sua residência. "Vocês sabem me dizer o que sua empresa faz?", indagou Drucker, abrindo logo a reunião. Cada diretor deu uma resposta diferente. Um disse que era faxina em casas, outro optou pela limpeza doméstica, outro pela dedetização, outro partiu para jardinagem. "Vocês todos estão enganados", interceptou bruscamente Drucker. "Os senhores não estão compreendendo a natureza de sua empresa. O que ela faz é treinar as pessoas menos qualificadas e transformá-las em trabalhadores funcionais". Matou na mosca! A ServiceMaster fornece serviços que os clientes preferem não fazer eles mesmos. A maioria desses serviços é tarefa doméstica, e a empresa tem de contratar, treinar e motivar pessoas que, de outra maneira, talvez não encontrassem um papel útil a desempenhar na sociedade. Com essa nova abordagem proporcionada por Drucker, a ServiceMaster redirecionou totalmente o seu trabalho, conseguiu um tremendo sucesso e elevou a sua receita operacional ao patamar de 3,5 milhões de dólares anuais[3].

fundida intensamente entre todos os membros para que haja comprometimento pessoal em relação ao seu alcance. Esse caráter missionário transforma todas as organizações em verdadeiras prestadoras de serviços ao cliente, mais do que nunca. Mesmo as organizações produtoras de bens, como é o caso da IBM. O cultivo da missão faz com que os membros da organização procurem não apenas servir ao cliente, mas, sobretudo, ultrapassar suas expectativas e encantá-lo. Nas organizações mais bem-sucedidas, a formalização da missão é definida pelo nível institucional, com a ajuda participativa dos níveis intermediário e operacional da organização. No fundo, todos os membros – e não apenas alguns deles – trabalham juntos para a sustentação da missão da organização.

Administração de hoje

A definição da missão e dos valores da Ford[4]:

Missão: a Ford Motor Company alega ser um líder mundial em produtos e serviços relacionados com automóveis, bem como com novas indústrias, como aeroespacial, comunicações e serviços financeiros. Nossa missão é melhorar continuamente nossos produtos e serviços para atender às necessidades de nossos consumidores, levando-nos a prosperar como um negócio e proporcionar um razoável retorno para nossos acionistas, proprietários de nossos negócios.

Valores: como cumprir nossa missão é tão importante quanto a missão em si. Os seguintes valores básicos são fundamentais para o sucesso da companhia:

- **Pessoas:** nossas pessoas são a fonte de nossa força. Elas proporcionam nossa inteligência corporativa e determinam nossa reputação e vitalidade. Envolvimento e trabalho em equipe são nossos valores humanos íntimos.
- **Produtos:** nossos produtos são o resultado final de nossos esforços e eles devem ser o melhor em servir aos consumidores no mundo todo. Assim como nossos produtos são vistos, nós somos vistos.
- **Lucros:** os lucros são a última medida de como nós proporcionamos eficientemente aos consumidores os melhores produtos para as suas necessidades. Lucros são necessários para sobreviver e crescer.

Princípios orientadores: os valores são respeitados por meio dos seguintes princípios orientadores:

- **Qualidade vem primeiro:** para alcançar a satisfação do consumidor, a qualidade de nossos produtos e serviços deve ser nossa prioridade número um.
- **Consumidores são o foco de tudo o que fazemos:** nosso trabalho deve ser feito com nossos consumidores em mente, proporcionando melhores produtos e serviços que nossos concorrentes.
- **A melhoria contínua é essencial ao nosso sucesso:** devemos buscar a excelência em tudo o que fazemos: em nossos produtos, em nossa segurança e valor – e em nossos serviços, nossas relações humanas, nossa competitividade e nossa lucratividade.
- **Envolvimento dos funcionários é nosso modo de vida:** nós somos uma equipe. Devemos tratar as pessoas com confiança e respeito.
- **Revendedores e fornecedores são nossos parceiros:** a companhia deve manter relações mutuamente benéficas com revendedores, fornecedores e outros associados aos nossos negócios.
- **Integridade nunca é compromissada:** a conduta de nossa companhia mundial deve perseguir sempre uma maneira que seja socialmente responsável e induza o respeito para sua integridade e para sua contribuição positiva para a sociedade. Nossas portas estão abertas a homens e mulheres que vivam sem discriminação e sem preconceitos de origem étnica ou de crenças pessoais.

VISÃO DE FUTURO

Visão é a imagem que a organização tem a respeito de si mesma e do seu projeto de futuro. É o ato de se ver no espaço e no tempo. Toda organização deve ter uma visão adequada de si mesma, dos recursos de que dispõe, do tipo de relacionamento que deseja manter com seus clientes e mercados, do que quer fazer para satisfazer, continuamente, as necessidades e preferências dos clientes, de como irá atingir os objetivos organizacionais, das oportunidades e desafios que deve enfrentar, de seus principais agentes, quais as forças que a impelem e em que condições ela opera. Geralmente, a visão está mais voltada para aquilo que a organização pretende ser do que como ela realmente é. Dentro dessa perspectiva, muitas organizações colocam a visão como o projeto que elas gostariam de ser dentro de certo prazo de tempo e qual o caminho futuro que pretende adotar para chegar até lá. O termo visão é, geralmente, utilizado para descrever um claro sentido do futuro e a compreensão das ações necessárias para torná-lo rapidamente um sucesso. A visão representa o destino que se pretende transformar em realidade.

A visão pretende estabelecer uma identidade comum quanto aos propósitos da organização, a fim de orientar o comportamento dos membros quanto ao futuro que a organização deseja construir.

A falta de uma visão dos negócios é profundamente prejudicial, pois desorienta a organização e os seus membros quanto às suas prioridades em um ambiente altamente mutável e fortemente competitivo. A visão somente é atingida quando todos dentro da organização – e não apenas alguns membros dela – trabalham em conjunto e em consonância para que isso aconteça efetivamente. Muitas organizações realizam um trabalho integrado e consistente para divulgar a sua visão. O Bradesco, por exemplo, mudou no final da década de 1990 o seu logotipo para enfatizar sua visão como um banco orientado para a modernização, agilidade, atualidade e apoio ao cliente.

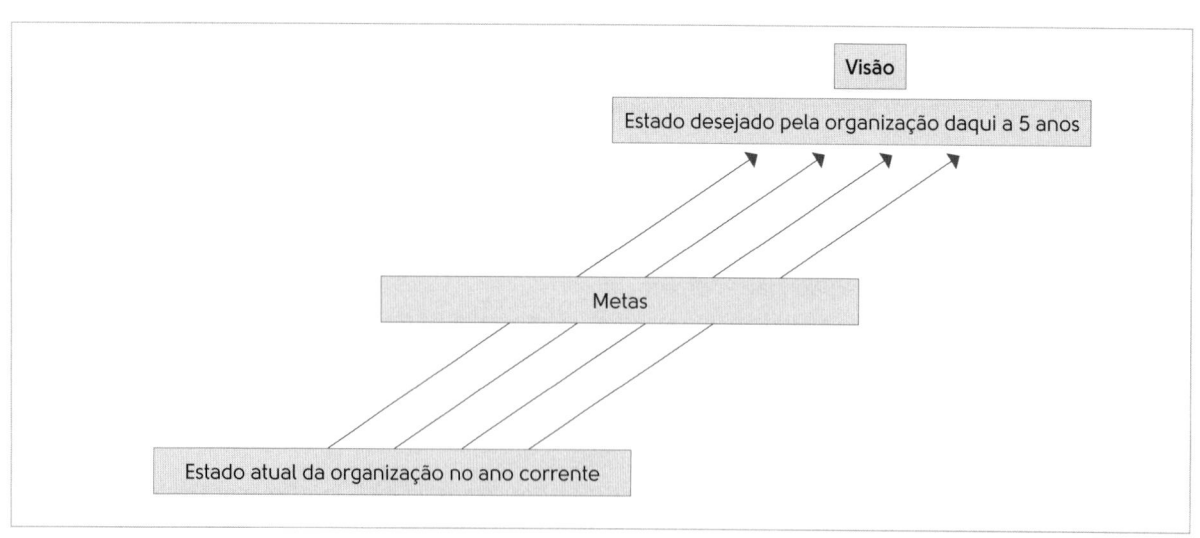

Figura 8.3. O caráter futurístico da visão organizacional.

Onde estamos neste ano:	Aonde queremos chegar no próximo ano:
• Somos, atualmente, a 2ª maior produtora de revistas de beleza do país.	• Queremos ser a 1ª maior produtora de revistas de beleza do país.
• Dominamos 31% do mercado nacional.	• Queremos chegar a 45% do mercado.
• A satisfação dos consumidores atinge, atualmente, 83% dos assinantes.	• A satisfação dos consumidores deverá atingir 95% dos assinantes.
• Temos 55 mil assinantes atualmente.	• Queremos chegar a 100 mil assinantes.
• Nossa tiragem mensal atual é de 100 mil exemplares.	• Nossa tiragem mensal deverá atingir 200 mil exemplares.
• Utilizamos tecnologia de 3ª geração.	• Queremos tecnologia de 4ª geração.
• Nossos funcionários detêm 15% do capital social da empresa.	• Nossos funcionários deverão deter 33% do capital social da empresa.

Figura 8.4. Exemplo de visão de uma empresa do ramo editorial.

Administração de hoje

Exemplo de missão e visão de uma empresa de consultoria

Missão: fornecer consultoria, treinamento e orientação necessárias para ajudar nossos clientes a alcançar o melhor desempenho.

Visão: ganhar e manter a posição de ser a mais avançada consultoria do país.

Fatores críticos de sucesso:
1. Precisamos fazer um bom trabalho com os atuais clientes.
2. Precisamos que todo o mercado conheça o alto nível de nossos serviços.

Processos críticos:
1. Desenvolver um excelente trabalho de consultoria.
2. Promover, anunciar e comunicar a nossa capacidade de prestar consultoria.

Subprocesso: preparar o pacote de informações sobre nossa empresa.
Atividade: preparar catálogos e seminários sobre nossas atividades.
Tarefas: escrever o conteúdo dos catálogos e a apostila de cada seminário.

OBJETIVOS

Objetivos e planos são conceitos comuns em nossa sociedade. Um objetivo é um estado futuro desejado que se tenta tornar realidade[5].

Na verdade, os objetivos são resultados específicos que se pretende alcançar em um determinado período de tempo. Enquanto a missão define qual é o negócio da organização e a visão proporciona uma imagem do que a organização quer ser, os objetivos estabelecem resultados concretos que se deseja alcançar dentro de um prazo de tempo específico.

Um dos grandes dilemas da administração tem sido a congruência entre objetivos organizacionais e objetivos individuais. Para muitos autores, eles nunca se deram muito bem. Quase sempre o alcance de um objetivo é conseguido à custa do alcance do outro. Quando as pessoas ingressam nas organizações, elas perseguem seus próprios objetivos individuais, como ocupar um cargo, ganhar um salário, receber benefícios sociais, ganhar *status* dentro da organização, etc. Porém, as organizações exigem que cada pessoa contribua para o alcance dos seus objetivos organizacionais, como produtividade, lucratividade, redução de custos, qualidade e competitividade. Assim, surge o dilema para cada indivíduo: para onde seguir? Rumo aos próprios objetivos ou rumo aos objetivos da organização? Do lado da empresa, quanto maiores os salários, maiores os seus custos. Do lado da pessoa, quanto menores os custos, menores os seus salários. E então?

Objetivos Individuais

Todas as pessoas formulam de forma consciente ou não os seus próprios objetivos particulares. Crescer na vida profissional, garantir *status* e prestígio na comunidade, assegurar estabilidade financeira, comprar casa própria, ter um bom automóvel, vestir-se bem, ter boas amizades, ser feliz. Assim, existem os objetivos individuais que cada pessoa almeja atingir no curto, médio ou longo prazo. Objetivos individuais são situações desejadas que cada pessoa almeja alcançar. Na medida em que cada objetivo vai sendo atingido, outros individuais mais sofisticados e avançados são formulados, em uma sequência sem fim. Alcança-se um objetivo e outros vão sendo estabelecidos em seu lugar em uma incessante corrida para o futuro. Os objetivos individuais serão detalhados no Capítulo 17 destinado à motivação nas organizações.

Objetivos Organizacionais

As organizações são entidades igualmente orientadas para objetivos. Quase tudo dentro das organizações está orientado para uma meta, finalidade, estado futuro ou resultado a alcançar. Cada organização define os seus próprios objetivos organizacionais. Objetivo organizacional é um estado desejado que a organização pretende alcançar e que orienta seu comportamento em relação ao futuro. Todo objetivo organizacional funciona como uma imagem. Quando um objetivo é atingido ele deixa de ser a imagem orientadora da organização para se incorporar a ela como algo real e atual. Um objetivo atingido deixa de ser um objetivo e passa a ser parte da realidade.

Compatibilidade entre Objetivos Organizacionais e Individuais

Há algumas décadas, Barnard[6] já visualizava o dilema entre objetivos organizacionais e individuais. As pessoas não atuam isoladamente, mas por meio de interações com outras pessoas, para poderem alcançar da melhor maneira os seus objetivos pessoais. Nas interações humanas, as pessoas envolvidas influenciam-se mutuamente: são as relações sociais. Graças às diferenças individuais, cada pessoa tem as suas próprias características, capacidades e limitações. Para poderem sobrepujar suas limitações e ampliar suas capacidades, as pessoas precisam cooperar entre si para melhor alcançar seus objetivos. A união faz a força. É por meio da participação pessoal e da cooperação entre as pessoas que surgem as organizações. Para Barnard, as organizações são sistemas cooperativos e que têm por base a racionalidade. Trocando em miúdos: as organizações são sistemas sociais baseados na cooperação entre as pessoas. Para ele, as organizações somente existem quando ocorrem simultaneamente três condições:

1. Interação entre duas ou mais pessoas.
2. Desejo e disposição para cooperar.
3. Finalidade de alcançar objetivos comuns.

A cooperação é o elemento essencial da organização, e ela varia de pessoa para pessoa. A contribuição de cada um para o alcance do objetivo comum é variável e depende do resultado das satisfações e insatisfações obtidas, realmente ou imaginariamente, percebidas pelas pessoas como resultado da sua cooperação. Daí decorre a racionalidade. As pessoas cooperam desde que o seu esforço proporcione vantagens e satisfações pessoais que justifiquem tal esforço. A cooperação é fruto da decisão de cada pessoa em função dessas satisfações e vantagens pessoais. Quando a organização é composta de poucas pessoas, os objetivos organizacionais confundem-se com os objetivos individuais de cada uma delas. Se um grupo de pessoas se reúne para formar um empreendimento, os objetivos dele são decorrentes dos objetivos pessoais que levaram cada pessoa a cooperar nele. Mas, à medida que esse empreendimento cresce e requer um volume maior de atividades e, consequentemente de pessoas, tornam-se necessários a maior divisão do trabalho e o desdobramento da hierarquia. Assim, os objetivos organizacionais (como produtividade, qualidade, redução de custos, lucratividade, etc.) permanecem comuns aos objetivos pessoais daqueles que criaram a organização e estão na cúpula da hierarquia, mas distanciam-se gradativamente dos objetivos pessoais daqueles que estão nos níveis mais baixos (como salários e benefícios sociais, maior conforto pessoal, regalias, etc.).

Barnard conclui que a organização é um sistema de forças ou atividades, conscientemente coordenadas, de dois ou mais indivíduos. O desejo de cooperar depende dos incentivos oferecidos pela organização e esta precisa influir no comportamento das pessoas a partir de incentivos materiais (como salários e benefícios sociais), de oportunidades de crescimento, prestígio ou poder pessoal, de condições ambientais de trabalho, etc. Em outros termos, a organização oferece uma variedade de incentivos para obter a cooperação das pessoas em todos os níveis hierárquicos. Dentro desse esquema, cada pessoa precisa alcançar, simultaneamente, os objetivos organizacionais – para se manter ou crescer na organização – e os seus objetivos individuais – para obter satisfações pessoais. Usando as palavras de Barnard, cada pessoa precisa ser eficaz (alcançar objetivos organizacionais) e eficiente (alcançar objetivos individuais) para sobreviver no sistema.

A função do administrador dentro da organização é a de criar e manter um sistema de esforços cooperativos entre as pessoas. Como a cooperação é essencial para a sobrevivência da organização, essa função básica consiste na tomada de decisões capazes de incentivar a coordenação de toda a atividade organizada. É preciso fazer com que as pessoas sejam eficazes e eficientes ao mesmo tempo, ou seja, fazer com que elas consigam atingir os objetivos organizacionais e, simulta-

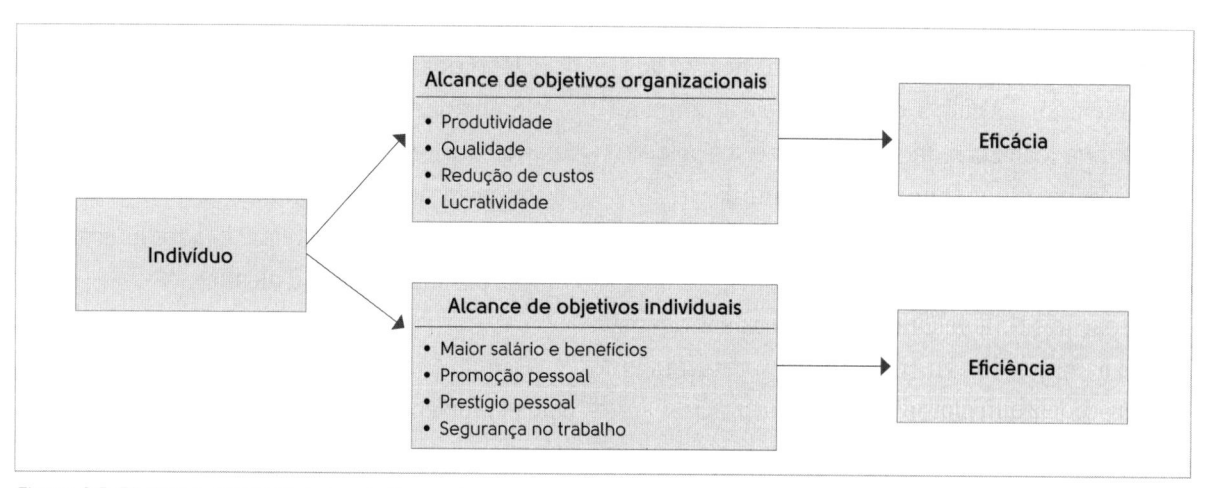

Figura 8.5. Eficácia e eficiência segundo Barnard.

neamente, sintam-se satisfeitas em atingir os seus próprios objetivos individuais por meio de seu trabalho.

NATUREZA DOS OBJETIVOS ORGANIZACIONAIS

De modo geral, as organizações são entidades que perseguem objetivos, buscando melhorar a si mesmas por meio do tempo e de várias e diferentes maneiras. Os objetivos têm uma importância muito grande por causa das mensagens internas e externas que enviam às pessoas. Essas mensagens afetam audiências internas e externas e proporcionam benefícios para a organização, com base nos seguintes aspectos[7]:

1. Legitimação: os objetivos organizacionais descrevem o que a organização pretende. Simbolizam a legitimação para públicos externos, como investidores, clientes e fornecedores e ajudam a comunidade a visualizar a organização de maneira favorável.
2. Fonte de motivação e envolvimento: o estabelecimento de objetivos descreve os propósitos da organização ou de suas subunidades para os funcionários. Um objetivo define o porquê da existência da organização ou subunidade. Um plano explica aos funcionários quais as ações a serem executadas e como alcançar o objetivo. Ambos facilitam a identificação dos funcionários com a organização e ajudam a motivá-los pela redução da incerteza e pelo esclarecimento do que devem alcançar.
3. Guias para a ação: os objetivos proporcionam um senso de rumo e de direção. Focalizam a atenção sobre desafios específicos e dirigem os esforços dos funcionários para resultados que são importantes para a organização.
4. Racionalidade para as decisões: por meio do estabelecimento de objetivos e do planejamento, os administradores podem aprender como a organização está tentando atingi-los. Eles podem tomar decisões para assegurar as políticas internas, desempenho de papéis, estrutura, produtos e despesas de acordo com os resultados desejados. As decisões ao longo de toda a organização deverão estar alinhadas com o planejamento.
5. Padrões de desempenho: como os objetivos definem os resultados desejados para a organização, eles também servem como critérios de desempenho, pois proporcionam um padrão de execução. Se uma organização deseja crescer 15%, por exemplo, esse é o padrão que medirá o seu desempenho. O processo de planejamento evita que os administradores pensem exclusivamente em função das atividades do dia a dia.

Para serem úteis, os objetivos devem possuir as seguintes características:

1. Mensuráveis: que possam ser definidos quando são ou não são atingidos.
2. Realísticos: que possam ser alcançados no período de tempo estabelecido e com os recursos disponíveis.
3. Desafiadores: que requeiram o esforço das pessoas.
4. Definidos no tempo: que exijam um lapso de tempo para sua consecução.
5. Relevantes: que cubram as principais áreas de resultados da organização.
6. Motivadores: que estejam ligados a recompensas pessoais pelo seu alcance.

Enquanto se define os objetivos deve-se também estabelecer a maneira de medir o sucesso no alcance de cada um. Isso se torna óbvio quando o objetivo é produzir 10% a mais ou vender 300 automóveis a mais no ano atual em relação ao ano anterior. Em alguns casos não é fácil, por exemplo, quando o objetivo é aumentar a satisfação do cliente no decorrer do ano. Para mensurar se o objetivo foi alcançado torna-se necessária uma pesquisa de satisfação do cliente desde o início até o final do ano e comparar os resultados com a pesquisa do ano anterior.

Administração de hoje

Como definir objetivos[8]

Para incrementar seu crescimento, muitas empresas impõem objetivos inalcançáveis, quase sempre mais elevados a cada ano. As regras para definir objetivos e estimular as pessoas:

1. **Dose adequada**: o objetivo pode até ser difícil, mas deve ser sempre possível. O ideal é que leve em conta um cenário positivo, um moderado e outro pessimista.
2. **Foco em prazos**: ao redor de outubro as projeções começam a ser definidas e, com elas, os objetivos e metas da empresa. Em janeiro, as metas dos executivos devem ser repassadas para toda a equipe.
3. **Não mudar as regras do jogo**: alterar as metas ao longo do ano – para baixo ou para cima – pode desmotivar as pessoas envolvidas ou passar a mensagem de que o jogo não é sério.
4. **Poucos e importantes objetivos**: deve-se escolher no máximo sete indicadores de avaliação para cada executivo. Mais do que isso pode desviar a atenção do que é de fato prioritário. O ideal é que cada indicador tenha pesos semelhantes.
5. **Ninguém ganha sozinho**: misturar metas coletivas de operação – melhoria do lucro e participação de mercado – com metas individuais – capacidade de inovar e liderança – avalia melhor o desempenho de cada executivo e ajuda a incentivá-lo a buscar metas comuns.
6. **Bate-papos frequentes**: deve-se envolver os funcionários com diálogos abertos e contínuos sobre planos, metas e desempenho. As pessoas devem ser informadas sobre os resultados coletivos e individuais já alcançados e sobre como cada um deles pode melhorar.

Voltando ao caso introdutório: O prefeito Frederico Silva

Com os diagnósticos nas mãos, o novo prefeito já tinha uma ideia dos rumos específicos a serem tomados. Mas, acima de todas as especificidades, Frederico queria dois objetivos básicos que constituíam o seu lema. Um deles era aumentar a receita do município e como não podia aumentar impostos e taxas, pois a recusa dos cidadãos era inabalável, a saída era partir para outras fontes de receitas, como aplicação de multas no trânsito e em transgressões como depósito indevido de lixo, sujeira e má utilização do espaço público. Outro objetivo básico era conquistar a participação e envolvimento dos cidadãos no governo da cidade. Frederico queria uma administração participativa. Mas como chegar lá? Como você poderia ajudar Frederico?

HIERARQUIA DE OBJETIVOS

As organizações procuram alcançar simultaneamente vários e diferentes objetivos e precisam estabelecer graus de importância e prioridade para evitar possíveis conflitos e criar condições de sinergia entre eles. Quase sempre, as organizações utilizam hierarquias de objetivos, nas quais os objetivos organizacionais – mais amplos e genéricos e que pairam acima de todos os demais – são desdobrados em objetivos divisionais, estes, em objetivos departamentais e, por fim, em objetivos individuais. Trata-se de compatibilizar e harmonizar as diferentes áreas e níveis de objetivos em um todo que produza efeitos sinergísticos.

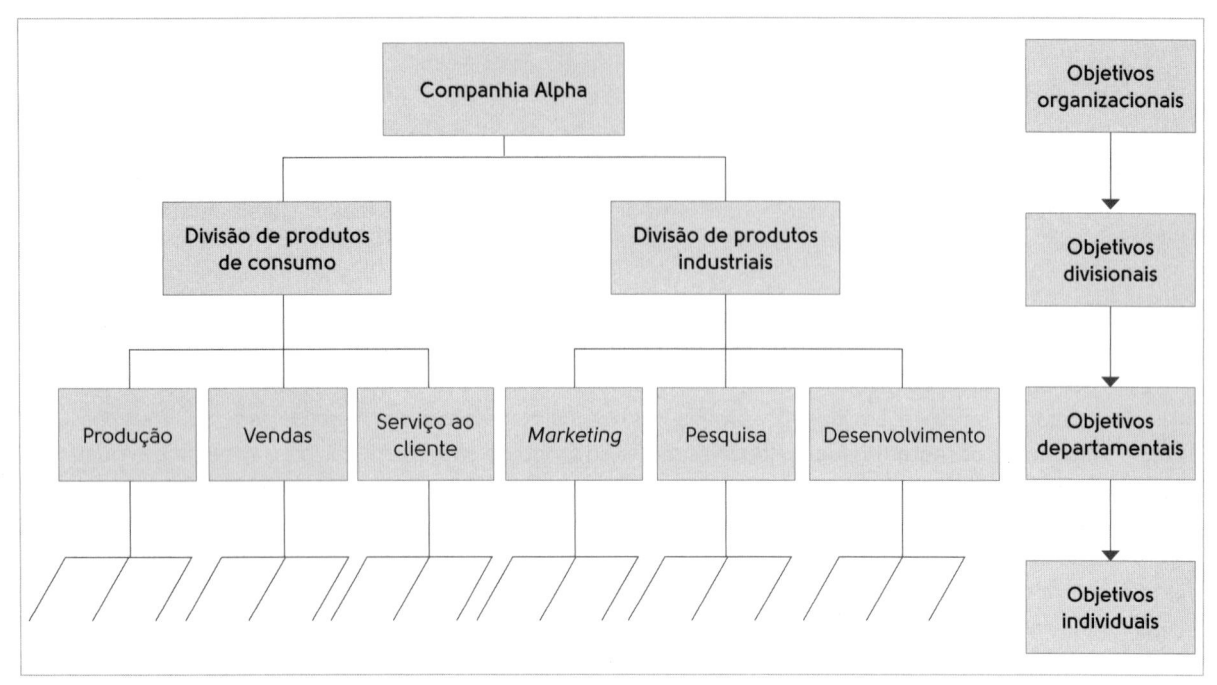

Figura 8.6. A hierarquia de objetivos.

Na realidade, existem três níveis de objetivos organizacionais: estratégicos, táticos e operacionais. Alguns se relacionam com a organização como um todo, outros com cada divisão ou unidade e outros ainda com cada tarefa ou operação a ser executada. A missão da organização paira acima de todos eles.

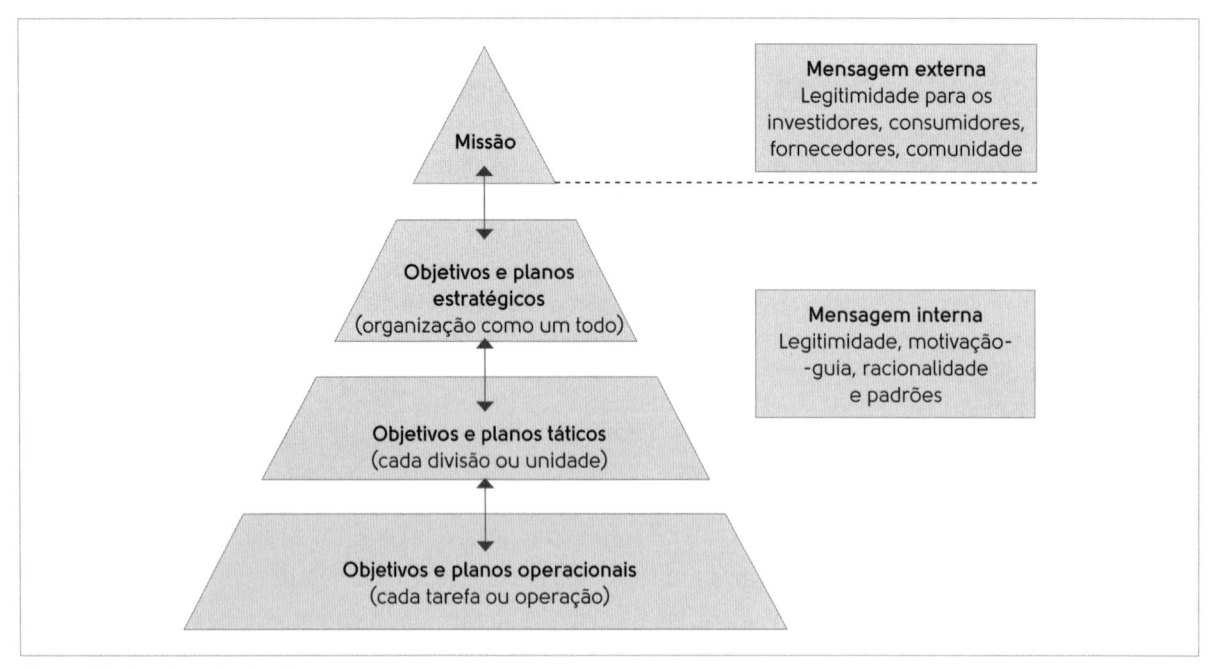

Figura 8.7. Os níveis de objetivos e planos.

Na realidade, os objetivos se diferenciam em termos de amplitude (espaço organizacional) e horizonte (tempo). Os objetivos estratégicos estão voltados para toda a organização e estendidos no longo prazo. Os objetivos táticos estão voltados para cada unidade específica da organização e focalizados no médio prazo, enquanto os objetivos operacionais se referem a cada tarefa ou operação e estão relacionados com o curto prazo.

Objetivos Estratégicos

São os objetivos globais e amplos da organização e definidos no longo prazo. Em termos de amplitude de abrangência, a Figura 8.8 mostra a hierarquia de objetivos a partir da missão da organização e os objetivos estratégicos.

Em termos de horizonte de tempo, os objetivos estratégicos estão focalizados no longo prazo, isto é, entre 2 e 5 ou mais anos pela frente. Os objetivos táticos estão voltados para um horizonte de tempo de médio prazo de um ano que corresponde ao período fiscal ou contábil da maioria das organizações, podendo, em alguns casos, chegar a dois anos. Os objetivos operacionais quase sempre são imediatistas e focalizados no curto prazo, algo como uma semana ou mês. A Figura 8.8 dá uma visão da dimensão de tempo dos objetivos.

Cada objetivo estratégico é desdobrado em objetivos táticos e operacionais. Esse desdobramento é necessário para permitir a implementação por meio de planos táticos e operacionais.

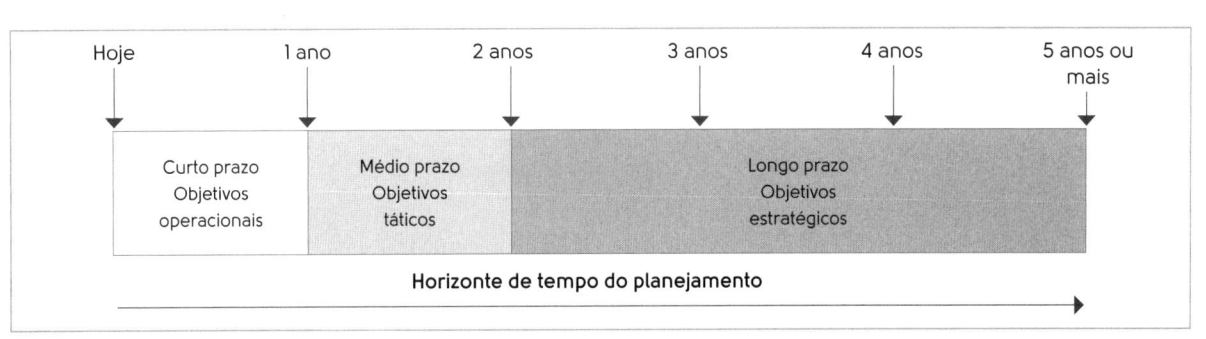

Figura 8.8. O horizonte de tempo do planejamento em função dos objetivos.

Objetivos	Espaço	Tempo	Onde são definidos	Como são alcançados	Exemplos
Estratégicos	A organização como uma totalidade	Longo prazo	Na cúpula da organização, pelo presidente e diretores	Pelo planejamento estratégico	• Lucratividade • Competitividade • Sustentabilidade • Participação no mercado
Táticos	Cada unidade da organização	Médio prazo, algo como um ano	No meio do campo, pelos gerentes e executivos	Pelo planejamento tático	• Volume de vendas • Volume de produção • Volume de faturamento • Volume de pessoal • Redução de custos • Produtividade • Qualidade
Operacionais	Cada atividade ou tarefa	Curto prazo, algo como uma semana	Na base da organização, pelos supervisores	Pelo planejamento operacional	• Maior eficiência • Maior eficácia • Redução de perdas • Faturamento *per capita* • Produção *per capita*

Figura 8.9. Os níveis de objetivos e planos.

Administração de hoje

Grupo Royal Dutch/Shell[9]

Quando o preço do barril de petróleo chegou a US$ 28 e estava subindo como um rojão por causa do choque do petróleo na década de 1980, o grupo de planejamento da Royal Dutch/Shell se propôs a elaborar um planejamento estratégico baseando-se em uma previsão de US$ 15 por barril. Nenhum dos executivos acreditava que o preço do petróleo pudesse cair tanto, nem queria perder tempo para fazer cenários negativos. Afinal, os negócios da Shell estavam indo muito bem. Mas o grupo de planejamento persistiu no sentido de ajudar os executivos a adotar uma mentalidade de jogos de guerra que considerasse várias alternativas para altos e baixos preços do petróleo. O grupo de planejamento achava que os executivos poderiam aprender a trabalhar tanto com preços de US$ 15 como de US$ 30. Era uma simples questão de jogar com números para definir alvos diferentes. O planejamento de cada alternativa ajudaria a Shell a adaptar-se prontamente às novas e mutáveis condições ambientais[10]. Assim surgiu o conceito de cenários: um pessimista, um médio e outro otimista. Todavia, como engajar os executivos da companhia no processo de planejamento? Como fazê-los antecipar-se e planejar respostas para um mundo com preços de US$ 15 por barril? A resposta foi simples: o planejamento deve funcionar como uma ferramenta de aprendizagem do administrador. Diferentes alvos requerem diferentes comportamentos das pessoas. Na realidade, o preço do barril estabilizou-se ao redor de US$ 12. Hoje, oscila ao redor de US$ 100. É preciso jogo de cintura para planejar.

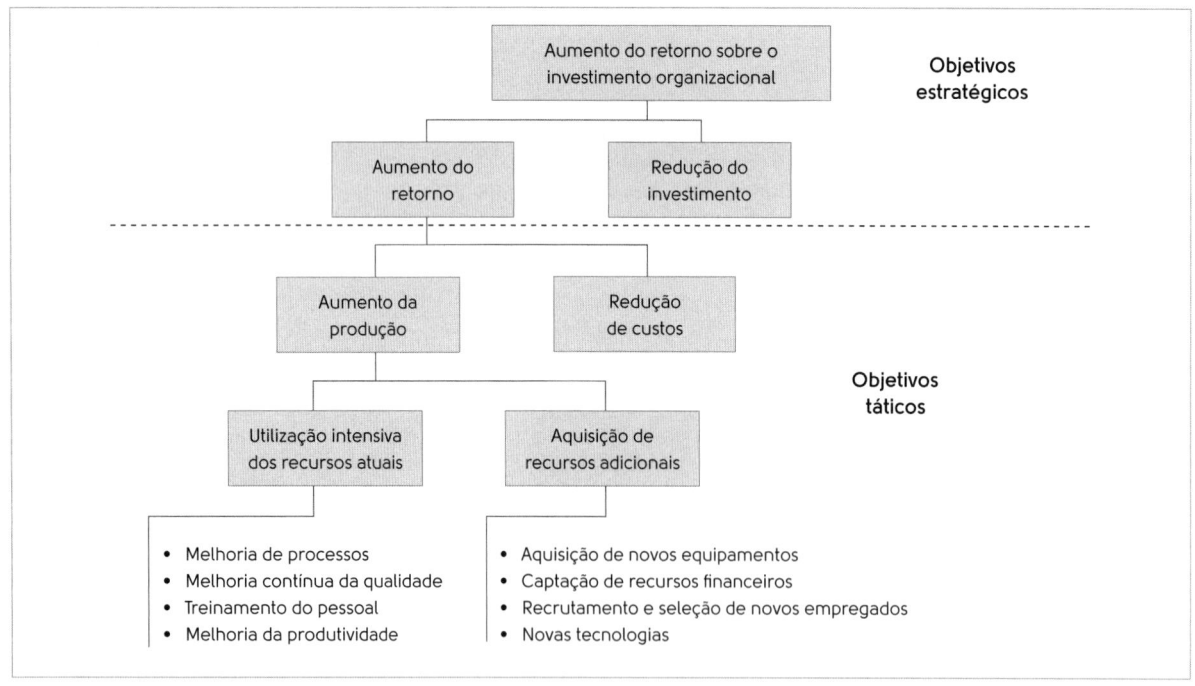

Figura 8.10. A hierarquia de objetivos a partir de um objetivo estratégico[11].

O desdobramento de cada um dos objetivos maiores em menores – dos mais amplos aos mais específicos – recebe o nome de cascata de objetivos. A Figura 8.11 permite uma visualização do que ocorre em uma organização fictícia: a missão, os objetivos estratégicos, os táticos e os operacionais.

Quase sempre, as organizações procuram cumprir três grandes objetivos básicos e fundamentais:

Missão

Produzir produtos padronizados e customizados para várias aplicações na indústria de ferramentas

Objetivos estratégicos

Presidente
- 12% de retorno sobre o investimento
- 5% de crescimento anual
- Nenhum desligamento de empregado
- Excelente serviço ao cliente

Objetivos táticos

Diretor financeiro
- Lucro anual de 12%
- Devedores duvidosos até 2%
- Oferecer balancetes mensais
- Reduzir estoques em 10%
- Ciclo financeiro de 35 dias

Diretor industrial
- Produzir 1,2 milhão de produtos com custo médio de R$ 18,00
- Reduzir refugos em até 3%
- Aumentar produtividade em 2%
- Reduzir ciclo operacional em 3%

Diretor de *marketing*
- Vender 1,2 milhão de produtos a um preço médio de R$ 27,00
- Introduzir um novo produto
- Aumentar vendas em 5%
- Participar em 19% do mercado

Objetivos operacionais

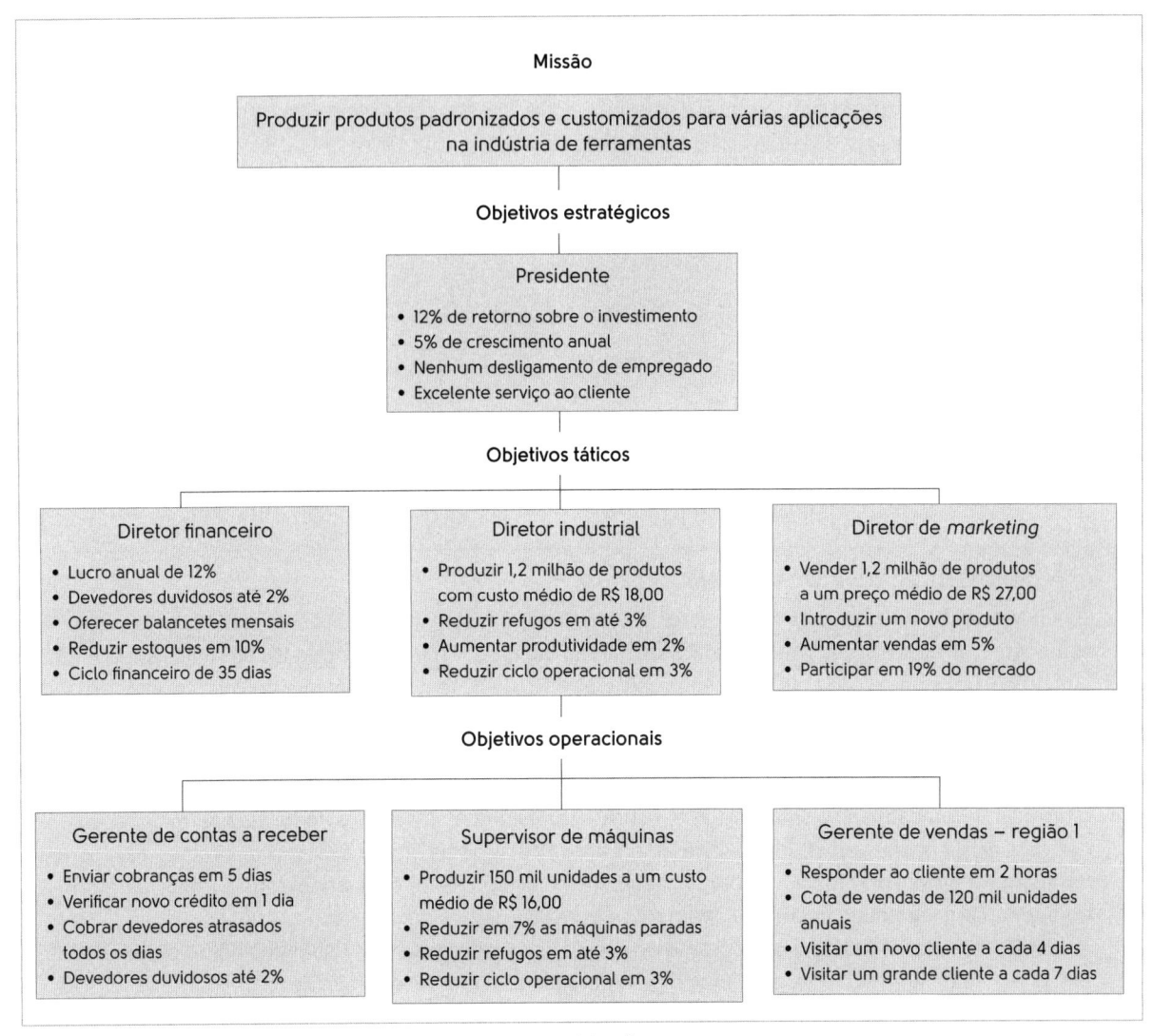

Gerente de contas a receber
- Enviar cobranças em 5 dias
- Verificar novo crédito em 1 dia
- Cobrar devedores atrasados todos os dias
- Devedores duvidosos até 2%

Supervisor de máquinas
- Produzir 150 mil unidades a um custo médio de R$ 16,00
- Reduzir em 7% as máquinas paradas
- Reduzir refugos em até 3%
- Reduzir ciclo operacional em 3%

Gerente de vendas – região 1
- Responder ao cliente em 2 horas
- Cota de vendas de 120 mil unidades anuais
- Visitar um novo cliente a cada 4 dias
- Visitar um grande cliente a cada 7 dias

Figura 8.11. Hierarquia de objetivos em uma empresa de manufatura[7].

1. **Servir a uma necessidade específica da sociedade:** do mercado ou do cliente. Toda organização deve existir para cumprir alguma finalidade. Levitt salienta que "a visão de que uma indústria é um processo de satisfação de consumidores e não simplesmente um processo de produção de bens, é vital para todos os homens de negócios. Uma indústria começa com o consumidor e suas necessidades e não com uma patente, uma matéria-prima ou um talento para vendas"[12].

2. **Gerar riqueza:** como a organização é um sistema aberto, ela apresenta a característica de sinergia: os insumos são processados e transformados em resultados, como produtos ou serviços, com alto valor agregado. Isso significa aumentar o valor e criar riqueza.

3. **Distribuir a riqueza gerada:** a riqueza gerada pela organização deve ser distribuída, proporcionalmente, entre os parceiros que contribuíram para sua geração. Assim, acionistas, investidores, administradores, funcionários, fornecedores, clientes – todos aqueles que direta ou indiretamente contribuíram para o sucesso da organização – devem receber uma recompensa proporcional pela sua contribuição

à organização. Esse é o segredo do negócio: saber compartilhar o sucesso com todos aqueles que o tornaram possível, de maneira que todos – sem nenhuma exceção – se sintam impulsionados a continuar, manter ou incrementar seus esforços para o sucesso organizacional.

| 1. Atender a uma necessidade específica da sociedade, do mercado ou do cliente | ⟹ | 2. Gerar riqueza, agregar valor por meio dos parceiros e da sinergia de esforços | ⟹ | 3. Distribuir adequadamente a riqueza gerada entre os stakeholders |

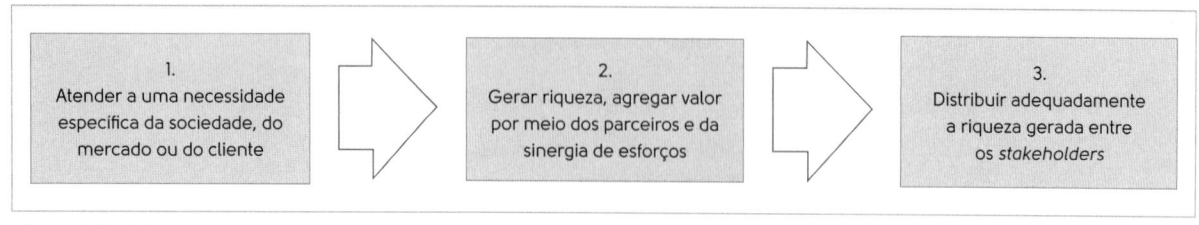

Figura 8.12. O trio missionário das organizações.

Administração de hoje

A definição de objetivos na IBM[13]

A IBM cortou seu quadro de funcionários pela metade. E, mesmo assim, goza da confiança de todo o seu pessoal, graças às suas políticas de RH no padrão Big Blue. Para o diretor de RH da filial brasileira, a IBM possui um sistema tão rígido de definição de objetivos e desenvolvimento de carreiras que as pessoas acabam por colaborar e ajudar umas às outras. As metas de todos os funcionários são estabelecidas em sistema de parceria – ou cascata. 20% das metas do diretor de RH são atreladas às do presidente mundial da IBM: ele deixa de ganhar 20% de sua remuneração variável caso não colabore para que o presidente também atinja seus objetivos. Assim, do presidente ao porteiro, todos na empresa dependem dos pares, chefes, subordinados e superiores dos chefes para cumprir suas próprias metas. Esse sistema em rede evita que funcionários escondam informações que beneficiariam todo o departamento, ou que torçam para que os pares se deem mal e demais estragos do gênero.

Outro ponto forte da IBM é o programa de avaliação de desempenho. A IBM implantou a avaliação 360 graus: cada empregado é avaliado por seis pessoas com quem se relaciona rotineiramente (algumas são escolhidas pelo próprio funcionário). A técnica permite uma análise mais completa e factual – e, consequentemente, menos sujeita a erros – de cada funcionário. O programa de avaliação está diretamente ligado a outro forte atrativo: o plano de desenvolvimento de carreiras. Na IBM, cada funcionário sabe claramente quais são suas possibilidades de crescimento e o que é preciso fazer para crescer. Assim, é cada funcionário (e não seus chefes ou a empresa) quem decide se quer crescer. Cumprindo as etapas definidas no plano de carreira, ele subirá. Não cumprindo, não subirá. A empresa ajuda com as ferramentas. Por exemplo: paga 75% do custo de qualquer curso que a pessoa queira fazer, desde que tenha ligação com seus objetivos. Isso vale para faculdades, mestrados, idiomas e afins. São inúmeros os casos de funcionários que entraram na empresa nos níveis mais baixos e hoje estão bem posicionados. Um dos fatores que mais impactam o comprometimento do funcionário é a percepção de que a empresa está investindo nele, apostando no seu desenvolvimento profissional e pessoal. Na IBM as pessoas dizem ter essa certeza. Sempre que um funcionário é promovido a gerente, a empresa o envia para treinamento de uma semana em Miami, com jovens executivos de toda a América Latina. Trata-se da New Manager Leader School. É uma das maneiras de fazê-los conhecer as políticas, os objetivos e a filosofia gerencial da empresa.

Objetivos Táticos

São os objetivos de médio prazo e que cobrem cada unidade específica da organização. São geralmente objetivos divisionais ou departamentais relacionados com as áreas de produção, finanças, *marketing* e de recursos humanos da organização.

- **Lucratividade**: para produzir com um determinado lucro líquido no negócio.
- **Participação no mercado**: para ganhar e manter uma fatia específica no mercado do produto/serviço.
- **Talento humano**: recrutar e manter uma equipe de trabalho de altíssima qualidade.
- **Saúde financeira**: adquirir capital e obter retornos financeiros positivos.
- **Eficiência de custo**: utilizar eficientemente recursos para operar a baixo custo.
- **Qualidade do produto**: produzir bens e serviços de altíssima qualidade.
- **Inovação**: alcançar um nível desejado de desenvolvimento de novos produtos ou processos de trabalho.
- **Responsabilidade social**: fazer uma contribuição concreta e positiva à sociedade.

Figura 8.13. Objetivos táticos e operacionais comuns aos administradores[14].

Objetivos Operacionais

São os objetivos específicos e de curto prazo voltados para a execução das operações cotidianas da organização. Referem-se geralmente a cada tarefa ou operação especificamente.

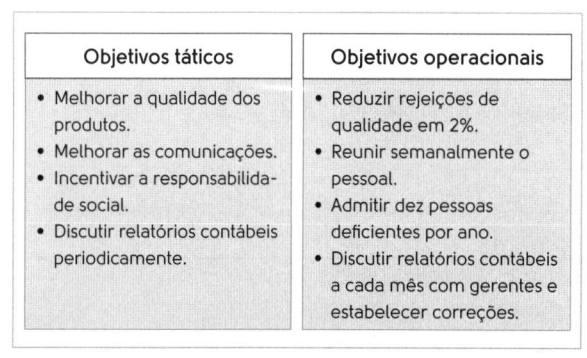

Objetivos táticos	Objetivos operacionais
• Melhorar a qualidade dos produtos. • Melhorar as comunicações. • Incentivar a responsabilidade social. • Discutir relatórios contábeis periodicamente.	• Reduzir rejeições de qualidade em 2%. • Reunir semanalmente o pessoal. • Admitir dez pessoas deficientes por ano. • Discutir relatórios contábeis a cada mês com gerentes e estabelecer correções.

Figura 8.14. Exemplos de objetivos táticos e objetivos operacionais[15].

Missão → Visão → Fatores críticos de sucesso → Definição de objetivos → Planejamento

Figura 8.15. Os fundamentos do planejamento.

Voltando ao caso introdutório: O prefeito Frederico Silva

Embora desejasse a participação e envolvimento dos cidadãos, o problema mais sério é que nunca se havia feito coisa igual na cidade. As pessoas não estavam acostumadas com atividades públicas, nem com reuniões sistemáticas, nem a participar de equipes e nem mesmo a dar ideias e sugestões. Frederico resolveu focalizar sua atenção na criação de equipes e comissões compostas de cidadãos voluntários para apresentação de planos e esforços de solução de problemas, cada qual com um coordenador de sua confiança. Solicitou a ajuda de algumas empresas de consultoria do município no sentido de contar com a colaboração de consultores na formação e desenvolvimento de equipes e na condução das soluções de problemas. O que você faria no lugar de Frederico?

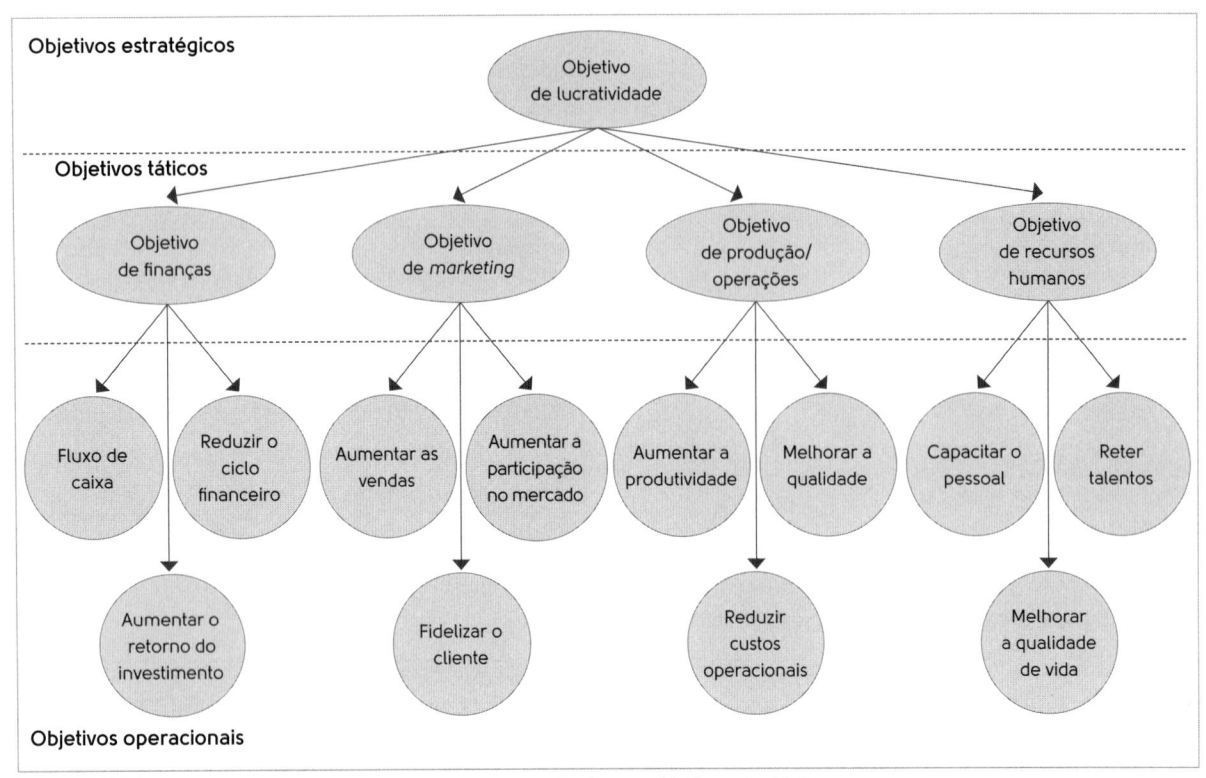

Figura 8.16. Exemplo de uma hierarquia de objetivos a partir de um objetivo estratégico.

Administração de hoje

Toyota[16]

Quando Tatsuro Toyoda assumiu a presidência da Toyota, em 1993, ele resolveu reorganizar a empresa que havia adotado o legendário método de produção enxuta, com outras mudanças e inovações. Os principais objetivos foram:

1. Aumentar as vendas para 6 milhões de carros e caminhões até o ano 2000.
2. Expandir fábricas e aumentar a automação.
3. Melhorar a eficiência.

Esses objetivos foram sendo seguidos com projetos e programas específicos para se obter sucesso no alcance dos objetivos. Apesar dos lucros magros e da supercapacidade global instalada da indústria automotiva, a Toyota evitou dispensas de pessoal por meio da construção e expansão de suas fábricas e aumento da automação. A ênfase está no corte de custos em áreas como horas extras do pessoal mensalista, orçamentos de despesas e desenvolvimento de novos produtos. A companhia tem 26 variações de modelos e cada projeto desenvolvido tem um líder chamado *shusa*, que cuida de três grupos – tração da roda dianteira, tração da roda traseira e carrocerias – cada um controlado por um engenheiro-chefe. Dentro dos novos agrupamentos, se espera que os *shusas* coordenem os esforços com um objetivo de reduzir em 30% as variações de modelos de carros.

A capacidade da Toyota em se adaptar e responder aos novos desafios contribuiu para sua reputação como o mais eficiente produtor de carros do mundo. Os concorrentes têm um olho voltado para a Toyota para ver como ela se sai no seu esforço de assumir um papel de vanguarda na indústria global.

ADMINISTRAÇÃO POR OBJETIVOS (APO)

A administração por objetivos (APO) é um estilo de administração que enfatiza o estabelecimento conjunto de objetivos tangíveis, verificáveis e mensuráveis. Não se trata de uma nova ideia. Peter Drucker já a havia anunciado como um meio de formular e utilizar objetivos para motivar as pessoas e não simplesmente para controlá-las[17]. Hoje, quando se fala em administração surge sempre uma prévia discussão da APO.

De um ponto de vista global, a APO apresenta a seguinte sequência:

1. Preparação da organização para a APO: o principal foco está na formulação de objetivos organizacionais pela alta administração e treinamento de todo o pessoal com ênfase especial na reformulação e esclarecimento dos objetivos estratégicos da organização. A definição da missão ajudará, nesse estágio, a apontar os rumos estratégicos. A inclusão da alta administração no processo inicial proporcionará o envolvimento visível do nível institucional. Outro objetivo subjacente é o de criar um clima receptivo para a implantação da APO nos níveis inferiores da organização. A utilização de *T-groups* (grupos de treinamento de sensitividade) facilita o desenvolvimento de um clima propício capaz de encorajar a formulação de objetivos realísticos, substantivos e desafiadores e a criação de equipes orientadas para o seu alcance e motivadas para alcançar também objetivos individuais e grupais. Os níveis envolvidos nesse estágio estão representados na Figura 8.17.

2. Estabelecimento e revisão constante de objetivos gerais: quanto mais os administradores do nível institucional se tornam familiares com a APO, tanto mais os subordinados estarão engajados no programa. O estabelecimento de objetivos permite o início de avaliações informais do desempenho. Nesse estágio, os objetivos organizacionais são definidos por escrito para servir como base para os objetivos divisionais e departamentais que deverão ser formulados pelos respectivos administra-

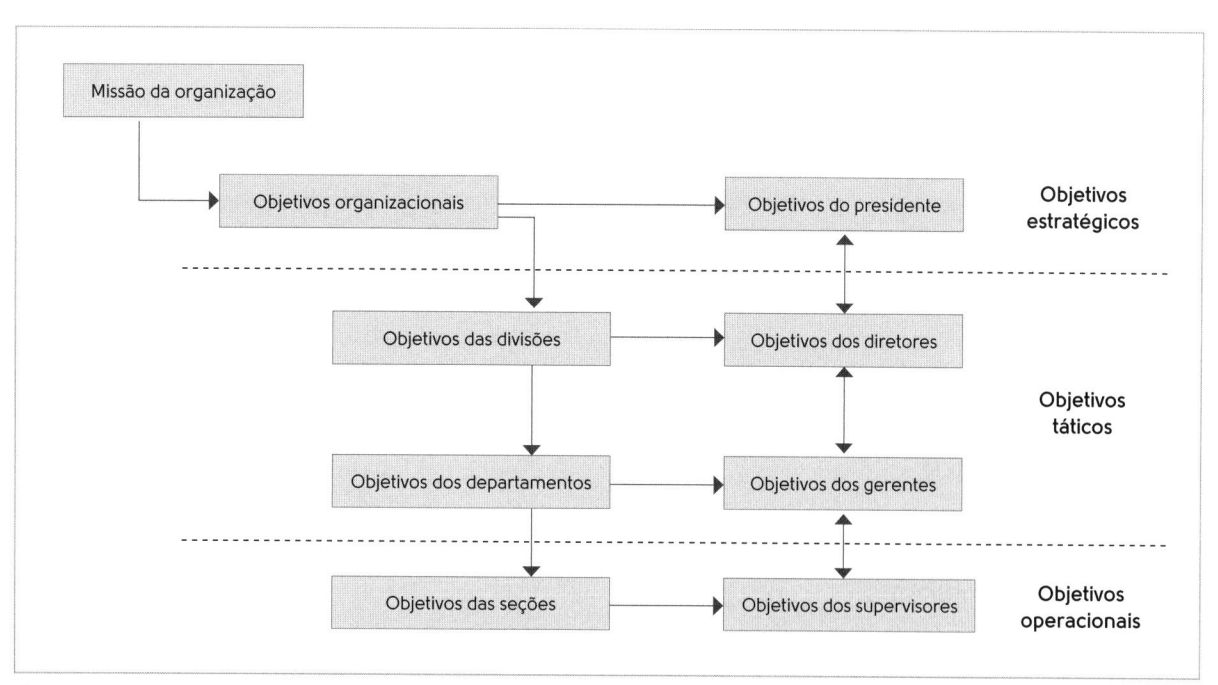

Figura 8.17. A implementação dos objetivos na APO.

dores do nível intermediário. Nessa fase, inicia-se a institucionalização da APO dentro de toda a organização por meio de uma rede de objetivos nas diversas áreas da organização.
3. **Integração inicial do sistema:** aqui começa a amarração dos objetivos organizacionais, divisionais e departamentais nos sistemas administrativos e as tentativas de articulação, coordenação e integração com base na modificação e ajustamento entre os diversos objetivos para que se compatibilizem com os objetivos mais amplos da organização. O balizamento dos objetivos menores é feito pelos objetivos maiores.
4. **Estabelecimento de objetivos em todos os níveis da organização:** a gradual formulação dos objetivos nos níveis mais baixos é feita por meio do efeito de cascata.

A APO desloca a ênfase, antes colocada nas atividades-meio para os objetivos ou finalidades da organização, isto é, para as atividades-fins. O antigo enfoque baseado nos métodos e processos passou a ser substituído por um enfoque baseado nos resultados e objetivos a serem alcançados. Antes, a administração se preocupava com os meios para chegar aos fins. Agora, ela se preocupa com os fins para estabelecer os meios apropriados para chegar lá.

Na APO, os administradores e subordinados definem em conjunto suas metas comuns, especificam as principais áreas de responsabilidade de cada posição em relação aos resultados esperados de cada um e utilizam essas medidas como guias para o andamento dos trabalhos e para a verificação da contribuição de cada um dos membros. O tempo e os recursos são elementos fundamentais.

Voltando ao caso introdutório: O prefeito Frederico Silva

Frederico estava entusiasmado com suas descobertas. Os cidadãos mostraram boa vontade e, com a ajuda de consultores externos, aprenderam a trabalhar em conjunto, os diagnósticos foram feitos e os planos começaram a aparecer. O novo prefeito descobriu que a administração participativa e envolvente – com a ajuda e colaboração de todos os cidadãos – poderia se transformar em uma administração por objetivos. Percebeu que a preservação da cidade não era uma simples questão de obras de manutenção, mas de educação e conscientização das pessoas quanto ao uso dos bens públicos. Prevenir e não remediar. Saber usar e não apenas consertar. Além disso, melhorou os serviços da cidade por meio de programas de redução ou eliminação de custos. O que Frederico deveria fazer como prefeito da cidade?

Sistemas de APO

Existem vários sistemas de APO. Os principais elementos comuns encontrados nesses vários sistemas são os seguintes[9]:

1. **Estabelecimento conjunto de objetivos:** entre o administrador e o seu superior, por meio de uma intensa negociação. O superior se incumbe da obtenção dos recursos necessários ao alcance dos objetivos – como pessoas, equipamentos, recursos financeiros, orientação, treinamento, capacitação, liderança, motivação, etc. – enquanto o administrador se incumbe das atividades para alcançar os objetivos traçados e negociados.
2. **Estabelecimento de objetivos de cada departamento:** estabelecendo uma hierarquia de objetivos em cascata.

3. **Interligação entre os vários objetivos:** para criar uma rede de objetivos capaz de alcançar efeitos sinergísticos.
4. **Revisão periódica e constante:** com reciclagem constante para assegurar o alcance dos resultados esperados.
5. **Ênfase na mensuração:** isto é, na quantificação dos resultados que permita um adequado controle dos resultados.

Quatro ingredientes são comuns nos programas de administração por objetivos: especificação prévia de objetivos, tomada de decisão participativa, um período definido de tempo e retroação do desempenho. Cada vez mais, a APO se torna uma técnica participativa e de envolvimento dos funcionários, como mostra a Figura 8.19.

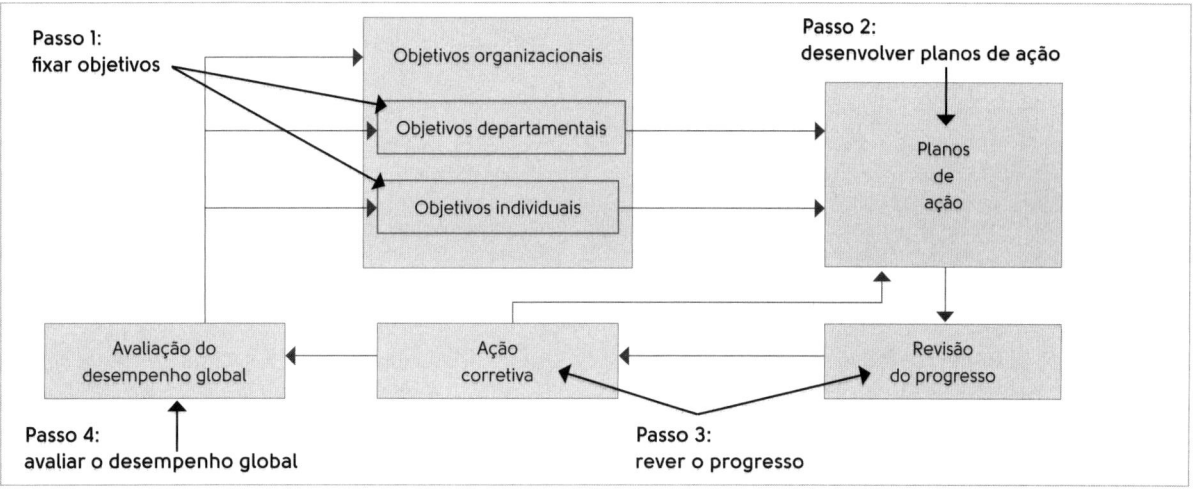

Figura 8.18. O processo de APO[7].

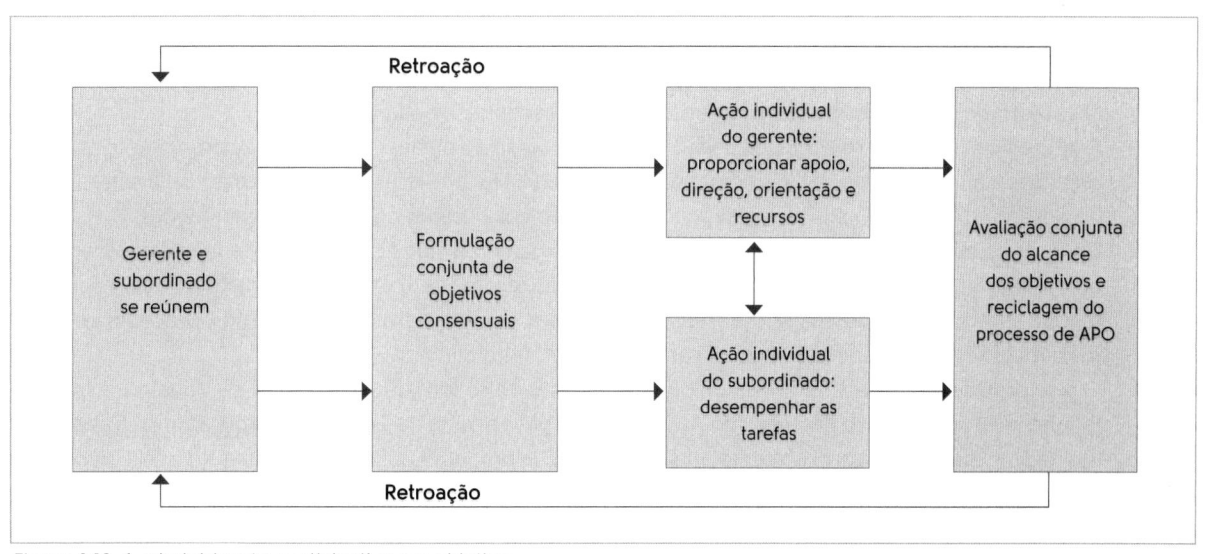

Figura 8.19. A administração participativa por objetivos.

Benefícios da APO

A grande vantagem da APO é a conversão dos objetivos organizacionais em objetivos específicos para as unidades organizacionais e para os membros individuais. A APO operacionaliza o conceito de objetivo por provocar um processo de cascata de objetivos de cima para baixo pela organização. Todos os objetivos gerais da organização são transladados em específicos para cada nível inferior, como divisional, departamental, individual. Para que as unidades mais baixas participem conjuntamente do estabelecimento de seus próprios objetivos, a APO funciona, simultaneamente, de cima para baixo e de baixo para cima. O resultado é uma hierarquia de objetivos que liga objetivos de um nível ao outro com aqueles que estão nos níveis inferiores. Para cada funcionário, a APO proporciona objetivos específicos de desempenho. Cada pessoa deve ter uma contribuição específica para fazer à sua unidade organizacional ou à organização. E todas as pessoas devem alcançar seus objetivos para que os da unidade e da organização possam se tornar realidade.

Benefícios da APO	Problemas com a APO
1. Os esforços do gerente e dos funcionários são focalizados nas atividades que conduzem ao alcance dos objetivos.	1. Mudanças constantes podem desvirtuar os objetivos e desarranjar o sistema.
2. O desempenho é melhorado em todos os níveis da organização.	2. Um ambiente de trabalho com relacionamento precário entre os gerentes e funcionários pode reduzir a eficácia da APO.
3. Os funcionários são motivados para alcançar e superar objetivos e metas.	3. Os valores organizacionais que desencorajam a participação podem prejudicar o processo da APO.
4. Os objetivos departamentais e individuais são alinhados com os objetivos organizacionais.	4. Muito papelório e burocracia podem fazer encalhar a APO.
5. A retroação é intensamente utilizada.	5. Desconfiança, autocracia, falta de cooperação e de espírito de equipe podem prejudicar a APO.
6. Recompensas são oferecidas para todos aqueles que ultrapassem os objetivos fixados.	

Figura 8.20. Os benefícios e os perigos da APO.

Avaliação crítica: Por que alguns programas de APO funcionam e outros não?

1. O sucesso da APO depende estreitamente do apoio recebido da alta direção.
2. A APO é positivamente relacionada com a sua contribuição ao planejamento, ao esclarecimento dos objetivos e às novas expectativas de papéis das pessoas. Ela também apoia o processo de avaliação do desempenho. A APO é uma mudança na utilização das pessoas dentro das organizações.
3. Um grande esforço de administrar por objetivos provoca uma significativa ruptura na organização, pois substitui a ênfase nos meios (mera obediência às regras) pela ênfase nos fins (foco nos resultados a serem alcançados). A APO desloca a preocupação com regras, regulamentos, procedimentos e métodos pela preocupação com resultados e metas a atingir.
4. O processo de APO precisa ser institucionalizado antes de se tornar um processo de trabalho. A falha em institucionalizar o processo de APO contribui para a falha da APO como programa de trabalho. O processo de APO precisa ser legitimado dentro da organização para que possa ser aceito, funcionar e proporcionar resultados – tanto para a organização quanto para as pessoas.
5. Diferentes condições ambientais afetam a aplicabilidade da APO. O alcance dos objetivos deve favorecer a organização e, sobretudo, as pessoas que conseguiram atingi-los. Isso significa que os benefícios da superação de objetivos devem ser repartidos entre a organização e as pessoas que conseguiram ultrapassá-los.

Voltando ao caso introdutório: O prefeito Frederico Silva

Embora fosse um político, Frederico aprendeu que a administração municipal pode ser melhor quando se utilizam objetivos para dar-lhe rumos adequados e racionalidade na sua consecução. Os funcionários do município aprenderam que se deve sempre focalizar os objetivos para saber qual a melhor maneira de alcançá-los com o seu trabalho. O trabalho é um meio de alcançar resultados e metas. Mais do que isso, aprenderam a trabalhar em equipes, com alto grau de integração e comunicação. O município transformou-se em pouco tempo e os cidadãos voltaram a ter orgulho da sua cidade e os funcionários municipais voltaram a ter orgulho de trabalhar para a prefeitura.

Caso para discussão: Ford Motor Company[7]

Durante várias décadas a indústria automobilística americana reinou como a suprema glória no mundo todo. Era o símbolo do poder econômico. O orgulho americano. Mas, ao entrar na década de 1990, ela apenas desejava sobreviver frente a tantos problemas e desafios em seu próprio quintal. Os automóveis japoneses invadiram o mercado americano e, simplesmente, derrubaram seus gigantes automobilísticos provocando enormes perdas e prejuízos. As duas principais razões para o forte declínio: preço e características do produto japonês. Indo mais fundo na questão: faltava competitividade em decorrência da baixa produtividade e qualidade inferior das empresas americanas.

Alguns dos excelentes produtos americanos da década de 1970 deixaram de ser tão bons quanto pareciam. Em 1992, a Ford Motor Co. começou a perceber que os seus produtos eram inferiores em qualidade aos concorrentes japoneses quando sofreu um prejuízo de 2,3 bilhões de dólares. A administração de cúpula procurou definir objetivos e metas para as divisões e serviços ao cliente e começou a trabalhar duro para inverter a situação e obter melhores resultados.

O primeiro passo foi modificar a percepção dos consumidores americanos que achavam que os concorrentes japoneses produziam um carro mecanicamente superior. Para tanto, a Ford iniciou uma campanha de propaganda com o nome de *Quality Care*. O objetivo era conquistar a satisfação do cliente como base para construir uma vantagem competitiva sustentável. Com a participação ativa da sua rede de concessionários, a Ford introduziu um intenso programa de treinamento e educação técnica para melhorar o atendimento ao cliente e implantou um moderno serviço com equipamentos de alta tecnologia como sistema de diagnóstico na manutenção de carros. Simultaneamente, melhorou o processo de avaliação das necessidades de serviços dos clientes e iniciou um plano de serviços e expedição rápida de peças para os concessionários.

A seguir, a Ford iniciou a execução de um plano de controle de qualidade e de satisfação do consumidor em sua fábrica onde o carro Mercury era co-produzido por meio de uma *joint venture* com a Nissan japonesa. Para antecipar-se às necessidades e desejos do consumidor, a companhia desenvolveu sessões de encontros com consumidores que davam opiniões sobre o que gostam e o que lhes desagradam nas *minivans* dos concorrentes e forneciam uma lista de características desejadas nesses carros.

Aos poucos, a Ford foi copiando o melhor e jogava fora o pior, até chegar a desenhar a melhor *minivan* do mercado. Tudo foi muito benfeito. Nenhum outro fabricante americano havia ainda compreendido como articular todas as medidas de controle de qualidade. Quando as primeiras *minivans* da Mercury começaram a ser produzidas, eram rapidamente inspecionadas como produtos acabados por meio de 125 testes de segurança. Quando as primeiras minivans foram enviadas aos concessionários a Ford passou a acompanhar item por item os questionários preenchidos pelos consumidores para conhecer seu grau de satisfação. Os resultados foram animadores: a Ford recebeu respostas positivas e poucas reclamações. O objetivo de vendas da *minivan* fixado em 70 mil unidades para o ano foi rapidamente ultrapassado.

A Ford queria melhorar a qualidade do produto a partir da modernização de fábricas. A engenharia e manufatura foram os pontos básicos. O planejamento foi desenvolvido com a introdução de novos produtos. Novas abordagens de como fazer as coisas incluíram automatização das operações e robotização, reengenharia de processos, treinamento de pessoal, melhoria contínua, administração participativa por objetivos, redes de equipes e, sobretudo, *empowerment*, para dar mais responsabilidade e autonomia aos grupos de funcionários.

O retorno à lucratividade para a empresa não foi rápido e nem fácil, mas trouxe uma definição importante: a Ford jamais será uma empresa de perfil alemão ou japonês, mas uma empresa tipicamente americana. Os planos cuidadosamente preparados para alcançar objetivos e motivar o pessoal asseguram um futuro melhor do que o passado.

Questões:
1. Descreva como a Ford reformulou seus objetivos e como faz planos para alcançá-los.
2. Indique como as novas estratégias da Ford refletem a administração por objetivos.
3. As ações tomadas pela Ford foram tão revolucionárias quanto aquelas tomadas pelo seu fundador, Henry Ford? Compare.
4. Quais as barreiras que a Ford enfrenta atualmente no mercado de carros?
5. Como a Ford está tentando competir com os seus concorrentes?

Exercícios

1. Explique a natureza dos objetivos organizacionais.
2. Conceitue a missão organizacional. Dê exemplos de missão.
3. Explique a tipologia de organizações de Blau e Scott.
4. Conceitue a visão organizacional. Dê exemplos de visão.
5. Explique o conceito de objetivos.
6. Porque se fala em compatibilidade entre objetivos organizacionais e individuais? Explique a eficiência e eficácia para Barnard.
7. Conceitue a organização como um sistema cooperativo.
8. Explique a natureza e os benefícios dos objetivos organizacionais.
9. Como aumentar a utilidade dos objetivos?
10. Explique a hierarquia de objetivos.
11. O que são objetivos estratégicos, táticos e operacionais?
12. Quais os três grandes objetivos básicos e fundamentais de todas as organizações?
13. Conceitue administração por objetivos (APO).
14. Explique a sequência na implantação da APO.
15. Quais os elementos comuns dos sistemas de APO?

REFERÊNCIAS BIBLIOGRÁFICAS

1. Peter M. Blau, W. Richard Scott. *Organizações formais*. São Paulo, Atlas, 1970.
2. Idalberto Chiavenato. *Introdução à teoria geral da administração*. Rio de Janeiro, Elsevier/Campus, 2010. p. 54-74.
3. "Uma bússola para tempos incertos". *Exame*, n. 632, 26.03.1997, p. 66-70.
4. Ford Motor Company, Annual Report, 1984. In: Henry Mintzberg, James Brian Quinn. *The strategy process:*

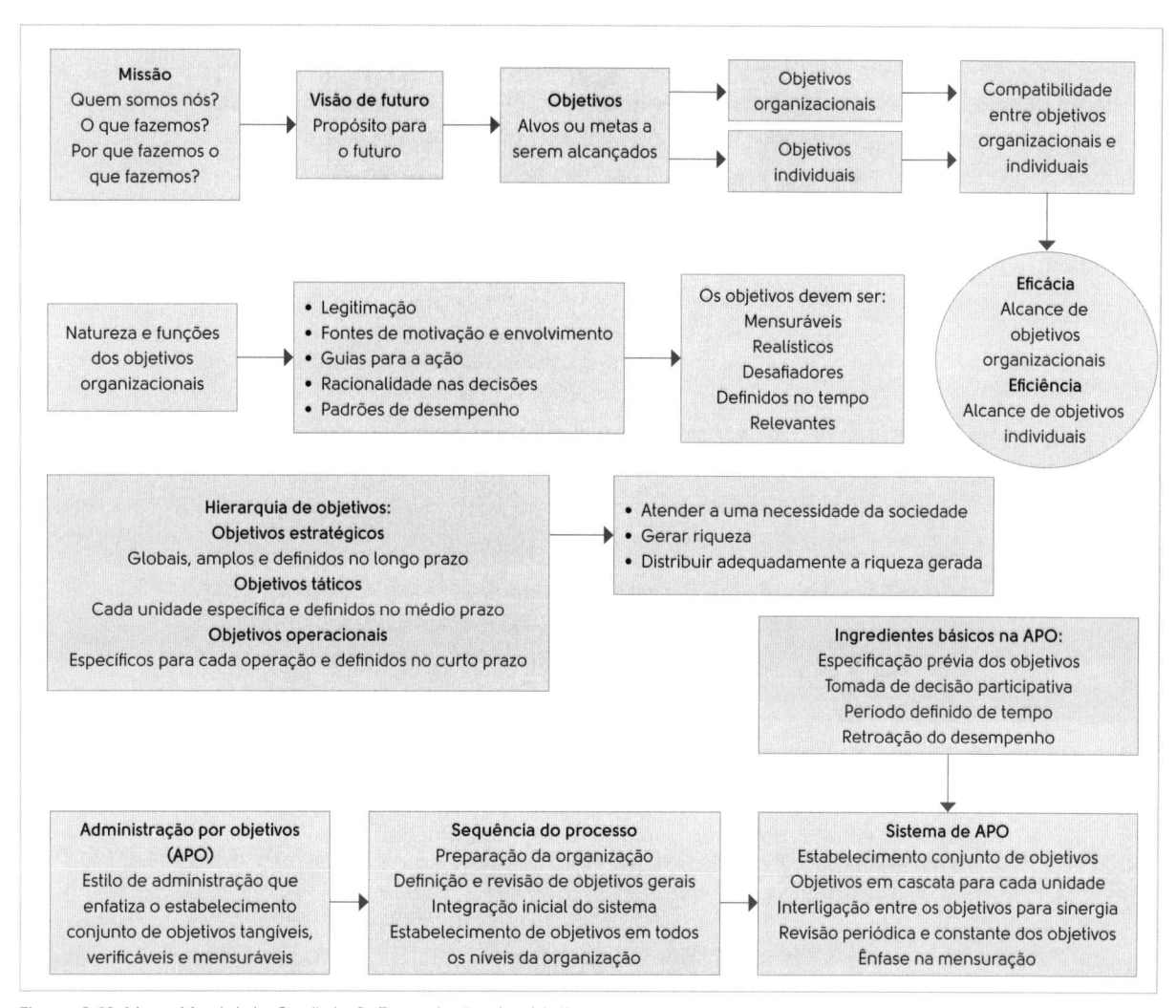

Figura 8.21. Mapa Mental do Capítulo 8: Formulação de objetivos.

concepts, contexts, cases. Upper Saddle River, Prentice-Hall, 1996, p. 293.
5. Russell L. Ackoff. "On the use of models in corporate planning". *Strategic Management Journal*, 2, 1981, p. 353-9.
6. Chester Barnard. *As funções do executivo*. São Paulo, Atlas, 1971.
7. Richard L. Daft. *Management*. Orlando, The Dryden, 1994. p. 185-7, 192, 195, 213.
8. Tatiana Vaz. "Era das metas impossíveis". *Exame*, n. 998, 24.08.2011, p. 106-10.
9. Christopher Knowlton. "Shell gets rich by beating risk". *Fortune*, Aug. 26, 1991, p. 79-82.
10. Arie P. de Geus. "Planning as learning". *Harvard Business Review*, Mar.-Apr./1988, p. 70-4.
11. Theodore Levitt. "Innovative imitation". *Harvard Business Review*, Sep.-Oct./1966, p. 63.
12. Idalberto Chiavenato. *Administração: teoria, processo e prática*. Barueri, Manole, 2014.
13. Maria Amalia Bernardes. "IBM". *Exame*, n. 647, Guia das Melhores Empresas do Brasil para Você Trabalhar, 1997, p. 62-5.
14. John R. Schermerhorn Jr. *Management*. Nova York, John Wiley & Sons, 1996. p. 162.
15. Samuel C. Certo. *Modern management: diversity, quality, ethics, and the global environment*. Boston, Allyn & Bacon, 1994. p. 101.
16. Alex Taylor III. "How Toyota Copes with hard times". *Fortune*, Jan., 25, 1993, p. 78-81. In: Richard L. Daft. *Management*. Op. cit., p. 198.
17. Peter F. Drucker. *Prática de administração de empresas*. Rio de Janeiro, Fundo de Cultura, 1962.

9
TOMADA DE DECISÃO

Objetivos de aprendizagem

Após estudar este capítulo, você deverá estar capacitado para:

- Descrever o processo decisório e sua racionalidade.
- Reconhecer o processo decisório como uma percepção da realidade.
- Descrever os ambientes de decisão que cercam o administrador.
- Distinguir entre decisões programadas e não programadas.
- Como melhorar o processo de tomada de decisões.
- Como localizar problemas e aplicar técnicas de solução de problemas na organização.

O que veremos adiante

- Conceito de decisão.
- Racionalidade.
- Elementos do processo decisório.
- Processo decisório.
- Ambientes de decisão.
- Tipos de decisão do administrador.
- Decisões nas organizações.
- Solução de problemas.

9 Tomada de decisão

> ## Caso introdutório: F. Serpa Transportes[1]
>
> Como todo empreendedor corajoso, Francisco Serpa sentiu um gosto amargo ao saber que o seu maior concorrente, Transporte Pesado Flecha Dourada, encerrara subitamente suas atividades. A empresa que Francisco havia fundado – a F. Serpa Transportes – crescera rapidamente e lhe dera uma fortuna como compensação: um patrimônio de centenas de caminhões, carretas, truques, depósitos, áreas de estacionamento, oficinas mecânicas e uma infinidade de clientes. Mas a notícia a respeito de seu antigo rival mais lhe parecia um pesadelo pela frente.
>
> Um dia após o encerramento da Flecha Dourada, a F. Serpa foi inundada com pedidos de ex-clientes do seu antigo concorrente. "Eles vieram até nós e nos pediram que cuidássemos de seus serviços de transporte. Como somos decididos, aceitamos prontamente", alegava Francisco. Mas isso seria realmente bom para a F. Serpa? Francisco decidiu imediatamente topar a parada. Uma decisão corajosa, sem dúvida, baseada mais na emoção face à súbita oportunidade do que na racionalidade. O que você pensa a respeito da decisão de Francisco?

Em nossas vidas, estamos tomando decisões a toda hora. A cada dia, desde quando o despertador toca pela manhã até a hora de dormir novamente, a nossa vida cotidiana é uma interminável sequência de decisões, muitas delas tomadas desapercebida e inconscientemente. Ao dirigir o carro, por exemplo, as decisões se repetem: guiar mais rápido ou devagar, avançar o sinal amarelo ou parar o carro, usar a faixa da direita ou permanecer na esquerda, ultrapassar o carro da frente ou ficar grudado na traseira dele. Na verdade, estamos sempre tomando decisões a respeito de qual a roupa a vestir, qual o prato a comer, qual bebida beber, qual o tipo de cumprimento a dar ao chefe, o que fazer de manhã, de tarde, de noite, etc. E isso não tem fim. Somos tomadores de decisão o tempo todo.

A decisão ocorre sempre quando nos deparamos com cursos alternativos de ação ou de comportamento, ou seja, quando podemos fazer alguma coisa de duas ou mais maneiras ou formas diferentes. Essa encruzilhada de alternativas requer uma decisão a ser tomada. Quando só existe uma única maneira de fazer as coisas não há necessidade de decisão a tomar. Assim, a decisão é uma escolha frente a várias alternativas de ação. Decisão envolve sempre opção e escolha entre muitas opções pela frente.

No nível individual, todas as pessoas estão, continuamente, percebendo e analisando situações e tomando decisões a respeito delas. No nível organizacional, a coisa fica mais complicada, pois todos os administradores estão tomando decisões e incentivando as pessoas a também tomarem decisões a respeito de suas atividades a realizar e de objetivos e metas a alcançar. Na verdade, a organização é um sistema complexo de tomada de decisões dos vários membros envolvidos; um sistema de decisões em que cada pessoa participa consciente e racionalmente, escolhendo e decidindo entre alternativas mais ou menos racionais que se lhes apresentam, de acordo com sua personalidade, motivações, expectativas e atitudes. Os processos de percepção das situações e o raciocínio individual são básicos para a explicação do comportamento humano nas organizações: o que uma pessoa percebe e deseja influencia aquilo que ela vê e interpreta, assim como o que vê e interpreta influencia o que aprecia e deseja. Em outros termos, cada pessoa decide em função da sua interpretação das situações[2]. Em geral, é essa interpretação da situação – e não a situação real em si mesma – que determina as decisões das pessoas. Daí seu forte componente psicológico.

Dicas

Ver a floresta e não as árvores

Os subordinados esperam sempre as melhores decisões e respostas de seus superiores e que ponham alguma luz no fim do túnel. Quase sempre – apesar de todas as mudanças organizacionais e culturais já feitas – algumas decisões mais importantes ficam concentradas nas mãos exclusivas dos administradores. Nessa suprema hora de solidão do poder, o tomador de decisão deve procurar manter clareza e objetividade frente às variáveis envolvidas, às opiniões discordantes, aos interesses envolvidos, às pressões políticas, à premência de tempo, aos riscos inerentes e outros entraves que, muitas vezes, complicam o meio do campo e que tornam o processo decisório uma verdadeira batalha mental capaz de extenuar qualquer ser humano. O importante é visualizar a floresta do alto e não cada árvore isoladamente. A visão global e sistêmica é a base fundamental para o processo de tomar decisões inteligentes e racionais. O *insight*, isto é, a apreensão da totalidade é o segredo da boa decisão.

Administração de hoje

Momentos de sufoco[3]

Em um lindo dia de verão o pároco da catedral de Rochester, a cidade americana que abriga o QG da Kodak, iniciou os serviços religiosos da missa dominical pedindo uma oração para a Kodak. A preocupação paroquial era a onda de boatos de que o maior empregador da cidade estava planejando uma nova rodada de cortes de pessoal. O *downsizing* que a Eastman Kodak havia feito desde 1983 eliminou mais de 20 mil empregos. A divina intervenção poderia ser bem-vinda para ajudar a empresa a enfrentar o concorrente japonês que atende pelo nome de Fuji e compensar as perdas no negócio digital, estimadas em mais de 150 milhões de dólares.

Por mais de quatro anos os investidores e acionistas esperaram pacientemente que o presidente da companhia, George Fisher, considerado um dos melhores executivos americanos, tentasse colocar a gigantesca empresa no caminho certo. Ele se recusou a cortar custos e a demitir mais empregados para imprimir um tom otimista na reação da empresa. As vendas de US$ 1,3 bilhão caíram, os lucros também e a participação no mercado desabou. Fisher decidiu recolocar a base principal do negócio na divisão de produtos de consumo. Isso o levou a ter de cortar a cabeça de 200 altos executivos, reduzir o *staff* de apoio em 10% e tentar aumentar os ganhos de produtividade. O drama da Kodak era atender a duas prioridades simultâneas, uma interna e outra externa: colocar a casa em ordem e enfrentar uma acirrada concorrência mundial.

Os analistas e consultores consideram que Fisher cometeu três grandes erros em suas decisões sobre os destinos da empresa:

1. **Erro n. 1:** Fisher caminhou muito devagar. Quis estudar a Kodak por cinco meses antes de anunciar suas estratégias. Gastou tempo demasiado para trabalhar na visão e na estratégia e para planejar, planejar, planejar. Enquanto isso, os concorrentes continuavam devorando fatias do mercado da Kodak.

2. **Erro n. 2**: Fisher tentou perseguir o crescimento da empresa em vez de cortar custos. Recusou cortar 10 mil empregados, rejeitando a noção de que o negócio da Kodak estava em declínio. O seu maior erro, segundo os analistas, foi a decisão de tocar a Kodak como uma companhia em crescimento. Não foi capaz de estimular tal crescimento e por isso o corte de custos ficou mais substancial. Durante décadas, a companhia superinvestiu em seus esforços para crescer, não cresceu e então precisou reestruturar-se para diminuir. É uma administração bulímica.
3. **Erro n. 3**: a Kodak demonstrou mais uma vez que não consegue executar as coisas com eficiência e sucesso. Talvez a falha mais desencorajante da companhia seja a fracassada introdução do Advantix, um novo "sistema avançado de fotografia" de câmera e filme. O sistema, que combina elementos tradicionais e digitais de filme, foi desenvolvido juntamente com concorrentes japoneses, como Fuji, Nikon e Canon. Os custos do seu lançamento foram estimados em 100 milhões de dólares, mas a companhia não conseguiu suprir os milhares e milhares de revendedores com as câmeras e acabou introduzindo a linha de foto antes dos processadores. Foi um fiasco. O Advantix teve de ser relançado novamente com um custo adicional: outros US$ 100 milhões. Enquanto isso, a Fuji já tinha migrado para a fotografia digital.

As decisões do administrador podem levar uma empresa ao sucesso, ao empate ou ao fracasso. Ao retrocesso, à estagnação ou às nuvens.

CONCEITO DE DECISÃO

A administração é a prática de configurar de maneira consciente e contínua as organizações e endereçá-las ao sucesso. E a arte de tomar decisões é fundamental nessa prática. Tomar decisões é identificar e selecionar o curso de ação mais adequado para lidar com um problema específico ou extrair vantagens em uma oportunidade[4]. Em suma, decidir é uma parte importante do trabalho do administrador. A tomada de decisão é o processo de escolher um curso de ação entre várias alternativas para se defrontar com um problema ou oportunidade[5].

Muitos autores fazem distinção entre tomar decisões e resolver problemas. Resolver problemas pode requerer mais de uma decisão a se tomar. E quase sempre a tomada de decisões lida com problemas.

1. **Problema**: é tudo aquilo que está fora do estabelecido e que bloqueia o alcance dos resultados esperados. Um problema surge quando um estado atual de assuntos é diferente do estado desejado ou quando ocorre algum desvio entre o que percebemos e as nossas expectativas. Em muitos casos, um problema pode ser uma oportunidade a ser aproveitada. O problema de uma queixa dos clientes sobre atrasos de entregas pode constituir uma oportunidade para redesenhar os processos de produção e logística para melhorar os serviços ao consumidor.
2. **Oportunidade**: é uma situação que ocorre quando as circunstâncias oferecem uma chance para a organização exceder seus objetivos estabelecidos. Como os administradores se defrontam com muitos problemas e oportunidades, eles precisam reconhecer realmente quais são os problemas e quais são as oportunidades. Geralmente, reconhecer a existência de um problema é o primeiro passo para se perceber uma oportunidade. Enxergá-la e aproveitá-la representa uma porta aberta para o sucesso.

Voltando ao caso introdutório: F. Serpa Transportes

Já sobrecarregada com seus negócios, a F. Serpa, empresa de transporte regional com vários terminais e depósitos, cobrindo vários estados do país, tentou abocanhar os clientes esbaforidos da concorrente malsucedida para impedir que outra concorrente o fizesse. A tentativa trouxe uma enorme sobrecarga de trabalho e começou a apresentar uma série de problemas, deixando os clientes tradicionais em estado de fúria. A crise forçou a filial do Rio de Janeiro a adotar medidas de emergência, pagando custos adicionais para alugar mais truques. Como resultado, a companhia apresentou o primeiro resultado negativo desde que Francisco fundara a firma em 1990. O número de clientes estava além da capacidade de operação da empresa. O que você faria nessa condição?

RACIONALIDADE

Decidir implica quase sempre certa racionalidade pessoal do tomador da decisão. Racionalidade significa a capacidade de escolher os meios mais adequados para atingir os objetivos pretendidos. Significa a adequação dos meios aos fins desejados.

Para um indivíduo seguir um determinado curso de ação, ele deve abandonar outros cursos que se lhe apresentem como alternativas. Esse processo de seleção pode ser tanto uma simples ação reflexa ou condicionada (como o fato de um cibernauta digitar as teclas do micro ou o motorista acionar a direção ou o freio do carro que dirige) ou um produto de uma cadeia complexa de atividades chamada planejamento ou previsão. Em qualquer caso, porém, todo curso de ação é orientado no sentido de um objetivo a ser alcançado. A racionalidade está implícita nessa atividade de escolha. O tomador de decisão deve escolher uma alternativa entre várias outras pela frente: se ele escolher os meios apropriados para alcançar um determinado fim, sua decisão é considerada racional[2].

A racionalidade reside na escolha dos meios (estratégias) mais apropriados para o alcance de determinados fins (objetivos), no sentido de obter os melhores resultados. Porém, as pessoas comportam-se racionalmente apenas em função daqueles aspectos da situação que conseguem perceber e tomar conhecimento (cognição). Os demais aspectos da situação que não são percebidos ou não são conhecidos pelas pessoas – embora existam na realidade – não interferem sobre suas decisões. A esse fenômeno dá-se o nome de racionalidade limitada: as pessoas tomam decisões racionais (adequação de meios-fins) apenas em relação aos aspectos da situação que conseguem perceber e interpretar[2].

Para aumentar a racionalidade do processo decisório, deve-se levar em conta os seguintes elementos essenciais[6]:

1. Buscar toda informação relevante sobre o assunto a ser decidido.
2. Definir os objetivos a alcançar e utilizar algum tipo de mensuração para compará-los (p. ex., dinheiro, eficiência, rapidez, satisfação).
3. Selecionar a alternativa mais adequada para alcançá-los (satisfação) e minimizar as consequências negativas.

Contudo, todo tomador de decisão quase sempre decide envolvido por forças externas ou que vêm de dentro dele e influenciam sua interpretação da situação em que se encontra. Nem sempre o tomador de decisão tem condições de obter informação suficiente, e também pode não conseguir determinar preferências ou selecionar a alternativa mais adequada entre as opções disponíveis. E nem sempre tem tempo e dinheiro para compilar as informações ou tomar certas decisões. Dentro dessas condições, torna-se impossível a total racionalidade das decisões, mas apenas uma racionalidade limitada, bem como alcançar a maximização dos seus resultados. Com todas essas limitações e restrições, as decisões devem ser satisfatórias e nem sempre ideais. A otimização quase sempre é substituída pela satisfação até que seja alcançada a melhor decisão possível[7]. Isso significa que o tomador de decisão eficaz deve aprender a tomar decisões satisfatórias com um claro sentido dos objetivos de sua organização em mente[8]. Contudo, o melhor caminho é aquele que você constrói. E o plano é sempre o melhor caminho.

Avaliação crítica: Otimização *versus* satisfação

O administrador é um tomador de decisões por excelência. Contudo, as decisões otimizantes requerem informação total a respeito da situação para alcançar racionalidade plena e otimização nos resultados. Nesse caso, o administrador deve coletar todos os dados e todo o universo de informações para tomar uma decisão. Isso é impossível, principalmente em decorrência do tempo de coleta, que leva à paralisia da ação e à mudança, que modifica a situação constantemente. Assim, as decisões satisfacientes requerem uma amostra representativa da situação para alcançar racionalidade limitada e satisfação (e não otimização) nos resultados. Tempo é dinheiro, e as decisões precisam ser rápidas e ágeis. Assim, as decisões satisfacientes ou satisfatórias ganham espaço na atividade do administrador. Ele precisa decidir, no aqui e no agora, para não perder tempo e, muitas vezes, confiar na sua intuição.

ELEMENTOS DO PROCESSO DECISÓRIO

Processo decisório é o caminho mental que o administrador utiliza para chegar a uma decisão. Em todas as decisões, existem certos ingredientes que sempre estão presentes. Com base nesses aspectos, podemos adotar um modelo genérico e prescritivo que explica o processo decisório e pode ser aplicável a todos os problemas dentro do domínio organizacional.

Os principais elementos presentes no processo decisório são[9,10]:

1. O estado da natureza: são as condições de incerteza, risco ou certeza que existem no ambiente de decisão que o tomador de decisão deve enfrentar.
2. O tomador de decisão: que é a pessoa ou grupo que faz uma opção entre várias alternativas. O tomador de decisão sempre é influenciado pela situação em que está envolvido, pela sua maneira de ver e interpretar a situação, pelos seus valores pessoais e o envolvimento social, bem como pelas forças políticas e econômicas que estão presentes na situação.
3. Objetivos: são os fins ou resultados que o tomador de decisão deseja alcançar com suas ações. Há muita variação no grau em que os objetivos organizacionais são estáveis e facilmente identificados ou mensurados.
4. Preferências: são os critérios que o tomador de decisão usa para fazer sua escolha, como rapidez, agilidade, eficiência, eficácia ou alcance de resultados.
5. Situação: são os aspectos do ambiente que envolve o tomador de decisão, muitos dos quais estão fora do seu controle, conhecimento ou compreensão e que afetam sua escolha.

6. **Estratégia:** é o curso de ação que o tomador de decisão escolhe para melhor atingir os objetivos. Depende dos recursos ou competências que pode utilizar ou dispor, bem como do tempo necessário para marcar o gol.
7. **Resultado:** é a consequência ou resultante de uma determinada estratégia.

O processo decisório ocorre em um determinado ambiente que o influencia profundamente. Todo tomador de decisão está inserido em uma determinada situação, pretende alcançar objetivos, tem preferências pessoais e segue estratégias (cursos de ação) para obter resultados. Com esses ingredientes, pode-se considerar um modelo genérico que mostre as relações entre eles.

PROCESSO DECISÓRIO

A tomada de decisão segue um processo. O processo decisório é complexo e desenvolve-se ao longo de seis etapas, a saber[4]:

1. **Identificar a situação:** este primeiro estágio de investigação procura mapear e identificar a situação, o problema ou a oportunidade. Apresenta três aspectos: definição do problema, diagnóstico e identificação de objetivos da decisão.
    - **Definição da situação:** geralmente, a confusão sobre a definição da situação ou do problema reside em parte nos eventos ou assuntos que atraem a atenção do administrador e que podem ser sintomas de outras dificuldades maiores. A definição da situação sob o ponto de vista dos objetivos organizacionais pode ajudar a evitar a confusão de sintomas com problemas.
    - **Diagnóstico das causas:** quais as mudanças dentro ou fora da organização que provocaram a situação ou o problema? Quais as pessoas envolvidas? Quais as perspectivas que poderão clarificar o problema? Quais ações que contribuíram para provocar o problema?
    - **Identificação dos objetivos da decisão:** após definir a situação e circunscrever suas causas, o próximo passo é decidir o que pode constituir uma solução eficaz. Se a solução favorece o alcance dos objetivos organizacionais ela é eficaz. Muitos objetivos ambíguos podem complicar a tomada da decisão. O problema imediato pode ser um indicador de futuras dificuldades que o administrador pode prevenir ou o problema pode oferecer oportunidade para melhorar e não apenas restaurar o desempenho organizacional.

2. **Obter informação sobre a situação:** este segundo estágio, também de investigação, é a busca de informação sobre a situação, problema ou oportunidade. O administrador ouve pessoas, pede relatórios, observa pessoalmente, lê sobre o assunto, busca antecedentes e fatos passados. O levantamento de dados e informações é fundamental para reduzir a incerteza a respeito da situação ou do problema.

3. **Gerar soluções ou cursos alternativos de ação:** é o estágio de desenvolver alternativas de solução, mas, ainda, sem avaliá-las ou verificar sua viabilidade. Quando as decisões são programadas torna-se fácil criar alternativas. Contudo, as decisões não programadas tornam este estágio bastante complicado, especialmente quando existem restrições e limitações a determinadas escolhas. Em todos os casos, quanto maior o número de alternativas desenvolvidas, melhor. Alguns administradores utilizam o *brainstorming*, uma técnica de tomada de decisão e de solução de problemas na qual as pessoas ou membros de grupos tentam melhorar sua criatividade, propondo espontaneamente alternativas sem nenhuma preocupação com a realidade ou tradição. No *brainstorming*, o senso

crítico e julgamental é totalmente afastado para se gerar ideias e soluções criativas e inovadoras, mesmo que completamente malucas.

4. **Avaliar as alternativas e escolher a solução ou curso de ação preferido**: neste quarto estágio, as alternativas de solução são avaliadas e comparadas a fim de se escolher a mais adequada à solução. A alternativa escolhida deverá ser a solução mais satisfatória entre todas e a que provoque o mínimo de consequências negativas para a organização. Muitas vezes, uma solução pode resolver problemas de um departamento e criar outros problemas para os demais departamentos da organização. A visão de conjunto é indispensável.

5. **Transformar a solução ou curso de ação escolhido em ação efetiva**: é o estágio de implementar a solução escolhida. Implementar uma decisão envolve mais do que simplesmente dar ordens ou explicações. Os recursos devem ser adquiridos e alocados, o administrador deve montar seu orçamento de despesas e programar as ações que decidiu, bem como preparar os meios para medir o progresso e tomar as medidas corretivas, se novos problemas aparecerem. Precisa delegar responsabilidade para as tarefas específicas envolvidas. Assim, recursos, orçamentos, programas e relatórios de progresso são aspectos essenciais para implementar a solução de muitos problemas.

6. **Avaliar os resultados obtidos**: é o sexto e último estágio, durante o qual se monitora e avalia os resultados da solução. Todas as ações para implementar uma decisão devem ser monitoradas. O que ocorre no ambiente interno e externo como resultado da decisão? As pessoas estão se desempenhando de acordo com as expectativas? Quais as respostas que os concorrentes estão dando? O problema foi resolvido definitiva ou parcialmente? Houve melhoria na situação?

Cada uma das etapas influencia as demais e todo o conjunto do processo. E, nem sempre, es-

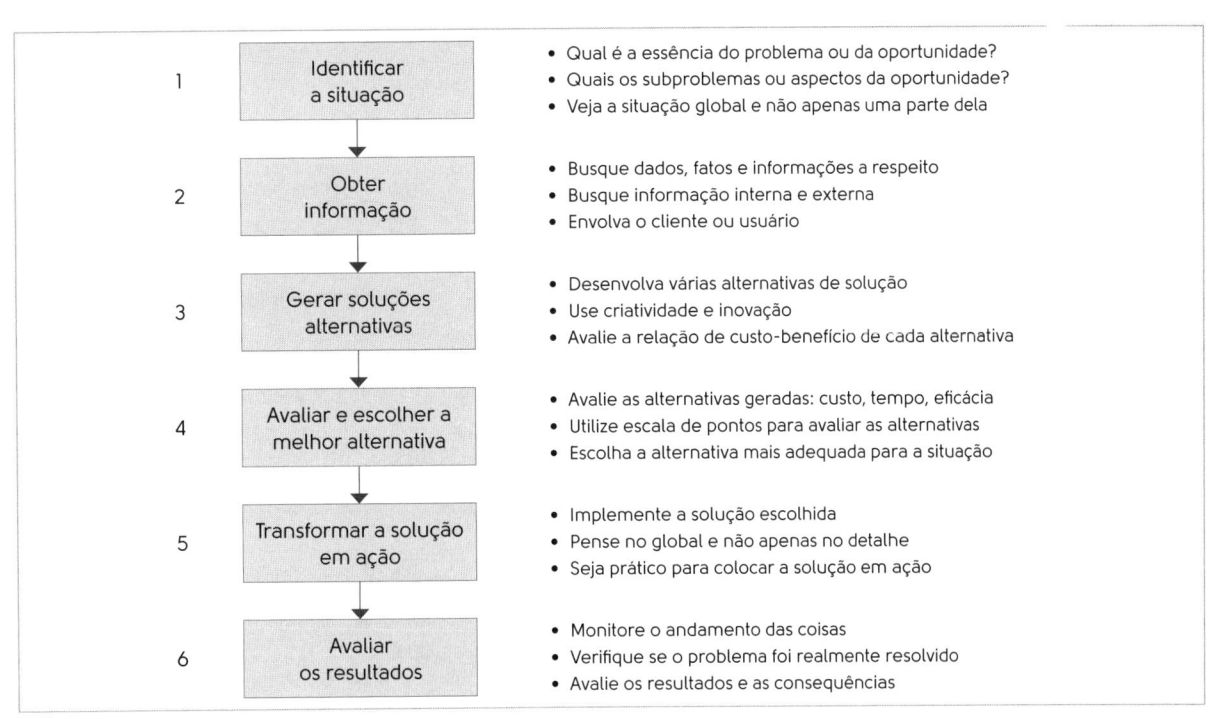

1	Identificar a situação	• Qual é a essência do problema ou da oportunidade? • Quais os subproblemas ou aspectos da oportunidade? • Veja a situação global e não apenas uma parte dela
2	Obter informação	• Busque dados, fatos e informações a respeito • Busque informação interna e externa • Envolva o cliente ou usuário
3	Gerar soluções alternativas	• Desenvolva várias alternativas de solução • Use criatividade e inovação • Avalie a relação de custo-benefício de cada alternativa
4	Avaliar e escolher a melhor alternativa	• Avalie as alternativas geradas: custo, tempo, eficácia • Utilize escala de pontos para avaliar as alternativas • Escolha a alternativa mais adequada para a situação
5	Transformar a solução em ação	• Implemente a solução escolhida • Pense no global e não apenas no detalhe • Seja prático para colocar a solução em ação
6	Avaliar os resultados	• Monitore o andamento das coisas • Verifique se o problema foi realmente resolvido • Avalie os resultados e as consequências

Figura 9.1. As seis etapas do processo decisório.

sas etapas são seguidas à risca em sua sequência. Se a pressão for muito forte para uma solução imediata, as etapas 2 e 3 podem ser abreviadas ou mesmo suprimidas. Quando não há muita pressão, algumas delas podem ser ampliadas ou estendidas. Na verdade, a tomada de decisão é um processo contínuo e ininterrupto para o administrador. E, sobretudo, um constante desafio para lidar com pessoas e com o tempo no sentido de utilizar os recursos e competências organizacionais de maneira eficiente e eficaz.

Cada decisão geralmente conduz a um curso de ação que exige outra decisão e assim por diante, até chegar ao objetivo proposto. O resultado é a chamada árvore de decisões. Uma árvore de decisões é um gráfico que mostra a sequência do processo decisório e o desdobramento das alternativas de cursos de ação e as decisões seguintes (Figura 9.2).

O processo de tomar decisões em uma organização ocorre sob várias condições e circunstâncias que tornam o processo desafiador e complexo. É o que chamamos de ambientes de decisão.

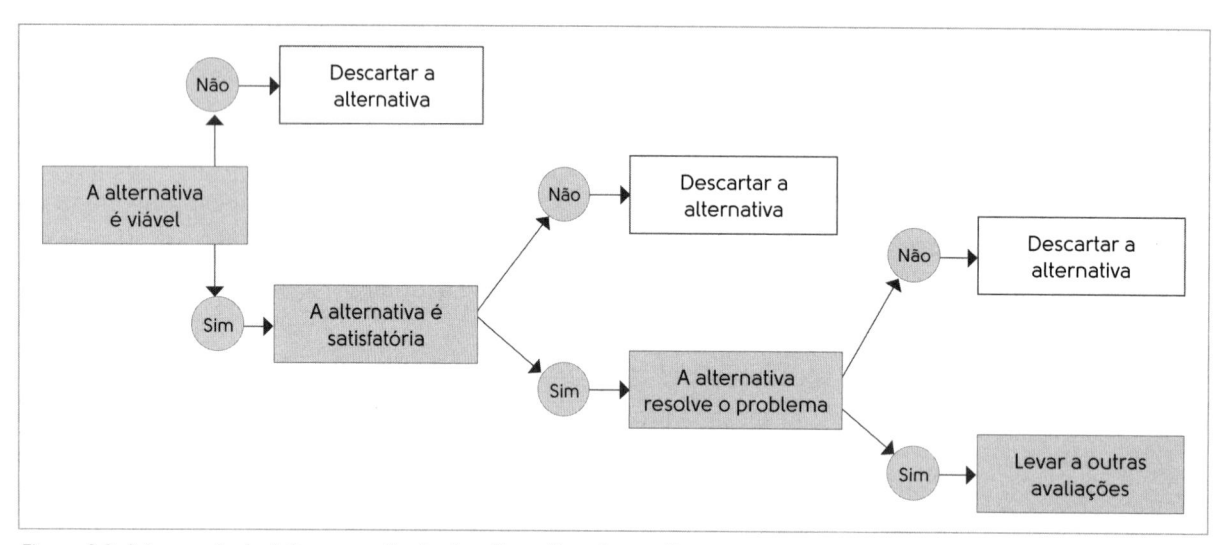

Figura 9.2. A árvore de decisões na avaliação das alternativas de escolhas.

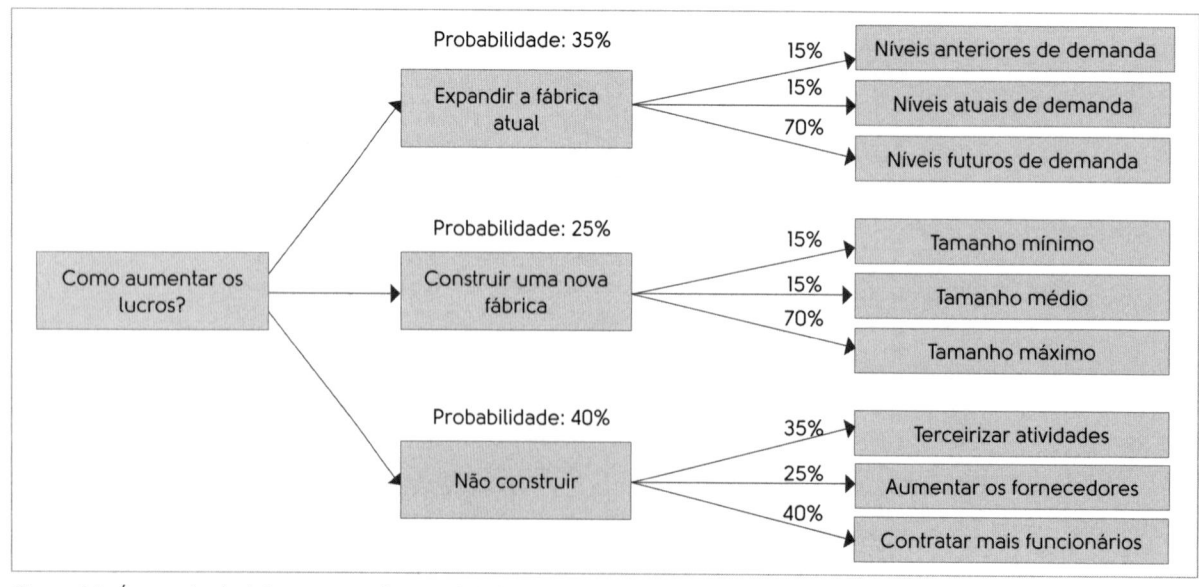

Figura 9.3. Árvore de decisões e respectivas probabilidades de sucesso.

Avaliação crítica: Mancadas espertas[11]

A revista americana *Fast Company* publicou um artigo sobre os chamados erros inteligentes. São pequenos erros que não chegam a ser catastróficos, não tiram o emprego de ninguém e não chegam a afetar negativamente os resultados de uma empresa. Prepare-se para conviver com eles: em uma era em que é preciso tomar decisões rápidas e dar respostas imediatas a problemas novos aumentaram as chances da ocorrência de pequenas mancadas no dia a dia dos negócios. Elas não chegam a ser exatamente um problema. Para alguns especialistas citados pela revista, elas podem ser consideradas um sinal de vitalidade de uma empresa. "Se você não está cometendo erros, então você não está assumindo riscos e isso significa que você não está indo a lugar algum", diz John W. Holt Jr., um dos autores do livro "Celebrate Your Mistakes". "O segredo é cometer os erros mais rapidamente do que os concorrentes, pois você terá mais chances de aprender e vencer". E melhor ainda: a aprender a errar cada vez menos. Ou então, errar mais rapidamente.

Segundo o artigo, uma das piores ilusões é pretender construir uma empresa na qual não ocorram erros (ou que sejam raros). O problema é que uma cultura desse tipo pode fazer com que as pessoas se acostumem a escondê-los, fugir às responsabilidades em relação a eles ou tentar transferi-las para outras pessoas. Elas fariam melhor caso se soubessem que pequenos erros podem se transformar em grandes oportunidades de aprendizado.

O artigo propõe seis exemplos de como consertar, evitar e aprender com alguns passos em falso que costumam acontecer no cotidiano organizacional:

1. **Encobrir e acobertar erros é sempre pior do que o crime cometido**: não espere para falar sobre um erro para seu chefe. Quanto mais rapidamente, melhor: afinal, mais cedo ou mais tarde ele ficará sabendo. Se for saber por terceiros, pior para você.
2. **Se o erro for de sua equipe, também é seu erro**: não aja como certos treinadores de futebol que costumam dizer "eu ganhei, nós empatamos, eles (os jogadores) perderam". Tentar esquivar-se pode pegar mal com seus superiores, além de quebrar a confiança dos subalternos em você. Portanto, mesmo que você não tenha participado diretamente, assuma a responsabilidade. Bata no peito.
3. **Acompanhar o pós-venda é tão importante quanto acompanhar o desenvolvimento de um produto**: se você estiver atento, muitos erros poderão ser enterrados antes que as outras pessoas se apercebam deles. Se aparecer algum problema no primeiro lote de um produto recém-lançado, por exemplo, e você estiver de olho no lance, poderá corrigi-lo rapidamente e evitar que ele chegue aos consumidores.
4. **Aproveite o momento da verdade**: é aquele instante em que seu pessoal da linha de frente (vendedores, recepcionista etc.) tem de tomar decisões rápidas e minimizar os efeitos do erro que prejudicou um cliente – a mala perdida num voo, a mesa reservada no restaurante que não está disponível, etc. Aja com soluções rápidas e não com desculpas.
5. **Vale a pena cometer erros**: errar é, às vezes, a melhor coisa que se pode fazer diante de situações politicamente delicadas. Fazer sempre a coisa certa pode ter consequências imprevisíveis quando muitas suscetibilidades estão em jogo. Uma gafezinha elegante pode ser a melhor saída.
6. **Seja rápido no gatilho**: muita gente diz que falta tempo para avaliar os próprios erros. Na verdade, o segredo é conseguir perceber o erro logo que ele for cometido. Com agilidade na percepção e na correção o aprendizado também é mais veloz. E os efeitos mais leves.

> **Voltando ao caso introdutório: F. Serpa Transportes**
>
> Foi uma loucura. Em questão de poucos dias, o volume de operações da F. Serpa aumentou em 25%. A empresa não estava preparada para isso. Os negócios extras trouxeram um faturamento adicional inesperado, mas logo Francisco percebeu que tinha ido além do possível. Sua decisão fora precipitada. Metade da frota conseguiu manter suas expedições dentro da programação. No entanto, em duas das cidades com terminais críticos, as expedições passaram a ser feitas à noite para não atrasar ainda mais as entregas. "Mas", dizia Francisco, "nós nunca havíamos experimentado nada igual antes: estávamos vendendo nossas almas ao trabalho." Francisco resolveu alugar cem truques e decidiu trabalhar também com motoristas autônomos e tentar utilizar o transporte ferroviário em alguns percursos multimodais. Os empregados foram convocados a trabalhar em regime de horas extras até que a companhia pudesse admitir mais 70 trabalhadores para ajustar-se à nova situação. O pessoal do escritório e alguns executivos ajudavam nas docas, enquanto os doqueiros se transformavam em motoristas.

AMBIENTES DE DECISÃO

Ao tomar decisões, o administrador deve ponderar e pesar várias alternativas, muitas das quais envolvem outros eventos futuros que são difíceis de predizer, como o comportamento dos consumidores, a reação dos concorrentes, as taxas de juros para os próximos anos, a confiabilidade em um novo fornecedor. O processo decisório nas organizações ocorre, geralmente, dentro de três diferentes condições ou ambientes: certeza, risco e incerteza.

1. Ambiente de certeza: existe quando a informação é suficiente para predizer os resultados de cada alternativa de curso de ação. O administrador conhece seu objetivo e tem informação mensurável e confiável sobre as consequências ou resultados das várias alternativas de cursos de ação para resolver o problema. É a decisão mais fácil de tomar, pois cada alternativa pode ser associada com os resultados que pode produzir. Se uma pessoa investe dinheiro em um fundo financeiro, ela tem absoluta certeza quando os juros são prefixados em um dado período de tempo. A certeza é uma condição ideal para resolver problemas e tomar decisões. O desafio reside, simplesmente, em localizar a alternativa que oferece a solução ideal ou satisfatória. Infelizmente, o ambiente de certeza é uma exceção para o administrador tomar suas decisões. Ele é mais encontrado no nível operacional das organizações.

2. Ambiente de risco: o risco ocorre quando não se pode predizer os resultados das alternativas com certeza, mas apenas com uma certa probabilidade. O tomador de decisão tem informação suficiente sobre os diferentes estados da natureza, mas a quantidade da informação e sua interpretação pelos diversos outros administradores podem variar amplamente e cada um pode atribuir diferentes probabilidades conforme a sua crença ou intuição, experiência anterior, expectativas, etc. Uma probabilidade é um grau de possibilidade de um evento ocorrer. As probabilidades podem ser atribuídas por meio de procedimentos estatísticos ou de intuição administrativa. O ambiente de risco é comum no nível intermediário das organizações.

3. Ambiente de incerteza: sob condições de incerteza, conhece-se pouco a respeito das alternativas e de seus resultados. A incerteza

existe quando o tomador de decisão tem pouco ou nenhum conhecimento ou informação para utilizar como base para atribuir probabilidades a cada estado da natureza ou a cada evento futuro. Em casos extremos de incerteza, não é possível estimar o grau de probabilidade de que o evento venha a ocorrer. É o mais difícil dos três ambientes. A incerteza força o administrador a utilizar sua criatividade individual ou grupal para a solução dos problemas. Requer alternativas inovadoras, singulares e novas para os padrões existentes de comportamento, exigindo intuição, adivinhação, suposições e muita percepção. É a situação típica com que se defronta o nível institucional das organizações, exigindo um planejamento contingencial que permita alternativas variadas e flexíveis. A incerteza pode provir de duas fontes principais. A primeira ocorre quando o administrador se defronta com condições externas sobre as quais tem pouco ou nenhum controle, como a satisfação do cliente em relação a um produto de sua empresa. A segunda é quando o administrador não tem acesso à informação, como a falta de pesquisa de mercado sobre a satisfação dos consumidores.

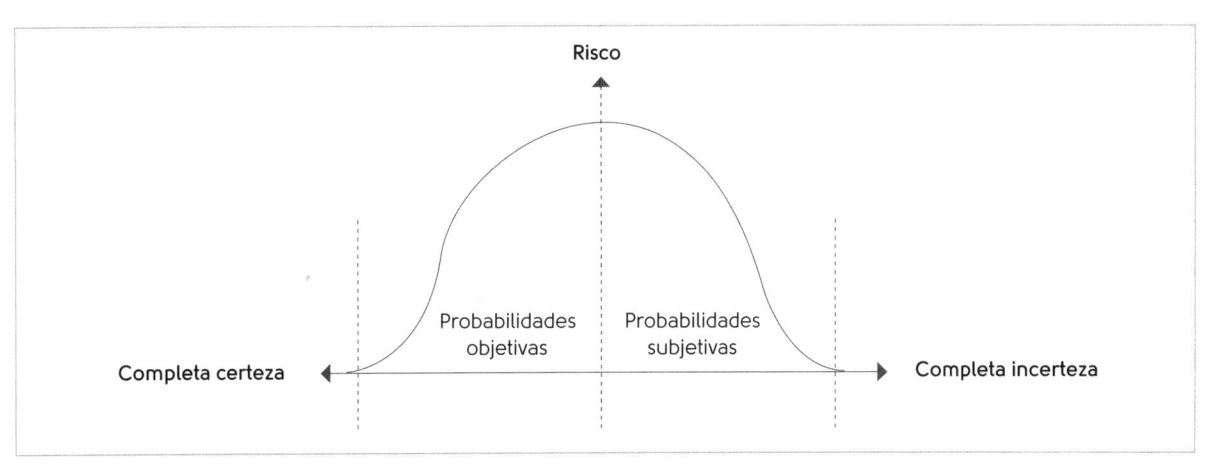

Figura 9.4. Os diferentes estados da natureza.

Administração de hoje

Unisys

Uma das organizações gigantescas da área de informação, a Unisys, tem um lema que diz: *"when information isn't everything"*. Para a Unisys existem dois fatores essenciais para a operação de uma companhia aérea: os aviões e a informação. Esta última está elencada porque nenhum avião pode operar sem ela e nenhuma companhia pode funcionar sem ela.

Máquinas à parte, a missão da Unisys é colaborar com os clientes no gerenciamento da informação – e não apenas no seu processamento, a fim de auxiliar o cliente a utilizar a informação como ferramenta eficaz para obter vantagem competitiva. A informação é necessária para operar qualquer negócio. Ela agrega valor ao negócio.

Dicas

Você pode melhorar suas decisões?

O melhor caminho para você tomar boas decisões – aquelas que poderão conduzi-lo rumo aos seus objetivos – é adotar uma série de cuidados, como:

1. **Ouça as pessoas ao redor**: se possível, crie um grupo ou equipe para ajudá-lo nas diversas etapas do processo decisório. Mais: se puder, delegue a esse grupo ou equipe a incumbência de apresentar as alternativas. Mais ainda: se puder, peça ao grupo ou equipe que apresente uma alternativa já escolhida. Se você conseguir esse intento, verá como as pessoas aceitarão plenamente as decisões e lutarão para que elas funcionem.
2. **Não tome decisões sozinho**: não seja autocrata. Se possível, tome decisões consensuais. Isso significa que você deve discutir as alternativas e chegar a um consenso, ou seja, a uma decisão que satisfaça a gregos e troianos, com as pessoas envolvidas na decisão. Se você conseguir esse intento, as pessoas carregarão o fardo das suas decisões com mais satisfação, como se fossem decisões delas.
3. **Mire os objetivos que deseja alcançar**: todo processo decisório é um caminho para chegar a algum fim: resolver um problema ou aproveitar alguma oportunidade. As decisões são boas ou más na medida em que alcançam ou não os objetivos pretendidos. Na hora da decisão, veja primeiro onde você quer chegar para depois começar a conjeturar como deverá chegar lá.
4. **Não pense em definitivo**: poucas são as decisões irreversíveis ou definitivas se você souber monitorá-las e avaliá-las constante e continuamente. Tomada uma decisão, ela faz parte de um processo que deve continuar na sua monitoração e terminar na sua avaliação em termos de alcance dos objetivos pretendidos. Isso significa que toda decisão pode ser ajustada e reajustada continuamente, na medida em que as ações decididas por ela sejam implementadas na prática. O *follow-up* sistemático da decisão permite melhorá-la e ajustá-la continuamente aos fatos reais para que obtenha melhores resultados. A correção e ajustes sequenciais ajudam muito.
5. **Use também a sua intuição**: o sexto sentido é algo formidável quando se lida com eventos futuros ou com a realidade externa que não podemos compreender na sua totalidade e complexidade. Muito do sucesso dos grandes empreendedores foi resultado de sua intuição, quando todos os fatos demonstravam justamente o contrário. De vez em quando, é bom tomar decisões singulares e totalmente não programadas, principalmente quando as circunstâncias o indicarem.
6. **Tenha boa sorte**: o apelo ao sobrenatural pode ser bem-vindo. Uma boa oração não faz mal a ninguém!

Voltando ao caso introdutório: F. Serpa Transportes

Algumas soluções propostas por Francisco conduziram a novos problemas. O embarque de mais mercadorias em cada expedição significava a necessidade de truques maiores para carregar e espaço ocioso nos caminhões. Os *containers* alugados requeriam manutenção diferenciada e eram mais largos do que o tipo que a companhia normalmente utilizava, aumentando o tempo necessário para o carregamento. A empresa levou cinco meses para ultrapassar tais obstáculos, mas a F. Serpa conseguiu seguir seu rumo. Nesse ponto, Francisco alegava que 97% de suas expedições já estavam chegando no tempo programado, com a ajuda de um sistema de gestão que fornece uma análise diária da atividade de cada um dos 116 terminais da companhia. O lucro também foi restaurado. "Mas", lembra Francisco, "quando aquela companhia fechou suas portas, nós realmente tivemos um verdadeiro terremoto". O que você pensa disso?

TIPOS DE DECISÃO DO ADMINISTRADOR

Diferentes problemas exigem diferentes tipos de decisão. Assuntos rotineiros e cotidianos de menor importância – como entregas a clientes, devolução de mercadorias ou pagamentos de contas – são definidos por meio de um conjunto de procedimentos previamente estabelecidos: as chamadas decisões programadas. As decisões mais importantes, como localização de uma nova fábrica, características de um novo produto, uma diferente estratégia organizacional, requerem uma decisão não programada, ou seja, uma solução específica criada por meio de processos menos estruturados de tomada de decisão e de solução de problemas.

Em resumo, dentro das três condições ou ambientes, existem dois tipos básicos de decisão administrativa que são, respectivamente, aplicados para problemas rotineiros e não rotineiros: as decisões programadas e as não programadas[8] (Figura 9.5).

Decisões programadas	Decisões não programadas
• Baseadas em dados adequados • Baseadas em dados repetitivos • Tomadas em condições estáticas e imutáveis • Sob condições de previsibilidade • Baseadas na certeza • Podem ser computacionais	• Baseadas em dados inadequados • Baseadas em dados únicos e novos • Tomadas em condições dinâmicas e mutáveis • Sob condições de imprevisibilidade • Baseadas na incerteza • Devem ser tomadas sob julgamento profissional

Figura 9.5. Características das decisões programadas e não programadas.

1. **Decisões programadas**: são as decisões rotineiras utilizadas para resolver problemas cotidianos e repetitivos que ocorrem regularmente e podem receber respostas padronizadas. As respostas envolvem soluções oferecidas pela experiência passada e que excluem ou limitam alternativas. É o caso da reposição automática de estoque quando algum item cai abaixo de um determinado nível no inventário. As decisões programadas envolvem condições de certeza. Podem ser tomadas por meio de técnicas tradicionais ou modernas, como na Figura 9.6.

Técnicas tradicionais	Técnicas modernas
• Hábito e costume • Objetivos e subobjetivos às pessoas • Rotinas burocráticas, como regras e procedimentos, padrões de operação • Estrutura organizacional rígida para definir estritamente os canais de comunicação	• Programas de computador • Objetivos e subobjetivos com as pessoas • Análise matemática e modelos de simulação por computador • Desenvolvimento organizacional: desenvolver redes livres de comunicação

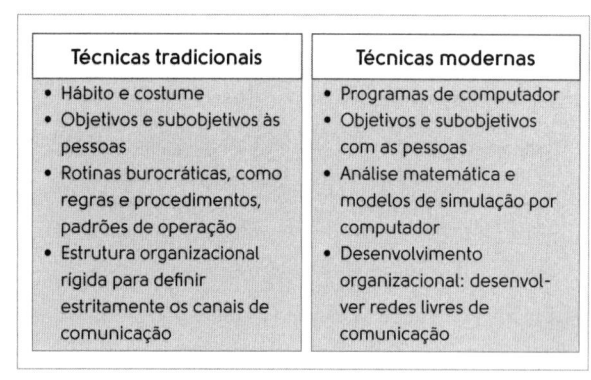

Figura 9.6. Técnicas de tomada de decisões programadas[8].

De um lado, as decisões programadas limitam a liberdade das pessoas, pois reduzem seu campo para decidir o que fazer. Mas permitem liberar as pessoas para fazer outras coisas. As políticas, regras e procedimentos que funcionam como decisões programadas economizam tempo e dinheiro para que as pessoas se devotem a outras atividades mais importantes. Decidir em uma base individual e particular cada reclamação de cliente consome mais tempo e custos. Daí, a necessidade de estabelecer políticas que simplifiquem consideravelmente o assunto por meio de um serviço ao consumidor. As decisões programadas predominam no nível operacional das organizações.

2. **Decisões não programadas**: são as decisões julgamentais, novas e não repetitivas tomadas para solucionar problemas não rotineiros ou excepcionais. Certas situações de crise ou de emergência também requerem decisões não programadas. São mais complexas e necessárias quando as respostas padronizadas não funcionam, e requerem soluções criativas e inovadoras de problemas. São especificamen-

te definidas para cada situação. As decisões não rotineiras envolvem circunstâncias de risco e de incerteza. Podem ser tomadas por meio de técnicas tradicionais ou de técnicas modernas, como na Figura 9.7.

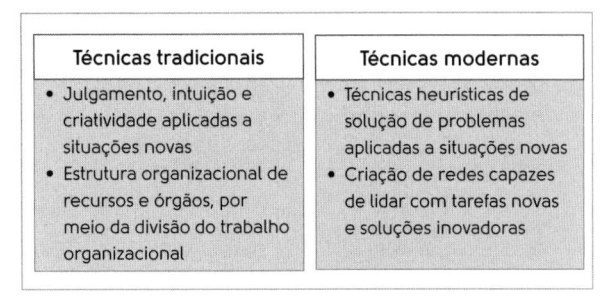

Técnicas tradicionais	Técnicas modernas
• Julgamento, intuição e criatividade aplicadas a situações novas • Estrutura organizacional de recursos e órgãos, por meio da divisão do trabalho organizacional	• Técnicas heurísticas de solução de problemas aplicadas a situações novas • Criação de redes capazes de lidar com tarefas novas e soluções inovadoras

Figura 9.7. Técnicas de tomada de decisões não programadas[8].

Problemas não corriqueiros – como linhas de produtos problemáticas, alocação de recursos financeiros, relações com a comunidade, lançamento de novos produtos – geralmente requerem decisões não programadas. O caso inicial da Kodak é exemplo disso. Quanto mais se sobe na hierarquia administrativa, as decisões não programadas se tornam mais e mais importantes. Por essa razão, muitos programas de desenvolvimento gerencial tentam melhorar a capacidade decisória dos administradores para tomar decisões não programadas, ensinando-os a analisar problemas sistematicamente e tomar decisões lógicas.

Para melhorar sua capacidade decisória, o administrador precisa:

1. **Buscar informação relevante:** para basear-se nos fatos e nas situações e não apenas na opinião das pessoas envolvidas. Fatos reais são mais importantes do que meras opiniões a respeito deles. O administrador precisa ser realista e ter os pés no chão. Isso não o impede de ouvir as pessoas e saber o que elas pensam a respeito. Mas fatos são fatos.
2. **Avaliar os detalhes:** mas sem perder a visão de conjunto dos fatos e das situações enfrentadas. Desenvolver a capacidade analítica sem perder a visão sistêmica. Olhar cada árvore dentro de sua floresta, cada rua dentro de sua cidade.
3. **Tomar decisões ponderadas e seguras:** mas sem perder tempo com perfumarias ou aspectos secundários. Buscar agilidade e flexibilidade nas decisões que devem ser suficientemente rápidas, mas não prematuras ou disparatadas.
4. **Saber explicar aos subordinados:** o porquê de suas decisões e os objetivos que espera alcançar com elas. As decisões conduzem a ações pessoais e as pessoas precisam entender a razão pela qual estão trabalhando.
5. **Avaliar as consequências das decisões tomadas:** e os resultados alcançados para medir sua eficiência e eficácia e aprender com isso para que novas decisões possam ser ainda melhores.

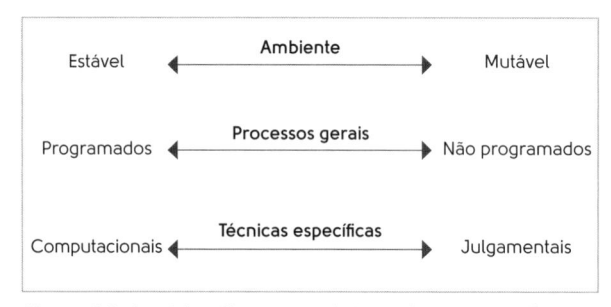

Estável	←— Ambiente —→	Mutável
Programados	←— Processos gerais —→	Não programados
Computacionais	←— Técnicas específicas —→	Julgamentais

Figura 9.8. As várias dimensões da tomada de decisão[9].

Heurística

A heurística (do grego, *heurisko*: descubro, acho) é a arte ou ciência do descobrimento e trata de métodos ou algoritmos exploratórios para solução de problemas. As soluções são encontradas por meio de aproximações sucessivas, avaliando-se os progressos alcançados, até que o problema seja resolvido. Envolve toda decisão baseada na experiência na atividade, intuição, bom senso ou outra forma que não seja confirmada por algum método matemático. A heurística não tem base matemática e não é aplicável em todos os ramos de atividades por não ter precisão em suas decisões. Trata-se de um método de perguntas e respostas para encontrar a solução de problemas. Ela funciona como uma regra, simplificação ou aproximação na busca por soluções em domínios que são difíceis e pouco compreendidos. Ela serve para abordar um problema sobre o qual não se conhece qual é o melhor caminho na busca de sua solução.

Uma pesquisa[12,13] demonstrou que as pessoas adotam certos princípios heurísticos para simplificar a tomada de decisões. Em geral, as pessoas utilizam três regras heurísticas que servem de guias cognitivos para pensar intuitivamente e tomar decisões, a saber:

1. **Disponibilidade**: as pessoas geralmente julgam um evento atual com base em suas memórias e experiências anteriores. É mais fácil recordar tais eventos que se tornam rapidamente disponíveis na memória para serem aplicados mais tarde quando ocorram no futuro. Uma solução dada em um caso anterior serve de disponibilidade para casos futuros.
2. **Representatividade**: as pessoas tendem a acessar ocorrências semelhantes para tentar compará-las com uma categoria preexistente. Muitas empresas comparam com estereótipos de grupos sexuais, raciais ou étnicos para predizer o desempenho de candidatos a emprego. Muitos administradores tentam predizer o desempenho de um novo produto comparando-o com outros que já foram lançados. Cada pessoa ou produto é visualizado como uma espécie de nova *commodity* e julgado de acordo com ela.
3. **Âncora e ajustamento**: as pessoas não tomam decisões sem alguma referência como base de comparação. Em geral, partem de um valor inicial ou âncora, depois fazem ajustes ou referências a esse valor para então chegar a uma decisão final. Decisões sobre salários são rotineiramente calculadas com relação a algum valor de referência, como o salário do ano passado ou do emprego anterior, para que algum ajustamento seja feito em relação a ele.

A heurística pode utilizar algoritmos. O algoritmo é uma sequência finita de instruções bem definidas e não ambíguas e cada uma delas pode ser executada mecanicamente em um período de tempo finito e com uma quantidade de esforço finita[14,15]. O algoritmo pode ser um programa de computador, uma receita, uma listagem de atividades ou a sequência de passos ou etapas necessários para realizar uma tarefa, tal como no fluxograma. O fluxograma é um exemplo de algoritmo imperativo.

Administração de hoje

Nike[4]

Em 1993, a fulgurante estrela do basquete americano, Michael Jordan, que jogava no Chicago Bulls decidiu retirar-se do esporte após uma carreira meteórica, por causa da morte súbita do pai. O presidente e fundador da Nike, Philip H. Knight, ficou preocupado com a decisão de Jordan, um jovem atleta com 30 anos de idade que contribuiu para o tremendo sucesso da sua empresa como garoto-propaganda dos famosos tênis esportivos. Ele tinha suas razões pessoais.

Quando fazia sua tese de mestrado na Stanford University, em 1962, Knight teve a ideia de criar uma empresa para fabricar calçados esportivos. Em 1964, criou com um amigo a Blue Ribbon Sports, uma companhia de calçados atléticos. Naquele ano vendeu 1.300 pares de sapatos em um carro improvisado pelas ruas, mas continuava como professor de contabilidade. Em 1969 decidiu devotar-se inteiramente à empresa e em 1972 mudou seu nome para Nike em homenagem à deusa mitológica da vitória. Entre 1972 e 1990, a Nike experimentou intenso crescimento. As vendas em 1972 foram de US$ 2 milhões e em 1982 chegaram a US$ 694 milhões, com um crescimento médio de 82% ao ano.

Por volta de 1985, a Nike percebeu que poderia alcançar a posição de líder no mercado americano de calçados para atletismo e desbancar a Reebok do primeiro lugar. Na medida em que a Nike fazia inovações, a Reebok respondia com sapatos especializados. Foi aí que surgiu o relacionamento entre Jordan e Nike. Jordan era uma figura celebrada e trouxe sua forte imagem para a Nike, o que a ajudou na estratégia de focalizar produtos para basquete. Surgiu a linha *Air Jordan*, intimamente relacionada com a estrela do basquete, com forte impacto promocional nas lojas e na TV. Jordan mudou o jogo completamente – não do basquete, mas da competitividade da Nike. No primeiro ano, Knight esperava vender 100 mil pares da linha, mas as vendas chegaram perto de 4 milhões de pares. "Foi a melhor coisa que aconteceu com a Nike", diz ele.

Para ressaltar a energia e vitalidade da empresa, foi criada a *Nike Town*, um conceito que incluía um museu de esportes, lojas e um parque de diversões em Chicago e, posteriormente, em outras cidades americanas. Isso fazia parte da criação de uma nova imagem da companhia para começar a diversificar suas operações. A ideia era criar uma heurística que os atletas poderiam relacionar com a imagem e o logotipo da Nike. Os administradores da Nike queriam que os consumidores escolhessem produtos da Nike na base dessa heurística: por razões de disponibilidade ("eu me lembro das características da Nike"), representatividade ("Nike vende calçados, então ela provavelmente deve também vender meias e calções esportivos") e ancoramento ("eu tenho um bom par de Nike"). A decisão de Jordan de afastar-se do negócio e do esporte fatalmente afetou profundamente o desempenho comercial da Nike. Decisões também são tomadas externamente por clientes, concorrentes e até por outras pessoas!

Tipos Básicos de Decisão

Thompson[16] preocupou-se em estabelecer os tipos básicos de decisão, oferecendo um modelo que se baseia na interação de duas variáveis básicas: as crenças a respeito das relações de causa-efeito e as preferências sobre possíveis resultados para mostrar os tipos de decisão. Os administradores podem concordar ou discordar tanto sobre as possíveis relações de causalidade como sobre as preferências a respeito de possíveis resultados a serem alcançados. Daí, as quatro células de possíveis situações de tomada de decisão para os administradores. A Figura 9.9 permite uma visão sintética.

Os quatro tipos de decisão podem ser descritos da seguinte maneira[8]:

1. Computação: quando há certeza em relação à causalidade e aos resultados, a estratégia computacional é a indicada para a tomada de decisão. Torna-se um assunto rotineiro, técnico e mecânico. É a chamada decisão programada, na qual a máquina e o computador prestam excelentes resultados.

2. Julgamento: quando as causas são incertas e discutíveis, mas as preferências com respeito aos resultados são claras e certas, a tomada de decisão traz dificuldades e complexidades que desafiam a análise objetiva. Trata-se de uma decisão não programável e quando se repete frequentemente pode ser tratada por meio de estimativas probabilísticas.

3. Compromisso: quando há certeza quanto às causas das alternativas disponíveis, mas ambiguidade e incerteza quanto às preferências dos resultados esperados, surge a estratégia de decisão pelo compromisso ou pela transigência. É o caso das organizações com múltiplos objetivos não mensuráveis em que o alcance de um dos objetivos pode levar ao insucesso no alcance dos demais. Se os recursos são escassos ou limitados, como geralmente o são,

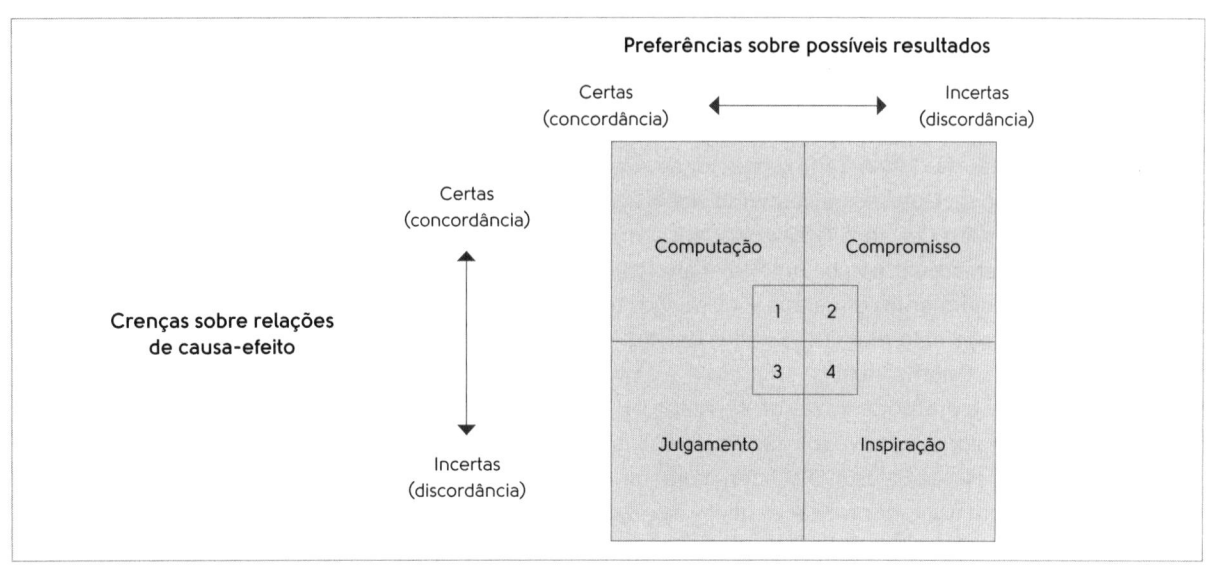

Figura 9.9. Os tipos básicos de decisão[16].

os cursos alternativos de ação são escolhidos em função do sucesso em alguma direção, mas como as preferências são incertas e ambíguas deve-se acomodar as preferências concorrentes dos tomadores de decisão da organização por meio do compromisso e do apoio em relação à escolha feita. Trata-se, também, de uma decisão não programável.

4. **Inspiração:** é a situação na qual ocorre incerteza tanto quanto às causas quanto às preferências de resultado. É o caso de situações caracterizadas por confusão ou caos, nas quais as pessoas não concordam com causas ou preferências e as decisões ocorrem por inspiração ou intuição e que algumas vezes não apresentam lógica nenhuma.

Voltando ao caso introdutório: F. Serpa Transportes

Empresários como Francisco Serpa, diretor-geral da F. Serpa Transportes, precisam saber como o foco de seus objetivos organizacionais pode ser ampliado sem causar efeitos colaterais ou problemas organizacionais sérios. Francisco aprendeu com a lição a ganhar uma ideia mais ampla de como utilizar seus objetivos mais adequadamente, para guiar a sua organização para o sucesso. Qual sua sugestão a Francisco para não cair em outra armadilha?

Administração de hoje

TOTVS pretende ampliar exportação de *software*[17]

Enquanto os fabricantes internacionais de *software* olhavam e desenvolviam sistemas para máquinas de grande porte, em fins da década de 1970 e início dos anos 1980, a empresa catarinense Datasul, fundada em 1978 por Miguel Abuhad, preferiu partir para um mercado que prometia revolucionar o cotidiano das empresas: *software* de gestão empresarial que pudesse ser instalado em microcomputadores.

As vendas cresceram de tal maneira que o faturamento da Datasul saltou de US$ 4,67 milhões, em 1990, para US$ 65 milhões em 1997.

Guardadas as devidas proporções, a Datasul fez aposta parecida com a gigante Microsoft do empresário bilionário Bill Gates, que preferiu desenvolver seus produtos para micros, observando que as pequenas máquinas mudariam todo o relacionamento empresarial do mundo moderno – e também do usuário, no caso de Gates, com seu Windows. A Datasul fez o seu primeiro sistema para rodar em micros e criou, em fins dos anos 1980, o Magnus, um *software* de 36 módulos que integra todas as áreas gerenciais das empresas, como controle, manufatura, contas a pagar, distribuição, faturamento, recursos humanos, suprimentos e materiais. O Magnus tem sido um sucesso: são mais de mil clientes espalhados pelo Brasil e pelo mundo – Estados Unidos, África do Sul e América Latina.

Hoje, a TOTVS – nome atual da empresa – é a maior empresa nacional do ramo de produtos de gestão empresarial e pretende trazer do mercado externo pelo menos 30% do seu faturamento. A base para tamanha euforia é a nova solução *Business Inteligence System* (BIS), que foi integrada ao *software* de gestão empresarial Datasul-SEM e tem como principal característica o apoio completo para a tomada de decisão em diversos níveis executivos da empresa. Dentro do mercado global, as empresas precisam ser competitivas, tendo à mão a tecnologia de informação.

Avaliação crítica: Quantas listras tem uma zebra?[18]

Quando precisava contratar engenheiros, Thomas Edison, o inventor da lâmpada elétrica e de outras 1.092 engenhocas, costumava fazer todas as perguntas de praxe do final do século XIX, incluindo experiência anterior, capacitação técnica, histórico familiar, etc. Depois de tudo isso, entregava ao candidato o bulbo de uma lâmpada e perguntava quanta água cabia ali dentro. Em geral, o engenheiro analisava e media os ângulos do bulbo, ajustava equações de área, descontava a espessura estimada do vidro, projetava o volume e pronto. Em pouco mais de meia hora, lá estava o sujeito com ar vitorioso estendendo na mão firme um pedaço de papel com a resposta tão acurada quanto possível para uma questão daquela natureza. Edison agradecia e mostrava o caminho da rua. Alguns outros candidatos, ao se deparar com aquela estranha pergunta, pediam licença, tomavam o bulbo, enchiam-no de água e depois despejavam o líquido num copo graduado. Com certa insegurança em relação ao método utilizado e à sanidade mental do entrevistador davam a resposta em menos de um minuto. Eram contratados.

O que Edison queria de seus empregados, além das qualificações técnicas essenciais, era bom senso. Da mesma maneira, as organizações querem pessoas que pensem rápido e que saibam pesar os vários aspectos de um problema, priorizar os mais importantes, apontar os caminhos para uma possível solução e comunicar-se com clareza. Enfim, querem pessoas de raciocínio agudo, rápido e capazes de aplicar o bom senso em todas as situações.

Por isso, não se assuste se durante uma entrevista você se defrontar com uma pergunta aparentemente absurda, como: "qual a área das listras negras de uma zebra?". Ou "quantos barbeiros existem em São Paulo"? São perguntas para as quais não adianta recorrer à memória: nem o veterinário do zoológico paulista sabe quantas listras tem uma zebra e nem o sindicato de barbeiros e cabeleireiros masculinos consegue dizer quantos salões há na cidade. Também, não importa. São números que não têm a menor serventia para o entrevistador. O que ele quer saber é como você vai encaminhar seu raciocínio diante de um obstáculo. No caso acima, ele quer que você estime a população de São Paulo (uns 10 milhões de habitantes), separe a parte masculina (uns 5 milhões), imagine quantas vezes cada cidadão corta o cabelo por ano (cerca de seis), calcule quantos cortes/ano são feitos em São Paulo (30 milhões, portanto), estime quantos cortes um barbeiro faz em média (algo como 10 por dia, digamos, ou 250 por mês, ou 3 mil por ano) e finalmente divida o número de cortes pela capacidade de cada profissional. E aí está: assumindo uma série de hipóteses razoáveis, você chegou a uma resposta – São Paulo deve ter por volta de 10 mil barbeiros. Há outros métodos. Você pode saber que todos os barbeiros da cidade onde mora seu cunhado, que tem 10 mil habitantes, uniram-se para fazer um time de futebol *society*. Ora, se lá há sete barbeiros, São Paulo, que é mil vezes maior, deve ter 7 mil. O número é diferente? Não importa, a resposta é tão válida quanto a outra. Importa é o raciocínio adotado. E o raciocínio é fundamental para uma boa decisão.

O ferramental é possuir o raciocínio que envolve certa lógica e alto grau de flexibilidade na abstração e na sua aplicação. É preciso criar modelos, fazer suposições. A modelagem para tudo isso é o bom senso. Sem essa modelagem não adianta ter o ferramental. É disso que as organizações estão precisando: não apenas preencher vagas, mas encontrar pessoas versáteis e capazes de adicionar valor à companhia.

DECISÕES NAS ORGANIZAÇÕES

A Teoria Clássica da administração sustentava que as organizações, ao buscarem alcançar racionalmente seus objetivos, procuravam infindavelmente um comportamento racional ótimo, ou seja, o melhor padrão possível de organização, somente se detendo quando o conseguiam. Contudo, hoje se verifica que as organizações não dispõem de tempo, recursos e competências para isso. Elas procuram uma solução satisfatória e não uma solução ótima: o comportamento de busca cessará quando a organização encontrar um padrão considerado aceitável ou razoavelmente bom. Quando a realização da organização cair abaixo desse nível, uma nova busca de soluções será tentada[19].

Assim, o processo decisório nas organizações costuma se caracterizar pelos seguintes aspectos[2]:

1. O tomador de decisões evita incerteza e segue as regras padronizadas para as decisões. É mais seguro para ele.
2. Ele mantém as regras e as redefine somente quando sob pressão. Muda apenas quando não tem outra alternativa pela frente.
3. Quando o ambiente subitamente muda e novas estatísticas afloram ao processo decisório, a organização é relativamente lenta no ajustamento. Ela tenta utilizar seu modelo atual para lidar com as condições modificadas.

Contudo, algumas organizações dispõem de órgãos especializados (como a área de pesquisa e desenvolvimento) que desenvolvem, intencionalmente, atividades de descoberta e inovação, mesmo quando a organização funciona bem. Esses órgãos não levam a organização para sua capacidade ótima, nem se detêm quando ela funciona bem, mas procuram níveis gradativamente elevados de satisfação para a organização, melhorando os seus padrões de desempenho. Isso explica a criação de mecanismos internos das organizações que as tornam racionalmente insatisfeitas, buscando continuamente o seu aperfeiçoamento[20]. É o que acontece com as organizações bem-sucedidas.

Assim, o planejamento consiste na tomada antecipada de decisões sobre o que fazer antes que a ação seja necessária. É, basicamente, um sistema aberto e dinâmico de decisões: o nível institucional se encarrega das decisões baseadas em compromisso e em inspiração, preferencialmente; o nível intermediário cuida das decisões baseadas em compromisso e julgamento; enquanto o operacional pode adotar diferentes tipos de decisão, quase sempre programadas conforme as atividades ou situações envolvidas.

⚖ Avaliação crítica: Que tal fazer uma árvore de decisões sobre o seu futuro?

Como futuros administradores e executivos de negócios, precisamos desde já começar a pensar seriamente em nosso futuro: o que iremos fazer depois de receber o diploma? Caso contrário, poderíamos receber a acusação de sermos mal planejadores. Algumas decisões podem ser tomadas agora. Como exemplos temos a Figura 9.10.

Qual a conclusão? Não fique aflito. As decisões são importantes e fundamentais para que possamos atingir nossos objetivos profissionais. Mas elas, em si, não garantem o alcance desses objetivos. Para chegarmos lá, a cada decisão devem corresponder várias ações decorrentes ao longo do tempo. Algumas ações são rápidas, outras levam bastante tempo. Outras dependem da nossa própria iniciativa, enquanto muitas delas dependem também da colaboração de outras pessoas. Isso faz parte da vida. Pense nisso.

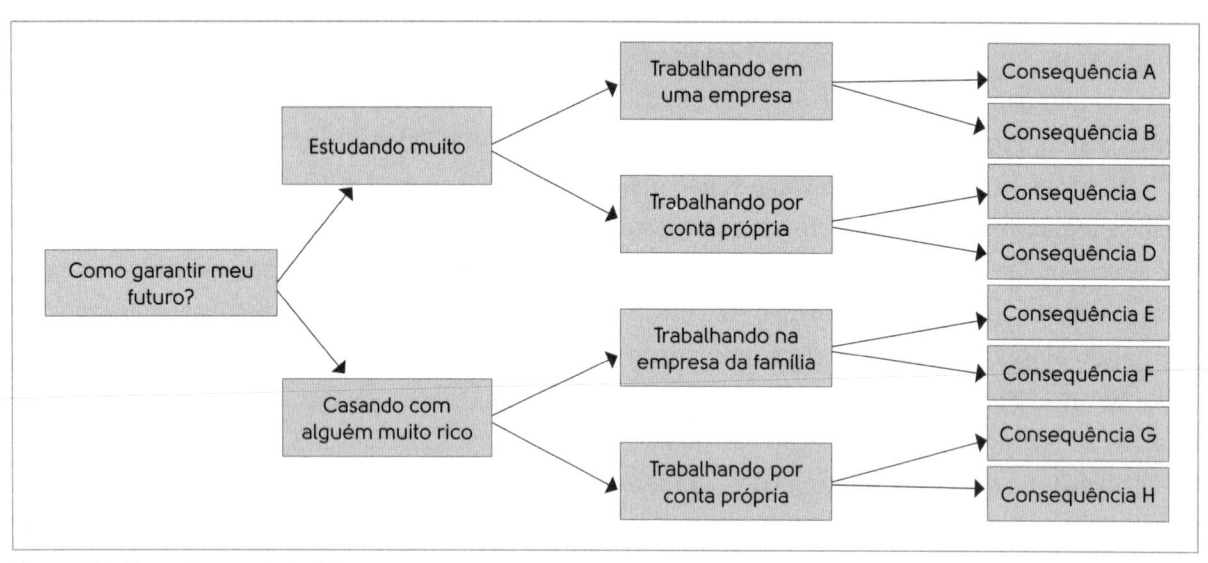

Figura 9.10. Nossa árvore de decisão.

SOLUÇÃO DE PROBLEMAS

A necessidade de decisão ocorre quando surge um problema que provoque a necessidade de escolha ou de mudança. O processo de localizar e perceber problemas nem sempre é muito racional. Pelo contrário, muitas vezes, é um processo informal e intuitivo. Outras vezes, é meramente casuístico, funcionando quando o pior acontece. Além disso, os administradores diferem profundamente com relação àquilo que cada um considera um problema e como é capaz de lidar pessoalmente com ele. Alguns administradores utilizam o chamado método inquisitório e dialético, um método de análise no qual o tomador de decisão determina e nega seus pontos de vista e, então, cria uma "contrassolução" baseada na negação de seus pontos de vista. Trata-se de uma espécie de advogado do diabo que passa a contestar todas as coisas. Na verdade, o administrador determina possíveis soluções e pontos de vista que são baseados no oposto de todos os seus pontos de vista normais e, a partir daí, desenvolve soluções invertidas ou negativas. Esse processo de antagonismos permite gerar alternativas de solução úteis e identificar oportunidades ocultas. Esse também é o caso da engenharia reversa, que parte do fim para o começo de um processo. É o que muitos fabricantes fazem com relação aos produtos lançados pelos concorrentes: tomam um modelo e o desmancham em partes para saber como foram produzidos.

A formação profissional e a experiência de cada administrador influenciam aquilo que ele vê, percebe e interpreta como problemas ou oportunidades. Um estudo[21] mostra que os administradores de diferentes departamentos tendem a definir a mesma situação em diferentes termos. Cada executivo tende a ser mais sensível com aqueles aspectos do assunto que estão relacionados com seu próprio departamento, enxergando problemas ou oportunidades de acordo com suas perspectivas particulares. Por exemplo, executivos de *marketing* desejam um elevado estoque de produtos acabados e percebem um problema quando o estoque está baixo. Pelo contrário, os executivos de finanças percebem o estoque elevado como um problema financeiro, preferindo um estoque baixo para reduzir custos. Cada qual utiliza uma lente própria para enxergar a situação.

Valores e formação pessoal afetam profundamente o reconhecimento de problemas e oportunidades. Aspectos como qual a diferença entre o estado atual e o desejado dos assuntos? Como fazer com que essa diferença afete nossas chances de alcançar ou ultrapassar os objetivos para a organização? Se essa diferença é um problema, como poderemos resolvê-lo? Como resolver, rapidamente, um problema e transformá-lo em vantagem ou oportunidade? Essas são algumas das questões que os administradores perguntam quando definem se uma situação é um problema ou uma oportunidade. Para resolver essas questões o administrador deve usar seu julgamento baseado no conhecimento do ambiente e da sua organização. É por essa razão que existem sistemas de coleta de informação para melhorar o papel decisório do administrador. Contudo, a obtenção de informação é filtrada por meio dos valores e da formação pessoal de cada administrador. Esses valores e formação também influenciam os tipos de problemas e oportunidades que eles escolhem para trabalhar[22]. Se o administrador é motivado principalmente para valores econômicos, ele, geralmente, tomará decisões de maneira prática, como as que envolvem produção, *marketing* ou lucros. Se ele está particularmente interessado no ambiente natural, buscará problemas e oportunidades com implicações ambientais ou ecológicas. Se sua orientação é política, ele estará mais interessado em competir com outras organizações ou com seu sucesso pessoal[4].

Dicas

Será que você está enxergando o problema? Ou a oportunidade?
Cada qual na sua. Tudo depende da sua abordagem.

1. Qual a discrepância entre o estado atual e o estado desejado de algo?
2. Quais os sintomas do problema?
3. Quais prejuízos ele está causando?
4. Quais as causas do problema?
5. Quais as causas das causas do problema? O que está por trás dele?
6. Quais informações que temos a respeito do problema? Estão atualizadas?
7. Quais as pessoas envolvidas no problema?
8. A solução do problema trará resultados favoráveis?

De qualquer maneira, procure fazer parte da oportunidade ou da solução e não apenas do problema. Em outras palavras, você deve ser a solução e não o contrário. Ou, ainda, encare a oportunidade que o problema pode trazer para você.

Localização de Problemas

O administrador desatento precisa ser alertado para a existência de problemas. Existem quatro situações que alertam o administrador para a existência de possíveis problemas[23,24]:

1. **Desvio da experiência passada:** significa que um padrão prévio do desempenho da organização foi quebrado. A queda de vendas deste ano em relação ao ano passado, custos que estão aumentando, maiores perdas de talentos para a concorrência. Eventos como esses são sinais de que algum problema está se desenvolvendo dentro da organização.
2. **Desvio de um conjunto de planos:** significa que as projeções ou expectativas do administrador não estão sendo alcançadas. Níveis de lucro mais baixos que o previsto, departamentos que ultrapassam seu orçamento de despesas, projetos com a programação em atraso. Eventos como esses mostram que algo está ficando aquém ou fora do planejamento em andamento.
3. **Problemas trazidos por outras pessoas:** reclamações de clientes sobre qualidade, diretores que exigem novos padrões de desempenho para os gerentes, desligamentos de funcionários, pressões dos fornecedores. Muitas decisões que o administrador toma diariamente acontecem por problemas apresentados por outras pessoas.
4. **Desempenho dos concorrentes:** esse fator também pode criar situações de solução de problemas. Quando outras empresas desenvolvem novos processos ou melhorias nos procedimentos operacionais, o administrador precisa rever os processos ou procedimentos em sua organização.

O administrador precisa ter seus radares sempre ligados e atentos.

Técnicas de Solução de Problemas

O processo de solução de problemas é, no fundo, um processo de tomada de decisões, pois segue aproximadamente as mesmas etapas da decisão. Existe uma variedade de técnicas para solucionar problemas. As técnicas mais importantes são: método cartesiano, *brainstorming*, técnica de análise do campo de forças, princípio de Pareto e gráfico de Ishikawa.

Método Cartesiano

Platão utilizava o método dialético e socrático – maiêutica – para formular perguntas e obter respostas sobre problemas. Suas perguntas eram:

- O quê?
- Por quê?
- Como?
- Quando?
- Quem?
- Onde?

Em 1637, o filósofo René Descartes publicou um livro, *O discurso do método*, apresentando uma metodologia sistemática para a solução de problemas. O método cartesiano se assenta em quatro princípios, a saber:

1. **Princípio da dúvida sistemática:** não aceitar nada como verdadeiro enquanto não for co-

nhecido como tal por nossa razão. A evidência está acima de tudo.
2. **Princípio da análise**: dividir todos os problemas em seus elementos, os mais simples, para resolvê-los um a um.
3. **Princípio da síntese**: ordenar o pensamento, começando pelos elementos mais simples e fáceis de compreender e subindo, gradativamente, aos mais complexos, reunindo-os em um todo.
4. **Princípio da enumeração**: fazer anotações completas e gerais de todos os elementos tratados para não omitir nenhuma das partes ou componentes.

Hoje em dia, os roteiros traçados por Platão e Descartes são utilizados para a solução dos mais variados tipos de problemas nas organizações modernas.

Brainstorming

A técnica da tempestade cerebral traz à lembrança chuvas e trovoadas (ideias e sugestões) seguidas da bonança (solução). É uma técnica utilizada para gerar ideias criativas que possam resolver problemas da organização. Dura de 10 a 15 minutos e envolve um número de participantes – não mais de 15 – que se reúnem ao redor de uma mesa para gerar tantas ideias ou sugestões quanto possível. Os participantes são estimulados a produzir, sem qualquer crítica ou censura, o maior número de ideias sobre determinado assunto ou problema.

O *brainstorming* visa a obter a máxima quantidade possível de contribuições em forma de ideias e que constituirão o material de trabalho para a segunda etapa, quando haverá a preocupação de selecionar as mais promissoras.

A primeira etapa chama-se geração de ideias e pode ser feita de modo estruturado (um participante de cada vez, em sequência) ou não estruturado (cada um fala a sua ideia quando quiser e sem nenhuma sequência). O modo estruturado permite a obtenção da participação de todos. As ideias são anotadas em um quadro-negro ou *flip chart*, sem nenhuma preocupação de interpretar o que o participante quis dizer. Na segunda etapa, as ideias serão discutidas e reorganizadas para verificar quais são as que têm possibilidade de aplicação e de gerar soluções para o problema em foco.

O *brainstorming* é uma técnica que se baseia em quatro princípios básicos:

1. Quanto maior o número de ideias, tanto maior a probabilidade de boas ideias.
2. Quanto mais extravagante ou menos convencional a ideia, tanto melhor.
3. Quanto maior a participação das pessoas, maiores as possibilidades de contribuição, qualidade, acerto e implementação.
4. Quanto menor o senso crítico e a censura íntima tanto mais criativas e inovadoras serão as ideias.

Embora elimine totalmente qualquer tipo de regra, o *brainstorming* se assenta nos seguintes aspectos:

1. É proibida a crítica de qualquer pessoa sobre as ideias alheias.
2. Deve ser encorajada a livre criação de ideias.
3. Quanto mais ideias, tanto melhor.
4. Deve ser encorajada a combinação ou modificação de ideias.

Técnica de Análise do Campo de Forças

Kurt Lewin[25] definiu o conceito de que todo problema existe em um campo de forças mentais e é afetado por dois grandes conjuntos de forças: de um lado, as forças positivas que tendem a impulsioná-lo e mantê-lo e, de outro, as forças negativas que tendem a restringi-lo e eliminá-lo. Como vimos no Capítulo 5 – no processo de mudança – quando as forças positivas são maiores do que as negativas o problema será fortalecido, sendo necessário eliminar forças positivas do sistema ao mesmo tempo em que se agregam forças negativas para remover o problema.

Para o diagnóstico da situação, Lewin propõe a análise do campo de forças para mapear tanto as forças positivas (que mantêm o problema e que devem ser eliminadas), como as forças negativas (que restringem o problema e que devem ser reforçadas) em uma dada situação, para resolver o problema.

Na análise do campo de forças, deve-se atacar as forças positivas que mantêm e sustentam o problema e realçar as forças negativas que tendem a eliminá-lo.

Forças positivas e impulsionadoras Influências que provocam e sustentam o problema	Forças negativas e restritivas Influências que limitam e restringem o problema
• A situação é boa e cômoda. • A situação não atrapalha ninguém. • O problema sempre existiu. • A situação não prejudica a empresa. • Custa caro modificar a situação. • O problema é comum a toda empresa.	• A situação é prejudicial à empresa. • A situação não agrada ao cliente. • O problema deve ser resolvido. • Os concorrentes agem melhor. • Os benefícios da solução são maiores. • Empresas excelentes não apresentam este problema.

Figura 9.11. Análise do campo de forças positivas e negativas.

Princípio de Pareto

O economista italiano Vilfredo Pareto definiu o princípio de que os valores majoritários (80% do seu valor) de um determinado grupo são decorrentes de uma parcela relativamente pequena de alguns de seus componentes (20% do seu número). Na prática, seu princípio recebeu o nome de regra de 80 por 20. Para ele, 80% do volume de problemas são constituídos por apenas 20% de eventos causadores. Na economia, por exemplo, 80% da riqueza está concentrada nas mãos de 20% da população. Na administração de materiais, a tendência genérica é de que 80% do capital empatado se refira a apenas 20% dos itens estocados. Na administração de contas a pagar, 80% do volume de pagamentos é dirigido para 20% de fornecedores. Se pretende-se reduzir custos, a abordagem inicial deve ser feita sobre esses 20% de itens estocados ou esses 20% de fornecedores.

O princípio de Pareto parte de uma representação gráfica feita por meio do histograma, um diagrama de barras verticais para dirigir a atenção sobre os problemas mais importantes e prioritários que estão localizados nas barras mais altas, deixando as mais baixas para constatação posterior.

O princípio de Pareto é um meio de comparação que permite analisar grupos de dados ou de problemas e verificar onde estão os mais importantes e prioritários.

Gráfico de Ishikawa

Também conhecido como diagrama de espinha de peixe ou diagrama de causa e efeito, o gráfico de Kaoru Ishikawa procura, com base nos efeitos (sintomas dos problemas) identificar todas as possibilidades de causas que os estão provocando. Trata-se de um gráfico que sugere um deslocamento da esquerda para a direita, isto é, das causas iniciais para os seus efeitos finais. Assim, os problemas são colocados no lado direito do gráfico, onde estaria situada a cabeça do peixe, enquanto suas causas são dispostas no lado esquerdo.

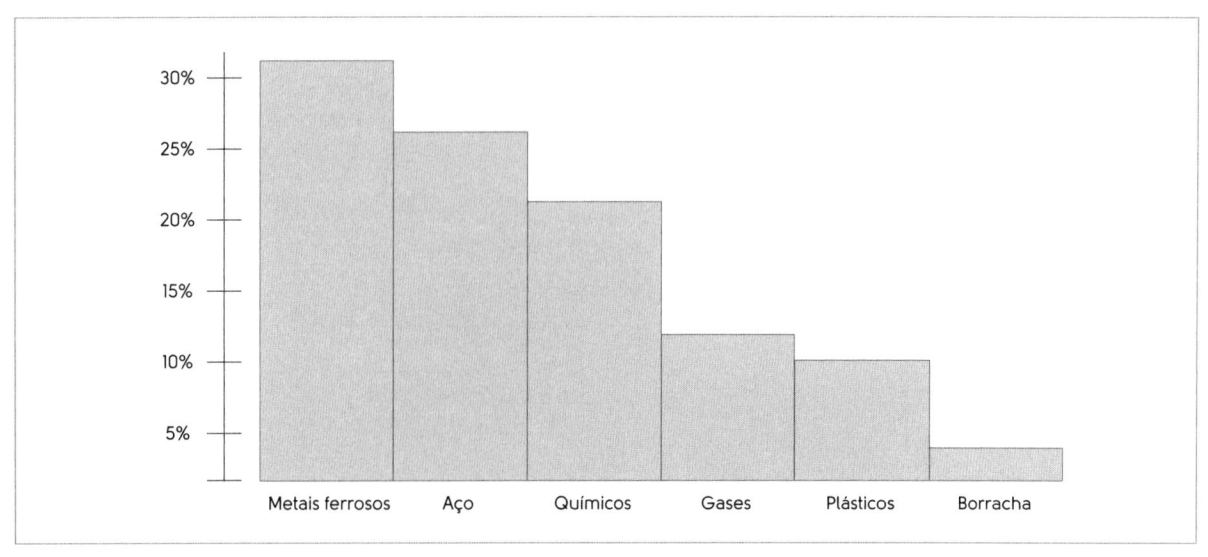

Figura 9.12. Histograma.

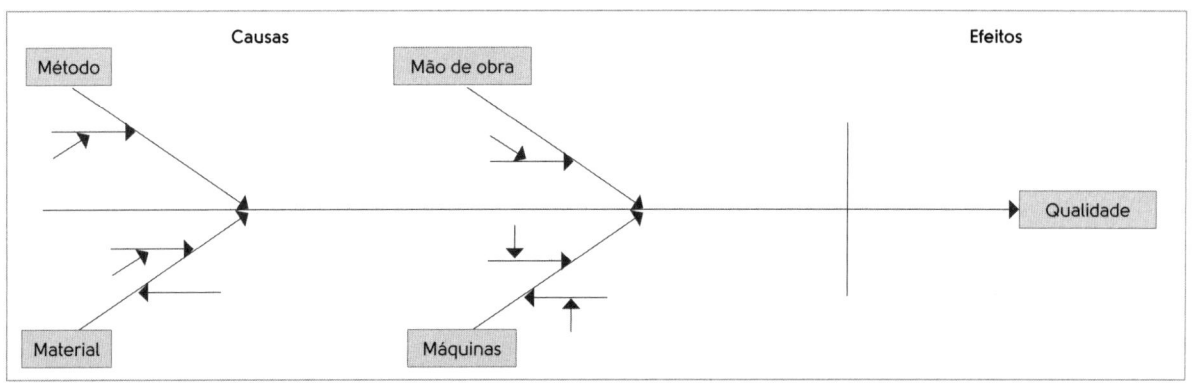

Figura 9.13. Diagrama de espinha de peixe.

A utilidade do diagrama de espinha de peixe é identificar as causas que geram os efeitos e, sobretudo, as causas das causas. A metodologia do diagrama se baseia em quatro grandes categorias de problemas, os chamados 4M, a saber: método, mão de obra, material e máquina. Na parte operacional de produção, essas categorias são analisadas da seguinte maneira:

1. **Métodos**: quais são os procedimentos, os métodos, as maneiras de executar cada trabalho.
2. **Mão de obra**: quais os conhecimentos e habilidades necessárias para o bom desempenho das pessoas.
3. **Materiais**: quais os tipos de materiais e disponibilidades para utilização no processo.
4. **Máquinas**: quais as condições e capacidade das instalações e recursos.

Na parte operacional das áreas administrativas, são utilizados quatro grandes categorias, os 4P: políticas, procedimentos, pessoal e planta (*layout*). Essas quatro categorias são analisadas de maneira livre e criativa pelas pessoas.

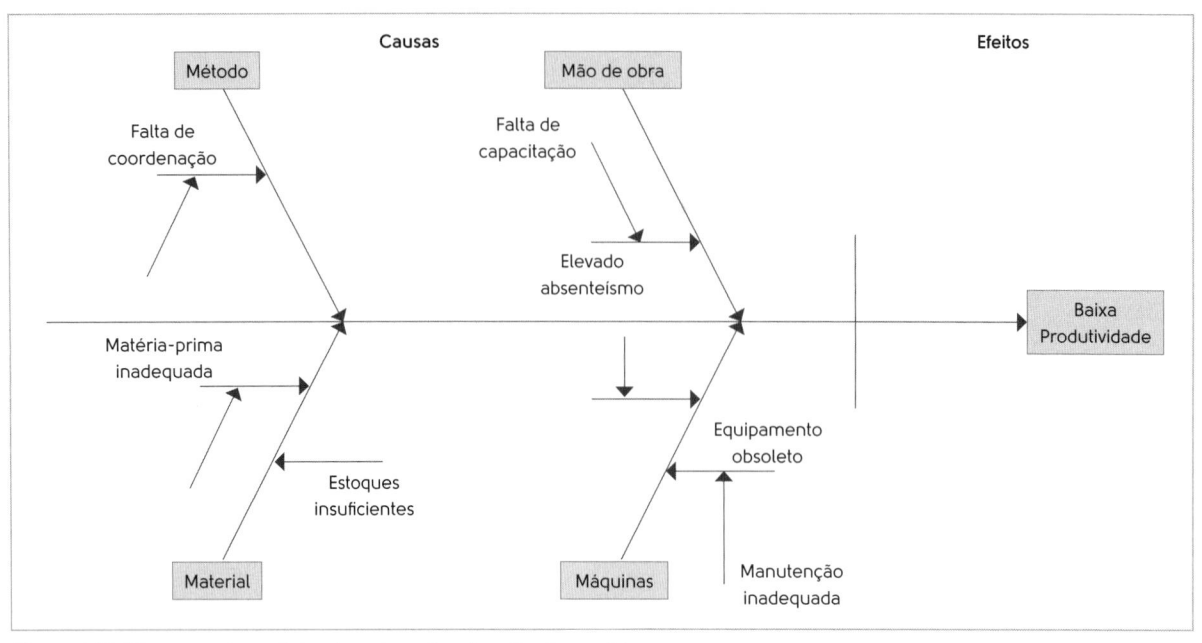

Figura 9.14. Diagrama de espinha de peixe e localização dos problemas.

Modelo clássico	Modelo administrativo
• Objetivos e problemas específicos e bem definidos • Condições de certeza • Completa informação sobre as alternativas e seus resultados • Escolha racional pelos indivíduos e maximização de resultados	• Objetivos e problemas vagos e indefinidos • Condições de incerteza • Limitada informação sobre as alternativas e seus resultados • Escolha satisfatória para resolver o problema, utilizando intuição e coalizões

Figura 9.15. Características dos modelos de decisão clássico e administrativo[26].

Caso para discussão: A Boeing criou seu próprio pesadelo[27]

A Boeing é a maior fabricante de aviões comerciais do mundo e uma das mais admiradas companhias americanas. Como o setor aeroespacial apresenta turbulências de altas e baixas frequentes, a empresa resolveu embarcar em 1994 em uma grande reestruturação de seu processo de produção: apelou para a reengenharia no sentido de proporcionar resultados no longo prazo. Como estava em ciclo de baixa, a Boeing cortou o número de fornecedores, demitiu milhares de trabalhadores e reduziu de 18 para 10 meses o período compreendido entre a encomenda e a entrega de um avião. Quando viesse o próximo ciclo de alta, a empresa achava que estaria preparada para funcionar prontamente e sem tropeços. Na verdade, a Boeing, naquele momento, confiava tanto em sua habilidade para evitar os erros do passado que chegou a cortar preços para incentivar as companhias aéreas a firmar contratos de compra de longo prazo.

Erros do passado

No final da década de 1980, durante o *boom* anterior na encomenda de aviões, a Boeing não havia sido capaz de cumprir suas ambiciosas metas de produção. Os resultados foram onerosos atrasos na entrega e muita confusão na linha de montagem. Agora, está cada vez mais claro que o atual plano da Boeing de evitar tais erros não está indo conforme o esperado. Algumas estratégias parecem estar servindo para exacerbar ainda mais os seus problemas de produção.

Na origem da última safra de problemas está uma boa notícia: a explosão sem igual de encomendas de aviões. A resposta da Boeing à explosão da demanda foi tentar elevar sua produção para 43 aviões por mês. Antes eram 18. No processo, a companhia chegou perto de seu limite. Segundo fornecedores, analistas e executivos da Boeing, a empresa calculou mal a capacidade dos fornecedores em atender com rapidez às encomendas. No começo da fase de alta, muitos fornecedores não expandiram sua produção, pois não tinham certeza de que o *boom* tinha vindo para ficar. Como a Boeing havia cortado o número de fornecedores, ficou então sem flexibilidade para encontrar fontes alternativas para muitas peças.

Com a mão de obra, a história foi a mesma. Quando as encomendas de aviões caíram temporariamente, a Boeing demitiu 7 mil dos 117 mil trabalhadores e chegou a cortar a produção de algumas aeronaves. Desde então a companhia teve de contratar 32 mil empregados, muitos deles com menos experiência. Isso trouxe uma enorme perda de produtividade.

A Boeing também superestimou a capacidade de seus engenheiros e operários de assimilar mudanças na linha de montagem, cujo objetivo era aumentar a eficiência no longo prazo. A reengenharia tentou reduzir os custos de quase toda etapa no processo de produção. No entanto, essas mudanças só deram dores de cabeça. Todo dia, entre 5 e 10% da força de trabalho nas fábricas está recebendo treinamento sobre novos métodos de produção, incluindo os gerentes mais qualificados.

Sem saída

Muitos clientes sentiram imediatamente na pele os problemas causados pelas mudanças. Um deles, que faz o *leasing* de aviões Boeing 757 para várias companhias aéreas, recebeu duas aeronaves entregues com atraso e com mais de cem detalhes a serem corrigidos. Um dos banheiros do avião não tinha sequer eletricidade. As linhas dos demais jatos também estavam com atrasos.

A Boeing sempre reconheceu os riscos de tentar conquistar clientes de seu arqui-inimigo europeu, o consórcio Airbus Industrie. A Airbus também aumentou sua produção, mas não tão acentuadamente como a Boeing. O grupo europeu planejou produzir mais de 220 aviões, ou cerca de 20% a mais do que no ano anterior, comparados com a produção de mais de 440 aviões que a Boeing planejara. Será que a Boeing não quis voar muito alto?

Questões:

1. Explique o processo de tomada de decisões da Boeing.
2. Quais os aspectos que mais orientaram as decisões da Boeing?
3. Como você explica a fixação de objetivos da Boeing?
4. Como os concorrentes estão influenciando as decisões da Boeing?
5. Como você compara o que se decide e o que se consegue fazer na Boeing?
6. Como melhorar o processo decisório em uma empresa desse quilate?

Exercícios

1. Conceitue decisão, problema e oportunidade.
2. Como é o processo de localização de problemas?
3. Como o administrador pode ser alertado para a existência de problemas?
4. Quais os elementos do processo decisório?
5. O que é racionalidade? E racionalidade limitada?

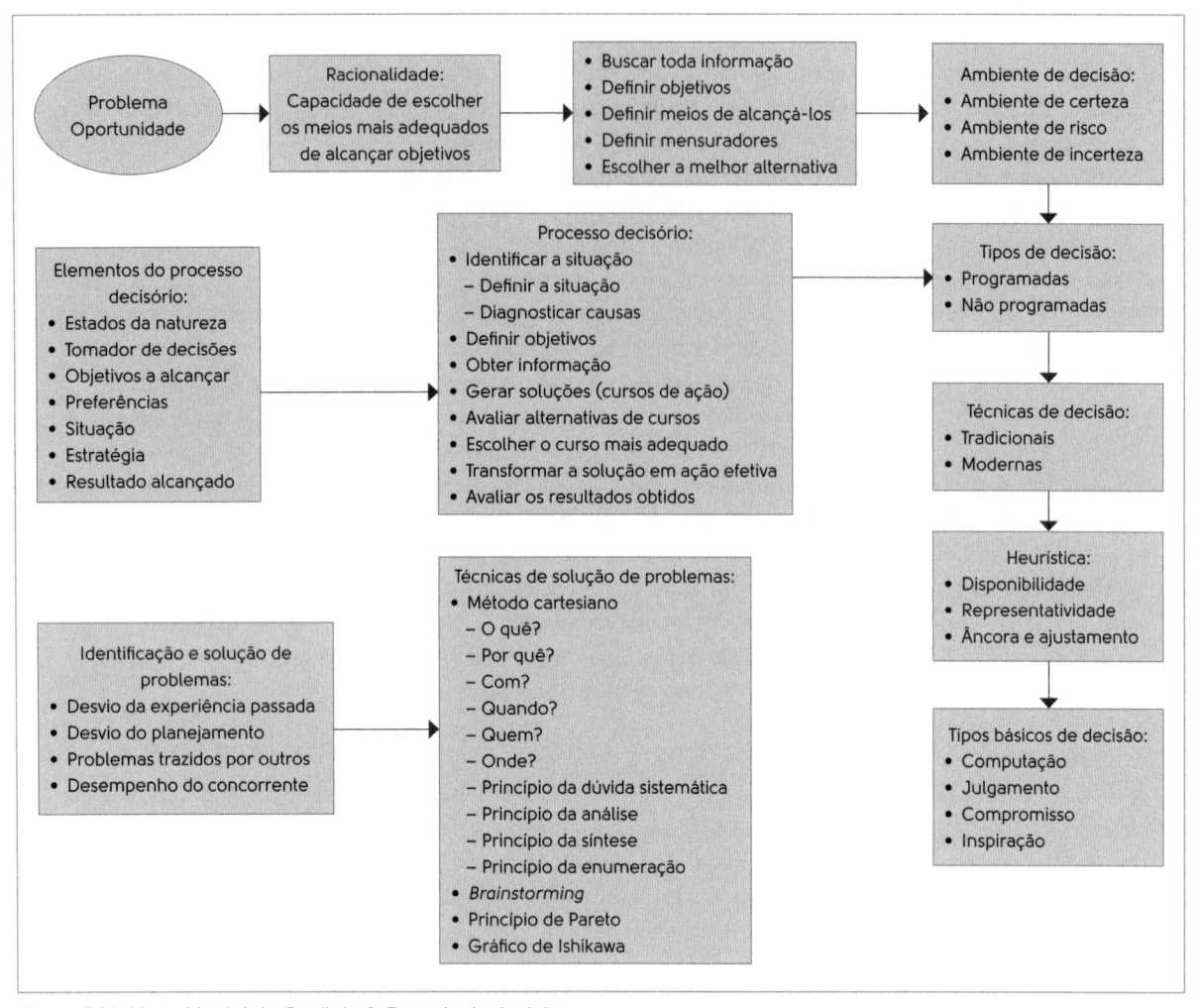

Figura 9.16. Mapa Mental do Capítulo 9: Tomada de decisão.

Problema / Oportunidade → **Racionalidade:** Capacidade de escolher os meios mais adequados de alcançar objetivos →
- Buscar toda informação
- Definir objetivos
- Definir meios de alcançá-los
- Definir mensuradores
- Escolher a melhor alternativa

→ **Ambiente de decisão:**
- Ambiente de certeza
- Ambiente de risco
- Ambiente de incerteza

Elementos do processo decisório:
- Estados da natureza
- Tomador de decisões
- Objetivos a alcançar
- Preferências
- Situação
- Estratégia
- Resultado alcançado

Processo decisório:
- Identificar a situação
  – Definir a situação
  – Diagnosticar causas
- Definir objetivos
- Obter informação
- Gerar soluções (cursos de ação)
- Avaliar alternativas de cursos
- Escolher o curso mais adequado
- Transformar a solução em ação efetiva
- Avaliar os resultados obtidos

Tipos de decisão:
- Programadas
- Não programadas

Técnicas de decisão:
- Tradicionais
- Modernas

Heurística:
- Disponibilidade
- Representatividade
- Âncora e ajustamento

Tipos básicos de decisão:
- Computação
- Julgamento
- Compromisso
- Inspiração

Identificação e solução de problemas:
- Desvio da experiência passada
- Desvio do planejamento
- Problemas trazidos por outros
- Desempenho do concorrente

Técnicas de solução de problemas:
- Método cartesiano
  – O quê?
  – Por quê?
  – Com?
  – Quando?
  – Quem?
  – Onde?
  – Princípio da dúvida sistemática
  – Princípio da análise
  – Princípio da síntese
  – Princípio da enumeração
- *Brainstorming*
- Princípio de Pareto
- Gráfico de Ishikawa

---

6. Qual a diferença entre otimização e satisfação?
7. Explique o processo decisório.
8. Quais os elementos constitutivos de uma decisão?
9. Quais os ambientes de decisão? Como ocorre a decisão em cada um deles?
10. Quais os tipos de decisão do administrador?
11. O que é heurística?
12. Quais os tipos básicos de decisão para Thompson?

REFERÊNCIAS BIBLIOGRÁFICAS

1. Samuel C. Certo. *Modern management: diversity, quality, ethics, and the global enviroment.* Boston, Allyn & Bacon, 1994. p. 89.
2. Idalberto Chiavenato. *Introdução à teoria geral da administração*, Rio de Janeiro, Elsevier/Campus, 2011. p. 568-9, 575.
3. Linda Grant. "Missed moments". *Fortune*, n. 20, Oct., 27, 1997, p. 102-3.
4. James A. F. Stoner, R. Edward Freeman, Daniel R. Gilbert, Jr. *Management*, Englewood Cliffs, Prentice-Hall, 1995. p. 238-9, 243, 252-4.
5. George P. Huber. *Managerial decision making.* Glenview, Scott, Foresman, 1980.
6. Don Hellriegel, John W. Slocum Jr. *Management: a contingency approach.* Reading. Massachusetts, Addison-Wesley, 1974. p. 152.
7. John R. Schermerhorn Jr., James G. Hunt, Richard N. Osborn. *Basic organizational behavior.* Nova York, John Wiley & Sons, 1995. p. 185.
8. Herbert A. Simon. *The shape of automation for men and management.* Nova York, Harper & Row, 1964. p. 8-9.

9. Fremont E. Kast, James E. Rosenzweig. *Organização e administração: um enfoque sistêmico*. São Paulo, Pioneira, 1976. p. 391.
10. Richard J. Tersine. "Organization decision theory: a synthesis". In: George R. Terry (ed.). *Management: selected readings*. Homewood, Ill, Richard D. Irwin, 1973. p. 139.
11. Clayton Netz. "Mancadas espertas". *Exame*, n. 646, 08.10.1997, p. 130-1.
12. A. Tversky, D. Kahneman. "Avaliability: a heuristic for judging frequency and probability". *Cognitive Psychology*, 5, 1973, p. 207-32.
13. A. Tversky, D. Kahneman. "Judgement under uncertainty – heuristics and biases". *Science*, 18, 1974, p. 1124-31.
14. Stuart Russel, Peter Norvig. "Resolução de problemas e busca". In: *Inteligência artificial: um enfoque moderno*. Rio de Janeiro, Campus, 2004.
15. "Artificial intelligence: a modern approach". Disponível em: http://aima.cs.berkeley.edu.
16. James D. Thompson. *Dinâmica organizacional: fundamentos sociológicos da teoria administrativa*. São Paulo, McGraw-Hill, 1976. p. 160-1.
17. Edilson Coelho. "Datasul pretende ampliar exportação de *software*". *O Estado de S.Paulo*, Caderno de Economia, 24.11.1997, p. B-12.
18. David Cohen. "Quantas listras tem uma zebra?". *Exame*, n. 647, 22.10.1997, p. 110-4.
19. J. G. March, H. A. Simon. *Teoria das organizações*. Rio de Janeiro, Fundação Getulio Vargas, 1965. p. 174-5.
20. Amitai Etzioni. *Organizações modernas*. São Paulo, Pioneira, 1967. p. 51-3.
21. De Witt C. Dearborn, Herbert A. Simon. "Selective perception: a note on the departmental identification of executives". *Sociometry 21*, n. 2, Jun./1958, p. 140-4.
22. William S. Gutt, Renato Tagiuri. "Personal values and corporate strategy". *Harvard Business Review*, 37, n. 5, Sep.-Oct./1965, p. 123-32.
23. William E. Pounds. "The process of problem finding". *Industrial Management Review*, 1969, p. 1-19.
24. Peter F. Drucker. *The practice of management*. Nova York, Harper & Brothers, 1954. p. 351-4.
25. Kurt Lewin. *Principles of topological psychology*. Nova York, McGraw-Hill, 1936.
26. Richard L. Daft. *Management*. Orlando, The Dryden, 1994. p. 259.
27. Frederic M. Biddle. "A Boeing criou seu próprio pesadelo". *The Wall Street Journal Americas*, O Estado de S.Paulo, 27.10.1997, Caderno de Economia, p. B-10.

Parte IV
ORGANIZAÇÃO

Objetivos de aprendizagem

Esta quarta parte segue o estudo do processo administrativo. O objetivo principal é mostrar a organização como a segunda das funções administrativas. Serão discutidos os fundamentos da organização – que também inclui um tipo particular de tomada de decisão – como a hierarquia administrativa, a amplitude administrativa e o grau de centralização ou descentralização do processo decisório. Esses aspectos proporcionarão a formatação estrutural da organização – se ela será verticalizada ou horizontalizada – e o grau de centralização ou descentralização do processo decisório na organização.

O que veremos adiante

Capítulo 10 – Fundamentos da organização.
Capítulo 11 – Desenho departamental.
Capítulo 12 – Desenho organizacional.

A palavra organização tem sido intensamente utilizada neste livro. Ela pode ser aplicada em dois sentidos diferentes, a saber:

1. **Organização como uma unidade ou entidade social:** na qual as pessoas interagem entre si para alcançar objetivos comuns. Nesse sentido, a palavra organização significa qualquer empreendimento humano criado e moldado intencionalmente para atingir determinados objetivos. As organizações são instituições que podem ser empresas, órgãos públicos, bancos, universidades, lojas e comércio em geral, prestadoras de serviços e um sem-número de outros tipos de organizações.

   Dentro desse enfoque social, a organização pode ser visualizada sob dois aspectos:
   a. **Organização formal:** é aquela baseada em uma divisão racional do trabalho, diferenciação e integração de seus órgãos e representada por meio do organograma da empresa. É a organização planejada que está oficialmente no papel, aprovada pela direção e comunicada a todos os participantes por meio de manuais de organização, descrições de cargos, organogramas e regras e regulamentos internos. É a organização formalizada oficialmente com base nos documentos da empresa.
   b. **Organização informal:** é aquela que emerge espontânea e naturalmente entre as pessoas que ocupam posições na organização formal e com base nos relacionamentos interpessoais como ocupantes de cargos. A organização informal surge das relações de amizades (ou de antagonismos) entre as pessoas e do aparecimento de grupos informais que não aparecem no organograma ou em nenhum outro documento da organização formal. Ela é constituída de interações e relacionamentos sociais entre as pessoas, de tal modo que a organização informal transcende e ultrapassa a organização formal em três aspectos:
      - **Duração:** enquanto a organização formal está confinada ao horário de trabalho, a organização informal pode prolongar-se para os períodos de lazer ou tempos livres das pessoas.
      - **Localização:** enquanto a organização formal está circunscrita a um local físico determinado, a organização informal pode ocorrer em qualquer lugar.
      - **Assuntos:** a organização formal limita-se aos assuntos exclusivos dos negócios da organização, enquanto a informal amplia-se a todos os interesses comuns das pessoas envolvidas.

2. **Organização como a função administrativa de organizar:** faz parte do processo administrativo. Nesse sentido, organização significa o ato de organizar, estruturar e integrar os recursos e os órgãos incumbidos de sua administração e estabelecer relações entre eles e as atribuições de cada um deles.

Em outras palavras, todas as organizações precisam de organização. Elas não alocam seus recursos ao acaso ou ao sabor dos ventos. As organizações precisam ser planejadas e organizadas para funcionar melhor e produzir melhores resultados. Nesta parte, trataremos exclusivamente da organização como função administrativa. A organização constitui a segunda das funções administrativas, vindo após o planejamento e antes da direção e do controle. Organizar significa agrupar, estruturar e integrar os recursos organizacionais, definir a estrutura de órgãos que deverão administrá-los, estabelecer a divisão do

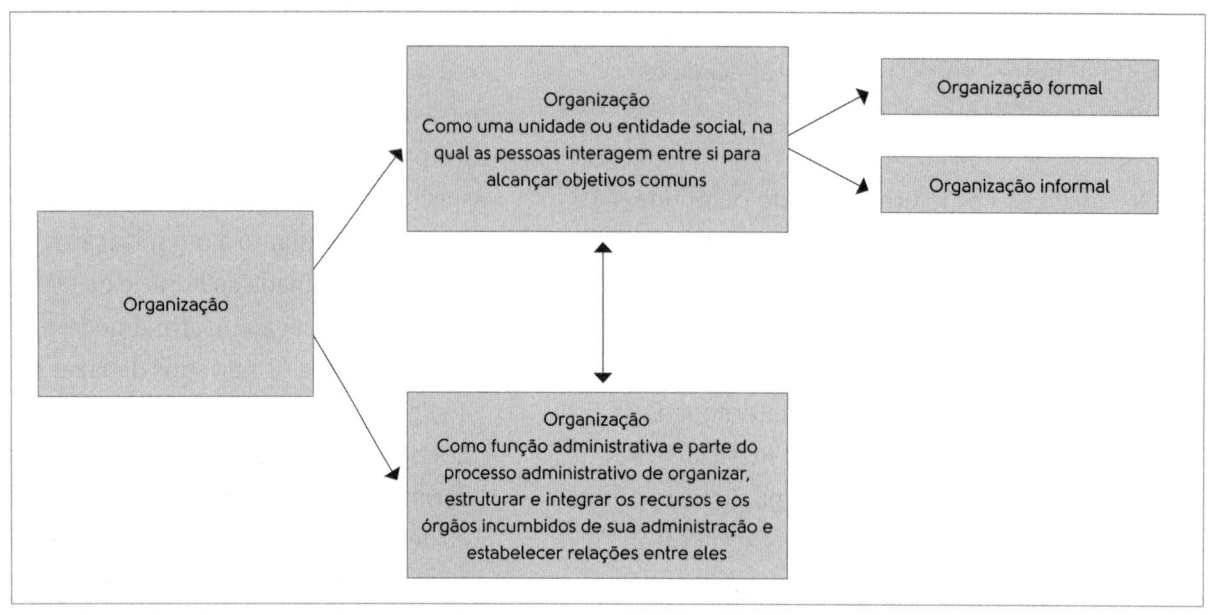

Figura IV.1. Os dois diferentes significados da palavra organização.

trabalho por meio da diferenciação, definir os níveis de autoridade e de responsabilidade. Uma atividade depende da outra: as organizações precisam ser organizadas para funcionarem melhor e para organizar deve-se ter uma organização pela frente que deva ser estruturada e moldada. Os capítulos seguintes se baseiam no segundo significado: a organização como parte do processo administrativo de agrupar e estruturar todos os recursos – pessoas, recursos físicos, financeiros e tecnológicos – para atingir os objetivos traçados no planejamento.

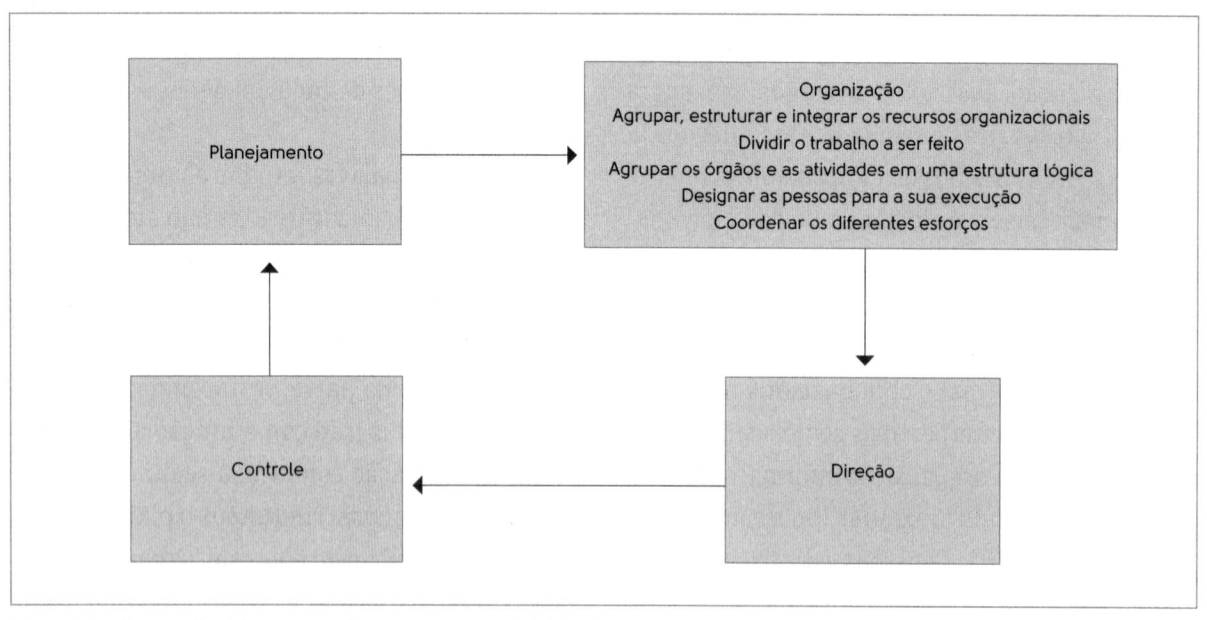

Figura IV.2. A organização como parte do processo administrativo.

Parte IV Organização

Esta quarta parte será inteiramente dedicada à organização como a terceira função administrativa. No Capítulo 10, abordaremos os fundamentos da organização como base para a estruturação organizacional. No Capítulo 11, descreveremos as principais características do desenho departamental, os tipos de departamentalização e como adequá-los às necessidades do negócio. No Capítulo 12, abordaremos o desenho organizacional e como moldá-lo e configurá-lo para funcionar como a base do sucesso da organização.

| Planejamento | Organização | Direção | Controle |

10. Fundamentos da organização
11. Desenho departamental
12. Desenho organizacional

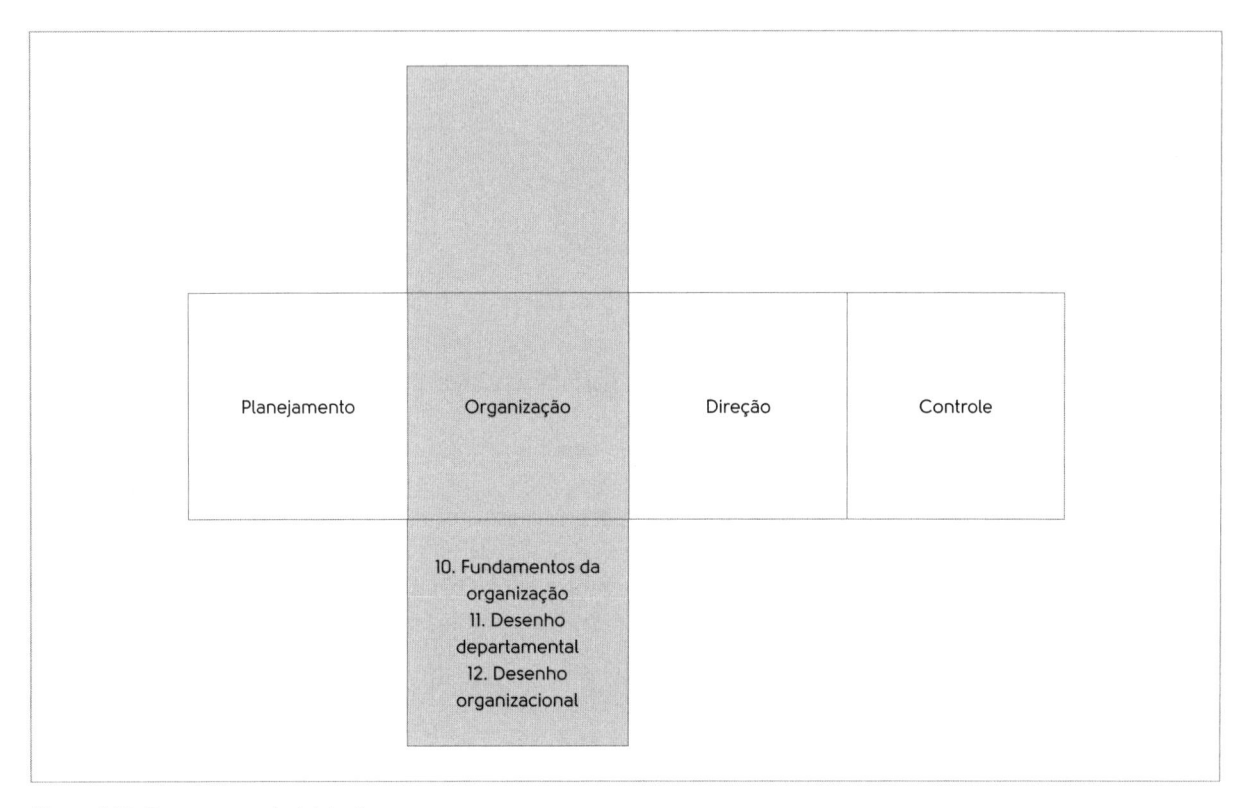

Figura IV.3. O processo administrativo.

10
FUNDAMENTOS DA ORGANIZAÇÃO

Objetivos de aprendizagem

Após estudar este capítulo, você deverá estar capacitado para:

- Definir a organização como uma função administrativa.
- Entender o conceito de organização.
- Descrever a estrutura organizacional e definir a estrutura vertical.
- Compreender a amplitude administrativa e seus efeitos.
- Descrever as organizações altas e as organizações achatadas.
- Salientar as vantagens da centralização e da descentralização.

O que veremos adiante

- Estrutura organizacional.
- Estrutura vertical.
- Hierarquia administrativa.
- Amplitude administrativa.
- Centralização/descentralização.

Caso introdutório: O quartel-general da Centrum

Antigamente, muitas empresas se inspiravam no modelo militar de organização centralizada e hierarquizada, no qual todas as estratégias e decisões eram formuladas e tomadas exclusivamente pela cúpula da organização. Tudo era decidido confidencialmente no QG da empresa e todas as pessoas eram meros executores daquelas decisões, sem saber exatamente quais os destinos desejados para a organização. Contudo, o mundo mudou rapidamente, e José Monteiro percebeu que o modelo burocrático e hierarquizado adotado por sua empresa foi totalmente ultrapassado pelas mudanças, principalmente nas últimas décadas. Apesar de sua idade avançada, Monteiro dirige com mão de ferro a empresa que fundou e conseguiu fazer crescer ao longo de muitos desafios e dificuldades de todos os tipos. Não se pode dizer que a Centrum seja mal administrada. O que ocorre é que ela é extremamente centralizada e verticalizada para uma época em que a maioria das organizações bem-sucedidas é horizontalizada e descentralizada. Monteiro sabe que precisa mudar. Apenas não sabe exatamente onde e como. Precisa de ajuda e orientação para os tempos modernos. Como você poderia ajudá-lo?

Todas as organizações – sejam indústrias, bancos, supermercados, empresas de serviços, hospitais, universidades etc. – caracterizam-se por uma estrutura interna capaz de lhes garantir coordenação interna e integração de todas as suas atividades. Todas as organizações se defrontam com o problema de como devem se organizar internamente para funcionar melhor, alcançar seus objetivos e garantir resultados compensadores.

Cada qual à sua maneira, todas as organizações precisam se estruturar e se organizar internamente, para funcionar adequadamente. Como a atividade organizacional é complexa e envolve uma diversidade de tarefas que precisam ser coordenadas e integradas, sua estrutura assume uma importância fundamental. O sucesso da organização repousa, em grande parte, na maneira pela qual ela consegue se organizar para funcionar e proporcionar resultados.

A palavra organização (do grego, *organon*: ferramenta) significa o arranjo e a disposição dos recursos organizacionais para alcançar objetivos estratégicos. Esse arranjo se manifesta na divisão do trabalho em unidades organizacionais, como divisões ou departamentos, seções e cargos, definição de linhas formais de comunicação, hierarquia de autoridade e adoção de mecanismos para coordenar as diversas tarefas organizacionais.

Toda organização precisa funcionar como um sistema integrado e coeso, em que todas as suas partes se interrelacionam intimamente para atuar como uma totalidade, a fim de alcançar um determinado objetivo com sucesso. Contudo, organizar não é algo que se faça apenas uma só vez. A estrutura organizacional não é permanente e nem definitiva, pois deve ser ajustada e reajustada continuamente, sempre que a situação e o contexto ambiental sofram mudanças e transformações. Assim, na medida em que enfrentam novos e diferentes desafios gerados por mudanças externas, a organização precisa responder e mudar adequadamente para ser bem-sucedida. As mudanças externas que ocorrem no ambiente trazem novas oportunidades, provocam novas ameaças, proporcionam novas tecnologias e novos recursos, incentivam a concorrência, condicionam novas regulações legais e governamentais e todas essas influências passam a afetar direta ou indiretamente os negócios da organização. E é aí que reside o segredo: a organização precisa ser suficientemente maleável, flexível e adaptável para ajustar-se às demandas ambientais, não somente para poder sobreviver em um contexto mutável, mas, principalmente, para acompanhar a realidade externa e garantir o sucesso do negócio.

A reorganização sempre se torna necessária para ajustar-se a essas mudanças. Reorganização significa a ação de alterar a estrutura organizacional para ajustá-la às novas condições ambientais. Muitas organizações estão se reestruturando continuamente para se tornarem mais ágeis, simples, eficientes, eficazes e competitivas em um ambiente global de forte e acirrada concorrência. IBM, General Electric, Xerox e outras grandes organizações utilizam conceitos fundamentais de organização para se manterem sempre sólidas e firmes.

A organização é uma importante função administrativa pela razão de servir como base ou infraestrutura para apoiar a estratégia organizacional. A estratégia define o que fazer, enquanto a organização define o como fazer. A estrutura organizacional é uma ferramenta para o administrador utilizar no sentido de harmonizar os vários recursos e competências para que as coisas sejam feitas por meio da estratégia estabelecida.

A organização é uma função administrativa que se distribui entre todos os níveis organizacionais, como mostra a Figura 10.1.

Dicas

Conceitos de organização

- **Organizar**: é o processo de estabelecer a utilização ordenada de todos os recursos de uma organização[1].
- **Organizar**: é o processo de engajar duas ou mais pessoas para trabalharem juntas de uma maneira estruturada para alcançar algum objetivo específico ou um conjunto de objetivos[2].
- **Organizar**: é o desmembramento dos recursos organizacionais para atingir objetivos estratégicos[3].
- **Organizar**: é o processo de assumir tarefas, alocar recursos e arranjar atividades coordenadas para implementar planos; é o processo de mobilizar pessoas e outros recursos para executar tarefas que sirvam a um propósito comum[4].

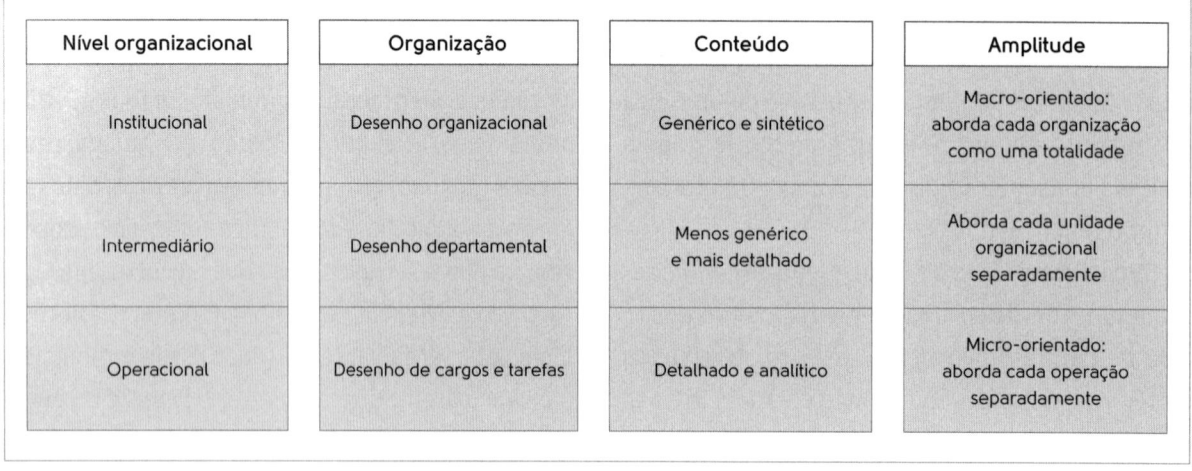

Nível organizacional	Organização	Conteúdo	Amplitude
Institucional	Desenho organizacional	Genérico e sintético	Macro-orientado: aborda cada organização como uma totalidade
Intermediário	Desenho departamental	Menos genérico e mais detalhado	Aborda cada unidade organizacional separadamente
Operacional	Desenho de cargos e tarefas	Detalhado e analítico	Micro-orientado: aborda cada operação separadamente

Figura 10.1. A organização nos três níveis organizacionais[5].

Assim, quando falamos de organização, queremos dizer que o nível institucional estabelece o desenho organizacional de toda a organização, o nível intermediário estabelece o desenho departamental para cada uma das unidades organizacionais e o nível operacional estabelece o desenho dos cargos e tarefas de cada atividade. Cada qual dentro de sua área de competência. Contudo, o processo é exatamente o mesmo para todos: estruturar as diferentes atividades que conduzem aos objetivos da organização. Cada administrador em seu nível organizacional coordena o trabalho de várias pessoas e estrutura equipes para processar a produção do trabalho.

A tarefa básica da organização é estabelecer a estrutura organizacional. Existem dois caminhos para se abordar a estrutura organizacional: a especialização vertical e a horizontal. A primeira conduz aos níveis de hierarquia, e a segunda, a áreas de departamentalização ou divisionalização. Chamaremos a especialização vertical de estrutura vertical, e a horizontal, de departamentalização. A estrutura vertical constitui o tema principal deste capítulo, enquanto a departamentalização será abordada no capítulo seguinte.

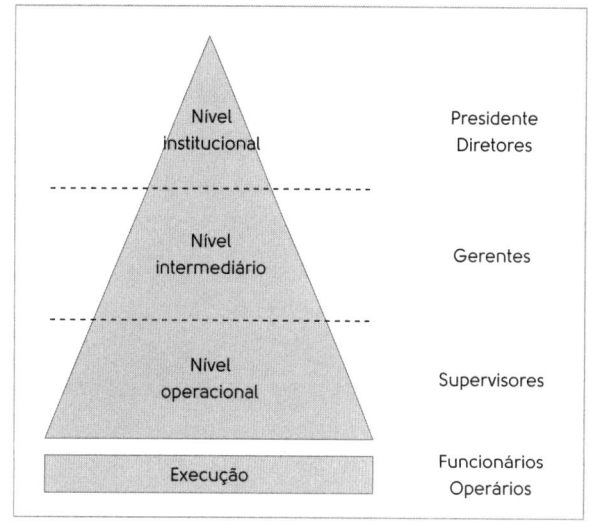

Figura 10.2. Os níveis hierárquicos da organização.

Especialização vertical ↓ Níveis hierárquicos		Especialização horizontal ↓ Áreas de departamentalização			
		Finanças	Produção	*Marketing*	Recursos humanos
	Diretores	Diretor financeiro	Diretor de produção	Diretor de *marketing*	Diretor de RH
	Gerentes	Gerentes da área financeira	Gerentes da área de produção	Gerentes da área de *marketing*	Gerentes da área de RH
	Supervisores	Supervisores da área financeira	Supervisores da área de produção	Supervisores da área de *marketing*	Supervisores da área de RH
	Funcionários	Funcionários da área financeira	Funcionários da área de produção	Funcionários da área de *marketing*	Funcionários da área de RH

Figura 10.3. As especializações vertical e horizontal da estrutura organizacional.

ESTRUTURA ORGANIZACIONAL

A estrutura organizacional é a maneira pela qual as atividades da empresa de instituição estruturada são divididas e coordenadas. Constitui a arquitetura ou formato organizacional que assegura a divisão e coordenação das atividades dos membros da organização. Na verdade, a estrutura organizacional funciona como a espinha dorsal da organização, o esqueleto que sustenta e articula todas as suas partes integrantes. Nesse sentido, a estrutura organizacional costuma apresentar uma natureza predominantemente estática. Ela se refere à configuração dos órgãos e equipes da organização.

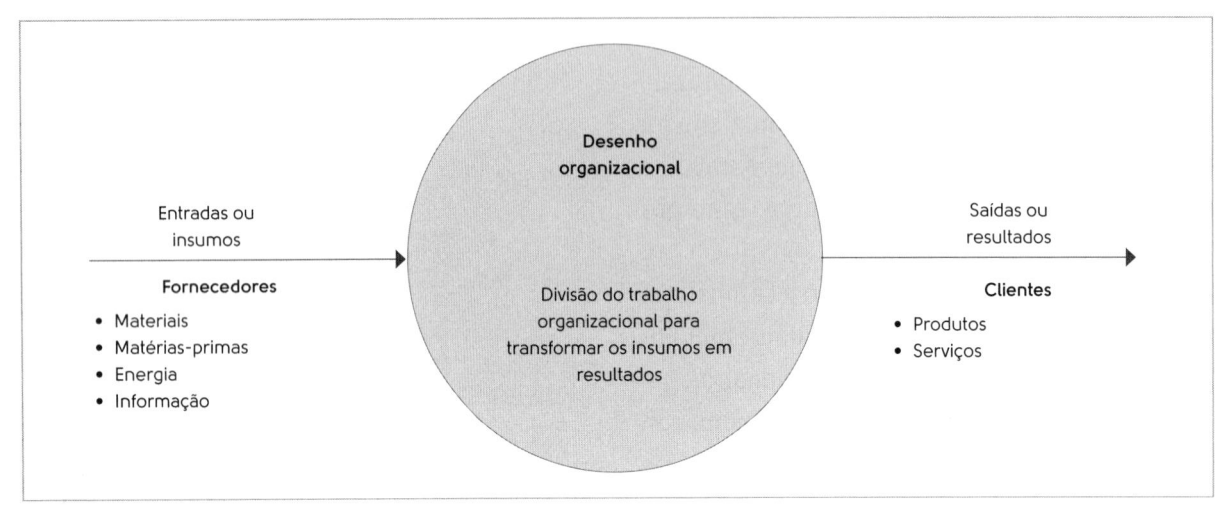

Figura 10.4. Os fatores envolvidos no desenho organizacional.

Dá-se o nome de unidade para cada subdivisão dentro de uma organização. Assim, divisões, departamentos, seções, grupos de trabalho e equipes são considerados unidades organizacionais. De um lado, cliente significa aquelas pessoas ou instituições que utilizam o produto ou serviço proporcionado pela organização. O cliente interno significa a pessoa ou unidade que utiliza o produto ou serviço proporcionado por outra pessoa ou unidade organizacional. O cliente externo significa a pessoa ou instituição que utiliza o produto ou serviço oferecido pela organização. Em uma empresa, o cliente pode ser o consumidor do produto ou usuário do serviço. Na outra ponta, fornecedor significa aquelas pessoas ou instituições que proporcionam um produto ou serviço para que a organização possa funcionar. O fornecedor externo é uma outra organização, enquanto o fornecedor interno representa uma unidade organizacional.

A função administrativa de organizar conduz, necessariamente, à criação da estrutura organizacional. A estrutura organizacional pode ser definida como[6]:

1. O conjunto de tarefas formais atribuídas às unidades organizacionais – divisões ou departamentos – e às pessoas.
2. As relações de subordinação, incluindo linhas de autoridade, responsabilidade pelas decisões, número de níveis hierárquicos e amplitude do controle administrativo.
3. O desenho de sistemas para assegurar coordenação eficaz entre as pessoas ao longo das unidades organizacionais.
4. O conjunto de tarefas formais, as relações de subordinação e os sistemas de coordenação servem para assegurar o controle vertical da organização.

Uma estrutura organizacional é eficaz na medida em que facilita o alcance dos objetivos pelas pessoas e é eficiente se o faz com os mínimos recursos ou custos.

O organograma constitui a representação gráfica da estrutura organizacional. É composto de retângulos (que são as unidades organizacionais, como órgãos ou cargos) e de linhas verticais e horizontais (que são as relações de autoridade e de responsabilidade). Os retângulos representam como as atividades são agregadas em unidades, como divisões, departamentos, seções e equipes. As linhas mostram a estrutura administrativa, isto é, como as pessoas se reportam umas às outras e como os retângulos se relacionam entre si na hierarquia. A Figura 10.5 ilustra o organograma de uma empresa têxtil.

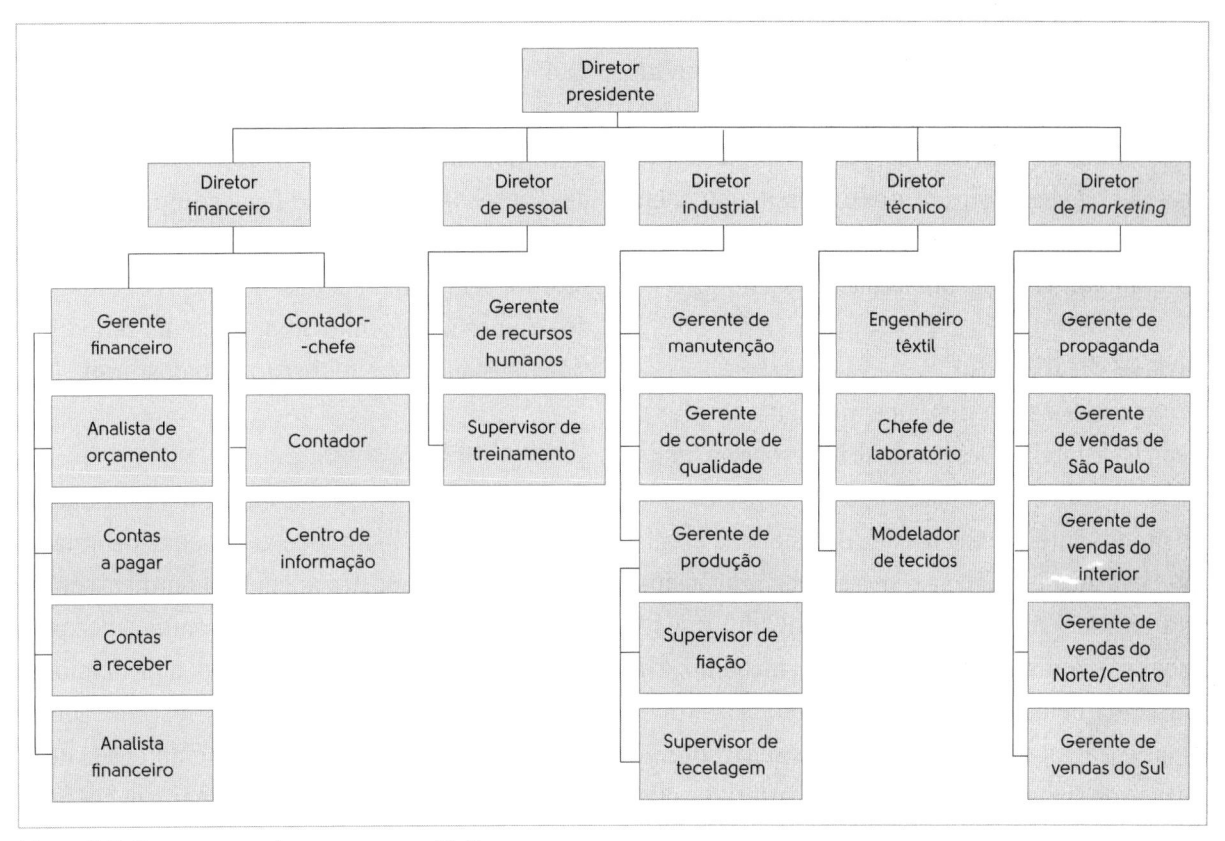

Figura 10.5. Organograma de uma empresa têxtil.

ESTRUTURA VERTICAL

A estrutura vertical refere-se ao aparato que envolve três fatores principais: a hierarquia administrativa, a amplitude de controle e o grau de centralização ou descentralização do processo de tomada de decisões da organização. Esses três fatores são estreitamente relacionados entre si. Se uma organização adiciona mais um nível administrativo, sua amplitude de controle ficará mais estreita, a estrutura administrativa mais verticalizada e o grau de centralização/descentralização também será afetado. Se ela reduz um nível administrativo, sua amplitude de controle ficará mais larga, sua estrutura administrativa, mais achatada, e o grau de centralização/descentralização também será afetado. São três fatores interligados que precisam ser considerados de maneira interdependente.

HIERARQUIA ADMINISTRATIVA

Para que os funcionários possam realizar eficientemente as suas tarefas e deveres existe a hierarquia administrativa. A função principal da hierarquia é assegurar que as pessoas executem suas tarefas e deveres de maneira eficiente e eficaz. A hierarquia administrativa refere-se ao número de níveis de administração que uma organização adota para assegurar a realização das tarefas e o alcance de seus objetivos. Uma estrutura alta exige muitos níveis hierárquicos, enquanto uma estrutura baixa requer poucos níveis hierárquicos. A hierarquia administrativa é uma consequência da divisão do trabalho, ou seja, ela existe para assegurar que o trabalho pulverizado entre os diversos componentes da organização seja devidamente executado. É, predominantemente, um esquema de controle.

Divisão do Trabalho

As organizações desempenham uma ampla variedade de tarefas. Desde o final da Revolução Industrial, um princípio fundamental nas organizações do mundo inteiro pregava que o trabalho é executado com mais eficiência com a especialização dos empregados[7]. A especialização do trabalho, que recebe também o nome de divisão do trabalho, é o grau em que as tarefas organizacionais são divididas e fragmentadas em atividades separadas. A divisão do trabalho segue a tradição cartesiana que abordamos em capítulo anterior sobre técnicas de solução de problemas. No organograma da empresa têxtil, nota-se a separação das tarefas organizacionais em finanças, pessoal, produção (industrial), tecnologia (técnico) e *marketing*. Os empregados dentro de cada unidade organizacional desempenham somente as tarefas relevantes à sua função especializada. Quando a especialização do trabalho é exagerada, os empregados se especializam em tarefas simples e repetitivas. Os cargos tendem a ser estreitos para que sejam executados eficientemente. A especialização do trabalho é facilmente visível nas linhas de montagens de automóveis, onde cada empregado executa sempre a mesma tarefa ao longo do tempo. Se apenas um empregado tivesse de construir um automóvel inteiro, provavelmente ele seria menos eficiente.

Apesar das aparentes vantagens da especialização, muitas organizações estão abandonando esse princípio. Com tanta especialização, os empregados ficam separados e isolados entre si, fazendo apenas uma tarefa simples, repetitiva e chata, o que provoca fadiga psicológica e alienação. Para sanar o problema, muitas organizações estão ampliando cargos para proporcionar maiores desafios e atribuindo tarefas a equipes para que os empregados façam rotação entre as várias tarefas desempenhadas pela equipe. A abordagem de equipes no desenho organizacional será discutida mais adiante em um capítulo posterior.

Cadeia de Comando

A cadeia de comando é uma linha contínua de autoridade que liga todas as pessoas de uma organização e que mostra quem se subordina a quem. Ela é associada a dois princípios enunciados pela Teoria Clássica da administração: o princípio da unidade de comando e o princípio escalar. Unidade de comando significa que cada empregado deve se reportar ou subordinar a apenas um chefe. O princípio escalar refere-se a linhas claramente definidas de autoridade desde a cúpula até a base da organização e que incluem todos os empregados. Todas as pessoas na organização devem saber a quem se reportar e quais os níveis administrativos sucessivos que levam ao topo. Na Figura 10.5, relacionada com o organograma da empresa têxtil, o gerente financeiro se subordina ao diretor financeiro, que se subordina ao diretor presidente que está no topo da organização, reportando-se ao conselho administrativo ou aos acionistas.

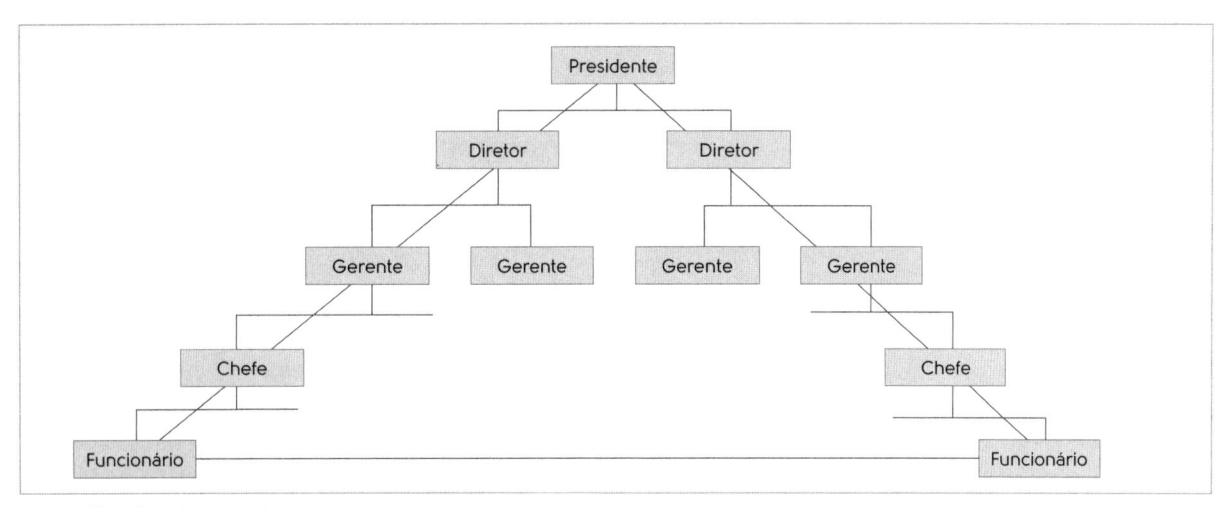

Figura 10.6. A cadeia escalar.

Autoridade, Responsabilidade e Delegação

Poder, em uma organização, é a capacidade de afetar e controlar as ações e decisões das outras pessoas, mesmo quando elas possam resistir. Uma pessoa que ocupa uma alta posição em uma organização tem poder pelo fato de que sua posição tem o que se chama de poder de posição.

Autoridade é o direito formal e legítimo de tomar decisões, dar ordens e alocar recursos para alcançar objetivos organizacionais desejados. A autoridade é formalmente estabelecida pela organização por meio do poder legitimado. A cadeia de comando reflete a hierarquia de autoridade que existe na organização.

A autoridade apresenta três características principais:

1. Autoridade é decorrente de uma posição organizacional, e não de pessoas. Os administradores possuem autoridade em função da posição ocupada e os que têm posição semelhante devem ter a mesma autoridade.
2. Autoridade deve ser aceita pelos subordinados. Embora ela flua do topo para a base da hierarquia, os subordinados a aceitam porque acreditam que os administradores têm o direito legítimo de dar ordens. A teoria da aceitação da autoridade argumenta que um administrador tem autoridade somente quando os subordinados decidem aceitar o seu comando. Se os subordinados se recusam a obedecer porque a ordem está fora de sua competência, a autoridade simplesmente não acontece e desaparece[8].
3. A autoridade flui abaixo pela hierarquia vertical. As posições do topo são investidas com mais autoridade formal do que as posições abaixo delas.

Administração de hoje

Novas dimensões da autoridade, responsabilidade e delegação

Muitas organizações estão eliminando velhos métodos de remuneração individual por peças e introduzindo novos conceitos de trabalho em equipe e incentivo grupal. Na Sara Lee Corporation, uma conhecida empresa americana que tem negócios nas áreas de confecções, roupas íntimas, artigos de couro e produtos de higiene e limpeza, os membros da equipe fazem a diagramação e o plano de configuração dos tecidos e estabelecem as cotas diárias de produção. Cada equipe é totalmente responsável por sua própria produtividade, qualidade e segurança no trabalho. Em vez de supervisores que controlam as pessoas, existem facilitadores que as impulsionam. Em menos de quatro anos, o novo arranjo estrutural proporcionou um aumento de 70% na produtividade, 15% de redução nos custos e diminuição do ciclo de operação de 2,5 dias para 2,5 horas[3]. A Sara Lee comprou da Colgate-Palmolive a operação brasileira da Kendall.

Voltando ao caso introdutório: O quartel-general da Centrum

Monteiro quer iniciar um programa de descentralização e de desburocratização na Centrum, empresa que dirige há décadas de maneira extremamente autocrática e individualista. Está perfeitamente consciente de que o modelo centralizador foi adequado para uma época que passou e que se sintonizou bem para estratégias rígidas e imutáveis. Agora, Monteiro quer adotar uma estratégia mais flexível para tempos mutáveis e implementá-la por meio de uma estrutura organizacional igualmente flexível e orgânica. Ele reconhece que a estrutura é uma das principais ferramentas para a aplicação da nova estratégia que pretende imprimir na sua empresa. Como você poderia ajudar Monteiro?

A responsabilidade é o outro lado da moeda da autoridade. Ela é o dever de executar a tarefa ou atividade atribuída a alguém. O administrador deve receber um volume de autoridade compatível com sua responsabilidade. Quando o administrador tem muita responsabilidade pelos resultados mas pouca autoridade, o trabalho é possível mas difícil, pois repousa mais na persuasão do que no poder. A autoridade atribuída deve ser balanceada com a responsabilidade para que o administrador possa oferecer resultados.

Dois conceitos decorrem da autoridade:

1. Atribuição: é o mecanismo pelo qual a autoridade e a responsabilidade são distribuídas entre as pessoas ou órgãos da organização. A atribuição significa que a pessoa recebe autoridade e responsabilidade, ficando sujeita a reportar-se e a justificar os resultados de suas atividades aos seus superiores na cadeia de comando[9]. A atribuição pode ser construída dentro da estrutura organizacional por meio de programas de incentivos e recompensas. Os administradores passam a ter o seu desempenho monitorizado e recebem pagamentos de bônus pelos resultados bem-sucedidos.

2. Delegação: é outro conceito relacionado com autoridade. Delegação é o processo pelo qual o administrador transfere autoridade e responsabilidade aos seus subordinados abaixo na hierarquia[10]. Muitas organizações estão encorajando os administradores a delegar autoridade aos níveis mais baixos da organização, a fim de proporcionar o máximo de flexibilidade para atender às necessidades do cliente e adaptar-se ao ambiente mutável e dinâmico que as envolve. Contudo, muitos administradores encontram enorme dificuldade em delegar autoridade. As técnicas de delegação de autoridade estão discutidas nas dicas adiante.

Dicas

Como delegar[3]

As tentativas da administração de cúpula para descentralizar o processo decisório esbarram muitas vezes na inabilidade dos administradores em delegar. Alguns administradores são muito ligados às suas responsabilidades e prendem as decisões por receio de que as pessoas errem. Dificuldades em delegar ocorrem por várias razões: os administradores ficam mais confortáveis tomando decisões rotineiras; sentem que perdem *status* quando delegam aos subordinados; acreditam que fazem melhor do que os outros ou têm aversão ao risco. E, assim, não delegam e mantém consigo toda a responsabilidade pelo desempenho.

A descentralização oferece muitas vantagens à organização. As decisões são tomadas no nível adequado; os empregados nos níveis mais baixos ficam mais motivados; as pessoas têm oportunidade de desenvolver habilidades de tomar decisões. As barreiras para a delegação precisam ser ultrapassadas para obter essas vantagens. Daft sugere a seguinte abordagem para cada administrador delegar mais eficazmente:

1. **Delegue a tarefa integral**: o administrador deve delegar a tarefa inteira a uma só pessoa e não dividi-la e fragmentá-la entre várias pessoas. Deve proporcionar responsabilidade completa e incentivar a iniciativa da pessoa enquanto permanece com o controle dos resultados.
2. **Selecione as pessoas certas**: nem todas as pessoas têm as mesmas capacidades e motivação. Para delegar eficazmente, o administrador deve saber identificar os subordinados que tomaram decisões independentes no passado e que mostram desejo de assumir responsabilidades.
3. **Delegue autoridade e também responsabilidade**: atribuir meramente uma tarefa não é delegação. A pessoa deve ter a responsabilidade de completar a tarefa, trazer resultados e a autoridade para desempenhar da maneira que julgar melhor.
4. **Proporcione instrução completa**: a delegação bem-sucedida inclui informação sobre o que, quando, por quê, onde, quem e como. O subordinado deve compreender, claramente, a tarefa e saber os resultados esperados. Anotar os recursos necessários e quando e como os resultados deverão ser relatados.
5. **Mantenha retroação constante**: retroação significa linhas abertas de comunicação entre as perguntas do subordinado e a orientação, sem exercer controle demasiado. Linhas abertas de comunicação facilitam a confiança do subordinado. Retroação conduz o subordinado na linha certa.
6. **Avalie e recompense o desempenho**: o administrador deve avaliar os resultados da tarefa quando completada e não os métodos. Quando os resultados não alcançam a expectativa, o administrador deve mostrar as consequências. Quando alcançam a expectativa, o administrador deve recompensar o subordinado por um trabalho benfeito, com orgulho, recompensas financeiras e delegação de novas atividades.

Avaliação crítica: Você é um delegador positivo?[3]

A delegação positiva é uma maneira pela qual as organizações implementam a delegação. Como ajudar ou estimular o processo de descentralização? Se você responder sim a mais que três das perguntas seguintes, você tem algum problema para delegar:

- Eu costumo ser perfeccionista.
- Meu chefe espera que eu conheça todos os detalhes do meu trabalho.
- Não tenho tempo suficiente para explicar claramente aos outros como a tarefa deve ser executada.
- Eu gosto de terminar e concluir as tarefas.
- Meus subordinados não estão tão envolvidos quanto eu.
- Eu fico irritado quando as pessoas não fazem direito as coisas.
- Eu gosto de fazer todos os detalhes do meu trabalho com o melhor da minha capacidade.
- Eu gosto de ter o controle dos resultados das tarefas.

Autoridade de Linha e *Staff*

Dá-se o nome de linha aos órgãos incumbidos de realizar a missão primária da organização. Um departamento de linha é o responsável pelo cumprimento dos objetivos principais da organização. Em uma organização industrial e comercial, os departamentos de linha (como produção e vendas) fazem e vendem o produto. Os órgãos de *staff* têm uma função de complementar e apoiar os órgãos de linha para que eles trabalhem melhor. Um departamento de *staff* é o responsável pela assessoria e consultoria interna dentro da organização.

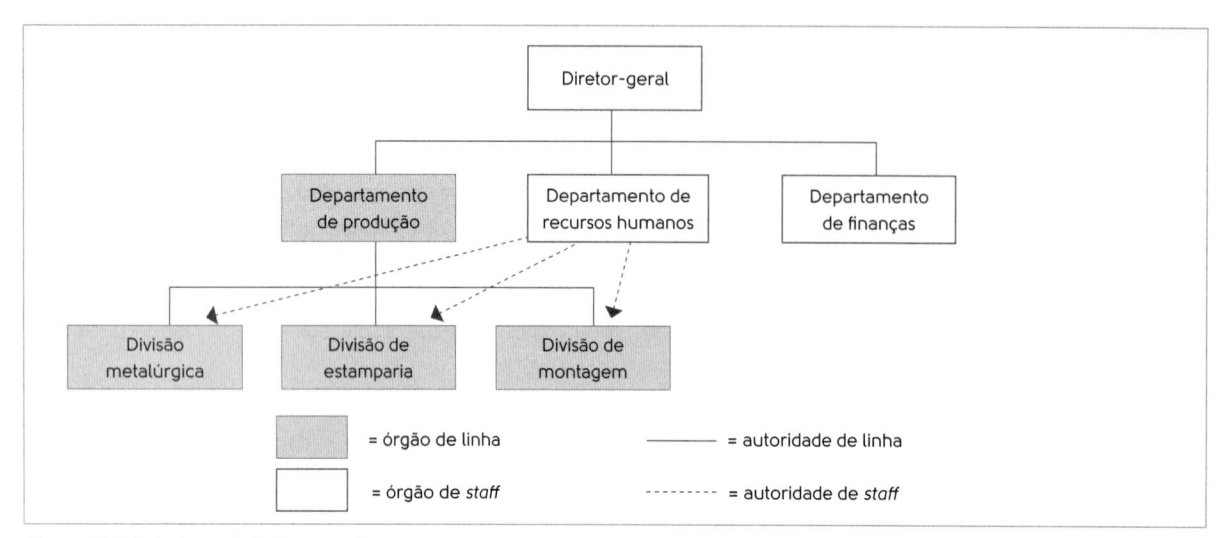

Figura 10.7. Estrutura de linha e *staff*.

O *staff* proporciona os seguintes serviços e atividades especializadas para toda a organização[11]:

1. **Serviços:** atividade especializadas como contabilidade, compras, pessoal, pesquisa e desenvolvimento, informação, propaganda, etc.
2. **Consultoria e assessoria:** assistência jurídica, métodos e processos, consultoria trabalhista, etc., como orientação e recomendação.
3. **Monitoração:** é o acompanhamento e avaliação de atividades ou processos, sem neles intervir ou influenciar. Inclui levantamento de dados, pesquisas, relatórios, acompanhamento de processos, etc.
4. **Planejamento e controle:** seja na área financeira, orçamentária, de produção, qualidade, manutenção de máquinas e equipamentos, são atividades desenvolvidas pelo *staff*.

Como a estrutura organizacional é a alocação de recursos necessários para o alcance de objetivos organizacionais, um aspecto interessante é saber qual a percentagem de recursos que são atribuídos às atividades de linha *versus* os recursos atribuídos às atividades administrativas e de *staff*. É o que geralmente se denomina custo administrativo ou *overhead* administrativo e que pode ser medido pelos seguintes índices:

1. **Índice de trabalho indireto/direto:** mede a proporção do pessoal de *staff* e de linha. O trabalho direto inclui os empregados que trabalham diretamente no produto ou serviço da organização. É o trabalho de linha. Os empregados indiretos incluem todos os demais empregados – contadores, engenheiros, mensalistas – na organização. É o trabalho de *staff*.

Esse índice é também denominado índice de linha/*staff*.
2. **Índice de administradores de topo**: mede a percentagem do total de empregados pelo número de administradores de topo. Para uma organização achatada e com amplitude administrativa ampla, essa percentagem deverá ser baixa.

Em um ambiente de competição global, a redução dos custos administrativos tem sido prioridade na maior parte das organizações. Em 1993, a Sears americana anunciou cortes de 50 mil funcionários e a eliminação da divisão de catálogos para reduzir seus elevados custos administrativos, que eram de 29,9% das vendas comparado com 15,3% da Walmart.

Outra distinção importante é a autoridade de linha e de *staff*. A autoridade de linha significa que as pessoas em posições administrativas têm autoridade formal para dirigir e controlar os subordinados imediatos. A autoridade de *staff* se refere ao direito de aconselhar, recomendar e assessorar dos especialistas de *staff*. A autoridade de linha é uma autoridade de comando, de direção e de decisão, enquanto a de *staff* é mais estreita e representa, basicamente, uma relação de comunicação e de assessoria e assistência.

AMPLITUDE ADMINISTRATIVA

A amplitude administrativa ou amplitude de controle significa o número de empregados que se devem reportar a um administrador. Determina o quanto um administrador deve monitorar estreitamente seus subordinados. Quanto maior a amplitude de controle, tanto maior é o número de subordinados para cada administrador. Quanto menor, menor o número de funcionários.

Durante muito tempo, o problema central da administração – nos idos da Teoria Clássica da Administração – foi saber qual o número de subordinados mais adequado para cada administrador. De 1930 até bem recentemente, os teóricos recomendavam uma amplitude de controle ideal que se situava entre 4 e 7 subordinados. Isso verticalizava a organização. A partir da década de 1980, passou-se a preferir amplitudes maiores e organizações mais achatadas.

Existem fatores que estão associados ao menor envolvimento do administrador e que proporcionam amplitudes de controle mais largas, a saber[3]:

1. O trabalho executado pelos subordinados é estável e rotineiro.
2. Os subordinados executam tarefas similares.
3. Os subordinados estão concentrados em uma única localização física.
4. Os subordinados estão treinados e requerem pequena direção para a execução das tarefas.
5. Existem regras e procedimentos que definem todas as atividades.
6. O administrador conta com sistemas de apoio e de pessoal.
7. As atividades não administrativas, como planejamento ou coordenação com outros departamentos, exigem pouco tempo.
8. As preferências e o estilo pessoal do administrador favorecem uma amplitude larga.

A amplitude administrativa estreita provoca um custo administrativo maior, porque existem mais administradores para cuidar de um número menor de pessoas. Cada administrador tem poucos subordinados a supervisionar e, portanto, mais tempo e energia para os deveres gerenciais e para o trabalho não administrativo. Com a supervisão mais estreita, as pessoas recebem maior atenção individual e suporte do chefe, mas têm menos autonomia e menos oportunidade para autodireção. A amplitude estreita tende a produzir estruturas organizacionais altas e alongadas, com mais níveis hie-

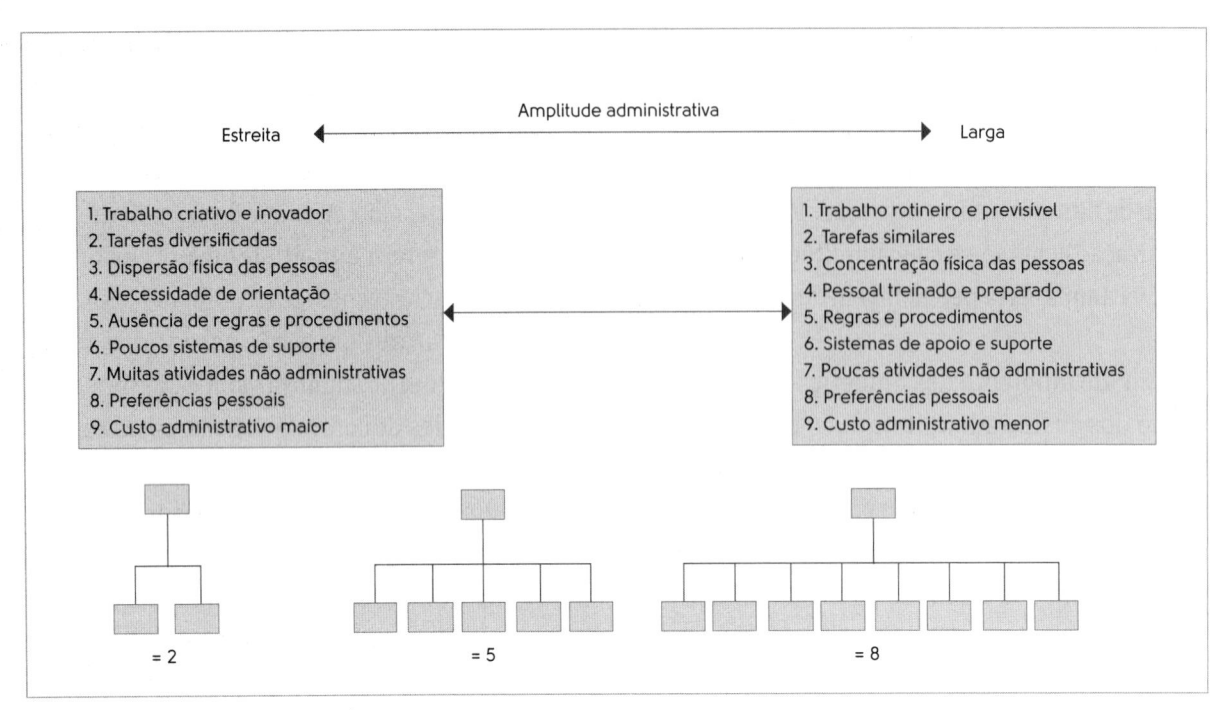

Figura 10.8. A amplitude de controle.

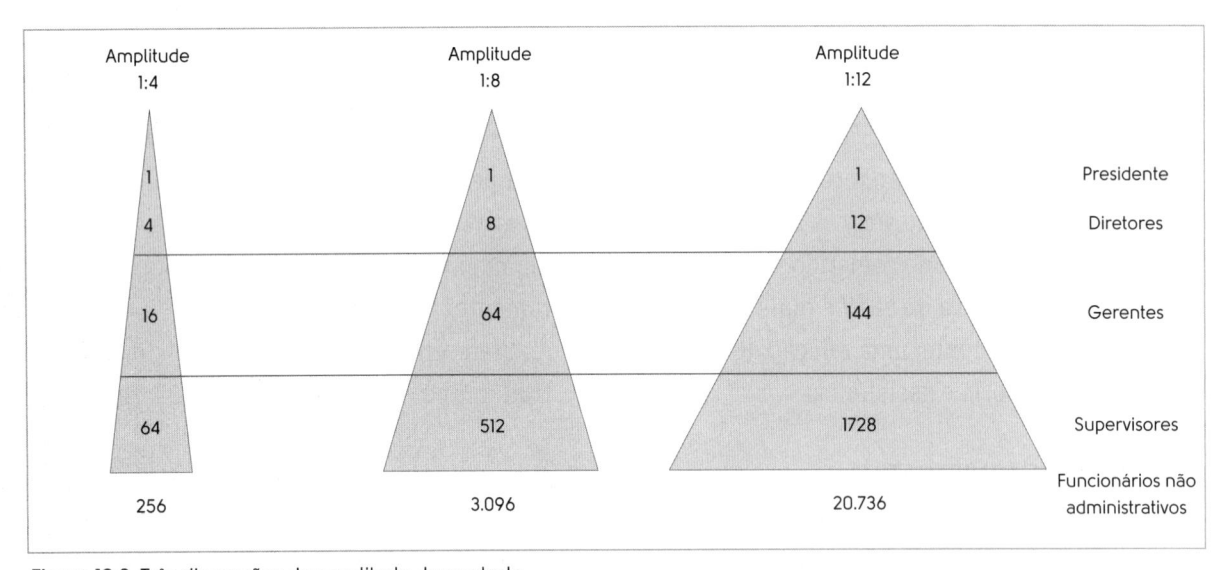

Figura 10.9. Três dimensões de amplitude de controle.

rárquicos, comunicações mais lentas e mais dificuldade de coordenação entre os diferentes grupos.

A amplitude de controle ampla permite custos administrativos menores, porque existem menos administradores para cuidar de um número maior de pessoas. Como os subordinados são mais numerosos, a tarefa administrativa é mais difícil, pois o administrador deve dispersar seus esforços entre um maior número de subordinados. Isso significa que outros meios devem ser encontrados para garantir a coordenação, comunicação e outros trabalhos que a organização atribui aos administradores. Os funcionários são encorajados a desenvolver mais habilidades e a ter maior iniciativa, pois há mais oportunidades de exercitar seu próprio julgamento na tomada de decisões a respeito de seu trabalho. Essa é a maior fonte de satisfação das pessoas. A amplitude de controle mais ampla tende a produzir estruturas organizacionais mais baixas e achatadas, em que o número de níveis hierárquicos é menor, proporcionando comunicação direta entre as pessoas situadas nos níveis mais baixos e mais altos da organização. Na base inferior, as pessoas que necessitam de apoio direto e intensivo de seu chefe, certamente, não o receberão.

Na verdade, a natureza do trabalho e a habilidade e experiência dos funcionários não administrativos influenciam as decisões sobre a amplitude administrativa. Outro ponto a considerar é que muitos administradores são também trabalhadores com considerável responsabilidade além da tarefa administrativa. Um gerente de vendas pode vender diretamente aos seus clientes e ter um pequeno volume de tempo para gerenciar o pessoal de vendas. Um engenheiro pode trabalhar em projetos juntamente com outros engenheiros, enquanto supervisiona as suas atividades. Para ambos os casos, uma amplitude administrativa estreita seria mais apropriada.

Organizações Altas e Organizações Achatadas

A amplitude de controle média utilizada por uma organização determina se a sua estrutura organizacional será alta ou achatada. Uma estrutura alta tem uma amplitude geral estreita e muitos níveis hierárquicos, apresentando uma conformação verticalizada. Uma estrutura achatada tem uma amplitude geral ampla, dispersada e tem poucos níveis hierárquicos, apresentando uma conformação horizontalizada.

Quase sempre, as organizações estão acrescentando ou eliminando níveis hierárquicos em sua estrutura organizacional para ajustar-se a situações ou novos desafios.

Cada nível administrativo adicionado ou removido da organização aumenta ou reduz o custo administrativo, afeta a maneira como o trabalho é realizado, o modo como as pessoas se relacionam e se sentem a respeito de seu trabalho.

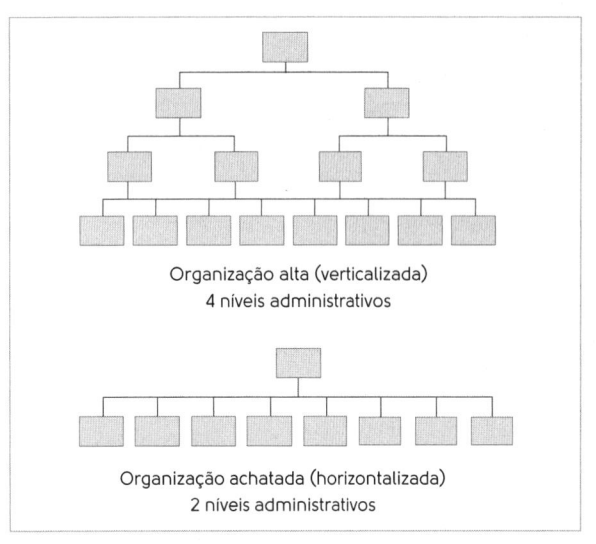

Figura 10.10. A hierarquia administrativa.

Caso de apoio: Empreendus – acréscimo de um nível hierárquico

A Empreendus é uma pequena empresa que ilustra bem o que ocorre quando uma organização inclui um nível administrativo adicional. A empresa começou com o proprietário, Homero Madeira, e mais quatro funcionários: um para tocar o escritório e três operadores de máquinas, A, B e C. Como o negócio expandiu, Homero admitiu mais dois operadores de máquinas, E e F. Com o gradativo tempo aplicado na administração geral do negócio, Homero tinha menos tempo para resolver os assuntos do cotidiano que ocorriam na produção. A solução foi promover o operador de máquina A para supervisor dos demais operadores. Nesse momento, a Empreendus passou de uma organização de dois níveis hierárquicos para três níveis.

O impacto da inclusão de um nível hierárquico para a Empreendus foi o seguinte:

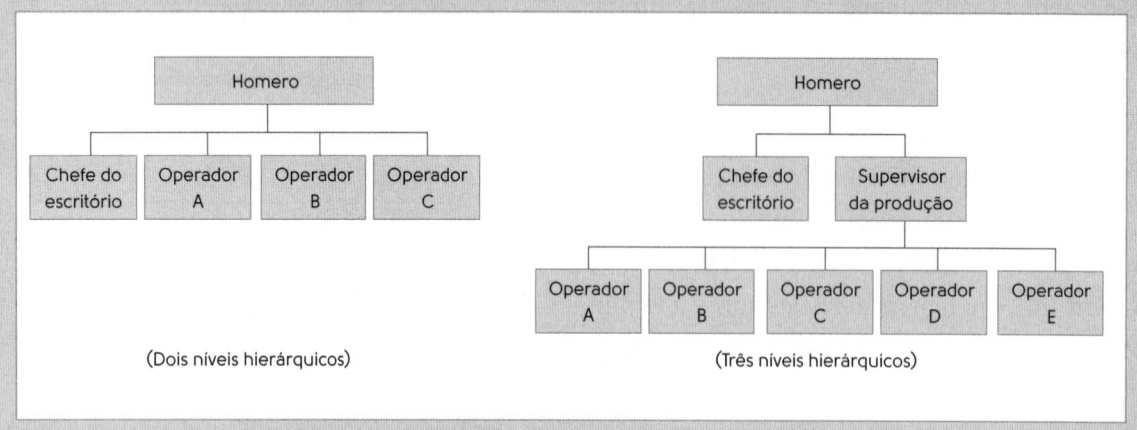

Figura 10.11. O acréscimo de um nível hierárquico na Empreendus.

1. Homero livrou-se do dia a dia dos assuntos de produção e tem mais tempo disponível para tratar de novos negócios e contatar clientes, fornecedores, bancos e financeiras.
2. O Operador de máquinas A aprende habilidades de supervisão e toma algumas decisões, familiarizando-se com assuntos de pessoal, programação de trabalho, manutenção e controle de qualidade, que antes eram assuntos privativos de Homero.
3. Os quatro operadores de máquinas têm o supervisor disponível para ajudar a resolver problemas, coisas que Homero não podia fazer, pois tinha outras responsabilidades. Em contrapartida, ficam distanciados em relação ao patrão. Seus contatos com ele dependem do novo supervisor.
4. O novo supervisor, em sua posição intermediária, pode atrasar ou apressar, distorcer ou aclarar as comunicações entre Homero e os operadores de máquinas e vice-versa. Pode facilitar o trabalho de Homero, reduzindo o volume de informação que ele deve receber ou levando a ele os principais problemas de produção, se ele estiver interessado.

Caso de apoio: Maker – redução de um nível hierárquico

A Maker é uma empresa especializada em prestação de serviços de manutenção de edifícios. Até recentemente, tinha uma matriz em São Paulo e cinco escritórios regionais em importantes capitais do Brasil. Cada escritório regional administrava os escritórios locais das cidades da região. Enquanto o negócio estava crescendo, as margens de lucro foram tornando-se gradativamente menores e a competição cada vez maior. Após uma reunião para a revisão de oportunidades de cortar custos, decidiu-se eliminar os escritórios regionais, fazendo com que cada escritório local se reportasse, diretamente, à matriz, reduzindo a estrutura de três para dois níveis administrativos.

A eliminação do nível regional trouxe várias mudanças, de acordo com a Figura 10.12.

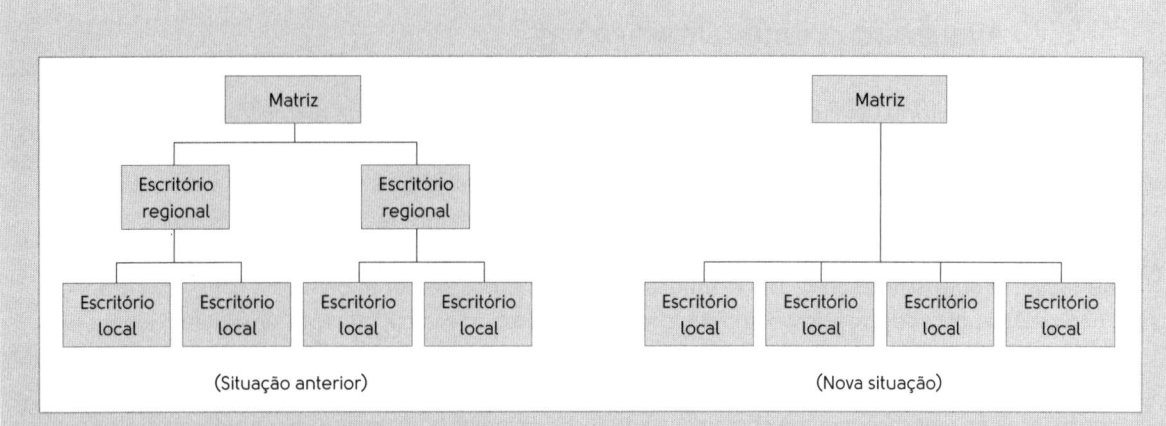

Figura 10.12. A situação da Maker.

1. Os gerentes dos escritórios locais e os seus funcionários tornam-se mais autônomos e responsáveis para obter novos contratos de negócios, cuidar da informação financeira e contábil, gerenciar projetos e assegurar a satisfação do cliente. Na prática, houve um aumento da descentralização.
2. O suporte que os escritórios locais recebiam dos escritórios regionais era longínquo, com algum suporte adicional da matriz. Agora, a matriz fornece diretamente o suporte aos escritórios locais.
3. A matriz interage mais com os escritórios locais, obtendo mais informação útil sobre como trabalham e o que fazem em diferentes situações. Antes, essa informação era imprecisa e incompleta.
4. O pessoal de finanças e contabilidade da matriz gerencia e concilia toda informação vinda diretamente dos escritórios locais. Não há mais *staff* regional para ajudá-los, nem a quem atribuir problemas.

Organizações Altas

As organizações altas e verticalizadas caracterizam-se por muitos níveis administrativos, hierarquia alongada, o que resulta em uma configuração que se assemelha a uma pirâmide. Era o modelo tradicional de organização. Suas principais características são:

1. Como a média da amplitude de controle é mais estreita, a carga de supervisão é menor para cada gerente. Isso significa maior contato com os subordinados e promove unidades de trabalho com mais produtividade e qualidade resultantes da perfeita compreensão dos procedimentos de trabalho pelos funcionários.
2. Há mais oportunidades para promoções, pois existem mais passos na escada hierárquica para serem alcançados.
3. A comunicação é mais lenta e tende a ser mais imprecisa por causa dos pontos intermediários na cadeia de comunicação que provocam distorções. Além disso, a informação tende a ser mais filtrada e censurada, na medida em que se sobe ou se desce nos diferentes níveis hierárquicos. Muitos gerentes omitem fatos dos funcionários porque pensam que eles não precisam conhecê-los, quando é importante que tais fatos sejam comunicados a eles.
4. As decisões são mais demoradas porque a estrutura alongada requer maior coordenação entre as fronteiras funcionais.

Avaliação crítica: *Downsizing*

O termo *downsizing* (do inglês, achatamento, enxugamento) foi um processo de passagem de uma geração de tecnologia de informação (TI) para uma nova geração. Sistemas antes hospedados em um computador de grande porte (*mainframe*) foram descentralizados e distribuídos para vários computadores de menor porte para aumentar a capacidade de computadores de custo menor. Na realidade, isso representou uma solução de distribuição e descentralização de processamento de dados em uma organização. O *downsizing* substituiu os antigos centros de processamento de dados (CPD) das grandes organizações por redes de microcomputadores, substituindo os *mainframes* por uma infinidade de micros interligados entre si. Na outra ponta, o termo *upsizing* representa a utilização de uma TI com aplicações mais sofisticadas que ainda não foram automatizadas nas organizações. No meio disso tudo, o termo *rightsizing* representa uma combinação ótima de sistemas de TI centralizados e descentralizados.

Na prática, o termo *downsizing* ultrapassou o campo da TI e passou a significar duas coisas distintas: um processo de descentralização do processo decisório rumo aos níveis mais baixos da organização além de redução de níveis hierárquicos. Enxugamento, reestruturação, racionalização e corte de gorduras. Com a preocupação pelo enxugamento, muitas organizações reduzem o seu tamanho e o número de funcionários. Um dos fundamentos do enxugamento é a busca de maior eficiência: obter os mesmos resultados com menos recursos ou insumos. Isso significa uma preocupação em buscar oportunidades de aumentar a amplitude de controle e reduzir o número de níveis hierárquicos para obter os mesmos resultados finais: a redução de custos administrativos e o aumento da produtividade organizacional simultaneamente.

No sentido de se dedicar exclusivamente às atividades essenciais do negócio (*core business*) as organizações fazem o *downsizing* por meio da terceirização – ou *outsourcing*: subcontratando outras empresas para executar atividades não essenciais, no sentido de desinvestir e transformar custos fixos em custos variáveis.

Organizações Achatadas

As organizações achatadas e horizontalizadas caracterizam-se por poucos níveis administrativos, hierarquia baixa e pelo fato de a base estar próxima ao topo da organização. Suas características principais são:

1. A comunicação que corre pela organização é mais rápida e sofre menos distorções.
2. As decisões são tomadas mais prontamente, o que permite maior rapidez em responder aos clientes.
3. As pessoas dos níveis mais baixos sentem-se mais próximas da cúpula.
4. O suporte que poderia ser proporcionado por mais níveis administrativos deve ser obtido por outros meios, como pessoas mais autossuficientes no nível em que o trabalho é executado.
5. Nos níveis mais baixos, existem poucas oportunidades para promoção, pois existem poucos níveis para serem alcançados.

Voltando ao caso introdutório: O quartel-general da Centrum

O primeiro cuidado de Monteiro está em definir, exatamente, qual a missão da Centrum, projetar uma visão da empresa para os próximos cinco anos e estabelecer os objetivos organizacionais básicos. Isso posto, o segundo cuidado de Monteiro é divulgar entre todos os funcionários – dos diretores até o faxineiro – essas colocações, para que todos saibam aonde a empresa pretende chegar. O passo seguinte é fazer com a ajuda de consultores externos um amplo programa de conscientização e de treinamento do pessoal para que todos possam absorver as novas responsabilidades como empreendedores. Contudo, Monteiro quer aumentar a descentralização em sua empresa. Mas deve fazê-la por meio do achatamento da hierarquia? O que você sugeriria?

Caso de apoio: As chaminés na indústria automobilística americana[12]

A indústria automobilística americana sempre foi conhecida pela sua tradicional dificuldade em coordenar o trabalho ao longo das fronteiras das suas várias divisões funcionais. Os organogramas das empresas do ramo automobilístico lembram enormes chaminés ou silos que representam seus departamentos funcionais com hierarquias altas. A auto-orientação é tão forte que, quando diferentes divisões precisam trabalhar em conjunto para alcançar os objetivos da companhia elas percebem as outras como verdadeiros vilões ou adversários.

Em geral, nas empresas automobilísticas, a divisão de Engenharia e Desenho sempre foi acusada pela divisão de Manufatura de desenhar veículos que esta não pode construir e com especificações que não consegue atender. A divisão de Qualidade Assegurada é visualizada como o inimigo número um da Produção porque os inspetores de qualidade paralisam a produção de um veículo em qualquer ponto da linha de montagem apenas para mandar reparar algum pequeno detalhe. Isso pode arruinar dias de produção, quando muitos veículos acabados ficando aguardando o devido reparo. A rígida departamentalização traz esses problemas de coordenação interdepartamental.

Com tantas sensações negativas, torna-se difícil para os gerentes de departamentos funcionais se entenderem e cooperarem entre si para coordenar o trabalho. Uma verdadeira briga de foice. Problemas desse tipo eram tão sérios na Ford americana ao redor das décadas de 1970 e 1980 que a sobrevivência da companhia ficou seriamente ameaçada. Nessa ocasião, a Ford resolveu essa situação, modificando profundamente a maneira como os novos modelos de carros passaram a ser construídos. A partir de então, a empresa fez com que equipes funcionais cruzadas passassem a trabalhar juntas para desenhar e testar cada novo modelo. Essas equipes representam todos os diferentes estágios do processo de desenvolvimento de novos produtos, como desenhistas, engenheiros, pessoal de produção, qualidade e *marketing*, fornecedores e trabalhadores do chão da fábrica. Foi um verdadeiro alívio.

Dicas

Como lidar com amplitudes de controle amplas e hierarquias achatadas?

1. Quais incentivos e oportunidades de atuação lateral que você poderia oferecer às pessoas nos níveis inferiores da organização se elas não têm oportunidades de promoção vertical? Pense em encarreiramento horizontal e não apenas vertical.
2. Como você poderia evitar que gerentes com largas amplitudes de controle não fiquem sobrecarregados com seus deveres gerenciais? Pense em delegação.

3. Como você poderia ajudar os novos funcionários relativamente inexperientes em uma organização achatada e proporcionar suporte aos seus gerentes sobrecarregados? Pense em treinamento.
4. Como você poderia organizar o trabalho para que seja necessária menor supervisão para alcançar os mesmos resultados? Pense em participação.

Avaliação crítica: O *downsizing* compensa?[13]

O Federal Reserve Bank of Dallas fez uma pesquisa: as 10 empresas americanas que mais cortaram empregos entre 1990 e 1995, demitindo um total de 850 mil trabalhadores, conseguiram um salto médio de 28% em sua produtividade. Os resultados variaram bastante de uma empresa para outra. A Digital Equipment cortou a metade de seu quadro e aumentou sua produtividade em 82%, enquanto a Sears se viu despencar em quase 10% após demitir 40% de seus funcionários. O quadro abaixo dá uma ideia do fenômeno:

Digital Equipment	+ 82,0%	IBM	+ 32,5%
McDonnell Douglas	+ 43,2%	General Motors	+ 23,4%
General Electric	+ 38,0%	General Dynamics	+ 5,7%
Kmart	+ 37,1%	Boeing	- 6,6%
GTE	+ 35,3%	Sears	- 9,8%

O *downsizing* acabou? Parece que ainda não. As companhias estão a todo momento anunciando novos cortes de funcionários.

CENTRALIZAÇÃO/DESCENTRALIZAÇÃO

O grau de centralização/descentralização refere-se ao quanto a autoridade para tomar decisões está concentrada no topo ou dispersada na base da organização. A centralização significa que a autoridade para decidir está localizada no topo da organização. A descentralização significa que a autoridade para decidir está dispersa nos níveis organizacionais mais baixos. Geralmente, as organizações fazem várias tentativas para saber qual o nível hierárquico mais adequado para tomar as decisões.

Há uma tendência nítida para a descentralização. Todavia, algumas grandes organizações estão tentando exatamente o oposto, que é a centralização de funções que antes eram descentralizadas. E elas também têm boas razões para fazê-lo. Os estudos de caso abaixo mostram algumas dessas razões. O bom senso é fundamental para a escolha do grau de centralização/descentralização.

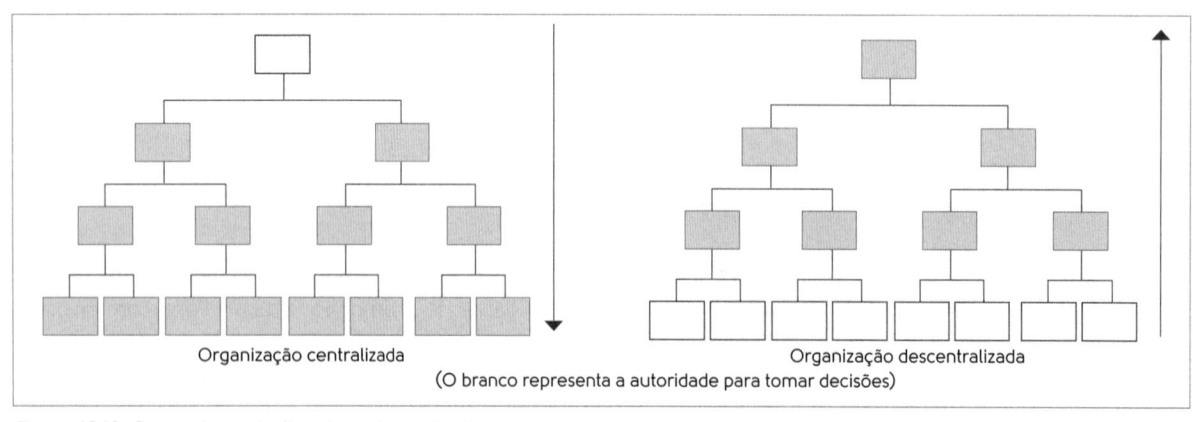

Figura 10.13. Graus de centralização e descentralização.

Administração de hoje

Hewlett-Packard

A Hewlett-Packard (HP) tinha 38 comitês centrais que estabeleciam as políticas e as regras para os seus negócios. Na medida em que os negócios cresceram, essa estrutura começou a funcionar como uma verdadeira camisa de força, reduzindo a capacidade da companhia de reagir mais rápida e prontamente às mudanças em seu ambiente de negócios extremamente dinâmico e competitivo. Ao reconhecer a falha, a companhia dissolveu, em 1990, esses comitês e descentralizou totalmente a autoridade para suas divisões, centralizando na outra ponta os controles dos seus resultados. Na realidade, descentralizou a autoridade no que concerne às operações e centralizou a autoridade no que concerne aos controles dos resultados. Foi o mesmo que a General Motors havia feito 60 anos antes.

Centralização

A centralização promove a retenção do processo decisorial na cúpula da organização. Existem três vantagens principais que a centralização pode trazer:

1. Controle: a centralização constitui o melhor método de controlar e coordenar as atividades e recursos da organização, principalmente quando:
   - A organização como um todo deve atender a requisitos legais ou regulatórios que são difíceis de interpretar.
   - As decisões tomadas no nível local podem afetar toda a organização. Uma interpretação distorcida de um contrato coletivo de trabalho por uma divisão local pode trazer problemas para todos.
   - Tudo o que ocorre em uma parte da organização poderá afetar as outras partes.
2. Por causa das economias de escala, a função centralizada pode ser administrada com menos recursos do que uma função descentralizada. A função de compras em uma grande organização é, geralmente, um departamento centralizado para que a organização consiga melhores descontos e condições de pagamento, o que não ocorreria se a função fosse dispersa. Quando um número grande de tarefas similares são desempenhadas em um único lugar, as "economias" são possíveis porque o equipamento e as facilidades podem ser compartilhados e, geralmente, poucas pessoas são necessárias para o trabalho, como no caso adiante, da Companhia Paulista de Eletricidade.
3. Novas tecnologias: nas décadas recentes, o grau de mudança tecnológica tem sido fenomenal. Novas tecnologias permitem que empresas descentralizadas migrem para a centralização e vice-versa sem afetar o seu funcionamento ou o processo decisório, pois a informação é rapidamente transmitida e recebida.

Caso de apoio: Centralização na Companhia Estadual de Eletricidade (CEE) – 1

A Companhia Estadual de Eletricidade (CEE) é uma grande empresa estatal fictícia no interior do Estado do Pará. Alguns anos atrás, a companhia decidiu centralizar suas operações de centros telefônicos de atendimento ao cliente, reduzindo as 24 unidades para apenas quatro unidades, diminuindo custos operacionais e trazendo mais agilidade com a nova tecnologia telefônica. Quando a demanda se eleva em um centro telefônico, o sistema, automaticamente, encaminha a ligação para um dos outros centros. Assim, a nova tecnologia permite a centralização de uma função tornando-a mais eficiente e eficaz no atendimento aos consumidores. O que você acha disso?

Caso de apoio: Centralização na Companhia Estadual de Eletricidade (CEE) – 2

A Companhia Estadual de Eletricidade (CEE) decidiu, recentemente, centralizar várias funções antes descentralizadas para agilizar serviços e reduzir custos. A empresa eliminou um escalão administrativo (nível de gerência) e os departamentos regionais que supervisionavam as operações das divisões locais. Essas divisões locais agora se reportam diretamente à matriz. A CEE é uma companhia que enxugou e compactou sua estrutura organizacional, enquanto centralizava muitas funções antes descentralizadas. O que você acha disso?

Descentralização

O foco no cliente e a agilidade no atendimento de suas necessidades levou as organizações a migrarem, resolutamente, para a descentralização. Muitas empresas bem-sucedidas tomam essa filosofia como base do sucesso de seus negócios.

Existem três vantagens principais que a descentralização pode trazer:

1. **Agilidade**: quando o processo decisório é empurrado para o nível local, a organização responde mais rapidamente aos clientes e às condições locais.
2. **Independência**: a descentralização estimula a criatividade e independência nas pessoas dos níveis mais baixos e ajuda a construir um espírito de equipe e preparar candidatos para posições mais elevadas.
3. **Novas tecnologias**: a tecnologia da informação permite maior descentralização da autoridade. Uma das principais razões para centralizar autoridade é assegurar que a administração de cúpula saiba como vai o negócio e seja influenciada pelo que ocorre dentro da organização. A tecnologia da informação permite que a autoridade seja delegada aos níveis inferiores, enquanto a alta administração recebe informação em tempo real. Descentralizam-se as decisões de operação e centraliza-se o controle dos resultados.

Caso de apoio: Descentralização na Companhia Estadual de Eletricidade (CEE) – 3

Para agilizar o atendimento das divisões locais aos consumidores, a CEE decidiu descentralizar autoridade na tomada de decisões para muitas funções que antes obedeciam a um controle rígido do escritório central da Matriz. As duas funções mais beneficiadas foram a de recursos humanos e a de manutenção da transmissão.

Com a reorganização, cada divisão passou a ter seu próprio departamento de recursos humanos. Isso multiplicou o número de departamentos de RH. Os gerentes de divisão ficaram contentes, pois eles passaram a decidir sobre assuntos locais de pessoal que, por sua vez, resultavam em melhor serviço aos consumidores. Por outro lado, isso trouxe a necessidade de aumentar o *staff* de todos os departamentos, o que aumentou os custos dessa função. Agora, a companhia está se defrontando com forte pressão para reduzir suas tarifas e os custos da descentralização estão acima dos benefícios trazidos. A função de RH está sendo novamente centralizada, com forte redução no seu tamanho.

No caso da manutenção da transmissão, a empresa também está migrando novamente para a centralização, para que a distribuição de verbas para a manutenção seja mais eficaz e eficiente, por meio de um sistema total. Verificou-se que as empresas que controlam a manutenção da transmissão de uma maneira global e central têm maior capacidade de priorizar o trabalho, gastar adequadamente e alcançar o máximo de desempenho do sistema total. Dê a sua opinião a respeito.

Caso de apoio: Descentralização na Companhia Estadual de Eletricidade (CEE) – 4

Um dos processos essenciais do negócio da CEE é a inclusão de novos clientes no sistema. O primeiro passo da nova divisão que cuida desse processo é o desenho e projeto da instalação da ligação elétrica de cada novo cliente. O processo envolve planejamento, estimativa, engenharia, construção e instalação final do serviço. Após a eliminação das divisões regionais da companhia, as divisões locais passaram a ter o controle sobre todas as etapas do processo de novos clientes. Isso significa clientes atendidos com maior rapidez e serviço mais ágil do que quando as decisões eram aprovadas no nível regional. Dê a sua opinião a respeito.

Dicas

Como lidar com a centralização e a descentralização

1. Se você pretende centralizar algumas funções para eliminar duplicidade e cortar custos, pense em como usar a tecnologia da informação para manter flexibilidade e agilidade para os clientes.
2. Quais os meios que uma organização centralizada poderia utilizar para assegurar agilidade e flexibilidade em nível local?

Fatores de Centralização/Descentralização

As decisões tomadas pelas pessoas devem ficar o mais próximo possível da fonte de informação e do campo de ação para obter decisões mais rápidas e bem informadas. Algumas decisões podem ser centralizadas para o bem de toda a organização.

Em muitas grandes organizações, existe um sistema de delegação formal da autoridade que especifica quem deve tomar qual decisão. Esse é um assunto que requer cuidadosa atenção. Alguns fatores devem ser considerados na delegação de autoridade, como:

1. **Duração das consequências:** quais as consequências que uma decisão projeta para o futuro da organização? Quanto pode ela ser rapidamente revertida? Considere que quanto mais longo prazo envolvam e quanto mais difíceis de se reverter, tanto mais as decisões devem ser tomadas pelo nível institucional. Decisões de longo prazo devem ser tomadas no alto da hierarquia.
2. **Impacto:** qual o efeito da decisão sobre outros departamentos ou divisões ou sobre a organização como um todo? Quanto mais uma decisão afeta toda a organização ou outras partes suas tanto mais deverá ser tomada pelo nível institucional. Decisões impactantes devem ser tomadas no alto da hierarquia.
3. **Custos:** qual é o custo de uma decisão? Deve-se levar em conta não somente o custo dos recursos envolvidos – como pessoas, dinheiro, materiais etc. – mas também alguns fatores importantes, como possível perda da confiança de clientes ou redução do moral dos funcionários. Quanto custaria reverter a decisão e quais seriam suas consequências? Quanto mais alto o custo mais a decisão deverá ser tomada pelo nível institucional.

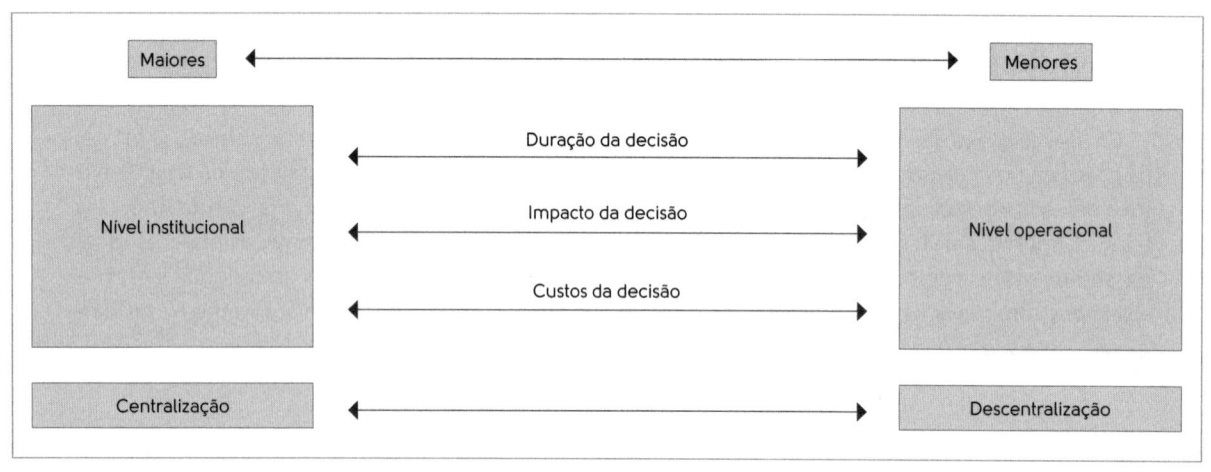

Figura 10.14. Fatores que condicionam a centralização/descentralização.

Voltando ao caso introdutório: O quartel-general da Centrum

Monteiro quer mudar a cultura organizacional da Centrum para transformar os funcionários em verdadeiros parceiros do negócio. Como parceiros, as pessoas deverão tomar decisões a respeito de suas atividades, tendo como foco o cliente da empresa. O passo a seguir será a descentralização da organização. Um passo que Monteiro nunca havia dado em sua vida profissional. Como você poderia ajudar Monteiro?

Caso de apoio: A famosa descentralização da General Motors[11]

Um dos exemplos mais bem-sucedidos de descentralização aconteceu na General Motors, por volta da década de 1920, na época em que Alfred Sloan Jr. foi seu presidente. Aliás, Sloan foi o primeiro presidente profissional de uma grande organização. Ao contrário da Ford — que começara como uma pequena indústria individual e extremamente centralizada — a GM foi criada em 1910 por William C. Durant como uma organização composta de vários negócios e empreendimentos adquiridos e que continuaram sendo administrados pelos seus antigos proprietários que controlavam seus respectivos negócios. Ao assumir a presidência da companhia, em 1921, Sloan decidiu substituir os antigos donos por gerentes profissionais, desenvolvendo um programa de organização descentralizada, que levou a GM à posição de maior indústria automobilística americana nos seus primeiros cinco anos. Estava surgindo o moderno conceito de corporação. Essa filosofia de descentralização é contada em detalhes em dois livros clássicos[14,15]. Drucker batizou de "ensaio de federalismo", pelo fato de Sloan buscar autoridade e operações totalmente descentralizadas, mas com um controle centralizado e coordenado em suas mãos. Em outros termos, procurava fazer com que cada divisão da companhia tomasse suas próprias decisões, dentro das bases de certas diretrizes e políticas gerais. Com isso, fortalecia a alta administração, permitindo-lhe concentrar-se nas tarefas mais importantes da organização, ao mesmo tempo em que concedia certo grau de liberdade e independência para suas divisões operacionais. Sloan partiu do pressuposto de que uma liderança ditatorial em uma grande indústria causa profundos problemas para o moral interno do negócio. Era exatamente a antítese do estilo autocrático e centralizador exercido por Henry Ford nos seus últimos anos de gestão. O primeiro passo de Sloan foi transformar as antigas indústrias em divisões de uma corporação.

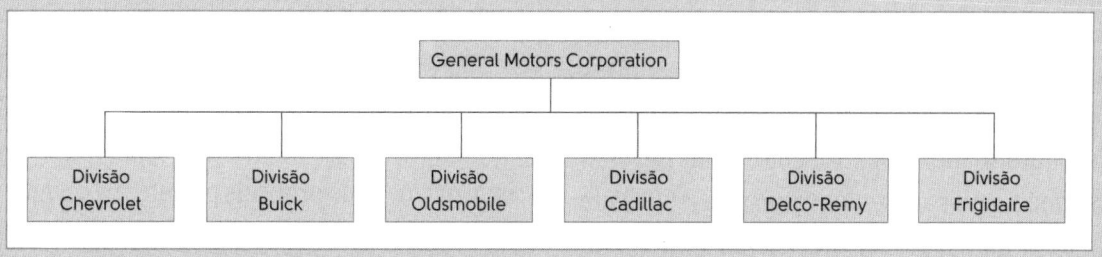

```
                    General Motors Corporation
    ┌──────────┬──────────┬──────────┬──────────┬──────────┐
  Divisão    Divisão    Divisão    Divisão    Divisão    Divisão
  Chevrolet  Buick      Oldsmobile Cadillac   Delco-Remy Frigidaire
```

Figura 10.15. O esboço inicial de Sloan para a General Motors.

Cada divisão era totalmente autossuficiente em termos de recursos organizacionais, tendo ampla liberdade nos seus negócios. Embora submetida ao controle de diretrizes e políticas corporativas, cada divisão projeta, desenvolve, fabrica e comercializa os seus produtos independentemente, fazendo concorrência com as demais. Cada divisão efetua as suas próprias compras das outras divisões da companhia ou de outras companhias, tendo por base o melhor preço e a qualidade necessária. Cada divisão estabelece a sua própria organização de linha e *staff*, toma as suas decisões internas e busca alcançar resultados e submetê-los à administração central. Com isso, a GM estabeleceu uma centralização na formulação de diretrizes na alta administração, um controle centralizado (de contabilidade, de finanças e de auditoria, etc.), mas permitiu uma total descentralização da autoridade no âmbito das operações de cada divisão. De um lado, princípios orientadores para toda a corporação e, de outro lado, estilos de liderança voltados para resultados. Com isso, a GM revidava o seu principal concorrente da época, oferecendo uma variedade de modelos e cores de automóveis ao mercado, enquanto a Ford teimava em oferecer o seu Modelo T exclusivamente de cor preta. Uma profunda mudança organizacional para conquistar mercados. O impacto do desempenho da GM e a influência do livro de Drucker provocaram a reorganização de muitas grandes organizações, como a General Electric, a própria Ford, a Imperial Chemical Ind. Inglesa, etc. A GM foi a maior empresa do mundo desde então até o início da década de 1990.

Exercícios: Delegação de responsabilidades na *Old Fashion*[1]

Imagine que o gerente de modelagem da *Old Fashion* tenha pedido demissão e você foi convidado a ser o novo gerente. O departamento de modelagem é constituído de um grupo de *designers* de alta moda feminina – que é bastante conhecido pela sua natureza temperamental e padrões próprios de comportamento – ao qual os demais gerentes preferem chamar de "funcionários difíceis ou esquisitos". Embora tenha excelentes conhecimentos de moda feminina, o grupo tem pouca experiência em assuntos administrativos. Antes de você se reunir com o grupo para uma sessão inicial de planejamento, você precisa identificar quais os assuntos que podem ser delegados aos *designers*, quais envolvem autoridade compartilhada e quais deverão permanecer sob sua exclusiva responsabilidade como novo gerente. Você precisa fazer uma listagem desses assuntos. Os possíveis tópicos são:

1. Determinar o tipo de equipamento para desenhar blusas, calças, saias, etc.
2. Escolher cores, padrões, tamanhos, tipos de tecidos, etc.
3. Assessorar o time de *design* em questões de produtividade e qualidade.
4. Assessorar no esclarecimento de padrões de direção ou gerência.
5. Criar conjuntos ou itens simples de vestuário.
6. Promover *design* individual *versus design* grupal.
7. Fazer relatórios à administração.
8. Identificar problemas que atrapalhem programas ou objetivos.

Ocorre que um talentoso membro da equipe lhe pede para conversar privativamente. Ele explica que deseja liberdade artística e latitude para inovação. Deseja direção para moda e não para o mercado. Como artista, quer autonomia criativa e controle de seus próprios projetos. Não quer que suas ideias sejam diluídas ou alteradas e nem deseja compromisso para trabalhar com outros *designers*. Você sabe que a sua resposta servirá como o tom para as futuras relações entre você e a equipe. Como você agiria?

Responsabilidade delegada	Autoridade compartilhada	Autoridade do gerente

Caso para discussão: Pirelli[16]

O grupo Pirelli desembarcou em Santo André, no ABC paulista, em 1929, apenas meio século após sua fundação em Milão na Itália. Além da fábrica no ABC, a Pirelli brasileira tem em Sorocaba – SP (fibras óticas) e em Gravataí – RS (que é a maior das 71 fábricas de pneus que o grupo tem no mundo). A receita com o negócio de pneus superou a receita das demais unidades e provocou a revolução interna que a Pirelli empreendeu nos últimos cinco anos para sair do atoleiro em que se encontrava. Protagonista de peso em um mercado repartido em três fatias durante décadas com a Goodyear e a Firestone, a Pirelli viu a Michelin chegar ao Brasil para produzir pneus de carros e caminhões e sentiu a dura concorrência dos importados no mercado de reposição no segmento de veículos de passeio.

Quando era presidente, Leopoldo Pirelli, o neto do fundador, tomou a decisão, como sócio minoritário, de comprar a Continental, outra grande produtora de pneus, à revelia do sócio majoritário, o Deutsche Bank. A disputa entre sócios durou dois anos e meio e trouxe um estrago de US$ 279 milhões de despesas extraordinárias para indenizar parceiros na malograda tentativa de aquisição. Resultado final: prejuízo de mais de meio bilhão de dólares lançado no balanço de 1991. Com essa cabeçada, Leopoldo Pirelli cedeu o lugar ao seu genro, o ousado Marco Tronchetti Provera.

O plano mundial de reestruturação de Provera cortou drasticamente 20% dos empregos, apagou níveis hierárquicos e fechou 19 fábricas nos países onde o grupo operava. Eliminou tudo o que não fosse pneus e cabos, mantendo apenas algumas empresas comerciais e financeiras que dão suporte à atividade industrial. Hoje, o Grupo Pirelli atua em 160 países. Faz pneus em nove deles. Emagreceu seu pessoal em mais de 50% em 1996, enquanto aumentou sua produtividade em 53%.

A Pirelli do Brasil cortou ao meio a sua mão de obra – emprega sete mil funcionários – e é o filé mignon de seu negócio. Além da produtividade, modernizou e racionalizou tudo, reduzindo dramaticamente seus elevados custos. Mas o produto se tornou o principal foco de atenção. Foi assim que a empresa avançou na exportação. A clientela concentrada no Primeiro Mundo é exibida como atestado de qualidade de seus pneus. "Somos de fato os líderes no segmento dos *premium*. Além disso, no mundo das duas rodas, o grupo é precursor e líder", diz o presidente da Pirelli brasileira. Em tempos de preços declinantes e competição acirrada, manter 35% de participação em um mercado crescente transforma qualquer progresso em um trunfo imprescindível.

Questões:
1. Como a Pirelli se adaptou aos novos tempos?
2. Qual a estratégia para colocar a casa em ordem?
3. Como a Pirelli passou a focalizar seus negócios?
4. Como foi o plano de reestruturação da companhia?
5. Até que ponto a estrutura vertical foi afetada?

Exercícios

1. Conceitue organização formal e informal.
2. Conceitue organização como função administrativa.
3. O que é desenho organizacional?
4. Explique a estrutura organizacional.
5. Explique a estrutura vertical. O que é hierarquia administrativa?
6. Conceitue divisão do trabalho e cadeia de comando.
7. Explique autoridade e responsabilidade.

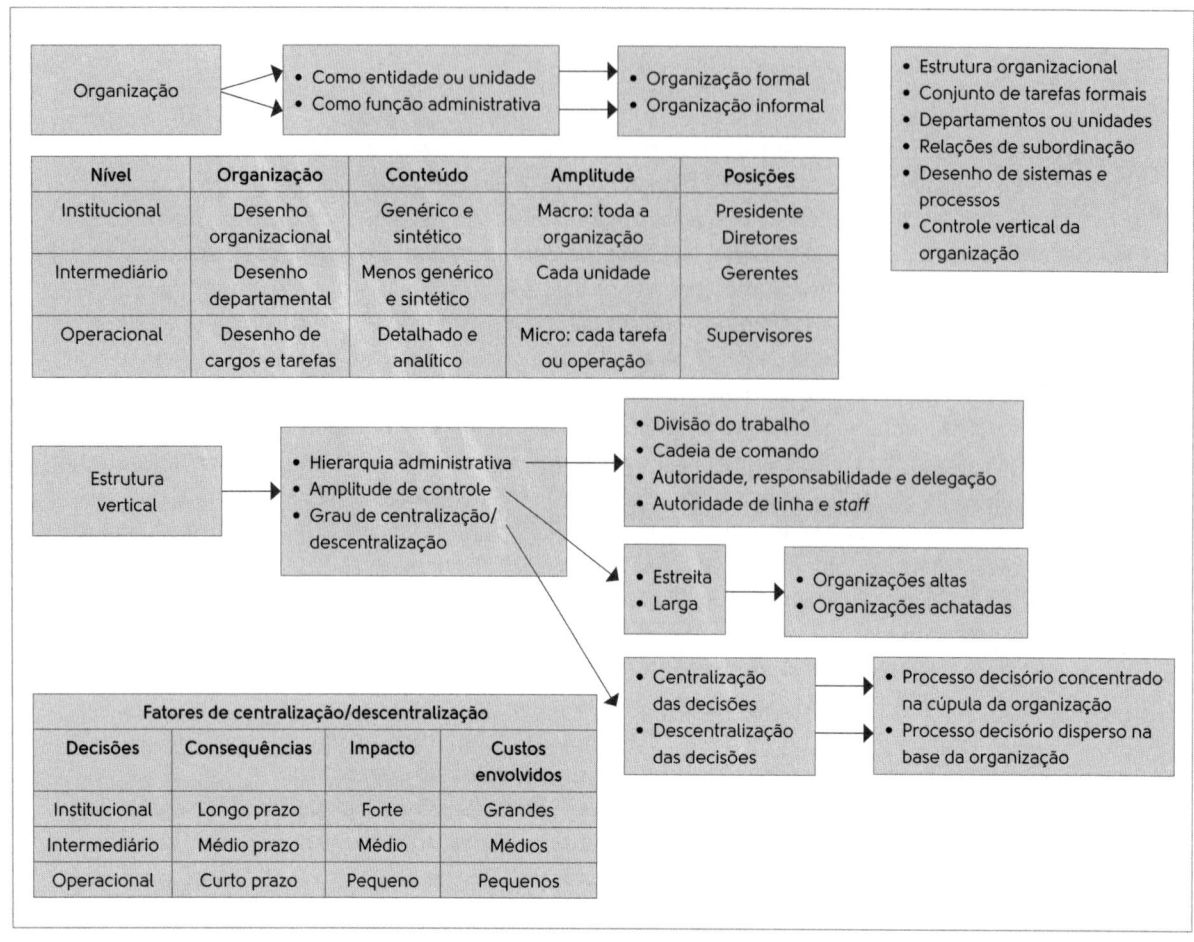

Figura 10.16. Mapa Mental do Capítulo 10: Fundamentos da organização.

Nível	Organização	Conteúdo	Amplitude	Posições
Institucional	Desenho organizacional	Genérico e sintético	Macro: toda a organização	Presidente Diretores
Intermediário	Desenho departamental	Menos genérico e sintético	Cada unidade	Gerentes
Operacional	Desenho de cargos e tarefas	Detalhado e analítico	Micro: cada tarefa ou operação	Supervisores

Organização
- Como entidade ou unidade
- Como função administrativa

- Organização formal
- Organização informal

- Estrutura organizacional
- Conjunto de tarefas formais
- Departamentos ou unidades
- Relações de subordinação
- Desenho de sistemas e processos
- Controle vertical da organização

Estrutura vertical
- Hierarquia administrativa
- Amplitude de controle
- Grau de centralização/descentralização

- Divisão do trabalho
- Cadeia de comando
- Autoridade, responsabilidade e delegação
- Autoridade de linha e *staff*

- Estreita
- Larga

- Organizações altas
- Organizações achatadas

- Centralização das decisões
- Descentralização das decisões

- Processo decisório concentrado na cúpula da organização
- Processo decisório disperso na base da organização

Fatores de centralização/descentralização			
Decisões	Consequências	Impacto	Custos envolvidos
Institucional	Longo prazo	Forte	Grandes
Intermediário	Médio prazo	Médio	Médios
Operacional	Curto prazo	Pequeno	Pequenos

8. Explique delegação e como fazê-la acontecer.
9. Qual a diferença entre autoridade de linha e autoridade de *staff*?
10. Conceitue amplitude administrativa.
11. Compare a amplitude administrativa estreita e a larga.
12. Compare organizações altas e organizações achatadas.
13. Explique as características da centralização.
14. Explique as características da descentralização.
15. Quais os fatores que determinam o grau de centralização/descentralização?

REFERÊNCIAS BIBLIOGRÁFICAS

1. Samuel C. Certo. *Modern management: diversity, quality, ethics, and the global environment*. Boston, Allyn & Bacon, 1994. p. 114, 261.
2. James A. F. Stoner, R. Edward Freeman, Daniel R. Gilbert Jr. *Management*. Englewood Cliffs, Prentice Hall, 1995. p. 11.
3. Richard L. Daft. *Management*. Orlando, The Dryden, 1994. p. 185-7, 293, 295, 297.
4. John R. Schermerhorn, Jr. *Management*. Nova York, John Wiley & Sons, 1996. p. 130.
5. Idalberto Chiavenato. *Administração: teoria, processo e prática*. Barueri, Manole, 2014.
6. John Child. *Organization: a guide to problems and practice*. Londres, Harper & Row, 1984.
7. Adam Smith. *The wealth of nation*. Nova York, Modern Library, 1937.
8. Chester I. Barnard. *As funções do executivo*. São Paulo, Atlas, 1971.
9. Michael G. O'Loughlin. "What is bureaucratic accountability and how can we measure it?". *Administration & Society*, 22, 03.11.1990, p. 275-302.
10. Carrie R. Leana. "Predictors and consequences of delegation". *Academy of Management Journal*, 29, 1986, p. 754-74.

11. Idalberto Chiavenato. *Introdução à teoria geral da administração*. Rio de Janeiro, Elsevier/Campus, 2011, p. 245-7, 298.
12. Margareth R. Davis, David A. Weckler. *A practical guide to organization design*. Menlo Park, Crisp, 1996. p. 66.
13. "*Downsizing* compensa?". *Exame*, n. 632, 26.03.1997, p. 13.
14. Peter F. Drucker. *Concept of corporation*. Nova York, John Day, 1946.
15. Alfred Sloan Jr. *Minha vida na General Motors*. Rio de Janeiro, Record, 1963.
16. Maria Helena Passos. "A roda da fortuna". *Carta Capital*, n. 57, 17.09.1997. p. 50-1.

11
DESENHO DEPARTAMENTAL

Objetivos de aprendizagem

Após estudar este capítulo, você deverá estar capacitado para:

- Definir o desenho organizacional e suas características.
- Definir a estrutura funcional, suas vantagens e limitações.
- Definir a estrutura divisional, suas vantagens e limitações.
- Descrever a estrutura por produtos/serviços, localização geográfica, clientela e processos.
- Definir a estrutura matricial, suas vantagens e limitações.
- Definir a estrutura em equipes, suas vantagens e limitações.
- Definir a estrutura em redes, suas vantagens e limitações.
- Descrever as organizações híbridas e as organizações virtuais.

O que veremos adiante

- Desenho departamental.
- Abordagem funcional.
- Abordagem divisional.
- Abordagem matricial.
- Abordagem de equipes.
- Abordagem de redes.
- Organizações híbridas.
- Organizações virtuais.

Caso introdutório: Gráfica Alpha

A Gráfica Alpha é uma empresa de porte médio que atua no ramo gráfico e produz artigos de papelaria (envelopes e papéis de cartas), cadernos e cartões de visitas. A Gráfica Alpha tem uma equipe de vendas, um grupo de desenhistas e uma oficina gráfica. Vende para empresas de grande e pequeno porte dentro do país e tem alguns negócios de âmbito internacional. Antonio Delgado, o diretor-geral da empresa, está estudando qual o desenho departamental que deve adotar para resolver os problemas operacionais internos e alavancar os negócios da empresa. Se você estivesse no lugar de Antonio, por onde começaria?

No capítulo anterior, abordamos a organização de um ponto de vista global e vertical – desdobramentos da hierarquia administrativa, amplitude administrativa e grau de centralização ou descentralização das decisões –, ou seja, os aspectos relacionados à divisão do trabalho organizacional para assegurar diferenciação e integração capazes de proporcionar eficiência e eficácia nas atividades da organização. No presente capítulo, abordaremos a organização do ponto de vista da especialização horizontal, ou seja, os desdobramentos das diferentes áreas da organização.

DESENHO DEPARTAMENTAL

A departamentalização constitui a característica fundamental da estrutura organizacional. A departamentalização significa o agrupamento das atividades em unidades organizacionais e o agrupamento dessas unidades em uma organização total. As unidades organizacionais constituem os subsistemas do sistema maior e são, geralmente, chamadas de departamentos, divisões, seções ou equipes.

A departamentalização é uma forma de utilizar a cadeia de comando para agrupar pessoas ou órgãos para que executem juntos o seu trabalho. Existem cinco abordagens de desenho departamental. As abordagens tradicionais são: departamentalização funcional, divisional e matricial, nas quais a cadeia de comando define agrupamentos departamentais e relações de subordinação ao longo da hierarquia. As duas abordagens contemporâneas são: equipes e redes, as quais surgiram para atender às necessidades das organizações

Dicas

Os quatro passos para organizar[1]

Para organizar uma organização ou empresa é preciso definir:

1. **Divisão do trabalho e especialização**: dividir a carga total de trabalho em tarefas que possam ser logicamente executadas por indivíduos ou grupos.
2. **Departamentalização**: combinar e agrupar as tarefas e pessoas de maneira lógica e eficiente em unidades organizacionais específicas.
3. **Hierarquia**: definir a quem indivíduos ou grupos devem se subordinar na organização. Essa ligação de departamentos resulta na hierarquia organizacional.
4. **Coordenação**: estabelecer mecanismos para integrar as unidades departamentais em um todo coerente e que possam monitorar a eficácia dessa integração.

em um ambiente global altamente mutável, dinâmico e competitivo. As cinco abordagens são[2]:

1. **Abordagem funcional**: pessoas ou órgãos são agrupados em departamentos pelas habilidades e competências similares e atividades comuns de trabalho, como em um departamento de contabilidade, compras, engenharia ou finanças.
2. **Abordagem divisional**: os departamentos são agrupados juntos em divisões separadas e autossuficientes com base em um produto comum, projeto, programa ou região geográfica. A departamentalização divisional se baseia em diferentes habilidades conjuntas e não em habilidades similares como na abordagem funcional.
3. **Abordagem matricial**: as cadeias de comando funcional e divisional são implementadas simultaneamente e se sobrepõem umas às outras nos mesmos departamentos. As pessoas ou órgãos se subordinam a dois superiores.
4. **Abordagem de equipes**: a organização cria equipes multifuncionais para cumprir tarefas específicas e para coordenar grandes departamentos.
5. **Abordagem de redes**: a organização torna-se um pequeno centro intermediário conectado eletronicamente a outras organizações que também desempenham funções vitais para o negócio. Os departamentos são independentes para contratar serviços ao intermediário e podem estar situados em qualquer lugar do mundo[3].

Cada abordagem departamental serve a um propósito distinto para a organização. A diferença básica entre essas diferentes estruturas é a maneira pela qual as atividades são agrupadas e a quem elas se subordinam. Cada uma delas tem suas vantagens e limitações, podendo ser uma boa alternativa em algumas situações e uma péssima opção em outras[4].

ABORDAGEM FUNCIONAL

A departamentalização funcional é o agrupamento de atividades baseado no uso de habilidades, conhecimentos e recursos similares. Pode ser denominada de estrutura funcional ou departamentalização pelo uso de recursos organizacionais. É o tipo mais comum de departamentalização.

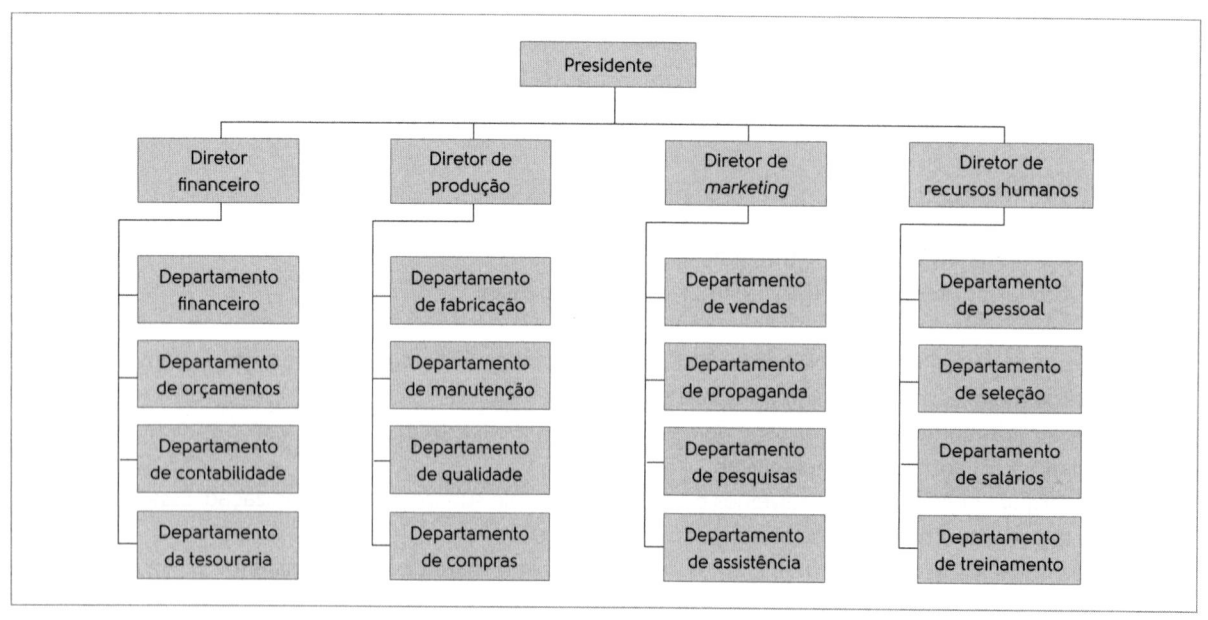

Figura 11.1. Estrutura funcional de uma organização.

Na estrutura funcional, as unidades organizacionais – como divisões ou departamentos – são formadas de acordo com a principal função especializada ou técnica. A função desempenhada, geralmente, constitui um aspecto importante para a organização. Nas organizações que adotam a estrutura funcional está presente o famoso trio: produção, comercialização e finanças. Esse trio pode ser acompanhado de outras áreas, como administração, recursos humanos, tecnologia, etc. A ênfase é colocada na especialidade da unidade, ou seja, nas atribuições funcionais de cada departamento. Trata-se de uma abordagem eminentemente voltada para si mesma. É como se a organização estivesse sempre olhando seu umbigo sem prestar atenção ao que acontece ao redor.

A estrutura funcional é encontrada na maioria das organizações em geral e das empresas em particular frente às inúmeras vantagens que oferece.

Voltando ao caso introdutório: Gráfica Alpha

Em uma primeira visualização, Antonio Delgado pensa em adotar para a Gráfica Alpha uma estrutura funcional com departamentos de Vendas, Desenho Gráfico e Oficina Gráfica, como na Figura 11.2. Nessa divisão do trabalho, cada departamento se especializa em uma específica atividade e passa a cuidar de todos os produtos produzidos pela empresa, tanto para as grandes e pequenas empresas nacionais quanto estrangeiras. Qual sua opinião a respeito dessa estrutura funcional?

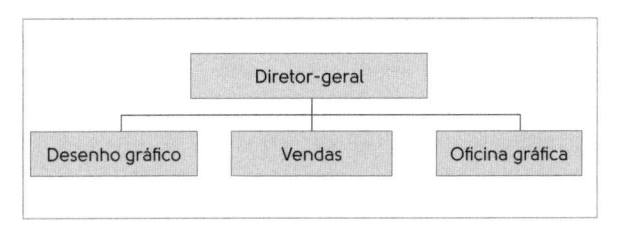

Figura 11.2. Alternativa de estrutura funcional para a Gráfica Alpha.

Vantagens da Estrutura Funcional

É claro que a maioria das organizações utiliza a estrutura funcional graças às vantagens de sua simplicidade, como:

1. **Excelente coordenação intradepartamental:** a estrutura funcional facilita o trabalho dentro de cada departamento, pois as pessoas compartilham do mesmo conhecimento técnico relacionado ao trabalho. No caso da Gráfica Alpha, o gerente de desenho gráfico é um especialista nesse campo e pode orientar e avaliar o trabalho de cada desenhista. Quando todos fazem algo em comum fica mais fácil cuidar da equipe: todos falam a mesma linguagem e trabalham na mesma atividade.

2. **Especialidade técnica:** cada unidade da organização envolve pessoas que falam a mesma língua e compartilham da mesma especialidade funcional, o que pode constituir uma forte vantagem competitiva. Na Gráfica Alpha, os desenhistas interagem uns com os outros em uma concentração de talentos.

3. **Baixos custos administrativos:** os custos operacionais são mais baixos do que em qualquer outra alternativa estrutural, porque as pessoas trabalham no mesmo tipo de tarefa em conjunto e a carga de trabalho pode ser balanceada quando a demanda cai ou aumenta. A departamentalização funcional evita a duplicação de recursos e de esforços, que é a desvantagem de quase todos os outros tipos de departamentalização.

Limitações da Estrutura Funcional

Mas, assim como as demais alternativas de departamentalização, a estrutura funcional não é perfeita. Ela implica certas limitações, como:

1. **Visão de especialistas:** como cada departamento faz uma parte específica da tarefa organizacional e depende dos outros, a coordenação e comunicação entre os diferentes departamentos são lentas e precárias. Sob pressões, os vários departamentos podem criar conflitos entre si. No caso da Gráfica Alpha, se o vendedor promete a entrega antecipada de um pedido a um cliente, a oficina gráfica pode ratear e não cumprir sua promessa.
2. **Limitação dos administradores:** cada gerente de departamento tem autoridade limitada e circunscrita de tomar decisões. Essas envolvem unicamente o seu departamento. O gerente de vendas da Gráfica Alpha não pode autorizar um pedido diferenciado e urgente de um cliente sem antes obter aprovação dos gerentes de desenho gráfico e da oficina gráfica.
3. **Subobjetivação:** cada departamento tem seus próprios objetivos táticos e departamentais com diferentes prioridades. Torna-se isolado dos demais, o que promove barreiras e conflitos. E a resolução de conflitos pode custar tempo e dinheiro e provocar distanciamento dos interesses dos clientes. Na Alpha, a unidade de vendas busca rapidez das entregas, a de desenho gráfico busca qualidade e rapidez do trabalho artístico, enquanto a oficina gráfica busca baixos custos operacionais e um fluxo de trabalho estável e continuado.
4. **Visão específica:** cada departamento tem foco introvertido, voltado para si mesmo e os objetivos globais da organização ficam relegados a segundo plano. Ninguém assume a responsabilidade pelos resultados globais. Se o cliente reclama sobre um produto da Alpha, o pessoal de vendas atribui ao desenho gráfico a interpretação errada do pedido, enquanto o desenho reclama que a oficina gráfica não compreendeu as especificações e a oficina gráfica desculpa-se por ter trabalhado às pressas para atender ao pedido.
5. **Especialização:** os administradores são especialistas em uma área particular e específica e não são generalistas capazes de tocar a operação inteira. É difícil substituir o diretor-geral da Gráfica Alpha, pois cada gerente de departamento tem experiência específica em sua particular função. O gerente da oficina gráfica não conhece desenho gráfico e muito menos vendas. Cada qual na sua área.
6. **Falta de coordenação interdepartamental:** a integração entre os departamentos é proporcionada pela hierarquia. Raramente existe cooperação ou comunicação mais estreita entre as fronteiras funcionais que separam os departamentos. Se a Alpha quiser adotar uma nova tecnologia de computação, as unidades de oficina gráfica e de desenho gráfico podem resistir isoladamente à mudança e fazê-la perder oportunidades de atualização tecnológica.

Vantagens	Desvantagens
• Uso eficiente dos recursos e economia de escala	• Comunicação precária entre os departamentos funcionais
• Forte especialização de atividades	• Resposta lenta às mudanças externas
• Progresso no encarreiramento interno	• Decisões concentradas no topo
• Direção e controle pela cúpula	• Responsabilidade parcial por problemas
• Boa coordenação intradepartamental	• Péssima coordenação interdepartamental
• Boa solução de problemas técnicos	• Visão limitada dos objetivos organizacionais

Figura 11.3. Vantagens e limitações da estrutura funcional[2].

ABORDAGEM DIVISIONAL

A abordagem divisional ou divisionalizada ocorre quando pessoas ou órgãos são agrupados em departamentos ou em unidades com base nos resultados organizacionais, ou seja, de acordo com produtos ou serviços que a organização oferece ao mercado. Na estrutura divisional, cada departamento ou divisão é criado como uma unidade autocontida e autossuficiente para produzir um determinado produto ou serviço. Para tanto, cada departamento ou divisão deve possuir todos os órgãos funcionais necessários para produzir o produto ou serviço ou parte deles.

Enquanto na abordagem funcional todos os compradores são agrupados juntos para trabalhar sobre todas as compras da organização, na estrutura divisional existem vários órgãos de compras que são alocados dentro de cada um dos departamentos ou divisões. Cada departamento produz um determinado resultado ou saída – produto, projeto, serviço ou cliente – e é composto de vários órgãos que são duplicados nos vários outros departamentos. Por essa razão, a estrutura divisional é também chamada de estrutura por produtos, por serviços, por projetos ou unidades autocontidas. Essas denominações significam a mesma coisa: uma unidade divisional composta de agrupamento de departamentos para torná-la totalmente autossuficiente a fim de produzir um determinado resultado ou saída.

Nas grandes organizações com unidades de negócios separadas, a estrutura divisional é a preferida, pois as diferentes tarefas servem diferentes clientes ou utilizam diferentes tecnologias. Quando a organização produz diferentes produtos ou serviços para diferentes mercados, a estrutura divisional é a mais indicada, pois cada divisão focaliza um negócio autônomo. As unidades estratégicas de negócios (UEN) constituem uma variação da abordagem divisional.

A abordagem divisional apresenta algumas variações: ela pode ser feita por produtos ou serviços, por clientes, por área geográfica ou, ainda, por processos.

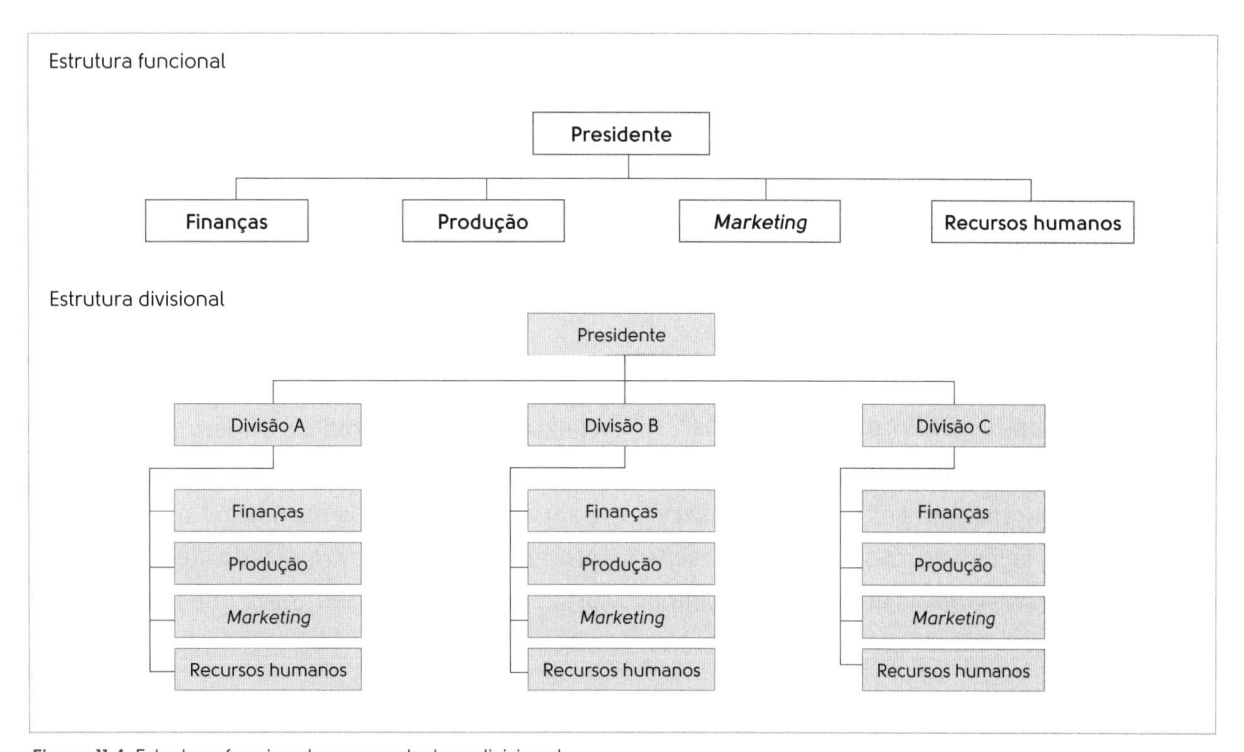

Figura 11.4. Estrutura funcional *versus* estrutura divisional.

Estrutura funcional (American Airlines)

- Presidente
  - Vice-presidente de administração
  - Vice-presidente de relações com empregados
  - Vice-presidente de assuntos governamentais
  - Vice-presidente internacional
  - Vice-presidente de operações
  - Vice-presidente de comunicações corporativas
  - Vice-presidente de finanças e planejamento
  - Vice-presidente de sistemas de informação
  - Vice-presidente de marketing

Estrutura divisional (PepsiCo)

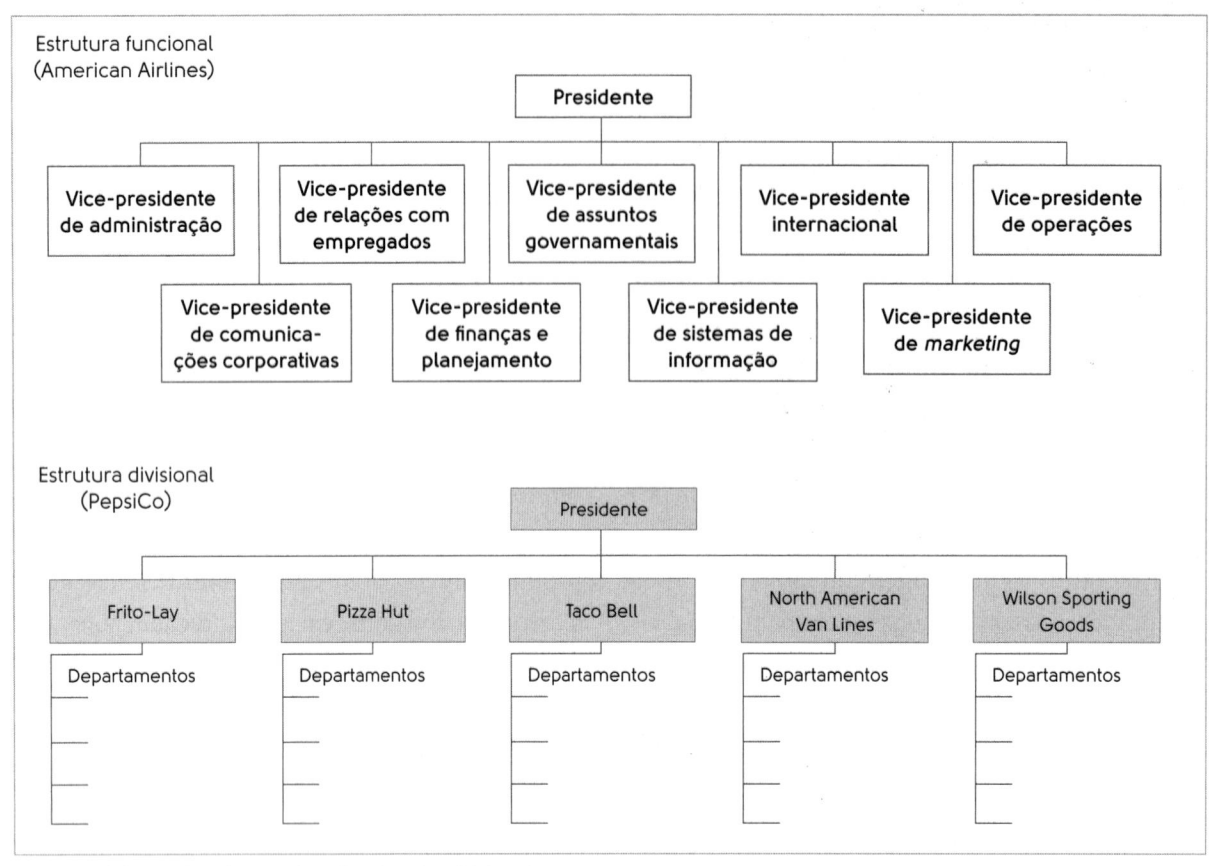

- Presidente
  - Frito-Lay — Departamentos
  - Pizza Hut — Departamentos
  - Taco Bell — Departamentos
  - North American Van Lines — Departamentos
  - Wilson Sporting Goods — Departamentos

Figura 11.5. Exemplos de estrutura funcional e divisional.

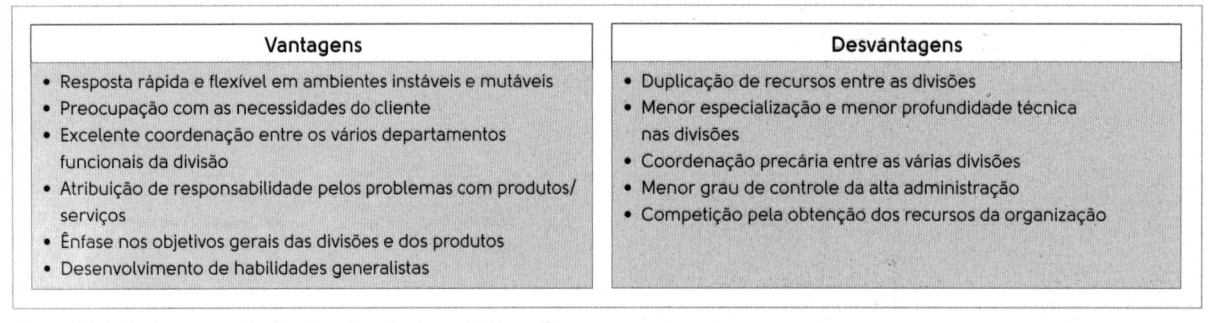

Vantagens	Desvantagens
• Resposta rápida e flexível em ambientes instáveis e mutáveis • Preocupação com as necessidades do cliente • Excelente coordenação entre os vários departamentos funcionais da divisão • Atribuição de responsabilidade pelos problemas com produtos/serviços • Ênfase nos objetivos gerais das divisões e dos produtos • Desenvolvimento de habilidades generalistas	• Duplicação de recursos entre as divisões • Menor especialização e menor profundidade técnica nas divisões • Coordenação precária entre as várias divisões • Menor grau de controle da alta administração • Competição pela obtenção dos recursos da organização

Figura 11.6. Vantagens e limitações da estrutura divisional[2].

Estrutura Baseada em Produtos/Serviços

Trata-se de um tipo de abordagem divisional. Na departamentalização por produtos ou serviços a organização forma divisões ao redor de seus produtos ou serviços. Cada divisão desempenha todas as funções necessárias à produção e comercialização de cada produto ou serviço. Toda a organização se molda aos seus diferentes produtos e serviços. Em outros termos, o importante é o produto/serviço a ser realizado, de modo que a organização deve existir para que isso seja possível.

> ### Voltando ao caso introdutório: Gráfica Alpha
>
> Antonio Delgado pensou também em adotar uma alternativa de departamentalização por produtos na Gráfica Alpha: uma estrutura composta de uma Divisão de Papelaria (envelopes e papéis de carta), uma de Cadernos e outra de Cartões de Visita, como na Figura 11.7. Cada divisão teria sua própria equipe de vendas, de desenho gráfico e de oficina gráfica para empresas nacionais e estrangeiras. Qual sua opinião a respeito?
>
> ```
>                    Diretor-geral
>          ┌──────────────┼──────────────┐
>      Papelaria       Cadernos     Cartões de visita
> ```
>
> **Figura 11.7.** Alternativa de estrutura baseada em produtos/serviços para a Gráfica Alpha.

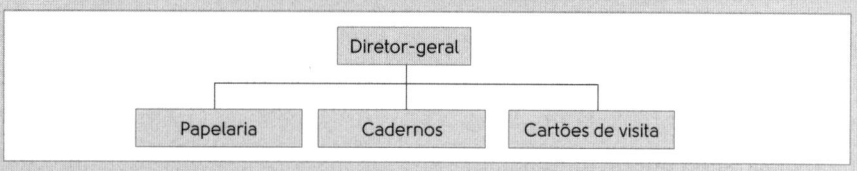

Vantagens da Estrutura Baseada em Produtos/Serviços

É claro que a estrutura baseada em produtos/serviços é utilizada graças a benefícios que ela proporciona, a saber:

1. **Focalização no produto/serviço:** a responsabilidade por cada produto/serviço é totalmente atribuída ao nível de cada divisão. Se um cliente da Gráfica Alpha não está satisfeito com um pedido de cadernos, o gerente da divisão de cadernos é o responsável e não pode culpar outro gerente.
2. **Melhor qualidade e inovação:** ao se concentrar em um único produto ou linha de produtos, cada divisão produz com melhor qualidade ou mais inovação do que ocorre em departamentos multiprodutos, que dispersam sua atenção e concentração. A divisão de cadernos da Alpha está convergida para o desenho, produção e venda de cadernos e faz isso melhor do que se tivesse de dividir seus esforços entre todos os produtos da empresa. Foco é importante.
3. **Espírito de equipe:** o espírito de equipe se desenvolve melhor ao redor de cada linha de produtos ou serviços e a competição entre as divisões pode impulsionar os negócios da empresa. As divisões de cadernos e de papelaria da Gráfica Alpha competem entre si para conseguir mais clientes, aumentar suas vendas e elevar a margem de lucro, tornando a empresa mais dinâmica e bem-sucedida.
4. **Gestão mais ampla:** cada gerente de divisão aprende a gerir várias funções com maior independência e amplitude para tomar decisões a respeito de seu produto ou serviço, tornando-se um bom candidato à direção geral. Na Gráfica Alpha, o gerente da divisão de cadernos pode assumir a gerência de vendas, de desenho gráfico ou da oficina gráfica, graças ao domínio total sobre o seu campo de atuação.
5. **Autonomia:** cada divisão tem maior independência na tomada de decisões e pode responder melhor aos requisitos dos clientes. Na Alpha, se um cliente deseja um caderno de formato diferente, o gerente da divisão de cadernos pode decidir por si mesmo sem ter de esperar pela aprovação dos gerentes de outros departamentos.

Limitações da Estrutura Baseada em Produtos/Serviços

A estrutura baseada em produtos/serviços também tem suas restrições, como:

1. **Duplicação de recursos**: os recursos organizacionais não são compartilhados. Cada divisão tem seus recursos próprios e independentes e isso requer que cada departamento tenha seus recursos próprios, o que conduz à duplicação de recursos e de esforços na organização, resultando em custos operacionais mais elevados. A Alpha precisa ter três grupos de pessoal de vendas, três de pessoal de desenho gráfico e mais três de oficina gráfica – um grupo para cada linha de produtos.
2. **Foco e limitação**: as oportunidades de carreira são reduzidas quando a experiência profissional é limitada a uma única linha de produtos. Ao deixar a organização, os desenhistas da divisão de papelaria da Alpha terão o mercado de trabalho limitado a outras empresas gráficas.
3. **Especialização no produto**: clientes que desejam múltiplos produtos e serviços precisam recorrer a várias divisões da organização. Os clientes da Alpha que desejam diferentes produtos, como cadernos, papelaria e cartões de visita têm de entrar em contato com cada uma das três diferentes divisões.
4. **Subobjetivação**: cada divisão defende o seu próprio produto e os seus próprios objetivos divisionais. A empresa pode tardar a reconhecer quando um produto precisa ser modificado, melhorado ou eliminado. O gerente da divisão de papelaria da Alpha pode forçar a empresa a manter inalterada sua linha de produtos, mesmo que ela se mostre deficitária ou problemática.

Estrutura Baseada em Clientes

Trata-se de outra variante da abordagem divisional. Na departamentalização por clientes, a organização se estrutura em unidades ao redor das características de seu público ou seus mercados. A organização se molda aos seus diferentes clientes, usuários ou consumidores. Em outros termos, o importante é o cliente existir para que ele seja atendido da melhor maneira possível.

Voltando ao caso introdutório: Gráfica Alpha

Outra alternativa bolada por Antonio Delgado é a adoção da organização por clientela. A Gráfica Alpha departamentalizada por clientela passaria a ter unidades separadas para atender cada diferente tipo de cliente, como empresas nacionais, empresas estrangeiras e pessoas físicas, conforme a Figura 11.8. Cada unidade passa a ter contato com clientes de características e naturezas específicas. O que você pensa a respeito?

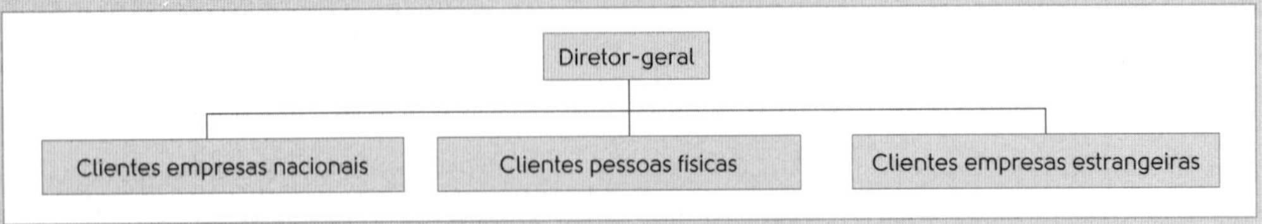

```
                    Diretor-geral
                         │
     ┌───────────────────┼───────────────────┐
Clientes empresas   Clientes pessoas    Clientes empresas
    nacionais           físicas            estrangeiras
```

Figura 11.8. Alternativa de estrutura baseada em clientes para a Gráfica Alpha.

Vantagens da Estrutura Baseada em Clientes

A departamentalização por clientela focaliza o cliente e converge a organização para atendê-lo da melhor maneira possível. Suas vantagens são:

1. Focalização no cliente: as necessidades específicas de cada tipo de cliente são melhor atendidas, pois a organização está totalmente orientada para ele. No caso da Gráfica Alpha, o atendimento se torna mais personalizado para cada tipo de clientela.
2. Visão extrovertida: a focalização externa no cliente torna a organização mais atenta para as mudanças das necessidades e preferências dos clientes, característica que não ocorre com a introversão da estrutura funcional.
3. Retroação rápida: as decisões internas são rapidamente tomadas por meio do retorno proporcionado pelos clientes. Uma linha deficitária de produtos é facilmente percebida graças a essa retroação.

Limitações da Estrutura Baseada em Clientes

A convergência no cliente também traz algumas limitações, a saber:

1. Duplicação de recursos: tal como na estrutura baseada em produtos, existe duplicidade de esforços e de recursos para evitar o compartilhamento de recursos entre as unidades, o que provoca custos operacionais mais elevados.
2. Complexidade organizacional: os sistemas internos precisam ser organizados de diferentes maneiras para servir os diferentes segmentos de clientes. Isso torna a organização mais complexa. A Alpha precisa adotar diferentes sistemas contábeis ou de inventários para os diversos tipos de clientes, o que dificulta a comparação de resultados entre os diferentes segmentos de clientela.

Estrutura Baseada em Área Geográfica

Trata-se de outra variante da abordagem divisional. Na departamentalização por localização geográfica, a organização se estrutura em unidades ao redor da localização de seus mercados ou clientes. A organização se molda à dimensão geográfica do mercado a ser coberto. O importante é servir e defender o mercado com base na cobertura geográfica.

Vantagens da Estrutura Baseada em Área Geográfica

A departamentalização por localização geográfica ou territorial busca envolver o mercado atendido pela organização. Suas principais vantagens são:

1. Focalização no mercado territorial: cada área geográfica é melhor atendida. A organização se orienta para seu mercado de atuação.
2. Visão extrovertida: a focalização no mercado torna a organização mais atenta às mudanças nas preferências e nas necessidades do mercado.
3. Retroação rápida: a organização sente e percebe melhor a reação do mercado territorial aos seus produtos e serviços.

Limitações da Estrutura Baseada em Área Geográfica

A departamentalização territorial, contudo, traz algumas limitações, a saber:

1. Duplicação de recursos: cada divisão tem recursos próprios, havendo duplicidade de esforços e de recursos para evitar o compartilhamento deles entre as unidades, o que provoca custos operacionais mais elevados.
2. Complexidade organizacional: os sistemas internos precisam ser organizados de diferentes maneiras para servir os diferentes segmentos territoriais de mercados. Isso torna a administração geral mais complexa.

> ### 🐎 Voltando ao caso introdutório: Gráfica Alpha
>
> Antonio Delgado pensou também em organizar a Gráfica Alpha por área geográfica, passando a ter unidades separadas para cobrir diferentes regiões ou localidades servidas, como divisão São Paulo, divisão Rio de Janeiro e divisão internacional, conforme a Figura 11.9. Cada divisão passa a dar cobertura específica para uma determinada área geográfica de atuação da empresa. Qual sua opinião a respeito?
>
> ```
>                    Diretor-geral
>          ┌──────────────┼──────────────┐
>   Divisão São Paulo  Divisão Rio de Janeiro  Divisão internacional
> ```
>
> Figura 11.9. Alternativa de estrutura baseada em área geográfica para a Gráfica Alpha.

Estrutura Baseada em Processos

Trata-se de outra variante da abordagem divisional. Na departamentalização por processos, a organização se estrutura em unidades ao longo da sequência ou fluxo de execução de seus principais processos. A organização se amolda ao fluxo do processo organizacional que deve completar. O importante é desenvolver o processo da melhor maneira para obter aumento de eficiência, qualidade e redução de custos.

Um processo é a transformação de um conjunto de entradas – como ações, métodos e operações – em saídas que satisfazem as necessidades e expectativas do cliente na forma de resultados, como produtos, informação ou serviços[5].

> ### 🐎 Voltando ao caso introdutório: Gráfica Alpha
>
> Antonio Delgado ainda poderia dotar a Gráfica Alpha de uma estrutura baseada em processos, por meio da qual todo pedido deve passar por Vendas e, em seguida, pelo Desenho Gráfico, a fim de ser enviado à Oficina Gráfica, conforme a Figura 11.10. Nessa divisão do trabalho, cada unidade cuida de todos os produtos para as grandes e pequenas empresas nacionais e estrangeiras. Por pura coincidência, a estrutura em sequência de processos da Alpha se assemelha à sua estrutura funcional, que acabamos de analisar. Qual sua opinião a respeito dessa ideia de Antonio?
>
> ```
>                         Diretor-geral
>          ┌──────────────────┼──────────────────┐
>   Grupo de processos   Grupo de processos   Grupo de processos
>      de vender            de desenhar          de produzir
>   ────────────────────── Fluxo do processo ──────────────────►
> ```
>
> Figura 11.10. Alternativa de estrutura baseada em processos para a Gráfica Alpha.

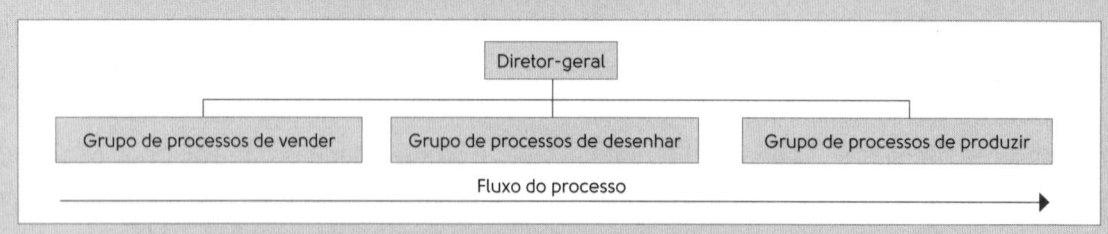

Vantagens da Estrutura Baseada em Processos

A estrutura pelo fluxo de cada processo apresenta algumas vantagens, a saber:

1. **Focalização no processo:** a estrutura por processos segue o fluxo natural do trabalho dentro da organização. A sequência do processo facilita o trabalho, desde o seu início até a sua finalização. Cada unidade organizacional é uma etapa no desenvolvimento do trabalho. No caso da Alpha, o gerente de vendas efetua todas as vendas e as entrega ao Desenho Gráfico. Este prepara todo o trabalho e o entrega à oficina gráfica. Torna-se fácil saber onde está o pedido de um cliente.
2. **Cadeia de valor:** cada unidade tem um fornecedor e um cliente em cada uma de suas pontas. O intercâmbio é horizontal formando uma verdadeira cadeia de valor ao longo da organização, se houver coordenação entre as unidades. Na Alpha, os vendedores conhecem os problemas dos desenhistas e estes os problemas da oficina. Se cada qual procurar melhorar o seu serviço para que a unidade seguinte tenha facilitado o seu trabalho, o resultado é que o cliente, na ponta final, torna-se o maior beneficiário do sistema. Essa preocupação interna de prestar um serviço melhor para a unidade seguinte se traduz em uma preocupação externa de prestar um serviço melhor ao cliente.
3. **Custos operacionais baixos:** os custos operacionais são relativamente mais baixos, porque as pessoas trabalham focalizadas no andamento do processo em um conjunto de departamentos.

Limitações da Estrutura Baseada em Processos

A departamentalização por processos apresenta algumas limitações:

1. **Coordenação interdepartamental:** tal como acontece na estrutura funcional, não há boa coordenação entre as diferentes unidades organizacionais. A interdependência sequencial é a base desse sistema, mas a coordenação e comunicação com os demais departamentos é precária. Conflitos podem surgir entre os departamentos quando submetidos a pressões. Na Alpha, se o vendedor promete a entrega antecipada de um pedido a um cliente, a oficina gráfica pode não cumprir.
2. **Fragmentação:** cada departamento executa uma fração do processo. Cada gerente tem autoridade limitada e circunscrita de tomar decisões. Novamente, o mesmo problema da estrutura funcional. O gerente de vendas da Alpha não tem condições de autorizar um pedido diferenciado e urgente sem antes obter prévia aprovação dos gerentes de desenho gráfico e da oficina gráfica.
3. **Isolamento das unidades:** existe pouca comunicação e pouca cooperação entre as diversas unidades, podendo haver dificuldade de desenvolver novas maneiras integradas de tocar o negócio. Se a Alpha tentar implantar uma nova tecnologia de computação, as unidades de desenho técnico e oficina gráfica podem resistir isoladamente à mudança e fazê-la perder oportunidades no mercado.
4. **Subobjetivação:** cada departamento tem seus diferentes objetivos e prioridades. A resolução de conflitos entre departamentos pode custar tempo e dinheiro à organização e provocar distanciamento dos interesses dos clientes. Novamente, a mesma limitação da estrutura funcional.
5. **Indefinição da responsabilidade geral:** a fragmentação da responsabilidade torna difícil a responsabilidade pelos resultados globais. Cada departamento pode transferir a culpa dos

erros para o outro, como ocorre na estrutura funcional. Se o cliente reclama do produto da Alpha, o pessoal de Vendas atribui ao Desenho Gráfico a interpretação errada do pedido, este reclama que a Oficina Gráfica não compreendeu as especificações e a Oficina Gráfica desculpa-se por ter trabalhado às pressas para atender ao pedido. Ninguém assume a culpa.

6. **Especialização:** cada gerente de departamento é especialista em uma parte do processo e não é capaz de tocar o processo inteiro. Fica difícil substituir o diretor-geral, pois cada gerente de unidade tem experiência específica em uma particular etapa do processo. O gerente da oficina gráfica não conhece desenho gráfico ou vendas. Como na estrutura funcional, existem especialistas e não generalistas.

Administração de hoje

Inovação de processos[6]

A reengenharia é uma técnica de mudança organizacional, drástica e dramática, que procura substituir a focalização nas funções – a velha estrutura funcional e hierárquica – pela focalização nos processos. O segredo da reengenharia está em acentuar os processos organizacionais mais importantes e que integram blocos de trabalho que a organização precisa realizar para atender ao cliente.

Um processo como o atendimento de pedidos envolve, na maioria das organizações funcionais, mais de seis departamentos funcionais, como: vendas, faturamento, depósito de produtos acabados, expedição, transporte, cobrança, etc. Quase sempre esses diferentes órgãos funcionais não se coordenam bem entre si e perde-se muito tempo quando um assunto precisa transitar através deles. Para resolver o problema, muitas organizações estão criando gerentes de processos, cujo trabalho é obter uma integração maior das funções separadas, mas envolvidas no cumprimento de um mesmo processo. Geralmente, o gerente de processo trabalha com uma equipe multidisciplinar ou interdisciplinar para cuidar de todo o processo. Se a equipe é responsável pelo processo de desenvolvimento de novos produtos, ela deve incluir um cientista, um engenheiro, um elemento do setor de manufatura, um de *marketing*, um de vendas, um agente de compras e um elemento da área financeira, para representar todas as funções envolvidas no processo, de ponta a ponta. À medida que se multiplicam as equipes de processo, o pessoal das unidades funcionais pode passar menos tempo em seu departamento próprio e mais tempo como membro da equipe, realizando projetos e trabalhando em conjunto. Na departamentalização por processo cada unidade trabalha em uma fase específica do processo. Cada processo exige vários departamentos. A diferença é que, na reengenharia, cada processo é administrado de ponta a ponta por uma única equipe autônoma e autossuficiente com utilização intensiva da tecnologia da informação. Daí o caráter horizontalizado. A reengenharia elimina as barreiras departamentais funcionais e vira o organograma tradicional para o lado, transformando a organização funcional em uma organização focalizada nos seus principais processos.

As principais metas de mudança relacionadas com a reengenharia são[7]:

1. Redirecionar a operação para melhorá-la.
2. Reduzir os custos de:
- Mão de obra.
- Informação.
- Materiais e de suprimentos.
- Administrativos.
- Capital.
3. Melhorar a qualidade.
4. Aumentar a receita.
5. Incrementar a orientação para o cliente.
6. Ajudar na aquisição ou fusão de empresas.

ABORDAGEM MATRICIAL

A abordagem matricial é a combinação de departamentalização funcional e divisional juntas na mesma estrutura organizacional. É denominada organização em grade ou matriz e envolve cadeias de comando funcionais e divisionais simultaneamente na mesma parte da organização[8]. A matriz tem duas linhas de autoridade: cada unidade se reporta a dois superiores e cada pessoa tem dois chefes. Um para atender à orientação funcional (seja finanças, vendas, etc.) e outro para atender à orientação divisional (seja para o produto/serviço, cliente, localização geográfica, processo ou para o projeto específico que está sendo desenvolvido). A organização se amolda simultaneamente às suas funções internas e aos produtos e serviços a serem realizados. É uma estrutura mista utilizada quando a organização deseja ganhar os benefícios divisionais e manter a especialidade técnica das unidades funcionais.

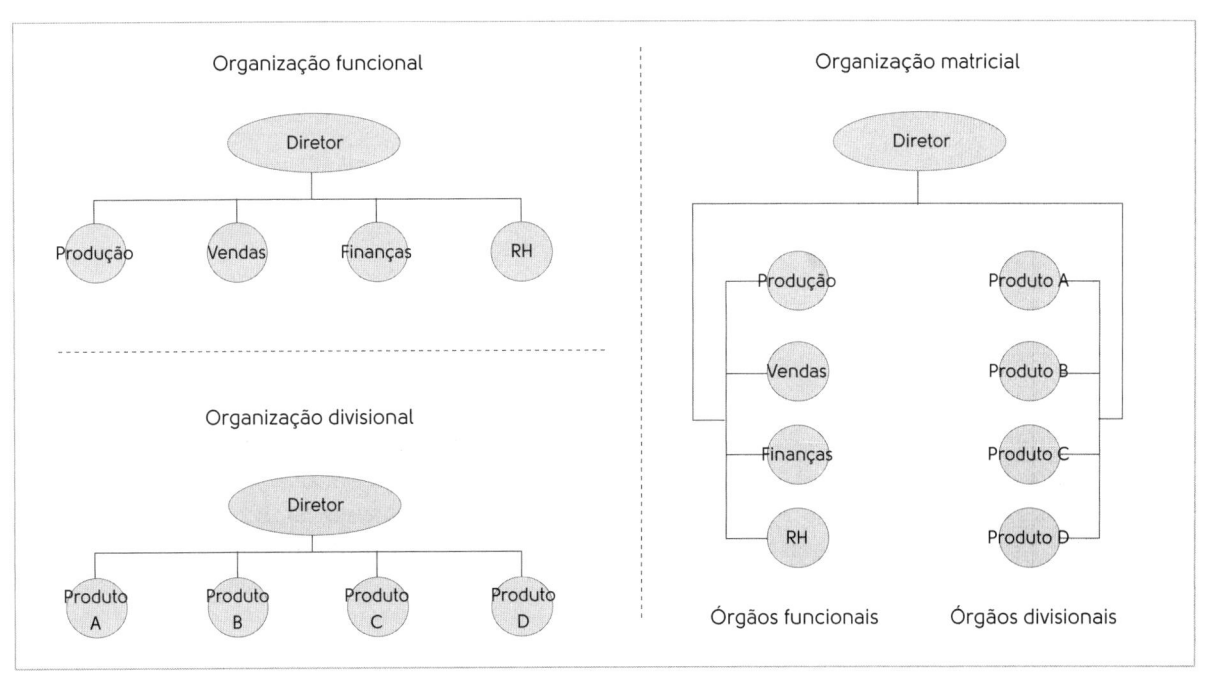

Figura 11.11. Estrutura funcional *versus* estrutura matricial.

Essa bipolaridade introduz uma inovação na estrutura matricial: o princípio da unidade de comando cede lugar à duplicidade de comando. Isso significa que cada subordinado passa a atender a dois chefes, simultaneamente: um chefe funcional e outro divisional. O subordinado precisa saber resolver conflitos de demandas dos chefes matriciais, reunindo-se com eles para juntos encontrar soluções adequadas. Daí, a necessidade de treinamento em relações humanas.

Com isso, a estrutura matricial funciona como uma tabela de dupla entrada – vertical e horizontal. A hierarquia funcional de autoridade fica na coluna vertical, enquanto a hierarquia divisional de autoridade fica na coluna horizontal.

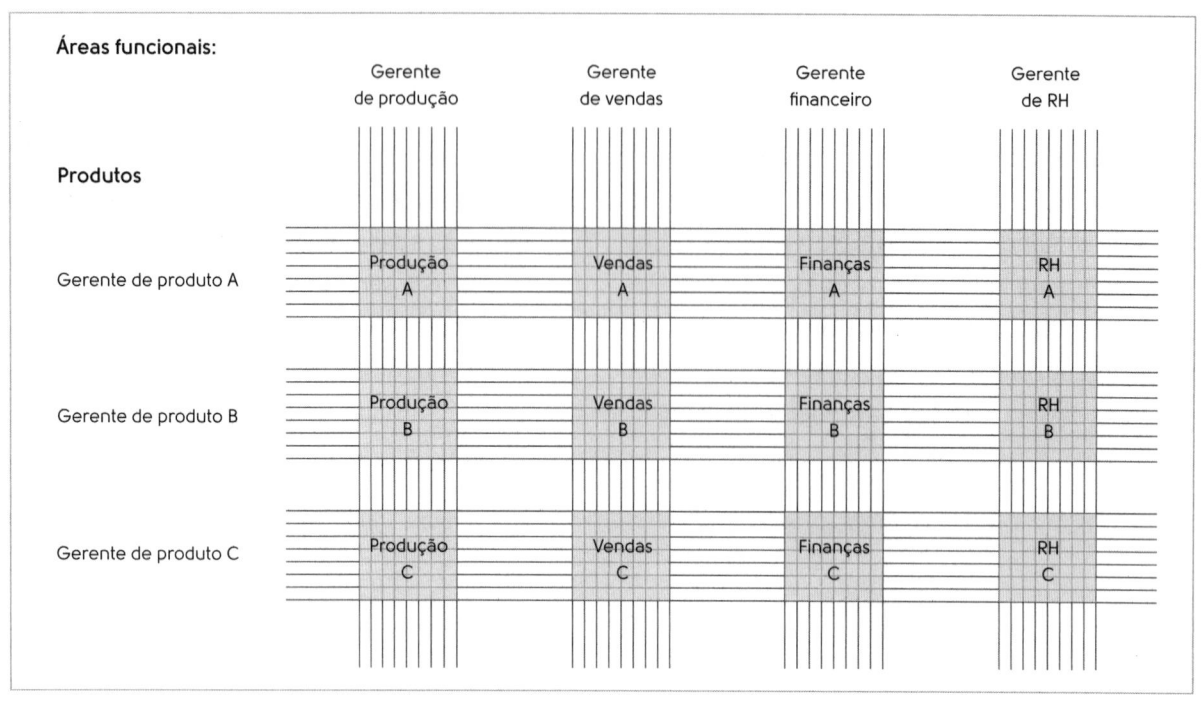

Figura 11.12. O inter-relacionamento entre órgãos funcionais e de produtos/projetos.

Voltando ao caso introdutório: Gráfica Alpha

A Gráfica Alpha poderia utilizar a estrutura matricial para alavancar suas operações. Com isso, Antonio Delgado poderia manter as unidades funcionais tradicionais (estrutura funcional) de desenho gráfico, vendas e oficina gráfica e, de outro lado, agregar as unidades divisionais de produtos (estrutura de produtos) de papelaria, cadernos e cartões de visita, conforme a Figura 11.13. Quais as vantagens que ele poderia obter com isso?

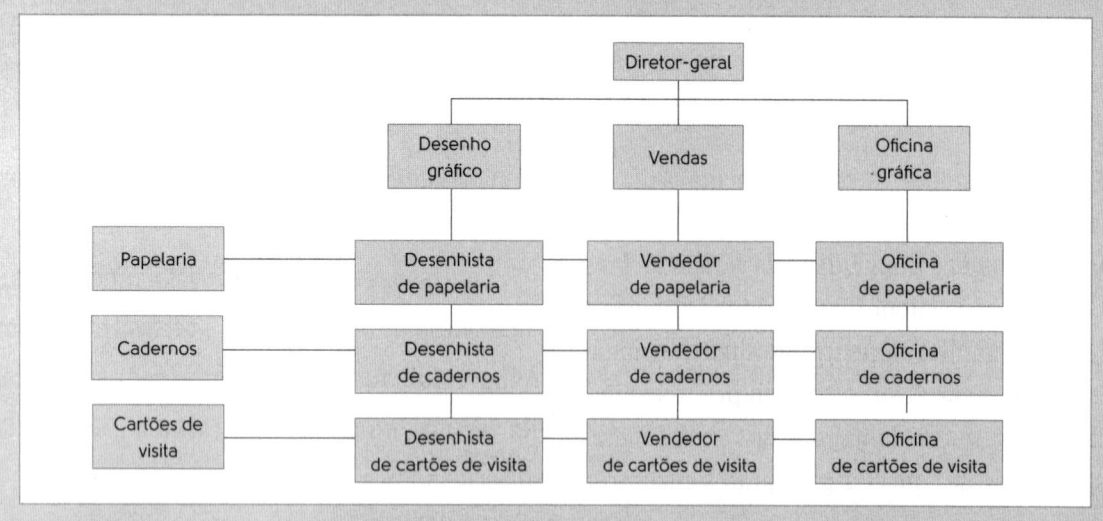

Figura 11.13. Alternativa de estrutura matricial para a Gráfica Alpha.

Vantagens da Abordagem Matricial

A estrutura em matriz busca integrar a departamentalização funcional com a departamentalização por produto ou projeto. Suas vantagens são:

1. **Maximização de vantagens e minimização de desvantagens:** a estrutura em matriz permite obter as vantagens de ambas as estruturas: funcional e de produto, enquanto procura reduzir as fraquezas e limitações delas. A estrutura funcional privilegia a especialização, mas não enfatiza o negócio, enquanto a estrutura de produto enfatiza o negócio, sem deixar a especialização das funções. A matriz permite usar os recursos da organização (pessoas, capital, equipamentos) com maior eficiência, ao redor de produtos, com flexibilidade para alocar recursos conforme os requisitos de cada produto para realocá-los rapidamente quando tais requisitos sofrem mudanças ou alterações. A matriz permite uma organização integrada e não simplesmente uma colcha de retalhos.
2. **Inovação e mudança:** a estrutura matricial permite à organização fazer pleno uso das pessoas e das habilidades e competências que elas possuem, enquanto mantém a especialidade técnica nas funções críticas. As pessoas subordinam-se a mais de um gerente para poder desenvolver melhor o seu trabalho.
3. **Coordenação intensiva:** há algo sem o qual uma estrutura matricial dificilmente sobrevive: informação maciça. Ela reforça a comunicação entre os administradores e permite às pessoas a oportunidade de trabalhar com outras pessoas de diferentes habilidades e especialidades, enquanto mantêm suas próprias especialidades técnicas.
4. **Cooperação:** requer gerentes capazes de cooperar uns com os outros e de moderar o seu poder sobre os subordinados. Os gerentes deixam de ser chefes absolutos para compartilhar a autoridade com outros gerentes.
5. **Especialização com coordenação:** é particularmente indicada quando a organização é multiprodutos ou multisserviços, pois permite sobrepor o gerente de produto com responsabilidade pelo lucro com os gerentes funcionais que administram os recursos da empresa por meio de seus departamentos. O desenho matricial permite satisfazer duas necessidades da organização: especialização e coordenação. Foi em função da estrutura matricial que no-

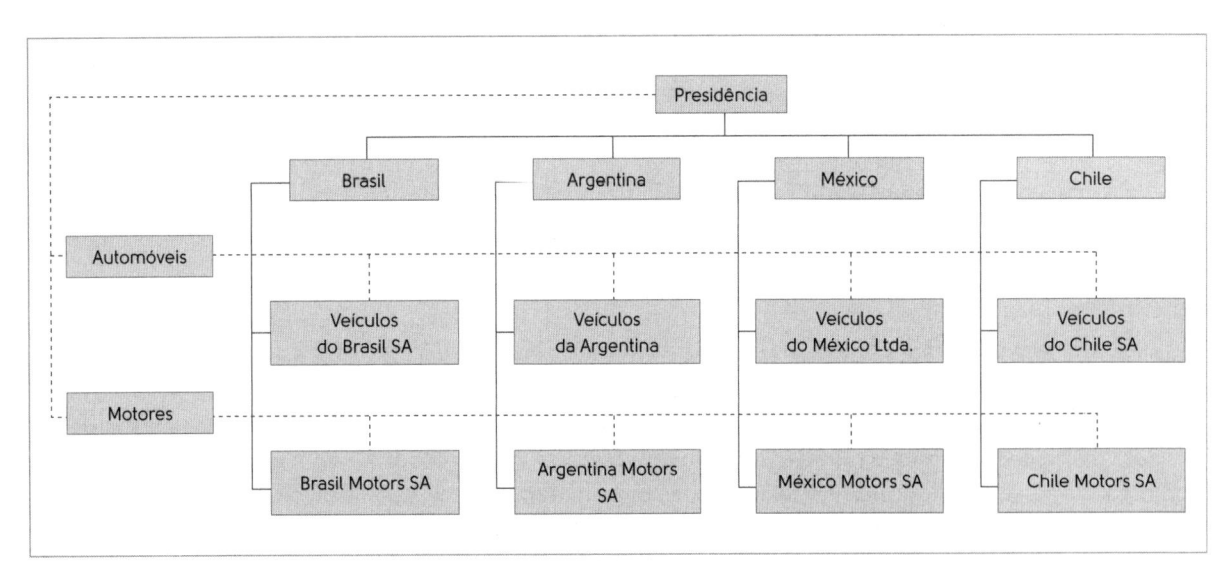

Figura 11.14. Estrutura matricial de uma empresa multinacional.

mes como Citibank, Monsanto e Asea Brown Boveri refizeram seus organogramas para flexibilizar suas operações. A organização matricial permite dar atenção a produtos, regiões e funções ao mesmo tempo. Pode unir uma série de especialistas para resolver um só problema, como pode alocar recursos para pesquisa e desenvolvimento de forma mais racional.

Na realidade, a estrutura matricial é uma solução híbrida, uma espécie de um remendo na velha estrutura funcional para torná-la mais ágil e mais flexível às mudanças.

Limitações da Abordagem Matricial

Como nos demais casos, a estrutura matricial tem suas limitações, a saber:

1. **Dualidade de comando e consequente confusão:** a estrutura matricial é controversa em decorrência da dualidade do comando. Ao reportarem-se a dois chefes diferentes, as pessoas podem entrar em confusão no atendimento a diferentes decisões. Melhora a coordenação lateral, mas prejudica a coordenação vertical. Nem todas as organizações ou pessoas se adaptam à estrutura matricial.
2. **Conflito e tensão:** cada pessoa tem mais do que um chefe, o que significa receber demandas e ordens conflitivas ao mesmo tempo. Isso pode conduzir ao *stress* pessoal e à redução da qualidade do trabalho.
3. **Disputa de recursos:** como os recursos são alocados flexivelmente em uma organização matricial e os recursos de cada gerente sobem e descem de acordo com o trabalho em andamento, podem ocorrer disputas pelo poder entre os gerentes. Isso prejudica o trabalho e afeta o bom atendimento ao cliente.
4. **Antagonismos:** os subordinados podem colocar um chefe contra o outro.
5. **Definições claras:** para funcionar bem, a responsabilidade e autoridade de cada pessoa devem ser claramente definidas, de preferência por escrito. Regras claras e objetivas são imprescindíveis na abordagem matricial.

Vantagens	Desvantagens
• Uso eficiente dos recursos e economia de escala	• Comunicação precária entre os departamentos funcionais
• Forte especialização de habilidades	• Resposta lenta às mudanças externas
• Progresso no encarreiramento interno	• Decisões concentradas no topo
• Direção e controle pela cúpula	• Responsabilidade parcial dos problemas
• Boa coordenação intradepartamental	• Péssima coordenação interdepartamental
• Boa solução de problemas técnicos	• Visão limitada dos objetivos organizacionais

Figura 11.15. Vantagens e limitações da estrutura matricial[2].

Caso de apoio: Um modelo eficiente de gestão[9]

A Elida Gibbs é a Divisão de Produtos Pessoais da Unilever. Para acompanhar a bem-sucedida estrutura matricial da Unilever, a subsidiária brasileira começou a investir desde 1994 em uma transformação organizacional para ficar mais alerta aos processos de inovação e mais voltada para a satisfação de seus clientes e consumidores. A empresa optou por um modelo de gerenciamento por processos e uma estrutura matricial. O líder do processo de recursos humanos conta que a implantação do projeto contou com a participação de toda a gerência e a liderança da divisão. "Começamos a nos organizar por categorias e por times multifuncionais, com uma visão dos processos-chave. Após uma experiência de um ano", diz ele, "fizemos um *workshop* externo para reposicionar a experiência e darmos um novo passo. O *workshop* foi precedido por uma pesquisa, por meio de entrevistas individuais para ouvir várias opiniões, culminando com um seminário de avaliação, com três fases: de diagnóstico, de aprendizagem e de redesenho. A organização hierárquico-funcional foi mudada para uma organização por processos, em que os quatro processos-chave são:

1. Desenvolvimento de Marcas – *Brand Development*.
2. Gerenciamento de Clientes – *Customer Management*.
3. Cadeia de Suprimentos – *Supply Chain*.
4. Planejamento Estratégico de Negócios – *Strategic Business Planning*.

Os quatro processos-chave são constituídos de subprocessos. Existem outros processos que são os impulsionadores desses quatro processos-chave, como:

1. Finanças.
2. Recursos Humanos.
3. Informação Tecnológica.

Embora a organização privilegie os processos, o negócio é dividido por categorias (produtos), dentro de uma estrutura matricial. As categorias são creme dental (*oral care*), cabelo (*hair*), desodorante (*personal wash*) e perfume e pele (*skin*). Cada categoria tem um líder. O negócio é gerenciado pelos líderes de processo mais os líderes de categoria, que se reúnem num comitê liderado pelo diretor-gerente. Cada líder de processo aglutina e lidera todas as funções que se juntam para fazer o processo-chave. O líder de categoria lidera o time da categoria que é formado pelos representantes dos processos-chave. Cada categoria trabalha com metas (*targets*) específicas e com estratégias claramente definidas e altamente sinérgicas entre si na utilização dos recursos. O resultado final é a divisão Elida Gibbs, uma unidade de negócios da Unilever.

O Desenvolvimento de Marcas (*Brand Development*) é um processo-chave com vários subprocessos. Um deles é o próprio Gerenciamento de Marcas, no qual existem gerentes de produto trabalhando na inovação das marcas, pessoas trabalhando com pesquisas, tecnologia, no atendimento e no entendimento de consumidores, no desenvolvimento de formulações, desenvolvimento de produtos e embalagens, enfim, todas essas pessoas se juntam para fazer o desenvolvimento das habilidades necessárias para o fortalecimento e inovação das marcas. A inovação vai chegar ao consumidor convertida em marcas e produtos de qualidade pela cadeia de suprimentos e através do processo de Gerenciamento de Clientes. Em nosso modelo, diz ele, esse processo é o responsável pelo desenvolvimento de operações, venda e entrega ao cliente. Complicado? O que importa é que hoje, os times realizam suas tarefas com muito mais velocidade, qualidade, participação e motivação. Aliás, motivação é um fator altamente percebido, pois as pessoas sentem que estão fazendo acontecer, que estão gerindo o negócio, buscando resultados. O processo decisório está mais nos comitês, mais horizontalizado e mais discutido. Tudo é feito em equipes. A Elida Gibbs ganhou muito e teve um enorme salto em termos de resultados. A satisfação dos clientes aumentou. Agora, estamos trabalhando na melhoria desse modelo, para buscar disciplina estratégica, fazendo mapeamentos dos processos com entradas e saídas, medidas de desempenho claramente estabelecidas para que possamos trabalhar com foco e com medição de resultados".

Administração de hoje

Terceirização

A terceirização ou *outsourcing* é a contratação de terceiros para executar parte ou a totalidade de determinadas funções da organização. Na realidade, trata-se de uma transferência de atividades de uma organização para outras ou para pessoas que passam a ser fornecedores. Em muitos casos, funcionários são desligados e transformados em fornecedores externos por meio de treinamento e assistência técnica fornecidos pela organização, substituindo custos fixos por custos variáveis e fazendo desinvestimentos em ativo fixo.

São três as justificativas principais para a terceirização.

1. **Argumento de custo**: as economias de escala permitem que organizações sejam capazes de fornecer determinadas atividades especializadas com custos unitários mais baixos.
2. **Argumento de qualidade**: as organizações fornecedoras de determinadas atividades especializadas podem fazê-las de maneira melhor. Uma organização que pretende fazer todas as coisas diferentes ao mesmo tempo jamais conseguiria fazê-las com qualidade adequada.
3. **Argumento do *core business***: o *core business* de uma organização representa suas atividades essenciais e ligadas diretamente à sua missão e objetivos organizacionais. Muitas organizações preferem concentrar-se exclusivamente no seu *core business*, transferindo para outras organizações as atividades não essenciais que estas poderiam fazer melhor e mais barato. Isso significa livrar a carga de supervisão e reduzir a amplitude de atividades diferenciadas da organização, reduzindo o leque de múltiplas atenções do nível institucional e permitindo à organização dedicar-se exclusivamente às suas atividades essenciais.

A terceirização pode trazer alguns riscos. A organização abre mão do controle que tinha sobre a atividade terceirizada e que antes era internalizada. Ela fica à mercê dos fornecedores externos. O produto ou serviço produzido internamente se transforma em matéria-prima a ser adquirida no mercado fornecedor.

Há uma infinidade de exemplos de estratégias de terceirização. A Chrysler sempre comprou porcas e parafusos de terceiros, mas, atualmente, ela terceiriza a produção de motores de seus carros e, em alguns casos, os carros inteiros. A Dell produz computadores, mas não é uma "empresa de parafusos". Ou seja, ela constrói computadores do mesmo modo que qualquer audiófilo monta seus sistemas de som: ela procura os melhores componentes pelos melhores preços. Em alguns casos, as atividades de departamentos inteiros ou de divisões completas são transferidas para terceiros que se tornam fornecedores, a fim de reduzir a especialização horizontal ou a dimensão lateral da organização. Trata-se, muitas vezes, de eliminar a dispersão e aumentar a concentração do foco de atividades da organização. A divisão do trabalho é transferida para além das fronteiras da organização. O segredo é avaliar e ponderar as vantagens e os riscos decorrentes da terceirização.

ABORDAGEM DE EQUIPES

Uma das mais fortes tendências atuais da administração tem sido o esforço de muitas organizações no sentido de implementar os conceitos de equipe. A cadeia vertical de comando sempre foi um poderoso meio de controle, mas tem a inconveniência de transferir todas as decisões para o alto, o que provoca demora e consequente concentração da responsabilidade no topo da hierarquia. Desde a década de 1990, as organizações estão tentando encontrar meios de fazer o empoderamento ou *empowerment*: delegar autoridade e transferir a responsabilidade para os níveis mais baixos por meio da criação de equipes participativas capazes de obter o comprometimento dos trabalhadores. Essa abordagem torna as organizações mais flexíveis e ágeis no ambiente global e competitivo. A estrutura em equipes é especialmente indicada quando:

1. Existe uma necessidade intensa de flexibilidade e/ou rapidez no andamento de certos projetos ou tarefas para atender requisitos especiais dos clientes, desenvolver novos produtos ou tocar campanhas de *marketing*.
2. É importante obter, simultaneamente, insumos de diferentes partes da organização para completar uma parte do trabalho.

A abordagem de rede de equipes faz com que a principal característica da organização seja uma configuração predominantemente horizontal. A "organização horizontal" apresenta uma estrutura em que o trabalho é realizado ao longo dos seus principais processos de trabalho e não repousa sobre a hierarquia vertical necessária para coordenar as diferentes atividades. As unidades de trabalho funcionam horizontalmente ao longo das tradicionais funções hierarquizadas, que cortam e fragmentam os processos. Daí o caráter horizontalizado. Existem as equipes multifuncionais e as permanentes.

Equipes Multifuncionais

As equipes multifuncionais ou equipes cruzadas consistem de empregados de vários departamentos funcionais que são agrupados em equipe para resolver problemas mútuos. Os membros da equipe geralmente se subordinam aos seus departamentos funcionais e também se reportam ao líder escolhido pela equipe, em duplicidade de comando. Organizações *high-tech*, como a HP e a Quantum Corporation, são obcecadas em criar uma atmosfera de equipes utilizando times cruzados e multifuncionais. Na HP, esses grupos laterais são chamados "equipes espertas" e representam uma abordagem interdisciplinar de administração pela sua intensa comunicação interna e enorme flexibilidade no trabalho[10]. Nessa nova abordagem estrutural, todas as pessoas devem contribuir com ideias para produção, *marketing*, finanças e RH. Geralmente, as equipes têm sido utilizadas pelas organizações para cumprir tarefas ou projetos específicos e temporários que envolvam pessoas com diferentes habilidades e conhecimentos.

Equipes Permanentes

As equipes permanentes funcionam como um departamento formal dentro da organização. Os empregados trabalham juntos no mesmo local e subordinam-se ao mesmo supervisor. Em algumas organizações, como na Ford, as equipes permanentes existem desde o topo – onde são chamadas equipe do escritório do Presidente –, em que dois ou três altos executivos trabalham como uma equipe. Nos níveis mais baixos, as equipes permanentes se assemelham à abordagem divisional, com exceção das menores. As equipes consistem de 20 a 30 membros, com todas as especialidades necessárias a elas. A Kodak adotou equipes para cada um de seus produtos específicos. As chamadas Zebras coordenam as atividades de todos os departamentos necessários para produzir o produto com maior rapidez e qualidade.

Características da Abordagem de Equipes

Todas as formas tradicionais de organização – a abordagem funcional e a abordagem divisional – repousam sobre as funções principais, produtos ou serviços, clientes, mercados regionais, respectivamente. Com exceção da estrutura por processos, todas as demais se esquecem dos processos organizacionais necessários para produzir os produtos/serviços e encaminhá-los para os clientes ou para os mercados. O que ocorre é que, ao longo do fluxo do trabalho, os processos são interrompidos para sair de uma unidade organizacional e entrar na próxima, e assim por diante, até que cheguem ao cliente final ou ao mercado. Enquanto na abordagem funcional e divisional cada departamento ou divisão tem um "proprietário" – o diretor, gerente, chefe, etc. – ninguém é proprietário de um processo ao longo do fluxo de trabalho, isto é, desde o seu início até chegar ao cliente ou mercado. Em consequência, os processos são lentos, demorados, cheios de interrupções e esperas, mesmo que cada unidade separada ao longo do fluxo do trabalho faça o melhor possível. Assim, melhorar internamente cada uma das unidades não resolve o problema, que reside, basicamente, na falta de coordenação e integração entre elas. Por outro lado, todas as formas tradicionais de organização fazem com que as unidades organizacionais sejam organizadas como se elas fossem definitivas, estáveis e permanentes, quando o mundo ao redor – e tudo o que está nele contido, como as organizações, produtos/serviços, clientes e mercados – está mudando com uma rapidez incrível.

A solução tem sido a adoção de equipes interdisciplinares em lugar das tradicionais unidades organizacionais para, de um lado, flexibilizar a organização e torná-la maleável e, de outro, assumir integralmente cada processo organizacional de ponta a ponta e sem interrupções ou transferências de um lado para outro. A ênfase nas equipes está substituindo a ênfase nos órgãos definitivos, permanentes e estáticos. Essa tem sido a contribuição da reengenharia: substituir os órgãos funcionais e especializados por equipes multifuncionais que cuidam de todos os processos organizacionais.

Cada equipe é proprietária do processo como um todo e responde inteiramente por ele, já que seus membros desempenham todas as atividades necessárias ao processo. Na ponta inicial do processo, a equipe lida com um fornecedor externo: outra com a organização que lhe fornece os insumos necessários para iniciar o processo. Na ponta final dele, a equipe lida com um cliente externo que recebe o resultado do trabalho para usá-lo em suas necessidades. Entre o início e o fim, o processo se caracteriza por uma sequência de fornecedores internos e de clientes internos: cada membro da equipe é cliente do membro anterior e fornecedor para o membro posterior.

Voltando ao caso introdutório: Gráfica Alpha

Antonio Delgado passou a imaginar que os negócios da Gráfica Alpha se assentam em dois processos básicos: atender a pedidos de cadernos para o mercado nacional e atender a pedidos de papelaria para grandes empresas. Para organizar a Alpha por processos de negócios, ela deve ter duas equipes, cada qual concentrada em cada um desses dois processos, como na Figura 11.16. Cada equipe reporta-se ao diretor-geral e é constituída de um líder e de membros com habilidades e competências para vendas, desenho gráfico e oficina gráfica para completar todo o processo. Todas as equipes devem executar cada etapa do processo, desde a recepção do pedido inicial do cliente até a expedição do pedido completo ao cliente.

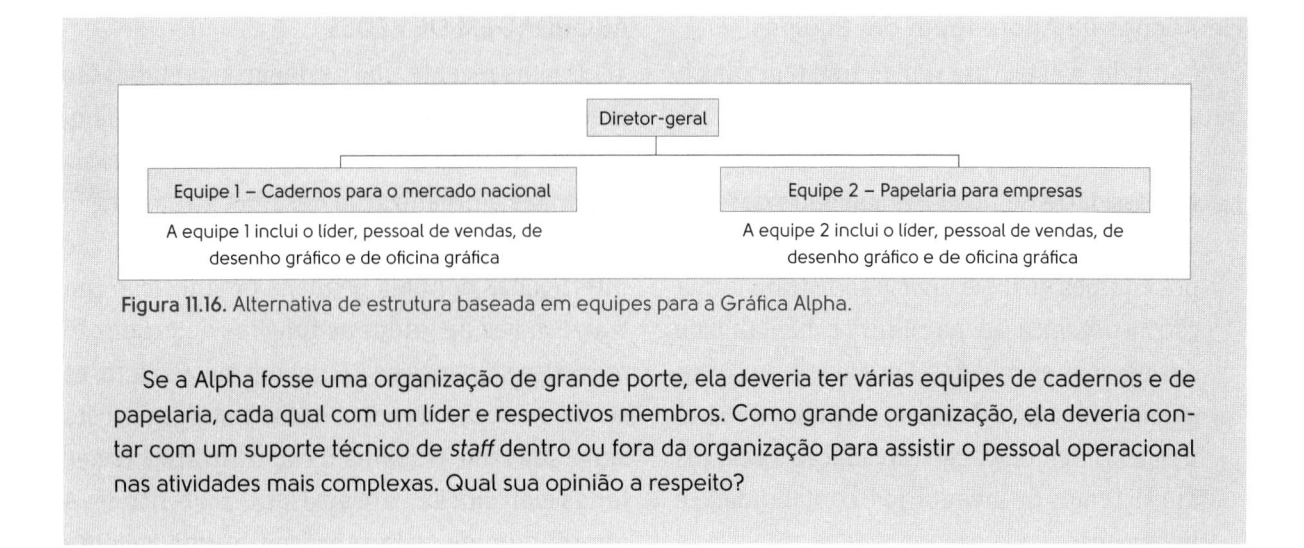

11 Desenho departamental

```
                        Diretor-geral
                    ┌─────────┴─────────┐
    Equipe 1 – Cadernos para o mercado nacional    Equipe 2 – Papelaria para empresas
    A equipe 1 inclui o líder, pessoal de vendas, de    A equipe 2 inclui o líder, pessoal de vendas, de
    desenho gráfico e de oficina gráfica                desenho gráfico e de oficina gráfica
```

Figura 11.16. Alternativa de estrutura baseada em equipes para a Gráfica Alpha.

Se a Alpha fosse uma organização de grande porte, ela deveria ter várias equipes de cadernos e de papelaria, cada qual com um líder e respectivos membros. Como grande organização, ela deveria contar com um suporte técnico de *staff* dentro ou fora da organização para assistir o pessoal operacional nas atividades mais complexas. Qual sua opinião a respeito?

Vantagens da Abordagem em Equipes

A preferência pela adoção da estrutura em equipes se deve a várias vantagens que ela apresenta:

1. Focalização externa: a focalização da organização é para fora, ou seja, dirigida para o cliente e não dirigida para dentro, isto é, para o chefe. A pessoa focaliza o cliente na linha horizontal e não o chefe na linha vertical.
2. Comunicações diretas: a organização economiza tempo e dinheiro em virtude da pouca necessidade de passar informação para cima e para baixo dentro da hierarquia e entre as unidades organizacionais. Na Gráfica Alpha, o cliente faz o pedido diretamente à equipe que executa o processo a ele relacionado. Todas as pessoas que necessitam tomar decisões sobre o pedido estão dentro da equipe.
3. Autogestão: as equipes promovem o autogerenciamento pelos próprios funcionários, o que produz maior satisfação com o trabalho por causa do maior envolvimento das pessoas.
4. Autossuficiência: cada equipe deve ter pessoas com diferentes conhecimentos e habilidades para trabalhar juntas e dotá-la de autossuficiência para realizar completamente o trabalho. Isso amplia as habilidades de cada indivíduo. Na Alpha, os desenhistas das equipes de processos adquirem conhecimentos sobre vendas e oficina gráfica. Todas as pessoas se tornam capacitadas a falar com os clientes sobre todos os aspectos do trabalho.
5. Agilidade: com a maior rapidez nas decisões, os tempos de ciclos operacionais são reduzidos, o que proporciona pronta resposta aos clientes.
6. Menores custos administrativos: a estrutura por equipes tende a compactar a organização, reduzindo o número de níveis hierárquicos administrativos, custos administrativos e exigindo menos mecanismos de coordenação e integração.
7. Engajamento das pessoas: a filosofia da organização horizontal é: todas as pessoas envolvidas em um processo de trabalho devem compreender o processo total, como ele serve ao cliente e como elas podem contribuir pessoalmente para o trabalho. Isso é vital para a sobrevivência das organizações de hoje. As pessoas tornam-se responsáveis solidariamente pelo trabalho feito e pela satisfação do cliente.

Limitações da Abordagem em Equipes

Contudo, a estrutura por equipe tem suas limitações, a saber:

1. **Necessidade de nova mentalidade das pessoas:** o redesenho para chegar a uma estrutura por equipes envolve uma grande transformação na organização, na cultura e mentalidade das pessoas envolvidas. Essa mudança consome muito tempo e dinheiro, exigindo novo treinamento, remuneração e avaliação de cargos até sistemas de inventários, contabilidade e informação.
2. **Necessidade de suporte de *staff*:** a estrutura por equipes funciona melhor quando cada equipe tem dentro de si todas as especializações necessárias e interação de habilidades para executar o processo. Isso significa autossuficiência para proporcionar autogestão. Para tanto, a organização deve manter alguns especialistas funcionais para prestar assessoria adequada.
3. **Dupla subordinação:** na estrutura horizontal cada equipe deve ter um líder e, em muitos casos, os membros da equipe podem vir de outros departamentos regulares da organização. Nesse caso, cada membro tem dois chefes: o líder da equipe e o chefe do departamento funcional, tal como ocorre na organização matricial.

Vantagens	Desvantagens
• Algumas vantagens da estrutura funcional • Barreiras reduzidas entre departamentos • Decisões mais rápidas e menor tempo de resposta • Moral elevado, entusiasmo das pessoas decorrente do envolvimento • Custos administrativos reduzidos	• Lealdade dual e possíveis conflitos de subordinação • Descentralização não planejada • Tempos e recursos dispendidos em reuniões • Pulverização do cliente

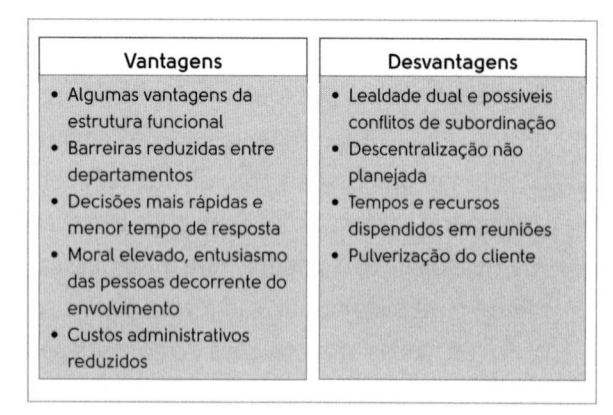

Figura 11.17. Vantagens e limitações da estrutura baseada em equipes[2].

ABORDAGEM DE REDES

O mais recente tipo de departamentalização recebe o nome de organização em "rede dinâmica"[11]. A estrutura em rede (*network structure*) significa que a organização desagrega suas principais funções em companhias separadas que são interligadas por uma pequena organização central. Em vez de juntar as funções de produção, *marketing*, finanças e RH em um mesmo teto, esses serviços são proporcionados por organizações separadas que trabalham sob contrato e conectadas eletronicamente ao escritório central[12]. A abordagem de rede representa uma recente modalidade de organizar e articular as unidades organizacionais. Seu organograma se assemelha a um organograma circular ou estrelado: no centro há a unidade central que interliga as demais unidades.

A abordagem em rede é revolucionária, pois torna-se difícil saber exatamente onde está a organização nos termos tradicionais. Uma empresa americana pode ter um produto desenhado na Suécia, projetado na Inglaterra, manufaturado na Coreia e distribuído no Canadá por uma empresa japonesa de vendas por meio de contratos e de coordenação eletrônica, criando uma nova forma de organização.

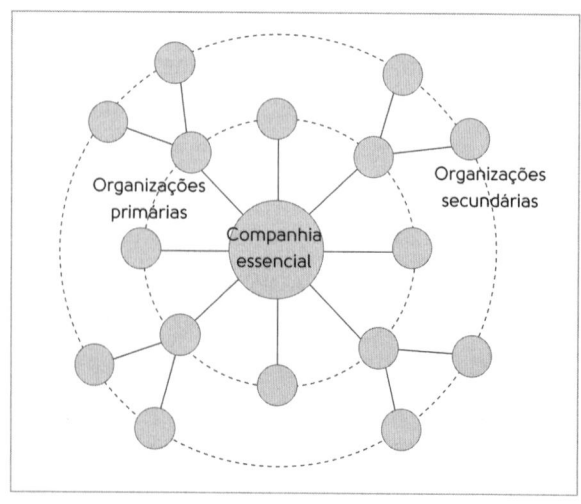

Figura 11.18. A organização estrelada.

Grandes organizações de alta tecnologia (*high--tech*), como IBM e Digital Equipment, que antes produziam internamente seus produtos, estão agora contratando fornecedores ao redor de todo o mundo para tanto[13].

Vantagens da Abordagem de Redes

Nos tempos modernos, a abordagem em redes tem sido incrementada graças às vantagens que esse modelo oferece, a saber:

1. **Competitividade global**: a abordagem em redes proporciona competitividade em escala global. Mesmo em pequenas organizações, ela permite utilizar recursos em qualquer lugar e alcançar melhor qualidade e preço, bem como distribuir e vender os produtos e serviços no mundo todo.
2. **Maleabilidade**: a organização em rede é flexível, maleável e adaptável às mudanças e transformações, reunindo, ao mesmo tempo, agilidade e adequação rápida às novas e diferentes demandas que surgem pela frente.
3. **Flexibilidade da força de trabalho**: a flexibilidade decorre da capacidade de obter e contratar serviços quando necessários, como desenho e projeto ou manutenção, e mudá-los em pouquíssimo tempo sem quaisquer restrições. Como a organização não tem ativos fixos, como fábricas, equipamentos ou instalações, ela pode, continuamente, redefinir-se e buscar novos produtos e novas oportunidades de mercado. Para os funcionários que trabalham permanentemente na organização, o desafio está em maior variedade do trabalho e satisfação em executar uma atividade que muda incessantemente.
4. **Estrutura enxuta**: É a abordagem mais simples e enxuta de todas as formas de organização. Os custos administrativos são pequenos. Não requer hierarquia, nem grandes equipes de especialistas de *staff* e de administradores. Pode ter apenas dois ou três níveis de hierarquia comparados com dez ou mais nas organizações tradicionais[3].

Limitações da Abordagem de Redes

A abordagem em redes apresenta certas limitações, a saber:

1. **Falta de controle local**: a administração não tem o controle de todas as operações em suas mãos, pois depende de contratos, coordenação, negociação e mensagens eletrônicas para juntar todas as coisas.
2. **Riscos de perdas**: existe a possibilidade de perder negócios se uma organização subcontratada falha ou deixa de entregar o trabalho planejado.
3. **Incerteza**: existe elevada incerteza quanto aos serviços contratados de outras organizações e que estão fora do controle da organização.
4. **Fraca lealdade dos funcionários**: os empregados podem achar que poderiam ser substituídos por novos contratos de serviços. A organização em redes precisa desenvolver uma cultura corporativa coesa e ganhar o comprometimento das pessoas.
5. **Necessidade de atualização do pessoal**: como os produtos e mercados mudam, a organização precisa atualizar e capacitar continuamente seus funcionários para adquirirem as novas habilidades e capacidades.

Vantagens	Desvantagens
• Competitividade global	• Falta de controle local
• Flexibilidade da força de trabalho	• Risco de perdas de negócios
• Desafios aos funcionários	• Fraca lealdade do pessoal
• Custos administrativos reduzidos	• Incerteza quanto aos contratados

Figura 11.19. Vantagens e limitações da abordagem em redes[2].

Caso de apoio: Coca-Cola

Não há quem não conheça a Coca-Cola. Trata-se do mais popular produto de consumo do mundo. Ele é encontrado em qualquer lugar do planeta, seja um botequim de esquina de um bairro pobre da periferia, seja na Sibéria, na China, na Nigéria ou no Nepal. Para conseguir o prodígio de ser encontrado em qualquer lugar do mundo, a ideia que vem à mente é a de que a Coca-Cola deveria ter uma organização de gigantescas proporções em âmbito mundial. Ledo engano. A Coca-Cola é uma empresa de proporções pequenas e simples e tem pouco mais do que dois níveis hierárquicos para operar. Ela é uma organização em rede (*networking organization*), com sede em Atlanta, nos Estados Unidos.

E aí vem a pergunta: quem produz, quem distribui e quem comercializa os produtos da Coca-Cola no mundo todo? Não é a Coca-Cola. São as empresas concessionárias locais que produzem e vendem os refrigerantes em todas as partes do mundo. A Coca-Cola cuida apenas dos aspectos essenciais e estratégicos do negócio (*core business*), deixando para as empresas locais e de capital próprio a produção, distribuição e comercialização dos seus produtos em sua área de atuação. Uma intensa força de propaganda e qualidade está presente no mundo todo para garantir padronização, cobertura e excelência nos serviços ao cliente por meio de uma formidável rede de concessionários – produtores e distribuidores – capilarizada em todos os cantos do mundo.

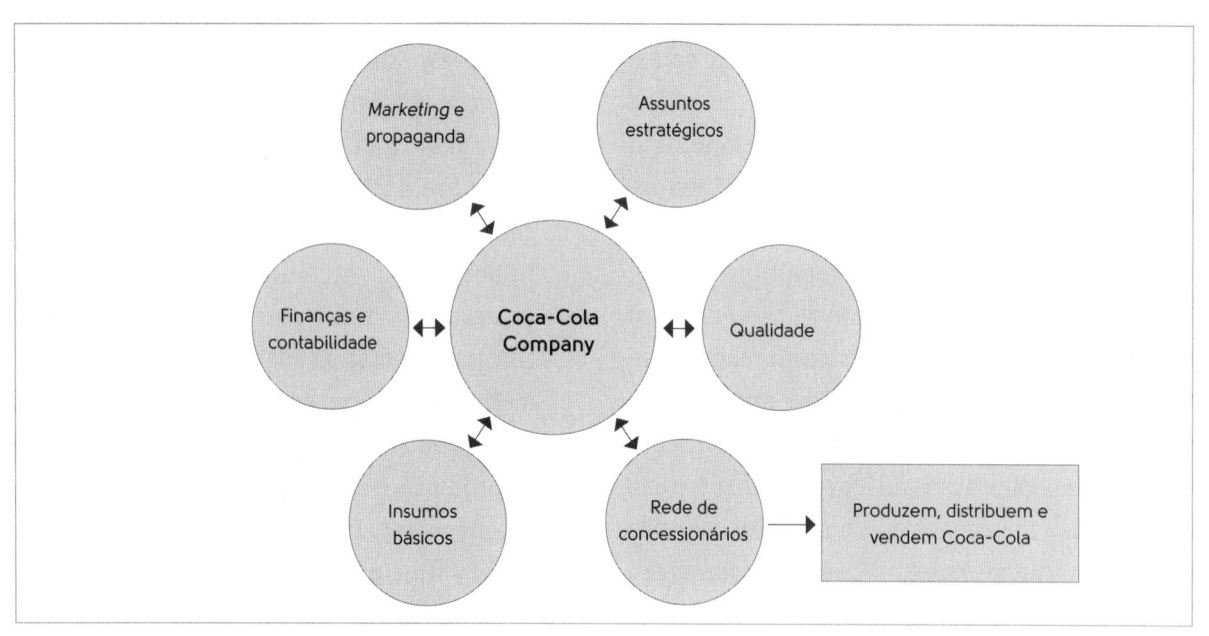

Figura 11.20. A estrutura em redes da Coca-Cola.

Administração de hoje

A linha de produção agora é uma teia[14]

A marca do produto é HP, mas se você der uma olhada debaixo da tampa, vai ler Intel, Motorola, Diamond, Adaptec, Microsoft, IBM e outras marcas – uma companhia conectada na outra. A máquina também é plugada numa rede de fibra ótica plugada em milhões de outros computadores. Mais ou menos a mesma coisa está acontecendo nos negócios. As empresas estão sendo retrabalhadas e desmontadas, à imagem da máquina de silício. Dos *chips* às grandes corporações, a vida econômica está sendo desintegrada em soquetes e plugues – novas e lucrativas unidades de produção e lucro.

Antes, a fábrica da Ford River Rouge era uma das maravilhas do mundo, transformando aço e borracha crus, areia e silício em automóveis, tudo isso em um único local. A Ford fazia tudo em seus próprios galpões: fabricava aço, vidro e pneus e montava todas as peças. Era a integração vertical: River Rouge absorvia as indústrias que havia por perto ou as recriava sob seu próprio teto.

Hoje, a produção dentro da própria fábrica deu lugar à terceirização. A integração deu lugar à desintegração. É o que podemos chamar de economia *plug-and-play* – você põe na tomada e já sai usando. Um exemplo: a Amazon, uma empresa que vale bilhões de dólares. Ela é uma livraria que não tem livros, nem estantes e não opera nenhuma loja. O que ela faz é simplesmente plugar autores, editoras, vendedores atacadistas e compradores de livros no varejo em algum lugar no interior de seus computadores interligados. Terceirizada até o limite máximo, a Amazon é um tipo inteiramente novo de empresa intermediária.

Assim, a nova corporação não é mais uma linha de montagem. É uma colmeia humana, sob seus melhores aspectos. Mas é uma colmeia comprometida com a economia *plug-and-play*. A Intel e a Microsoft se tornaram enormes em boa medida porque canalizaram seus produtos em direção às linhas de produção de outras empresas fornecedoras.

ORGANIZAÇÕES HÍBRIDAS

Nas grandes organizações, nem sempre é possível adotar um único tipo de estrutura departamental para todos os seus níveis hierárquicos. Na realidade, as grandes organizações têm uma mistura de formas estruturais: elas são organizações híbridas, pois adotam diferentes tipos de departamentalização: a funcional, divisional, matricial, etc. Grandes organizações quase sempre apresentam estruturas híbridas com um ou mais tipos de estrutura no nível institucional, outros no intermediário e outros ainda no operacional.

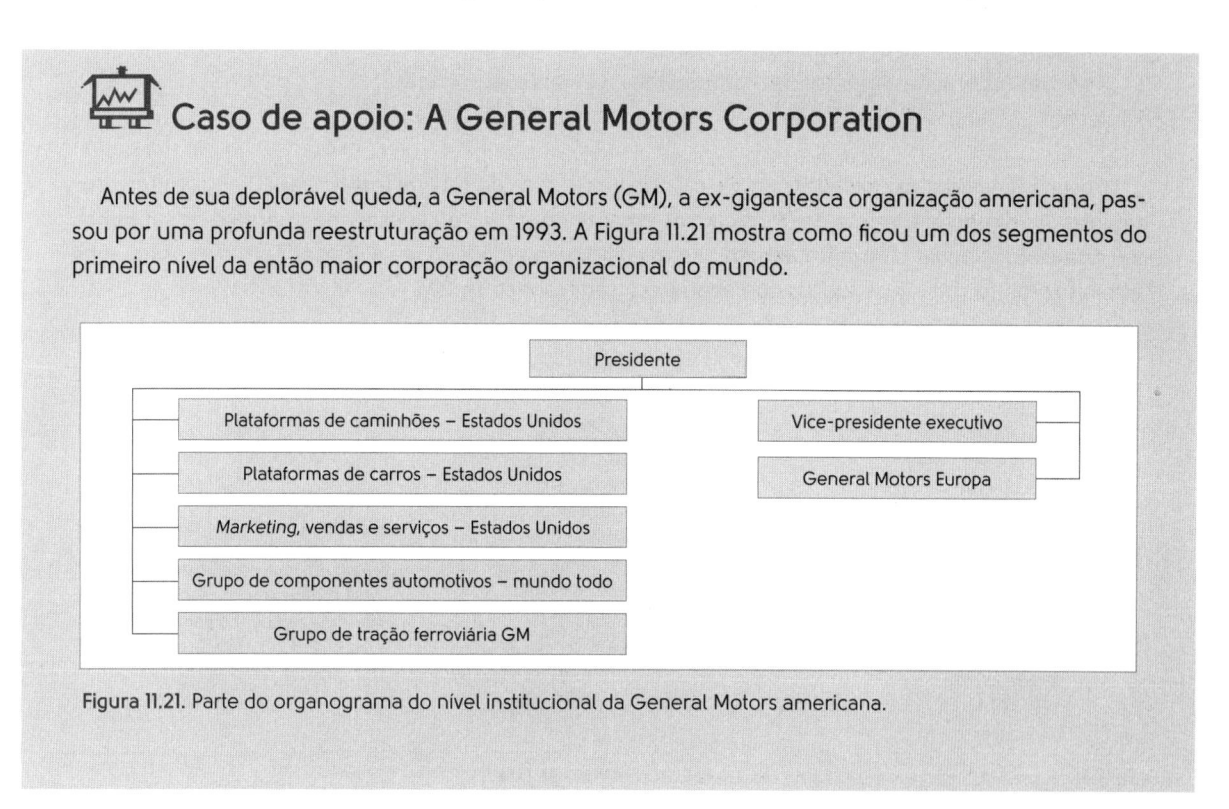

Caso de apoio: A General Motors Corporation

Antes de sua deplorável queda, a General Motors (GM), a ex-gigantesca organização americana, passou por uma profunda reestruturação em 1993. A Figura 11.21 mostra como ficou um dos segmentos do primeiro nível da então maior corporação organizacional do mundo.

Figura 11.21. Parte do organograma do nível institucional da General Motors americana.

A estrutura da GM de então era híbrida e parcialmente baseada em:
1. Produtos (plataformas de caminhões, plataformas de carros de passageiros, locomotivas etc.).
2. Mercados ou em clientes (Estados Unidos, Europa).

O Grupo de *Marketing*, Vendas e Serviços nos Estados Unidos, situado no segundo nível hierárquico da corporação, passou a adotar o seguinte organograma:

```
                    Marketing, Vendas e Serviços — Estados Unidos

   Divisão Buick                          Operações, marketing e propaganda —
                                                    América do Norte
   Divisão Cadillac
                                          Desenvolvimento de mercados
   Divisão Pontiac                                consumidores

   Divisão Chevrolet                      Rede de concessionárias — investimento e
                                                    desenvolvimento
   Divisão Oldsmobile
                                          Relações com concessionárias e política de
   GM do Canadá Ltda.                                   vendas

   Divisão de caminhões GM                Vendas e exportação — América do Norte

   Serviço de operações de autopeças
                                          Grupo de serviço de tecnologia e serviço
   Operações de frota                       de operações — América do Norte
```

Figura 11.22. Parte do organograma do nível intermediário da General Motors americana.

Nesse segundo nível, a organização é híbrida, com divisões baseadas em:
1. Produtos (como Buick, Cadillac, Pontiac, Chevrolet).
2. Serviços (serviço de operações de autopeças).
3. Funções (operações, *marketing* e propaganda, vendas e exportação).
4. Mercado (vendas e exportação da América do Norte, GM do Canadá).

Em cada uma de suas unidades fabris e manufatureiras, a GM está migrando para uma estrutura por equipes. Atualmente, em fase de transição, os componentes das equipes ainda guardam os seus antigos nomes funcionais, mas já trabalham com o espírito de equipe. A ideia é fazer com que as equipes administrem tudo ou quase tudo o que ocorre em cada fábrica da GM.

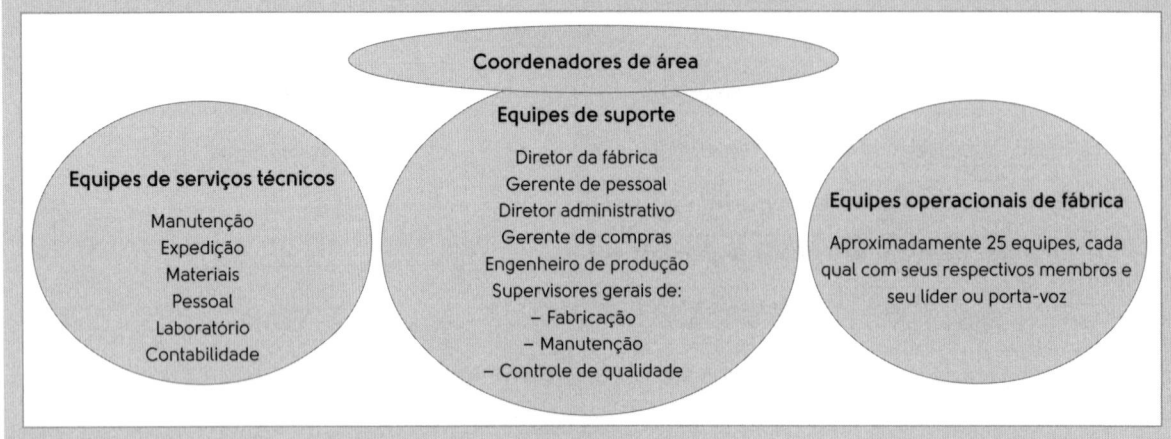

```
                          Coordenadores de área

                              Equipes de suporte
                              Diretor da fábrica
 Equipes de serviços técnicos  Gerente de pessoal
                              Diretor administrativo     Equipes operacionais de fábrica
        Manutenção             Gerente de compras
        Expedição             Engenheiro de produção    Aproximadamente 25 equipes, cada
        Materiais             Supervisores gerais de:    qual com seus respectivos membros e
        Pessoal                  — Fabricação             seu líder ou porta-voz
        Laboratório              — Manutenção
        Contabilidade            — Controle de qualidade
```

Figura 11.23. A organização por equipes na fábrica da Delco-Remy da GM.

Isso mostra o caráter híbrido da estrutura organizacional da GM. Na verdade, nenhum tipo específico de departamentalização consegue envolver todas as características necessárias para a estruturação de uma organização. Pena que a direção da GM não tenha percebido a tempo as profundas mudanças no mundo organizacional.

Avaliação crítica: Pontos a ponderar quanto às estruturas híbridas

Pense em duas ou três organizações que você conhece bem e veja como cada uma delas está estruturada.

1. Verifique se elas têm estruturas híbridas, quais são e por que razões você acha que elas escolheram tal estrutura?
2. Quais as consequências de escolher várias maneiras de estruturar (combinando departamentos funcionais com divisões baseadas em produtos/serviços, localização geográfica ou clientela)?
3. Até que ponto é possível organizar sem apelar para as funções tradicionais?

ORGANIZAÇÕES VIRTUAIS

Estamos na era da empresa virtual, do banco virtual, do escritório virtual, do dinheiro virtual e coisas do gênero. Com a moderna tecnologia, as dimensões de tempo e de espaço estão tendendo respectivamente à instantaneidade e à virtualidade. Vimos em outro capítulo que a rapidez e a miniaturização estão influenciando poderosamente a sociedade, e as organizações não poderiam passar incólumes a essas tendências.

Virtual significa algo que é possível ou suscetível de se realizar, algo em potencial, existente apenas como faculdade. As organizações virtuais são chamadas não territoriais ou não físicas pelo fato de dispensarem escritórios convencionais, prédios e instalações físicas.

A organização virtual é extremamente simples, flexível e ágil e totalmente assentada na tecnologia da informação. Ela não tem fronteiras definidas e seu campo de atuação pode ser alterado rápida e facilmente. É o caso da Amazon, uma livraria que não tem livros nem estantes e não opera nenhuma loja, mas que pluga autores, editoras, vendedores atacadistas e compradores de livros no varejo em algum lugar no interior de seus computadores interligados. A Amazon é a maior livraria virtual do mundo.

Com o desenvolvimento da moderna tecnologia da informação (TI), algumas organizações não necessitam de escritórios convencionais com funcionários, secretárias, salas, mesas, telefones, arquivos, estacionamentos, etc. As pessoas trabalham em suas casas interagindo diretamente com o sistema de informação da organização por meio de microcomputadores dotados de modem, fax, etc. Trata-se de uma rede virtual de comunicações que amarra e integra o sistema, aproximando eletronicamente pessoas fisicamente distantes e separadas.

Administração de hoje

As tendências organizacionais no mundo moderno[15]

O mundo empresarial está passando por uma verdadeira faxina. As tendências organizacionais mais fortes são as seguintes:

1. **Cadeias de comando mais curtas**: a cadeia de comando liga todas as pessoas por meio dos níveis sucessivos de autoridade maior. A tendência atual é de reduzir níveis hierárquicos intermediários. As estruturas achatadas constituem uma vantagem competitiva por aproximar a base do topo e agilizar a organização.
2. **Menos unidade de comando**: o princípio de que uma pessoa só pode reportar-se a um único superior está sendo questionado. A tendência atual é de utilizar estruturas horizontais, equipes funcionais cruzadas, forças-tarefas para aproximar o funcionário do cliente, seja ele interno ou externo.
3. **Amplitudes de controle mais amplas**: muitas organizações estão partindo para amplitudes largas, o que significa maior responsabilidade e autonomia às pessoas, que passam a trabalhar com um mínimo de supervisão direta. As amplitudes amplas facilitam a delegação e o *empowerment*.
4. **Mais delegação e *empowerment***: um processo de distribuir e confiar o trabalho a outras pessoas. Os gerentes estão atribuindo mais recursos para fortalecer as pessoas em todos os níveis a fim de que elas possam tomar as decisões relativas ao seu trabalho.
5. **Redução de componentes de *staff***: o *staff* especializado desempenha serviços técnicos especializados ou proporciona assessoria na resolução de problemas para os gerentes de linha da organização. A tendência atual é de redução do aumento do *staff* e de aumento da sua eficiência.
6. **Aumento substancial de equipes de trabalho**: os antigos departamentos estão gradativamente cedendo lugar a equipes de trabalho, definitivas ou transitórias. Essa aparente "desorganização" do trabalho significa uma direção para a mudança, inovação, agilidade e flexibilidade.

Caso para discussão: Accor Brasil[16,17]

A Accor Brasil está preparada para dar o grande passo do novo milênio. Já conta com fortes armaduras para se sustentar como uma empresa do futuro. É focalizada em serviços de qualidade, globalizada, usa alta tecnologia, investe pesadamente em recursos humanos, busca associações e parcerias e – o que é melhor e estimulante – consegue resultados fantásticos. O amplo grupo de atividades que formam a Accor Brasil em diferentes setores – alimentação e restaurantes, hotelaria e viagens, produtividade e incentivos – deve proporcionar um faturamento em torno de R$ 4 bilhões anuais.

A Accor Brasil que até recentemente se chamava Ticket – Grupo de Serviços já nasceu globalizada. Seus acionistas são três fortes grupos estrangeiros com atuação no Brasil e em diferentes partes do mundo: Accor (França), Brascan (Canadá) e Espírito Santo (Portugal).

As principais empresas da Accor Brasil são as seguintes:

1. **Ticket Alimentação**: permite a aquisição de gêneros alimentícios de primeira necessidade numa rede de estabelecimentos filiados em todo o Brasil. Moderna opção para a empresa que quer oferecer esse tipo de benefício aos empregados.

2. **GR Serviços de Alimentação**: responsável pela alimentação dos trabalhadores em empresas, indústrias, hospitais, escolas. Administra todo o serviço em cozinhas dos seus clientes e utiliza tecnologia de última geração para alimentar os funcionários das maiores empresas do Brasil.
3. **Sofitel**: são hotéis cinco estrelas para lazer e turismo, com estrutura para negócios e eventos. Sofitel Rio Palace e Sofitel São Paulo são os dois maiores hotéis.
4. **Novotel**: são 15 unidades espalhadas pelas mais importantes cidades do país.
5. **Parthenon**: é a maior rede de *flats* do Brasil.
6. **Mercure**: uma nova marca de hotéis.
7. **Ibis**: previsão de 50 hotéis de categoria econômica.
8. **Carlson Wagonlit Travel**: assessoria e prestação de serviços para viagens de negócios e lazer para empresas-clientes com sistema de relatórios gerenciais.
9. **Incentive House**: cuida do planejamento e criação de programas de motivação por meio de incentivos à produção para incremento de vendas e produtividade.
10. **Ticket Transporte**: administra toda a operação do vale-transporte das empresas.

O presidente do grupo afirma que os investimentos do grupo envolvem bilhões de dólares que vão para as áreas de hotelaria, cartões magnéticos e inteligentes, telecomunicações, banco de dados e centrais de atendimento, formação e treinamento do pessoal e para comunicação corporativa. Tais investimentos se mostram necessários em relação aos seguintes aspectos do negócio:

- Funcionários
- Marcas e produtos
- Empresas-clientes
- Consumidores/dia
- *Tickets* emitidos/mês
- Estabelecimentos filiados
- Cestas básicas/ano

- Alimentos adquiridos por ano/toneladas
- Restaurantes administrados de empresas
- Refeições servidas/dia
- Unidades hoteleiras
- Número de apartamentos
- Agências e postos de viagens
- Passageiros/ano

O grupo empresarial utiliza uma rede própria de telecomunicações, com recursos de fibra ótica, rádios de micro-ondas, antenas parabólicas e faixa exclusiva no satélite BrasilSat para a comunicação entre as 28 filiais no país, acionistas no exterior, seis edifícios-sede em São Paulo, 11 regionais, oito unidades de atendimento, 710 unidades de serviços, clientes e fornecedores e entre os funcionários de um mesmo prédio. O objetivo é dar uma maior eficiência nas operações e reduzir custos, beneficiando os clientes, diz o presidente. Você pensou em fazer um organograma da Accor Brasil?

Questões:
1. Qual a sua opinião sobre a estrutura organizacional que a Accor Brasil deveria ter?
2. Se você tivesse de desenhar uma estrutura organizacional para a Accor Brasil, como o faria?
3. Comente a diferenciação de atividades no grupo.
4. Comente a necessidade de mecanismos de integração no grupo.
5. Como você poderia definir o foco da Accor Brasil?

Abordagem	Características	Vantagens	Limitações
Funcional	As unidades organizacionais são departamentos ou divisões com base na especialização da função, envolvendo produção, *marketing* e finanças	• Especialização • Simplicidade • Coordenação intradepartamental • Baixos custos administrativos	• Visão limitada de especialistas • Visão limitada dos gestores • Subobjetivação • Falta de coordenação interdepartamental
Divisional	Baseada nos resultados. Cada departamento é uma unidade autocontida e autossuficiente para produzir determinado produto ou serviço	• Pode ser feita por produto, serviço, localização, clientela ou por processos • Excelente coordenação interdepartamental	• Cada unidade produz um determinado resultado ou saída: produto, serviço, projeto ou cliente
	Por produtos/serviços	• Foco nos produtos ou serviços • Melhor qualidade e inovação • Espírito de equipe • Autonomia	• Duplicação de recursos • Foco e limitação • Especialização no produto • Subobjetivação
	Por cliente	• Foco no cliente • Visão extrovertida • Retroação rápida	• Duplicação de recursos • Complexidade organizacional
	Por localização	• Foco no mercado geográfico • Visão extrovertida • Retroação rápida	• Duplicação de recursos • Complexidade organizacional
	Por processos	• Foco no processo • Cadeia de valor • Custos operacionais baixos	• Baixa coordenação interdepartamental • Fragmentação e subobjetivação • Indefinição da responsabilidade geral • Especialização
Matricial	Departamentalização funcional e divisional juntas. Envolve cadeias de comando funcionais e divisionais, envolvendo orientação funcional e divisional	• Maximização de vantagens • Inovação e mudança • Coordenação intensiva • Especialização com coordenação	• Dualidade de comando • Conflito e tensão • Disputa de recursos • Antagonismos • Definições pouco claras
Em equipes	Baseada no *empowerment*. Utiliza equipes multifuncionais, permanentes ou interdisciplinares	• Foco externo • Comunicações diretas • Autogestão e autossuficiência • Agilidade • Engajamento das pessoas	• Requer nova mentalidade • Necessidade de suporte de *staff* • Dupla subordinação
Em redes	Ênfase em redes (*network structure*) interligadas por uma organização central, física ou virtualmente	• Competitividade global • Maleabilidade e flexibilidade • Estrutura enxuta ou virtual	• Falta de controle local • Riscos de perdas • Incerteza • Fraca lealdade das pessoas • Necessidade de preparação das pessoas

Figura 11.24. Mapa Mental do Capítulo 11: Desenho departamental.

Exercícios

1. O que significa departamentalização?
2. Explique a estrutura funcional e suas características.
3. Quais as vantagens e limitações da estrutura funcional?
4. Explique a estrutura divisional e suas características.
5. Quais as vantagens e limitações da estrutura divisional?
6. Explique a departamentalização por produtos/serviços.
7. Explique a departamentalização por localização geográfica.
8. Explique a departamentalização por clientela.
9. Explique a departamentalização por processos.
10. Explique a estrutura matricial e suas características.
11. Quais as vantagens e limitações da estrutura matricial?
12. Explique a estrutura em equipes e suas características.
13. Quais as vantagens e limitações da estrutura em equipes?
14. Explique a estrutura em redes e suas características.
15. Quais as vantagens e limitações da estrutura em redes?
16. Explique as estruturas híbridas.
17. O que são organizações virtuais?

REFERÊNCIAS BIBLIOGRÁFICAS

1. Ernest Dale. *Organization*. Nova York, American Management Association, 1951. p. 9.
2. Richard L. Daft. *Management*. Orlando, The Dryden, 1994. p. 300-1, 304, 306, 312, 316, 319.
3. Raymond E. Miles. "Adapting to technology and competition: a new industrial relation system for the 21st century". *California Management Review*, 1989, p. 9-28.
4. Jay R. Galbraith. *Designing complex organizations*. Reading, Massachusetts, Addison-Wesley, 1977.
5. John S. Oakland. *Gerenciamento da qualidade total – TQM*. São Paulo, Nobel, 1994. p. 23.
6. Idalberto Chiavenato. *Manual de reengenharia: um guia para reinventar a sua empresa com a ajuda das pessoas*. São Paulo, Makron Books, 1995, p. 14.
7. Idalberto Chiavenato. *Os novos paradigmas: como as mudanças estão mexendo com as empresas*. Barueri, Manole, 2010. p. 202-6.
8. Lawton R. Burns. "Matrix management in hospitals: testing theories of matrix structure and Development". *Administrative Science Quarterly*, 34, 1989, p. 349-68.
9. Carlos Neves. "Um modelo eficiente de gestão – entrevista com João Carlos Wiziack". *T&D – Treinamento e Desenvolvimento*, n. 55, jul./1997, p.2-4.
10. Joel Kotkin. "The 'Smart-Team' at Compaq Computer". INC, February, 1986, p. 48-56.
11. Charles C. Snow, Raymond E. Miles, Henry J. Coleman, Jr. "Managing 21st century network organizations". *Organizational Dynamics*, 20, 1992, p. 5-20.
12. Raymond E. Miles, Charles C. Snow. "Organizations: new concepts for new forms". *California Management Review*, 28, 1986, p. 62-73.
13. G. Pascal Zachary. "High-tech firms find it's good to line up outside contractors". *The Wall Street Journal*. Jul. 29, 1992, p. A1-A5.
14. Peter Huber, Jessica Korn. "A linha de produção agora é uma teia. *Exame*, n. 645, 24.09.1997, p. 102-6.
15. Idalberto Chiavenato. *Teoria geral da administração*. v. II. Rio de Janeiro, Elsevier/Campus, 2004.
16. "Saindo na frente". *Empreendedor*, out./1997, p. 21-5.
17. Silvana Assumpção. "Milênio com chave de ouro". *Carta Capital*, 57, 17.09.1997, p. 54-6.

12
DESENHO ORGANIZACIONAL

Objetivos de aprendizagem

Após estudar este capítulo, você deverá estar capacitado para:

- Definir os mecanismos de diferenciação e integração das organizações.
- Descrever o desenho organizacional, suas características e variações.
- Definir as organizações burocráticas e os desenhos mecanísticos.
- Definir as organizações adaptativas e os desenhos orgânicos.
- Ajustar os fatores que afetam o desenho organizacional.
- Definir o negócio essencial (*core business*) da organização.

O que veremos adiante

- Diferenciação e integração.
- Desenho organizacional.
- Desenhos mecanísticos e organizações burocráticas.
- Desenhos orgânicos e organizações adaptativas.
- Fatores que afetam o desenho organizacional.
- Quem determina o desenho organizacional?
- O miolo do negócio.

12 Desenho organizacional

Caso introdutório: Argonauta

Depois de décadas atuando no mercado nacional de cabos para freios e embreagens para carros, a Argonauta estava passando por uma crise de identidade. Os negócios estavam estabilizados, as vendas se mantinham boas, a qualidade dos produtos inalterada, mas os lucros escasseavam a cada dia. A concorrência no mercado de autopeças era violenta e o mercado exigia preço e qualidade, impondo sérias restrições à companhia. As montadoras de veículos impunham esquemas de produção que a Argonauta conseguia atender, porque utilizava a tecnologia mais adequada: equipamentos semiautomatizados de estiragem e corte de arames que eram operados por funcionários com mais de 15 anos de casa. Aparentemente, tudo estava ótimo. Mas, Mariano Sanches, o diretor administrativo, não pensava assim. Achava que deveria haver uma maneira de melhorar a lucratividade da Argonauta. O seu problema era descobrir qual o segredo e chegar lá, antes que os concorrentes o fizessem. Como você poderia ajudar Mariano?

As organizações formam conjuntos de pessoas e atividades integradas para alcançar um específico objetivo ou propósito. Para funcionar, elas precisam de um aparato vertical – a hierarquia – e de um aparato horizontal – as divisões ou os departamentos. Contudo, as organizações interagem diariamente com um mundo composto de todos os tipos de organizações, como produtores de produtos e serviços, bancos, financeiras, agências de propaganda, consultores externos, entidades governamentais, etc. Na verdade, elas são organizações dentro de organizações e operam em uma sociedade de organizações. Por exemplo, a General Motors americana é uma organização composta de divisões que produzem veículos da marca Chevrolet, Pontiac, Buick, Cadillac. Ela vende carros para uma infinidade de empresas concessionárias e compra materiais, matérias-primas, componentes, tecnologias e serviços de várias outras organizações. Cada departamento dentro de cada divisão é uma organização dentro de uma organização.

Muitas organizações mudam suas estruturas – utilizando redes internas de equipes – para incrementar criatividade e inovação no sentido de reduzir seus ciclos operacionais, melhorar a qualidade do atendimento ao cliente e incrementar a produtividade. O administrador precisa saber implementar mudanças e promover cooperação e colaboração entre as pessoas para flexibilizar e agilizar sua organização, produzir produtos e serviços inovadores e garantir o desempenho futuro. As abordagens de estrutura vertical e horizontal constituem tentativas para resolver problemas internos e lidar com desafios complexos do ambiente externo. As organizações, assim como as pessoas, são diferentes entre si, pois operam em diferentes ambientes, com diferentes produtos e serviços, para diferentes clientes e enfrentam desafios e problemas diferentes. O administrador precisa compreender essas diferenças e saber ajustar as organizações a essas diferenças.

Administração de hoje

Hewlett-Packard

A Hewlett-Packard (HP) tinha, na década de 1980, cerca de 38 comitês centrais que estabeleciam todas as políticas e regras para os principais aspectos de seus negócios. Na medida em que os negócios cresceram, essa estrutura começou a funcionar como uma verdadeira camisa de força, reduzindo a capacidade da companhia de reagir mais prontamente às mudanças em seu ambiente de negócios extremamente dinâmico e competitivo. Ao reconhecer essa falha, a companhia dissolveu esses comitês e descentralizou totalmente a autoridade que tomava as decisões para as suas divisões, centralizando na outra ponta os controles dos seus resultados. Na realidade, descentralizou a autoridade decisória no que concerne às operações e centralizou a autoridade no que concerne aos controles dos resultados. Soltou as rédeas, mas na ponta final passou a controlar os resultados alcançados.

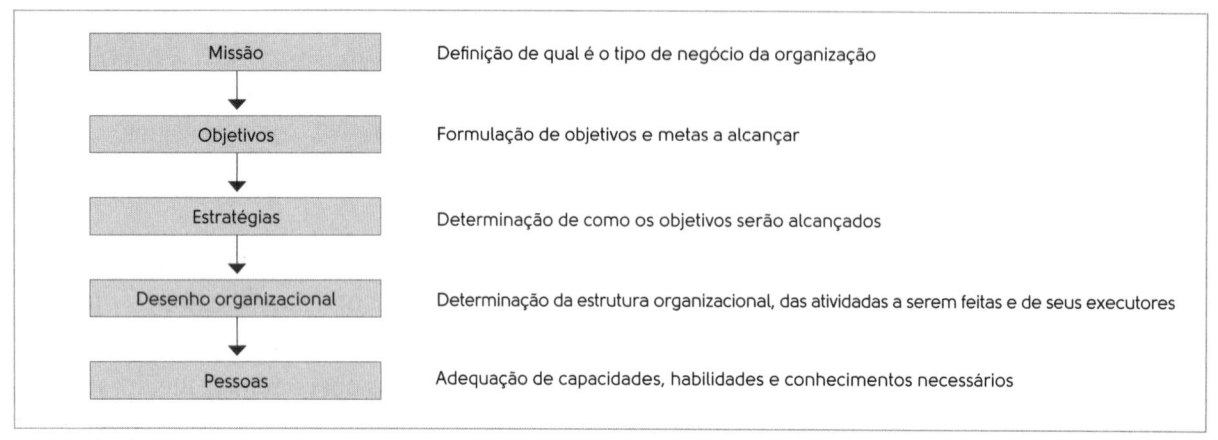

Missão	Definição de qual é o tipo de negócio da organização
Objetivos	Formulação de objetivos e metas a alcançar
Estratégias	Determinação de como os objetivos serão alcançados
Desenho organizacional	Determinação da estrutura organizacional, das atividades a serem feitas e de seus executores
Pessoas	Adequação de capacidades, habilidades e conhecimentos necessários

Figura 12.1. Os passos para o desenho organizacional.

Caso de apoio: Faber-Castell[1]

Na era do computador, em que as crianças podem pintar e criar desenhos diretamente na tela dos monitores e de outros artefatos da TI, a Faber-Castell continua vendendo lápis grafite e lápis de cor em todo o mundo. É uma das empresas mais antigas do mundo. Foi fundada em 1761 na cidade alemã de Nuremberg pelo marceneiro Kaspar Faber. No século XIX, Lothar von Faber, sucessor de Kaspar, estabeleceu os padrões de fabricação de lápis que são utilizados até hoje. A empresa ainda é administrada pela família Faber-Castell. Primeira no *ranking* de material escolar – com produção anual de 120 milhões de esferográficas, 25 milhões de apontadores, 40 milhões de hidrográficas e mais de 1 bilhão de lápis grafite, a Faber-Castell não disputa apenas no Brasil o gosto do consumidor. Ela é competitiva no mundo inteiro. Briga com os produtos feitos na China com três estratégias: preço, qualidade e novidades. "Nosso lápis é feito com madeira de reflorestamento da própria empresa", diz o presidente da empresa. A empresa investe US$ 3 milhões anuais para manter duas áreas de reflorestamento em Minas e no Paraná. Embora esteja na contramão das tendências atuais do mundo moderno, pelo fato de estar bem verticalizada, essa foi a maneira de manter o grau de qualidade nos produtos. Com reflorestamento próprio, a empresa aumentou em 40% o rendimento das espécies usadas na produção de lápis. A terceira estratégia é o lançamento de novidades: 20 novos produtos a cada semestre, na volta às aulas.

No Brasil, suas duas fábricas em São Carlos – SP, com 2.800 empregados, produzem diariamente 6 milhões de lápis grafite, produto que responde por US$ 84 milhões dos US$ 140 milhões de faturamento da subsidiária brasileira, com um lucro de 12,5%. Ela perde apenas para a matriz na Alemanha.

DIFERENCIAÇÃO E INTEGRAÇÃO

Uma importante pesquisa foi feita por Lawrence e Lorsch da Universidade de Harvard[2]. Ambos estudaram dez empresas com atuação em três diferentes indústrias – mercado de fornecedores de plásticos, bens de consumo e embalagens. As empresas bem-sucedidas foram aquelas que se ajustaram às características e aos desafios de seus ambientes. Os autores encontraram duas características fundamentais: a diferenciação e a integração.

Diferenciação

Ao lidar com ambientes externos, as organizações vão se segmentando em unidades. Cada um desses segmentos trabalha com um segmento do universo exterior à organização. Essa divisão do trabalho entre os subsistemas provoca a diferenciação. Assim, as organizações apresentam a característica de diferenciação: é a divisão da organização em subsistemas ou departamentos, cada qual desempenhando uma tarefa especializada para atender a um contexto ambiental também especializado. A diferenciação mostra o grau de diferenças que existem entre os componentes internos da organização. Cada subsistema tende a reagir unicamente à parte do ambiente que é relevante para a sua própria tarefa especializada. Na medida em que os ambientes específicos diferirem quanto às demandas que fazem, tanto mais aparecerão diferenciações na sua estrutura organizacional. A diferenciação tende a separar as pessoas nas organizações, pois os trabalhos, por definição, são conjuntos separados de atividades.

Lawrence e Lorsch identificaram quatro tipos de diferenciação entre os subsistemas[2]:

1. **Diferenças em objetivos**: as pessoas nas diferentes unidades desenvolvem sua própria perspectiva dos objetivos organizacionais e de como alcançá-los. Os contadores veem o controle como o aspecto mais importante do sucesso da organização, enquanto os marqueteiros priorizam produtos variados e de qualidade.
2. **Diferenças na orientação de tempo**: as pessoas nas várias unidades diferem quanto à orientação de tempo. O pessoal da produção tende a resolver rapidamente seus problemas, enquanto o pessoal de pesquisa e desenvolvimento se preocupa com problemas que levam meses ou anos para serem resolvidos.
3. **Diferenças de orientação interpessoal**: na produção, as pessoas precisam tomar decisões rápidas e utilizam comunicações abruptas e respostas curtas. O pessoal de pesquisa e desenvolvimento prefere comunicações longas que encorajam o *brainstorming* e as múltiplas alternativas. E, enquanto as unidades de produção requerem padrões específicos de desempenho, o departamento de pessoal requer padrões genéricos de comportamento.
4. **Diferenças na estrutura formal**: afetam o comportamento dos subsistemas. Pessoas acostumadas com soluções flexíveis de problemas em um ambiente orgânico sentem-se frustradas quando trabalham com um gerente vindo de um ambiente mecanístico que segue regras estritas.

Integração

Quanto maior a diferenciação, tanto maior a necessidade de integração para promover um esforço convergente e unificado no sentido de atingir os objetivos da organização. A integração é o nível de coordenação alcançado entre os diversos componentes internos da organização. Enquanto a diferenciação especializa, divide e separa, a integração tenta juntar, amarrar e convergir. Uma realiza um esforço centrífugo, a outra completa com um esforço centrípeto.

A organização requer coordenação, que é o processo de integrar as atividades dos departamentos separados no sentido de perseguir os objetivos organizacionais eficazmente. A coordenação assegura um melhor relacionamento entre pessoas que trabalham em diferentes atividades e que contribuem para os objetivos organizacionais. Sem a coordenação, as pessoas perdem a visão de seus papéis dentro da organização e passam a perseguir seus próprios interesses departamentais em prejuízo dos objetivos organizacionais. Assim, as organizações precisam desenvolver mecanismos de integração que são meios para assegurar a integridade do sistema total.

Os principais mecanismos de integração são:

1. Regras e procedimentos: especificam claramente as atividades necessárias para a integração das atividades.
2. Hierarquia administrativa: conduz os problemas a um superior comum.
3. Planejamento: estabelece metas e objetivos que as pessoas devem alcançar na mesma direção para garantir integração.
4. Contatos diretos: os administradores das várias unidades coordenam diretamente suas atividades para integrá-las adequadamente.
5. Papéis de ligação: são os coordenadores formais para ligar as unidades entre si.
6. Forças-tarefas: são grupos formais e temporários para coordenar atividades e resolver problemas de integração.
7. Equipes: são equipes permanentes com autoridade para coordenar e resolver problemas ao longo do tempo.
8. Organizações matriciais: criam uma estrutura em malha para melhorar a integração e a coordenação das atividades em programas específicos.

Voltando ao caso introdutório: Argonauta

Mariano constituiu uma equipe de trabalho e com ela começou a dissecar o processo de produção da Argonauta. Por mais que quebrassem a cabeça, não estava ali o segredo procurado por Mariano. A conclusão geral foi que o segredo para aumentar os lucros deveria ser procurado em outro lugar. Uma noite, ao rever os livros de administração dos seus tempos de estudante, Mariano se concentrou nos conceitos de desenho organizacional. Percebeu que a Argonauta utilizava um desenho mecanístico e verticalizado, típico das organizações que utilizam tecnologia sequencial. Percebeu também que havia muita diferenciação de atividades e pouca integração na sua empresa. O que você pensaria no lugar de Mariano?

Administração de hoje

Corporação modular[3]

No passado, as companhias se orgulhavam de ser empresas autossuficientes e que produziam todas as coisas necessárias para se tornarem seus próprios fornecedores de todos os insumos possíveis. Eram empresas que abusavam da departamentalização. Na corrida dos novos tempos, aqueles monolitos estão sendo substituídos por estruturas enxutas e simples chamadas de organização modular. As indústrias de aparelhos e eletrônica estão capitaneando o modelo modular. A Nike está sendo a pioneira do sistema. Várias outras organizações também estão entrando na onda modular.

A estrutura modular e flexível permite à companhia a reação pronta e imediata às rápidas mudanças nas necessidades do mercado atual pela focalização nas pessoas, na tecnologia e no dinheiro como atividades essenciais (*core business*), enquanto compram outras atividades, como entregas, contabilidade e mesmo manufatura para especialistas externos. A companhia modular funciona como um *hub* envolvido por uma rede flexível de fornecedores, cujos módulos podem ser expandidos ou retraídos em resposta às mudanças de necessidades.

O sistema modular oferece duas vantagens:

1. Redução de custos.
2. Oportunidade para dirigir o capital diretamente para áreas essenciais (*core business*) em que a companhia tem seu maior eixo competitivo.

Nike e Chrysler oferecem os melhores exemplos dessas vantagens. Os escritórios corporativos da Nike em Beaverton, Oregon, focalizam investimentos em pesquisa, desenho e tecnologia para atender às necessidades e às demandas mutáveis dos consumidores atletas e preocupados com a moda. A Nike tem sua manufatura totalmente terceirizada e descentralizada para fornecedores da Ásia, o que evita investimentos em ativos fixos e proporciona o alto retorno dos investimentos dos acionistas.

A Chrysler Corporation foi a primeira indústria automotiva a adotar a abordagem modular. Os fornecedores externos proporcionam 70% das partes da Chrysler. Os carros são construídos em módulos para reduzir custos de produção. Quatro unidades separadas de interior, por exemplo, provêm dos fornecedores em várias localidades, fáceis de instalar sobre a *frame* do carro.

As chaves para o sucesso da companhia modular são concentrar os esforços da companhia na especialidade essencial certa e promover a seleção cuidadosa de fornecedores leais e confiáveis, capazes de guardar segredos do negócio e mudar e reformular suas ideias para novas demandas. Uma rede forte proporciona um eixo competitivo que permite que as companhias modulares possam se mover na onda do futuro.

Avaliação crítica: Na contramão dos modismos[4]

No livro *Fad surfing in the boardroom: reclaiming the courage to manage in the age of instant answers*, Eileen C. Shapiro investe contra alguns mitos da administração e procura resgatar o valor da hierarquia. Ela focaliza o nível institucional das corporações e analisa o drama dos seus dirigentes pressionados a fazer certas opções de modernidade e aceitar o uso de panaceias ou serem simplesmente tachados de "dinossauros" obsoletos por acreditarem que para cada enfermidade e para cada paciente se deve administrar um remédio específico. A autora aconselha que a visão e a missão sejam criadas a partir da alma das pessoas, daquilo em que elas creem e não pela simples repetição de frases cabalísticas. A autora ataca os chamados mitos da teoria gerencial. A hierarquia organizacional, hoje considerada o demônio da gestão empresarial, é resgatada pela autora, que sustenta que o problema é o comportamento das pessoas e não a forma pela qual a empresa se organiza. É uma questão de cultura e não de estrutura. De mentalidade e não de organização.

As modernas teses e ferramentas para aumentar a competitividade organizacional são necessárias, desde que haja a existência de um clima de abertura e de comunicação honesta dentro da empresa, acompanhada de um processo eficaz para receber e digerir a enxurrada de novas ideias que a própria organização poderá produzir. Para o presidente da Xerox do Brasil, a autora condena o exagero que cerca a venda de "soluções milagrosas" para os problemas da gestão empresarial e adverte para que o leitor jamais se decida pelo remédio antes de fazer um bom diagnóstico da enfermidade. Só se vence servindo o cliente e gerando valor, não apenas imitando o que fazem as outras empresas. Pense nisso!

DESENHO ORGANIZACIONAL

Dá-se o nome de desenho organizacional à definição da estrutura organizacional mais adequada ao ambiente, à estratégia, à tecnologia, às pessoas, às atividades e ao tamanho da organização. O desenho organizacional é o processo de escolher e implementar estruturas organizacionais capazes de organizar e articular os recursos e servir à missão e aos objetivos principais. O propósito principal do desenho organizacional é colocar a estrutura a serviço do ambiente, da estratégia, da tecnologia e das pessoas da organização. A estrutura organizacional deve ser desenhada no sentido de buscar a adequação de todas essas múltiplas circunstâncias que envolvem uma organização ou uma unidade organizacional. Na verdade, o desenho organizacional é um tipo de solução de problemas. O desenho organizacional varia entre dois extremos de um *continuum*: desde desenhos mecanísticos até desenhos orgânicos, conforme apresentado nos tópicos adiante.

DESENHOS MECANÍSTICOS E ORGANIZAÇÕES BUROCRÁTICAS

Os desenhos mecanísticos representam um dos extremos do *continuum*. São os desenhos típicos da abordagem de sistema fechado que predominou na teoria administrativa desde o seu surgimento até a década de 1970.

Organizações Burocráticas

Como descrevemos no Capítulo 2, a burocracia é uma forma de organização baseada na lógica, na ordem e no uso legítimo da autoridade. Max Weber havia descrito a burocracia como a forma organizacional ideal para sua época[5]. Verificou-se, posteriormente, que na realidade a burocracia é um extremo no qual ocorre excesso das seis dimensões e que as organizações podem situar-se em um *continuum* de diferentes graus de burocratização.

A organização burocrática constitui um tipo de organização no qual todas as dimensões existem em elevado grau para assegurar estrutura, estabilidade e ordem. Na medida em que as dimensões se apresentam em baixo grau, a organização é menos burocrática.

Obviamente, na sua época, Weber não conseguiu prever as consequências não desejadas – as chamadas disfunções da burocracia – e que a tornam ineficiente. Uma disfunção é uma anomalia de funcionamento que provoca tensões internas e precário funcionamento da organização. As principais disfunções do modelo burocrático são[6]:

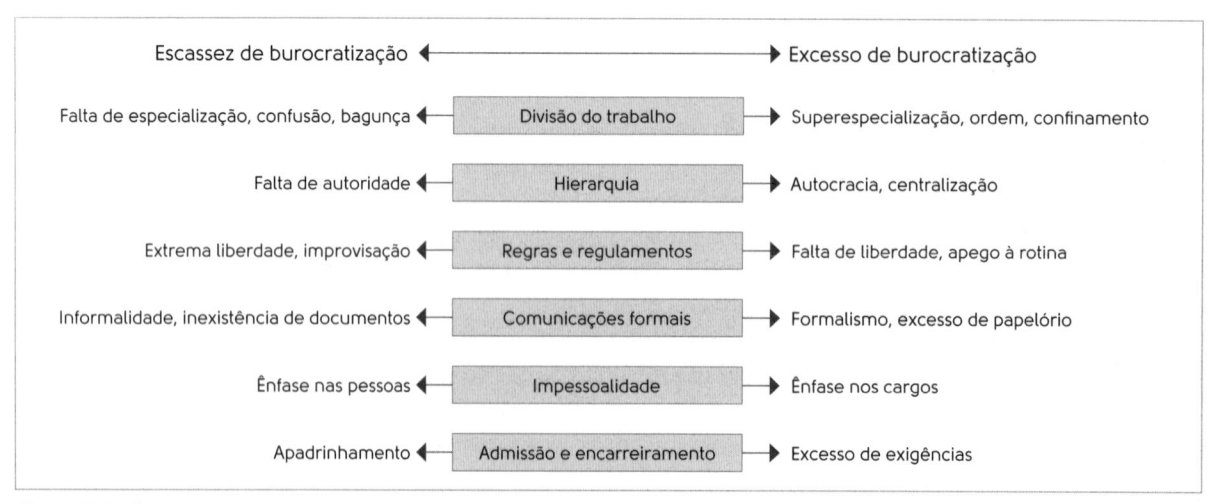

Escassez de burocratização ←		→ Excesso de burocratização
Falta de especialização, confusão, bagunça ←	Divisão do trabalho	→ Superespecialização, ordem, confinamento
Falta de autoridade ←	Hierarquia	→ Autocracia, centralização
Extrema liberdade, improvisação ←	Regras e regulamentos	→ Falta de liberdade, apego à rotina
Informalidade, inexistência de documentos ←	Comunicações formais	→ Formalismo, excesso de papelório
Ênfase nas pessoas ←	Impessoalidade	→ Ênfase nos cargos
Apadrinhamento ←	Admissão e encarreiramento	→ Excesso de exigências

Figura 12.2. O *continuum* das seis dimensões da burocracia.

1. Visão estreita e míope das pessoas, por causa da forte divisão do trabalho e da especialização.
2. Falta de iniciativa das pessoas, em virtude do comando único rígido que leva à autocracia dos chefes.
3. Excesso de papelório e de documentação, em decorrência da formalização.
4. Corporativismo e introversão administrativa, por causa das regras e dos regulamentos, provocando resistência a qualquer tipo de mudança.
5. Despersonalização do relacionamento entre as pessoas, em virtude da impessoalidade e da ênfase nos cargos em detrimento das pessoas.
6. Necessidade de concursos públicos para as pessoas se candidatarem a qualquer posição na organização ou a promoção para cargo mais elevado (para comprovar e documentar a competência técnica).

As disfunções – imperfeições e anomalias do modelo burocrático – são responsáveis pelo sentido pejorativo que o termo burocracia adquiriu junto ao público leigo no assunto. Com tais disfunções, a burocracia torna-se um sistema social desumano, rígido e mecanicista. Cada disfunção torna-se o resultado de algum desvio ou exagero em cada uma das dimensões do modelo burocrático.

O modelo burocrático é denominado de "teoria da máquina" por tratar a organização como se fosse um conjunto articulado de peças mecânicas e engrenagens, como um sistema fechado e hermético. Daí decorre a crítica a essa abordagem mecanicista ou mecanística da organização. A rigidez do modelo burocrático impede qualquer mudança e inovação e não permite a flexibilidade e agilidade necessária para funcionar em um ambiente mutável e dinâmico como o da atualidade. Mais: trata as pessoas como se fossem homogêneas e padronizadas.

Uma das características da burocracia é a formalização, que é a imposição de documentação escrita para dirigir e controlar a organização e os empregados. A documentação escrita inclui regras, políticas, procedimentos, descrições de cargos e

Avaliação crítica: Detran – burocracia sem limites[7]

A burocracia é uma velha conhecida do cidadão comum: todo cidadão tem por ela uma verdadeira fobia. Um assinante do *Jornal da Tarde* enviou à redação do vespertino a seguinte carta: "Julho foi o mês de licenciamento do meu carro, um Gol 99. No Detran enfrentei uma enorme burocracia. Uma fila para obter o extrato de multa; outra, no banco para o pagamento da multa e da taxa de licenciamento; terceira fila para mostrar a quitação da multa ao Detran; quarta fila para a retirada do Certificado de Registro e Licenciamento (CRL); quinta fila para a retirada do selo do licenciamento. Após quatro horas totalmente dedicadas à sanha burocrática do Detran, consegui ultrapassar todas as barreiras, até mesmo o assédio dos despachantes de plantão, que lá têm tratamento diferenciado. Há mais guichês para eles do que para os comuns mortais! Mas uma passagem me deixou satisfeito e baniu o mau humor da situação. Quando estava na fila para a retirada do CRL, um senhor passou na frente de todos. Um garoto reagiu: "Ô, tio, a fila começa lá atrás!". O senhor, muito educado, respondeu: "Eu tenho mais de 75 anos, tenho preferência". A lição de cidadania ministrada por aquele senhor foi um bálsamo no terrível espetáculo promovido pelo Detran. Se eu viver até os 75 anos (tenho 22), terei de passar pelo mesmo purgatório por mais 53 anos. No final de minha vida terei entregado aos burocratas um total de 212 horas, ou seja, mais de oito dias de vida! E, ainda, já idoso terei de brigar com as pessoas para ser tratado com dignidade. Que absurdo!". Pode?

regulamentos internos. Esses documentos geralmente complementam o organograma, oferecendo descrições de tarefas e definição de autoridade e responsabilidade. A utilização de regras, regulamentos e registros escritos das decisões faz parte do modelo burocrático de organização descrito no Capítulo 2. O modelo burocrático é uma organização que opera de maneira lógica e racional por meio de procedimentos escritos e previamente estabelecidos.

Avaliação crítica: O peso da burocracia

O jornal *O Estado de S.Paulo* de 20 de dezembro de 1997 publicou na sua primeira página uma enorme fotografia do *Diário Oficial da União* do dia anterior colocado sobre uma balança: pesa 5,27 quilos, suficiente para figurar no *Guinness*, o livro dos recordes. O jornal circulou com 2.120 páginas, publicando atos administrativos do Poder Executivo e Judiciário, além do orçamento da União. Poderá ser considerado o tabloide com o maior número de páginas do mundo. Segundo o diretor-geral da Imprensa Nacional, "essa marca é uma honra". Papelório puro!

Todavia, apesar de necessária, a documentação escrita pode provocar mais problemas do que resolvê-los. Se uma organização tenta fazer tudo de maneira formal e escrita, os procedimentos e as regras tornam-se pesados e opressivos. Atualmente, as organizações estão se tornando menos formais no sentido de obter flexibilidade e reatividade no ambiente mutável.

A estrutura burocrática tem sido intensamente criticada. Principalmente após a década de 1960, quando os pesquisadores ingleses Burns e Stalker fizeram uma pesquisa para verificar como diferentes formas organizacionais poderiam ser bem-sucedidas dependendo da natureza do ambiente externo[8]. Verificaram que as formas burocráticas – chamadas organizações mecanísticas – são bem-sucedidas em ambientes estáveis e com pouquíssimas mudanças. Mas essas formas têm dificuldade em se adaptar a mudanças. Em ambientes dinâmicos, nos quais ocorrem mudanças, as formas menos burocratizadas – as chamadas organizações orgânicas – funcionam melhor. As organizações mecanísticas e as organizações orgânicas são opostas e contraditórias, como mostra a Figura 12.3.

Organizações burocráticas Desenhos mecanísticos		Organizações adaptativas Desenhos orgânicos
Centralizada e única	Autoridade	Descentralizada e dispersa
Muitas e impostas	Regras e procedimentos	Poucas e consensuais
Estreitas e cerradas	Amplitude administrativa	Amplas e liberais
Especializadas e rotineiras	Tarefas	Compartilhadas e inovadoras
Raríssimas	Equipes e forças-tarefa	Muitíssimas
Formal e impessoal	Coordenação	Informal e pessoal

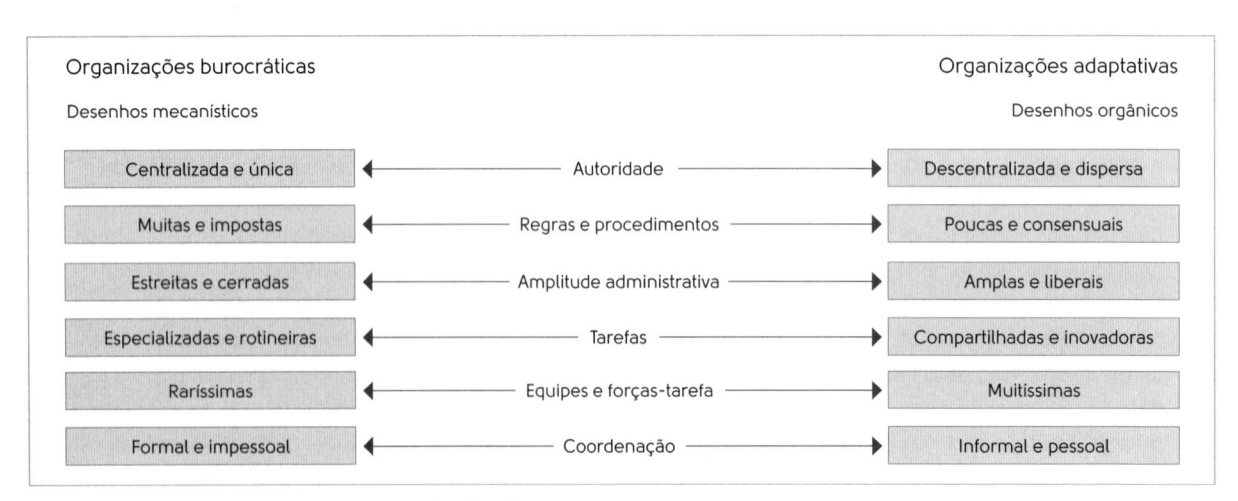

Figura 12.3. Alternativas de desenhos organizacionais.

Desenhos Mecanísticos

O exemplo clássico do desenho mecanístico é a burocracia. Os desenhos mecanísticos são formas burocráticas de organização que operam com uma autoridade centralizada no topo, muitas regras e procedimentos, uma minuciosa divisão do trabalho, amplitudes administrativas estreitas e meios formais de coordenação. Os desenhos mecanísticos apresentam geralmente uma configuração alta e piramidal, muita hierarquia, especialização, formalização e muitas regras e procedimentos. São utilizados em condições de absoluta certeza e de regularidade, em que as atividades estão devidamente metodizadas e estabelecidas e sem exceções às regras. Estão presentes até em organizações modernas e altamente orientadas para o cliente. Um exemplo disso são os restaurantes do McDonald's[9]. Todos os pequenos números de operações de cada estabelecimento permanecem sob estreita orientação da administração corporativa do negócio que coordena as franquias. O pessoal interno de cada restaurante trabalha de maneira ordenada e disciplinada, seguindo regras e procedimentos detalhados impostos pela administração corporativa. Os líderes de equipes com uniformes especiais trabalham entre atendentes e cozinheiros que sabem exatamente o que fazer e que estão sob os olhos atentos do supervisor. Aliás, a máquina de fritar batatas do McDonald's, com *timer* e alarme, torna difícil, mesmo para o empregado inexperiente, produzir batatas fritas de má qualidade, substituindo totalmente o julgamento humano. As empresas concessionárias de automóveis – sejam as que trabalham para a Volkswagen, a Ford, a General Motors ou a Fiat – têm as suas oficinas mecânicas totalmente padronizadas em termos de operações e procedimentos. Os programas de manutenção de carros são rigorosamente estabelecidos pelos fabricantes, por meio de manuais que garantem a qualidade dos serviços.

A organização mecanística é o mais antigo formato organizacional. Mintzberg identifica três formas de organização mecanística: burocracia de máquina, burocracia profissionalizada e burocracia divisionalizada[10].

1. **Burocracia de máquina:** é comum em organização de produção em massa e agências governamentais, cujos membros executam tarefas especializadas e padronizadas para acompanhar estratégias programadas. Existem uma hierarquia de autoridade e um nível intermediário bastante ampliado. A departamentalização é geralmente funcional e o pessoal de linha é assessorado por muitos componentes de *staff*. A autoridade para decidir é geralmente concentrada na cúpula e a descentralização é mínima. A burocracia de máquina funciona melhor em ambientes simples e estáveis. O uso crescente de novas tecnologias de informação está permitindo a redução de níveis intermediários para aproximar a base da cúpula da organização.

2. **Burocracia profissionalizada:** é encontrada geralmente em organizações com grandes órgãos de *staff*, dotados de profissionais altamente treinados, como acontece em hospitais e universidades. Os profissionais treinados trabalham com relativa autonomia de acordo com as regras e os procedimentos impostos e a estrutura torna-se descentralizada na medida em que os profissionais tomam decisões dentro de suas áreas de competência. Há um suporte de *staff* para assessorar os profissionais e cuidar dos assuntos administrativos. O nível intermediário é relativamente pequeno. A burocracia profissionalizada funciona melhor em ambientes estáveis, mas complexos.

3. **Burocracia divisionalizada:** utiliza uma forma híbrida de departamentalização com um

número de unidades internas relativamente autônomas operando dentro de um guarda-chuva organizacional comum. As divisões são formadas de acordo com o produto, o cliente ou as áreas geográficas, cada qual operando como uma burocracia de máquina. Elas são coordenadas pela cúpula com a assessoria de um grande número de componentes de *staff* no nível corporativo. As burocracias divisionalizadas são comuns nas grandes corporações ou conglomerados, como General Electric ou Sony. Funcionam melhor em mercados diversificados e com ambientes estáveis em suas divisões. Aqui, a tecnologia da informação também ajuda na redução dos componentes de *staff* e dos níveis administrativos dentro das divisões e dos níveis corporativos.

Burocracia de máquina
Agências governamentais
- Grande *staff* técnico de suporte
- Hierarquia alta e verticalizada
- Grande nível intermediário

Burocracia profissionalizada
Hospitais de comunidade
- Grande *staff* técnico de suporte
- Hierarquia baixa com muitos profissionais altamente treinados

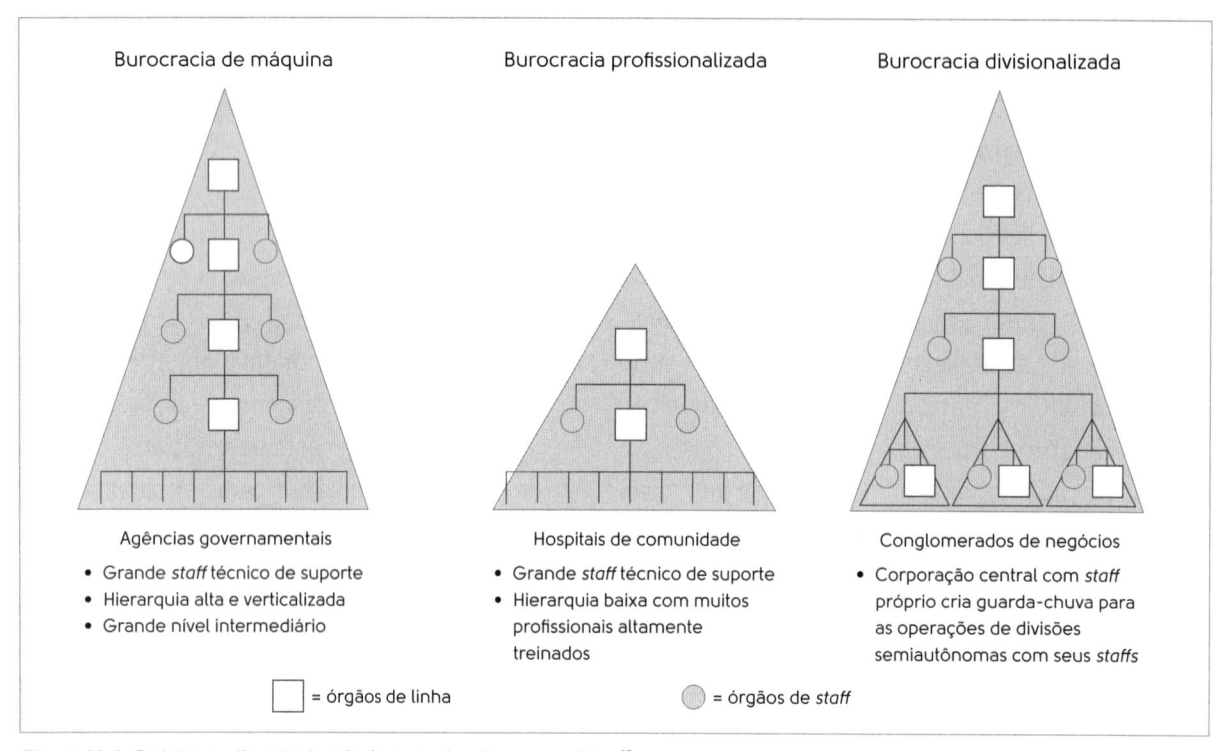

Burocracia divisionalizada
Conglomerados de negócios
- Corporação central com *staff* próprio cria guarda-chuva para as operações de divisões semiautônomas com seus *staffs*

☐ = órgãos de linha   ● = órgãos de *staff*

Figura 12.4. Os três perfis estruturais da organização mecanística[10].

Administração de hoje

Hewlett-Packard – 2

Há alguns anos, a Hewlett-Packard Corporation (HP) verificou que seu o seu enorme tamanho organizacional estava trazendo restrições para a sua capacidade de ser bem-sucedida no mercado altamente competitivo de instrumentos científicos e computadores. A companhia resolveu desdobrar-se em várias divisões relativamente autônomas e mais capazes de gerir seus próprios recursos e tomar as próprias decisões sobre seus negócios. Tornou-se uma política da companhia a limitação de suas divisões a 1.000 funcionários no máximo. Se uma divisão torna-se maior do que isso, a companhia automaticamente a considera separada de sua unidade autônoma. Nenhuma divisão da HP excede esse número de funcionários.

Administração de hoje

NUMMI

A General Motors americana e a Toyota japonesa constituíram a New United Motors (NUMMI), uma *joint venture* para produzir carros japoneses na Califórnia, Estados Unidos. Foi uma das maneiras pelas quais a GM procurou conhecer e incorporar as técnicas administrativas japonesas sem ter de pesquisá-las e aprendê-las no Japão. A NUMMI é organizada em equipes que são responsáveis pelas seções da linha de montagem. Cada trabalhador pode parar a linha se percebe que isso é necessário para corrigir algum problema. Cada equipe é responsável pela sua produção e qualidade, avalia seu próprio desempenho e tem plena autonomia para programar seu trabalho e escolher seus métodos de operação. É o *empowerment* (empoderamento). Além disso, cada membro de equipe aprende todas as tarefas e pode intercambiá-las com os colegas, tornando-se um elemento multifuncional. A organização dispõe de especialistas de *staff* que ajudam as equipes a vencer as suas dificuldades ou solucionar problemas não comuns.

DESENHOS ORGÂNICOS E ORGANIZAÇÕES ADAPTATIVAS

Os desenhos orgânicos são configurações mais recentes na teoria administrativa e são decorrentes da abordagem de sistema aberto.

Organizações Adaptativas

Em um mundo globalizado, mutável e competitivo, as organizações burocráticas não apresentam a menor condição de sobrevivência. Para ajustar as organizações a um ambiente instável e dinâmico, os administradores estão promovendo mudanças e alterações na estrutura organizacional. O caminho do sucesso aponta para as organizações adaptativas, ou seja, as organizações que operam com um mínimo possível de caraterísticas burocráticas e com culturas que encorajam a participação das pessoas e o empoderamento[11]. Quase sempre, as organizações adaptativas são baseadas na abordagem por equipes ou na abordagem em redes descritas no capítulo anterior. A capacidade de responder prontamente aos desafios atuais distingue as organizações bem-sucedidas das demais organizações. Elas são flexíveis, sabem utilizar conjugadamente os seus recursos, reconhecem rapidamente os novos requisitos e as necessárias capacidades para atendê-los e conseguem um balanço adequado entre os planos estáticos e uma estrutura flexível[12].

Desenhos Orgânicos

As organizações adaptativas funcionam com desenhos orgânicos. Os desenhos orgânicos proporcionam autoridade descentralizada, poucas regras e procedimentos, pouca divisão de trabalho, amplitudes administrativas amplas e mais meios pessoais de coordenação. São geralmente descritas como organizações horizontais e redes internas de contatos interpessoais[13]. Os desenhos organizacionais reconhecem e legitimam esses relacionamentos e proporcionam recursos para que eles funcionem melhor. São indicados para as organizações que convivem com ambientes dinâmicos que demandam flexibilidade para lidar com condições mutáveis, pois se baseiam na lógica dos sistemas abertos. Os desenhos orgânicos estão se popularizando com os programas de qualidade total e de vantagem competitiva que se baseiam nas equipes internas e no foco ao cliente.

Os desenhos orgânicos podem se apresentar de formas distintas, a saber[10]:

1. **Estruturas simples:** consiste de um ou poucos gerentes de topo, poucos gerentes interme-

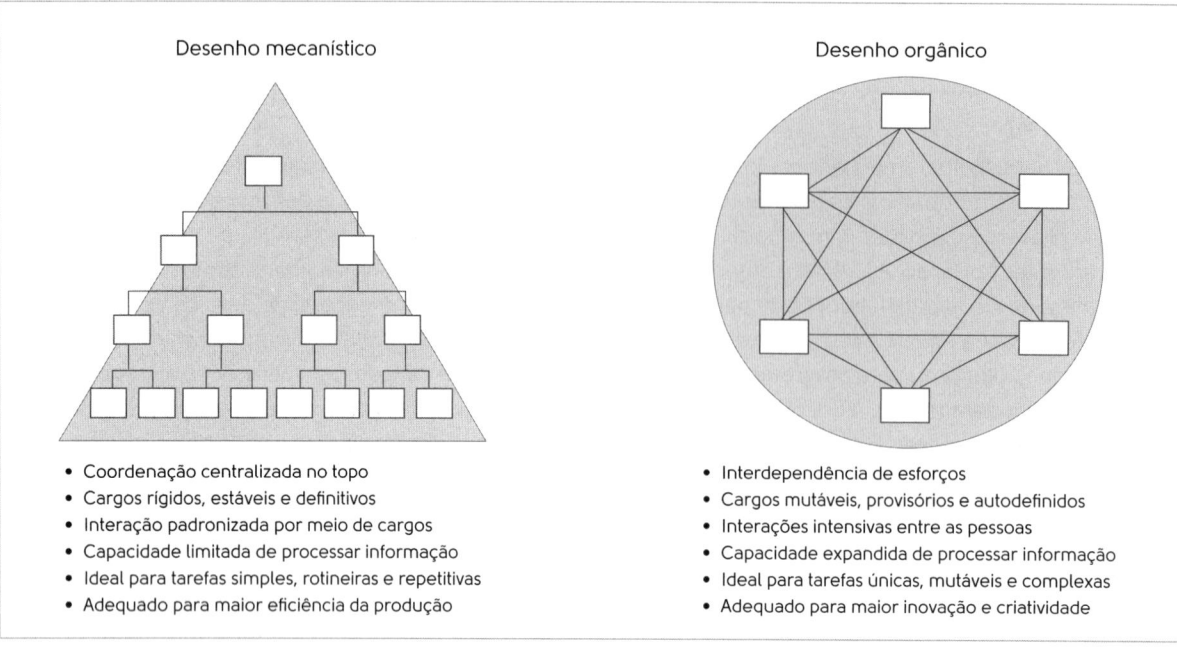

Desenho mecanístico
- Coordenação centralizada no topo
- Cargos rígidos, estáveis e definitivos
- Interação padronizada por meio de cargos
- Capacidade limitada de processar informação
- Ideal para tarefas simples, rotineiras e repetitivas
- Adequado para maior eficiência da produção

Desenho orgânico
- Interdependência de esforços
- Cargos mutáveis, provisórios e autodefinidos
- Interações intensivas entre as pessoas
- Capacidade expandida de processar informação
- Ideal para tarefas únicas, mutáveis e complexas
- Adequado para maior inovação e criatividade

Figura 12.5. Propriedades dos desenhos mecanístico e orgânico.

diários e pessoas não administrativas que executam o trabalho. É a chamada "estrutura enxuta", comum às pequenas organizações empreendedoras. Pela sua simplicidade e pequeno tamanho, os gerentes de topo exercem controle central enquanto atribuem um forte grau de liberdade para as pessoas executarem seus trabalhos. As tarefas são arranjadas sem muita formalização ou padronização e existe pouco pessoal de *staff*. A estrutura simples adapta-se facilmente às condições dinâmicas e mutáveis do ambiente, desde que não seja muito complexo.

2. **Adhocracias:** enfatiza as relações laterais entre as pessoas e elimina o papel da hierarquia. Nela, não existem distinções de linha e de *staff* e os membros da adhocracia trabalham estreitamente com um relacionamento baseado no conhecimento e na competência e não na autoridade. A adhocracia é o oposto da burocracia e significa uma forma organizacional livre e solta, totalmente descentralizada e que utiliza equipes e estruturas horizontais dentro das quais as pessoas trabalham juntas ou em grupos interfuncionais cruzados. É indicada para organizações que dependem de inovação contínua para o sucesso em ambientes complexos, dinâmicos e altamente mutáveis. Um exemplo clássico de adhocracia foi utilizado pela Apple Computer, quando criou o famoso Macintosh.

Dicas

O que é uma organização adaptativa?

Uma organização adaptativa apresenta as seguintes características:

1. Capacidade de aprender e mudar e de adaptar-se rapidamente às mudanças.
2. Flexibilidade da estrutura organizacional e poucos níveis hierárquicos.

3. Valorização da criatividade e da inovação.
4. Ênfase nas pessoas e valorização da capacitação, do conhecimento e das competências.
5. Estratégia voltada para o futuro e para o destino.
6. Aceitação da diversidade, da tentativa e do erro.
7. Incorporação de novas ideias e sugestões.
8. Capacidade de aumentar ou diminuir seu quadro de funcionários para se ajustar às oscilações do mercado e manter sua competitividade. É o conceito de tamanho certo ou *rightsizing*.

Estrutura simples

Empresa empreendedora no início
- Pequeno ou nenhum *staff*
- Um gerente cuida de todo o pessoal
- Variedade de tarefas operacionais

Adhocracia

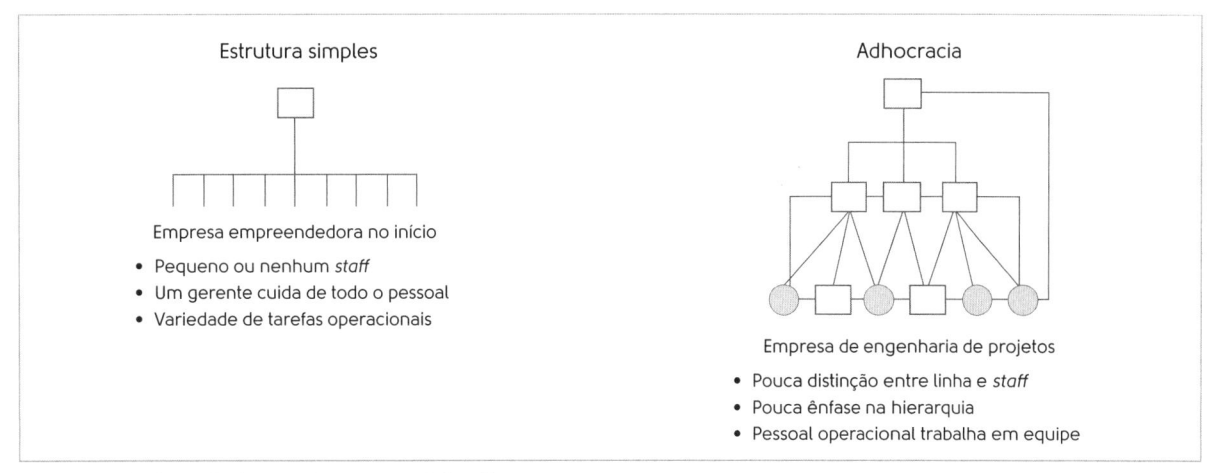

Empresa de engenharia de projetos
- Pouca distinção entre linha e *staff*
- Pouca ênfase na hierarquia
- Pessoal operacional trabalha em equipe

Figura 12.6. Dois perfis de organizações orgânicas[10].

Voltando ao caso introdutório: Argonauta

Mariano chamou o pessoal da equipe e transmitiu-lhe sua descoberta. O problema não estava no processo de produção, mas no arranjo interno da organização. Não seria por ali o caminho para melhorar a lucratividade da empresa? A equipe tomou fôlego e pôs-se a trabalhar no desenho organizacional da Argonauta. Ou melhor, no redesenho da estrutura organizacional. A ideia que predominou foi a de transformar a atual organização burocratizada, lenta e pesada em uma organização adaptativa e ágil. A dificuldade estava em transformar as ideias em resultados concretos. O que você faria no lugar de Mariano?

FATORES QUE AFETAM O DESENHO ORGANIZACIONAL

O desenho organizacional precisa satisfazer determinadas demandas situacionais e alocar todos os recursos utilizados para conseguir a melhor vantagem possível. São os chamados fatores contingenciais: o ambiente, a estratégia, a tecnologia, o tamanho, o ciclo de vida e as pessoas[9].

Ambiente

O ambiente tem a propriedade de determinar a natureza do desenho e do comportamento organizacional. Embora o chamado "imperativo ambiental" seja um exagero, não podemos deixar de ressaltar a importância do ambiente na configuração da organização. O ambiente externo à organização e o grau de incerteza e de heterogeneidade que ele oferece são de grande importância para o desenho organizacional[14]. Os elementos do macroambiente – ou ambiente geral – como as variáveis econômicas, tecnológicas, sociais, legais, culturais, políticas e demográficas precisam ser considerados no desenho organizacional. Também os elementos do microambiente – ou ambiente de tarefa – como os fornecedores, clientes, concorrentes e agências reguladoras precisam ser também levados em conta.

1. **Ambiente de certeza**: é composto de elementos ambientais (macroambiente e microambiente) relativamente estáveis e predizíveis. Como as mudanças não ocorrem, ou ocorrem de maneira estável e previsível, a organização pode adotar um desenho mecanístico e uma abordagem burocrática. A organização pode ser bem-sucedida, com algumas pequenas mudanças nos produtos ou nos serviços oferecidos ou na maneira de produzi-los. Organizações burocráticas e desenhos mecanísticos são alternativas adequadas para essa situação.

2. **Ambiente de incerteza**: apresenta elementos ambientais (macroambiente e microambiente) mais dinâmicos e menos previsíveis. As mudanças ocorrem com frequência e intensidade e podem surpreender os tomadores de decisão. Para serem bem-sucedidas, as organizações precisam ser flexíveis e ágeis operando com horizontes de tempo de curto prazo. A dinâmica ambiental requer organizações adaptativas e desenhos orgânicos.

3. **Ambiente homogêneo**: apresenta elementos ambientais (principalmente o microambiente) com características similares. As demandas do ambiente são muito semelhantes e podem ser respondidas com ações organizacionais padronizadas e uniformes. A homogeneidade ambiental requer organizações pouco diferenciadas, ou seja, com departamentalização simples.

4. **Ambiente heterogêneo**: apresenta elementos ambientais (principalmente o microambiente) com características diferenciadas. As demandas do ambiente são diversificadas e heterogêneas e precisam ser respondidas com ações organizacionais altamente diferenciadas. A heterogeneidade ambiental requer organizações muito diferenciadas, ou seja, com ampla departamentalização para atender aos diferentes segmentos ambientais que a organização precisa servir.

Na Figura 12.7, a influência dos ambientes no desenho organizacional costuma ser[6]:

		Ambiente certo e estável	Ambiente incerto e mutável
		Reações organizacionais uniformes e padronizadas no tempo	Reações organizacionais variadas e diferenciadas no tempo
Ambiente homogêneo	Estrutura organizacional simples e centralizada no espaço	Coações uniformes do ambiente exigem um desenho organizacional mecanístico e simples (1)	Contingências uniformes do ambiente exigem um desenho organizacional orgânico e simples (3)
Ambiente heterogêneo	Estrutura organizacional complexa e descentralizada no espaço	Coações diferenciadas do ambiente exigem um desenho organizacional mecanístico e complexo (2)	Contingências diferenciadas do ambiente exigem um desenho organizacional orgânico e complexo (4)

Figura 12.7. A influência dos ambientes no desenho organizacional[6].

1. **Estrato 1:** a organização se defronta com um ambiente certo e estável que lhe permite adotar um desenho mecanístico e burocratizado e o ambiente homogêneo que lhe permite simplicidade na estrutura para servir de modo semelhante a clientes homogêneos, utilizar fornecedores homogêneos e enfrentar concorrentes homogêneos. Simplicidade e burocracia são as respostas organizacionais para essa situação.
2. **Estrato 2:** a organização se defronta com um ambiente certo e estável que lhe permite adotar um desenho mecanístico e burocratizado e o ambiente heterogêneo que lhe impõe complexidade na estrutura para servir de modo diferente a clientes heterogêneos, utilizar fornecedores heterogêneos e enfrentar concorrentes heterogêneos. Complexidade e burocracia são as respostas organizacionais para essa situação.
3. **Estrato 3:** a organização se defronta com um ambiente incerto e mutável que lhe impõe um desenho orgânico e adaptativo e o ambiente homogêneo que lhe permite simplicidade na estrutura para servir de modo semelhante a clientes homogêneos, utilizar fornecedores homogêneos e enfrentar concorrentes homogêneos. Simplicidade e organicidade são as respostas organizacionais para essa situação.
4. **Estrato 4:** a organização se defronta com um ambiente incerto e mutável que lhe impõe um desenho orgânico e adaptativo e o ambiente heterogêneo que lhe impõe complexidade na estrutura para servir de modo diferente a clientes heterogêneos, utilizar fornecedores heterogêneos e enfrentar concorrentes heterogêneos. Complexidade e organicidade são as respostas organizacionais para esta situação.

Trabalhar em um estrato 1 é muito fácil. Uma verdadeira moleza. O difícil é trabalhar em um estrato 4, que envolve uma atividade complexa e diferenciada e, ao mesmo tempo, mutável, criativa e inovadora.

Estratégia

A natureza e os objetivos da estratégia organizacional foram descritos em capítulo anterior. Um dos primeiros estudos sobre a influência da estratégia no desenho organizacional foi feito por Chandler[15], que analisou a história de grandes empresas, como DuPont, General Motors, Sears e Standard Oil of New Jersey, em profundidade. Suas conclusões indicam que a estrutura segue a estratégia: a estrutura organizacional funciona na medida em que apoia e suporta a estratégia definida para alcançar os resultados organizacionais desejados[16].

1. **Estratégia orientada para a estabilidade e a permanência do negócio:** supõe-se que devam existir pequenas mudanças na trajetória da organização. As operações e os planos são programados e implementados rotineiramente. O melhor suporte para essa abordagem estratégica é a organização burocrática utilizando alternativas mais mecanísticas no desenho organizacional.
2. **Estratégia orientada para o crescimento ou a expansão:** a situação torna-se mais complexa, fluida e incerta. Os objetivos operacionais incluem inovação e respostas flexíveis para a competição no ambiente. As operações e os planos requerem considerável mudança ao longo do tempo. A estrutura mais apropriada é aquela que facilita e apoia as modificações inevitáveis. Isso requer maior descentralização e organizações adaptativas utilizando alternativas de desenho orgânico.

Tecnologia

As organizações utilizam alguma forma de tecnologia para executar suas operações e realizar suas tarefas. A tecnologia adotada poderá ser sofisticada (como utilização da moderna tecnologia da informação) ou poderá ser rudimentar (como a faxina e a limpeza com vassoura e escovão). Contudo, algo é evidente: todas as organizações dependem de um tipo de tecnologia ou de uma matriz de diferentes tecnologias para poderem funcionar e alcançar seus objetivos.

A tecnologia constitui a combinação de conhecimentos (*know-how*), equipamentos (*hardware*) e métodos de trabalho (*software*) utilizados para transformar insumos de recursos em resultados organizacionais. É a maneira pelas quais as tarefas são executadas utilizando ferramentas, equipamentos, técnicas e conhecimentos. As tecnologias utilizadas pela organização devem ser consideradas no desenho organizacional.

Por volta de 1960, uma socióloga inglesa, Joan Woodward[17,18], conduziu uma pesquisa para conhecer os fatores de êxito dos negócios. Classificou as empresas em três grupos de tecnologia de produção: produção em massa ou mecanizada, em processo ou automatizada e unitária ou oficina.

1. **Produção em massa ou mecanizada**: a produção é feita em grande quantidade. Os funcionários trabalham em linha de montagem ou operando máquinas que podem desempenhar uma ou mais operações sobre o produto. É o caso da produção que requer máquinas operadas pelo homem e linhas de produção ou montagem padronizadas, como as empresas montadoras de automóveis. Para ser bem-sucedida, a produção massiva adota a organização burocrática com alternativas mecanísticas. Quanto maior a previsibilidade dos resultados, menores serão os níveis hierárquicos utilizados no formato organizacional.

2. **Produção em processo ou automatizada**: a produção em processamento contínuo é realizada por meio de máquinas e equipamentos pelos quais um ou poucos funcionários monitoram um processo total ou parcialmente automático de produção. A participação humana é mínima. É o caso do processo de produção empregado nas refinarias de petróleo, produção química ou petroquímica, cimento, siderúrgicas, etc. A estabilidade das operações e a previsibilidade de seus resultados são decorrentes da automatização dos processos, exigem poucos níveis hierárquicos da organização e o formato organizacional é geralmente burocratizado e mecanístico.

3. **Produção unitária ou oficina**: a produção é feita por unidades ou pequenas quantidades, cada produto a seu tempo, sendo modificado à medida que é feito. Os funcionários utilizam uma variedade de instrumentos e ferramentas. O processo produtivo é menos padronizado e menos automatizado. É o caso da produção de navios, geradores e motores de grande porte, aviões, locomotivas ou edifícios. A previsibilidade de resultados é baixa, exigindo a necessidade de aumentar os níveis hierárquicos. Se a tecnologia for mutável, ela requererá um sistema orgânico mais adaptativo.

Woodward descobriu que a adequada combinação de estrutura e tecnologia é o aspecto mais crítico para o sucesso organizacional. Segundo ela, parece haver um imperativo tecnológico: é a tecnologia que determina a estrutura e o comportamento organizacional. Apesar do exagero na afirmação, a estrutura organizacional é ótima quando permite a plena utilização da tecnologia empregada pela organização.

A influência da tecnologia no desenho organizacional é mais sensível nos serviços ou na manufatura. Nessas áreas, Thompson[14] distingue três tipos de tecnologia: a sequencial, a mediadora e a intensiva.

1. **Tecnologia sequencial:** é baseada na interdependência serial das tarefas necessária para completar o produto. É o caso da linha de montagem da produção em massa estudada amplamente pela Administração Científica de Taylor.
2. **Tecnologia mediadora:** é baseada na intermediação entre partes para buscar um benefício mútuo de troca de valores – geralmente um vendedor e um comprador. Algumas organizações visam à ligação de clientes que são ou desejam ser interdependentes. O banco comercial intermedia os depositantes e aqueles que tomam emprestado. A companhia de seguros intermedia aqueles que desejam associar-se a riscos comuns. A companhia telefônica liga aqueles que querem chamar com os que querem ser chamados. Os clientes são tratados de acordo com regras e procedimentos burocráticos.
3. **Tecnologia intensiva:** focaliza os esforços conjuntos de muitas pessoas com competências especiais para atender às necessidades de cada cliente. Representa a focalização de ampla gama de habilidades e especialidades sobre um único cliente. Hospitais, universidades e construção pesada são exemplos típicos. A organização predominante é por projeto, por processo ou mesmo do tipo matricial.

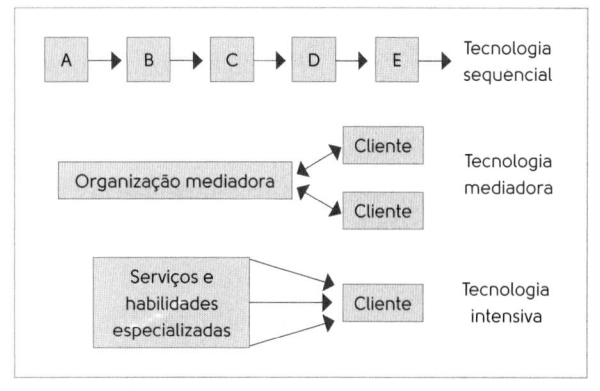

Figura 12.8. Os três tipos de tecnologia: sequencial, mediadora e intensiva.

Ao propor sua tipologia de tecnologias, Thompson salienta características de cada uma, como na Figura 12.9.

Em outra obra, Thompson e Bates[19] fazem uma importante classificação binária: existem a tecnologia fixa e a tecnologia flexível.

1. **Tecnologia fixa:** é aquela cujas máquinas e equipamentos, conhecimentos técnicos ou matérias-primas envolvidas não permitem utilização em outros produtos ou serviços. Com a

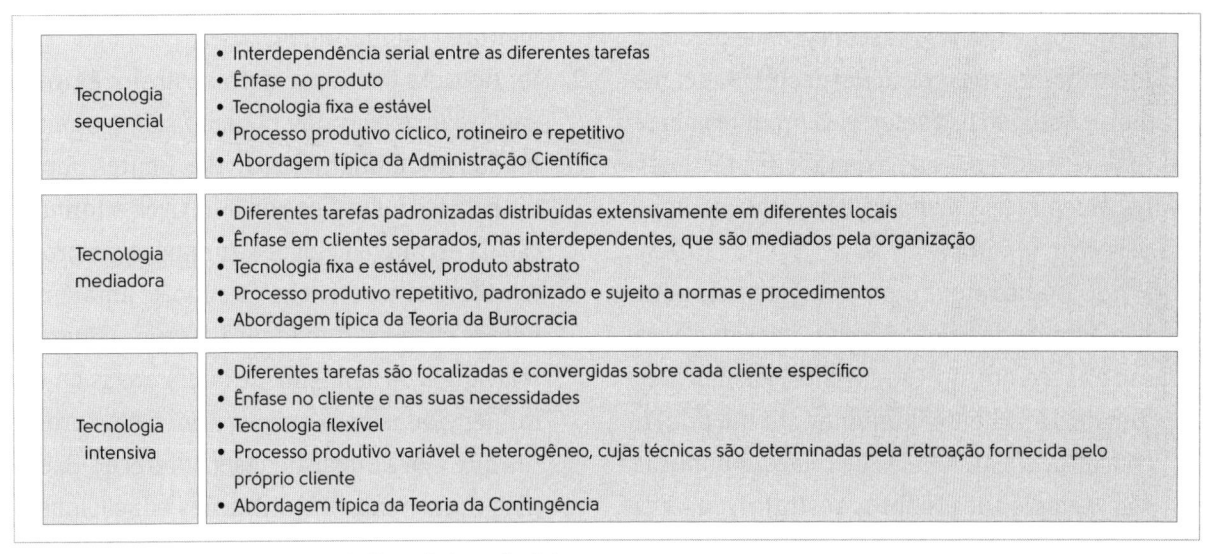

Tecnologia sequencial	• Interdependência serial entre as diferentes tarefas • Ênfase no produto • Tecnologia fixa e estável • Processo produtivo cíclico, rotineiro e repetitivo • Abordagem típica da Administração Científica
Tecnologia mediadora	• Diferentes tarefas padronizadas distribuidas extensivamente em diferentes locais • Ênfase em clientes separados, mas interdependentes, que são mediados pela organização • Tecnologia fixa e estável, produto abstrato • Processo produtivo repetitivo, padronizado e sujeito a normas e procedimentos • Abordagem típica da Teoria da Burocracia
Tecnologia intensiva	• Diferentes tarefas são focalizadas e convergidas sobre cada cliente específico • Ênfase no cliente e nas suas necessidades • Tecnologia flexível • Processo produtivo variável e heterogêneo, cujas técnicas são determinadas pela retroação fornecida pelo próprio cliente • Abordagem típica da Teoria da Contingência

Figura 12.9. As características dos três tipos de tecnologia[6].

tecnologia fixa, a organização restringe-se aos produtos originais e não pode produzir produtos diferentes. Isso limita as opções da organização. Siderúrgicas, indústrias cimenteiras, petroquímicas e químicas, ferroviárias, telecomunicações, emissoras de rádio e TV são exemplos de tecnologia fixa.

2. **Tecnologia flexível:** é aquela que permite que as máquinas e os equipamentos, os conhecimentos técnicos e as matérias-primas possam ser usados para outros produtos ou serviços. Com a tecnologia flexível, a organização pode produzir diferentes tipos de produtos, modificá-los e inová-los com extrema facilidade. A 3M é famosa por ser uma empresa que está sempre inventando novos produtos e novas aplicações. Sua tecnologia é flexível: é uma empresa totalmente aberta que se baseia na criatividade e no conhecimento dos funcionários. As universidades também se caracterizam por tecnologia flexível: o conhecimento dos professores é o seu arsenal de produção.

Além disso, Thompson propõe dois tipos de produtos: o concreto e o abstrato.

1. **Produto concreto:** é o produto físico e tangível que pode ser descrito com grande precisão, identificado com grande especificidade, medido e avaliado fisicamente. O produto concreto tem características e qualidades facilmente perceptíveis e mensuráveis, como tamanho, peso, cor, textura, etc.
2. **Produto abstrato:** é o produto não físico que não permite descrição precisa, nem identificação e especificação. Propaganda, ensino, atendimento ao cliente, atendimento hospitalar, consultoria e atividades de relações públicas são exemplos de produtos abstratos, cujas características e qualidades não são facilmente definidas ou avaliadas.

As decorrências dessa abordagem para o desenho organizacional são fáceis de notar. Ambas as classificações binárias podem ser reunidas em uma tipologia de tecnologia e produtos que permite considerar as consequências para o formato organizacional. Dessa tipologia resultam quatro combinações:

1. **Tecnologia fixa e produto concreto:** é típica de organizações nas quais as possibilidades de mudanças tecnológicas são muito pequenas e mesmo difíceis. A preocupação reside na possibilidade de que o mercado venha a rejeitar ou dispensar o produto oferecido pela organização. A formulação da estratégia global da organização procura enfatizar a colocação ou distribuição do produto no mercado, com especial ênfase na área mercadológica. Exemplos típicos são as empresas do ramo automobilístico. Modernamente, a chamada manufatura flexível é um exemplo da influência dos computadores para integrar diferentes operações, como desenho, manufatura e *marketing*, para reduzir tempos de ciclos e incrementar a rapidez de resposta.
2. **Tecnologia fixa e produto abstrato:** é típica das organizações que podem fazer pequenas mudanças, embora dentro dos limites impostos pela tecnologia fixa ou inflexível. A formulação da estratégia global da organização procura enfatizar a obtenção do suporte ambiental necessário para a mudança. Assim, as partes relevantes do ambiente de tarefa precisam ser influenciadas para que aceitem novos produtos que a organização deseja oferecer. Exemplos típicos são as instituições educacionais

baseadas em conhecimentos altamente especializados e que oferecem cursos variados.
3. **Tecnologia flexível e produto concreto:** é típica das organizações que podem efetuar com relativa facilidade mudanças para um produto novo ou diferente por meio da adaptação de máquinas e equipamentos, técnicas, conhecimentos, etc. A estratégia global procura enfatizar a inovação por meio da pesquisa e do desenvolvimento (P&D), isto é, a criação constante de produtos diferentes ou de características novas para antigos produtos. Como exemplo, as empresas do ramo de plásticos, de equipamentos eletrônicos, extremamente sujeitos a mudanças e inovações tecnológicas, fazendo com que as tecnologias adotadas sejam constantemente reavaliadas e modificadas ou adaptadas. As novas tecnologias flexíveis ajudam a reduzir as tendências das empresas de produção em massa para seguir estritamente os meios mecanísticos.
4. **Tecnologia flexível e produto abstrato:** encontrada em organizações com grande adaptabilidade ao meio ambiente. A estratégia global da organização procura enfatizar a obtenção do consenso externo em relação ao produto ou serviço a ser oferecido ao mercado (consenso de clientes) e aos processos de produção (consenso dos empregados), já que as possibilidades de mudanças tecnológicas são muitas e o problema maior da organização reside na escolha entre qual é a alternativa mais adequada entre elas. São exemplos típicos as organizações secretas ou mesmo abertas, mas extraoficiais, as empresas de propaganda e de relações públicas, as empresas de consultoria e de assessoria empresarial (como contabilidade, auditoria e consultoria jurídica), etc.

A organização comprometida com uma tecnologia específica pode perder a oportunidade de produzir determinado produto para outras organizações de tecnologias mais flexíveis, pois, à medida que uma tecnologia se torna mais especializada, a flexibilidade da organização de passar de um produto para outro com relativa rapidez tende a decrescer. Na medida em que uma tecnologia torna-se mais complicada, fica mais difícil a en-

	Produto concreto	Produto abstrato
Tecnologia fixa	• Pouca flexibilidade para mudanças • Limitação aos produtos atuais • Estratégia de colocação do produto no mercado • Ênfase na área mercadológica • Receio de ter o produto rejeitado no mercado	• Alguma flexibilidade para mudanças • Novos produtos dentro dos limites impostos pela tecnologia • Estratégia de obtenção da aceitação de novos produtos pelo mercado • Ênfase na área mercadológica (especialmente propaganda) • Receio de não obter o suporte ambiental necessário
Tecnologia flexível	• Flexibilidade para mudanças • Adaptação ou mudança tecnológica nos produtos • Estratégia de inovação e criação constante de novos produtos • Ênfase na área de P&D	• Grande flexibilidade • Adaptabilidade ao meio ambiente • Novos produtos e novos serviços • Estratégia de obtenção do consenso externo (quanto aos novos produtos) e consenso interno (quanto aos novos processos de produção) • Ênfase nas áreas de P&D (novos produtos e novos processos), mercadologia (consenso de clientes) e RH (consenso dos empregados)

Figura 12.10. A influência da tecnologia no desenho organizacional[6].

Dimensões da tecnologia	Sistema fechado/mecanístico	Sistema aberto/orgânico
Natureza das tarefas	Repetitivas, rotineiras e rigidamente estabelecidas	Variadas, não rotineiras, maleáveis e criativas
Entrada (*input*) dos processos de transformação	Homogênea e invariável	Heterogênea e variável
Saída (*output*) dos processos de transformação	Estandardizada e padronizada	Não estandardizada, variável e não padronizada
Tipo de conhecimentos	Especializados e com base limitada	Generalizados e com base ampla
Métodos utilizados	Programados e algoritmos	Não programados e heurísticos
Propensão para:	Estabilidade e permanência	Dinamismo e mudança

Figura 12.11. Características dos sistemas organizacionais[20].

trada de novos concorrentes em um determinado mercado de produtos ou serviços. Essa entrada ocorre mais facilmente nos casos em que uma organização já existente e por ser dotada de grandes recursos aplica uma parte deles em um novo campo de atividades ou de produtos, ou então nos casos em que uma nova organização aproveita o surgimento de uma nova tecnologia, usufruindo sua vantagem de não estar condicionada ou aprisionada a uma tecnologia já existente. Também, à medida que uma tecnologia torna-se mais complexa, a organização que dela se utiliza passa a ter menos controle sobre o processo tecnológico global, tornando-se mais dependente de outras empresas do ambiente de tarefa, o que tende a diminuir também a sua flexibilidade na formulação de objetivos e na administração de seus recursos.

Tamanho Organizacional e Ciclo de Vida

O tamanho é uma das variáveis que mais afetam o desenho organizacional. O tamanho organizacional representa o volume de pessoas, recursos, arquitetura e operações de uma organização. Quanto ao tamanho, as organizações podem ser classificadas em grandes, médias, pequenas e micro-organizações. O aumento de tamanho é, quase sempre, uma decorrência do sucesso da organização. À medida que as organizações crescem, elas seguem um padrão evolucionário muito similar, ilustrado pela Figura 12.12.

O tamanho organizacional é geralmente medido pelo número de funcionários da organização ou pelo volume de investimentos efetuados. As pesquisas indicam que as grandes organizações

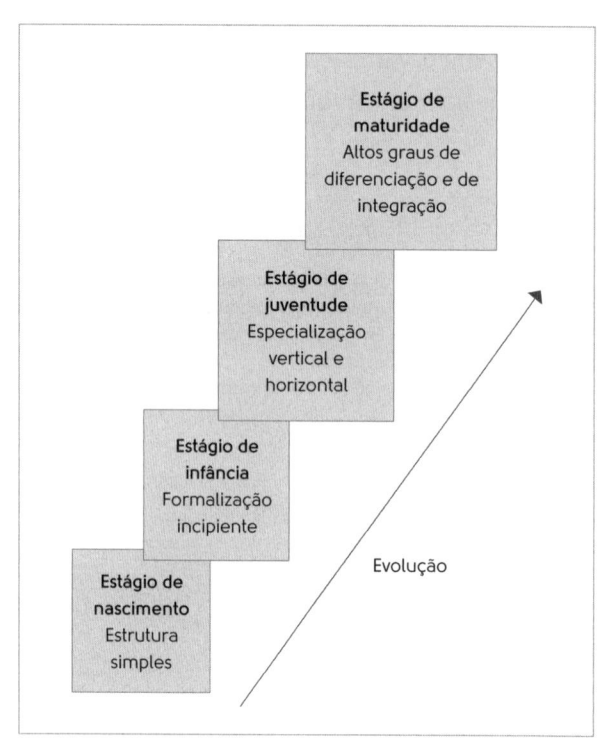

Figura 12.12. Os quatro estágios do ciclo de vida das organizações.

tendem a ter estruturas mais mecanísticas do que as pequenas[21]. Na verdade, as organizações tornam-se mais burocratizadas na medida em que elas crescem e passam a ter mais dificuldade em adaptar-se a ambientes mutáveis. Por essa razão, muitas organizações tentam reverter tal processo, dividindo-se em pequenas unidades estratégicas de negócios para se beneficiarem das características empreendedoras do pequeno porte.

O tamanho geralmente depende da evolução da organização. A evolução ou ciclo de vida das organizações representa os diferentes estágios de crescimento da organização ao longo do tempo. Apesar do padrão poder variar de uma organização para outra, podemos encontrar quatro estágios distintos do ciclo vital das organizações[22]:

1. **Estágio de nascimento:** quando a organização é fundada por um empreendedor. A estrutura é extremamente simples.
2. **Estágio de infância:** quando a organização começa a crescer rapidamente. A estrutura começa a expandir-se e as responsabilidades se espraiam entre as pessoas. Começam a surgir sinais de *stress* decorrentes da mudança. A especialização vertical e horizontal aumenta gradativamente.
3. **Estágio de juventude:** quando a organização torna-se maior por causa do sucesso. A organização vai ficando mais complexa e sua estrutura formal mais fortalecida. Surgem vários níveis administrativos na cadeia de comando (maior especialização vertical) e o fundador passa a ter dificuldades em manter o controle total do negócio.
4. **Estágio de maturidade:** quando a organização se estabiliza em um tamanho grande, geralmente uma estrutura mecanística. Ela passa a correr o risco de tornar-se complacente e lenta nos mercados competitivos e passa a requerer criatividade e inovação. As tendências burocráticas para a estabilidade podem levá-la ao declínio se não forem encontrados meios adequados de administrar a maturidade organizacional. Um dos meios de enfrentar o gigantismo é o *downsizing*, no sentido de reduzir o tamanho da organização e o número de empregados. Essa resposta é geralmente usada quando a administração de topo é desafiada a reduzir custos e aumentar a produtividade[23]. Outra alternativa é enfrentar as desvantagens do tamanho com a alocação em pequenas unidades para operar com considerável autonomia dentro do esquema organizacional global. Estruturas simultâneas combinando desenhos mecanísticos e orgânicos são sendo utilizadas para atender às necessidades de eficiência e inovação contínua[13]. Esse conceito de apertar-soltar (*stop-and-go*) mantém a estrutura convencional e encoraja equipes multifuncionais ao longo dela. Outra maneira de criar eixos criativos é a utilização do espírito empreendedor no sentido de incrementar a iniciativa das pessoas e das subunidades na organização[24].

Pessoas

Por fim, o fator contingencial mais importante do desenho organizacional são as pessoas, o elemento fundamental que impulsiona a organização para a ação. O desenho organizacional deve dar o apoio e o suporte de que as pessoas necessitam tanto para alcançar os objetivos organizacionais quanto para obter satisfação em seu trabalho. As modernas teorias administrativas abordam as relações entre estrutura e pessoas de maneira contingente. O argumento que prevalece é de que se torna fundamental adequar a estrutura organizacional às pessoas que devem utilizá-la, de modo que se tornem compatíveis. A estrutura deve funcionar como o meio pelo qual as pessoas obtêm esforços sinergísticos e resultados impulsionadores.

A estrutura organizacional deve servir como ferramenta operacional para os empregados e não mais como elemento dominador que os aprisiona e reprime por meio de imposições e coações internas.

Na verdade, é o grau de conhecimento que as pessoas agregam ao negócio que faz a diferença no desenho organizacional. Quanto menor o grau de conhecimento agregado – como no caso de operários braçais que trabalham exclusivamente com o esforço muscular – mais mecanístico será o desenho da organização. Quanto maior o grau de conhecimento agregado – como no caso dos gênios do conhecimento que trabalham em organizações de conhecimento, como a Microsoft – mais orgânico será o desenho resultante. É o trabalho cerebral que importa, a inteligência a serviço do trabalho, o estoque de conhecimento útil à organização. O gráfico da Figura 12.13 dá uma ideia do grau em que o conhecimento humano influencia o desenho organizacional.

A evidência tem demonstrado que todos esses fatores – ambiente, estratégia, tecnologia, tamanho e pessoas – influenciam de modo mais ou menos incisivo o desenho das organizações, cada qual atuando à sua maneira.

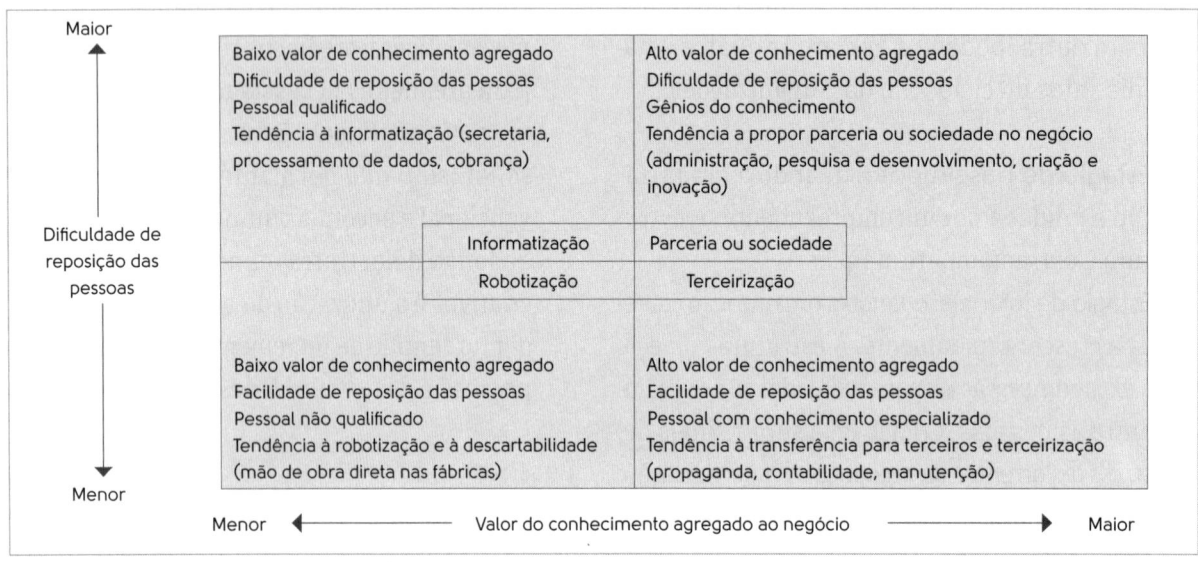

	Informatização	Parceria ou sociedade
Maior ↑ Dificuldade de reposição das pessoas ↓ **Menor**	Baixo valor de conhecimento agregado Dificuldade de reposição das pessoas Pessoal qualificado Tendência à informatização (secretaria, processamento de dados, cobrança)	Alto valor de conhecimento agregado Dificuldade de reposição das pessoas Gênios do conhecimento Tendência a propor parceria ou sociedade no negócio (administração, pesquisa e desenvolvimento, criação e inovação)
	Robotização	Terceirização
	Baixo valor de conhecimento agregado Facilidade de reposição das pessoas Pessoal não qualificado Tendência à robotização e à descartabilidade (mão de obra direta nas fábricas)	Alto valor de conhecimento agregado Facilidade de reposição das pessoas Pessoal com conhecimento especializado Tendência à transferência para terceiros e terceirização (propaganda, contabilidade, manutenção)

Menor ←――― Valor do conhecimento agregado ao negócio ―――→ Maior

Figura 12.13. A influência do conhecimento no desenho organizacional[25].

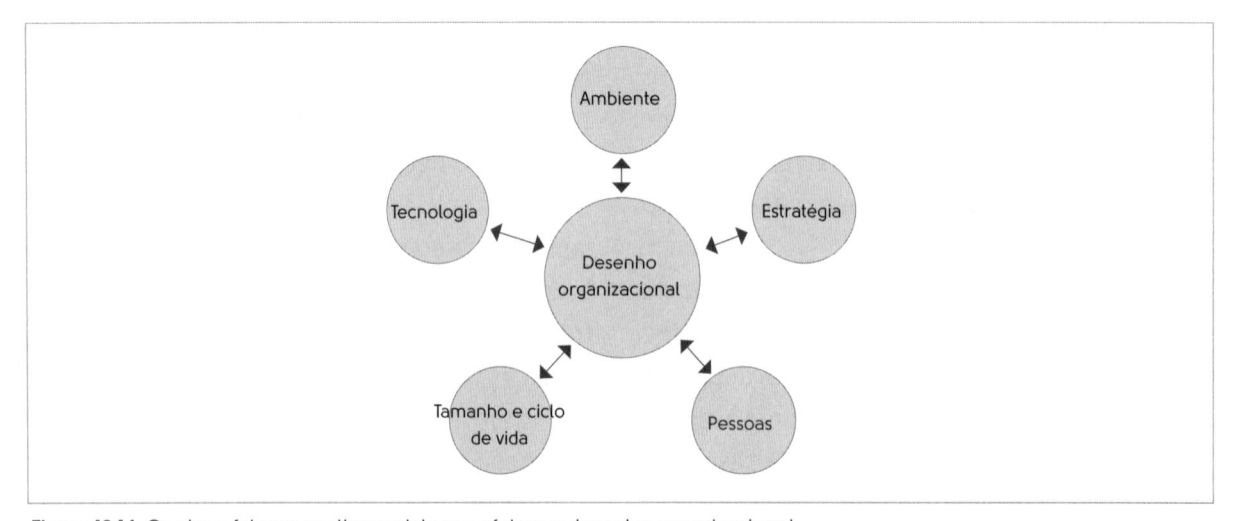

Figura 12.14. Os cinco fatores contingenciais que afetam o desenho organizacional.

12 Desenho organizacional

📋 Caso de apoio: Tigre planeja faturar R$ 1 bilhão ao ano[26]

A maior fabricante de tubos e conexões do Brasil, com 60% de um mercado que movimenta R$ 800 milhões anuais, já traçou seus planos para o futuro: faturar R$ 1 bilhão anuais. Isso significa dobrar o volume de negócios de R$ 500 milhões. A companhia catarinense tem unidades industriais em Joinville (SC), Camaçari (BA) e Rio Claro (SP) e subsidiárias no Chile, na Argentina e no Paraguai.

A diretoria da Tubos e Conexões Tigre tem a missão de tornar a empresa de origem familiar e líder na área de tubos e conexões no Brasil uma multinacional com forte atuação no mercado da construção civil. Tem pela frente uma estratégia assentada em um tripé de objetivos: novos produtos, aquisição de empresas e internacionalização das atividades.

A primeira ponta do tripé começa a ser mostrada ao mercado. São novos produtos, como assentos sanitários, caixas d'água, tubulações para gás e perfis de janela em plástico. O interesse em criar produtos para o mercado de construção civil segue a lógica que hoje ocorre nos países desenvolvidos. Nos Estados Unidos, o PVC representa 40% dos negócios em um universo de produtos concorrentes como madeira, ferro e alumínio. No Brasil, o PVC comparado a esses produtos que movimentam R$ 1 bilhão anuais não chega a 1% do segmento.

Ao ampliar o raio de atuação, a Tigre quer desenvolver produtos que tenham funcionalidade ou que sirvam como solução integrada para todas as áreas de uma casa. Foi com esse objetivo e com um olho no segundo tripé que a empresa comprou a Pincéis Tigre, uma empresa paulista do mesmo nome, mas que nada tinha a ver com a companhia catarinense.

Para firmar o terceiro tripé, na era da globalização, a Tigre está se preparando para avançar no mercado externo, não só com exportações, mas também com a instalação de subsidiárias: a Fanaplás no Chile, uma indústria na Argentina e uma *joint venture* no Paraguai, a Tubopar.

⚖️ Avaliação crítica: As organizações visionárias[27]

Collins e Porras publicaram um estudo sobre 18 organizações de destaque, que sobreviveram e prosperaram e que são consideradas as melhores em seus ramos de negócios. Os autores utilizaram uma metodologia com critérios comparativos para saber por que algumas organizações são superiores às outras. Essas organizações excelentes são denominadas organizações visionárias, porque elas não dependem de aspectos específicos, como estratégia, tática, programa ou mecanismos para preservar o essencial e estimular o progresso. O que faz a diferença é que todos os elementos que formam a organização estão integrados em uma totalidade que funciona bem.

A metodologia da pesquisa se assenta nas seguintes categorias:

1. **Arranjos organizacionais**: como o desenho organizacional, as políticas, os procedimentos, os sistemas de informação, os incentivos, as recompensas e as estratégias de negócios.
2. **Fatores sociais**: como a cultura organizacional, o clima existente, as normas, os rituais, as histórias, a mitologia e o estilo gerencial.
3. **Ambiente físico**: como a organização utiliza o espaço físico, os arranjos físicos dos escritórios e das fábricas, as facilidades de produção e a localização geográfica de partes importantes da organização.
4. **Tecnologia**: como a organização utiliza a tecnologia, a tecnologia da informação, os processos organizacionais, os equipamentos modernos e as novas configurações de trabalho.

5. **Liderança**: como os primeiros idealizadores da organização, as gerações posteriores de líderes, o tipo de liderança exercido e os processos de escolha dos líderes na organização.
6. **Produtos e serviços**: como foram os primeiros produtos e serviços, como surgiram ideias sobre como desenvolvê-los, os insucessos em termos de produtos ou serviços, como a organização resolveu tais problemas e o grau de inovação na área.
7. **Visão**: como os valores essenciais, a missão e os objetivos visionários. Como esses elementos surgiram e em que momentos, qual seu papel, como foram fortalecidos ou enfraquecidos ao longo do tempo.
8. **Análise financeira**: como balanços, crescimento das vendas, fluxo de caixa e capital de giro, índice de liquidez, dividendos e outros indicadores econômicos.
9. **Mercados**: como é o ambiente externo da organização – mudanças de mercado, eventos nacionais e internacionais impactantes, regulamentações governamentais e concorrência.

As organizações visionárias são aquelas que atingiram pontuações mais elevadas. Contudo, alguns aspectos da pesquisa são importantes, como:

1. **Continuidade de liderança**: as organizações visionárias, assim como as demais organizações de comparação, tiveram bons líderes nos anos formativos de sua evolução. A liderança não parece ser o diferencial que distingue a melhor e a boa organização. O importante é a continuidade da liderança ao longo do tempo, a escolha de dirigentes oriundos da "casa", um forte desenvolvimento gerencial por meio de treinamento interno e um bom planejamento sucessório.
2. **Ideologia**: as organizações visionárias têm, desde cedo, uma definição clara de propósito em forma de ideologia ou credo que funciona como guia das decisões políticas por toda sua vida, com consonância entre a ideologia e a ação: as decisões estratégicas (produto, mercado ou investimento) e as decisões sobre o desenho organizacional (estrutura, políticas, sistemas de incentivos) são consonantes com a missão.
3. **Objetivos audaciosos**: as organizações visionárias fixam objetivos ousados e difíceis de serem alcançados para estimular o progresso em um padrão histórico repetitivo.
4. **Devoção**: as organizações visionárias buscam construir um profundo sentimento de lealdade e dedicação dos empregados e influenciam seus comportamentos para que sejam consonantes com a ideologia da organização. A doutrinação envolve programas de treinamento de conteúdo ideológico, utilização de terminologia única, histórias de feitos heroicos e um senso de elitismo nos empregados.
5. **Evolução intencional**: as organizações visionárias mostram que cresceram por meio de um tipo de variação e seleção evolucionária, com ampla autonomia operacional (entendimento dos funcionários de como assumir suas responsabilidades por meio de estruturas organizacionais descentralizadas e trabalhos com total liberdade operacional), estimulando novas ideias, experimentação, senso de oportunidade, falta de penalidades para os erros, recompensas pelas inovações e novas direções, iniciativa individual e incentivos para as novas oportunidades.
6. **Automelhoria**: as organizações visionárias mostram uma consistência em reinvestir ganhos para crescimento no longo prazo, investimentos em seleção, treinamento e desenvolvimento de pessoal, adoção de novas tecnologias e novos métodos de trabalho, constantes mudanças e melhorias internas. As organizações visionárias desenvolvem "mecanismos de desconforto" para impedir que fiquem confortáveis em seus nichos e percam a disposição para a melhoria.

Esses critérios, para os autores, proporcionam padrões de comparação que o leitor pode utilizar com relação à sua própria organização. Eles parecem indicar a excelência em administração e liderança organizacional e as práticas organizacionais que deverão perdurar. Ao contrastar uma organização com tais critérios, é possível identificar melhor suas forças e fraquezas.

QUEM DETERMINA O DESENHO ORGANIZACIONAL?

Quando se pretende criar ou mudar o desenho organizacional, surge a pergunta: quem deverá estar envolvido no assunto? E a resposta correta é: todas as pessoas da organização. Para envolver-se nesse processo, é essencial que cada pessoa compreenda perfeitamente qual o seu papel no desenho do projeto organizacional. Existem vários graus de envolvimento das pessoas:

1. As pessoas apenas fornecem dados e informações sobre seu trabalho.
2. As pessoas fazem recomendações à alta administração.
3. As pessoas comentam e discutem as propostas da administração.
4. As pessoas tomam decisões a respeito de assuntos de estrutura organizacional.

A Figura 12.15 dá uma ideia visual destas quatro alternativas de envolvimento das pessoas nas decisões sobre estrutura organizacional.

Nas organizações mais conservadoras, apenas o diretor trabalha sozinho para desenhar e decidir qual a estrutura organizacional a ser adotada. Antigamente, quem decidia o desenho organizacional era a cúpula da organização. Agora, cada vez mais, as organizações estão criando equipes, forças-tarefas e grupos de solução de problemas para darem opiniões e ajudá-las a encontrar caminhos alternativos para serem mais competitivas. Os funcionários em todos os níveis estão sendo solicitados a fazer contribuições na forma de sugestões e participar ativamente dos assuntos relacionados com a estrutura organizacional das empresas. Nas organizações mais bem-sucedidas, todas as pessoas participam dessa tarefa. Alguns aspectos devem ser considerados:

1. Quanto maior o envolvimento das pessoas na criação da estrutura organizacional, tanto maior será o apoio íntimo de todos na realização do trabalho.
2. Para que as ideias façam sentido e possam ajudar a organização, as pessoas envolvidas devem possuir algum conhecimento a respeito da situação dos negócios da organização e estar envolvidas com o seu sucesso.
3. O envolvimento toma tempo. Se uma decisão de mudar a organização tem de ser tomada sob pressão, crise ou urgência, deve-se escolher um processo menos democrático, pois chegar ao consenso leva algum tempo.

Certas decisões sobre o arranjo organizacional podem aumentar os custos operacionais ou o tamanho da força de trabalho indevidamente. É

Autocracia
A alta administração impõe a estrutura organizacional que deseja, por meio de decisão unilateral

Participação
A alta administração obtém apoio e envolvimento das pessoas para desenhar a estrutura organizacional por meio de consenso

1. Pessoas apenas fornecem dados sobre seu trabalho
2. Pessoas fazem recomendações à cúpula
3. Pessoas discutem as propostas da cúpula
4. Pessoas tomam decisões sobre a estrutura organizacional

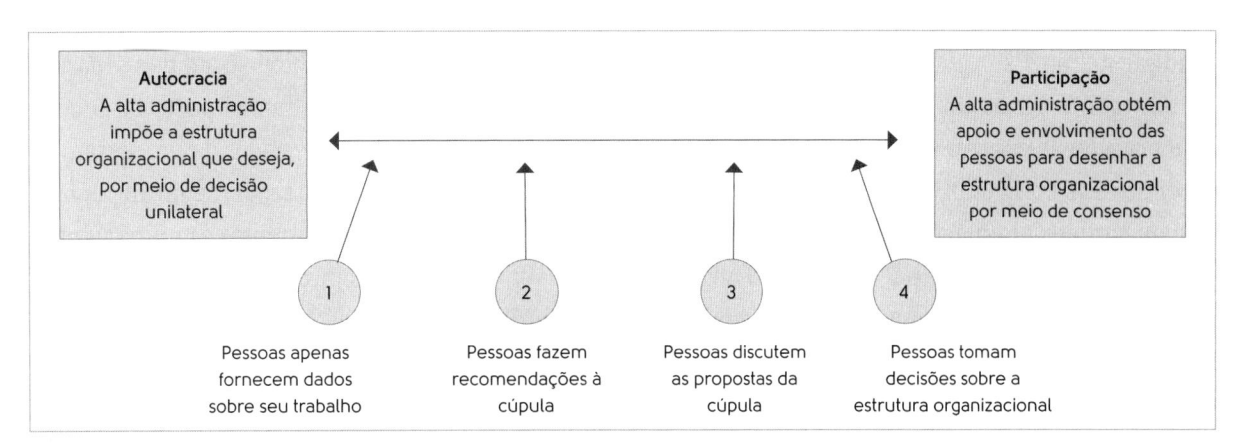

Figura 12.15. Graus de envolvimento das pessoas no projeto organizacional.

fundamental que os membros que participarão da equipe de desenho conheçam antecipadamente as alternativas iniciais de propostas de desenho. O desenho organizacional é uma responsabilidade básica do administrador e de todos os membros da organização, dependendo da cultura organizacional existente.

É essencial que as decisões sobre o desenho organizacional beneficiem a organização em termos de melhoria de seus fatores críticos de sucesso e sirva aos processos do negócio. Pense especialmente sobre satisfação do cliente, qualidade do produto/serviço, custos de produção, lucratividade da organização, satisfação e desenvolvimento dos funcionários. Tudo isso é importante.

> ### Voltando ao caso introdutório: Argonauta
>
> Mariano e a sua equipe começaram a delinear o novo desenho organizacional da Argonauta e a maneira de fazê-lo funcionar na prática. Mas a equipe achava que a implementação deveria ser uma responsabilidade de todos os funcionários e não apenas de algumas cabeças da Argonauta. Haveria necessariamente a extinção de vários níveis hierárquicos, demissão de gerentes e funcionários e provavelmente terceirização de algumas atividades não essenciais da empresa, o que implicava a conscientização ampla a respeito dos problemas e a aceitação do plano como condição para garantir a sobrevivência da empresa. Isso significava redução de custos administrativos e transformação de alguns custos operacionais fixos em custos variáveis, alterando totalmente a equação da lucratividade da companhia. Qual sua opinião a respeito?

O MIOLO DO NEGÓCIO

Uma das mais fortes tendências na administração moderna é a focalização e a concentração no negócio essencial da organização (*core business*). Mas, o que é o negócio essencial? O negócio essencial representa o miolo central, a essência, a vocação da organização. Aquilo que a organização sabe fazer melhor do que ninguém. A sua habilidade maior, a sua competência principal.

Antigamente, os conglomerados ostentavam com orgulho as suas várias unidades de negócio ou empresas coligadas, a maioria delas deficitárias ou simples ampliações de departamentos de serviço da unidade principal. O miolo do negócio sustentava vários pequenos negócios problemáticos e fora da vocação da organização, tomando tempo e dinheiro e dando em troca uma ilusória sensação de tamanho e poder. Como diz Lodi[28], as crises levaram a uma "poda" generalizada e radical desses galhos secos. Muitas organizações estão se reconcentrando na vocação original com a qual o fundador fez seu cliente e obtém resultado. É um caminho contrário à estratégia da diversificação tão enfatizada na década de 1980. As organizações descobriram que não são multivocacionais e retornam ao seu negócio essencial.

Hoje, as organizações bem-sucedidas separam todas as funções que não fazem parte de seu negócio essencial, como os serviços de processamento de dados, malotes e entregas, segurança patrimonial, manutenção de máquinas e equipamentos, propaganda, relações públicas, assessoria contábil e jurídica e outros sistemas. Para desempenhar essas funções não essenciais com maior eficiência e eficácia, com melhor qualidade e custos mais baixos, elas contratam fornecedores externos de

serviços. Outras organizações preferem se reestruturar em equipes autônomas capazes de responder aos assuntos dos clientes com maior rapidez e eficácia.

A empresa cria algo que pode ter valor	**Criação de valor** — Descobrir aquilo que as pessoas precisam ou querem
Transforma essa ideia criativa em um novo produto de valor	**Criatividade e inovação** — Transformar uma nova ideia em um novo produto ou serviço
Produz algo de valor	**Produção** — Produzir algo de valor capaz de satisfazer necessidades ou aspirações dos clientes
Entrega algo de valor	**Marketing** — Chamar a atenção e criar a demanda para aquilo que criou
O que as pessoas querem ou precisam	**Vendas** — Transformar clientes potenciais em clientes reais e pagantes
Preço que elas estão dispostas a pagar	**Marketing** — Oferecer aos clientes algo que vale a pena comprar e investir
Satisfazer as necessidades das pessoas	**Entregar valor** — Dar aos clientes o que prometeu e garantir que eles estejam plenamente satisfeitos
De forma que a empresa gere lucro suficiente para valer a pena para os proprietários manterem as operações	**Finanças** — Gerar dinheiro suficiente para manter as operações e para os esforços valerem a pena

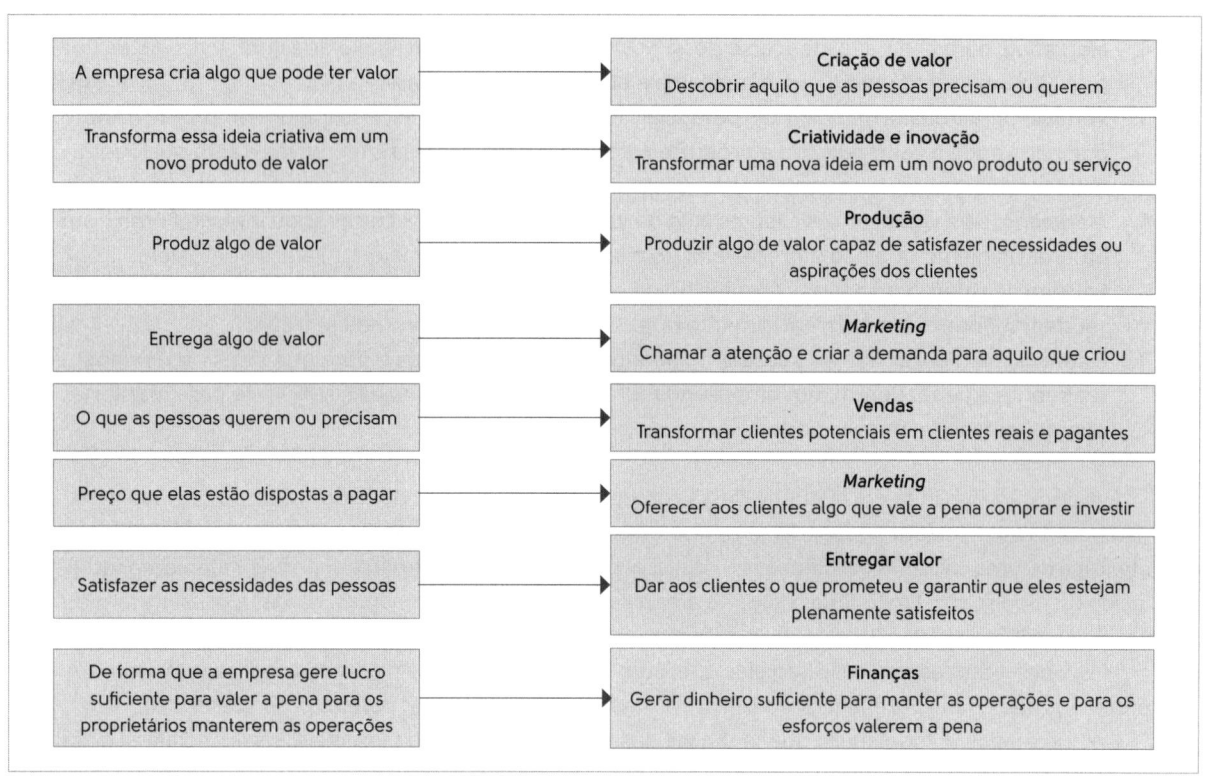

Figura 12.16. A empresa como um conjunto integrado de processos[29].

Administração de hoje

A essência do negócio[29]

Onde está o miolo do negócio? Pensando bem, a empresa constitui um conjunto integrado de vários processos:

1. Ela cria uma ideia que pode ter valor.
2. Transforma essa ideia criativa em algo de valor, como um produto ou serviço.
3. Produz esse produto ou serviço como algo de valor para a sociedade.
4. A seguir, ela entrega algo de valor ao mercado.
5. Que as pessoas querem ou apreciam.
6. E que estão dispostas a pagar por um preço.
7. Para satisfazer as necessidades e expectativas de seus clientes.
8. De maneira que a empresa gere lucro suficiente para fazer valer a pena para seus proprietários ou acionistas manterem suas operações.

Cada um desses oito processos pode ser respectivamente denominado:

1. **Criatividade e inovação**: descobrir aquilo que as pessoas precisam ou que querem para se encarregar da sua criação, produção e entrega. Porém, um empreendimento ou empresa que não cria valor para os outros é puro *hobby*.

2. **Desenvolvimento de produtos**: transformar a ideia criativa em um produto ou serviço. Porém, um produto que não cria valor é uma brincadeira cara e custosa.
3. **Produção**: produzir algo de valor para o mercado a fim de satisfazer necessidades e aspirações da clientela. Porém, um produto que não atende a essas necessidades e aspirações é algo inútil.
4. *Marketing*: para chamar a atenção e desenvolver a demanda para aquilo que criou e produziu. Porém, um empreendimento que não chama a atenção é puro fracasso.
5. **Vendas**: para transformar clientes potenciais em clientes pagantes. Porém, um empreendimento que não vende o valor que cria e produz é uma organização sem fins lucrativos e sem qualquer finalidade financeira.
6. *Marketing*: para oferecer aos clientes algo de valor que vale a pena comprar ou investir. Porém, um empreendimento que não oferece valor ao cliente não merece qualquer investimento dele.
7. **Entrega de valor**: para dar aos clientes o que prometeu e assegurar que eles estejam plenamente satisfeitos. Porém, um empreendimento que não cumpre o que promete é fraude.
8. **Finanças**: para gerar dinheiro suficiente para manter as operações e para que os esforços valham realmente a pena. Porém, um empreendimento que não gera dinheiro suficiente para manter as operações logo fechará as portas.

A capacidade limitada em qualquer desses processos reduz a capacidade do sistema integrado. A resistência de uma corrente depende sempre do seu elo mais frágil. É a chamada teoria das restrições: o elo frágil de uma corrente constitui o seu principal ponto fraco que precisam ser adequadamente fortalecido ou modificado. Em todas as áreas da empresa é comum a ocorrência de gargalos que atrasam ou prejudicam a eficiência e eficácia das operações.

Mas, onde ficam as pessoas? São elas que, com suas competências e talentos, realizam todos esses processos que criam, agregam, produzem, entregam e capturam valor para as organizações.

E o que é valor? É tudo aquilo que tenha utilidade, satisfaça necessidades, atenda a expectativas e aspirações, traz um retorno do investimento, melhora a saúde, o conforto, o bem-estar, aumenta a autoimagem do cliente e vale a pena adquirir ou investir. Estamos falando do núcleo do negócio, aquilo que é essencial a ele.

Administração de hoje

Walt Disney Company

Walt Disney foi o criador do camundongo Mickey Mouse. Após ter sido enganado por uma empresa, decidiu que só trabalharia para si mesmo. Ele achava que uma criação pode ser brilhante, mas torna-se inútil se não puder servir a muitas pessoas. Disney continuaria a desenhar o seu ratinho de estimação, caso não tivesse a energia para levá-lo em forma de desenho ao mundo todo. Começou com desenhos animados. Hoje, a Walt Disney é uma organização totalmente voltada para o entretenimento, operando em telefonia, televisão, cinema, produtos para o consumidor e parques temáticos. Na Flórida (Orlando), na Califórnia (Los Angeles) e na França (Paris) funcionam a Disneyworld, a Disneyland e a EuroDisney, respectivamente, de maneira integrada com cadeias de hotéis, cruzeiros, *marketing*, vendas e operações de viagens. A organização conta com 60 mil funcionários e movimenta anualmente US$ 14 bilhões. É a pioneira em inovação: um produto novo a cada dois dias. E tudo começou com um ratinho. Ou melhor, com um sonho. Os fundamentos da Disney são: "tudo o que fazemos realizamos para as pessoas; e também porque isso nos dá muita satisfação". Os funcionários fazem parte do espetáculo e usam uma expressão "pó de pirlimpimpim", que é a liderança invisível que rege a magia e o espírito de 60 mil membros na alegria que criam diariamente. O estilo de gestão da Disney é o "*front of line is the botton of line*", ou seja, as pessoas da linha de frente são ligadas diretamente ao sucesso da última linha do balanço contábil da empresa. Todos os funcionários são encorajados e estimulados a agir em função dos clientes – os chamados convidados. Não existe punição, existe treinamento. A intenção é o principal. *Good show* é a linguagem de mérito quando alguém faz um belo trabalho. E isso pode ser reconhecido por qualquer membro da equipe ou por um cliente-convidado. Cartõezinhos como o de "fanático por serviços ao cliente" são maneiras de estimular a ação e a identificação de atitudes dos funcionários para servir ao cliente. Esse é o miolo do negócio da Disney.

Avaliação crítica: Qualidade faz empresas recuar da terceirização[30]

Depois da febre de terceirizações na indústria, algumas metalúrgicas calcularam custos, mediram qualidade dos produtos e recuaram – começaram a "desterceirizar" setores da produção. A "desterceirização" é tema de estudos de executivos de grandes empresas, particularmente de montadoras de veículos e indústrias que voltaram a contratar empregados ou evitaram demissões de excedentes, como Pirelli Cabos, Eluma, Scania e Mercedes-Benz. O objetivo dos estudos é evitar o que se convencionou chamar de "resserviço", outra palavra criada no meio empresarial e que significa pagar por um produto ou processo de produção e ter de refazer tudo, com mão de obra própria. Ou ter o trabalho de devolver e cobrar nova remessa de componentes da empresa que prestou o serviço.

A Pirelli Cabos, com unidades em Santo André e Sorocaba (SP), acabou criando 140 vagas com o processo de desterceirização da manutenção de máquinas. São vagas de eletricistas e mecânicos, pois as máquinas estão cada vez mais sofisticadas, com controles que exigem grande especialização. Essa atividade não pode ficar nas mãos de empresas prestadoras de serviços, propensas a promover rotatividade e investir pouco em treinamento. Um dia de paralização de máquinas, por falha na manutenção, causa um enorme prejuízo. Em serviços gerais e menos especializados, como limpeza, a empresa vai manter terceiros.

Também a Eluma, fabricante de conexões não ferrosas, artefatos laminados e tubos, de Santo André (SP), decidiu investir em mão de obra própria para a manutenção de máquinas, depois de vários anos de serviços de terceiros.

No setor de serviços, como o financeiro, a experiência da terceirização tem sido bem-sucedida. Os problemas com qualidade e custos estão ocorrendo no mundo todo e muitas empresas estão se informatizando para controlar as tarefas de terceirizados ou subcontratados.

Voltando ao caso introdutório: Argonauta

Com a aprovação de Mariano, a equipe passou a fazer os preparativos para a mudança organizacional da Argonauta. O primeiro passo foi elaborar um programa de treinamento para todo o pessoal, no sentido de capacitar os funcionários com novas habilidades de solução de problemas e tomada de decisão, transmitir-lhes novos conhecimentos a respeito da empresa e prepará-los para fazer parte do cérebro da organização. Deveriam começar a pensar no futuro da empresa e como melhorar suas operações no dia a dia. O segundo passo foi aproximar a base do topo da organização, reduzindo os níveis administrativos intermediários e eliminando gerências e chefias. O terceiro passo foi desenvolver equipes coesas e integradas no lugar das seções e setores de produção, com líderes escolhidos temporariamente. O quarto passo foi criar mecanismos de integração entre as equipes para que os esforços pudessem ser coordenados e harmonizados em direção aos objetivos organizacionais da companhia. O quinto passo foi estabelecer metas e objetivos para as equipes e esquemas de incentivos e recompensas financeiras pela superação das metas e objetivos. O sexto passo foi avaliar os resultados de toda a mudança organizacional.

Caso para discussão: Scandinavian Airlines System (SAS)[31]

Quando Jan Carlzon assumiu a presidência da Scandinavian Airlines System (SAS), conhecida empresa aérea com rotas pela Europa, América do Norte, Ásia e África, a companhia ia mal das pernas. Sua primeira preocupação foi visitar outros dirigentes das maiores companhias aéreas do mundo para trocar informações. Desapontado, ele os classificou em duas categorias: na primeira estavam os dirigentes que só queriam falar sobre aeronaves e suas máquinas preferidas; na segunda estavam aqueles que não queriam falar sobre aviões, mas sobre os negócios, mercados, clientes e seus funcionários como ferramentas para criar um bom serviço. Quando conferiu o desempenho das empresas visitadas, percebeu que somente aquelas pertencentes à segunda categoria eram repetidamente lucrativas.

Carlzon estava em dúvida quanto à estratégia para tirar a SAS do endividamento e da mesmice. O raciocínio era o seguinte: se todas as empresas concorrentes têm os mesmos aviões, utilizam os mesmos aeroportos, dispõem de balcões de vendas semelhantes e operam nas mesmas cidades e em horários quase iguais, como fazer a SAS a melhor de todas? Onde buscar o diferencial competitivo? Carlzon percebeu que o fator distintivo só poderia estar nas pessoas de sua organização. O que dificultaria os concorrentes de alcançar a SAS seriam os seus recursos humanos, as suas atitudes gerenciais e o tratamento especial dado ao cliente. Com isso, buscou uma visão estratégica de serviços focalizada e consistente: as pessoas como a base da excelência empresarial e da elevada qualidade no atendimento ao cliente.

O primeiro passo foi desenvolver um novo desenho organizacional para a companhia que garantisse essa nova estratégia competitiva (Figura 13.18). Isso significava que as pessoas deveriam ter prioridade em relação a qualquer outro aspecto da organização. Carlzon criou uma equipe de gerentes de alto nível e solicitou-lhe que planejasse a mudança, enquanto os outros gerentes continuavam a administrar a companhia. A sugestão da equipe foi virar o organograma de cabeça para baixo: no topo ficariam os funcionários que mantêm contato direto com os clientes tanto em terra como no ar. O presidente foi parar na base do organograma, como o suporte que sustenta toda a companhia. Todo o pessoal de nível institucional e intermediário – incluindo o presidente – assumiu a responsabilidade de "prestar serviços a todos aqueles que atendem diretamente o cliente". Carlzon foi o maior defensor do projeto.

A companhia foi dividida em vários centros de lucro, cujo tamanho variava de uma empresa até uma rota aérea específica, na qual o gerente-líder era considerado um empreendedor, livre para decidir o horário e o número de voos entre as cidades, dependendo da aprovação dos governos envolvidos, podendo alugar aviões e alocar pessoal de voo de outras divisões. Isso provocou uma profunda reorganização do setor operacional em centros de lucro identificados por setores geográficos de rotas, orientados em torno de passageiros domésticos e internacionais. Os centros de lucro ampliaram a responsabilidade e a autoridade dos gerentes operacionais da linha de frente, que fizeram com que o desempenho de todos os funcionários da organização se caracterizasse pelo atendimento aos clientes internos da organização: o pessoal de atendimento aos clientes externos. A colaboração foi intensificada. O número de ní-

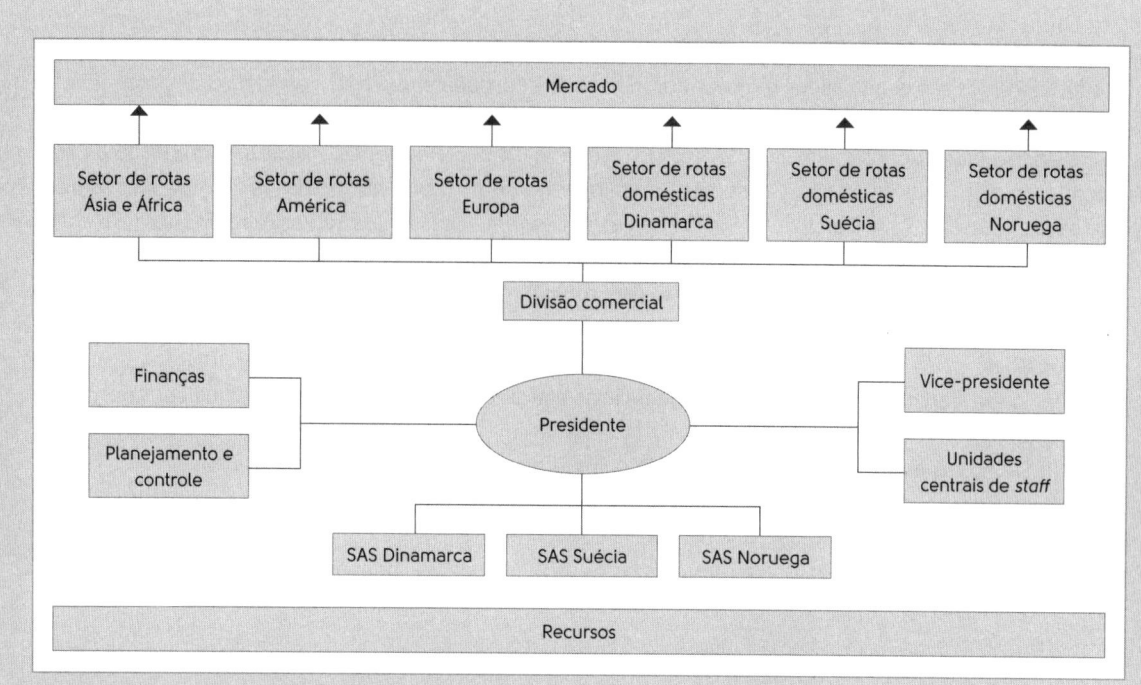

Figura 12.17. O organograma da SAS em 1991[32].

veis hierárquicos foi fortemente diminuído para tornar mais curtas as linhas internas de comunicação e aproximar todo o pessoal. A Figura 12.18 mostra aproximadamente a filosofia básica do novo desenho organizacional da SAS.

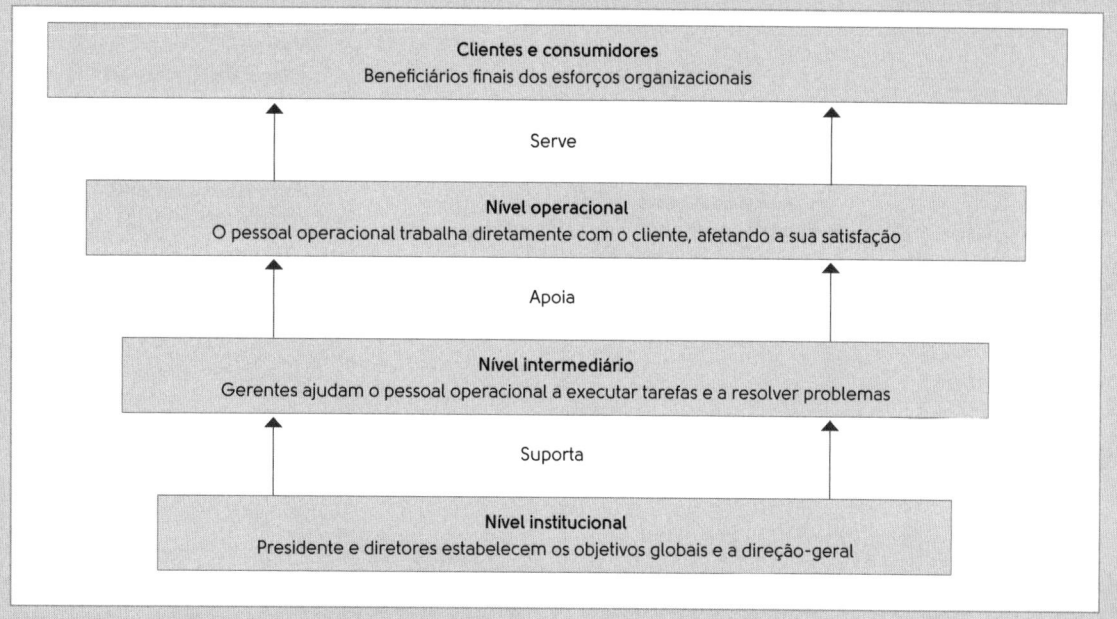

Figura 12.18. O desenho organizacional da SAS.

Com todo esse redesenho organizacional na SAS, foi preciso muito tempo para que os funcionários absorvessem as mudanças. É que, em vez de servirem à organização, eles passaram a servir ao cliente, tendo toda a organização como retaguarda, suporte e ferramenta para o seu trabalho e não mais como controle e fiscalização. Qualquer um pode virar uma organização de cabeça para baixo no papel, mas isso deve ser mais do que um ato simbólico: deve vir acompanhado por outras mudanças na forma como os funcionários são organizados e motivados. Graças à TI foi dada plena autonomia para as pessoas, com liberdade de ação, metas e objetivos de desempenho, medidas de avaliação e recompensas monetárias para encorajar soluções criativas. A SAS tornou-se uma empresa aérea de elevadíssimo padrão de serviços e de atendimento ao cliente, aumentando fortemente sua competitividade no competitivo mercado aéreo mundial. Para Carlzon, as instruções somente têm sucesso quando os funcionários têm consciência de suas limitações, enquanto a informação lhes fornece o conhecimento de suas oportunidades e possibilidades. Uma pessoa que não possui informação não pode assumir responsabilidades.

Questões:
1. Por onde Carlzon iniciou a mudança da SAS: na estratégia ou na estrutura? Explique seus pontos de vista.
2. Na SAS quais os fatores presentes que determinaram o novo desenho organizacional?
3. Você já viu um organograma funcionar pelo avesso, como na SAS? Comente este aspecto.
4. Comente a estratégia da SAS para vencer a concorrência.
5. Que outras providências foram tomadas no desenho organizacional da SAS?

Passos para o desenho organizacional
- Missão
- Objetivos
- Estratégia
- Desenho organizacional
- Pessoas

Diferenciação em:
- Objetivos
- Orientação de tempo
- Orientação interpessoal
- Estrutura formal

Mecanismos de integração
- Regras e procedimentos
- Hierarquias administrativas
- Planejamento
- Contatos diretos
- Papéis de ligação
- Forças-tarefas
- Equipes
- Organização matricial

Bases de burocracia:
- Divisão do trabalho
- Hierarquia
- Regras e regulamentos
- Comunicações formais
- Impessoalidade
- Admissão e carreira

Organizações burocráticas:
- Visão estreita e míope
- Falta de iniciativa
- Excesso de papelório e documentação
- Corporativismo e introversão
- Despersonalização das relações
- Necessidade de concursos públicos

Desenho mecanístico:
- Burocracia da máquina
- Burocracia profissionalizada
- Burocracia divisionalizada

Organizações adaptativas
Desenho orgânico:
- Estrutura simples
- Adhocracia

Fatores que afetam o desenho organizacional:
- Ambiente • Estratégia • Tecnologia • Tamanho organizacional • Ciclo de vida da organização • Pessoas

Ambiente:
- Estável – certeza
- Instável – incerteza
- Homogêneo
- Heterogêneo

Estratégia:
- Focada na estabilidade
- Focada no crescimento ou expansão

Tecnologia:
- Produção em massa
- Produção automatizada
- Produção unitária
- Sequencial
- Mediadora
- Intensiva
- Fixa
- Flexível

Pessoas:
- Conhecimento
- Habilidades
- Competências
- Engajamento

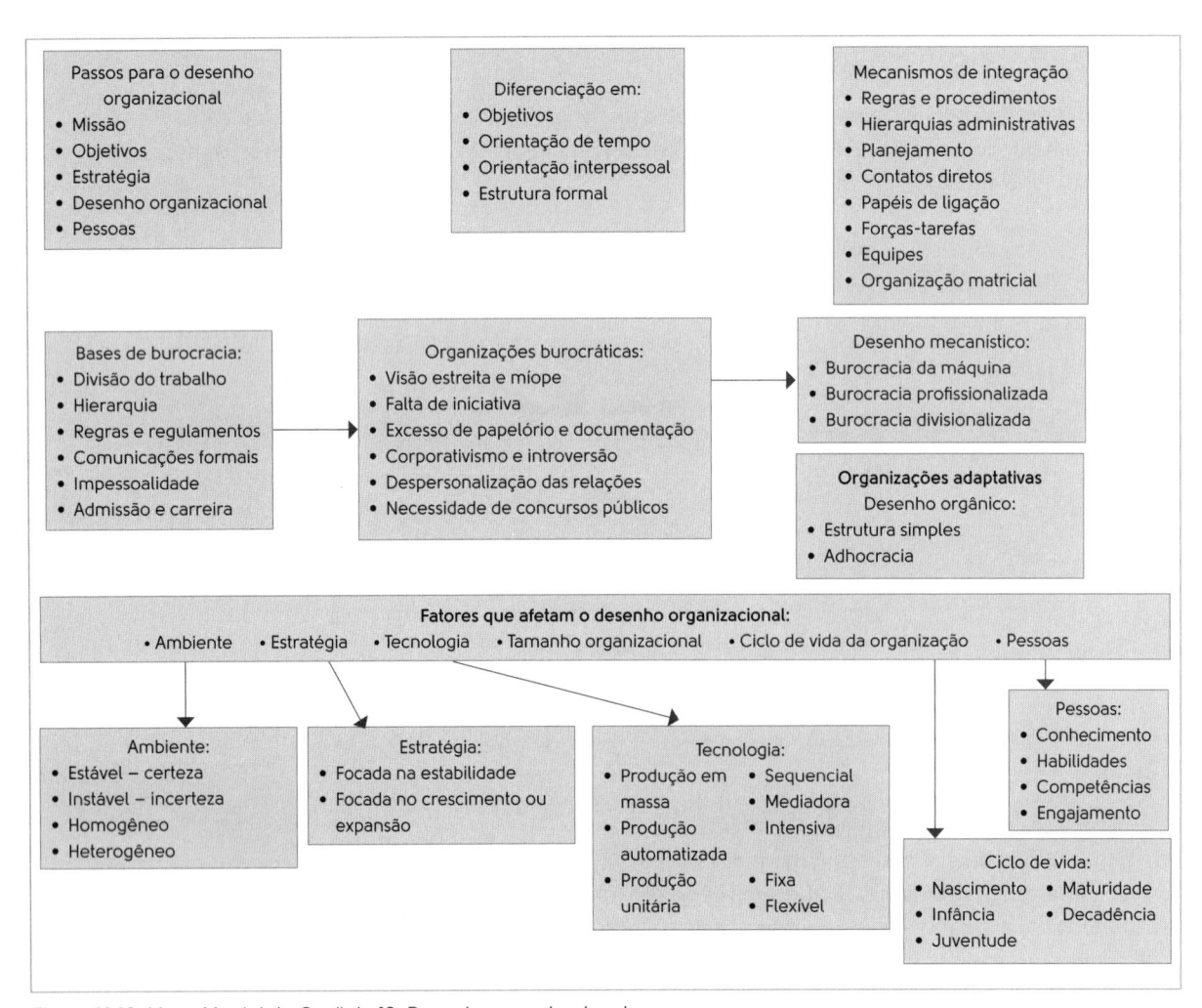

Ciclo de vida:
- Nascimento
- Infância
- Juventude
- Maturidade
- Decadência

Figura 12.19. Mapa Mental do Capítulo 12: Desenho organizacional.

Exercícios

1. Explique a diferenciação e a integração organizacional.
2. Quais os tipos de diferenciação e quais os mecanismos de integração?
3. Defina o desenho organizacional e o seu *continuum* de opções.
4. Explique as organizações burocráticas e as disfunções do modelo.
5. Defina os modelos mecanísticos e as formas de organização mecanística.
6. Defina os modelos orgânicos e as organizações adaptativas.
7. Explique os tipos de modelos orgânicos e suas características.
8. Explique a influência do ambiente no desenho organizacional.
9. Explique os tipos de ambientes e seus efeitos no desenho organizacional.
10. Explique a influência da estratégia como fator do desenho organizacional.
11. Explique a influência da tecnologia como fator do desenho organizacional.
12. Como a tecnologia de produção em massa, de processo contínuo ou produção unitária afetam o desenho organizacional?
13. Como a tecnologia sequencial, a mediadora e a intensiva afetam o desenho organizacional?
14. Explique como a tipologia de tecnologia e de produtos afeta o desenho de uma organização.
15. Explique como o tamanho e o ciclo de vida afetam o desenho organizacional.
16. Explique como as pessoas afetam o desenho organizacional.
17. Quem determina o desenho organizacional?
18. O que significa o miolo do negócio?

REFERÊNCIAS BIBLIOGRÁFICAS

1. Edilson Coelho. "Faber-Castell fatura US$ 140 milhões com lápis". *O Estado de S.Paulo*, Caderno de Economia, 08.12.1997, p. B-12.
2. Paul R. Lawrence, Jay W. Lorsch. *As empresas e o ambiente: diferenciação e integração administrativas*. São Paulo, Edgard Blücher, 1972.
3. Shawn Tully. "The modular corporation". *Fortune*, 08.02.1993, p. 106-16.
4. Carlos Salles. "Na contramão dos modismos". *Exame*, n. 629, 12.02.1997, p. 61.
5. Max Weber. *The theory of social and economic organization*. Nova York, Oxford University, 1947.
6. Idalberto Chiavenato. *Introdução à teoria geral da administração*. Rio de Janeiro, Elsevier/Campus, 2011. p. 430-6.
7. "Carta à Redação: São Paulo Pergunta", *Jornal da Tarde*, 10.08.1997, p. 3A.
8. Tom Burns, George M. Stalker. *The management of innovation*. Londres, Tavistock, 1961.
9. John R. Schermerhorn, Jr. *Management*. Nova York, John Wiley & Sons, 1996, p. 242, 245-248.
10. Henry Mintzberg. "The structuring of organizations". In: Henry Mintzberg, James Brian Quinn. *The strategy process: concepts, contexts, and cases*. Englewood Cliffs, Prentice-Hall, 1996. p. 300-3, 331-62.
11. Jay R. Galbraith, Edward E. Lawler, III, et al. *Organizing for the future*, San Francisco, Jossey-Bass, 1993.
12. Rosabeth Moss Kanter. *The changing masters*. Nova York, Simon & Schuster, 1983.
13. Brian Dumaine. "The bureaucracy busters". *Fortune*, 17.06.1991, p. 35-50.
14. James D. Thompson. *Dinâmica organizacional: fundamentos sociológicos da teoria administrativa*. São Paulo, McGraw-Hill, 1976. p. 30-3.
15. Alfred D. Chandler, Jr. *Strategy and structure: chapters in the history of American industrial enterprise*. Cambridge, Massachusetts, MIT, 1962.
16. Danny Miller. "Configurations of strategy and structure: towards a synthesis". *Strategic Management Journal*, v. 7, 1986, p. 233-49.
17. Joan Woodward. *Industrial organizations: theory and practice*, Londres, Oxford University, 1965.
18. Joan Woodward. *Industrial organizations: behavior and control*. Londres, Oxford University, 1970.
19. James D. Thompson, Frederick L. Bates. *Technology, organization and administration*. Ithaca, Business and Public Administration School, Cornell University, 1969.
20. Fremont E. Kast, James E. Rosenzweig. *Contingency Views of Organization and Management*. Chicago, Science Research Associates, 1973. p. 314-5.
21. Peter M. Blau, Richard A. Schoennerr. *The structure of organizations*. Nova York, Basic Books, 1971.
22. John R. Kimberly, Robert H. Miles, et al. *The organizational life cycle*. San Francisco, Jossey-Bass, 1980.

23. Robert Tomasko. *Downsizing: reformulando e redimensionando sua empresa para o futuro*. São Paulo, Makron Books, 1992.
24. Gilford Pinchot III. *Intrapreneuring: por que você não precisa deixar a empresa para tornar-se um empreendedor*. São Paulo, Harbra, 1989.
25. Conversa telefônica entre o autor e Eraldo de Freitas Montenegro.
26. Edilson Coelho, Costábile Nicoletta. "Tigre planeja faturar R$ 1 bilhão no ano 2000". *O Estado de S.Paulo*, Caderno de Economia, 20.10.1997, p. B-7.
27. James C. Collins, Jerry I. Porras. *Feitas para durar: práticas bem-sucedidas de empresas visionárias*. Rio de Janeiro, Rocco, 1995.
28. João Bosco Lodi. *A nova empresa para os anos 90: lições da década perdida*. São Paulo, Pioneira, 1993, p. 47.
29. John Kaufman. *Manual do CEO*. São Paulo, Saraiva, 2012, p. 48-51.
30. Liliana Pinheiro. "Qualidade faz empresas recuar da terceirização". *O Estado de S.Paulo*, Caderno de Economia, 16.10.1997, p. B-1 e B-3.
31. James L. Heskett, W. Earl Sasser, Jr., Christopher W. L. Hart. *Serviços revolucionários: mudando as regras do jogo competitivo na prestação de serviços*. São Paulo, Pioneira, 1994. p. 246-8.
32. Scandinavian Airlines System, Genebra, International Institute for Management Development (IMD), 1991, p. 23.

Parte V
DIREÇÃO

Objetivos de aprendizagem

O objetivo principal desta quinta parte é mostrar a direção como a terceira função administrativa. Inicialmente, discutiremos os fundamentos gerais da direção – as alternativas de estilos de direção. Daremos especial atenção à comunicação e à negociação dentro das organizações como meios de integrar as pessoas e obter consonância rumo aos objetivos organizacionais a serem alcançados. Abordaremos a liderança e as principais teorias e aplicações dos modernos conceitos de influenciação das pessoas. Finalmente, consideraremos a motivação das pessoas e os vários modelos de incentivos e de recompensas ao desempenho excelente como maneira de melhorar a satisfação das pessoas e a qualidade de vida no trabalho.

O que veremos adiante

Capítulo 13 – Fundamentos da direção.
Capítulo 14 – Comunicação e negociação nas organizações.
Capítulo 15 – Liderança nas organizações.
Capítulo 16 – Motivação nas organizações.

A direção corresponde à função administrativa que vem depois do planejamento e da organização e que antecede o controle no processo administrativo.

A direção é a função administrativa que está relacionada com a maneira pela qual os objetivos devem ser alcançados por meio da atividade das pessoas e da aplicação dos recursos que compõem a organização. Após definir os objetivos, traçar as estratégias para alcançá-los, estabelecer o planejamento, estruturar a organização, cabe à função de direção colocar tudo isso em marcha. Dirigir significa interpretar os planos para as pessoas e dar as instruções e a orientação sobre como executá-los e garantir o alcance dos objetivos. Como tempo é dinheiro, quando se trata de negócios, a má ou morosa interpretação dos planos pode provocar elevados custos. O bom administrador é aquele que pode explicar e comunicar as coisas às pessoas que precisam fazê-las bem e prontamente, orientando-as e sanando todas as dúvidas possíveis, além de impulsioná-las, liderá-las e motivá-las adequadamente.

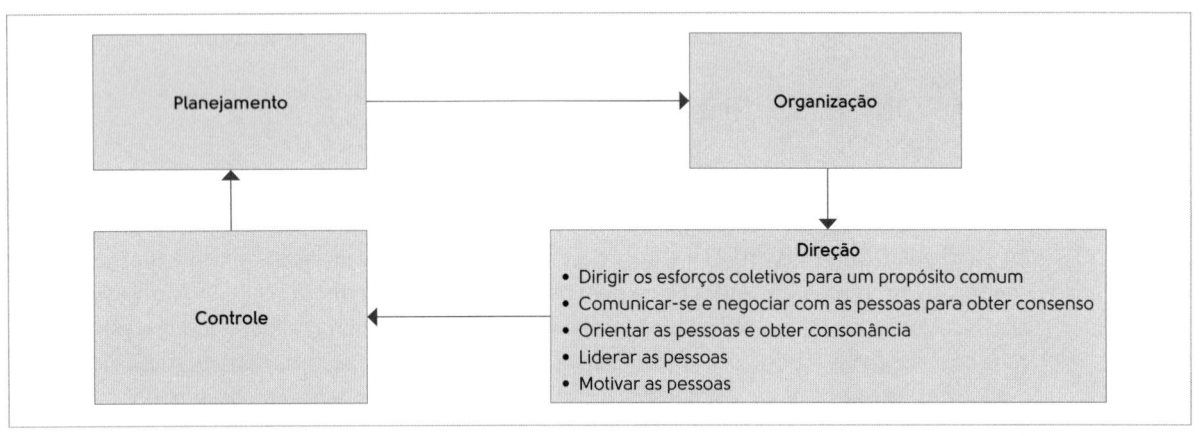

Figura V.1. A direção dentro do processo administrativo.

Esta Parte V é inteiramente dedicada à direção, como a terceira função administrativa. No Capítulo 13, abordaremos os principais fundamentos da direção nas organizações. No Capítulo 14, abordaremos as comunicações como a interação básica que ocorre dentro das organizações e a negociação como meio de obter consenso e comprometimento. No Capítulo 15, falaremos de liderança nas organizações, bem como das características peculiares dos líderes bem-sucedidos. No Capítulo 16, trataremos de motivação dos funcionários, melhoria da qualidade de vida no trabalho, redução de conflitos e aumento da satisfação das pessoas.

Parte V Direção

| Planejamento | Organização | **Direção** | Controle |

13. Fundamentos da direção
14. Comunicação e negociação
15. Liderança
16. Motivação

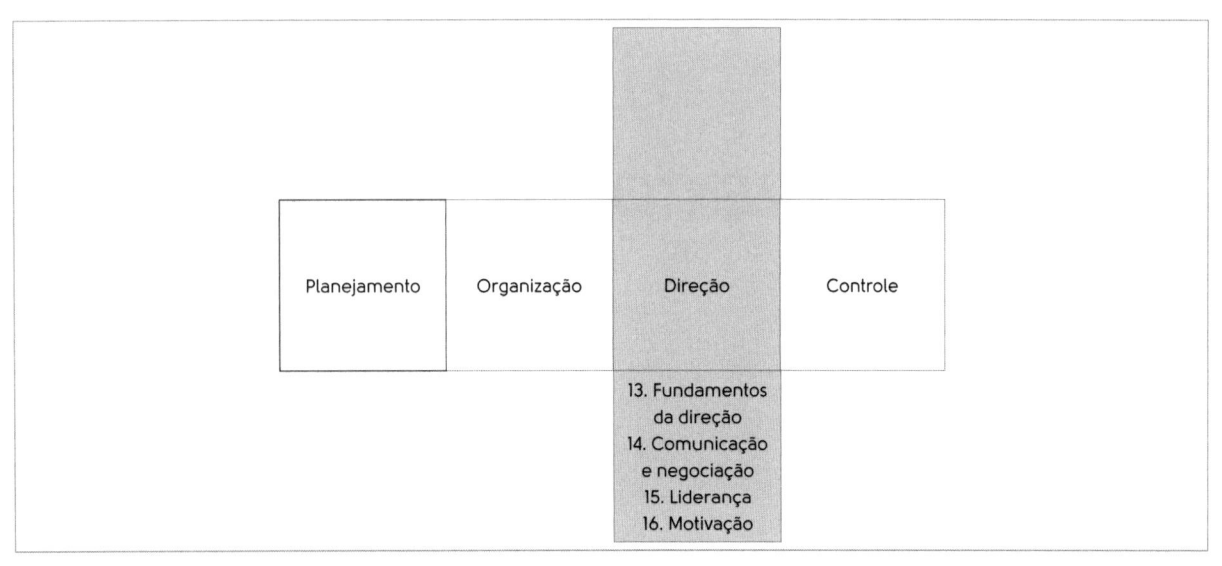

Figura V.2. O processo administrativo.

13
FUNDAMENTOS DA DIREÇÃO

Objetivos de aprendizagem

Após estudar este capítulo, você deverá estar capacitado para:

- Definir os estilos de administração e suas bases conceituais.
- Descrever os sistemas administrativos à disposição do administrador.
- Perceber os papéis do administrador ao lidar com pessoas.
- Descrever como a direção influencia as pessoas.
- Definir como a direção influencia a cultura organizacional.

O que veremos adiante

- Conceito de direção.
- Estilos de direção.
- Sistemas administrativos.
- Papel da direção.
- Direção e pessoas.
- Programas de envolvimento das pessoas.

Caso introdutório: Infotec Eletrônica

Alexandre é um poeta. Seu sonho é comandar uma empresa ágil e criativa capaz de enfrentar uma acirrada competição no mercado de eletrônica. Ele sabe que os velhos paradigmas organizacionais precisam ser rapidamente substituídos por novos modelos de redes de equipes internas altamente integradas e coesas. Sabe também que os velhos paradigmas culturais devem ser substituídos por uma nova e aberta mentalidade que transforme cada funcionário em um empreendedor interno e proprietário de sua atividade. Para conseguir isso, Alexandre se dispõe a tudo. Como presidente da Infotec Eletrônica, Alexandre quer desenvolver um novo tipo de gestão para alavancar sua empresa com a ajuda das pessoas. O seu problema básico não é de tecnologia e nem de mercado: o seu problema é simplesmente de direção e de impulsionamento das pessoas. Como você poderia ajudar Alexandre?

A direção é o processo de conduzir as atividades das pessoas que atuam na organização a rumos estabelecidos previamente. Esses destinos, naturalmente, são aqueles que levam ao alcance dos objetivos organizacionais e, de lambuja, atendam também aos objetivos individuais das pessoas envolvidas. A direção significa a posta em marcha daquilo que foi planejado e organizado por meio das atividades das pessoas. Ela lida essencialmente com as pessoas no sentido de guiá-las, orientá-las, treiná-las e prepará-las, proporcionar a devida liderança, retaguarda e suporte para que realizem suas atividades e alcancem os objetivos desejados. Nesse sentido, a direção envolve liderança, comunicação, motivação, gestão de conflitos e criação de um excelente clima para que as pessoas possam trabalhar juntas e em conjunto. Em outras palavras, possam trabalhar em equipe.

CONCEITO DE DIREÇÃO

A direção é a função administrativa que se refere ao relacionamento interpessoal do administrador com seus subordinados. Para que o planejamento e a organização possam ser eficazes, eles precisam ser complementados pela orientação e apoio às pessoas, por meio de uma adequada comunicação, liderança e motivação. Para dirigir as pessoas, o administrador precisa saber comunicar, liderar e motivar. Enquanto as outras funções administrativas – planejamento, organização e controle – são impessoais, a direção constitui um processo interpessoal que determina relações e interações entre indivíduos. A direção está relacionada diretamente com a atuação sobre as pessoas da organização. Por essa razão, constitui uma das mais complexas funções da administração. Lidar com pessoas significa lidar com diferenças individuais, pois cada pessoa é única e singular, o que complica enormemente a atuação do administrador. Por isso, alguns autores preferem substituir a palavra direção por liderança ou influenciação.

A direção é uma função administrativa que se distribui por todos os níveis hierárquicos das organizações. No nível institucional, recebe o nome de direção, no nível intermediário, é chamada de gerência e, no nível operacional, recebe o nome de supervisão. Naturalmente, essas denominações mudam em cada empresa.

Assim, quando falamos de direção queremos dizer que, no nível institucional, o presidente dirige uma equipe de diretores, cada um deles, uma equipe de gerentes, cada gerente dirige uma equipe de supervisores e cada supervisor, uma equi-

Dicas

Conceitos de direção

- **Dirigir**: significa influenciar, ou seja, é o processo de guiar as atividades dos membros da organização nas direções adequadas, envolvendo o desempenho de quatro atividades administrativas principais: liderando, motivando, atuando sobre grupos e comunicando[1].
- **Dirigir**: é o processo de dirigir esforços coletivos para um propósito comum.
- **Dirigir**: é a terceira função administrativa que compõe o processo administrativo.
- **Dirigir**: é o processo de guiar as atividades dos membros da organização rumo aos objetivos desejados.
- **Dirigir**: é a maneira pela qual os objetivos devem ser alcançados por meio da atividade das pessoas e da utilização dos recursos e competências organizacionais.
- **Dirigir**: significa interpretar os planos da empresa para as pessoas e dar as instruções e orientação sobre como executá-los e garantir o alcance dos objetivos.

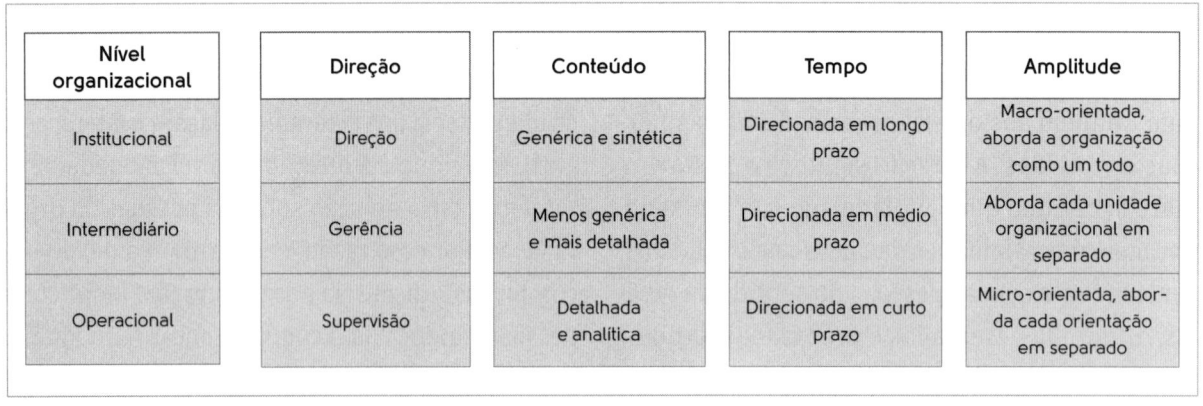

Nível organizacional	Direção	Conteúdo	Tempo	Amplitude
Institucional	Direção	Genérica e sintética	Direcionada em longo prazo	Macro-orientada, aborda a organização como um todo
Intermediário	Gerência	Menos genérica e mais detalhada	Direcionada em médio prazo	Aborda cada unidade organizacional em separado
Operacional	Supervisão	Detalhada e analítica	Direcionada em curto prazo	Micro-orientada, aborda cada orientação em separado

Figura 13.1. A direção nos três níveis da organização[2].

pe de funcionários. E cada funcionário realiza o seu trabalho. Todos dentro de sua área de competência. Contudo, o processo é exatamente o mesmo para todos: lidar com equipes de pessoas que lhes são subordinadas por meio da liderança, comunicação e motivação.

ESTILOS DE DIREÇÃO

Um dos mais populares expoentes da teoria comportamental, Douglas McGregor publicou um livro clássico[3], no qual procura mostrar com simplicidade que cada administrador tende a possuir uma concepção própria a respeito da natureza das pessoas. Essa concepção molda o seu comportamento em relação aos subordinados. Para ele, existem duas maneiras diferentes e antagônicas de encarar a natureza humana. Uma delas é velha e negativa, baseada na desconfiança nas pessoas. A outra é moderna e positiva, baseada na confiança nas pessoas. McGregor denominou-as respectivamente de Teoria X e Teoria Y. As pressuposições de cada uma delas estão na Figura 13.2.

Teoria X

O administrador que pensa e age de acordo com a Teoria X tende a dirigir e controlar os subor-

Pressuposições da Teoria X	Pressuposições da Teoria Y
• Detestam o trabalho e procuram evitá-lo sempre • São preguiçosas e indolentes • Não têm ambição ou vontade própria • Evitam a responsabilidade • Resistem às mudanças • Preferem sentir-se seguras na rotina • Preferem ser dirigidas a dirigir	• Gostam de trabalhar e sentem satisfação em suas atividades • São aplicadas e têm iniciativa • São capazes de manter o autocontrole • Aceitam responsabilidade • São imaginativas e criativas • Aceitam desafios • São capazes de manter a autodireção

Figura 13.2. As pressuposições da Teoria X e da Teoria Y, segundo McGregor.

dinados de maneira rígida e intensiva, fiscalizando seu trabalho, pois acha que as pessoas são passivas, indolentes, relutantes e sem qualquer iniciativa pessoal. Nesse estilo de direção, o administrador acha que não se deve confiar nas pessoas, porque elas não têm ambição e evitam a responsabilidade. Não delega responsabilidades porque acha que elas são dependentes e preguiçosas e preferem ser dirigidas. Com todas essas restrições, o administrador cria um ambiente autocrático de trabalho, uma atitude de desconfiança, vigilância e de controle coercitivo que não estimula ninguém a trabalhar. Pessoas tratadas dessa maneira tendem naturalmente a responder com falta de interesse e de estímulo, alienação, desencorajamento, pouco esforço pessoal e baixa produtividade, situação que vai reforçar o ponto de vista do administrador, fazendo-o aumentar ainda mais a pressão, a vigilância e a fiscalização. A ação constrangedora do administrador provoca reação acomodativa das pessoas. Quanto mais ele coage e impõe, tanto mais os funcionários tendem a se alienar em relação ao trabalho.

Teoria Y

Por outro lado, o administrador que pensa e age de acordo com a Teoria Y tende a dirigir as pessoas com maior participação, liberdade e responsabilidade no trabalho, pois acha que elas são aplicadas, gostam de trabalhar e têm iniciativa própria. Tende a delegar e ouvir opiniões, pois acha que as pessoas são criativas e engenhosas. Compartilha com elas os desafios do trabalho, porque acha que elas são capazes de assumir responsabilidades, com autocontrole e autodireção no seu comportamento. Esse estilo de administrar tende a criar um ambiente aberto e democrático de trabalho e oportunidades para que as pessoas possam satisfazer suas necessidades pessoais mais elevadas a partir do alcance dos objetivos organizacionais. Pessoas tratadas com respeito, confiança e participação tendem a responder com iniciativa, prazer em trabalhar, dedicação, envolvimento pessoal, entusiasmo e elevada produtividade em seu trabalho. A ação impulsionadora do administrador provoca uma reação empreendedora das pessoas, ou seja, quando mais o administrador impulsiona, mais os seus subordinados tendem a tomar iniciativa e responsabilidade no trabalho.

Onde se situar? Qual o estilo de direção a adotar? Essa questão é simples. Em um modelo burocrático, provavelmente a Teoria X seria a mais indicada como estilo de direção, para submeter rigidamente todas as pessoas às regras e regula-

Administração pela Teoria X	Administração pela Teoria Y
• Vigilância e fiscalização das pessoas • Desconfiança nas pessoas • Imposição de regras e regulamentos • Descrédito nas pessoas • Centralização das decisões na cúpula • Atividade rotineira para as pessoas • Autocracia e comando • Pessoas como recursos produtivos	• Autocontrole e autodireção • Confiança nas pessoas • Liberdade e autonomia • Delegação de responsabilidades • Descentralização das decisões na base • Atividade criativa para as pessoas • Democracia e participação • Pessoas como parceiros da organização

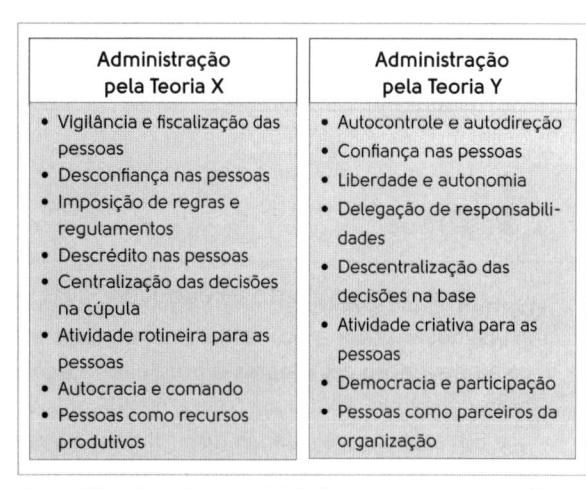

Figura 13.3. Os estilos administrativos segundo a Teoria X e a Teoria Y.

mentos vigentes. Contudo, na medida em que se adota um modelo adaptativo, a Teoria Y torna-se imprescindível para o sucesso organizacional. Contudo, independentemente do modelo organizacional, o mundo moderno está abandonando a Teoria X e trocando-a definitivamente pela Teoria Y.

Aspectos	Teoria X	Teoria Y
Planejamento	• O chefe fixa objetivos e metas para os subordinados • Não há participação dos subordinados na fixação dos objetivos ou dos planos • Poucas alternativas são exploradas • Baixo comprometimento quanto aos objetivos e planos	• O líder e os subordinados negociam e fixam objetivos em conjunto • Há forte participação dos subordinados na fixação de objetivos e planos • Muitas alternativas são exploradas • Há forte comprometimento com objetivos e planos
Direção	• Liderança autocrática, baseada apenas na autoridade do chefe • As pessoas seguem ordens e comandos, existindo forte resistência e desconfiança das pessoas • As comunicações são de uma só via, do topo para a base, com pouca retroação • A informação é muito limitada	• Liderança participativa e espírito de equipe baseado na competência • As pessoas buscam responsabilidade, sentem-se comprometidas com o bom desempenho • As comunicações são de duas vias, com forte esquema de retroação • A informação necessária flui livremente
Controle	• O chefe atua como um juiz • Há baixa confiança na avaliação do desempenho • Focalização no passado, com ênfase na busca de faltas e defeitos	• O líder atua como um impulsionador • Alta confiança na avaliação do desempenho • As pessoas aprendem com o passado, mas focalizam o futuro. O impulso do bom desempenho enfatiza a solução de problemas

Figura 13.4. A administração segundo as Teorias X e Y[4].

Voltando ao caso introdutório: Infotec Eletrônica

Alexandre Morais, o presidente da Infotec Eletrônica, quer dar um novo rumo à sua empresa para proporcionar-lhe maior competitividade no mercado da eletrônica. Para tanto, quer começar pelo seu próprio comportamento. Explicando melhor: quer avaliar seu próprio estilo de dirigir o negócio. Ao identificar o seu costumeiro estilo de direção, Alexandre percebeu suas características autocráticas e autoritárias, centralização das decisões, desconfiança no trabalho das pessoas, temor de delegar e pouco contato com os subordinados. Percebeu que estava agindo muito próximo da teoria X. Somente agora Alexandre percebeu o seu atraso pessoal. Se você estivesse no lugar de Alexandre, o que faria?

Dicas

O que se espera do executivo[5]

As mudanças que ocorrem no mercado de executivos são um forte indicador de que tem sido rápida a adequação das empresas brasileiras à economia globalizada. Em uma pesquisa da Coopers & Lybrand — feita entre 800 executivos de 200 grandes e médias empresas nacionais e multinacionais — sobre 38 fatores de avaliação de profissionais para cargos de direção, para saber quais os 15 fatores prioritários para uma contratação. Sobressaíram as seguintes características que correspondem à maioria das respostas:

Características:

- Capacidade de realização e de assumir riscos
- Ética e integridade
- Visão do futuro, capacidade de planejamento
- Orientação para processos, pessoas e resultados
- Habilidade em negociações e flexibilidade para mudança
- Espírito inovador e criatividade
- Boa liderança
- Boa educação universitária
- Energia e dinamismo
- Comprometimento com a organização
- Boa comunicação e articulação; assertividade
- Habilidade para solucionar problemas
- Boa "química" com superiores/pares/subordinados
- Conhecimento de idiomas
- Autenticidade/transparência

O espírito empreendedor e a ética/integridade são os dois fatores principais. As empresas estão preocupadas com procedimentos éticos em relação aos clientes e funcionários. Querem lideranças autênticas e não pessoas que falam uma coisa e fazem outra diferente. Outro tópico que mereceu destaque é a visão de futuro e a capacidade de planejamento. No geral, os resultados da pesquisa batem com pesquisas similares feitas em outros países.

SISTEMAS ADMINISTRATIVOS

Na verdade, a Teoria X e a Teoria Y constituem os dois extremos de um *continuum* de alternativas para lidar com as pessoas dentro das organizações. Dentro desse filão, Likert, outro expoente da teoria comportamental, fez uma pesquisa, levando em conta algumas variáveis comportamentais importantes – entre elas, o processo decisório, os sistemas de comunicação, o relacionamento interpessoal dos membros e os sistemas de punições e recompensas adotados pelas organizações[6,7].

1. **Processo decisório:** o administrador pode centralizar totalmente em suas mãos todas as decisões dentro da organização (centralização) ou pode descentralizar as decisões de maneira conjunta e participativa com as pessoas envolvidas (descentralização). Ele pode adotar uma supervisão direta, rígida e fechada sobre as pessoas (estilo autocrático) até uma supervisão genérica, aberta, democrática e orientadora que permite ampla autodireção e autocontrole por parte das pessoas (estilo democrático).
2. **Sistemas de comunicação:** o administrador pode adotar fluxos descendentes de ordens e instruções e fluxos ascendentes de relatórios para informação (comunicação vertical e rígida) ou pode adotar sistemas de informação desenhados para proporcionar acesso a todos os dados necessários para o desempenho (comunicação vertical e horizontal intensa e aberta).
3. **Relacionamento interpessoal:** o administrador pode adotar cargos com tarefas segmentadas e especializadas (cargos especializados, individualizados e confinados em que as pessoas não podem se comunicar entre si) ou pode adotar desenhos de cargos que permitam o trabalho em grupo ou em equipe em operações autogerenciadas e autoavaliadas (cargos enriquecidos e abertos).
4. **Sistemas de punições e recompensas:** o administrador pode adotar um esquema de punições que obtenha a obediência pela imposição de castigos e medidas disciplinares (ênfase nas punições e no medo) ou pode adotar um esquema de recompensas materiais e simbólicas para obter a aceitação, a motivação positiva e o comprometimento das pessoas (ênfase nas recompensas e no estímulo).

Likert chegou à conclusão de que essas variáveis comportamentais escolhidas para sua pesquisa variam e se comportam como *continua*, como na Figura 13.5.

Em função dessa continuidade, Likert chegou à conclusão de que existem quatro sistemas administrativos.

1. **Sistema 1 – Autoritário-coercitivo:** no extremo esquerdo do *continuum*, o sistema 1 constitui o sistema mais fechado, duro e arbitrário de administrar uma organização. É totalmente coercitivo e coativo, impondo regras e regulamentos e exige rígida e cega obediência. As decisões são monopolizadas na cúpula da organização. Impede a liberdade, nega informação, restringe o indivíduo e faz com ele trabalhe isoladamente dos demais. Há forte desconfiança em relação às pessoas e impede-se qualquer contato interpessoal. Para incentivar as pessoas a trabalharem, utiliza punições e castigos – a motivação negativa – para proporcionar intimidação e medo e reforçar a obediência cega.

2. **Sistema 2 – Autoritário-benevolente:** é também um sistema autoritário, mas benevolente e menos coercitivo e fechado que o anterior. Permite alguma delegação das decisões para os níveis mais baixos desde que essas decisões sejam repetitivas e operacionais e sujeitas à confirmação da cúpula. As restrições à liberdade são menores do que no sistema 1, pois oferece alguma informação, já que o fluxo vertical de informações traz ordens e comandos de cima para baixo e informações de baixo para cima a fim de abastecer o processo decisório. Existe, ainda, uma grande desconfiança por parte da empresa em relação às pessoas, mas permite-se algum relacionamento entre elas, como certa condescendência da organização. O sistema utiliza punições e castigos, mas já se preocupa com recompensas, que são estritamente materiais e salariais, frias e calculistas.

3. **Sistema 3 – Consultivo:** sistema mais aberto que os anteriores. Deixa de ser autocrático e impositivo para dar alguma margem de contribuição das pessoas. Daí, a sua denominação de sistema consultivo. Proporciona descentralização e delegação das decisões, permitindo que as pessoas possam envolver-se no processo decisório da organização. O sistema se apoia em boa dose de confiança nas pessoas, permitindo que elas trabalhem ocasionalmente em grupos ou em equipes. As comunicações são

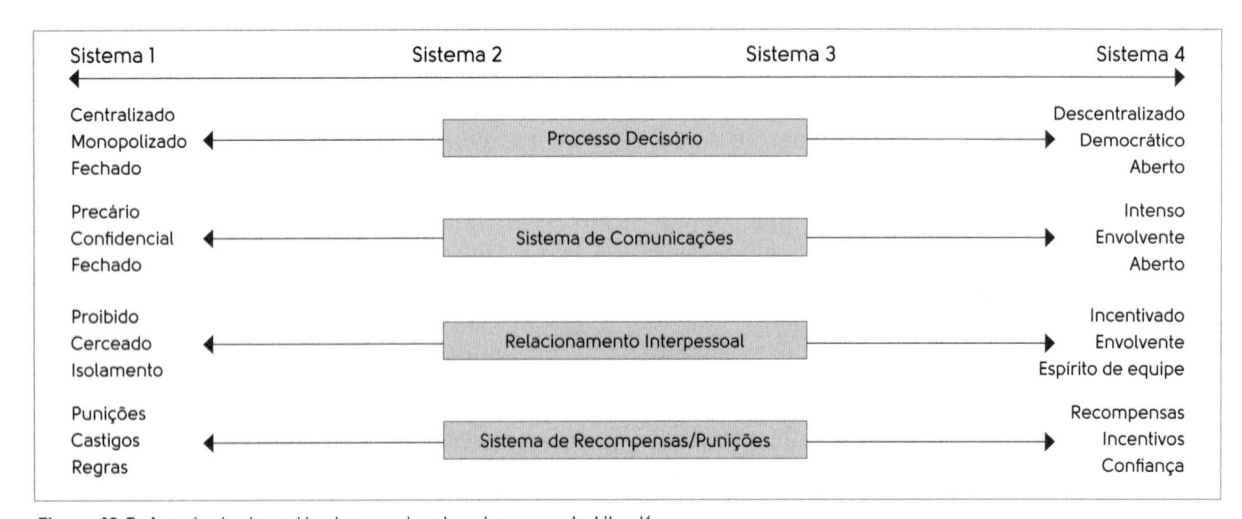

Figura 13.5. As principais variáveis organizacionais, segundo Likert[6].

intensas e o seu fluxo é vertical – acentuadamente ascendente e descendente – com algumas repercussões laterais ou horizontais. O sistema utiliza mais recompensas – que são materiais e ocasionalmente sociais – e relativamente poucas punições.
4. Sistema 4 – Participativo: no extremo direito do *continuum* está o sistema 4, que constitui o sistema mais aberto e democrático de todos. É denominado sistema participativo, pois incentiva total descentralização e delegação das decisões aos níveis mais baixos da organização, exigindo apenas um controle dos resultados por parte da cúpula. As decisões passam a ser tomadas diretamente pelos executores das tarefas. O sistema se apoia em total confiança nas pessoas e no seu empoderamento (*empowerment*), incentivando a responsabilidade e o trabalho conjunto em equipe. As comunicações constituem o núcleo de integração do sistema e seu fluxo é tanto vertical quanto horizontal, para proporcionar envolvimento total das pessoas no negócio da organização. O sistema utiliza amplamente as recompensas salariais como parte do seu esquema de remuneração variável pelo alcance de metas e resultados, bem como recompensas sociais ou simbólicas. As punições são raras e, quando acontecem, são decididas e administradas pelas equipes ou grupos de trabalho.

Sistema 1 Autoritário-Coercitivo	Sistema 2 Autoritário-Benevolente	Sistema 3 Consultivo	Sistema 4 Participativo
• Total centralização das decisões. • Imposição, coerção, intimidação. • Nenhuma informação, somente ordens e comandos. • Nenhuma liberdade, muitas regras e regulamentos. • Punições e ações disciplinares, obediência rígida.	• Alguma centralização das decisões. • Alguma imposição de regras e regulamentos. • Pouca informação, ordens, comandos e alguma orientação. • Alguma liberdade, desconfiança e condescendência. • Punições menos arbitrárias, recompensas salariais.	• Descentralização e delegação das decisões. • Consulta aos níveis inferiores, com certa delegação. • Fluxo de informação vertical (ascendente e descendente). • Confiança nas pessoas. Algum trabalho em equipe. • Ênfase nas recompensas salariais, raras punições ou castigos.	• Total descentralização das decisões. • Participação, consenso e debate. • Intensa informação e comunicação, troca de ideias e sugestões. • Total liberdade e autonomia das pessoas. Poucas regras e restrições. • Ênfase nas recompensas salariais, sociais e simbólicas.

Figura 13.6. Como você gostaria de administrar uma empresa?

Mas, o que determina o estilo de administração a ser desenvolvido pelo administrador? Geralmente é a consistência entre meios e fins. E aqui reside um dos principais aspectos da teoria administrativa. Essa consistência depende de conceitos e teorias a respeito da natureza das pessoas e como elas se comportam nas organizações e como os administradores devem se comportar nesse conjunto.

Os sistemas administrativos de Likert constituem uma notável contribuição da escola comportamental para a avaliação do grau de abertura e democratização das organizações. Aquelas bem-sucedidas estão migrando, decidida e rapidamente, para o lado direito do *continuum* – Sistema 4 – e adotando posturas altamente participativas e democráticas com relação às pessoas que nelas trabalham.

Voltando ao caso introdutório: Infotec Eletrônica

Ao avaliar os estilos de direção adotados nas diversas áreas da sua empresa, Alexandre começou a ficar mais preocupado. Na área da fábrica da Infotec Eletrônica ainda prevalece o sistema 1, autoritário e coercitivo, ao qual os operários ainda se submetem mansamente. No escritório da empresa, onde trabalha o pessoal mensalista, prevalece o sistema 2, autoritário-benevolente. Somente o pessoal de vendas goza de certas regalias especiais e trabalha dentro de um sistema 3, tipicamente consultivo e apenas na área de tecnologia é adotado o sistema 4. Alexandre pretende mover lentamente todos os ponteiros para o sistema 4, a fim de assegurar plena participação e envolvimento de todo o pessoal, seja na fábrica, no escritório ou na área de vendas. Para tanto, precisa não somente preparar e capacitar os diretores e gerentes, mas principalmente, conscientizar todos os funcionários para os novos tempos e prepará-los para assumir um novo tipo de comportamento que se caracterizasse em sua participação nas decisões principais da empresa. Se você estivesse no lugar de Alexandre, o que faria?

Administração de hoje

A capacidade de influenciar

Kejan J. Patel[8] nos dá alguns conselhos a respeito da capacidade do administrador de influenciar pessoas. Explica que a influência tem a ver com a intervenção sob várias formas, como a pessoal, econômica, social e política. O administrador não pode ser passivo. Ele precisa influenciar a situação e o próprio ambiente. Tal influência deve estar baseada no seu ponto de vista ou na sua posição na organização de maneira que seja adequada e relevante para ser aceita sem contestação. O administrador deve ter objetivos pela frente e ser um investidor ativo na influenciação, um empreendedor capaz de gerar transformações e inovações por meio de sua conduta com os subordinados.

Nesse sentido, a influência pode caminhar do sutil ao grosseiro, do intangível ao vigoroso, do indireto ao direto, do contínuo ao intermitente. Alega Patel que a maior parte das pessoas possui um padrão habitual para seu comportamento sujeito a influências. Tais hábitos permitem que os outros exerçam influências e mudanças sobre elas. O administrador consegue alcançar resultados pelo envolvimento dos subordinados. Afinal, o administrador não executa, mas alcança resultados por intermédio de sua equipe de subordinados. A incapacidade de influenciar os resultados deriva da incapacidade de se envolver. Para tanto, precisa alcançar certo grau de controle sobre eles. Assim, poder, propósito e princípio são fundamentais para o sucesso do administrador. Ele deve ser mestre da estratégia no sentido de focar objetivos e traçar a melhor maneira de alcançar resultados com sua equipe. Para tanto, comunicação, negociação, liderança e motivação são indispensáveis.

PAPEL DA DIREÇÃO

Para a Teoria Comportamental, o papel do administrador é promover a integração e articulação entre as variáveis organizacionais e as variáveis humanas, focalizando o ambiente e, mais especificamente o cliente. De um lado, as variáveis organizacionais – como missão, objetivos, estrutura, cultura, tecnologia, tarefas, etc. – e de outro, as variáveis humanas – como habilidades, conhecimentos, competências, atitudes, valores, necessidades individuais, etc. – que devem ser devidamente articuladas e balanceadas[9]. Planejar, organizar, controlar e, principalmente, dirigir servem especificamente para proporcionar essa integração e

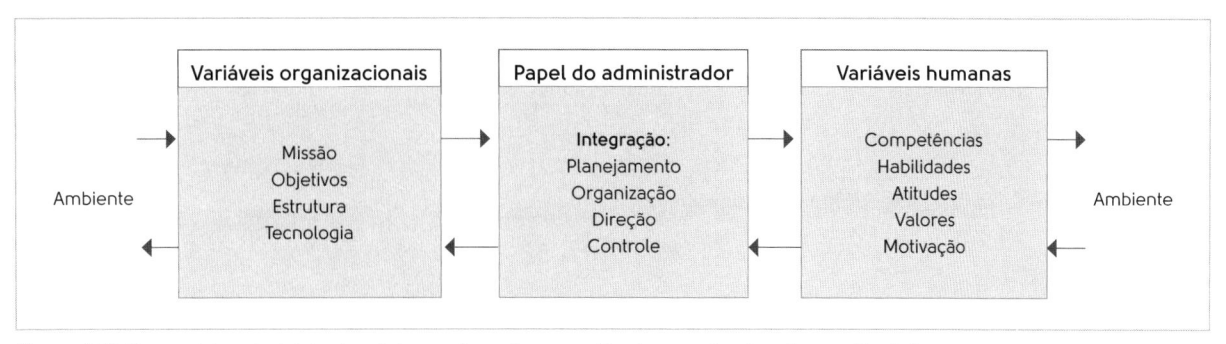

Figura 13.7. O papel do administrador: integração entre as variáveis organizacionais e variáveis humanas.

articulação. É isso que promove sinergia e multiplicação de esforços.

Para alcançar uma adequada integração e articulação entre as variáveis organizacionais e as humanas, o administrador utiliza vários mecanismos, como as variáveis comportamentais estudadas por Likert: o processo decisório, os sistemas de comunicação, o relacionamento interpessoal dos membros e o sistema de punições e recompensas.

Figura 13.8. Os mecanismos de integração utilizados pelo administrador.

Por meio desses mecanismos de integração, o papel do administrador se estende por uma ampla variedade de alternativas, que vão desde o sistema 1 até o sistema 4 de Likert. O administrador exerce direção, toma decisões e lidera, influencia e motiva as pessoas. Ele comunica e estrutura as organizações e desenha cargos e tarefas que repercutem no relacionamento interpessoal dos membros. Ele incentiva as pessoas sob diferentes aspectos. Em cada uma dessas áreas, o papel do administrador pode variar entre comportamentos ou abordagens alternativos, de acordo com a Figura 13.9.

O sistema 4 tem se revelado como o melhor meio de incrementar e impulsionar as habilidades, competências, atitudes, valores e necessidades das pessoas em direção aos objetivos organizacionais.

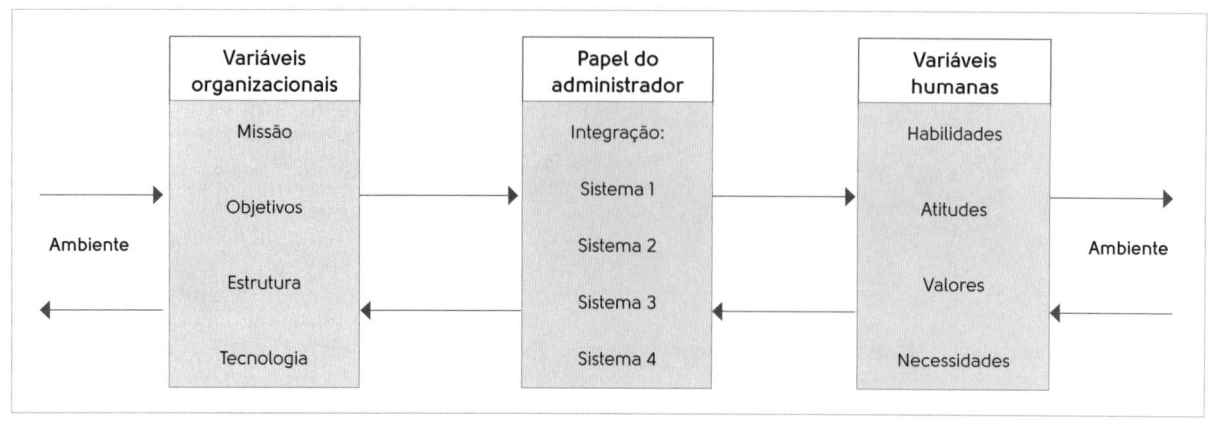

Figura 13.9. Qual a alternativa a escolher?

> ### Voltando ao caso introdutório: Infotec Eletrônica
>
> Para Alexandre, a Infotec Eletrônica somente se tornaria competitiva no mercado quando alcançasse uma dinâmica organizacional que proporcionasse sinergia de esforços. Essa sinergia reduziria custos e alavancaria resultados, melhoraria a qualidade e aumentaria a produtividade da organização, condições básicas de sobrevivência da empresa em um mercado altamente competitivo. Tratava-se de aglutinar as pessoas, incentivar a cooperação, incrementar a responsabilidade pelos resultados, transformar as pessoas em empreendedores e parceiros da organização. O papel do presidente, dos diretores e gerentes passaria a ser o de integradores e impulsionadores e não mais de controladores e centralizadores. Em vez de órgãos, Alexandre pensa em criar equipes dentro da organização. Como você poderia ajudar Alexandre?

DIREÇÃO E PESSOAS

As mais recentes abordagens administrativas enfatizam que são as pessoas que fazem a diferença nas organizações. Em outras palavras, em um mundo onde a informação é rapidamente disponibilizada e compartilhada pelas organizações, sobressaem aquelas que são capazes de transformá-la rapidamente em oportunidades em termos de novos produtos e serviços antes que outras organizações o façam. E isso somente pode ser conseguido não com a tecnologia simplesmente, mas com as pessoas que sabem utilizá-la adequadamente. Assim, são as pessoas – e não apenas a tecnologia – que fazem a diferença. A tecnologia pode ser adquirida por qualquer organização com relativa facilidade nos balcões do mercado. Bons funcionários requerem um investimento muito mais longo em termos de capacitação quanto a habilidades e conhecimentos e, sobretudo, de competências, confiança e comprometimento pessoal.

O Exemplo Japonês

Essa nova e diferente ênfase nas pessoas surgiu com a forte competição japonesa no mundo ocidental e com o exemplo dado pela administração das empresas japonesas. Tornou-se evidente a ligação entre o sucesso nos negócios e as práticas administrativas adotadas com seus funcionários: uma relação duradoura baseada na lealdade da organização quanto às necessidades do empregado como indivíduo e a lealdade individual aos objetivos da organização. O primeiro aspecto que sobressaiu foi o emprego vitalício, isto é, a organização e o indivíduo esperam crescer juntos com o tempo. O segundo aspecto foi a rotação dos gestores em diversos cargos e o avanço na carreira por meio do perfeito conhecimento da organização como um todo. O terceiro é a informação compartilhada, ou seja, as organizações japonesas divulgam a informação em todos os níveis e inclui informação sobre o desempenho dos objetivos e sobre atividades e problemas produzindo uma verdadeira rede interna de comunicação. O quarto é a tomada de decisão coletiva, pela qual os gerentes e seus grupos são conjuntamente responsáveis pelos resultados, o que cria um sentimento de grupo e solidariedade nas ações. O quinto aspecto é a ênfase na qualidade com a melhoria contínua – a filosofia do *kaizen* –, em que cada pessoa é responsável pela qualidade e pela solução dos problemas de produtividade no seu trabalho[10].

Ouchi deu o nome de Teoria Z para descrever o esquema de administração adotado pelos japoneses, cujos princípios mais importantes são[11]:

1. Filosofia de emprego de longo prazo.
2. Poucas promoções verticais e movimentos horizontais em cargos laterais.
3. Ênfase no planejamento e desenvolvimento da carreira.
4. Participação e consenso na tomada de decisões.
5. Envolvimento dos funcionários.

É certo que todos esses princípios são válidos para o Japão e sua peculiar cultura oriental e tradições milenares e estão passando por fortes mudanças naquele país. E nem todos eles podem ser simplesmente transplantados para um país como o nosso, com hábitos e costumes totalmente diferentes. Contudo, alguns aspectos mostram que confiança, consenso e envolvimento das pessoas no negócio são fatores inequívocos de sucesso organizacional. Em qualquer lugar do mundo. E é bom não perdê-los de vista.

Avaliação crítica: Características da administração japonesa

1. Emprego vitalício: empresa e empregados crescem juntos.
2. Carreira por meio de rotação ao longo da organização para conhecê-la melhor.
3. Informação compartilhada e muita retroação e retroinformação.
4. Tomada de decisão coletiva e responsabilidade solidária pelos resultados.
5. *Kaizen*: ênfase na qualidade por meio da melhoria contínua, ou seja, cada pessoa é responsável pela qualidade e pela solução dos problemas no seu trabalho.

Caso de apoio: Receita para varar séculos[12]

James Collins e Jerry Porras escreveram um livro[13] onde fazem a seguinte sugestão: se você perdeu horas devorando livros de administração que exaltam líderes carismáticos, aquelas figuras míticas cuja missão é construir – ou reerguer – grandes negócios, pare e comece a pensar. A tese que os autores defendem é que as empresas mais admiradas pelos executivos americanos prosperaram durante décadas e provavelmente continuarão a ter sucesso por muitos anos, por um simples motivo: elas criaram uma ideologia central e se agarraram a ela de forma quase messiânica. Mais: colocaram essa ideologia acima dos lucros e dos egos e conseguiram fazer com que cada um de seus funcionários encarasse as crenças e os princípios da corporação com uma devoção religiosa. O livro pode ser encarado como um curso intensivo sobre história de algumas organizações fascinantes do século 20, tentando explicar os porquês do sucesso e reconstruindo a trajetória de empresas como Motorola, Walmart, Hewlett-Packard e General Electric.

Os líderes de empresas visionárias, dizem os autores, nunca perdem noites de sono em busca de soluções geniais para os seus negócios. Preferem dar oportunidades para que a corporação respire e sobreviva por conta própria. Uma prova? Quem já ouvir falar num senhor chamado William McKnight? Pois esse senhor presidiu e dirigiu a 3M durante 52 anos consecutivos. Foi de sua cabeça que brotaram os mandamentos que até hoje são reverenciados na companhia. Personalidades quase desconhecidas como McKnight fizeram com que companhias como American Express e Merck se tornassem negócios acima da média. Mas o leitor pode perguntar se Walt Disney da Disney, Sam Walton da Walmart, e Akio Morita da Sony, que moldaram negócios espetaculares, não foram líderes carismáticos. A resposta é sim. Eles realmente foram líderes carismáticos. Mas com uma diferença: conseguiram colocar o seu entusiasmo pessoal nos genes da corporação. O legado de líderes passados ajuda a explicar parte do atual sucesso de executivos, como Michael Eisner, da Disney, ou Jack Welch, da General Motors.

Collins e Porras colocam a necessidade de um líder carismático na berlinda. O que levou a 3M a sair-se melhor do que sua concorrente, a Norton? Ou porque a Procter & Gamble teve melhores resultados no longo prazo que a Colgate? A resposta é uma só: a cultura dessas empresas. Vale mais um pessoal extremamente motivado na base do que um único gênio na ponta de cima da organização. Essas companhias mostraram uma coragem incrível para inovar adotando frequentemente metas audaciosas. Cultura organizacional e arrojo.

De 1926 a 1990, as ações das companhias consideradas visionárias cresceram quinze vezes mais do que a média do mercado. Planos estratégicos bem feitos? Outro mito que também cai. A velha tática da tentativa e erro foi o caminho trilhado por todas elas, com um monte de vexames no itinerário. A 3M nasceu em 1902, com a exploração de uma mina no estado de Minnesota e quase foi à falência logo depois. A Sony começou com a fabricação de panelas elétricas. Fracassou. O rádio de bolso – o primeiro sucesso da empresa – só foi lançado em 1955, dez anos após a fundação. Não bastam apenas ideais: é preciso muita persistência. E ai está o trabalho do líder.

Administração de hoje

Mulher ocupa 10% dos cargos de direção nos EUA[14]

Uma pesquisa feita pelo Catalyst, um grupo sem fins lucrativos que pesquisa assuntos relacionados aos interesses femininos, com matriz em Nova York, mostra que o número de cargos de diretoria ocupados por mulheres nas maiores 500 empresas dos Estados Unidos aumentou para 10,6% em 1997. Isso traduz uma nova realidade no meio empresarial norte-americano, a ponto de já existirem grandes empresas nas quais o número de diretoras é igual ou até mesmo maior ao de diretores.

Segundo o Catalyst, das 500 maiores companhias na lista da *Fortune*, 84% têm uma mulher no conselho diretor, em comparação aos 69% em 1993. Cerca de 181 empresas – 36% das 500 da *Fortune* – têm duas ou mais diretoras. Dessas, 31 companhias têm três ou mais. 81 companhias – 16% da lista da Fortune – não têm mulheres nos conselhos diretores. Os setores que têm o maior porcentual de mulheres em conselhos diretores são os de cosméticos, poupança, editorial e de brinquedos. Os setores com o menor porcentual são os de aviação comercial, *software*, valores mobiliários, serviços alimentares, engenharia e construção.

Conceito de Grupo Social

No passado, prevaleceu por longas décadas a noção de que os indivíduos constituíam o elemento básico na construção dos blocos e da dinâmica organizacionais. O tempo, a experiência e os resultados serviram para descartar essa noção míope e errônea e as organizações mais avançadas passaram a redesenhar os seus processos organizacionais construídos sobre e ao redor de indivíduos para remodelá-los inteiramente ao nível de grupos de trabalho. Um grande número de organizações está caminhando rápida e definitivamente nessa direção: a ideia é sair do nível do átomo ou da molécula e passar a selecionar grupos – e não mais indivíduos – treinar grupos, remunerar grupos, promover grupos, liderar grupos, motivar grupos, e uma enorme extensão de atividades organizacionais no sentido de utilizar não mais as pessoas de maneira confinada e isolada, mas grupos de trabalho atuando coesa e conjuntamente. Chegou, portanto, a hora de levar os grupos a sério.

Um grupo pode ser definido como um conjunto de dois ou mais indivíduos, que estabelecem contatos pessoais, significativos e propositais, uns com os outros, em uma base de continuidade, para alcançar um ou mais objetivos comuns. Nesse sentido, um grupo é muito mais do que um simples conjunto de pessoas, pois seus membros se consideram mutuamente dependentes para alcançar os objetivos e interagem uns com os outros regularmente para o alcance desses objetivos no decorrer do tempo. Todas as pessoas pertencem a vários grupos, dentro e fora de organizações. Por outro lado, os administradores estão participando e liderando as atividades de muitos e diferentes grupos em suas organizações.

Existem grupos formais, temporários e informais.

1. Grupo formal: oficialmente designado para atender a um específico propósito dentro de uma organização. Algumas unidades de grupo são permanentes e até podem aparecer nos organogramas de muitas organizações na figura de departamentos (como os de pesquisa de mercado), divisões (como as de produtos de consumo), ou de equipes (como as de montagem de produtos). Um grupo permanente pode variar de tamanho, indo desde um pequeno departamento ou uma equipe de poucas pessoas até grandes divisões com centenas de pessoas envolvidas. Em todos esses casos, os grupos formais compartilham da característica comum de serem criados oficialmente para desempenhar certas tarefas em uma base duradoura e continuam sua existência até que alguma decisão mude ou reconfigure a organização por alguma razão.

2. Grupos temporários: são criados para específicos propósitos e se dissolvem quando tal propósito é alcançado ou cumprido. Certos comitês ou forças-tarefa para resolver problemas específicos ou cumprir atribuições especiais são exemplos típicos de grupos temporários. O presidente de uma organização pode solicitar uma força-tarefa para estudar a viabilidade de adotar horário flexível para o pessoal de nível

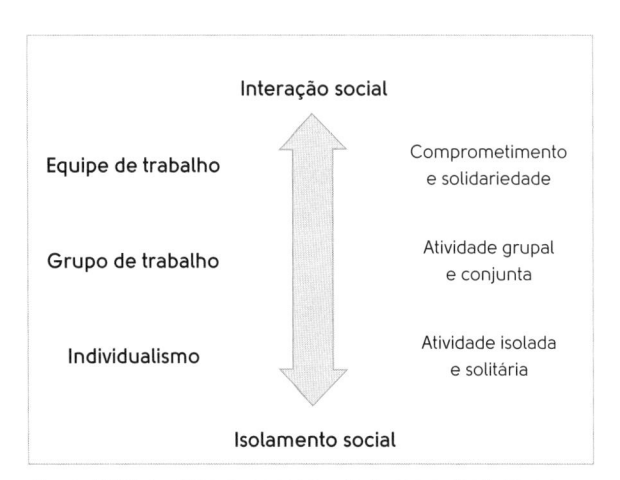

Figura 13.10. As diferenças entre o trabalho individualizado e o grupal.

gerencial da empresa. Alguns grupos temporários requerem apenas um líder ou orientador e não um gerente para alcançar bons resultados.

3. **Grupos informais:** por outro lado, muitas organizações utilizam grupos informais que emergem extraoficialmente e que não são reconhecidos como parte da estrutura formal da organização. São grupos amigáveis que se compõem de pessoas com afinidades naturais entre si e que trabalham juntas com mais facilidade. Os grupos de interesses são compostos de pessoas que compartilham interesses comuns e que podem ter interesses relacionados com o trabalho, como serviços comunitários, esportes ou religião.

Qualquer que seja o tipo de grupo de trabalho é inegável a sua enorme utilidade para as organizações. Leavitt assegura que os administradores devem utilizar os grupos pelas seguintes razões[15]:

1. Os grupos fazem bem às pessoas, pois transformam o trabalho em uma atividade social e agradável.
2. Os grupos satisfazem importantes necessidades sociais e de estima das pessoas.
3. Os grupos permitem uma identidade aos seus membros e oferecem suporte social especialmente em situações de crise ou de pressão.
4. Os grupos estimulam a criatividade e a inovação dos seus membros por meio da troca de ideias e de conhecimentos.
5. Os grupos podem tomar melhores decisões do que os indivíduos isoladamente.
6. Os grupos podem acelerar a implementação coordenada de decisões.
7. Os grupos ajudam a neutralizar o lado negativo (como rigidez, impessoalidade, rotina, frieza, distância social, etc.) dos efeitos das organizações de grande porte e de caráter burocrático.
8. Os grupos constituem um importante fenômeno organizacional para passar despercebido e mal aproveitado pelos administradores.

Tanto as organizações quanto seus dirigentes têm muito a ganhar com a adequada utilização de grupos de trabalho. Eles permitem à organização alavancar o ganho de resultados no cumprimento de importantes tarefas, especialmente quando sob as seguintes condições:

1. **Os grupos são melhores quando não requerem nenhuma especialização individual:** quando não há nenhum caráter especializado para resolver uma situação problemática, os grupos tendem a tomar melhores julgamentos do que a média dos indivíduos agindo isoladamente.
2. **Os grupos são melhores para tarefas complexas que podem ser subdivididas:** quando a solução de problemas complexos pode ser manejada por meio de uma divisão do trabalho entre os membros e compartilhamento da informação, os grupos são mais bem-sucedidos do que o trabalho individual.
3. **Os grupos são melhores quando o risco é desejável:** por causa da sua forte tendência a tomar decisões mais extremas, os grupos podem muitas vezes ser mais criativos e inovadores em desempenhar certas tarefas do que os indivíduos isoladamente.

Além dos aspectos estruturais, existem aspectos funcionais que caracterizam os grupos, como[16]:

1. O grupo sabe por que existe e tem consciência de sua existência.
2. O grupo existe em um ambiente onde ele trabalha e pode ser acompanhado.
3. O grupo desenvolve guias ou procedimentos grupais para tomar as decisões.

4. O grupo permite condições nas quais cada membro pode fazer as suas contribuições.
5. O grupo proporciona melhor comunicação entre os membros.
6. Os membros aprendem a receber e a dar ajuda aos outros.
7. Os membros aprendem a enfrentar conflitos internos.
8. Os membros aprendem a diagnosticar seus processos e melhorar seu funcionamento.

Na medida em que o grupo se torna mais firme nessas características, tanto maior será sua maturidade e eficácia.

Um grupo de trabalho é o conjunto de dois ou mais indivíduos que interagem entre si para compartilhar informação. Isso propicia a tomada de decisões que ajudam cada membro a executar melhor as suas tarefas dentro de sua área de responsabilidade. O grupo não tem condições para se engajar em um trabalho coletivo que requeira esforço conjunto, pois o seu desempenho é meramente a soma das contribuições de cada membro individual. Não há sinergia positiva que possa gerar um nível extraordinário de desempenho que ultrapasse a soma das contribuições individuais.

Fatores que aumentam	Fatores que diminuem
• O grupo proporciona reconhecimento e *status* aos seus membros • Ataques vindos de fora • Avaliação favorável do grupo pelos estranhos • Atratividade pessoal entre os membros do grupo • Competição intergrupal • Oportunidade para interação	• Discordância sobre como resolver os problemas grupais • Experiências desagradáveis • Dificuldade do grupo em alcançar os objetivos fixados • Comportamento dominativo ou auto-orientado de alguns membros • Competição intragrupal • Dificuldade de interação

Figura 13.11. Fatores que afetam positiva e negativamente a coesão grupal[17].

Conceito de Equipe

A revista *Fortune* apareceu, há uns tempos, com uma curiosa pergunta estampada em sua primeira página: "Quem precisa de um chefe?". A resposta provavelmente poderia ser: "quem trabalha isoladamente e não o funcionário que trabalha em equipes autogerenciadas". Na realidade, os conceitos de grupo e de equipe representam hoje um dos aspectos mais importantes na melhoria da produtividade e da qualidade de vida das pessoas no trabalho. O fato é que aonde chega o limite máximo de um grupo ali começa o conceito de equipe. Quais são as reais diferenças entre grupos e equipes? Essas diferenças podem parecer tênues à primeira vista, mas marcam uma profunda distância entre esses conceitos.

A utilização do termo equipe está sendo cada vez mais crescente para referir-se a vários tipos de situações. No ambiente de trabalho, a equipe é um grupo de pessoas com habilidades complementares e que trabalham em conjunto para alcançar um propósito comum para o qual são responsáveis coletivamente. Uma equipe gera sinergia positiva por meio do esforço coordenado. Os esforços individuais são integrados para resultar em um nível de desempenho que é maior do que a soma de suas partes individuais.

Assim, o que difere uma equipe de um grupo de trabalho são basicamente cinco aspectos fundamentais:

1. Objetivo: enquanto o grupo partilha informações entre si, a equipe está voltada para o desempenho coletivo e integrado em busca do alcance do objetivo pretendido.
2. Integração: diferentemente dos grupos, que agem de maneira dispersiva, a equipe promove integração de esforços e de competências, proporcionando resultados acima da média.

3. **Responsabilidade:** enquanto o grupo se caracteriza pela responsabilidade individual e isolada, a equipe se caracteriza pela responsabilidade individual e mútua, coletiva e solidária entre os membros.
4. **Competências:** enquanto o grupo utiliza habilidades casuais, randômicas e variadas de seus membros, a equipe se caracteriza pela complementariedade das competências dos seus membros para a realização de uma tarefa comum, conjunta e integrada.
5. **Sinergia:** enquanto o grupo apresenta sinergia neutra e, muitas vezes, negativa, a equipe é capaz de desenvolver elevada sinergia positiva.

As equipes podem ser utilizadas segundo três critérios:

1. **Equipes que recomendam coisas:** forças-tarefa, comitês *ad hoc* ou equipes de projeto são equipes que estudam problemas específicos e recomendam soluções, muitas vezes, trabalhando como um esquema integrado para completar dados e dissolvendo-se logo após o propósito haver sido cumprido.
2. **Equipes que fazem coisas:** grupos (ou mesmo órgãos) funcionais, como departamentos de *marketing* e propaganda, são equipes que desempenham tarefas constantes ou permanentes para a organização e são, relativamente, estáveis e permanentes.
3. **Equipes que pesquisam e aceleram coisas:** como órgãos formais ou como grupos de gerentes, são equipes que formulam propósitos, objetivos, valores e direções estratégicas e ajudam as pessoas a implementá-los adequadamente.

Uma equipe de trabalho pode atingir alto nível de desempenho em termos de produtividade e qualidade, desde que seus membros sintam satisfação com suas tarefas, com os objetivos traçados e com o alcance desses objetivos, com as relações interpessoais com os demais e com a qua-

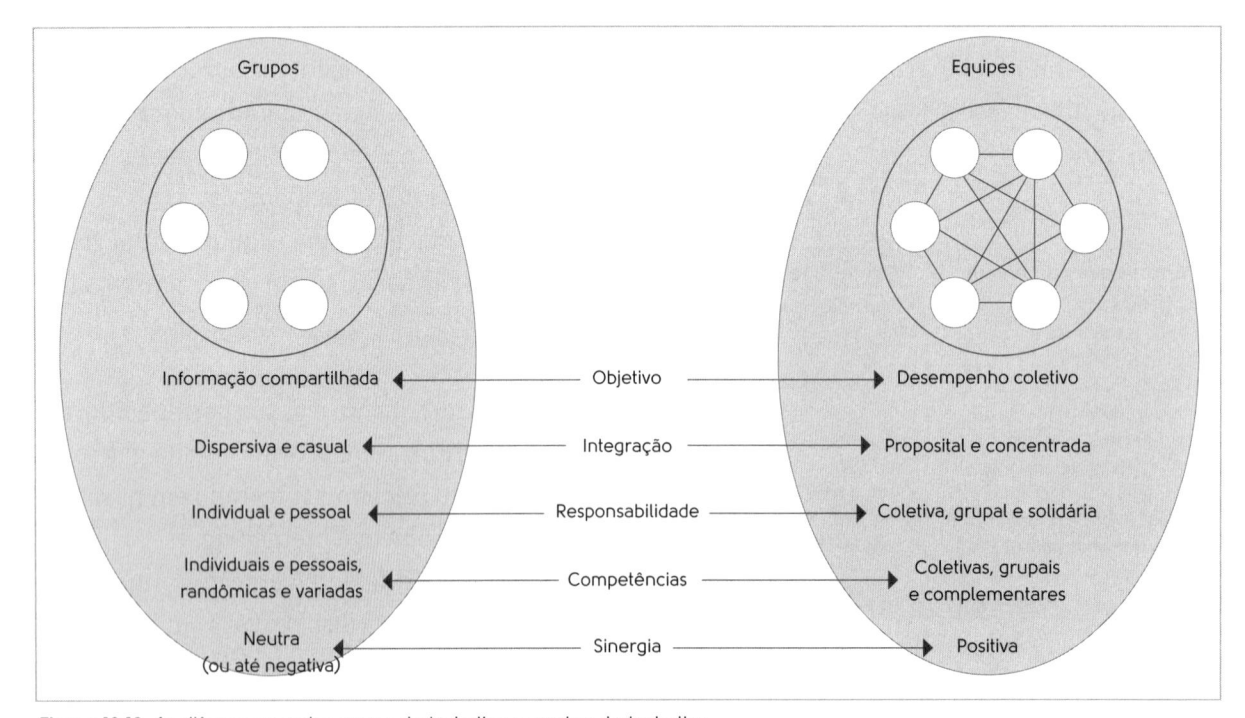

Figura 13.12. As diferenças entre grupo de trabalho e equipe de trabalho.

lidade de vida no trabalho. No fundo, a eficácia de uma equipe de trabalho depende, quase sempre, das seguintes condições:

1. Grau de lealdade dos membros entre si e com o líder da equipe.
2. Os membros e o líder têm confiança mútua e acreditam uns nos outros.
3. Os membros têm habilidade para ajudar os demais a desenvolver seu pleno potencial.
4. Os membros se comunicam plena e francamente sobre todos os assuntos.
5. Os membros estão seguros em tomar decisões apropriadas.
6. Os valores e necessidades de cada membro se coadunam com os valores e objetivos da equipe.
7. O elevado grau de espírito empreendedor e de responsabilidade coletiva pelos resultados e consequências.
8. A ação inovadora e o senso de inconformismo com o presente. Em outros termos, a vontade dos membros de aprender, de melhorar, de ultrapassar e de ser excelente.

E quem, dentro das empresas, é o responsável pela criação e desenvolvimento de equipes? Naturalmente, a resposta é: o administrador, qualquer que seja o seu nível ou sua área de atividade. O administrador é o responsável pela administração das pessoas dentro de cada organização. É ele quem deve escolher a sua equipe, desenhar o trabalho a ser realizado, preparar a equipe, liderá-la, motivá-la, avaliá-la e recompensá-la adequadamente. Assim, em qualquer área de atividade – seja na área de produção, finanças, *marketing*, recursos humanos, processamento de dados, etc. – o administrador é o responsável pela sua equipe de trabalho. Para poder dirigi-la e liderá-la e dela obter eficiência e eficácia, o administrador precisa selecionar, desenhar o trabalho, treinar, liderar, motivar, avaliar e remunerar seu pessoal. E lidar com pessoas é uma tarefa altamente complexa e desafiante. Mas, sobretudo, gratificante para quem souber fazê-lo de forma a enaltecer o trabalho e dignificar o ser humano.

Como diz o consultor dinamarquês Clauss Möller: coloque os empregados em primeiro lugar e eles, automaticamente, porão os consumidores em primeiro lugar. É pura questão de causa e efeito. Muitas organizações que pretendem encantar o cliente procuram, antes de mais nada, encantar seus funcionários. O resto fica por conta deles. E será benfeito.

Avaliação crítica: Cultura é tudo[18]

A cultura explica o sucesso e o fracasso dos programas de gestão participativa, terceirização, *downsizing*, *rightsizing*, reengenharia, qualidade total e tudo o mais. É intrigante observar que a aplicação desses conceitos de acordo com o ambiente pode variar do total desastre ao sucesso estrondoso. O processo de abertura da economia brasileira criou um forte movimento de otimização do desempenho das empresas.

Competitividade passou a ser a palavra-chave dentro do novo cenário empresarial, que valoriza a maior proximidade com o cliente e coloca a mudança como motocontínuo para as organizações inteligentes. Entender e participar desse jogo já não é mais suficiente. Melhor ainda é antecipar-se às tendências e ocupar o lugar certo na hora apropriada, oferecendo excelência em produtos ou serviços. É essa a demanda do consumidor exigente exposto a uma oferta cada vez mais diversificada e sofisticada.

Dada a necessidade de sobrevivência nesse ambiente quase desconhecido, muitas companhias passaram a aplicar uma ou mais dessas metodologias, não raro sem atentar para o fato de que é fundamental entender claramente o funcionamento da organização e também suas possíveis disfunções. A observação de dezenas de experiências recentes indica que a simples utilização desse instrumental, sem que se leve em conta o comportamento das pessoas que fazem funcionar as empresas, acaba não se sustentando.

É comum verificar a existência de projetos ambiciosos — como certos programas de qualidade total — que correm o risco de se tornar um conjunto de discursos retóricos, cartazes e folhetos com frases de efeito e resultados marginais. No fundo, a principal mudança consiste em mudar a personalidade da companhia. É necessário reconhecer as limitações da empresa, estabelecer com maior precisão possível a distância da realidade desejada e implantar um programa de informação aos colaboradores. Assegurada a renovação cultural e a motivação dos funcionários, então o terreno estará preparado para oferecer o mesmo padrão aos clientes externos e obter resultados tangíveis. Trata-se de um movimento de dentro para fora. No campo das ferramentas da administração não existem milagres nem soluções de curto prazo, mesmo porque, além da própria capacidade da empresa, o que vai determinar o sucesso de um empreendimento é o mercado.

Para posicionar-se adequadamente no ambiente competitivo, a empresa deve possuir uma noção muito clara de navegação estratégica. Isso significa, em primeiro lugar, acabar com os feudos funcionais e com a visão míope de obter resultados financeiros imediatos e no curto prazo. Atualmente, as empresas de vanguarda em matéria de administração privilegiam o trabalho em equipe e os tomadores de decisão são capazes de pensar estratégica e criativamente. O mundo está assistindo a uma verdadeira revolução tecnológica baseada no binômio informação-tecnologia, que pode ser comparada a uma nova Revolução Industrial. Estruturas flexíveis e tecnologia adequada aos estágios de desenvolvimento do negócio são elementos vitais para as empresas que pretendem ser bem-sucedidas neste universo marcado pela exacerbada competição.

Voltando ao caso introdutório: Infotec Eletrônica

Alexandre não é apenas um poeta. Ele é um visionário. A visão é um ingrediente essencial para a liderança eficaz. Visão significa um claro sentido do futuro e uma compreensão das ações necessárias para torná-lo bem-sucedido. O presidente da Infotec acha que, preparando o seu pessoal, desenvolvendo equipes autônomas e interdependentes e transmitindo-lhes a visão da companhia, as pessoas terão, pela frente, o caminho certo a percorrer. Você acha que Alexandre está no caminho certo? Explique.

Caso de apoio: O exemplo da Monsanto[19]

O mundo inteiro estava mudando. E a decisão de transformar a Monsanto — a gigantesca multinacional da área petroquímica e química — em uma companhia totalmente nova não foi tomada ao acaso. O presidente Richard J. Mahoney achava que a empresa não deveria apenas realizar algumas mudanças cosméticas e entrar na concorrência frente aos seus tradicionais rivais da indústria, as empresas petrolíferas e petroquímicas mais importantes. Embora fosse mais fácil polir do que refazer, a Monsanto decidiu refazer.

Em seus primeiros anos, a Monsanto era um grande fornecedor atacadista de produtos químicos para indústrias farmacêuticas e anexas. A empresa cresceu rapidamente na década de 1930 graças à invenção da tecnologia de polimerização e à disponibilidade de subprodutos refinados de petróleo a baixo custo. Com a Segunda Guerra Mundial, a Monsanto soube aproveitar duas oportunidades extremamente favoráveis: a eliminação dos poderosos concorrentes estrangeiros e a enorme demanda criada pelos esforços de reconstrução do pós-guerra. Assim, ela ingressou no negócio de plásticos, fibras de toda a gama de materiais sintéticos que substituíram vários produtos naturais — como sabão, madeira, papel, algodão e lã. Durante décadas, metade dos lucros veio das fibras. A Monsanto adquiriu uma empresa petrolífera para refinar o produto em materiais químicos básicos para transformá-los em produtos finais. O baixo preço do petróleo permitiu seu fortalecimento nas décadas de 1950 e 1960. E a empresa expandiu-se enormemente. No final dos anos 1960, a maior parte das companhias petrolíferas entrou na indústria química tradicional, adquirindo alta tecnologia que antes era dominada pela Monsanto. Na década de 1970, o perfil econômico da indústria de base — a coluna vertebral da Monsanto — estava completamente mudado. Além disso, surgiu a preocupação da sociedade por um mundo seguro e saudável e as políticas reguladoras voltadas para a proteção ecológica e ambiental.

Diante das perspectivas pouco atraentes para grande parte de seus negócios tradicionais, a direção da Monsanto concentrou-se no futuro da organização. O conceito tripartide da estratégia da empresa foi:

1. **Deixe de fazer o que não pode fazer bem**: a Monsanto decidiu abandonar os negócios relacionados com produtos químicos genéricos e não diferenciados nos quais sua posição competitiva era inadequada. Eram armadilhas estratégicas que não se coadunavam com sua estratégia de longo prazo.
2. **Melhore o que pode fazer bem**: a divisão de fibras passou a enfatizar produtos de náilon para tapetes e o acrílico Acrylan, ao mesmo tempo em que deixou o mercado de náilon de fibras acrílicas e fibras de poliéster. A partir daí, conseguiu excelente desempenho. Os negócios de plásticos se concentraram principalmente em ABS e em resinas de náilon.
3. **Comece algo novo para se renovar e crescer**: a Monsanto buscou produtos adequados para um crescimento acelerado, como especialidades químicas, instrumentos, filtros de purificação e de diagnóstico.

Além disso, teve início a definição de objetivos de longo prazo da nova Monsanto, levando em conta quatro grupos principais de interesses:

1. **Funcionários**: por meio de novas políticas com o pessoal.
2. **Comunidades**: onde a empresa opera através de programas comunitários.
3. **Clientes**: a partir da oferta de produtos excelentes.
4. **Acionistas**: com a oferta de bons dividendos.

Para redefinir a nova Monsanto, buscou-se uma visão estratégica unificadora, por meio de nove valores agrupados, a saber:

1. Segurança nas operações, por se tratar de uma indústria química.
2. Preocupação ecológica a respeito do meio ambiente.
3. Igualdade de oportunidades para todos os funcionários.
4. Impulso par alcançar resultados através de uma administração participativa.
5. Delegação de responsabilidades.
6. Uma empresa globalizada.
7. O serviço ao cliente.
8. Fazendo o correto por meio de operações eficientes.
9. Servindo o acionista a partir de retornos do seu investimento.

> E o mais importante, desenvolver uma cultura organizacional confiável, ética e responsável para a empresa. Esse passou a ser o papel mais importante do presidente dentro da nova organização: o dirigente máximo. O trabalho de equipes foi decisivo para a nova Monsanto.

PROGRAMAS DE ENVOLVIMENTO DAS PESSOAS

O envolvimento das pessoas está se tornando um termo amplamente utilizado para cobrir uma variedade de técnicas[20]. Entre elas, participação dos funcionários nas decisões da organização, administração participativa, democracia no local de trabalho, empoderamento (*empowerment*) e parcerias. Todas essas técnicas têm algo em comum: o envolvimento dos funcionários no negócio da organização.

Envolvimento do pessoal é um processo de participação que utiliza a capacidade total de um funcionário e é feito no sentido de encorajar sua responsabilidade no sucesso organizacional. A lógica subjacente é que, por meio do envolvimento das pessoas nas decisões que as afetam e do autocontrole sobre suas vidas no trabalho, as pessoas se tornam mais motivadas, mais comprometidas com a organização, mais produtivas e mais satisfeitas com as suas atividades. Contudo, participação e envolvimento das pessoas não são a mesma coisa. A participação é um termo mais estreito e limitado e constitui um subconjunto dentro do amplo espectro de possibilidades de envolvimento. Todos os programas de envolvimento incluem alguma participação das pessoas.

Existem cinco formas de envolvimento das pessoas: a administração participativa, a participação representativa, as forças-tarefas, os círculos de qualidade e os planos de aquisição da propriedade ou de ações da organização.

Administração Participativa

A característica comum a todos os programas de administração participativa é o uso da tomada de decisão conjunta. A partir dela, o subordinado compartilha um significativo grau de poder na tomada de decisões com seus superiores imediatos. Boa parte das decisões é descentralizada para que isso possa acontecer dentro da organização.

A administração participativa tem sido utilizada como a panaceia do baixo moral e da baixa produtividade. Mas ela nem sempre é adequada para toda e qualquer organização ou unidade de trabalho. Para que ela funcione, deve haver um tempo adequado para participar, os assuntos que os funcionários tratam devem ser relevantes aos seus próprios interesses, os funcionários devem ter capacidade (inteligência, conhecimentos técnicos, habilidades de comunicação) para participar nas decisões e a cultura organizacional deve ser suficientemente democrática para apoiar e incentivar o envolvimento das pessoas[21].

E por que a administração quereria compartir o poder de tomar decisões com os subordinados? Há uma ampla variedade de razões. Como os cargos estão se tornando cada vez mais complexos, o administrador não consegue saber tudo o que os subordinados fazem. A participação aponta para aquelas pessoas que sabem como contribuir mais para a organização. O resultado é a obtenção de melhores decisões. A interdependência das tarefas exige que os empregados façam consultas intensivas entre si e com pessoas de outros departamentos ou unidades de trabalho. Isso aumenta a necessidade de equipes, comissões e reuniões grupais para resolver assuntos que afetam a todos conjuntamente. A participação também aumenta o compromisso com as decisões. Se as pessoas compartilham das decisões, elas passam a não abandonar uma atividade até a sua total implantação. A participação oferece recompensas íntimas para os funcionários. Ela pode transformar seus cargos em mais significativos e interessantes.

Muitos estudos foram feitos para analisar a relação entre participação e desempenho. As descobertas revelam que, quando a pesquisa é feita com muita profundidade, parece que a participação tem apenas modesta influência nas variáveis como produtividade do empregado, motivação e satisfação no cargo. Isso não significa absolutamente que a administração participativa não traga benefícios e nem melhore o desempenho dos funcionários. Trata-se de utilizar o maior número de cérebros dentro da organização. E, sem dúvida, isso ajuda as organizações e os seus funcionários.

Participação Representativa

Em muitos países, como na Alemanha, a participação dos empregados é regulada por legislação específica. A participação representativa significa que os empregados podem fazer parte das decisões formais da organização, na qual são representados por um pequeno grupo de funcionários eleito democrática e periodicamente. A participação representativa tem sido a forma de envolvimento dos funcionários mais legislada no mundo. O objetivo dela é redistribuir o poder dentro de uma organização, colocando o trabalho em pé de igualdade nos interesses da administração e dos acionistas. Como se dizia antigamente: capital e trabalho juntos.

As duas formas mais comuns de participação representativa são os conselhos de trabalhadores e a comissão de representantes. Os conselhos de trabalhadores ligam os funcionários à administração. São grupos de empregados eleitos ou indicados que devem ser consultados quando a administração toma decisões envolvendo o pessoal.

São comuns na Alemanha e na Dinamarca. A comissão de representantes são empregados que se sentam na mesa de reuniões da diretoria e representam os interesses dos empregados da organização. Em alguns países, as grandes organizações têm o mesmo número de representantes dos investidores e dos funcionários participando das decisões mais amplas e importantes.

Todavia, a influência geral que a participação representativa tem sobre os empregados parece ser mínima. A evidência indica que os conselhos de trabalhadores são geralmente dominados pela administração e têm pouco impacto sobre os empregados ou sobre a organização. O maior valor da participação representativa é simbólico. Se alguém está interessado em mudar as atitudes dos empregados ou melhorar o desempenho organizacional, a participação representativa não é a melhor escolha.

Força-Tarefa

A força-tarefa é um agrupamento operacional, estabelecido temporariamente com a finalidade de realizar uma tarefa específica, cuja execução exige que o grupo proceda com certa independência. Na verdade, a força-tarefa é um modo de organização do trabalho no qual se reúne um grupo de pessoas para executar uma determinada tarefa, sob um comando único. A tarefa pode ser uma missão, um projeto ou uma operação e pressupõe uma duração delimitada no tempo. Por essa razão, a força-tarefa é um agrupamento efêmero e integrado: concluída a tarefa, o grupo se dissolve.

Em algumas circunstâncias, a força-tarefa pode ser denominada equipe de projeto quando associada ao conceito de interdisciplinariedade ou de multidisciplinariedade. Nesses casos, ela requer diferentes especialistas ou pessoas que envolvam diferentes áreas de uma mesma organização ou de organizações diferentes.

As forças-tarefas são especialmente indicadas nas seguintes situações:

1. **Emergências:** crises ou ameaças podem exigir forças-tarefas separadas da "administração de sempre". Para resolvê-las, a administração convoca representantes dos principais departamentos para implementar uma ação que as resolva por meio da atuação interdisciplinar.
2. **Empreendimentos especiais:** quando a organização decide empreender uma ação específica que foge totalmente à rotina funcional. Assim, forma uma equipe interdisciplinar constituída de pessoas provindas de vários departamentos ou níveis hierárquicos. Alcançado o objetivo ou a missão, a força-tarefa é desativada.
3. **Empreendimentos conjuntos:** quando a organização pretende empreender uma ação conjunta e sistêmica, como desenvolver um novo e diferente produto ou serviço, ou concentrar-se em um novo e diferente nicho de mercado, ou reduzir custos, por exemplo. Para envolver suas diversas áreas, a organização constitui uma força-tarefa com representantes das suas diversas unidades, nomeando um representante para coordenar e integrar o seu trabalho.

Enquanto o comitê, a comissão ou o grupo de trabalho têm uma natureza meramente consultiva, prestando-se a analisar informações de modo que outros possam tirar conclusões ou tomar decisões, por meio de reuniões programadas e contatos pouco frequentes entre seus membros, a força-tarefa tem um comportamento atuante e agressivo. É orientada para a produção de resultados concretos ou para a resolução de problemas específicos. Seus membros geram fatos e informações em suas respectivas áreas de competência. Reúnem-se com muita frequência, comunicam suas conclusões uns aos outros, para que cada um possa utilizá-las em suas próprias missões. Geralmente, os seus membros trabalham juntos, à semelhança da força-tarefa nas ações militares, até que a missão ou objetivo tenha sido totalmente cumprido.

Círculos de Qualidade

Provavelmente, é o mais amplamente discutido dos estilos formais de envolvimento de pessoas são os círculos de qualidade. O conceito de círculos de qualidade é uma técnica desenvolvida pelas empresas japonesas para fazer produtos e serviços de alta qualidade a baixos custos. Originalmente, o conceito surgiu nos Estados Unidos e foi exportado para o Japão na década de 1950. Lá, os círculos de qualidade foram extensamente utilizados, retornando à América do Norte, onde se tornaram populares a partir da década de 1980.

Círculo de qualidade é um grupo de oito a dez funcionários que se reúne periodicamente para discutir maneiras de melhorar a qualidade de seus produtos ou serviços e que tem uma área compartilhada de responsabilidade. A periodicidade das reuniões é regular, quase sempre semanal, no local e horário de trabalho, para discutir problemas de qualidade, investigar as causas dos problemas, recomendar soluções e tomar as ações corretivas. Seus membros tornam-se os responsáveis pela análise e solução dos problemas de qualidade e geram e avaliam sua própria retroação. A decisão final quanto à implementação das soluções recomendadas cabe à administração. Boa parte das organizações concede prêmios e recompensas aos membros dos círculos de qualidade pelas soluções apresentadas. Os membros do círculo de qualidade aprendem e, depois, ensinam a participar, a desenvolver habilidades de comunicação grupal, técnicas de análise e soluções de problemas, técnicas de mensuração e estratégias de qualidade.

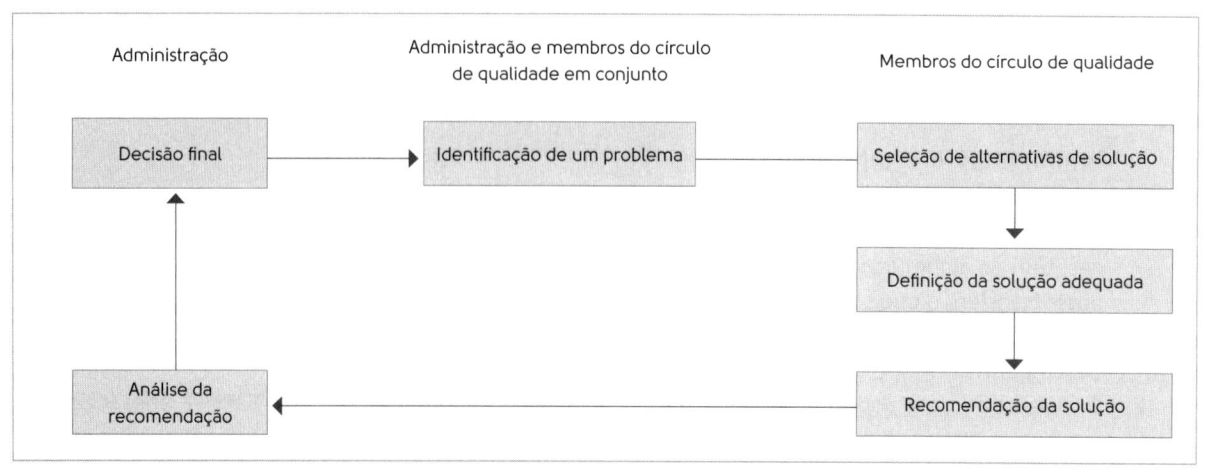

Figura 13.13. Como funciona um círculo de qualidade.

As pesquisas sobre os círculos de qualidade demonstram que eles afetam a produtividade positivamente, mas indicam pouco ou nenhum efeito sobre a satisfação dos empregados. A dificuldade de muitos programas de círculos de qualidade em produzir benefícios quantificáveis fez com que muitos deles não tivessem continuidade. A facilidade com que proporcionam mudanças à organização e o significativo envolvimento das pessoas tornam os círculos de qualidade um meio extremamente fácil de obter participação e envolvimento. Quase sempre, a falta de planejamento e ausência de compromisso da alta administração são os maiores causadores dos fracassos nesse tipo de programa.

Programas de Aquisição de Ações da Companhia

Os programas de aquisição de ações da organização constituem outra importante abordagem de envolvimento dos funcionários. São planos em que os funcionários adquirem ou ganham como prêmios ações da companhia onde trabalham. São geralmente planos de benefícios estabelecidos pela organização pelos quais os funcionários adquirem ações como parte de seus benefícios. Os americanos mostram exemplos concretos: 20% da Polaroid pertence aos seus funcionários; 55% da United Airlines é dos funcionários; 100% da Vis Corporation e da Weirton Steel são de seus funcionários.

Nos programas típicos, a organização cria um fundo e contribui com ações ou com dinheiro para comprar ações na bolsa e entregá-las aos funcionários. Ao comprarem ou ganharem as ações de suas empresas, os funcionários não assumem a posse física dessas ações e nem podem vendê-las ao longo de um certo período de tempo.

As pesquisas indicam que os planos de aquisição de ações aumentam a satisfação dos empregados e melhoram o desempenho. Apresentam um forte potencial para aumentar a satisfação nos cargos e a motivação no trabalho. Mas, para tanto, é necessário que os empregados experimentem a propriedade das ações. Não adianta apenas possuir uma parte financeira da organização. Os proprietários das ações devem ser regularmente informados do estado dos negócios e ter a oportunidade de exercer alguma influência sobre eles. Quando essas condições são garantidas, os empregados sentem-se mais satisfeitos com seus trabalhos, mais satisfeitos com sua identificação com a organização, motivados para o bom desempenho do seu trabalho.

Dicas

Quatro enganos comuns a respeito de equipes autogeridas[22]

1. **As equipes autogeridas não necessitam de líderes?** O oposto é a verdade. As equipes sempre necessitam de algum tipo de líder – que pode ser chamado "impulsionador" ou "facilitador" – e que possa transferir o que se chamava tradicionalmente de liderança para os membros da equipe. O papel do líder varia de equipe para equipe, mas os líderes têm definitivamente um papel orientador a desempenhar.
2. **Os líderes perdem poder na transição para as equipes?** O poder é um recurso flexível. Apesar de exercitar poder dentro do grupo para controlar pessoas, os líderes de equipes autogeridas mudam o seu poder e o utilizam para romper as barreiras dentro da organização a fim de tornar a sua equipe eficaz.
3. **Novas equipes formadas são automaticamente autogeridas?** Nem sempre, pois o desenvolvimento de equipes toma muito tempo. As novas equipes levam certo tempo para se tornarem autogerenciáveis. Os grupos devem caminhar em um processo de desenvolvimento antes que possam funcionar como equipe bem-sucedida.
4. **Os empregados são ansiosos para alcançar o *empowerment*?** Alguns consultores estimam que boa parte dos trabalhadores americanos – qualquer que seja a sua posição na organização – não querem o *empowerment*, pois temem dificuldades de adaptação. Isso pode ser evitado quando o líder atua como uma retaguarda poderosa e oferece recursos e orientação às pessoas.

Caso de apoio: Por que voltamos ao Brasil[23]

A Chrysler foi escolhida pela revista *Forbes* como a empresa do ano de 1996 nos Estados Unidos. Trata-se de uma empresa que saiu da condição de doente terminal da indústria automobilística americana para transformar-se no seu exemplo mais saudável. Depois de quase quebrar no início dos anos 1980, a Chrysler começou sua recuperação nas mãos de Lee Iacocca. Terceira maior montadora dos Estados Unidos, atrás da General Motors e da Ford, a Chrysler é especializada na produção de automóveis de luxo, *minivans*, utilitários esportivos e caminhões leves, incluindo a marca Jeep. Mas ela quer ser a número 1 do mundo.

O atual desempenho da Chrysler, em um mercado que parecia ser dominado pelos japoneses, deve-se às profundas mudanças realizadas na companhia. Toda a corporação participou da discussão sobre o que a empresa queria ser e como iria chegar lá. O objetivo era fabricar carros e caminhões que as pessoas realmente desejam comprar, que apreciem dirigir enquanto os possuir e que queiram comprar novamente. Essa decisão foi para valer e forçou a empresa a abandonar tudo o que não fosse diretamente ligado à produção de carros e caminhões para concentrar na fabricação de produtos realmente inovadores e ousados. Trabalhar duro para que o processo de produção fosse de alta qualidade e baixo custo e para buscar a satisfação do cliente. Na Chrysler não existe uma estrutura hierárquica tradicional, com equipes de engenheiros, projetistas, operários. Ela tem as *platform teams* (equipes de plataforma), onde todos trabalham juntos, realizando todas as operações em conjunto em torno de cada plataforma de veículo. Isso a torna mais rápida que qualquer outro concorrente e os produtos são consideravelmente mais baratos e mais ousados que os dos outros. Além disso, a Chrysler inovou em relação aos fornecedores, desenvolvendo uma relação denominada *extended enterprise* (empreendimento abrangente ou empresa ampliada). Trata-se de uma relação de trabalho muito íntima com um número pequeno de fornecedores, para que eles atinjam o custo que a Chrysler precisa alcançar. Ela não mostra o projeto para ver qual o fornecedor que faz mais barato; mas escolhe aquele com quem trabalha melhor e dê um preço aceitável para trabalhar juntos e baixar esse custo. É uma prática parecida com o *keiretsu* japonês. Todavia, a Chrysler não tenta imitar outras companhias. Ela pretende ser a montadora número 1 no mundo, encontrando as melhores práticas, desenvolvendo coisas novas e fazendo produtos que se sobressaem ou produtos que ninguém mais faria. Para isso, o consumidor é, na melhor das hipóteses, um espelho retrovisor. É o oposto do que rezam as modernas teorias sobre qualidade. O consumidor é um referencial de tendências passadas, porque ele passa 1% do seu tempo pensando no produto, enquanto a companhia se dedica sete dias por semana pensando em carros e caminhões. Ela sabe para onde vão as tendências e vai na frente. Ela presta muita atenção ao cliente, mas o grande jogo está em ir muito além do que ele imaginaria.

Caso para discussão: O empoderamento (*empowerment*) na Iomega[24]

A Iomega Corporation é uma grande produtora de *drives* de armazenamento de dados removíveis e sistemas para micros compatíveis com IBM, Apple e outros computadores. Trata-se de uma companhia de alta tecnologia que teve como presidente Fred Wenninger, um físico que veio da Hewlett-Packard para tirar a companhia de um desastre iminente. Sob sua direção, a companhia começou a intensificar a participação de todos os funcionários no seu funcionamento cotidiano. A estratégia da Iomega foi orientada para a satisfação do cliente por meio da aplicação de tecnologia ímpar na produção e expedição de produtos de elevadíssima qualidade. Dentro do novo ambiente de qualidade total, a autoridade passou a ser delegada ao nível da execução, ou seja, a todas as pessoas que executam o trabalho. A empresa adotou algumas iniciativas, como:

1. Estabeleceu direção e valores claros para que cada funcionário, cliente, fornecedor e acionista entendessem perfeitamente.
2. Eliminou esforços e custos supérfluos.
3. Melhorou a qualidade do produto por meio de uma produção livre de defeitos.
4. Reduziu o ciclo de tempo do pedido até a entrega do produto ao cliente.
5. Incentivou equipes espontâneas de melhoria da qualidade.
6. Incrementou os sistemas de informação e redes de comunicação.
7. Treinou, retreinou e voltou a treinar os funcionários para obter plena vantagem dos conhecimentos e competências de todos.
8. Continuou melhorando tudo quanto fosse possível.

Os efeitos dessas e outras providências resultaram em melhorias substanciais no desempenho da companhia, como:

1. Mais de 80% das vendas foram realizadas para os mesmos compradores.

2. Mais de 99% dos clientes recomendaram produtos da Iomega a seus amigos e conhecidos.
3. O índice de defeitos baixou para menos de 0,4%.
4. O ciclo de tempo teve uma redução maior do que 95%.

A Iomega tornou-se uma companhia de classe mundial por causa do seu forte compromisso com a satisfação do cliente, qualidade e produtividade. As áreas de produção foram reorganizadas para funcionar em equipes. O papel de cada administrador foi modificado de controlador para facilitador. As equipes foram empoderadas (*empowerment*) para se estruturarem por si mesmas pela maneira que achassem melhor. Os membros das equipes passaram, sem nenhuma supervisão da administração, a designar tarefas e fazer rodízios dentro de suas próprias equipes. Eles podem mudar o arranjo físico da linha de produção ou da estação de trabalho para melhorar a produtividade ou fazer melhor o seu trabalho. As tradicionais decisões administrativas passaram a ser tomadas pelos próprios operários da fábrica.

Alguns grupos da Iomega tornaram-se mais produtivos pelo uso da autoridade e responsabilidade dadas a eles. Wenninger também mudou o formato das reuniões da diretoria. Enquanto seus predecessores usavam um estilo ditatorial, Wenninger colocava cada membro da sua equipe executiva para oferecer os insumos antes de tomar decisões importantes. Os membros da equipe executiva sentem que hoje podem configurar o futuro da companhia. Uma vez tomada uma decisão no nível institucional, os membros da equipe executiva têm total liberdade para cumprir suas tarefas. Um bom exemplo disso foi a expansão da Iomega na Europa. A equipe executiva decidira expandir as operações europeias da Iomega e admitiu-se um vice-presidente de operações europeias que recebeu todos os recursos necessários e total liberdade para desenvolver essa expansão dentro do seu estilo pessoal. Wenninger deu total apoio direto ao empoderamento e delegação da autoridade, esperando que todos fizessem o melhor possível.

O grupo de Pesquisa e Desenvolvimento (P&D) foi bem-sucedido com o novo estilo de administração. Com todos os recursos sob seu controle, o grupo introduziu três novos produtos: um *hard drive* removível, um *tape drive* e um *drive* para disco flexível. O *hard drive* foi desenvolvido e lançado em tempo recorde.

Contudo, a transição para um processo decisório descentralizado não se deu sem problemas. Alguns executivos hesitavam em usar a autoridade, enquanto outros abusavam dela. Um efeito adverso da delegação de autoridade foi o alarmante aumento de frivolidades dentro da companhia. Como recompensa pelo fato de haver completado um projeto antes do tempo, um grupo programou um jantar com suas esposas ou namoradas no mais caro restaurante da região, a um custo de 100 dólares por pessoa. Os gastos com executivos aumentaram. Alguns deles reuniam-se com seus colegas na Europa e em reuniões que duravam semanas na Austrália. Essas viagens caras não justificavam os benefícios alcançados. Ao atribuir a delegação de autoridade para baixo na organização os administradores passaram a sentir-se mais capazes de fazer seus trabalhos. E passaram a abusar. O difícil é aprovar seus orçamentos de despesas e muitas coisas que estão passando por baixo da ponte sem restrições.

Questões:
1. Você acha que Wenninger foi bem sucedido na descentralização do processo de tomada de decisões? Por quê?
2. Como a equipe executiva de P&D respondeu à descentralização de autoridade e responsabilidade?
3. Por que muitas pessoas ou equipes hesitam em aceitar responsabilidade delegada a elas?
4. Como Wenninger poderia ajudar seus administradores a serem mais responsáveis e comedidos com seus orçamentos de despesas?
5. Como você acha que Wenninger poderia arrumar as coisas?

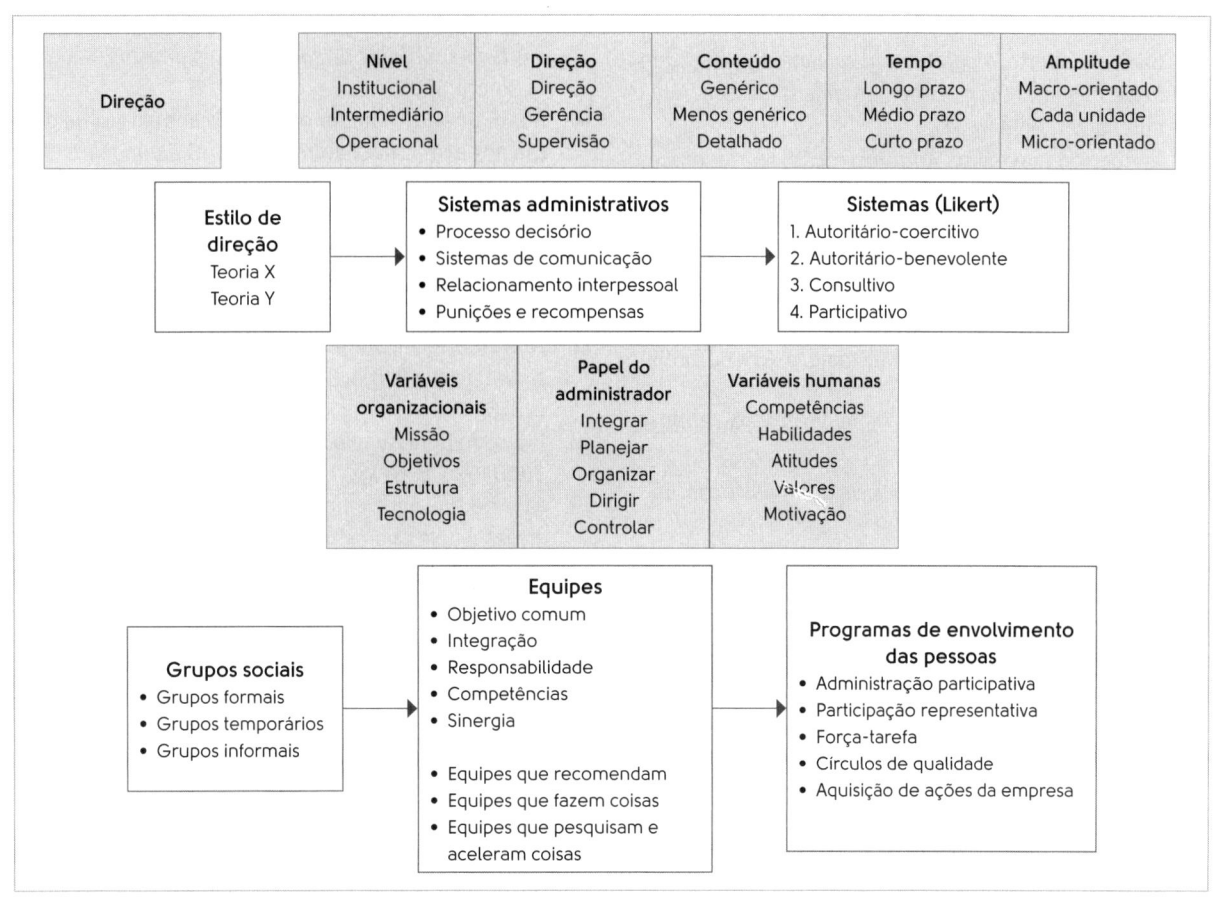

Figura 13.14. Mapa Mental do Capítulo 13: Fundamentos da direção.

Exercícios

1. Explique o conceito de direção.
2. Como a direção se distribui nos vários níveis hierárquicos da organização?
3. Comente os estilos de direção.
4. Explique a Teoria X e a Teoria Y e os estilos administrativos resultantes.
5. Explique as quatro variáveis comportamentais escolhidas por Likert.
6. Explique o sistema 1 – autoritário-coercitivo.
7. Explique o sistema 2 – autoritário-benevolente.
8. Explique o sistema 3 – consultivo.
9. Explique o sistema 4 – participativo.
10. Explique o papel da direção na articulação entre variáveis organizacionais e variáveis humanas.
11. Quais os mecanismos de integração utilizados pelo administrador.
12. Explique a Teoria Z.
13. Defina o conceito de grupo social.
14. Quais as diferenças entre o trabalho individual e o trabalho grupal?
15. Quais os fatores que aumentam e que diminuem a coesão grupal?
16. Defina o conceito de equipe.
17. Quais os aspectos que diferenciam o grupo de trabalho e a equipe?
18. O que é envolvimento das pessoas?
19. Explique a administração participativa.
20. Explique a participação representativa.
21. Explique a força-tarefa.
22. Explique os círculos de qualidade.

REFERÊNCIAS BIBLIOGRÁFICAS

1. Samuel C. Certo. *Modern management: diversity, quality, ethics, and the global environment*. Boston, Allyn and Bacon, 1994. p. 322.
2. Idalberto Chiavenato. *Administração: teoria, processo e prática*. Barueri, Manole, 2014.
3. Douglas McGregor. *The human side of enterprise*. Nova York, McGraw-Hill, 1960.
4. Harold Koontz, Cyril O'Donnell, Heinz Weihrich. *Management*. Nova York, McGraw-Hill, 1980. p. 617.
5. "O que se espera do executivo". *Exame*, n. 639, 02.07.1997. p. 32.
6. Rensis Likert. *A organização humana*. São Paulo, Atlas, 1972.
7. Rensis Likert. *Novos padrões em administração*. São Paulo, Atlas, 1971.
8. Kejan J. Patel. *O mestre da estratégia: poder, propósito e princípio*. São Paulo, Best-Seller, 2005, p.134-5.
9. Raymond E. Miles. *Theories of management, implications for organizational and behavior development*. Tóquio, McGraw-Hill/Kogakusha, 1975. p. 21.
10. Richard Tanner Pascale, Anthony G. Athos. *The art of Japanese management: applications for American executives*. Nova York, Simon & Schuster, 1981.
11. William Ouchi. *Theory Z: how American business can meet the Japanese challenge*. Reading, Massachusetts, Addison-Wesley, 1981.
12. Cláudia Vassallo. "Receita para varar séculos". *Exame*, n. 594, 11.10.1995. p. 87.
13. James Collins, Jerry Porras. *Feitas para durar: práticas bem-sucedidas de empresas visionárias*. São Paulo, Rocco, 1995.
14. Adam Bryant. "Mulher ocupa 10% dos cargos de direção nos EUA". *The New York Times/O Estado de S. Paulo*, Caderno de Economia, 05.10.1997, p. B-15.
15. Harold Leavitt. *Managerial psychology*. Chicago, University of Chicago, 1964.
16. L.P. Bradford, D. Mial. "When is a group?". *Educational Leadership*, v. 21, 1963, p. 147-51.
17. Don Hellriegel, John W. Slocum, Jr. *Management: a contingency approach*. Reading, Addison-Wesley, 1974. p. 378.
18. Eduardo Bom Angelo. "Cultura é tudo". *Exame*, n. 591, 30.10.1995, p. 64.
19. Alberto R. Levy. *Competitividade organizacional: decisões empresariais para uma nova ordem econômica mundial*. São Paulo, Makron Books, 1992, p. 85-9, 227-34.
20. J. L. Cotton. *Employee involvement*. Netbury Park, Sage, 1993.
21. R. Tannenbaum, I. R. Weschler, F. Massarik. *Leadership and organization: a behavioral science approach*. Nova York, McGraw-Hill, 1961, p. 88-100.
22. S. Caudron. "Are self-directed teams right for your company?". *Personnel Journal*, 81, 1993.
23. Suzana Naiditch. "Por que voltamos ao Brasil". *Exame*, n. 632, 26.03.1997, p. 44-6.
24. Stephen M. Beckstead. "Empowerment at Iomega". In: Samuel C. Certo. Op. cit., p. 259.

14
COMUNICAÇÃO E NEGOCIAÇÃO NAS ORGANIZAÇÕES

Objetivos de aprendizagem

Após estudar este capítulo, você deverá estar capacitado para:

- Explicar a comunicação como meio essencial para a administração eficaz.
- Definir os elementos básicos do processo de comunicação.
- Entender como melhorar o processo de comunicação.
- Explicar a consonância e os meios de alcançá-la.
- Entender como melhorar a comunicação interpessoal.
- Descrever as barreiras à comunicação e como ultrapassá-las.
- Descrever as comunicações organizacionais e meios de melhorá-las.
- Explicar a negociação e como aperfeiçoá-la.

O que veremos adiante

- A comunicação e o administrador.
- Conceito de comunicação.
- Processo de comunicação.
- Consonância
- Comunicação entre pessoas.
- Barreiras à comunicação.
- Canais de comunicação
- Comunicações organizacionais.
- Negociação.

> ### Caso introdutório: A compreensão é o limite
>
> Uma empresa que pretende ser dinâmica e competitiva precisa ser ágil e capaz de responder prontamente às demandas e exigências dos clientes e aos desafios dos concorrentes. Acima de tudo, reagir adequadamente às oportunidades e às ameaças ambientais. Eduardo Câmara, o presidente da Gama Total, sabe disso. Tem uma profunda consciência de que sua empresa está navegando em mares turbulentos e de que precisa de um experiente timoneiro no comando. Mas Eduardo sabe que somente um timoneiro não basta para conduzir a complicada nave de negócios. A equipe coesa e integrada distribuída nos diferentes postos é vital para isso. E para que fique bem entrosada e afiada, ela depende de comunicações.

A direção é o processo de guiar as atividades dos membros da organização para os rumos adequados e que conduzam ao alcance dos objetivos organizacionais e, de lambuja, atendam também aos objetivos pessoais dos membros. A direção tem o seu foco nos membros organizacionais como pessoas e lida com assuntos relacionados com liderança, motivação e, sobretudo, comunicação.

Nos dias de hoje, em ambientes competitivos, as organizações estão melhorando suas comunicações internas e externas. Muitos presidentes de empresas tomam, diariamente, o seu café da manhã com vários funcionários com o intuito de transmitir e obter informação, além, obviamente, de manter relações humanas. Outros dirigentes fazem reuniões semanais de uma hora com empregados para dar a oportunidade de discutir o que aconteceu no decorrer da semana ou apresentar e resolver problemas de outros departamentos. Outros presidentes fazem questão de almoçar junto com os funcionários para comunicar-se com eles. As comunicações internas e externas não podem reduzir-se a relatórios formais e escritos. O presidente da Apple Computer, John Scully, insiste que os presidentes devem ouvir as queixas diretamente dos clientes por meio de linhas telefônicas gratuitas, como a linha 0800, como faz o presidente da TAM, o comandante Rolim. O administrador moderno deve configurar toda a sua organização na direção das pessoas e dos clientes e incrementar fortemente as comunicações com eles. Veremos como administradores se tornam comunicadores eficazes, como Scully ou Rolim. E também como as organizações estão melhorando suas comunicações, reduzindo as barreiras à comunicação e intensificando os meios de contatos entre as pessoas.

A COMUNICAÇÃO E O ADMINISTRADOR

Uma pesquisa feita por Mintzberg indica que os administradores passam cerca de 80% do seu dia de trabalho em comunicação direta com outras pessoas. Isso representa 48 minutos de cada hora gastos em reuniões, em conversas pessoais, no telefone ou falando informalmente com outras pessoas. Os outros 20% do tempo do administrador são gastos fazendo trabalhos escritos, muitos dos quais incluindo também comunicação na forma de leitura e escrita[1]. A comunicação permeia cada uma das funções administrativas. Quando o administrador desempenha a função de planejamento, ele solicita informação, escreve cartas, memorandos e relatórios; e quando se reúne com outros administradores para explicar o planejamento. Quando o administrador organiza, ele solicita informação sobre o estado da organização e comunica

Atividades administrativas, como		Comunicação das atividades administrativas
• Planejamento • Organização • Gestão de grupos e equipes • Treinamento • Liderança • Motivação • Programação • Controle • Delegação • Mudança organizacional	Cumpridas → por meio de	• Entrevistas • Conversas • Reuniões • Cartas escritas • Relatórios escritos • Relatórios verbais • Telefonemas • Memorandos

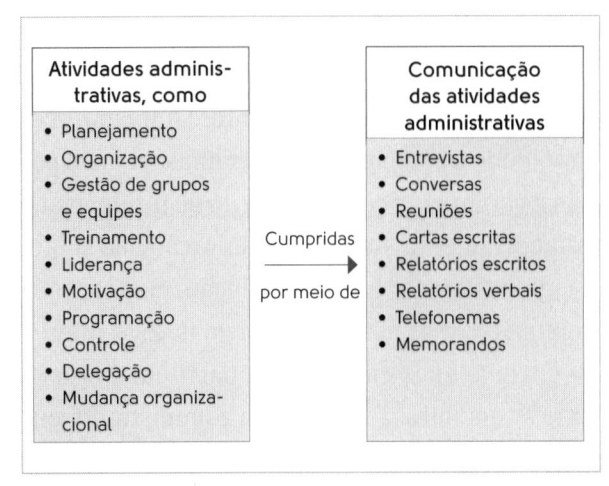

Figura 14.1. As atividades administrativas e a comunicação.

a nova estrutura aos outros. Quando o administrador dirige, ele se comunica com os subordinados para motivá-los, liderá-los e comunicar-se com eles. Quando o administrador desempenha a função de controle, ele utiliza intensamente a comunicação para obter informação, compará-la com os padrões e estabelecer as medidas corretivas, quando necessárias. Em suma, as habilidades de comunicação constituem uma parte fundamental em cada atividade administrativa.

Sem exagero algum, cerca de 90% dos problemas das organizações giram em torno da comunicação, ou melhor, da sua ausência ou inadequação. A tendência que se nota é de um forte aumento nessa porcentagem à medida que as organizações crescem. Os problemas de comunicação não são facilmente constatáveis, embora estejam na base dos principais conflitos que ocorrem dentro das organizações, sabotando decisões, ações e o alcance de metas e objetivos organizacionais e individuais.

CONCEITO DE COMUNICAÇÃO

Comunicar: tornar algo comum. Esse algo pode ser uma mensagem, uma notícia, uma informação, um significado qualquer. Assim, a comunicação é uma ponte que transporta esse algo de uma pessoa para outra ou de uma organização para outra.

Dado: registro ou anotação de algum evento ou ocorrência. Um banco de dados, por exemplo, é um meio de acumular e armazenar conjuntos de informações para serem, posteriormente, combinados e processados. Os dados em si são destituídos de sentido ou de significado, pois na realidade, são grupos de símbolos não aleatórios representando quantidades, ações, coisas, etc. Quando um conjunto de dados possui um significado (um conjunto de números formando uma data ou um conjunto de letras formando uma frase significativa), temos uma informação.

Informação: conjunto de dados com um determinado significado. Os números 16, 01 e 46 são, simplesmente, dados sem significado algum que, quando reunidos, significam uma informação: a data de nascimento de uma pessoa muito querida. O significado reduz a incerteza a respeito de algo ou aumenta o conhecimento a respeito de algo. O conceito de informação envolve um processo de redução da incerteza. Na linguagem popular, a ideia de informação está ligada à de novidade e de utilidade, pois a informação é o conhecimento disponível para uso imediato e que permite orientar a ação, ao reduzir a margem de incerteza que cerca as decisões cotidianas. À medida que a sociedade se torna mais avançada e complexa, cresce proporcionalmente a importância da disponibilidade da informação ampla e variada. Do ponto de vista científico, a informação é tudo aquilo que efetua um trabalho lógico sobre a orientação da pessoa em relação ao mundo que a cerca, ou seja, a informação permite uma certa organização do comportamento da pessoa em seu relacionamento com o ambiente externo que a envolve. Nesse sentido, a informação é obtida pelos órgãos sensoriais, por meio de um mecanismo denominado percepção, e é encaminhada através do sistema nervoso ao cérebro humano, onde é devidamente processada.

Bill Gates diz que a informação é algo que alguém deseja saber e está disposto a pagar por ela. A informação não é tangível nem mensurável, mas é um produto valioso no mundo contemporâneo porque proporciona poder. O controle da informação é alvo de governos, de empresas e de pessoas[2]. Drucker[3] vai mais longe e argumenta que, na Era da Informação, o recurso realmente controlador, o fator de produção, absolutamente decisivo, não é mais o capital, ou a terra, ou a mão de obra. É o conhecimento. Estamos chegando à sociedade do conhecimento. O conhecimento é uma forma organizada de informações consolidadas pela mente humana ou por meio dos mecanismos cognitivos da inteligência, da memória e da atenção[4].

Comunicação é a transmissão de uma informação de uma pessoa para outra ou de uma organização para outra. A comunicação é o fenômeno pelo qual um emissor influencia e esclarece um receptor. Mais do que isso, comunicação é o processo pelo qual a informação é intercambiada, compreendida e compartilhada por duas ou mais pessoas, geralmente com a intenção de influenciar o comportamento. Assim, comunicação não significa apenas enviar uma informação, mas torná-la comum entre as pessoas envolvidas. Essa diferença entre apenas enviar e compartilhar é crucial para a comunicação eficaz. Um administrador que não escuta os funcionários ou outras pessoas funciona como o vendedor de autos usados que diz "eu vendo carros", mas ninguém os compra. Falar nem sempre corresponde a ser ouvido. Escrever nem sempre corresponde a ser lido. A comunicação é uma estrada de duas mãos que inclui a ida – enviar a mensagem – e a volta – ouvir e obter retroação para chegar a um entendimento comum.

Administração de hoje

O *e-mail* está revolucionando a troca de informações[5]

O papel, caneta, envelope e correio já eram. Em 1969 surgiu o *e-mail* (correio eletrônico) com a internet. A mais importante revolução da comunicação humana desde que surgiu o correio e o telefone. O *e-mail* traz uma série de vantagens:

1. O *e-mail* anula os efeitos do tempo e do espaço. A internet faz com que escrever para o vizinho no apartamento ao lado dê exatamente no mesmo que mandar uma mensagem para um desconhecido no Japão ou no Himalaia. E é possível que o desconhecido no Japão fique sabendo antes do seu vizinho de apartamento. O tempo torna-se relativo. Passa a depender dos servidores. O tempo não respeita mais as regras da distância. A vantagem prática disso é que, se não existe distância, não existe diferença de tarifa. Ela é sempre a mesma, quase gratuita. A transmissão de uma longa mensagem até o outro lado do planeta custa cerca de US$ 0,0008. Nenhum meio de comunicação é mais barato que isso.
2. O *e-mail* não é só um correio. Ele é um sistema de entregas também. Pode-se transmitir qualquer tipo de arquivo de computador juntamente com uma mensagem. O projeto de uma casa, uma foto de família, uma certidão de nascimento, um *game*, um artigo de jornal. É incrível a lentidão da maioria das organizações em compreender o que significa isso em termos de economia de recursos.
3. O *e-mail* está ao seu dispor em qualquer lugar onde haja uma linha telefônica. É um endereço virtual, que se pode acessar por qualquer computador ao redor do mundo.
4. O *e-mail* possui uma capacidade de mandar várias mensagens ao mesmo tempo, como nunca se viu antes. Você pode ter duzentos endereços de *e-mail* em sua lista. Mande um Feliz Natal para todos. Isso não demora muito.

5. O *e-mail* está sob controle. Liga-se o computador, conecta-se à internet, aciona-se o serviço de *e-mail* e ele descobre se há alguma mensagem a receber. Se tiver, ele lista as mensagens ao seu dispor. Você só abre a mensagem que quiser. Aí está o primeiro controle.
6. Abra as mensagens que quiser. Em seguida (e ai está o segundo controle), você responde apenas as mensagens que desejar. Enquanto o telefone penetra na sua intimidade sem pedir licença, o *e-mail* é extremamente discreto.
7. Graças ao *e-mail* as pessoas voltaram a escrever. Escrever no *e-mail* organiza as ideias, desenvolve o raciocínio, aumenta a criatividade. Tanto faz escrever uma frase ou uma mensagem de dezenas de páginas, dá no mesmo.
8. Outro aspecto revolucionário do *e-mail* é a sua capacidade de colocar você em contato direto com pessoas que nem conhece. Os canais de comunicação estão muito abertos. Da sua casa você pode mandar sua opinião diretamente para o presidente dos Estados Unidos, em Washington. Tudo fica muito mais próximo e mais possível.
9. O *e-mail* tem a capacidade de criar intimidade entre gente que nunca se viu.
10. Um dos aspectos mais promissores da internet é sua capacidade de se transformar rapidamente e de assimilar novos instrumentos. O *e-mail* foi só o primeiro passo da grande revolução que tornou a telefonia uma atividade praticamente gratuita, seguida da câmera acoplada ao computador.

PROCESSO DE COMUNICAÇÃO

A comunicação parece ser aparentemente um processo muito simples, porque as pessoas se comunicam entre si sem fazer qualquer esforço ou sequer tomar consciência disso. Na realidade, a comunicação é um processo complexo e as possibilidades de enviar ou receber mensagens de maneira errada ou distorcida são numerosas. Frequentemente, as pessoas se perguntam "o que significa isto ou o que isto quer dizer?" quando a comunicação não é eficiente ou eficaz. Um modelo para compreender o processo de comunicação está representado na Figura 14.2. Os dois elementos básicos estão nas duas pontas do processo: a fonte e o destinatário. Entre eles existem outros quatro elementos adicionais.

Os seis elementos fundamentais no processo de comunicação são:

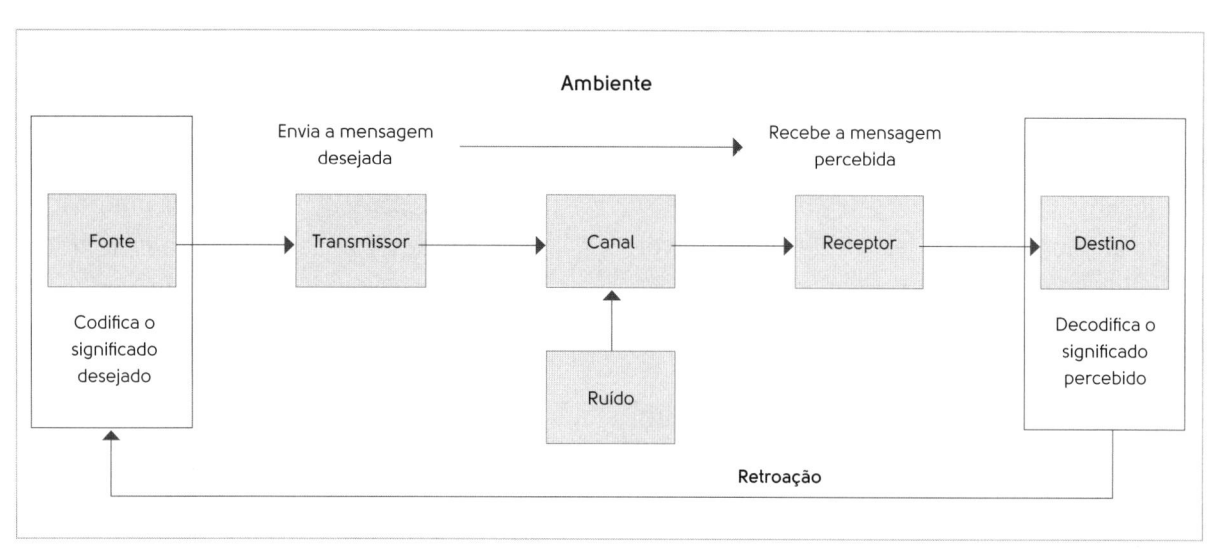

Figura 14.2. O processo de comunicação.

1. **Fonte:** é a pessoa, grupo ou organização que deseja transmitir alguma ideia ou informação por meio de uma mensagem. A fonte dá início ao processo e a mensagem pode comunicar informação, atitudes, comportamento, conhecimento ou alguma emoção ao destinatário. A fonte codifica a sua ideia – por meio de palavras, gestos, sinais, símbolos, etc., escolhendo os meios adequados para enviar a mensagem, que corresponde à formulação tangível da ideia que é enviada ao destino. A mensagem é enviada através de um transmissor, que é o transportador da comunicação.
2. **Transmissor:** é o meio ou aparelho usado para codificar a ideia ou significado por meio de uma forma de mensagem. O transmissor codifica ou translata a ideia ou significado por meios verbais, escritos ou não verbais (como símbolos, sinais ou gestos) ou por uma combinação dos três. A codificação é feita no sentido de colocar a informação na forma que possa ser recebida e compreendida pelo destinatário. A codificação permite fazer a mensagem atravessar o canal e alcançar o receptor do destino transmitindo-lhe o significado desejado. Assim, o transmissor permite mandar a mensagem até o receptor por um sinal que atravesse o canal que os separa fisicamente. A informação codificada constitui uma mensagem, que, se transmitida de uma pessoa para outra, constitui um sinal.
3. **Canal:** meio escolhido pelo do qual a mensagem flui entre a fonte e o destino. É o espaço ou ambiente que medeia os elementos envolvidos no processo de comunicação. Pode ser também o meio escrito ou falado utilizado para fluir a mensagem.
4. **Receptor:** é o meio ou aparelho que decodifica ou interpreta a mensagem para oferecer um significado percebido. Codificação e decodificação são as fontes potenciais para erros de comunicação, porque conhecimentos, atitudes e experiências filtram e criam ruído na translação de símbolos para significados. Para tanto, o conhecimento e experiência é importante para que a mensagem possa ser adequadamente interpretada. Todavia, a mensagem desejada pela fonte e a mensagem percebida pelo destino podem diferir, resultando em distorção, pelas seguintes razões:
   - O receptor não conhece a codificação e não sabe decodificá-la.
   - O receptor tem dificuldade em interpretar a codificação.
   - O receptor não está exatamente sintonizado no canal (ansiedade, cansaço, desatenção ou desinteresse).
5. **Destino:** é a pessoa, grupo ou organização que deve receber a mensagem e compartilhar do seu significado. Para confirmar a comunicação, o destino ou destinatário deve proporcionar retroação ou retroinformação.
6. **Ruído:** é o termo que indica qualquer distúrbio indesejável dentro do processo de comunicação e que afeta a mensagem enviada pela fonte ao destino. A informação também sofre uma perda ao ser transmitida. Isso significa que todo sistema de informação possui uma tendência para a entropia. Daí decorre o conceito de ruído. Quando nenhum ruído é introduzido na transmissão, a informação permanece constante. Enquanto a entropia determina o grau de desordem no sistema, a informação reduz a incerteza e determina o grau de ordem no sistema. Quanto maior a entropia, tanto maior a desordem e desorganização do sistema; quanto maior a informação, tanto maior a ordem e organização do sistema.

A *retroação* ou *retroinformação* – ou, ainda, informação de retorno – é o processo pelo qual o

Componentes	Sistema telefônico	Programa de televisão
Fonte	Voz humana	Palcos e atores
Transmissor	Aparelho telefônico	Câmera, vídeos e transmissores
Canal	Fio que liga um aparelho ao outro	Antenas transmissoras e antenas receptoras
Receptor	O outro aparelho telefônico	Aparelho doméstico de TV
Destino	Ouvido humano	Telespectador
Ruído	Estática, linha cruzada, chiados, interferências	Estática, circuitos defeituosos, chiados

Figura 14.3. Exemplos de dois sistemas de comunicação.[6]

destino recebe e assimila a comunicação e retorna o que ele percebe a respeito da mensagem desejada. A retroação ocorre quando o destino responde à fonte com uma mensagem de retorno – a segunda mão da estrada. A retroação é uma poderosa ajuda para a eficácia da comunicação porque permite que a fonte verifique se o destino recebeu e interpretou corretamente a mensagem. Se a reação do destinatário não é adequada, a fonte pode concluir que a comunicação não foi bem-sucedida e que outra mensagem deverá ser transmitida – o que chamamos de redundância. Se a reação do destinatário foi apropriada, a fonte pode concluir que a comunicação foi completada. O administrador deve encorajar a retroação sempre que possível e avaliá-la cuidadosamente.

O processo de comunicação é sistêmico, pois cada etapa constitui um subsistema ou parte integrante do conjunto. Na prática, a comunicação deve ser considerada um processo bidirecional para que seja eficaz. Isso significa que a comunicação é um processo que caminha em duas mãos: da fonte ou emissor para o destino e vice-versa. No processo de comunicação, o destino deve desempenhar a operação inversa da fonte para reconstruir o estímulo recebido e assim derivar um significado. Uma comunicação eficaz ocorre quando o destino decodifica a mensagem e agrega um significado a ela que se aproxima da informação ou ideia que a fonte tentou transmitir.

O processo de comunicação pode ser eficiente e eficaz. A eficiência está relacionada com os meios utilizados para a comunicação, enquanto a eficácia está relacionada ao objetivo de transmitir uma mensagem com significado.

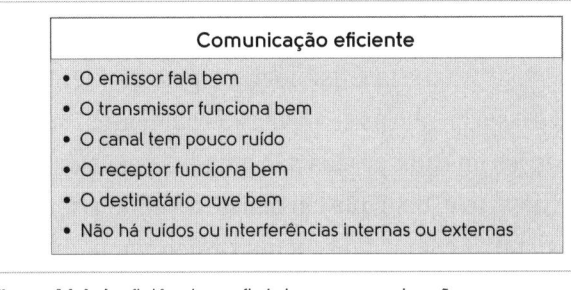

Comunicação eficiente	Comunicação eficaz
• O emissor fala bem • O transmissor funciona bem • O canal tem pouco ruído • O receptor funciona bem • O destinatário ouve bem • Não há ruídos ou interferências internas ou externas	• A mensagem é clara e objetiva • O significado é consonante • O destinatário compreende a mensagem • A comunicação é completada • A mensagem torna-se comum • O destinatário fornece retroação ao emissor, indicando que compreendeu perfeitamente a mensagem enviada

Figura 14.4. A eficiência e eficácia na comunicação.

Voltando ao caso introdutório: A compreensão é o limite

Após exaustivas reuniões com gerentes e vários elementos da equipe, Eduardo conseguiu chegar a um acordo sobre a missão da empresa. Também chegou ao consenso de uma visão do que a empresa pretende ser dentro dos próximos cinco anos. Os principais objetivos organizacionais foram estabelecidos e a estratégia empresarial para chegar lá foi também definida. Agora, o problema de Eduardo é tornar comum e obter consonância. Ele quer obter efeito sinergístico da atuação conjunta de todas as pessoas da sua empresa. Seu problema fundamental agora é a comunicação.

Avaliação crítica: Afinal, o que é comunicação?

Um professor pediu à sua classe que cada aluno definisse comunicação por meio de um simples desenho. Alguns alunos desenharam um gerente falando ou escrevendo. Outros colocaram balões com palavras próximos às pessoas como nos gibis; outros mostraram páginas saindo de uma máquina de escrever. O professor ao ver tudo aquilo, concluiu que ninguém havia capturado a essência da comunicação. A comunicação significa compartilhar e não apenas falar ou escrever. Ela envolve uma ponte de duas mãos, um tráfego duplo por onde transitam significados que se tornam comuns entre duas ou mais pessoas.

Dicas

Como obter retroação

- Por meio de confiança e calor humano no relacionamento.
- Pela preocupação em relação às pessoas.
- Mantendo um comportamento aberto.
- Pela disposição para mudanças.
- Quando o objetivo é ajudar e não penalizar ou destruir.
- Quando a retroação não causa dano nenhum a ninguém.
- A partir de um bom relacionamento com as pessoas.
- Por meio da percepção do impacto da comunicação sobre as pessoas.

CONSONÂNCIA

O processo de comunicação está intimamente relacionado com o sistema cognitivo de cada indivíduo. A cognição – ou conhecimento – representa aquilo que as pessoas sabem a respeito de si mesmas e do ambiente que as rodeia. O sistema cognitivo de cada pessoa compreende os seus valores pessoais e as experiências psicológicas passadas e presentes e é profundamente influenciado pelas características de personalidade, pela estrutura física e fisiológica e pelo ambiente físico e social que as envolve externamente. Todas as ações de cada pessoa são guiadas pela sua cognição, isto é, pelo que ela pensa, acredita e sente. O sistema cognitivo funciona como um padrão de referência – o campo de experiência ou campo psicológico – que filtra ou amplifica as comunicações da pessoa com o seu ambiente.

O sistema cognitivo cria o ambiente psicológico de cada pessoa. Assim, o ambiente psicológico – ou ambiente comportamental – é a situação que a pessoa percebe e interpreta a respeito do seu ambiente externo. É o ambiente moldado pelas suas necessidades e aspirações e, principalmente, pela sua maneira de ver e sentir as coisas externas. Nesse ambiente psicológico, os objetos, pessoas ou situações podem adquirir valências, determinando um campo dinâmico de forças psicológicas. A valência é positiva quando os objetos, as pessoas ou as situações podem ou prometem satisfazer as necessidades presentes do indivíduo. A valência é negativa quando pode ou promete ocasionar algum prejuízo ou dano ao indivíduo. Os objetos, pessoas ou situações carregados de valência positiva tendem a atrair o indivíduo, enquanto os de valência negativa tendem a causar-lhe repulsa ou fuga. A atração é a força dirigida para o objeto, pessoas ou situações, enquanto a repulsa é a força que o leva a afastar-se, tentando fugir, evitar ou escapar. Assim, o comportamento é função da interação entre a pessoa e o seu ambiente, ou seja, com os objetos, pessoas ou situações que a rodeiam[7].

Um mesmo objeto, pessoa ou situação pode adquirir valências diferentes e até opostas para diferentes indivíduos. É a experiência vivida pela pessoa, seus sucessos ou fracassos, suas facilidades ou dificuldades, que determina o grau de valência que cada objeto, pessoa ou situação terá. De certo modo, a maneira pela qual cada pessoa percebe e interpreta o seu meio ambiente depende, além das suas características de personalidade e do seu aparato sensorial, das valências que objetos, pessoas ou situações adquirem ao longo de sua experiência de vida. Além disso, cada pessoa se esforça para estabelecer um estado de consistência ou de coerência consigo mesma. Se uma pessoa tem cognições sobre si mesma e sobre seu ambiente que são inconsistentes entre si, isto é, se uma cognição implica o oposto da outra, então ocorre um estado de inconsistência ou de conflito interno, a que se dá o nome de dissonância cognitiva[8]. Ela é uma das principais fontes de inconsistência do comportamento humano. As pessoas não toleram a inconsistência e, quando ela ocorre as pessas tentam reduzir a dissonância.

Dá-se o nome de consonância quando o significado da mensagem enviada pela fonte é semelhante ao significado da mensagem percebida pelo destino. Consonância significa que a mensagem enviada e a mensagem percebida são perfeitamente iguais. Boa parte das comunicações dentro das organizações busca construir consonâncias e reduzir dissonâncias entre as pessoas a respeito da missão, da visão e dos objetivos organizacionais. Programas de treinamento e desenvolvimento de pessoal são exemplos de esquemas para alcançar consonância dentro de uma organização. A comunicação proporciona consonância e reduz a dissonância. A dissonância ocorre quando o significado percebido pelo destino é diferente do significado transmitido pela fonte.

A comunicação é um processo altamente subjetivo nas relações humanas, razão pela qual existem as dissonâncias. O aparato de comunicação das pessoas é basicamente composto de[9]:

1. Órgãos sensoriais: são os receptores dos estímulos que provêm do ambiente, como a visão, audição, o tato, o paladar e o olfato. Recebem as sensações que são codificadas como percepções dos fenômenos ambientais.
2. Órgãos efetores: são os transmissores de mensagens para o ambiente. A linguagem humana falada, escrita, os gestos, a mímica, a expressão corporal, etc.

3. **Centro de comunicação:** constitui o local de origem e de destinação de todas as mensagens. O cérebro e o sistema nervoso não funcionam como um sistema lógico, mas como um campo psicológico. A comunicação humana é contingencial, pois é submetida ao padrão de referência de cada pessoa, que é o seu campo de experiência próprio. O campo de experiência funciona como um poderoso filtro constituído pelo sistema cognitivo e pelo sistema emocional, que submete todas as mensagens ao padrão de compreensão e de interpretação da pessoa.

Voltando ao caso introdutório: A compreensão é o limite

A Gama Total é uma empresa com 628 pessoas espalhadas por várias lojas em diferentes locais da cidade que prestam serviços de informática. A descentralização representa um desafio para a integração do pessoal e uma enorme dificuldade para obter consonância de esforços e de compreensão dos objetivos da organização. Eduardo acha que a comunicação organizacional deve ser o ponto alto de sua empresa para conduzir a estratégia desejada.

Avaliação crítica: A confusão do eclipse do sol

O Coronel ao Major: Amanhã, às 9 horas, haverá um eclipse do sol, algo que não ocorre todos os dias. Providencie para que os homens se dispersem no pátio em seus uniformes de exercício, para que possam ver esse fenômeno raro, que eu explicarei a eles. Se chover, não conseguiremos ver coisa alguma, nesse caso, leve-os para o ginásio.

O Major ao Capitão: Por ordem do coronel, amanhã, às 9 horas, haverá um eclipse do sol. Se chover, você não o conseguirá ver do pátio. Portanto, então, em uniforme de exercício, o eclipse ocorrerá no ginásio, algo que não acontece todos os dias.

O Capitão ao Tenente: Por ordem do coronel, em uniformes de exercício amanhã, às 9 horas, a inauguração do eclipse do sol terá lugar no ginásio. O coronel dará a ordem se chover, algo que ocorre todos os dias.

O Tenente ao Sargento: Amanhã, às 9 horas, em uniforme de exercício, o coronel eclipsará o sol no ginásio, se for um dia bonito; se chover, ele fará isso no pátio.

O Sargento ao Cabo: Amanhã, às 9 horas, o eclipse do coronel em uniforme de exercício vai ocorrer por causa do sol. Se chover no ginásio, algo que não ocorre todos os dias, vocês se dispersarão no pátio.

Um Soldado para o outro: Amanhã, se chover, parece que o sol vai eclipsar o coronel no ginásio. É uma pena que isso não ocorra todos os dias.

COMUNICAÇÃO ENTRE PESSOAS

A comunicação pode ocorrer entre pessoas. A do tipo interpessoal corresponde a um processo de enviar e receber símbolos aos quais são agregados significados de uma pessoa para outra. O processo de comunicação humana é contingencial pelo fato de que cada pessoa é um microssistema diferenciado dos demais pela sua constituição genética e pelo seu histórico psicológico. Cada pessoa tem as suas características de personalidade próprias que funcionam como padrão pessoal de referência para tudo aquilo que ocorre no ambiente e dentro do próprio indivíduo. Por força disso, o processo de comunicação depende, em grande parte, do grau de homogeneidade de significados entre a fonte e o destinatário, o que nem sempre ocorre.

Schramm dá o nome de campo de experiência ao conjunto de atitudes, experiências, conhecimentos, ambiente e base sociocultural de um indivíduo[10]. Em sua teoria de campo, Lewin denomina campo psicológico ao espaço de vida que contém a pessoa e seu ambiente psicológico. O ambiente psicológico ou comportamental é o que a pessoa percebe e interpreta a respeito de seu ambiente externo. Mais do que isso, é o ambiente relacionado com suas atuais necessidades[7]. Preferimos o nome de padrões de referência pessoais. Isso explica por que um mesmo objeto, pessoa ou situação podem ser percebidos e interpretados diferentemente por cada indivíduo.

A Figura 14.5 mostra a comunicação entre duas pessoas e seus respectivos padrões pessoais de referência. Quanto maior a homogeneidade entre os padrões de referência de ambas, maior a probabilidade de uma comunicação bem-sucedida. Pessoas que têm coisas em comum apresentam melhor comunicação entre si. Pessoas com diferentes bases culturais e linguísticas precisam fazer um esforço muito maior para assegurar uma razoável comunicação.

Pessoas com diferentes idiomas ou bases culturais possuem diferentes padrões de referência que provocam sérias dificuldades na comunicação interpessoal.

Exercícios: "O Dia de Portas Abertas"[11]

Daniel Ventura, o presidente de uma grande empresa multinacional, reservava todas as tardes das quartas-feiras para o seu "dia de portas abertas". Nesses dias, Daniel não agendava compromissos e ficava à disposição para conversar com seus 1.200 funcionários a respeito do que eles quisessem. As pessoas marcavam horário com sua secretária, vinham até a sua sala, e Daniel tentava fazer com que cada entrevista não durasse mais do que quinze minutos. Ocasionalmente, alguns funcionários falavam mais de uma hora. Muitas entrevistas tinham pouco a ver com os negócios da empresa. Nenhuma posição fazia diferença para Daniel, e todos os funcionários recebiam o mesmo tratamento.

Um certo dia, Daniel recebeu um memorando dos seus quatro diretores solicitando que descontinuasse o "dia de portas abertas" pelas seguintes razões:

1. O programa tomava muito tempo de Daniel.
2. Muitos funcionários abusavam do tempo falando sobre assuntos pessoais.
3. A prática tendia a reduzir a autoridade dos diretores.
4. Alguns funcionários inventavam os problemas dos quais falavam.
5. Alguns funcionários queixavam-se injustificadamente de seus chefes.

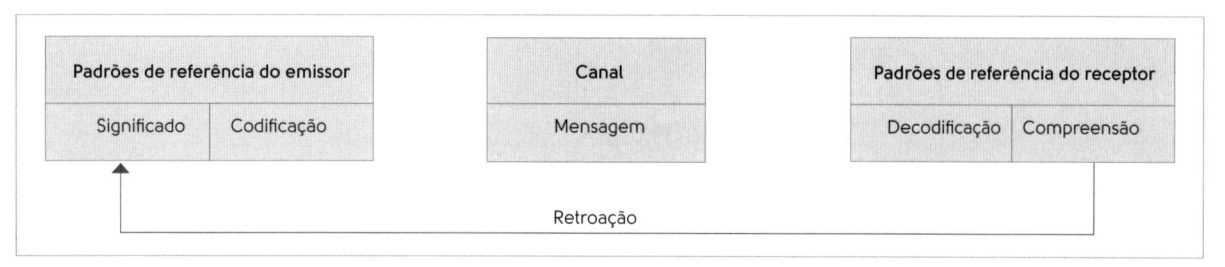

Padrões de referência do emissor		Canal	Padrões de referência do receptor	
Significado	Codificação	Mensagem	Decodificação	Compreensão
		Retroação		

Figura 14.5. Os padrões de referência pessoais na comunicação.

Daniel sentia que o "dia de portas abertas" era salutar para a companhia, mas também percebia os fortes sentimentos dos diretores e gerentes contra essa política. Sua ideia era responder com outro memorando aos diretores.

1. Se você fosse Daniel como responderia ao memorando? Por quê?
2. Explique outros meios pelos quais Daniel poderia alcançar os benefícios do "dia de portas abertas".
3. Você concorda com as reclamações dos diretores? Por quê?
4. Como você poderia aproveitar essas reclamações e encontrar uma alternativa integrada que pudesse satisfazer a todos – diretores e funcionários?

BARREIRAS À COMUNICAÇÃO

Muito dificilmente a comunicação ocorre sem problemas. Quase sempre existem fatores que reduzem a probabilidade de que ocorra comunicação bem-sucedida. São as chamadas barreiras à comunicação. Barreiras são restrições ou limitações que ocorrem dentro das ou entre as etapas do processo de comunicação, fazendo com que nem todo sinal emitido pela fonte percorra livremente o processo de modo a chegar incólume ao seu destino[9]. O sinal pode sofrer perdas, mutilações, distorções, como também pode sofrer ruídos, interferências, vazamentos e, ainda, ampliações ou desvios. O boato é um exemplo típico da comunicação distorcida, ampliada e, muitas vezes, desviada. As barreiras fazem com que a mensagem enviada e a mensagem recebida sejam diferentes entre si. O conhecimento desses obstáculos podem ajudar o administrador em suas tentativas de maximizar o sucesso das comunicações.

As barreiras provocam perdas na comunicação entre as pessoas, impedindo o trânsito livre e aberto das mensagens. Daí as dificuldades no intercâmbio de comunicações em muitas organizações. A remoção das barreiras e dos ruídos é o ponto de partida para se conseguir um ambiente de comunicação aberta e franca entre as pessoas. Para tanto, o administrador deve incentivar a comunicação aberta e franca entre seu pessoal.

Figura 14.6. As barreiras ao processo de comunicação.

Percepção Seletiva

A *percepção* é o processo pelo qual cada pessoa seleciona, organiza e dá um sentido ao mundo que a rodeia. Toda informação que a pessoa recebe do mundo exterior é percebida, classificada e organizada de acordo com os seus padrões de referência. Daí, o conceito de *organização perceptiva*: a categorização de um objeto ou estímulo de acordo com os padrões de referência de cada pessoa. Em função disso, todo mundo espera ver um trem quando ouve um apito ou torna-se defensivo quando é chamado à sala do chefe. A *percepção seletiva* é o processo pelo qual cada pessoa escolhe e seleciona os vários objetos e estímulos que tomam a sua atenção[12]. Alguns podem ser mais ou menos chamativos. A percepção seletiva ocorre porque existe uma limitação humana: as pessoas não podem apreender a totalidade da realidade em um determinado espaço de tempo. As partes que são focalizadas servem a algum propósito imediato. As necessidades, influências sociais e culturais, atitudes e vontade de cada pessoa interagem para determinar quais os estímulos que são importantes para serem percebidos. Quando uma pessoa dirige o carro de sua casa até o trabalho, ela apenas percebe aquilo que lhe interessa em todo o trajeto. Um acidente na empresa é visualizado de maneira diferente pelas diversas pessoas que o assistiram. Isso é o resultado da percepção seletiva.

A forma mais comum de organização perceptiva é a estereotipação. Um estereótipo ocorre quando alguém é identificado com um grupo ou categoria e seus atributos são supersimplificados para associar com um grupo ou categoria familiar à pessoa. É uma generalização a respeito de um grupo de pessoas que têm atributos limitados a categorias como idade, raça ou ocupação. Os jovens acham que os mais velhos são conservadores e fora de moda. Os estudantes estereotipam seus professores como autoritários ou teóricos. O estereótipo decorre da tendência de estruturar o mundo em uma configuração previsível. A seletividade perceptiva e a organização perceptiva influenciam o comportamento do administrador e de todas as pessoas nas organizações. As diferenças perceptivas ocorrem quando as pessoas percebem os mesmos objetos de maneiras diferentes. Elas influenciam poderosamente as comunicações, distorcem mensagens e criam ruídos e interferências.

Outra forma de organização perceptiva é o efeito de generalização, também chamado *hallo effect*. A generalização ocorre quando um atributo é usado para desenvolver uma impressão geral de uma pessoa ou situação. Quando conhecemos uma pessoa, o efeito de generalização pode levar a lembrá-la como agradável em função de uma primeira impressão positiva. Ou, ao contrário, um penteado horrível pode criar uma má impressão geral. Da mesma forma, um administrador pode catalogar certos subordinados em função da impontualidade.

Avaliação crítica: Estereótipos

Qual é o seu estereótipo de:

1. Presidentes de empresas bem-sucedidas?
2. Administradores empreendedores?
3. Bons professores.
4. Colegas de classe.
5. Como seu estereótipo poderia influenciar as suas comunicações com cada grupo apresentado nos tópicos anteriores.

Dicas

Os dez mandamentos da boa comunicação[13]

1. **Esclareça suas ideias antes de comunicá-las.** Analise o problema ou ideia a ser comunicado. Esse é o primeiro passo para uma comunicação eficaz. Muitas comunicações falham por falta de planejamento. No planejamento, considere os objetivos e atitudes daquele que receberá a comunicação e como ele poderá ser afetado pela comunicação.
2. **Examine o propósito de cada comunicação.** Antes de comunicar, verifique o que realmente você pretende com a sua mensagem – obter informação, iniciar ação, mudar atitudes de outra pessoa? Identifique os objetivos principais e então adapte a linguagem, tonalidade e abordagem para atender aqueles objetivos. Não tente abarcar muitos assuntos em cada comunicação. Quanto mais específico for o foco de sua mensagem, maior a chance de sucesso.
3. **Considere o conjunto físico e humano onde você vai comunicar.** Significado e intenção são importantes. Mas outros fatores influenciam o impacto de uma comunicação. O administrador deve ser sensitivo quanto ao ambiente onde deverá comunicar: como o senso de oportunidade, o clima social, as práticas e costumes, as expectativas dos outros. A comunicação deve se adaptar e se ajustar ao ambiente.
4. **Consulte outras pessoas para planejar suas comunicações.** Desenvolva com elas os fatos sobre os quais a comunicação se baseará. A consulta proporciona uma visão adicional e objetividade às suas mensagens.
5. **A maneira de comunicar é tão importante quanto o conteúdo da mensagem.** O tom de voz, a expressão, o humor, a receptividade de responder às perguntas têm um efeito significativo e afetam tanto a reação do ouvinte quanto o conteúdo básico da mensagem. Tanto a forma quanto o conteúdo são igualmente importantes na comunicação.
6. **Aproveite a oportunidade, quando surge, para ajudar ou valorizar o ouvinte.** A consideração pelos interesses e necessidades das pessoas, ver as coisas sob o ponto de vista do ouvinte, produz benefícios imediatos ou agregam valor às outras pessoas. Leve em conta os interesses dos subordinados.
7. **Acompanhe sua comunicação.** O melhor esforço para comunicar pode ser desperdiçado se você não sabe se foi bem-sucedido na sua mensagem. Pergunte, encorage o ouvinte a expressar suas reações, faça contatos de acompanhamento, ouça sugestões, verifique o desempenho posterior. Assegure-se por meio da retroação se houve entendimento e ação resultante adequada.
8. **Comunique para o amanhã, tão bem como para o hoje.** A comunicação não deve se restringir às demandas da situação atual, mas deve ser planejada para manter consistência com objetivos e interesses de longo prazo. É como falar apenas de desempenho atual fraco para um funcionário leal e dedicado à empresa.
9. **Assegure-se de que suas ações suportam sua comunicação.** O tipo mais persuasivo de comunicação não é aquilo que você diz, mas o que você faz. Quando suas ações ou atitudes contradizem suas palavras, as pessoas tendem a fazer descontos. Boas práticas administrativas, como atribuição clara de autoridade e responsabilidade, recompensas pelo esforço e reforço do bom desempenho comunicam mais do que todas as pérolas do dicionário. Na comunicação, o discurso e a prática devem ser congruentes.
10. **Procure fazer-se compreendido, mas compreenda também, como um bom ouvinte.** Por fim, mas não por último, enquanto você fala, ouça também e analise as reações e atitudes das pessoas. Ouvir é a mais importante, a mais difícil e a mais negligenciada das habilidades na comunicação. Requer que você se concentre nos significados, nas palavras não ditas e nas expressões das pessoas. Isso ajuda a compreender melhor as coisas.

Exercícios: A transmissão da informação

Um grupo de seis alunos voluntários deverá ficar isolado fora da sala de aula. A classe deverá escolher o coordenador do exercício. O coordenador deve mandar chamar o 1º do grupo, fechar a porta da sala e, na presença dos demais alunos, transmitir-lhe pausadamente a seguinte informação e sem repeti-la: "A Companhia Metalúrgica Martinelli colocou um anúncio, no *Diário do Povo*, no dia 4 de setembro, para recrutar analistas de sistemas que estejam cursando o 1º ano de Administração, Economia, Contábeis ou Processamento de Dados. Os candidatos deverão se apresentar no escritório da Praça da República, n. 563, das 9 às 11 horas, de segunda a quinta-feira, e procurar o sr. Osvaldo, mencionando o código Analistas do Futuro. O salário oferecido é de R$ 1.200,00 iniciais e a admissão será imediata". A seguir, o coordenador do exercício mandará chamar o 2º do grupo para que o 1º lhe transmita a informação recebida na frente da classe. Depois, chamará o 3º para receber do 2º a informação. Em seguida, o 4º para receber a informação do 3º; o 5º para receber a informação do 4º e, finalmente, o 6º para receber a informação do 5º. O 6º deverá explicar a informação recebida e o coordenador do exercício deverá compará-la com a informação original que transmitiu ao 1º.

CANAIS DE COMUNICAÇÃO

O canal de comunicação é o meio escolhido para fluir a mensagem do emissor ao destino. O administrador pode escolher vários canais de comunicação com outros administradores ou subordinados. Pode discutir um problema face a face com alguém, usar o telefone, escrever uma carta ou memorando ou escrever um artigo em uma revista, dependendo da natureza da mensagem. A capacidade de um canal de informação é influenciada por três características[12]:

1. A capacidade de manipular múltiplos assuntos simultaneamente.
2. A capacidade de facilitar retroação de dupla mão rápida.
3. A capacidade de estabelecer foco pessoal para a comunicação.

A discussão frente a frente é o meio mais rico e eficaz para a comunicação, porque permite experiência direta, assuntos múltiplos, retroação imediata e focalização pessoal. Permite facilitar

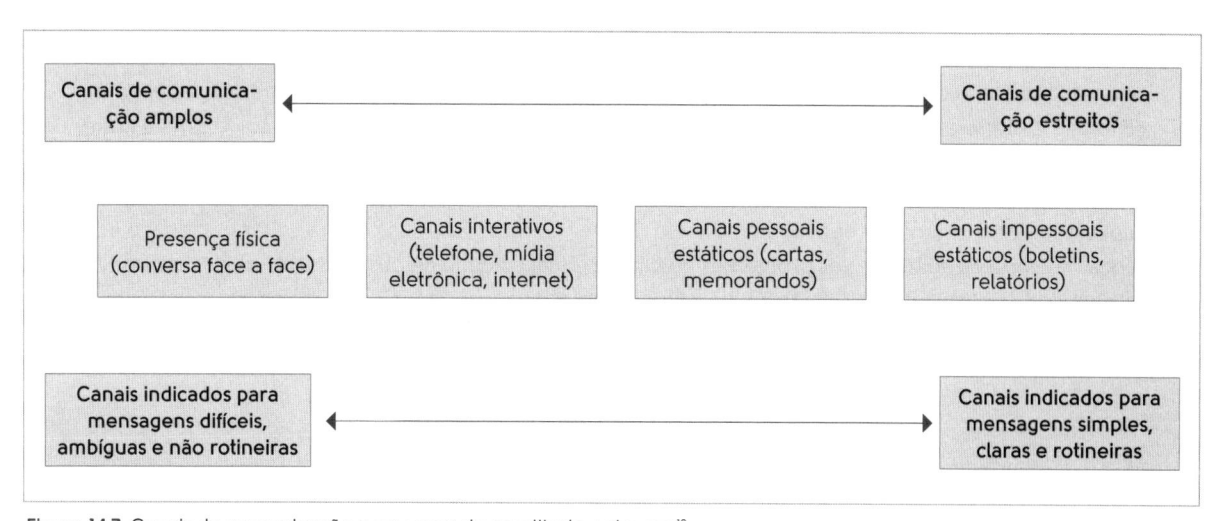

Figura 14.7. Canais de comunicação e seu grau de amplitude e riqueza[12].

a assimilação de assuntos diferentes e compreensão profunda e emocional da situação. A seleção de canais de comunicação depende do tipo da mensagem que se pretende transmitir.

Geralmente, os canais de comunicação dependem do tipo da mensagem - se ela é rotineira ou não rotineira. As mensagens não rotineiras são aquelas que envolvem assuntos ambíguos, eventos novos e impõem um enorme potencial de distorções. São geralmente caracterizadas por pressão de tempo e pela surpresa. Por essas razões, devem ser transmitidas por meio de canais mais amplos e ricos. Podem incluir comunicações não verbais, como ações e comportamentos, emoções e sentimentos. Também permitem que o emissor ouça pessoalmente o destinatário. Ouvir envolve a capacidade de receber mensagens a partir de fatos e sentimentos capazes de interpretar o seu genuíno significado.

Por outro lado, as mensagens rotineiras são simples e rápidas, contendo estatísticas ou meros registros que são facilmente compreendidos e interpretados. As mensagens rotineiras podem ser comunicadas por meio de canais menos ricos e menos amplos, muitas vezes, sem necessidade de retroação. A chave é escolher o canal mais apropriado para a mensagem.

Voltando ao caso introdutório: A compreensão é o limite

Para manter a Gama Total integrada e coesa em sua dispersão geográfica, Eduardo pretende incrementar um sistema interno de comunicação capaz de juntar e "amarrar" todos os funcionários. Mas existem barreiras à comunicação dentro de sua empresa que Eduardo pretende ultrapassar: a distância entre as lojas, a dispersão do pessoal, a dificuldade de falar uma mesma língua a todos os funcionários, a impossibilidade de visitar pessoalmente cada loja em períodos curtos de tempo, a dificuldade de se reunir com cada gerente pelo menos uma vez por semana. Mas como transformar todo esse limão em uma boa limonada?

Administração de hoje

O atendimento total ao cliente

Na medida em que as organizações concorrem em um ambiente globalizado de negócios, a questão prioritária passa a ser a descoberta do real sentido de um bom atendimento ao freguês. O conceito tradicional de atendimento satisfatório está ultrapassado totalmente. O desenvolvimento de uma estratégia de atendimento total ao cliente é fator determinante para o sucesso ou o fracasso de uma organização em um mercado altamente competitivo. Tal estratégia se baseia em quatro princípios fundamentais: capacidade de ouvir, compreensão do negócio do cliente, respeito à sua cultura organizacional e liderança na oferta de soluções aos problemas do cliente. A capacidade de ouvi-lo torna-se o primeiro passo para desenvolver uma estratégia de atendimento total ao consumidor. E ouvir faz parte integrante do processo de comunicação.

Avaliação crítica: Sistemas imunológicos à informação

Nem sempre a informação influencia as pessoas. Em outras palavras, a simples exposição à informação não significa necessariamente que a pessoa seja capaz de interpretá-la e absorvê-la. Um mural escrito em chinês não tem o menor sentido para um cidadão brasileiro. Muita gente está frente a frente da informação sem o perceber e sem nem sequer sentir a sua proximidade. Um vigia de biblioteca pública que percorre, ao longo de sua vida profissional, cerca de quilômetros de estantes de livros dificilmente chegará a ser um luminar de sabedoria. Tropeça pelo conhecimento, pisa ou tromba nele, mas não o percebe. Da mesma forma, um guarda de museu de pintura raramente conseguirá ser um crítico de arte, embora passe boa parte de sua vida andando entre quadros de pintores famosos e admirando os nus artísticos. Em ambos os casos, a informação está totalmente disponível, mas não é absorvida. A exposição à informação é uma coisa, a absorção da informação é outra. Qual a diferença? Muito simples. No primeiro caso, a pessoa recebe a mensagem, mas não a percebe, não a interpreta, não a compreende e nem sequer a absorve. No segundo caso, a mensagem é decodificada, interpretada e compreendida, resultando em modificação da atitude ou do comportamento da pessoa ou enriquecimento da sua personalidade. Daí, resulta que se não houver interesse e preparo da pessoa em absorvê-la, de nada adiantará expor a informação, mesmo que contínua e intensivamente. É um grave engano pensar que a informação que percorre as organizações é totalmente percebida, interpretada e compreendida por todas as pessoas que nelas trabalham.

COMUNICAÇÕES ORGANIZACIONAIS

A comunicação organizacional constitui o processo específico pelo qual a informação se movimenta e é intercambiada entre as pessoas dentro de uma organização. Algumas comunicações fluem na estrutura formal e informal, outras descem ou sobem ao longo da hierarquia, enquanto outras se movimentam na direção lateral ou horizontal. Modernamente, com a tecnologia do computador, os fluxos de comunicação estão se intensificando em todos os sentidos.

Assim como o processo de comunicação humana é contingencial, também as comunicações dentro das organizações não são perfeitas. Elas são alteradas ou transformadas ao longo do processo, o que faz com que o último elo – o recebedor da mensagem – quase sempre recebe algo diferente do que foi originalmente enviado, transformando a intenção do processo de comunicação. Existem três problemas principais de transformação da comunicação: a omissão, a distorção e a sobrecarga[9].

1. Omissão: significa a supressão de aspectos das mensagens, mantendo o sentido da mensagem íntegro e inalterado. Pode ocorrer quando o recebedor não tem capacidade suficiente para captar o conteúdo inteiro da mensagem e somente recebe ou passa o que pode captar. É intencional quanto tem capacidade, mas pretende passar apenas uma parte da mensagem. A omissão é mais frequente nas comunicações ascendentes, por causa do seu enorme volume.

2. Distorção: significa uma alteração no sentido da mensagem em suas passagens pelos diversos agentes do sistema. Pode ser causada pela chamada "percepção seletiva" das pessoas: cada pessoa seleciona consciente ou inconscientemente os estímulos e informações que lhe interessam e passa a percebê-los seletivamente, omitindo os demais. Pode ocorrer também em decorrência das diferenças de interesses e de pontos de vista. Nesse sentido, a distorção ocorre frequentemente, tan-

to nas comunicações horizontais quanto nas verticais (ascendentes ou descendentes), por causa dos diferentes objetivos e valores das unidades organizacionais e dos níveis organizacionais.

3. **Sobrecarga**: ocorre quando os canais de comunicação conduzem um volume de informações maior do que a sua capacidade de processá-las. A sobrecarga provoca omissão e contribui enormemente para a distorção.

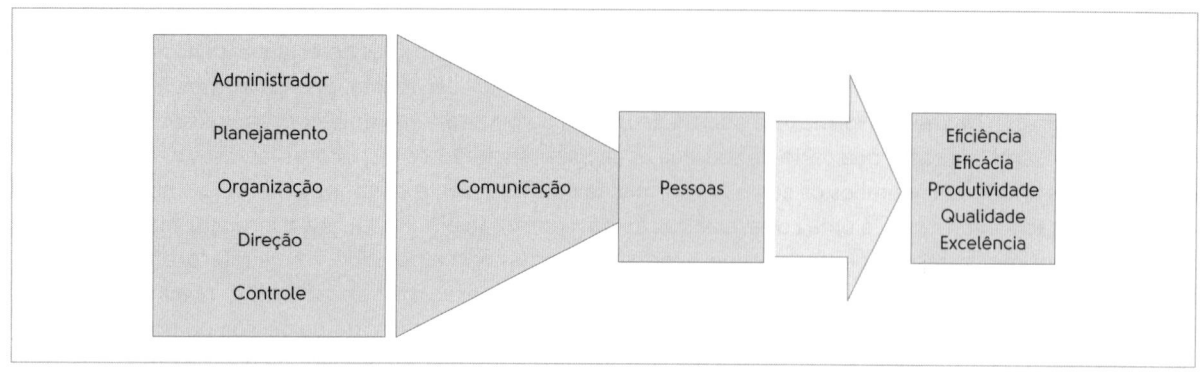

Figura 14.8. A atividade administrativa passa através do gargalo da comunicação.

Na verdade, quase sempre a comunicação organizacional funciona como um estrangulamento das mensagens entre a administração e as pessoas. Nesse verdadeiro gargalo, devem passar todas as comunicações dentro da organização.

Canais Formais de Comunicação

Os canais de comunicação formal são aqueles que fluem dentro da cadeia de comando ou responsabilidade da tarefa definida pela organização. Existem três tipos de canais formais: as comunicações descendentes, as ascendentes e as laterais.

Comunicações Descendentes

São os canais mais familiares que fluem comunicação dentro das organizações. Comunicações descendentes referem-se às mensagens e informações enviadas do topo para os subordinados, isto é, de cima para baixo, em uma direção descendente. É o tipo de comunicação vertical feita para criar empatia e gerar um clima de trabalho conjunto para a busca de soluções de problemas na organização.

O administrador pode se comunicar para baixo da hierarquia por meio de conversas, reuniões, mensagens em publicações da organização, correio eletrônico, telefonemas, memorandos, vídeos, seminários, cartas e manuais de políticas e procedimentos.

As comunicações descendentes geralmente cobrem os seguintes assuntos[12]:

1. **Implementação de objetivos, estratégias e metas**. A comunicação descendente proporciona direção para os níveis mais baixos da organização. Por exemplo: o programa de qualidade total deve melhorar a qualidade do produto, se quisermos que nossa organização consiga sobreviver.

2. **Instruções no trabalho e racionalidade**. São diretrizes de como fazer o trabalho e como relacioná-lo com outras atividades organizacionais. Por exemplo: as compras devem ser planejadas agora para serem entregues em dois meses.

3. **Práticas e procedimentos**. São mensagens que definem as políticas, regras, regulamentos, benefícios e estrutura organizacional. Por exemplo: após 90 dias de experiência, você terá direito ao nosso plano de seguro de vida em grupo.

4. **Retroação de desempenho.** São mensagens que avaliam como as pessoas estão se desempenhando em suas tarefas. Por exemplo: o seu trabalho na rede de informações melhorou a eficiência de nosso processo de faturamento.
5. **Doutrinação.** São mensagens destinadas a motivar as pessoas a adotar a missão e os valores culturais e a participar em cerimônias especiais. Por exemplo: a empresa quer reunir seus funcionários como uma família na convenção do dia 5.

Comunicações Ascendentes

As comunicações formais ascendentes se referem às mensagens que fluem de baixo para os níveis mais elevados da hierarquia organizacional. Existem cinco tipos de informações ascendentes[12]:

1. **Problemas e exceções.** São mensagens que descrevem problemas com desvios ou anormalidades em relação ao desempenho rotineiro a fim de chamar a atenção do topo para as dificuldades. Por exemplo: a impressora ficará fora de operação por dois dias em decorrência de um defeito interno.
2. **Sugestões para melhoria.** São mensagens com ideias para melhorar procedimentos relacionados com a tarefa a fim de aumentar a qualidade ou eficiência. Por exemplo: sugerimos a eliminação da fase 3 do procedimento de auditoria porque ela toma tempo e não produz resultados.
3. **Relatórios de desempenho.** São mensagens que incluem relatórios periódicos que informam a administração sobre o desempenho de pessoas ou unidades organizacionais. Por exemplo: completamos o relatório de auditoria do departamento de compras cinco dias antes da programação estabelecida.
4. **Greves e reclamações.** São mensagens sobre queixas e conflitos que os funcionários enviam para o alto da hierarquia a fim de providenciar uma possível resolução. Por exemplo: o gerente de pesquisa não pode colaborar no projeto da fábrica por estar ocupado com a pesquisa de novos materiais.
5. **Informação contábil e financeira.** São mensagens relacionadas com custos, recebimento de contas, volume de vendas, lucros projetados, retorno sobre o investimento e outros assuntos de interesse da administração. Por exemplo: os custos operacionais estão 3% acima do orçamento e podem diminuir o lucro em 1%.

Comunicações Horizontais

A comunicação horizontal é o intercâmbio lateral ou diagonal de mensagens entre pares ou colegas. Pode ocorrer dentro ou ao longo das unidades organizacionais. O seu propósito é não somente informar, mas também solicitar atividades de suporte e de coordenação. A comunicação horizontal ocorre em três categorias[12]:

1. **Solução de problemas intradepartamentais.** São mensagens trocadas entre membros do mesmo departamento a respeito do cumprimento de tarefas. Por exemplo: peço-lhe para me explicar como completar este relatório de despesas de viagens.
2. **Coordenação interdepartamental.** As mensagens interdepartamentais facilitam o cumprimento de projetos ou tarefas conjuntas. Por exemplo: solicito entrar em contato com produção e vendas e marcar uma reunião para discutir as especificações do novo produto.
3. **Assessoria de *staff* para os departamentos de linha.** São mensagens que vão dos especialistas de *staff* para os administradores de linha para ajudá-los em suas atividades. Por exemplo: podemos ajudá-lo a interpretar o relatório contábil do mês passado.

Diagrama de comunicações

Interpreta (seta para cima)

Comunicação para baixo
- Implementação de objetivos e metas
- Instruções de trabalho
- Práticas e procedimentos
- Orientação
- Retroação de desempenho
- Doutrinação

Coordena — Comunicação horizontal
- Solução de problemas intradepartamentais
- Coordenação interdepartamental
- Assessoria de *staff* para os departamentos de linha

Comunicação para cima
- Problemas e exceções
- Sugestões de melhoria
- Relatórios de desempenho
- Reclamações e queixas
- Informação financeira/contábil

Influencia (seta para baixo)

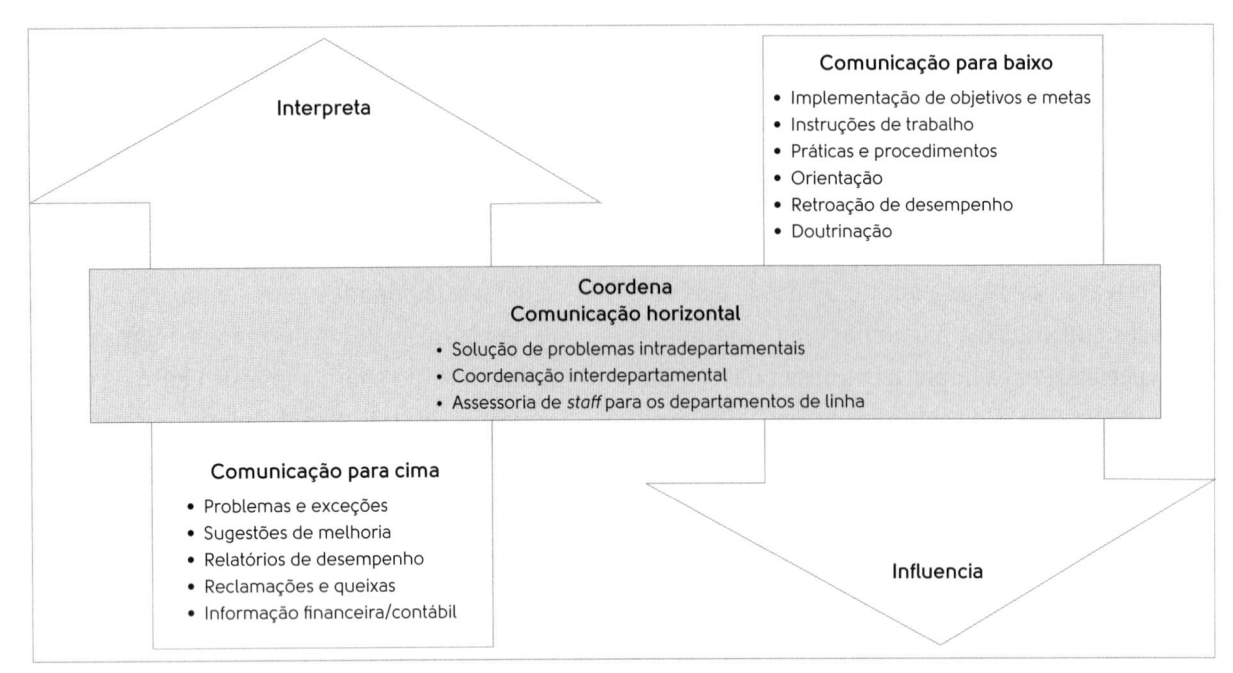

Figura 14.9. As comunicações formais verticais e horizontais[12].

Canais Informais de Comunicação

Os canais informais de comunicação funcionam fora dos canais formalmente autorizados e nem sempre seguem a hierarquia de autoridade. As comunicações informais coexistem com as comunicações formais, mas podem ultrapassar níveis hierárquicos ou cortar cadeias de comando verticais para conectar virtualmente quaisquer pessoas dentro da organização. O presidente da Tandem Computer, Jim Treybig, utiliza canais informais de comunicação quando sintoniza qualquer funcionário por meio de um terminal de computador. Treybig costuma tomar cerveja nas tardes de sextas-ferias em cada um dos 132 escritórios da Tandem ao redor do mundo. Ele diz que entre uma cerveja e uma pipoca, os funcionários gostam de falar abertamente com ele. Sua ideia é criar e manter um canal informal de comunicação com os empregados.

Dois tipos de canais informais de comunicação são intensivamente utilizados pelas organizações:

1. Passeando pela organização. É uma técnica utilizada por dirigentes de organizações que falam diretamente com empregados enquanto andam ou passeiam pela organização. Desenvolvem contatos informais com empregados e tomam conhecimento de como andam as suas unidades organizacionais. O presidente da ARCO tem o hábito de visitar cada um dos escritórios da empresa. Sem programar reuniões, ele prefere falar com o supervisor ou com os operários de nível mais baixo. Essa técnica melhora as comunicações ascendentes e descendentes na organização, pois o administrador pode descrever ideias e valores aos funcionários e, em contrapartida, aprender como eles pensam a respeito de problemas e assuntos da organização.

2. Cachos de uva. É uma rede de comunicação informal, de pessoa a pessoa e que não é oficialmente sancionada pela organização. A rede em cachos de uva interliga os empregados em todas as direções e em todos os níveis. Ela tende a ser mais ativa em tempos de mudança, ansiedade, excitação e em épocas de crises ou condições econômicas difíceis.

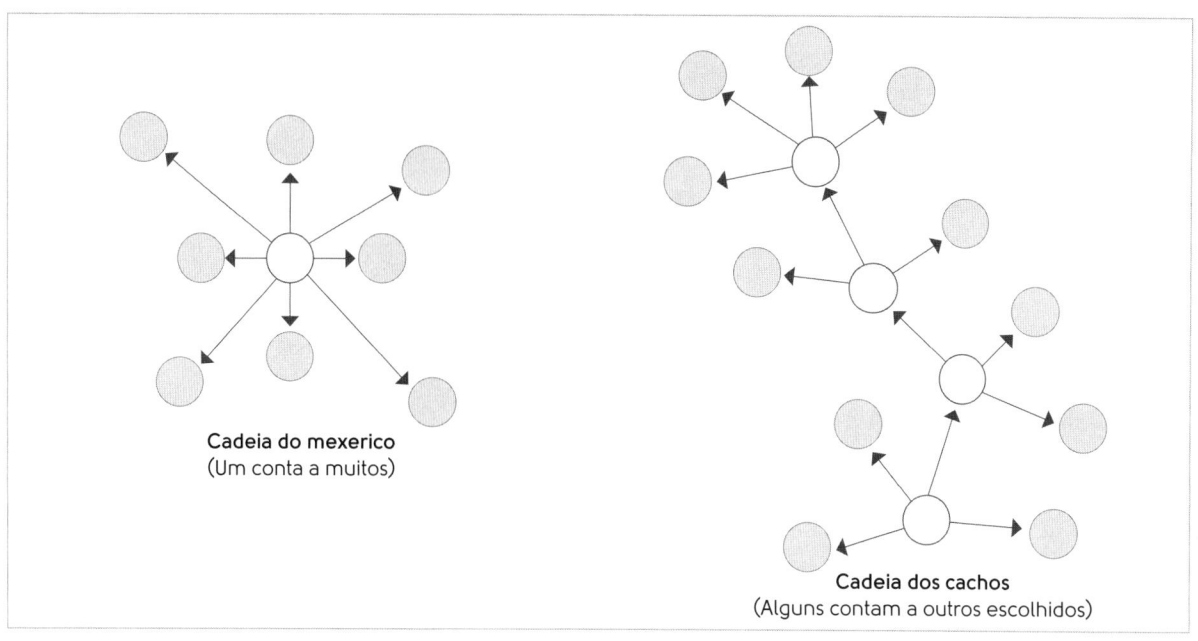

Figura 14.10. Duas cadeias de comunicação em cachos de uva[14].

Comunicação em Equipes

O trabalho em equipe envolve intensa comunicação. Os membros da equipe trabalham juntos para cumprir tarefas, e a estrutura de comunicação da equipe influencia o seu desempenho e a satisfação das pessoas envolvidas. As pesquisas sobre comunicação em equipe focalizam duas características: a medida em que as comunicações suas são centralizadas e a natureza da sua tarefa[15]. Em uma rede centralizada, os membros da equipe devem se comunicar por meio de um indivíduo para resolver os problemas ou tomar as decisões. Em uma rede descentralizada, os membros podem comunicar-se livremente com os demais membros da equipe. Todos os membros processam a informação entre si até que cheguem a um consenso sobre uma decisão[16]. A rede centralizada de comunicação proporciona soluções mais rápidas para problemas simples. Os membros passam as informações relevantes para uma só pessoa para que ela tome as decisões. A rede descentralizada é mais lenta para problemas simples porque a informação passa por diferentes pessoas, até que elas coloquem as peças juntas e resolvam o problema. Todavia, os problemas complexos são mais rapidamente resolvidos pela rede descentralizada, porque todas as informações necessárias não ficam restritas a uma única pessoa. As decisões são mais rápidas e melhores. O outro aspecto pesquisado, a solução dos problemas está intimamente relacionado à complexidade dos problemas. A rede centralizada produz poucos erros em relação aos problemas simples e muitos erros relativos aos problemas complexos. A rede descentralizada é menos acurada nos problemas simples e muito acurada nos problemas complexos[17].

As implicações para a organização são as seguintes. Em um ambiente globalizado e competitivo, as organizações utilizam grupos e equipes para lidar com problemas complexos. Quando as atividades das equipes são complexas e difíceis, todos os membros devem compartilhar as informações em uma estrutura descentralizada para resolver os problemas. Nessas condições, as equipes necessitam de um fluxo livre de comunicações em todas as direções[17]. Os membros devem devo-

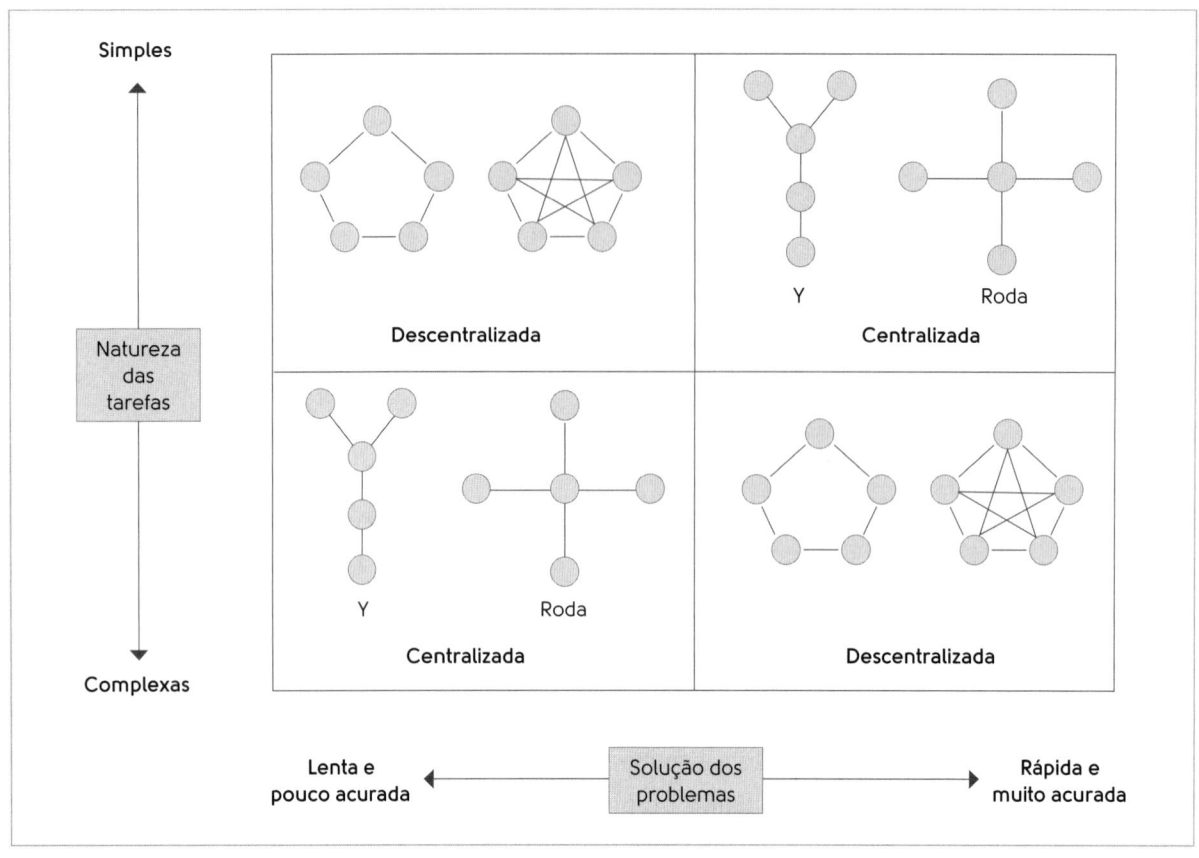

Figura 14.11. A eficácia de uma rede de comunicações em uma equipe[18].

tar grande parte de seu tempo para processar informações e discutir os problemas. Contudo, quando a equipe executa tarefas rotineiras e passa menos tempo processando informações, a rede de comunicações pode ser centralizada. Os dados podem ser canalizados para um líder ou supervisor, liberando os membros para maior dedicação de tempo às atividades das tarefas.

Reuniões

As reuniões constituem um importante meio de comunicação organizacional.

Consiste em um encontro de pessoas para discutir algum assunto ou resolver algum problema. As reuniões fazem parte do dia a dia do administrador. Uma reunião é uma forma de intercâmbio de ideias entre as pessoas. É uma poderosa ferramenta de trabalho.

As reuniões podem ser feitas para alcançar vários objetivos:

1. **Informações:** o propósito da reunião é transmitir informações a respeito de assuntos ou decisões tomadas, como as reuniões de treinamento ou de transmissão de dados e informações.
2. **Consulta:** o propósito da reunião é saber a opinião das pessoas a respeito de determinados assuntos. Colher informações e sugestões, pontos de vista e pareceres pessoais.
3. **Decisão:** o propósito é envolver as pessoas no processo de tomar decisões a respeito de alguma coisa. Juntar cabeças para obter consenso a respeito de determinadas decisões.
4. **Solução de problemas:** o propósito da reunião é apresentar um problema e solicitar que todos participem de sua solução. Cada um dos

participantes traz o seu conhecimento e especialidade técnica para em conjunto solucionar problemas complexos e que envolvam várias áreas diferentes.

5. Inovação: o propósito é estimular a criatividade do grupo, liberando-o para que seus membros apresentem ideias e sugestões criativas e inovadoras. Uma reunião de *brainstorming*, por exemplo, para apresentar ideias inovadoras e criativas a respeito de um produto ou serviço.

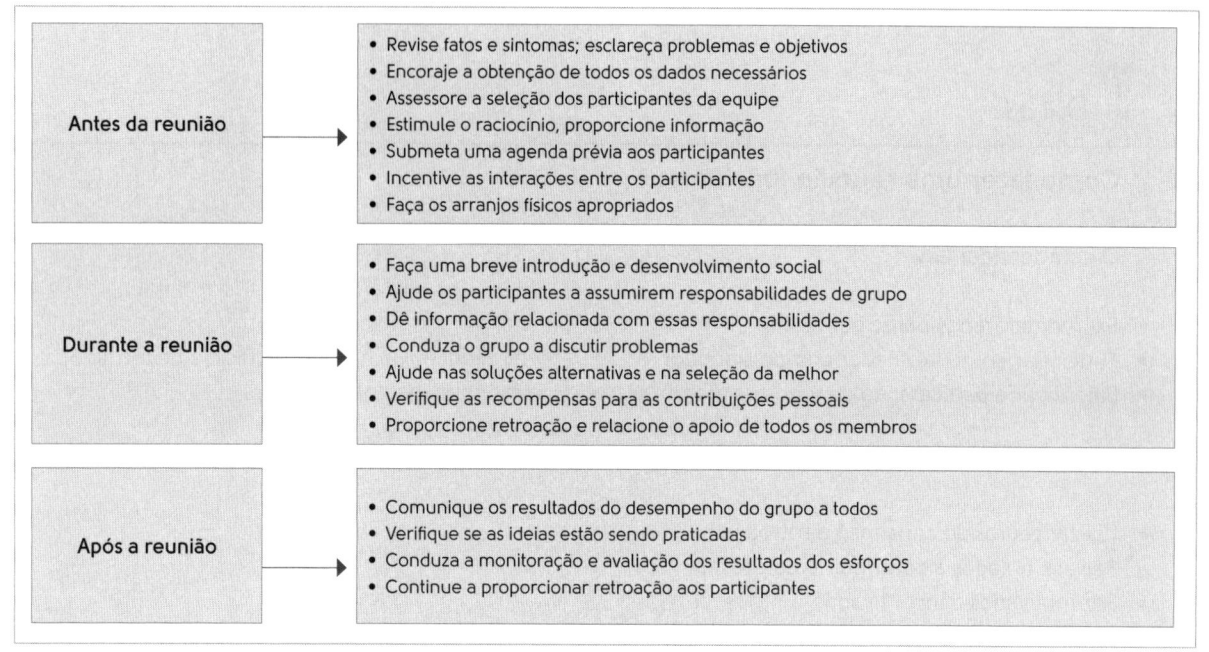

Antes da reunião →
- Revise fatos e sintomas; esclareça problemas e objetivos
- Encoraje a obtenção de todos os dados necessários
- Assessore a seleção dos participantes da equipe
- Estimule o raciocínio, proporcione informação
- Submeta uma agenda prévia aos participantes
- Incentive as interações entre os participantes
- Faça os arranjos físicos apropriados

Durante a reunião →
- Faça uma breve introdução e desenvolvimento social
- Ajude os participantes a assumirem responsabilidades de grupo
- Dê informação relacionada com essas responsabilidades
- Conduza o grupo a discutir problemas
- Ajude nas soluções alternativas e na seleção da melhor
- Verifique as recompensas para as contribuições pessoais
- Proporcione retroação e relacione o apoio de todos os membros

Após a reunião →
- Comunique os resultados do desempenho do grupo a todos
- Verifique se as ideias estão sendo praticadas
- Conduza a monitoração e avaliação dos resultados dos esforços
- Continue a proporcionar retroação aos participantes

Figura 14.12. A atuação do administrador nas reuniões[19].

Voltando ao caso introdutório: A compreensão é o limite

Como esforço inicial para desenvolver vários canais de comunicação na Gama Total, Eduardo definiu vários funcionários como os elementos multiplicadores do processo de comunicação na empresa. Cada um funcionaria como um representante de vários grupos e teria uma abrangência determinada de atuação. Eduardo se reuniria pessoalmente com eles todas as semanas para trocar informações a respeito das mudanças na companhia: de um lado, mostraria os seus planos e projetos e, de outro, colheria opiniões. Cada um dos representantes teria a tarefa de conversar com seus grupos de atuação e trazer a retroação na próxima reunião. Outros canais de comunicação poderiam ser desenvolvidos por meio de consenso dentro da empresa.

Avaliação crítica: As empresas realmente ouvem seus funcionários?

Quando se implanta um programa de qualidade nas empresas, uma das preocupações é transmitir novos conceitos que as pessoas jamais tinham percebido: o cliente interno, o cliente externo, a melhoria contínua e por aí adiante. A transmissão de informações é feita geralmente de cima para baixo, em uma avalanche que depende da urgência em se implementar o novo sistema. Quando a implementação é feita somente nesses termos, o resultado, na maior parte das vezes, é frustrante e desanimador. É que, sem ouvir as bases operacionais ou conhecer o que pensam os funcionários, o processo de comunicação se torna de mão única e deixa de ser completo. De nada adiantam os cartazes pela fábrica ou uniformes e broches com bonitas inscrições. O dinheiro gasto inutilmente em programas desse tipo é fantástico. A comunicação estritamente formal, vertical, de cima para baixo, trazendo ordens e comandos já era. As organizações que não ouvem os seus funcionários não serão ouvidas por eles.

Dicas

Como fazer uma reunião funcionar

O coordenador deve:

- Exercer liderança participativa
- Funcionar como facilitador e impulsionador
- Balancear a participação de todos os membros
- Ser claro e comunicativo
- Prestar atenção ao horário de início e de término
- Mostrar confiança nas pessoas

Os participantes devem:

- Utilizar regras do consenso e retroação
- Ser estimulados a contribuir e colaborar
- Ser motivados e incentivados

NEGOCIAÇÃO

Grande parte das comunicações dentro das organizações envolve uma razoável habilidade de negociação por parte do administrador. As partes envolvidas precisam chegar a alguma forma de acordo ou consenso sobre assuntos ou pendências que as afetam direta ou indiretamente. Negociação ou barganha é o processo de tomar decisões conjuntas quando as partes envolvidas têm diferentes preferências[20]. A negociação apresenta as seguintes características principais[21]:

1. Pelo menos duas partes envolvidas.
2. As partes envolvidas apresentam conflito de interesses a respeito de um ou mais tópicos.
3. As partes estão, pelo menos temporariamente, juntas em um tipo especial de relacionamento voluntário.
4. A atividade no relacionamento considera a divisão ou troca de um ou mais recursos específicos e/ou a resolução de um ou mais assuntos intangíveis entre as partes ou entre aqueles que as representam.
5. Geralmente, a atividade envolve a apresentação de demandas ou propostas por uma parte e a avaliação das mesmas pela outra parte, seguida por concessões e contrapropostas. Assim, a atividade é sequencial e não simultânea.

Quase sempre o administrador trabalha em situações de negociação. Para conduzir com eficácia uma barganha, o administrador precisa ter habilidade de planejamento, conhecimento do assunto a ser negociado, habilidade para pensar clara e objetivamente sob pressão e incerteza, habilidade para expressar verbalmente as ideias, habilidade de ouvir, habilidade de julgamento e inteligência geral, integridade, habilidade para persuadir outros e muita paciência. Tudo isso ajuda a saber quando e como negociar[22].

A negociação visa o alcance de uma zona ou área de acordo, conforme a Figura 14.13. Uma zona de acordo existe quando há simultaneidade de resultados aceitáveis justapostos para as partes envolvidas. Ela reflete uma amplitude de negociação entre as partes.

Na Figura 14.13, as partes A e B negociam a respeito de um determinado tópico. Cada uma delas tem uma posição de reserva, que é o mínimo aceitável. Qualquer valor de x que seja inferior a a impossibilitará o acordo. Para qualquer valor de x maior do que a, a parte A receberá um excedente. Obviamente, A deseja obter o maior excedente possível, contanto que tenha um bom relacionamento com B. Por sua vez, B tem a sua posição de reserva, b, que é o máximo que ele pretende conceder. Qualquer valor de x maior do que b impossibilitará o acordo. Para qualquer valor de x menor do que b, a parte B receberá um excedente. Se a posição de reserva de B for menor que a posição de reserva de A, isto é, a menor do que b, então existirá uma zona de acordo, e o acordo final será determinado por meio de barganha. Existe uma forte vantagem quando se conhece a posição de reserva da outra parte envolvida. Quase sempre, os interessados fazem com que ela se pareça mais alta (parte A) ou mais baixa (parte B), como se fossem comprador e vendedor, discutindo o preço de uma mercadoria. A clareza com que as partes revelam suas posições de reserva depende de vários fatores, como personalidades, circunstâncias da negociação e expectativa sobre relacionamentos futuros[23].

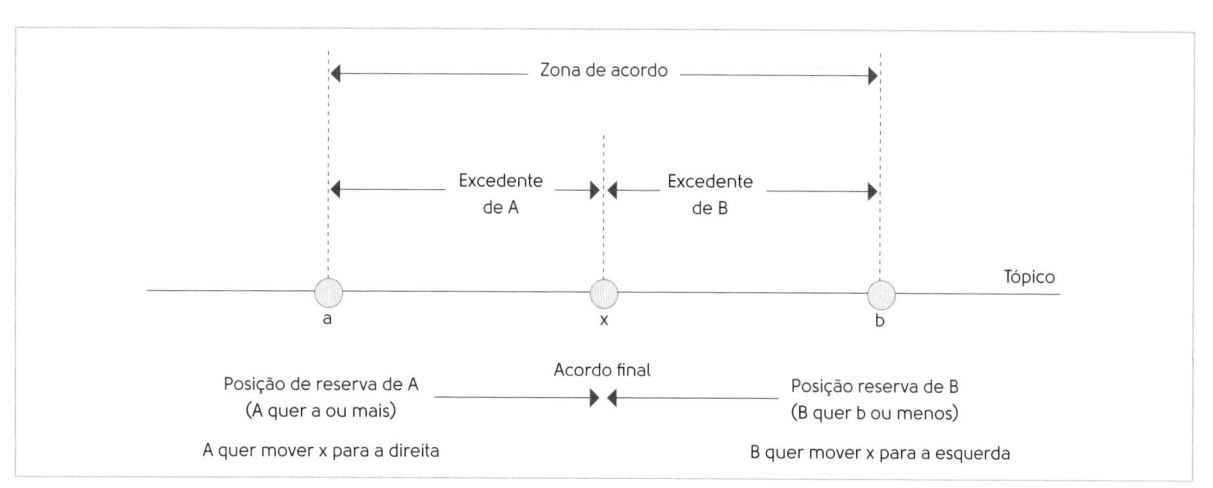

Figura 14.13. A zona de acordo[22].

Estratégia de Negociação

A negociação envolve a preparação de um plano estratégico para direcionar o seu início e as decisões táticas no decorrer do processo de negociação. Estratégia de negociação é um compromisso amplo no sentido de atingir os objetivos do negociador[23]. Alguns adotam uma estratégia "dura" com seus oponentes, enquanto outros utilizam uma estratégia "suave" para obter resultados mais favoráveis. Fisher e Ury propõem a chamada estratégia da "negociação honrosa" que está descrita adiante.

Os negociadores utilizam uma variedade de táticas de barganha durante um processo de negociação. Táticas de negociação são manobras adotadas em pontos específicos do processo de negociação.

Administração de hoje

A abordagem de negociação honrosa[24]

Fisher e Ury adotam quatro pontos para a condução de "negociações honrosas", no chamado programa Projeto de Negociação de Harvard:

1. **Separe as pessoas do problema**: a negociação deve ser um processo de solução de um problema conjunto e não um teste de vontades ou de emoções subjetivas. Separar as pessoas do problema significa:
- fazer percepções precisas para entender o ponto de vista do oponente.
- as emoções são legítimas e devem ser discutidas abertamente, desde que controladas.
- as comunicações entre as partes devem ser claras. Ouvir atentamente e entender o problema e não discutir sobre as fraquezas do oponente.
2. **Focalize interesses e não posições**: os interesses levam as pessoas a adotar posições. O reconciliamento de interesses funciona melhor, pois para cada interesse existem diversas posições possíveis que podem satisfazê-los.
3. **Gere muitas alternativas antes de decidir**: para ajudar a identificar os interesses comuns. Procure um bolo maior em vez de discutir sobre o tamanho de cada fatia.
4. **Os resultados devem se basear em critérios objetivos**: a intransigência em argumentar sobre sua posição em vez de seus interesses precisa ser substituída por critérios objetivos justos para ambas as partes e que conduzam a um acordo.

Avaliação crítica: Bancar o durão não leva a nada[25]

Em uma economia global, a habilidade de administrar seus relacionamentos comerciais importantes é crucial para uma empresa que quer se tornar competitiva. As negociações eficazes constituem a cola que mantém unidas suas atividades e que lhe permite gerar valor por meio de suas interações com outras empresas. O conteúdo – como termos, condições, etc. – é crucial. Negociamos não apenas pelo negociar em si, mas também para atender a importantes interesses das empresas. Elas investem muito tempo e dinheiro para preparar suas equipes de negociação no tocante ao conteúdo. Mesmo assim, a maneira como conduzimos a negociação, ou seja, o processo que seguimos, requer tanta atenção quanto ao conteúdo.

As abordagens típicas à negociação se enquadram em duas categorias extremas. Em uma ponta do espectro temos o negociador durão, que enxerga a negociação como um processo antagônico. Trabalha à base de ameaças, não faz nada para gerar confiança na outra parte e tem como meta derrotá-la. O outro extremo é o negociador *soft* ou bonzinho demais. Ele faz qualquer coisa para preservar o relacionamento com a outra parte. Para evitar conflitos e conseguir o negócio, ele cede a pressões.

O que é preciso, em lugar disso, é uma terceira alternativa: a negociação em colaboração. Essa abordagem enfatiza a criatividade, a construção da confiança mútua e a busca conjunta por soluções que atendam aos interesses de todos. Um exemplo: a Procter & Gamble manteve durante anos um relacionamento turbulento com a Walmart. As duas negociavam dentro da tradição do negociador durão – ou seja, trataram-se com dureza em todos os contatos que tiveram. Há mais ou menos dez anos, as duas empresas decidiram reunir periodicamente alguns de seus altos executivos com o objetivo de criar uma visão comum de relacionamento futuro. Desses encontros iniciais emergiu um plano de uso conjunto da informática para aumentar as vendas e reduzir os custos. O resultado foi a criação de um sistema informatizado de inventário com o qual as duas empresas puderam poupar milhões de dólares. Para a P&G, em especial, o sistema fortaleceu seu relacionamento com a Walmart, sua maior cliente, gerando 3 bilhões de dólares em vendas – cerca de 10% de sua receita total. Razão do sucesso: a P&G e a Walmart começaram a negociar em colaboração. Essa abordagem inclui quatro pontos-chaves que podem ser usados virtualmente em qualquer situação. Cada ponto lida com um elemento básico da negociação. O primeiro ponto, relacionamento, é centrado na ideia de que somos seres humanos, não máquinas, temos emoções e, muitas vezes, percepções diferentes do mundo. Para construir relacionamentos com aqueles com quem vamos negociar, precisamos trabalhar lado a lado, atacando o problema e não uns aos outros.

O segundo ponto, interesses, visa superar o obstáculo de centrar a atenção sobre as posições de cada lado. Em lugar de estudar o máximo possível de acordos, nos concentramos em apenas duas posições. Centrar a atenção sobre os interesses permite que as partes em negociação gerem mais valor. O entendimento entre a P&G e a Walmart é um exemplo de negociação baseada em interesses.

O terceiro ponto, opções, busca superar a dificuldade de se encontrar soluções mutuamente satisfatórias quando se está sofrendo pressões. Essa limitação pode ser superada quando os negociadores reservam um tempo predeterminado, fora da pauta de discussões para pensar em uma ampla gama de soluções que sejam capazes de atender aos interesses comuns das partes e reconciliar seus interesses divergentes.

O último ponto são os critérios. Quando os interesses das partes são antagônicos, o negociador pode obter um resultado favorável mostrando-se teimoso. Mas essa abordagem funciona apenas em curto prazo. Em lugar dela, quando os interesses divergem, a melhor maneira de chegar a um acordo é baseá-lo num padrão justo que independa da mera vontade das partes.

Custa caro fazer negócios sem negociações e estratégias de relacionamentos marcados pela cooperação. Trabalhar isso é uma maneira muito mais agradável de fazer negócios: é uma vantagem competitiva. Investir hoje em estratégias de relacionamento com colaboração é uma questão puramente de bom senso – para a empresa e amanhã, movida pelo valor.

Dicas

Táticas clássicas de barganha[23]

1. **Seja entusiasmado**: demonstre o seu envolvimento emocional em relação à sua posição. Isso aumenta a sua credibilidade e pode dar uma justificativa ao oponente para fechar o acordo com base em seus termos.
2. **Aposte alto**: crie uma ampla margem para negociação desde o início. Você ainda sairá ganhando.
3. **Consiga um aliado de prestígio**: o aliado pode ser uma pessoa ou projeto que ajude a influenciar seu oponente a aceitar menos.
4. **O poço secou**: encare o oponente de frente e diga-lhe que você não pode mais fazer concessões.
5. **Autoridade limitada**: negocie em boa fé com o oponente e, na hora de assinar o acordo, diga que vai consultar o seu chefe.
6. **Negociação múltipla/leilão**: negocie simultaneamente com vários concorrentes que sabem da existência de várias partes envolvidas. Marque compromissos com eles ao mesmo tempo e deixe-os esperando por você.
7. **Dividir para conquistar**: se estiver negociando com uma equipe do oponente, venda suas propostas a apenas um membro da equipe. Ele o ajudará a persuadir os demais membros da equipe.
8. **Desapareça/ganhe tempo**: abandone a negociação por um tempo. Retorne quando as coisas estiverem melhor e tente retomá-la. O período de tempo pode ser longo (você sai da cidade) ou curto (você vai ao banheiro para pensar).

9. **Seja impassível**: não dê nenhuma resposta emocional ou verbal ao oponente. Não responda a seus ataques ou pressões. Fique frio e mantenha sua face de jogador de pôquer.
10. **Seja paciente**: supere o seu oponente com paciência e terá sucesso.
11. **Vamos repartir**: o primeiro a dizer isso será o que menos perderá na negociação.
12. **Balão de ensaio**: antes de tomar a decisão, você a avalia por meio de uma fonte externa confiável.
13. **Surpresa**: deixe seu oponente desnorteado com o uso de guinadas repentinas, drásticas e dramáticas. Nunca seja previsível. Evite que o oponente antecipe os seus movimentos.

Caso para discussão: Volkswagen[26]

Em busca de competitividade, produtividade e redução de custos, algumas empresas já estão atuando para mudar a maneira de relacionar-se com seus funcionários. O modelo tradicional que coloca em lados opostos "patrão e empregados" dá lugar a novos paradigmas, nos quais estão em alta conceitos como parceria e colaboração.

Nessa direção, a Volkswagen abriu duas frentes de trabalho: a capacitação da mão de obra e a troca de informações permanentes com representantes dos empregados. Todos os assuntos são discutidos nesses encontros e a prática tem contribuído para elevar a credibilidade da empresa juntos aos funcionários.

Ao adotar a negociação direta para tratar de todos os assuntos na área de recursos humanos, a empresa busca o envolvimento dos empregados dentro de um enfoque gerencial participativo. O próprio diretor de RH da VW coordena reuniões regulares com os funcionários mensalistas que são responsáveis por grupos de pessoas, para que eles ajudem como multiplicadores nesse processo de comunicação.

A VW decidiu apostar no fortalecimento do sistema de comunicação com os empregados a partir de 1995, quando houve a dissolução da Autolatina, uma parceria da VW com a Ford. Hoje, os funcionários têm 53 representantes eleitos na fábrica da Via Anchieta em São Bernardo do Campo (SP) e 32 em Taubaté (SP). É com essas lideranças que são discutidos temas como terceirização, adequação da mão de obra e produção adicional, por exemplo.

Com 30 mil empregados, dos quais 450 executivos e três mil mensalistas, a VW utiliza variados instrumentos para comunicação interna. Com os mensalistas, o meio é o correio eletrônico; para os horistas, são colocados painéis próximos aos postos de trabalho com mensagens em letras grandes e linguagem simples; além disso, há um sistema de rádio interno com transmissão nos refeitórios da empresa. Para dar sugestões ou fazer críticas, os funcionários têm uma urna e, no caso dos mensalistas, podem usar o correio eletrônico. Os canais de comunicação são variados.

Esse sistema de comunicação melhorou sensivelmente as relações com os empregados. Nas últimas negociações, foi definida a flexibilização da jornada de trabalho, cujo padrão é de 42 horas semanais; caso as exigências da produção elevem esse período até 44 horas, o funcionário recebe um crédito que vai para o banco de horas; acima das 44 horas, ele recebe a hora extra integral; se superar 48 horas, além de receber as horas extras, a quantidade de horas trabalhadas vai para o banco de horas.

Questões:
1. O que você acha dos canais de comunicação da VW?
2. Quais as sugestões que você daria para melhorá-la ainda mais?
3. Como funciona o esquema de representantes do pessoal?
4. Como funciona a troca de informações entre empresa e funcionários?

14 Comunicação e negociação nas organizações

Comunicação: É a mola-mestra da direção. Comunicação envolve: • Conversas • Reuniões • Entrevistas • Cartas escritas • Relatórios escritos • Relatórios verbais • Telefonemas • *E-mails* • Memorandos

Conceito: • Dados • Informação • Comunicação

Processo de comunicação: • Fonte • Transmissor • Canal • Receptor • Destinatário • Ruído • Retroação

Comunicação eficiente: • Emissor fala bem • Transmissor funciona bem • Canal sem ruído • Receptor funciona bem • Destinatário ouve bem • Não há interferências

Consonância: • Cognição • Sistema cognitivo • Valência • Dissonância

Comunicação eficaz: • Mensagem clara e objetiva • Significado é consoante • Destinatário compreende • Comunicação é completada • Mensagem torna-se comum • Destinatário dá retroação

Comunicação entre pessoas: Padrões de referência do emissor x Padrões de referência do receptor

Barreiras à comunicação: Percepção seletiva • Organização perceptiva • Estereotipação • Generalização

Comunicações organizacionais: • Omissão • Distorção • Sobrecarga

Canais formais: Comunicações descendentes: • Implementação de metas • Instruções de trabalho • Práticas e procedimentos • Retroação de desempenho • Doutrinação

Canais formais: Comunicações ascendentes: • Problemas e exceções • Sugestões para melhorias • Relatórios de desempenho • Reclamações e greves • Informação contábil

Canais formais: Comunicações horizontais: • Solução de problemas entre departamentos • Coordenação interdepartamental • Assessoria de *staff*

Canais informais: • Passeando pela organização • Cachos de uva

Comunicação em equipes Reuniões

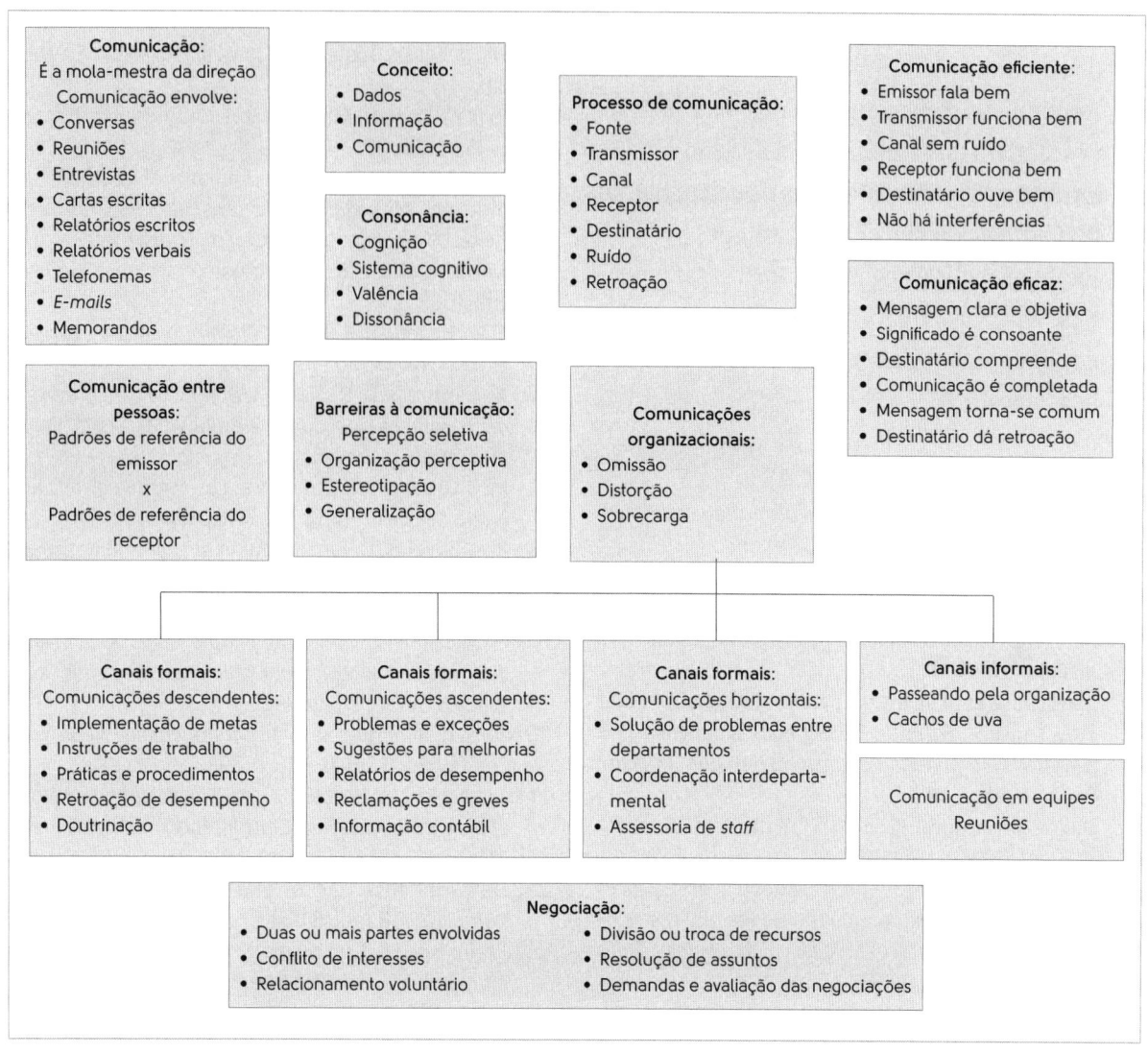

Negociação: • Duas ou mais partes envolvidas • Conflito de interesses • Relacionamento voluntário • Divisão ou troca de recursos • Resolução de assuntos • Demandas e avaliação das negociações

Figura 14.14. Mapa Mental do Capítulo 14: Comunicação e negociação nas organizações.

Exercícios

1. Qual a importância da comunicação para o administrador?
2. O que é comunicar?
3. Qual a diferença entre dado, informação e comunicação?
4. Defina comunicação.
5. Explique o processo de comunicação como um sistema. Dê exemplos.
6. O que é ruído e como evitá-lo?
7. Explique retroação ou retroinformação.
8. Como a comunicação pode ser eficiente e eficaz?
9. Explique o sistema cognitivo e o aparato de comunicação das pessoas.
10. O que é consonância e dissonância?
11. Explique o campo psicológico ou os padrões de referência pessoais.
12. Comente as barreiras à comunicação.
13. Explique a percepção seletiva, os estereótipos e o efeito generalização.
14. Comente os canais de comunicação e seu grau de amplitude.

15. Explique os três problemas de transformação da comunicação.
16. Explique os canais formais de comunicação: descendentes, ascendentes e horizontais.
17. Explique os canais informais de comunicação.
18. Comente a comunicação em equipes.
19. Explique o que é negociação e suas características.
20. Explique a zona de acordo e as estratégias de negociação.

REFERÊNCIAS BIBLIOGRÁFICAS

1. Henry Mintzberg. *The nature of managerial work*. Nova York, Harper & Row, 1973.
2. Bill Gates. *A estrada do futuro*. São Paulo, Companhia das Letras, 1995.
3. Peter F. Drucker. *Sociedade pós-capitalista*. São Paulo, Pioneira, 1993.
4. Maria José Lara de Bretas Pereira, João Gabriel Marques Fonseca. *Faces da decisão: as mudanças de paradigmas e o poder da decisão*. São Paulo, Makron Books, 1997. p. 225.
5. Dagomir Marquezi. "*E-mail* o fim da carta". *Conecta*, n. 3, out./1996, p. 88-90.
6. Idalberto Chiavenato. *Administração: teoria, processo e prática*. São Paulo, Makron Books, 1994. p. 406.
7. Kurt Lewin. *Principles of topological psychology*. Nova York, McGraw-Hill, 1936.
8. Leon Festinger. *A theory of cognitive dissonance*. Stanford, Stanford University, 1937.
9. Idalberto Chiavenato. *Gerenciando pessoas: o passo decisivo para a administração participativa*. São Paulo, Makron, 1997. p. 124-5.
10. Wilbur Schramm. "How communication works". In: Schramm W (ed.). *The process and effects of mass communication*. Urbana, Ill. The University of Illinois, 1953. p. 6.
11. Herbert G. Hicks, C. Ray Gullett. *Organizations: theory and behavior*. Tóquio, McGraw-Hill/Kogakusha, 1975. p. 207.
12. Richard L. Daft. *Management*. Orlando, The Dryden, 1996. p. 553, 555.
13. Amacon et al. "Ten Commandments of Good Communication". *Management Review*, Oct./1955.
14. Keith Davis, John W. Newstrom. *Human behavior at work: organizational behavior*. Nova York, McGraw-Hill, 1985.
15. E. M. Rogers, R. A. Rogers. *Communication in organizations*. Nova York, Free, 1976.
16. Richard L. Daft, Richard M. Steers. *Organizations: a micro/macro approach*, Glenview, Ill. Scott, Foresman, 1986.
17. M. E. Shaw. *Group Dynamics: The psychology of small group behavior*. Nova York, McGraw-Hill, 1976
18. Alex Bavelas, D. Barret. "An experimental approach to organization communication". *Personnel*, 27, 1951, p. 266-371.
19. O. Jeff Harris. *Managing people at work: concepts and cases in interpersonal behavior*. Nova York, John Wiley & Sons, 1976. p. 390.
20. John R. Schermerhorn Jr. *Management*. Nova York, John Wiley & Sons, 1996. p. 398.
21. Jeffrey Rubin, Bert R. Brown. *The social psychology of bargaining and negociation*, Nova York, Academic, 1975. p. 18.
22. Howard Raiffa. *The art and science of negociation*, Cambridge, Harvard University, 1982.
23. Philip Kotler. *Administração de marketing: análise, planejamento, implementação e controle*. São Paulo, Atlas, 1996. p. 607.
24. Roger Fisher, William Ury. *Getting to yes: negotiating agreement without givin in*. Boston, Houghton Mifflin, 1981. p. 57.
25. Roger Fisher. "Bancar o durão não leva a nada". *Exame*, n. 649, 19. 11. 1997, p. 159.
26. "Empresas mudam forma de se comunicar com os funcionários". *Administrador profissional*, Conselho Regional de Administração – SP, out.-nov./1997, p. 10.

15
LIDERANÇA NAS ORGANIZAÇÕES

Objetivos de aprendizagem

Após estudar este capítulo, você deverá estar capacitado para:

- Mostrar a influência da liderança e do poder nas organizações.
- Definir o que é liderança e como exercê-la nas organizações.
- Explicar as teorias sobre traços de personalidade.
- Explicar as teorias sobre estilos de liderança.
- Explicar as teorias situacionais ou contingenciais de liderança.
- Mostrar como a habilidade de liderança pode ser desenvolvida no administrador.

O que veremos adiante

- A liderança nas organizações.
- Bases do poder.
- Conceito de liderança.
- Teorias sobre liderança.
- Teorias sobre traços de personalidade.
- Teorias sobre estilos de liderança.
- Teorias situacionais de liderança.
- Aplicações práticas.

> ### 🔍 Caso introdutório: Corra que a concorrência vem aí
>
> Quando Antonio Menezes assumiu a direção da Alpha Beta Ltda., a empresa era conhecida como uma grande companhia que estava perdendo mercado e sofrendo forte deterioração na sua imagem. Antonio constituiu um grupo de trabalho e pediu-lhe para fazer um diagnóstico da situação e uma análise interna das forças e fragilidades da empresa. Sua ideia era obter dados suficientes para desenvolver um plano estratégico para interromper o mais de pressa possível a queda da empresa ladeira abaixo. A Alpha Beta era uma empresa tipicamente tradicional e conservadora. Apesar de oferecer bons produtos, sua estrutura organizacional era baseada na divisão do trabalho e na especialização. O esquema básico de departamentalização era funcional e a hierarquia servia como a principal base de coordenação interdepartamental. Antonio sempre reclamava dos feudos existentes na empresa, da acomodação e do conformismo das pessoas, da enorme atenção dada às regras e procedimentos e do pouco caso com os objetivos organizacionais. Sua vontade era romper com tudo isso e dinamizar a empresa. As amarras eram fortes e os nós, gigantescos. Faltava liderança. Tudo indicava que teria enorme trabalho pela frente. Como você poderia ajudar Antonio?

As organizações são constituídas de muitas pessoas que trabalham juntas, atuando em diferentes atividades e níveis organizacionais. Muitas dessas pessoas ocupam posições nos diversos níveis administrativos – como diretores, gerentes ou supervisores – para cuidar do trabalho de outras pessoas, tornando-se, assim, responsáveis pela atividade conjunta de vários indivíduos. Isso implica necessariamente liderança. A liderança é um processo-chave em toda organização e tem sido uma preocupação constante tanto das organizações que dela necessitam, quanto de teóricos e pesquisadores. Os líderes causam um profundo impacto na vida das pessoas e das organizações. Por essas razões, a complexidade do assunto tem levado a uma infinidade de teorias e tentativas de explicações sobre o que é a liderança[1]. A conclusão é que não existe ainda uma abordagem ampla e universalmente aceita a respeito.

A LIDERANÇA NAS ORGANIZAÇÕES

Liderança não é sinônimo de administração. O administrador é responsável pelos recursos organizacionais e por funções como planejar, organizar, dirigir e controlar a ação organizacional no sentido de alcançar objetivos. Isso inclui muita coisa. A rigor, o administrador deveria ser também um líder, para lidar adequadamente com as pessoas que com ele trabalham. O líder, por seu lado, pode atuar em grupos formais e informais e nem sempre é um administrador. O administrador pode apoiar-se totalmente na autoridade do seu cargo ou pode adotar um estilo de comportamento mais participativo que envolva decisão conjunta com seus subordinados. Em resumo, o administrador pode adotar um estilo autocrático e impositivo ou democrático e participativo para fazer com que as coisas sejam feitas pelas pessoas. Dois conceitos emergem dessa situação: o poder e a sua aceitação por parte dos liderados.

Administração de hoje

Alguns líderes que mudaram os negócios no mundo[2]

Gianni Agnelli	Fiat	Aristocrata industrial italiano
Percy Barnevick	Asea Brown Boveri	Uniu a Asea e a Brown Boveri
Richard Branson	Virgin Group	Campeão de vendas na Europa
Michael Eisner	Disney	Desenhos animados na Wall Street
Larry Ellison	Oracle	Sistemas de rede de computadores
Bill Gates	Microsoft	Criou a maior empresa de *softwares*
Louis Gerstner	IBM	Repôs a IBM no pódio da informação
Roberto Goizueta	Coca-Cola	Acabou com o sonho da Pepsi
Hishimiro Honda	Honda Motors	Consagrou a engenharia sobre rodas
Lee Iacocca	Chrysler	Da falência ao sucesso de vendas
Steve Jobs	Apple Computers	Fez o 1º computador amigável
Philip Knight	Nike	Pôs *smoking* em um sapato de corrida
Jay Kroc	McDonald's	Espalhou o Big Mac pelo mundo
Ralph Lauren	Ralph Lauren	Fez fortuna com o estilo da moda
Craig McCaw	McCaw Communicat.	Distribuiu celulares ao povo
Gordon Moore	Intel	Inventou o *chip*
Akio Morita	Sony	Símbolo da reconstrução japonesa
Rupert Murdoch	News Corp.	A mídia além das barreiras nacionais
Ferdinand Puech	VW/Porsche	Refez a maior montadora europeia
Steve Ross	Time-Warner	Maior conglomerado de comunicação
Soichiro Toyoda	Toyota Motors	Carro japonês bonito, prático, barato
Sam Walton	Walt-Mart	O maior quitandeiro do mundo
Jack Welch	General Electric	O patrão que os patrões invejaram

BASES DO PODER

A liderança é, de certa maneira, um tipo de poder pessoal. Por meio dela, uma pessoa influencia outras em função dos relacionamentos existentes. A influência é uma transação interpessoal, na qual uma pessoa age no sentido de modificar ou provocar o comportamento de outra, de maneira intencional. Assim, sempre se encontra um líder – aquele que influencia – e os liderados – os que são influenciados. A influência é um conceito ligado ao conceito de poder e de autoridade. O poder significa o potencial de influência de uma pessoa sobre outra ou outras, que pode ou não ser exercido. O poder em uma organização é a capacidade de afetar e controlar as ações e decisões das outras pessoas, mesmo quando elas possam resistir. A autoridade é o poder legítimo, ou seja, o poder que tem uma pessoa em virtude do papel ou posição que exerce em uma estrutura organizacional. É o poder legal e socialmente aceito. Uma pessoa que ocupa uma alta posição em uma organização tem poder pelo fato de que seu cargo tem o que chamamos de poder de posição. O poder do presidente é maior do que o do gerente por causa da sua autoridade formalmente atribuída pela sua posição hierárquica e não em decorrência de suas características pessoais que certamente o levaram até lá. A capacidade de influenciar, persuadir e motivar os liderados está muito ligada ao poder que se percebe no líder. Existem cinco diferentes tipos de poder (Figura 15.1) que um líder pode possuir[3]:

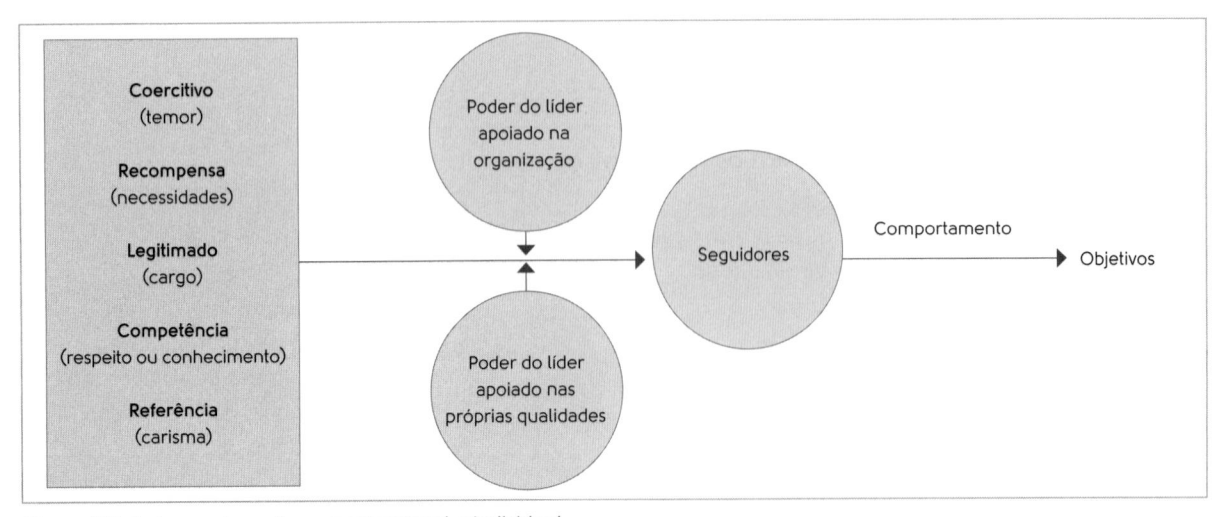

Figura 15.1. As bases do poder: organizacional e individual.

1. **Poder coercitivo:** baseado no temor e na coerção. O liderado percebe que o fracasso em atender às exigências do líder poderá levá-lo a sofrer algum tipo de punição ou penalidade que ele quer evitar.
2. **Poder de recompensa:** apoia-se na esperança de alguma recompensa, incentivo, elogio ou reconhecimento que o liderado pretende obter.
3. **Poder legitimado:** decorre do cargo ocupado pelo indivíduo no grupo ou na hierarquia organizacional. Em uma organização formal, o supervisor de primeira linha é percebido como alguém que tem mais poder do que os operários, o gerente tem mais poder do que o supervisor, e o diretor tem mais poder do que o gerente. É a nivelação hierárquica que estabelece os escalões de autoridade dentro da organização.
4. **Poder de competência:** é o poder baseado na especialidade, nas aptidões ou no conhecimento técnico da pessoa. Os liderados percebem o líder como alguém que possui certos conhecimentos ou conceitos que excedem os seus.
5. **Poder de referência:** baseado na atuação e no apelo. O líder que é admirado por certos traços de personalidade possui poder referencial. É um poder conhecido popularmente como carisma. Dá-se o nome de carisma a uma faculdade excepcional e sobrenatural de uma pessoa que a diferencia das demais. No dicionário *Aurélio*, carisma é uma espécie de forma mágica, oriunda de poderes divinos ou diabólicos. O carisma está sempre por trás das pessoas cujo desempenho vai muito além da competência – não importa a profissão. Um líder carismático é aquele que possui características pessoais marcantes e um certo magnetismo pessoal que influenciam fortemente as pessoas. O mundo foi marcado por líderes carismáticos, como Moisés, Jesus, Gandhi, Napoleão, Vargas, Kennedy, etc. Quando falta carisma, fica mais difícil colocar os funcionários a serviço da organização. O carismático utiliza símbolos, analogias, metáforas e exemplos para ilustrar o que estão dizendo, de forma surpreendentemente original.

Existem poderes que decorrem da posição formalmente ocupada pelo administrador, como o poder legitimado, o de recompensa e o de coerção. Pelo contrário, o poder de competência e o de referência são ambos decorrentes da própria pessoa, como mostra a Figura 15.2.

A verdadeira liderança decorre geralmente do poder de competência e do poder de referência do líder. Ou seja, ela se baseia no poder pessoal dele. Quando a liderança funciona na base dos poderes de recompensas, coercitivo ou legitimado, ela se baseia exclusivamente no poder da posição que a organização confere ao líder. O desafio do administrador está em saber migrar decisivamente para o poder de competência e de referência e exercer uma liderança baseada em seu poder pessoal.

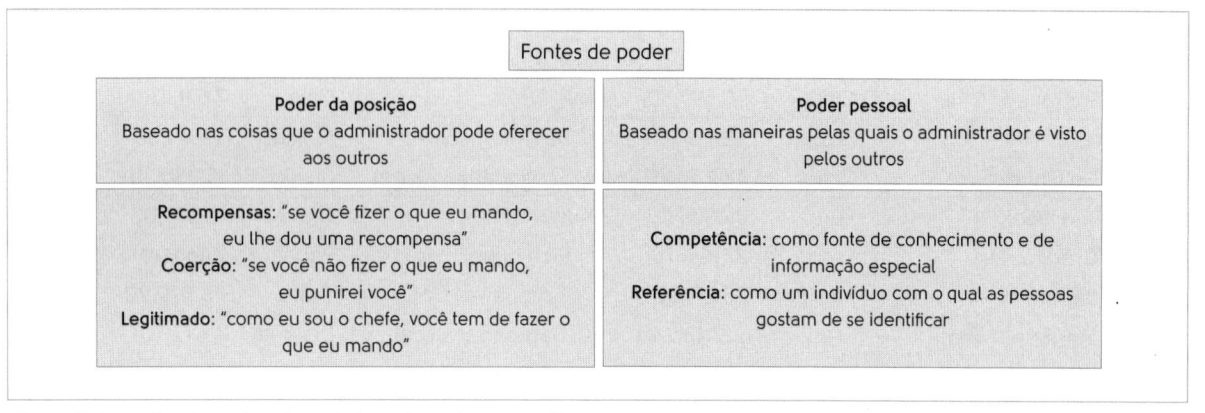

Fontes de poder	
Poder da posição Baseado nas coisas que o administrador pode oferecer aos outros	**Poder pessoal** Baseado nas maneiras pelas quais o administrador é visto pelos outros
Recompensas: "se você fizer o que eu mando, eu lhe dou uma recompensa" **Coerção:** "se você não fizer o que eu mando, eu punirei você" **Legitimado:** "como eu sou o chefe, você tem de fazer o que eu mando"	**Competência:** como fonte de conhecimento e de informação especial **Referência:** como um indivíduo com o qual as pessoas gostam de se identificar

Figura 15.2. Fontes de poder da posição e de poder pessoal[4].

Avaliação crítica: Você tem carisma?[5]

O ex-presidente da Xerox do Brasil, Carlos Salles, explica que, se os cursos de administração focassem menos nos processos e mais nos comportamentos, as pessoas poderiam desenvolver suas características de liderança. Aprender carisma com quem o possui é como ter Pelé como professor de futebol ou ter aulas de cinema com Spielberg. Você pode não chegar a ser um craque, mas pode melhorar sua performance, o que é uma enorme vantagem nestes tempos de competitividade renhida. Quando ele era diretor de operações comerciais da Xerox, o país estava mergulhado num baixo-astral, recessão e moratória. Percebeu que o pessimismo começava a contagiar as suas equipes. Ficou pensando em como reverter a situação e acabou dobrando o tamanho das equipes de vendas. Depois, saiu em peregrinação pelas mais de 50 filiais da empresa espalhadas pelo Brasil com o seguinte recado: "temos uma oportunidade de ouro. Os concorrentes vão ficar preocupados com a crise enquanto nós vamos ocupar o lugar deles". Foi como uma profecia. Toshiba, Sharp e National são alguns dos nomes que hoje pertencem ao passado no mercado de copiadoras. "Aquele foi um período de glória para nós", diz ele. Crise é sinônimo de oportunidade.

O ex-presidente da Acesita, Wilson Brumer, era outro otimista em tempo integral. Reservava periodicamente uma manhã inteira para tomar café com vinte ou trinta empregados de diversos níveis, inclusive os de fábrica. Em três anos, havia se reunido com 500 dos seus 4.200 empregados. Quando cobrava sugestões e ouvia como resposta que a falta de tempo impediu que elas fossem feitas ele não passava um sabão daqueles de arrasar o moral do ouvinte. Simplesmente, dizia: "eu tive". É o bastante para que a justificativa não fosse evocada uma segunda vez.

Administração de hoje

Os bancos líderes da América Latina em ativos (em US$ milhões)[6]

Posição/Instituição	País	Ativos	Posição/Instituição	País	Ativos
1 Bradesco	Brasil	369.714,60	11 Scotiabank Perú	Peru	11.305,80
2 Santander México	México	64.035,00	12 Banorte	México	46.012,70
3 Continental BBVA	Peru	17.752,30	13 BCI	Chile	33.448,50
4 Santander Chile	Chile	50.597,50	14 BICE	Chile	7.671,10
5 Itaú	Brasil	380.578,10	15 BBVA Bancomer	México	95.161,50
6 De Chile	Chile	44.960,90	16 Scotiabank Inverlat	México	15.258,30
7 Interbank	Peru	8.480,70	17 Itaú Chile	Chile	10.379,00
8 Crédito Perú	Peru	27.786,70	18 Pichincha	Equador	7.464,00
9 Banamex	México	85.171,30	19 Corpbanca Chile	Chile	26.579,90
10 Santander Brasil	Brasil	227.486,40	20 Santander Uruguay	Uruguai	4.672,70

CONCEITO DE LIDERANÇA

A liderança não deve ser confundida com direção nem com gerência. Um bom administrador deve ser necessariamente um bom líder. Por outro lado, nem sempre um líder é um administrador. Na verdade, os líderes devem estar presentes nos níveis institucional, intermediário e operacional das organizações. Todas as organizações precisam de líderes em todos os seus níveis e em todas as suas áreas de atuação.

A liderança é um fenômeno tipicamente social que ocorre exclusivamente em grupos sociais e nas organizações. Podemos definir liderança como uma influência interpessoal exercida em uma dada situação e dirigida por meio do processo de comunicação humana para a consecução de um ou mais objetivos específicos. Os elementos que caracterizam a liderança são, portanto, quatro: a influência, a situação, a comunicação e os objetivos. Ou seja, a influência, em determinada situação, exercida por meio da comunicação, visa os objetivos a serem alcançados.

Fleishman salienta que a liderança é uma tentativa, no âmbito da esfera interpessoal, dirigida por um processo de comunicação para a consecução de alguma meta[7]. Essa definição indica que a liderança envolve o uso da influência, e todas as relações interpessoais podem envolver liderança. Assim, a liderança envolve:

1. **Relações**: nas organizações todas as relações envolvem líderes e liderados: comissões, grupos de trabalho, relações entre linha e assessoria, supervisores e subordinados, etc.
2. **Comunicação**: outro elemento importante no conceito de liderança é a comunicação. A clareza e a exatidão da comunicação afetam o comportamento e o desempenho dos liderados. A dificuldade de comunicar é uma deficiência que prejudica a liderança.
3. **Metas**: o terceiro elemento é a consecução de metas. O líder eficaz terá de tratar com indivíduos, grupos e metas.

A eficácia do líder é geralmente considerada em termos de grau de realização de uma meta ou combinação de metas. Mas, por outro lado, os indivíduos podem considerar o líder eficaz ou ineficaz, em termos de satisfação decorrente da experiência total do trabalho. De fato, a aceitação das diretrizes e dos comandos de um líder apoia-se muito nas expectativas dos liderados de que suas respostas favoráveis os levarão a bons resultados. Nesse caso, o líder serve para o grupo como um instrumento para ajudar a alcançar objetivos.

> **Voltando ao caso introdutório: Corra que a concorrência vem aí**
>
> Antonio Menezes percebeu que sua liderança na Alpha Beta dependia fortemente da estrutura formal de poder reinante na empresa. Somente mandava quem detinha alguma posição de diretoria ou gerência. O restante do pessoal tinha de obedecer cegamente. As pessoas haviam se acostumado a seguir as ordens dos gerentes, como se estivessem munidas de viseiras. O poder coercitivo imperava à solta dentro da companhia. Por onde Antonio deveria começar?

TEORIAS SOBRE LIDERANÇA

Existem três diferentes abordagens teóricas a respeito da liderança: as teorias de traços de personalidade, as teorias sobre estilos de liderança e as teorias situacionais de liderança (Figura 15.3).

Teorias de traços de personalidade	Quais as características de personalidade possuídas pelo líder
Teorias sobre estilos de liderança	Quais as maneiras e estilos de se comportar adotados pelo líder
Teorias situacionais de liderança	Como adequar o comportamento do líder às circunstâncias da situação

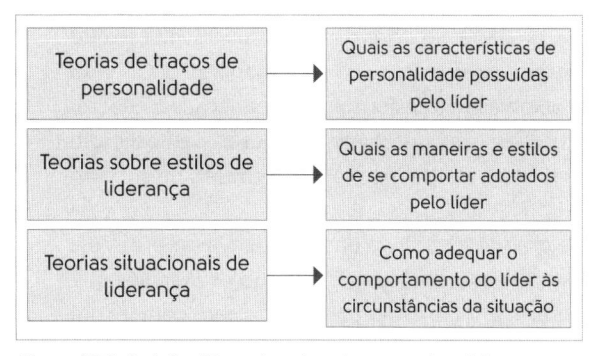

Figura 15.3. As três diferentes abordagens sobre liderança.

TEORIAS SOBRE TRAÇOS DE PERSONALIDADE

As mais antigas teorias sobre liderança se preocupavam em identificar os traços de personalidade capazes de caracterizar os líderes[8] (Figura 15.4). A ideia predominante nessas teorias era a de que o líder já nasce feito. E o pressuposto era que se poderia encontrar um número finito de características pessoais, intelectuais, emocionais e físicas que identificassem os líderes de sucesso, como:

- Inteligência
- Otimismo
- Calor humano
- Comunicabilidade
- Mente aberta
- Espírito empreendedor
- Habilidade humana
- Empatia
- Assunção de riscos
- Criatividade
- Tolerância
- Impulso para a ação
- Entusiasmo
- Disposição para ouvir
- Visão do futuro
- Flexibilidade
- Responsabilidade
- Confiança
- Maturidade
- Curiosidade
- Perspicácia

Figura 15.4. Alguns traços de personalidade desejáveis no líder.

1. Habilidade de interpretar objetivos e missões.
2. Habilidade de estabelecer prioridades.
3. Habilidade de planejar e programar atividades da equipe.
4. Facilidade em solucionar problemas e conflitos.
5. Facilidade em supervisionar e orientar pessoas.
6. Habilidade de delegar responsabilidades aos outros.

As críticas à teoria de traços de personalidade residem em dois aspectos principais:

1. As características de personalidade são geralmente medidas de maneira pouco precisa.
2. Essa teoria não considera a situação dentro da qual existe e funciona a liderança. Ou seja,

quais os elementos do ambiente que são importantes para determinar quem será um líder eficaz. Alguns traços de personalidade são importantes em certas situações, mas não em outras. Um líder de empresa pode ser o último a falar em casa. Muitas vezes, é a situação que define o líder. Quando a situação sofre mudanças, a liderança passa para outras mãos.

Administração de hoje

Liderança em tempo de tempestade[9]

A empresa campeã conta com vencedores: seus líderes desempenham papel-chave, porque cabe a eles a criação de competências em suas equipes. Eles têm muito pouco a ver com os chefes do passado. Líderes criam novos líderes; chefes criam subordinados. Líderes trabalham por um objetivo comum; chefes agem de acordo com seus próprios interesses. Líderes criam o prazer da *performance*; chefes geram o medo da punição.

Assim, os pontos fracos das organizações:

1. **Liderança despreparada**: muitos empresários afirmam que esse é o verdadeiro ponto fraco de uma organização; todas as outras dificuldades derivam dele. É o líder que contrata e demite, determina o padrão dos projetos que serão implantados, delega ou centraliza, além de determinar os critérios de promoção. A liderança despreparada cria conflitos desnecessários, estimula jogos de poder e, principalmente, desmotiva a equipe. Se os líderes não tiverem consciência do seu desafio, a empresa se transforma num navio sem rumo.
2. **Separação entre liderança e colaboradores**: no Banco Sumitomo Mitsui, japonês, antes de um gerente conceder um empréstimo para uma empresa, ele a visita, notadamente o refeitório e o banheiro dos empregados. Se eles forem malcuidados, o empréstimo pode não sair; uma empresa que não privilegia o cuidado dos seus empregados não conta com o comprometimento deles para realizar a revolução que um novo projeto exige. A separação física entre as hierarquias enfraquece uma organização. Quando chefes e trabalhadores não se integram, pequenos problemas se transformam em perigosas ameaças.
3. **Falta de ousadia**: numa empresa campeã, sempre há pessoas que gostam de ousar. Seu estímulo predileto é o desafio. O verdadeiro líder sabe que é preciso abandonar velhas fórmulas de sucesso para construir a empresa dos seus sonhos.
4. **Expectativas de soluções mágicas**: esperar que uma grande jogada do destino salve a empresa é a mesma coisa que acreditar em Papai Noel. Os que esperam soluções mágicas são os mesmos que se desesperam quando as dificuldades começam a aparecer. Não estão preparados para contar com dificuldades, que fazem parte das grandes conquistas. Milagres existem: são o resultado da atuação de pessoas e equipes motivadas e conscientes dos seus desafios.
5. **Administração amadora**: abrir espaço para o amadorismo é permitir que eles se alastrem rapidamente, atinjam todos os escalões e provoquem conflitos, estresse e improvisação. Se cada empregado quiser resolver os problemas à sua maneira, os esforços coletivos se anulam em razão de posturas contraditórias. Uma empresa campeã usa indicadores, análise de custos, planejamento estratégico e pesquisas.
6. **Distanciamento do mercado**: há uma procura cada vez mais significativa por empresas e profissionais competentes, que ofereçam melhores serviços a um custo menor e mais eticamente. A saída é ser competente para ser competitivo. Manter-se afastado do mercado representa morte certa.
7. **Metas que não se realizam**: se a empresa iniciar um novo projeto e abandoná-lo no meio do caminho, desperdiça-se o projeto e joga fora a confiança dos seus colaboradores. Ter metas e cumpri-las até o fim é importante, porém, saber estabelecê-las com precisão e senso de oportunidade é característica das empresas campeãs. Se as metas não se concretizarem, provavelmente é porque as ideias e estratégias não eram claras e objetivas.

Caso de apoio: Promoções de Vendas Delta[10]

A Promoções de Vendas Delta é uma empresa fictícia de serviços que estava sofrendo forte impacto da retração e da queda de pedidos. Sua área de atuação é regional. O pessoal de vendas é predominantemente universitário, na maioria, possuidores de diploma de engenharia. Em uma das filiais, o pessoal de vendas andava se queixando da desigualdade de remuneração, da avaliação do desempenho e, principalmente, das restrições aplicadas às despesas operacionais. Os vendedores queriam que a empresa concedesse aumentos por mérito pelo alcance dos objetivos de venda no decorrer do ano. Dois vendedores fizeram um pedido para a mudança do sistema atual, que foi prontamente rejeitado pelo gerente de vendas local, Nicanor Nogueira. Nicanor argumentara que a situação da empresa não permitia e que se não houvesse mais pedidos de compra, haveria fatalmente cortes de pessoa. Um memorando assinado por Nicanor irritou ainda mais os vendedores mais velhos. Ele dizia o seguinte:

"Caros colegas,
Como é do seu conhecimento, estamos atravessando um período de retração nos pedidos e devemos reduzir as despesas mais do que nunca. Devo pedir a vocês que façam o possível para diminuir as despesas, coisa que nunca solicitei nos últimos dez anos de gerência. Eliminem todos os almoços potencialmente não produtivos com os clientes e submetam a quilometragem semanal a uma acurada prestação de contas. Se não tivermos mais pedidos e maior controle das despesas, haverá novos cortes nos seus orçamentos. Preciso da ajuda de vocês para cumprir o objetivo da empresa, que é o de manter as vendas estáveis e baixar as despesas em 18%.
Se quiserem mais explicações, por favor, entrem em contato comigo imediatamente.

Nicanor Nogueira
Gerente de Vendas"

Todas as sextas-feiras pela manhã, o grupo de vendedores se reunia com Nicanor para traçar a estratégia e os planos para a semana seguinte e avaliar os resultados da semana passada. Essas reuniões ofereciam a oportunidade para os vendedores trocarem ideias informalmente entre si. Após a reunião semanal, o pessoal mais antigo pediu a João Fernandes – um líder informal e o mais antigo vendedor da equipe – que levasse suas reclamações a Nicanor. João sempre apresentava as opiniões do grupo. Tinha 32 anos, era engenheiro eletricista e o principal candidato à liderança de vendas na filial.

João visitou Nicanor no final da reunião de sexta-feira para discutir o memorando. Explicou que o pessoal de vendas estava dando o máximo e que os clientes potenciais deveriam ser cultivados com cuidado e que isso exigia dinheiro para almoços e jantares. Nicanor escutou atentamente e replicou que essa era a política da empresa e não ideia dele. Conversaram por mais uma hora sobre a empresa e a situação dos negócios.

Na segunda-feira, pela manhã, João foi chamado à sala de Nicanor e informado de que seus serviços não eram mais necessários à empresa. Recebeu um envelope com o pagamento de sua indenização e a notificação de sua demissão. Isso o chocou profundamente, pois acreditava em seu futuro na empresa. A notícia da demissão de João espalhou-se pelo grupo de vendas e angustiou todo mundo.

Questões:
1. Por que João era o líder informal do grupo de vendas?
2. Que tipo de impacto você acha que terá a demissão de João sobre as vendas imediatas e o nível de satisfação do grupo?

> 3. Por que o memorando sobre as restrições de despesas causou problema dentro do grupo de vendas?
> 4. Você acha que Nicanor poderia ter melhorado o método que expressava a preocupação da empresa com as despesas? Como?
> 5. Como você agiria nessa situação?

TEORIAS SOBRE ESTILOS DE LIDERANÇA

As teorias sobre estilos de liderança procuram definir as condutas do líder que provocam resultados finais como elevada produção e satisfação das pessoas. Os mais divulgados estilos ou abordagens sobre liderança são: aquela orientada para tarefas ou para pessoas e a grade gerencial.

Os Três Estilos de White e Lippitt

O famoso estudo pioneiro sobre liderança feito por White e Lippitt[11] procurava verificar a influência causada por três diferentes estilos de liderança nos resultados de desempenho e no comportamento das pessoas. Os autores abordaram três estilos básicos de liderança: a autocrática, a liberal (*laissez-faire*) e a democrática (Figura 15.5).

1. **Liderança autocrática:** o líder centraliza totalmente a autoridade e as decisões. Os subordinados não têm nenhuma liberdade de escolha. O líder autocrático é dominador, emite ordens e espera obediência plena e cega dos subordinados. Os grupos submetidos à liderança autocrática apresentaram o maior volume de trabalho produzido, com evidentes sinais de tensão, frustração e agressividade. O líder é temido pelo grupo, que só trabalha quando ele está presente. A liderança autocrática enfatiza somente o líder.

2. **Liderança liberal:** o líder permite total liberdade para a tomada de decisões individuais ou grupais, delas participando apenas quando solicitado pelo grupo. O comportamento do líder é evasivo e sem firmeza. Os grupos submetidos à liderança liberal não se saíram bem quanto à quantidade e à qualidade de trabalho, com fortes sinais de individualismo, desagregação do grupo, insatisfação, agressividade e pouco respeito ao líder. Este é ignorado pelo grupo. A liderança liberal enfatiza somente o coletivo.

Aspectos	Liderança autocrática	Liderança liberal	Liderança democrática
Tomada de decisões	Apenas o líder decide e fixa as diretrizes, sem qualquer participação do grupo	Total liberdade ao grupo para tomar decisões, com mínima intervenção do líder	As diretrizes são debatidas e decididas pelo grupo, que é estimulado e orientado pelo líder
Programação dos trabalhos	O líder dá ordens e determina providências para a execução de tarefas sem explicá-las ao grupo	Participação limitada do líder. Informações e orientação são dadas desde que solicitadas pelo grupo	O líder aconselha e dá orientação para que o grupo esboce objetivos e ações. As tarefas ganham perspectivas com os debates
Divisão do trabalho	O líder determina a tarefa a cada um e qual será seu companheiro de trabalho	A divisão da tarefa é escolha dos colegas do grupo. Nenhuma participação do líder	O grupo decide sobre a divisão das tarefas e cada membro tem liberdade para escolher os colegas
Comportamento do líder	O líder é dominador e pessoal nos elogios e nas críticas ao grupo	O líder assume o papel de membro do grupo e atua somente quando é solicitado	O líder é objetivo e limita-se aos fatos nos elogios ou críticas. Trabalha como orientador da equipe

Figura 15.5. Os três estilos de liderança.

3. **Liderança democrática:** o líder é extremamente comunicativo, encoraja a participação das pessoas e se preocupa igualmente com o trabalho e o grupo. O líder funciona como um facilitador para orientar o grupo, ajudando-o na definição dos problemas e nas soluções, coordenando atividades e sugerindo ideias. Os grupos submetidos à liderança democrática apresentaram boa quantidade de trabalho, qualidade surpreendentemente melhor, acompanhada de um clima de satisfação, de integração grupal, de responsabilidade e de comprometimento das pessoas.

Na liderança autocrática, o líder centraliza o poder e mantém o controle de tudo e de todos em suas mãos. Na liderança liberal, o líder fica em cima do muro e deixa as coisas andarem à vontade, sem intervir ou tentar mudar o andamento das coisas. Na liderança democrática, o líder trabalha e toma decisões em conjunto com os subordinados, ouvindo, orientando e impulsionando os membros (Figura 15.6).

Em cada um desses três estilos de liderança, a atuação do líder promove uma cadeia de comunicação no grupo, como mostra a Figura 15.7.

A partir dessa pesquisa, o papel da liderança democrática foi intensamente defendido pelo fato de ser compatível com a administração participativa e com o espírito democrático.

Na prática, o administrador utiliza os três estilos de liderança de acordo com a tarefa a ser

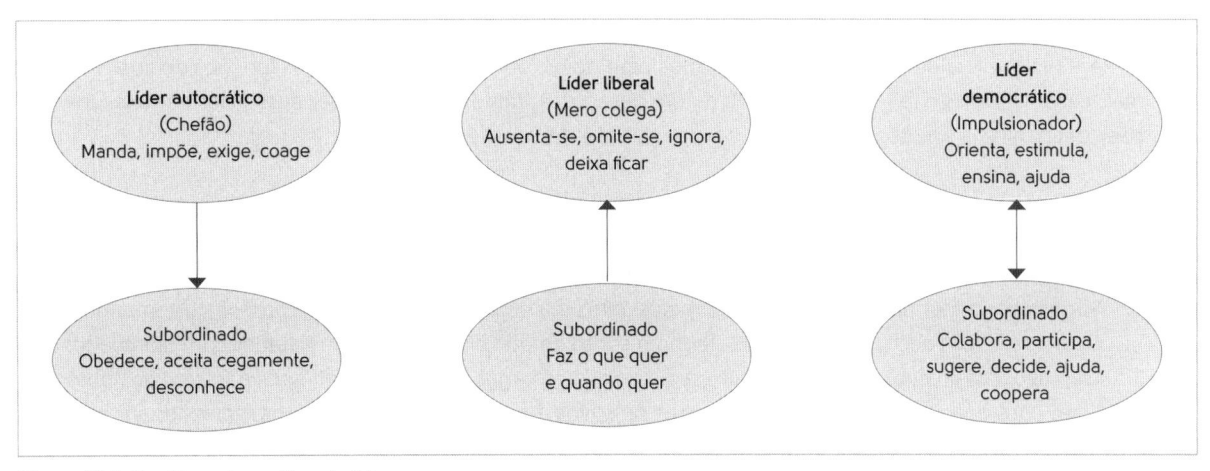

Figura 15.6. Os diferentes estilos de liderança.

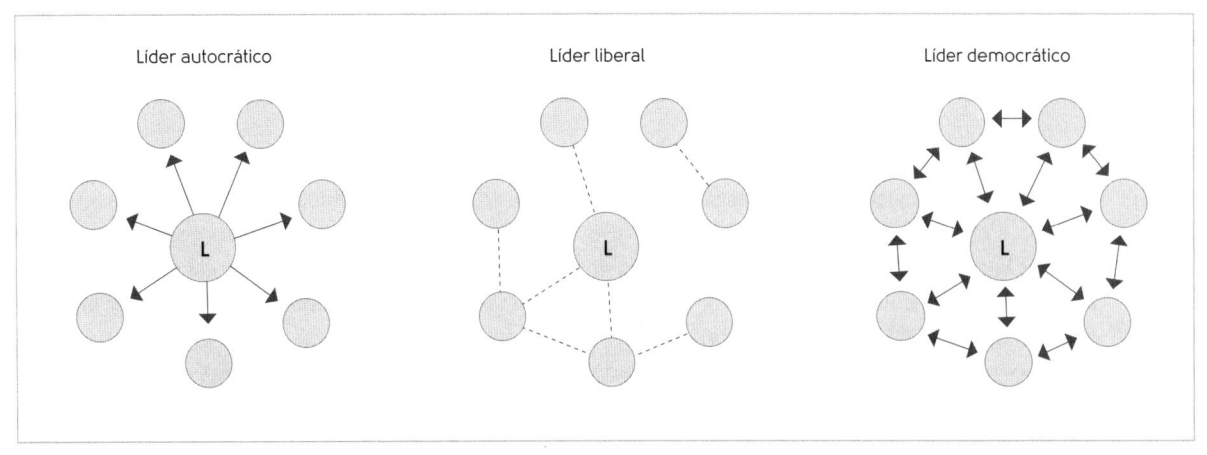

Figura 15.7. Os três estilos de liderança.

executada, com as pessoas e com a situação. O administrador tanto manda cumprir ordens, quanto sugere aos subordinados a realização de certas tarefas, como ainda consulta os subordinados antes de tomar alguma decisão. O desafio está em saber quando aplicar cada estilo com quem e dentro de que circunstâncias e tarefas a serem desenvolvidas.

Voltando ao caso introdutório: Corra que a concorrência vem aí

Além do mais, Antonio verificou que os diretores e gerentes da Alpha Beta praticavam exclusivamente um estilo autocrático de liderança que amarrava não somente as mãos das pessoas, mas principalmente as suas cabeças. Talvez esse tipo de atuação gerencial tivesse tido suas boas razões no passado, mas nas circunstâncias atuais, isso significava uma forte desvantagem competitiva para a empresa. Antonio queria mudar essa situação. Por onde deveria começar?

Avaliação crítica: As funções do líder[12]

Para Hicks e Gullett, a liderança é uma subclasse do gerenciamento. Muitas das funções do líder são mais especializadas e tangíveis do que as de um gerente. A maneira como o líder desempenha suas funções determina o sucesso ou fracasso da organização. As funções de um líder incluem:

1. **Arbitragem**: quando os membros da organização se desentendem quanto ao curso de ação a ser seguido, o líder deve resolver o problema arbitrando ou decidindo a melhor solução. Em qualquer situação, a solução deve ser encontrada de forma consensual e rápida para evitar conflitos ou interrupções.
2. **Sugestões**: o líder deve sugerir ideias e meios para seus subordinados, evitando ordens ou comandos. Deve fazer com que os subordinados tenham senso de participação e sejam tratados com dignidade.
3. **Objetivos**: os fins organizacionais não são automáticos, mas devem ser definidos e fornecidos pelo líder. Para que a organização seja eficaz, os objetivos devem ser viáveis e levar os membros a trabalharem juntos.
4. **Catalização**: para iniciar ou aumentar o movimento de uma organização, torna-se necessária certa força, que é fornecida pela ação do líder como um catalisador que conduza os membros à ação coletiva.
5. **Segurança**: para manter uma atitude positiva e otimista frente aos problemas, o líder deve assegurar segurança aos seus seguidores. Essa segurança quanto ao emprego é importante para elevar o moral da equipe.
6. **Representação**: o líder geralmente representa a organização frente aos outros e serve como um símbolo da organização. As pessoas de fora veem a organização pelas atitudes do líder e da sua impressão a respeito dele. Uma impressão favorável do líder garante o mesmo para a organização.
7. **Inspiração**: ao fazer com que seus seguidores sintam que o seu trabalho é imprescindível e importante, o líder os inspira a aceitar os objetivos organizacionais de forma entusiástica e a trabalhar eficazmente em direção ao seu alcance.
8. **Orgulho**: a necessidade de reconhecimento e de estima das pessoas pode ser satisfeita por meio de um orgulho sincero do líder quanto aos seus subordinados. É importante que aprecie e festeje o trabalho das pessoas.

A Liderança Orientada para as Tarefas ou para as Pessoas

Segundo essa abordagem, existem dois tipos de liderança (Figura 15.8), a saber[13]:

1. **Liderança centrada na tarefa (*job centered*)**: é um estilo de liderança preocupado estritamente com a execução da tarefa e com os seus resultados imediatos. É típica de organizações ou unidades que costumam concentrar as pessoas em cargos isolados e individualizados, superespecializados, com procedimentos rotineiros e padronizados, seguindo regras e regulamentos. É a liderança preocupada exclusivamente com o trabalho e em conseguir que as coisas sejam feitas de acordo com os métodos preestabelecidos e com os recursos disponíveis. Lembra alguma coisa da Teoria X.
2. **Liderança centrada nas pessoas (*employee centered*)**: é um estilo de liderança preocupado com os aspectos humanos dos subordinados e que procura manter uma equipe de trabalho atuante, dentro de maior participação nas decisões. Dá mais ênfase às pessoas do que ao trabalho em si, procurando compreender e ajudar os subordinados e preocupando-se mais com as metas do que com os métodos, mais com os objetivos, sem descurar-se do nível de desempenho desejado. Lembra a Teoria Y.

Os resultados das pesquisas revelaram que, nas unidades organizacionais com baixa eficiência, o estilo de liderança era orientado para a tarefa. A alta pressão no sentido de que as pessoas trabalhem provoca atitudes desfavoráveis para com o trabalho e para com os superiores, da parte dos subordinados. No curto prazo, esse tipo de liderança pode promover melhores resultados de eficiência e de produtividade. Porém, no médio prazo, a liderança centrada na tarefa provoca insatisfação, rotatividade do pessoal, elevado absenteísmo, alto nível de desperdício, reclamações trabalhistas contra a organização, queixas frequentes e redução do ritmo de trabalho. Quanto maior a sensação de conflito, tanto menor o nível de produção. Contudo, essa teoria peca pela simplificação e pela redução da liderança a uma única dimensão: orientação para o trabalho ou para as pessoas.

Líder orientado para as tarefas	Líder orientado para as pessoas
• Comportamento orientado para a finalização do trabalho • Planeja e estabelece como o trabalho será feito • Atribui responsabilidade pelas tarefas a cada subordinado • Define claramente os padrões de trabalho • Procura completar o trabalho • Monitora os resultados do desempenho • Preocupa-se com o trabalho, os métodos, os processos, as regras e os regulamentos	• Comportamento orientado para apoiar e suportar as pessoas no trabalho • Atua como apoio e retaguarda para os subordinados • Desenvolve relações sociais com os subordinados • Respeita os sentimentos das pessoas • É sensível quanto às necessidades • Mostra confiança nos seguidores • Preocupa-se com as pessoas, os seus sentimentos, as aspirações, as necessidades e as emoções

Figura 15.8. Diferenças entre a orientação para as tarefas e a orientação para as pessoas.

Caso de apoio: Só um Toyota é *made in* Toyota[14]

A Toyota é um exemplo clássico de uma organização eminentemente participativa, que enfatiza a qualidade e focaliza o cliente. Ela existe há quase 80 anos e está presente em 170 países. Já produziu mais de 200 milhões de carros e é uma das maiores montadoras do mundo. E isso é somente consequência de fazer um carro de cada vez. Diz o *slogan* da companhia que todo mundo que trabalha na Toyota é movido pela perfeição. Fazer tudo ficar melhor é um objetivo baseado na filosofia *kaizen*, que ensina que o aperfeiçoamento deve ser constante e que cada dia é uma oportunidade para realizar um trabalho superior. Dessa maneira, não existe nada na produção de um carro Toyota – em qualquer lugar do mundo que ele seja produzido – que não é levado em consideração. Todos os funcionários – desde o operário ao presidente – têm o direito de parar a linha de produção se achar que alguma coisa merece ainda um pouco mais de atenção. Ou mesmo antes da linha de produção. Em apenas um ano, os funcionários da Toyota deram cerca de 764.402 sugestões de como melhorar o produto final. Algo como 17 sugestões anuais por funcionário. E a diretoria acatou cada uma delas. Cada detalhe. Até porque, na Toyota, o detalhe é parte de um todo que logo, logo, você vai sair na rua dirigindo. Por isso, a companhia alega que só um Toyota é *made in* Toyota. Calcule quantas mudanças diárias são feitas nos métodos e processos, produtos e serviços da Toyota por conta das sugestões dos funcionários. É só fazer as contas: dividindo 764.402 sugestões pelos dias úteis de trabalho do ano.

A Toyota produz carros exatamente com a mesma qualidade em qualquer país do mundo, com o mesmo nível de exigência, para consumidores com o mesmo sorriso superior no rosto em qualquer país do mundo. A Toyota possui 35 unidades industriais espalhadas pelo mundo. Em todas elas, o método é o mesmo, a dedicação é a mesma, o rigor é o mesmo. E principalmente, o objetivo é o mesmo: oferecer aos consumidores um carro que vai trazer satisfação e não aborrecimentos. Porque só um Toyota é produzido na república perfeccionista da Toyota. Haja liderança!

Grade Gerencial (*Managerial Grid*)

A grade gerencial baseia-se na suposição de que, na mente da maioria dos líderes, existe uma falsa dicotomia entre a preocupação com a produção e a preocupação das pessoas. Blake e Mouton[15] criaram uma grade gerencial para mostrar que a preocupação com a produção e a preocupação com as pessoas são aspectos complementares e não mutuamente exclusivos. Para ambos, os líderes devem unir essas duas preocupações para conseguir resultados eficazes das pessoas.

A grade gerencial é formada por dois eixos: o horizontal se refere à preocupação com a produção, isto é, com o trabalho a ser realizado, enquanto o eixo vertical se refere à preocupação com as pessoas, isto é, com sua motivação, liderança, satisfação, comunicação, etc. Cada eixo está subdividido em nove graduações. A graduação mínima é 1 e significa pouquíssima preocupação por parte do administrador, enquanto a graduação máxima é 9 e significa a máxima preocupação possível, como na Figura 15.9.

Na grade gerencial, existe uma incrível variedade de estilos administrativos. Tomamos como referência os cantos e o centro da grade para melhor explicá-los.

O administrador deve avaliar o seu estilo de liderança e verificar onde está situado na grade gerencial. O objetivo é tentar, gradativamente, movê-lo no sentido de alcançar o estilo 9.9, que constitui o estilo da excelência gerencial: a ênfase na produção e nos resultados simultaneamente com a ênfase nas pessoas e nas suas atitudes e comportamentos (Figura 15.10).

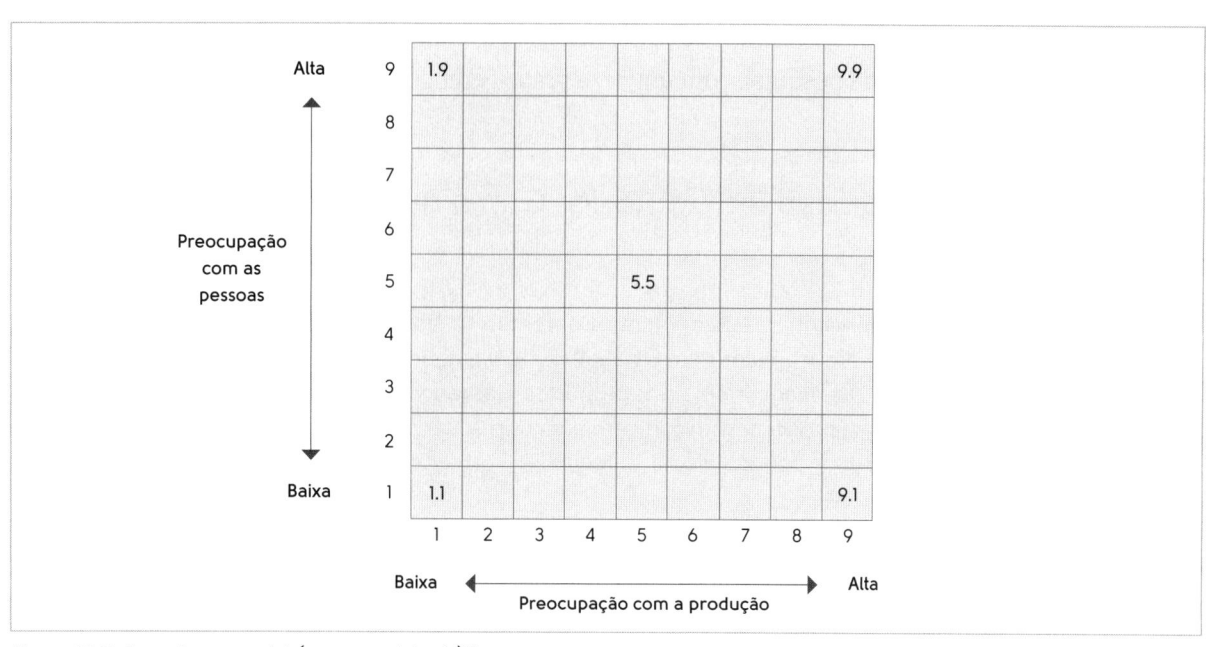

Figura 15.9. A grade gerencial (*managerial grid*)[15].

Estilo	Significado	Participação	Fronteiras intergrupais
1.1	Mínima preocupação com a produção e com as pessoas	Pouco envolvimento e pouco comprometimento	Isolamento. Falta de coordenação intergrupal
1.9	Enfatiza as pessoas, com mínima preocupação com a produção	Comportamento superficial e efêmero. Soluções do mínimo denominador comum	Coexistência pacífica. Grupos evitam problemas para manter a harmonia
9.1	Ênfase na produção, com mínima preocupação com as pessoas	Não há participação das pessoas	Hostilidade intergrupal. Suspeita e desconfiança mútuas. Atitude de ganhar/perder
5.5	Estilo do meio-termo. Atitude de conseguir alguns resultados sem muito esforço	Meio caminho e acomodação que deixa todos descontentes	Trégua inquieta. Transigência, rateio e acomodação para manter a paz
9.9	Estilo de excelência. Ênfase na produção e nas pessoas	Elevada participação e envolvimento. Comprometimento das pessoas	Comunicações abertas e francas. Flexibilidade e atitude para o tratamento construtivo dos problemas

Figura 15.10. Os estilos principais do *grid* gerencial.

As várias teorias sobre estilos de liderança apresentam alguns aspectos comuns. Em primeiro lugar, cada uma delas procura isolar certas dimensões principais da conduta de liderança para trabalhar com multidimensionalidade, o que pode confundir a interpretação do comportamento. A superposição de definições entre os vários autores é impressionante. Em segundo lugar, cada uma dessas teorias tem defensores que acreditam que a sua abordagem é a melhor. Em terceiro, as pesquisas do estilo de liderança em cada uma dessas teorias se baseiam em medidas por meio de questionários, método bastante limitado e controvertido. Na verdade, trata-se de um campo de pesquisa com um enorme potencial de estudos. De todas as teorias, a grade gerencial é a mais completa e aplicável.

Voltando ao caso introdutório: Corra que a concorrência vem aí

Além do mais, Antonio verificou que os diretores e gerentes da Alpha Beta quase sempre estão debruçados sobre relatórios e preocupados com o trabalho. Quase nunca se preocupam com as pessoas e por quais razões elas não alcançam os objetivos propostos. Liderança é palavra desconhecida. Até então, os diretores e gerentes se preocupavam somente com os resultados, ignorando que eles são alcançados pelas pessoas. Como você poderia ajudar Antonio?

Administração de hoje

Imation[16]

Como dirigir uma empresa filhote da 3M de forma a continuar a tradição de sucessos da mãe? A 3M americana – uma das companhias mais inovadoras do mundo – promoveu o maior *spin-off* (desmembramento) de sua história. As áreas ligadas a processamento de imagem e informação (armazenamento de dados e de imagens, produtos fotográficos e sistemas de impressão) deram lugar à Imation, uma nova empresa que já nasce com um faturamento anual de bilhões de dólares e presença em mais de 60 países. A separação se deu por necessidade de agilidade e agressividade que não era possível obter na antiga estrutura da 3M. A solução para a criação da empresa independente foi formar uma equipe de trabalho em cada país e uma estrutura nova para cada subsidiária, para tornar mais ágil o processo de decisões estratégicas, como o de formar parcerias com outras empresas. A Imation promete centrar-se em primeiro lugar no cliente e comprometer-se com ele para encontrar as melhores soluções de imagem e informática, adequadas às suas necessidades. Agora, há muito mais enfoque sobre as áreas de imagem e informação, pois não se disputa mais recursos com 50 outros negócios da organização: a equipe só tem de se preocupar com a Imation. O presidente da Imation salienta que "tivemos de mudar agressivamente a cultura da companhia. Fizemos isso de várias maneiras. Em primeiro lugar, trouxemos pessoas de fora para assumir cargos importantes. Segundo: mudamos nossa perspectiva com relação a benefícios. Hoje, todos os nossos funcionários têm opções de ações. Não é preciso ser diretor para ser acionista. Reduzimos quatro níveis administrativos. Assim, ficamos muito mais próximos dos clientes. Vivemos num ambiente aberto e informal. Trabalhamos todos juntos, cara a cara. Tudo isso tem muito a ver com o mercado onde atuamos. Mudamos a cultura, mas fizemos questão de manter tudo de bom que aprendemos na 3M. Sempre tivemos como concorrentes as Kodak e as Fuji da vida. Queremos ser agressivos e, por meio de nossa política de aquisições, estamos agregando tecnologia de soluções, o que faz com que tenhamos mais valor aos olhos do mercado. Podemos projetar sistemas e cadeias de suprimentos voltadas para o usuário. Não precisamos nos preocupar com a estrutura antiga. Isso é uma vantagem competitiva imensa. Na 3M, o tempo de desenvolvimento de um produto novo pode levar até 5 anos, enquanto conseguimos colocar um produto à venda em, no máximo, 12 meses"[17]. A Imation é um novo nome para os produtos 3M de armazenamento de dados. É mais do que uma simples troca de nome. É uma fantástica mudança para uma companhia nova. A Imation assume os negócios de armazenamento de dados, antes dirigidos pela 3M, trazendo junto a qualidade 3M. Trata-se de uma empresa direcionada exclusivamente para o mundo de sistemas de imagem e informação. Um novo foco voltado para uma nova geração de produtos e serviços[18].

TEORIAS SITUACIONAIS DE LIDERANÇA

As teorias situacionais de liderança procuram incluir a liderança no contexto ambiental em que ela ocorre levando em conta o líder, os liderados, a tarefa, a situação, os objetivos, etc. Envolvem as variáveis dentro das quais ocorre a liderança e constituem um avanço em relação às teorias baseadas exclusivamente no estilo. As principais teorias situacionais são: a escolha dos padrões de liderança, o modelo contingencial e a teoria do caminho-meta.

Escolha dos Padrões de Liderança

Tannenbaum e Schmidt[19] consideram que o líder deve escolher os padrões de liderança mais adequados para cada situação. Para ambos, a liderança é um fenômeno situacional, pois se baseia em três aspectos, a saber:

1. **As forças no gerente**: ou seja, a motivação interna do líder e outras forças que agem sobre ele.
2. **As forças nos subordinados**: ou seja, a motivação externa fornecida pelo líder e outras forças que agem sobre os subordinados.
3. **As forças na situação**: ou seja, as condições dentro das quais a liderança é exercida.

A Figura 15.11 sumariza essas três forças que caracterizam a liderança como um fenômeno diferente para cada situação distinta.

Diante dessas três forças, o líder pode escolher um padrão de liderança adequado para cada situação, de modo a ajustar suas forças pessoais com as forças dos subordinados e as forças da situação. Trata-se de encontrar a sintonia certa entre essas três forças interativas.

Existe um *continuum* de padrões de liderança à escolha do administrador. O administrador que atua à esquerda da Figura 15.12 é influenciado por forças pessoais, grupais e situacionais que resultam em um estilo autocrático. Esta poderá ser a abordagem correta para enfrentar as forças do momento. O administrador que atua à direita é influenciado por forças que resultam em um estilo democrático e participativo.

Dessa abordagem situacional da liderança, podemos inferir algumas proposições:

1. Quando as tarefas são rotineiras e repetitivas, a liderança é geralmente cerrada e feita na base de controles pelo líder, que passa a utili-

Forças na situação
- Tipo de empresa e seus valores e tradições
- Eficiência e eficácia do grupo de subordinados
- A tarefa a ser executada
- Tempo disponível para executá-la

↓

Estilo de liderança a ser adotado

↑ ↑

Forças no gerente
- Sistemas de valores do gerente
- Suas convicções pessoais
- Confiança nos subordinados
- Inclinações sobre como liderar
- Tolerância para a ambiguidade
- Facilidade de comunicação

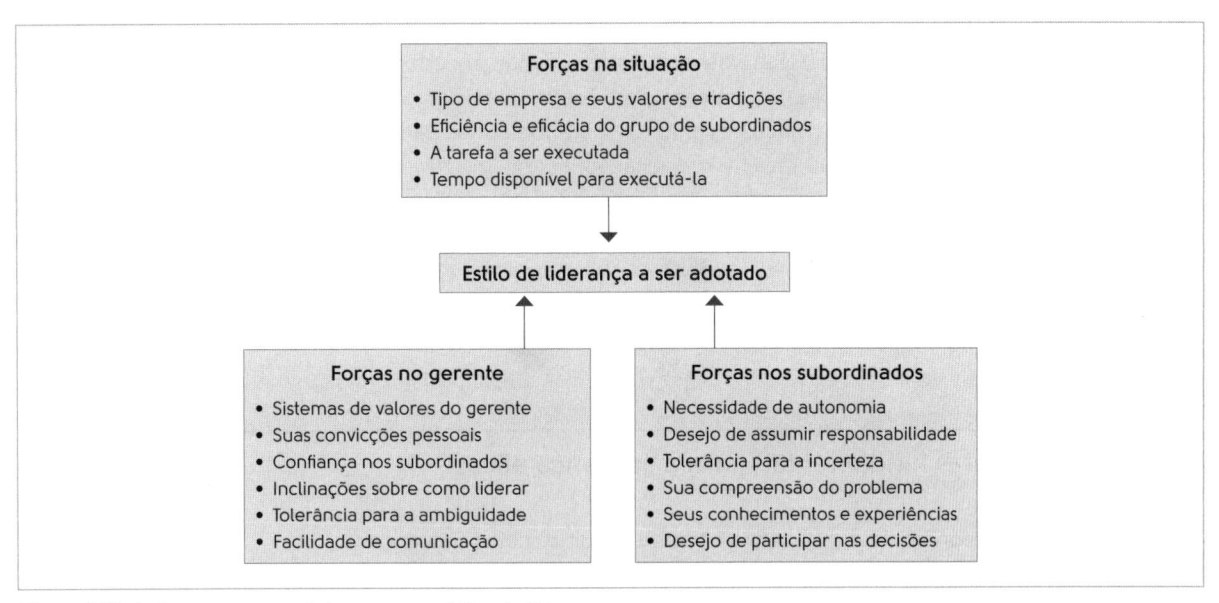

Forças nos subordinados
- Necessidade de autonomia
- Desejo de assumir responsabilidade
- Tolerância para a incerteza
- Sua compreensão do problema
- Seus conhecimentos e experiências
- Desejo de participar nas decisões

Figura 15.11. As forças que condicionam os padrões de liderança.

zar um padrão próximo ao extremo esquerdo do gráfico da Figura 15.12.
2. Um líder pode assumir diferentes padrões de liderança, cada qual adequado e específico para cada subordinado ou tarefa, de acordo com as forças envolvidas.
3. Para um mesmo subordinado, o líder pode assumir diferentes padrões de liderança ao longo do tempo e conforme a situação envolvida. Em situações em que o subordinado apresenta alto nível de eficiência, o líder pode dar-lhe maior liberdade nas decisões; se o subordinado apresenta erros graves e seguidos, o líder pode impor-lhe, provisoriamente, maior autoridade pessoal e menor liberdade de trabalho.

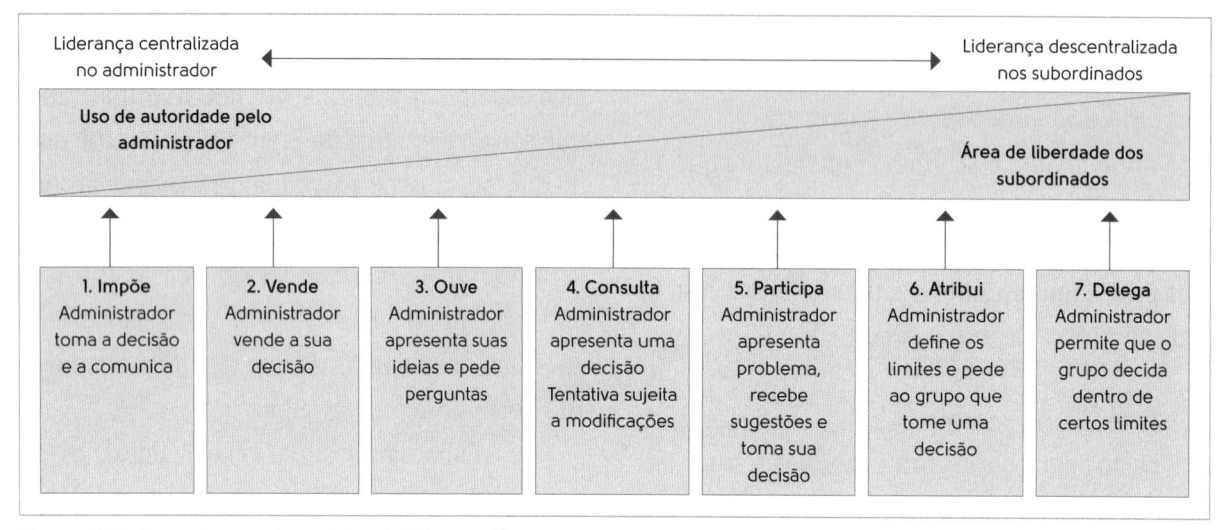

Liderança centralizada no administrador						Liderança descentralizada nos subordinados
Uso de autoridade pelo administrador						Área de liberdade dos subordinados
1. Impõe Administrador toma a decisão e a comunica	2. Vende Administrador vende a sua decisão	3. Ouve Administrador apresenta suas ideias e pede perguntas	4. Consulta Administrador apresenta uma decisão Tentativa sujeita a modificações	5. Participa Administrador apresenta problema, recebe sugestões e toma sua decisão	6. Atribui Administrador define os limites e pede ao grupo que tome uma decisão	7. Delega Administrador permite que o grupo decida dentro de certos limites

Figura 15.12. O *continuum* de padrões de liderança[19].

Voltando ao caso introdutório: Corra que a concorrência vem aí

Antonio chegou à conclusão de que deveria alterar o balanço de forças – na situação, nos gerentes e nos subordinados – dentro de sua empresa, para proporcionar as condições básicas para uma liderança impulsionadora e democrática. Para tanto, pretende aumentar as forças nos subordinados por meio de mais treinamento, orientação e capacitação, ao mesmo tempo em que também aumenta as forças na situação, removendo regras e regulamentos antigos para permitir que as pessoas pensem mais e decidam mais a respeito de suas atividades. Como você faria se estivesse no lugar de Antonio?

Dicas

Nove posturas fundamentais para a liderança eficaz

1. Delegue responsabilidades e defina rumos a seguir e metas a alcançar.
2. Focalize os processos e não as tarefas das pessoas.
3. Dê orientação, informação e retroação às pessoas.

4. Proporcione treinamento e novas habilidades às pessoas.
5. Promova oportunidades para as pessoas e cobre providências.
6. Fixe metas e objetivos de maneira consensual.
7. Estabeleça prioridades a atender.
8. Encoraje a inovação e a criatividade.
9. Reconheça e recompense o desempenho excepcional.

Modelo Contingencial de Fiedler

Fiedler[20] desenvolveu um modelo contingencial de liderança eficaz com base na ideia de que não existe um estilo único e melhor de liderança, que seja válido para toda e qualquer situação. Pelo contrário, os estilos eficazes de liderança são situacionais: cada situação requer um diferente estilo de liderança. O modelo contingencial baseia-se em três fatores situacionais (Figura 15.13):

1. **Poder de posição do líder**: refere-se à influência inerente à posição ocupada pelo líder, isto é, ao volume de autoridade formal atribuído ao líder, independentemente de seu poder pessoal.
2. **Estrutura da tarefa**: refere-se ao grau de estruturação das tarefas, ou seja, ao grau em que o trabalho dos subordinados é rotineiro e programado (em um extremo) ou é vago e indefinível (no outro). A eficácia da liderança depende do grau em que a tarefa dos subordinados é rotineira ou variada. Algumas tarefas são fáceis de definir, desempenhar, medir e avaliar objetivamente. Outras, como atividades criativas ou cargos de assessoria, são mais difíceis de definir e seus resultados são mais complicados de medir. A estrutura da tarefa é um fator importante no estilo de liderança.
3. **Relação entre líder e membros**: refere-se ao relacionamento que existe entre o líder e os membros do grupo. O relacionamento interpessoal pode envolver sentimentos de aceitação entre ambos, confiança e lealdade que os membros depositam no líder ou sentimentos de desconfiança, de reprovação, falta de lealdade e de amizade entre ambos.

Quanto maior o poder da posição, a estruturação da tarefa e o nível das relações entre líder e membros, tanto maior a favorabilidade situacional para a liderança eficaz. Essas três dimensões podem ser combinadas em diferentes proporções, produzindo diferentes graus de favorabilidade situacional para o líder alcançar bons resultados.

Fiedler não afasta os estilos de liderança orientados para a tarefa ou para as pessoas. Sua conclusão genérica[21] é de que quando as variáveis situacionais são muito desfavoráveis (pouca favorabilidade situacional) ou muito favoráveis (mui-

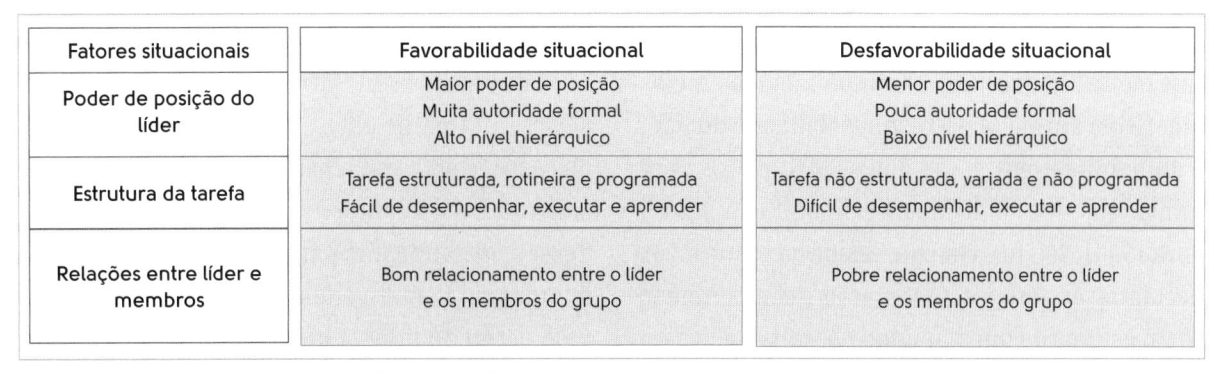

Fatores situacionais	Favorabilidade situacional	Desfavorabilidade situacional
Poder de posição do líder	Maior poder de posição Muita autoridade formal Alto nível hierárquico	Menor poder de posição Pouca autoridade formal Baixo nível hierárquico
Estrutura da tarefa	Tarefa estruturada, rotineira e programada Fácil de desempenhar, executar e aprender	Tarefa não estruturada, variada e não programada Difícil de desempenhar, executar e aprender
Relações entre líder e membros	Bom relacionamento entre o líder e os membros do grupo	Pobre relacionamento entre o líder e os membros do grupo

Figura 15.13. O modelo de liderança eficaz de Fiedler.

ta favorabilidade situacional), o estilo de liderança mais eficaz e, portanto o mais indicado, é o voltado para a tarefa. O estilo de liderança orientado para as pessoas é mais eficaz e, portanto, o mais indicado quando a favorabilidade situacional é relativamente média.

Dicas

Os cinco princípios da liderança visionária[4]

A liderança visionária está relacionada com a visão de futuro que o líder deve possuir e como ele a demonstra para os liderados:

1. **Desafio do processo**: seja um pioneiro. Encoraje a criatividade e a inovação e apoie as pessoas com ideias e sugestões. Oriente, impulsione as pessoas, faça-as cometerem erros e aprenderem com eles. Faça com que saiam da mesmice e da rotina e agreguem valor à organização.
2. **Seja entusiasta**: inspire as pessoas com seu entusiasmo pessoal e procure compartilhar uma visão comum. Transforme o trabalho em algo agradável e produtivo, que traga orgulho e entusiasmo às pessoas. Que elas torçam e festejem quando marcam um gol, atingem um objetivo ou meta.
3. **Ajude as pessoas a agir**: seja um criador de equipes e apoie os esforços e talentos das pessoas. Participação é a palavra-chave. Apoie-se fortemente na equipe, transfira a ela as discussões sobre objetivos e metas, as decisões importantes, a escolha dos meios e métodos, a retroação dos resultados. Consulta e comunicação são fundamentais. O consenso é o segredo do sucesso. Faça com que as pessoas se sintam importantes e elas o farão mais importante ainda.
4. **Dê o exemplo**: utilize um modelo de papel consistente que as pessoas possam e desejam desempenhar. Transparência e objetividade são os meios principais para isso. Total abertura quanto à abordagem dos problemas e soluções, franqueza e sinceridade.
5. **Celebre as realizações**: traga emoção ao local de trabalho e junte a mente e o coração nas tarefas diárias. Reconheça, festeje e congregue as pessoas. Faça de sua equipe um verdadeiro time integrado e coeso que participa de todo o negócio. A missão e a visão devem ser discutidas, frequentemente, na medida em que os objetivos vão sendo definidos, alcançados e redefinidos.

Teoria Caminho-meta ou Teoria Focada em Objetivos

É uma teoria contingencial que se preocupa em estudar como o líder influencia a percepção das metas de trabalho dos subordinados, suas metas de autodesenvolvimento e os caminhos para atingir tais metas[22]. A teoria do caminho-meta (ou meios-objetivos) afirma que a responsabilidade do líder é aumentar a motivação dos subordinados para atingir objetivos individuais e organizacionais (Figura 15.14). Seu fundamento reside na teoria da expectância: as atitudes, a satisfação, o comportamento e o esforço de um indivíduo no trabalho podem ser previstos com base nos seguintes aspectos:

1. O grau em que o trabalho ou o comportamento é percebido pela pessoa como o caminho que leva a resultados (expectativas).
2. As preferências da pessoa por estes resultados (valências).

As pessoas estão satisfeitas com seu trabalho se acreditam que este trabalho levará a resultados desejáveis e trabalharão mais se sentirem que ele dará frutos compensadores. A consequência desses pressupostos para a liderança é que os liderados serão motivados pelo comportamento ou pelo estilo do líder, à medida que esse estilo ou esse comportamento influencia as expectativas (caminhos para a meta) e as valências (atratividade da meta).

As pesquisas revelaram que os líderes são eficazes quando fazem com que as recompensas estejam ao alcance dos subordinados e quando fazem com que elas dependam da realização de metas específicas, por parte dos subordinados[23]. Grande parte do trabalho do líder é mostrar ao liderado o tipo de comportamento que tem maior probabilidade de levar à consecução da meta. Essa atividade é conhecida como esclarecimento do caminho a seguir.

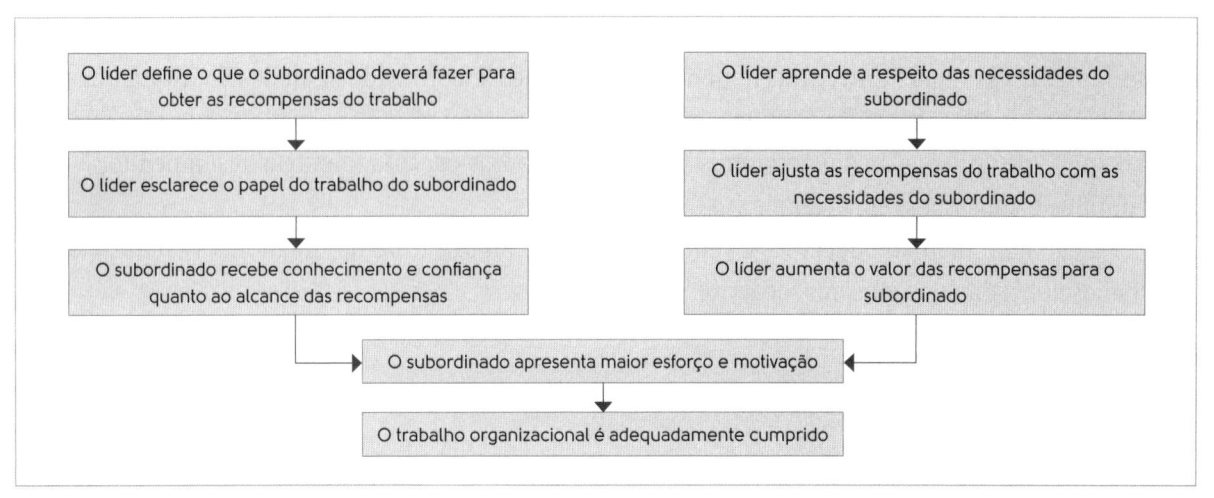

Figura 15.14. Os papéis do líder no modelo de caminhos-objetivos[24].

Voltando ao caso introdutório: Corra que a concorrência vem aí

Antonio quer inspirar-se na liderança visionária para tirar a Alpha Beta do buraco em que se encontra. O caminho pela frente é encorajar a criatividade e a inovação entre as pessoas de todos os níveis, apoiar ideias e sugestões, impulsionar as pessoas, inspirá-las com seu entusiasmo pessoal, criar equipes, ajudá-las a agir, buscar consenso, dar o exemplo, proporcionar abertura e comemorar as realizações das pessoas. Como você poderia ajudar Antonio?

APLICAÇÕES PRÁTICAS

Como estamos vendo, a liderança é um conceito extremamente complexo. As organizações modernas requerem uma verdadeira liderança de lideranças. Em todos os níveis organizacionais, o administrador precisa liderar uma equipe. O presidente conduz o quadro de diretores. Cada diretor precisa liderar uma equipe de gerentes e cada gerente atua na liderança de uma equipe de supervisores. E cada supervisor precisa liderar uma equipe de funcionários no nível de execução. Daí a necessidade de liderança em todos os níveis organizacionais, como mostra a Figura 15.15.

Nesse cipoal de teorias a respeito da liderança, surgem algumas conclusões de ordem prática para o administrador liderar as pessoas. House e Dessler[25] propõem quatro tipos específicos de liderança:

1. **Líder apoiador:** preocupa-se com os assuntos, o bem-estar e as necessidades das pessoas. O

comportamento do líder é aberto e o líder cria um clima de equipe e trata os subordinados como iguais.

2. **Líder diretivo**: conta aos subordinados exatamente o que pretende fazer. O comportamento do líder inclui planejamento, programação de atividades, estabelecimento de objetivos de desempenho e padrões de comportamento, além de aderência às regras e aos procedimentos.
3. **Líder participativo**: consulta os subordinados a respeito de decisões. Inclui perguntas sobre opiniões e sugestões, encorajamento de participação na tomada de decisões e reuniões com os subordinados em seus locais de trabalho. O líder participativo encoraja a discussão em grupos e sugestões escritas e utiliza as ideias dos subordinados nas decisões.
4. **Líder orientado para metas ou resultados**: formula objetivos claros e desafiadores aos subordinados. O comportamento do líder enfatiza desempenho de alta qualidade e melhorias sobre o desempenho atual. Mostra confiança nos subordinados e ajuda-os na aprendizagem de como alcançar elevados objetivos para melhorar continuamente o desempenho.

A Figura 15.16 dá uma ideia resumida do assunto.

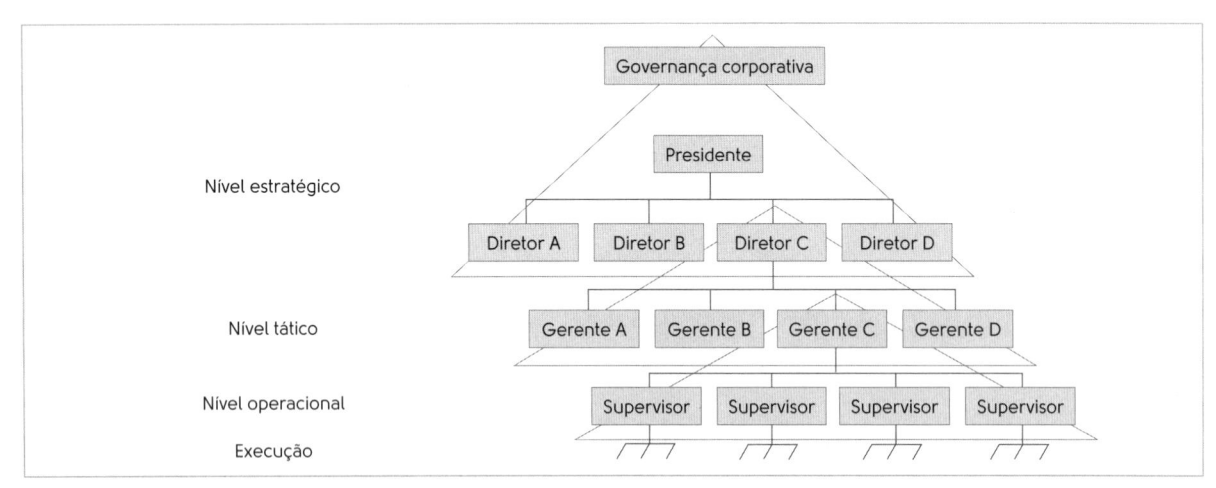

Figura 15.15. Liderança de lideranças.

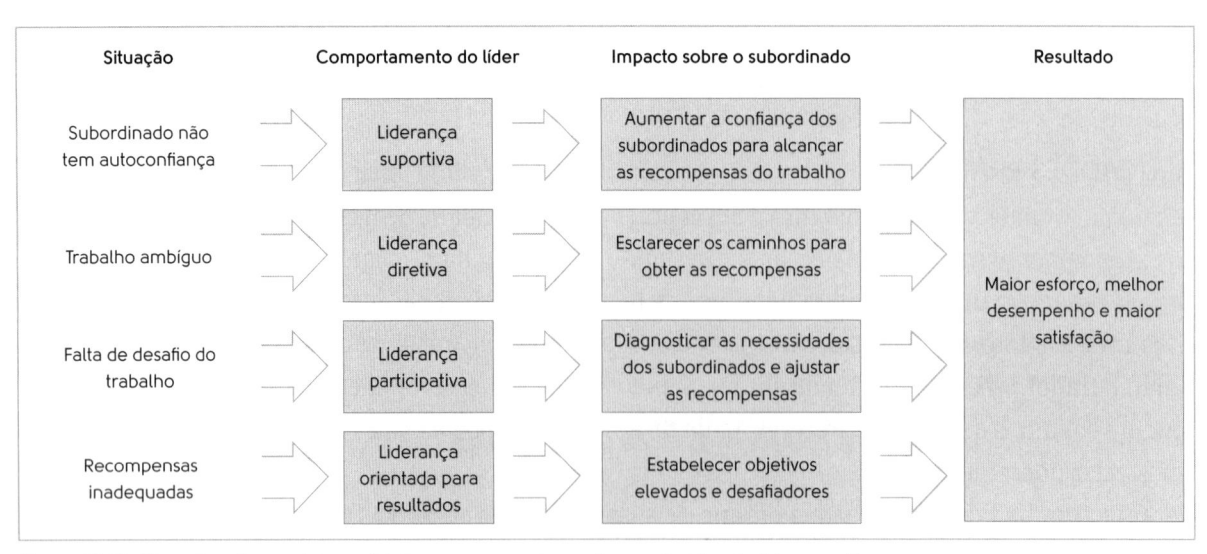

Figura 15.16. Situações de caminhos-objetivos e comportamentos preferidos de liderança[25].

Esses quatro tipos de liderança podem ser praticados pelo mesmo líder e em várias situações. Essas descobertas são contrárias às ideias de Fiedler, que demonstra a dificuldade de mudança de estilo. A abordagem voltada para a meta sugere mais flexibilidade que o modelo contingencial. A teoria caminho-meta leva à colocação de duas proposições importantes[26].

1. O comportamento do líder é aceitável e satisfatório na medida em que os subordinados sentem tal comportamento como fonte imediata de satisfação e como instrumento de satisfação futura.
2. O comportamento do líder será motivacional na medida em que torna a satisfação das necessidades dos subordinados dependente do desempenho eficaz e na medida em que completa a situação fornecendo orientação, clareza de objetivos e direção e as recompensas necessárias para um desempenho eficaz.

Segundo a teoria do caminho-meta, os líderes devem aumentar o número e os tipos de recompensas para os subordinados. Além disso, devem proporcionar orientação e aconselhamento para mostrar como essas recompensas podem ser obtidas. Isso significa que o líder deve ajudar os subordinados a terem expectativas realistas e a reduzirem as barreiras que impedem o alcance das metas.

A teoria do caminho-meta considera dois tipos de variáveis importantes: as características pessoais dos subordinados e as pressões e exigências do meio que devem ser enfrentadas pelos subordinados para que possam atingir as metas. De um lado, uma característica pessoal dos subordinados é a percepção quanto à sua própria capacidade e habilidade. Quanto mais o subordinado percebe sua capacidade relativa às exigências da tarefa, tanto menos aceitará o estilo de liderança diretivo.

As variáveis ambientais incluem fatores que não estão sob o controle do subordinado, mas que são importantes para a satisfação ou para um desempenho eficaz. Entre esses fatores estão as tarefas, o sistema de autoridade formal da organização e o grupo de trabalho. Qualquer um desses fatores ambientais pode motivar ou restringir o subordinado. O comportamento do líder será motivacional na medida em que ajuda os subordinados a aceitarem as incertezas ambientais. O líder capaz de reduzir as incertezas do trabalho é tido como um motivador porque aumenta a expectativa dos subordinados de que seus esforços levarão às recompensas procuradas.

Liderança e visão são dois componentes que se interpenetram. Cada vez mais a visão do futuro está constituindo um ingrediente essencial para a liderança eficaz. Daí, a nossa velha e obstinada pregação aos administradores: mandem menos e liderem mais. Os resultados serão impressionantes.

Dicas

Tire seu diploma em liderança[27]

Ser líder não é uma herança genética, nem uma determinação do destino. Existem cinco componentes que aumentam o seu poder de influência. Imagine um anúncio de emprego, em que se lê: "Procura-se pessoa com habilidades de treinador, professor, líder de torcida, herói, visionário, administrador, artista, ser humano sensível e atento para com as pessoas que o cercam, segundo o que as circunstâncias exigem. Precisa ter facilidade para vivenciar mudanças culturais. Uma qualidade essencial é o compromisso profundo com nossa missão e nosso pessoal, mas o candidato também deve conseguir distanciar-se, para não perder sua visão objetiva da realidade". É por essa razão que há falta de líderes empresariais. Em um estudo sobre a natureza da liderança, Robert J. Thomas[28] concluiu que os líderes usam um conjunto surpreendentemente pequeno de habilidades básicas. Na verdade, elas são cinco habilidades básicas, a saber:

1. **Enxergar**: os líderes eficientes enxergam possibilidades que outras pessoas não veem. Eles enxergam a realidade não só da sua própria perspectiva, mas também da perspectiva daqueles que pretendem liderar. A psicologia dá o nome de empatia a essa habilidade de se sentir no lugar dos outros. Max De Pree, ex-presidente do conselho de administração da Herman Miller, uma das empresas mais admiradas segundo a revista *Fortune*, diz: "O líder precisa ter a capacidade de olhar através da lente de um seguidor." De Pree demonstrou essa habilidade convidando os funcionários a participar da criação de uma visão da empresa, em lugar de impor essa visão de cima para baixo. Essa capacidade de enxergar significa poder assumir o papel do outro e de identificar e distinguir o que é aquilo que nós desejamos que seja.
2. **Monitorar-se**: os líderes assumem, negociam ou são obrigados a desempenhar uma série de papéis diferentes. Para poder avaliar essas situações e dispor da gama mais ampla possível de opções, os líderes eficientes são, ao mesmo tempo, *insiders* (participantes sinceros e comprometidos) e *outsiders* (capazes de distanciar-se de uma situação ou papel para avaliar a gama de ações possíveis à sua disposição). Em outras palavras, o líder efetivo aprende a monitorar-se em ação e a rever, criticar e modificar continuamente o seu comportamento.
3. **Trabalhar com valores**: os líderes efetivos vivenciam seus próprios valores, ajudam as outras pessoas a formular os seus, lidam com conflitos de valores de maneira direta e tomam decisões com base em valores. Reconhecem o fato de que os valores de uma organização fornecem estabilidade e rumo a ela. Os valores são a cola que une a organização. O líder sabe diferenciar o que é apropriado daquilo que é certo. As duas posturas nem sempre são a mesma coisa. Os valores estão acima de tudo.
4. **Confiar**: os líderes efetivos sabem confiar e inspirar confiança. Como demonstrou Robert Levering em sua pesquisa sobre "As 100 Melhores Empresas para se Trabalhar nos Estados Unidos", os líderes eficazes criam um clima de confiança que permeia a empresa inteira. Mas confiança não é apenas o ambiente agradável ou o sentimento caloroso. É, ao mesmo tempo, uma atividade e um resultado, uma condição prévia e uma consequência.
5. **Desafiar**: os líderes efetivos perseguem a criação de metas e objetivos como parte de um processo por meio do qual as possibilidades são, mais do que impostas, reveladas ao longo do tempo. Eles questionam continuamente as normas e os pressupostos, visando a acabar com as restrições desnecessárias e irreais impostas às pessoas e às organizações que lideram. O desafio não precisa assumir a forma de confronto. Na verdade, os líderes efetivos muitas vezes extraem novas ideias das pessoas que lideram, em lugar de inventá-las eles próprios. Fazem muitas perguntas e muitas vezes não sabem as respostas. Mas, ao formular as perguntas, ajudam as pessoas a encontrar as respostas.

A liderança, em termos de um número finito de lances, é algo que se pode aprender e aperfeiçoar pela prática. Para dominar os cinco passos acima, é preciso possuir um certo tanto de cada uma dessas qualidades. O método consiste em identificar onde existem, ou como podem ser criadas, as oportunidades no contexto do desempenho cotidiano e fazer delas o seu campo de treinamento. E, com a prática, podem até transformar a liderança em um novo modo de vida.

Avaliação crítica: Você já ouviu falar de inteligência emocional?

A Primeira Revolução do Saber aconteceu como consequência do impacto da Revolução Industrial, que provocou uma necessidade intensa de qualificação da mão de obra para realizar a alfabetização racional e ensinar as pessoas totalmente despreparadas a ler, escrever e fazer contas, para que elas saíssem da fase agrícola anterior e ingressassem na fase de industrialização. A alfabetização racional foi o passo para tirar a humanidade do circuito da pobreza da fase agrícola e chegar aos privilégios da riqueza por meio das fábricas e das profissões liberais. A primeira revolução do saber foi a responsável pela criação da classe média. A Segunda Revolução do Saber está começando agora e está voltada para a alfabetização emocional. Acontece que o ser humano tem múltiplas inteligências e a alfabetização racional estimula a utilização de apenas duas delas: a lógico-matemática e a linguística. Daniel Goleman[29] salienta que uma das inteligências não exploradas é a inteligência interpessoal, que está associada à inteligência intrapessoal. A inteligência intrapessoal representa o grau em que a pessoa sabe conviver consigo mesma e ter responsabilidade pela autoliderança. A inteligência interpessoal é o grau em que a pessoa sabe conviver com as outras pessoas e, quando necessário, ter responsabilidade para liderar. O segredo é saber desenvolver e aplicar tanto a inteligência racional como a inteligência emocional; tanto o quociente intelectual (QI) quanto o quociente emocional (QE). O QI pode dar-lhe o emprego, mas é o QE quem lhe dará a promoção.

Para Goleman, o QE é uma tábua de cinco mandamentos[30]:

1. **Autoconhecimento**: é a capacidade de reconhecer os próprios sentimentos, usando-os para tomar decisões que resultem em satisfação pessoal. Quem não entende seus verdadeiros sentimentos fica à mercê deles. Quem os entende pode pilotar melhor sua vida.
2. **Administração das emoções**: é a habilidade de controlar impulsos, de dispersar a ansiedade ou de direcionar a raiva para a pessoa certa, na medida certa e na hora certa.
3. **Automotivação**: é a habilidade de persistir e de se manter otimista mesmo diante de problemas.
4. **Empatia**: é a habilidade de se colocar no lugar do outro, de entendê-lo e de perceber sentimentos não verbalizados em um grupo.
5. **Arte do relacionamento**: é a capacidade de lidar com as reações emocionais dos outros, interagindo com tato.

Segundo Goleman, cada pessoa tem uma pitada a mais ou a menos em cada um desses itens. Mas é certo que o líder precisa ter um elevado QE.

Core competences do líder	Competências do líder do século XXI
Visão e ação estratégica: definir os rumos e desenvolver planos para chegar lá. **Ética e integridade**: para conquistar a confiança e fazer corretamente as coisas. **Foco em resultados**: para conduzir as ações e que as coisas sejam feitas. **Julgamento**: para tomar decisões corretas e adequadas. **Otimismo e paixão**: para transmitir energia positiva. **Construção de equipes**: para cercar-se de talentos melhores que o líder. **Desenvolvimento de pessoas**: para aumentar as competências da equipe. **Confiabilidade**: para criar e desenvolver uma cultura de confiança recíproca.	**Inovação**: pensar criativamente enquanto toma iniciativa e riscos calculados, visualiza a situação imediata, explora perspectivas diversas e reconhece oportunidades inesperadas. **Agilidade**: ser visionário, colaborativo, criativo e proativo, aprendendo com a experiência para obter êxito sustentável. **Visão sistêmica**: visualizando o negócio como um todo, com vistas e perspectivas globais oferecendo uma liderança total. **Inteligência emocional**: reconhecendo e compreendendo emoções e gerenciando pessoas e equipes com adequação. **Gestão da diversidade**: perceber as diferenças individuais e como suas percepções afetam as interações, comunicação, adaptabilidade e gestão das mudanças.

Figura 15.17. As competências do líder do século XXI.[31]

Exercícios: Você é um líder?[32,33]

Se você está em uma posição gerencial em uma organização, verifique como as atividades seguintes são importantes para você, anotando sim ou não:

1. Ajudar os subordinados a esclarecer objetivos e como alcançá-los.
2. Proporcionar às pessoas um sentido de missão e propósitos globais.
3. Ajudar a executar os trabalhos dentro do tempo necessário.
4. Localizar novos produtos e oportunidades de serviços.
5. Utilizar políticas e procedimentos como guias para solução de problemas.
6. Promover crenças e valores não convencionais.
7. Oferecer recompensas monetárias pelo elevado desempenho dos subordinados.
8. Impor respeito entre as pessoas.
9. Trabalhar sozinho para cumprir tarefas importantes.
10. Sugerir novos e únicos caminhos para fazer as coisas.
11. Confiar nas pessoas que fazem bem o seu trabalho.
12. Inspirar lealdade para si mesmo e para a organização.
13. Estabelecer procedimentos para ajudar a unidade organizacional a trabalhar bem.
14. Utilizar ideias para motivar as pessoas.
15. Colocar limites razoáveis nas novas abordagens.
16. Demonstrar inconformismo com a mediocridade e com o desperdício.

Os itens com números pares representam comportamentos e atividades de líderes carismáticos, que são pessoas envolvidas em ideias, objetivos e direção de mudança. Eles utilizam uma abordagem intuitiva para desenvolver novas ideias para velhos problemas e buscar novas direções para a sua unidade organizacional. Os itens com números ímpares são considerados atividades mais tradicionais típicas dos líderes transacionais. São administradores que respondem aos problemas organizacionais de maneira impessoal, tomando decisões racionais e coordenando e facilitando o trabalho das pessoas. Se você respondeu sim a mais itens pares do que ímpares, você é um potencial líder carismático.

Caso para discussão: Lee Iacocca[34]

Uma das figuras mais conhecidas nos meios automobilísticos, Lido Anthony Iacocca era estudante de engenharia quando ingressou na Ford Motor Company como *trainee* em vendas. Em 1960, já era o mais jovem gerente geral da Divisão Ford. Em 1964, como vice-presidente da corporação lançou o bem-sucedido Mustang com um orçamento de apenas US$ 75 milhões. Em 1970, foi nomeado presidente da Ford, sendo despedido sumariamente após 8 anos pelo neto do fundador. "O que aconteceu comigo foi uma adversidade inesperada", comenta Iacocca. Convidado a assumir a presidência da Chrysler, à beira da falência, conseguiu convencer o governo americano a autorizar um empréstimo de US$ 1,5 bilhão para evitar a bancarrota da empresa. Em pouco tempo, introduziu uma nova dinâmica à companhia e reconfigurou totalmente os seus produtos, ligando intimamente o seu nome com o da Chrysler. Foi um inabalável vendedor de carros e advogado de todas as coisas em que os americanos acreditavam.

Comenta-se que no início de sua atividade na Chrysler, quando se decidia a nova linha de veículos para o ano, Iacocca percebeu que nela faltava um carro médio conversível. Chamou o vice-presidente de projeto e engenharia e pediu-lhe que preparasse, o mais rapidamente possível, um projeto para o carro. Ficou irritado quando o VP lhe pediu o prazo de seis meses apenas para desenhar o projeto. Chamou o vice-presidente de *marketing* e solicitou-lhe uma pesquisa de mercado para analisar a viabilidade de um carro médio conversível. Ficou mais irritado quando o outro VP lhe pediu quatro meses para tocar a pesquisa. Iacocca queria o novo carro em questão de dias. Inconformado com a lentidão da burocracia da Chrysler, Iacocca chamou o gerente de manufatura e pediu-lhe que serrasse a capota de um carro médio naquele mesmo dia e que o pusesse à sua disposição. Estarrecido, o gerente cumpriu a ordem e, intrigado, viu o chefão sentar-se no carro e guiar vagarosamente pelas ruas de Detroit, sem seguranças por perto, e observando como as pessoas olhavam o carro. Após duas semanas de andanças pela cidade, Iacocca havia feito a sua própria pesquisa de mercado. Satisfeito com os resultados dos olhares dos transeuntes, mandou que aquele "protótipo" constituísse o novo modelo de conversível para a linha do ano. O sucesso alcançado foi invulgar. O comportamento de Iacocca pode ser chamado de inconformismo sistemático: a não aceitação da mediocridade, da complacência e da irresponsabilidade burocrática. As descrições mostram um Iacocca brutalmente honesto, autoritário, inspiracional, cáustico, carismático, arrogante e extremamente tímido. Muitos dos que trabalharam com ele o tomam como um gênio.

Em 1983, sete anos antes do vencimento, Iacocca devolveu aos burocratas de Washington o empréstimo dado à Chrysler, com um lucro de US$ 350 milhões ao tesouro americano e transformando a companhia em um negócio altamente rentável. A lucratividade retornou com diversificação das operações, a compra da American Motors Corporation e da Gulfstream Aerospace Corporation e o relançamento do *jeep*. A imagem da Chrysler – como fabricante de carros enormes e luxuriosos – foi substituída por uma empresa revolucionária de *vans* e de carros tecnologicamente bem desenhados. O Jeep Grand Cherokee, lançado em 1991, e a introdução de *pick-ups* mudou totalmente o negócio da companhia. Após 46 anos na indústria automobilística, Iacocca aposentou-se em 1992, permanecendo como conselheiro e consultor e com seu nome ligado definitivamente ao da grande corporação americana. Pena que a Chrysler não teve outros Iacoccas.

Questões:
1. Identifique algumas características pessoais em Iacocca que o marcam como um líder eficaz.
2. Iacocca teria sido mais um líder ou administrador? Como você acha que a liderança inspiracional de Iacocca influenciou a Chrysler?
3. Dentro da teoria de caminhos-objetivos, em qual dos quatro tipos de estilos de liderança você classificaria Iacocca?
4. Comente o inconformismo sistemático e suas implicações.

Exercícios

1. Por que a liderança é fundamental nas organizações bem-sucedidas?
2. Defina influência, poder e autoridade.
3. Explique os quatro tipos de poder.
4. Defina liderança.
5. Quais os aspectos principais no conceito de liderança?
6. Explique as três abordagens sobre liderança.
7. Explique a teoria dos traços de personalidade.
8. Explique a teoria dos três estilos de liderança: autocrática, liberal e democrática.

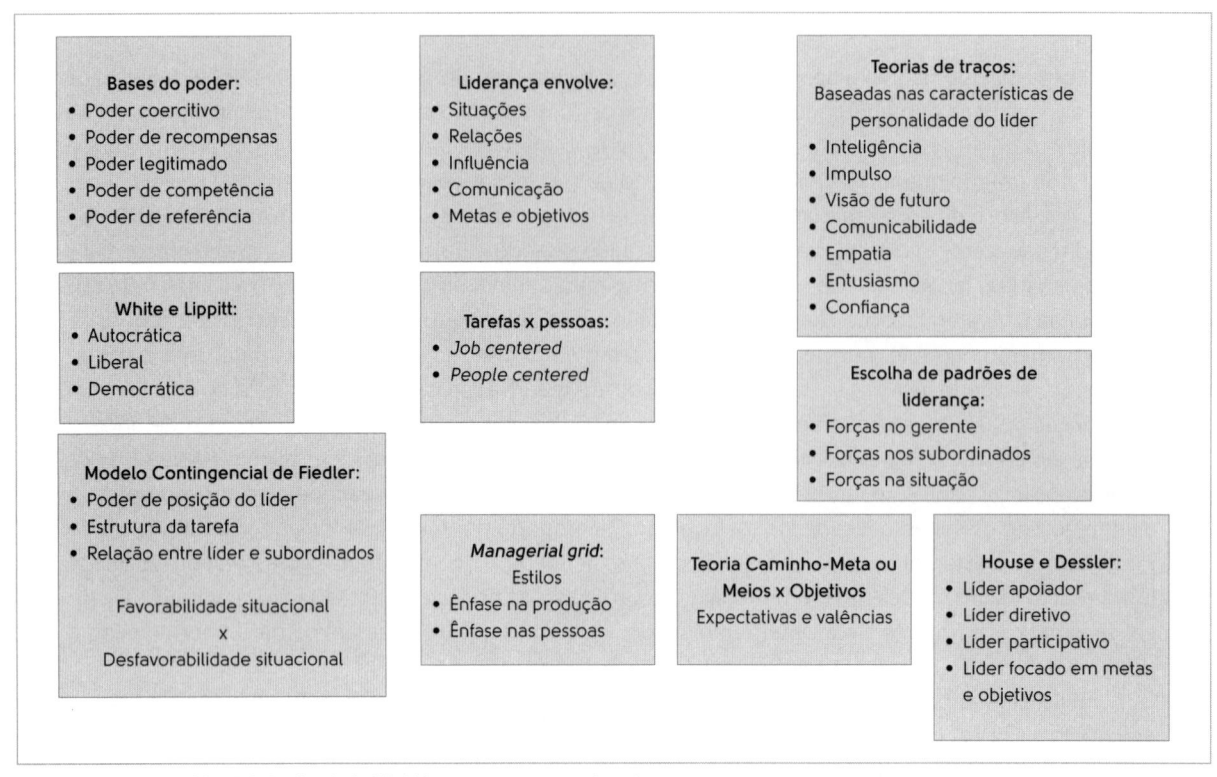

```
┌─────────────────────────────────────────────────────────────────────────────────────────┐
│  ┌──────────────────────┐      ┌──────────────────────┐    ┌──────────────────────────┐ │
│  │   Bases do poder:    │      │  Liderança envolve:  │    │    Teorias de traços:    │ │
│  │  • Poder coercitivo  │      │  • Situações         │    │ Baseadas nas caracterís- │ │
│  │  • Poder de recom-   │      │  • Relações          │    │ ticas de personalidade   │ │
│  │    pensas            │      │  • Influência        │    │ do líder                 │ │
│  │  • Poder legitimado  │      │  • Comunicação       │    │  • Inteligência          │ │
│  │  • Poder de compe-   │      │  • Metas e objetivos │    │  • Impulso               │ │
│  │    tência            │      └──────────────────────┘    │  • Visão de futuro       │ │
│  │  • Poder de referência│                                  │  • Comunicabilidade      │ │
│  └──────────────────────┘                                  │  • Empatia               │ │
│                                                            │  • Entusiasmo            │ │
│  ┌──────────────────────┐      ┌──────────────────────┐    │  • Confiança             │ │
│  │   White e Lippitt:   │      │  Tarefas x pessoas:  │    └──────────────────────────┘ │
│  │  • Autocrática       │      │  • Job centered      │                                 │
│  │  • Liberal           │      │  • People centered   │    ┌──────────────────────────┐ │
│  │  • Democrática       │      └──────────────────────┘    │  Escolha de padrões de   │ │
│  └──────────────────────┘                                  │       liderança:         │ │
│                                                            │  • Forças no gerente     │ │
│  ┌─────────────────────────────┐                           │  • Forças nos subordi-   │ │
│  │ Modelo Contingencial        │                           │    nados                 │ │
│  │ de Fiedler:                 │                           │  • Forças na situação    │ │
│  │  • Poder de posição do líder│                           └──────────────────────────┘ │
│  │  • Estrutura da tarefa      │                                                        │
│  │  • Relação entre líder e    │ ┌───────────────────┐ ┌───────────────┐ ┌────────────┐ │
│  │    subordinados             │ │ Managerial grid:  │ │Teoria Caminho-│ │ House e    │ │
│  │                             │ │     Estilos       │ │Meta ou Meios  │ │ Dessler:   │ │
│  │  Favorabilidade situacional │ │ • Ênfase na pro-  │ │ x Objetivos   │ │ • Líder    │ │
│  │             x               │ │   dução           │ │ Expectativas  │ │   apoiador │ │
│  │  Desfavorabilidade          │ │ • Ênfase nas      │ │ e valências   │ │ • Líder    │ │
│  │  situacional                │ │   pessoas         │ │               │ │   diretivo │ │
│  └─────────────────────────────┘ └───────────────────┘ └───────────────┘ │ • Líder    │ │
│                                                                          │   partici- │ │
│                                                                          │   pativo   │ │
│                                                                          │ • Líder    │ │
│                                                                          │   focado em│ │
│                                                                          │   metas e  │ │
│                                                                          │   objetivos│ │
│                                                                          └────────────┘ │
└─────────────────────────────────────────────────────────────────────────────────────────┘
```

Figura 15.18. Mapa Mental do Capítulo 15: Liderança nas organizações.

9. Explique a teoria da liderança orientada para tarefas ou para pessoas.
10. Explique a grade gerencial.
11. Quais os aspectos comuns das teorias sobre estilos de liderança?
12. Explique a teoria da escolha dos padrões de liderança.
13. Quais as forças envolvidas na escolha dos padrões de liderança?
14. Explique o modelo contingencial de liderança.
15. Explique a teoria caminho-meta.
16. Quais os papéis do líder no modelo de caminho-meta?
17. Em termos de aplicação prática, quais os quatro tipos específicos de liderança?

REFERÊNCIAS BIBLIOGRÁFICAS

1. Ralph M. Stogdill. *Handbook of leadership*. Nova York, The Free, 1974.
2. "Você, nós, 30 anos". *Exame*, n. 641, 30.07.1997, p. 40.
3. John R. P. French, Bertram Raven. "The bases of social power". In: Darwin Cartwright, A. F. Zander (orgs.). *Group dynamics*. Evanston, Row, Peterson & Co., 1960. p. 607-23.
4. John R. Schermerhorn Jr. *Management*. Nova York, John Wiley & Sons, 1996. p. 321.
5. Maria Luisa Mendes. "Você tem carisma?". *Exame*, n. 610, 22.05.1996, p. 46-8.
6. América Economía. Disponível em: rankings.americaeconomia.com/2012/bancos/ranking25.php. Acessado em: 21.10.2013.
7. Edwin A Fleishman, James G. Hunt (orgs.). *Current developments in the study of leadership*. Carbondale, Southern Illinois University, 1973, p. 3.
8. Ralph M. Stogdill. "Historical trends in leadership theory and research". *Journal of Contemporary Business*, Oct./1974, p. 4.
9. Roberto Shinyashiki. "Liderança em tempo de tempestade". *Trevisan*, n. 111, mai./1997, p. 12-5.
10. James L. Gibson, John M. Ivancevich, James H. Donnelly Jr. *Organizações: comportamento, estrutura, processos*. São Paulo, Atlas, 1981. p. 209-11.
11. Idalberto Chiavenato. *Administração de empresas: uma abordagem contingencial*. São Paulo, McGraw-Hill/Makron Books, 1992. p. 437-40.

12. Herbert G. Hicks, C. Ray Gullett. *Organizations: theory and behavior*. Tóquio, McGraw-Hill/Kogakusha, 1975. p. 306-7.
13. Rensis Likert. *Novos padrões de administração*. São Paulo, Pioneira, 1971.
14. "Anúncio da Toyota". *Exame*, n. 632, 26.03.1997. p. 36-9.
15. Robert Blake, Jane S. Mouton. *The managerial grid*. Houston, Gulf, 1964.
16. *Exame*, n. 609, 08.05.1996, p. 16.
17. Cláudia Vassallo. "A lebre gigante que nasceu da 3M". *Exame*, n. 641, 30.07.1997, p. 135-6.
18. Imation. Disponível em: www.imation.com.
19. Robert Tannenbaum, Warren H. Schmidt. "How to choose a leadership pattern". *Harvard Business Review*, v. 36, Mar.-Apr./1958, p. 96.
20. Fred E. Fiedler. *A theory of leadership effectiveness*. Nova York, McGraw-Hill, 1967.
21. Fred E. Fiedler. "Engineering the Job to Fit the Manager". *Harvard Business Review*, Sep.-Oct./1965, p. 115.
22. Robert J. House. "A path-goal theory of leadership effectiveness". *Administrative Science Quarterly*, Sep./1971, p. 321-9.
23. Martin G. Evans. "The effects of supervisory behavior on the path-goal relationship". *Organizational Behavior and Human Performance*, May/1970, p. 277-98.
24. Bernard M. Bass. "Leadership: good, better, best". *Organizational Dynamics*, n. 13, 1985, p. 26-40.
25. Gary A. Yuki. *Leadership in organizations*. Englewood Cliffs, Prentice-Hall, 1981. p. 146-52.
26. Robert J. House, G. Dessler. "The path-goal theory of leadership: some post hoc and a priori tests". In: James G. Hunt (org.). *Contingency approaches to leadership*. Carbondale, Southern Illinois University, 1974.
27. Robert J. Thomas. "Tire seu diploma em liderança". *Exame*, n. 624, 04.12.1996, p.139-42.
28. Robert J. Thomas. *What machines can't do: politics and technology in the industrial enterprise*. University of California, 1996.
29. Daniel Goleman, Joel Gurin (orgs.). *Equilíbrio mente-corpo: como usar sua mente para uma saúde melhor*. Rio de Janeiro, Campus, 1997.
30. Roberta Rossetto. "QE vale mais?". *Exame*, n. 607, 10.04.1996, p. 74-8.
31. Josh Bersin, Kim Lamoureux. "Strategic human resources an talent management". *Bersin Associates Report*, Nov/2011.
32. Bernard M. Bass. *Leadership and performance beyond expectations*, Nova York, Free, 1985.
33. Lawton R. Burns, Selwyn W. Becker. "Leadership and management". In: *Health Care Management*, Nova York, Wiley, 1986.
34. Richard L. Daft. *Management*. Orlando, The Dryden, 1994. p. 509.

16
MOTIVAÇÃO NAS ORGANIZAÇÕES

Objetivos de aprendizagem

Após estudar este capítulo, você deverá estar capacitado para:

- Definir o processo motivacional.
- Descrever a hierarquia das necessidades humanas.
- Diferenciar os fatores higiênicos e fatores motivacionais.
- Compreender as características das necessidades aprendidas.
- Clarificar os objetivos individuais e como as pessoas se comportam.
- Utilizar os conceitos de motivação, reforço do comportamento desejado e equidade nas recompensas.
- Como aplicar na prática organizacional os conceitos de motivação.

O que veremos adiante

- O que é motivação?
- Teorias de conteúdo da motivação.
- Teorias de processo da motivação.
- Modelos integrados de motivação.
- Aplicações práticas das teorias de motivação.

> ### Caso introdutório: Sinais vitais
>
> A ParaLógica é uma empresa notável: belíssimas instalações físicas, máquinas e equipamentos sofisticados, produtos de elevada qualidade. À primeira vista, a empresa proporciona a todos uma excelente impressão. Mas, apesar de tudo isso, a empresa não pulsa. Não tem alma. É uma empresa fria, impessoal, onde tudo é lógico e mecânico. Os dirigentes somente pensam em tocar o negócio e obter lucros imediatos. As reuniões de diretoria tratam apenas de máquinas e de produtos. Os gerentes mais cotejados são excelentes calculistas e o que mais sabem fazer são contas e demonstrações financeiras. E as pessoas? Ah, sim. Elas trabalham incessantemente como verdadeiros burocratas, autômatos, alienados do trabalho, não vibram e nem sequer discutem. A empresa se orgulha de possuir a melhor mão de obra do mercado. Mas é apenas mão de obra. Não há emoção, nem sentimentos, nem comprometimento. Apesar de possuir um organismo físico bem estruturado e bem constituído, a ParaLógica apresenta sinais vitais preocupantemente baixos. Tem excelentes funcionários, mas que fazem o mínimo possível e abaixo de suas capacidades. Foi nessas condições de anemia e anorexia que Pedro Fernandes assumiu o comando da empresa. Pedro percebeu logo que, no mercado em que a ParaLógica funciona, todas as empresas concorrentes possuem as mesmas máquinas e equipamentos sofisticados. Todas elas oferecem produtos de alta qualidade e de características similares. Ao traçar cenários, Pedro Fernandes percebeu que a hipótese mais otimista no longo prazo seria a simples manutenção do faturamento e preservação da fatia de mercado da companhia. O cenário mais pessimista, contudo, representava a entrada de uma grande multinacional no mercado que se prepara para desalojar todas as atuais empresas do mercado, a ParaLógica entre elas. O caminho certo não poderia ser a manutenção das coisas tais como estavam. Pedro resolveu contratar um consultor externo na área de comportamento organizacional para ajudá-lo a pensar no futuro e nas pessoas. Mais do que isso: criar o futuro da sua empresa por meio dos funcionários. Como você agiria no lugar de Pedro?

Um dos maiores desafios do administrador é motivar as pessoas. Fazê-las decididas, confiantes e comprometidas intimamente a alcançar os objetivos propostos. Energizá-las e estimulá-las o suficiente para que sejam bem-sucedidas em seu trabalho na organização. O conhecimento da motivação humana é indispensável para que o administrador possa realmente contar com a colaboração irrestrita das pessoas. Embora os estudos sobre motivação pertençam especificamente à área da psicologia, a teoria administrativa se abastece deles para criar condições de aplicabilidade dos seus conceitos na vida organizacional.

O QUE É MOTIVAÇÃO?

Talvez seja mais fácil começar dizendo o que a motivação não é. Muita gente acha que a motivação é um traço pessoal da personalidade humana que algumas pessoas possuem e outras não. Há gente que acha que as pessoas com pouca motivação são preguiçosas e indolentes. O conhecimento atual a respeito da motivação demonstra que essas pressuposições são errôneas. A motivação funciona como o resultado da interação entre o indivíduo e a situação que o envolve. As pessoas diferem quanto ao seu impulso motivacional básico e a mesma pessoa pode ter diferentes níveis de motivação que variam ao longo do tempo, ou seja, ela pode estar mais motivada em um momento e menos motivada em outra ocasião. A conclusão é que o nível de motivação varia entre as pessoas e dentro de uma mesma pessoa com o passar do tempo. Além das diferenças individuais, existem as variações no mesmo indivíduo em função do momento e da situação.

Enquanto a motivação geral está relacionada ao esforço em direção a algum objetivo pessoal, preferimos aqui estreitar o nosso foco de preocupação na situação de trabalho. Assim, a motivação é o desejo de exercer altos níveis de esforço em direção a determinados objetivos, condicionados pela capacidade de satisfazer algumas necessidades individuais.

A motivação está relacionada a três aspectos básicos[1]:

1. **Objetivo**: é a direção do comportamento.
2. **Esforço**: é a força e intensidade do comportamento.
3. **Necessidade**: é a duração e persistência do comportamento.

Esses três elementos fundamentais – objetivo, esforço e necessidade – fazem com que uma pessoa, quando está motivada, tente trabalhar mais arduamente e com mais intensidade. Contudo, altos níveis de esforço nem sempre conduzem a um desempenho ou um resultado favorável, a menos que esse esforço seja canalizado na direção que possa beneficiar tanto a organização como a pessoa. Assim, devemos considerar a direção do esforço tanto quanto a sua intensidade. O esforço bem direcionado e consistente com o objetivo organizacional a alcançar é indispensável. Finalmente, a motivação é um contínuo processo de satisfação de necessidades individuais por meio do atendimento aos objetivos organizacionais. Assim, o alcance de objetivos organizacionais deve proporcionar o alcance de objetivos individuais.

Uma necessidade significa uma carência interna da pessoa, como fome, insegurança, solidão, etc. Em geral, o organismo humano se caracteriza por um estado de equilíbrio. Este é rompido toda vez que surge uma necessidade. A necessidade é um estado interno que, quando não satisfeita, cria tensão e estimula algum impulso dentro do indivíduo para satisfazê-la, reduzi-la ou atenuá-la. O impulso gera um comportamento de busca para localizar objetivos que, se atingidos, satisfarão a necessidade e produzirá redução da tensão acumulada. Esse é o chamado ciclo motivacional: uma sequência de eventos que vão desde a carência de uma necessidade até a sua satisfação e retorno ao estado anterior de equilíbrio (Figura 16.1). Assim, podemos dizer que funcionários motivados estão sempre em estado de tensão. Para reduzir essa tensão, eles exercem esforço e esperam alcançar algo.

Quanto maior a tensão, maior o nível de esforço. Se o esforço é direcionado e bem-sucedido, ele conduz à satisfação da necessidade e a tensão é descarregada ou reduzida. Como estamos interessados no comportamento de trabalho, a redução da tensão deve ser direcionada simultaneamente para os objetivos organizacionais, que devem dar

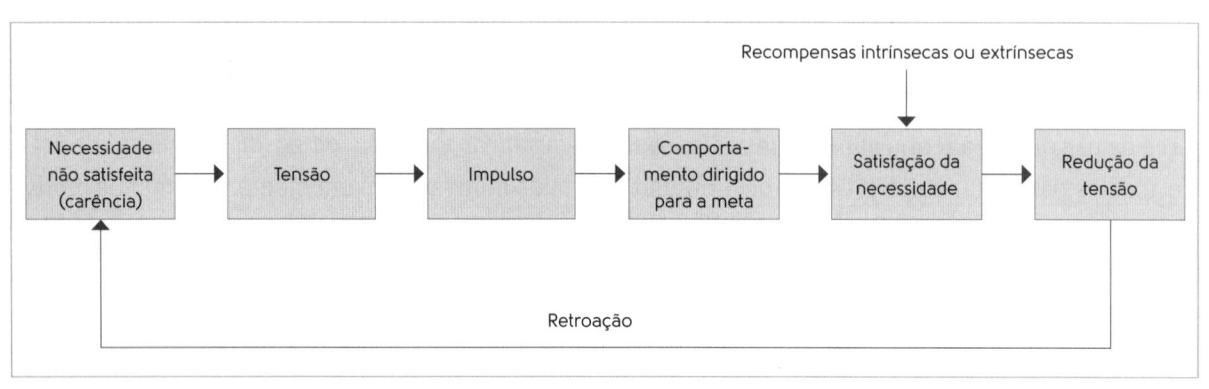

Figura 16.1. O ciclo motivacional.

espaço para os objetivos individuais. É imprescindível que os requisitos das necessidades individuais da pessoa sejam compatíveis e consistentes com os objetivos organizacionais, e vice-versa. Quando existe congruência entre ambos os objetivos – organizacionais e individuais – as pessoas se dispõem a exercer elevados níveis de esforço para atender aos interesses da organização e, simultaneamente, atenderem aos seus próprios interesses. Muitos funcionários passam muito tempo conversando com seus amigos no local e no horário de trabalho para satisfazer suas necessidades sociais. Isso representa um alto nível de esforço pessoal, mas totalmente improdutivo para a organização. Por outro lado, um funcionário que somente pensa em alcançar as metas de seu trabalho também estará aplicando um esforço pessoal, mas totalmente improdutivo para seus próprios interesses. No primeiro caso, a organização perde, no segundo, o funcionário perde.

As teorias da motivação podem ser classificadas em duas abordagens diferentes. De um lado, as teorias de conteúdo que se relacionam principalmente com aquilo que está dentro do indivíduo ou do ambiente que envolve um indivíduo e que energiza ou sustenta o seu comportamento. Proporcionam uma visão geral das necessidades humanas e ajudam o administrador a entender o que as pessoas desejam ou o que satisfará as suas necessidades. Na realidade, são teorias estáticas e descritivas. Por outro lado, temos as teorias de processo, que oferecem uma alternativa mais dinâmica, pois proporcionam uma compreensão dos processos cognitivos ou de pensamento das pessoas e que influenciam o seu comportamento (Figura 16.2).

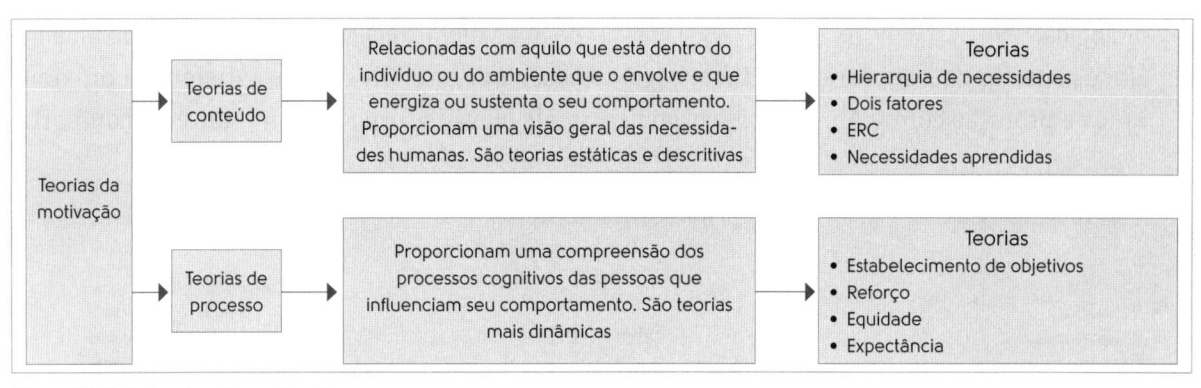

Figura 16.2. As teorias da motivação.

Avaliação crítica: Alguns conceitos relacionados com motivação

- **Incentivo** é um estímulo externo que induz uma pessoa a tentar fazer algo ou esforçar-se para conseguir algo. É geralmente denominado recompensa.
- **Necessidade** é uma carência interna da pessoa, ou seja, um estímulo que dirige o comportamento para a sua satisfação. É também chamada motivo.
- **Objetivo** é a finalidade em cuja direção o comportamento motivado se orienta. Pode ser denominado meta, objetivo individual ou objetivo pessoal.
- **Desejo** é uma meta ou objetivo individual conscientemente visado pela pessoa.
- **Motivação** é o processo que leva alguém a comportar-se para atingir os objetivos organizacionais, ao mesmo tempo em que procura alcançar também os seus próprios objetivos individuais.

TEORIAS DE CONTEÚDO DA MOTIVAÇÃO

Existem duas teorias de conteúdo que, apesar de serem questionadas em termos de validade, constituem ainda a melhor maneira de explicar a motivação das pessoas. Uma delas é a hierarquia das necessidades humanas e a outra é a teoria motivação-higiene. Ambas constituem o fundamento das teorias contemporâneas.

Teoria da Hierarquia das Necessidades

A teoria da hierarquia das necessidades apresentada por Maslow[2] é a mais conhecida de todas as teorias a respeito da motivação humana. Sua hipótese básica é que, em cada pessoa, existe uma hierarquia de cinco necessidades humanas:

1. Necessidades fisiológicas: incluem fome, sede, sono, sexo e outras necessidades corporais. São as necessidades básicas de sobrevivência biológica.
2. Necessidades de segurança: incluem segurança e proteção contra ameaça ou perigo físico e emocional. Buscam assegurar a estabilidade das pessoas.
3. Necessidades sociais: incluem afeição, filiação, aceitação social e amizade. Envolvem a necessidade de amor, de pertencimento e de relacionamento humano.
4. Necessidades de estima: incluem fatores internos de estima, como autorrespeito, autonomia, senso de competência; e fatores externos de estima, como *status*, reconhecimento, prestígio, atenção e consideração.
5. Necessidades de autorrealização: é a necessidade mais elevada do ser humano. Constitui o impulso de ser aquilo que é capaz de ser e de maximizar as aptidões e capacidades potenciais. Incluem crescimento pessoal e alcance da plena potencialidade da pessoa.

As necessidades humanas estão arranjadas em uma hierarquia, de modo que, quando uma necessidade é relativamente satisfeita, a próxima mais elevada torna-se dominante no comporta-

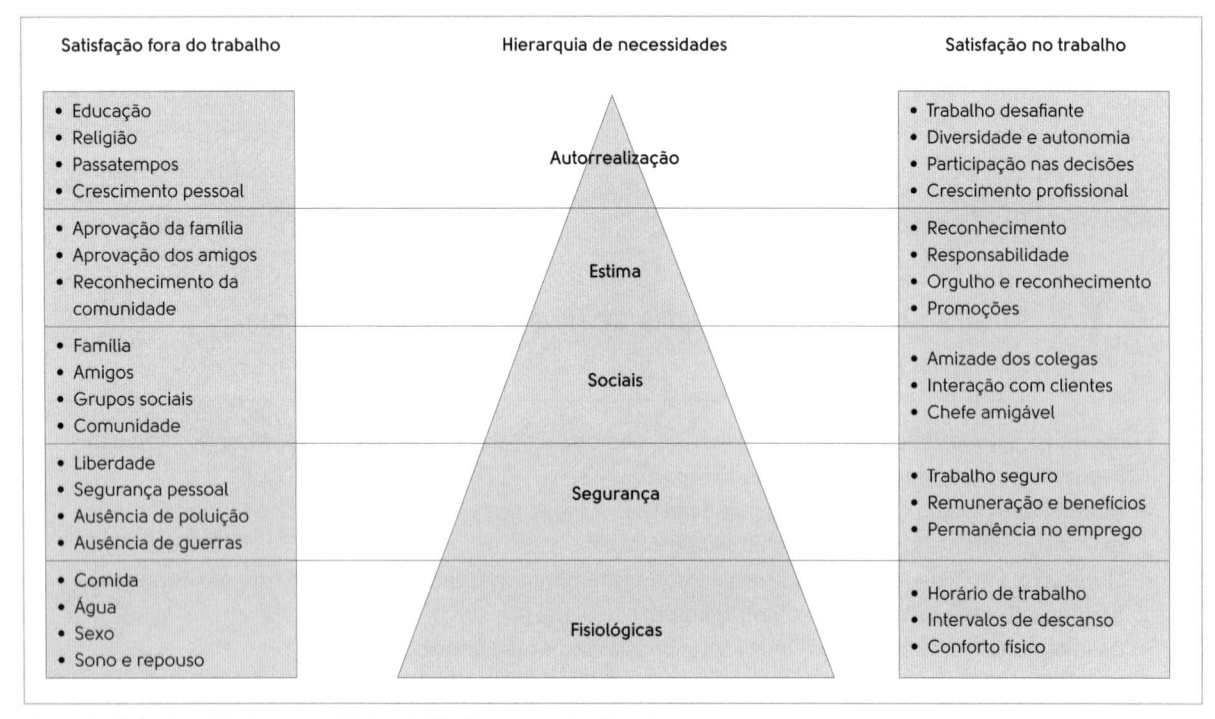

Satisfação fora do trabalho	Hierarquia de necessidades	Satisfação no trabalho
• Educação • Religião • Passatempos • Crescimento pessoal	Autorrealização	• Trabalho desafiante • Diversidade e autonomia • Participação nas decisões • Crescimento profissional
• Aprovação da família • Aprovação dos amigos • Reconhecimento da comunidade	Estima	• Reconhecimento • Responsabilidade • Orgulho e reconhecimento • Promoções
• Família • Amigos • Grupos sociais • Comunidade	Sociais	• Amizade dos colegas • Interação com clientes • Chefe amigável
• Liberdade • Segurança pessoal • Ausência de poluição • Ausência de guerras	Segurança	• Trabalho seguro • Remuneração e benefícios • Permanência no emprego
• Comida • Água • Sexo • Sono e repouso	Fisiológicas	• Horário de trabalho • Intervalos de descanso • Conforto físico

Figura 16.3. A pirâmide de necessidades de Maslow e suas implicações.

mento da pessoa. As mais altas somente influenciam o comportamento quando as mais baixas estão relativamente satisfeitas. O primeiro passo para motivar uma pessoa é conhecer qual é o nível da hierarquia que ela está focalizando para poder satisfazer aquela necessidade ou carência específica.

Na realidade, existem duas classes de necessidades: as de baixo nível, como as fisiológicas e de segurança; e as de alto nível, como as necessidades sociais, de estima e de autorrealização. A diferenciação entre as duas classes se baseia na premissa de que as necessidades mais elevadas são satisfeitas internamente (dentro da pessoa), enquanto as de baixo nível são satisfeitas externamente (por meio da remuneração, contratos de trabalho, relacionamento pessoal ou profissional, etc.).

Apesar de ser uma teoria empírica e sem base científica relevante, a teoria de Maslow teve ampla aceitação entre os administradores devido à sua lógica intuitiva e facilidade de compreensão.

Voltando ao caso introdutório: Sinais vitais

O consultor externo mostrou a Pedro Fernandes que na ParaLógica os dirigentes apenas se preocupam em criar condições organizacionais para satisfazer as necessidades fisiológicas e de segurança das pessoas. Os salários e benefícios sociais – como assistência médico-hospitalar, serviço social, refeitórios, transporte, etc. – abrangem a satisfação de necessidades imediatas e de segurança. Isso é o mínimo que se poderia proporcionar às pessoas. As necessidades sociais, de estima e de autorrealização das pessoas não têm nenhuma cobertura e carecem de maior preocupação por parte da administração. Há de se pensar em outros estimulantes dentro da empresa. Como você poderia ajudar Pedro?

Teoria dos Dois Fatores

A teoria dos dois fatores proposta por Frederick Herzberg[3] trata da motivação para o trabalho e é também chamada de teoria dos fatores higiênicos e motivacionais ou teoria da higiene-motivação.

1. Fatores higiênicos ou insatisfacientes: estão associados ao contexto do trabalho, ou seja, com aqueles aspectos relacionados ao ambiente de trabalho. A insatisfação está ligada mais com o ambiente no qual a pessoa trabalha do que com a natureza do trabalho em si. Os fatores higiênicos envolvem: salário, políticas e diretrizes da organização, estilo de supervisão, condições ambientais de trabalho, segurança no emprego e relações com o superior, com os colegas e com os subordinados. São fatores de entorno. Estão relacionados com as fontes de insatisfação no trabalho.

2. Fatores motivacionais ou satisfacientes: estão relacionados ao conteúdo do trabalho. En-

Fatores higiênicos (insatisfacientes)	Fatores motivacionais (satisfacientes)
Contexto do cargo (como a pessoa se sente em relação à empresa)	Conteúdo do cargo (como a pessoa se sente em relação ao cargo)
• Condições de trabalho • Salários e prêmios de produção • Benefícios e serviços sociais • Políticas da organização • Relações com a chefia e colegas	• O trabalho em si mesmo • Realização pessoal • Reconhecimento do trabalho • Progresso profissional • Responsabilidade

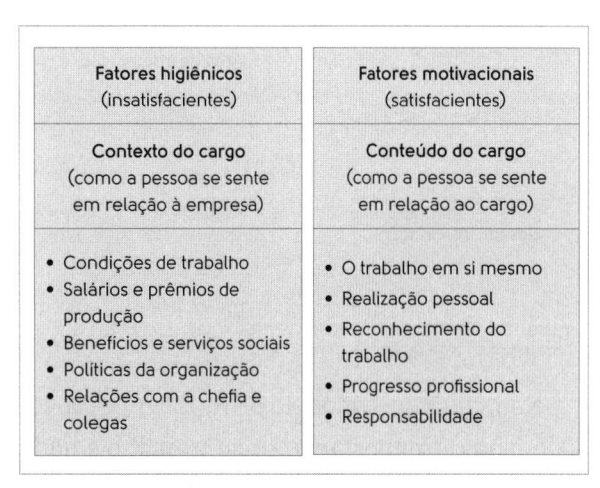

Figura 16.4. Os fatores higiênicos e os motivacionais.

volvem: o trabalho em si, responsabilidade, crescimento e progresso e realização pessoal. Estão relacionados às fontes de satisfação no trabalho.

Para Herzberg, a satisfação no trabalho não é um conceito unidimensional que varia do sim ao não[4]. Suas conclusões indicam que satisfação e insatisfação são conceitos bidimensionais representadas por dois contínuos independentes, como mostra a Figura 16.5.

A teoria dos dois fatores é criticada por basear-se em uma pesquisa com pequena amostra e pelas generalizações. Em segundo lugar, o trabalho de Herzberg simplifica demais a natureza da satisfação no trabalho, quando a satisfação ou insatisfação pode residir no contexto do trabalho, no conteúdo do trabalho ou em ambos ao mesmo tempo. Além disso, certas dimensões como responsabilidade e reconhecimento são mais importantes para a satisfação/insatisfação do que outras dimensões, como condições de trabalho, políticas e práticas da empresa ou condições de segurança[5].

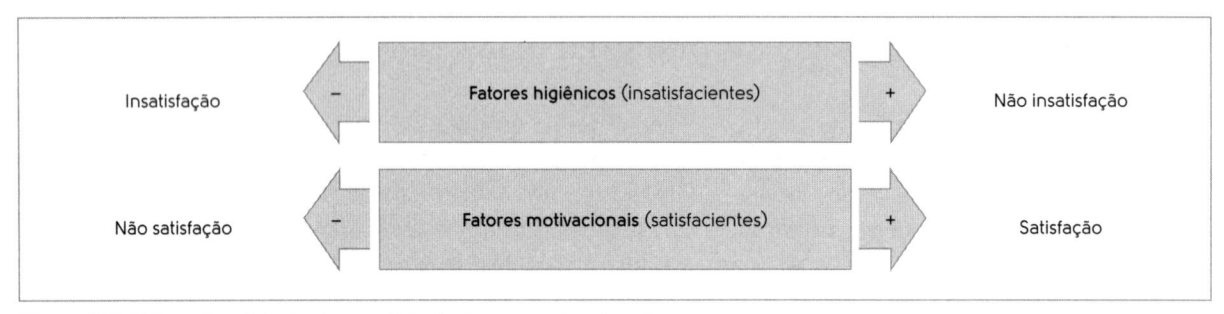

Figura 16.5. Fatores insatisfacientes e satisfacientes e suas implicações.

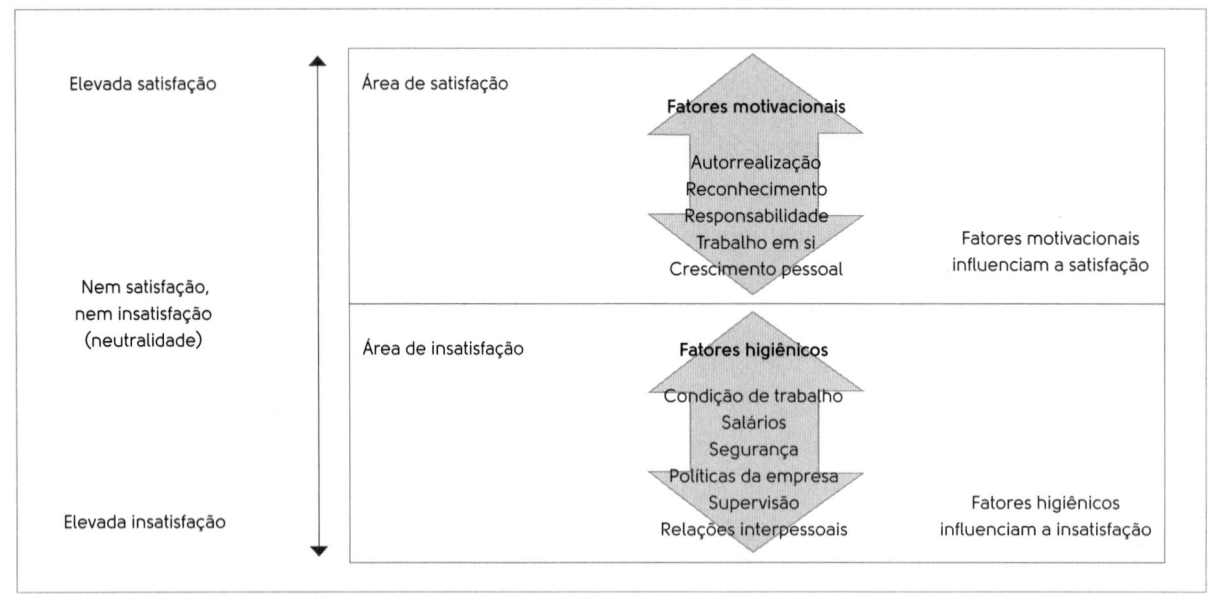

Figura 16.6. Os fatores insatisfacientes e satisfacientes e suas implicações[6].

Na realidade, o modelo de Herzberg está voltado para o comportamento no trabalho e pode ser facilmente utilizado pelo administrador. Seu impacto na prática administrativa não deve ser subestimado e muitas de suas aplicações são úteis para o administrador, independentemente de sua validade científica. É uma teoria dos determinantes da satisfação e insatisfação no emprego e não propriamente uma teoria da motivação[7].

As teorias de Maslow e Herzberg sobre motivação proporcionam um arcabouço que permite ao administrador uma aplicação prática no seu cotidiano. Como ambas carecem de confirmação científica, surgiram várias outras teorias contemporâneas com algo em comum: um certo grau de validade científica. Isso não significa que elas sejam perfeitamente corretas, mas constituem o estado atual da arte a respeito da motivação das pessoas.

Dicas

Assunto pessoal[8]

Se os seus subordinados o acusam de não dar atenção a eles e se você não tem tempo suficiente para um minuto de sossego, o que fazer? Como ninguém tem mais tempo, o resultado é que todo mundo acaba achando que está sendo tratado com falta de respeito e consideração, diz a americana Arlyne Diamond, da Diamond Associates. Para minimizar os mal-entendidos entre você e seu time, ela dá alguns conselhos:

1. Reserve 15 minutos por dia para responder dúvidas ou para conversar com o seu pessoal. Os funcionários saberão esperar por esse momento.
2. Saia com eles de vez em quando para um almoço ou seminário. Atualmente, os funcionários têm menos lealdade com os empregadores do que antes. Isso pode ser contrabalançado se forem construídas boas relações pessoais.
3. Ignorar as reclamações não fará com que elas desapareçam. Se não puder solucioná-las, é importante ouvi-las, pelo menos.
4. Explique as razões das tarefas, especialmente as chatas. Se ninguém gosta de um determinado trabalho, explique o porquê dele precisar ser feito.
5. Estabeleça metas realistas e baseie os prêmios e bônus em desempenhos mensuráveis. Exemplo: quantos novos clientes repetem a compra.

Voltando ao caso introdutório: Sinais vitais

O consultor externo e Pedro Fernandes chegaram, rapidamente, a um diagnóstico da situação: a ParaLógica nunca se preocupou em desenvolver as condições básicas para motivar seus funcionários. Sua política de pessoal é "higiênica" e limitada, exclusivamente, aos fatores insatisfatórios. Unicamente com esse tipo de incentivadores torna-se difícil motivar as pessoas e fazê-las satisfeitas com seu trabalho. O que você faria no lugar de Pedro?

Teoria ERC

Alderfer[9] procura modificar e simplificar a teoria de Maslow para submetê-la à pesquisa empírica. Sua teoria ERC difere da de Maslow em três aspectos.

Em primeiro lugar, a teoria ERC reduz as cinco necessidades básicas de Maslow a três necessidades essenciais: existência, relacionamento e crescimento.

1. **Necessidades de existência:** relacionadas ao bem-estar físico: existência, preservação e sobrevivência. Incluem as necessidades fisiológicas e de segurança de Maslow, bem como os salários, os benefícios sociais, as condições ambientais de trabalho e as políticas organizacionais sobre segurança no trabalho.
2. **Necessidades de relacionamento:** relacionadas às relações interpessoais. Referem-se ao desejo de interação social com outras pessoas, isto é, à sociabilidade e ao relacionamento social. Incluem as necessidades sociais e os componentes externos de estima de Maslow.
3. **Necessidades de crescimento:** relacionadas ao desenvolvimento do potencial humano e ao desejo de crescimento e competência pessoal. Incluem os componentes intrínsecos da necessidade de estima de Maslow (autoconfiança) e as de autorrealização.

Em segundo lugar, enquanto a teoria de Maslow argumenta que o progresso de uma pessoa na hierarquia é o resultado da satisfação das necessidades mais inferiores, a teoria ERC adota o princípio de frustração-regressão, pelo qual uma necessidade inferior pode ser ativada quando uma necessidade mais elevada não pode ser satisfeita. Quando uma pessoa se sente frustrada em sua tentativa de satisfazer necessidades crescentes, outras necessidades mais baixas vêm à superfície como os motivadores de seu comportamento. Na medida em que a gratificação de uma necessidade mais alta é reprimida e sufocada, o desejo de satisfazer a uma necessidade inferior tende a aumentar. Muitas pessoas comem demais quando ansiosas ou frustradas em suas necessidades mais elevadas. Enquanto a hierarquia de Maslow pressupõe uma progressão rígida, a teoria ERC não assume uma hierarquia rígida e nega que apenas quando uma necessidade mais baixa está gratificada é que se pode mover para a superior.

Em terceiro lugar, enquanto a teoria de Maslow salienta que a pessoa focaliza uma única necessidade de cada vez, a teoria ERC assume que mais de uma necessidade pode ser ativada ao mesmo tempo. Uma pessoa pode estar orientada para crescimento, existência e relacionamento a qualquer tempo e em qualquer sequência, e todas essas necessidades podem estar funcionando ao mesmo tempo. Sem dúvida, a abordagem de Alderfer trouxe algum avanço.

Teoria das Necessidades Aprendidas

A teoria de McClelland[10] está ligada aos conceitos de aprendizagem. Segundo ele, as necessidades humanas são aprendidas e adquiridas pelas pessoas ao longo de suas vidas[11]. Da mesma maneira que Maslow e Alderfer, McClelland focaliza três necessidades básicas: realização, poder e afiliação.

1. **Necessidade de realização (nR):** é o desejo de ser excelente, melhor ou mais eficiente, resolver problemas ou dominar tarefas complexas. A pessoa que possui essa necessidade gosta de ter responsabilidade, traça metas para a própria realização, assume riscos calculados e deseja retroação de seu próprio desempenho.
2. **Necessidade de poder (nP):** reflete a necessidade de poder e de autoridade. É o desejo de controlar os outros, de ser responsável pelos outros ou de influenciar o seu comportamento. A necessidade de poder leva a pessoa a influenciar as outras e vencê-las pela argumentação. O poder pode ser negativo – quando se tenta dominar e submeter as outras – ou pode ser positivo – quando se tenta um comportamento persuasivo e inspirador.

3. **Necessidade de afiliação (nA)**: reflete o desejo de interação social. É o desejo de estabelecer e manter amizades e relações interpessoais com os outros. A pessoa que possui esta necessidade coloca o relacionamento social antes das tarefas de realização pessoal.

Essas três necessidades são aprendidas e adquiridas ao longo da vida como resultado das experiências de vida de cada pessoa. Como as necessidades são aprendidas, o comportamento recompensado tende a repetir-se com mais frequência. Como resultante desse processo de aprendizagem, as pessoas desenvolvem padrões únicos de necessidades que afetam seu comportamento e desempenho. A teoria permite que o administrador localize a presença dessas necessidades em si mesmo e nos subordinados para criar um ambiente de trabalho que privilegie os perfis de necessidades localizados.

Uma vertente interessante nas pesquisas de McClelland é a identificação do perfil típico dos administradores bem-sucedidos: o chamado padrão de motivação de liderança. McClelland encontrou nos níveis organizacionais mais elevados uma combinação de uma alta necessidade de poder e uma baixa necessidade de afiliação. A alta necessidade de poder cria a vontade de influenciar os outros, enquanto a baixa necessidade de afiliação leva o administrador a tomar decisões difíceis sem se preocupar em ser duro ou desagradável. A necessidade de poder é típica de pessoas que usam o carisma e outras características para subir na organização ou na vida.

Teorias de conteúdo da motivação			
Maslow Hierarquia de necessidades	Alderfer Teoria ERC	McClelland Teoria das necessidades adquiridas	Herzberg Teoria dos dois fatores
Autorrealização	Crescimento	Realização	Motivacionais/satisfacientes
Estima		Poder	
Sociais	Relacionamento	Afiliação	Higiênicos/insatisfacientes
Segurança			
Fisiológicas	Existência		

Figura 16.7. Comparação das teorias de conteúdo da motivação[12].

Administração de hoje

Nestlé

Enquanto os administradores são cuidadosos ao aplicar as teorias de motivação em vários países com diferentes culturas, a Nestlé – companhia mundial baseada na Suíça e a maior marca de alimentos do mundo – busca altos realizadores para vender seus produtos em mercados que abrangem o mundo todo. Diferenças culturais de lado, a Nestlé motiva seus vendedores por meio de crescimento, realização, responsabilidade e reconhecimento. Na Tailândia, por exemplo, a Nestlé tem a Força de Vendas Vermelho Quente que vende seus produtos nos supermercados de estilo americano e em superlojas nas nações em desenvolvimento. Educados em colégios e fluentes em inglês, os membros da equipe Vermelho Quente são treinados em práticas administrativas no estilo ocidental. A Nestlé desafia esses *high achievers* a serem bem-sucedidos em manter lucro e crescimento na participação em um mercado altamente competitivo, como o da Tailândia.

> ### Voltando ao caso introdutório: Sinais vitais
>
> A forte concorrência no mercado exige que a ParaLógica seja uma empresa extremamente dinâmica e ágil. Pedro Fernandes e o consultor tentaram mapear, com a ajuda das teorias da motivação, uma maneira de tornar os funcionários a mais forte vantagem competitiva da ParaLógica frente aos seus concorrentes. A ideia era transformar as várias abordagens da motivação em meios concretos para obter uma forte e entusiasmada atuação das pessoas no negócio da empresa. As ideias de Maslow, Alderfer, McClelland e Herzberg foram viradas pelo avesso à procura de novos caminhos para a empresa incentivar, motivar e alavancar seu pessoal. O que você faria nesse caso?

TEORIAS DE PROCESSO DA MOTIVAÇÃO

Enquanto as teorias de conteúdo, que acabamos de examinar, preocupam-se com as necessidades e incentivos que geram o comportamento, as teorias de processo procuram verificar como o comportamento é ativado, como é dirigido, como é mantido e como termina. As principais teorias de processo são: da equidade e da expectância. Mas, antes delas, veremos a teoria do estabelecimento dos objetivos e a teoria do reforço, que são importantes para a sua compreensão.

Teoria do Estabelecimento de Objetivos

Edwin Locke concluiu que a intenção de trabalhar em direção a algum objetivo constitui uma grande fonte de motivação[13]. Os objetivos influenciam o comportamento das pessoas. Os específicos melhoram o desempenho, enquanto os objetivos difíceis, quando aceitos pela pessoa, resultam em desempenho mais elevado do que os fáceis. Estabelecer objetivos é o processo de desenvolver, negociar e formalizar metas ou objetivos que uma pessoa se responsabiliza por alcançar[14]. A pesquisa feita por Locke, Latham e outros sobre o estabelecimento de objetivos chegou às seguintes conclusões[15]:

1. Objetivos mais difíceis: conduzem a um melhor desempenho do que os menos difíceis. Porém, se os objetivos são muito difíceis ou impossíveis, a sua relação com o desempenho não vai muito longe. Um vendedor de carros tende a vender mais se o seu objetivo é vender seis veículos a mais no mês do que se tivesse o alvo de apenas mais dois. Se, porém, o objetivo é vender 60 veículos a mais, o seu desempenho tende a ser pior do que com o objetivo de seis.

2. Objetivos específicos: conduzem a um melhor desempenho do que objetivos vagos, imprecisos ou genéricos. Dizer ao vendedor de carros para fazer o melhor possível é muito vago e, provavelmente, não melhorará seu desempenho. O ideal é formular uma quantidade específica de veículos. O objetivo deve ser mensurável para que possa surtir efeito.

3. Oportunidade de participar: no estabelecimento dos seus objetivos aumenta a aceitação deles pelo funcionário. E a resistência é maior quando os objetivos são difíceis. Se a pessoa participa na definição dos objetivos, ela tende a aceitar melhor e colaborar, mesmo que o administrador imponha alguns difíceis. As pessoas tornam-se mais comprometidas com as escolhas das quais elas tomam parte.

4. Retroação da tarefa: isto é, o conhecimento dos resultados do trabalho motiva as pessoas a um melhor desempenho pelo fato de encorajar objetivos gradativamente mais elevados de

desempenho. A retroação fornecida pelos resultados permite à pessoa saber como está indo nos seus esforços em direção aos objetivos. A retroação proporciona informação sobre o progresso em relação ao objetivo e identifica discrepâncias entre o que se fez e o que se pretendia fazer. Ela serve para guiar e monitorar o comportamento. Todavia, a retroação interna é melhor do que a externa. A retroação autogerada – aquela em que a tarefa permite que o funcionário seja capaz de monitorar seu próprio progresso – é melhor motivador do que a retroação gerada, externamente, pelo chefe ou por avaliação de desempenho feita por outra pessoa.

5. Capacitação e autoeficácia: fazem com que as pessoas tenham um melhor desempenho para alcançá-los. A pessoa deve estar capacitada a cumprir os objetivos e sentir-se confiante quanto à sua capacitação. A autoeficácia é a crença da pessoa a respeito de seu desempenho em uma tarefa. Quanto maior a autoeficácia, maior a confiança que a pessoa tem na sua capacidade de ser bem-sucedida na tarefa. Pessoas com elevada autoeficácia tendem a reagir à retroação negativa com maior esforço para ultrapassar o desafio, enquanto pessoas com baixa autoeficácia tendem a abandonar o esforço em função da retroação negativa[16]. O vendedor de carros pode ser capaz de vender seis veículos a mais por mês quando está plenamente confiante (autoeficácia) de que o fará. Contudo, se o objetivo é 60 veículos a mais, ele pode não ter a capacidade e nem a confiança em consegui-lo.

6. Comprometimento com os objetivos: motiva as pessoas a um melhor desempenho quando os objetivos são plenamente aceitos. Uma maneira de obter a aceitação ou compromisso é fazer a pessoa participar no processo de definir objetivos. Ela se tornará a proprietária deles. E a determinação no comportamento será a sua principal característica. Objetivos atribuídos por outra pessoa podem ser também eficazes, quando ela tem uma elevada posição e acredita e demonstra que o subordinado pode alcançá-los. Nesse caso, o objetivo designado funciona como um poderoso desafio e define os padrões que a pessoa utiliza para alcançar autossatisfação com o seu desempenho. Um objetivo definido por outra pessoa conduz a um mau desempenho quando ele não é adequadamente explicado ou aceito.

Quando se estabelece um objetivo, ele atua como um estímulo interno e orienta melhor o comportamento da pessoa, ou seja, serve de guia. A conclusão geral é de que a formulação de objetivos difíceis e específicos constitui uma poderosa força motivadora. Para Locke, existem quatro métodos principais para motivar as pessoas[13]:

1. Dinheiro: o dinheiro não deve ser o único motivador, mas aplicado com os outros três métodos.
2. Estabelecimento de objetivos.
3. Participação na tomada de decisões e no estabelecimento de objetivos.
4. Redesenho do trabalho: para proporcionar maior desafio e responsabilidade.

Voltando ao caso introdutório: Sinais vitais

Uma das primeiras providências de Pedro Fernandes foi a introdução da administração participativa por objetivos. Pedro Fernandes achou que as teorias de processo da motivação podem ser aplicadas na

> ParaLógica. Os objetivos devem ser consensuais e negociados entre os funcionários e seus respectivos gerentes. A intenção de Pedro é fazer com que todas as pessoas participem na tomada de decisões, principalmente, no que se refere aos seus objetivos de trabalho. Pedro quer redesenhar os cargos atuais, transformar os órgãos em equipes integradas e multifuncionais. Quer que as pessoas passem a participar na fixação dos objetivos e nos resultados alcançados por meio do trabalho individual ou grupal e que ganhem com os ganhos da empresa. Um esquema de remuneração variável cairia bem nessa situação, com a parte variável dos salários paga a cada dois ou três meses. Como você poderia ajudar Pedro?

Dicas

Como fazer a formulação de objetivos trabalhar para você[17]

1. **Fixe objetivos específicos**: eles conduzem a um melhor desempenho do que objetivos vagos e imprecisos, como "faça o melhor possível".
2. **Fixe objetivos desafiadores**: na medida em que são percebidos como realistas e possíveis, os objetivos mais difíceis conduzem a um melhor desempenho do que os objetivos fáceis.
3. **Construa aceitação de objetivos e comprometimento**: as pessoas trabalham melhor quando aceitam e acreditam nos objetivos e tendem a resistir aos objetivos que são impostos a elas.
4. **Esclareça prioridades de objetivos**: assegure que as expectativas fiquem claras e quais os objetivos devem ser alcançados antes e por quê.
5. **Recompense o alcance de objetivos**: não deixe passar despercebido o alcance de um objetivo e recompense pública e abertamente as pessoas que fizerem um bom desempenho. Faça valer a pena um bom trabalho para as pessoas.

Teoria do Reforço

A teoria do estabelecimento de objetivos conduz à teoria do reforço. Enquanto a primeira é uma abordagem cognitiva (os propósitos individuais dirigem para uma determinada ação), a teoria do reforço é uma teoria comportamental, que salienta que o reforço condiciona o comportamento. Para os teóricos do reforço, a conduta não é causada pelos eventos cognitivos internos do indivíduo, mas pelo ambiente. A teoria do reforço ignora o estado íntimo do indivíduo e se concentra apenas no que acontece a uma pessoa quando ela toma uma determinada ação. O comportamento é controlado pelos reforços externos ou consequências que, quando imediatamente seguidos a uma resposta, aumentam a probabilidade de que o comportamento seja repetido.

As premissas básicas dessa teoria são baseadas na lei do efeito elaborada por Thorndyke: o comportamento que proporciona um resultado agradável tende a se repetir, enquanto o comportamento que proporciona um resultado desagradável tende a não se repetir[18]. Com base na lei do efeito, Skinner popularizou o conceito de condicionamento operante, que é o processo de aplicar a lei do efeito ao controle do comportamento para manipular suas consequências[19-21]. O condicionamento operante é uma forma de aprendizagem por reforço. Alguns autores propõem a modificação do comportamento organizacional: a utilização sistemática dos princípios do reforço para encorajar o comportamento desejável e desencorajar o indesejável no trabalho[22].

Existem quatro estratégias de modificação de comportamento organizacional[17]:

1. **Reforço positivo**: para aumentar a frequência ou intensidade do comportamento desejável, relacionando com as consequências agradáveis e contingentes à sua ocorrência. Exemplo: um administrador que demonstra aprovação por uma atitude de um funcionário, uma organização que concede um prêmio financeiro a um funcionário por uma boa sugestão.
2. **Reforço negativo**: para aumentar a frequência ou intensidade do comportamento desejável pelo fato de evitar uma consequência desagradável e contingente à sua ocorrência. Um gerente deixa de repreender o funcionário faltoso ou deixar de exigir que não mais cometa determinada falta.
3. **Punição**: para diminuir a frequência ou eliminar um comportamento indesejável pela aplicação da consequência desagradável e contingente à sua ocorrência. Um administrador repreende o funcionário ou suspende o pagamento de bônus ao funcionário que atrasa indevidamente o seu trabalho.
4. **Extinção**: para diminuir a frequência ou eliminar um comportamento indesejável pela remoção de uma consequência agradável e contingente à sua ocorrência. Um administrador observa que um empregado faltoso recebe aprovação social de seus colegas e aconselha os colegas a não darem mais tal aprovação. A extinção não encoraja e nem recompensa.

As quatro estratégias de reforço estão representadas na Figura 16.8. São alternativas que o administrador pode utilizar para influenciar os funcionários em relação à melhoria contínua das práticas de trabalho. O importante é que tanto o

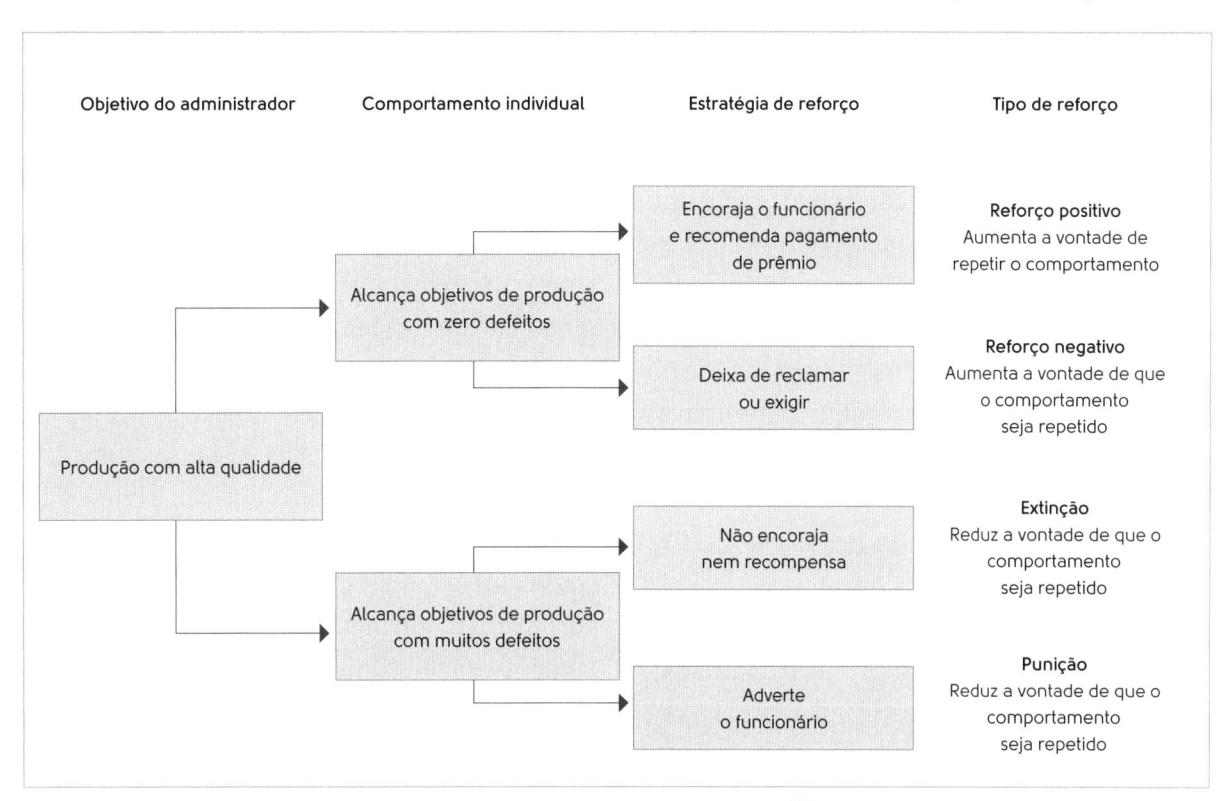

Figura 16.8. Quatro estratégias de modificação do comportamento organizacional[5,23].

reforço positivo como o negativo servem para fortalecer o comportamento desejável. A punição e extinção servem para enfraquecer ou eliminar os comportamentos indesejáveis.

Teoria da Equidade

Uma organização é um sistema de contribuições e de recompensas: as pessoas contribuem para a organização por meio do seu trabalho e recebem recompensas da organização. A teoria da equidade avalia as contribuições (o que ela dá) em relação às recompensas (o que a pessoa recebe) do seu trabalho à organização. Cada pessoa faz comparações entre as contribuições e recompensas de seu trabalho com as contribuições e recompensas das outras pessoas. Essas comparações servem para definir inequidades e então reagir a elas ou tentar eliminá-las[24]. A essência da teoria da equidade é a comparação feita pelas pessoas entre seus esforços e recompensas e os esforços e recompensas das outras pessoas que trabalham em situação semelhante. Na situação de trabalho, cada empregado faz comparações entre o que ele recebe (recompensas que recebe) em relação ao que ele faz (contribuições que dá) e compara a sua equação de recompensas/contribuições com a mesma equação das outras pessoas. Essas pessoas são tomadas como referências de comparação.

Quando um empregado percebe uma inequidade, ele escolhe uma das seguintes alternativas de comportamento[25]:

1. Mudar suas contribuições (reduzindo o seu esforço no trabalho).
2. Mudar as recompensas recebidas (mantendo a quantidade de produção e reduzindo a qualidade do trabalho ou reclamando da recompensa recebida).

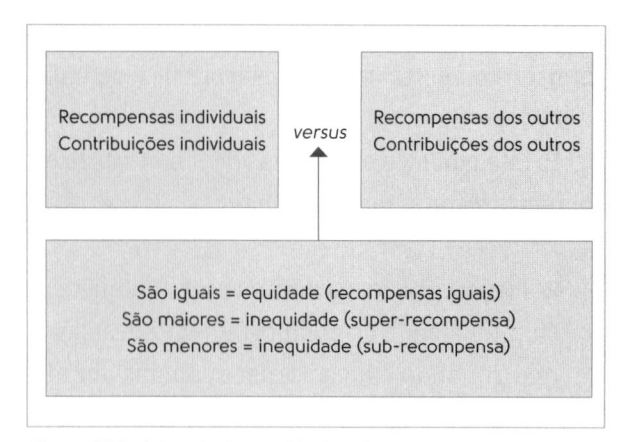

Figura 16.9. A teoria da equidade sobre a motivação.

3. Modificar os pontos de comparação (procurando meios de fazer as coisas parecerem melhores).
4. Modificar a situação (transferindo para outra situação ou saindo da organização).

A teoria da equidade mostra a importância das comparações dentro do trabalho e a identificação de referências quando se procura reestruturar um programa de recompensas. Apesar das suas limitações, essa teoria fornece um modelo simples que ajuda a explicar e predizer atitudes das pessoas com relação às recompensas oferecidas pela organização.

As proposições desta teoria têm sido apoiadas por várias pesquisas[26]. As pessoas aceitam a super-recompensa, mas não toleram a sub-recompensa. Existem diferenças individuais quanto à sensibilidade com relação à inequidade: algumas pessoas são mais complacentes, enquanto outras são mais radicais na não aceitação de condições inequitativas. A maioria das pesquisas sobre inequidade focaliza o salário. Contudo, é impressionante a listagem de itens que são comparados consciente ou inconscientemente pelas pessoas em relação às referências que escolhem para comparações, como *status*, títulos de cargos, localização do estacionamento, tipo de banheiro, tamanho de mesa, sorrisos do chefe, etc.

Dicas

Três passos para administrar o processo de equidade

1. Toda pessoa faz comparações, especialmente quando recebe recompensas visíveis e públicas, como aumentos salariais, promoções, gratificações, elogios, etc.
2. Pode-se prever antecipadamente as inequidades negativas, desde que se localize as referências de comparação.
3. Comunique a cada indivíduo a sua avaliação pessoal da recompensa e do desempenho sobre o qual ela está baseada e os pontos de comparação que você considera apropriados. Mostre a sua equidade a ele.

Voltando ao caso introdutório: Sinais vitais

Pedro Fernandes estava ficando entusiasmado com as ideias que o consultor lhe dava. Queria aplicá-las imediatamente. Mas isso implicava em desenvolver novos padrões de expectativas nas pessoas. Em outras palavras, como os funcionários haviam se acostumado a uma administração tradicionalista, rígida e meramente "higiênica", o desafio inicial seria mudar a mentalidade dos gerentes para, em seguida, mudar a mentalidade dos seus subordinados. Pedro achava que deveria inicialmente motivar os gerentes para transformá-los em motivadores dos seus funcionários. O que você faria no lugar de Pedro?

Teoria da Expectância

Uma das teorias mais aceitas a respeito da motivação é a chamada teoria da expectância ou da instrumentalidade, proposta por Vroom[27]. A teoria da expectância argumenta que a tendência para agir de uma certa maneira depende da força da expectativa de que a ação possa ser seguida por algum resultado e da atratividade desse resultado para o indivíduo. Em termos práticos, isso significa que um empregado estará motivado a se esforçar quando ele acredita que o seu esforço o levará a uma boa avaliação do desempenho, a qual lhe proporcionará recompensas da organização, como bônus, prêmio, promoção, gratificação ou aumento salarial, e que estas recompensas satisfarão os seus objetivos individuais. Uma cadeia de relações está por trás disso. A teoria da expectância focaliza três relações, a saber:

1. Relação entre esforço e desempenho: é a probabilidade percebida pelo indivíduo de que um determinado esforço pessoal o levará ao desempenho. A pessoa acredita que o trabalho intenso a levará a atingir um bom desempenho.
2. Relação entre desempenho e recompensa: é o grau em que o indivíduo acredita que o bom desempenho o levará ao alcance do resultado desejado. Em outras palavras, o indivíduo acredita que o bom desempenho no trabalho trará determinadas recompensas.
3. Relação entre recompensas e objetivos pessoais: é o grau em que a recompensa organizacional poderá satisfazer os objetivos ou necessidades pessoais do indivíduo e a atratividade que essa recompensa tem para o indivíduo[12]. As recompensas são atrativas porque satisfazem necessidades do indivíduo.

A teoria da expectância é contingencial: a motivação para o trabalho é determinada pela percepção do indivíduo quanto às relações entre esforço e desempenho e a atratividade das várias recompensas associadas aos diferentes níveis de desempenho. A lógica da teoria é: as pessoas querem aquilo que elas podem e quando elas o querem. Se uma pessoa deseja uma promoção e percebe que o bom desempenho pode levá-la à promoção, ela certamente trabalhará bastante para alcançar o bom desempenho. Ela estará motivada a trabalhar bastante porque na ponta final está a promoção desejada.

Os três aspectos básicos dessa teoria são:

1. Expectância: é a probabilidade esperada pelo indivíduo de que seu esforço no trabalho será seguido por um certo desempenho na tarefa. A expectância será igual a zero (nenhuma expectância), quando a pessoa sente que é impossível alcançar o desempenho desejado; será igual a 1 (total expectância) se a pessoa está 100% certa de que o desempenho será alcançado. Uma baixa expectância significa que a pessoa sente que não pode alcançar o nível necessário de desempenho.

2. Instrumentalidade: é a probabilidade esperada pelo indivíduo de que um certo desempenho alcançado o levará a obter recompensas do trabalho. A instrumentalidade também varia de 1 (total instrumentalidade) – significando que há 100% de certeza de obter a recompensa com o desempenho – até zero (nenhuma instrumentalidade), indicando que não há chance de que o desempenho conduza a alguma re-

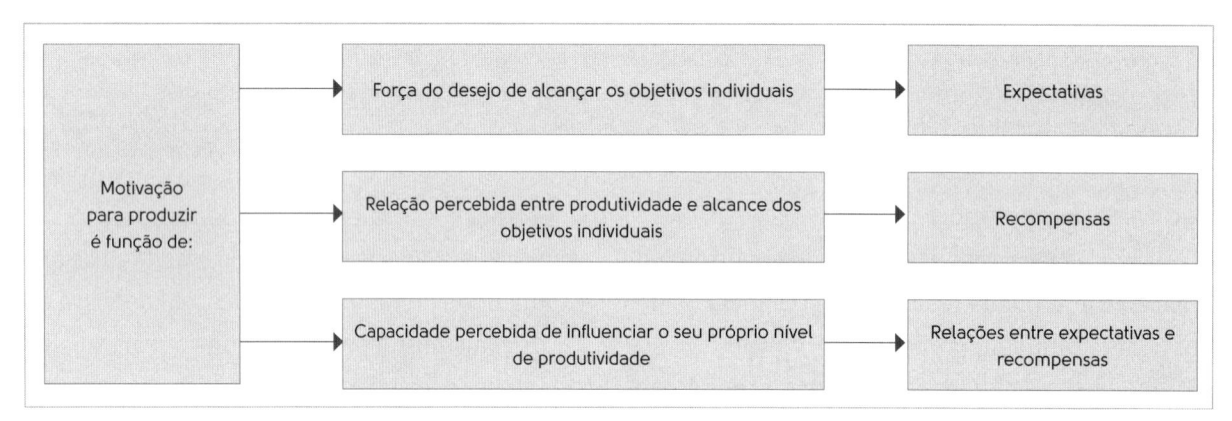

Figura 16.10. Os três fatores determinantes da motivação para produzir.

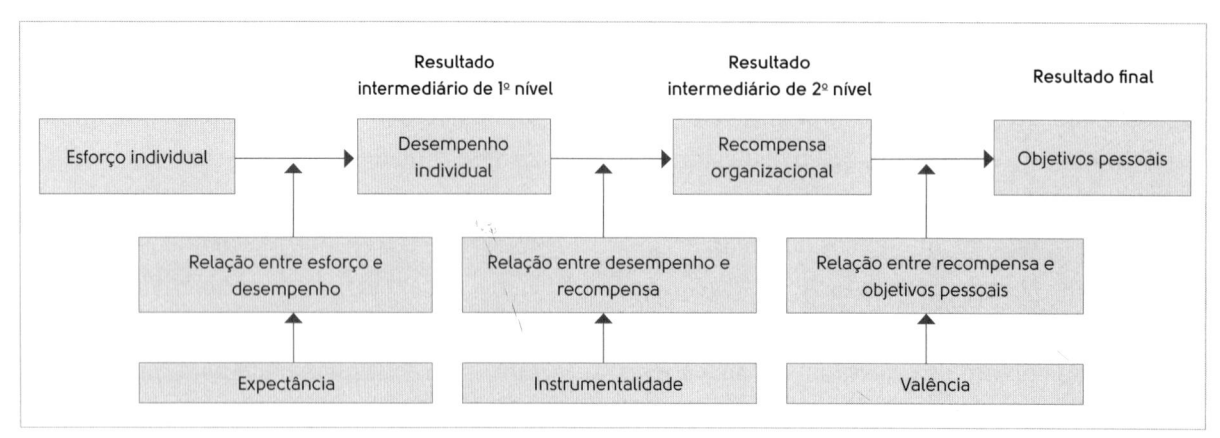

Figura 16.11. Uma abordagem administrativa da teoria da expectância.

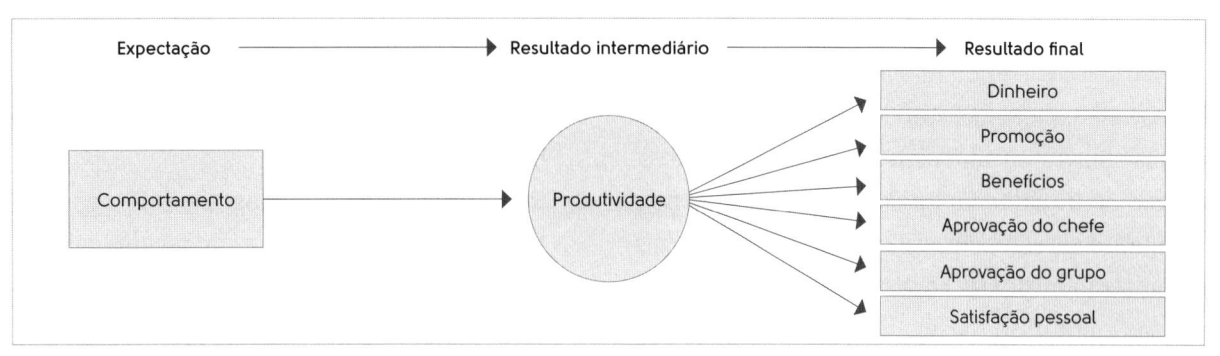

Figura 16.12. Modelo de expectância de caminhos-objetivos.

compensa. Uma baixa instrumentalidade, como 0,1 ou 0,2, significa que a pessoa não está confiante de que o esforço para o desempenho resultará em um acréscimo de suas recompensas.

3. **Valência:** é o valor atribuído pelo indivíduo às várias recompensas do trabalho. A valência varia de -1 (uma recompensa indesejável) até +1 (uma recompensa muito desejável). Uma baixa valência, como 0,1 ou 0,2, significa que a pessoa dá pouco valor à recompensa.

Para Vroom, a motivação (M), a expectância (E), a instrumentalidade (I) e a valência (V) estão relacionadas entre si, de acordo com a equação:

$$M = E \times I \times V$$

Segundo essa equação, a motivação para trabalhar resulta da expectância multiplicada pela instrumentalidade e multiplicada pela valência. Essa relação multiplicativa significa que o apelo motivacional de um determinado trabalho é reduzido quando um ou mais desses fatores se aproxima do valor de zero. Na recíproca, para uma determinada recompensa ter um alto e positivo impacto motivacional é necessário que a expectância, a instrumentalidade e a valência associadas à recompensa sejam altas e positivas.

O efeito multiplicador exige que o administrador aumente, conjuntamente, a expectância, a instrumentalidade e a valência para criar altos níveis de motivação entre os subordinados por meio da oferta de certas recompensas pelo trabalho. Um "zero" em qualquer oferta no lado da equação da expectância resultará em "zero" de motivação. No fundo, a lógica da expectância permite ao administrador compreender os processos de pensamento dos indivíduos e intervir, ativamente, na situação

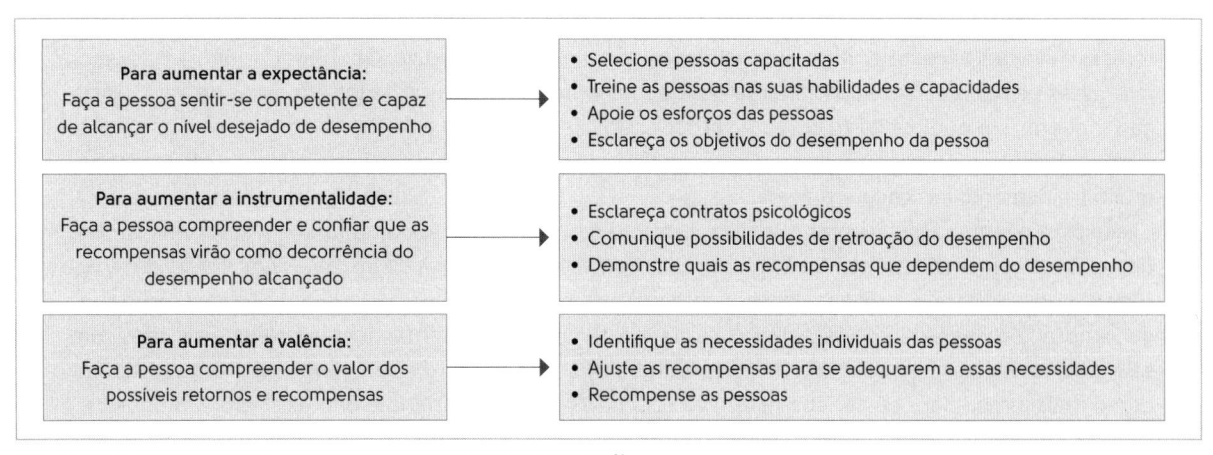

Figura 16.13. As implicações gerenciais da teoria da expectância[28].

de trabalho, para poder influenciá-los positivamente. Isso significa tentar maximizar as expectativas de trabalho, instrumentalidades e valências. Em outras palavras, o administrador deve criar um esquema de trabalho no qual as contribuições possam tanto servir às necessidades da organização como também sejam capazes de agregar recompensas ou retornos desejados pelo indivíduo.

Uma das mais populares modificações da versão original de Vroom é a teoria que distingue entre recompensas extrínsecas e intrínsecas como dois tipos separados de possíveis retornos da empresa.

1. Recompensas extrínsecas: são os retornos positivamente avaliados que são dados ao indivíduo por uma ou mais fontes externas no seu esquema de trabalho. O salário, os benefícios e as promoções são exemplos de recompensas extrínsecas.

2. Recompensas intrínsecas: são retornos positivamente avaliados, que são recebidos pelo indivíduo como resultado direto do desempenho na tarefa. Não requerem participação de outra pessoa, nem da organização. Um sentido de realização após executar uma tarefa desafiadora ou o alcance de um objetivo difícil são exemplos de recompensas intrínsecas. Daí, a necessidade de atenção especial do administrador para aumentar a motivação dos subordinados.

Administração de hoje

Quando o dinheiro não é o bastante[29]

A motivação de pertencer e participar precisa ser incentivada. O principal executivo da International Monetary System, Jack Schacht, conta que sua empresa não perdeu um único funcionário nos últimos cinco anos, com exceção de uma transferência de cônjuge para outra cidade e um caso de gravidez. Um índice de rotatividade de 0% é uma belíssima proeza. Sua empresa compra e vende tudo, desde publicidade e mídia até convenções e cruzeiros marítimos. Jack acha que seus funcionários não trabalham apenas pelo dinheiro.

A companhia não segura seus funcionários com salários altos ou com pacotes de aposentadoria atraentes. Para mantê-los, recorre à mesma fórmula usada por um número cada vez maior de empresas para atrair e motivar o talento humano tão importante para elas: criar um ambiente no qual os funcionários sintam que não são meros fatores de produção, mas elementos de uma empresa que os respeita e se dispõe a fazer tudo que puder para enriquecer suas vidas. As pesquisas mostram que os funcionários da International Monetary System se interessam por tratamentos médicos alternativos que não estão incluídos na maioria dos convênios. Para mostrar que respeita seus funcionários, a empresa paga para eles terapia médica à base de ervas e outras formas de medicina alternativa. Conhecer as prioridades e os interesses pessoais de seus funcionários talvez soe como os conselhos dados por livros de administração modernos, o que até certo ponto é verdade. Mas Jack leva isso a sério – e por razões econômicas pertinentes: "é muito importante manter a rotatividade do pessoal no nível mínimo, porque investimos muito treinamento em cada um deles", diz ele.

Até pouco tempo atrás manter e motivar funcionários era algo visto como uma questão que envolvia dinheiro e a perspectiva de ascensão hierárquica constante na empresa. Mas, nas últimas duas décadas, dezenas de milhões de mulheres ingressaram no mercado de trabalho. Muitas delas lutam para conjugar emprego e vida familiar. Além disso, um crescente número de homens tenta chegar a acordos com seus patrões, pelos quais salário e cargos perdem importância frente a recompensas menos tangíveis, como mais tempo para passar com a família. Quando essas recompensas não existem, aumentam as chances de os funcionários saírem para procurá-las em outros lugares.

O dinheiro ainda é um instrumento poderoso para conquistar empregados e maximizar sua produtividade. Mas, por si só, o salário não basta. Empresas inteligentes procuram seduzir seus funcionários com recompensas não monetárias que facilitam sua vida diária e acrescentam significado a ela. Se o funcionário encontra dificuldade em trabalhar 8 horas diárias no escritório e também cuidar de sua casa, existem empresas que permitem que ele traga suas roupas sujas para lavar e passar por conta da companhia. O funcionário só paga o custo do sabão em pó. Há empresas que deixam seus empregados levarem seus cachorros para o trabalho. A Pepsi oferece aos seus funcionários de sua sede em Purchase, Nova York, uma lavanderia a seco no próprio trabalho e serviços de aconselhamento financeiro, por cerca de 20 dólares por mês. A AT&T deixa milhares de seus funcionários trabalharem em casa pelo menos parte da semana, via computador. A Andersen Consulting, com sede em Chicago, tem um serviço que garante que haverá alguém na casa do funcionário para receber o consertador da TV ou para buscar o carro do funcionário na oficina.

As empresas não estão fazendo essas coisas porque querem, mas porque não têm escolha. A opção de dar mais facilidades e liberdade aos funcionários acaba rendendo resultados positivos para a empresa. O lendário aplicador financeiro Philip Fischer discerniu essa tendência anos atrás. Em busca de empresas onde investir, Fischer procurou aquelas que levavam a sério a necessidade de atrair e manter os melhores funcionários. Isso o conduziu até a Motorola, uma das empresas mais avançadas no que se refere ao trato com os funcionários. Uma das atrações da Motorola é um pacote de benefícios que inclui um pagamento de até 5.000 dólares para funcionários que estão na companhia há 10 anos. Além disso, a Motorola University oferece ensino e formação para funcionários de todos os níveis. E é bom que se preste atenção: as companhias que têm maiores chances de atrair os melhores talentos são aquelas que estão olhando para além do dinheiro. Elas estão examinando vínculos psicológicos criados entre funcionários e patrões para evitar que seus funcionários trabalhem a contragosto ou sentindo-se escravizados e fazer com que se sintam integrantes de uma equipe.

A Andersen Consulting participa dessa tendência. Como parte de seus esforços para atrair os melhores talentos, a Andersen instituiu a política das 7 às 19: ninguém deve ser obrigado a sair de casa antes da 7 da manhã da segunda-feira e todos devem programar o retorno para estar em casa às 19 horas da sexta-feira.

Outra atração é o trabalho em tempo flexível e o teletrabalho em casa. Outras empresas, como a Hewlett-Packard em Santa Rosa, na California, patrocinaram a construção de escolas públicas em seus locais de trabalho. Outras construíram academias de ginástica totalmente equipadas e os funcionários são encorajados a usar antes e depois do trabalho e no horário de almoço. Outras oferecem serviços de encanador e eletricista para pequenos consertos de graça para os funcionários. Isso reduz as faltas dos funcionários.

O dinheiro não deixou de constituir motivação para os funcionários. Mas a tendência das empresas busca uma combinação inteligente de salário, bônus, opções, compensações, ações restritas da empresa e outros incentivos para estruturar um pacote financeiro total que seja mais adequado às necessidades de cada funcionário. Não se pode pressupor que as pessoas vão priorizar completamente o trabalho em suas vidas. As empresas precisam valorizar e legitimar o engajamento de seus funcionários, tanto no sentido humano, como no sentido comercial. A Xerox, American Express e Wells Fargo têm programas de licenciamento, pelo qual os funcionários podem tirar licenças pagas e trabalhar para entidades assistenciais. Quando retornam dessas licenças, eles trazem muitas habilidades que nem sequer sabiam que possuíam.

🔔 Dicas

Para poder motivar as pessoas[30-32]

1. Procure compreender como as pessoas diferem em suas habilidades e necessidades no trabalho.
2. Saiba o que oferecer às pessoas em resposta às suas necessidades específicas.
3. Saiba como criar um ambiente de trabalho que proporcione oportunidades às pessoas para satisfazer as suas necessidades pessoais por meio do desempenho da tarefa e do alcance dos objetivos organizacionais.

Voltando ao caso introdutório: Sinais vitais

Pedro Fernandes percebeu que precisa aumentar a expectância, a instrumentalidade e a valência dentro da organização. Isso envolve um grande desafio, que deve ser feito pelos gerentes, como agentes multiplicadores do processo motivacional na empresa. O nível intermediário ou tático deve ser o ponto de entrada da intervenção na empresa. O desafio está em como fazer os gerentes iniciarem esse processo. Como você agiria nesse caso?

MODELOS INTEGRADOS DE MOTIVAÇÃO

As teorias da equidade e da expectação proporcionam duas explicações de processo para a motivação. A equidade preocupa-se com os motivos que se desenvolvem mediante a comparação com uma pessoa de referência, enquanto a expectação é uma tentativa para explicar a motivação individual em um quadro de esforços-resultados. Ambas as teorias preocupam-se com as necessidades humanas, sem a preocupação de discuti-las. A similaridade dessas teorias sugere que o administrador precisa criar um ambiente de trabalho que responda positivamente às necessidades dos subordinados. Desempenho fraco, comportamentos não desejáveis e baixa satisfação são aspectos que podem ser explicados em termos de necessidades bloqueadas, frustradas ou que não estão sendo satisfeitas no trabalho. O valor das recom-

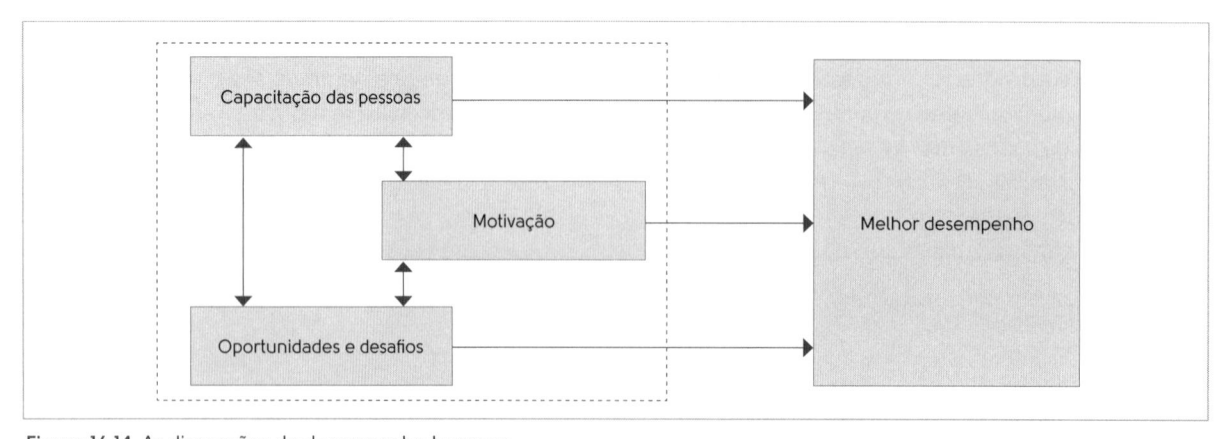

Figura 16.14. As dimensões do desempenho humano.

pensas deve também ser analisado em termos de necessidades ativadas. As recompensas precisam fazer com que o esforço das pessoas valha a pena.

Em resumo, existem três aspectos básicos que o administrador precisa utilizar para obter desempenho excelente das pessoas: o conhecimento da motivação humana, a capacitação das pessoas – por meio de treinamento, orientação, liderança, habilidades e conhecimentos – e as oportunidades e desafios para que elas possam realmente aplicar suas habilidades e conhecimentos no trabalho.

Quase sempre surge uma pergunta após a exposição das várias teorias sobre a motivação: e agora, o que fazer? A motivação humana é uma área muito complexa, razão pela qual existem tantas teorias diferentes tentando explicá-la, ainda que parcialmente. E como juntar todas as peças dessas diferentes teorias? O modelo descrito na Figura 16.15 ajuda a ver o problema de um ponto de vista global e envolvente, levando em conta as diversas abordagens teóricas que acabamos de analisar.

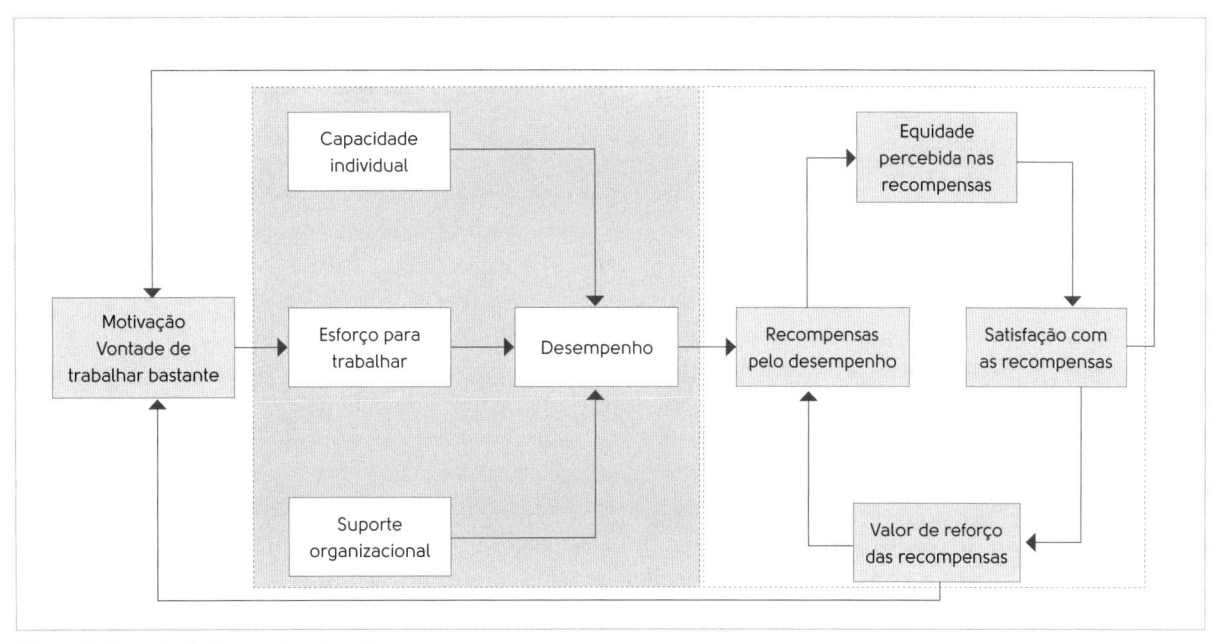

Figura 16.15. A dinâmica motivacional[17].

Exercícios: O que motiva você?[7]

Para cada uma das 15 perguntas abaixo, faça um círculo ao redor do número que mais se assemelha ao seu comportamento. Considere as perguntas no contexto de seu trabalho atual ou de sua experiência anterior.

	Desagrada muito				Agrada muito
1. Eu tento melhorar meu desempenho no trabalho	1	2	3	4	5
2. Eu gosto de competir e de ganhar	1	2	3	4	5
3. Converso com colegas sobre assuntos diversos	1	2	3	4	5
4. Gosto de desafios difíceis	1	2	3	4	5

5. Gosto de estar no comando	1	2	3	4	5
6. Quero ser querido pelos outros	1	2	3	4	5
7. Quero saber como estou indo no meu trabalho	1	2	3	4	5
8. Comparo pessoas que fazem coisas desagradáveis	1	2	3	4	5
9. Eu me relaciono bem com colegas	1	2	3	4	5
10. Gosto de fixar e alcançar objetivos realísticos	1	2	3	4	5
11. Gosto de influenciar pessoas	1	2	3	4	5
12. Gosto de pertencer a grupos e organizações	1	2	3	4	5
13. Gosto de realizar tarefas difíceis	1	2	3	4	5
14. Quero ganhar controle sobre eventos ao meu redor	1	2	3	4	5
15. Gosto mais de trabalhar com outros do que sozinho	1	2	3	4	5

Caso de apoio: Como substituir um gerente motivador?

A Indústria Atlântica emprega 580 empregados em uma fábrica que, apesar de antiga, é mantida impecavelmente e é conhecida como uma das melhores instalações da região. A empresa tem boa imagem na comunidade e existe uma lista de espera para o emprego, envolvendo engenheiros, mecânicos e operários, pois a rotatividade do pessoal é muito baixa. A Atlântica produz válvulas, pistões, estantes e apoios de metal, e suas várias áreas — como finanças, recursos humanos, vendas e produção — cada qual é dirigida por um diretor que se reporta ao presidente. O diretor de produção, Roberto Marcos, tem sob sua responsabilidade os departamentos de produção, pesquisa, manutenção e suprimentos. Seu executivo mais brilhante é Francisco Vargas, gerente do departamento de manutenção, um dos órgãos mais respeitados na empresa devido ao excelente trabalho ali desenvolvido. A equipe de Francisco trabalha em íntima conexão, com interesse pelo cumprimento das atividades, afinco, entusiasmo e satisfação. O respeito e a confiança são os aspectos que mais se sobressaem no departamento. Francisco tem 22 anos de casa e já passou por várias funções na empresa e cuida dos seus subordinados de maneira intensa. Seu estilo de gerência é brando, orientado para metas e fortemente pessoal.

Há algum tempo, Francisco adoeceu gravemente e teve de afastar-se do serviço. Tentou retornar após alguns meses, mas seu estado físico não permitiu. Roberto Marcos pensou em substituí-lo pelo supervisor de engenharia, mas abandonou a ideia pela sua falta de experiência. A solução foi contratar Gilberto Amado, um engenheiro vindo de outra empresa.

Gilberto começou modificando métodos operacionais para elevar a produtividade do departamento. Ao contrário de Francisco, que se reunia sempre com todo o seu pessoal, Gilberto queria reuniões mensais separadamente com cada supervisor para examinar os relatórios referentes ao desempenho dos três turnos. Essa nova prática desagradou a muitos. Os engenheiros e mecânicos passaram a discutir com seus supervisores sobre padrões e métodos, principalmente após as reuniões mensais entre Gilberto e os supervisores. Achavam que os supervisores estavam de conluio com Gilberto. Esses conflitos e a insatisfação generalizada preocuparam Roberto Marcos, que solicitou uma reunião com Gilberto. O seu objetivo era elaborar um plano para que o desempenho e a satisfação melhorassem novamente. Que tipo de plano você sugeriria para corrigir a situação descrita?

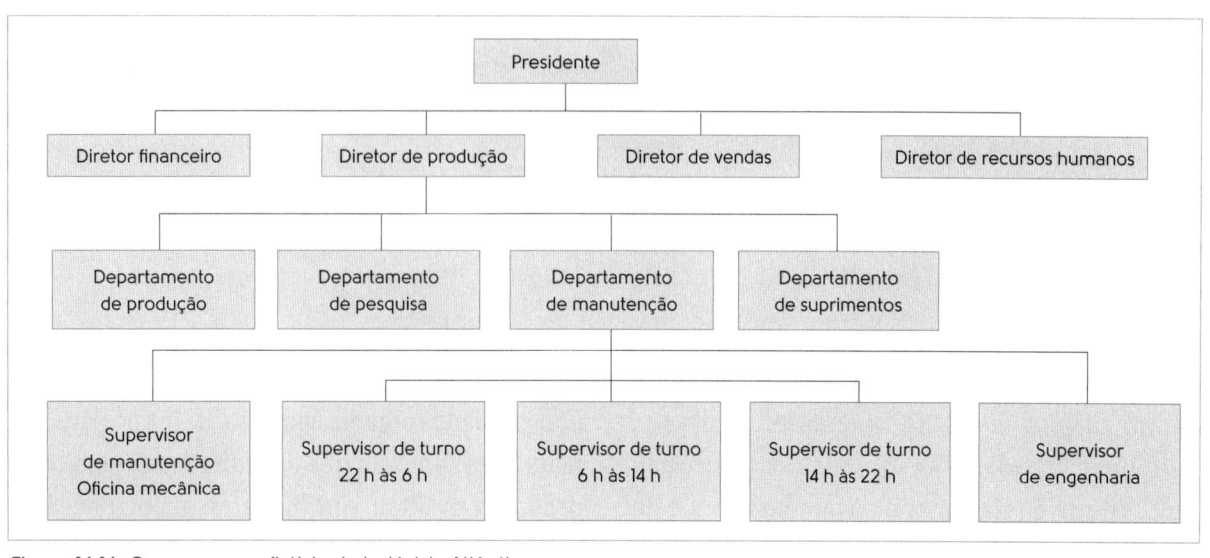

Figura 16.16. Organograma fictício da Indústria Atlântica.

APLICAÇÕES PRÁTICAS DAS TEORIAS DA MOTIVAÇÃO

As teorias da motivação oferecem inesgotáveis conclusões a respeito da natureza humana. O importante é sua aplicabilidade ao mundo real das pessoas. Nesse sentido, abordaremos quatro aplicações práticas na realidade organizacional: as recompensas monetárias, o enriquecimento de tarefas, a modificação da semana de trabalho e a modificação do comportamento.

Recompensas Monetárias

As recompensas salariais e monetárias constituem um meio de aplicar a teoria de Maslow (sobre as necessidades humanas de nível mais baixo), os fatores higiênicos de Herzberg, os resultados de segundo nível de Vroom e a comparação de contribuições e resultados com uma pessoa de referência. Lawler verificou que o dinheiro é um excelente motivador das pessoas, por três razões fundamentais[33]:

1. O dinheiro pode ser um reforço condicionador, porque está associado às necessidades de alimento, habitação, vestuário e recreação. Ele pode comprar todas essas coisas. Como reforço condicionador, o salário é um resultado de primeiro nível que permite a satisfação de outros resultados de segundo nível.
2. O dinheiro pode ser considerado um incentivo ou uma meta capaz de reduzir carências ou satisfazer necessidades. O dinheiro funciona como um incentivo anterior à ação da pessoa ou posterior como recompensa após a ação.
3. O dinheiro pode funcionar como um redutor de ansiedade. Uma característica comum das pessoas é a preocupação com os problemas financeiros. O dinheiro pode reduzir a ansiedade, consolidando a autoconfiança e autoavaliação das pessoas.

O dinheiro motiva o desempenho na medida em que ocorram duas condições: a crença da pessoa de que o dinheiro satisfará suas necessidades e a crença da pessoa de que a obtenção do dinheiro exige algum desempenho ou esforço de sua parte. A Figura 16.17 mostra essa relação.

Existem planos de incentivo salarial de vários tipos, individuais, grupais e organizacionais, envolvendo salários (valores fixos e mensais) e bô-

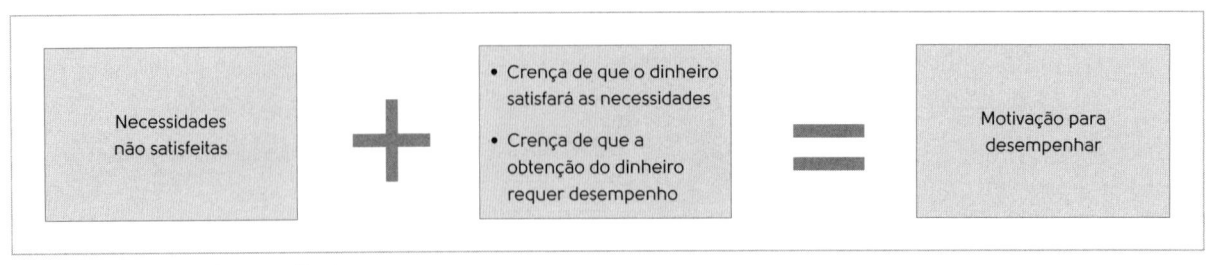

Figura 16.17. A teoria da expectância.

nus (valores variáveis e esporádicos). Lawler[33] encontrou alguns resultados interessantes em sua pesquisa sobre planos de incentivo salarial. Quando o critério é relacionar o pagamento com o desempenho, os planos de bônus são mais eficazes do que os planos salariais. A pior maneira para conseguir isso é implantar um mesmo plano salarial para toda a organização. Os planos de bônus são geralmente mais eficazes do que os planos salariais, pois se relacionam com o desempenho atual dos empregados. Os planos salariais, pelo contrário, geralmente se relacionam com fatos passados, não minimizam as possíveis consequências negativas de se vincular o desempenho ao pagamento. Por essas razões, segundo ele, parece tornar-se inútil pretender desenvolver um plano de salários perfeito.

Contudo, se a organização pretende relacionar recompensas não monetárias (como reconhecimento, prestígio, *status*, etc.), com o desempenho, os planos organizacionais e de grupo parecem mais adequados do que os individuais, pois se as pessoas acreditam que há outras recompensas ligadas ao desempenho, elas procuram incentivá-lo entre os colegas.

Enriquecimento de Tarefas

É uma maneira de construir motivadores intrínsecos ao próprio trabalho. O conceito de enriquecimento de tarefas foi popularizado por Herzberg. Trata-se de uma abordagem motivacional que pretende aumentar o desempenho e a satisfação no trabalho[34]. Para uma tarefa ter sempre efeito motivador, torna-se necessário ajustá-la, continuamente, ao progresso do funcionário. Em outras palavras, enriquecer a tarefa de acordo com o desenvolvimento da pessoa que a executa. O enriquecimento pode ser vertical ou horizontal. O

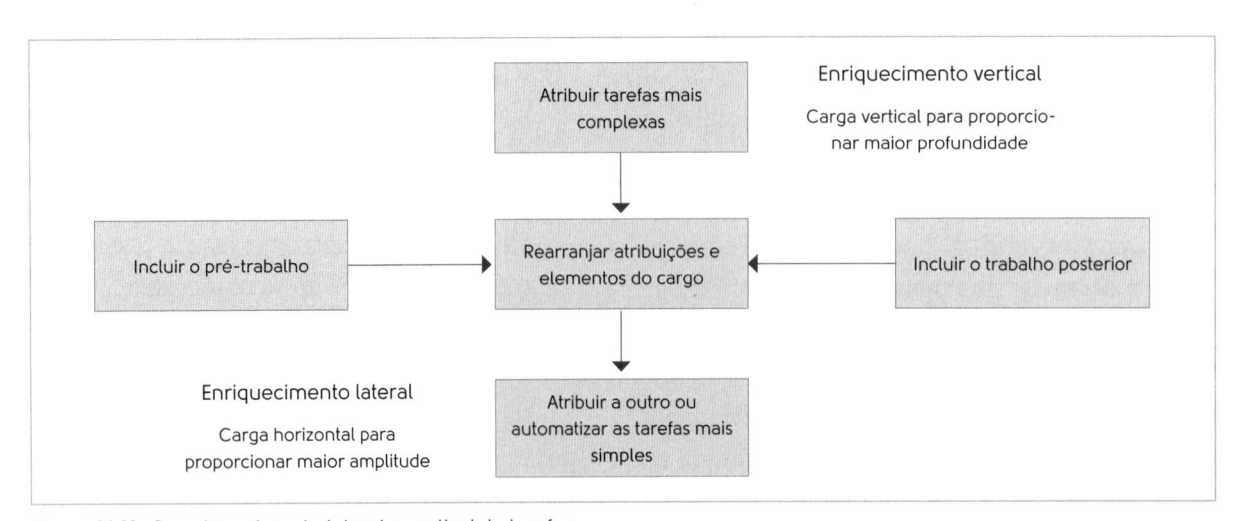

Figura 16.18. O enriquecimento lateral e vertical de tarefas.

vertical significa a atribuição de atividades crescentemente mais complexas ou importantes e a retirada de atividades mais simples ou menos importantes. O enriquecimento horizontal significa a migração lateral para tarefas diferentes, embora da mesma complexidade, dificuldade ou importância. O primeiro faz a tarefa crescer e tornar-se mais complexa, enquanto o segundo faz a tarefa variar e tornar-se multifuncional.

Herzberg aponta alguns ingredientes para enriquecer tarefas e estimular os fatores motivacionais:

1. **Novas aprendizagens**: toda pessoa deve ter oportunidade de aprender novas habilidades e tarefas e crescer psicologicamente.
2. **Retroação direta**: a tarefa deve proporcionar à pessoa a informação direta de retorno sobre o seu desempenho. Retroinformação é essencial.
3. **Programação**: as pessoas devem poder programar o seu próprio trabalho.
4. **Controle de recursos**: as pessoas devem ter o controle sobre o que fazem e do que precisam para fazê-lo.
5. **Responsabilidade pessoal**: as pessoas devem ter oportunidade de responder pelo que fazem e pelos resultados que conseguem alcançar.
6. **Singularidade**: todo trabalho deve ter qualidades ou características únicas.

Apesar das críticas[35], pesquisas atuais indicam que o enriquecimento de tarefas proporciona melhor desempenho e maior satisfação no trabalho[36].

Flexibilização do Horário de Trabalho

A flexibilização do horário de trabalho é uma maneira de melhorar o desempenho e a satisfação dos empregados. Existem várias alternativas, mas as duas mais frequentes são:

1. **Flexibilização por meio da redução do número de dias de trabalho durante a semana**: em vez de trabalhar 8 horas por dia durante cinco dias da semana, o funcionário pode trabalhar dez horas por dia durante quatro dias na semana. O total semanal de horas permanece o mesmo, mas o novo arranjo permite que o funcionário fique longe do seu trabalho durante três dias, em vez dos dois dias tradicionais.
2. **Horário flexível de trabalho**: quando o trabalho é realizado em um programa ajustável de horas diárias. É comumente chamado *flextime* ou *flexitime* ou, ainda, horário móvel. Trata-se de uma programação de trabalho que permite ao funcionário alguma escolha em seu padrão de horas diárias. Há um horário-núcleo que é um bloco central de tempo em que todos os funcionários devem estar presentes no trabalho. Fora desse horário-núcleo, os funcionários podem escolher livremente as horas de trabalho diário. Suponhamos que o horário-núcleo seja das 9 às 16 horas. Os empregados podem ingressar entre 6 e 9 horas horas e sair entre 16 e 19 horas, livremente, desde que no banco de horas semanais tenham um mínimo de 40 horas, por exemplo.

Apesar dos problemas legais relacionados ao número de horas semanais de trabalho, às restrições sobre o número de horas diárias, ao trabalho feminino e do menor, às horas extras, etc., muitas organizações estão tentando novas abordagens para flexibilização da semana de trabalho como forma de motivar mais os seus funcionários.

As aplicações práticas das teorias motivacionais não se restringem, como veremos na pesquisa da *Fortune/Hay Group*, a recompensas monetárias, enriquecimento de tarefas, modificação da semana de trabalho e modificação de comportamentos.

Elas vão muito além dessas medidas. Os sete aspectos que emergiram da última pesquisa mostram como as empresas mais admiradas do mundo todo estão tentando pôr em prática incentivos motivacionais que impulsionem as pessoas.

Sugestões Práticas

Para exercer uma boa motivação, o administrador deve saber incentivar os seguintes aspectos[37]:

1. Participação ativa das pessoas.
2. Atribuição de responsabilidades e desafios.
3. Rotação, ou seja, estágios em diferentes atividades.
4. Ampliação do trabalho.
5. Nomeações públicas.
6. Reconhecimento do trabalho feito.
7. Conhecimento do conjunto.
8. Estímulo institucional da organização.
9. Solenização e honrarias por trabalhos realizados.
10. Realização pessoal.
11. Supervisores que escutam as pessoas.
12. Atitude positiva dentro da organização.
13. Remuneração variável.

Voltando ao caso introdutório: Sinais vitais

Pedro Fernandes percebeu o quanto é difícil para um administrador acostumado a um trabalho convencional e tradicional iniciar um processo de renovação organizacional. O desafio maior é engatar a primeira marcha no motor das mudanças e fazê-lo funcionar à alta rotação para poder sair da inércia, acordar as pessoas e arrancar rumo à competitividade.

Administração de hoje

As empresas mais admiradas dos Estados Unidos[38]

Embora tenha tido uma amplitude mundial, a pesquisa da revista *Fortune* em colaboração com o Hay Group mostra que, em 2013, as empresas mais admiradas nos Estados Unidos foram:

Companhia	Nota	Companhia	Nota
1. Apple	8,24	12. McDonald's	7,81
2. Google	8,01	13. American Express	7,55
3. Amazon.com	7,28	14. BMW	6,67
4. Coca-Cola	7,32	15. Procter & Gamble	7,37
5. Starbucks	7,94	16. Nordstrom	7,28
6. IBM	7,37	17. Microsoft	6,15
7. Southwest Airlines	5,52	18. Nike	7,94
8. Berkshire Hathaway	7,18	19. Whole Foods Market	7,49
9. Walt Disney	7,84	20. Caterpillar	7,87
10. FedEx	7	21. 3M	6,49
11. General Electric	6,9		

Caso para discussão: As empresas mais admiradas do mundo[39]

A revista *Fortune*, com o apoio do Hay Group, faz anualmente uma pesquisa para saber quais as empresas que formam o clube de elite das mais admiradas em todo o mundo. O resultado é uma lista que, no mundo dos negócios, corresponde a um verdadeiro prêmio da academia. A pesquisa é feita em 45 grupos diferentes de negócios, com base em nove critérios:

1. Inovação.
2. Qualidade geral da administração.
3. Criação de valor como investimento de longo prazo.
4. Responsabilidade comunitária e ambiental.
5. Capacidade de atrair e manter pessoas talentosas.
6. Qualidade dos produtos e serviços oferecidos.
7. Solidez financeira.
8. Uso intensivo de ativos corporativos.
9. Eficácia em fazer negócios globalmente.

A lista de honra das empresas mais admiradas no mundo todo em cada um dos seus respectivos ramos, em 2013, é a seguinte:

1. Apple
2. Google
3. Amazon.com
4. Coca-Cola
5. Starbucks
6. IBM
7. Southwest Airlines
8. Berkshire Hathaway
9. Walt Disney
10. FedEx
11. General Electric
12. McDonald's
13. American Express
14. BMW
15. Procter & Gamble
16. Nordstrom
17. Microsoft
18. Nike
19. Whole Foods Market
20. Caterpillar

Sete aspectos fundamentais emergiram desta pesquisa:

1. Os gerentes de topo das empresas mais admiradas assumem seriamente a missão da sua organização e esperam que todas as pessoas façam o mesmo. Consideram os valores culturais da empresa os seus mais importantes guias de atuação. Mais da metade dos gerentes sênior do Citibank e da Procter & Gamble não são americanos.
2. O sucesso atrai as melhores pessoas – e as melhores pessoas sustentam o sucesso da organização. Essa ação recíproca alavanca as empresas. A FedEx considera a coragem e convicção em assumir riscos como a mais importante característica dos seus funcionários. A Disney procura desenvolver as personalidades dos funcionários.
3. As melhores empresas sabem exatamente aquilo que pretendem. A Procter & Gamble, por exemplo, admite os melhores jovens agora para investir no longo prazo em suas carreiras profissionais. E os considera o sangue vital do seu futuro. Na SmithKline Beecham existe a chamada "experiência 2+2+2": cada administrador deve passar por dois negócios, em dois papéis (como produção e finanças) e em dois países diferentes para subir na organização.
4. As melhores empresas veem o desenvolvimento da carreira como um investimento e não como um custo. A Intel, a Disney e a McDonald's têm uma *house university* para desenvolver profissionalmente as pessoas. Elas investem pesadamente em treinamento do pessoal. A Intel investe 6% do seu faturamento em sua universidade, onde os administradores também ensinam.

5. Sempre que possível, as empresas mais admiradas promovem de dentro. Elas admitem funcionários não para ocupar um simples cargo, mas para fazer uma carreira dentro da organização. O Citibank tem um inventário com as habilidades e os talentos de 10 mil funcionários ao redor de todo o mundo para poder aplicá-los onde eles sejam necessários para a companhia. O diretor de RH acha que esse programa é "crítico" para o banco. A Shell é outra empresa que "roda" os seus funcionários em vários negócios, funções e países.
6. Elas festejam e recompensam o desempenho excelente, por meio de bônus, gratificações, elogios, aquisição de ações da companhia, etc. A Federal Express e a Intel recompensam todo o pessoal qualificado. Premiam fortemente o alcance e superação de objetivos. E dão maior valor ao desempenho voltado para o longo prazo.
7. Elas medem continuamente a satisfação das pessoas no trabalho. Fazem avaliações frequentes e variadas do desempenho e se preocupam com o clima organizacional interno. As pessoas constituem o ativo mais importante e elas o provam constante e sobejamente.

Todas as empresas mais admiradas mostram alta capacidade de ajustar os seus negócios às demandas do mercado global. A empresa mais inovadora do mundo, de acordo com a pesquisa, é a Disney: "Nós criamos um novo produto – um livro, um filme, qualquer coisa – a cada cinco minutos e esse novo produto precisa ser excelente e magnífico", diz o presidente da Disney. "Mas o nosso produto real é a administração dos talentos. Isso é o que realmente fazemos aqui e nós nunca esquecemos disso, porque sem eles, o que poderíamos fazer?" Em todas as empresas mais admiradas, a principal chave para o sucesso é: pessoas, pessoas e pessoas. As pessoas são a vantagem competitiva dessas admiráveis organizações. Todas elas tratam a sua cultura organizacional como um importantíssimo ativo para o seu sucesso.

Questões:
1. Explique como as empresas mais admiradas do mundo motivam seus funcionários?
2. Além das recompensas salariais e monetárias, quais as recompensas mais utilizadas?
3. Quais as necessidades humanas mais visadas pelas empresas mais admiradas do mundo?
4. Como os funcionários se sentem trabalhando nessas empresas?
5. A que se deve o sucesso dessas empresas?
6. Como essas empresas tratam e consideram seus funcionários?
7. Como elas tratam a sua cultura organizacional?

Exercícios

1. O que é motivação? Quais os três elementos fundamentais no conceito de motivação?
2. Explique o que é necessidade e como funciona o ciclo motivacional.
3. Quais as principais teorias de conteúdo da motivação? O que elas têm em comum?
4. Explique a teoria da hierarquia das necessidades.
5. O que são necessidades de baixo nível e de alto nível?
6. Explique a teoria dos dois fatores.
7. Explique a teoria ERC.
8. Explique a teoria das necessidades aprendidas.
9. Faça uma comparação entre as teorias de conteúdo da motivação.
10. Quais as principais teorias de processo da motivação? O que elas têm em comum?

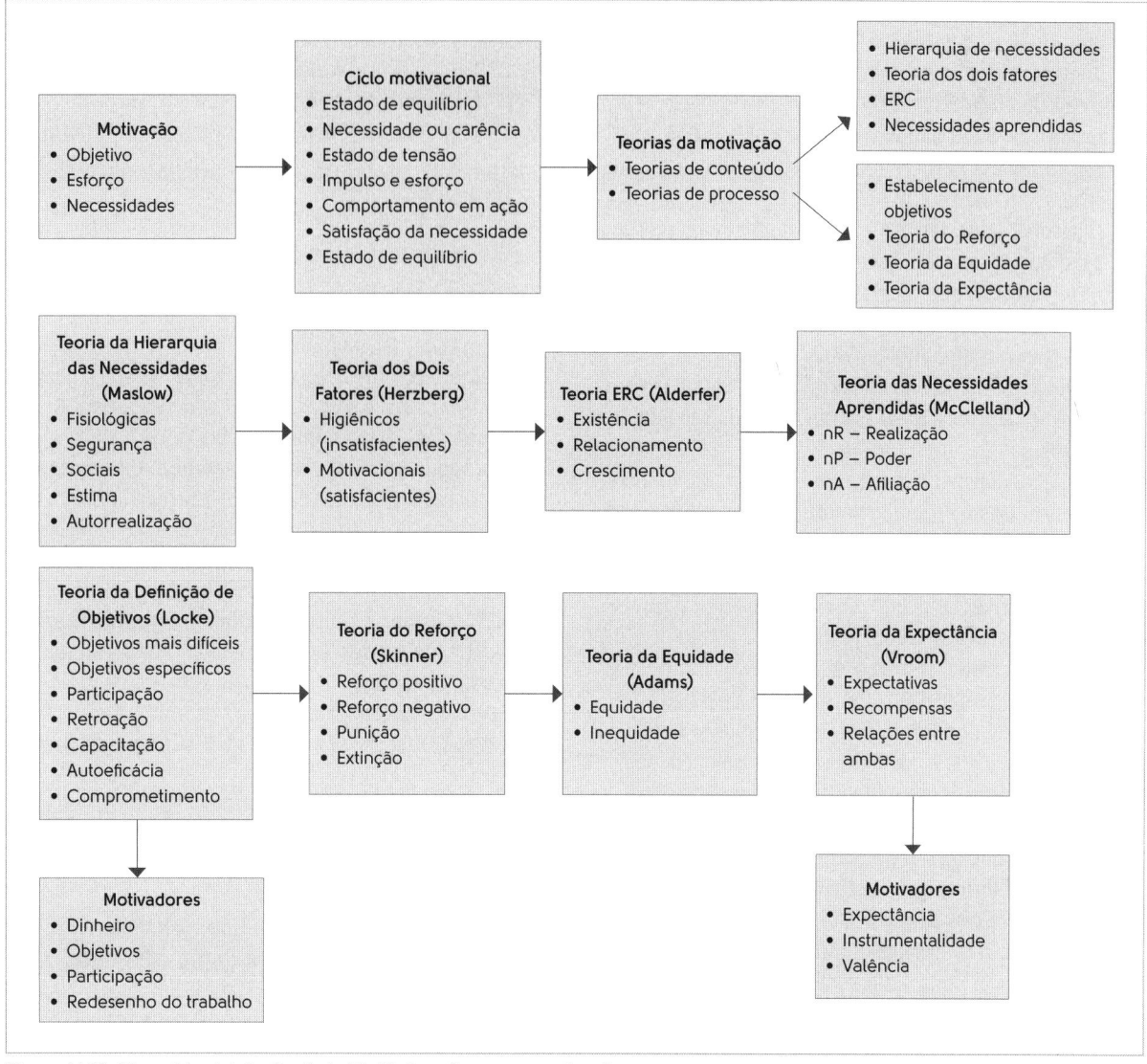

Figura 16.19. Mapa Mental do Capítulo 16: Motivação nas organizações.

11. Explique a teoria do estabelecimento de objetivos.
12. O que é autoeficácia e retroação autogerada?
13. Explique a teoria do reforço e as quatro estratégias de modificação comportamental.
14. Explique a teoria da equidade.
15. Explique a teoria da expectância.
16. Explique o que é e como aumentar a expectância, instrumentalidade e valência.
17. Explique o modelo integrado de motivação.
18. Comente as aplicações práticas das teorias da motivação.

REFERÊNCIAS BIBLIOGRÁFICAS

1. John P. Campbell, Marvin D. Dunnette, Edward E. Lawler III, Karl E. Weick. *Managerial behavior, performance, and effectiveness*. Nova York, McGraw-Hill, 1970. p. 340.
2. Abraham Maslow. *Motivation and personality*. Nova York, Harper & Row, 1954.
3. Frederick Herzberg. *Work and nature of man*. Cleveland, The World Publ. 1966.
4. Frederick Herzberg, B. Mausner, B. Snyderman. *The motivation to work*. Nova York, Johm Wiley & Sons, 1959.
5. Marvin Dunnette, John Campbell, M. Haker. "Factors contributing to job dissatisfaction in six occupational groups". *Organizational behavior and human performance*, May/1967, p. 147.

6. Richard L. Daft. *Management*. Fort Worth, The Dryden, 1994. p. 518, 526.
7. James L. Gibson, John M. Ivancevich, James H. Donnelly, Jr. *Organizações: comportamento, estrutura, processos*. São Paulo, Atlas, 1981. p. 139, 145-6.
8. Maria Amália Bernardi, Maria Tereza Gomes. "Assunto pessoal". *Exame*, n. 630, 26.02.1997.
9. Clayton P. Alderfer. "An empirical test of a new theory of human needs". *Organizational behavior and human performance*, May/1969, p. 142-75.
10. David McClelland. *The achieving society*. Nova York, Van Nostrand Reinhold, 1961.
11. David McClelland. "Business drive and national achievement". *Harvard Business Review*, Jul.-Aug./1962, p. 99-112.
12. John R. Schermerhorn, Jr., James G.Hunt, Richard N. Osborn. *Basic organizational behavior*. Nova York, John Wiley & Sons, 1995. p. 77-8.
13. Edwin A. Locke. "Toward a theory of task motivation and incentives". *Organizational Behavior and Human Performance*, May/1968, p. 157-89.
14. P. Latham. "Goal setting and task performance". *Psychological Bulletin*, 90, Jul.-Nov./1981, p. 125-52.
15. E. A. Locke, E. Frederick, C. Lee, P. Bobko. "Effect of self-efficacy, goals, and task strategies on task performance". *Journal of Applied Psychology*, May/1984, p. 241-51.
16. Edwin A. Locke, Gary P. Latham. "Work motivation and satisfaction: light at the end of the tunnel". *Psychological Science*, 1, v. 4, Jul./1990, p. 240-6.
17. John R. Schermerhorn, Jr. *Management*. Nova York, John Wiley & Sons, 1996, p. 353-5, 357.
18. E. L. Thorndyke. *Animal intelligence*. Nova York, Macmillan, 1911. p. 244.
19. B. F. Skinner. *Walden two*. Nova York, Macmillan, 1948.
20. B. F. Skinner. *Science and human behavior*. Nova York, Macmillan, 1953.
21. B. F. Skinner. *Contingencies of reinforcement*. Nova York, Appleton-Century Crofts, 1969.
22. Fred Luthans, Robert Kreitner. *Organizational behavior modification*. Glenview, Il., Scott, Foresman, 1975.
23. Richard L. Daft, Richard M. *Organizations: a micro/macro approach*. Glenview, Ill, Scott, Foresman, 1986. p. 109.
24. E. Walster, G. W. Walster, W. G. Scott. *Equity: theory and research*. Boston, Allyn & Bacon, 1978.
25. J. Stacy Adams. "Toward an understanding of inequity". *Journal of Abnormal and Social Psychology*, v. 67, 1963, p. 422-36.
26. J. Stacy Adams. "Inequity in social exchange". In: L. Berkowitz (ed.). *Advances in experimental social psychology*. v. 2, Nova York, Academic, 1965, p. 267-300.
27. Victor H. Vroom. *Work and motivation*. Nova York, John Wiley & Sons, 1964.
28. Idalberto Chiavenato. *Gerenciando pessoas: o passo decisivo para a administração participativa*. Rio de Janeiro, Elsevier/Campus, 2004. p. 176.
29. "Quando o dinheiro não é o bastante". *Exame*, n. 624, 04.12.1996, p. 96-8, artigo transcrito da *Forbes*.
30. R. Steers, D. Braunstein. "A behaviorally based measure of manifest needs in work settings", *Journal of Vocational Behavior*, Oct./1976, p. 254.
31. R. N. Lussier. *Human relations in organizations: a skill building approach*. Homewood, Ill., Richard D. Irwin, 1990, 120.
32. Stephen P. Robbins. *Organizational behavior: concepts, controversies, applications*. Englewood Cliffs, Prentice-Hall, 1996. p. 241.
33. Edward E. Lawler, III. *Pay and organizational effectiveness*. Nova York, McGraw-Hill, 1971. p. 164-70.
34. Frederick Herzberg. "The wise old turk". *Harvard Business Review*, Sep.-Oct./1974.
35. Mitchell Fein. "The myth of job enrichment". In: Roy P. Fairfield (org.). *Humanizing the workplace*. Buffalo, Prometheus Books, 1974. p. 71-8.
36. Robert Ford. "Job enrichment lessons for A&T". *Harvard Business Review*, Jan.-Feb./1973, p. 96-106.
37. José Maria Carrión-Rosique. La organización del personal no remunerado. Madri, Apostila, 1998, p. 107-12.
38. CNN Money. Disponível em: money.cnn.com/magazines/fortune/most_admired/2013/list/?iid=wma_sp_full. Acessado em: 10.10.2013.
39. Haygroup. Disponível em: www.haygroup.com/ww/best_companies/index.aspx?id=155. Acessado em: 21.10.2013

Parte VI
CONTROLE

Objetivos de aprendizagem

Esta Parte VI finaliza o estudo do processo administrativo. O objetivo principal desta parte é mostrar o controle como a última das funções administrativas. Inicialmente, discutiremos os fundamentos gerais do controle – a definição de objetivos e padrões de avaliação, a avaliação do desempenho, a comparação do desempenho com os objetivos e os padrões de avaliação e as medidas corretivas necessárias para reduzir possíveis desvios ou afastamentos em relação aos padrões estabelecidos. Daremos especial atenção aos modernos sistemas de controle.

O que veremos adiante

Capítulo 17 – Fundamentos do controle.

Como as organizações não operam na base da improvisação e nem ao acaso, elas precisam ser devidamente controladas. Elas requerem considerável esforço de controle em suas várias operações e atividades. O controle constitui a última das funções administrativas, vindo depois do planejamento, da organização e da direção. Controlar significa garantir que o planejamento seja bem executado e que os objetivos estabelecidos sejam alcançados adequadamente.

A função administrativa de controle está relacionada com a maneira pela qual os objetivos devem ser alcançados por meio da atividade das pessoas que compõem a organização. O planejamento serve para definir os objetivos, traçar as estratégias para alcançá-los e estabelecer os planos de ação. A organização serve para estruturar as pessoas e os recursos de maneira a trabalhar de forma organizada e racional. A direção mostra os rumos e dinamiza as pessoas para que utilizem os recursos da melhor maneira possível. Por fim, o controle serve para que tudo funcione da maneira e no tempo certos.

Esta Parte VI é inteiramente dedicada ao controle como a quarta função administrativa. No Capítulo 17, abordaremos os fundamentos do controle, o processo de controle, suas características e importância para o bom desempenho da organização.

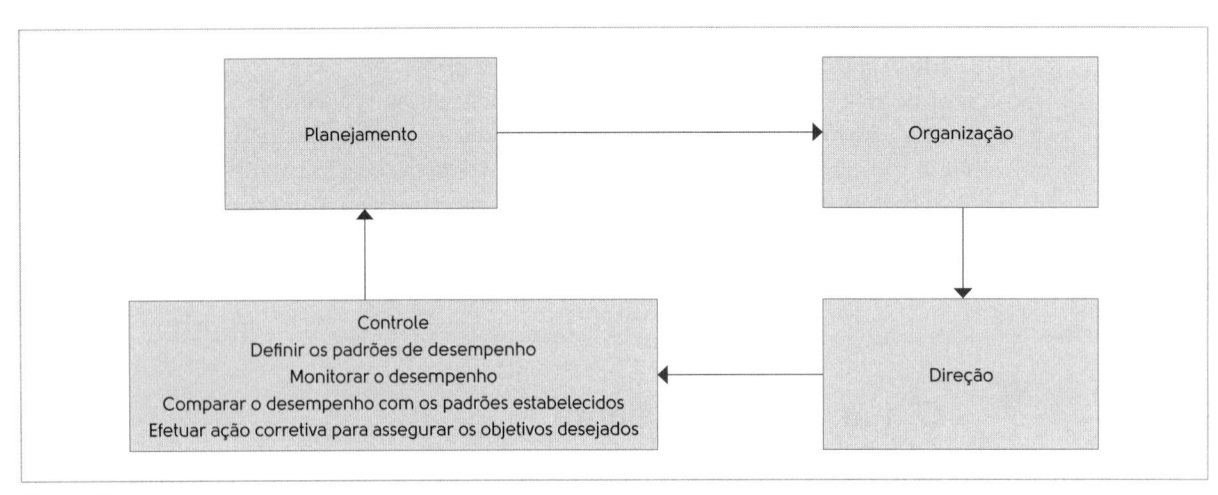

Figura VI.1. O controle dentro do processo administrativo.

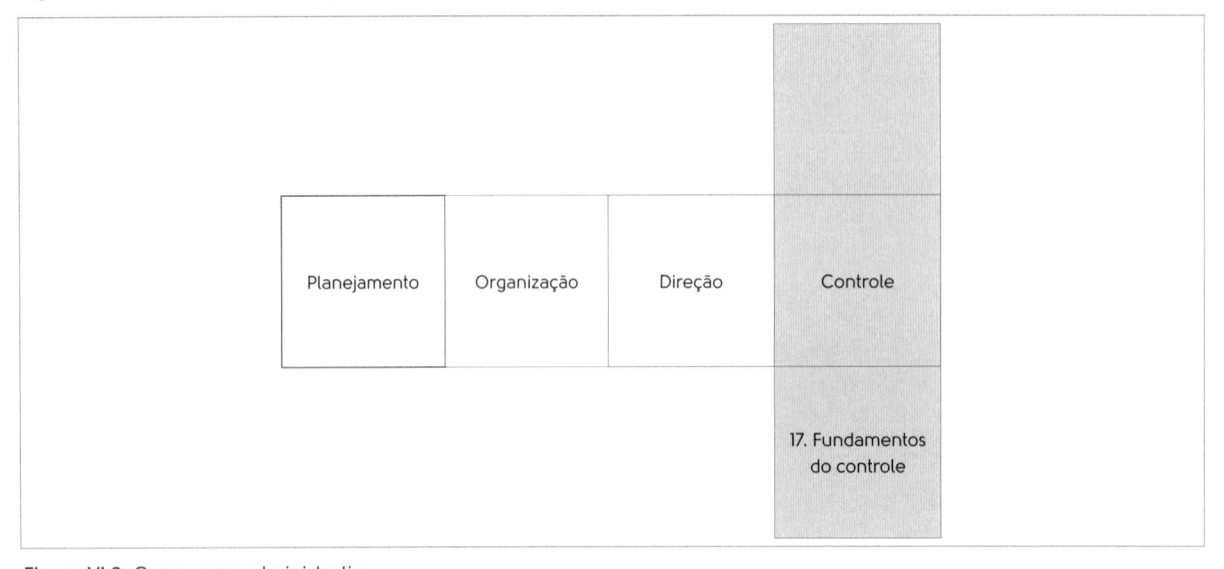

Figura VI.2. O processo administrativo.

17
FUNDAMENTOS DO CONTROLE

Objetivos de aprendizagem

Após estudar este capítulo, você deverá estar capacitado para:

- Definir o que é controle e os mecanismos de aplicação.
- Descrever o processo de controle e suas fases componentes.
- Definir objetivos e padrões de desempenho e resultados.
- Descrever a avaliação do desempenho e dos resultados.
- Descrever a comparação entre o desempenho e os objetivos e padrões.
- Descrever as medidas de ação corretiva para eliminar os desvios.
- Definir os diversos tipos de controle em uma organização.

O que veremos adiante

- Conceito de controle.
- Processo de controle.
- Estabelecimento de objetivos ou padrões.
- Avaliação do desempenho.
- Comparação do desempenho com o padrão.
- Ação corretiva.
- Controle como um sistema cibernético.
- Características do controle.
- Tipos de controle.
- Controles estratégicos.
- Controles táticos.
- Controles operacionais.

Caso introdutório: Continental Express

Nos últimos anos, muita coisa tem mudado na Continental Express, uma empresa totalmente dedicada aos negócios de roupas e confecções. Os produtos são multivariados, as inovações constantes e, a cada ano, a coleção da empresa sofre grandes mudanças, o que torna difícil, ou mesmo impossível, o controle das operações da empresa e a tomada de decisões adequadas. Saber como a empresa está indo é o mesmo que consultar uma bola de cristal. Maristela Barros, a diretora financeira, está preocupada em mudar algumas coisas importantes na companhia. A principal delas é uma nova configuração da controladoria. A companhia sempre se preocupou com a adoção de modernos métodos e procedimentos no sentido de melhorar o andamento dos trabalhos. Maristela está firmemente convencida de que a eficiência é importante e vital para os negócios. Acha que ela é necessária, mas não suficiente. A eficiência deve estar subordinada à eficácia. O alcance de objetivos organizacionais, o foco em metas e a busca de resultados excelentes constituem o aspecto primordial a ser privilegiado para que a empresa não navegue em águas turvas. Maristela considera que o problema prioritário da Continental Express está no tipo de controle que a empresa deve desenvolver.

A pergunta que geralmente se faz dentro de uma organização é: como estamos indo? Em que ponto estamos agora? A pergunta é válida, pois os resultados nem sempre ocorrem de acordo com o que foi planejado, organizado e dirigido. Torna-se necessária uma função administrativa que possa monitorar, acompanhar, avaliar, medir e assegurar que a organização esteja no rumo certo produzindo os resultados esperados e alcançando os objetivos propostos. O controle é algo universal: todas as atividades humanas – quaisquer que sejam – sempre fazem uso do controle, consciente ou inconscientemente. Quando uma pessoa dirige o automóvel, quando dança ou escreve uma carta, ela compara continuamente a direção, o ritmo ou o significado; e se a operação de dirigir o carro, dançar ou escrever a carta não está de acordo com seus planos, ela efetua as devidas correções. O controle consiste basicamente em um processo que guia a atividade exercida para um fim previamente determinado. A essência do controle reside em verificar se a atividade controlada está ou não alcançando os resultados desejados. Quando se fala nisso, pressupõe-se que eles sejam conhecidos e previstos. Isso significa que o conceito de controle não pode existir sem o conceito de planejamento[1]. Aliás, os controles requerem planos. Na verdade, o controle é o outro lado da moeda do planejamento.

O controle verifica se a execução está de acordo com o que foi planejado: quanto mais completos, definidos e coordenados forem os planos, mais fácil será o controle. Quanto mais complexo o planejamento e maior for o seu horizonte de tempo, mais complexo será o controle. Quase todos os esquemas de planejamento trazem em seu bojo o seu próprio sistema de controle. Por meio da função de controle, o administrador assegura que a organização e seus planos estejam na sua trilha certa.

O desempenho de uma organização e das pessoas que a compõem depende da maneira como cada pessoa e cada unidade organizacional desempenha seu papel e se move no sentido de alcançar os objetivos e metas comuns. O controle é o processo pelo qual são fornecidas as informações e retroação para manter as funções dentro de suas respectivas trilhas. É a atividade integrada e monitorada que aumenta a probabilidade de que os resultados planejados sejam atingidos da melhor maneira.

CONCEITO DE CONTROLE

A palavra controle pode assumir vários e diferentes significados. Quando se fala em controle, pensa-se em significados como frear, cercear, regular, conferir ou verificar, exercer autoridade sobre alguém, comparar com um padrão ou critério. No fundo, todas essas conotações constituem meias verdades a respeito do que seja o controle. Contudo, sob um ponto de vista mais amplo, os três significados mais comuns de controle são[2]:

1. **Controle como função restritiva e coercitiva:** utilizada no sentido de coibir ou restringir certos tipos de desvios indesejáveis ou de comportamentos não aceitos pela comunidade. Nesse sentido, o controle assume um caráter negativo e restritivo, sendo muitas vezes interpretado como coerção, delimitação, inibição e manipulação. É o chamado controle social aplicado nas organizações e nas sociedades para inibir o individualismo e a liberdade das pessoas.
2. **Controle como um sistema automático de regulação:** utilizado no sentido de manter automaticamente um grau constante no fluxo ou de funcionamento de um sistema. É o caso do processo de controle automático das refinarias de petróleo, de indústrias químicas de processamento contínuo e automático. O mecanismo de controle detecta possíveis desvios ou irregularidades e proporciona automaticamente a regulação necessária para voltar à normalidade. É o chamado controle cibernético, que é inteiramente autossuficiente na monitoração do desempenho e na correção dos possíveis desvios. Quando algo está sob controle, significa que está dentro do normal ou da expectativa.
3. **Controle como função administrativa:** é aquele que faz parte do processo administrativo, como o planejamento, organização e direção.

Trataremos o controle sob o ponto de vista do terceiro significado, isto é, como parte do processo administrativo. Assim, o controle é a função administrativa que monitora e avalia as atividades e resultados alcançados para assegurar que o planejamento, organização e direção sejam bem-sucedidos.

Tal como o planejamento, organização e direção, o controle é uma função administrativa que se distribui entre todos os níveis organizacionais, como mostra a Figura 17.1.

Assim, quando falamos de controle, queremos dizer que o nível institucional efetua o controle estratégico, o intermediário faz os controles táticos e o nível operacional os operacionais. Cada qual dentro de sua área de competência. Os três níveis se interligam e se entrelaçam intimamen-

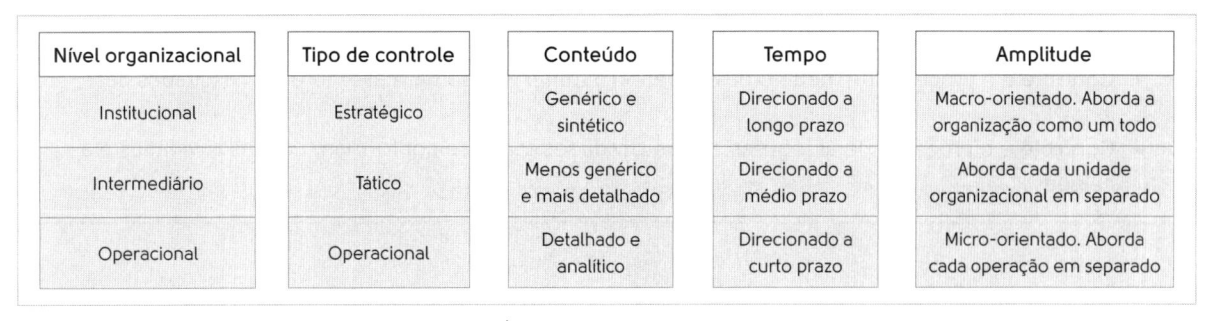

Nível organizacional	Tipo de controle	Conteúdo	Tempo	Amplitude
Institucional	Estratégico	Genérico e sintético	Direcionado a longo prazo	Macro-orientado. Aborda a organização como um todo
Intermediário	Tático	Menos genérico e mais detalhado	Direcionado a médio prazo	Aborda cada unidade organizacional em separado
Operacional	Operacional	Detalhado e analítico	Direcionado a curto prazo	Micro-orientado. Aborda cada operação em separado

Figura 17.1. O controle nos três níveis da organização[1].

te. Contudo, o processo é exatamente o mesmo para todos os níveis: monitorar e avaliar incessantemente as atividades e operações da organização.

O controle está presente, em maior ou menor grau, em quase todas as formas de ação organizacional. Os administradores passam boa parte de seu tempo observando, revendo e avaliando o desempenho de pessoas, de unidades, de máquinas e equipamentos, de produtos e serviços, em todos os três níveis organizacionais.

Nível institucional — Controle estratégico
- Direcionado a longo prazo
- Preocupação com o futuro
- Aborda toda a organização
- Focaliza ambiente externo
- Ênfase na eficácia

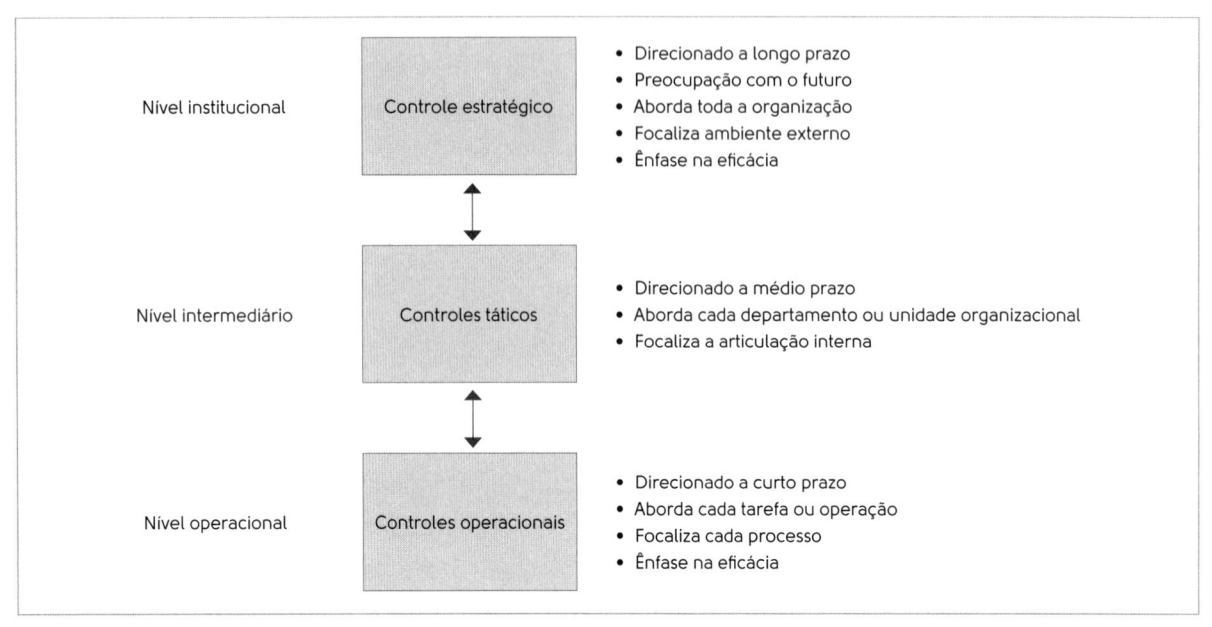

Nível intermediário — Controles táticos
- Direcionado a médio prazo
- Aborda cada departamento ou unidade organizacional
- Focaliza a articulação interna

Nível operacional — Controles operacionais
- Direcionado a curto prazo
- Aborda cada tarefa ou operação
- Focaliza cada processo
- Ênfase na eficácia

Figura 17.2. Os três níveis de controle.

Dicas

Alguns conceitos de controle

- **Controle** é a função administrativa que consiste em medir e corrigir o desempenho para assegurar que os objetivos organizacionais e os planos estabelecidos para alcançá-los sejam realizados.
- **Controle** é o esforço sistemático de estabelecer padrões de desempenho com os objetivos de planejamento, para desenhar sistemas de retroação de informação para comparar o desempenho atual com aqueles padrões predeterminados para verificar onde estão os desvios e medir sua significância e tomar a ação necessária para assegurar que todos os recursos da organização estão sendo utilizados da maneira mais eficiente e eficaz para alcançar os objetivos organizacionais[3].
- **Controle** é o processo de fazer algo acontecer da maneira como foi planejado para acontecer[4].
- **Controle** é o processo de medir o desempenho e tomar a ação para assegurar os resultados desejados[5].
- **Controle** é o processo de assegurar que as atividades atuais se conformam com as atividades planejadas[6].

Administração de hoje

Os controles organizacionais[1]

Em todas as organizações, a administração cria mecanismos para controlar todos os aspectos possíveis da vida organizacional. Em geral, os controles organizacionais servem para:

1. **Padronizar o desempenho**, por meio de inspeções, pesquisas, supervisão, procedimentos escritos ou programas de produção.
2. **Padronizar a qualidade dos produtos ou serviços** oferecidos pela organização, mediante treinamento de pessoal, inspeções, verificações, controle estatístico de qualidade e sistemas de recompensas e incentivos.
3. **Proteger os bens organizacionais** de abusos, desperdícios ou roubos, por meio de exigência de registros escritos, inspeções, levantamentos, procedimentos de auditoria e divisão de responsabilidades.
4. **Limitar a quantidade de autoridade** que está sendo exercida pelas várias posições ou níveis organizacionais, mediante descrições de cargos, diretrizes e políticas, regras e regulamentos e sistemas de auditoria.
5. **Avaliar e dirigir o desempenho das pessoas**, por meio de sistemas de avaliação do desempenho do pessoal, supervisão direta, vigilância e registros, incluindo informação sobre índices como produção por empregado ou perdas com refugo por funcionários, etc.
6. **Meios preventivos para o alcance dos objetivos organizacionais**, pela articulação de objetivos em um planejamento, uma vez que os objetivos ajudam a definir o escopo apropriado e a direção do comportamento das pessoas para o alcance dos resultados desejados.

Avaliação crítica: A lei de Murphy[7]

Você já ouviu falar da lei de Murphy? Não está em nenhum tratado de física. Ela diz que se algo pode eventualmente dar errado, com toda certeza dará errado. Essa lei tem vários corolários. Mas não se trata de pessimismo, paranoia ou tendência depressiva. O que importa é que o administrador deve lembrar-se da Lei de Murphy e ficar continuamente alerta para possíveis problemas em sua organização. Mesmo quando um sistema esteja operando bem, ele pode pifar em algum momento. O administrador deve constantemente obter retroação das diversas atividades que indique o nível adequado de desempenho para fazer as mudanças corretivas quando elas se tornam necessárias.

PROCESSO DE CONTROLE

A finalidade do controle é assegurar que os resultados do que foi planejado, organizado e dirigido se ajustem tanto quanto possível aos objetivos estabelecidos previamente. A essência do controle reside na verificação se a atividade controlada está ou não alcançando os objetivos ou resultados desejados. Nesse sentido, o controle consiste basicamente em um processo que guia a atividade exercida para um fim determinado previamente. O processo de controle apresenta quatro etapas ou fases, a saber:

1. Estabelecimento de objetivos ou padrões de desempenho.
2. Avaliação ou mensuração do desempenho atual.
3. Comparação do desempenho atual com os objetivos ou padrões estabelecidos.
4. Tomada de ação corretiva para corrigir possíveis desvios ou anormalidades.

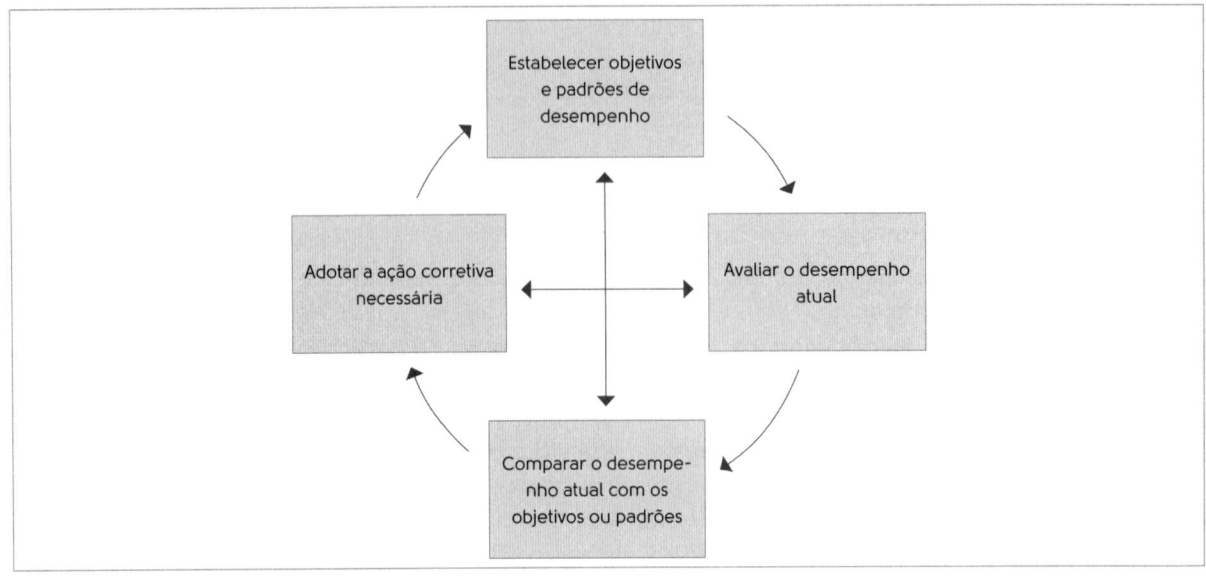

Figura 17.3. As quatro etapas do processo de controle.

O processo de controle se caracteriza pelo seu aspecto cíclico e repetitivo. Na verdade, o controle deve ser visualizado como um processo sistêmico em que cada etapa influencia e é influenciada pelas demais.

ESTABELECIMENTO DE OBJETIVOS OU PADRÕES

O primeiro passo do processo de controle é estabelecer previamente os objetivos ou padrões que se deseja alcançar ou manter. Os objetivos já foram estudados anteriormente e servem para pontos de referência para o desempenho ou resultados de uma organização, unidade organizacional ou atividade individual. O padrão é um nível de atividade estabelecido para servir como modelo para a avaliação do desempenho organizacional[4]. Um padrão significa um nível de realização ou desempenho que se pretende tomar como referência. Os padrões funcionam como marcos que determinam se a atividade organizacional é adequada ou inadequada ou como normas que proporcionam a compreensão do que se deverá fazer. Os padrões dependem diretamente dos objetivos e fornecem os parâmetros que deverão balizar o funcionamento do sistema. Os padrões podem ser tangíveis ou intangíveis, específicos ou vagos, mas estão sempre relacionados com o resultado que se deseja alcançar.

A Escola da Administração Científica, inaugurada por Taylor na virada do século XX, colocou exagerada ênfase no desenvolvimento de técnicas e métodos capazes de proporcionar padrões de desempenho. O estudo de tempos e movimentos é uma técnica desenvolvida para determinar o tempo-padrão, isto é, o tempo médio que um operário deverá levar para executar uma determinada tarefa. O custo-padrão é um outro exemplo de técnica que fixa padrões para analisar e controlar os custos organizacionais.

Existem vários tipos de padrões utilizados para avaliar e controlar os diferentes recursos da organização, como[1]:

1. **Padrões de quantidade**: como número de empregados, volume de produção, total de vendas, porcentagem de rotação de estoque, índice de acidentes, índice de absenteísmo, etc.
2. **Padrões de qualidade**: como padrões de qualidade de produção, índice de manutenção de máquinas e equipamentos, qualidade dos pro-

dutos ou serviços oferecidos pela organização, assistência técnica, atendimento ao cliente, etc.

3. **Padrões de tempo**: como permanência média do empregado na organização, tempo-padrão de produção, tempo de processamento dos pedidos de clientes, ciclo operacional financeiro, etc.

4. **Padrões de custo**: como custo de estocagem de matérias-primas, do processamento de um pedido, de uma requisição de material, de uma ordem de serviço, relação custo-benefício de um equipamento, custos diretos e indiretos de produção, etc.

Padrões de		
→	Quantidade →	• Número de empregados • Volume de produção • Volume de vendas • Porcentagem de rotação de estoque • Giro financeiro
→	Qualidade →	• Padrões de qualidade de produção • Qualidade do produto ou serviço • Índice de manutenção de máquinas e equipamentos • Atendimento ao cliente • Assistência técnica
→	Tempo →	• Tempo médio de casa dos funcionários • Tempo-padrão de produção • Tempo de processamento de pedidos • Ciclo financeiro ou ciclo operacional • Tempo médio de criação de novos produtos
→	Custos →	• Custo de estoque de matérias-primas • Custo de processamento de cada pedido • Custo de cada requisição de material • Custos diretos e indiretos de produção • Relação custo-benefício

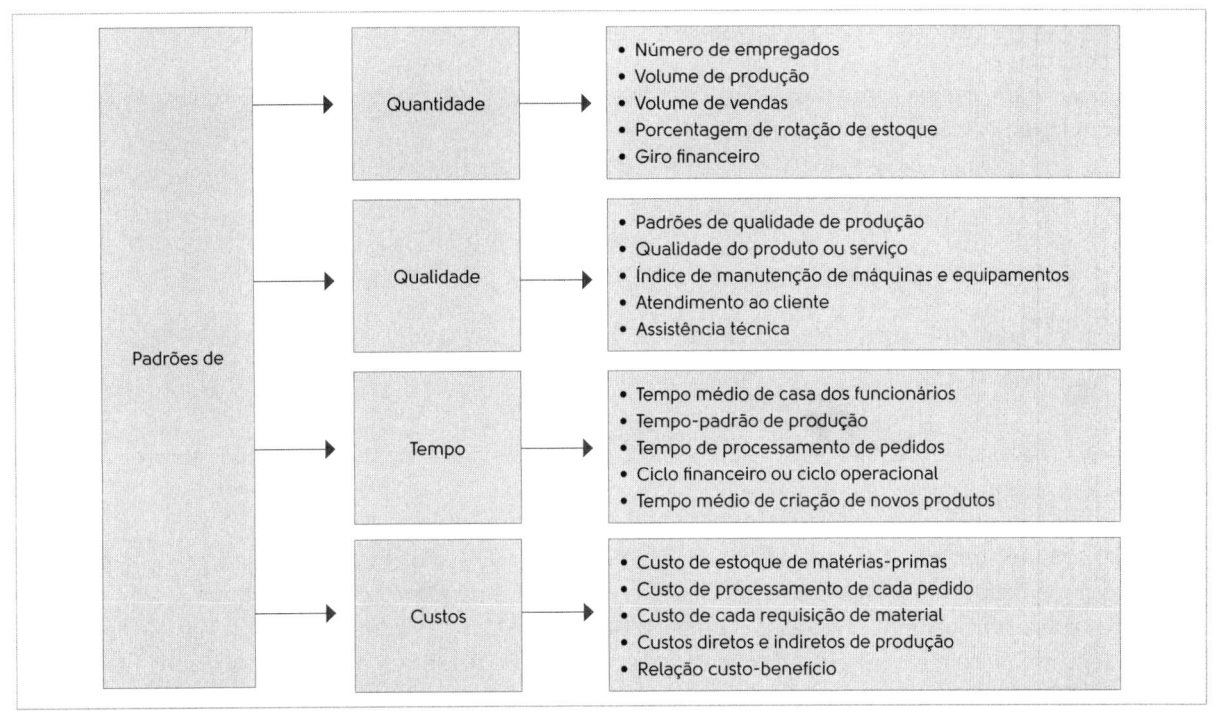

Figura 17.4. Os tipos de padrões[1].

Os padrões definem o que deve ser medido em termos de quantidade, qualidade, tempo e custos dentro de uma organização e quais os instrumentos de medida adequados. Uma organização pode decidir, por exemplo, que é necessário medir a qualidade de seus produtos e que a medida de boa qualidade é o baixo número de rejeições na produção. Mas qual é a porcentagem aceitável de rejeições? 1, 5 ou 10%? É realístico esperar zero de rejeições? Essas perguntas são feitas dentro das organizações e suas respostas são obtidas por meio de muita pesquisa e trabalho de melhoria constante. E cada organização tem a sua resposta própria.

Voltando ao caso introdutório: Continental Express

A preocupação de Maristela está em construir controles estratégicos capazes de reunir e integrar controles táticos e operacionais para a Continental Express. Ela imagina fixar objetivos e padrões para as operações e para as unidades organizacionais, culminando com objetivos e padrões para a organização inteira. Sua ideia é saber, a cada instante, como o barco está andando e antecipar-se às tormentas que possam surgir. Para Maristela, as principais funções desses objetivos e padrões seriam:

1. Apresentar uma situação futura e desejável a fim de indicar às pessoas o que a organização pretende que elas façam e alcancem.
2. Os objetivos servem como padrões por meio dos quais as pessoas poderão avaliar o êxito do seu trabalho, do seu rendimento e eficiência.
3. Os objetivos servem também como unidades de medida para verificar e comparar a produtividade dentro da organização.
4. Finalmente, os objetivos constituem uma fonte de legitimidade que justifica as atividades de cada pessoa ou unidade organizacional.

Caso de apoio: Os padrões de desempenho da General Electric

A General Electric (GE) define os vários tipos de padrões de desempenho que os seus gerentes devem estabelecer, como[4]:

1. **Padrões de lucratividade**: indicam o quanto a GE pode gerar lucro em um dado período de tempo. É o chamado retorno do investimento. A GE está utilizando manutenção preventiva computadorizada de seu equipamento para ajudar a manter padrões de lucratividade. Esses programas de manutenção ajudam a empresa a reduzir custos de pessoal e de parada de equipamento e aumentar os lucros da companhia.
2. **Padrões de posição no mercado**: indicam a participação do total de vendas em um mercado específico que a GE pretende manter em relação aos seus concorrentes. John Welch, Jr., presidente da GE, anunciou que qualquer produto que a GE oferece deve ter a maior ou a segunda maior participação no mercado em relação aos produtos oferecidos pelos concorrentes.
3. **Padrões de produtividade**: indicam como os vários segmentos da organização devem produzir focalizando a produtividade. Um dos métodos mais bem-sucedidos para convencer os funcionários a se envolverem para aumentar a produtividade da companhia foi simplesmente tratá-los com dignidade e fazê-los se sentir como participantes da equipe da GE.
4. **Padrões de liderança no produto**: a GE quer assumir uma posição de liderança no campo da inovação de produtos. Esses padrões indicam o que deve ser feito para atingir essa posição. Foi refletindo seu interesse na inovação que a GE se tornou a pioneira no desenvolvimento de diamantes sintéticos para uso industrial.
5. **Padrões de desenvolvimento de pessoal**: indicam o tipo de programas de treinamento que os funcionários deverão desenvolver. A GE está comprometida com sofisticada tecnologia de treinamento e as sessões de treinamento são apoiadas por avançados sistemas de projeção, recursos audiovisuais computadorizados, *videolasers*, etc.
6. **Padrões de atitudes dos funcionários**: indicam os tipos de atitudes que os administradores da GE devem desenvolver em seus subordinados. A construção de atitudes voltadas para a melhoria da qualidade dos produtos reflete uma posição moderna que muitas empresas estão copiando.

7. **Padrões de responsabilidade social**: indicam o nível e os tipos de contribuições que a GE deve fazer para a sociedade. A GE reconhece a sua responsabilidade para contribuir para a sociedade e tem feito vários trabalhos de interesse para a comunidade com a ajuda de seus funcionários.
8. **Padrões refletindo a balança entre objetivos de curto e longo prazo**: a GE reconhece que os objetivos de curto prazo melhoram a probabilidade de alcançar os objetivos de longo prazo. Esses padrões enfatizam a necessidade de atingir os vários objetivos de curto e de longo prazos.

A maioria das organizações estabelece certos padrões ou critérios para monitorar e avaliar o seu desempenho. Algumas estabelecem um número máximo de rejeições como medida da qualidade. Outras adotam o número de vezes que a data de expedição foi atendida como medida de pontualidade. O desejo dessas organizações é zerar as rejeições e atender todos os pedidos dos clientes nas datas previstas. Por várias razões que escapam ao seu controle, isso nem sempre é possível. Em muitas organizações, o envolvimento do pessoal da base faz com que supervisores e operadores de máquinas decidam juntos alguns padrões mínimos, como 5% ou menos de rejeições e 80% na pontualidade das entregas dos pedidos nas datas previstas e 48 horas de atraso máximo para os pedidos remanescentes. O desempenho é medido uma vez ao final do mês. Se os padrões não são alcançados, o supervisor, trabalhadores e o diretor reúnem-se para determinar o que está provocando o problema e tentar corrigir a situação.

A American Airlines tem dois padrões específicos para o seu desempenho nos aeroportos do mundo todo:

1. Pontualidade de, no mínimo, 95% nos horários programados de chegada dos voos e os possíveis atrasos não devem ultrapassar 15 minutos.
2. Espera de menos de cinco minutos para 85% dos passageiros no atendimento do *check-in* nos aeroportos.

AVALIAÇÃO DO DESEMPENHO

É a segunda etapa do processo de controle. Para se avaliar o desempenho deve-se conhecer algo a respeito do mesmo e do seu passado. Todo sistema de controle depende da informação imediata a respeito do desempenho, bem como, da unidade de mensuração a ser utilizada. Esta deve ser expressa de maneira que facilite uma comparação entre o desempenho e o objetivo ou padrão previamente estabelecido.

O propósito da avaliação do desempenho é verificar se os resultados estão sendo conseguidos e quais as correções necessárias a serem feitas. A mensuração pode ser tanto um motivador como uma ameaça às pessoas. Quando focalizada nas falhas e erros a mensuração impede de ver o sucesso. As pessoas prestam atenção naquilo que é mensurado. Obviamente, o sistema de medição do desempenho deve atuar mais como reforço do bom desempenho e não simplesmente como uma tentativa de correção do mau desempenho.

Administração de hoje

O que medir?

Geralmente, a preocupação principal das organizações está voltada para a medição, avaliação e controle de três aspectos principais:

1. **Resultados**: ou seja, os resultados concretos e finais que se pretende alcançar dentro de um certo período de tempo.
2. **Desempenho**: ou seja, o comportamento ou meios instrumentais que se pretendem pôr em prática.
3. **Fatores críticos de sucesso**: ou seja, os aspectos fundamentais para que a organização seja bem-sucedida nos seus resultados e no seu desempenho.

Muitas empresas desenvolvem várias medidas para acompanhar resultados financeiros, custos de produção, quantidade e qualidade dos bens produzidos, desempenho individual das pessoas e satisfação dos clientes. Os aspectos mais focalizados do desempenho organizacional são:

1. **Lucratividade**: refere-se ao volume de dinheiro gerado após deduzidas as despesas. É a medida em que as receitas ultrapassam os custos.
   Medidas de lucratividade: vendas líquidas (total de vendas em reais menos custos de produção dos bens/serviços); ganhos por fatia de estoque; retorno do investimento, etc.
2. **Competitividade**: refere-se ao sucesso de uma empresa em relação aos seus concorrentes.
   Medidas de competitividade: percentagem da fatia de mercado; volume total de vendas para um certo produto como porcentagem do volume total de vendas de todos os produtores.
3. **Eficiência**: significa o alcance de resultados com o mínimo uso de recursos. É a porcentagem dos recursos realmente utilizados sobre os recursos que foram planejados para serem utilizados.

$$\text{Eficiência} = \frac{\text{Recursos realmente utilizados}}{\text{Recursos planejados para serem usados}} \times 100$$

A eficiência analisa o lado da entrada do sistema e mede o desempenho do gerenciamento do sistema. Todas as entradas do sistema podem ser submetidas à avaliação de eficiência: mão de obra, pessoal administrativo, equipamento (ou utilização), material, informações, etc.
Medidas de eficiência: recursos aplicados por unidade de saída; tempo de processamento por unidade produzida, número médio de clientes servidos ou unidades produzidas por empregado; tempo médio de manutenção das máquinas e equipamentos.

4. **Eficácia**: é a porcentagem da saída real sobre a saída esperada. Significa os meios e coisas certas para atender às necessidades do cliente.

$$\text{Eficácia} = \frac{\text{Saída real}}{\text{Saída esperada}} \times 100$$

A eficácia analisa o lado da saída do sistema e trata da implementação dos objetivos: fazer o que se planejou fazer. As medidas de eficácia devem refletir se os resultados desejados estão sendo atingidos.
Medidas de eficácia: número de clientes que retornam, satisfação do cliente, atendimento às necessidades da sociedade.

5. **Qualidade**: refere-se à adequação em relação às especificações, requisitos ou superação desses critérios.
   Medidas: percentagem de produtos que atendem aos critérios de qualidade, número de reclamações de clientes, número de produtos rejeitados, satisfação do cliente.
6. **Inovação**: é o grau em que se produz novas ideias ou se adaptam velhas ideias para criar resultados lucrativos.
   Medidas: número de patentes obtidas para os novos produtos; número de novos produtos/serviços desenvolvidos, número de sugestões de empregados implementadas; volume de dinheiro economizado por meio de melhorias contínuas nos processos de trabalho.
7. **Produtividade**: é a relação entre as saídas e as entradas do sistema.

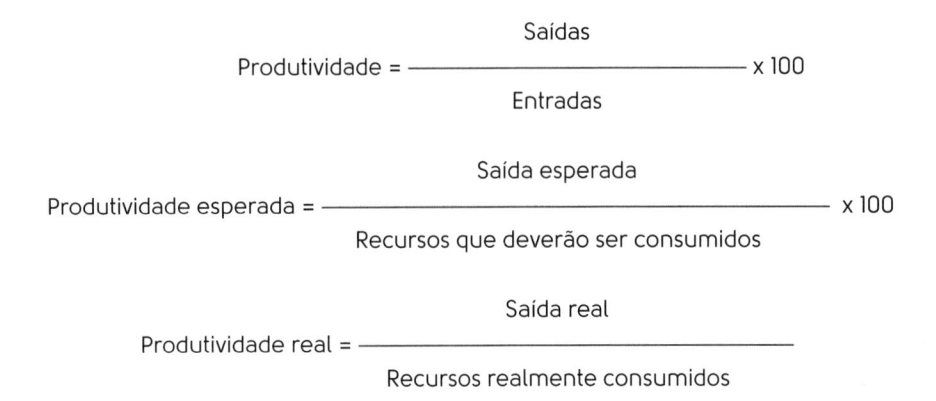

$$\text{Produtividade} = \frac{\text{Saídas}}{\text{Entradas}} \times 100$$

$$\text{Produtividade esperada} = \frac{\text{Saída esperada}}{\text{Recursos que deverão ser consumidos}} \times 100$$

$$\text{Produtividade real} = \frac{\text{Saída real}}{\text{Recursos realmente consumidos}}$$

As medidas de produtividade podem ser aplicadas para cada entrada ou combinação de entradas, vendas, custos, etc. Utilizam razões simples, como toneladas por homem-hora (esperadas e reais), produção por operário-dia.

8. **Qualidade de vida no trabalho**: refere-se aos aspectos do ambiente físico e psicológico do trabalho que são importantes para os funcionários.

    Medidas: satisfação dos empregados; índice de rotatividade e de absenteísmo dos funcionários; índice de acidentes no trabalho.

Administração de hoje

Onde focalizar?

Algumas empresas atraem e retêm clientes por meio de um trabalho de elevada qualidade a um preço não necessariamente mais baixo. Elas visam a obter alta margem de lucro em cada produto. Essas empresas medem seu desempenho com base em várias medidas, destacando-se dois fatores críticos de sucesso:

1. A elevada qualidade do produto (utilizando pessoal altamente capacitado, máquinas precisas, materiais duráveis, acabamento fino).
2. Atendimento personalizado e sofisticado ao cliente.

Outras empresas, pelo contrário, se defrontam com um mercado altamente competitivo em que precisam oferecer seu produto com baixa margem de lucro para poder efetuar suas vendas. Essas empresas medem seu desempenho por meio de várias medidas, destacando-se dois fatores críticos de sucesso:

1. Elevado volume de vendas, isto é, total de vendas por ano.
2. Baixos custos operacionais por produto.

Quanto mais elas vendem e mais abaixam os seus custos, maiores lucros podem realizar.

> **Voltando ao caso introdutório: Continental Express**
>
> Contudo, antes de formular os controles globais para a Continental Express, Maristela pretende começar por baixo e construir controles operacionais, para chegar aos controles táticos e, finalmente, aos controles estratégicos. Como diretora financeira, ela quer implantar uma ampla monitoração de controles para fundamentar suas decisões a respeito do desempenho da companhia.

COMPARAÇÃO DO DESEMPENHO COM O PADRÃO

A terceira fase do controle é a comparação do desempenho com o objetivo ou padrão previamente estabelecido. A comparação pode levar em conta duas situações:

1. Resultados: quando a comparação entre o padrão e a variável é feita após terminada a operação. A mensuração realiza-se em termos de algo pronto e acabado, no fim da linha, e apresenta o inconveniente de mostrar os acertos e as falhas de uma operação já terminada, uma espécie de atestado de óbito de algo que já aconteceu. É o controle sobre os fins.
2. Desempenho: quando a comparação entre o padrão e a variável é feita paralelamente à operação, ou seja, quando a comparação acompanha e monitora a execução da operação. A mensuração é concomitante com o processamento da operação. Embora feita paralelamente ao tempo e, portanto, atual, a mensuração é feita sobre uma operação em processamento e ainda não terminada. Corresponde a uma espécie de monitoração do desempenho, sem interferir no seu resultado ou na sua consecução. É o controle sobre os meios.

O controle está relacionado diretamente à verificação de meios e fins: se os meios estão sendo seguidos e se os fins estão sendo alcançados. Em função disso, os mecanismos de controle são classificados em três categorias, dependendo de sua posição no processo administrativo.

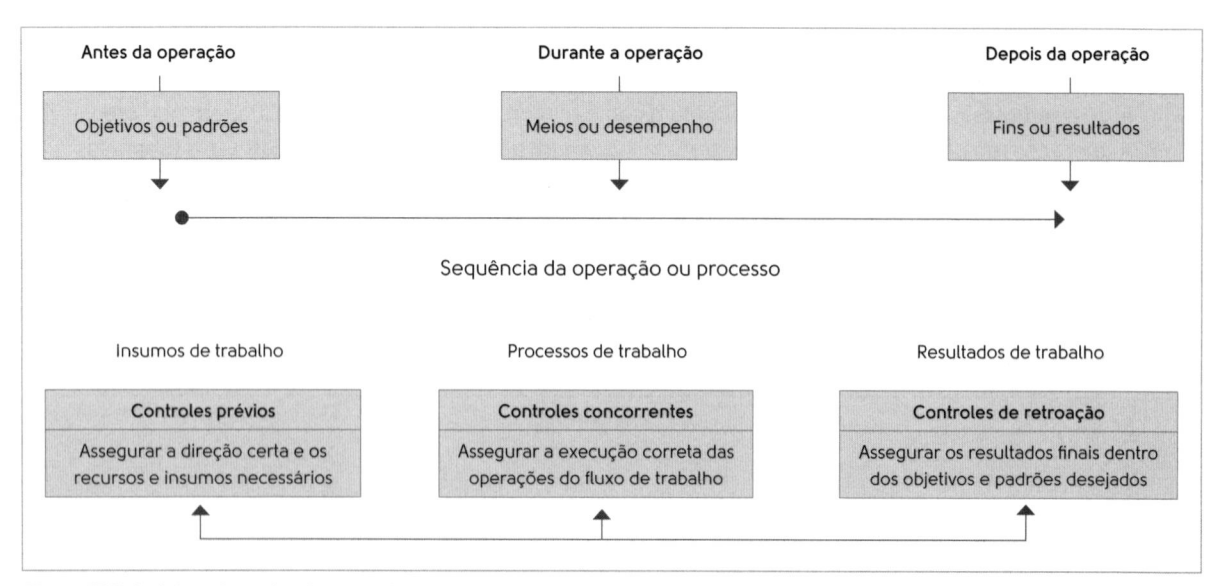

Figura 17.5. As três categorias de controle.

As três categorias de controle podem ser exemplificadas como na Figura 17.6.

Toda atividade ocasiona algum tipo de variação. Assim, torna-se importante determinar os limites dentro dos quais essa variação pode ser aceita como normal. Assim, as variações que ocorrem dentro desses limites não exigem correções. Apenas as que ultrapassam os limites dos padrões são denominadas erros, desvios, afastamentos ou anormalidades. O controle procura separar o normal do excepcional, para que a correção se concentre nas exceções. Esse aspecto lembra muito o princípio da exceção proposto por Taylor: o administrador deve preocupar-se com o que é excepcional, ou seja, com aquilo que se afasta dos padrões. Para que possa localizar as exceções, o controle deve dispor de técnicas que indiquem rapidamente onde se encontra o problema.

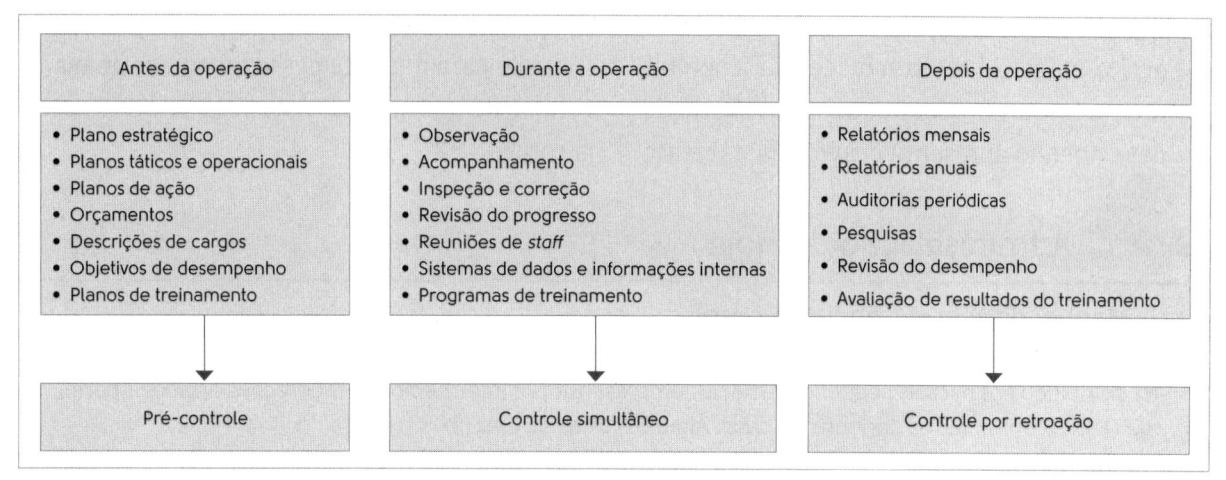

Antes da operação	Durante a operação	Depois da operação
• Plano estratégico • Planos táticos e operacionais • Planos de ação • Orçamentos • Descrições de cargos • Objetivos de desempenho • Planos de treinamento	• Observação • Acompanhamento • Inspeção e correção • Revisão do progresso • Reuniões de *staff* • Sistemas de dados e informações internas • Programas de treinamento	• Relatórios mensais • Relatórios anuais • Auditorias periódicas • Pesquisas • Revisão do desempenho • Avaliação de resultados do treinamento
↓	↓	↓
Pré-controle	Controle simultâneo	Controle por retroação

Figura 17.6. As três categorias de controle[8].

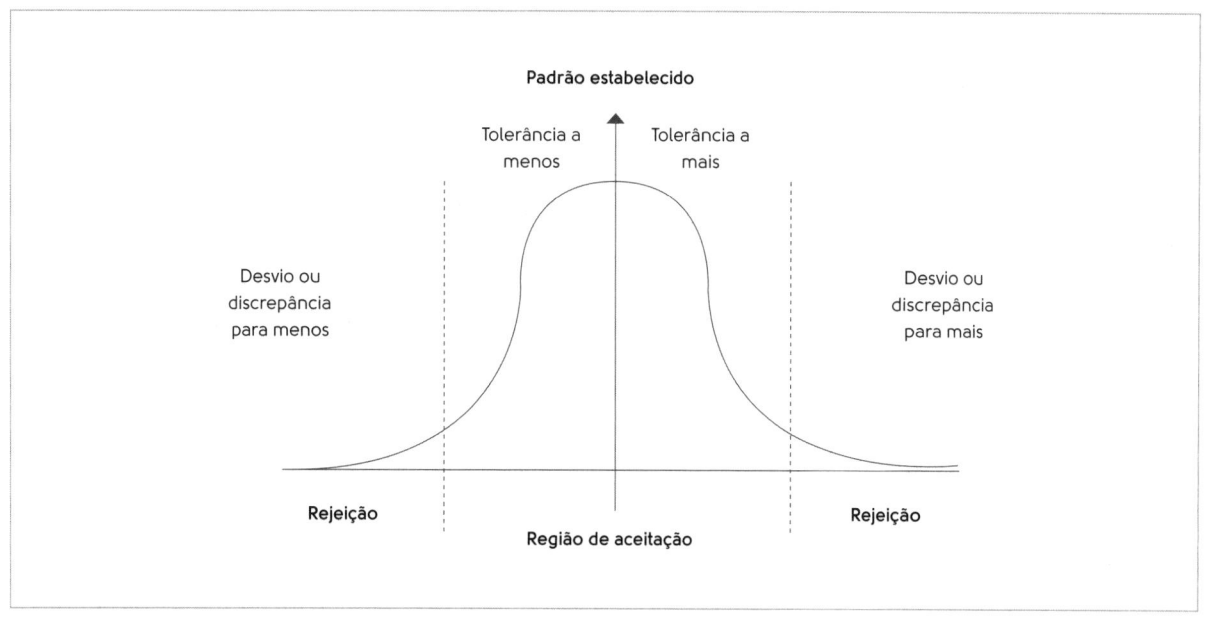

Figura 17.7. As possibilidades de comparação com o padrão.

A comparação do desempenho ou resultado em relação ao objetivo ou padrão deve funcionar como um sensor que localiza três possibilidades:

1. **Conformidade ou aceitação:** o resultado ou desempenho está plenamente de acordo com o padrão e, portanto, é aceito.
2. **Região de aceitação:** o resultado ou desempenho apresenta um leve desvio quanto ao padrão, mas dentro da região de aceitação, ou seja, dentro da tolerância permitida e, portanto, aceito, embora a conformidade não seja total.
3. **Rejeição ou não aceitação:** o resultado ou desempenho apresenta desvio, afastamento ou discrepância para mais ou para menos em relação ao padrão, além da tolerância permitida e, portanto, rejeitado e sujeito à ação corretiva.

A comparação dos resultados ou do desempenho com os resultados ou desempenho planejados é geralmente feita por meio de meios de apresentação, como gráficos, relatórios, índices, porcentagens, medidas e estatísticas, etc. Esses meios de apresentação supõem técnicas à disposição do controle para que este possa ter acesso ao maior volume de informações sobre aquilo que se deseja controlar.

Administração de hoje

Manual de sobrevivência na crise[9]

A Confederação Nacional da Indústria (CNI) elaborou uma espécie de manual de sobrevivência que foi distribuído aos micros, pequenos e médios empresários por intermédio das federações estaduais para ajudá-los a enfrentar os períodos de crise. Algumas dicas da CNI:

1. Os dois maiores inimigos a enfrentar são: juros altos e redução da atividade econômica. Daí a necessidade de equilibrar uma equação básica: recursos, créditos a receber, estoques e despesas, como empréstimos bancários, gastos com pessoal e impostos).
2. Para sobreviver à crise deve-se reduzir estoques. A prática geral das empresas de manter estoques por mais de 20 dias – hábito que contraria a tendência mundial de estocagem *just-in-time* – deve ser substituída para uma prática de estocar apenas as matérias-primas consideradas estratégicas para a produção (difíceis de encontrar ou dependentes de entrega demorada).
3. Para se livrar de estoques de produtos acabados, a entidade recomenda que o empresário promova descontos que possam tornar a venda da mercadoria mais atrativa. O desconto pode ser mais compensador do que o custo de estocagem. Esse desconto deve ser concedido não só para os preços dos produtos, como também para o pagamento antecipado de contas.
4. O empresário deve ficar alerta com as dívidas com fornecedores. A orientação é que, assim que se encontrar em dificuldade, o empresário deve renegociar o reescalonamento de seus débitos antes que eles vençam. Sem perder o poder de barganha, ele poderá obter condições mais razoáveis.
5. Para manter dinheiro em caixa por mais tempo, o empresário deve tomar cuidado com a folha de pagamento. Os pagamentos devem ser efetuados de uma só vez, no último dia útil permitido. Se necessário, a empresa deve enxugar seu quadro de funcionários e ficar alerta ao pagamento de impostos e taxas para evitar as multas por atraso.
6. A crise é o momento oportuno para que o empresário se volte para dentro da empresa e analise tudo o que pode reduzir em sua estrutura de custos. Deve atacar o desperdício de energia elétrica, a má estocagem de mercadorias e a perda de tempo e dinheiro com o "retrabalho" – peças mal processadas e que precisam ser refeitas. Deve ainda reduzir custos na área de comunicação: as empresas continuam usando telefone e fax, que são mais caros, em vez do *e-mail* (correio eletrônico), que é bem mais barato, se for utilizado um bom provedor na internet.

7. Mesmo em meio às dificuldades, o empresário não pode descuidar da qualidade e da tecnologia e de uma boa política de *marketing* e vendas para seus produtos. O aperfeiçoamento tecnológico pode vir como decorrência da própria redução da atividade e a empresa precisa aproveitar essa ocasião para retreinar seus funcionários. Dinheiro para o treinamento? Não precisa, pois a empresa pode pedir ao funcionário mais graduado que repasse um pouco da sua experiência para os outros.
8. O momento de redução da atividade empresarial pode também ser usado no aperfeiçoamento da comunicação interna, não só entre departamentos da empresa, mas com os seus clientes e fornecedores. É ocasião ainda para o empresário aprender a reduzir os prazos de entrega de suas mercadorias no sentido de antecipar receitas.
9. O manual proíbe apenas uma coisa: deixar-se vencer pela pressão e, consequentemente, tomar decisões emocionais. Para controlar o negócio e garantir a sobrevivência, é preciso manter a cabeça fria.

AÇÃO CORRETIVA

O objetivo do controle é manter as operações dentro dos padrões estabelecidos a fim de que os objetivos sejam alcançados da melhor maneira. Assim, as variações, erros ou desvios devem ser corrigidos para que as operações sejam normalizadas. A ação corretiva visa a manter o desempenho dentro do nível dos padrões estabelecidos. Ela visa a fazer com que tudo seja feito exatamente de acordo com o que se pretendia fazer.

O controle eficaz deve indicar quando o desempenho ou resultados não estão de acordo com os objetivos e padrões estabelecidos e qual a medida corretiva a ser adotada. O objetivo do controle é, exatamente, indicar quando, quanto, onde e como se deve executar a correção necessária. Na realidade, o controle visa a alcançar duas finalidades principais[1]:

1. **Correção de falhas ou erros existentes:** o controle serve para detectar falhas, desvios ou erros – seja no planejamento ou na execução – e apontar as medidas corretivas adequadas para saná-los ou corrigi-los.
2. **Prevenção de novas falhas ou erros:** ao corrigir as falhas ou erros existentes, o controle aponta os meios necessários para evitá-los no futuro.

As medidas corretivas são ferramentas para ajudar a melhorar o desempenho. Nesse sentido, é importante saber o que medir e como medir e, principalmente, o que fazer com os resultados. A ação corretiva é tomada com base nos dados quantitativos gerados nas três fases anteriores do processo de controle. As decisões quanto às correções necessárias representam a conclusão do processo de controle. Assim, tendo em vista os resultados ou desempenho, os passos seguintes são:

1. Determinar as variações que ocorrem, isto é, quais os resultados que estão muito acima ou muito abaixo dos padrões esperados.
2. Comunicar a informação às pessoas que produzem os resultados.
3. Utilizar a informação para reforçar o bom desempenho e corrigir o desempenho precário.

Se os resultados excedem as expectativas é altamente desejável comunicar o sucesso às pessoas e motivá-las a mantê-lo. Se os resultados não alcançam as expectativas, deve-se verificar o porquê, focalizando o problema em si e não atribuir culpa às pessoas. O objetivo do controle não é punir pessoas, mas resolver os problemas dentro da organização. Mais do que isso, o objetivo básico do controle é assegurar que os resultados das operações sejam tão conformes quanto possível aos objetivos estabelecidos. Um objetivo secundário do controle é proporcionar informação periódica que possa tornar rápida a revisão dos objetivos. Esses objetivos são atingidos pela fixação de padrões, pela comparação dos resultados reais e previstos em relação a esses padrões e pela tomada de ação corretiva[10].

Na realidade, toda ação corretiva visa a eliminar algum problema. Os problemas são fatores dentro de uma organização que constituem barreiras ou obstáculos ao alcance dos objetivos organizacionais. Muitas vezes, os problemas são percebidos e localizados por meio de sintomas, que são sinais ou evidências de que existe algum problema.

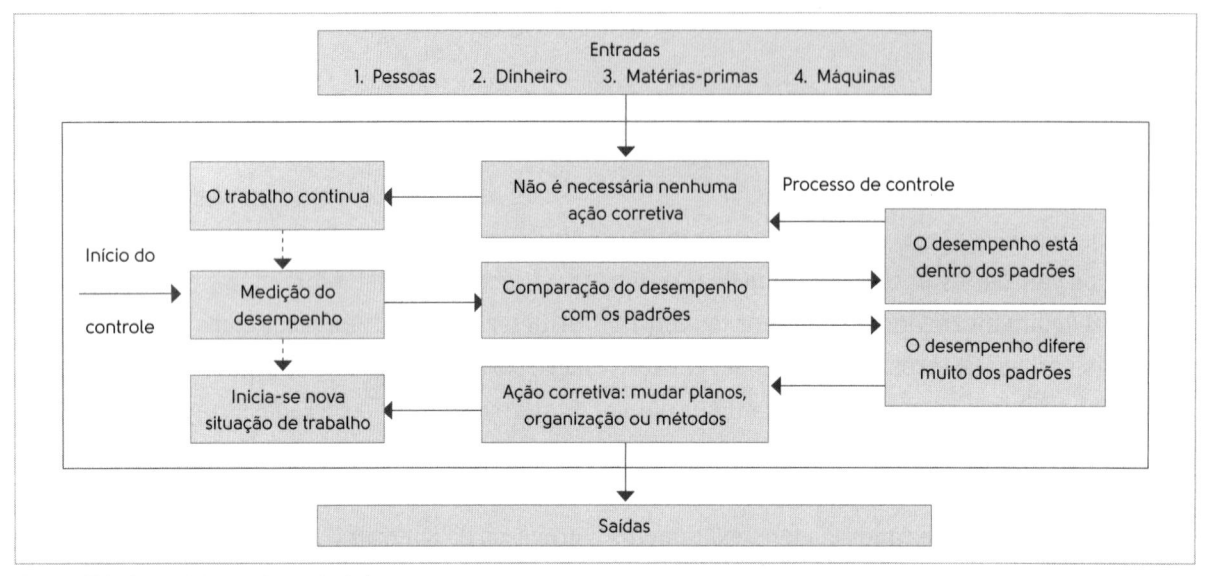

Figura 17.8. O subsistema de controle[4].

Voltando ao caso introdutório: Continental Express

Para poder detectar os problemas ou os seus sintomas na Continental Express, Maristela não tem dúvidas. Seus planos abrangem a medição de diversos aspectos organizacionais, como: lucratividade, competitividade, produtividade, eficiência, eficácia, qualidade, inovação e qualidade de vida no trabalho. Com tantas medidas, por onde começar? A diretora financeira pretende envolver todos os departamentos da companhia na construção dessas avaliações.

Dicas

Programas de ação corretiva

Um estudo feito por Shetty[11] nas maiores companhias industriais e não industriais da Inglaterra, publicado na revista *Fortune*, fez um levantamento para verificar quais os tipos de programas de ação corretiva mais frequentemente utilizados. Os principais programas de ação corretiva utilizados foram[11]:

- Redução de custos
- Participação dos funcionários
- Melhoria da qualidade
- Incremento do treinamento dos funcionários

- Incentivos à produtividade
- Incremento da automação
- Estabelecimento de objetivos focalizando a produtividade
- Melhores relações trabalhistas
- Incremento na pesquisa e desenvolvimento (P&D)

CONTROLE COMO UM SISTEMA CIBERNÉTICO

Wiener concebeu a cibernética como a ciência da comunicação e do controle no animal e na máquina[12]. Para ele, a comunicação – que é a transferência de informações ou de energia – e o controle existentes em qualquer sistema vivo ou mecânico. O controle administrativo é basicamente um processo cibernético; aliás, o mesmo processo encontrado em sistemas físicos, biológicos e sociais. Todos os sistemas cibernéticos são dotados de retroação e homeostasia. Por essa razão, a teoria do controle repousa sobre dois conceitos importantes:

1. **Retroação**: ou retroinformação ou ainda realimentação. É o mecanismo que fornece informações relativas ao desempenho passado ou presente, capazes de influenciar as atividades futuras ou os objetivos futuros do sistema. A retroação é um ingrediente essencial a qualquer processo controlador e fornece as informações necessárias às decisões para promover o ajustamento do sistema.
2. **Homeostase**: é a tendência que todos os organismos e organizações têm para realizar a autorregulação, isto é, para retornarem a um estado de equilíbrio estável toda vez que forem submetidos a alguma perturbação por força de algum estímulo externo. Desde que o estímulo não seja forte demais, os organismos tendem a voltar ao seu estado normal quando dele se desviam. É a chamada autorregulação, que garante um equilíbrio dinâmico em todo processo vivo. Embora não haja uma analogia exata com os organismos vivos, as organizações possuem padrões de comportamento relativamente programáveis que lhes permitem estabilidade no decorrer do tempo, sem que haja intervenção dos níveis organizacionais mais elevados.

Os sistemas cibernéticos controlam a si próprios por meio de um recontrole de informações (retroinformação) que revela erros ou desvios no alcance dos objetivos e efetua as correções para eliminá-los. Dessa maneira, os sistemas utilizam uma parte da sua energia para recontrolar informações que são confrontadas com algum padrão de desempenho. A Figura 17.9 exemplifica o processo.

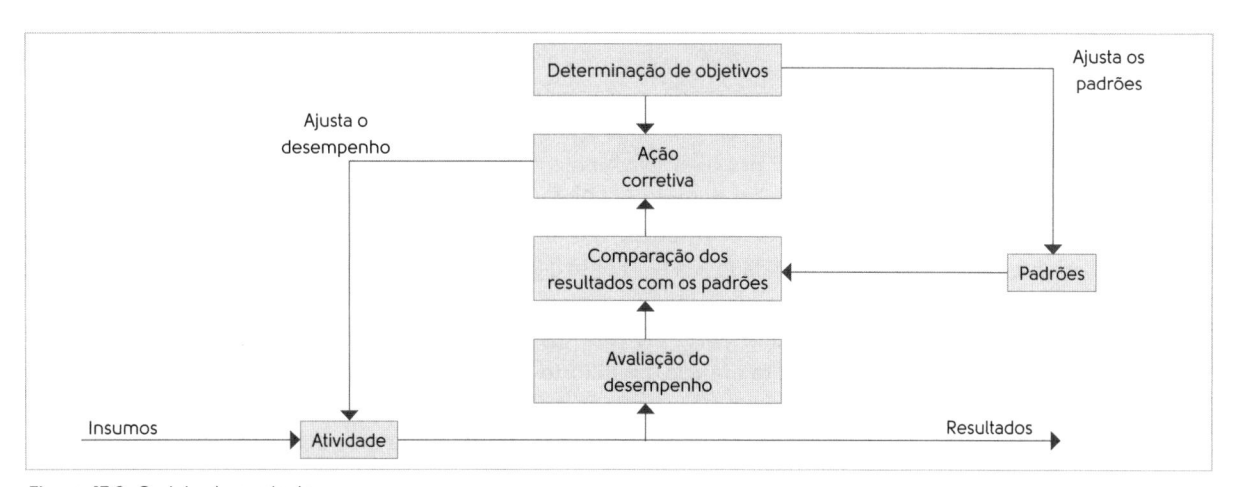

Figura 17.9. O ciclo de controle.

Caso de apoio: Onde os amadores não têm vez[13]

A revista *Exame* assegura que o futebol brasileiro tem a chance de, enfim, virar um negócio altamente lucrativo. E isso é uma ótima notícia para o torcedor. Afinal, novos estádios e executivos profissionais podem virar o jogo. O Flamengo elegeu três executivos profissionais de alto nível para comandar o clube por três anos. O plano é levar para o futebol as práticas com que convivem há anos no mercado corporativo. E tem sido um choque. Clube com a maior torcida do país, o Flamengo se tornou célebre por levar a má gestão a um patamar que oscila entre o trágico e o cômico. Salários atrasados, dívidas não pagas, bens penhorados na Justiça. Era, enfim, uma bagunça. E tem dado trabalho à equipe de executivos que assumiu. O primeiro passo foi um arrocho nas contas. A equipe iniciou um processo de cortes de gastos que levou ao rompimento do contrato de um atacante que era o ídolo da torcida, que fingia receber 1 milhão de reais por mês e mal fingia que jogava. A ordem é cortar 40% dos custos em todos os departamentos nos primeiros meses. A nova gestão promete transparência incomum. Em abril, a auditoria Ernst & Young descobriu que as dívidas do clube somavam inesperados 750 milhões de reais, 50% mais do que a estimativa feita anteriormente. Em seguida, os novos gestores anunciaram que a torcida poderia monitorar as finanças em balanços trimestrais, disponíveis na internet.

Só de fazer o básico, os resultados vão aparecendo. Os custos mensais com o futebol caíram de 8 milhões para 6 milhões anuais. E, de imediato, o clube pagará 80 milhões de reais em dívidas. "O Flamengo era uma empresa quebrada", diz o novo presidente do clube. E ele salienta: "parece óbvio, mas, a partir de agora, a gente só gasta o que tiver".

Apesar de ser profissional desde 1933, o esporte ainda é comandado de forma amadora no país. Os dirigentes das principais equipes são em geral torcedores com conhecimentos limitados de administração. Práticas de gestão comuns em qualquer padaria — como planejamento e controle — ainda são coisa rara. E a ladroagem é grande. O resultado é que os clubes brasileiros vivem em uma penúria eterna. Os 20 maiores do país acumularam 2 bilhões de reais em prejuízos nos últimos oito anos. Devem, em conjunto, 4,7 bilhões de reais. E suas partidas têm média de público menor até do que o campeonato dos Estados Unidos, onde o futebol que importa é aquele jogado com bola oval. Controle é fundamental. A administração está chegando aos clubes de futebol e ao esporte em geral.

Administração de hoje

O *flexitime*

Um dos controles organizacionais mais antipáticos é a obediência ao horário de trabalho do pessoal. Para atenuar a rigidez e a obstinação do sistema, muitas empresas estão adotando a flexibilização da jornada de trabalho, a utilização de banco de horas e de sistemas pessoais de administração do horário, os chamados *flexitime*. A Santa Marina, por exemplo, adota o horário móvel de trabalho para o pessoal mensalista há mais de 12 anos. O sistema atinge os 1.300 funcionários de suas 16 unidades organizacionais. Existe um horário núcleo – das 9 às 12 horas e das 14 às 16h30 – no qual todas as pessoas devem estar presentes na empresa. A flexibilidade fica por conta de duas pontas: uma hora anterior e uma hora posterior a esse período são administradas pelo próprio funcionário por meio de uma tabela de créditos e débitos e registradas em um banco de horas mensal. Apesar de alguns entraves legais e a resistência dos meios sindicais, trata-se de uma tendência muito forte no país. Tanto empresas como funcionários têm vantagens no sistema. As empresas podem combinar com seus funcionários um aumento ou redução do número de horas trabalhadas de acordo com o nível de atividade da indústria em um determinado período de tempo. Com isso, a organização reduz o número de horas extraordinárias quando a demanda sobe e evita dispensas de pessoal quando a demanda desce, o que significa economia com treinamento e com rescisões contratuais. Do lado dos funcionários, há um ganho na qualidade de vida, com a utilização de mais horas disponíveis para o lazer, descanso ou compromissos particulares. E é claro, a vantagem principal para ambos os lados é o uso da flexibilização da jornada como forma de garantir a estabilidade para as organizações e seus funcionários frente às altas taxas de desemprego que estão ocorrendo ultimamente.

CARACTERÍSTICAS DO CONTROLE

Na verdade, o administrador deve compreender que um sistema eficaz de controle precisa reunir os seguintes aspectos[14]:

1. **Orientação estratégica para resultados**: o controle deve apoiar planos estratégicos e focalizar as atividades essenciais que fazem a real diferença para a organização.
2. **Compreensão**: o controle deve apoiar o processo de tomada de decisões apresentando dados em termos compreensíveis. O controle deve evitar relatórios complicados e estatísticas enganosas.
3. **Orientação rápida para as exceções**: o controle deve indicar os desvios rapidamente, a partir de uma visão panorâmica sobre onde as variações estão ocorrendo e o que deve ser feito para corrigi-las adequadamente.
4. **Flexibilidade**: o controle deve proporcionar um julgamento individual e que possa ser modificado para adaptar-se a novas circunstâncias e situações.
5. **Autocontrole**: o controle deve proporcionar confiabilidade, boa comunicação e participação entre as pessoas envolvidas.
6. **Natureza positiva**: o controle deve enfatizar o desenvolvimento, mudança e melhoria. Deve alavancar a iniciativa das pessoas e minimizar o papel da penalidade e das punições.
7. **Clareza e objetividade**: o controle deve ser imparcial e acurado para todos. Deve ser respeitado como um propósito fundamental: a melhoria do desempenho.

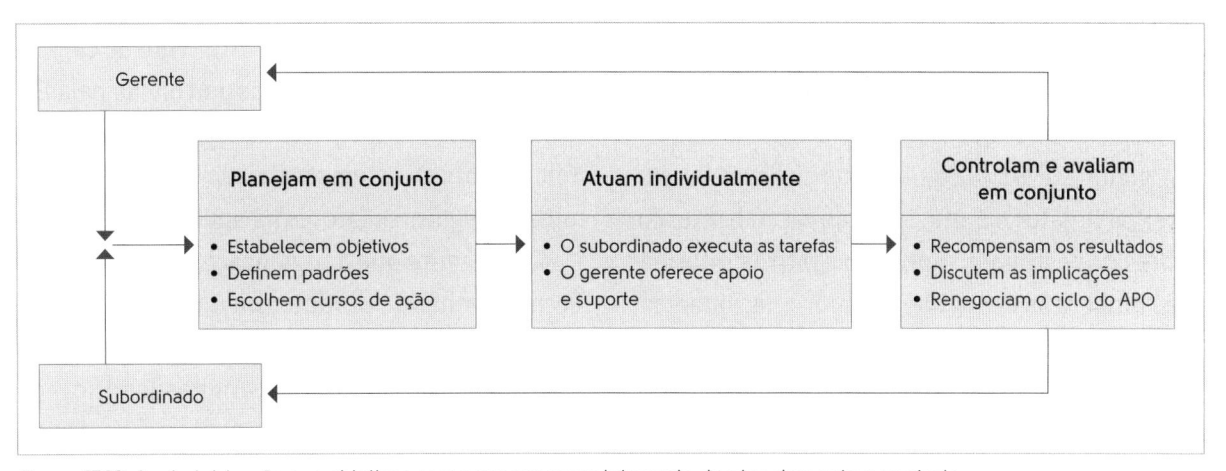

Figura 17.10. A administração por objetivos como um processo integrado de planejamento e controle.

TIPOS DE CONTROLE

Cada organização requer um sistema básico de controles para aplicar seus recursos financeiros, desenvolver pessoas, analisar o desempenho financeiro e avaliar a produtividade operacional. O desafio é saber como utilizar tais controles e melhorá-los para, com isso, melhorar gradativa e incessantemente o desempenho de toda a organização.

CONTROLES ESTRATÉGICOS

Os controles estratégicos são denominados controles organizacionais: constituem o sistema de decisões de cúpula que controla o desempenho e os resultados da organização como um todo, tendo por base as informações externas – que chegam do ambiente externo – e as informações internas – que sobem internamente por meio dos vários níveis organizacionais.

Existem vários tipos de controles estratégicos, organizados nos tópicos a seguir.

Balanço e Relatórios Financeiros

É um tipo de controle do desempenho global que permite medir e avaliar o esforço total da organização, em vez de medir simplesmente algumas partes dela. O tipo mais utilizado de controle global são os balanços contábeis e relatórios financeiros, ressaltando aspectos como o volume de vendas, volume de produção, volume de despesas em geral, custos, lucros, utilização do capital, retorno sobre o investimento aplicado e outras informações numéricas dentro de um inter-relacionamento que varia de uma organização para outra. Geralmente é um controle sobre o desempenho passado e sobre os resultados alcançados. Quase sempre permitem a transposição de previsões de vendas e previsão de despesas a serem incorridas, para proporcionar o balanço projetado ou uma espécie de projeção de lucros e perdas como importante ferramenta para o processo decisorial da organização.

Controle dos Lucros e Perdas

O demonstrativo de lucros e perdas (L&P) proporciona uma visão sintética da posição de lucros ou de perdas da organização em um determinado período de tempo, permitindo comparações com períodos anteriores e detectar variações em algumas áreas (como despesas de vendas ou lucro bruto sobre vendas) que necessitam de maior atenção por parte do administrador. Já que a sobrevivência do negócio depende de sua lucratividade, o lucro se coloca como importante padrão para a medida do sucesso da organização como uma totalidade. Quando aplicado a uma unidade específica, o controle sobre L&P se baseia na premissa de que o objetivo do negócio como um todo é gerar lucros e cada parte da organização deve contribuir para esse objetivo. A capacidade de cada unidade organizacional atingir determinado lucro esperado passa a ser o padrão adequado para medir seu desempenho e resultados.

Análise do Retorno sobre o Investimento (RSI)

Uma das técnicas de controle global utilizadas para medir o sucesso absoluto ou relativo da organização ou de uma unidade organizacional é a razão dos ganhos em relação ao investimento de capital. Trata-se de uma abordagem desenvolvida pela DuPont Company como parte do seu sistema de controle global[5]. O sistema utilizado pela DuPont envolve os seguintes fatores na análise do RSI:

Ela permite que a organização avalie suas diferentes linhas de produtos ou unidades de negócios para verificar onde o capital está sendo mais eficientemente empregado. Permite identificar os produtos ou unidades mais rentáveis, como melhorar outros que estão pesando negativamente na balança dos lucros. Com isso, proporciona a possibilidade de fazer uma aplicação balanceada do capital em vários produtos ou unidades organizacionais para alcançar um lucro global maior.

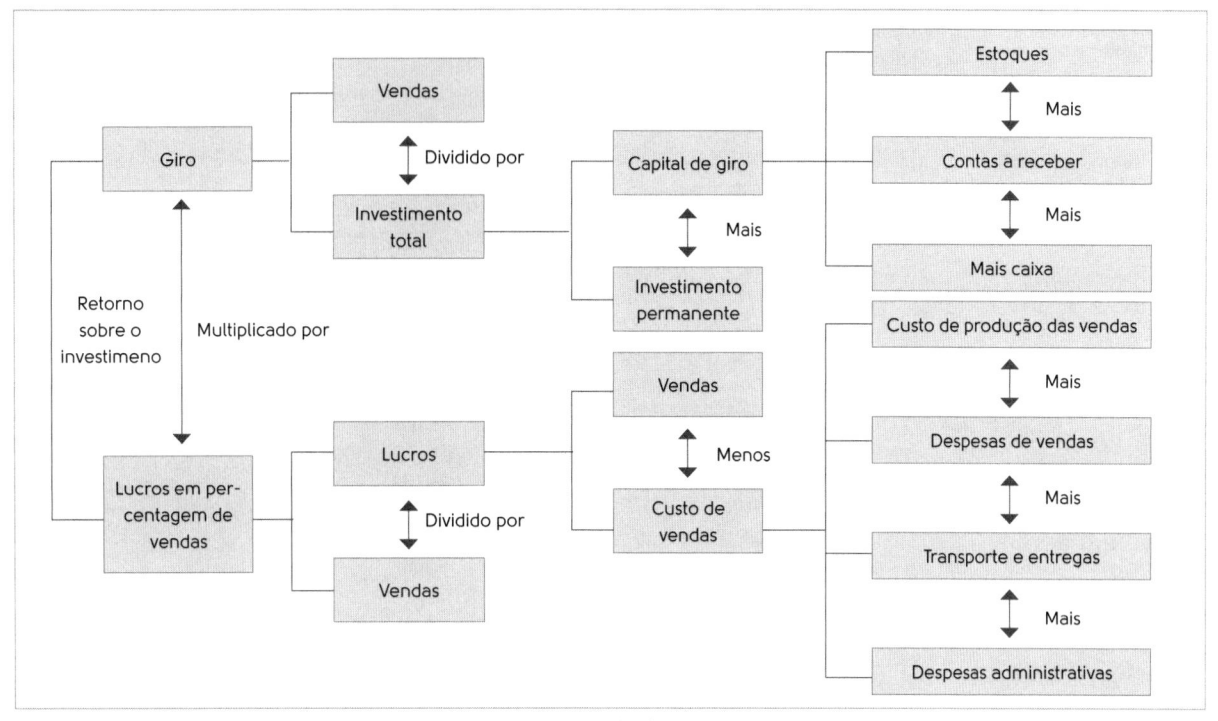

Figura 17.11. Fatores que afetam o retorno sobre o investimento (RSI)[15].

CONTROLES TÁTICOS

Os controles táticos são feitos no nível intermediário e referem-se a cada uma das unidades organizacionais – sejam departamentos, divisões ou equipes. Geralmente, estão orientados para o médio prazo, isto é, para o exercício anual. Os tipos de controles táticos mais importantes estão listados adiante.

Controle Orçamentário

Falamos de orçamento quando estudamos os tipos de planos relacionados ao dinheiro. O orçamento é um plano de resultados esperados expressos em termos numéricos. Por meio do orçamento, a atividade da organização é traduzida em resultados esperados, tendo o dinheiro como denominador comum. Quase sempre se fala em planejamento orçamentário, relegando o controle orçamentário a um segundo plano. O controle orçamentário é um processo de monitorar e controlar despesas programadas das várias unidades organizacionais no decorrer de um exercício anual, apontando possíveis desvios e indicando medidas corretivas.

Contabilidade de Custos

A contabilidade de custos é considerada um ramo especializado da contabilidade. Trata de informações sobre distribuição e análise de custos considerando algum tipo de unidade-base, como produtos, serviços, componentes, projetos ou unidades organizacionais. A contabilidade de custos classifica os custos em:

1. **Custos fixos**: são os custos que independem do volume de produção ou do nível de atividade da organização. Qualquer que seja a quantidade de produtos produzidos, os custos fixos permanecem inalterados, mesmo que a empresa nada produza. Envolvem aluguéis, seguros, manutenção, depreciação, salários dos gerentes, do pessoal de assessoria, etc.
2. **Custos variáveis**: são os custos que estão diretamente relacionados ao volume de produ-

Itens de despesas		Jan.	Fev.	Mar.	Abr.	Mai.	Jun.	Jul.	Ago.
1. Salários indiretos		890	890	890	890	960	960	960	960
	Real =	850	850	850	850	850	850	850	850
2. Horas extras		20	20	20	20	25	25	25	25
	Real =	10	10	10	10	10	10	10	10
3. 13º salário		75	75	75	75	80	80	80	80
	Real =	72	72	72	72	72	72	72	72
4. Gratificações		75	75	75	75	80	80	80	80
	Real =	72	72	72	72	72	72	72	72
5. Encargos sociais		455	455	455	455	492	492	492	492
	Real =	450	450	450	450	450	450	450	450
6. Subtotal de salários		1.515	1.515	1.515	1.515	1.637	1.637	1.637	1.637
	Real =	1.454	1.454	1.454	1.454	1.454	1.454	1.454	1.454
7. Aluguéis		420	420	420	420	420	420	420	420
	Real =	450	450	450	450	450	450	450	450
8. Energia elétrica		80	80	80	80	80	80	80	80
	Real =	100	100	100	100	100	100	100	100
9. Material de escritório		300	500	800	300	500	800	900	900
	Real =	400	600	900	400	600	900	950	950
10. Subtotal de despesas		800	1.00	1.300	800	1.000	1.300	1.400	1.400
	Real =	950	1.150	1.350	950	1.150	1.350	1.500	1.500
11. Total geral		2.315	2.515	2.815	2.315	2.637	2.937	3.037	3.037
	Real =	2.404	2.604	2.804	2.404	2.604	2.804	2.954	2.954

Figura 17.12. Controle orçamentário indicando despesas planejadas e despesas realizadas.

ção ou com o nível de atividade da organização. Constituem uma variável dependente da produção realizada e englobam custos de materiais diretos (materiais ou matérias-primas que são diretamente transformados em produto ou que participam diretamente na elaboração do produto) e custos de mão de obra direta (salários e encargos sociais do pessoal que realiza as tarefas de produção do produto).

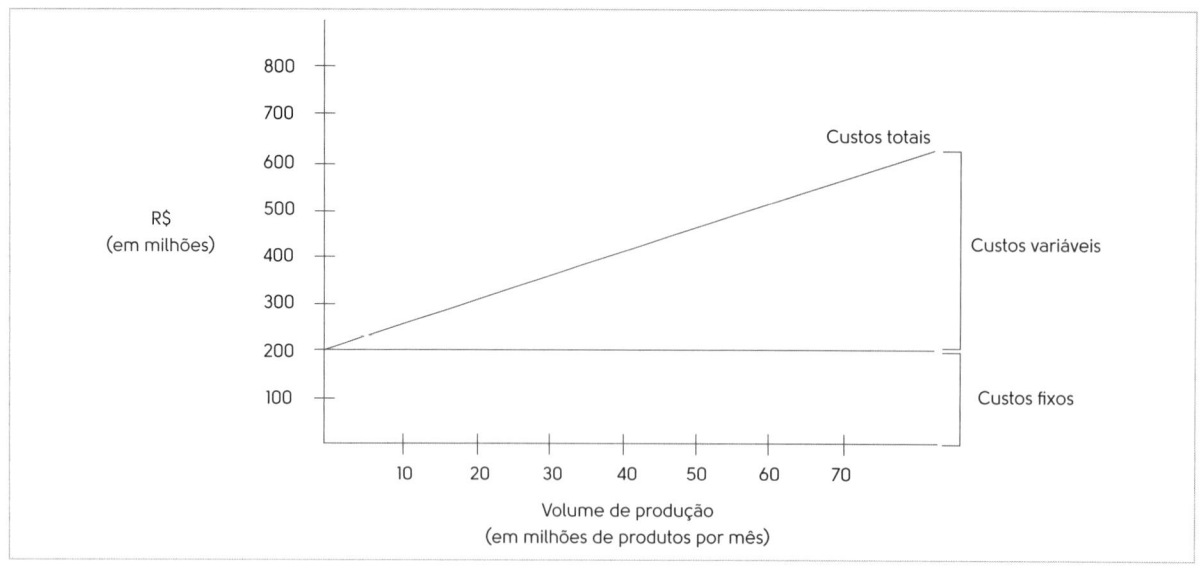

Figura 17.13. Gráfico dos custos totais.

Com base nos custos fixos e variáveis pode-se calcular o ponto de equilíbrio (*break-even point*), também chamado ponto de paridade. É possível traçar um gráfico que permite mostrar a relação entre a renda total de vendas e os custos de produção. O ponto de equilíbrio é o ponto de intersecção entre a linha de vendas e a linha de custos totais. É o ponto em que não há lucro nem prejuízo. Ou, em outros termos, é o ponto em que o lucro é zero e o prejuízo também.

O gráfico do ponto de equilíbrio é uma técnica de planejamento e de controle que procura mostrar como os diferentes níveis de venda ou de receita afetam os lucros da organização. O ponto de equilíbrio é o ponto em que os custos e as vendas se equiparam. No seu lado esquerdo, está a área de prejuízo, e no direito, a área de lucro.

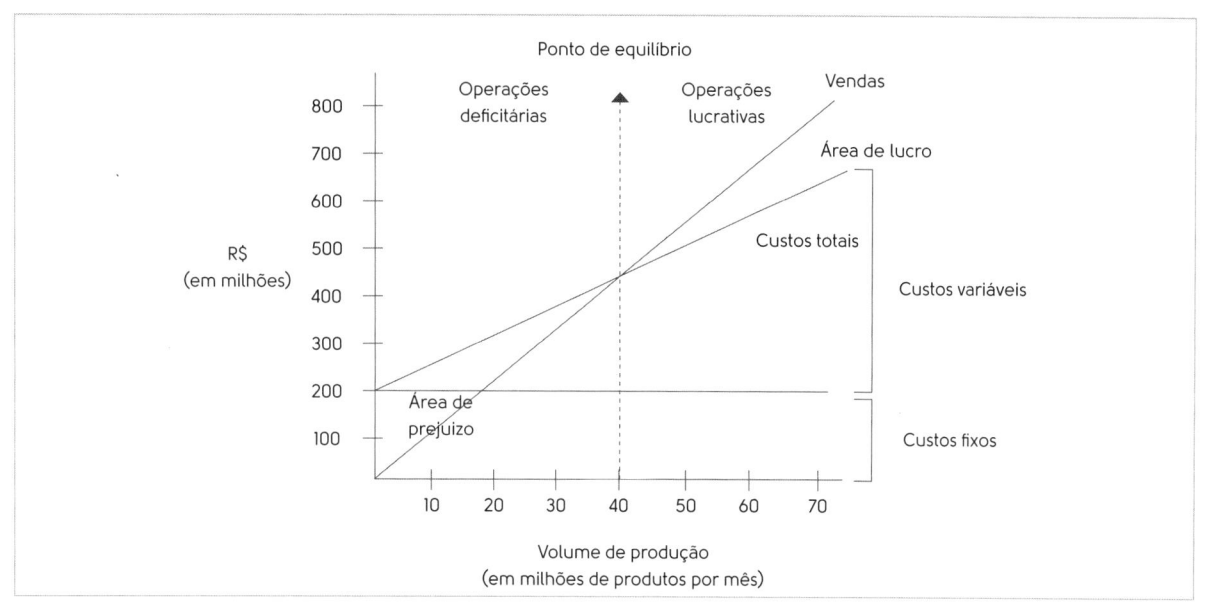

Figura 17.14. Exemplo de gráfico de ponto de equilíbrio.

CONTROLES OPERACIONAIS

Os controles operacionais são feitos no nível operacional da organização e projetados no curto prazo.

Disciplina

Nas organizações bem-sucedidas, o autocontrole e a autodisciplina das pessoas são sempre preferidos ao controle externo ou disciplina imposta pela força. Para muitos autores, a disciplina é o ato de influenciar o comportamento das pessoas por meio de reprimendas[5]. Preferimos conceituar a disciplina como o processo de preparar uma pessoa de modo que ela possa desenvolver autocontrole e tornar-se mais eficaz em seu trabalho. O propósito do processo disciplinar desenvolvido pelo administrador é a manutenção de um desempenho humano de acordo com os objetivos organizacionais. O termo disciplina apresenta quase sempre uma conotação simplista de dar recompensas ou aplicar punições após o fato, quando, na realidade, a disciplina, em seu próprio contexto, deve ser visualizada como o desenvolvimento da habilidade ou capacidade de analisar situações, determinar qual é o comportamento adequado e decidir a agir favoravelmente no sentido de proporcionar contribuições à organização e receber suas recompensas.

Boa parte das ações corretivas de controle no nível operacional é realizada sobre as pessoas ou sobre seu desempenho. É a chamada ação disciplinar, uma ação corretiva realizada sobre o comportamento de pessoas para orientar e/ou corrigir desvios ou discrepâncias. Seu propósito é reduzir a discrepância entre os resultados atuais e os resultados esperados. A ação disciplinar pode ser positiva ou negativa, dependendo do desvio ou discrepância ocorrido. A ação positiva toma a forma de encorajamento, recompensas, elogios, treinamento adicional ou orientação pessoal. A ação negativa inclui o uso de advertências, admoestações, penalidades, castigos e até mesmo a demissão do funcionário. Quando necessária a ação disciplinar negativa, ela deve ser adotada em etapas crescentes. A primeira, dependendo da infração cometida, deve ser uma reprimenda ou advertência. As reincidências devem merecer um crescimento progressivo nas penalidades para cada infração sucessiva: advertência verbal, advertência escrita, suspensão e demissão.

Para que possa ser eficaz, a ação disciplinar deve possuir as seguintes características[16]:

1. **Deve ser esperada:** a ação disciplinar deve ser prevista em regras e procedimentos e previamente estabelecida. Não deve ser improvisada, mas planejada, antes mesmo que o comportamento errado ocorra e publicada em avisos ou painéis para o conhecimento geral. A sanção negativa é imposta a fim de desencorajar a infração.
2. **Deve ser impessoal:** a ação disciplinar não deve simplesmente buscar punir uma determinada pessoa ou grupos, mas apenas corrigir a situação. Ela deve basear-se em fatos e não em opiniões ou em pessoas. Não deve visar à pessoa, mas à discrepância, ao fato, ao comportamento em si. Ela deve fundamentar-se em regras e procedimentos.
3. **Deve ser imediata:** a ação disciplinar deve ser aplicada tão logo seja detectado o desvio, para que o infrator associe, claramente, a sua aplicação com o desvio que provocou.
4. **Deve ser consistente:** as regras e os regulamentos devem ser feitos para todas as pessoas, sem exceções. Devem ser justos e equitativos, sem favoritismo ou tendenciosidade.
5. **Deve ser limitada ao propósito:** após aplicada a ação disciplinar, o administrador deve reassumir sua atitude normal em relação ao funcionário faltoso. Tratar o funcionário sempre como faltoso é puni-lo permanentemente, encorajando hostilidade e autodepreciação, quando o certo seria adotar uma atitude positiva e construtiva.
6. **Deve ser informativa:** isto é, deve proporcionar orientação sobre o que se deve fazer e o que não se pode fazer.

As técnicas de reforço positivo ou negativo que vimos anteriormente constituem um excelente ponto de partida para as situações disciplinares do dia a dia.

Controle de Estoques

Inventário é o volume de materiais ou produtos em estoque. As organizações costumam manter estoques de materiais, em processamento ou de produtos acabados. O inventário permite certa flexibilidade em seus processos de produção/operação, para ultrapassar períodos de excesso ou de capacidade ociosa, enfrentar períodos de demanda irregular e para obter economias em compras de larga escala. Como o inventário representa um dos maiores investimentos de capital, ele precisa ser administrado cuidadosamente. O propósito do controle do inventário é assegurar que o estoque corresponda ao tamanho certo para as tarefas a serem executadas.

A tentativa de reduzir todas as formas de custos está levando as organizações a reconhecer que a administração de compras é uma ferramenta de produtividade. O controle de custos das organizações está verificando o que se paga para tudo aquilo que se compra. Entre as novas abordagens administrativas está a alavancagem do poder de compra que faz com que as organizações centralizem suas compras para aumentar o volume, ao mesmo tempo em que se comprometem cada vez mais com um menor número de fornecedores com os quais negociam contratos especiais, qualidade assegurada e preferência nas compras. É preciso realizar parcerias entre fornecedores e compradores para operar de maneira a reduzir os custos dos parceiros envolvidos.

O lote econômico de compra (LEC) é um método de controle de inventário que envolve a aquisição de um certo número de itens toda vez que o nível de estoque cai a um determinado ponto crítico. Quando esse ponto é alcançado, uma decisão é automaticamente tomada para colocar um pedido padronizado. O melhor exemplo está nos supermercados onde centenas de pedidos diários são feitos, rotineiramente, de maneira informatizada. Esses pedidos padronizados são matematicamente calculados para minimizar os custos totais de estocagem. O LEC determina pedidos de compras que minimizam dois custos de estoques. Primeiro, os custos de emissão de pedidos, incluindo os custos de comunicação, expedição e recebimento. Segundo, os custos de estocagem, que incluem os custos de estoque e de seguros, bem como os de capital empatado. A fórmula do LEC é igual à raiz quadrada de duas vezes a atual demanda para estoque multiplicado pelo custo de emissão e tudo isso dividido pelos custos de estocagem. Seja D a demanda atual para utilização de estoques; O, o custo de emissão de pedidos; e E, o custo de estocagem. Em símbolos matemáticos, o LEC é igual a:

$$LEC = \sqrt{\frac{2\,DO}{C}}$$

O LEC proporciona uma reposição de estoque quando esgotado o estoque anterior, o que minimiza os custos de estoque.

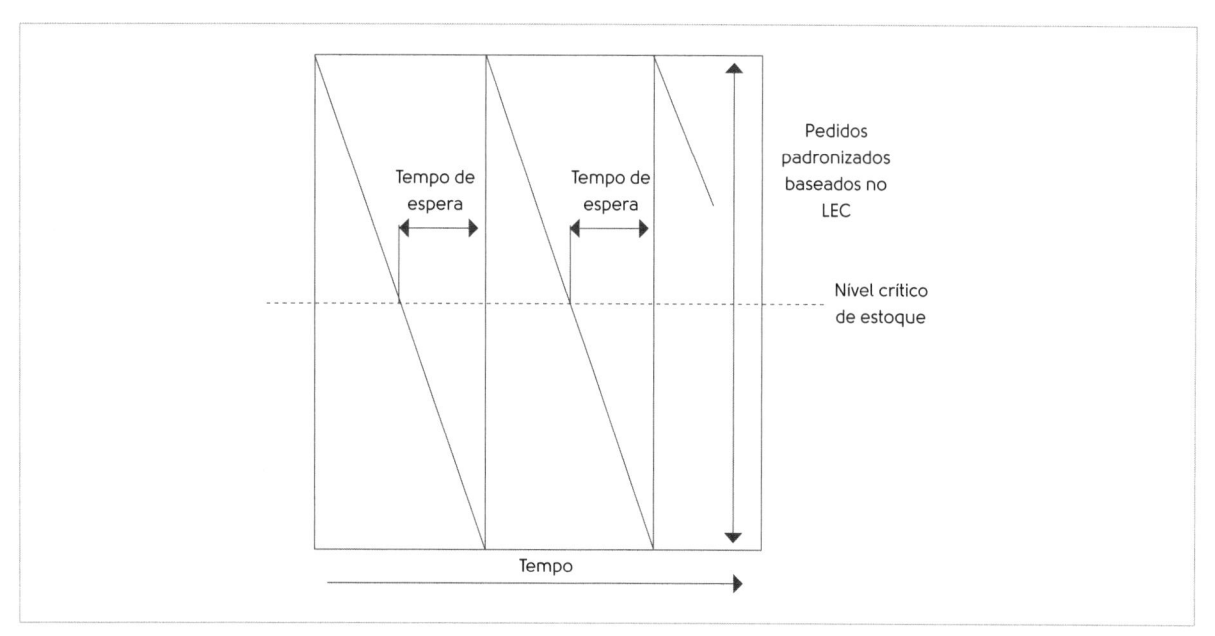

Figura 17.15. O controle de estoques por meio do lote econômico de compra.

Programação *Just-in-Time*

O sistema de *just-in-time* (JIT) envolve uma tentativa de reduzir custos e melhorar o fluxo de trabalho por meio da programação de materiais que devem chegar a uma estação de trabalho no momento certo de seu uso. Essa abordagem para o controle de inventário envolve uma minimização de custos de manter estoques e de comprar ou produzir estoques dentro do estritamente necessário. Permite cortar custos de manter estoque, maximizar o uso do espaço e contribuir para melhorar a qualidade dos resultados. O JIT utiliza o *kanban*, um cartão de papel que acompanha cada lote de itens. Quando o primeiro operário recebe o lote, ele anota o fornecimento no *kanban* para servir como um novo pedido de lote. A simplicidade é a essência do sistema.

Os principais fatores de sucesso no JIT são[5]:

1. **Alta qualidade de fornecimento**: os usuários devem receber apenas bons materiais dos fornecedores. As relações devem ser construídas e mantidas com fornecedores confiáveis.
2. **Cadeia de fornecedores**: um número mínimo de fornecedores é melhor. Muitas companhias japonesas de automóveis utilizam menos que 250 fornecedores de componentes. A General Motors utiliza um número várias vezes maior.
3. **Concentração geográfica**: tempos de trânsito e de transporte pequenos das fábricas do fornecedor para a do cliente – menores que um dia – são necessários. No Japão, os fornecedores da Toyota estão localizados em um raio menor que 60 milhas de suas fábricas.
4. **Transporte e manuseio de materiais eficientes**: o transporte entre os fornecedores e os usuários deve ser confiável. As partes devem ser expedidas tão próximas quanto possível do ponto de uso.
5. **Forte compromisso da administração**: a administração deve assumir suas ações e fazer os arranjos necessários para assegurar que o sistema funcione.

Planejamento de Requisitos de Materiais

O planejamento de requisitos de materiais (PRM) é um sistema integrado de planejamento e controle de estoques que se aplica a operações muito complexas de manufatura e de serviços. O PRM ou MRP (*materials requirements planning*) é uma técnica baseada em computador que assegura que os materiais e partes componentes estejam sempre disponíveis em cada estágio do processo produtivo. Serve para assegurar um fluxo eficiente de materiais por meio de recursos e programas agendados e fornece informações, ajuda a antecipar necessidades de materiais, analisar tempos de espera, executar ordens de compra e planejar a produção de acordo com a programação mestra. As últimas versões do PRM cobrem todos os tipos de recursos utilizados no processo de produção e não apenas os materiais.

Outro desenvolvimento desta área é o planejamento de recursos de manufatura (PRM II) que relaciona e integra os programas de produção com compras, contabilidade, vendas, engenharia, finanças, *marketing* e outras funções do negócio. Utiliza um *software* complexo que coleta e analisa os dados através dos vários estágios das operações para fundamentar todas as decisões administrativas, desde a contabilidade de custos até a manutenção de fábrica. Como o PRM II integra várias funções, ele proporciona eficiência ao planejamento e controle das operações, com melhor utilização das pessoas e dos recursos materiais e financeiros da organização.

Controle de Qualidade

O controle de qualidade envolve processos de verificação de materiais, produtos e serviços para assegurar que eles alcancem elevados padrões. Aplica-se a todos os aspectos de produção e operações, desde a seleção de matérias-primas e fornecedores até a última tarefa executada no produto ou serviço final. O controle de qualidade melhora a produtividade pela redução do desperdício no lado dos insumos e pela redução das rejeições no lado dos resultados finais. Como veremos no próximo capítulo, cada vez mais a qualidade total está sendo considerada pelas organizações que pretendem ser bem-sucedidas.

Voltando ao caso introdutório: Continental Express

A ideia da diretora financeira da Continental Express é desenvolver controles que reúnam condições como: visão estratégica, facilidade de compreensão e de interpretação, que sejam orientados para as exceções e anormalidades, sejam flexíveis e adaptativos a novas situações, tenham características de autocontrole, enfatizem a melhoria e o aperfeiçoamento e não sejam baseados em penalidades ou punições. Sobretudo, que sejam claros e objetivos. Para reunir todas essas condições, Maristela achou prudente trabalhar com a contribuição e a colaboração de todas as pessoas envolvidas, buscando sugestões, opiniões, apoio e cooperação.

Caso para discussão: Hoechst[17]

Por que a Hoechst se partiu em pedaços? Tudo começou em 1994, quando o presidente da subsidiária brasileira, Claudio Sonder, foi chamado a Frankfurt, a sede global da Hoechst. A missão: redesenhar com oito altos executivos o segundo maior conglomerado químico do mundo, dono de um faturamento de 33 bilhões de dólares em 1996. Seis meses depois, o maior plano de reestruturação já feita nos 132 anos de história da companhia estava pronto. Em julho de 1997 a sua implementação estava totalmente concluída. A Hoechst AG implodiu e tornou-se um conglomerado formado por 100 unidades de negócios. Transformou-se em uma *holding* estratégica, com apenas 250 funcionários. Abaixo dela estão nove empresas globais operacionalmente independentes e focadas em mercados que vão de remédios a filamentos para a indústria têxtil. Estão também dezenas de *joint ventures*, nas quais a Hoechst tem participação minoritária.

A implosão teve ecos no Brasil. A Hoechst deixa de existir aqui. Em seu lugar, surgiram seis grandes empresas. Entre elas estão o laboratório Hoechst Marion Roussel, a Ticona, fabricante de plásticos de engenharia e a AgreVo, uma associação com a alemã Schering para a produção de defensivos agrícolas. "A intenção é que cada uma das companhias tenha autonomia para buscar os melhores resultados a longo prazo", diz Sonder. "A partir de agora, elas terão de se provar competitivas".

Por que o gigante químico optou pela decomposição? Em 1996, a rentabilidade da Hoechst atingiu 4,1% sobre suas vendas. O grupo lucrou 1,4 bilhão de dólares sobre um faturamento de 33 bilhões. Mas não deixa de ser a pior margem entre as gigantes mundiais do setor químico. A americana DuPont obteve uma rentabilidade de 9% em 1996. A Dow teve ganhos ainda melhores: 9,5%. Segundo a revista *Fortune*, a rentabilidade média das 500 maiores empresas americanas foi de 5% em 1996. No Brasil, o resultado foi menor: 3,6%. A necessidade de competir globalmente e de ser ágil nos empurrou para a reestruturação, diz Sonder. Precisávamos quebrar antigas estruturas para preparar a empresa para o futuro.

Para melhorar seus números e atrair investidores, a Hoechst está atacando pragas que atingem a maior parte dos conglomerados: a paralisia, o descontrole e a falta de transparência gerados pelo gigantismo. Foram essas razões que fizeram com que grupos como a AT&T e a 3M optassem, recentemente, pelo desmembramento de parte de seus negócios. Onde estavam as oportunidades na Hoechst? E os problemas? Quais os negócios realmente lucrativos e de potencial no futuro? O emaranhado de negócios que formava a Hoechst era uma espécie de caixa-preta que impedia que executivos e acionistas vissem com clareza o que acontecia no grupo. Na velha Hoechst, lucros, prejuízos e custos eram rateados entre todos. A conta vinha e você tinha de pagar, diz o atual presidente da Hoechst Marion Roussel. Ineficiências de uns eram acobertadas pela competência de outros. Custos financeiros, de recursos humanos, produção e engenharia eram divididos entre todas as divisões da Hoechst.

A cúpula em Frankfurt tinha controle de apenas 30% dos custos do grupo. Com a divisão, as coisas começaram a ficar mais claras. A partir de agora, cada empresa organiza sua própria estrutura administrativa e é responsável pelos custos. A notícia foi bem recebida pelos investidores. A transformação só chegou como uma espécie de mau agouro para os negócios deficitários ou para aqueles que estavam fora do foco da companhia. Nos últimos três anos, a Hoechst se desfez de 13 empresas que, somadas, representavam um faturamento anual de 3 bilhões de dólares. Entre os negócios descartados estavam toda a área de cosméticos e a Uhde, uma empresa de engenharia. Dez associações com outras empresas foram feitas no caso de divisões que não conseguiriam sobreviver sozinhas. O número de funcionários do grupo em todo o mundo baixou de 172 mil em 1993 para 148 mil em 1996 e 120 mil em 1997. A dispensa de pessoal teve um alto custo imediato. Para reduzir seus quadros, a Hoechst gastou cerca de 1,2 bilhão de dólares. O retorno está chegando agora. A economia anual gerada com a redução de pessoal, de fábricas e de linhas de produtos chega a 1 bilhão de dólares. Saber controlar também é saber ganhar dinheiro.

O foco da organização serão os negócios ligados à produção de medicamentos para seres humanos e animais e defensivos agrícolas. Por quê? Remédios são mais rentáveis que ácidos, pigmentos e outras *commodities* do gênero. Em 1994, os negócios ligados à indústria farmacêutica e de defensivos agrícolas respondiam por apenas 28% do faturamento mundial do grupo Hoechst. Em 1997, representam 43%. Cada empresa está focada em um mercado particular e organizada por tipo de produto. O desmembramento levou a uma partilha dos funcionários, executivos e instalações. As pessoas estão aprendendo que agora fazem parte de uma nova empresa. Nas organizações menores, teremos mais controle sobre os custos. Ninguém vai querer inflar um departamento e colocar em risco a lucratividade. O maior desafio, contudo, é preservar a identidade corporativa e conservar os vínculos com a empresa-mãe. Para tanto, cada país nomeou um *Mr. Hoechst*, um executivo do grupo que deverá servir de ponte entre as empresas e a Hoechst AG. De resto, queremos que as novas empresas tenham autonomia para caminhar sozinhas.

Questões:
1. A quê você atribui a decomposição estrutural da Hoechst?
2. Na sua visão, quais as vantagens e desvantagens desse processo?
3. Explique a necessidade de controle na antiga e na nova situação.
4. Explique como a necessidade de competitividade levou à nova estratégia.
5. Como você relacionaria estratégia e controle em um caso como esse?

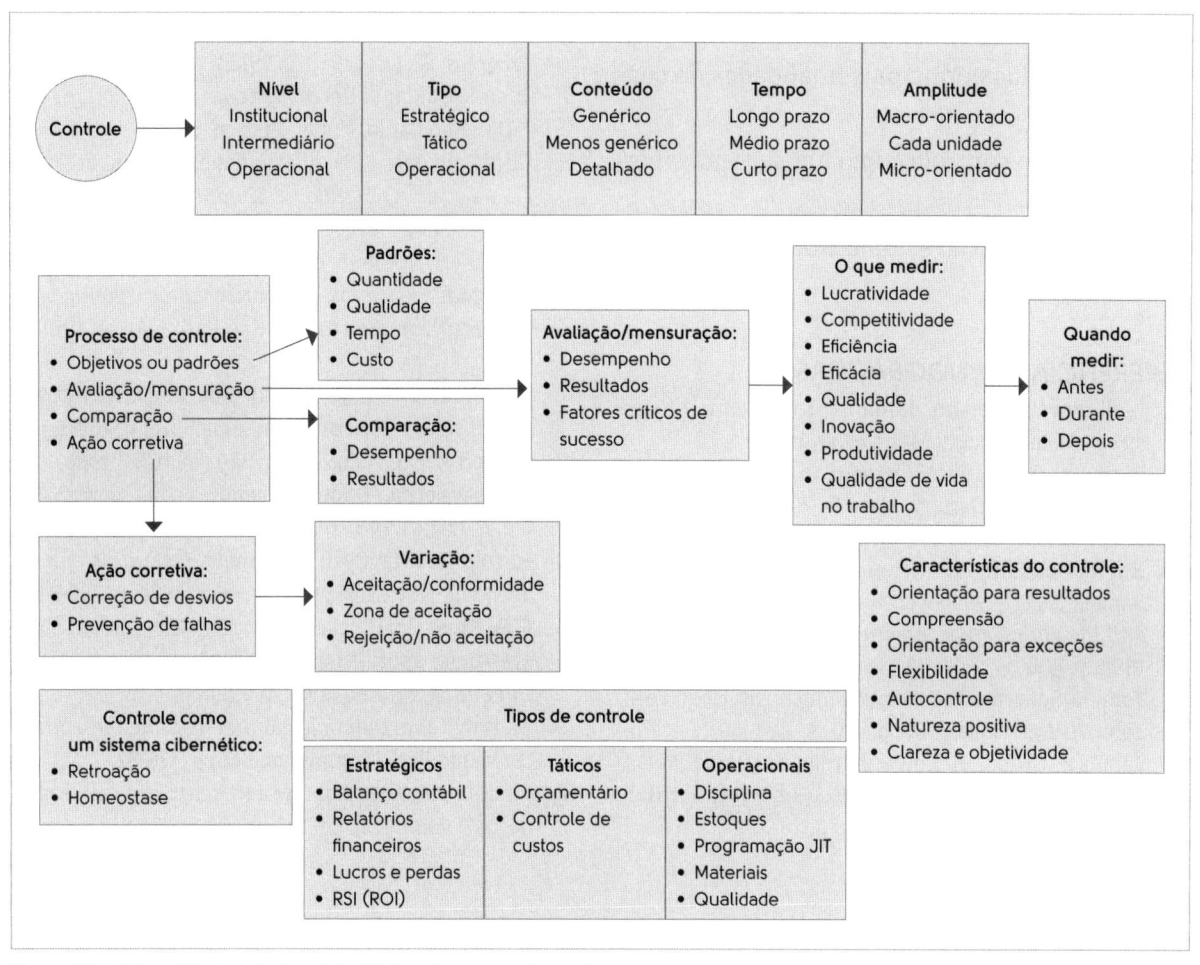

Figura 17.16. Mapa Mental do Capítulo 17: Fundamentos do controle.

Exercícios

1. Qual o relacionamento entre controle e planejamento?
2. Quais os significados possíveis da palavra controle?
3. Conceitue o controle como uma função administrativa.
4. Explique como o controle se distribui entre todos os níveis organizacionais.
5. Explique o controle estratégico.
6. Explique o controle tático.
7. Explique o controle operacional.
8. Dê algumas definições de controle.
9. Explique o processo de controle.
10. O que é um padrão? Quais os tipos de padrões? Explique-os.
11. Como se estabelecem os padrões?
12. Explique a avaliação do desempenho ou dos resultados.
13. O que se pode medir em termos de avaliação do desempenho?
14. Explique a comparação do desempenho com o padrão.
15. Qual a diferença entre resultados e desempenho?
16. Quais as três categorias de controle?
17. Explique o princípio da exceção.
18. O que é região de aceitação? O que significa conformidade?

19. Explique a ação corretiva.
20. Quais as duas principais finalidades do controle?
21. Explique o controle como um sistema cibernético.
22. O que é retroação e homeostase na teoria do controle?

REFERÊNCIAS BIBLIOGRÁFICAS

1. Idalberto Chiavenato. *Administração: teoria, processo e prática*. Barueri, Manole, 2014.
2. Idalberto Chiavenato. *Introdução à teoria geral da administração*. Barueri, Manole, 2014.
3. Robert J. Mockler. *The Management Control Process*. Englewood Cliff, Prentice-Hall, 1984. p. 2.
4. Samuel C. Certo. *Management: diversity, quality, ethics, and the global environment*. Boston, Allyn & Bacon, 1994. p. 434.
5. John R. Schermerhorn, Jr. *Management*. Nova York, John Wiley & Sons, 1996. p. 470.
6. James A. Stoner, A. Edward Freeman, Daniel R. Gilbert, Jr. *Management*. Englewood Cliffs, Prentice-Hall, 1995. p. 558.
7. George Box. "When Murphy speaks – listen". *Quality Progress*, 22, Oct./1989, p. 79-84.
8. John S. Oakland. *Gerenciamento da qualidade total – TQM*. São Paulo, Nobel, 1994. p. 38.
9. Gecy Belmonte. "CNI distribui manual de sobrevivência na crise". *O Estado de S. Paulo*, Caderno de Economia, 04.01.1998, p. B6.
10. William H. Newman, E. Kirby Warren. *Administração avançada: conceitos, comportamentos e políticas no processo administrativo*. São Paulo, Atlas, 1980. p. 463.
11. Y. K. Shetty. "Product quality and competitive strategy". *Business Horizons*, May-Jun./1987, p. 46-52.
12. Norbert Wiener. *Cibernética*. São Paulo, Polígono, 1970.
13. Lucas Amorim. "Onde os amadores não têm vez". *Exame*, n. 1.042, 29.05.2013, p. 20-2.
14. Harold Koontz, Cyril O'Donnell. *Essentials of management*. Nova York, McGraw-Hill, 1974, p. 362-5.
15. C. A. Kline, Jr., Howard L. Hessler. "The DuPont chart system for appraising operating performance". *NACA Bulletin*, n. 33, Aug./1952, p. 1.595-619.
16. Mervin Kohn. *Dynamic managing: principles, practice*. Menlo Park, Cummings, 1977. p. 478-82.
17. Cláudia Vassallo. "Por que a Hoechst se partiu em pedaços?". *Exame*, n. 642, 13.08.1997, p. 56-9.

Parte VII
ASSUNTOS EMERGENTES

Objetivos de aprendizagem

O objetivo principal desta sétima parte é mostrar alguns assuntos emergentes e importantes para a moderna administração. Tais assuntos envolvem temas obrigatórios nos negócios de hoje, como qualidade, produtividade e competitividade, principalmente a administração estratégica.

De maneira geral, esta parte discute a necessidade fundamental de qualidade e produtividade como bases para a competitividade em um mundo altamente mutável e dinâmico. Além disso, discute a necessidade de uma abordagem estratégica na administração organizacional. Na realidade, esta parte deve ser utilizada como uma aplicação de todos os conceitos anteriores emitidos no decorrer deste livro.

O que veremos adiante

Capítulo 18 – Qualidade, competitividade e produtividade
Capítulo 19 – Administração estratégica

A moderna administração está voltada para uma infinidade de assuntos emergentes que estão se tornando extremamente relevantes para o sucesso das organizações. Tais assuntos estão invadindo e permeando as organizações e se tornando verdadeiros modismos que ocupam a maior parte do vocabulário utilizado pelos administradores nos últimos tempos. No capítulo 18 abordaremos assuntos emergentes como a qualidade e a produtividade, as molas-mestras da competitividade organizacional. No capítulo 19 trataremos da administração estratégica, um modelo abrangente e integrado de transformar a organização em uma entidade flexível, adaptável, mutável e competitiva capaz de alcançar resultados incríveis.

Medir a produtividade de uma organização em termos de qualidade, produtividade e competitividade nos dias de hoje é um assunto muito mais complexo. Não se trata apenas de mensurar os resultados de recursos tangíveis e concretos – materiais, financeiros, tecnológicos – mas principalmente de avaliar competências essencialmente intangíveis e abstratas.

Nos novos tempos as técnicas para elevar a qualidade, produtividade e competitividade das organizações passaram por transformações incríveis. Mas independem da sofisticação dos produtos ou serviços. São basicamente as mesmas técnicas utilizadas para melhorar o desempenho de uma simples padaria ou de uma complexa indústria de aviões. Contudo, todas elas dependem basicamente do fator humano, pois como veremos adiante enquanto um profissional bem treinado e capacitado, com conhecimento do negócio, da tecnologia e do cliente, consegue criar um produto melhor em 10 horas, por exemplo, um profissional menos capacitado leva 50 horas. Senão mais. É que estamos na era do trabalhador do conhecimento. E quem é ele? É a pessoa que estuda, aprende e adquire conhecimento, trabalha com o conhecimento e o aplica em suas atividades com elevada qualidade e produtividade. Resolve e soluciona problemas que outros sequer enxergam, cria e inova com métodos, processos, produtos e serviços totalmente novos, mais baratos e melhores e aumenta fabulosamente a competitividade da organização. É dessa criatura que as organizações do século XXI precisam urgentemente.

Por outro lado, a moderna administração está reinventado as organizações e tornando-as cada vez mais flexíveis e adaptáveis aos novos tempos de mudanças e transformações incessantes. A estratégia organizacional faz parte desse tremendo esforço para garantir a competitividade e sustentabilidade das organizações em um mundo incrivelmente mutável e imprevisível. É o que veremos nesta sétima parte.

18
QUALIDADE, COMPETITIVIDADE E PRODUTIVIDADE

Objetivos de aprendizagem

Após estudar este capítulo, você deverá estar capacitado para:

- Definir o que é qualidade, sob os diversos pontos de vista possíveis.
- Descrever como é possível alcançar a qualidade.
- Definir a qualidade total.
- Compreender a contribuição de Deming e Juran.
- Definir o que é produtividade.
- Definir o que é competitividade.
- Saber como desenvolver programas de qualidade, produtividade e competitividade bem-sucedidos.

O que veremos adiante

- Afinal, o que é qualidade?
- Ênfase na qualidade.
- O pontapé inicial de Deming e Juran.
- Qualidade e melhoria contínua.
- Qualidade total.
- Técnicas de qualidade total.
- A vantagem competitiva por meio da qualidade.
- Ênfase na competitividade.

> ### Caso introdutório: O modelo de referência
>
> A Artefatos Rodrigues é uma empresa industrial de porte médio às voltas com uma feroz concorrência no seu ramo de atividades. A AR fabrica componentes de borracha para a indústria automobilística e disputa o mercado em uma competição sem freios. Emílio Vasconcelos, o diretor industrial da AR, disputa uma guerra de preços e de qualidade com vários concorrentes mais fortes. Suas armas principais: qualidade e produtividade. Essas são suas principais vantagens competitivas. Para tanto, Emílio investe fortemente em seleção e treinamento dos funcionários e em capacitação e desenvolvimento dos supervisores. Mas sabe que precisa melhorar e sofisticar o seu armamento, porque rapidamente os concorrentes irão imitá-lo e tentar ultrapassá-lo com armas melhores. Onde buscar um modelo de referência? A solução lhe veio em um dia em que leu nos jornais que a Copesul, a Weg e o Citibank ganharam o Prêmio Nacional da Qualidade (PNQ) em 1997. Para ganhar o prêmio, as empresas participantes se comprometem a seguir uma lista de sete critérios, indo desde gestão de processos até resultados dos negócios, subdivididos em 21 itens. A ideia, com a premiação, é estimular as empresas para que continuem trabalhando no aperfeiçoamento de todos os itens que compõem a cadeia produtiva. Naquele mesmo dia, Emílio entrou em contato com a Fundação Prêmio Nacional da Qualidade (FPNQ) para conhecer os detalhes da premiação. Ele sabia que a AR não tinha as mínimas condições para participar da disputa. O que Emílio tinha em mente era adotar um modelo de referência para sua empresa. E o modelo de referência que ele procurava estava exatamente contido nas normas e critérios do PNQ.

As organizações não existem no vácuo. Elas operam em um ambiente altamente competitivo e dinâmico. No mundo moderno, qualquer que seja a organização – escola, fábrica, hospital, banco, companhia aérea, repartição pública –, a competição constitui a mola-mestra dos negócios. A competição por estudantes, recursos, pacientes, clientes, passageiros, fundos é intensa. Quase nenhuma pessoa precisa ser hoje convencida de que a qualidade representa a mais importante das armas competitivas de uma organização. No mundo todo, organizações de todas as bandeiras – americanas, inglesas, alemãs, francesas, japonesas, coreanas, etc. – utilizam a qualidade de modo estratégico para ganhar clientes, obter vantagens em recursos ou fundos de negócios e ser competitivas. Além disso, a preocupação com a qualidade traz consequências saudáveis para a organização: ela melhora o desempenho em produtividade, confiabilidade, entrega e preço[1].

AFINAL, O QUE É QUALIDADE?

Nunca se falou tanto em qualidade como nesta última década. Em reuniões de dirigentes, em seminários de treinamento, em pesquisas de mercado, nos meios acadêmicos, o tema qualidade tem sido extensa e intensamente explorado. Fala-se muito em qualidade. Mas, afinal, o que é qualidade?

Essa palavra tem vários significados dependendo de como é utilizada. Para um engenheiro, qualidade significa aderência perfeita e conformidade às especificações e padrões de referência do projeto do produto. Zero defeito é o nome atribuído quando essas especificações e padrões são plenamente atendidos. Para um estatístico, qualidade significa o menor desvio-padrão possível em relação à média aritmética, mediana ou qualquer medida estatística de posição. Variância zero é o nome atribuído quando isso acontece. Mas, para uma dona de casa, a qualidade tem um outro significado completamente diferente. Como cliente ou consumidora, a dona de casa não está preocupada com os conceitos do engenheiro ou do estatístico: ela quer um produto ou serviço que satisfaça as suas necessidades pessoais. Algo que resolva seus problemas. O engenheiro e o estatístico formulam conceitos de qualidade que podem ser utilizados dentro das organizações para a produção dos produtos ou serviços. Mas de nada adianta a qualidade interna se o cliente ou consumidor não está satisfeito com o produto ou serviço que utiliza. Assim, existem dois tipos de conceitos de qualidade: a qualidade interna, que constitui a maneira pela qual uma organização administra a qualidade dos seus processos, produtos e serviços e a qualidade externa, que constitui a percepção que o cliente, consumidor ou usuário tem a respeito do produto ou serviço que compra e utiliza. Não resta dúvida de que, sem a qualidade interna, não se pode construir e manter a imagem da qualidade externa.

Modernamente, as organizações estão enfatizando o conceito de qualidade externa por meio do reforço do conceito de qualidade interna. Antigamente, havia um órgão chamado departamento ou divisão de controle de qualidade que centralizava e monopolizava todos os assuntos de qualidade. Os inspetores de qualidade trabalhavam em diversos locais da organização para verificar possíveis desvios ou anormalidades e acionar as ações corretivas para colocar as coisas em ordem. Hoje, a responsabilidade pela qualidade foi totalmente descentralizada e delegada ao nível da execução. Cada funcionário ou operário é responsável pela qualidade do seu trabalho e pela satisfação do seu cliente interno. O cliente interno significa o funcionário ou operário a quem ele entrega o trabalho que realizou. Assim, em toda organização há uma extensa cadeia de qualidade: cada funcionário ou operário tem o seu fornecedor interno (que lhe proporciona o insumo) e o seu cliente interno (que recebe o resultado de seu trabalho). A cadeia de qualidade é uma maneira pela qual cada funcionário ou operário tenta melhorar o seu trabalho para satisfazer o cliente interno e tenta comunicar ao fornecedor interno quais são os seus requisitos. Assim, a cadeia de qualidade agrega valor à organização e aos seus funcionários e se transforma em uma cadeia de valor que está substituindo a cadeia escalar nas organizações que trocaram a hierarquia verticalizada pela organização horizontalizada. No final da cadeia de valor, está o cliente externo, o personagem que mais se beneficia com a criação de valor. O cliente externo é o último consumidor dos bens e serviços produzidos, enquanto o cliente interno está dentro da organização. São indivíduos ou grupos que usam ou dependem dos resultados de alguma pessoa ou grupo no sentido de fazer bem o seu próprio trabalho. Em cada cargo, cada ocupante é, ao mesmo tempo, um fornecedor para o cargo seguinte e um cliente do cargo anterior, como mostra a Figura 18.1.

Nela o membro A da equipe utiliza como entrada o insumo proporcionado pelo fornecedor externo e fornece sua saída para seu cliente interno, que é o membro B, e assim por diante, até que o membro D forneça sua saída para o cliente externo da organização. Essa estreita interligação entre fornecedores internos e clientes internos de uma equipe é a base fundamental dos modernos programas de qualidade total. Nessa extensa cadeia de valor, cada pessoa busca conhecer e satisfazer as necessidades do cliente interno, para que ele possa fazer um trabalho melhor. O maior beneficiário está na ponta final do processo: o cliente externo. A organização horizontal focaliza o processo completo que satisfaz o cliente. Esse tipo de estrutura tende a reduzir fortemente o número de níveis hierárquicos da organização.

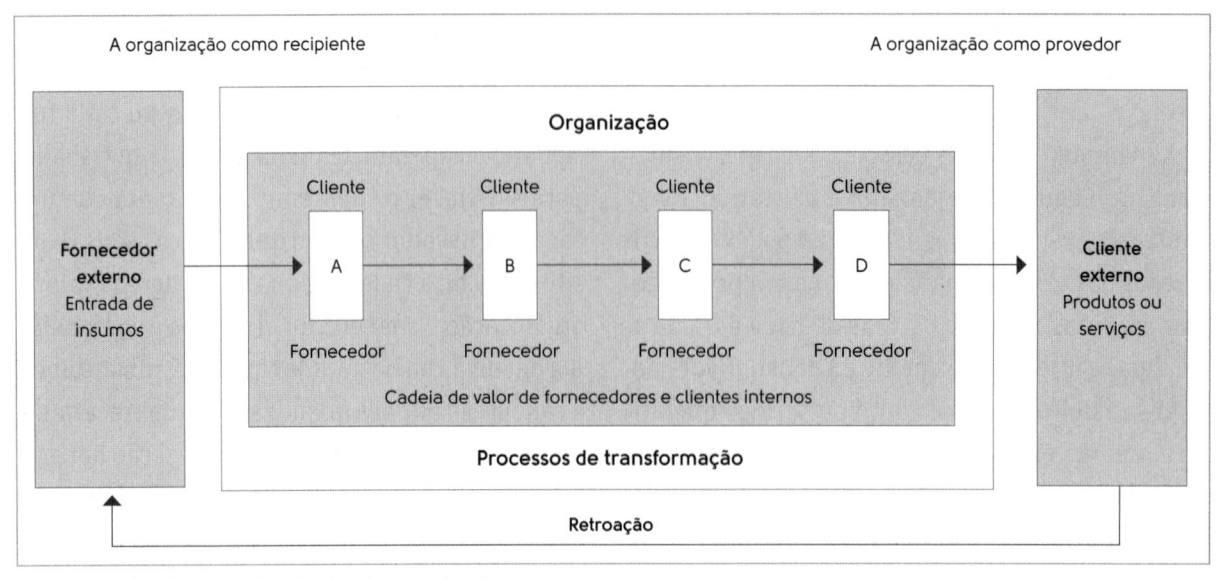

Figura 18.1. A cadeia de valor dentro da organização.

♟ Dicas

Alguns conceitos de qualidade

- **Qualidade** é a capacidade de atender, durante todo o tempo, às necessidades do cliente.
- **Qualidade** é uma adequação à finalidade ou uso[2].
- **Qualidade** é a conformidade com as exigências[3].
- **Qualidade** tem como objetivo as necessidades do usuário, presentes e futuras[4].
- **Qualidade** é o total das características de um produto ou serviço referentes a *marketing*, engenharia, manufatura e manutenção, pelas quais o produto ou serviço, quando em uso, atenderá às expectativas do cliente[5].
- **Qualidade** é a totalidade dos aspectos e características de um produto ou serviço, importantes para que ele possa satisfazer às necessidades exigidas ou implícitas (BS 4778, 1987, ISO 8402, 1986).

📖 Administração de hoje

Fundação para o Prêmio Nacional da Qualidade[6] – 1

A Fundação para o Prêmio Nacional da Qualidade (FPNQ) é uma instituição privada, sem fins lucrativos, com sede em São Paulo (SP), criada em 1991, por 39 organizações públicas e privadas (Membros Instituidores), para administrar o Prêmio Nacional da Qualidade (PNQ) e atua em todo o território nacional. A experiência do Japão, com o Prêmio Deming, e dos Estados Unidos, com o Prêmio Malcolm Baldrige, na conscientização para a gestão da qualidade serviu de estímulo e base aos trabalhos do grupo de estudos constituído para criar esta premiação. O PNQ é um reconhecimento, na forma de um troféu, às organizações sediadas no Brasil que se destacam por sua excelência no desempenho, estando apoiado em certo número de critérios, criados com base no compartilhamento de experiências entre organizações de classe mundial e de diversos setores, fundamentados em um conjunto de valores e conceitos.

Os principais valores e conceitos do PNQ são:

1. Qualidade centrada no cliente.
2. Liderança.
3. Melhoria contínua.
4. Participação e desenvolvimento dos funcionários.
5. Resposta rápida.
6. Enfoque preventivo e qualidade no projeto.
7. Visão de futuro de longo alcance.
8. Gestão baseada em fatos.
9. Desenvolvimento de parcerias.
10. Responsabilidade pública e cidadania.
11. Foco nos resultados.
12. Inovação e criatividade.
13. Comportamento e transparência.

Todo ano, desenvolve-se o ciclo de premiação com a publicação das instruções de candidatura, encerrando com a cerimônia da premiação, que ocorre no mês de novembro. A premiação tem por objetivos:

1. Estimular a melhoria da qualidade de produtos e serviços por meio da gestão para a excelência do desempenho.
2. Focalizar a gestão das organizações na satisfação das necessidades e expectativas do cliente.
3. Compartilhar as estratégias de sucesso das empresas premiadas que são colocadas à disposição da comunidade empresarial.
4. Incentivar a utilização dos referenciais mundiais de excelência como metas estratégicas.
5. Promover a imagem e reputação internacionais de excelência dos produtos e serviços brasileiros.

A adoção dos critérios de excelência servem como importantes instrumentos de autoavaliação das organizações e contribuem fortemente para o vigoroso salto de qualidade transcorrido nos últimos anos, especialmente por aquelas que utilizam as avaliações para a implementação de melhorias e como referencial para o seu planejamento estratégico. Para apoiar as organizações na estruturação do seu sistema de gestão da qualidade, a Fundação realiza seminários, palestras, cursos e edita publicações e fitas de vídeo.

ÊNFASE NA QUALIDADE

A abordagem administrativa mais recente é o compromisso com a qualidade, que é definida como a capacidade de atender, durante todo o tempo, às necessidades do cliente. Isso significa consonância, ou seja, a adequação entre as características do produto ou serviço e as expectativas do cliente ou consumidor. Mais do que isso, algumas organizações mais bem-sucedidas não se contentam em atender simplesmente às expectativas do clientes, mas querem ultrapassá-las e encantar os clientes. Para elas, a qualidade é o grau de excelência daquilo que se faz. Ela não ocorre somente com tecnologia. Ela se faz com pessoas. Sobretudo, com as capacitadas, treinadas, lideradas, motivadas e plenamente conscientes de suas responsabilidades. Qualidade se faz com a participação e com o empoderamento das pessoas. Nesse sentido, a qualidade é, sobretudo, um estado de espírito que reina dentro da organização. Ela exige o comprometimento das pessoas com a excelência.

O PONTAPÉ INICIAL DE DEMING E JURAN

A introdução dos modernos conceitos de qualidade ocorreu com o americano W. Edwards Deming[7], convidado em 1951 a ensinar os padrões americanos de administração aos industriais japoneses, em um país totalmente destruído pela guerra. Deming falava e os japoneses ouviam atentamente: eliminar defeitos, analisar e encontrar a fonte dos erros, fazer correções e registrar o que acontece posteriormente. O resultado foi um longo relacionamento reverenciado na criação do Prêmio Deming de Qualidade, instituído na década de 1950, como a mais importante premiação anual atribuída às empresas japonesas que se destacam pela qualidade de seus produtos e serviços.

Graças aos ensinamentos de Deming, a qualidade passou a ser uma preocupação prioritária na base das organizações japonesas. Foi a fase de conscientização e conceitualização da qualidade e que provocou o surgimento da melhoria contínua dela. Para Deming, a proposição básica era de que a causa de um problema de qualidade pode ser um componente da produção ou dos processos de operações, como um empregado ou uma máquina ou pode ser interno ao sistema em si. Uma máquina defeituosa pode ser ajustada ou substituída. Um empregado pode ser treinado. Mas, se a causa reside dentro do sistema, culpar o funcionário serve apenas para criar frustração. O sistema deve ser analisado e modificado construtivamente.

Logo depois, outro americano, Juran[2], levou aos japoneses as primeiras técnicas de como fazer a qualidade acontecer nas organizações. Foi a fase de instrumentalização dela. Graças a Juran, a qualidade deixou de ser uma preocupação com a produção e tornou-se a prioridade em todos os níveis e áreas da administração das organizações japonesas. O surgimento da administração da qualidade total.

Ambos, Deming e Juran, os dois gurus da qualidade, tornaram-se conhecidos em território americano somente muitas décadas depois. Deming legou-nos o controle estatístico da qualidade e o impulso para a melhoria contínua, enquanto Juran, a chamada administração da qualidade total (*total quality management* ou TQM). O que ambos fizeram foi substituir gradualmente o controle burocrático pela atuação livre das pessoas, conforme mostra a Figura 18.2.

Deming e Juran geraram, no Japão, um movimento que se caracterizou pelas condições do sucesso empresarial.

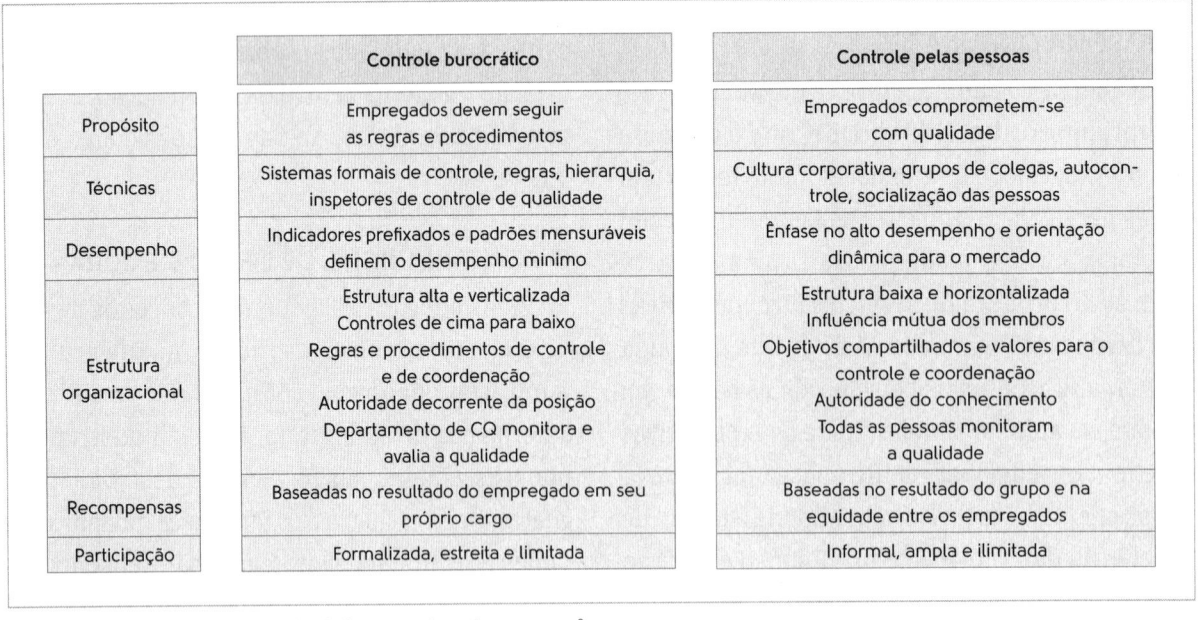

	Controle burocrático	Controle pelas pessoas
Propósito	Empregados devem seguir as regras e procedimentos	Empregados comprometem-se com qualidade
Técnicas	Sistemas formais de controle, regras, hierarquia, inspetores de controle de qualidade	Cultura corporativa, grupos de colegas, autocontrole, socialização das pessoas
Desempenho	Indicadores prefixados e padrões mensuráveis definem o desempenho mínimo	Ênfase no alto desempenho e orientação dinâmica para o mercado
Estrutura organizacional	Estrutura alta e verticalizada Controles de cima para baixo Regras e procedimentos de controle e de coordenação Autoridade decorrente da posição Departamento de CQ monitora e avalia a qualidade	Estrutura baixa e horizontalizada Influência mútua dos membros Objetivos compartilhados e valores para o controle e coordenação Autoridade do conhecimento Todas as pessoas monitoram a qualidade
Recompensas	Baseadas no resultado do empregado em seu próprio cargo	Baseadas no resultado do grupo e na equidade entre os empregados
Participação	Formalizada, estreita e limitada	Informal, ampla e ilimitada

Figura 18.2. O controle por meio da burocracia e das pessoas[8].

Dicas

As nove condições do sucesso empresarial[9]

- Um compromisso irremovível e totalmente sincero da alta administração em inovar e melhorar continuamente a qualidade e a produtividade na organização.
- Uma estrutura organizacional enxuta e flexível, capaz de aproximar as pessoas da alta direção e incrementar a inovação, a qualidade e a produtividade.
- O ensino constante de atitudes e a capacitação de habilidades a todas as pessoas para inovar e resolver os problemas operacionais, desde o topo até a base.
- A oferta de constantes oportunidades para que as pessoas possam inovar e resolver os problemas operacionais da organização.
- Uma nova cultura de inovação, de participação e de envolvimento emocional de todas as pessoas no negócio da organização, por meio do esforço coletivo e do trabalho em equipe.
- Liderança na inovação e na utilização das técnicas de solução de problemas operacionais.
- Recompensas organizacionais às pessoas pela inovação e pelas soluções bem-sucedidas dos problemas operacionais.
- Total focalização no cliente e no atendimento de suas expectativas e necessidades.
- Continuidade a longo prazo do programa de inovação e de melhoria contínua da qualidade e produtividade.

Dicas

Os 14 pontos para a qualidade, segundo Deming[4]

1. Criar e divulgar entre todos os empregados um propósito consistente da organização quanto à inovação e melhoria do produto e do serviço, investindo em pesquisa e educação, na manutenção do equipamento e em novos meios de produção. A alta direção deve demonstrar constantemente seu total apoio a essa posição.
2. Aprender uma nova filosofia de qualidade para melhorar cada sistema e não mais conviver com atrasos, erros e execução defeituosa do trabalho.
3. Obter monitoração e evidência estatística dos processos de controle e eliminar objetivos e cotas financeiras.
4. Obter evidência estatística do controle de itens comprados, o que significa lidar com poucos fornecedores confiáveis.
5. Utilizar métodos estatísticos para isolar e localizar as fontes de problemas.
6. Instituir treinamento moderno no trabalho.
7. Melhorar a supervisão por meio do desenvolvimento de líderes inspirados.
8. Eliminar o medo e incentivar a aprendizagem. Criar confiança e clima propícios para inovação.
9. Derrubar as barreiras entre os departamentos funcionais.
10. Eliminar objetivos numéricos e *slogans*. Aprender e instituir métodos para melhorias.
11. Melhorar continuamente os métodos de trabalho.
12. Instituir treinamento intensivo em métodos estatísticos para os empregados.
13. Retreinar constantemente as pessoas em novas habilidades e capacitações.
14. Criar uma estrutura que incentive a cada dia os 13 pontos anteriores.

Dicas

Os dez passos para a melhoria da qualidade, segundo Juran[10]

1. Promover a conscientização da necessidade e da oportunidade de melhorias.
2. Estabelecer metas para melhorias.
3. Organizar os meios para atingir as metas.
4. Estabelecer um conselho de qualidade, identificar problemas, selecionar projetos, formar grupos, designar coordenadores.
5. Promover treinamento das pessoas.
6. Executar os projetos destinados à solução dos problemas.
7. Relatar o progresso alcançado.
8. Demonstrar reconhecimento pelo bom trabalho e pelas sugestões apresentadas.
9. Comunicar os resultados. Conservar os dados obtidos.
10. Manter o entusiasmo do pessoal, fazendo da melhoria constante uma parte dos sistemas e dos processos normais da empresa.

Administração de hoje

Antena ligada[11]

Criado em 1992, o Prêmio Nacional da Qualidade (PNQ), contou com a participação de 29 empresas em sua primeira edição. Nos anos seguintes, o número de candidatas definhou – não mais do que seis por ano. Desinteresse? Não. Simplesmente, as empresas se deram conta de que o prêmio não era mera figuração. Inspirado no Malcolm Baldrige National Quality Award, o maior galardão da qualidade nos Estados Unidos, o PNQ apresenta um rigor em seus critérios, aos quais bem poucas empresas podem atender. Não são apenas critérios de bom desempenho, mas de excelência empresarial. Nem toda empresa que tem apreciável posição no mercado, apresenta rentabilidade e vende bem pode constituir-se em paradigma no mundo dos negócios. Aparentemente, as empresas resolveram recuar e concentrar-se para fazer a lição de casa. Prova disso são as 16 inscrições em 1997. São oito na categoria manufatura, três na de serviços, quatro na de médias empresas (até 500 empregados) e uma na de pequenas e microempresas (até 50 empregados). Há ainda uma quinta categoria, criada em 1997, para os órgãos da administração pública federal.

QUALIDADE E MELHORIA CONTÍNUA

O envolvimento dos funcionários na busca de soluções de qualidade constitui um aspecto fundamental nos processos de melhoria da qualidade. A ênfase na melhoria contínua reflete a tentativa de manter uma vantagem de qualidade ao longo do tempo, sempre buscando novos meios para melhorar, incrementalmente, o desempenho atual. A filosofia básica da melhoria contínua é que cada pessoa nunca deve estar satisfeita com o que faz, mas estar sempre na busca constante do aperfeiçoamento. Essa melhoria contínua, o chamado *kaizen* para os japoneses, é a alma de todo o processo.

Uma maneira de combinar o envolvimento das pessoas e a melhoria contínua é a utilização do conceito de círculos de qualidade, do qual já tratamos anteriormente. O círculo de qualidade é um grupo de pessoas – não mais do que dez – que se reúnem regularmente para discutir meios de melhorar a qualidade de seus produtos ou serviços. Seu objetivo é assumir a responsabilidade pela qualidade e aplicar todo o potencial criativo de seus membros para que isso aconteça. Esse fortalecimento das equipes – o chamado empoderamento ou *empowerment* – resulta, geralmente, em economias de custo da qualidade melhorada e maior satisfação do cliente, além de melhorar o comprometimento pessoal e elevar o moral. Isso significa que o gerente e o supervisor não têm o monopólio do cérebro e da inteligência. É pelos capítulos de qualidade e das operações diárias que se realiza a melhoria contínua.

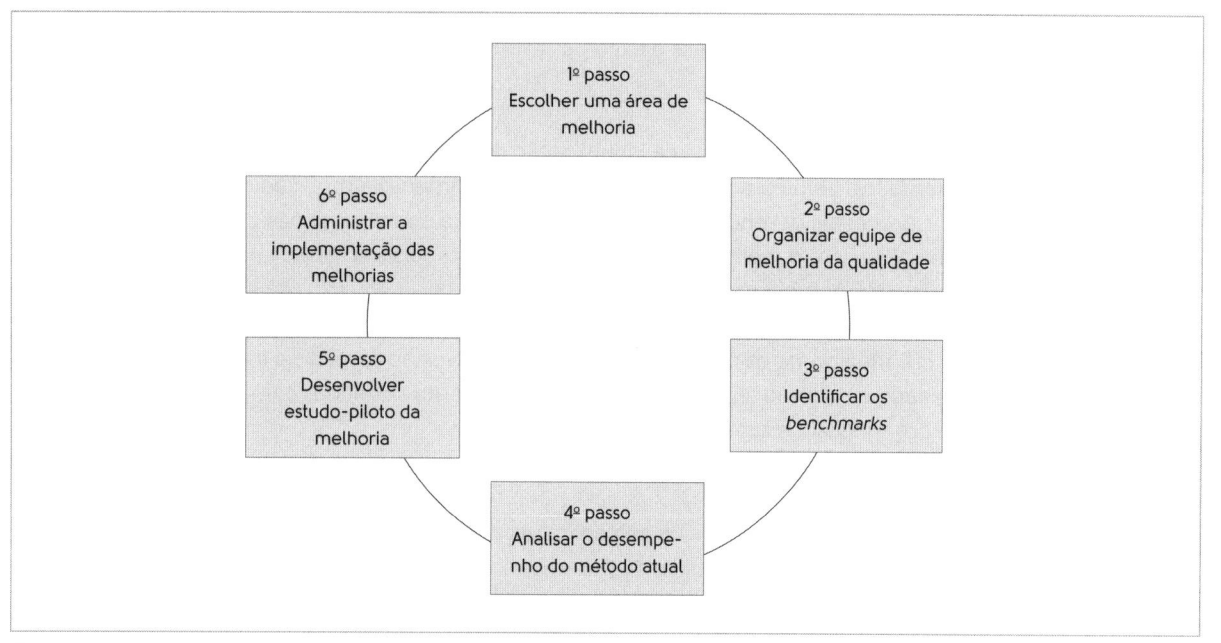

Figura 18.3. O processo de envolvimento nos círculos de qualidade.

Administração de hoje

Fundação para o Prêmio Nacional da Qualidade[6] – 2

A premiação do PNQ está em sintonia com o Programa Brasileiro da Qualidade e Produtividade (PBQP) que preconiza "a instituição de prêmios destinados ao reconhecimento das contribuições em prol da qualidade e produtividade". O resultado concreto foi a instituição de uma Fundação, privada, sem fins lucrativos, que proporciona todo o suporte financeiro e operacional ao PNQ.

A elegibilidade é restrita. Qualquer empresa pública ou privada estabelecida no Brasil é considerada elegível para a premiação. Também as empresas que integrem a administração pública indireta, desde que 50% ou mais de seus clientes (receita bruta operacional) sejam provenientes do mercado competitivo.

Os oito critérios de excelência definem como as organizações candidatas à premiação serão examinadas, a saber:

1. **Liderança**: o sucesso na promoção da excelência do desempenho mediante liderança e envolvimento pessoal da alta direção na criação e reforço de valores e rumos da organização, de expectativas de desempenho e de foco do cliente, bem como de um sistema de liderança integrado aos valores e expectativas, incluindo o contínuo aprendizado e melhoria, e abordando as responsabilidades

sociais e o envolvimento na comunidade. Este critério aborda os processos essenciais relativos à orientação filosófica da organização e controle externo sobre sua direção, ao engajamento pelas lideranças, a saber:
   a. cultura organizacional e desenvolvimento da gestão;
   b. governança;
   c. levantamento de interesses e exercício da liderança;
   d. análise do desempenho da organização.
2. **Estratégia e planos**: a eficácia no estabelecimento de diretrizes estratégicas e, a partir delas, na determinação de planos de ação essenciais para o sucesso e sua tradução num sistema de gestão de desempenho eficaz. Este critério aborda os processos gerenciais relativos à concepção e à execução das estratégias, inclusive aqueles referentes ao estabelecimento de metas e à definição e acompanhamento dos planos necessários para o êxito das estratégias, a saber:
   a. formulação das estratégias;
   b. implementação das estratégias.
3. **Foco no cliente e no mercado**: a eficácia na identificação dos requisitos, expectativas e preferências dos clientes e mercados, bem como na melhoria do relacionamento e medição da satisfação. Este critério aborda os processos gerenciais relativos ao tratamento de informações de clientes e mercados e à comunicação com o mercado e clientes atuais e potenciais, a saber:
   a. análise e desenvolvimento do mercado;
   b. relacionamento com clientes.
4. **Sociedade**: este critério aborda os processos gerenciais relativos ao respeito e tratamento das demandas da sociedade e do meio ambiente e ao desenvolvimento social das comunidades mais influenciadas pela organização, a saber:
   a. responsabilidade socioambiental;
   b. desenvolvimento social.
5. **Informação e conhecimento**: e eficácia na gestão da utilização de informações para dar apoio aos principais processos e ao sistema de gestão de desempenho da organização. Este critério aborda os processos gerenciais relativos ao tratamento organizado das demandas por informações na organização e ao desenvolvimento controlado dos ativos intangíveis geradores de diferenciais competitivos, especialmente os do conhecimento, a saber:
   a. informações da organização;
   b. conhecimento organizacional.
6. **Desenvolvimento e gestão de pessoas**: o sucesso em propiciar a cada funcionário condições para desenvolver e utilizar seu pleno potencial alinhado com os objetivos da organização, bem como a eficácia em desenvolver e manter um clima organizacional para conduzir os funcionários à excelência do desempenho, à plena participação e ao crescimento pessoal e da organização. Este critério aborda os processos gerenciais relativos à configuração de equipes de alto desempenho, ao desenvolvimento de competências das pessoas e à manutenção do seu bem-estar, a saber:
   a. sistemas de trabalho;
   b. capacitação e desenvolvimento;
   c. qualidade de vida.
7. **Gestão de processos**: a eficácia, no que se refere aos principais aspectos da gestão de processos, ou seja, como os principais processos são projetados, gerenciados eficazmente e aperfeiçoados para alcançar melhor desempenho. Este critério aborda os processos gerenciais relativos aos processos principais do negócio e aos de apoio, tratando separadamente os relativos a fornecedores e os econômico-financeiros, a saber:
   a. processos da cadeia de valor;
   b. processos relativos a fornecedores;
   c. processos econômico-financeiros.

8. **Resultados do negócio**: demonstração do sucesso, no que diz respeito aos sete critérios anteriores, quanto ao desempenho e melhoria nas áreas mais importantes para o negócio, incluindo comparações com a concorrência. Este critério aborda os resultados da organização na forma de séries históricas e acompanhados de referenciais comparativos pertinentes, para avaliar o nível alcançado e de níveis de desempenho associados aos principais requisitos de partes interessadas para verificar o atendimento, a saber:
   a. resultados econômico-financeiros;
   b. resultados sociais e ambientais;
   c. resultados relativos a clientes e mercados;
   d. resultados relativos às pessoas;
   e. resultados relativos aos processos.

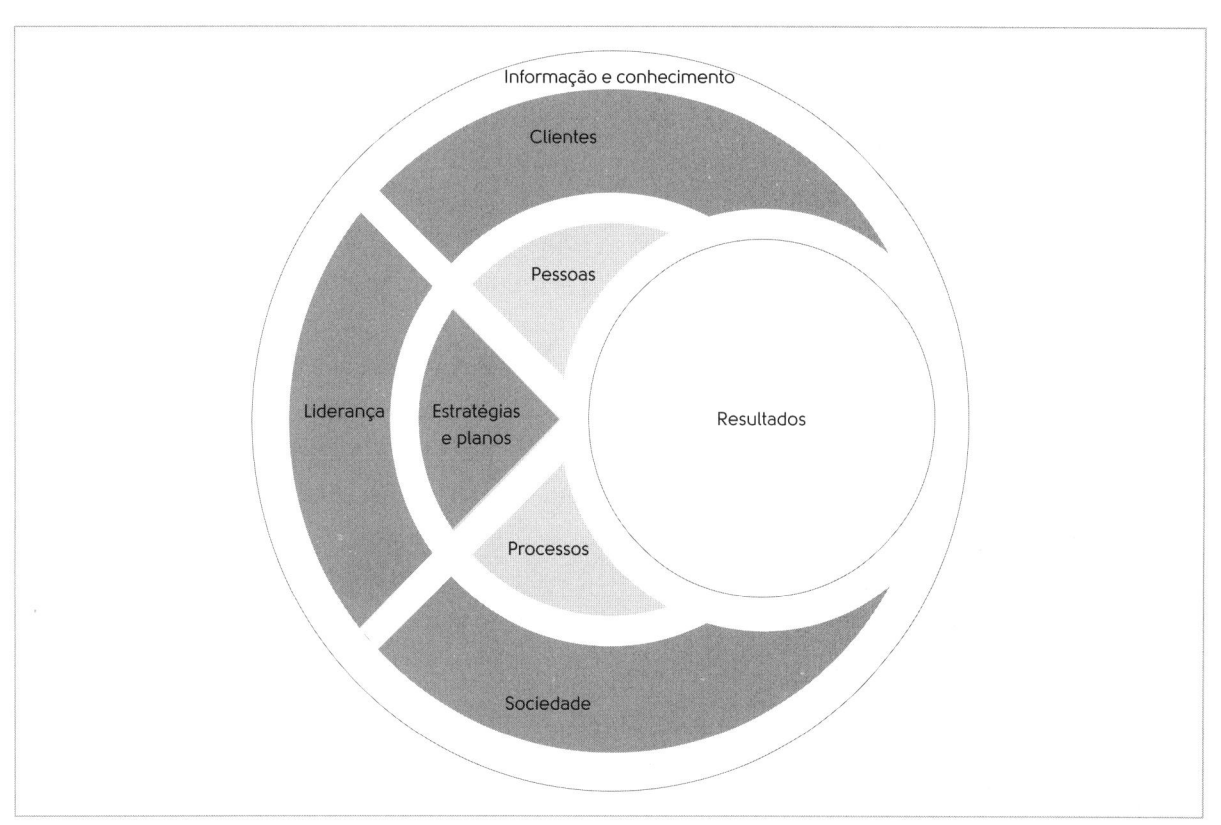

Figura 18.4. Estrutura dos critérios do PNQ: um enfoque sistêmico[6].

Voltando ao caso introdutório: O modelo de referência

Emílio Vasconcelos solicitou e recebeu da FPNQ todos os manuais e detalhes a respeito da premiação. Recebeu também os relatórios sobre as empresas premiadas nos últimos anos contendo as providências e medidas de melhoria da qualidade que elas desenvolveram para conseguir ganhar a premiação. Ali estava o modelo que ele procurava para adotar na AR. A distância era enorme. Aquelas empresas estavam viajando a vários anos-luz na frente. Eram verdadeiras estrelas que brilhavam intensamente. Mas

> Emílio queria inspirar-se em estrelas e não em mediocridades. Por que tentar ser apenas bom quando se poderia tentar ser ótimo ou excelente? Leu avidamente todo o material que recebera, constituiu uma equipe multifuncional de trabalhos e pediu que todos os membros lessem e discutissem o mesmo material. Estava plantada a primeira semente de qualidade que deveria germinar na sua empresa.

QUALIDADE TOTAL

É difícil encontrar uma definição universalmente aceita do que significa qualidade total. Para muitos, significa o controle estatístico de qualidade ou sistemas de qualidade. Para outros, significa o trabalho em grupo e o envolvimento do pessoal. Contudo, Oakland[1] salienta que a filosofia da qualidade total reconhece a satisfação do cliente, os objetivos da empresa, a segurança e considerações ambientais como aspectos interdependentes e aplicáveis a qualquer organização. A aplicação do conceito exige, em primeiro lugar, investimento em pessoal e em tempo; tempo para implementar novos conceitos, para o treinamento, para o pessoal reconhecer as vantagens e desenvolver-se no sentido de novas ou diferentes culturas organizacionais.

A qualidade total é uma filosofia de gestão que pressupõe o envolvimento de todos os membros de uma organização em uma constante busca de autossuperação e contínuo aperfeiçoamento. O envolvimento e participação de todas as pessoas em todos os níveis da organização e a busca da melhoria constante e contínua. Essa filosofia traz resultados concretos como o comprovam as empresas bem-sucedidas do mundo atual.

O termo qualidade total (QT) é utilizado para descrever o processo de fazer com que os princípios de qualidade constituam parte dos objetivos estratégicos da organização, aplicando-os a todas as operações, juntamente com um melhoramento contínuo e focalizando as necessidades do cliente, para fazer as coisas certas na primeira vez.

O movimento da qualidade total está associado ao trabalho de consultores pioneiros nos conceitos de qualidade, como Deming e Juran, cujas ideias tornaram esses conceitos bastante populares no Japão. Na década de 1980, o governo dos Estados Unidos lançou o Prêmio Baldrige de Qualidade (Malcolm Baldrige National Quality Award) e a Comunidade Europeia introduziu o Prêmio Europeu de Qualidade, como premiações para as empresas que mais se sobressaem neste aspecto, tendo por base os critérios do Prêmio Deming do Japão. Na década de 1990, surgiu o Prêmio Nacional de Qualidade (PNQ) no Brasil.

Os critérios essenciais de qualidade total avaliados por todos esses prêmios são os seguintes[12]:

1. Os administradores de topo incorporam os valores de qualidade na administração do dia a dia.
2. A organização trabalha em estreita ligação com os seus fornecedores para conjuntamente melhorar a qualidade de seus bens e/ou serviços.
3. A organização treina seus funcionários em técnicas de qualidade e implementa sistemas que assegurem alta qualidade de seus produtos ou serviços.
4. Os produtos ou serviços da organização devem ser tão bons ou melhores do que os de seus concorrentes.
5. A organização focaliza as necessidades e desejos do consumidor e torna os índices de satisfação iguais ou melhores do que os de seus concorrentes.

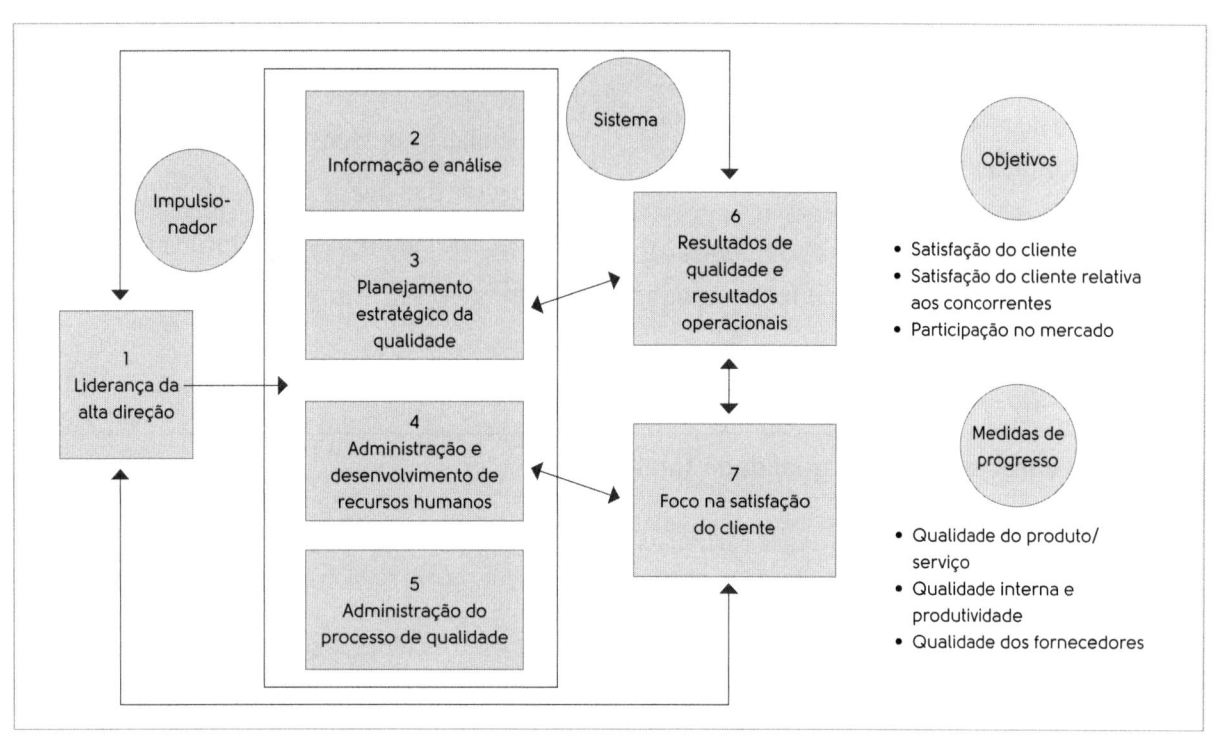

Figura 18.5. Modelo de avaliação do Prêmio Baldrige de Qualidade.

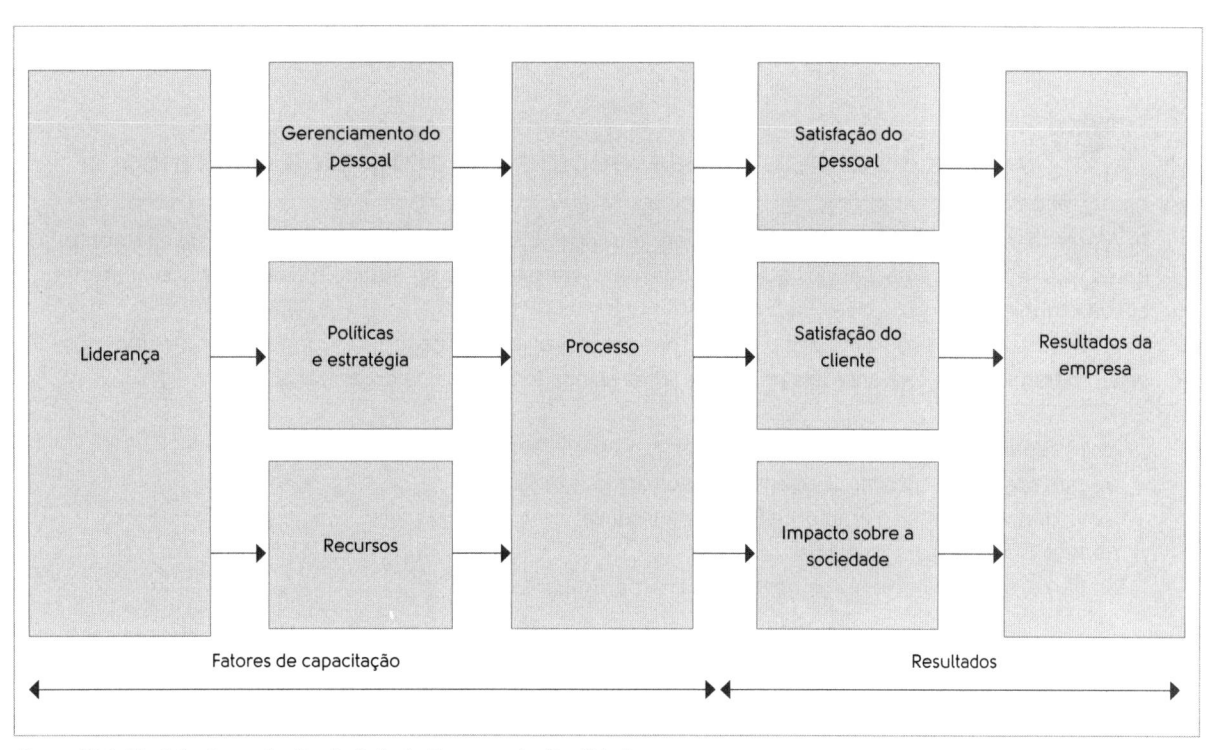

Figura 18.6. Modelo de avaliação do Prêmio Europeu de Qualidade.

6. O sistema de qualidade da organização busca resultados concretos, como aumento da participação no mercado e menores tempos de ciclo de produção.

Há várias abordagens para a administração da QT sendo experimentadas e implementadas em todo o mundo. Quase todas elas insistem em que o compromisso com a QT se aplica aos esforços de todas as pessoas na organização e a todos os aspectos das operações, desde a aquisição de insumos e recursos até a produção dos produtos acabados e serviços prestados.

Dicas

Sete características da qualidade total[9]

1. QT é organizacionalmente ampla e ultrapassa todos os departamentos funcionais.
2. QT focaliza a qualidade dos processos que levam ao produto ou ao serviço.
3. QT é um processo de melhoria contínua.
4. QT requer total apoio da alta administração e o envolvimento de todas as pessoas no esforço pela qualidade.
5. QT focaliza o cliente, o usuário, o consumidor.
6. QT repousa sobre a solução de problemas e sobre o *empowerment* da força de trabalho.
7. QT envolve uma abordagem de equipes.

Avaliação crítica: *Housekeeping* – o programa dos cinco "S"

A prática do *housekeeping* (arrumar a casa) tem por objetivo proporcionar melhor aproveitamento do espaço, eliminar as causas dos acidentes, desenvolver o espírito de equipe e assegurar boa aparência da organização.

A implantação do programa dos cinco "S" nas empresas japonesas requer que todos os funcionários sejam pessoalmente responsáveis pelas seguintes atividades dentro da organização:

Seiri: separar o necessário do desnecessário, o essencial do acidental.
Seiton: organizar, colocar as coisas nos seus devidos lugares.
Seiso: limpar, manter o ambiente limpo e agradável.
Seiketsu: padronizar, simplificar as coisas.
Shitsuke: disciplinar, manter a ordem e os compromissos.

O programa dos cinco "S" muda completamente o comportamento das pessoas dentro das organizações. Em vez de simples trabalhadores, as pessoas tornam-se responsáveis pelos cinco "S" em sua área de trabalho. Não se trata apenas de realizar a tarefa em si, mas de realizá-la de acordo com os critérios acima. Mais do que isso, administrar a tarefa e o ambiente onde é realizada.

Caso de apoio: Tennant Company

Quando a alta administração da Tennant Company percebeu que os seus varredores motorizados exportados para o Japão apresentavam graves defeitos e vazamento de óleo, coisa que os usuários japoneses jamais tolerariam, ficou mais apavorada ainda quando soube que a Toyota estava lançando um produto similar para concorrer no mesmo mercado. O consultor externo contratado para ajudar a empresa disse ao presidente que o produto tinha de ser feito corretamente na primeira vez e recomendou a eliminação da área de retrabalho onde atuavam 18 mecânicos especializados. Os trabalhadores de montagem tinham de fazer menos erros e descobrir continuamente como evitá-los e qual a melhor maneira de realizar o trabalho. Gerentes e pequenos grupos se reuniam frequentemente para discutir em sessões de *brainstorming* sobre como melhorar a qualidade. Acabaram modificando a configuração da linha de montagem, dos componentes e dos processos de produção. Começaram a aprender técnicas estatísticas de controle de qualidade para ajudar a monitorar defeitos e a estabelecer objetivos que reduzissem a frequência dos erros e desvios. Prevenção de erros e não apenas correção de erros foi o lema. Definição dos padrões de excelência exigidos pela empresa e dos meios para utilizá-los para executar um trabalho perfeito.

O consultor que desenvolveu o programa de qualidade para a Tennant foi Philip Crosby, que se baseou nos "quatro aspectos absolutos" da administração para a qualidade total, a saber[3,13]:

1. Qualidade significa conformidade com os padrões: os funcionários devem saber exatamente quais os padrões de desempenho que se espera deles.
2. Qualidade decorre da prevenção de defeitos e não da correção de defeitos: a liderança, treinamento e disciplina devem prevenir os defeitos em primeiro lugar e não somente cuidar da sua correção. A visão proativa deve tomar o lugar da visão reativa. Prevenir e não apenas remediar.
3. Qualidade como um padrão de desempenho significa trabalho isento de defeitos: o único padrão aceitável de qualidade é o trabalho perfeito e sem defeitos. Isso conduz ao zero defeito em qualquer atividade.
4. Qualidade economiza dinheiro: fazer as coisas certas da primeira vez economiza tempo e reduz o custo da correção do trabalho malfeito. A qualidade elimina custos de retrabalho e as rejeições e refugos de produtos.

Dicas

Os 14 passos para a melhoria da qualidade, segundo Crosby[3]

1. Deixar claro que a administração está profundamente comprometida com a qualidade.
2. Formar grupos de melhoria da qualidade com representantes de todos os departamentos.
3. Determinar onde se localizam os problemas reais (já existentes) e os potenciais na organização.
4. Avaliar o custo da qualidade e explicar o seu uso como ferramenta da administração.
5. Despertar a conscientização e a preocupação sobre a qualidade em todos os funcionários.
6. Realizar ações conjuntas para corrigir os problemas identificados nos passos anteriores.

7. Estabelecer um comitê para desenvolver o programa zero defeito.
8. Treinar os supervisores para realizar a sua parte no programa de melhoria da qualidade.
9. Instituir um "dia de zero defeito" para que os empregados percebam que houve mudança dentro da organização.
10. Estimular as pessoas a estabelecerem metas de melhorias para si próprias e para os seus grupos de trabalho.
11. Estimular os funcionários a comunicarem à gerência os obstáculos que encontram para atingir as suas metas de melhoria.
12. Reconhecer e valorizar os funcionários que participam e contribuem.
13. Estabelecer conselhos de qualidade para fazer comunicações e avisos em intervalos regulares.
14. Repetir tudo como reforço positivo para que o programa de melhoria da qualidade nunca termine.

Caso de apoio: Xerox Corporation

A Xerox Corporation americana foi a ganhadora do Prêmio Baldrige de Qualidade em 1989, e sua filial no Brasil ganhou o Prêmio Nacional da Qualidade (PNQ) em 1993. Essas premiações foram merecidas graças a uma política empresarial firme que adota a qualidade como o princípio básico de seu negócio. Essa política diz: "A Xerox é uma companhia de Qualidade. Qualidade é o princípio básico do negócio para a Xerox. Qualidade significa suprir nossos clientes internos e externos com produtos e serviços inovadores que satisfaçam inteiramente aos seus requerimentos. A melhoria da qualidade é tarefa de todos os empregados da Xerox".

A Xerox adota o seguinte processo de melhoria da qualidade descrito na Figura 18.7.

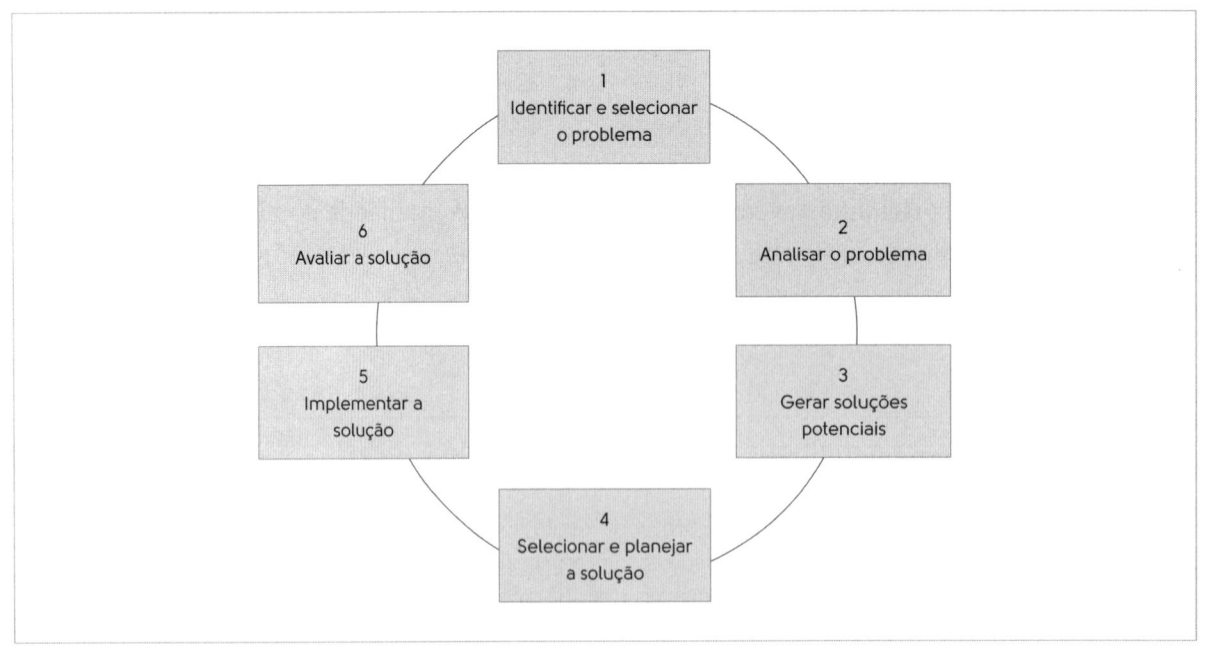

Figura 18.7. O processo de melhoria da qualidade na Xerox.

As organizações mais competitivas estão focalizando o cliente ou consumidor como o elemento mais importante do seu negócio e fazem esforços para criar vantagens competitivas por meio dos seguintes aspectos[14]:

1. Proporcionar a cada cliente bens e serviços de alta qualidade.
2. Proporcionar a cada cliente bens e serviços de baixo custo.
3. Proporcionar a cada cliente bens e serviços com pouco tempo de espera.
4. Proporcionar a cada cliente bens e serviços que satisfaçam realmente as suas necessidades e expectativas.

As pressões ambientais atuam sobre os administradores para que estes ajudem suas organizações a alcançar produtividade e padrões elevados de qualidade ao consumidor. Uma pesquisa da *Harvard Business Review*[15] feita com 12 mil líderes empresariais do mundo todo concluiu que estes consideram o serviço ao consumidor e a qualidade do produto, respectivamente, o primeiro e o segundo aspecto mais importante no sucesso de suas organizações. Contudo, alcançar esses aspectos não é tarefa fácil e nem garantia absoluta de sucesso. Para enfrentar o desafio da qualidade, as organizações devem conhecer o que os clientes esperam e desejam para poderem oferecer a eles aquilo que realmente esperam em seus produtos e serviços. Isso significa uma certa intimidade com o cliente, para conhecer suas expectativas e necessidades.

TÉCNICAS DE QUALIDADE TOTAL

Embora seja uma meta de muitas organizações, é relativamente difícil encontrar uma definição que seja universalmente aceita sobre o que seja qualidade total. Para muitos, a QT significa sistemas e qualidade ou controles estatísticos de qualidade; para outros, representa o uso de grupos de trabalho e envolvimento do pessoal. A filosofia básica da QT está voltada para a satisfação do cliente, os objetivos da organização e algumas considerações ambientais. A aplicação dos conceitos de QT implicam investimentos em pessoas e em tempo. De toda forma, a implementação da QT envolve o uso de muitas técnicas. As principais técnicas de QT são: *benchmarking*, terceirização e redução do ciclo de tempo.

Benchmarking

Já falamos de *benchmarking*. Representa um dos mais importantes componentes dos atuais programas de QT. Ele foi introduzido em 1979 pela Xerox Corp., para safar-se de um enorme problema de concorrência no mercado, fazendo comparações com as melhores empresas concorrentes para melhorar seus processos internos. O *benchmarking* funciona como "o processo contínuo de avaliar produtos, serviços e práticas dos concorrentes mais fortes e daquelas empresas que são reconhecidas como líderes empresariais"[16], ou como representantes das melhores práticas, com o propósito de aprimoramento organizacional[17]. O *benchmarking* constitui uma fonte inesgotável de ideias. A chave de seu sucesso reside na análise.

O termo *benchmarking* significa um marco de referência, um padrão de excelência, que precisa ser identificado para servir de base ou de alvo para a mudança. Na realidade, Taylor já o aplicava quando comparava as melhores práticas dos operários para escolher o método de trabalho que todos eles deveriam seguir. Hoje, o *benchmarking* é uma técnica cada vez mais utilizada para comparar processos importantes com as melhores práticas mundiais e coletar informações necessárias para que sejam referências válidas para fazer mudanças inteligentes dentro da organização. Permite comparações de processos e práticas entre as organizações para identificar o "melhor do melhor" e alcançar um nível de superioridade ou de vantagem competitiva[18]. Na verdade, o *benchmarking* encoraja as organizações a pesquisar os fatores-chave que influenciam a produtividade e a qualidade em toda a organizações ou em suas unidades de produção, vendas, finanças, recursos humanos, engenharia, etc.

Para Oakland[1], o *benchmarking* é constituído por 15 estágios, todos eles focalizados no objetivo de comparar competitividade, como mostra a Figura 18.8.

Uma das dificuldades na adoção do *benchmarking* reside em convencer os administradores de linha de que seus desempenhos podem ser melhorados e excedidos. Isso exige uma abordagem paciente e a apresentação de evidências de melhores métodos usados por outras organizações. O *benchmarking* repousa no comprometimento e no consenso. Seu principal benefício é a competitividade, pois ajuda a desenvolver um esquema de como a organização pode sofrer mudanças para atingir um desempenho superior e excelente.

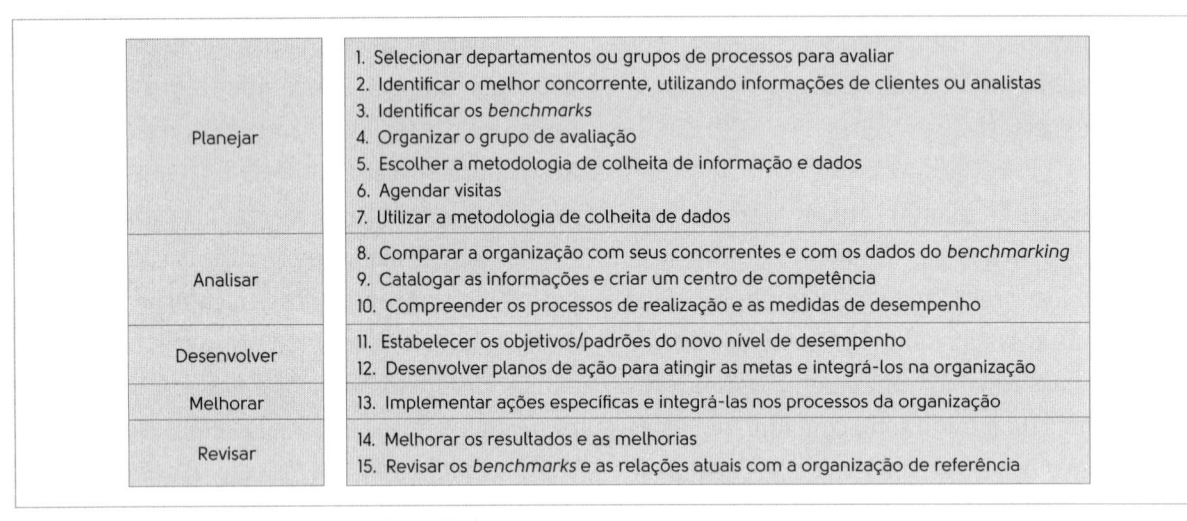

Planejar	1. Selecionar departamentos ou grupos de processos para avaliar 2. Identificar o melhor concorrente, utilizando informações de clientes ou analistas 3. Identificar os *benchmarks* 4. Organizar o grupo de avaliação 5. Escolher a metodologia de colheita de informação e dados 6. Agendar visitas 7. Utilizar a metodologia de colheita de dados
Analisar	8. Comparar a organização com seus concorrentes e com os dados do *benchmarking* 9. Catalogar as informações e criar um centro de competência 10. Compreender os processos de realização e as medidas de desempenho
Desenvolver	11. Estabelecer os objetivos/padrões do novo nível de desempenho 12. Desenvolver planos de ação para atingir as metas e integrá-los na organização
Melhorar	13. Implementar ações específicas e integrá-las nos processos da organização
Revisar	14. Melhorar os resultados e as melhorias 15. Revisar os *benchmarks* e as relações atuais com a organização de referência

Figura 18.8. Os quinze estágios do *benchmarking*[1].

Terceirização (*outsourcing*)

É uma decorrência da filosofia de qualidade total. A terceirização ocorre quando uma operação interna da organização é transferida para outra organização que consiga fazê-la com qualidade superior, no sentido de melhorá-la e reduzir custos. A terceirização significa que determinadas atividades são atribuídas a outras organizações que as façam melhor e mais barato. No fundo, a terceirização representa uma transformação de custos fixos em custos variáveis. Na prática, uma enorme simplificação do processo decisorial dentro das organizações e uma focalização cada vez maior no *core business* e nos aspectos essenciais do negócio.

Bancos e financeiras transferiram para outras empresas a administração de seus cartões de crédito, que o fazem melhor e mais barato do que eles. A quase totalidade das empresas petrolíferas terceirizou as áreas de limpeza e de manutenção de suas refinarias. Boa parte das grandes empresas transferiram suas operações massivas de processamento de dados para birôs de serviços. Empresas industriais terceirizam projeto, desenho e construção de novas fábricas. Empresas prestadoras de serviços estão surgindo a todo momento para trabalhar com serviços terceirizados, como malotes, limpeza e manutenção de escritórios e fábricas, serviços de expedição, guarda e vigilância, refeitórios, etc. Empresas de consultoria em contabilidade, auditoria, advocacia, engenharia, propaganda, relações públicas, etc., representam antigos departamentos ou divisões que foram terceirizados no sentido de reduzir a estrutura organizacional das empresas e dotá-las de maior agilidade e flexibilidade[9].

Redução de Ciclo de Tempo

Ao redor do ano de 1992, alguns críticos começaram a perguntar: a QT é suficiente para a competitividade das organizações[19]? A crítica se referia à redução do tempo de ciclo como o verdadeiro impulsionador da melhoria organizacional. Tempo de ciclo representa as etapas seguidas para completar um processo da organização, como ensinar a uma classe, publicar um livro, desenhar um novo produto, etc. Cada atividade tem um ciclo de tempo: a produção de um produto, o desenvolvimento de um novo produto, o retorno do investimento efetuado. A redução ou simplificação de ciclos de trabalho, a remoção de barreiras entre departamentos situados entre as etapas do trabalho, a eliminação de etapas improdutivas no processo são os aspectos que permitem que a QT seja bem-sucedida nas organizações. O ciclo operacional da organização torna-se mais rápido e o giro do capital aplicado muito mais ainda. Por trás da redução do ciclo operacional está a competição pelo tempo, o atendimento mais rápido do cliente, etapas da produção mais bem encadeadas entre si, queda de barreiras e obstáculos intermediários, etc. Os conceitos de fábrica enxuta e de *just-in-time* estão baseados no ciclo de tempo reduzido. E adiante dele estão as estratégias baseadas no tempo. A redução do ciclo de tempo melhora o desempenho global da empresa e reflete diretamente na qualidade.

Dicas

Características da qualidade total[20]

1. **Intenso foco no cliente**. O cliente é intensamente valorizado, não somente o cliente externo que compra os produtos ou serviços da organização, mas também o cliente interno que interage com e/ou serve os outros dentro da organização.
2. **Preocupação com a melhoria contínua**. A qualidade total é um compromisso que nunca está satisfeito. Muito bom não é o suficientemente bom. A qualidade sempre pode e deve ser continuamente melhorada.
3. **Melhoria da qualidade em tudo o que a organização faz**. A qualidade total utiliza uma definição ampla de qualidade: relaciona-se não somente com o produto final mas como a organização faz as coisas em todas as suas atividades, sejam entregas, como ela responde rapidamente às reclamações, como responde às chamadas telefônicas, como atende ao cliente.
4. **Medição acurada**. A qualidade total utiliza técnicas estatísticas para medir cada variável de desempenho crítico nas operações da organização. Essas variáveis de desempenho são comparadas contra os padrões e *benchmarks* para identificar os problemas, que são traçados em suas raízes para que as causas sejam eliminadas.
5. **Fortalecimento dos empregados**. A qualidade total utiliza o empoderamento (*empowerment*), isto é, ela envolve as equipes no processo de melhoria contínua, proporcionando-lhes responsabilidade e autonomia. As equipes são amplamente utilizadas em programas de qualidade total como veículos de fortalecimento para localizar e solucionar continuamente os problemas que aparecem.

Voltando ao caso introdutório: O modelo de referência

Emílio Vasconcelos procurou fortalecer a sua equipe multifuncional de trabalho. O material que recebera da FNPQ constituía para ele o melhor roteiro de ações a serem implementadas dentro da sua organização. Emílio concluiu que, se as empresas excelentes devem satisfazer todos os itens e critérios ali expostos, então por que não utilizá-los como objetivos ou balizamentos para um trabalho de melhoria organizacional? O material da FNPQ serviria de cartilha para que todo o seu pessoal pudesse trabalhar em direção à excelência.

Administração de hoje

Excelência não tem preço

A empresa catarinense WEG Motores, do empresário Décio da Silva, foi considerada pela revista *Forbes* uma das 100 melhores empresas médias do mundo, em 1996. O lema da WEG é: "máquinas se compram, pessoas não se compram". Para quem ainda não entendeu o recado, a WEG é uma empresa que investe pesadamente no seu pessoal para poder, a partir daí, melhorar a qualidade dos seus produtos e conquistar mercados. O produto somente pode ser excelente quando é produzido por pessoas excelentes. A tecnologia somente tem sentido quando operada por pessoas que sabem utilizá-la adequadamente. A WEG Motores foi premiada pela Fundação Prêmio Nacional da Qualidade (FPNQ) em 1997. Trata-se da maior indústria de motores da América Latina e acredita que o item desenvolvimento e gestão de pessoas foi o principal aspecto que a levou a abocanhar o PNQ.

A VANTAGEM COMPETITIVA POR MEIO DA QUALIDADE

A administração para o alto desempenho e a vantagem competitiva constituem o tema central das organizações de hoje. A palavra de ordem é qualidade. O alcance de objetivos de qualidade em todos os níveis organizacionais e aspectos das operações estão sendo considerados os critérios universais do desempenho organizacional, seja em organizações manufatureiras ou de serviços. As demandas competitivas de uma economia globalizada constituem uma importante força na corrida para a chamada qualidade total. Os padrões de qualidade estabelecidos pela International Standards Organization (ISO), uma entidade criada em 1946 e sediada em Genebra, Suíça, estão sendo adotados em quase todos os países do mundo. Os princípios que norteiam a ISO 9000 foram desenvolvidos em 1987, para padronizar as normas de gestão de qualidade nas organizações. Assim, as organizações que pretendem competir como "empresas de classe mundial" no mercado global precisam obter a certificação da ISO 9000. O certificado é uma espécie de diploma que atesta que a organização cumpre as normas de gestão de qualidade estabelecidas pela ISO.

O processo de certificação inclui um longo preparo da organização para homogeneizar os procedimentos nas diversas áreas e inclui uma auditoria realizada durante uma semana. Para obter a certificação, cada organização deve refinar e melhorar a qualidade em todas as suas operações e passar por um rigoroso exame efetuado por auditores externos para determinar se ela está ou não em conformidade com os padrões ISO 9000. A partir da certificação, são feitas auditorias semestrais que servem para aferir a continuidade do programa de qualidade da organização. Essas auditorias periódicas são geralmente feitas por amostragem para verificar se os procedimentos definidos estão sendo seguidos corretamente. A ISO é representada por órgãos internacionais que são escolhidos como certificadores de qualidade, por exemplo, o Bureau Veritas Quality International (BVQI) e o Instituto Nacional de Metrologia, Normalização e Qualidade Industrial (Inmetro).

Cada vez mais, a norma internacional ISO 9000 constitui um selo de aprovação e garantia e hoje é uma necessidade para ingressar nos negócios internacionais, já que todas as organizações do mundo todo o exigem como condição preliminar. As normas do ISO 9000 representam um plano de qualidade e um manual apropriado para o nível de sistema de qualidade exigido. Nas grandes organizações, outros manuais adicionais são necessários para conter os detalhes de procedimentos e práticas utilizados em áreas específicas do sistema. Na verdade, as normas do ISO 9000 garantem a uniformização dos métodos usados pelas organizações e envolvem as seguintes certificações:

- ISO 9001: nível 1. Inclui projeto e desenvolvimento do produto, produção ou operação, instalação, serviços e assistência técnica. Sua aplicação ocorre quando o cliente especifica os bens ou serviços em termos de desempenho e não em termos técnicos especificados.
- ISO 9002: nível 2. Inclui apenas produção e instalação. É aplicável quando a organização produz bens ou serviços de acordo com uma especificação do cliente ou publicada. Exclui o projeto do produto.
- ISO 9003: nível 3. Estabelece normas para inspeção e ensaios de produtos acabados ou de serviços oferecidos. É aplicável somente na inspeção ou em ensaios finais da produção ou do serviço.

A certificação pelas normas da ISO 9000 significa um diploma de qualidade: atesta que a empresa está em condições de produzir qualidade. É uma espécie de carteira de habilitação, mas que não garante que o portador vá respeitar todas as regras de trânsito. Mais recentemente, surgiu a ISO 14000, relacionada com o cuidado ambiental e com a preservação ecológica.

Avaliação crítica: Nossos índices de defeitos superam os padrões mundiais[21]

Os índices de defeitos em componentes e veículos fabricados no Brasil ainda são altos quando comparados aos padrões mundiais. Algumas empresas do setor automobilístico atingiram nível internacional quanto à tecnologia empregada, mas ainda falta capacitação técnica do pessoal, por existir pouco treinamento, principalmente nas empresas pequenas. Entre os executivos, é escassa a qualificação para atuar no comércio internacional. A produtividade cresceu e o atraso entre o lançamento de modelos nos principais mercados e no Brasil foi diminuído. Esse foi o diagnóstico dos principais segmentos envolvidos na cadeia produtiva da indústria automobilística que se reuniram no final de 1997, para elaborar o Programa Brasileiro de Produtividade e Qualidade (PBPQ).

Administração de hoje

Hotéis entram na briga pelo ISO 9002[22]

Entre as estrelas da Embratur (Empresa Brasileira de Turismo) e os asteriscos da Associação Brasileira da Indústria de Hotéis (Abih), surge mais uma complicação para os turistas que querem apenas escolher um bom hotel para se hospedar. O certificado ISO, distribuído internacionalmente pela International Organization for Standardization para as mais diversificadas indústrias do mundo, começa a ser alvo da cobiça dos hotéis. No Brasil, o Hotel Transamérica de São Paulo foi o primeiro a conseguir a certificação ISO 9002 e outros hotéis estão correndo atrás do aval da instituição. Aqui, ela é representada pelo Instituto Nacional de Metrologia, Normalização e Qualidade Industrial (Inmetro), que credencia as empresas que fazem auditorias para a concessão do certificado.

Contudo, o certificado não se refere ao padrão de qualidade do hotel. Qualquer hospedagem com baixa cotação em estrelas ou asteriscos pode ter o ISO. O certificado, no caso dos hotéis, refere-se à eficácia da administração da empresa e não à qualidade dos serviços que ela oferece.

O próprio gerente-geral do Hotel Transamérica admite que o certificado não deve servir como propaganda. "Batalhamos pelo ISO 9002", diz ele, "para que o nosso sistema de gestão fosse melhorado. Como consequência, nossa produtividade e nossa qualidade aumentaram, o que também elevou nossos lucros". Esse é o principal objetivo do certificado: provar que o estabelecimento está sendo bem gerenciado. O processo para um hotel conseguir o ISO não é tão difícil. É necessário que se invista em consultoria e em treinamento de pessoal. No caso do Transamérica, foram investidos US$ 160 mil, durante dois anos de aperfeiçoamento dos processos e dos funcionários. Depois, põe-se no papel cada um dos serviços que o local oferece, com os passos detalhados de como eles são feitos, e envia-se o documento para uma das empresas credenciadas para fazer as auditorias para a qualificação. A primeira etapa é a vistoria através da entidade verificadora para conferir se o que está no papel vem, de fato, sendo cumprido. Em caso positivo, o processo está encerrado. No caso do Transamérica, a entidade verificadora escolhida foi a Bureau Veritas Quality International (BVQI), de origem inglesa, uma das principais auditorias credenciadas pela ISO no mundo. A diferença entre o que nós e a Embratur consideramos nas análises é simples: a estatal considera o estado de conservação das instalações do hotel, a quantidade e a qualidade dos serviços oferecidos e as facilidades dadas aos hóspedes, enquanto nós analisamos o sistema de gestão do hotel, diz a coordenadora do projeto de classificação dos meios de hospedagem do Inmetro.

Avaliação crítica: A satisfação do consumidor

A frase mais ouvida nos departamentos de *marketing* das grandes organizações é: o consumidor está se tornando cada vez mais exigente. Uma pesquisa feita pela Universidade de Michigan e a American Society for Quality Control, publicada pela revista *Fortune*, mostra que esse ditado é verdadeiro. Em 1996, os consumidores americanos ficaram menos satisfeitos do que no ano anterior com os serviços prestados pela maioria das empresas. Entre as 206 companhias analisadas, somente 15 aumentaram em mais de 4% o seu índice de satisfação do consumidor. As empresas de refrigerantes tiveram a melhor pontuação entre todos os setores avaliados. A Coca-Cola foi a campeã com 87 pontos e sua arquirrival, a Pepsi, ficou bem próxima, com 86 pontos. Abaixo, as empresas campeãs em seus respectivos setores, em 1996:

Coca-Cola	Refrigerantes
H. J. Heinz	Alimentação
Zenith	Produtos Eletrônicos
American Telephone & Telegraph (AT&T)	Telecomunicações
Cadillac	Automóveis
Anheuser-Busch (Budweiser)	Cervejas
Nike	Tênis
Shell	Gasolina
R. J. Reynolds	Cigarros
Hewlett-Packard (HP)	Computadores

Precisamos urgentemente aprender com elas.

Administração de hoje

ISO 9000 muda empresas e trabalhadores[23]

Segundo o Comitê Brasileiro da Qualidade, já existem mais de 2 mil empresas no Brasil com certificações da série ISO 9000. Esse número em 1990 era de apenas 18 empresas no país. Essas empresas, dos mais variados tamanhos e segmentos de atividade, investiram tempo e dinheiro para aperfeiçoar seus padrões de qualidade. O benefício mais óbvio é o reconhecimento geral de que a empresa possui um sistema de qualidade e que se reflete em ganhos de imagem e funciona como um diferencial importante nos negócios realizados no Brasil e no exterior. Mas existem os efeitos colaterais positivos desse processo. Uma certificação ISO 9000 influencia o processo de escolha de um fornecedor de produtos ou serviços, principalmente na esfera internacional. Esse é um requisito básico para participar em concorrências e licitações ou conseguir tornar-se fornecedor de importantes conglomerados internacionais. Além das vantagens comerciais, existe a formalização de seus métodos e sistemas de trabalho, cujo processo de preparação equivale quase à contratação de uma consultoria especializada em organização da produção, de recursos humanos e de materiais. Para atender aos requisitos contidos na norma, as empresas precisam fazer um grande esforço de organização, de padronização de procedimentos, de sistematização de atividades que vinham sendo desenvolvidas sem um planejamento adequado. Para isso, é necessário que exista o envolvimento e o comprometimento de todo o corpo de funcionários, que assumem a responsabilidade de implantar e aperfeiçoar o sistema de qualidade da empresa. Afinal, a qualidade não brota espontaneamente. Ela precisa ser criada e mantida à custa de muito trabalho.

A passagem de um modelo informal de organização da produção e da administração da empresa para um modelo sistematizado e profissional é resultado de um processo muitas vezes árduo e demorado, mas que traz consigo uma radical transformação na empresa e em todos os seus funcionários, que não é possível expressar numa simples certificação. Empresa e funcionários só têm a ganhar com essa transformação, que os capacita para competir com ferramentas mais adequadas e modernas no mundo globalizado.

A mudança de mentalidade provocada pela busca da qualidade é um diferencial na vida do indivíduo, que o ajuda na sua carreira profissional e também na vida pessoal. Para a empresa, os resultados práticos são ainda mais visíveis, resultando em redução de desperdícios de materiais e de mão de obra, produção de menor índice de material não conforme e, é lógico, crescimento da rentabilidade.

ÊNFASE NA PRODUTIVIDADE

A produtividade significa a relação entre o que se produz e o que se utiliza para produzir, ou seja, a relação entre a quantidade produzida e os recursos utilizados para produzi-la. Significa a conversão dos recursos em bens econômicos. Ou a relação entre as saídas e as entradas de um sistema. É a capacidade de fazer mais com menos.

$$\text{Produtividade} = \frac{\text{Quantidade produzida}}{\text{Recursos utilizados}}$$

A produtividade depende do aumento do índice de eficiência, condição indispensável para criar valor, crescer, gerar e distribuir riqueza. Fazer o mesmo esforço e gastar os mesmos recursos para produzir mais. Ela depende da infraestrutura da organização em termos de tecnologia, métodos e processos adequados e, principalmente, gente treinada, educada e qualificada. E a competitividade de uma organização depende da sua produtividade. E essa representa o motor do desenvolvimento econômico do país.

Dicas

Como aumentar a produtividade

1. Entender o significado e os objetivos do trabalho. Para que ele serve.
2. Aumentar os resultados do trabalho.
3. Manter-se atualizado com relação a métodos, processos e técnicas.
4. Buscar eficiência e eficácia no trabalho para alcançar excelência.
5. Planejar e gerenciar possíveis imprevistos.
6. Utilizar ferramentas e instrumentos adequados.
7. Manter o local de trabalho organizado.
8. Evitar interrupções e aproveitar todo tempo livre.
9. Prezar a objetividade, clareza e finalidade.

Franklin Covey propõe cinco escolhas para as pessoas alcançarem uma produtividade extraordinária[24]:

1. Atuar sobre o importante e não reagir ao urgente: em um mundo onde as pessoas vivem afogadas em interações e incontáveis demandas para fazer mais com menos. É preciso separar as atividades vitalmente importantes e prioritárias das irrelevantes e, com isso, oferecer uma contribuição significativa.
2. Buscar o extraordinário e não se conformar com o comum: é preciso fazer a diferença. Contudo, o excesso de prioridades acaba atrapalhando a conquista de resultados extraordinários. É preciso redefinir os papéis em termos de resultados extraordinários, concentrando-se em metas de alta prioridade.
3. Programar as pedras grandes e não se perder em meio ao cascalho: a crescente pressão do cotidiano das organizações pode despertar nas pessoas uma sensação de desamparo e impotência. É preciso aprender a aplicar uma cadência de planejamento e execução que produza resultados extraordinários e devolva o controle de sua vida profissional e pessoal.
4. Usar a tecnologia a seu favor e não ser controlado por ela: a avalanche diária de *e-mails*, mensagens de texto e alertas de *sites* de relacionamento representa uma séria ameaça à produtividade. É preciso aprender a usar a tecnologia a seu favor, configurando plataformas de modo a eliminar distrações e aumentar sua produtividade.
5. Aumentar sua chama interior e não desperdiçar sua energia, desgastando-se: o ambien-

te profissional exaustivo e estressante dos dias de hoje pode exaurir as pessoas em muito pouco tempo. É preciso se beneficiar das últimas descobertas da neurociência e renovar consistentemente sua energia mental e física.

Disso tudo, o desafio para Covey está no excesso diário de informações, das mais variadas fontes (mensagens de texto, *e-mails*, *tweets*, *blogs*, alertas, etc.), além das nossas demandas profissionais, que assumem um efeito avassalador e prejudicial à concentração. Esse imenso volume de informações ameaça nossa habilidade de pensar claramente e de tomar decisões sensatas. Quando reagimos instintivamente a esses estímulos, sem um discernimento claro, deixamos de alcançar as metas que mais fazem a diferença em nossa vida pessoal ou profissional. A solução para ele está em seguir as cinco escolhas para uma produtividade extraordinária, aplicando um processo que deverá aumentar dramaticamente a habilidade de alcançar os resultados que mais importam.

Na verdade, a produtividade pode ser aumentada pelo treinamento, pela capacitação das pessoas, pela adoção de métodos adequados, pela melhoria contínua, pelo suporte de tecnologia, por muita motivação, engajamento e criatividade no sentido de incentivar a inovação. Uma pessoa que estudou e se dedicou ao trabalho quer ser bem remunerada e quer um salário condizente com sua produtividade. A meritocracia é indispensável. Políticas relacionadas com a satisfação e o engajamento das pessoas podem não incrementar necessariamente a produtividade individual, mas criam um ambiente acolhedor e impulsionador que favorece a produtividade geral da organização.

Administração de hoje

O foco nos melhores[25]

Até o século passado, o objetivo das organizações em geral era aumentar a produtividade no chão da fábrica. Hoje, o maior desafio é elevar a eficiência dos trabalhadores mais qualificados.

Em pleno século XIX, o economista inglês Alfred Marshall visitou várias fábricas para entender as causas da pobreza em seu país. Depois de analisar os processos fabris e a qualidade da mão de obra, ele refutou a teoria em voga entre os economistas da época, segundo a qual a massa salarial nunca aumentava: para alguém ganhar mais, outro deveria necessariamente ganhar menos ou perder o emprego. Ele descobriu que havia um modo de todos obterem ganhos salariais reais: aumentando a produtividade no trabalho. Para isso, era preciso educar os trabalhadores ineficientes e sem qualificação. Dizia ele que, se a diminuição da mão de obra não qualificada resultar do aumento da qualificação dos trabalhadores, a produção crescerá e haverá mais capital a ser dividido. Mais de 150 anos se passaram, a qualificação dos trabalhadores deu um salto e as técnicas de produção fabril se tornaram muito mais eficientes. Em 1999, Peter Drucker — um dos principais gurus da moderna administração — dizia que, na verdade, a única tarefa dos administradores no século XX foi aumentar a produtividade dos trabalhadores das fábricas em 50 vezes. Agora, o desafio é outro: a maior contribuição que os administradores podem dar no século XXI é aumentar a produtividade dos trabalhadores do conhecimento. Para ele, os trabalhadores do conhecimento são aqueles que usam sua capacidade intelectual para identificar problemas e encontrar soluções. Fazem parte desse grupo profissionais como executivos, consultores, vendedores, advogados, médicos e pesquisadores. Alguns preferem chamá-los de "trabalhadores qualificados" ou "profissionais de interação", já que boa parte do trabalho deles consiste em interagir com outras pessoas, seja colegas, seja clientes, para formar uma opinião e tomar decisões complexas. É o tipo de trabalho que não se tornou dispensável pela adoção de novas tecnologias ou processos.

Nos países desenvolvidos, a demanda por esses profissionais tem crescido. Nos Estados Unidos, segundo a consultoria McKinsey, os "trabalhadores de interação" representam 41% dos novos postos de trabalho. Na Alemanha, a proporção é de 37%. A consultoria projeta que, em 2020, a demanda por esses profissionais será maior do que a oferta, gerando um déficit de 40 milhões de trabalhadores qualificados no mundo. No Brasil, esses profissionais ocupam 25% das vagas, índice similar ao da Índia e da China. É pouco, reflexo de uma economia ainda em desenvolvimento e do fato de que apenas 7% dos trabalhadores brasileiros têm nível superior ante 24% no Chile e 11% na Venezuela, para ficarmos só nos países vizinhos.

Diante da escassez do trabalhador do conhecimento, o desafio das empresas é tirar o máximo de cada um, ou seja, torná-lo mais produtivo. A tarefa não é fácil – talvez mais difícil do que aumentar a produtividade dos trabalhadores do chão de fábrica. Desde que Taylor estudou, no fim do século XIX, os métodos de produção fabril com o objetivo de torná-los mais eficientes, sabe-se que, para aumentar a produtividade dos trabalhadores na indústria, os desafios são analisar os processos, cortar o que é desnecessário e melhorar o que pode ser aperfeiçoado – em síntese, fazer tudo da forma mais simples possível. Mas como aumentar a produtividade de um executivo, um advogado, um médico ou um engenheiro? O que significa tornar um pesquisador mais produtivo? É o que apresenta uma inovação por mês? Ou é o que propõe uma inovação a cada dois anos, mas que ajuda a dobrar o faturamento da empresa? Não há uma fórmula.

Para Drucker, há cinco fatores que determinam a produtividade do trabalhador do conhecimento:

1. Autonomia.
2. Incentivo à inovação.
3. Aprendizado constante.
4. Valorização da qualidade sobre a quantidade.
5. Motivação.

Para aumentar a produtividade do trabalhador manual, a única coisa necessária é dizer a ele como fazer o trabalho, dizia Drucker. O aumento da produtividade depende da capacitação técnica dos profissionais, seja qual for sua função.

Para a organização é fundamental criar mecanismos para absorver o conhecimento dos trabalhadores e repassá-lo a outros funcionários por meio da gestão do conhecimento. Algumas organizações criam bancos de dados alimentados pelos próprios profissionais. São artigos ou estudos sobre determinados temas que podem ser acessados por qualquer funcionário. No entanto, para aumentar a produtividade do trabalhador do conhecimento são necessárias também mudanças de atitude – dele e da organização onde trabalha. No geral, uma forma de saber se os profissionais são produtivos é ver o resultado da empresa ou da equipe.

ÊNFASE NA COMPETITIVIDADE

A competitividade significa a capacidade de uma organização de oferecer produtos e serviços melhores e mais baratos, mais adequados às necessidades e expectativas do mercado, trazendo soluções inovadoras ao cliente. No fundo, competitividade significa fazer mais e melhor do que as outras organizações, a um custo mais baixo e provocando uma satisfação maior do cliente ou usuário. Ela se assenta em critérios de qualidade e produtividade. A corrida pela competitividade é intensa: cada organização quer ficar na frente de seus concorrentes, oferecendo algo melhor e mais barato ao mercado.

As organizações bem-sucedidas se caracterizam por intensos e contínuos esforços na busca da competitividade organizacional. Nessas organizações, a hierarquia administrativa passa a ser gradativamente substituída pelas redes internas, interligando intensamente os grupos de pessoas;

os departamentos funcionais e de produtos/serviços cedem lugar às equipes de trabalho; o foco nos controles torna-se cada vez mais flexível e solto; a burocracia cede lugar à inovação e à criação do conhecimento. As vantagens competitivas a partir das economias de escala, da especialização e da comunicação do tipo topo/base, passam a ser substituídas pela rapidez e retorno sobre o tempo, aprendizagem, liderança gerencial do meio do campo para baixo, mantendo as economias de escala. O modelo organizacional passa a ser orgânico, flexível, maleável, com ênfase em unidades de negócios autônomas, redes internas e atividades grupais. Nesse contexto, o espírito empreendedor e a criatividade passam a ser fortemente estimulados entre os funcionários. As pressões da competição global levam as organizações a uma busca frenética e incessante da inovação e da mudança para obtenção de novas formas de vantagem competitiva, ainda que passageiras ou esporádicas, em um mundo instável e turbulento. A velocidade da inovação tecnológica passa a atropelar a economia, a sociedade e a cultura, criando novas necessidades, ainda que desnecessárias e imprevistas, e novos padrões de comportamento e negócios. Nessa nova era, como jamais ocorrera em toda a história da humanidade, nunca a informação fez tanta diferença nos negócios das organizações. É que com a moderna tecnologia, a informação dá uma volta completa ao mundo em apenas um milésimo de segundo. Uma rapidez incrível. Em suma, cortar níveis hierárquicos ao essencial, reorganizar o trabalho para enfatizar o trabalho em equipe, desenvolver novos modos de envolvimento das pessoas, agregar valor, experimentar novas estruturas organizacionais e plugar-se no cliente.

Na década de 1990, as técnicas de redução e enxugamento, como a reengenharia de processos, as fábricas enxutas, o *just-in-time*, as organizações virtuais, as organizações em redes de equipes provocaram o aparecimento de novas ideias sobre como tocar os negócios de maneira mais simples, ágil e competitiva.

Caso de apoio: As sugestões dos clientes adubam os lucros[26]

O cliente quase sempre tem razão. E, se não tiver, pelo menos merece ser ouvido. Mais do que simples retórica, essa concepção inspirou a criação do conselho de clientes da Bunge, uma das maiores fabricantes de fertilizantes do país. A diretoria da empresa paulista decidiu convidar 80 dos cerca de 25 mil agricultores que compram seus produtos para integrar esse conselho. O objetivo é colher dos clientes opiniões e sugestões sobre nossos produtos e serviços, diz um dos diretores. Esse tipo de recurso tem uma razão: 80% das receitas da Bunge provêm da venda direta ao consumidor final. A área de atuação da Manah foi dividida em quatro regiões: Sul e países do Mercosul, Paraná e São Paulo, Centro-Oeste e Nordeste. Cada uma tem um certo número de representantes no conselho.

Os mandatos do conselho duram dois anos. A primeira reunião de cada mandato sempre acontece na sede da Bunge, em São Paulo, com a participação de todos os conselheiros. Depois, são feitas reuniões regionais a cada semestre. Além disso, os representantes da Bunge ficam em contato constante com os agricultores, participando das reuniões dos conselhos locais. Eles estão lá para ouvir e tomar providências. Só falam se o presidente da mesa pedir para darem alguma explicação aos clientes. Segundo Lazarini, as sugestões costumam ser implantadas – vão de alterações nas fórmulas de determinados

> produtos às mudanças no sistema de expedição e transportes da Bunge. Antigamente, os caminhoneiros contratados pelos clientes para transportar o fertilizante costumavam ficar até uma semana na fila esperando pelo produto. Com as sugestões, o prazo máximo de espera caiu para 24 horas.
>
> A pauta das reuniões não é constituída apenas por discussões em torno dos fertilizantes e alimentos para gado que são produzidos pela Bunge. Há também palestras sobre o mercado agrícola – a Bunge organiza visitas à Bolsa Mercantil e de Futuros de São Paulo. Além disso, a empresa repassa-lhes pesquisas sobre tendências da produção agrícola. O importante é trocar ideias com outros agricultores.
>
> A criação do conselho de clientes tem produzido bons frutos para a Bunge, garantindo-lhe a liderança de um mercado de 2,9 bilhões de dólares anuais.

Administração de hoje

As empresas do futuro[27]

Um dos grandes desafios empresariais do momento não é mais administrar a falta, e sim o excesso de oportunidades – fato inédito na história econômica. Os novos padrões tecnológicos, os novos parceiros entrando no mercado, a terceirização ampla criando novos segmentos de atuação, a integração de mercados, a integração de logística, descobertas de sinergias entre empresas de segmentos diferentes, tudo isso contribui para enriquecer e, ao mesmo tempo, complicar extraordinariamente o ambiente econômico. Esse quadro atual, de enormes transformações, criou paradoxos fatais para as empresas brasileiras. Há empresas com passado brilhante e sem futuro previsível.

Nessa complicada conjuntura, a matéria-prima mais escassa é a visão estratégica correta, a visão sistêmica, capaz de trabalhar e estruturar esse volume de informações dispersas em um todo lógico e traçar um rumo que permita aproveitar as novas oportunidades sem perder o foco. Mas isso não basta. Há a necessidade de estruturar as empresas para agregar mais cérebros e mais flexibilidade nessa busca de novas oportunidades de negócios.

Acabou a era da previsibilidade e, com ela, o apogeu do homem especialista, do gerente sargentão e do empresário autossuficiente. Na era anterior, na linha de montagem, nenhum trabalhador ia além da volta do parafuso; na média gerência, nenhum gerente avançava além do manual; na diretoria, nenhuma decisão deixava de passar pelo presidente.

Os novos paradigmas

Para vencer no novo ambiente, as organizações necessitam articular-se em três direções:

1. **Agregar o maior número de pessoas no esforço de pensar novos negócios ou aprimorar o negócio existente.** Para os segmentos menos especializados, programas de qualidade com metas e premiação. Para os segmentos especializados, estimular a figura do empreendedor – seja funcionário, parceiro ou sócio, com garra e talento para prospectar e desenvolver novos negócios. É nesse quadro que surge a figura do profissional do futuro. No Brasil, há inúmeras reclamações sobre o pouco grau de especialização da mão de obra. É verdade. Mas os profissionais que dominarão no futuro serão os generalistas, aqueles capazes de estabelecer relações entre realidades aparentemente distribuídas e que saibam desenvolver uma visão sistêmica e estruturada.
2. **Trabalhar tendo em vista a produção final, não o controle sobre os meios.** Ainda hoje há um vício cultural arraigado de as empresas pretenderem o controle absoluto sobre tudo o que fazem. As empresas mais dinâmicas serão aquelas que tiverem visão estratégica e, dentro dela, souberem articu-

lar os diversos parceiros, identificar e acomodar interesses, estabelecer relações objetivas e de confiança com terceiros. Trocam-se as relações de controle e subordinação por relações contratuais e de confiança.
3. **Acabar com os dogmas sobre a propriedade.** A guerra estratégica obriga ao exercício das fusões e incorporações entre empresas. A fim de ganhar agilidade, ocorre uma alteração na estrutura de controle das empresas. É desenvolvida uma nova tecnologia de aferição de valor, e caminha-se em direção à profissionalização na gestão, permitindo agilidade nas fusões mediante mera troca de ações entre acionistas.

Padrão da desconfiança

Obviamente este ainda não é o padrão dominante no Brasil, longe disso. Um dos piores vícios do autoritarismo que permeou o século passado foi não ter permitido ao país entender a arte da negociação, em todos os níveis. As relações sempre tinham de ser hierárquicas – patrão sobre trabalhador, empresa grande sobre parceiro pequeno – e de desconfiança. Empresas eram extensão da família, a convivência com sócios, uma violência contra nossa própria comodidade. No fundo, a lenta, porém segura, reconstrução da cidadania, por meio da democratização, de sucessivas eleições, é que está permitindo gradativamente ao país romper com as amarras desse subdesenvolvimento e passar a operar em bases mais modernas e cooperativas. São os princípios da cidadania que amadurecem.

Administração de hoje

A Accor[28]

Os funcionários da empresa podem ser os melhores aliados dos negócios. A Accor, a maior rede hoteleira do mundo, resolveu pedir a colaboração de mais de 130 funcionários para checar a qualidade da instalação e dos serviços de seu mais novo hotel cinco estrelas, o Sofitel, de São Paulo. Consultores externos foram dispensados. Durante quatro dias – anteriores à inauguração –, os funcionários foram divididos em grupos. Cada um deles foi convidado juntamente com a família a passar uma noite hospedado no hotel. Participaram do programa desde camareiras e garçons até os gerentes do Sofitel. Missão para o dia seguinte: elaborar uma lista com todos os problemas detectados durante o período de hospedagem. O objetivo era corrigir as deficiências antes que os verdadeiros hóspedes se dessem conta dos problemas. Ao final do treinamento, mais de 150 falhas nos serviços e na infraestrutura foram apontadas pelos funcionários. Os problemas iam da falta de informação na hora de manejar a torneira de água quente da banheira até a demora na entrega do serviço de lavanderia expressa. O passo seguinte foi corrigir as deficiências. O custo total do programa não passou dos 82 mil dólares. Imagine o retorno desse investimento.

Frutos da qualidade	Frutos da produtividade
• Padrões de excelência	• Trabalho agradável em equipe
• Entrega de valor	• Criatividade e inovação
• Satisfação do cliente	• Produzir mais com menos
• Melhoria contínua	• Controle e redução de custos
• Satisfação do funcionário	• Ausência de desperdícios
• Solução rápida dos problemas	• Trabalho organizado e em alto nível
• Ausência de refugos ou retrabalhos	• Satisfação do funcionário
• Ouvir e encantar o cliente	• Melhores salários
• Atender o cliente com presteza	• Orgulho de pertencer à organização
• Desenvolvimento pessoal e profissional	• Desenvolvimento pessoal e profissional

Figura 18.9. Os frutos da qualidade e da produtividade.

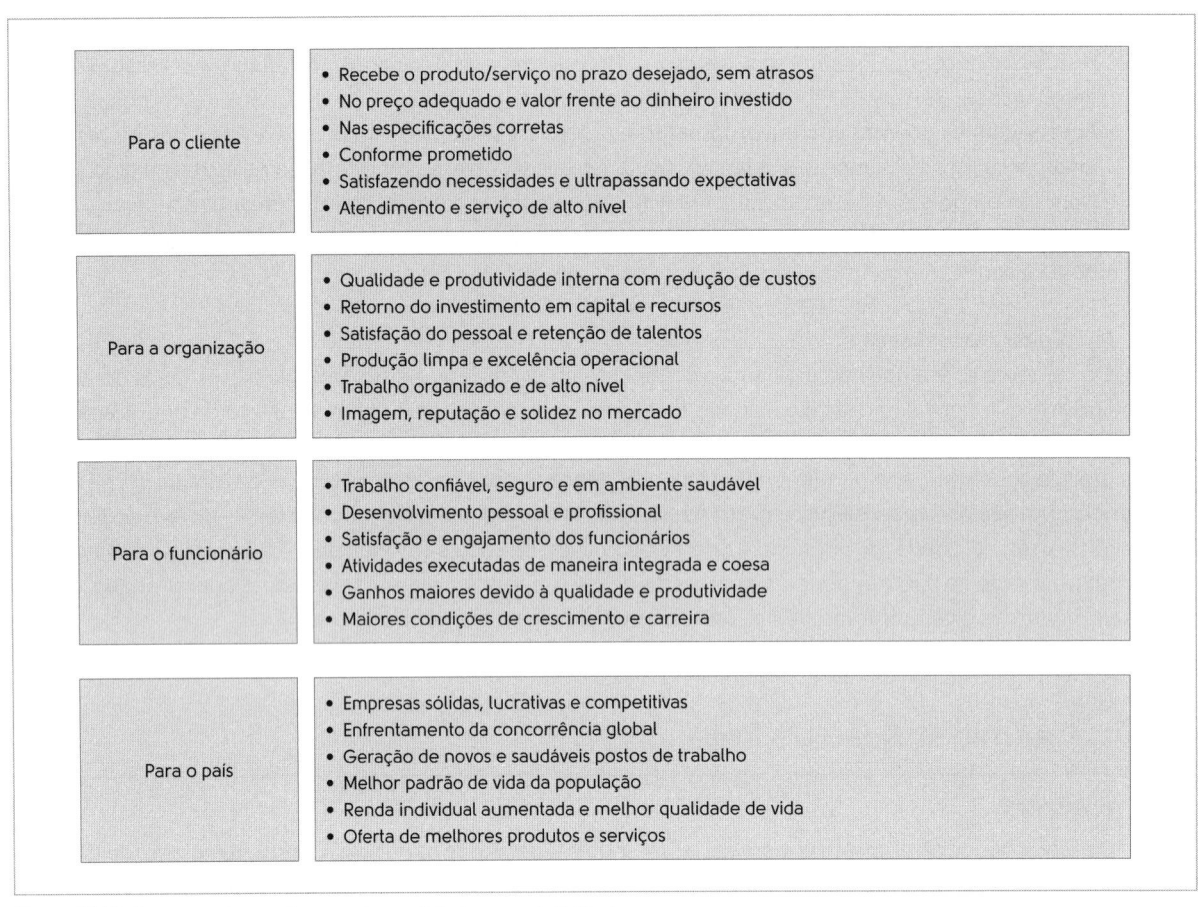

Para o cliente	• Recebe o produto/serviço no prazo desejado, sem atrasos • No preço adequado e valor frente ao dinheiro investido • Nas especificações corretas • Conforme prometido • Satisfazendo necessidades e ultrapassando expectativas • Atendimento e serviço de alto nível
Para a organização	• Qualidade e produtividade interna com redução de custos • Retorno do investimento em capital e recursos • Satisfação do pessoal e retenção de talentos • Produção limpa e excelência operacional • Trabalho organizado e de alto nível • Imagem, reputação e solidez no mercado
Para o funcionário	• Trabalho confiável, seguro e em ambiente saudável • Desenvolvimento pessoal e profissional • Satisfação e engajamento dos funcionários • Atividades executadas de maneira integrada e coesa • Ganhos maiores devido à qualidade e produtividade • Maiores condições de crescimento e carreira
Para o país	• Empresas sólidas, lucrativas e competitivas • Enfrentamento da concorrência global • Geração de novos e saudáveis postos de trabalho • Melhor padrão de vida da população • Renda individual aumentada e melhor qualidade de vida • Oferta de melhores produtos e serviços

Figura 18.10. Algumas das vantagens da qualidade e produtividade.

ALINHANDO QUALIDADE, PRODUTIVIDADE E COMPETITIVIDADE

As organizações bem-sucedidas são aquelas que conseguem juntar o trio acima para alcançar resultados sinergísticos e impressionantes. Por essa razão, muitas organizações relativamente pequenas em tamanho e capital financeiro conseguem ter um valor de mercado incomensuravelmente maior do que grandes organizações dotadas de colossal tamanho e enorme fortaleza financeira. Elas sabem fazer muito mais com muito menos.

Para tanto, a consultoria Accenture mostra o caminho para o sucesso organizacional. Segundo ela, o que as organizações devem fazer[29]:

1. Foco em identificar e explorar capacidades distintivas e oportunidades: como especialização ou maestria em tecnologias-chave para impulsionar crescimento e criar empregos. Para adquirir elevado desempenho, as empresas precisam examinar onde elas podem explorar suas vantagens competitivas com o maior efeito possível. Esta especialização muitas vezes traz a necessidade de uma reorganização estrutural, flexibilização e mobilidade da empresa ao redor dos novos alvos.

2. Desenvolver sistemas multiplicadores de talentos: como sistemas que identifiquem, desenvolvam e retenham talentos para que possam construir o capital humano certo e espalhar e desdobrar o conhecimento e habilidades críticas rapidamente dentro da organização.

3. Desenvolver uma cultura de inovação: para motivar as pessoas a imaginar, criar e atuar

como catalisadoras da conectibilidade, da inovação e do crescimento organizacional.

4. Alinhar as estratégias setoriais ao redor da estratégia global: por uma rede mais ampla e integrada de *stakeholders* – tanto internos como externos – e promover os benefícios para que todas as pessoas possam identificar com clareza os meios de oferecer produtos e serviços inovadores ao mercado a fim de conquistar e reter clientes.

5. Aumentar a densidade das interações: tanto internas entre órgãos e pessoas como externas entre clientes gerando um extenso efeito de se espraiar no mercado pela criação e entrega de valor.

A busca pela excelência está por trás disso tudo.

Caso para discussão: Nestlé[30,31]

O executivo paulista Ivan Fábio Zurita foi durante 11 anos o presidente da subsidiária brasileira da Nestlé. Trouxe um incrível avanço nos resultados da companhia, na qual começou como estagiário em 1972 e foi seu único emprego com carteira assinada. Durante sua gestão – Zurita foi o mais longe dos últimos presidentes da companhia suíça no Brasil – a gigante dos alimentos quadruplicou de tamanho, passando de um faturamento de R$ 4,8 bilhões para R$ 20,5 bilhões. Durante sua gestão, o Brasil saltou do sétimo para o segundo maior mercado em volume de vendas e receitas entre os 83 países em que a multinacional opera.

Com 121 marcas de produtos alimentícios no país – que vão de chocolates, iogurtes, biscoitos e papinhas de bebê a ração animal, cafés e água, a Nestlé foi uma das primeiras empresas de grande porte a perceber o potencial das classes C, D e E no País. Os produtos da Nestlé, que no início dos anos 2000 estavam presentes em 70% dos lares brasileiros, hoje são encontrados em 99% das residências. O aumento dessa penetração deve-se à estratégia desenhada por Zurita visando à população de baixa renda e ao interior do País. Em 2003, o executivo criou diretorias específicas e idealizou uma rede de vendas de porta em porta, no estilo consagrado por empresas de cosméticos como a Avon e a Natura, que hoje conta com mais de dez mil revendedores e 273 microdistribuidores em 20 estados.

Apenas o núcleo de produtos destinados aos consumidores emergentes trouxe um ingresso adicional de R$ 1,2 bilhão aos cofres da companhia em um ano. Na esteira desses resultados, Zurita foi rapidamente guindado à condição de *superstar* entre os executivos brasileiros. Cortejado, reverenciado e temido, ocupou sistematicamente as melhores posições na lista dos profissionais mais valorizados do mercado brasileiro. Contudo, a matriz suíça, cujo comportamento discreto e avesso aos holofotes não absorveu a exposição pública de Zurita e de seus negócios privados, como a AgroZurita, uma empresa de agropecuária dona de 30 fazendas e de forte atuação na pecuária, resolveu afastá-lo da direção da filial brasileira e passá-lo à presidência do conselho consultivo da Nestlé no Brasil.

O antecessor de Zurita, o brasileiro Ricardo Gonçalves, formado em administração de empresas, nos seus quatro anos de comando, enfrentou três desafios:

1. Eliminar os feudos que existiam na Nestlé. Na época, as quatro unidades de negócio da companhia tinham autonomia excessiva.
2. Entender o comportamento do novo consumidor brasileiro frente à ascensão das classes sociais mais baixas.
3. Aumentar a participação da Nestlé no mercado brasileiro que havia caído.

Zurita aprofundou essas ações, mas de uma forma diferente, optando pela centralização excessiva e reduzindo o peso dos responsáveis pelas áreas de negócios. Acumulou poder e concentrou a responsabilidade pela verba de *marketing* da empresa, fazendo gastos que as agências da multinacional suíça não entendiam.

Seu sucessor, o guatemalteco Juan Carlos Marroquín Cuesta, que era presidente da filial do México, está focado no programa mundial da multinacional de racionalização de custos, uma vez que a iniciativa global chamada Excelência Contínua permite economias importantes em todas as operações da empresa, para tornar as marcas mais acessíveis aos consumidores. Ele vai substituir um executivo que era considerado enérgico, focado e que era de bom trato, embora muito personalista e pouco democrático na tomada de decisões.

Zurita imprimiu velocidade para crescer, enquanto mercados europeus experimentavam estagnação no consumo. Para isso, atuou dentro da complexidade do mercado e procurou entender a diversidade sociocultural em um país em que as classes C, D e E representavam mais de 80% da população. Para isso, teve de mudar completamente o foco da empresa. Tantas frentes obrigam a Nestlé a gerir uma multiplicidade de estratégias. Há sempre o risco de exagerar na munição sem a certeza de atingir o alvo. A Nestlé está ajustando o foco. Descobriu que biscoitos, achocolatados, café solúvel, creme de leite e leite condensado são os ovos de ouro de seu grande ninho. Antes, não havia distinção. Todos os produtos mereciam igual atenção. Agora cada investimento será pesado na medida do retorno previsto. Também permanece aceso o lado inovador da companhia, ao mesmo tempo em que cria opções aos mercados saturados por guerras de preço.

Questões:
1. Como empresa multiprodutos, qual o desenho organizacional mais indicado para a Nestlé?
2. Na sua opinião, a estratégia da empresa está sendo bem-sucedida? Comente.
3. Qual sua opinião sobre o critério de novos produtos da Nestlé?
4. Qual o papel da qualidade como vantagem competitiva da Nestlé?
5. Quais os aspectos em que a qualidade alavanca as vendas e quais os aspectos em que a qualidade pode reduzir as vendas?
6. Como administrar a qualidade em uma cesta tão variada de produtos?

Exercícios

1. Defina qualidade sob os diferentes pontos de vista, como de um engenheiro, de um estatístico, de um físico, de um inspetor de qualidade, de uma dona de casa ou de um usuário do serviço.
2. Defina produtividade e sua influência no perfil competitivo das organizações e das nações.
3. Defina competitividade organizacional em um mundo globalizado e dinâmico.
4. Explique a contribuição de Deming e Juran à qualidade.
5. Explique como funciona o Prêmio Nacional da Qualidade (PNQ).
6. Quais as diferenças entre controle burocrático e controle por meio de pessoas?
7. Explique os principais critérios de premiação da qualidade no Japão, nos Estados Unidos, na Europa e no Brasil.
8. Qual a diferença entre cadeia escalar e cadeia de valor?
9. Explique a qualidade interna e a qualidade externa. Qual é a mais importante?
10. Explique a melhoria contínua.
11. Explique a qualidade total.
12. O que é um círculo de qualidade?
13. Quais as técnicas de qualidade total? Explique-as.

Figura 18.11. Mapa Mental do Capítulo 18: Qualidade, competitividade e produtividade.

O que é qualidade?
- Conformidade e zero defeito
- Variância zero
- Satisfação do cliente

→ Qualidade interna
→ Qualidade externa

Qualidade envolve:
- Ênfase na qualidade
- Expectativas do consumidor
- Grau de excelência
- Melhoria contínua
- Círculos de qualidade

Conceito e valores do PNQ:
- Qualidade focada no cliente
- Liderança
- Melhoria contínua
- Envolvimento das pessoas
- Resposta rápida
- Enfoque preventivo de erros
- Visão de futuro
- Gestão baseada em fatos
- Desenvolvimento de parcerias
- Responsabilidade pública
- Foco nos resultados
- Criatividade e inovação
- Transparência

Critérios de Excelência do PNQ:
- Liderança
- Estratégia e planos
- Foco no cliente e no mercado
- Serviço à sociedade
- Informação e conhecimento
- Desenvolvimento de pessoas
- Gestão de processos
- Resultados do negócio

Contribuição de Deming:
- Eliminar defeitos
- Analisar a fonte de erros
- Fazer correções
- Registrar tudo

Contribuição de Juran:
- Instrumentalização
- Qualidade total

Qualidade total (QT):
- Valores de qualidade
- Ligação com os fornecedores
- Treinamento das pessoas
- Empoderamento das pessoas
- Ultrapassar a concorrência
- Foco nas necessidades do cliente
- Busca de resultados concretos

Técnicas de QT:
- *Benchmarking*
- Terceirização (*outsourcing*)
- Ciclo de tempo reduzido

Aspectos absolutos de qualidade:
- Conformidade com padrões
- Prevenção de defeitos
- Padrão de desempenho
- Economia de dinheiro

Organizações competitivas:
- Entrega de alta qualidade
- Entrega de baixos custos
- Rapidez na entrega
- Satisfação do cliente

Housekeeping:
- Essencial e não acidental
- Organização no local
- Limpar e manter
- Padronizar e simplificar
- Disciplina e ordem

Vantagem competitiva:
- Padrões de qualidade
- Conformidade com padrões
- Certificação da ISO 9000
- Modelo orgânico
- Redução e enxugamento
- Mudança e inovação

---

14. Explique a ISO 9000. Qual a sua importância no mundo moderno?
15. Por que a ISO está relacionada com a competitividade organizacional?

REFERÊNCIAS BIBLIOGRÁFICAS

1. John S. Oakland. *Gerenciamento da qualidade total – TQM*. São Paulo, Nobel, 1994. p. 14, 151, 185.
2. Joseph M. Juran (org.). *Quality control handbook*. Nova York, McGraw-Hill, 1988.
3. Philip B. Crosby. *Quality is free*. Nova York, McGraw-Hill, 1979.
4. W. E. Deming. *Out of the crisis*. Cambridge, MIT, 1982.
5. A. V. Feigenbaum. *Total quality control*. Nova York, McGraw-Hill, 1991.
6. Fundação Nacional da Qualidade. Disponível em: www.pnq.org.br. Acessado em 10.10.2013.
7. W. Edwards Deming. *Quality, productivity, and competitive position*. Cambridge, MIT, 1982.
8. Richard E. Walton. "From control to commitment in the workplace". *Harvard Business Review*, Mar.-Apr./1985, p. 76-84.
9. Idalberto Chiavenato. *Os novos paradigmas: como as mudanças estão mexendo com as empresas*. Barueri, Manole, 2010.
10. Joseph M. Juran. *Juran on leadership for quality: an executive handbook*. Nova York, The Free, 1989.
11. "Antena ligada". *Exame*, n. 641, 30.07.1997, p. 139.
12. Joseph M. Juran. "Made in USA: a renaissance in quality". *Harvard Business Review*, Jul.-Aug./1993, p. 42-50.
13. Philip B. Crosby. *The eternally succesfull organization*. Nova York, McGraw-Hill, 1988.
14. John R. Schermerhorn Jr. *Management*. Nova York, John Wiley & Sons, 1996. p. 68.

15. Rosabeth Moss Kanter. "Transcending business boundaries: 12.000 world managers view change". *Harvard Business Review*, May-Jun./1991, p. 151-64.
16. Howard Rothman. "You need not be big to benchmark". *Nation's Business*, Dec./1992, p. 64-5.
17. Robert Camp. *Benchmarking: o caminho da qualidade total*. São Paulo, Pioneira, 1993.
18. Michael J. Spendolini. *Benchmarking*. São Paulo, Makron Books, 1993.
19. Philip R. Thomas, Larry J. Gallace, Kenneth R. Martin. "Quality alone is not enough". *AMA management briefing*. Nova York, American Management Association, 1992.
20. Stephen P. Robbins. *Organizational behavior: concepts, controversies, applications*. Englewood Cliffs, Prentice-Hall, 1996. p.13.
21. Marli Olmos. "Índices de defeitos superam padrões mundiais". *O Estado de S.Paulo*, Caderno de Economia, 30.11.1997, p. B-14.
22. "Hotéis Entram na Briga pelo ISO 9002". *O Estado de S. Paulo*, Caderno de Viagem, 26.08.1997, p. G-14.
23. Carlos Alberto Borges. "ISO 9000 muda empresas e trabalhadores". *O Estado de S.Paulo*, Caderno de Empresas, 05.12.1997, p. L-3
24. Franklin Covey. "As 5 escolhas para uma produtividade extraordinária". Disponível em: www.franklincovey.com.br/treinamentos/produtividade/as-5-escolhas.html. Acessado em: 21.10.2013.
25. Humberto Maia Jr. "O foco nos melhores". Exame, n. 15, ago./2013, p. 68-79.
26. Mikhail Lopes. "As sugestões dos clientes adubam os lucros", *Exame*, n. 641, 30.07.1997, p. 139.
27. Luís Nassif. "As empresas do futuro". *Folha de S. Paulo*, Caderno de Dinheiro, 03.08.1997, p. 3.
28. Cláudia Vassallo. "Antena ligada". *Exame*, n. 649, 19.11.1997, p. 150.
29. Accenture Consultoria. Disponível em: www.accenture.com/NR/JobsofFuture. Acessado em: 21.10.2013.
30. Nelson Blecher. "O cerco aos suíços". *Exame*, n. 651, 17.12.1997, p. 110-4.
31. Clayton Netz, Ralphe Manzoni Jr., Tatiana Bautzer. "A Nestlé após a saída do polêmico Zurita". *Isto é Dinheiro*, n. 761, 04.05.2012. Vide também: www.istoedinheiro.com.br/noticias/83203_A+NESTLE+APOS+A+SAIDA+DO+POLEMICO+ZURITA. Acessado em: 21.10.2013.

19
ADMINISTRAÇÃO ESTRATÉGICA

Objetivos de aprendizagem

Após estudar este capítulo, você deverá estar capacitado para:

- Definir a estratégia de uma organização.
- Discernir as principais características da estratégia organizacional.
- Descrever a formulação da estratégia da organização.
- Aplicar modelos estratégicos em uma organização.
- Reconhecer os tipos de estratégias aplicáveis em uma organização.
- Administrar a execução da estratégia organizacional.
- Implementar planos táticos e planos operacionais na organização.

O que veremos adiante

- Estratégia organizacional.
- Administração estratégica.
- O processo da estratégia organizacional.
- 1ª etapa: diagnóstico da situação atual.
- 2ª etapa: decisão sobre as opções estratégicas a adotar.
- Modelos estratégicos.
- 3ª etapa: formulação da estratégia organizacional.
- 4ª etapa: execução da estratégia organizacional.
- 5ª etapa: avaliação dos resultados.

Caso introdutório: A Brasiliense S/A

Após analisar profundamente o desempenho da empresa no último período, o Conselho de Administração – o órgão supremo da Brasiliense S/A – verificou que a excessiva centralização das decisões na cúpula da organização estava emperrando e travando os seus negócios. A conclusão suprema: a centralização está transformando o nível institucional em um verdadeiro esquema operacional envolvido totalmente com o cotidiano dos trabalhos e voltado unicamente para o cotidiano e a rotina. Ao invés de ser o nível estratégico e orientado para o futuro e destino da organização, a diretoria estava funcionando como o elemento burocrático limitado a tocar as operações e atividades do dia a dia da organização. A diretoria não tinha nenhuma atividade estratégica ou tática dentro da empresa.

A Brasiliense S/A tem quatro escritórios regionais nas capitais do país e se dedica ao ramo de negócios de cosméticos e produtos de beleza. Para solucionar o problema, o CA solicitou à presidente da companhia que tomasse as devidas providências para tornar os níveis tático e operacional mais participativos no processo decisório, liberando a diretoria para tratar exclusivamente de assuntos estratégicos. Em função disso, Ernesta Gonçalves, a presidente da companhia, promoveu várias reuniões com a diretoria para discutir sobre como colocar imediatamente em prática a deliberação do CA. O que você faria no lugar de Ernesta?

As organizações são entidades sociais criadas para alcançar objetivos em um ambiente mutável e dinâmico e, para tanto, elas precisam realocar, reajustar e reconciliar continuamente seus recursos disponíveis com as oportunidades percebidas no seu ambiente de operações, a fim de aproveitar as brechas nos mercados e neutralizar as ameaças de seus concorrentes. Para tanto, as organizações procuram desenvolver seus negócios e operações de uma maneira coerente e consistente por meio de estratégias que garantam seu pleno sucesso nessa empreitada. As constantes mudanças e transformações no ambiente de operações produzem uma forte pressão no sentido de ações ágeis e de reações rápidas para aproveitar prontamente as novas oportunidades que surgem e para escapar das dificuldades, restrições e limitações impostas pelo ambiente. A estratégia organizacional constitui o primeiro e principal passo para a organização articular e alcançar essa capacidade de manobra em um cenário cada vez mais complexo e dinâmico.

ESTRATÉGIA ORGANIZACIONAL

A estratégia organizacional é a mobilização de todos os recursos no âmbito global da organização, visando a atingir objetivos situados em longo prazo. Na realidade, a estratégia representa o comportamento global da organização em relação ao seu ambiente. Ela representa a resposta organizacional às condições ambientais que envolvem toda a organização. Como se trata de um comportamento molar e total, a estratégia precisa ser executada por meio de táticas organizacionais. A tática é um esquema específico de emprego de alguns recursos dentro de uma estratégia geral. Cada tática exige planos operacionais para sua execução. O desdobramento da estratégia em táticas e em planos operacionais permite atender a dois requisitos: o primeiro é a integração de todos os esforços em um só sistema de simultâneas ações estratégicas, táticas e operacionais; o segundo é a filtragem e gradativa decomposição dos objetivos estratégicos em uma multiplicidade de objetivos táticos e operacionais. Uma cascata de objetivos.

A noção de estratégia surgiu na atividade militar. O antigo conceito militar define estratégia como sendo a aplicação articulada e coesa de forças em larga escala contra algum inimigo. A estratégia de guerra é uma ação global e integrada. A tática corresponde a uma mobilização de tropa dentro da estratégia mais ampla. Finalmente, a operação é um plano específico de ação militar. Uma guerra requer uma ou mais estratégias. Cada uma leva à proliferação de táticas. E cada específica requer vários planos operacionais para sua implementação.

Os elementos envolvidos em uma estratégia são os seguintes[1]:

1. Recursos finitos e, muitas vezes, escasso.
2. Incerteza quanto às intenções e competências do adversário.
3. Alocação irreversível de recursos.
4. Necessidade de coordenação de ações integradas no tempo e na distância.
5. Incerteza sobre o comportamento dos adversários.
6. Natureza crítica das percepções mútuas dos adversários sobre cada outro.

Os requisitos básicos para se desenvolver uma estratégia são[1]:

1. **Uma massa crítica de conhecimentos:** o conhecimento é a chave para desenvolver uma estratégia. É o fundamento do processo decisório.
2. **Capacidade de integrar todo esse conhecimento:** bem como examiná-lo como um sistema dinâmico e integrativo.
3. **Habilidade suficiente em análise de sistemas:** para compreender sensitividade e tempos de espera e possibilidades e consequências imediatas e futuras.
4. **Imaginação e lógica:** para escolher entre alternativas de ações futuras.
5. **Controle de recursos:** para as necessidades imediatas.
6. **Vontade de obter benefícios:** no sentido de investir no potencial futuro.

Assim, a estratégia é definida como um plano amplo e genérico desenvolvido para conduzir a organização ao alcance de seus objetivos no longo prazo. A estratégia organizacional, geralmente, focaliza a atuação no longo prazo de diferentes áreas

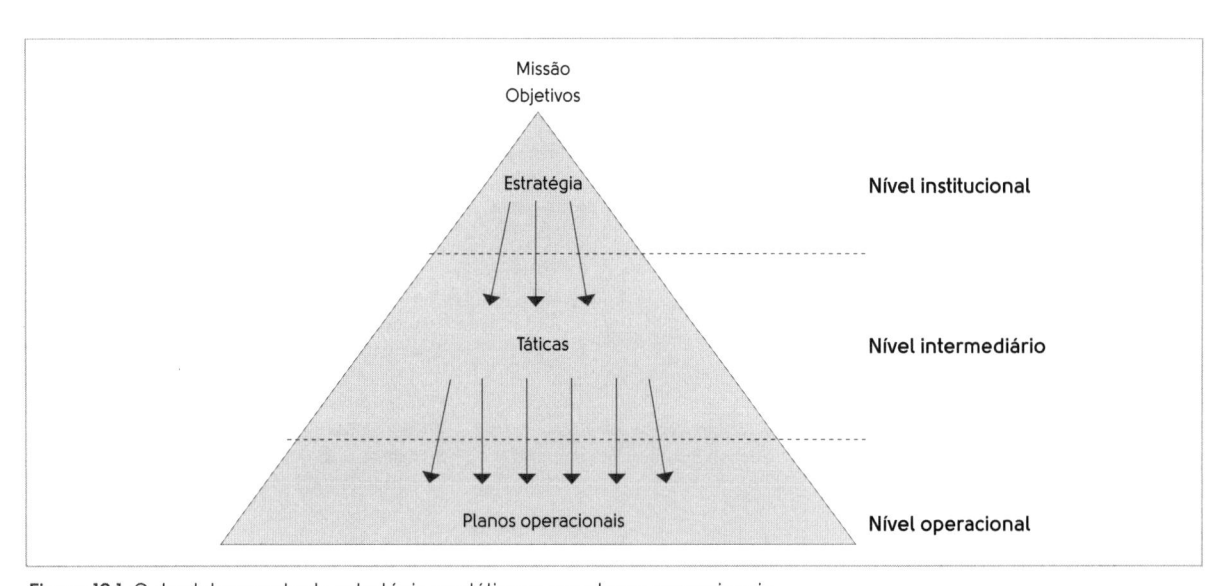

Figura 19.1. O desdobramento da estratégia em táticas e em planos operacionais.

⚖️ Avaliação crítica: A manobra estratégica da Volkswagen alemã[2]

Na década de 1950 a Volkswagen alemã desenvolveu uma estratégia dentro do conceito tradicional e militar para penetrar no mercado altamente competitivo dos Estados Unidos: oferecer carros pequenos e baratos com baixo consumo de gasolina, fáceis de dirigir nas áreas congestionadas, fáceis de estacionar, no sentido de atender às demandas dos consumidores que não estavam satisfeitos com os carros oferecidos pelas montadoras americanas. O Fusca era então o produto principal. Na estratégia da VW estavam todos os elementos do modelo militar tradicional:

1. Concorrentes.
2. Um mercado não tão grande o suficiente para satisfazer a todas as montadoras concorrentes.
3. Um *gap* que oferecia ao adversário uma oportunidade.

Daí, a estratégia da VW baseada em uma combinação de objetivos (assegurar uma fatia do mercado americano), uma política empresarial (produzir e comercializar carros pequenos e baratos) e vários programas (exportação da Alemanha e *marketing* nos Estados Unidos, entre vários outros). O exemplo da VW foi rapidamente seguido por uma multidão de empresas.

---

organizacionais, como *marketing*, finanças, produção, pesquisa e desenvolvimento, pessoal e relações públicas. Na realidade, a estratégia é o resultado final do planejamento estratégico. Quanto maior a organização, maior a necessidade de desenvolver uma estratégia organizacional que lhe dê unidade e consistência com seus objetivos e propósitos. Chandler define a estratégia como "a determinação dos objetivos básicos de longo prazo de uma empresa e a adoção de cursos de ação

Empresa	Tipo de negócio	Objetivos organizacionais	Estratégia para alcançar os objetivos organizacionais
Ford Motor	Manufatura de carros	1. Reconquistar parcela do mercado perdida 2. Retomar a reputação de qualidade	1. Redesenhar e compactar os modelos atuais de carros. 2. Produzir carros de luxo, compactos, intermediários e populares. 3. Aumentar a utilização da combustão programada nos carros.
Burger King	*Fast-food*	Aumentar a produtividade	1. Aumentar a eficiência do pessoal. 2. Aumentar a eficiência das máquinas.
Canadian Pacific Railway	Transporte ferroviário	1. Continuar o crescimento da empresa 2. Continuar os lucros da empresa	1. Modernizar a empresa. 2. Desenvolver alianças estratégicas. 3. Completar uma fusão adequada com transporte rodoviário e urbano.

Figura 19.2. Exemplos de objetivos organizacionais e estratégias relacionadas[3].

e alocação de recursos necessários para alcançar esses objetivos"[4].

A estratégia é definida no nível institucional da organização em função dos destinos que esta pretende seguir em seu futuro e em função do ambiente de operações em que se encontra. Ao definir os objetivos organizacionais, o nível institucional traça a estratégia adequada para alcançá-los. Assim, a estratégia organizacional constitui o meio pelo qual a organização procura atingir seus objetivos da maneira mais eficaz possível. A estratégia está preocupada com a eficácia da organização como um todo. Em resumo:

1. **A estratégia é decidida no nível institucional:** com diferentes graus de participação dos níveis inferiores na sua elaboração e formulação.
2. **A estratégia representa o comportamento global e molar da organização:** ela é eminentemente sistêmica e envolve a totalidade da organização. Quanto à dimensão de espaço, a estratégia é ampla e envolvente.
3. **A estratégia está voltada para o futuro da organização:** em outras palavras, a estratégia está voltada para o longo prazo. Ela define o destino que a organização pretende alcançar. Quanto à dimensão de tempo, a estratégia define um horizonte temporal bastante amplo e de longo prazo.
4. **A estratégia representa o comportamento da organização em seu meio ambiente:** ela constitui uma resposta organizacional às demandas ambientais, é uma maneira de lidar com as oportunidades e com as ameaças do ambiente.

Definida a estratégia, ela é a seguir, desdobrada em planos táticos específicos que deverão ser desenvolvidos e executados pelos diversos órgãos situados no nível intermediário da organização. Aqui entra o nível intermediário. Cada plano tático é, por sua vez, desdobrado em planos operacionais específicos que serão executados pelo nível operacional da organização.

Voltando ao caso introdutório: A Brasiliense S/A

Para transformar a diretoria em um componente eminentemente estratégico da Brasiliense, a primeira providência de Ernesta foi definir, acuradamente, a missão da companhia e definir o negócio e a visão para os próximos cinco anos, a fim de proporcionar os rumos capazes de orientar e nortear todos os futuros tomadores de decisão do nível intermediário da companhia.

Estabelecida a bússola que guiaria os passos do conjunto, o segundo passo foi a divulgação da nova política da empresa e a conscientização de todo o pessoal sobre a necessidade de flexibilizar a organização e de tornar cada gerente um multiplicador do processo e cada funcionário em um verdadeiro empreendedor interno.

O terceiro passo de Ernesta foi negociar com os gerentes regionais as metas e resultados para o próximo trimestre a fim de balizar os objetivos e delegar todas as decisões que conduzissem a eles. Com isso, estava pavimentando o caminho inicial para a descentralização das decisões nas mãos da gerência e a centralização dos controles sobre os resultados na cúpula da organização. Qual sua opinião a respeito das ações de Ernesta?

Administração de hoje

Novartis

A Ciba e a Sandoz – duas gigantescas organizações europeias do ramo farmacêutico – uniram-se para formar a Novartis, uma nova organização que pretende manter a liderança em ciências da vida em âmbito mundial. A fusão das duas enormes organizações visou juntar recursos para o alcance de efeitos sinergísticos e economias de larga escala. As três áreas principais de atuação da Novartis em nível mundial são: saúde, agricultura e nutrição[5].

ADMINISTRAÇÃO ESTRATÉGICA

A administração estratégica significa a administração voltada para objetivos globais da organização situados no longo prazo. Na realidade, a administração estratégica está voltada para o comportamento global da organização que vise o alcance de resultados globais. Ela está orientada para o futuro e para o destino da organização. O administrador estrategista é aquele cuja atividade está orientada para a organização inteira a fim de moldar o seu futuro e preparar o seu destino. Globalidade, longo prazo e destino são os aspectos principais dessa visão estratégica.

Além disso, a administração estratégica representa a articulação do todo organizacional. A estratégia é o elemento unificador de todos os componentes da organização.

A estratégia é o elemento unificador de todos os componentes da organização. Ela representa a articulação do todo organizacional em direção a objetivos situados no longo prazo. A administração estratégica se sustenta em cinco pilares básicos envolvendo toda a empresa[6]:

1. **Estratégia:** é o "como" a organização se comporta.
2. **Competências:** constituem a "energia" que alimenta o processo.
3. **Recursos:** são os "meios" utilizados.
4. **Cultura:** são as crenças que definem o "por que" do processo.
5. **Estrutura:** constitui a base, a plataforma onde se assenta a estratégia.

Níveis organizacionais	Tipo de planejamento	Conteúdo	Tempo	Amplitude
Institucional	Estratégia	Objetivos organizacionais e globais	Longo prazo	Aborda a organização como um todo
Intermediário	Tática	Objetivos departamentais e divisionais	Médio prazo	Unidade organizacional
Operacional	Operação	Metas operacionais de cada tarefa	Curto prazo	Tarefa em separado

Figura 19.3. O desdobramento da estratégia organizacional[7].

Os cinco pilares básicos da administração estratégica atuam sobre o mercado – que constitui o ambiente onde a organização se comporta – e guardam entre si cerca de oito interrelações: eficácia, eficiência, significado, inteligência, conversão, objetivos, integração, objetivos e resultados (Figura 19.4).

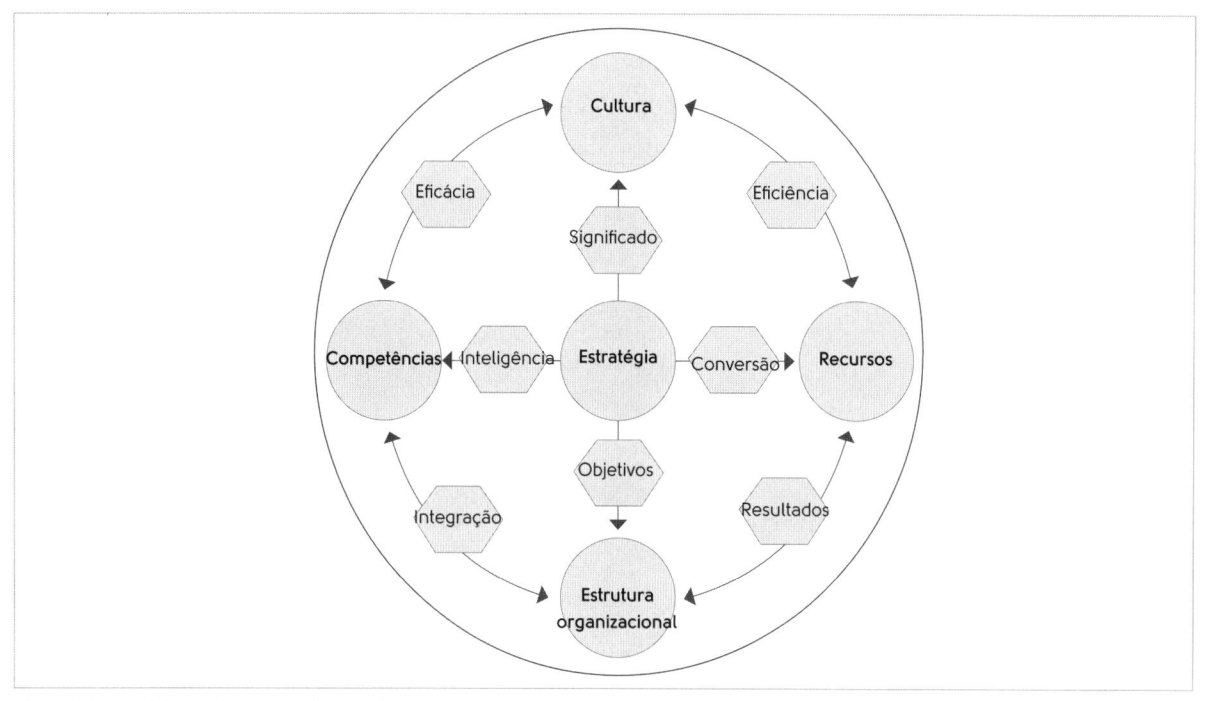

Figura 19.4. As inter-relações entre os cinco pilares da administração estratégica[6].

Avaliação crítica: Como pensar estrategicamente

Faça as seguintes perguntas sobre o seu comportamento profissional em sua empresa:

1. O que é estratégico para o meu trabalho? Para o meu departamento? Para a minha empresa?
2. O que é tático para o meu trabalho? Para o meu departamento? Para a minha empresa?
3. O que é operacional para o meu trabalho? Para o meu departamento? Para a minha empresa?
4. Como posso ser estratégico no meu trabalho e na minha atividade e contribuir positivamente para os resultados da minha empresa ou do meu departamento?
5. Como posso pensar em termos de metas e objetivos a alcançar?

---

1. Comportamento molar e sistêmico e não molecular
2. Busca de efeitos sinergísticos
3. Visão e ação focadas no futuro e no destino da organização
4. Ênfase na busca da eficiência e da eficácia
5. Foco na criação, oferta e captura de valor
6. Participação ativa e proativa de todos
7. Foco em metas, objetivos e resultados
8. Liderança de lideranças

Figura 19.5. Características da administração estratégica.

O PROCESSO DA ESTRATÉGIA ORGANIZACIONAL

A estratégia empresarial, na prática, representa um esforço conjunto e concentrado de alcançar objetivos organizacionais impostos pela missão da organização em um ambiente onde estão localizados mercados (oportunidades) e concorrentes (ameaças) e com os recursos que a organização dispõe ou pode alocar. Assim, a estratégia organizacional é a compatibilização entre três variáveis: os objetivos organizacionais a serem alcançados, a análise ambiental e a análise organizacional. A análise ambiental mostra a viabilidade externa, ou seja, o que é necessário e o que é possível em termos de condições ambientais. A análise organizacional mostra a capacidade interna, ou seja, o que a organização é capaz de fazer. A estratégia organizacional é a visão compartilhada que define qual é o futuro desejado pela empresa.

Figura 19.6. Os componentes básicos da estratégia organizacional[7].

A criação da estratégia organizacional é um complicado processo de consultas, análises, estudos, simulações, reuniões e debates quase sempre situados no nível institucional a respeito dos rumos que a empresa deverá tomar no futuro e no longo prazo para assegurar ou incrementar sua competitividade e sustentabilidade. Trata-se de um processo que envolve as seguintes etapas (Figura 19.7):

1. Diagnóstico da situação atual pelas análises ambiental e organizacional.
2. Decisão sobre possíveis opções estratégicas a seguir.
3. Formulação da estratégia.
4. Execução da estratégia.
5. Avaliação dos resultados.

1ª ETAPA: DIAGNÓSTICO DA SITUAÇÃO ATUAL

O primeiro passo para a elaboração da estratégia organizacional é o chamado conhecimento competitivo construído pelas análises ambiental e organizacional. Como a estratégia é o comportamento da organização em seu ambiente, torna-se necessário saber como é o ambiente e a organização, para que esta possa integrar-se e ajustar-se a aquele.

Análise Ambiental

A análise ambiental refere-se ao exame das condições e variáveis ambientais, suas perspectivas atuais e futuras, as coações e restrições, os desafios e as contingências, as oportunidades e brechas percebidas no contexto ambiental que envolve a organização. Significa o mapeamento do

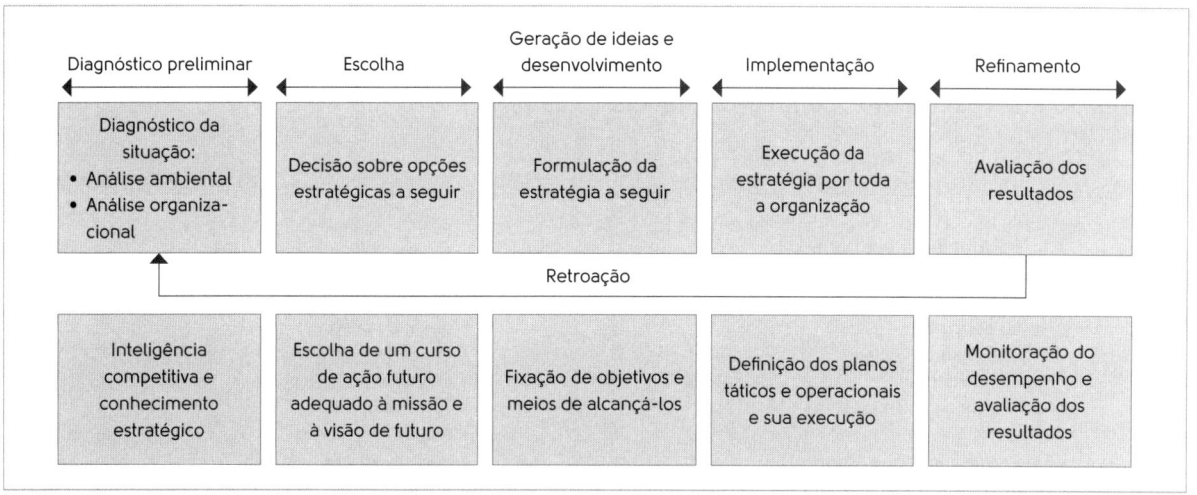

Figura 19.7. Os passos no processo da estratégia organizacional.

macroambiente e do ambiente de tarefa da organização. A análise ambiental leva em conta o que existe em termos de possibilidades viáveis e de riscos que cercam a organização e como ela melhor poderia servir a sociedade em um contexto altamente competitivo e mutável.

Toda organização está inserida em um ambiente vasto e abrangente. Ambiente é o mundo que existe fora da organização. Apenas para fins didáticos, podemos visualizá-lo em dois níveis: o macroambiente e o ambiente de tarefa ou microambiente.

O macroambiente é constituído pelo conjunto das variáveis econômicas, sociais, tecnológicas, legais, culturais, demográficas e ecológicas que influencia poderosamente a organização e, de um lado, oferece oportunidades e, de outro, impõe restrições, limitações e ameaças. Uma faca de dois gumes. Por outro lado, o ambiente de tarefa é o nicho ambiental ao redor imediato da organização composto de fornecedores de insumos (nas entradas do sistema), clientes e consumidores (nas saídas do sistema), concorrentes (tanto das entradas como das saídas) e agências reguladoras. A Figura 19.8 dá uma ideia resumida do ambiente que circunda a organização.

A análise ambiental deve focalizar os componentes do ambiente do microambiente (ambien-

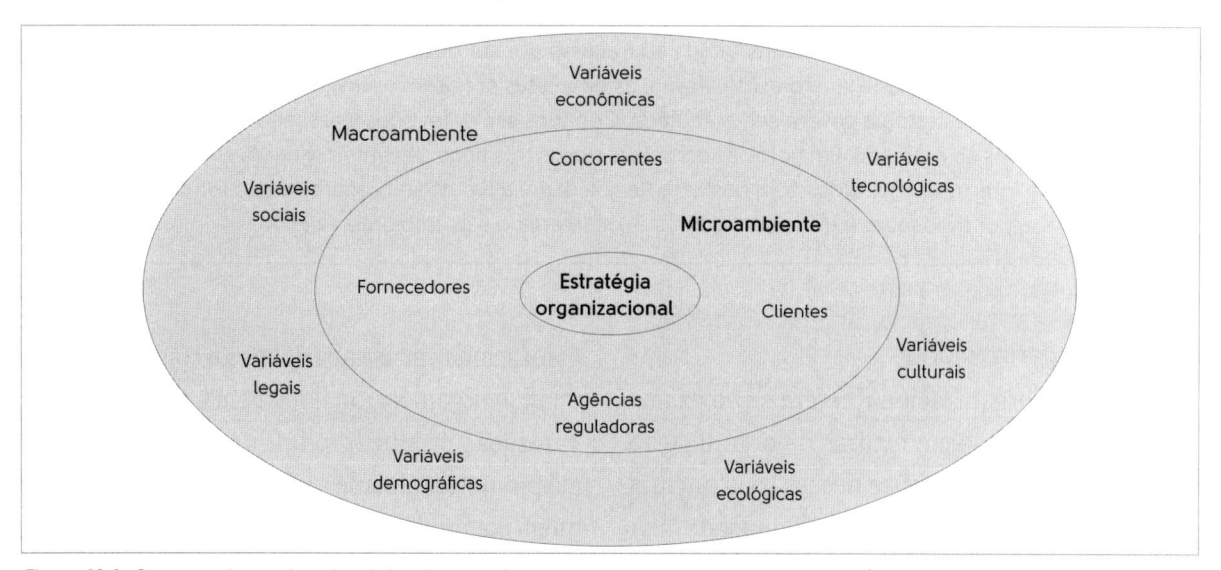

Figura 19.8. O comportamento estratégico da organização em seu macro e microambiente[8].

te de tarefa), como clientes, fornecedores, concorrentes e agências reguladoras, e os principais fatores do macroambiente, como as variáveis econômicas, sociais, tecnológicas, culturais, legais, políticas, demográficas e ecológicas (Figura 19.9).

Ambiente econômico
- Desenvolvimento econômico
- Produto Nacional Bruto (PNB)
- Renda *per capita*
- Infraestrutura
- Recursos naturais
- Políticas monetária e fiscal
- Inflação
- Sistema de impostos e taxas
- Níveis de juros praticados

Ambiente político
- Forma de governo
- Ideologia política
- Estabilidade do governo
- Força dos partidos políticos
- Força da oposição
- Atitude do governo
- Política externa

Empresa

Ambiente legal
- Eficácia do sistema legal
- Legislação comercial
- Legislação tributária
- Legislação trabalhista

Ambiente cultural
- Costumes e normas sociais
- Valores e crenças
- Atitudes e inovações
- Preferências sociais
- Símbolos de *status* e prestígio
- Crenças religiosas

Figura 19.9. Aspectos importantes da análise ambiental[3].

Administração de hoje

Cenários futuros

Como a estratégia está configurada para o futuro, o fato de analisar hoje as condições ambientais – que são extremamente mutáveis e voláteis – pode levar a empresa a definir uma estratégia que, quando for executada mais adiante, estará fadada ao fracasso por ser obsoleta e fundamentada em uma situação que mudou ou que já não existe. Assim, as empresas precisam antever como será o momento futuro em que a estratégia deverá ser executada. Cenários são antevisões a respeito das possíveis tendências futuras do mercado. Em geral, as empresas fazem três tipos de cenários: um pessimista, um otimista e um intermediário, todos com bastante flexibilidade, a fim de se preparar e não ter de ser pega de surpresa por mudanças e transformações que ocorrem no seu ambiente externo.

Análise Organizacional

A análise organizacional refere-se ao exame das condições atuais e futuras da organização, seus recursos disponíveis e necessários (incluindo tecnologia), potencialidades e habilidades, forças e fraquezas da organização, sua estrutura organizacional, suas capacidades e competências. A análise organizacional leva em conta o que a organização produz (produtos ou serviços), como ela produz (qualidade, custo, produtividade), para quem ela produz (mercado de clientes, concorrentes), que recursos ela emprega para produzir (tecnologia, pessoal, recursos próprios ou de terceiros, fornecedores), para se ter uma ideia clara das suas vantagens competitivas e de como utilizá-las melhor. Na verdade, a análise organizacional busca a localização dos fatores críticos de sucesso da organização.

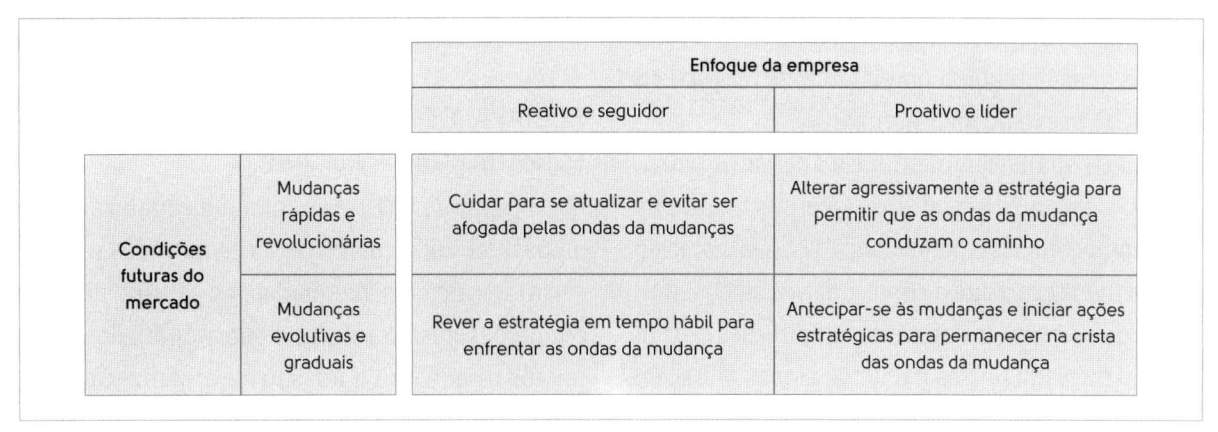

		Enfoque da empresa	
		Reativo e seguidor	Proativo e líder
Condições futuras do mercado	Mudanças rápidas e revolucionárias	Cuidar para se atualizar e evitar ser afogada pelas ondas da mudanças	Alterar agressivamente a estratégia para permitir que as ondas da mudança conduzam o caminho
	Mudanças evolutivas e graduais	Rever a estratégia em tempo hábil para enfrentar as ondas da mudança	Antecipar-se às mudanças e iniciar ações estratégicas para permanecer na crista das ondas da mudança

Figura 19.10. Os focos estratégicos em função das perspectivas do mercado[9].

O que a organização produz?	• Produtos • Serviços • Atendimento às necessidades do mercado • Empregos • Imagem frente ao público
Como a organização produz?	• Qualidade • Custo • Produtividade • Preço • Competitividade
Para quem a organização produz?	• Mercado de clientes ou usuários • Responsabilidade social • Concorrentes • Agências reguladoras
Com o que a organização produz?	• Pessoas • Tecnologia • Recursos físicos • Recursos de terceiros • Fornecedores

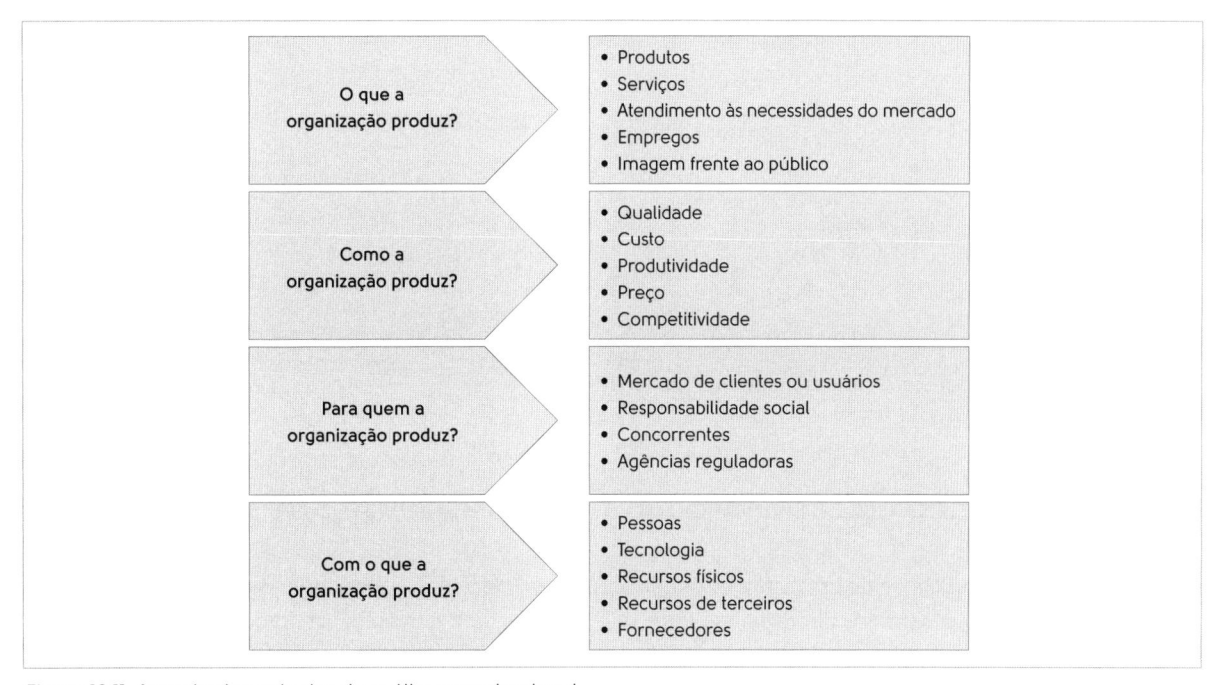

Figura 19.11. Aspectos importantes da análise organizacional.

A análise organizacional busca avaliar todos os aspectos internos da organização: sua missão e visão organizacional, sua estrutura organizacional, sua cultura, tecnologias adotadas, talentos e competências, objetivos globais, estratégia organizacional, recursos, produtos, serviços, processos internos e tudo que se refira ao conhecimento corporativo. Permite oferecer uma abordagem sistêmica e integrada da organização como uma totalidade em seus pontos fortes e fracos.

Enquanto a análise ambiental é externa e extrovertida, a análise organizacional é interna e introvertida. A estratégia procura entrelaçar fatores organizacionais com fatores ambientais visando a melhor articulação dos esforços e dos recursos organizacionais em direção a resultados capazes de assegurar o alcance dos objetivos organizacionais. Ela está envolvida com uma multiplicidade de fatores e componentes internos e externos, muitos dos quais situados completamente fora do controle e da previsão da organização.

Com a análise ambiental e a análise organizacional, a organização adquire o conhecimento de suas competências e potencialidades, bem como do contexto externo que a cerca e das suas possibilidades de sucesso em determinadas direções de comportamento. Em outras palavras, ambas oferecem uma abordagem que permite saber quais as oportunidades e ameaças ambientais de um lado, e quais as forças e fragilidades da organização de outro. O segredo está em aproveitar as oportunidades, evitando as ameaças ambientais, e utilizar as forças enquanto neutraliza as fragilidades da organização.

2ª ETAPA: DECISÃO SOBRE AS OPÇÕES ESTRATÉGICAS A ADOTAR

A partir da análise ambiental e organizacional é possível tomar decisões a respeito das opções estratégicas mais adequadas, no sentido de criar condições para formular a estratégia adequada, levando em conta a missão da organização e os principais objetivos organizacionais.

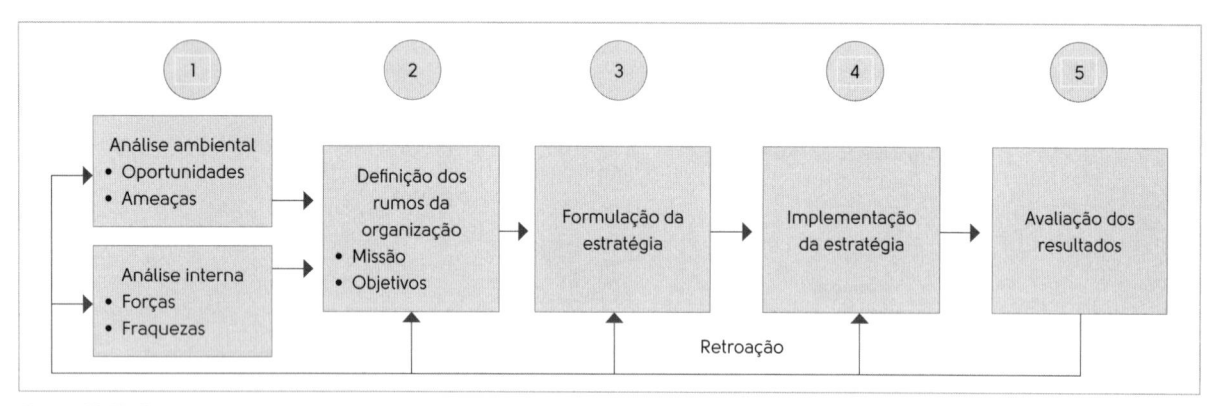

Figura 19.12. Os passos no processo da estratégia organizacional.

Voltando ao caso introdutório: A Brasiliense S/A

Para dotar a Brasiliense de uma visão estratégica, Ernesta Gonçalves, a presidente da companhia, passou a definir o novo papel da diretoria: assuntos relacionados com a missão da companhia e com a visão de seu futuro. O novo papel dos gerentes seria transformar o conceito de missão e de visão em planos e programas de operação cotidiana. Os gerentes passariam a funcionar como agentes de mudança e como impulsionadores do processo. E, por fim, o novo papel dos funcionários deveria ser algo mais do que, simplesmente, executar as tarefas e realizar os trabalhos. Ernesta queria que cada funcionário pensasse estrategicamente e não mais operacionalmente. Como realizar tudo isso?

MODELOS ESTRATÉGICOS

Para formular estratégias que reflitam a análise ambiental e as condições internas da organização que permitam conduzir à realização da missão organizacional e resultar no alcance dos objetivos da empresa, os administradores utilizam certas ferramentas, como a análise de questões críticas, a FF/OA, a do portfólio de negócios e o modelo de análise do mercado de Porter. Essas quatro ferramentas são bastante relacionadas entre si, mas distintas. Os administradores utilizam uma ou combinações dessas ferramentas mais adequadas para suas organizações. Vejamos cada uma delas.

Análise de Questões Críticas

Utiliza uma síntese de ideias de muitos autores e consultores em estratégia organizacional para responder a quatro perguntas básicas[3]:

1. Quais são os propósitos e objetivos da organização? A resposta a essa questão define para onde a organização quer ir. A estratégia deve refletir a missão organizacional e os objetivos. Este é o ponto mais importante para reduzir inconsistências entre propósitos, objetivos e estratégias.
2. Para onde a organização está indo? A resposta a essa questão pode indicar se a organização está alcançando seus objetivos e qual o nível de progresso satisfatório nesse sentido. Procura-se focalizar para onde a organização pretende ir e não apenas como ela está indo.
3. Em que tipo de ambiente a organização existe agora? Ambos – ambiente externo e interno – são fatores exógenos e endógenos que devem ser abrangidos por essa questão. É o caso de uma equipe pauperrimamente treinada que deve enfrentar um súbito influxo de concorrentes no mercado. Qualquer estratégia apropriada deve levar em conta esses dois fatores.
4. O que pode ser feito para alcançar melhor os objetivos organizacionais no futuro? A resposta a essa questão representa a definição estratégica principal. Os administradores devem refletir sobre as respostas às três questões anteriores. A estratégia somente poderá ser formulada quando houver uma clara compreensão sobre para onde a organização pretende ir, para onde a organização está indo e em que meio ambiente ela existe.

Essas quatro perguntas básicas funcionam como guias genéricos e abrangentes para delinear ou reformular a estratégia organizacional.

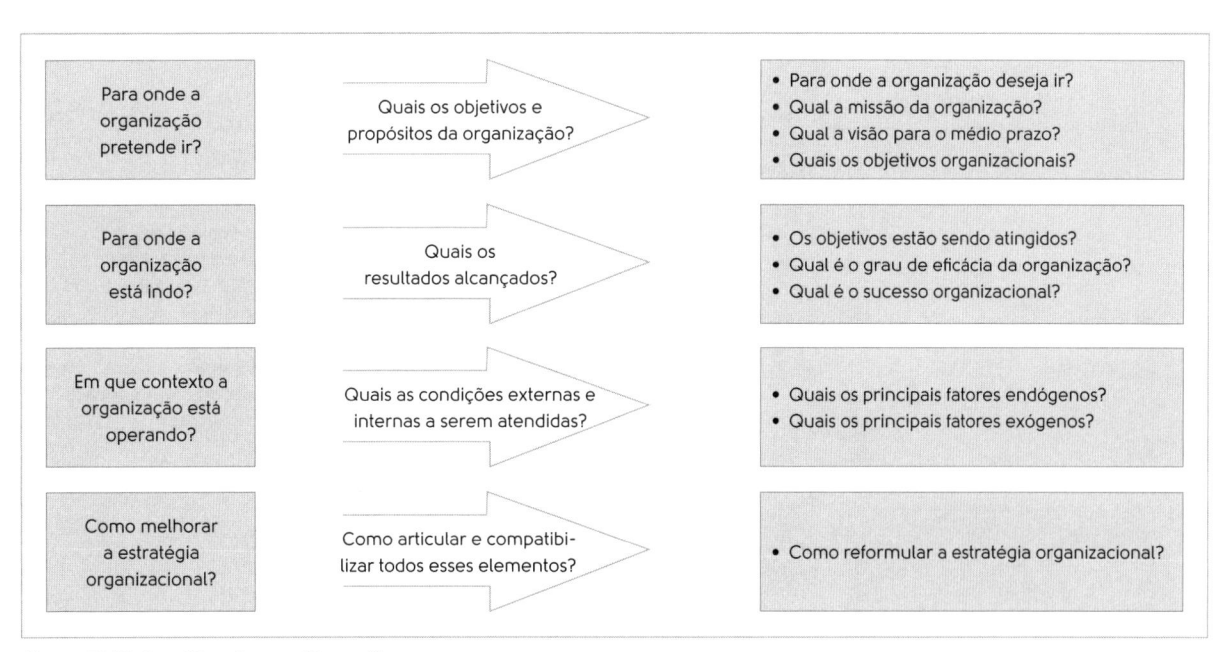

Figura 19.13. A análise de questões críticas.

Análise FF/OA (forças e fraquezas/oportunidades/ameaças) ou análise SWOT

Também denominada análise SWOT (*strenghts, weaknesses, opportunities* e *threats*), é uma ferramenta de planejamento estratégico que visa a diagnosticar as forças e fraquezas internas (FF), bem como as oportunidades e ameaças externas (OA). A análise FF/OA é baseada na presunção de que o administrador deve identificar e avaliar cuidadosamente as forças e fragilidades da organização com as oportunidades e ameaças do ambiente externo para formular uma estratégia que compatibilize aspectos internos e externos para assegurar o sucesso organizacional. Nesse sentido, aproveitam-se as forças internas e as oportunidades externas, ao mesmo tempo em que se corrigem as fragilidades internas e se neutralizam as ameaças externas. O produto/serviço (P/S) oferecido pela organização constitui certamente um dos principais aspectos nessa abordagem.

A análise FF/AO permite um mapeamento dos ambientes externo e interno para fundamentar a formulação da estratégia organizacional, como mostra a Figura 19.14.

Ambiente interno		Ambiente externo	
Forças	Fraquezas	Oportunidades	Ameaças
• Competências distintas • Recursos financeiros • Qualidade do P/S • Liderança do mercado • Estratégias adequadas • Economias de escala • Isolamento de pressões • Tecnologia avançada • Vantagens de custo • Inovação no produto • Administração adequada	• Estratégia vacilante • Posição deteriorada • Equipamentos obsoletos • Baixa lucratividade • Baixa qualidade do P/S • Falta de talentos • Problemas operacionais • Pressões competitivas • Linha estreita de P/S • Má imagem no mercado • Desvantagem competitiva	• Novos mercados • Novas linhas de P/S • Diversificação de P/S • Integração vertical • Integração horizontal • Poucos concorrentes • Crescimento do mercado • Novos clientes • Novas tecnologias • Produtos adicionais • Novas estratégias	• Novos concorrentes • Produtos substitutivos • Redução dos mercados • Novas leis restritivas • Pressões competitivas • Ciclo de negócio vulnerável • Novas necessidades • Mudanças demográficas • Poucos fornecedores • Mudanças sociais/culturais • Concorrência desleal

Figura 19.14. Algumas considerações da análise FF/AO (SWOT)[3].

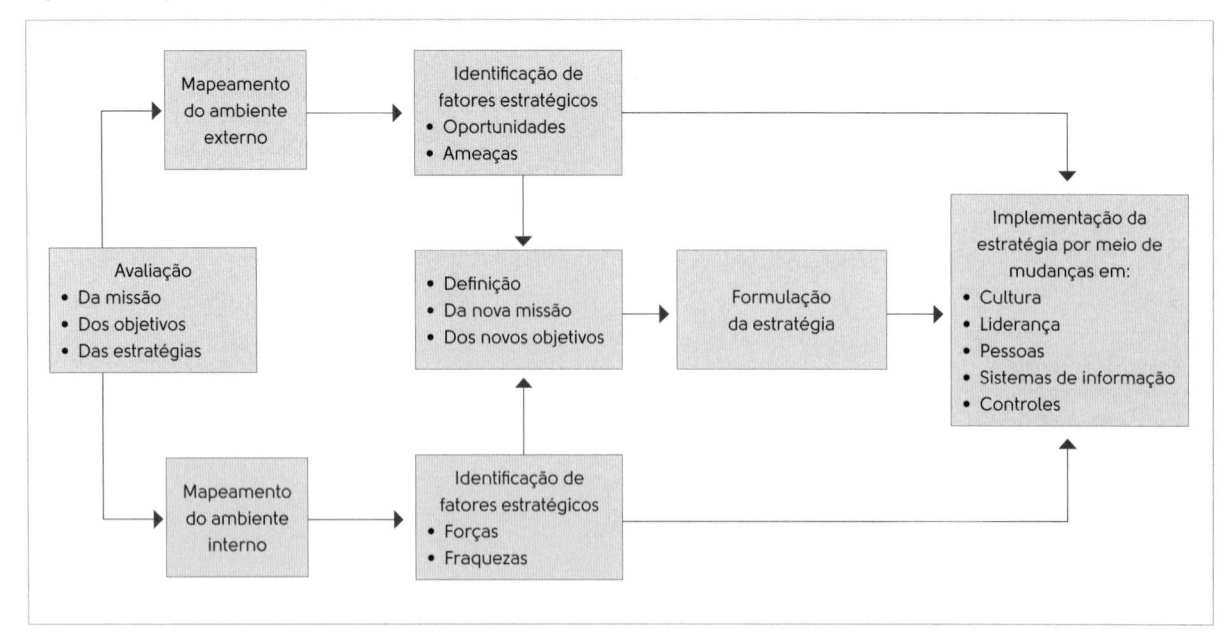

Figura 19.15. Os passos no processo da estratégia organizacional[10].

Voltando ao caso introdutório: A Brasiliense S/A

A Brasiliense passou a investir em um amplo programa de treinamento do pessoal. Começou com os gerentes para conscientizá-los da missão, valores, visão que a empresa pretende realizar e dos objetivos organizacionais a serem alcançados. A partir daí, os gerentes passaram a ser os multiplicadores desse treinamento, isto é, começaram a orientar e ensinar seus funcionários a trabalhar no sentido de realizar metas e resultados com a finalidade de atingir os objetivos organizacionais. Toda a atividade organizacional ganhou um novo sentido. Todos passaram a saber o que a empresa espera deles. Ernesta Gonçalves considerava excelente o primeiro passo do processo de mudar sua organização. Mas como você poderia ajudá-la?

Análise do Portfólio de Negócios: Matriz do BCG

É uma técnica de análise da carteira de negócios para a formulação de estratégias. Baseia-se na filosofia de que a organização deve desenvolver estratégias para melhor manipular suas carteiras de investimentos. Da mesma maneira como os investimentos rentáveis devem ser mantidos e aplicados, os investimentos deficitários devem ser desativados ou descartados, algumas atividades organizacionais precisam ser intensificadas, enquanto outras eliminadas. Acelerar algumas e frear outras.

A matriz de crescimento e participação foi criada pela empresa de consultoria The Boston Consulting Group (BCG) que a desenvolveu e popularizou como uma ferramenta de análise de portfólio. Daí ser chamada de matriz BCG. Serve para desenvolver uma estratégia organizacional baseada na participação do negócio no mercado e no crescimento dos mercados nos quais o negócio atua. A proposta do BCG é buscar um equilíbrio entre os produtos (ou unidades de negócio) geradores de fundos e aqueles produtos nos quais os fundos são requeridos. A potencialidade de geração de fundos de um determinado negócio (produto ou unidade de negócio) deve ser dada pela sua posição competitiva relativa e pela taxa de crescimento do mercado. A inter-relação entre essas duas variáveis é representada pela matriz de portfólio onde são categorizados os produtos de uma carteira.

O primeiro passo na utilização dessa ferramenta é identificar as unidades estratégicas de negócios (UEN) que existem dentro da organização. Uma unidade estratégica de negócio é um segmento importante da organização que é analisado para desenvolver uma estratégia organizacional no sentido de gerar um futuro negócio ou receitas de alto retorno. Em grandes organizações, uma UEN pode ser uma divisão da companhia, um simples produto ou uma linha completa de produtos. Em pequenas organizações, pode ser a companhia inteira. Assim, a UEN varia enormemente em forma e em tamanho. Cada UEN tem características próprias, como[11]:

1. É negócio individual ou um conjunto de negócios relacionados.
2. Dispõe de uma missão (ou propósito) distinta.
3. Possui seu próprio mercado de clientes ou usuários.
4. Possuir seus próprios concorrentes e agentes reguladores.
5. Possui um administrador responsável pelas suas operações.
6. Pode ser planejada independentemente do resto dos negócios da organização.

O segundo passo para utilizar a matriz BCG é categorizar os negócios dentro de um dos quatro quadrantes da matriz, conforme a Figura 19.16.

Na matriz BCG, os negócios recebem denominações:

1. **Estrelas:** são as UEN que têm alta participação em mercados de alto crescimento e que necessitam de elevados recursos de caixa para seu rápido e intenso crescimento. Alto crescimento e alta participação são as vedetes do negócio. As estrelas geram elevados montantes de caixa para a organização e são áreas em que a administração deve fazer investimentos adicionais e, com isso, ganhar retornos atrativos.
2. **Vacas de caixa:** são as UEN que têm grande participação em um mercado que cresce cada vez menos. Naturalmente, essas UEN proporcionam grandes volumes de caixa, como uma verdadeira vaca leiteira, que alimenta todo o mundo. Como o mercado não cresce significativamente, o caixa é utilizado para atender a demandas financeiras da organização em outras áreas, como na expansão de uma UEN estrela. Sua vantagem principal é a flexibilidade financeira que proporciona ao administrador.
3. **Pontos de interrogação:** são as UEN que têm pequena participação em um mercado em crescimento. Requerem grandes alocações de fundos por causa da sua elevada taxa de crescimento, porém, em virtude de sua baixa participação, geram baixos níveis de fundos. Aqueles que apresentam boas possibilidades de ganhar participação, transferindo-se para o quadrante noroeste, serão selecionados para receber fundos gerados em outros negócios. Os restantes devem ser abandonados pela realocação de recursos que absorvem, ou esses recursos devem ser transferidos para outros negócios. Recebem esse nome pela incerteza se deve-se investir mais dinheiro para gerar uma participação maior no mercado ou se deve-se desinvestir ou eliminar porque os investimentos poderiam ser ineficazes. O ideal seria transformá-las em estrelas. Mas quase sempre são uma incógnita a ser resolvida.
4. **Cães:** são as UEN que têm uma pequena participação em um mercado de baixo crescimento. Baixo crescimento e baixa participação. Conseguem suportar-se ou drenam recursos de caixa que outras UEN geram. São negócios pouco vantajosos e sem muito futuro pela frente. Em geral, devem ser abandonados (desinversão).

O equilíbrio deve ser alcançado pelos fundos gerados por resultados operacionais (vacas leiteiras) e desinversões (cães ou sinais de interrogação) nos negócios que produzam crescimento fu-

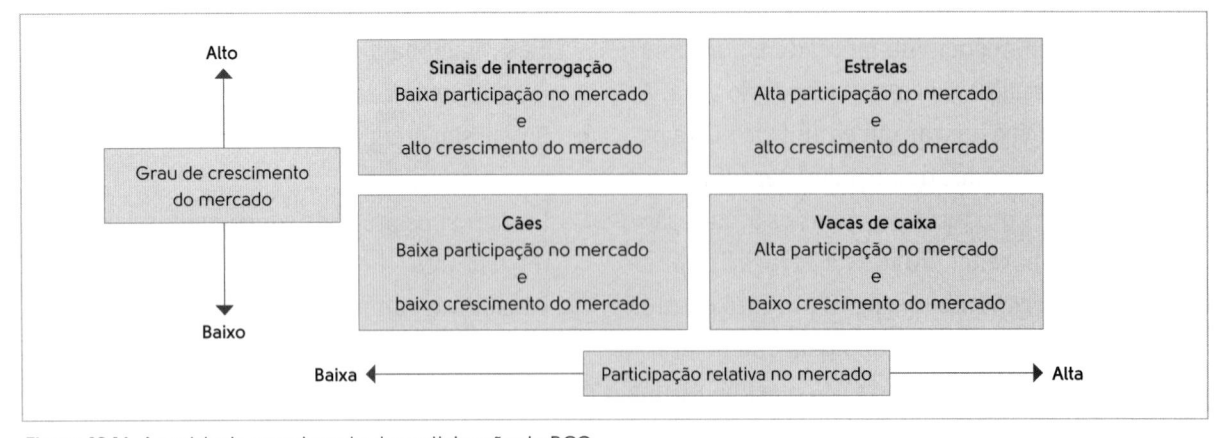

Figura 19.16. A matriz de crescimento de participação do BCG.

turo de toda a carteira (estrelas e alguns sinais de interrogação selecionados). Como o crescimento do mercado não é uma variável controlável, o problema consiste em selecionar produtos que, ao investir neles, se consiga uma participação maior (sinais de interrogação) e se consolide o domínio (realocação dos fundos gerados pelas estrelas).

Grandes empresas, como a Westinghouse e Shell Oil, utilizam a matriz BCG em seus processos de administração estratégica. Contudo, o modelo apresenta algumas limitações, pois a matriz BCG não considera alguns fatores como[12]:

1. Os riscos associados com o desenvolvimento do produto/serviço da organização.
2. Ameaças externas, como fatores econômicos (como inflação, juros, recessão), e outras condições ambientais semelhantes que podem ocorrer no futuro.
3. Mudanças e pressões ambientais, sociais, políticas e ecológicas.

Em função dessas limitações, o administrador deve ponderar cuidadosamente tais fatores externos quando utilizar o modelo matriz BCG.

Administração de hoje

Você fez tudo direito... e dançou[13]

E estão dançando também até mesmo empresas competentes e inovadoras.

O porquê: não é mais possível controlar e prever as tarefas básicas do executivo. O que fazer: pensar tudo de novo. A raiz da perplexidade, a origem do desconforto que estamos vivendo, marca registrada do século 21 está no fim da estabilidade que garantiu nossa tranquilidade no passado. Antigamente era fácil diagnosticar os problemas da empresa, os mercados se moviam devagar e quase parando, as preocupações eram voltadas para dentro. A "explosão digital" reconfigurou totalmente o mundo dos negócios com base na informação. Estamos perdendo nossas velhas referências – que sumiram de repente – e ainda temos que entender certas coisas que ainda não compreendemos bem. Afinal, o que é esse negócio de informação?

Você se lembra do que aconteceu com a IBM alguns anos atrás? Quais as causas das enormes e continuadas perdas da IBM? A arrogância de líder – a "inventora" do mercado de computadores – levou-a a fechar os olhos e a burocracia dos processos internos de tomada de decisão paralisou a companhia. Agora, a empresa está de volta – lucrativa e inovadora. O que aconteceu? Olhando retrospectivamente podemos aprender muita coisa com ela. Na IBM sempre se acreditara que o computador iria replicar o modelo de distribuição de eletricidade: uma central superpotente à qual se plugaria uma enorme quantidade de usuários. Durante anos e anos a IBM – um dos maiores sucessos do mundo empresarial – cresceu em torno dessa ideia em relação aos *mainframes*. Quando o modelo parecia consolidado, surgiu o PC, o computador pessoal que contrariava a lógica da empresa. Era um absurdo: o PC tinha pouca memória e não tinha velocidade. Tinha tudo para dar errado. A Xerox já tinha chegado a essa conclusão, quando seus pesquisadores construíram o primeiro protótipo de PC. Como dizia Drucker, "ao longo da história sempre que uma empresa de sucesso foi confrontada com surpresas desse tipo, a reação foi a recusa em aceitá-las". O mesmo aconteceu em 1888, quando o presidente da Zeiss viu a nova Kodak Brownie e achou que ela era um modismo estúpido. Naquela época, a Zeiss alemã era a líder mundial no mercado de fotografia, exatamente como a IBM seria no mercado de computadores um século depois. Como os concorrentes da IBM reagiram ao PC? Precisamente da mesma forma que a Zeiss. A lista é longa: Control Data, Univac, Burroughs e NCR nos Estados Unidos, Siemens, Nixdorf, Machines Bull e ICL na Europa; Hitachi e Fujitsu no Japão. E a Big Blue – senhora suprema dos *mainframes* – com faturamento maior que o de todas as suas concorrentes juntas, batendo recordes de lucro a cada ano – deveria ter reagido da mesma maneira. Era o esperado. Era o lógico.

Mas não. A IBM adaptou-se imediatamente à nova realidade. Deixou de lado suas políticas, suas práticas tradicionais e toda uma cultura empresarial vitoriosa e criou não um, mas dois times de projetos que competiram para criar um PC ainda mais simples. Poucos anos depois, a IBM tinha se tornado o maior fabricante mundial de PC e o padrão da indústria. Drucker é enfático: não há precedente para uma coisa dessas em toda a história dos negócios. A despeito da sua incrível demonstração de flexibilidade, agilidade e humildade, pouco tempo depois a IBM estava afundando em ambos os negócios: tanto no de PC quanto no de *mainframes*. E não conseguia mais se mover, nem tomar decisões, nem mudar. Só o fez quando a poeira baixou. Para a IBM havia uma entidade chamada computador que existia desde a década de 1950, mas o surgimento do PC invalidou essa ideia. Para o *mainframe*, informação é memória, enquanto para o desmemoriado PC é o oposto, a informação é *software*. A IBM tentou combinar os dois e o que aconteceu? Como os PC eram a parte do negócio que mais crescia, a IBM não podia subordiná-los à divisão de *mainframes* e, pela mesma razão, não podia também manter o foco do investimento no negócio de *mainframes*. Mas, os *mainframes* ainda eram os grandes geradores de caixa – as vacas de caixa – e, por isso, a empresa não podia otimizar o segmento PC do seu negócio. Percebeu o nó? Enxergar o problema depois que a crise acabou é fácil. O difícil é perceber durante. A leitura "certa" dos sinais exige uma competência quase sobrenatural. Não faltou competência, não foi a arrogância ou a burocracia, foi a natureza da situação em que a IBM se viu metida, que no curto prazo era irresolvível. Acabou vendendo sua divisão de PCs para a Lenovo chinesa e agora se dedica quase integralmente à consultoria em sistemas e soluções de computação corporativa.

Talvez você ache que a competição no mundo dos computadores esteja longe do seu negócio. Falemos então de enciclopédias. Uma das mais fortes marcas do mundo foi a Enciclopédia Britânica. Desde 1990, as vendas de coleções da Britânica despencaram subitamente. A culpa da devastação foi dos CD-ROM. O preço de uma coleção da Enciclopédia Britânica estava na faixa de 1.500 a 2.200 dólares. Uma enciclopédia em CD-ROM, como a Encarta, da Microsoft custava apenas 50 dólares. O que andaram pensando os executivos da Britânica quando a coisa começou a complicar? Provavelmente eles viram os CD-ROM como versões eletrônicas de produtos inferiores. Para os executivos da Britânica, a Encarta era provavelmente um brinquedo e não uma enciclopédia. No fundo, o verdadeiro concorrente da Britânica foi o computador. Quando a ameaça ficou evidente, a Britânica criou uma versão em CD, oferecendo-a como um brinde a quem comprasse a sua coleção tradicional. Quem optasse só pela versão em CD teria que pagar 1.000 dólares. Você pode adivinhar o que aconteceu. As vendas continuaram em queda vertiginosa. Os melhores vendedores saíram e o proprietário da Britânica – um truste então controlado pela Universidade de Chicago – finalmente vendeu a empresa e caiu fora logo. O novo administrador tentou começar tudo de novo, reconstruindo o negócio a partir da internet. Assim, não basta fazer tudo direito apenas uma vez, mas sempre e sempre!

Análise de Portfólio Multifatorial da GE

A General Electric (GE) com a ajuda da McKinsey & Company – uma empresa de consultoria internacional – desenvolveu uma ferramenta de análise de carteira de produtos mais completa do que a matriz BCG: a análise multifatorial de portfólio.

O critério empregado é medir o desempenho de cada unidade estratégica em termos de rentabilidade (retorno sobre o investimento) em lugar do fluxo de fundos como na matriz BCG. Trata-se de uma ferramenta que incorpora maior número de variáveis para ajudar a desenvolver estratégias organizacionais baseadas, fundamentalmente, em dois aspectos: a atratividade do mercado e a força do negócio. A matriz multifatorial apresenta três bandas (branca, cinza claro e cinza escuro), conforme a Figura 19.17.

Cada negócio da organização ou UEN é plotado na matriz com duas dimensões: atratividade do mercado e força do negócio. Cada uma dessas dimensões é composta de uma variedade de fatores que cada organização deve determinar para avaliar sua própria posição. Assim, a atratividade do mercado pode ser determinada por fatores como: número de concorrentes no mercado, grau de desenvolvimento industrial, fraqueza dos con-

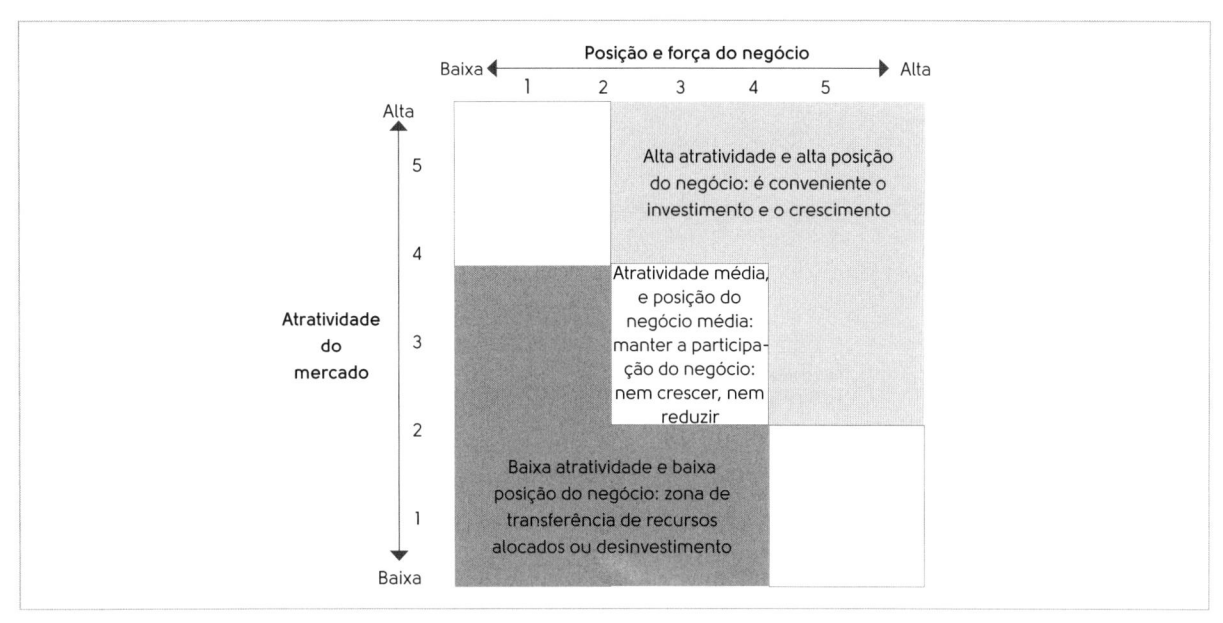

Figura 19.17. As três bandas da matriz multifatorial.

correntes no mercado. Por outro lado, as forças do negócio podem ser determinadas por fatores como: sólida posição financeira da organização, posição de negociação e barganha, alto nível de tecnologia utilizada. Na matriz aparecem vários círculos de diferentes tamanhos, cada qual representando uma linha de negócios da organização. O tamanho do círculo indica o tamanho relativo do mercado de cada linha de negócios ou UEN. No círculo está anotada a parcela proporcional de participação da UEN no mercado total do negócio. As estratégias específicas da organização estão representadas por letras (como investir, selecionar, desinvestir) em cada um dos círculos espalhados pela matriz e dependem da posição dos círculos na matriz.

Os negócios que estão nas células localizadas ao longo de uma diagonal da esquerda inferior até a direita superior são negócios de meia força e que devem receber investimentos somente seletivos. Os negócios acima e à esquerda da diagonal são os mais fortes, em que a organização deveria investir para ajudá-los a crescer. Os negócios nas células abaixo e à direita da diagonal são os mais baixos em força geral e sérios candidatos ao desinvestimento. Quanto maior a atratividade do mercado e a força do negócio tanto melhor o negócio da UEN. Quanto menor a atratividade do mercado e a força do negócio tanto pior o negócio da UEN.

Os modelos de portfólio – seja a matriz do BCG como a matriz de portfólio multifatorial da GE – proporcionam abordagens gráficas que facilitam as análises das relações entre os negócios de uma organização e proporcionam recomendações estratégicas interessantes. Tais modelos, contudo, não devem ser aplicados de um modo rígido e mecanístico. Suas conclusões devem ser cuidadosamente consideradas à luz do julgamento e da experiência do administrador.

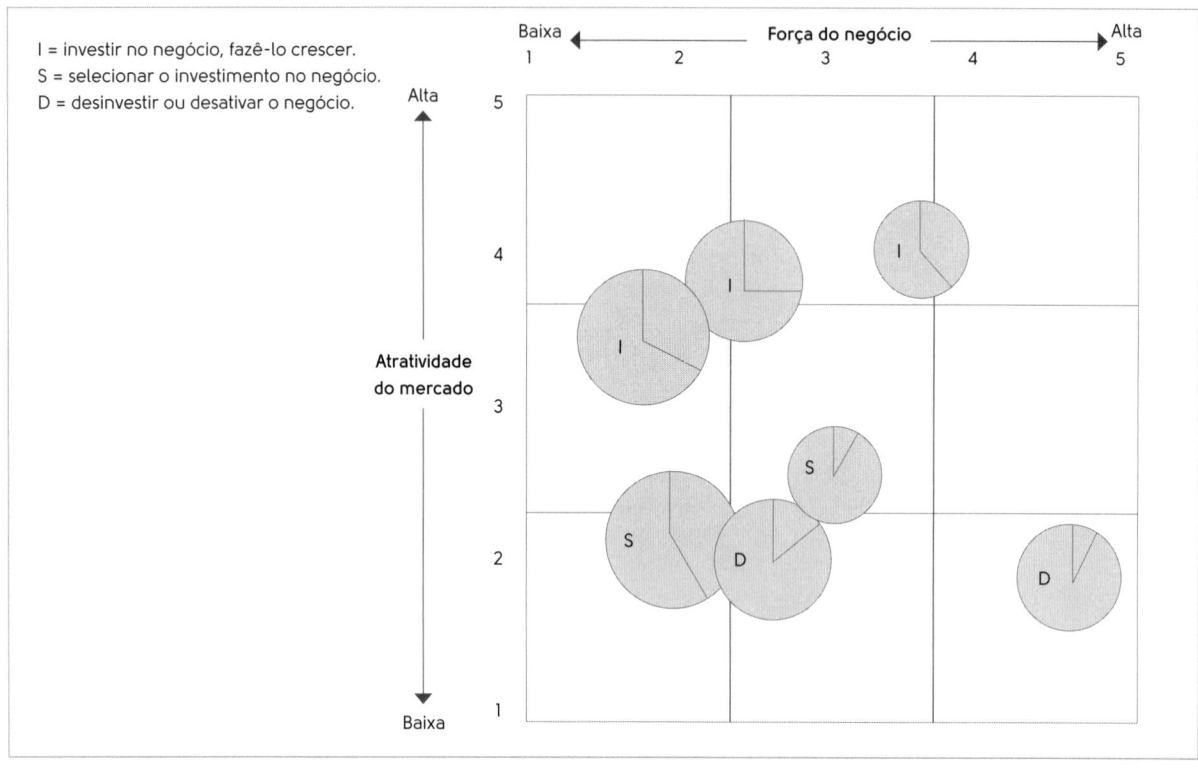

Figura 19.18. A matriz de portfólio multifatorial da GE[3].

Administração de hoje

Honda: o modelo estratégico[14]

Em 1975, o Boston Consulting Group (BCG) apresentou ao governo britânico um relatório sobre as Estratégias Alternativas para a Indústria Inglesa de Motocicletas, em que identificava dois fatores básicos:

1. Participação decrescente dos fabricantes ingleses no mercado mundial de motocicletas e lucratividade em declínio. Entre 1959 a 1973, a participação inglesa no mercado norte-americano caíra de 49% para apenas 9%.
2. Pequena economia de escala em tecnologia, distribuição e manufatura.

Introduzindo a matriz BCG para analisar segmentos de mercado com volumes suficientes de produção a um preço competitivo, o relatório mostrava que o sucesso dos fabricantes japoneses de motos aconteceu graças ao crescimento de seu mercado doméstico na década de 1950. Por volta de 1960, apenas 4% da produção japonesa de motocicletas era exportada. Nessa ocasião, os japoneses desenvolveram grandes volumes de produção de motos de pequeno porte para seu mercado interno com substanciais reduções de custo graças à economia de escala. Isso resultou em uma posição de custo altamente competitiva que os japoneses utilizaram como ponta de lança para a penetração nos mercados mundiais de pequenas motos. O estudo do BCG mostrava a necessidade de uma perspectiva estratégica para:

1. Examinar a competição dentro de uma perspectiva intercompanhias.
2. Com um alto nível de abstração.
3. Com base em conceitos macroeconômicos (como curva de experiência).

Na década de 1960, os concorrentes no mercado americano eram: a Harley-Davidson americana, BSA, Triumph e Norton inglesas e Moto-Guzzi italiana.

A Honda abrira uma subsidiária americana em 1959: a American Honda Motor Company, ao contrário dos concorrentes, que tinham apenas distribuidores no território americano. Sua estratégia de *marketing* era vender não apenas aos aficionados ou esportistas, mas ao público em geral, motos pequenas e leves como um veículo alternativo, a um preço menor que US$ 250, contra os US$ 1.000 ou US$ 1.500 mil dos concorrentes. Transmissão de três marchas, partida elétrica, 5 HP de potência e manejo facílimo eram itens bastante realçados. Em 1961, a Honda empregava 700 projetistas e engenheiros em seu esforço de pesquisa e desenvolvimento (P&D) contra uma média de apenas cem entre seus concorrentes europeus e americanos. Ela aplicava investimentos de US$ 8.170 por empregado, mais do que o dobro dos competidores. A Honda seguiu uma política de desenvolvimento de mercado região por região, partindo da costa oeste americana e movendo-se progressivamente para o leste por um período de quatro a cinco anos. No final de 1961, a Honda já tinha 125 distribuidores, tornou sua propaganda regional e dirigida a famílias jovens, procurando dissociar o uso de motos do espírito meramente aventureiro ou esportivo que marcava o produto. A moto como veículo de uso pessoal.

O sucesso da Honda em criar uma demanda de motos leves foi fenomenal. Partindo praticamente do zero em 1960, sua participação no mercado americano pulou para 63% em 1966, tornando-se logo a líder absoluta. A filosofia básica foi produzir grandes volumes de cada modelo para obter elevada produtividade, utilizar capital intensivo e técnicas de automação para vender a preços reduzidos. O resultado disso foi a conquista de uma posição de liderança em termos de tecnologia e métodos de produção. Os fatores principais que aparecem nessa superioridade são: sistemas especializados de produção, balanceamento entre requisitos de engenharia e de *marketing*, a eficiência de custo e a confiabilidade dos fornecedores. É preciso ousar para ser bem-sucedido. A história é velha, mas o conceito é muito atual.

Modelo de Análise da Indústria de Porter

A abordagem de formulação estratégica mais conhecida é o modelo desenvolvido por Porter[15], especialista em administração estratégica. O modelo delineia as forças primárias que determinam a competitividade dentro de uma indústria e ilustra como as forças estão relacionadas entre si. O modelo de Porter sugere que, no sentido de desenvolver estratégias organizacionais eficazes, o administrador deve compreender e reagir aquelas forças dentro de uma indústria para determinar o nível de competitividade de uma organização naquela indústria. O termo mercado refere-se aos clientes e consumidores, enquanto o termo indústria refere-se ao mercado de concorrentes.

De acordo com o modelo, a competitividade na indústria é determinada pelos seguintes fatores:

1. Os novos entrantes ou novas empresas dentro da indústria.
2. Produtos que podem atuar como substitutos de bens ou serviços que as companhias produzem dentro da indústria.
3. A capacidade dos fornecedores de controlar assuntos como custos de materiais que as companhias da indústria utilizam para manufaturar seus produtos.
4. O poder de negociação que os compradores possuem dentro da indústria.
5. O nível geral de rivalidade ou competição entre as firmas dentro da indústria.

De acordo com esse modelo, compradores, produtos substitutos, fornecedores e novas empresas potenciais dentro de uma indústria são as forças que contribuem para o nível de rivalidade entre as firmas da indústria, conforme a Figura 19.19.

Compreendendo as forças que determinam a competitividade dentro de uma indústria, o administrador pode desenvolver estratégias que tor-

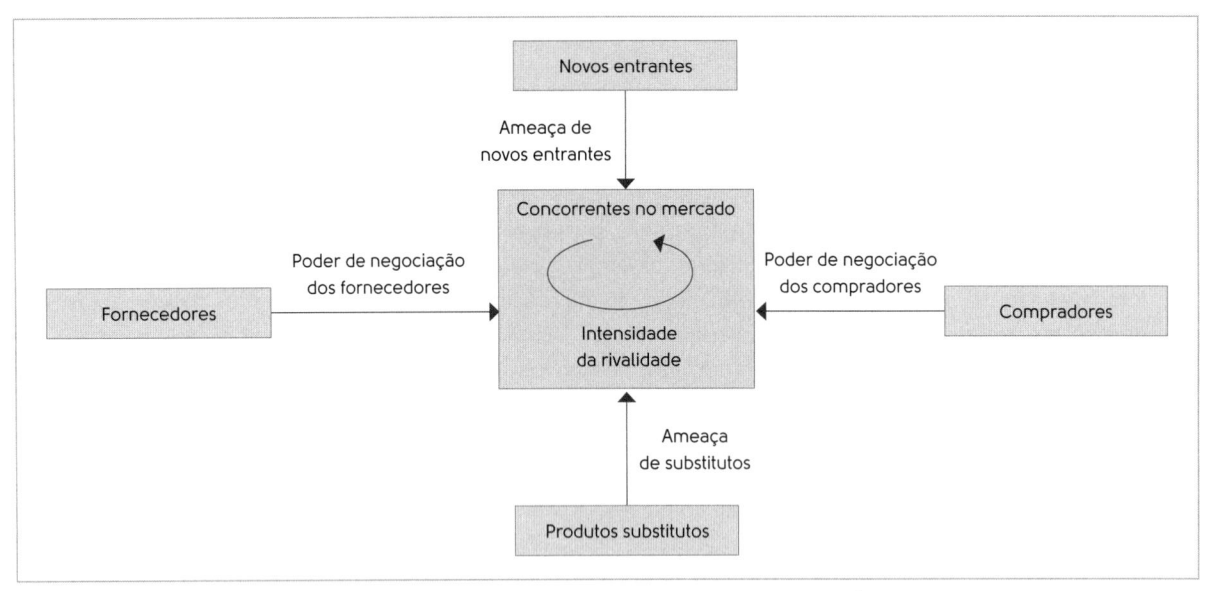

Figura 19.19. Modelo de Porter: os fatores que determinam a competitividade no mercado[15].

nem a sua organização mais competitiva. Para Porter existem três estratégias genéricas para tornar uma empresa mais competitiva: a diferenciação, a liderança de custo e focalização[15].

1. **Diferenciação:** é uma estratégia que procura tornar uma organização mais competitiva por meio do desenvolvimento de um produto que o cliente perceba como diferente dos demais produtos oferecidos pelos concorrentes. Produtos podem ser oferecidos aos consumidores como diferentes porque são únicos em termos de qualidade do produto, desenho ou nível de serviço após a venda. Produtos como o tênis Nike a ar, por exemplo, são visualizados como diferentes por causa da sua tecnologia de construção e o amortecimento por ar, e os automóveis Honda, decorrente da sua elevada confiabilidade e qualidade.
2. **Liderança de custo:** é uma estratégia que focaliza tornar uma organização mais competitiva por meio da produção de produtos mais baratos do que os dos concorrentes. A lógica desta estratégia é a de que produzindo produtos mais baratos que os concorrentes, a organização pode oferecer aos seus consumidores produtos a menor preço que os concorrentes e aumentar sua participação na indústria. Por essa razão, muitas organizações automatizam ou robotizam seus sistemas de produção para aumentar a produtividade e obter liderança de custo oferecendo produtos mais baratos.
3. **Focalização:** é uma estratégia que procura tornar uma organização mais competitiva por concentrar-se em um particular e específico consumidor. Publicadores de magazines, geralmente, usam uma estratégia focalizadora para oferecer seus produtos a clientes específicos. A Avon tem um foco dirigido especificamente para as donas de casa. Os produtos *diet* ou *light* focalizam o consumidor preocupado com a saúde e estética pessoal.

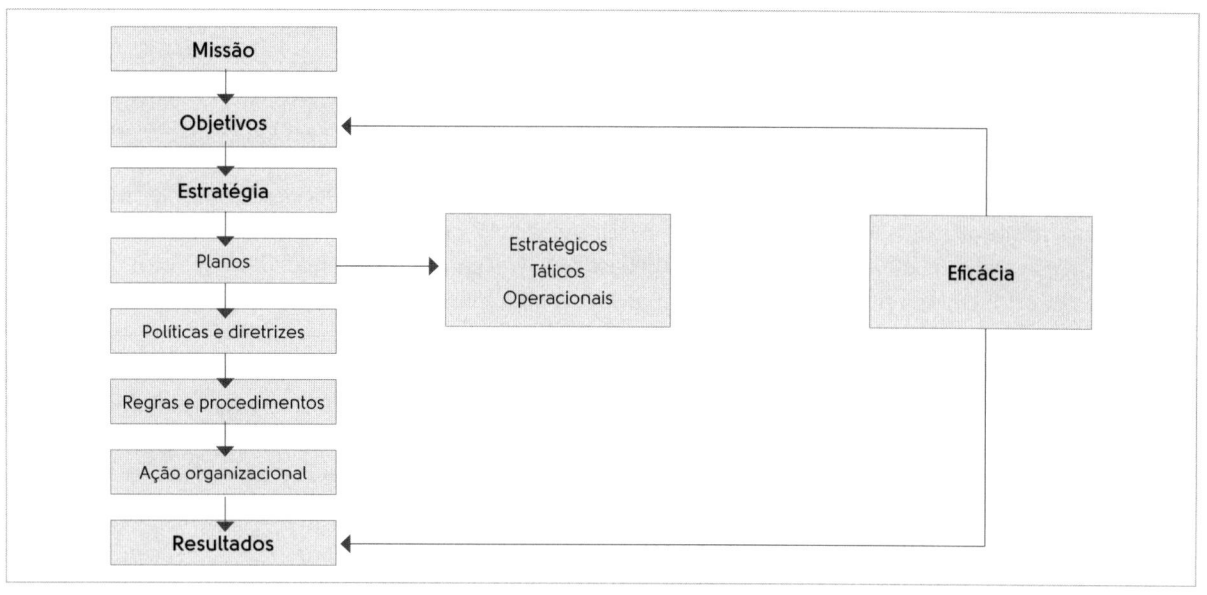

Figura 19.20. A estratégia e a eficácia organizacional.

Avaliação crítica: Cuidados estratégicos

Para executar uma estratégia organizacional, é preciso contar com os seguintes aspectos:

1. O desenho da estrutura organizacional.
2. As características da cultura organizacional.
3. O estilo administrativo da organização.
4. A postura e relacionamentos da organização com o ambiente.
5. As possibilidades inovadoras da organização.
6. Mudanças tecnológicas que afetarão a organização.
7. Envolvimento pessoal e participação dos funcionários.

Administração de hoje

Piso firme[16]

É raro encontrar algum dos cinco diretores da Cerâmica Portobello, na cidade de Tijucas, litoral de Santa Catarina, metido em terno e gravata, o uniforme padrão dos executivos. "A gravata fica para as ocasiões formais e aqui arregaçamos as mangas da camisa", diz um deles. A informalidade no vestuário, no entanto, não se estende ao estilo de comando dos negócios. Nesse ponto não se inventa moda. Os resultados fortalecem esse estilo. Dona de 13% do mercado nacional de pisos cerâmicos, a Portobello produz a todo vapor para alcançar um faturamento anual ao redor de 104 milhões de dólares. Os bons resultados estimularam a empresa a investir 16 milhões de dólares em uma fábrica de revestimentos externos que deverá aumentar suas exportações de 15% para 30% do faturamento.

O atual figurino administrativo da Portobello é resultado de reformas que vêm desde 1991. A empresa convivia com uma queda de até 40% nos preços reais dos produtos e uma dívida e 10 milhões de dólares. A abertura do capital da empresa, com a emissão de 10 milhões de dólares em debêntures conversíveis em ações serviu para alongar a dívida. A tarefa de cortar as gorduras foi compartilhada por todos os funcionários, que passaram a trabalhar em ritmo de Fórmula 1: depois de cada troca de ferramentas ou manutenção, em ritmo de competição, por exemplo, os funcionários levantavam os braços como mecânicos da escuderia para que a atividade fosse cronometrada. Esses esforços trouxeram uma redução de desperdícios, cortes nos estoques e uma economia mensal de até 2 milhões de dólares.

Com mais fôlego, a empresa começou a agredir o mercado. Enquanto os concorrentes queriam pagamento à vista, a Portobello oferecia prazos de até 60 dias para os clientes. As vendas ganharam novo impulso, novos produtos foram lançados e uma distribuidora foi instalada nos Estados Unidos. O número de itens vendidos pela empresa saltou de 100 para 400. A expansão tinha um objetivo muito bem definido. A Portobello queria ter um portfólio de produtos com maior valor agregado e destinado a uma parcela do mercado mais imune à recessão. Para reforçar a sua área de desenvolvimento, a empresa investiu 4 milhões de dólares na ampliação do laboratório, em testes com novos materiais e na informatização do setor. O resultado foi o lançamento de produtos como o piso cerâmico com nível 5 de resistência, para áreas de grande trânsito, como *shopping centers* ou aeroportos, que hoje responde por 20% das vendas. Com a entrada em funcionamento da nova fábrica, as máquinas importadas da Itália proporcionam a tecnologia necessária para aplicar ouro e platina nos azulejos, um luxo oferecido por poucos concorrentes.

Outro alvo dos investimentos foi o *marketing* da companhia. A Portobello padronizou os estandes de exposição nos distribuidores para criar e firmar uma identidade de marca e montou uma gerência de serviços e assistência técnica. Líder de um grupo que fatura 200 milhões de dólares por ano e com interesse na produção de açúcar, plantação de maçãs e construção civil, a Portobello tem uma diretoria jovem. Eventuais inexperiências são compensadas com o trabalho em equipe. "Somos um time", diz o jovem presidente da empresa, "e é aí que está a nossa força".

Voltando ao caso introdutório: A Brasiliense S/A

Ao mesmo tempo em que transformava o nível intermediário e operacional da Brasiliense por meio de uma administração participativa, Ernesta Gonçalves começou a mudar também a atividade da diretoria da empresa. Todas as decisões operacionais foram descentralizadas ao nível dos gerentes e de suas equipes. O cotidiano foi afastado da mesa dos diretores. Agora, o nível institucional poderia começar a se debruçar sobre a administração estratégica da empresa.

O primeiro cuidado de Ernesta foi escolher junto com os demais diretores, o modelo estratégico mais adequado para formular as estratégias futuras para a Brasiliense. Como você poderia ajudá-la?

3ª ETAPA: FORMULAÇÃO DA ESTRATÉGIA ORGANIZACIONAL

A formulação da estratégia organizacional é o processo de determinar os cursos de ação adequados para alcançar os objetivos organizacionais e, consequentemente, atingir os propósitos organizacionais. Na realidade, trata-se de um complexo processo decisório situado no longo prazo e envolvendo a totalidade da organização (Figura 19.21).

Formulação da estratégia

Analisando o ambiente organizacional – interno e externo – e aplicando uma ou mais ferramentas de formulação estratégica – como a análise de questões críticas, análise FF/AO, análise de portfólio de negócios e o modelo de Porter – o administrador tem uma base suficientemente ampla para formular uma estratégia organizacional. A partir daí, podem ser adotadas quatro alternati-

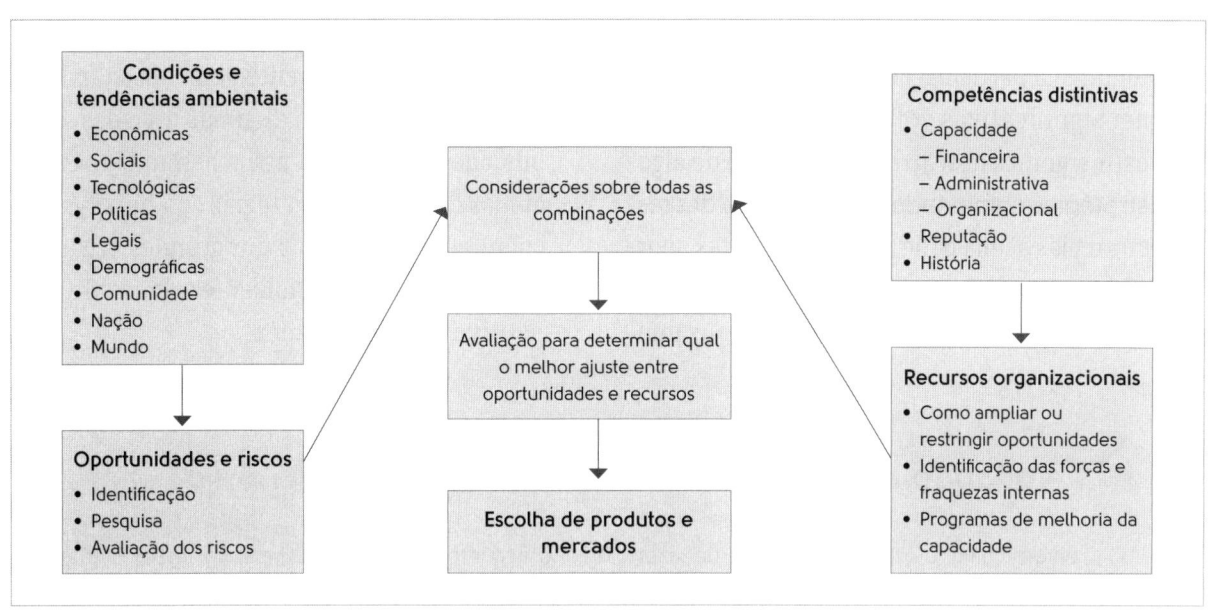

Figura 19.21. Como adequar as oportunidades externas com as competências internas[9].

vas de estratégia, a saber: crescimento, estabilização, entrincheiramento e desinvestimento[17].

1. **Crescimento**: estratégia adotada para aumentar o volume de negócios que uma UEN está gerando ou quando ela é uma estrela ou marca questionável que poderia chegar a uma estrela. Vale a pena investir para implementar esta estratégia e até sacrificar lucros de curto prazo para construir ganhos de longo prazo. Ou até comprar uma UEN de outra organização que esteja relacionada com seus negócios. O crescimento pode dar-se por expansão através de investimentos no negócio ou aquisição de unidades estratégicas de outras organizações. O Banco Itaú comprou o Unibanco por esta razão.
2. **Estabilização**: estratégia adotada para manter ou aumentar levemente o atual volume de negócios que uma UEN está gerando. A estabilidade é utilizada quando a organização está trabalhando bem em um ambiente receptivo, quando existe baixo risco e quando é necessário tempo para consolidar as forças da organização. Esta estratégia é aplicada a vacas de caixa, desde que a UEN esteja em uma posição vantajosa. A organização deve tomar muito cuidado para que esta estratégia não venha a transformar vacas de caixa em cães.
3. **Entrincheiramento**: a palavra entrincheirar é aqui usada no sentido militar, como defender ou fortalecer. Demonstra a admissão de alguma falha. Por meio dela a organização procura reforçar ou proteger o volume de negócios que uma UEN está gerando e é aplicada a vacas de caixa ou estrelas que começam a perder participação no mercado. É uma estratégia defensiva, pelo fato de reduzir a escala de operações para ganhar eficiência e melhorar ou simplesmente descartar ou abrir mão de algo.
4. **Desinvestimento**: é uma estratégia adotada para eliminar uma UEN que não gera um volume satisfatório de negócios e que tem pouca esperança de ser um bom negócio no futuro. A organização vende ou fecha a UEN em questão, ou parte para uma forte redução de custos, seja liquidação ou corte parcial. Esta estratégia é aplicada às UENs que são cães ou

marcas questionáveis que não conseguem aumentar sua participação no mercado e que exigem significativos volumes de caixa. Desinvestir significa descartar ou abrir mão de algo.
5. **Estratégias combinadas**: um conjunto dessas estratégias acima pode refletir diferentes abordagens estratégicas entre os subsistemas da organização. Uma espécie de abordagens múltiplas, como no caso da General Electric que pretende um crescimento geral, mas também quer crescimento em algumas divisões, estabilidade em outras e entrincheiramento em algumas outras. As estratégias combinadas são comumente utilizadas por grandes organizações que operam em ambientes altamente competitivos e diferenciados.

Voltando ao caso introdutório: A Brasiliense S/A

O problema da diretoria passou a ser o de fazer o diagnóstico interno e o mapeamento externo. Onde estão as oportunidades a serem rapidamente aproveitadas e onde estão as ameaças a serem contornadas. Onde investir, onde estabilizar, onde entrincheirar e onde desinvestir. Onde fazer diferenciação, onde tentar liderar com base no custo e onde intensificar a focalização. Qual a sua opinião a respeito disso?

4ª ETAPA: EXECUÇÃO DA ESTRATÉGIA ORGANIZACIONAL.

A execução da estratégia é a etapa final do processo de colocar a estratégia organizacional em ação. Constitui a etapa mais demorada, difícil e complexa de todo o processo estratégico. É a etapa que marca definitivamente o sucesso ou fracasso na gestão estratégica, pois não basta formular a estratégia, é preciso fazê-la funcionar no mundo real. Além disso, o mais importante não é ter a estratégia discutida e formulada, mas sim a estratégia efetivamente praticada na organização[18]. Sem uma adequada execução, a estratégia, por mais oportuna e valiosa que seja, está virtualmente fadada ao insucesso. A execução é feita por meio de séries de atividades basicamente administrativas. Seu propósito é determinar quando os recursos e as competências da organização deverão ser mobilizados para colocá-los em prática. Uma estrutura organizacional adequada para o desempenho eficiente das tarefas solicitadas e um sistema de informação e relações permitem coordenação das atividades subdivididas. Os processos organizacionais de mensuração do desempenho, recompensas, desenvolvimento do pessoal devem ser dirigidos para uma espécie de comportamento requerido pelo propósito organizacional. O papel da liderança é importante e decisivo no cumprimento da estratégia, assim como o papel empreendedor dos colaboradores em geral é fundamental.

A execução da estratégia exige quatro habilidades do administrador[19]:

1. **Habilidades de interação**: é a capacidade de administrar pessoas durante a implementação. O administrador deve saber compreender os receios e as frustrações das pessoas durante a execução da nova estratégia. Deve irradiar empatia entre os membros organizacionais e negociar o melhor caminho para pôr a estratégia em ação.
2. **Habilidades de alocação**: é a capacidade de proporcionar recursos organizacionais necessários para executar a estratégia. Isso exige talento para programar trabalhos, tempo e di-

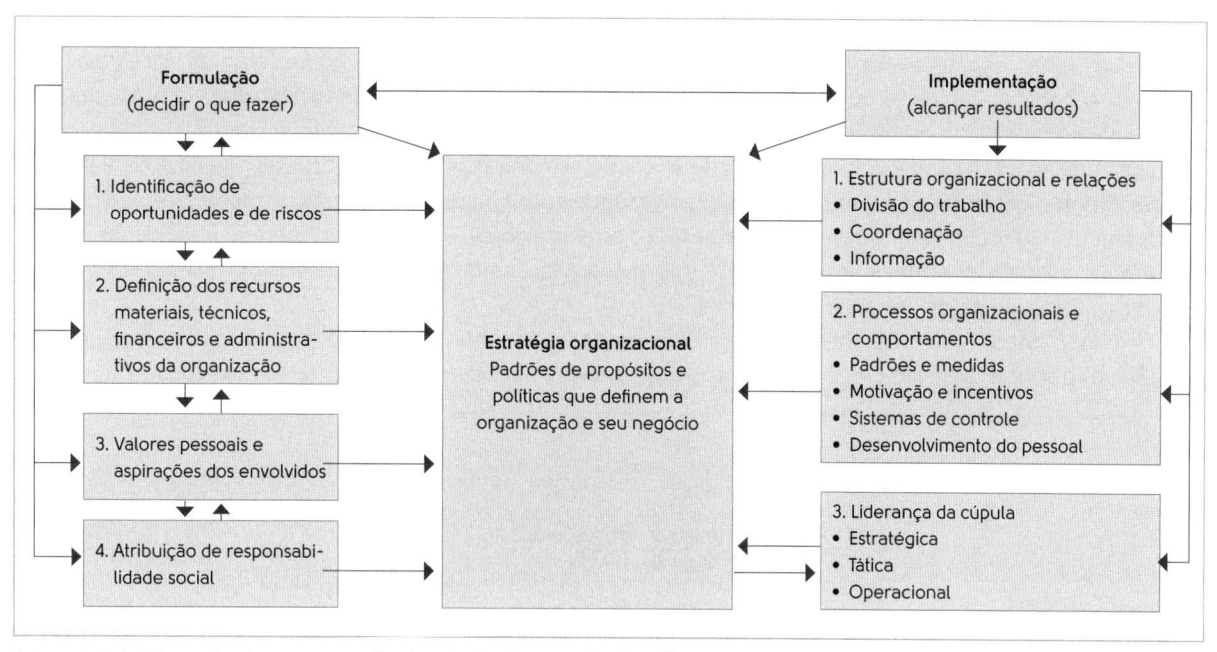

Figura 19.22. A formulação e a execução da estratégia organizacional[9].

```
                    Formulação                                      Implementação
                  (decidir o que fazer)                           (alcançar resultados)

    1. Identificação de                              1. Estrutura organizacional e relações
       oportunidades e de riscos                        • Divisão do trabalho
                                                        • Coordenação
    2. Definição dos recursos                           • Informação
       materiais, técnicos,
       financeiros e administra-   Estratégia       2. Processos organizacionais e
       tivos da organização       organizacional       comportamentos
                                  Padrões de            • Padrões e medidas
    3. Valores pessoais e         propósitos e          • Motivação e incentivos
       aspirações dos envolvidos  políticas que         • Sistemas de controle
                                  definem a             • Desenvolvimento do pessoal
                                  organização e
    4. Atribuição de responsabi-  seu negócio       3. Liderança da cúpula
       lidade social                                    • Estratégica
                                                        • Tática
                                                        • Operacional
```

nheiro e alocar outros recursos que são críticos para a execução.
3. **Habilidades de monitoração:** é a capacidade de utilizar informação para avaliar se algum problema está bloqueando a execução. É preciso criar sistemas de retroação que constantemente forneçam informação sobre o andamento da execução da estratégia.
4. **Habilidades de organização:** é a capacidade de criar uma rede de pessoas que podem ajudar a resolver os problemas de execução quando ocorrem. Isso requer customização dessa rede para incluir as pessoas que podem resolver os tipos especiais de problemas que caracterizam a execução da estratégia.

Acima de tudo, a execução da estratégia requer que todas as pessoas da organização, onde quer que estejam, trabalhem em uníssono para o alcance dos objetivos pretendidos. Isso exige muita liderança em todos os níveis organizacionais, foco em metas e objetivos, alocação dos recursos necessários à execução, constante monitoração do progresso, retroação incessante às pessoas e rápida resolução dos problemas quando ocorrem.

É preciso uma poderosa gestão do desempenho de todas as pessoas envolvidas, para que saibam o que e como, dando-lhes os incentivos motivacionais e o *coaching* necessário para que o seu desempenho seja otimizado.

Dicas

Afinal, quem põe a mão na massa?

A execução dos planos estratégico, táticos e operacionais é realizada pelos vários níveis hierárquicos em termos de liderança, apoio, suporte, orientação e gerenciamento quanto aos rumos a serem tomados. Mas, na realidade, quem executa o serviço, quem realiza as tarefas e operações, quem põe a mão na massa são os funcionários no nível de execução, exatamente aqueles que não participaram de sua formulação e que, nem sequer, conhecem os resultados da análise ambiental e das forças e fragilidades da organização. Pode? Isso não é bom, por que a participação fica prejudicada, o entendimento do processo não acontece e os funcionários não têm sequer noção do que estão fazendo. As estratégias bem-sucedidas – aquelas que realmente funcionam – requerem que todas as pessoas sejam devidamente consultadas e esclarecidas durante todo o andamento do processo para que possam executá-lo com inteligência e competência. Assim, podem realmente contribuir para o sucesso da organização. Para isso, muitas organizações invertem o processo fazendo com que os funcionários se reúnam periodicamente para discutir a análise ambiental e a análise organizacional, abordando as forças e fragilidades da organização e as oportunidades e ameaças ambientais. A execução da estratégia exige que todas as pessoas participem de maneira ativa e proativa.

O mais importante é garantir o apoio irrestrito e dotá-las continuamente das habilidades e competências necessárias para que as pessoas possam resolver os problemas específicos da execução.

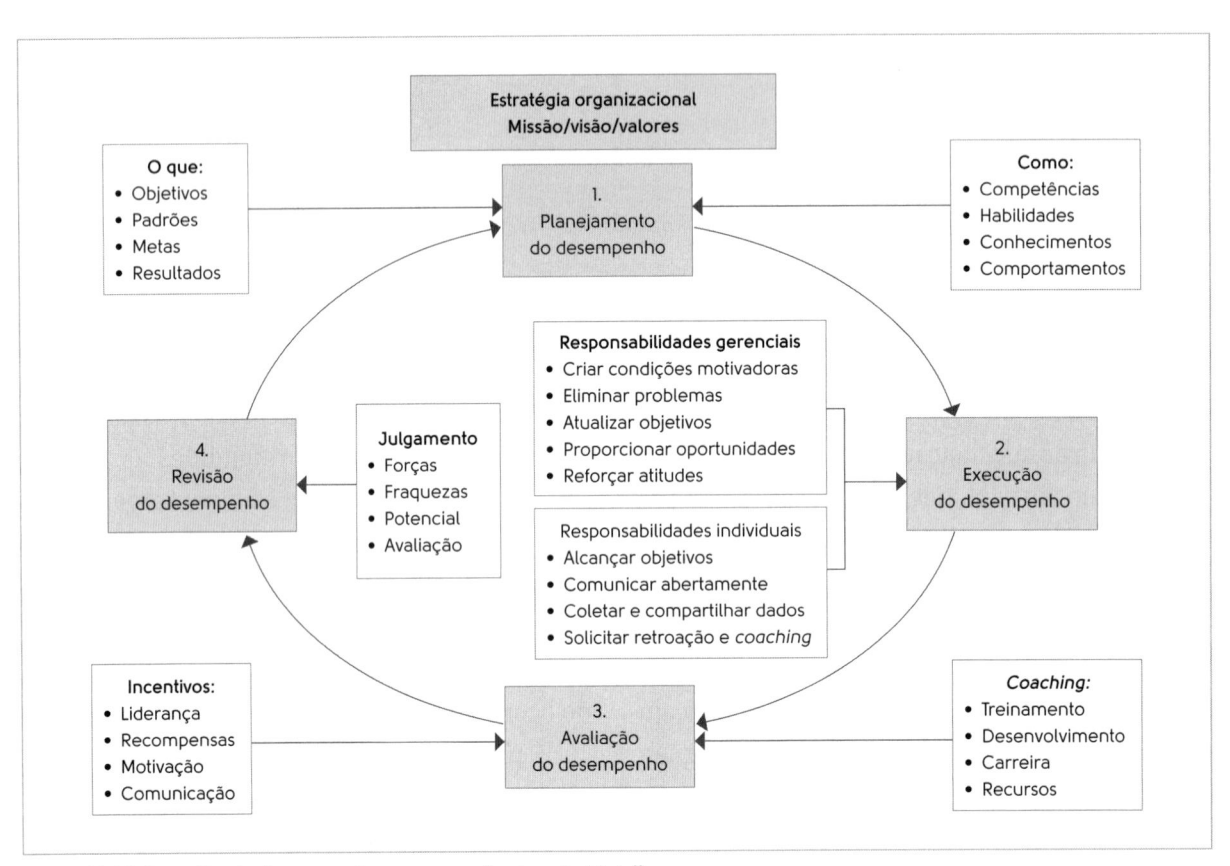

Figura 19.23. A gestão do desempenho na execução da estratégia[18].

Barreiras à execução da estratégia[18]

A pergunta que paira no ar é: quais as razões pelas quais a estratégia deixa de acontecer? O fato é que existem inúmeras barreiras à execução da estratégia que fazem com que simplesmente as coisas permaneçam onde e como sempre estiveram. A Figura 19.24 permite uma visão geral das principais barreiras à execução.

Com tantas barreiras pela frente – de ordem pessoal e individual, informacional, administrativa, orçamentária, além de psicológicas – a melhor das estratégias pode não acontecer na prática organizacional. Saber como evitá-las é fundamental.

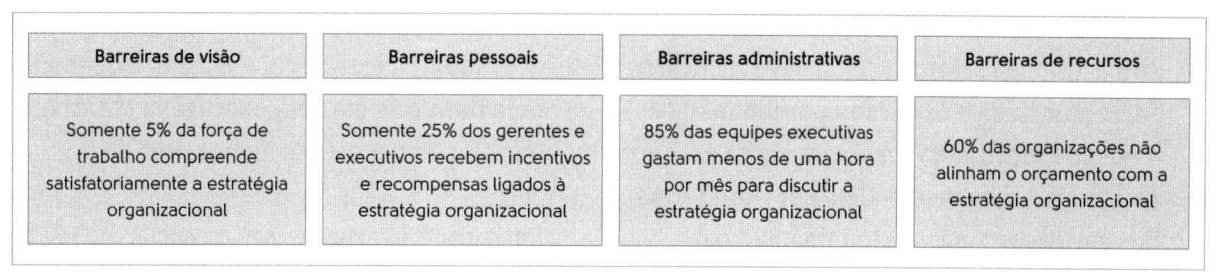

Barreiras de visão	Barreiras pessoais	Barreiras administrativas	Barreiras de recursos
Somente 5% da força de trabalho compreende satisfatoriamente a estratégia organizacional	Somente 25% dos gerentes e executivos recebem incentivos e recompensas ligados à estratégia organizacional	85% das equipes executivas gastam menos de uma hora por mês para discutir a estratégia organizacional	60% das organizações não alinham o orçamento com a estratégia organizacional

Figura 19.24. As barreiras à execução da estratégia organizacional[19].

5ª ETAPA: AVALIAÇÃO DOS RESULTADOS

Diz um ditado que o que não se pode medir não se pode administrar. Isso exige indicadores e métricas – geralmente baseados nas metas e nos objetivos desejados – por meio de controles para aferir o progresso em direção aonde se pretende chegar. A avaliação do desempenho – meios – e a avaliação dos resultados – fins – devem ser feitas continuamente ao longo do tempo. Kaplan e Norton oferecem uma ferramenta de gestão estratégica denominada *Balanced Scorecard* (BSC) – um escore ou placar balanceado e equilibrado – envolvendo quatro perspectivas para a avaliação do desempenho organizacional[20,21]:

1. **Perspectiva financeira**: como a organização é vista por proprietários, acionistas e investidores. Os indicadores devem mostrar se a execução da estratégia está contribuindo para a melhoria dos resultados: lucratividade, retorno sobre o investimento ou capital e fluxo de caixa.
2. **Perspectiva do cliente**: como a organização é vista pelo cliente e como ela pode atendê-lo da melhor maneira possível. Os indicadores devem mostrar se os serviços prestados estão de acordo com a missão da organização. Exemplos: satisfação do cliente, pontualidade na entrega, participação no mercado, tendências, retenção de clientes e aquisição de clientes potenciais.
3. **Perspectiva dos processos internos**: quais os processos de negócios que a organização mostra ter excelência. Os indicadores devem mostrar se os processos e a operação estão alinhados e se estão gerando valor, como qualidade, produtividade, logística, comunicação interna etc.
4. **Perspectiva da inovação e aprendizagem**: qual a capacidade da organização para melhorar continuamente seu capital humano e se preparar para o futuro. Os indicadores devem mostrar como a organização pode aprender através das pessoas e se desenvolver para garantir o crescimento. Exemplos: índices de renovação dos produtos, desenvolvimento de processos internos, inovação, competências, motivação e satisfação das pessoas.

Alinhamento – coerência da organização – e foco – concentração de todos – são as palavras de ordem para alinhar e focar as pessoas e as equipes na execução da estratégia em função das quatro perspectivas.

A montagem do BSC passa pelas seguintes etapas[21]:

1. **Definição da estratégia**: não adianta a missão organizacional estar pendurada há décadas na parede do saguão de entrada. Se a estratégia não é clara, todo o esforço pode ser perdido em ações que nada têm a ver com os

objetivos da organização. Para alcançar sucesso a estratégia organizacional deve ser descrita, comunicada e explicada por um mapa estratégico, mostrando a maneira lógica em que os ativos intangíveis podem ser transformados em ativos tangíveis (ou financeiros).

2. **Montagem do mapa da estratégia**: desdobrando a estratégia nas quatro perspectivas básicas em metas de negócio e indicadores que mostram se essas metas estão sendo atingidas ou não. As perspectivas são interligadas e integradas para que o desempenho organizacional seja mais do que a soma de suas partes. A sinergia é o objetivo. Organizações focadas na estratégia devem vencer as tradicionais barreiras departamentais. Novos formatos organizacionais são necessários.

3. **Montagem do BSC**: para transmitir e comunicar às pessoas de maneira consistente e significativa os objetivos estratégicos, desdobramentos, metas, ações e indicadores. Trata-se de traduzir a estratégia em termos operacionais para que ela seja executada cotidianamente, como mostra a Figura 19.25.

Em suma, três aspectos são essenciais ao BSC[18]:

1. Fazer da estratégia a tarefa diária de cada pessoa.
2. Fazer da estratégia um processo contínuo de aprendizagem e adaptação.
3. Mobilizar a mudança pela liderança de todos os executivos da organização.

Este é o trabalho do administrador nos novos tempos: conduzir a organização como um todo e com foco no negócio e nos seus resultados, privilegiar objetivos organizacionais com uma visão e ação estratégica, construir equipes de elevado desempenho, tocar os processos organizacionais em sin-

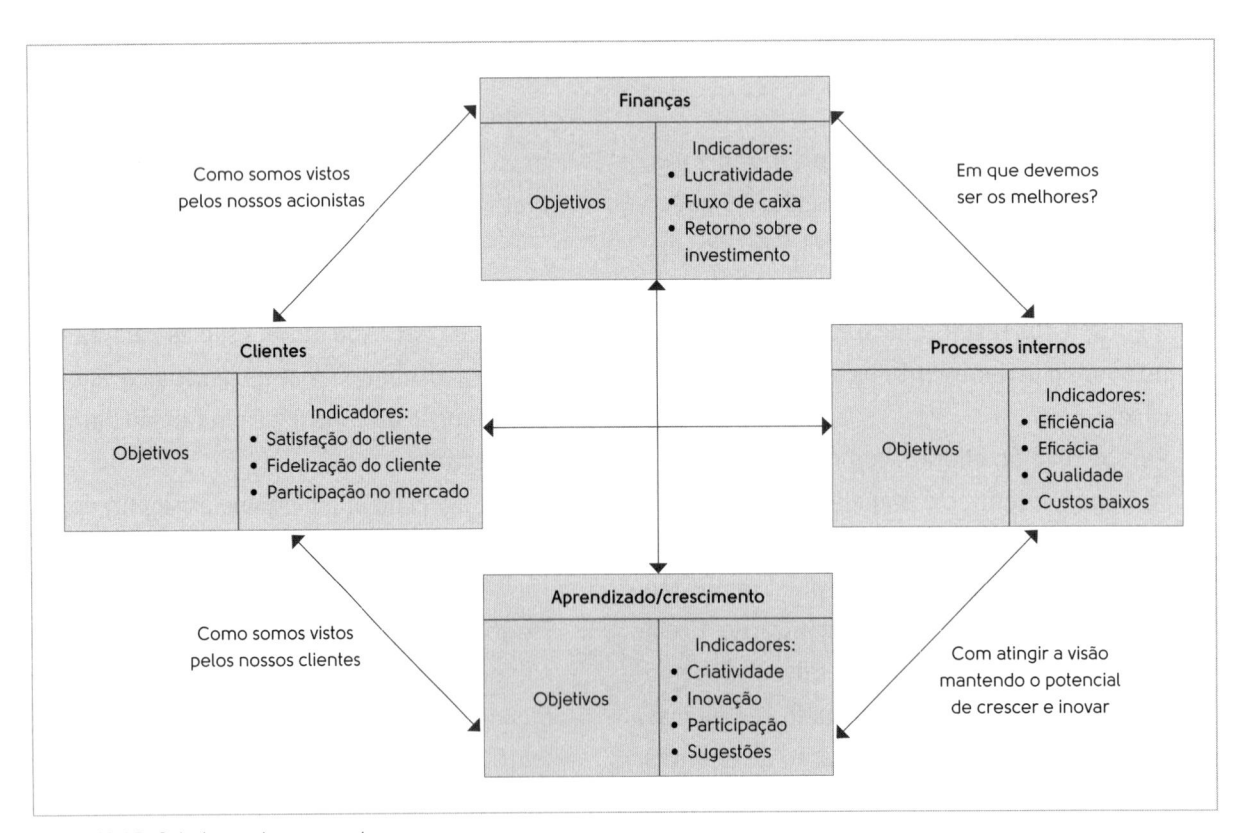

Figura 19.25. O *balanced scorecard*.

tonia mútua para obter efeitos sinergísticos, criar, agregar, entregar e capturar valor para a organização, assumir responsabilidades no sentido de garantir sustentabilidade financeira, social e ambiental para a organização, mudar e inovar sempre. É muito? Certamente essas são as exigências dos novos tempos. A figura do administrador ficou bem maior. E nós precisamos ampliá-la cada vez mais.

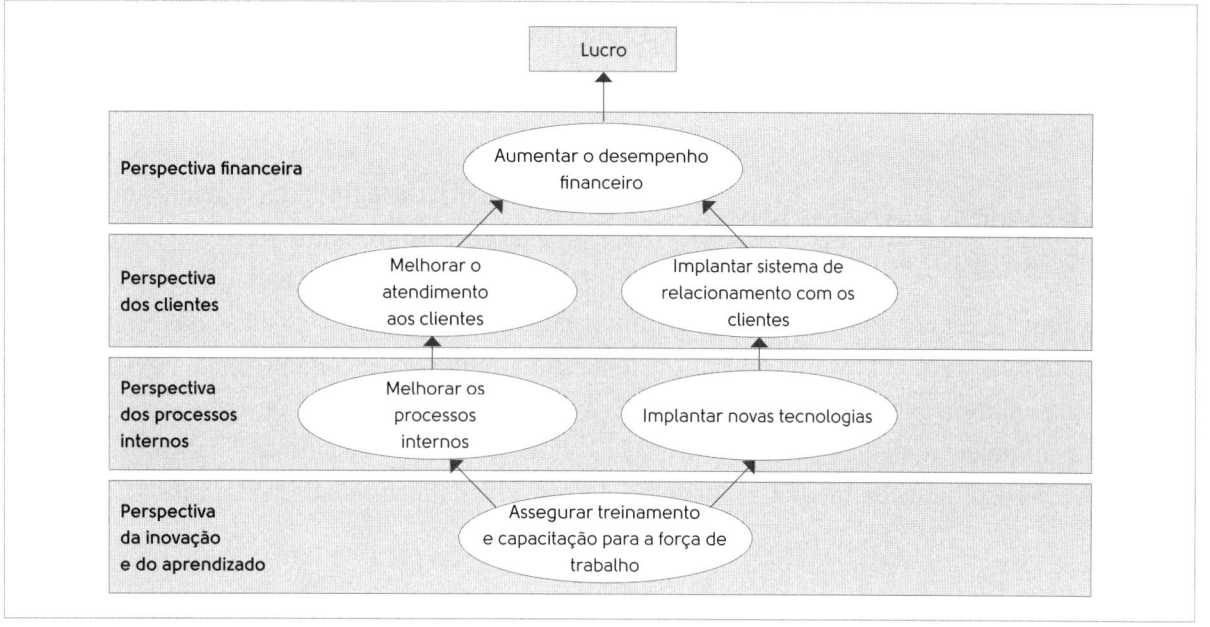

Figura 19.26. Mapa da estratégia[21].

Avaliação crítica: O sucesso da Procter & Gamble[22]

Em 1995, o conselho de administração da Procter & Gamble (P&G) nomeou John Pepper e Durk Jager para os dois principais cargos da companhia. Os céticos se perguntavam como é que uma das mais improváveis duplas do mundo empresarial norte-americano conseguiria se manter unida. Um casamento perigoso. Mas eles conseguem trabalhar juntos de uma maneira surpreendente.

A P&G é uma potência mundial na área de produtos de higiene e limpeza. Suas ações subiram 125% na gestão de ambos. A dupla inusitada parece ter feito sucesso com um misto de empenho e de acaso. Ambos fizeram crescer uma empresa de cultura quase militar, que não admite dissensão e na qual 98% dos cargos de comando são preenchidos por executivos dos próprios quadros da empresa. Cada um deles deu ao outro um amplo espaço de manobra. Pepper concentra-se no crescimento de longo prazo da companhia, lançou o Olestra – um tipo de óleo sem gordura que ficou 25 anos sob uma batalha regulatória do governo nos Estados Unidos – e adotou uma estratégia agressiva de aquisições, com a compra da Tambrands, produtora do absorvente interno Tampax. Também empurrou a P&G para a área farmacêutica, em particular a da saúde feminina. Algumas das drogas mais promissoras da empresa, como o Actonel para a osteoporose, são dirigidas ao mercado feminino.

Os principais executivos da P&G são pessoas de longo tempo de casa e quando têm diferenças de opinião, costumam mantê-las a portas fechadas. Mas, as diferenças existem. Pepper – o presidente do conselho e diretor-presidente da companhia – é cortês e até tímido e tende a tomar decisões de negócios pensando em como elas afetam empregados e acionistas. Gosta de ouvir acionistas antes de se decidir, o que o faz ser criticado como excessivamente guiado pelo consenso e, algumas vezes, lento demais.

Enquanto Pepper é um meticuloso leitor de memorandos, sublinhando cada sentença e anotando comentários nas margens, Jager não dá bola para eles. Dá uma rápida olhada, faz pequenos comentários orais e os devolve direto ao autor. Jager é espartano e fixado em dados. Não tem medo de tirar do mercado produtos que mostram fraco desempenho, como a marca de salgadinhos Fisher Nut. É cria do presidente anterior da companhia, o autocrático Edwin Artzt. Mas, assim como Jager parecia espelhar a personalidade de seu ex-chefe – tão intimidadora que os empregados tinham medo de cruzar com ele pelos corredores ou elevadores da companhia – ele parece ter adotado elementos do estilo mais amigável de Pepper. Parece ter reconhecido que a ferocidade, que era tão importante para Artzt, não era tão necessária para Pepper.

Exercícios: Planejamento estratégico[3]

Este exercício requer que a turma seja dividida em grupos de 3 a 5 membros. Imagine que a direção de sua empresa solicitou a um grupo de gerentes que apliquem a técnica de análise SWOT ou FF/OA. Os resultados de tal análise deverão ajudar a direção a formular o planejamento estratégico para os próximos anos. Faça uma lista de, pelo menos, três recomendações para o planejamento estratégico baseando-se nos resultados de sua análise. As recomendações devem sugerir meios para contrabalançar fraquezas internas ou ameaças externas ou utilizar forças internas e desenvolver oportunidades externas.

Forças internas da empresa
1. _____
2. _____
3. _____

Fraquezas internas da empresa
1. _____
2. _____
3. _____

Oportunidades externas do ambiente
1. _____
2. _____
3. _____

Ameaças externas do ambiente
1. _____
2. _____
3. _____

Recomendações para o planejamento estratégico
1. _____
2. _____
3. _____

Figura 19.27. Lista de recomendações para o planejamento estratégico.

Caso para discussão: Os planos para tentar levantar a Pepsi[23]

A execução da estratégia empresarial é vital para que tudo dê certo. O presidente da PepsiCo Inc. está estudando a troca do nome usado pela empresa há mais de 37 anos. "Chegou a hora de revelar quem realmente somos e de assumir o que queremos ser", diz ele. A razão da mudança é a admissão da forte participação da Frito-Lay, a subsidiária de salgadinhos que superou o setor de bebidas, como a maior fonte de receita da PepsiCo. Outra razão da mudança é dar uma resposta ao que deu errado nos últimos tempos com a Pepsi e como corrigir esse erro?

Depois de gastar de gastar US$ 1 bilhão em investimentos de capital para se expandir em mercados internacionais de bebidas, os negócios da PepsiCo fora dos Estados Unidos não saíram triunfantes. A Pepsi investiu cerca de US$ 4 bilhões em ativos fixos, *marketing* e engarrafamento no exterior. Boa parte em mercados emergentes. A meta era reduzir a liderança da Coca-Cola fora dos Estados Unidos – que era de 3 para 1. Coisa de louco! A campanha foi vítima de suas próprias ambições. No Brasil, a engarrafadora da Pepsi correu rápido para abrir quatro fábricas com capacidade para 250 milhões de engradados de refrigerantes por ano. Mas as linhas de produção sofriam constantes interrupções por causa de problemas nas instalações e da baixa qualificação da mão de obra. A Pepsi incentivou a venda de garrafas tamanho família. Mas recipientes grandes, que em geral saem mais em conta para o consumidor, geram lucros menores para a companhia. A gigantesca superengarrafadora da Pepsi na Argentina – a Buenos Aires Embotelladora (Baesa) – um modelo para outras regiões, não tardou a mostrar as sequelas de sua expansão rápida e financiada em dívidas. Os credores da Baesa assumiram o comando da empresa numa operação de conversão de dívidas em ações. Nos Estados Unidos, as operações da divisão de refrigerantes da Pepsi enfrentam a obstinada meta da Coca-Cola Co. de controlar 50% do mercado norte-americano. Para complicar, a fatia de 31% da Pepsi no mercado americano ficou inalterada nos últimos dez anos, enquanto a da Coca-Cola saltou de 40,5% para 43,1%. Nesse meio-tempo, a PepsiCo livrou-se da cadeia de restaurantes informais, que se achava no vermelho, e programou o desmembramento da divisão de *fast-food*, envolvendo a Pizza Hut, Taco Bell e KFC, das quais quer se desfazer. Isso trará uma redução de um terço no seu faturamento anual.

Os críticos colocam a culpa numa cultura empresarial que valorizava ideias ambiciosas, grandes gastos e rápidas mudanças. No caso da divisão internacional de bebidas e dos restaurantes informais, a cultura da empresa ficou mesmo fora de controle. E promete fazer as mudanças necessárias a fim de fazer valer a nova e verdadeira cultura da PepsiCo. Essa cultura seria o casamento do pulso firme da Frito-Lay, que registrou uma elevação nos lucros operacionais e no faturamento com a criatividade e a astúcia comercial da Pepsi. Sinergia cultural? Vale a pena conferir.

Questões:
1. Até que ponto a cultura organizacional da PepsiCo afeta a sua estratégia?
2. Como você classificaria a estratégia da PepsiCo?
3. Por que razões a estratégia da PepsiCo falhou?
4. Você sente alguma mudança estratégica na PepsiCo frente aos seus produtos ou negócios?
5. Existe sinergia entre os vários negócios da PepsiCo? Comente.
6. Que sugestões você daria no caso da PepsiCo?

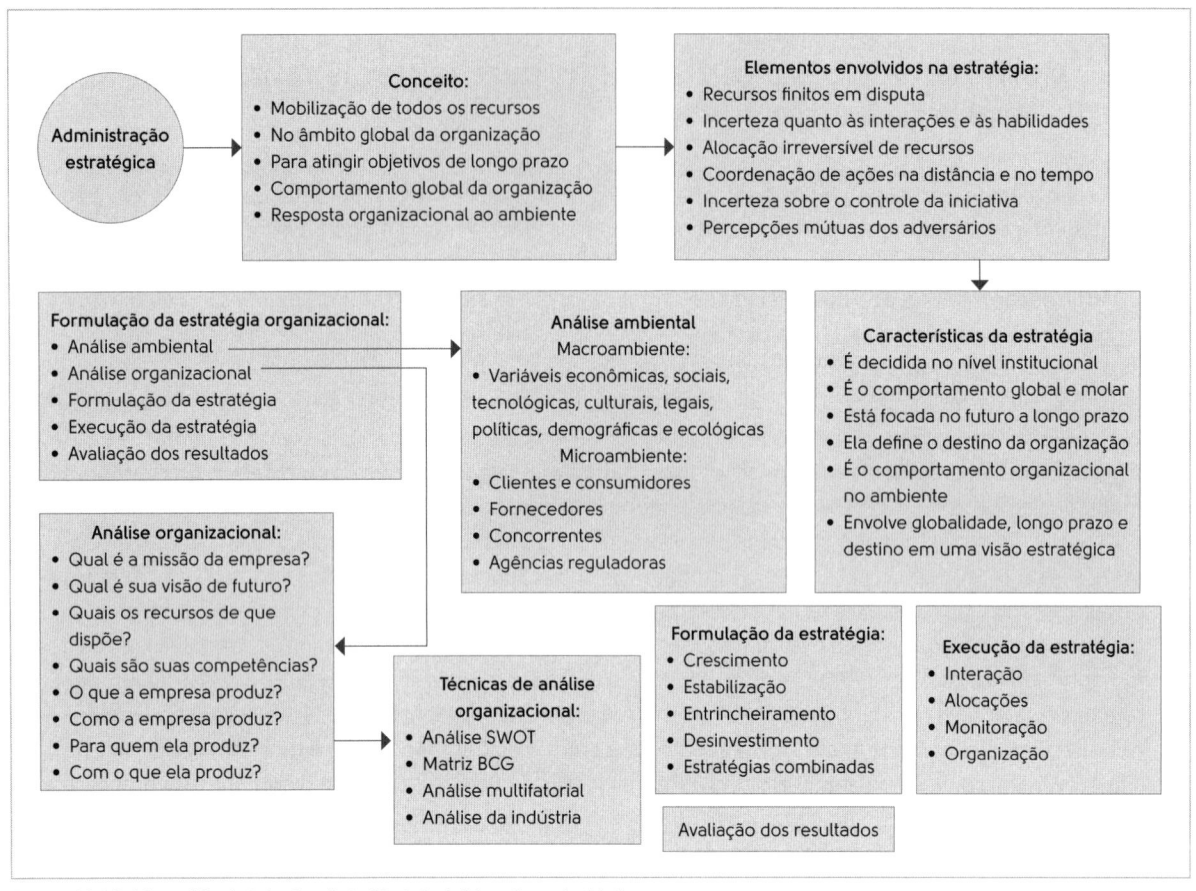

Figura 19.28. Mapa Mental do Capítulo 19: Administração estratégica.

Exercícios

1. Defina estratégia organizacional e seu envolvimento total.
2. Qual a relação entre estratégia, missão, objetivos, estrutura organizacional, cultura e mercado?
3. Quais as principais características da estratégia organizacional?
4. Comente a respeito da administração estratégica.
5. Explique a formulação da estratégia organizacional e seus componentes.
6. O que é análise ambiental e análise organizacional?
7. Explique a análise de questões críticas.
8. Explique a análise forças/fraquezas e oportunidades/ameaças.
9. Explique a matriz BCG.
10. O que é uma UEN?
11. Explique a análise de portfólio multifatorial.
12. Explique o modelo de Porter.
13. Comente as estratégias genéricas segundo Porter.
14. Os modelos estratégicos conduzem a que alternativas de estratégia?
15. Quais as habilidades do administrador na implementação das estratégias?

REFERÊNCIAS BIBLIOGRÁFICAS

1. Bruce D. Henderson. "The concept of strategy". In: K. J. Albert (ed.). *The strategic management handbook*. Nova York, McGraw-Hill, 1983. p. 1-5.

2. Harold Koontz, Cyril O'Donnell, Heinz Weihrich. *Management*. Tóquio, McGraw-Hill/Kogakusha,1980. p. 163-4.
3. Samuel C. Certo. *Modern management: diversity, quality, ethics, and the global environment*. Boston, Allyn & Bacon, 1994, p. 157, 162, 165-167, 169.
4. Alfred A. Chandler Jr. *Strategy and structure*. Cambridge/Massachusetts, The MIT, 1962. p. 13.
5. Novartis. Disponível em: www.novartis.com. Acessado em: 31.10.2013.
6. Alberto R. Levy. *El Cómo y el Porqué: Un Camino Hacia el Desarrollo Empresario*. Buenos Aires, Editorial Tesis, 1989. p.45-6, 59.
7. Idalberto Chiavenato. *Administração: teoria, processo e prática*. Barueri, Manole, 2014.
8. Henry Mintzberg, James Brian Quinn. *The strategy process: concepts, contexts*, *case*. Upper Saddle River, Prentice Hall, 1996. p. 50, 54.
9. Derek F. Abel, "Competing today while preparing for tomorrow". *Sloan Management Review*, 40, n. 3, Spring 1999, p. 75.
10. Richard L. Daft. *Management*. Orlando, The Dryden, 1994. p. 223.
11. Philip Kotler. *Marketing management: analysis, planning and control*. Englewood Cliffs, Prentice-Hall, 1980. p. 76.
12. Harold W. Fox. "The frontiers of strategic planning: intuition or formal models?". *Management Review*, Apr./1981, p. 8-14.
13. Clemente Nóbrega. "Você fez tudo direito... e dançou". *Exame*, n. 648, 05.11.1997, p. 92-102.
14. Richard T. Pascale. "The Honda effect". In: Mintzberg H, Quinn JB. *The strategy process: concepts, contexts*, cases. Upper Saddle River, Prentice Hall, 1996. p. 111-2.
15. Michael E. Porter. *Estratégia competitiva: técnicas para análise de indústrias e da concorrência*. Rio de Janeiro, Campus, 1986. p. 22-48, 49-58.
16. "Piso firme". *Exame*, n. 545, 24. 11. 1993, p. 59-60.
17. Samuel C. Certo, J. Paul Peter. *Administração estratégica: conceitos e aplicações*. São Paulo, Makron Books, 1996.
18. Idalberto Chiavenato, Arão Sapiro. *Planejamento estratégico: fundamentos e aplicações: da intenção aos resultados*. Rio de Janeiro, Elsevier/Campus, 2010, p. 256-7, 263-5.
19. Paul R. Niven. *Balanced scorecard diagnostics: maintaining maximum performance*. Nova York, John Wiley & Sons, 2005, p. 11.
20. R. S. Kaplan, D. P. Norton. Organização orientada para a estratégia: como as empresas que adotam o *balanced scorecard* prosperam no novo ambiente de negócios, Rio de Janeiro, Campus, 2001.
21. R. S. Kaplan, D. P. Norton. A estratégia em ação: *balanced scorecard*. Rio de Janeiro, Campus, 1997.
22. Raju Narisetti. "Antagonismo de ex-rivais faz o sucesso da Procter & Gamble". *The Wall Street Journal/O Estado de S.Paulo*, 14. 08. 1997, p. B-8.
23. Nikhil Deogun. "Os planos de Roger Enrico para tentar levantar a Pepsi". *The Wall Street Journal/O Estado de S.Paulo*, 14.08.1997, p. B-9.

GLOSSÁRIO

Abordagem de equipes organização que cria equipes multifuncionais para cumprir tarefas específicas e coordenar grandes departamentos.

Abordagem de redes organização que se torna um pequeno centro intermediário, conectado, eletronicamente, a outras organizações que desempenham funções vitais para o negócio.

Abordagem divisional aquela em que os departamentos são agrupados juntos em divisões separadas e autossuficientes.

Abordagem funcional aquela em que as atividades são agrupadas juntas em departamentos pelas habilidades similares e atividades comuns de trabalho.

Abordagem matricial organização baseada em cadeias simultâneas de comando funcional e divisional que se sobrepõem nos mesmos departamentos.

Abordagem situacional de liderança indica que a liderança depende de forças no administrador, nos subordinados e na situação.

Ação corretiva quarta etapa do processo controle que visa manter o desempenho dentro dos padrões estabelecidos.

Adaptação ambiental estratégia utilizada pela organização para ajustar-se às demandas e às pressões ambientais.

Adaptação cultural esforço organizacional de rever e atualizar a cultura da organização em função das mudanças ambientais.

Adhocracia oposto de burocracia. É um modelo que enfatiza relações laterais e elimina o papel da hierarquia.

Administração processo de planejar, organizar, dirigir e controlar o uso dos recursos organizacionais para alcançar determinados objetivos de maneira eficiente e eficaz.

Administração Científica foi a primeira teoria administrativa, iniciada por Taylor no início do século XX, enfatizando as tarefas dos operários e os métodos para racionalizá-las.

Administração da qualidade total (*total quality management*) mesmo que qualidade total.

Administração do tempo utilização racional do tempo disponível para se fazer algo.

Administração estratégica voltada para objetivos globais da organização situados em longo prazo.

Administração participativa representa o envolvimento de todos os funcionários no processo de tomada de decisões da organização e a eliminação dos obstáculos organizacionais (hierarquia) e culturais (autocracia). Uso da tomada de decisão conjunta.

Administração por Objetivos (APO) abordagem focalizada em resultados e metas a alcançar (eficácia). Focaliza fins e não meios.

Administrador o responsável pelo desempenho de uma ou mais pessoas no trabalho.

Administrar planejar, organizar, dirigir e controlar recursos para atingir objetivos organizacionais.

Agências reguladoras elementos do microambiente que regulam, normatizam, monitoram, avaliam ou fiscalizam as ações da organização.

Agente de mudança pessoa que conduz ou guia o processo de mudança em uma situação organizacional.

Alternativas de ação possíveis cursos de ação para o alcance de um objetivo.

Ambiente meio externo que envolve uma organização. Tudo o que existe ao redor de um sistema ou organização.

Ambiente de certeza ocorre quando a informação é suficiente para predizer os resultados de cada alternativa de curso de ação.

Ambiente de decisão circunstâncias dentro das quais ocorre a tomada de decisão.

Ambiente de incerteza ocorre quando se conhece pouco ou nada a respeito das alternativas e de seus resultados.

Ambiente de risco ocorre quando não se pode predizer os resultados das alternativas com certeza, mas apenas com certa probabilidade.

Ambiente específico meio mais próximo e imediato de cada organização. Recebe o nome de microambiente ou ambiente de tarefa. É composto de clientes, fornecedores, concorrentes e agentes reguladores.

Ambiente geral meio mais amplo e que envolve toda a sociedade humana e funciona como um contexto abrangente que afeta a todos os seus componentes de modo genérico. Recebe também o nome de macroambiente.

Ambiguidade qualidade de ter mais de um sentido, algo que é equívoco e hesitante.

Amplitude administrativa ampla ocorre quando um administrador tem muitos subordinados abaixo de si.

Amplitude administrativa estreita ocorre quando um administrador tem poucos subordinados abaixo de si.

Amplitude administrativa ou amplitude de controle refere ao número de pessoas que se subordinam a um administrador.

Análise ambiental refere-se ao exame das condições e variáveis ambientais, suas perspectivas atuais e futuras, as coações e restrições, os desafios e contingências e oportunidades percebidas no contexto externo.

Análise de mercado de Porter modelo de formulação estratégica que delineia as forças primárias que determinam a competitividade dentro de um mercado.

Análise de questões críticas modelo estratégico de perguntas e questões fundamentais para construir uma estratégia.

Análise do portfólio de negócios técnica de formulação da estratégia de acordo com o fluxo de fundos de cada unidade estratégica de negócios (UEN).

Análise do portfólio multifatorial técnica de análise da carteira de negócios ou produtos para a formulação da estratégia, de acordo com o desempenho de cada unidade estratégica em termos de rentabilidade.

Análise FF/OA ou análise SWOT modelo que visa o diagnóstico das forças e fraquezas internas (FF), bem como das oportunidades e ameaças externas (OA) para formular uma estratégia capaz de compatibilizá-las.

Análise organizacional refere-se ao exame das condições atuais e futuras da organização, seus recursos disponíveis e necessários, potencialidades e habilidades, forças e fraquezas da organização.

Análise transacional técnica de desenvolvimento organizacional que visa ao autodiagnóstico das relações interpessoais no sentido de eliminar barreiras e obstáculos na interação entre as pessoas.

Aprendizagem adaptativa capacidade de uma organização em aprender a mudar por meio do defrontamento com problemas e situações diferentes.

Aprendizagem geradora capacidade de uma organização de aprender pelo esforço conjunto de seus membros.

Área de acordo quando há simultaneidade de resultados aceitáveis justapostos para as partes envolvidas em uma negociação.

Artefatos coisas físicas e visíveis que, no seu conjunto, definem e revelam a cultura de uma organização.

Árvore de decisões gráfico que apresenta a explosão das alternativas é possíveis de cursos de ação.

Associações de beneficiários mútuos organizações cujos beneficiários principais são os próprios membros.

Atitude comportamento frente às situações; estilo pessoal; determinação de fazer as coisas acontecerem.

Atribuição mecanismo por meio do qual se distribui a autoridade e a responsabilidade entre as pessoas.

Autoeficácia crença da pessoa de que é capaz de desempenhar a tarefa.

Autogerenciamento tomada de decisões pelos próprios membros da equipe sem necessidade de envolvimento da hierarquia.

Autoridade direito formal e legítimo de tomar decisões, dar ordens e alocar recursos para alcançar resultados organizacionais.

Autoridade de linha direito formal para dirigir e controlar os subordinados imediatos.

Autoridade de *staff* direito dos especialistas de *staff* de aconselhar, recomendar e assessorar.

Avaliação do desempenho segunda etapa de do processo de controle que visa medir o desempenho ou resultado de alguma atividade.

Barganha é o mesmo que negociação.

Barreiras à comunicação restrições ou limitações que ocorrem dentro ou entre as etapas do processo de comunicação, fazendo com que nem todo sinal emitido pela fonte percorra livremente o processo de modo a chegar incólume ao destino.

Barreiras culturais obstáculos e restrições às pessoas criados pela cultura da organização.

Barreiras organizacionais obstáculos e e restrições às pessoas criados pela forma de organização.

Behaviorismo influência das ciências comportamentais na administração.

Benchmarking processo contínuo e sistemático de pesquisa para avaliar produtos, serviços e processos de organizações que são reconhecidas como líderes, com o propósito de aprimoramento organizacional. Processo de comparação de operações e desempenho com outras organizações ou unidades conhecidas pela sua excelência.

Beneficiário parceiro que recebe vantagens, benefícios ou resultados de uma organização.

Boato rede de comunicação informal existente nas organizações e que produz um curto-circuito nos canais formais.

Brainstorming técnica de tempestade cerebral utilizada para gerar alternativas de solução de problemas, por meio de reuniões em que cada pessoa propõe espontaneamente ideias e sugestões sem nenhum senso crítico.

Burocracia nome dado à organização que adota todas as dimensões do modelo burocrático.

Modelo racional de organização baseado na divisão do trabalho, na hierarquia de autoridade, na especialização, em regras e procedimentos, na formalização, na impessoalidade e na competência técnica.

Burocracia de máquina modelo utilizado em organizações cujos membros executam tarefas especializadas e padronizadas para atender a regras e procedimentos e acompanhar estratégias programadas.

Burocracia divisionalizada modelo que utiliza uma forma híbrida de departamentalização com unidades autônomas funcionando abaixo de um guarda-chuva organizacional comum.

Burocracia profissionalizada modelo que utiliza órgãos de *staff*, dotados de profissionais treinados que trabalham com relativa autonomia de acordo com regras e procedimentos previamente estabelecidos.

Cachos de uva forma de comunicação informal em rede, de pessoa a pessoa e que não é oficialmente sancionada pela organização

Cadeia de comando linha contínua de autoridade que vai do topo até a base e mostra quem se subordina a quem.

Cadeia de qualidade cada funcionário tem o seu fornecedor interno (que lhe proporciona o insumo) e o seu cliente interno (que recebe o resultado do seu trabalho) e tenta melhorar o seu trabalho para satisfazer o cliente interno e obter do seu fornecedor um melhor resultado.

Cadeia de valor intercâmbio horizontal entre as unidades organizacionais ou pessoas que participam de um processo como fornecedoras e clientes e estão preocupadas em prestar um melhor serviço umas às outras. Utilização da cadeia de qualidade para agregar valor a cada cliente interno no decorrer do processo de produção para beneficiar o cliente externo.

Cadeia escalar linha ininterrupta de autoridade que vai do topo até a base da organização e que interliga todas as pessoas.

Cães unidade estratégica de negócios (UEN) com pouca participação em mercados de baixo crescimento. Negócios pouco vantajosos e sem futuro. Em geral, devem ser abandonados.

Caminho-meta o mesmo que teoria voltada para os objetivos.

Campo de experiência é o mesmo que padrões de referência pessoais.

Campo dinâmico de forças característica do ambiente, no qual as diversas forças interagem dinamicamente entre si, provocando mudanças. Sistema de forças que interagem entre si, atuando positiva ou negativamente no processo de mudança organizacional.

Campo psicológico o mesmo que padrões de referência pessoais.

Canais formais de comunicação aqueles que fluem dentro da cadeia de comando ou responsabilidade da tarefa definida pela organização.

Canais informais de comunicação funcionam fora dos canais formalmente autorizados e nem sempre seguem a hierarquia de autoridade.

Canal meio escolhido do qual a mensagem flui entre a fonte e o destino Pode ser o meio escrito ou falado utilizado para fluir a mensagem

Carisma faculdade ou qualidade excepcional ou sobrenatural de uma pessoa e que a diferencia das demais.

Centralização grau de concentração das decisões na cúpula da organização. Ocorre quando as decisões são concentradas no topo da hierarquia

Certificação da ISO 9000 atribuída pela International Organization for Standardization para indicar que a organização alcançou um rigoroso conjunto de padrões de qualidade.

Ciclo de vida representa os diferentes estágios de crescimento de uma organização ao longo do tempo.

Ciclo motivacional sequência de eventos que vão desde o surgimento de uma necessidade até a sua satisfação e retorno ao estado anterior de equilíbrio.

Círculo de qualidade grupo de funcionários que se reúne periodicamente para para discutir maneiras de melhorar a qualidade dos produtos ou serviços e que tem uma área compartilhada de responsabilidade.

Classe mundial organizações que apresentam alto grau de competitividade em seus negócios.

Cliente(s) elementos do ambiente de tarefa que compram ou adquirem os produtos ou serviços, ou seja, absorvem os resultados ou saídas da organização.

Cliente externo pessoa ou outra organização que utiliza o produto ou serviço oferecido por uma organização.

Cliente interno pessoa ou unidade situada dentro da própria organização que utiliza o produto ou serviço oferecido por outra unidade.

Cliente, usuário ou consumidor pessoa ou organização que utiliza os produtos ou serviços para satisfazer suas necessidades.

Codificação conversão de uma ideia em mensagem inteligível pelo comunicador.

Código vocabulário convencional ou secreto ou o conjunto de símbolos que transmitem significados.

Código de ética declaração formal e escrita que estabelece os valores e padrões éticos da organização para guiar o comportamento de seus membros.

Cognição processo consciente de aquisição de conhecimento. É o que as pessoas sabem sobre si mesmas e sobre o seu ambiente e que funciona como um padrão de referência. Tomada de conhecimento de alguma realidade exterior ou situação.

Comissão de representantes empregados eleitos que se sentam à mesa de reuniões da diretoria representando os interesses dos empregados na organização.

Competência qualidade de quem é capaz de analisar uma situação, apresentar soluções e resolver assuntos ou problemas.

Competitividade capacidade de uma organização de oferecer produtos e serviços melhores e mais baratos, mais adequados às necessidades e expectativas do mercado, trazendo soluções inovadoras ao cliente. Capacidade que uma organização desenvolve para competir e obter vantagens competitivas em sua indústria. Capacidade que uma organização desenvolve para enfrentar a concorrência em um ambiente dinâmico e mutável.

Comportamento ético conduta e atitude moral adotada pelo administrador.

Compromisso decisão quando há certeza quanto às causas das alternativas disponíveis, mas ambiguidade e incerteza quanto às preferências dos resultados esperados.

Computação decisão quando há certeza em relação à causalidade e aos resultados. É uma decisão programada.

Comunicação processo de transmissão e compreensão da informação mediante o uso de símbolos comuns.

Comunicação ascendente flui das pessoas situadas nos níveis mais baixos da estrutura organizacional para as de nível mais elevado.

Comunicação em equipe rede centralizada ou descentralizada de processamento da informação pela equipe.

Comunicação horizontal se dá quando o comunicador e o receptor estão no mesmo nível dentro da organização.

Concorrentes elementos do ambiente de tarefa que disputam as mesmas entradas (fornecedores) e as mesmas saídas (clientes) da organização.

Condições culturais segmento ambiental que contém os elementos relacionados com os valores sociais e culturais que prevalecem na sociedade.

Condições demográficas segmento ambiental que descreve as características estatísticas de uma população.

Condições ecológicas representam o estado geral da natureza e condições do ambiente físico e natural, bem como a preocupação da sociedade com o meio ambiente.

Condições econômicas segmento ambiental que define como os recursos estão sendo distribuídos e utilizados dentro do ambiente. Envolvem o estado geral da economia e outros indicadores relacionados com fenômenos econômicos.

Condições legais segmento ambiental que contém os códigos legais vigentes.

Condições políticas segmento ambiental que contém os elementos relacionados com assuntos governamentais.

Condições sociais segmento ambiental que define as características da sociedade na qual a organização existe.

Condições tecnológicas segmento ambiental que inclui o desenvolvimento e aplicações da tecnologia na produção de bens e serviços.

Conformidade ou aceitação o desempenho ou resultado está de acordo com o padrão e, portanto, aceito.

Conhecimento acervo de informações, teorias, conceitos, ideias, experiências e aprendizagens a respeito da área de atuação. Forma organizada de informações consolidadas pela mente humana ou por meio de mecanismos cognitivos quanto inteligência, da memória e da atenção.

Conscientização noção clara da necessidade de fazer ou mudar alguma coisa.

Conselho de trabalhadores grupos de empregados eleitos ou indicados pelos demais que devem ser consultados quando a administração toma decisões estratégicas.

Consenso concordância dos membros a determinados assuntos ou decisões.

Consonância adequação entre as características do produto ou serviço e as expectativas do cliente. Ocorre quando o significado da mensagem enviada pela fonte é semelhante ao significado da mensagem percebida pelo destino.

Consultoria de procedimentos técnica para sensibilizar a equipe quanto aos seus processos internos de comunicação, tomada de decisões, estabelecimento de objetivos, liderança, confiança e criatividade.

Contribuição é o que a pessoa proporciona para a sua organização por meio de seus esforços pessoais.

Controle função administrativa que consiste em medir e corrigir o desempenho para assegurar que os objetivos organizacionais e os planos estabelecidos para alcançá-los sejam realizados. Função administrativa que define os padrões de desempenho, avalia o desempenho e o compara com os padrões para efetuar as ações corretivas necessárias. Função administrativa que monitora as atividades para manter a organização no caminho para o alcance dos objetivos, permitindo as correções necessárias.

Controle burocrático controle externo por meio de regras e procedimentos, hierarquia administrativa, estrutura verticalizada e formalizada.

Controle estatístico da qualidade (CEQ) utilização de técnicas estatísticas de controle para detectar possíveis afastamentos ou desvios em relação ao padrão estabelecido.

Controle estratégico genérico e sintético, direcionado a longo prazo e macro-orientado, isto é, aborda a organização como um todo.

Controle operacional detalhado e analítico, direcionado a curto prazo e micro-orientado, isto é, aborda cada operação em separado.

Controle pelas pessoas controle interno pelo qual os funcionários se comprometem com a qualidade e com elevados padrões de desempenho.

Controle por retroação efetuado após a operação de uma determinada atividade para retroagir e corrigir seus erros ou desvios.

Controle simultâneo efetuado durante a operação de uma determinada atividade.

Controle tático menos genérico e menos detalhado, direcionado a médio prazo e aborda cada unidade organizacional separadamente.

Coordenação mesmo que integração organizacional.

Coordenação interdepartamental facilidade de contatos e comunicações entre diferentes departamentos.

Coordenação intradepartamental facilidade de contatos e comunicações dentro de um mesmo departamento.

Corporação modular estrutura enxuta e simples que funciona como um *hub* envolvido por uma rede flexível de fornecedores, cujos módulos podem ser expandidos ou retraídos em resposta às mudanças ou às necessidades.

Crescimento estratégia adotada para aumentar o volume de negócios que uma unidade estratégica de negócios (UEN) está gerando.

Critérios de excelência valores e conceitos que o PNQ utiliza para a premiação da qualidade.

Cronograma programa que compatibiliza atividades ou tarefas com o tempo.

Cultura padrão de assuntos básicos de desenvolvimento organizacional (DO) compartilhados que um grupo aprendeu como maneira de resolver seus problemas de adaptação externa e integração interna e que é transmitido aos novos membros como a maneira correta de perceber, pensar e sentir em relação aqueles problemas.

Cultura adaptativa caracterizada pelo esforço de rever e atualizar constantemente ideias, valores e costumes para ajustar a organização a um ambiente em mudança.

Cultura conservadora caracterizada pelo esforço de preservar e manter as tradições culturais, as ideias, os valores e os costumes sem mudanças ao longo do tempo.

Cultura organizacional conjunto de hábitos e crenças estabelecido por meio de normas, valores, atitudes e expectativas compartilhado por todos os membros da organização.

Curso de ação caminho para chegar ao alcance de um determinado objetivo. Orientação ou sequência no sentido de alcançar um determinado objetivo.

Dado registro ou anotação de algum evento ou ocorrência.

Decisão escolha ou opção entre várias alternativas de cursos de ação.

Decisão otimizante visa ao alcance de resultados máximos.

Decisão racional adequação de meios aos fins visados.

Decisão satisfaciente procura resultados meramente satisfatórios.

Decisões não programadas decisões julgamentais, novas e não repetitivas tomadas para solucionar problemas não rotineiros ou excepcionais.

Decisões programadas decisões rotineiras utilizadas para resolver problemas cotidianos e repetitivos que ocorrem regularmente e que podem receber respostas padronizadas.

Decodificação processo mental que o receptor de uma mensagem usa para poder decifrá-la.

Delegação processo de transferir autoridade e responsabilidade aos subordinados.

Departamentalização constituição de departamentos ou divisões na organização. Especialização horizontal da organização em departamentos.

Departamentalização baseada em localização geográfica mesmo que estrutura baseada em área geográfica.

Departamentalização funcional mesmo que abordagem funcional.

Departamentalização por clientela mesmo que estrutura baseada em clientes.

Departamentalização por processos mesmo que estrutura baseada em processos.

Departamentalização por produtos ou serviços mesmo que estrutura baseada em produtos ou serviços.

Descentralização ocorre quando as decisões são dispersadas na base da hierarquia

Descongelamento primeira etapa do processo de mudança em que velhas ideias e práticas são derretidas, abandonadas e desaprendidas.

Desejo meta ou objetivo individual conscientemente visado pela pessoa.

Desempenho capacidade de uma organização atingir seus objetivos pelo uso eficiente e eficaz de seus recursos. Maneira pela qual uma determinada atividade é executada.

Desenho departamental agrupamento de atividades em unidades organizacionais e o agrupamento delas em uma organização total.

Desenho mecanístico forma burocrática de organização que opera com autoridade centralizada, divisão do trabalho, regras e procedimentos, amplitudes administrativas estreitas e meios formais de coordenação.

Desenho orgânico forma adaptativa de organização que proporciona autoridade descentralizada, pouca divisão do trabalho, poucas regras e procedimentos, amplitudes administrativas amplas e meios pessoais de coordenação.

Desenho organizacional determinação da estrutura organizacional mais adequada ao ambiente, à estratégia, à tecnologia, às pessoas e ao tamanho da organização. Processo de escolher e implementar a estrutura da organização.

Desenvolvimento de equipes técnica de desenvolvimento organizacional (DO) que elimina as barreiras interpessoais de interação e proporciona a criação e formação de equipes coesas e integradas.

Desenvolvimento organizacional (DO) esforço de longo prazo, apoiado pela alta direção, no sentido de melhorar os processos de resolução de problemas e de renovação organizacional com a utilização da teoria e tecnologia das ciências do comportamento.

Desfavorabilidade ambiental contexto que oferece influências negativas e desfavoráveis à organização na forma de pressões, problemas, coerções, ameaças e hostilidade.

Desinvestimento estratégia adotada para eliminar uma unidade estratégica de negócios (UEN) que não gera um volume satisfatório de negócios e que tem pouca esperança de ser um bom negócio.

Destino ou destinatário pessoa, grupo ou organização que deve receber a mensagem e compartilhar do seu significado.

Desvio ou discrepância afastamento em relação ao padrão estabelecido.

Diagrama de Pareto representação gráfica por meio de diagrama de barras para dirigir a atenção sobre os problemas mais importantes (que constituem 20% deles) e que se localizam nas barras mais altas (e que constituem 80% do tempo despendido).

Diferenciação estratégia que procura tornar uma organização mais competitiva pelo desenvolvimento de um produto que o cliente perceba como diferente dos demais produtos oferecidos pelos concorrentes.

Diferenciação organizacional divisão da organização em vários subsistemas, cada qual desempenhando uma tarefa específica para atender a um contexto ambiental.

Dimensões da burocracia aspectos que definem o grau em que a organização adota a divisão do trabalho, a especialização, a hierarquia, a formalização, a impessoalidade e o uso de regras e procedimentos.

Direção função administrativa que cuida da comunicação, da liderança e da motivação das pessoas e que, por meio de sua influência, direciona seu comportamento rumo aos objetivos da organização.

Disciplina conjunto de obediência e respeito às regras que governam a organização.

Disfunções da burocracia anomalias ou consequências não previstas no funcionamento do modelo burocrático e que o tornam ineficiente.

Dissonância cognitiva estado mental que ocorre quando há falta de consistência ou de harmonia entre as várias cognições da pessoa.

Distorção alternação no sentido da mensagem em suas passagens pelos diversos agentes do sistema. Geralmente é causada pela percepção seletiva.

Diversidade existência de uma variedade de pessoas de diferentes características de raças, credos, costumes e culturas diferentes, que se mesclam entre as pessoas que constituem uma organização.

Divisão do trabalho fragmentação das atividades no sentido de especializar o trabalhador. Grau em que as tarefas organizacionais são divididas e fragmentadas em atividades separadas.

Domínio representa as relações de poder e de dependência de uma organização.

Downsizing processo de redução de níveis da hierarquia administrativa.

Dualidade de comando ocorre quando cada pessoa tem dois chefes diferentes.

E-business ou *electronic business* ou **negócio eletrônico** referem-se às transações comerciais feitas por meio da internet.

E-mail correio eletrônico através da internet.

Efeito de cascata desdobramento dos objetivos maiores em menores.

Efeito de generalização ou *hallo effect* ocorre quando um único atributo é usado para desenvolver uma impressão geral de uma pessoa ou situação.

Eficácia atingir objetivos e resultados. O trabalho eficaz é aquele que resulta proveitoso e bem-sucedido. Grau de alcance de objetivos organizacionais por parte de uma pessoa.

Eficiência fazer bem e corretamente as coisas. O trabalho eficiente é aquele bem executado. Grau de alcance de objetivos individuais por parte de uma pessoa. Relação entre os recursos aplicados e o produto final obtido, isto é, uma razão entre esforço e resultado, entre custo e benefício.

Empoderamento ou *empowerment* fortalecimento do papel das pessoas e das equipes atribuindo-lhes autoridade e responsabilidade pelas suas decisões e ações para realização do trabalho.

Empreendedor pessoa dotada de habilidade de perceber oportunidades, assumir os fatores de produção e utilizá-los criativamente para produzir novos produtos ou serviços, assumindo os riscos do negócio. Pessoa que tem a coragem de assumir riscos para aproveitar oportunidades em situações nas quais outras pessoas veriam problemas ou ameaças.

Empreendimento conjunto (*joint venture*) investimento direto em que uma organização compartilha custos e riscos com outra, geralmente no país hospedeiro, para desenvolver novos produtos, instalações ou rede de vendas e distribuição.

Emprego em sentido amplo, é o uso do fator de produção por uma empresa. Em sentido restrito, é a função, o cargo ou a ocupação remunerada exercida por uma pessoa.

Ênfase na estrutura focalização no desenho organizacional e na rede de relações entre órgãos e pessoas.

Ênfase na tecnologia focalização no equipamento e no maquinário que executa as operações da organização.

Ênfase nas pessoas focalização nas pessoas que devem executar as tarefas.

Ênfase nas tarefas focalização nas atividades a serem executadas pelas pessoas.

Ênfase no ambiente focalização no meio externo onde a organização está inserida.

Enriquecimento de tarefas é uma decorrência da teoria dos dois fatores. Significa enriquecer a tarefa de acordo com o desenvolvimento da pessoa para mantê-la sempre inovadora, diferente e desafiadora.

Enriquecimento horizontal atribuição de atividades laterais e tarefas pessoa, diferentes, embora da mesma complexidade, dificuldade e importância para variar a atividade da pessoa.

Enriquecimento vertical atribuição de atividades crescentemente mais complexas ou importantes e a retirada de atividades mais simples para aumentar a responsabilidade da pessoa.

Entrincheiramento estratégia para reforçar ou proteger o volume de negócios que uma unidade estratégica de negócios (UEN) está gerando.

Envolvimento processo realizado por meio de inclusão e participação das pessoas nas decisões da organização.

Envolvimento das pessoas processo de participação que utiliza a capacidade total de um funcionário no sentido de encorajar sua responsabilidade no sucesso organizacional.

Enxugamento ou *downsizing* processo de redução de níveis organizacionais e descentralização do processo decisorial.

Equação de motivação segundo Vroom é: $M = E \times I \times V$ (em que M é motivação, E é expectância, I é instrumentalidade e V é valência).

Equidade ocorre quando a equação de recompensas/contribuições de uma pessoa é igual à equação das outras tomadas como referências.

Equilíbrio estacionário estado de relativo equilíbrio do campo dinâmico de forças que existe em uma organização.

Equipe grupo de pessoas com habilidades complementares e que trabalham em conjunto para alcançar objetivos comuns para os quais são coletivamente responsáveis.

Equipe autônoma aquela que executa todas as fases de um processo com autossuficiência e que não requer intervenção de outras unidades.

Equipe interdisciplinar grupo de pessoas de várias especialidades que trabalham juntas para resolver problemas comuns.

Equipe semiautônomas que completa as fases de um processo, requerendo alguma intervenção periódica ou eventual de outras unidades.

Era da Industrialização Clássica etapa inicial de industrialização após a Revolução Industrial, caracterizada por estabilidade.

Era da Industrialização Neoclássica etapa posterior de industrialização que se iniciou após a Segunda Guerra Mundial, durou até 1990 e substituiu a estabilidade por mudanças e inovações.

Era da Informação etapa que atravessamos, caracterizada por fortes mudanças e inovações em função do desenvolvimento tecnológico, principalmente nos transportes e nas comunicações.

Esforço força e intensidade do comportamento da pessoa na busca da satisfação de uma necessidade.

Especialização grau de divisão do trabalho em uma organização.

Especialização horizontal divisão do trabalho em unidades organizacionais, como departamentos ou divisões.

Especialização vertical divisão do trabalho em escalões hierárquicos, determinando a hierarquia administrativa.

Espírito empreendedor característica de pessoa que assume responsabilidade pelos riscos envolvidos.

Estabelecimento de objetivos ou padrões primeira etapa do processo de controle que visa a formular os objetivos ou padrões de referência que servirão de base para as comparações.

Estabilidade tendência à permanência e ao conservantismo em decorrência de pouca mudança.

Estabilidade ambiental ocorre quando os componentes ambientais são estáticos, rotineiros e previsíveis com baixo grau de mudança.

Estabilização estratégia adotada para manter ou aumentar levemente o volume de negócios que uma unidade estratégica de negócios (UEN) está gerando.

Estado da natureza condições de incerteza, risco ou certeza que existem no ambiente de decisão.

Estereótipo ocorre quando alguém é identificado com um grupo ou categoria e seus atributos são simplificados para associar a um grupo ou categoria familiar à pessoa.

Estilo 1.1 mínima preocupação do líder com a produção e com as pessoas.

Estilo 1.9 mínima preocupação do líder com a produção e a máxima preocupação com as pessoas.

Estilo 5.5 média preocupação do líder com a produção e com as pessoas.

Estilo 9.1 máxima preocupação do líder com a produção e uma mínima preocupação com as pessoas.

Estilo 9.9 máxima preocupação do líder com a produção e com as pessoas. É o estilo excelente de liderança.

Estilo de direção maneira pela qual o administrador dirige as pessoas. O estilo pode variar entre a Teoria X e a Teoria Y.

Estilo de liderança comportamento específico do líder para melhor influenciar as pessoas.

Estratégia plano amplo e abrangente desenvolvido para alcançar objetivos organizacionais de longo prazo. Resposta organizacional às condições ambientais que envolvem toda a organização.

Estratégia acomodativa grau de responsabilidade social em que a organização faz o mínimo exigido eticamente.

Estratégia de negociação compromisso amplo no sentido de atingir os objetivos do negociador.

Estratégia defensiva grau de responsabilidade social em que a organização faz o mínimo legalmente.

Estratégia obstrutiva grau de responsabilidade social em que a organização rejeita as demandas sociais.

Estratégia organizacional mobilização integral de todos os recursos no âmbito global da organização, visando a atingir objetivo situados em longo prazo.

Estratégia proativa grau de responsabilidade social em que a organização lidera as iniciativas sociais.

Estrelas unidade estratégica de negócios (UEN) com alta participação em mercados de alto crescimento. São as vedetes do negócio.

Estrutura rede de relações internas que existe entre os órgãos da organização.

Estrutura baseada em equipes mesmo que abordagem de equipes.

Estrutura baseada em produtos ou serviços variação da abordagem divisional que concentra nos produtos ou serviços da organização.

Estrutura da tarefa grau de estruturação das tarefas, ou seja, se elas são rotineiras e programadas.

Estrutura funcional mesmo que abordagem funcional.

Estrutura matricial mesmo que abordagem matricial.

Estrutura organizacional maneira pela qual as atividades da organização são divididas, organizadas e coordenadas.

Estrutura simples ou estrutura enxuta modelo que consiste de um ou poucos gerentes de topo, poucos gerentes intermediários e muitas pessoas não administrativas que executam o trabalho.

Estrutura vertical refere-se ao aparato da hierarquia administrativa, da amplitude de controle e do grau de centralização/descentralização das decisões.

Estruturalismo constitui a abordagem baseada na estrutura formal da organização.

Estudo de tempos e movimentos análise do trabalho de cada operário para eliminar movimentos inúteis e racionalizar o trabalho, estabelecendo o método mais adequado (*the best way*).

Ética código de moral de uma pessoa ou organização que estabelece os padrões de conduta considerados corretos ou adequados pela sociedade.

Excelência significa a junção da eficiência com a eficácia.

Expectância probabilidade esperada pelo indivíduo de que seu esforço no trabalho provocará um certo desempenho na tarefa. Varia de 0 (nenhuma expectância) até 1 (total expectância).

Expectativa maneira como a pessoa características percebe o caminho que a leva a alcançar resultados.

Experiência de Hawthorne pesquisa feita na década de 1930 para verificar o efeito das condições físicas de trabalho sobre a produtividade das pessoas e que contratou a existência do fator humano.

Exportação transferência de produtos ou serviços para venda em países estrangeiros.

Fatores críticos de sucesso aspectos condicionantes do sucesso da organização.

Fatores extrínsecos aspectos associados com a insatisfação no trabalho. Recebem o nome de fatores higiênicos.

Fatores higiênicos ou insatisfacientes estão associados com o contexto do trabalho, isto é, com o ambiente de trabalho.

Fatores intrínsecos aspectos relacionados com a satisfação no trabalho. Recebem o nome de fatores motivacionais.

Fatores motivacionais ou satisfacientes relacionados ao conteúdo do trabalho, isto é, com as fontes de satisfação no trabalho.

Favorabilidade ambiental contexto que oferece influências positivas e favoráveis à organização na forma de facilidades, vantagens, incentivos e oportunidades.

Flexibilidade maleabilidade e facilidade de fazer adaptações e ajustamentos na medida em que a situação o exija.

Flexibilização do horário de trabalho significa que a pessoa pode realizar a jornada semanal de trabalho variando seu padrão de horas diárias com horários flexíveis de entrada e saída.

Flextime ou *flexitime* tipo de horário flexível de trabalho com um núcleo de horas em que todos os funcionários deverão estar presentes na organização, podendo variar seus horários de entrada e saída.

Fluxograma de blocos procedimento que retrata o fluxo de uma tarefa por meio de uma sequência de linhas e símbolos.

Fluxograma vertical procedimento que retrata o fluxo de uma tarefa por meio de uma sequência de linhas e blocos.

Focalização aplicação de foco e convergência de esforços e recursos. Estratégia que procura tornar uma organização mais competitiva por concentrar-se em um particular e específico consumidor.

Fonte pessoa, grupo ou organização que deseja transmitir alguma ideia ou informação por meio de uma mensagem.

Fontes externas (*global sourcing*) engajamento em uma divisão do trabalho internacional, de modo que a manufatura pode ser feita em outros países com fontes de trabalho ou de fornecimento mais baratas.

Força-tarefa agrupamento operacional formado temporariamente, com a finalidade de realizar uma tarefa específica, cuja execução exige certa independência. Concluída a tarefa, o grupo se dissolve. Grupo de pessoas que trabalham como unidade para completar um projeto ou tarefa com total independência.

Forças na situação características na situação em que a liderança é exercida.

Forças no administrador impulsionadoras de liderança que o administrador possui.

Forças nos subordinados características impulsionadoras que os liderados possuem.

Formalização imposição de documentação escrita para dirigir e controlar a organização e os empregados.

Formulação estratégica processo de determinar os cursos de ação adequados para alcançar os objetivos organizacionais e, consequentemente, atingir os propósitos organizacionais.

Fornecedor pessoa ou organização que proporciona um produto ou serviço para que a organização possa operar.

Fornecedores elementos do microambiente que proporcionam entradas ou os insumos na forma de recursos, energia, serviços e informação à organização.

Fornecedor externo pessoa ou organização que proporciona um produto ou serviço para uma organização.

Fornecedor interno pessoa ou unidade organizacional que proporciona um produto ou serviço para uma outra pessoa ou unidade dentro da organização.

Franquia (*franchising*) forma de licenciamento em que o franquiador proporciona franquias com um completo pacote de serviços e materiais que incluem equipamento, produtos, ingredientes dos produtos, marca e direitos de marca, assessoria administrativa e sistemas padronizados de operação.

Função administrativa segundo Fayol, é prever, organizar, comandar, coordenar e controlar.

Funções básicas segundo Fayol, essenciais a cada empresa e envolvem funções administrativas, financeiras, técnicas, comerciais, contábeis e de segurança.

Fundação para Prêmio Nacional da Qualidade (FPNQ) instituição sem fins lucrativos para administrar o Prêmio Nacional da Qualidade (PNQ) em todo o território nacional.

Gerência função administrativa de direção exercida no nível intermediário.

Globalização fenômeno de internacionalização do sistema produtivo, do capital e dos investimentos.

Grade gerencial (*managerial grid*) esquema bidimensional para mostrar a preocupação simultânea com a produção e com as pessoas.

Gráfico de Gantt programa que compatibiliza diversas atividades com o tempo. É um tipo de cronograma por semanas.

Gráfico de Ishikawa, diagrama de espinha de peixe ou de causa e efeito gráfico utilizado para identificar todas as possibilidades de causas que podem provocar os efeitos, indo das causas iniciais até seus efeitos finais.

Grupo conjunto de duas ou mais pessoas que interagem entre si de tal modo que a conduta ou desempenho de um membro é influenciado pela conduta ou desempenho dos outros membros.

Grupo de trabalho conjunto de duas ou mais pessoas que interagem com interdependência para compartilhar informação e tomar decisões conjuntas para melhor executar as tarefas.

Grupo formal grupo social oficialmente designado para atender a um propósito específico dentro de uma organização.

Grupo social conjunto de duas ou mais pessoas que estabelecem contatos pessoais significativos e propositais, em uma base de continuidade, para alcançar objetivos comuns.

Grupo temporário grupo social criado para um propósito específico e que se dissolve quanto atingido seu objetivo.

Habilidade capacidade de transformar o conhecimento em ação e resultar em um desempenho desejado.

Habilidade de alocação capacidade de proporcionar recursos organizacionais necessários para as atividades.

Habilidade de interação capacidade de administrar pessoas, comunicar-se com elas, motivá-las e liderá-las.

Habilidade de monitoração capacidade de utilizar informação para determinar se algum problema está bloqueando as atividades da organização.

Habilidade de organização capacidade de criar por meio da organização uma rede de pessoas que podem ajudar a resolver os problemas da própria organização.

Habilidades conceituais envolve o uso de ideias, conceitos, teorias e abstrações.

Habilidades humanas relacionadas ao trabalho com pessoas e referem-se à facilidade no relacionamento interpessoal e grupal.

Habilidades técnicas envolvem o uso de conhecimento especializado e a facilidade na execução de técnicas específicas relacionados com o trabalho.

Heterogeneidade ambiental ocorre quando componentes do ambiente de tarefa apresentam características diferentes.

Heurística método de perguntas e respostas para encontrar a solução de problemas.

Hierarquia arranjo da autoridade em escalões, cada qual controlado e supervisionado pelo seu nível superior. Conjunto dos vários escalões administrativos que detém a autoridade dentro da organização.

Hierarquia administrativa refere-se ao número de níveis administrativos que uma organização adota para assegurar a realização das tarefas e o alcance dos objetivos organizacionais.

Hierarquia alta estrutura organizacional com muitos níveis hierárquicos.

Hierarquia baixa estrutura organizacional com poucos níveis hierárquicos

Hierarquia de objetivos ordem ou graduação de categorias de objetivos.

Homeostase ou homeostasia tendência de todos os organismos e organizações para autorregular-se, isto é, retornarem a um estado de equilíbrio estável toda vez que forem submetidos a alguma perturbação devida a algum estímulo externo.

Homo economicus visão do homem como um ser orientado exclusivamente para interesses materiais e econômicos e para a busca de salário para sua sobrevivência.

Homo social visão do homem como um ser orientado exclusivamente para relações sociais com seu grupo de trabalho.

Homogeneidade ambiental ocorre quando os componentes do ambiente de tarefa apresentam características semelhantes.

Housekeeping (arrumar a casa) conjunto dos cinco "S" pelos quais todos os funcionários são responsáveis.

Iceberg **da cultura** maneira de representar aspectos formais e abertos de uma cultura em contraposição aos aspectos informais e ocultos.

Identificação necessidade de que novos valores, atitudes e comportamentos sejam aceitos pelas pessoas no processo de mudança.

Impulso decorrência do estado de tensão gerado por uma necessidade não satisfeita.

Incentivo estímulo externo que induz uma pessoa a tentar fazer algo ou esforçar-se para conseguir algo. Pode receber o nome de recompensa.

Índice de administradores de topo relação percentual entre administradores de topo e o total de empregados de uma organização.

Índice de trabalho indireto/direto relação entre o número de especialistas de *staff* e o de empregados de linha.

Indústria mercado de concorrentes.

Inequidade ocorre quando a equação de recompensas/contribuições de uma pessoa é diferente (maior ou menor) do que a equação de outras pessoas tomadas como referências.

Influência capacidade de afetar aquilo que as outras pessoas fazem ou acreditam. Transação interpessoal, na qual uma pessoa age no sentido de modificar ou provocar o comportamento de uma outra, de maneira intencional.

Informação conjunto de dados que tem um significado e alteram a compreensão da pessoa ou reduzem a incerteza a respeito de algo.

Infraestrutura conjunto de facilidades físicas de um país que suportam as atividades econômicas.

Insatisfação no trabalho depende do grau de atendimento dos fatores higiênicos ou insatisfacientes.

Inspiração decisão tomada quando ocorre incerteza tanto às causas como às preferências de resultado.

Instabilidade ambiental ocorre quando os componentes do ambiente de tarefa são mutáveis, dinâmicos e imprevisíveis, com alto grau de mudança.

Instrumentalidade probabilidade esperada pelo indivíduo de que um desempenho alcançado provocará recompensas no trabalho. Varia de 0 (nenhuma instrumentalidade) até 1 (total instrumentalidade).

Integração organizacional nível de coordenação alcançado entre os diversos subsistemas da organização.

Integração regional formação de espaços plurirregionais que envolvem vários países, como NAFTA, União Europeia, Mercosul.

Inteligência organizacional capacidade de uma organização para aprender a mudar.

Internalização necessidade de que novos valores, atitudes e comportamentos sejam incorporados pelas pessoas no processo de mudança.

Internet rede mundial que interliga os computadores de todo o mundo.

Investimento direto representa a inversão em instalações de manufatura em outro país e alto nível de envolvimento no no comércio internacional.

ISO sigla que representa a International Organization for Standardization, entidade sediada na Suíça e que estabelece normas e padrões de de qualidade.

ISO 14.000 conjunto de normas e padrões de qualidade relacionadas ao ambiente e à preservação ecológica.

ISO 9000 conjunto de normas e padrões qualidade que garantem a uniformização dos métodos usados pelas organizações e envolvem quatro tipos de certificação.

Julgamento decisão quando as causas são incertas e discutíveis, mas as preferências com respeito aos resultados são claras e certas.

Kaizen filosofia japonesa de melhoria contínua e da participação das pessoas nesse processo de aperfeiçoamento.

Legitimação ato ou efeito de reconhecer algo como autêntico ou fundado na razão ou na justiça. Reconhecimento da certeza de legitimidade de alguma coisa.

Lei de Murphy estabelece que se algo pode eventualmente dar errado, com toda a certeza dará errado.

Leis conjunto de normas jurídicas que constituem o sistema legislativo de um país.

Licenciamento tipo de contrato em que o licenciador (uma organização) em que um país torna certos recursos disponíveis em outro país por meio do licenciado (outra organização).

Líder pessoa que exerce liderança ou influência sobre as demais.

Líder apoiador aquele que se preocupa com os assuntos, relacionados com os subordinados, seu bem-estar e suas necessidades.

Líder carismático possui características pessoais marcantes e influencia fortemente as pessoas.

Líder diretivo conta aos subordinados exatamente o que pretende fazer.

Líder orientado para metas ou resultados formula objetivos claros e desafiadores para os subordinados e os motiva a alcançá-los.

Líder participativo consulta os subordinados a respeito de decisões, encoraja-os em participar das decisões e utiliza as ideias dos subordinados

Liderado pessoa que segue e obedece ao líder por alguma razão ou motivo.

Liderança influência interpessoal exercida numa dada situação e dirigida por meio do processo de comunicação para a consecução de um ou mais objetivos.

Liderança autocrática estilo em que o líder centraliza totalmente a autoridade e as decisões e se comporta de maneira dominadora sobre as pessoas.

Liderança centrada na tarefa (*job centered*) estilo preocupado estritamente com a execução da tarefa e com seus resultados imediatos.

Liderança centrada nas pessoas (*employee centered*) estilo preocupado com os aspectos humanos dos subordinados e que busca a participação das pessoas.

Liderança de custo estratégia que focaliza tornar uma organização mais certeira e competitiva pela produção de produtos mais baratos que os dos concorrentes.

Liderança democrática estilo em que o líder se comporta de modo comunicativo, encorajando a participação dos membros, orientando o grupo e ajudando-o na solução dos problemas.

Liderança liberal estilo em que o líder participa apenas quando solicitado pelo grupo e se comporta de modo evasivo e sem firmeza.

Linha denominação dos órgãos incumbidos de realizar a missão primária da organização.

Lista de verificação procedimento que constitui uma listagem de itens a serem obrigatoriamente executados em uma atividade para que nenhum deles seja omitido.

Macroambiente denominação dada ao ambiente geral.

Mapeamento ambiental levantamento das condições e dos componentes do ambiente que são relevantes para a organização.

Matriz BCG técnica de análise de negócios ou produtos para a formulação estratégica.

Mecanismos de integração nome dado às variáveis comportamentais, como processo decisorial, sistemas de comunicações, relações interpessoais e sistemas de punições e recompensas que funcionam como integradores das variáveis organizacionais e humanas.

Melhoria contínua uma filosofia de administração que é impulsionada pela constante satisfação do cliente por meio da melhoria contínua de todos os processos organizacionais.

Mensagem comunicação verbal ou escrita.

Mercado conjunto de clientes, usuários ou consumidores dos produtos/serviços de uma organização.

Meta finalidade em cuja direção se dirige comportamento. É denominada objetivo individual ou pessoal.

Microambiente ambiente de tarefa específico de cada organização.

Miolo do negócio ou *core business* essência do negócio, a vocação primária da organização.

Missão razão da existência de uma organização.

Modelo burocrático forma de organização que se aproxima do máximo de aplicação das dimensões da burocracia.

Modelo contingencial indica que a liderança eficaz depende de três fatores situacionais o poder de posição do líder, a estrutura da tarefa e a relação entre líder e membros.

Modelos estratégicos ferramentas e técnicas destinadas à construção e formulação de estratégias organizacionais.

Modelos integrados de motivação modelos que buscam compatibilizar as diferentes teorias da motivação para oferecer um esquema integrado.

Modificação de comportamento organizacional utilização sistemática do reforço para encorajar o comportamento desejável e desmotivar a conduta indesejável. Utiliza quatro estratégias: reforço positivo, reforço negativo, punição e extinção.

Monitoração acompanhamento e avaliação de atividades ou processos, sem neles intervir ou influenciar. Acompanhamento e avaliação do desempenho ou do resultado de um sistema.

Motivação desejo de exercer um alto nível de esforço direcionado a objetivos organizacionais, condicionados pela habilidade do esforço em satisfazer alguma necessidade individual.

Motivo é o mesmo que necessidade.

Mudança passagem de um estado para outro diferente.

Mudanças na estrutura mudanças que afetam a estrutura organizacional, os órgãos, as redes de informações internas e externas, os níveis hierárquicos etc.

Mudanças na tecnologia mudanças que afetam máquinas, equipamentos, instalações, processos organizacionais, etc.

Mudanças nas pessoas mudanças que afetam as pessoas em suas atitudes, comportamentos, expectativas, aspirações, necessidades, conhecimentos e habilidades, assim como cultura organizacional.

Mudanças nos produtos/serviços mudanças que afetam resultados ou saídas da organização.

Multiculturalismo existência de muitos e diferentes elementos e fatores culturais trazidos à organização por pessoas provenientes de diferentes culturas e que coexistem e florescem dentro da organização.

Necessidade estado interno de carência que faz certos resultados parecem atrativos à pessoa.

Necessidades de alto nível incluem as necessidades sociais, de estima e de autorrealização.

Necessidades de autorrealização são necessidades relacionadas à realização do potencial de cada pessoa. São as mais elevadas e se relacionam com o impulso de ser e de maximizar as aptidões e capacidades potenciais.

Necessidades de baixo nível incluem as necessidades fisiológicas e de segurança.

Necessidades de estima incluem fatores internos como autorrespeito, autonomia e competência, e fatores externos como *status*, reconhecimento, prestígio, atenção e consideração.

Necessidades de existência as necessidades de bem-estar físico: existência, preservação e sobrevivência.

Necessidades de segurança segurança e proteção contra ameaça ou perigo físico e emocional.

Necessidades fisiológicas fome, sede, sono, sexo e outras necessidades corporais.

Necessidades sociais afeição, filiação, aceitação social e amizade.

Negociação ou barganha processo de tomar decisões conjuntas quando as partes envolvidas têm diferentes preferências.

Negócio ramo de atividade que a organização desempenha no seu ambiente.

Níveis hierárquicos constituem a especialização vertical da organização em escalões de autoridade.

Nível institucional nível administrativo mais elevado e aberto da organização pelo fato de interagir com o ambiente externo, no qual se situam o presidente e os diretores.

Nível intermediário nível administrativo que serve de ligação entre o nível institucional e o operacional; geralmente ocupado por gerentes.

Nível operacional nível administrativo mais baixo da organização, no qual se situam os supervisores. Cuida da execução das tarefas e das atividades cotidianas

Normas de comportamento maneiras comuns e compartilhadas de agir que são encontradas na organização e persistem porque os membros tendem a se comportar da maneira como ensinam essas práticas aos novos membros que nela ingressam.

Objetivo pessoal é o mesmo que objetivo individual.

Objetivos resultados específicos ou metas que se deseja atingir.

Objetivos estratégicos objetivos organizacionais amplos e genéricos estendidos a longo prazo.

Objetivo(s) individual(is) direção do comportamento no sentido de satisfação de necessidades. Situações desejadas que cada pessoa pretende alcançar.

Objetivos operacionais objetivos específicos de cada tarefa ou operação e focalizados no curto prazo.

Objetivos organizacionais estados desejados que a organização pretende alcançar e que orientam seu comportamento em relação ao futuro e aos ambientes externo e interno.

Objetivos táticos objetivos que cobrem cada unidade específica da organização estendidos mo médio prazo.

Omissão supressão de aspectos das mensagens, mantendo o seu sentido íntegro e inalterado.

Oportunidade situação que ocorre quando as circunstâncias oferecem uma chance para a organização exceder seus objetivos estabelecidos.

Orçamentos ou *budgets* planos operacionais relacionados com dinheiro.

Organização ato de organizar, integrar e estruturar os recursos e os órgãos incumbidos de sua administração e estabelecer relações entre eles e atribuições de cada um. Função administrativa de arranjar e alocar o trabalho, a autoridade e os recursos entre os membros de uma organização visando ao alcance dos objetivos organizacionais. Entidade social composta de pessoas e deliberadamente estruturada e orientada para um objetivo comum.

Organização achatada ou horizontalizada estrutura organizacional com hierarquia baixa e com poucos níveis hierárquicos.

Organização adaptativa aquela que opera com um mínimo de características burocráticas e com culturas que encorajam a participação das pessoas e o empoderamento.

Organização alongada ou verticalizada estrutura organizacional com hierarquia alta e com muitos níveis hierárquicos.

Organização burocrática aquela em que as dimensões do modelo burocrático estão presentes em elevado grau.

Organização formal estrutura organizacional oficial e deliberadamente estabelecida pela organização por meio de organogramas e manuais de organização. Baseada em uma divisão racional de trabalho. Refere-se à estrutura de relações profissionais entre pessoas, planejada no sentido de facilitar o alcance dos objetivos globais da organização.

Organização horizontal organização de poucos níveis hierárquicos com configuração achatada. É o nome dado geralmente à abordagem de equipes.

Organização informal organização que emerge espontânea e naturalmente entre as pessoas e surge por meio de relações de amizades e antagonismos. Rede de relacionamentos e interações sociais que se desenvolve, espontaneamente, entre as pessoas que ocupam posições na organização formal.

Organizações de interesses comerciais organizações cujos beneficiários principais são os seus proprietários ou acionistas.

Organizações de serviços organizações cujos beneficiários principais são os clientes ou os usuários.

Organizações governamentais organizações cujos beneficiários principais são o público em geral.

Organizações híbridas aquelas que adotam vários tipos de estrutura organizacional.

Organizações multinacionais ou transnacionais sistemas integrados de negócios, controlados por uma autoridade administrativa, com instalações ou redes em vários países e que recebem mais de 25% de suas vendas totais fora de seu país de origem.

Organizações não governamentais (ONG) organizações destinadas a um serviço social independentemente de recursos do governo.

Organizações não lucrativas organizações que não perseguem objetivos de lucro.

Organograma constitui a representação gráfica da estrutura organizacional.

Órgãos efetores transmissores de mensagens para o ambiente, como a linguagem humana falada, escrita, gestos, mímica, expressão corporal, etc.

Órgãos sensoriais receptores dos estímulos ambientais, como a visão, audição, tato, paladar e olfato. Recebem as sensações que são codificadas como percepções dos vida fenômenos ambientais.

Otimização maximização dos resultados de uma determinada decisão.

Padrão nível de realização ou desempenho que se pretende tomar como marco ou referência.

Padrão de motivo de liderança identificação do perfil típico de motivação dos administradores bem-sucedidos.

Padrões de custo referências utilizadas para avaliar e comparar custos.

Padrões de qualidade referências utilizadas para avaliar e comparar qualidade.

Padrões de quantidade referências utilizadas para avaliar e comparar quantidade.

Padrões de referência pessoais espaço de que contém a pessoa e seu ambiente psicológico.

Padrões de tempo referências utilizadas para avaliar e comparar tempo.

Papéis de ligação coordenadores formais indicados para interligar e coordenar as diversas subunidades da organização.

Papel de integração articulação que o administrador promove entre as variáveis organizacionais (como missão, objetivos, estrutura e tecnologia) e as variáveis humanas (como habilidades, atitudes, valores e necessidades individuais).

Parceiros da organização elementos que contribuem com algum esforço ou recurso para o sucesso da organização.

Participação representativa participação direta dos empregados nas decisões formais da organização, por meio de um conselho ou comissão de representantes.

Percepção maneira pela qual cada pessoa interpreta a si própria e ao seu meio ambiente.

Percepção seletiva categorização de um objeto ou estímulo de acordo com os padrões de referência de cada pessoa.

Perspectiva capacidade de colocar o conhecimento em ação, de transformar a teoria em prática e de resolver problemas.

PERT (*program evaluation review technique*) programa que compatibiliza atividades ou tarefas complexas com o tempo.

Pesquisa-ação modelo de desenvolvimento organizacional (DO) que parte do levantamento de dados (investigação) para definir o diagnóstico da situação e orientar a ação de intervenção a ser realizada. A ação é variável dependente da pesquisa inicial.

Planejamento função administrativa que define objetivos e decide sobre os recursos e as tarefas necessários para alcançá-los adequadamente.

Planejamento adaptativo voltado para as contingências e o futuro da organização; plano de aderência.

Planejamento conservador voltado para a estabilidade e a manutenção da situação existente; plano de projeção retrospectiva.

Planejamento estratégico plano dos planos que envolve toda a organização, focalizando o longo prazo e define o seu futuro e o destino.

Planejamento operacional plano que aborda cada operação, de maneira detalhada e analítica e feito a curto prazo.

Planejamento otimizante voltado para a adaptabilidade e inovação. É predominantemente incremental.

Planejamento tático plano que envolve cada unidade ou departamento e definido a médio prazo, geralmente um ano.

Plano colocação ordenada daquilo que é necessário fazer para atingir o objetivo.

Planos de aquisição de ações programas de distribuição da propriedade da organização aos seus funcionários, como prêmio pelo desempenho excelente.

Poder capacidade de afetar e controlar as ações e decisões das pessoas, mesmo quando elas possam resistir.

Poder coercitivo baseado no temor e na coerção

Poder de competência baseado na especialidade, nas aptidões ou no conhecimento técnico da pessoa.

Poder de posição do líder refere-se à influência inerente à posição ocupada pelo líder na hierarquia organizacional.

Poder de recompensa apoia-se na esperança de alguma recompensa, incentivo, elogio ou reconhecimento que o liderado pretende obter.

Poder de referência baseado na atuação e no apelo pessoal do líder.

Poder legitimado decorre do cargo ocupado no grupo ou na hierarquia organizacional.

Pré-controle controle efetuado antes da operação para assegurar que os insumos do trabalho estejam disponíveis.

Preferências critérios que o tomador de decisão usa para fazer sua escolha.

Premiação significa a concessão do prêmio de qualidade à organização vencedora que atingiu todos os critérios de excelência.

Prêmio Baldrige de Qualidade (Malcolm Baldrige National Quality Award) prêmio nacional de qualidade instituído pelo governo americano.

Prêmio Deming de Qualidade prêmio nacional de qualidade instituído pelo governo japonês.

Prêmio Europeu de Qualidade prêmio de qualidade instituído pela Comunidade Europeia.

Prêmio Nacional da Qualidade (PNQ) prêmio nacional de qualidade instituído no Brasil.

Premissas constituem os ambientes esperados dos planos que se pretende desenvolver.

Pressuposições básicas sentimentos, crenças inconscientes, percepções e conceitos dominantes em uma organização e nos quais os membros acreditam. Constituem o terceiro nível da cultura organizacional.

Princípio da exceção proposto por Taylor, significa que o administrador deve estar atento ao que é excepcional ou anormal, isto é, aquilo que se afasta dos padrões.

Princípio de frustração-regressão explica que uma necessidade inferior pode ser ativada quando uma necessidade mais elevada não pode ser satisfeita.

Princípio escalar refere-se a linhas claramente definidas de autoridade desde a cúpula até a base da organização.

Princípios gerais de administração normas genéricas válidas para todo e qualquer tipo de situação administrativa.

Problema(s) situação que ocorre quando ela difere do seu estado desejado. Fatores dentro de uma organização que constituem barreiras ou obstáculos ao alcance dos objetivos organizacionais.

Procedimentos planos operacionais relacionados com métodos de trabalho.

Processo sequência ou sucessão de etapas de um trabalho. Transformação de um conjunto de entradas em saídas que satisfazem às necessidades e expectativas do cliente.

Processo administrativo conjunto da sequência das funções administrativas, como planejar, organizar, dirigir e controlar.

Processo de comunicação sistema formado pela fonte, transmissor, canal, receptor e destino, sendo influenciado pelo ruído.

Processo de controle constituído de quatro etapas estabelecimento de objetivos ou padrões, avaliação do desempenho, do desempenho com os padrões e ação corretiva para corrigir desvios ou erros.

Processo de desenvolvimento organizacional (DO) sequência de aplicação de técnicas de DO para efetuar a mudança organizacional por meio das pessoas.

Processo de mudança sequência de etapas de descongelamento, mudança e recongelamento em que velhas ideias e práticas são substituídas por novas dentro de uma organização.

Processo de planejamento sequência de seis passos: definição dos objetivos, verificação da situação atual, premissas quanto ao futuro, análise das alternativas de ação, escolha da melhor alternativa e implementação do plano e avaliação dos resultados.

Processo decisório maneira pela qual as decisões estão concentradas e centralizadas ou distribuídas e descentralizadas em uma organização. Sequência de etapas que formam uma decisão.

Processos de renovação maneiras pelas quais os administradores adaptam seus processos de solução de problemas ao ambiente.

Produtividade saída de produtos e serviços de uma organização dividida pelas suas entradas ou insumos.

Produto abstrato é aquele que não possui descrição precisa, nem identificação e especificação.

Produto concreto aquele que pode ser descrito com grande precisão, identificado, medido e avaliado fisicamente.

Produção em massa ou mecanizada produção feita em grande quantidade, em que as pessoas trabalham em linha de montagem ou operando máquinas que desempenham operações sobre o produto.

Produção em processo ou automatizada produção feita em processamento contínuo por meio de máquinas e equipamentos, no qual poucas pessoas monitoram o processo total ou parcialmente automático.

Produção unitária ou oficina produção por unidades ou pequenas quantidades, cada produto a seu tempo, sendo modificado à medida que é feito.

Programa Brasileiro de Qualidade e Produtividade (PBQP) programa de qualidade e produtividade instituído pelo governo brasileiro.

Programas de envolvimento das pessoas esquemas que transformam as pessoas de funcionários em parceiros da organização.

Programas ou programações são planos operacionais relacionados com tempo.

Qualidade conformidade com as exigências, a adequação à finalidade ou uso, capacidade de atender, durante todo o tempo, às necessidades do cliente.

Qualidade externa percepção que o cliente tem a respeito do produto ou serviço que compra e utiliza.

Qualidade interna maneira pela qual uma organização administra a qualidade dos seus processos, produtos e serviços.

Qualidade total uma filosofia de gestão que pressupõe o envolvimento de todos os membros de uma organização em uma busca constante de autosuperação e de contínuo aperfeiçoamento.

Racionalidade escolha dos meios (estratégia) mais apropriados para o alcance de determinados fins (objetivo), no sentido de obter os melhores resultados.

Racionalidade limitada escolha restrita unicamente aos aspectos da situação que o tomador de decisão consegue perceber e interpretar para adequar meios (estratégias) aos fins (objetivo) desejados.

Receptor meio ou aparelho que decodifica ou interpreta a mensagem para oferecer um significado percebido.

Recompensa é o que a pessoa recebe em troca de suas contribuições à organização.

Recompensas extrínsecas retornos positivamente avaliados que são dados ao indivíduo por uma ou mais fontes externas no seu esquema de trabalho.

Recompensas intrínsecas retornos positivamente avaliados que são recebidos pelo indivíduo como resultado direto do seu desempenho na tarefa.

Recompensas monetárias ou salariais retornos que o indivíduo recebe da organização em termos de salário, prêmios ou benefícios sociais, financeiramente tangíveis.

Recongelamento etapa final do processo de mudança em que novas ideias e práticas são incorporadas definitivamente ao comportamento.

Reconhecimento de problema percepção da existência de algum problema e da necessidade de sua solução.

Recursos compartilhados ocorrem quando duas ou mais diferentes unidades da organização dependem do mesmo recurso para poderem trabalhar.

Recursos organizacionais meios de que dispõe uma organização para poder funcionar e operar adequadamente.

Rede de equipes conjunto integrado de várias equipes interligadas por redes de comunicação.

Redução do ciclo de tempo significa o enxugamento do ciclo de tempo para produzir um produto ou serviço na organização por meio da simplificação ou remoção de barreiras ou de problemas internos.

Reengenharia técnica de mudança organizacional drástica que substitui a focalização nas funções pela focalização nos processos organizacionais com a intervenção da tecnologia da informação.

Reforço constitui a prática bem-sucedida de novos valores, atitudes e comportamentos na etapa de recongelamento do processo de mudança.

Região de aceitação zona de normalidade comparação ou de tolerância ao redor do padrão, na qual o desempenho ou os resultados são aceitos.

Regras são planos operacionais relacionados com comportamentos das pessoas.

Regulamentos são planos operacionais relacionais a comportamentos das pessoas.

Rejeição ou não aceitação resultado ou desempenho apresenta desvio em relação ao padrão, além da tolerância permitida, devendo ser rejeitado e sofrer ação corretiva.

Relacionamento interpessoal maneira pela qual as pessoas se relacionam dentro das organizações. Pode variar de isolamento das pessoas em cargos solitários e especializados até adoção de equipes em atividades grupais e solidárias.

Relações humanas abordagem que procura melhorar as interações entre as pessoas.

Reorganização ação de alterar a estrutura organizacional para ajustá-la às novas condições ambientais.

Resiliência capacidade de enfrentar situações difíceis e de resistir à destruição.

Resistência à mudança comportamento reativo e negativo das pessoas frente à mudança organizacional.

Responsabilidade dever de executar a tarefa atribuída e prestar contas pelos resultados do trabalho. Dever de prestar contas da atividade ou reportar-se a alguém.

Responsabilidade social grau de obrigações que uma organização assume por meio de ações que protejam e melhorem o bem-estar da sociedade na medida em que procura atingir seus próprios interesses.

Resultado consequência ou resultante de uma determinada estratégia ou curso de ação escolhido. Produto final de determinada atividade.

Retroação da tarefa é o conhecimento dos resultados do desempenho da tarefa.

Retroação de dados ou *feedback* de dados técnica de desenvolvimento organizacional (DO) que parte do princípio de que quanto mais dados cognitivos e informação o indivíduo recebe, tanto maior será sua possibilidade de organizar os dados e agir criativamente.

Retroação ou retroinformação ou realimentação de retorno mecanismo que fornece informações relativas ao desempenho passado ou presente, capazes de influenciar as atividades futuras ou objetivos do sistema.

Reuniões encontros de pessoas para discutir algum assunto ou resolver algum problema.

Ruído indica qualquer distúrbio indesejável dentro do processo de comunicação e que afeta a mensagem enviada pela fonte ao destino.

Satisfação alcance de resultados meramente satisfatórios (e não ótimos) em uma determinada decisão.

Satisfação no trabalho grau de atendimento aos fatores motivacionais ou satisfacientes

Setor não lucrativo terceiro setor da economia composto de organizações que visam objetivos sociais em oposto ao desempenho lucrativo das empresas.

Shareholder proprietário, acionista ou investidor que ingressa com o capital financeiro de risco no negócio da organização.

Sinais de interrogação unidade estratégica de negócios (UEN) com pouca participação em mercados com alto crescimento. Requerem grandes alocações de fundos e geram baixos níveis de fundos.

Sinergia efeito multiplicador das partes de um sistema, fazendo com que seu resultado seja maior do que a soma de suas partes.

Sintoma é um sinal ou evidência de que existe algum problema.

Sistema conjunto integrado de partes, intimamente relacionadas entre si, destinado a cumprir algum objetivo.

Sistema 1 – autoritário-coercitivo caracteriza-se pelo processo decisorial fechado, pelo sistema de comunicações precário e confidencial, pelo relacionamento interpessoal cerceado e proibido e pelo sistema de punições e castigos.

Sistema 2 – autoritário-benevolente caracteriza-se pelo processo decisorial menos centralizado e fechado, pelo sistema de processo comunicações que flui ordens e comandos, pelo relacionamento interpessoal com alguma condescendência e pelo sistema de punições com algumas recompensas.

Sistema 3 – consultivo caracteriza-se pelo decisorial descentralizado e pela delegação das decisões, pelo sistema de comunicações vertical (ascendente e descendente), pela confiança nas pessoas e alguma atividade grupal e ênfase nas recompensas, com raras punições.

Sistema 4 – participativo caracteriza-se pelo processo decisorial totalmente descentralizado, elevada participação e consenso das pessoas, intensa informação e comunicação, total liberdade e autonomia das pessoas e ênfase nas recompensas sociais e salariais.

Sistema aberto sistema que interage intensamente com o ambiente por meio de múltiplas entradas e saídas, afetando-o ou sendo afetado por ele.

Sistema cibernético controla a si próprio por meio de um recontrole de informações (retroinformação) que revela erros ou desvios no alcance dos objetivos e efetua as correções para eliminá-los.

Sistema cognitivo valores pessoais e experiências psicológicas passadas e presentes, sendo influenciado pelas características de personalidade, estrutura física e fisiológica e pelo ambiente físico e psicológico, provocando um padrão de referência.

Sistema de qualidade constitui o conjunto de componentes de um programa de qualidade em uma organização.

Sistema fechado sistemas cujo intercâmbio com o ambiente (entradas e saídas) é pequeno e conhecido, pois são inteiramente programados e determinísticos: a uma determinada entrada corresponde uma única e determinada saída.

Sistemas de administração por objetivos (APO) diferentes tipos de abordagem da administração voltada para o alcance de objetivos.

Sistemas de comunicação fluxos ascendentes, descendentes ou laterais de comunicação utilizados em uma organização. Podem ser formais e fechados ou informais e abertos.

Sistemas de punições e recompensas maneiras de obter obediência ou compromisso das pessoas por meio de penalidades ou de incentivos.

Situação conjunto de aspectos do ambiente que envolve o tomador de decisão, muitos deles fora de seu controle, conhecimento ou compreensão, e afetam sua escolha.

Sobrecarga ocorre quando os canais de comunicação conduzem um volume de informações maior do que a sua capacidade de processá-las.

Solução resolução de um problema.

Staff denominação dos órgãos incumbidos de funções de assessoria, recomendação e consultoria interna.

Stakeholder nome dado a cada público estratégico de cada organização, como acionistas, clientes, usuários, fornecedores, administradores, funcionários, etc. que nela participa interna ou externamente, direta ou indiretamente.

Subobjetivação ocorre quando cada departamento se concentra exclusivamente nos seus próprios objetivos departamentais, omitindo os objetivos organizacionais globais.

Supervisão função administrativa de direção exercida no nível operacional.

Supervisão funcional especialização dos supervisores, cada qual orientado para determinada área ou atividade.

Suporte apoio dado ao processo de mudança pela incorporação de novos valores, atitudes e comportamentos na etapa de recongelamento.

Sustentabilidade desenvolvimento capaz de suprir as necessidades da geração atual, garantindo a capacidade de atender as necessidades das futuras gerações.

Tamanho organizacional representa o volume de pessoas, recursos, arquitetura e operações de uma organização.

Tarefas atividades cotidianas executadas individualmente pelas pessoas e que contribuem direta ou indiretamente para o desempenho da organização.

Tática esquema específico de emprego de alguns recursos dentro de uma estratégia geral.

Táticas de negociação manobras adotadas em pontos específicos do processo de negociação.

Técnica de análise do campo de forças serve para mapear as forças positivas (que mantêm o problema e devem ser eliminadas) e as forças negativas (que combatem o problema e devem ser reforçadas) que gravitam ao redor de um problema.

Técnicas modernas de decisão não programada aquelas que utilizam redes capazes de lidar com tarefas novas e soluções inovadoras, bem como a heurística.

Técnicas modernas de decisão programada aquelas que utilizam computador e modelos de simulação, análise matemática, redes de comunicação e objetivos negociados.

Técnicas tradicionais de decisão não programada aquelas que utilizam o julgamento, a intuição, criatividade e a estrutura organizacional na base da divisão do trabalho.

Técnicas tradicionais de decisão programada aquelas que utilizam o hábito, o costume, as rotinas burocráticas, as estruturas organizacionais rígidas e os objetivos impostos.

Tecnologia (1) combinação de recursos, conhecimentos e técnicas que criam e produzem um produto ou serviço para uma organização.

Tecnologia (2) constitui a combinação de conhecimentos (*know-how*), equipamentos (*hardware*) e métodos de trabalho (*software*) utilizada para transformar insumos em resultados organizacionais.

Tecnologia da informação (TI) junção do computador com a telecomunicação e a televisão, provocando profundo impacto nas organizações e nas pessoas.

Tecnologia fixa aquela cujas máquinas e equipamentos, conhecimentos técnicos ou matérias-primas envolvidas não permitem utilização na produção de outros produtos.

Tecnologia flexível aquela que permite que as máquinas e os equipamentos, os conhecimentos técnicos e as matérias-primas possam ser usados para produzir outros produtos.

Tecnologia intensiva baseada na focalização de esforços conjuntos de muitas pessoas com competências especiais para atender às necessidades de cada cliente.

Tecnologia mediadora baseada na intermediação entre partes para buscar um benefício mútuo de troca de valores – geralmente um vendedor e um comprador.

Tecnologia sequencial baseada na interdependência serial das tarefas necessárias para completar o produto.

Tensão estado de desequilíbrio resultante do surgimento de uma necessidade não satisfeita.

Teoria caminho-meta (ou meios-objetivos) indica que a função do líder é aumentar a motivação dos subordinados para atingir objetivos individuais e organizacionais.

Teoria Clássica teoria iniciada por Fayol que enfatiza a estrutura organizacional como o meio de melhorar a eficiência.

Teoria Comportamental teoria que enfatiza o comportamento das pessoas dentro das organizações.

Teoria da Burocracia teoria baseada nas ideias de Max Weber a respeito do modelo burocrático de organização.

Teoria da Contingência teoria que prega que não existe nada de universal ou definitivo em administração: tudo é relativo e tudo depende do contexto ambiental.

Teoria da equidade baseia-se na comparação que as pessoas fazem a respeito de suas contribuições e recompensas com as das outras pessoas.

Teoria da expectância baseia-se em três relações entre esforço e desempenho, entre desempenho e recompensa e entre recompensa e objetivos individuais da pessoa. Assume três aspectos básicos expectância, instrumentalidade e valência.

Teoria da hierarquia das necessidades de Maslow, pressupõe que as necessidades humanas estejam dispostas em uma pirâmide de necessidades de auto-realização, estima, sociais, de segurança e fisiológicas.

Teoria da máquina denominação dada ao modelo burocrático, em virtude de sua lógica de sistema fechado.

Teoria da motivação-higiene nome dado à teoria dos dois fatores.

Teoria das necessidades aprendidas de McClelland focaliza três necessidades que o ser humano aprende realização, poder e afiliação.

Teoria das Relações Humanas surgiu com a Experiência de Hawthorne e enfatiza o papel das pessoas e dos grupos sociais na organização.

Teoria de Sistemas visualiza as organizações como sistemas abertos compostos de subsistemas e em constante interação com seu meio ambiente.

Teoria do Estabelecimento de Objetivos de Locke mostra como os objetivos específicos e difíceis conduzem a melhoria do desempenho.

Teoria do Processo denominação dada à Teoria Neoclássica pela sua fundamentação no processo administrativo.

Teoria do reforço trata do comportamento como função de suas consequências, isto é, ele é controlado pelos reforços externos ou pelas consequências que aumentam ou reduzem a probabilidade de que seja repetido.

Teoria dos dois fatores de Herzberg trata da motivação do trabalho e dos fatores higiênicos e motivacionais.

Teoria ERC de Alderfer baseia-se em três necessidades essenciais: de existência, de relacionamento e de crescimento.

Teoria Estruturalista teoria em transição que procura conciliar a Teoria Clássica e a Teoria das Relações Humanas.

Teoria Neoclássica teoria eclética que tenta atualizar e recondicionar as ideias dos autores clássicos com base no processo administrativo.

Teoria X conjunto de pressuposições de que as pessoas não gostam de trabalhar, são preguiçosas, sem ambição e irresponsáveis, resistem a mudanças e preferem ser dirigidas.

Teoria Y conjunto de pressuposições de de que as pessoas gostam de trabalhar, aceitam responsabilidades e são capazes de autodireção, autocontrole e criatividade.

Teoria Z nome dado ao esquema de administração adotado pelos japoneses, com filosofia de emprego em longo prazo, promoções em cargos laterais, desenvolvimento da carreira, participação e consenso na tomada de decisões e envolvimento das pessoas.

Teorias de conteúdo da motivação envolvem as teorias que se fundamentam nas necessidades humanas.

Teorias de processo da motivação envolvem as teorias que se preocupam com o como o comportamento é ativado, dirigido, mantido e concluído no ciclo motivacional.

Teorias de traços de personalidade que procuram identificar os traços de personalidade que caracterizam os líderes bem-sucedidos.

Teorias situacionais de liderança que relacionam o comportamento do líder com a situação onde ocorre a liderança.

Teorias sobre estilos de liderança procuram identificar o comportamento específico capaz de influenciar as pessoas.

Terceirização ou *outsourcing* contratação de terceiros para executar parte ou totalidade de determinadas funções da organização. Significa que determinadas atividades são atribuídas a outras organizações capazes de fazê-las melhor e mais barato, transformando custos fixos em variáveis e simplificando o processo decisorial dentro da organização.

Tipologia de organizações classificação de organizações para efeito de análise e comparação entre elas.

Tomador de decisão pessoa ou grupo que faz uma escolha ou opção entre várias alternativas de cursos de ação.

Traço de personalidade característica pessoal que marca o líder.

Transmissor meio ou aparelho usado para codificar a ideia ou significado com base em uma forma de mensagem.

Treinamento da sensitividade técnica para aumentar a sensibilidade das pessoas quanto às suas habilidades e dificuldades de relacionamento interpessoal.

Unidade de comando princípio pelo qual cada funcionário deve se subordinar a um e apenas um chefe.

Unidade estratégica de negócios (UEN) segmento importante da organização que é analisado para desenvolver uma estratégia no sentido de gerar um futuro negócio ou receitas de alto retorno.

Unidade organizacional nome dado a divisões, departamentos, seções que formam uma estrutura organizacional em função da divisão do trabalho organizacional.

Vacas de caixa unidade estratégica de negócios (UEN) com grande participação em um mercado com baixo crescimento. Proporcionam grandes volumes de caixa.

Valência força da preferência da pessoa por um objeto, situação ou pessoa particular. Preferências da pessoa por determinados resultados. Valor atribuído pelo indivíduo às várias recompensas que recebe do trabalho. Varia de -1 (recompensa indesejável) até +1 (recompensa muito desejável).

Valores significados sociais que adquirem importância em uma organização e constituem parte de sua cultura.

Valores compartilhados crenças e atitudes básicas que se tornam importantes para as pessoas e definem as razões pelas quais elas fazem o que fazem. Constituem o segundo nível da cultura organizacional.

Vantagem competitiva representa um ponto forte de uma organização e que lhe permite superar as demais organizações em um ambiente dinâmico e competitivo.

Variações desvios ou erros que ocorrem nas operações e que devem ser corrigidos para que elas sejam normalizadas.

Visão imagem que a organização tem a respeito de si própria ou do que pretende ser no futuro.

Zero defeito trabalho organizacional sem nenhum desvio do padrão estabelecido.

Zona de acordo o mesmo que área de acordo.

ÍNDICE REMISSIVO

A

Abordagem
   de equipes 304, 320, 321
   de redes 304, 324, 325
   divisional 304, 307, 308, 321
   funcional 304, 321
   matricial 304, 315, 317
   sistêmica 52
Absenteísmo 443
Ação
   corretiva 507, 508
   disciplinar 516
Adaptação ambiental 81
Administração
   científica 32, 37, 43, 44, 351
   conceitos básicos 2
   da qualidade total 530
   estratégica 523, 559, 564
   participativa 392
   por objetivos 46, 233
      benefícios 236
Aldeia global 119
Ambiente(s) 68, 77, 347
   comportamental 409
   das organizações 62
   de certeza 348
   de decisão 250
      de certeza 250
      de incerteza 250
      de risco 250
   de incerteza 348
   dinâmicos 342
   específico 72, 75
   estável(is) 79, 342
   externo 409
   físico 408
   geral 69
      condições culturais 70
      condições demográficas 70
      condições ecológicas 70
      condições legais 69
      condições políticas 69
      condições sociais 69
      condições tecnológicas 69
   heterogêneo 78, 80
   homogêneo 78, 79, 348
   instável 79
   organizacional 63
   psicológico 409, 411
   social 408
Amplitude administrativa 270, 274, 285
   de controle 279
      ampla 286
      estreita 285
Aprendizagem
   adaptativa 125
   geradora 125
Argumento
   de custo 320
   de qualidade 320
   do *core business* 320
Assuntos emergentes 523, 524
Autoeficácia 471
Automação 50
Autoridade 281
   de linha 284, 285
   de *staff* 285
Avaliação
   do desempenho 501, 587
   dos resultados 587

B

Barão de Mauá 173, 174
Barreiras
   à comunicação 412, 416
   à execução da estratégia 586
Benchmarking 110, 194, 541
Benefícios do planejamento 196
   administração do tempo 197
   flexibilidade 196
   focalização 196
   melhoria no controle 197
BRIC 32
Burocracia 341, 342
   de máquina 343, 344
   divisionalizada 343
   profissionalizada 343

C

Cadeia
   de comando 280, 281
   de qualidade 527
Campo de forças 128
Canal de comunicação 415
Centralização 270, 274, 279, 292, 293
Centro de comunicação 410
Ciclo
   de vida 354
   motivacional 462
Círculo(s) de qualidade 392, 394, 395, 533
Código de ética 176, 177, 180
Comércio eletrônico 135
Comparação do desempenho 506
   atual 497
   com o objetivo 504
Competência
   atitude 22
   conhecimento 21
   habilidade 22
   julgamento 22
Competitividade 89, 101, 117, 118, 389, 554
   mundial 87
   organizacional 524, 550
Comportamento ético 176
   leis 179
   valores 179

Compreensão 402, 408, 410, 416, 423
Comprometimento com os objetivos 471
Comunicação(ões) 402, 403
  ascendentes 419
  descendentes 418
  em equipes 421
  entre pessoas 410
  horizontais 419
  nas organizações 369
  organizacional(is) 401, 410, 417, 418, 422
Conceito de decisão 243
Concorrência 432, 437, 442, 446, 448, 451
Condicionamento operante 472
Conformidade 506
Conhecimento competitivo 566
  análise ambiental 566, 569, 585
  análise organizacional 568, 569
Consonância 408, 409
Controle(s) 373, 491, 494-496, 509
  de estoques 516
  de qualidade 518
  estratégico(s) 495, 512
  operacionais 495, 515
  organizacionais 497
  táticos 495, 513
Core business 326, 339, 360, 542
Corporação modular 338
Correção de falhas 507
Corrupção 106, 176, 179
Crescimento 467
Cultura(s) 389
  adaptativas 162
  conservadoras 162
  organizacional 62, 151, 153, 372
Custo Brasil 91

D
Dado 403
Decisões nas organizações 259
Delegação 281, 298, 378
  positiva 283
Departamentalização 273, 277, 303
  divisional 315
  funcional 315
  por processos 312
  territorial 311
Descentralização 270, 274, 279, 282, 283, 292, 294, 297, 378, 410
Desempenho 393

Desenho(s)
  departamental 270, 273, 277, 303
  mecanísticos 340, 343
  organizacional 270, 273, 277, 334, 340, 347, 350, 354, 356, 359, 360
Desenvolvimento organizacional 151, 165
Desperdício 443
Diferenciação 334, 337
Direção 369, 370, 372, 373, 380, 382, 384, 402, 436, 495
Dissonância cognitiva 409
Diversidade 159
  cultural 160, 161
Divisão do trabalho 280
Downsizing 33, 290, 292, 355, 389

E
Eficácia 7
Eficiência 7, 38, 42, 443
E-mail 404, 405
Empowerment 320, 345, 379, 392, 397, 533
Empresa(s)
  do futuro 552
  virtual 117
Ênfase
  na competitividade 55, 550
  na estrutura 38, 41, 44, 54
  na melhoria contínua 532
  na produção 444
  na produtividade 547
  na qualidade 383, 529
  na tecnologia 47, 54
  nas pessoas 43, 47, 54, 347, 382, 444
  nas tarefas 37, 54
  no ambiente 51, 53, 54
Enriquecimento
  de tarefas 484
  horizontal 485
Entropia 67, 406
Envolvimento das pessoas 359, 392
Equipe(s) 338, 387
  autogeridas 396
  competências 388
  integração 387
  multifuncionais 321
  objetivo 387
  permanentes 321
  responsabilidade 388
  sinergia 388

Era
  da informação 33, 35, 55, 404
  Industrial 118
  Industrial Clássica 31, 35, 36, 44
  Industrial Neoclássica 32, 33, 35, 44, 47
Escola
  da Administração Científica 498
  dos padrões de liderança 447
Espírito empreendedor 171, 377
  fatores psicológicos 172
  fatores sociológicos 174
Estabelecimento de objetivos 498
Estágio
  de infância 355
  de juventude 355
  de maturidade 355
  de nascimento 355
Estereotipação 413
Estratégia 349
  de negociação 425
  de reforço 473
  organizacional 559, 560, 566, 582
Estrutura(s)
  baseada em área geográfica 311
  baseada em clientes 310
  baseada em processos 312
  baseada em produtos/serviços 308-310
  burocrática 342
  em equipes 321
  funcional 305
  híbridas 329
  horizontal 335
  matricial 318
  organizacional 273, 274, 276-278, 284, 303, 340
  vertical 274, 277, 279, 335
Ética 63, 175, 180, 377
  profissional 178
Existência 467
Expectação 480
Expectância 476, 477
Extinção 473

F
Fábrica(s) enxuta(s) 117, 551
Fatores
  críticos de sucesso 193
  de centralização 295
  de descentralização 295
Flexitime 510

Fonte 407
Força(s)-tarefa(s) 338, 359, 393
Formulação de objetivos 184
Frederick W. Taylor 31, 37
Funções administrativas 189
Fundação Nacional da Qualidade 109
Fundamentos
  da organização 273
  do controle 492

G
Generalização 413
Gerência 436
Gerenciamento 442
Gestão 72, 318
  ambiental 109
  organizacional 110
  participativa 389
Globalização 34, 63, 87, 89-91, 94, 119, 179
Grade gerencial 444
Grupo(s)
  formal 385
  social 385
  temporários 385

H
Habilidades
  conceituais 20
  do administrador 19
  humanas 20
  técnicas 19
Henri Fayol 39
Heurística 254
Hierarquia
  administrativa 270, 274, 279, 280, 338
  de objetivos 225, 227
Homeostase 509
Housekeeping 538

I
Impacto ambiental 109
Índice de sustentabilidade empresarial (ISE) 104
Influência do ambiente 82
Informação 403, 404
Inovação 115, 140
  de processos 314
  incremental 142
  radical 142
Insatisfação 443
Integração 337, 338
Inteligência emocional 455

Internet 404
ISO 9000 545, 547
ISO 9001 545
ISO 9002 545, 546
ISO 9003 545

J
Joan Woodward 350
Juran 530
Just-in-time 117, 518, 551

K
Kaizen 383, 444

L
Lei de Murphy 497
Líder
  apoiador 451
  diretivo 452
  orientado para metas ou resultados 452
  participativo 452
Liderança 432, 433, 435, 436, 442, 451, 453
  autocrática 440, 441
  centrada na tarefa 443
  centrada nas pessoas 443
  democrática 441
  liberal 440, 441
  nas organizações 370, 431
  visionária 450
Localização de problemas 262

M
Max Weber 41, 340
Melhoria
  contínua 533
  da qualidade 508
Mensuração do desempenho atual 497
Mercosul 93
Missão organizacional 184, 215
Modelo
  burocrático 44, 340-342, 375
  contingencial 453
  contingencial de Fiedler 449
    estrutura da tarefa 449
    poder de posição do líder 449
    relação entre líder e membros 449
  estratégico(s) 559, 570, 578
    análise de portfólio de negócios 573, 582
    análise de portfólio multifatorial 576

    análise de questões críticas 571, 582
    análise FF/OA ou SWOT 572, 582
    modelo de análise da indústria 579
Motivação 461, 477, 481
  dos funcionários 370
Mudança(s) 126, 131
  organizacional(is) 115, 122, 132, 133, 314
  tecnológica 99
Multiculturalismo 160
Mundo organizacional 14

N
Nafta 93
Negociação 401, 424, 425
  honrosa 426
Níveis organizacionais 12, 276, 451
  nível institucional 12, 277, 373, 495, 563
  nível intermediário 13, 277, 373, 495
  nível operacional 13, 277, 373, 495, 515

O
Objetivos 221
  estratégicos 227
  individuais 222
  operacionais 227, 231
  organizacionais 222, 284, 408, 462
  táticos 227, 231
Organização(ões) 270, 271, 274, 275, 335, 373, 495
  achatadas 274, 287, 290
  adaptativa 345, 346
  altas 274, 287, 289
  burocrática 42, 340, 345
  de classe mundial 110
  do futuro 115, 147
  formal 157
  híbridas 327
  horizontal 321, 527
  informal 157
  perceptiva 413
  matriciais 338
  mecanísticas 342
  multinacionais 97
  orgânicas 342
  que aprendem 124
  virtuais 329
  visionárias 357
Órgãos

efetores 409
sensoriais 409
Otimização *versus* satisfação 245
Outsourcing 320, 542

P
Padrões
   de custo 499
   de liderança 447
   de qualidade 498
   de quantidade 498
   de tempo 499
Papéis do administrador 24
   decisórios 24
   informacionais 24
   interpessoais 24
Parcerias 392
Participação 392, 393
   dos funcionários 508
   representativa 392, 393
Percepção seletiva 413
Peter Drucker 46
Planejamento 184, 185, 188, 272, 338, 373, 402, 494
   adaptativo 190
   conservador 190
   de requisitos de materiais 518
   estratégico 562
   operacional
      orçamentos 207
      procedimentos 204
      programas 207
      regulamentos 210
   otimizante 190
Planos operacionais 203
Poder 433
   coercitivo 434
   de competência 434, 435
   de recompensa 434
   de referência 434, 435
   legitimado 434
   pessoal 435
Políticas 202
Porcentagem de eficiência 38
Prêmio
   Baldrige de Qualidade 536
   Deming 536
   Europeu de Qualidade 536
   Nacional da Qualidade 528, 533, 536
Prevenção de novas falhas 507
Primeira Revolução do Saber 455
Processo
   administrativo 15, 16, 272, 495
      controle 17
      direção 17
      organização 16
      planejamento 16
   de comunicação 405, 407, 408
      canal 406
      destinatário 405
      destino 406, 407
      fonte 405
      receptor 406
      ruído 406
      transmissor 406
   de controle 492
   de globalização 94
      estágio doméstico 94
      estágio global 95
      estágio internacional 94
      estágio multinacional 94
   de mudança 126, 127
   de planejamento 191
   de renovação 12
   decisório 245, 246, 259, 378, 381
   empreendedor 12
Produção
   em massa 350
   em processo 350
   unitária 350
Produtividade 9, 443, 524, 548, 554
Produto
   abstrato 352
   concreto 352
Proteção ambiental 108
Punição 473

Q
Qualidade 524, 526, 554
   total 389, 536, 538, 539, 543

R
Racionalidade 244
Recompensas
   extrínsecas 478
   intrínsecas 478
Redução
   de ciclo de tempo 543
   de custos 508
Reengenharia 314, 322, 389
   de processos 551
Reforço
   negativo 473, 516
   positivo 473, 516
Região de aceitação 506
Rejeição 506
Relacionamento 467
   interpessoal 381
Reorganização 276
Resiliência 122
   às mudanças 137
Responsabilidade 281, 282
   ambiental 103, 108, 109
   atribuição 282
   cultural 103
   delegação 282
   econômica 103
   social 63, 87, 103-106
Retroação 406-408, 509
   da tarefa 470
Reuniões 422
Revolução
   da informação 143
   Industrial 31, 280, 390, 455
   tecnológica 63, 120
Rightsizing 347, 389
Robotização 50
Rotatividade 443

S
Segunda Guerra Mundial 32, 391
Segunda Revolução do Saber 455
Sinergia 67
Sistema 65
   de punições 381
   de recompensas 381
   feedback 66
   inputs 65
   insumos 65
   limites 66
   outputs 66
   resultados 66
   retroação 66
   subsistemas 66
Sistema(s)
   abertos 67
   cibernéticos 509
   cognitivo 408, 409
   conceituais 67
   de APO 234
   de comunicação 381
   fechados 67
   físicos 66
Sociedade do conhecimento 404
Solução de problemas 260
Staff 284, 343-345
Stakeholders 107, 108, 555
Suportes para a mudança 136
Sustentabilidade 87, 102, 103, 109

T
Tamanho organizacional 354
Técnicas de solução de problemas 262

análise do campo de forças 264
brainstorming 263
gráfico de Ishikawa 265
método cartesiano 262
princípio de Pareto 264
Tecnologia 349
da informação 33, 63, 90, 99, 119, 135, 329, 344
fixa 351
flexível 352
intensiva 351
mediadora 351
sequencial 351
Tendências
do mundo atual 117
organizacionais 330
Teoria(s)
administrativas 2, 30, 36, 44, 54
Burocrática 32
caminho-meta 450, 453
Clássica 32, 33, 39, 41, 42, 44
Clássica da administração 259, 280, 285
Comportamental 33, 47, 374, 377, 380
da Burocracia 33, 41, 42
da Contingência 33, 52
da equidade 474
da expectância 475, 476
instrumentalidade 476, 477
da Hierarquia das Necessidades 464
de autorrealização 464
de estima 464
de segurança 464
fisiológicas 464
sociais 464
da motivação 463, 483
das Necessidades Aprendidas 468
necessidade de afiliação 469
necessidade de poder 468
necessidade de realização 468
das Relações Humanas 32, 33, 43, 44
de Sistemas 33, 51
de traços de personalidade 437
do estabelecimento de objetivos 470
capacitação 471
objetivos específicos 470
objetivos mais difíceis 470
oportunidade de participar 470
do Reforço 472
dos dois fatores 465
higiênicos 465
motivacionais 465
ERC 467
necessidades de crescimento 468
necessidades de existência 468
necessidades de relacionamento 468
Estruturalista 33, 44, 45
Neoclássica 33, 41, 44-46
Neoestruturalista 48
situacionais de liderança 437, 447
sobre estilos de liderança 437, 440, 445
X 374-377, 443
Y 374-377, 443
Z 383

Terceirização 320, 363, 389, 542
The best way 37
Tigres asiáticos 32
Tipos
de decisão 253
não programadas 253
programadas 253
de planejamento 198
estratégico 199, 200
tático 201
Tomada
de ação corretiva 497
de decisão 184, 240, 243, 270, 279
coletiva 383
Traços de personalidade 438
Transformação da comunicação
distorção 417
omissão 417
sobrecarga 418
Transmissão da informação 415

U

União Europeia 93
Unidades organizacionais 322

V

Valência 409, 477
Vantagem competitiva 544
Variância zero 526
Variáveis ambientais 453
Visão
de futuro 220
histórica da administração 1

W

W. Edwards Deming 529